사회학
비판적 시선

사회학

비판적 시선

Sociology
A Critical Perspective

정태석·지주형·엄한진·조은주·유팔무 지음
비판사회학회 감수

한울
아카데미

오늘날 우리가 살아가고 있는 모습을 사람들에게 명쾌하게 그려준다는 것은 쉽지 않은 일이다. 개인들로서는 전체적으로 이해하기 쉽지 않은 복잡한 사회관계들 속에서 그들이 차지하고 있는 사회적 위치와 활동의 의미를 알고 싶어 할 텐데, 사회학자들의 작업은 개인들이 자신의 삶을 이해하고 또 이를 통해 행위를 선택하는 데 도움을 줄 수 있다. 그런데 사회학자들은 단지 특정 개인의 자기이해를 돕기 위해 지식을 생산하려고 한다기보다 좀 더 포괄적인 맥락에서 전체 사회의 형성과 변동의 원리를 해명함으로써 사회에 도움이 되는 지식을 생산하려고 한다. 특히 비판적·진보적 사회학은 사회를 좀 더 민주적이고 평등하게 바꿔나가는 데 도움이 되는 지식을 추구한다.

세상은 다양한 사람들이 직접적으로 또는 간접적으로 서로 얽혀서 살아가고 있는, 복잡하고 또 수시로 변해가는 사회관계들과 그 속에서 살아가는 개인들로 구성되어 있다. 그래서 사회의 구성과 변동의 원리를 지적으로 설득력 있게 그려내고자 하는 사회학자들은, 그 사회에 대한 새로운 지식이나 정보를 얻으려는 노력이나, 새롭게 성장하는 세대의 삶을 경험하고 이해하려는 노력을 지속하지 않으면 안 된다. 그렇지 않으면 학문과 지식은 금방 낡은 것이 되어버리기 때문이다.

이런 맥락에서 보면, 지금 사회학 개론서 전면개정판을 내는 일은 많이 늦었다. 『사회학: 비판적 사회읽기』를 처음 출간한 지 11년이 지났고, 제2판을 낸 지도 8년이 넘었다. 물론 중간 중간에 몇몇 자료들을 최신화하기는 했지만, 사회의 변화한 모습을 따라잡기에는 역부족이었다.

그 사이에 세월호 참사, 박근혜 대통령 탄핵요구 촛불집회와 탄핵, 이태원 참사 등 큼직큼직한 사회적 사건들이 있었고, 정권도 몇 번 바뀌었다. 몇몇 정치적 사건들로 인해 도덕과 공정 논쟁, 페미니즘 논쟁, 이대남(20대 남성) 논쟁 등 다양한 논쟁들이 일어났고,

그러는 동안 한국 사회는 정치적 균열과 감정적 대립이 점점 심화되었다. 사회학은 이처럼 기존의 사회학 이론이나 개념으로는 설명하기 어려워 보이는 사회현실에 사회학적 설명을 제공하는 것을 중요한 임무로 삼아야 한다.

그런데 좀 더 중요한 임무는 당장의 사회현실을 넘어서는 장기적인 사회변동의 흐름을 전체적으로 파악하는 데 도움을 주는 시각과 지식을 학생들이나 시민들에게 제공하는 일이다. 기후변화에 대한 지구적 대응 속에서 진행되고 있는 생태 전환과 에너지 전환, 인공지능 등 과학기술의 발전과 산업구조 변동 속에서 나타나고 있는 디지털 전환과 산업 전환, 정보통신기술 또는 네트워크기술의 발달에 따른 플랫폼 자본주의와 플랫폼 노동의 확대, 저출산과 고령화에 따른 인구구조의 변화가 낳는 일상생활의 변화 등 새로운 사회변동의 양상들에 대한 사회학적 해석과 설명을 제공하고, 이를 통해 바람직한 미래를 위한 실천적 대응방안을 모색할 수 있도록 하는 것이 사회학의 시급한 당면 과제가 되었다.

사회학 개론서를 출간하는 것은 궁극적으로 시민들, 특히 미래를 책임질 자라나는 학생들에게 현재의 사회변동의 흐름을 이해하는 시각과 지식을 제공함으로써, 이들이 사회를 좀 더 바람직한 방향으로 개혁해 가는 실천 방안을 모색하는 데 도움을 주는 것을 목적으로 한다. 이것은 결국 한국 사회의 정치를 바꾸고 나아가 사회 전체를 바꾸는 길이 될 것이다.

새로운 책을 만들기로 하면서, 그동안 사회학 개론서라는 위상에서 제기되어 온 이런저런 문제들을 해결하려고 노력했다. 우선 개론서로는 책이 너무 두껍다는 세간의 불평을 받아들여 전체적으로 한 장의 내용을 한 주에 강의할 수 있을 정도로 분량을 줄이고자 노력했다. 특히 각 장의 내용도 너무 어렵거나 과도하게 세세한 부분을 줄여 개론서 수준에 맞추려고 애썼다.

　장의 구성도 전체적인 주제의 흐름에 맞게 약간 조정하면서, 장과 절의 내용들을 연관성이 높은 주제들끼리 모으는 방식으로 체계와 편제를 조금 바꾸었다. 그 대표적인 것이 '사회화'와 '상호작용'을 한데 묶고, '사회집단과 사회조직' 부분을 하나의 장으로 독립시킨 것이다. 그리고 사회화와 연관시켜 다루었던 문화 부분은 '대중문화와 일상생활' 장으로 옮겨서 간략하게 서술했다. 특히 문화인류학의 문화 개념이 현대사회의 문화현상을 이해하는 데 한계가 있고, 또 사회학에서의 문화 개념과 잘 어울리지 않아서, 문제의식만 살리고 분량을 대폭 줄였다.

　또 '사회문제' 장은 '인구, 도시, 지역'으로 제목을 바꾸고 세 가지 주제를 중심으로 재구성했다. 사회학의 주제들이 대부분 사회문제와 연관되어 있어서 다른 장들에서 다룰 수 있는 사회문제들은 관련된 장들로 분산했고, 옮겨갈 곳이 없는 중요한 사회문제들인 인구, 도시, 지역을 하나의 장으로 묶었다. 한편, 이민을 비롯해 국제적 이동이 확대되고 있는 시대에 성소수자, 장애인, 소수종족, 민족, 인종, 종교 등 국민국가 내외의 다양한 정체성 문제가 부상하고 있는 현실을 반영하여, 기존의 '세계화와 지역화' 장의 내용을 대폭 줄이면서 민족과 함께 인종차별과 혐오, 다문화사회 등 정체성과 관련된 내용들을 보완했다. 그래서 장의 제목도 '세계화와 정체성'으로 바꾸었다. 이 외에도 전체 분량을 줄이면서도 최근의 변화된 현실을 이해하는 데 도움을 주는 새로운 내용은 좀 더 많이 포함시키고자 했다.

　그동안 비판사회학회 회원들이 참여하여 출간한 사회학 개론서는 외국 학자가 집필한 개론서가 장악해 온 학술 시장에서 그 대체서로 호평을 받아왔다. 무엇보다도 한국 사회 현실에 관한 내용을 포함하고 있어서 독자들에게서 사회학 공부에 큰 도움이 된다는 평가가 많았다. 우리의 사회학 개론서가 더 많이 읽힌다는 것은 비판적·진보적 사고를 하는 시민들이 늘어나서 한국 사회의 진보와 발전에 도움을 주게 됨을 의미한다는 점에서 무엇보다도 기쁜 일이다. 여기에 곁들여 사람들이 더 많이 찾을수록 비판사회학회의 재정에도 좀 더 도움이 된다는 점이 또 다른 기쁨이기도 하다. 부디 널리 사용되고 또 널리 읽혀 사회의 발전과 학회의 발전 모두에 큰 도움이 될 수 있기를 기원한다.

2023년 2월
정태석·지주형·엄한진·조은주 씀

감사의 글

빨리 내고 싶었던 책이 이제야 나왔다. 시대에 좀 뒤떨어진 내용의 책으로 사회학 개론을 강의한 사람이나 그 책으로 공부해야 했던 독자들께 늘 미안했는데, 이제 그 미안한 마음을 덜 수 있게 되어 다행이다. 새로운 책이 나오기까지 긴 역사가 있었고 또 많은 분들의 도움이 있었다.

새로 개정 출간한 『사회학: 비판적 시선』은 사실 2004년에 한국산업사회학회(현 비판사회학회)에서 출간한 『사회학』이 모태가 되었다. 이때 집필 작업은 유팔무 선생님이 주관하고 내가 실무를 담당했으며, 많은 회원들이 집필에 참여했다. 이 책은 이전에 마르크스주의의 관점에서 집필되었던 개론서를 전면적으로 개편하여, 진보적·비판적 관점을 유지하면서도 다양한 사회학의 논의들과 시각들을 포괄하는 방식으로 집필한 것이었다. 한편, 2012년에도 다시 시대 변화에 맞춰 내용과 편제를 혁신한 신서 『사회학: 비판적 사회읽기』를 출간했고, 2014년에는 제2판(개정판)도 냈다. 대중적 개론서를 지향한 이 작업에는 나와 함께 신경아(한림대), 유팔무(한림대), 지주형(경남대) 선생님이 참여했고, 초고 검토 과정에는 김민정, 박치현, 조형근 선생님이 도움을 주셨다. 새로운 책이 나오는 데 밑거름이 되어주신 모든 분들께 진심으로 감사드린다.

새로 출간하는 『사회학: 비판적 시선』은 기본적으로 『사회학: 비판적 사회읽기』의 내용을 기초로 하고 있지만, 장과 절의 구성을 개편하면서 새로 쓴다는 마음으로 작업한 책이다. 이 작업에는 나와 함께 엄한진(한림대), 조은주(전북대), 지주형(경남대) 선생님들이 참여했다. 10년이 넘어서 새로운 책을 내게 되어 마음이 급해진 점도 있고, 또 집중적으로 작업하기에는 소수의 공동 작업이 낫겠다는 생각에 집필에 참여하는 사람의 수를 줄였다. 처음에 공동 집필로 밑거름을 뿌려주신 저자들께는 죄송한 마음이지만, 숱한 개작이 이루어지면서 거의 새로운 책이 되었다는 점을 양해해 주셨으면 한다. 다만 지금까지

몇 번의 개정판 출간 과정에서 많은 기여를 하신 유팔무 선생님을 저자의 한 사람으로 포함하는 것은 당연한 일일 것이다.

이 책의 내용적 오류나 부정확함을 줄이기 위해 비판사회학회 회원들을 중심으로 감수 작업을 진행했다. 정성껏 감수 의견을 보내주신 김영범(한림대), 김철식(한중연), 신진욱(중앙대), 이항우(충북대), 장세훈(동아대), 정승화(인천여성가족재단 정책연구실), 정재원(국민대), 주은우(중앙대), 홍덕화(충북대) 선생님들께 감사드린다. 급작스럽게 부탁을 드렸음에도 세세하고 깊이 있는 의견들을 주셨다. 다만 개론서의 특성이나 분량의 제한으로 좋은 의견들을 충분히 반영하기 어려운 면이 있었음을 널리 이해해 주시기를 정중히 부탁드린다. 부족한 면이 있다면, 그것은 온전히 저자들이 감당해야 할 몫일 것이다.

이 책이 나오기까지 물심양면으로 지원해 주시고 또 도움을 주신 출판사 관계자 분들께 큰 감사를 드린다. 전면 개정 작업 과정에 경제적 지원을 아끼지 않으시고 많은 격려와 도움을 주신 한울엠플러스(주) 김종수 대표님, 행정적 지원을 해주신 윤순현 선생님, 그리고 지루하고 힘든 편집 실무를 묵묵히 진행해 주신 신순남 선생님께 진심으로 감사드린다. 이 책이 독자들에게 좋은 책으로 평가받아 그동안의 작업의 고통을 상쇄할 수 있는 보답으로 삼을 수 있기를 바랄 뿐이다.

2023년 2월
저자를 대표하여
정태석 씀

1_ 이 책에서는 사회학에서 혼란스럽게 사용되고 있는 번역 용어들을 통일하고자 했다. ① 'modern', 'modernity', 'modernization'은 각각 '현대', '현대성', '현대화'로 번역했다. ② 'industry'가 2차 산업을 의미할 때는 '공업'으로 번역했다. ③ 'citizenship'은 '시민자격'으로 번역했다. ④ 'sustainable'은 '존속 가능한'으로 번역했다.

① modern은 '근대'와 '현대'라는 번역어가 함께 사용되어 왔는데, 일반적으로 modern은 우리가 살아가고 있는 시대를 포함하므로 근대를 현대 직전의 시기라는 의미로 사용하는 우리말 어법으로 볼 때 '근대'라는 번역은 어색하다. 특히 근대화는 현대 이전의 사회변동을 의미하는 것으로 읽히기 쉬우며 '탈근대' 역시 근대를 벗어난다는 의미에서 현대와 동일한 것으로 이해될 수도 있다. 그래서 modern은 '현대'로 통일해 번역했다. 다만 한국어의 특성상 시기 구분의 의미가 있거나 현시대에 앞선 시기를 가리킬 필요가 있을 경우, '근대'나 '근현대'라는 표현을 부분적으로 사용했다.

② industry는 '산업'과 '공업'의 의미 모두를 포함하는데, 18세기의 'industrial revolution'에서는 좁은 의미의 '공업'을 의미하므로 '공업혁명'으로 옮겨 의미를 분명히 전달하고자 했다. 그래서 사회변동의 시기적 특징을 분명히 하고 산업의 유형(농업, 공업, 서비스업 등)에 따른 혼란을 없애기 위해 좁은 의미의 industry를 모두 '공업'으로 번역했다. 예를 들어 기존의 '탈산업'을 '탈공업'으로 번역하면 의미가 훨씬 분명해진다.

③ citizenship은 흔히 '시민권'으로 번역되어 왔는데, 이렇게 되면 '시민권(civil rights)'과 혼동된다. citizenship은 권리를 포함하지만 권리로 환원할 수 없는 책임, 자질, 덕성 등의 의미를 포함한다. 그래서 이런 의미를 포괄하기에 가장 적합하다고 판단되는 '시민자격'을 통일된 번역어로 선택했다. 시민자격은 외부에서 부여되는 것뿐만 아니라 내부에서 갖추고 있는 것(자질)을 포함하는 것으로 이해할 수 있다.

④ sustainable은 흔히 '지속 가능한'으로 번역되는데, 환경적 의미를 고려한다면 지구생태계나 그 속에서 살아가는 인간이 지속해서 살아남을 수 있다는 의미를 내포하므로 '존속 가능한'이 더 적절하다고 판단했다. '지속 가능한 발전'은 발전을 계속할 수 있다는 의미로 읽힐 수 있어서 환경적 의미가 분명히 드러나지 않는다.

2_ 국립국어원의 외래어표기법을 따랐으나 몇몇은 흔히 통용되어 익숙한 표기대로 썼다.

3_ 이 책은 기본적으로 '사회학 개론' 강의를 위한 교재로 집필되었다. 이 책이 오늘날 사회학이 다룰 만한 모든 주제를 포괄하거나 깊이 있게 다루지는 못했지만, 한 학기에 이 책의 모든 내용을 다루기는 어려울 것이다. 그러므로 강의자가 필요에 따라 다룰 장이나 주제를 적절히 선택할 필요가 있다. 또한 각 장의 분량이나 난이도에 약간의 편차가 있어서, 수강생들의 전공이나 이해 능력을 고려하여 강의자가 적절하게 취사선택하는 것이 좋을 것이다.

차례

제1부 사회학의 문제의식과 기본 개념

제2부 문화와 일상생활

제3부 자본주의와 정치

제4부 사회문제와 사회운동

제5부 변화하는 세계와 일상

제 1 부

사회학의
문제의식과
기본 개념

사회학의 관심과 사회학적 상상력

사회학의 관심, 계몽사상, 시민사회, 사회학적 탐구, 사회학적 인식 방법, 사회관계, 사실판단, 가치
판단, 사회갈등, 사회통합, 사회진보, 사회변동, 과학적 탐구, 실증적·경험적 연구, 해석적 연구,
총체론적·관계론적 연구, 사회학적 상상력

사람들은 다른 사람을 피해 혼자 살아갈 수는 있지만 다른 사람의 도움
없이 살아가기는 어렵다. 부모가 없다면 태어날 수 없었을 것이며, 이런
저런 제품을 만들고 또 전달해 주는 사람이 없다면 내가 원하는 물품을 얻
을 수 없을 것이다. 서울에 살면서 제주도 해녀가 딴 해산물을 먹을 수도
있고, 아프리카에 사는 누군가가 인터넷에 올려놓은 동영상을 보며 재미
를 느끼기도 한다. 이렇게 사람들은 서로 멀리 떨어져 있으면서도 연결되
어 있다.

사람들은 일상에서 당연하게 여기던 일들이 갑자기 중단되어 삶이 불
편해지면 사회에 대한 불만을 느끼면서 주변 상황에 관심을 가지게 된다.
물류센터의 택배 노동자가 더위에 지쳐 쓰러지게 되면 내가 주문한 물품
이 제시간에 배달되지 않을 수 있다. 이때 고객센터에 전화해서 불만을
터뜨릴 수도 있고, 택배 노동자들의 고충을 이해하며 참을 수도 있고, 물
류회사의 열악한 노동환경에 대해 비난할 수도 있다. 나의 삶이 주변과 연
결되어 있음을 인식하게 되면, 주변 사회 나아가 전체 사회가 어떻게 움직
이고 있는지 관심을 가지게 되는데, 이것이 곧 사회학적 관심의 출발이다.

1. 사회학의 관심

사회학(sociology)은 사람들이 살아가는 모습을 이해하면서 왜 그렇게 살아왔고 또 살아가게 되는지를 설명하려는 학문이다. 개인들의 삶은 개인들이 직간접적으로 맺고 있는 사회관계들의 영향을 받으며, 사회관계들은 개인들이 의도적·비의도적으로 하는 행위들의 영향을 받는다. 그래서 개인들은 자신이 잘 알지 못하는 사회관계들 속에서 자신이 기대한 것을 이루며 살기도 하지만, 자기 생각처럼 되지 않는 삶으로 인해 답답함을 느낄 때가 많다. 사회학은 개인들이 잘 모르고 살아가지만 그들에게 영향을 미치는 사회관계들의 구조와 작동방식을 해명함으로써 개인들의 삶과 사회관계의 모습을 체계적으로 설명해 보려고 한다.

1) 축구와 사회학

축구 이야기

축구는 지구촌의 많은 사람이 즐기는 스포츠 중 하나이다. 사람들은 TV나 인터넷 등으로 중계방송되는 세계의 프로축구 경기를 보기도 하고, 직접 축구장을 찾아 프로축구 경기를 관람하기도 한다. 또 때로는 친구들끼리 어울리거나 동호회를 만들어 운동장에서 직접 축구를 하기도 한다. 남성들이 주로 즐기는 것이기는 했지만, 공 하나로 여러 사람이 함께할 수 있어서 가난했던 시절에도 축구는 인기 있는 운동이자 놀이였다. 그리고 오늘날에는 프로스포츠가 발달하고 여가시간도 늘어나면서 많은 여성이 축구를 즐기고 있으며, 이에 따라 여성 프로축구팀이나 축구동호회도 많이 늘어났다.

사람들이 다른 운동보다 축구를 더 즐기게 된 데에는 개인의 취향도 중요하지만 사회환경의 요인도 못지않게 중요하다. 예를 들어 골프나 테니스와 비교해 보면, 축구는 큰 비용을 들이지 않고도 즐길 수 있는 운동이다. 게다가 운동을 통해 여러 사람과 함께 어울릴 수 있는 것도 장점이다.

또한 프로축구가 발달하여 TV 등 대중매체를 통해 대중이 쉽게 접할 수 있는 것도 축구 취향이 확대되는 중요한 요인이다. 이처럼 축구는 개인으로서는 일상을 즐기는 스포츠일 뿐이지만, 사회적으로는 다양한 맥락들 속에서 개인들의 삶에 영향을 미치는 사회구조적 현상이다.

축구공 이야기

사람들이 축구를 즐기려면 무엇보다도 축구공이 있어야 한다. 그런데 흔히 공을 차고 놀면서도 정작 이 축구공이 어디서 어떻게 만들어지는지를 알고 있는 사람은 그리 많지 않다.

축구공 제작은 자동화가 어려워 많은 수작업 공정을 거쳐야 한다. 한 사람이 하루 4~6시간 동안 오각형, 육각형 모양의 외피조각 32개를 약 1620회의 바느질로 꿰매 공 1개를 만드는 것이다. 파키스탄이나 인도의 숙련노동자가 하루 8시간 동안 일해서 만들 수 있는 축구공 수는 2개 남짓이다. 그래서 아디다스(Adidas), 나이키(Nike)를 비롯한 세계적인 축구용품 기업들은 제작비용을 낮추기 위해 음성적으로 파키스탄과 인도의 아동노동을 이용해 축구공을 만들어왔다.

아이들이 손가락을 찔려가며 바느질을 해서 만든 축구공은 세계 곳곳으로 팔려나가 거대 스포츠 기업들에 막대한 이익을 남겨주었다. 이것은 아동노동을 착취한 대가였다. 그리고 이 축구공을 이용한 축구 경기를 통해 프로축구 구단과 축구선수들은 거액의 이익을 챙길 수 있었다.

1996년에 미국의 주간지 ≪라이프(Life)≫에 파키스탄 나이키 공장에서 축구공을 꿰매고 있는 아이의 사진이 게재되면서, 아동노동 문제가 세계적으로 공론화되었다. 이에 따라 세계적으로 나이키 불매운동이 벌어졌다. 그리고 이 사건을 계기로 1996년에 '세계축구연맹(FIFA: Fédération Internationale de Football Association)'은 '국제자유노동연맹(ICFTU: International Confederation of Free Trade Unions)'과 함께 FIFA의 면허(license)로 축구공과 축구용품을 생산하는 노동 관행과 관련된 일정한 기준에 대해 동의했다. 동의서의 내용은 다음과 같다.

축구공 생산과 관련된 노동은 강요적이고 구속적이지 않아야 하고, 아동노동력을 사용하지 않아야 하며, 고용에서 인종, 피부색, 성별, 종교 등에 의한 차별이 있어서는 안 된다. 노동자들은 노조를 결성하고 가입할 자유가 있으며 정당한 대우를 주장할 권리가 있다. 또한 노동 시간이 주 48시간을 넘지 않으며, 급여는 기본 생활이 가능한 수준의 액수가 주어져야 하고, 고용주는 안전하고 건전한 노동환경과 안정된 고용 기회를 제공해야 한다.

이 동의서는 축구용품 산업에서의 아동노동력 이용에 대한 사회적 비난이 높아져 불매운동 등 소비자운동이 전개되고 인권사회단체들과 국제기구들이 진상 조사와 감시활동에 나서기 시작하면서 만들어졌다. 하지만 국제 스포츠용품 산업연맹에 가입된 기업들이 이에 반발하면서, 축구공 및 축구용품의 생산과 관련된 조직들은 이 동의서에 서명하지 않았다. 그 대신에 이 연맹은 당시 세계 축구공 생산의 70% 이상을 차지하고 있던 파키스탄과 인도에서 아동노동 관련 프로그램을 추진하면서 아동노동을 금지하고 정당한 노동환경을 만든다는 내용을 포함한 행동법규를 제정했다. 하지만 이는 단지 권고사항으로서 구속력이 없었다.

아동노동 반대와 공정무역운동

저개발국의 아이들은 쉴 틈도 없이 바느질해서 축구공을 만들고 선진국의 아이들은 그 공으로 여가를 즐기며 체력을 기른다. 이것은 축구를 통해 나타나는 국가 간의 불평등을 보여준다. 아동노동에 대한 착취를 근절하여 저개발국 아이들도 건강하게 자라날 수 있도록 하려면 무엇보다도 이들의 노동력을 이용하려는 기업들의 태도가 바뀌어야 한다. 하지만 이윤을 추구하는 기업들이 자발적으로 아동노동을 근절하리라고 기대하기는 어렵다. 실제로 나이키가 아동노동 근절을 위해 적극적 조치를 하기 시작한 것은, 1997년부터 불매운동의 영향으로 주가가 하락하고 매출이 줄어 적자를 기록하는 등 위기감을 느끼게 되면서부터였다. 1998년에 나이키가 하청기업에도 기업윤리규범을 적용하기로 하는 등 협약을 맺음으로써 아동노동 문제가 어느 정도 사라지게 되었다.

아동노동을 근절하려는 노력은 '공정무역운동'으로도 나타났다. 공정무역은 개발도상국 생산자들에게 공정한 가격을 보장함으로써 공장에서의 과도한 노동 착취를 근절하도록 유도하는 효과를 낳는다. 특히 소비자들이 소규모 조합을 통해 생산자들과 직거래하면서 공정한 가격을 보장해 준다면 소비자와 생산자 간의 안정적인 협력관계가 형성될 수 있다. 축구공 생산의 경우에도 공을 직접 생산하는 저개발국이나 개발도상국의 하청기업들에 공정한 가격을 보장해 주면, 임금 비용을 낮추기 위한 아동노동 착취나 저임금 문제가 어느 정도 해결될 수 있다. 이처럼 기업들이 이윤 추구를 위해 직접 아동노동을 근절하려는 노력을 다하지 않는다면, 소비자나 시민들이 소비자운동을 통해 기업에 영향력을 행사하는 것이 문제 해결을 위한 하나의 방안이 될 수 있다.

축구의 기원과 대중화

영국에서 시작된 전통 축구(football)는 손과 발을 함께 사용하여 폭력적인 성격이 강했으며, 이것이 럭비와 현대 축구의 기원이 되었다. 오늘날 사람들이 즐기는 축구의 공식 규칙은 1872년에 처음으로 등장했는데, 현대 축구는 럭비와 분화된 후 점차 규칙을 합리화해 오면서 오늘날에 이르렀다. 반면에 럭비의 변형인 미식축구는 1876년 미국에서 처음으로 공식 규칙이 정해지면서 서서히 미국 전역으로 확산되었다. 축구는 19세기 말에 영국에서 유럽 전역으로 확산되었고, 이후 영국을 중심으로 한 유럽 제국주의 나라들이 세계 곳곳에 식민지를 건설하고 무역관계를 확대해 가는 과정에서 주로 영국인 목사, 선교사, 군인, 상인 등을 통해 세계적으로 확산되었다.

축구는 19세기 말 영국에서 대중에게 가장 인기 있는 스포츠였는데, 공업화에 따라 도시로 몰려든 노동자들에게 축구는 여가를 즐길 수 있는 소중한 수단이었다. 도시를 중심으로 축구클럽들이 생겨나고 클럽대항전이 이루어지면서 축구를 관람하는 인구가 급속히 늘어나기 시작했다. 제1차 세계대전 이후 영국에서는 축구 관람이 노동자들의 대표적인 놀이문화가 되었다. 전후의 경기 침체로 문화적 소비와 여가문화가 발달하지는 못했지만, 노동자 대부분이 일주일에 한 번씩 토요일 축구 경기라는 구경거리를 즐겼다. 축구 경기를 통해 축구팬들 간의 연대감이 형성되었고, 지역을 대표하는 팀들 간의 경기로 지역 간 경쟁구도도 형성되었다.

축구가 세계적으로 확산되면서 1904년에 국제관리기구로서 FIFA가 탄생했다. 1930년에는 FIFA가 주최하는 세계축구선수권대회, 즉 '월드컵(World Cup)'이 우루과이의 수도 몬테비데오에서 열렸으며, 이후 4년마다 지역을 옮겨가며 열리게 되었다.

축구 경기가 대중적 인기를 얻게 되면서 정치인들은 스포츠가 연대감을 형성하는 중요한 수단이 될 수 있다는 사실을 인식하기 시작했다. 그래서 정치인들은 스포츠를 민족적·국민적 연대감을 형성하기 위한 수단으로 이용하려 했다. 또한 자본주의적 공업화로 노동자들의 물질적 삶이 풍요로워지고 여가시간도 늘어나면서 축구 관련 산업도 점차 성장하기 시작했다. 특히 대중매체의 발달은 축구의 상업화를 가속화했다.

축구와 민족(국민)주의, 인종주의

스포츠가 지역 간 경쟁을 넘어 국가적 의례로 제도화된 것은 1900년 제2회 파리 올림픽 대회에서였다. 시상식에서는 국가대표들 사이의 경쟁에서 금메달을 획득한 나라의 국가가 울려 퍼졌고, 선수와 관중 모두에게 국가에 경의를 표하게 했다. 올림픽 헌장에서 공표한 이념은 "모든 인간은 어떤 종류의 차별 없이, 우정과 연대 그리고 페어플레이 정신에 기반을 둔 상호 이해를 요하는 올림픽 정신에 입각하여 스포츠 활동을 할 수 있어야" 하며, "올림픽 운동은 인종, 종교, 정치, 성별 등을 이유로 국가나 사람에 대해 행해지는 어떠한 형태의 차별도 허용하지 않는다"라는 것이었다. 하지만 현실적으로 올림픽은 국가 간 경쟁의 장이 되었고, 국가적 의례를 통해 대중에게 국가주의와 민족(국민)주의를 고취하는 수단이 되었다(김문겸, 2002).

독일 정치가 히틀러(Adolf Hitler)는 스포츠를 대중의 정치적 동원에 이용한 대표적인 사람이다. 그는 1936년 하계올림픽을 수도 베를린에 유치하여, 올림픽 개막식을 독일 '제3제국(Drittes Reich)', 즉 나치(Nazi) 정권의 선전장으로 만들었다. 히틀러는 스포츠를 통해 애국심을 고취하고 나치 정권에 대한 충성을 끌어냄으로써 대중의 지지를 유지해 나가려 했다.

한편, 남아메리카에서도 축구 열기가 뜨거워져 갔고, 국가대항 경기를 통해 민족주의적 열정이 확산되기 시작했다. 국가대항전으로 열린 축구 경기는 국민적 연대를 형성하는 중요한 수단이 되었지만, 국가 간의 감정 대립을 낳기도 했다. 특히 1969년에 엘살바도르와 온두라스 간에 치러진 멕시코 월드컵 예선전은 양국 관중 간의 폭력사태로 이어졌고, 결국 보복을 위한 전쟁, 이른바 '축구전쟁'으로까지 번졌다.

한국에서 축구가 정치적으로 이용된 대표적인 예는 박정희 정권에서 확인된다. 박정희는 민족주의 감정을 정치적으로 동원하기 위해 1971년 5월에 이른바 '박스컵(Park's Cup)'으로 불린 대통령배 아시아 축구대회를 창설했고, 1972년 9월에는 한·일 정기 축구 경기도 창설했다. 이러한 국가대항 축구 경기는 국민적 연대감의 형성을 통해 유신체제에 대한 지지를 이끌어내는 도구로 사용되었다. 이처럼 축구는 국가 간 경쟁을 통해 국가적 사기를 고양하고 국민적 일체감을 형성하는 수단으로서 정치적으로 널리 이용되고 있다.

축구가 프로화(직업화)되어 유럽 외부의 흑인이나 아시아 출신 외국인 선수들이 프로경기에 출전하게 되면서 이들에 대한 비하나 혐오행위가 세계적 쟁점으로 부각되기 시작했다. 이에 따라 1991년에는 경기장에서의 인종차별 행위를 범죄로 규정한 「축구폭력법」이 제정되기도 했고, 2006년 독일 월드컵을 계기로 선수들이 경기장 내외의 인종차별 행위에 반대하는 집합적·개인적 의례(ceremony)—축구경기 시작 직전에 선수 모두가 경기장에서 한쪽 무릎을 꿇는 등—를 허용하는 관례가 만들어졌다.

19세기 말에 자본주의적 공업화의 진전에 따라 사람들은 일자리를 찾아 도시로 몰려들었는데, 도시의 노동자들은 여가시간에 축구를 즐기면서 축구에 열광하기 시작했다. 또한 노동자계급을 중심으로 축구 경기를 관람하는 관중들이 폭발적으로 늘어나면서 축구는 점차 프로화·산업화되기 시작했다. 특히 영국의 몇몇 도시에서 형성된 축구클럽들이 1880년을 전후해 외국 선수를 영입하여 보수를 지급하고 경기에 출장시키기 시작하면서 점차 프로축구가 활성화되었다.

한편, 20세기 초에 발달하기 시작한 공장자동화에 의한 대량생산·대량소비 체계는 노동자들에게 물질적 풍요와 여가를 가져다주었다. 여가시간의 증가는 대중문화와 대중스포츠 발달의 기반이 되었다. 특히 자동화된 공장에서 노동자들이 단순하고 규율화된 일을 하면서, 축구를 비롯한 스포츠 관람은 노동의 고통과 스트레스를 해소하기 위한 여가생활로 각광받기 시작했다. 스포츠 경기를 다루는 신문과 주간지는 판매가 급증했으며, 경기를 이용한 도박과 복권 사업도 성행하기 시작했다.

TV 보급의 확대는 프로축구를 비롯한 스포츠의 상업화를 가져온 중요한 계기이다. 프로구단들이 경기관람권을 판매하여 수입을 올렸다면, 방송사들은 중계방송으로 광고를 판매하여 수입을 올릴 수 있었다. 또한 월드컵은 대중매체의 발달 속에서 축구시장의 지구적 확대를 가져와 축구의 상업화에 중요한 계기로 작용했다. 특히 1970년 멕시코 월드컵 때 등장한 TV 중계에 축구팬들의 관심이 집중되면서 축구의 상품성은 더욱 높아졌고, 광고효과를 얻고자 하는 기업의 후원을 받을 수 있게 되었다. 그래서 월드컵은 점차 '돈이 남는 장사'가 되었다(임현진·윤상철, 2002).

월드컵이 이익이 된다는 사실을 확인한 FIFA는 1974년 서독 월드컵 때부터 본격적으로 상업주의적 성격을 드러냈다. 아벨란제(João Havelange) FIFA 회장은 기업들의 후원을 받는 대가로 광고 독점권을 보장하고, 또 입장권의 상당수를 후원기업들에 선물로 제공했다. 이 때문에 입장권을 구하기 어려워지자, 서독 사람들은 개막식장에서 아벨란제에게 야유를 보내면서 지나친 상업주의를 비난했다. 그럼에도 불구하고 월드컵은 계속 기업의 후원을 받아 치러지고 있으며, 거대 다국적기업들의 홍보의 장이 되고 있다. 또한 FIFA가 월드컵 중계권을 소유하면서 세계 방송사들로부터 벌어들이는 방송중계권료가 FIFA의 주요 수입원이 되었다. 오늘날 프로축구와 월드컵은 대중의 소비주의를 확산시키는 문화상품이 되었다. 스포츠 마케팅과 스타 마케팅으로 축구 관련 상품의 소비시장 규모는 크게 확대되었다.

지금까지 보았듯이 축구는 다양한 경제적·정치적·문화적 효과들을 만들어냈다. 이처럼 축구의 사회적 효과들을 그 사회적·역사적 배경 및 조건들과의 연관성 속에서 해명하려는 사고방식을 사회학적 사고 또는 사회학적 상상력이라고 한다. 전체적 연관성을 그려내려는 '사회학적 상상력'은 축구와 같은 특정 사회현상이 어떻게 다양한 사회관계 속에서 다양한 사회적 의미를 내포하게 되었는지를 잘 이해할 수 있게 해준다.

2) 사회학의 대상과 관심

어떤 학문이 독자성을 주장하려면, 다른 학문들과 구별되는 독자적인 연구 대상과 방법을 보여주어야 한다. 사회학은 '사회(현상)'를 연구 대상으로 삼으면서, 이것을 '과학적인 연구 방법을 통해 이해하고 설명하려는' 학문[socio+logos]이다. 사회학이 처음 등장할 때 '사회'는 역사적으로 출현하기 시작한 새로운 성격의 사회현상이었고, 초기 사회학자들은 사회를 탐구하기 위한 다양한 과학적 방법을 찾고자 했다.

'사회'의 출현과 그 의미의 확장

'사회(society)'라는 말은 오늘날 사람들이 모여서 살아가는 모습을 일반적으로 묘사하는 말이 되었지만, 역사적으로 보면 서양 중세 말에 생겨나기 시작한, 전통적인 공동체와 구별되는 독특한 현상을 의미했다. 그래서 사회학자 퇴니스(Ferdinand Tönnies)는 공동체(Gemeinschaft, community)와 결사체(Gesellschaft, society)를 구분하면서, 전자는 혈연적 또는 지역적 동질성을 지닌 구성원들로 이루어진 전통적 생활집단으로, 후자는 이질적인 개인들이 인위적·의도적 목적으로 만나 집단을 형성한 것으로 정의했다(제5장 3절 참조). 여기서 결사체는 '사회'에 해당하는 것인데, 공장, 기업체, 상공업자 조직(한자동맹, 전국 규모의 자본가계급조직 등), 길드(수공업자 동업조합, 노동조합, 전국 규모의 노동자계급조직 등)와 같은 것들이 바로 새롭게 등장한 사회였다.

오늘날 사회는 공동체와 결사체 모두를 포괄하는 개념으로 사용되고 있다. 가족과 같은 작은 집단에서부터 학교, 직장, 국가, 세계 등 다양한 수준의 모임들 또는 집단들이 모두 '사회'라 불린다. 하지만 사회학이 출현했을 때 관심 대상은 무엇보다도 새롭게 등장한 현상으로서의 '사회', 즉 결사체였다. 그리하여 이 결사체가 이전의 공동체와 어떻게 다른지를 해명하는 것이 바로 사회학의 중요한 연구 대상이자 주제였다.

종합적 학문으로서의 사회학

18세기를 전후하여 발생한 부르주아혁명과 공업혁명은 갈등과 투쟁의 역사 속에서 피지배 대중이 물질적 풍요와 정치적 해방에 대한 기대를 품을 수 있도록 한 중대한 역사적 사건이었다. 이 사건들은 봉건적인 사회관계를 해체하고 더욱 자유롭고 민주적인 사회관계를 형성하도록 함으로써, 많은 이들에게 역사의 발전과 합리적 진보에 대한 믿음을 심어주었다. 하지만 새롭게 등장한 사회의 모습은 이러한 믿음을 충족시켜 주지 못했는데, 19세기 전후의 초기 사회학자들은 전통사회에서 현대사회로의 이행 과정에서 이루어진 물질적·지적·사회적 진보를 긍정하면서, 사회변동의 원동력이 무엇이며 새로운 사회를 구성하는 중심적 원리가 무엇인지를 밝혀내고자 했다. 그리고 어떻게 더 나은 미래사회를 건설할 수 있을 것인지를 고민했다.

콩트(Auguste Comte), 스펜서(Herbert Spencer), 마르크스(Karl Marx), 뒤르켐(Émile Durkheim), 베버(Max Weber) 등 초기 사회학자들은 공통적으

한자동맹

13~15세기에 걸쳐 독일의 발트해와 북해 연안에 있는 도시들 사이에서 해상교통 안전 보장, 공동 방위, 상권 확장 등을 위해 체결된 도시 연맹이다. 중세 유럽은 11~14세기에 걸쳐서 봉건제도가 쇠퇴하기 시작했다. 새롭게 도시가 형성되었고, 수공업이 발달하고 많은 상품이 생산되면서 도시가 성장하고 화폐경제가 발달하게 되었다. 특히 십자군원정의 부산물인 동방시장 개척으로 이탈리아와 독일의 상업도시가 급격히 발달했다. 이들 도시는 모두 그 재력을 이용해서 봉건제후들로부터 차츰 자치권을 얻어내고 독립해 갔다. 그중 독일의 여러 도시는 13세기 중엽에 '한자(Hansa)동맹'을 맺고 봉건제후와 맞서기에 이르렀으며, 이로 인해 중세 말 유럽 사회에서는 봉건 세력 밑에서 새로운 부르주아계급이 등장하기 시작했다. 한자동맹에 속한 도시의 수는 그때그때의 사정에 따라서 증감했는데, 전성기에는 100개를 헤아릴 정도였다. 뤼베크를 맹주로 하여 브레멘, 함부르크, 쾰른 등이 4대 주요 도시이며, 뤼베크에 '한자회의'를 두고 다수결로 정책을 결정했다.

로 공업(industry)의 발달 속에서 새롭게 등장한 사회의 모습을 좀 더 전체적이고 종합적인 시각에서 해명하려고 했다. 말하자면 경제(시장, 분업), 정치(국가, 권력), 문화, 종교, 이데올로기, 도덕 등 다양한 영역과 관계들을 서로 연관시켜 이해하고 설명하려 했다. 물론 당시 중요한 학문분과로 자리 잡았던 정치학이나 경제학이 각각 정치(국가)와 경제(시장)에 초점을 맞추고 있었던 반면, 사회학은 새롭게 형성된 결사체로서 '시민사회'에 좀 더 주목했다고 할 수 있다. 하지만 사회학의 관심은 '시민사회'에만 한정되지 않았고, 시민사회가 국가나 경제(시장)와 어떻게 서로 영향을 주고받으면서 하나의 전체 사회를 구성하고 있는지를 해명하고자 했다.

사회학은 일상생활 속에서 이루어지는 이런저런 개인적 경험이나 부분적 사회현상을 전체 사회관계와의 연관 속에서 이해하려고 하며, 이를 통해 개인적·부분적으로는 해명하기 어려운 사회현상을 설명하려고 시도한다. 그래서 사회학은 'n'개의 세부 사회영역들을 연구 대상으로 하는 학문분과들을 종합하려는 'n+1'의 학문이라고도 한다. 오늘날 사회학은 개인의 심리에서부터 세계화의 양상까지 다양한 주제를 그 다양한 사회적 조건과 배경 속에서 해명하려는 종합적 학문으로 발전해 가고 있다.

2. 사회의 과학적 인식과 사회학적 상상력

1) 사회학적 인식과 사회학적 상상력

사회학적 상상력

사회학자들은 사회현상을 설득력 있게 해석하고 설명하기 위해 사회학적 상상력(sociological imagination)을 동원하려 한다. 그런데 이러한 해석과 설명은 단지 사회학자들에게만 필요한 것이 아니라 일상생활을 살아가는 사람들에게도 필요하다. 더 많은 사람이 사회학적 상상력을 통해 사회를 이해하고 다른 사람들을 이해하게 된다면, 그 사회는 서로를 이해하고 공감하는 지적·정서적 수준이 높아져 개인들과 사회가 더 나은 상태로 변화할 수 있을 것이기 때문이다.

비판사회학자 밀스(Charles W. Mills)는 『사회학적 상상력(The Sociological Imagination)』에서 다음과 같이 주장한다. 사람들은 자신의 일상적인 삶의 모습을 역사적 변동과 사회구조적·제도적 모순에 의해 이해하려는 생각을 잘 하지 않는데, 이것은 인간과 사회, 개인의 일생과 역사, 자아와 세계 사이의 상호작용을 파악하는 정신적 자질을 갖추지 못했기 때문이라고 파악했다. 여기서 말하는 정신적 자질이 곧 '사회학적 상상력'이다 (밀스, 2004).

사회학적 상상력은 다양한 인식 방법을 활용하는 사회과학적 사고 과정이라고 말할 수 있는데, 밀스는 특히 '생활환경에 대한 개인문제'와 '사회구조에 관한 공적 문제'를 구별하는 것이 사회학적 상상력의 기본 도구가 된다고 보았다. 말하자면 일상적으로 개인문제라고 생각하는 것들이 사회구조적 변동과 연관되어 있다는 점을 인식하고 다양한 환경과 조건 속에서 이러한 연관성을 찾아가는 것이 바로 '사회학적 상상력'이다.

개인과 사회구조

일상적으로 사람들은 일자리와 소득이 개인의 능력이나 노력 여부에 따라 정해지며, 개인이 책임질 문제라고 생각하는 경향이 강하다. 하지만 개인이 노력한다고 해서 그 사회에서 좋은 일자리가 만들어지는 것은 아니다. 예를 들어 오늘날 이른바 '좋은 일자리'를 얻기가 어려운 것은, 자동화되고 정보화된 탈공업사회, 지식정보·서비스사회, 또는 디지털 자본주의 사회가 좋은 일자리를 많이 제공하지 않기 때문이다. 게다가 정부가 '시장자유주의(market liberalism, the principle of free market)'를 강하게 지향하게 되면 자본과 기업의 필요에 따라 일자리 불안, 저임금, 실업이 확대될 수 있다. 이에 따라 좋은 일자리가 부족해지면 시장경쟁은 더욱 치열해질 수밖에 없다.

사회학적 상상력은 얼핏 개인문제로 보이는 것이 알고 보면 역사적 사

시장자유주의

시장자유주의는 자유시장경제를 신봉하는 사상으로서, 시장근본주의, 시장만능주의, 자유시장주의, 자유시장 원리 등으로 불리기도 한다. 스미스(Adam Smith)의 자유시장경제 원리에 따라, 재산(자본)의 사적 소유에 기초하여 시장에서의 자유로운 경제활동을 옹호하는 이념이다.

시장자유주의자들은 시장이 자생적인 질서이며 시장에서의 자유로운 경쟁은 합리적인 경제활동과 효율적인 자원 배분을 가져다준다고 본다. 그래서 사회정의(분배정의)를 위한 국가의 개입은 개인의 자유를 박탈하여 시장질서를 훼손하기 때문에 자유로운 사회와 양립할 수 없다고 본다.

이러한 시장자유주의 사상은 1970년대 케인스주의 복지국가의 위기 이후 서양에서 확산된 '신자유주의' 사상의 기초가 되었다. 대표적인 신자유주의 사상가로는 하이에크(Friedrich A. Hayek)와 프리드먼(Milton Friedman)이 있다.

회변동 양상과 사회제도의 성격에 크게 영향을 받는 사회문제라는 점을 이해할 수 있게 해준다. 이러한 사회문제는 개인의 능력이나 노력 여부에 따라 부분적으로 다른 해결책을 찾아내 벗어날 수 있겠지만, 개인이 사회문제 자체를 온전히 피해가거나 해결해 내기는 어렵다.

오늘날 입시 경쟁, 청년실업, 일자리와 소득 불안정, 결혼 기피, 이혼율 증가, 노후 질병 등에 따른 정신적 불안과 고통으로 여러 연령층에서 자살이 늘어나고 있다. 이러한 사회문제들은 개인이 책임지거나 해결하기 어려운 문제들이다. 한국 사회는 그동안 급속한 경제성장을 이루었으나 그 이면에서는 부의 불평등한 분배, 국가의 취약한 복지정책 등으로 다양한 사회적 불만과 불안을 안고 있다. 그래서 지금은 보수정권에서조차도 시장 자유를 내세워 복지제도를 약화하겠다고 선뜻 나서지 않는다. 시민들은 예전에 개인이나 가족의 책임으로 생각했던 문제들을 정부가 주도하여 해결해 주기를 바라고 있고, 또 요구하고 있다. 이것은 시민 대중 사이에서 '사회학적 상상력'이 풍부해졌기 때문이라고 생각할 수 있다.

개인이 아무리 열심히 노력해도 경제 불황으로 인한 실업은 누군가에게나 닥칠 수밖에 없는 일이 되며, 누구나 겪을 수 있는 질병과 퇴직은 개인적으로 해결하기에는 그 비용부담이 너무 크다. 이처럼 일자리가 줄거나 질병, 퇴직 등으로 경제적인 어려움을 겪으면 개인들의 삶은 불안정해지는데, 사람들은 점차 이러한 문제들에 대해 사회가 공동으로 대처할 필요가 있으며 국가가 국민의 기본생활을 안정적으로 보장해 주는 정책이 필요하다는 점을 깨달아가고 있다. 사회적 불안을 해소하기 위해서는 국가가 법적·제도적 개혁을 통해 일자리 불안과 소득불평등 문제의 해결을 위해 적극적으로 노력하고, 나아가 국민 모두의 기본적 생존을 보장하기 위해 사회복지를 확대해 나가야 한다는 것이다.

2000년대 이후 한국 사회의 많은 사람들은 교육, 독서, 여행 등을 통해 유럽의 선진적 복지국가에 관한 지식을 얻게 되었는데, 이에 따라 보편적 복지제도에 긍정적인 관심을 더 많이 가지게 되었다. 그리하여 모든 국민에게 기본적인 안정적 삶을 보장하기 위해서는 개인의 소득을 다소 양보하더라도 세금을 올려 보편적 복지제도를 확대해야 한다는 생각이 점차 우세해졌다. '사회학적 상상력'은 시민들이 사회문제에 관한 공적 관심을 키우고 또 공동체적 문제 해결을 추구하도록 하는 데 기여하고 있다.

사회학적 상상력과 성찰적 자기인식

사회학적 상상력은 학자들만이 아니라 일상적 삶을 살아가는 대중에게도 중요하다. 사회현상을 과학적·사회구조적 시각에서 인식하려는 노력은 개인들이 자신의 태도, 가치, 행위 등을 선택할 때 그 의미를 더 명확하게 이해할 수 있게 한다. 그래서 밀스는 다음과 같이 말한다.

> 사회학적 상상력을 통해 얻어지는 최초의 수확은, 즉 그것을 구현하는 사회과학의 최초의 교훈은, 개인은 자기 자신의 위치를 그가 몸담고 있는 시대 속에서 찾음으로써 자신의 경험을 이해할 수 있고 자신의 운명을 측정할 수 있다는 생각, 그리고 개인은 자기와 같은 환경에 사는 모든 개인의 삶의 기회를 인식함으로써만 자신의 삶의 기회를 알 수 있다는 생각이다.

이런 맥락에서 베버는 자연과학과 달리 사회과학이 추구하는 목표는 인간이 가치를 선택하고 자신의 가치에 따라 행동하는 상황에 대한 명확한 자기인식, 즉 "인간이 자기행동의 궁극적 의미를 헤아리도록" 돕는 자기명확성(self-evidence)에 있다고 말했다. 비슷한 맥락에서 마르크스는 노동자들이 지배 이데올로기와 허위의식에서 벗어나 과학적 인식에 기초한 진정한 자기의식인 계급의식을 획득할 때 인간 해방이라는 역사적 임무를 수행할 수 있고, 이를 통해 자신도 해방될 수 있다고 말했다.

사회학적 인식과 사회적 존재/의식

사람들이 사회에 대한 과학적·객관적 지식을 얻는 일은 앞으로 자신이 취해야 할 태도와 행동을 합리적으로 결정하는 데 많은 도움을 준다. 그런데 과학적 지식을 얻는다는 것이 곧바로 어떤 태도나 행동을 선택해야 하는지를 정해주지는 않는다. 예를 들어 사교육이 학생들의 학업능력을 향상시킨다는 사실이 객관적으로 입증되었다고 하더라도, 모두가 사교육을 선택하지는 않는다. 어떤 사람들은 여전히 사교육이 장기적으로 부정적인 결과를 낳을 것으로 생각할 수 있으며, 또 어떤 사람들은 학업능력 향상을 교육의 최고 목표로 삼는 것은 바람직하지 않다고 생각할 수 있다. 나아가 사교육 없이도 학생들이 다양한 교육 기회를 얻을 수 있도록 교육제도를 개혁하여 교육 경쟁을 완화하자고 주장할 수도 있다.

이처럼 사람들의 태도와 행동은 자신이 처해 있는 상황, 추구하는 이익이나 가치 등에 따라 달라질 수 있으며, 따라서 어떤 사실이 객관적이고 과학적이라는 점이 인정된다 해도 이 사실을 어떻게 받아들이고 또 어떤 태도를 취할 것인지는 여전히 개인들의 선택에 달렸다. 그러므로 사회학적 인식과 탐구는 기본적으로 사회에 대한 과학적이고 타당한 설명을 제공해 줄 수는 있지만, 그 사회에서 개인들이 무엇을 할 것인지를 정해줄 수는 없다. 가치의 선택과 행동의 결정에는 개인들의 이해관계, 가치관, 선호, 감정 등이 다양하게 영향을 미치기 때문이다.

그렇지만 사회(과)학은 이러한 이해관계, 가치관, 선호, 감정이 어떻게 형성되었는지를 설명함으로써 개인의 선택을 도울 수 있다. 이를 위해 사회학에서는 '사회적 존재'와 '의식'을 대비하는데, 개인들의 의식의 차이를 설명하기 위해서 '사회적 존재'에 주목한다. 개인들은 서로 다른 의식, 이데올로기, 감정, 태도들을 지니고 있는데, 이것들은 사회적 존재 조건의 차이를 반영하며, 이로부터 서로 다른 태도와 행동이 나타나게 된다.

일반적으로 사회적 존재란 사회관계 속에서 개인이 처해 있는 상황이나 조건들을 의미하며, 재산 소유, 소득수준, 직업, 고용관계에서의 위치, 교육수준, 세대(나이), 성별, 지역 등 다양한 물질적·사회적 관계들 속에서 개인이 차지하고 있는 위치와 연관된다.

〈표 1-1〉 비과학적 인식 방법과 과학적 인식 방법

비과학적 인식 방법	과학적 인식 방법
주관적·비합리적 사고	객관적·합리적 사고
일원적·절대적 사고	비교적·상대적 사고
몰역사적 사고	역사적 사고
파편적·부분적 사고	관계적·전체적 사고
단순총합적 사고	분석적 사고

2) 사회의 과학적 인식 방법

사회학은 다른 사회과학들과 마찬가지로 사회를 더욱 객관적·합리적·과학적인 방법으로 이해하고 설명하려는 학문이다. 그래서 주관적·비합리적·비과학적 사고를 극복하기 위해 인식 방법들을 정교화해 왔다. 사람들이 일상적인 경험과 인식의 과정에서 습득하는 지식들은 대체로 자기중심적 사고와 자기성찰의 한계로 인해 선입견, 편견, 편협함에 갇혀 있는 경우가 많다.

사회학자들은 이러한 인식의 한계와 오류에서 벗어나서 객관적이고 과학적인 인식을 추구하기 위해, 〈표 1-1〉처럼 일상적 사고가 빠져들 수 있는 비과학적 인식에서 벗어날 수 있는 과학적 인식 방법을 모색해 왔다.

객관적·합리적 사고

일상적 삶 속에서 개인들은 주관적·자기중심적 사고로 인해 편견이나 선입견을 지니기 쉽다. 영국의 경험주의 철학자 베이컨(Francis Bacon)은 『신기관(Novum Organon Scientiarum)』(1620)에서 우상론(The Idols)을 제기하면서 인간이 지닐 수 있는 허구적인 관념의 네 가지 기원을 말한 바 있다. 개인들은 주관적 경험과 인식의 절대화, 주관적 이해관계, 세계에 대한 지식의 협소함, 또는 미래의 불확실성으로 인한 불안과 혼란 등으로 선입견이나 고정관념에 빠져 있거나 비합리적 기대나 신비주의적 주장에

우상론

베이컨(1561~1626)은 17세기 영국에서 활동한 경험주의 철학자로서, 인간의 참된 인식을 방해하는 네 가지 우상(idola) 또는 환영으로 종족의 우상, 동굴의 우상, 시장의 우상, 극장의 우상을 제시했다. '종족의 우상'은 인간이라는 종족의 일반적 본성에 기인하는 선입견을 의미한다. 인간의 지각이나 오성은 인간중심적 편견으로 인해 사물이나 대상의 본성을 그대로 받아들이지 못하고 왜곡한다. '동굴의 우상'은 개인의 심리적 편견을 의미한다. 개인들은 각자 특수한 학습 과정과 사회적 교류에 따라 특유한 성격을 지니게 되는데, 이로 인해 마치 동굴 속에서 자연의 빛이 굴절되듯이 진리의 빛이 굴절된다. '시장의 우상'은 사람들이 서로 소통하는 과정에서 생겨나는 편견이다. 시장처럼 사람들이 모여 있는 공간에서 인간들의 교류와 소통은 화폐와 같은 인위적 가치를 만들거나 자의적인 언어를 만들어냄으로써 사물에 대한 사실적 인식을 방해한다. '극장의 우상'은 진리의 권위를 내세우는 허위적 관념이나 의견들을 말한다. 극장의 무대에서 상연되는 가공된 이야기가 대중적 권위를 가지듯이, 잘못된 논증의 규칙이나 그릇된 학설이 권위를 가지면서 잘못된 인식과 믿음이 확산된다. 우상론은 자연적 사물에 대한 객관적 인식 문제를 다루는 것이지만, 사회현상의 객관적 인식 문제를 이해하는 데도 도움이 된다.

쉽게 빠져드는 경향이 있다. 사회학은 이러한 주관적인 편견, 선입견에 도전하면서 누구나 수긍할 수 있는 '객관적 인식'을 추구하며, 비합리적·신비주의적 인식의 근거를 파헤침으로써 세계에 대한 '합리적 인식'을 제시하려고 한다.

과학이 발달하지 못해 신비로운 자연현상을 설명하기 어려웠던 시대에, 사람들은 미신을 믿거나 신비주의적 주장에 빠져들었다. 미신이나 종교는 비합리적이고 신비주의적인 믿음으로서, 사람들에게 정신적인 편안함과 만족감을 줄 수는 있지만 과학적·객관적 인식을 제공해 줄 수는 없다. 사회학은 이처럼 합리적 근거가 없는 주관적이고 비합리적인 사고와 믿음에 도전하면서 객관적·합리적 인식을 제시하려고 한다.

오늘날 과학이 발달하면서 비합리적·신비주의적 사고는 많이 사라졌다. 그런데 사회현상에 대해서는 여전히 주관적·비합리적 사고가 나타나고 있다. 예를 들어 사람들은 실질적인 화폐 기능을 하지 못하면서 투자자들의 투자량에 따라 가격의 유동성이 심한 가상화폐(virtual money) 또는 암호화폐(cryptocurrency)에 투자하며 시세 차익을 기대하는데, 가상화폐는 실물과의 연계가 없어서 경제 상황이나 투자심리, 시세 조작 등에 따라 수요가 줄어들면 가격이 폭락할 수도 있다. 하지만 가상화폐에 투자하는 많은 사람은 가상화폐 가격이 계속 오르리라는 비합리적 기대를 지니고 투자하다가, 가격이 폭락하면 손해를 입게 된다. 가상화폐 거래가 계속 확대되는 것은, 사람들이 이러한 주관적·비합리적 기대를 버리지 못하기 때문이다. 물론 일부의 투자자들은 시세 변동 속에서 시기를 잘 맞추어 시세 차익을 남길 수 있다. 하지만 모두가 돈을 벌 수 있으리라는 생각은 주관적이며 비합리적이다. 오늘날 금융시장이 커지면서 각종 시세 차익으로 돈을 벌려는 경향이 커지고 있는데, 현실에서는 소수의 투자자만이 시세 차익으로 큰돈을 벌 수 있을 뿐이다. 이에도 불구하고 개인들은 자신도 큰돈을 벌 수 있다는 비합리적 기대를 품고 투자한다. 그리고 개인들의 비합리적 기대에 의한 투자가 금융시장을 유지하는 기반이 된다.

편견이나 선입견, 고정관념 등은 단순히 인식의 객관성이 부족해서 생기는 것만이 아니라 개인적 이해관계나 감정적·정서적 선호로 인해서도 생겨난다. 예를 들어 지역감정, 인종적·민족적 편견, 동성애자나 장애인에 대한 편견 등은 감정적·정서적 선호나 도덕적·규범적 신념과 연관되어 있어서 인식의 오류가 입증되어도 여전히 지속될 수 있다. 이러한 비합리적 감정이나 편견에서 벗어나기 위해서는 열린 사고를 통한 지속적인 자기성찰과 변화의 노력이 필요하다.

비교적·상대적 사고

개인들은 일상적 경험 속에서 습득하는 지식을 당연한 사실로 받아들이거나, 자신이 잘 모르는 것들에 대해서 주변 사람들이 하는 얘기를 별 의심 없이 믿는 경향이 있다. 그래서 자신의 이해관계에 크게 어긋나지 않으면 이러한 인식이나 지식을 자연스러운 것으로 여기게 되고, 또 이것을 세상을 판단하는 단일하고 절대적인 기준으로 삼으려 한다. 이처럼 자신이 가진 경험이나 지식만을 절대적 기준으로 삼게 되면 '자기중심적 사고'에서 벗어나지 못해 사회 현실에 대한 객관적 판단에 이르기 어렵다. 세상에는 시대에 따라, 지역에 따라 다양한 생활방식과 가치관들이 존재하며, 사회적 조건에 따라 개인들이 경험하는 세계도 다양하다. 그래서 자신이 겪은 특정 시대, 특정 지역의 제도, 문화, 생활방식 등이 모든 시대, 모든 사회에 일반적이라고 볼 수는 없다.

자신의 지식이나 가치만을 판단 기준으로 삼는 일원적·절대적 사고에서 벗어나려면, 시대와 지역에 따른 차이와 다양성에 주목하면서 서로를 비교해 보려는 시각이 필요하다. 이것이 곧 '비교적·상대적 사고'이다. 사람들이 자신들의 생각이 절대적인 것이 아니라 상대적인 것이라고 인식하면서 서로 다른 사회의 제도, 가치, 생활방식들을 비교해 보면, 자신들의 제도, 문화, 생활방식이 지니는 의미를 좀 더 객관적으로 이해할 수 있게 된다. 예전에는 한국 사회에서 어른을 존중해야 한다는 규범을 강조하며 나이와 성별에 따라 낮춤말을 쓰며 하대하는 행위를 자연스러운 것으로 여겼다. 그래서 어른들이 젊은이들에게, 남성들이 여성들에게 낮춤말을 쓰거나 하대하는 권위주의적 문화가 일상적이었다. 하지만 민주주의 의식이 성장하고 탈권위주의 경향이 커지면서, 가족이나 친밀한 사이가 아니면 낮춤말을 쓰는 것은 부당하다는 생각이 당연시되고 있다.

미국이나 유럽 등 일상에서 평등주의 문화가 발달한 나라들에서는 언어에 존대법이 거의 없고 나이에 따른 서열 의식도 없다. 반면에 한국은 비공식적 관계에서 나이 서열 문화가 여전히 남아 있다. 유럽에 진출한 어느 한국 축구선수가, 자기보다 나이가 적은 외국 선수들이 자신을 격려하면서 머리를 만지는 행동이 충격적이었으며 적응하기 쉽지 않았다고 말한 적이 있다. 이것은 나라마다의 문화 차이를 잘 보여주는데, 일원적·절대적 사고에 빠져 있으면 이런 점들을 인정하고 받아들이기 어렵게 된다. 비교적·상대적 사고는 나라마다 문화나 제도가 서로 다를 수 있다는 점을 인식하게 함으로써, 자신들의 특수한 제도나 문화를 보편적인 것으로 생각하는 일원적·절대적 사고에서 벗어날 수 있게 해준다. 선입견, 편견, 고정관념 등을 넘어서 제도와 문화의 다양성을 인정하게 되면, 이를 통해 자신들의 비합리적 제도나 문화를 바꾸려는 노력도 가능해진다.

역사적 사고

개인들은 시간적 경험의 한계로 자신이 살아가는 현재의 생활방식을 당연하고 자연스러운 것으로 생각하고, 또 그 변화에 대한 전망도 지니지 못하는 경향이 있다. 예를 들어 한국 사회에서 단일민족의식은 많은 이들이 당연하게 받아들이는 일종의 몰역사적 의식이었다. 역사적으로 한반도에는 여러 민족이 혼재해 왔는데, 일반적으로 한민족은 예맥족을 근간으로 하면서도 역사적 과정에서 고아시아족, 남방계, 중국계, 일본계 민족이 조금씩 혼성되면서 형성되어 왔다. 그러다가 조선시대부터 지금과 유사한 국경이 정해지고 외세와 대결하는 과정에서 한민족의 단일민족의식이 점점 더 강화되어 왔다. 특히 현대적 국민국가가 형성되고 국가에 의한 교육과 홍보를 통해 '백의민족' 등 단일민족의식이 적극적으로 확산되면서 국민들이 단일민족이라는 의식을 자연스럽게 내면화했다. 외형적 유사성, 동일한 언어의 사용 등이 민족적 동일성을 주장하는 물리적 조건이었다면, 일본을 비롯한 다른 나라와의 대결의식, 스포츠를 통한 국가 간 경쟁 등은 단일민족의식을 강화하는 정신적 요인이었다.

이처럼 실제로는 혈통적으로 순수한 단일민족이라고 하기 어려움에도 특정한 시대적 조건에서 형성된 단일민족의식을 초역사적인 것처럼 여기는 것은 합리적인 사고가 아니다. 무엇보다도 오늘날 세계 사회와 한국 사회가 국제적 교류의 확산에 따라 다문화·다인종 사회로 변해가는 과정에서는 역사적 사고를 통해 선입견에서 벗어날 필요가 있다.

한편, 자본주의 시장경제 속에서 태어나고 자라난 사람들은 자본주의를 초역사적인 경제제도로 생각하기 쉽다. 하지만 역사적으로 보면 유럽에서 자본주의 시장경제는 봉건제가 해체되고 사유재산제도가 발달하면서 생겨난 특수한 경제제도이다. 또한 자본주의의 형태에서도 복지국가와 사회적 시장경제가 우세한 나라들도 있고 시장자유주의 경제가 우세한 나라들도 있다. 이러한 차이는 자본주의가 발달하는 과정에서 서로 다른 지리적·정치적·사회적 조건들로 인해 시민들의 정치적 지지 성향과 이에 따른 집권 세력의 정책적 선택이 서로 달랐기 때문이라고 할 수 있다. 그래서 몇몇 나라들에서는 사회주의혁명을 통해 자본주의 경제제도를 폐지하기도 했다.

사회학은 이처럼 몰역사적 사고의 한계를 극복하기 위해 '역사적 사고'를 통해 과거 사회와 현재 사회의 삶의 원리나 의식들을 서로 비교해 봄으로써 현재 사회의 제도, 문화, 생활방식을 객관적으로 볼 수 있게 한다. 여기서 역사적 사고는 비교적 사고의 한 형태로 볼 수도 있는데, 일반적으로 '비교적 사고'가 공간적으로 다른 지역·나라 간의 비교라면, '역사적 사고'는 동일한 지역·나라에서 시간적 선후 간의 비교이다.

관계적·전체적 사고

개인의 사고를 비합리적인 것으로 만드는 요인들 중 하나는 자신이 접한 파편적·개별적·부분적 경험에만 몰두하여 사고하는 경향이다. 애초의

전체와 총체

전체와 총체는 각각 'whole'과 'totality'의 번역어인데, 일반적으로는 두 용어가 동일한 의미로 사용된다. 그런데 독일 철학자 헤겔(Georg W. F. Hegel)에 의해 적극적으로 사용된 '총체' 또는 '총체성(totality)' 개념은 내적인 통일성을 강조함으로써 전체를 구성하는 부분들 간의 다양성과 모순을 사고하는 데 한계가 있다고 지적된다. 그래서 부분들 간의 다양성과 모순을 포괄하는 의미로 '총체성' 대신 '전체(whole)'라는 용어를 사용하기도 한다.

2007년에 제주도 남쪽의 작은 섬
마라도에서는 전기카트 영업 때
문에 주민들 간 갈등이 심화된 적
이 있었다. 먼저 일부 주민은 전기
카트를 도입해 대여업을 하면 돈
을 잘 벌 수 있으리라 기대하고 사
업을 시작하여 많은 소득을 올렸
다. 그런데 이로 인해 뜻밖에 음식
점과 민박업소가 피해를 보게 되
었고, 동시에 일부 주민은 주가로
전기카트 대여업에 나서기 시작
했다. 한편으로는 전기카트 대여
업자들과 음식 및 숙박 업자들 사
이에 갈등이 일어났고, 다른 한편
으로 전기카트 대여업자들이 늘
어남에 따라 한정된 관광객을 서
로 차지하려는 경쟁이 심화되면
서 갈등이 생겨났다. 결국 전기카
트 대여업을 통해 소득을 올리려
는 일부 주민의 의도가 음식 및 숙
박 업자들과의 갈등, 그리고 전기
카트 대여업자의 증가에 따른 수
입 감소라는 의도하지 않은 결과
를 낳게 된 것이다. 이러한 갈등은
이후 주민들 간의 대화를 통해 전
기카트의 총수를 제한하는 데 합
의하면서 해결되었다.

경험은 특별한 조건에서만 가능한 것이었는데, 이것을 마치 어떤 조건이
나 상황에서도 나타나는 것처럼 사고하는 것은 타당하지 않다. 그래서 '파
편적·부분적 사고'가 직면할 수 있는 한계를 이해하려면 '관계적·전체적
사고'가 필요하다.

피자 장사가 잘 되는 어떤 동네가 있다고 가정해 보자. 이 소문을 듣고
몇몇 사람들이 그 동네에 피자가게를 차렸다고 해서 피자 장사가 잘 되리
라는 법은 없다. 수요가 일정하다면 피자가게들 전체의 매상은 비슷할 것
이고 개별 피자가게들은 매상이 떨어져서 만족스러운 수입을 얻지 못하
거나 손해를 보게 될 수 있을 것이다. 그러므로 개인들이 일상의 경험에
근거하여 일정한 기대를 품고 행동하더라도 같은 생각으로 행동하는 개
인들이 많아지면, 처음에 기대했던 결과들이 그대로 나타날 수 없게 된다.
피자가게 개업의 예에서 보이는 것과 같은 비합리적 사고는 '구성의 오류
(The fallacy of composition)' 또는 '합성/결합의 오류'라고 불린다. 부분에
서 참인 것이 부분들이 결합하여 구성된 전체에서도 참이라고 생각하는 것
은 오류라는 것이다. 이처럼 부분적·개별적 사고의 오류를 넘어서기 위해
서는 결합된 전체의 시각에서 바라보는 '관계적·전체적 사고'가 필요하다.

분석적 사고

부분적 사고의 한계를 넘어서기 위해서 관계적·전체적 사고가 필요한
한편, 전체적 인식이 '결합적·관계적 사고'가 아닌 '단순총합적 사고'로 나
아가는 것도 경계해야 한다. 부분적 사고와 단순총합적 사고는 모두 부분
들이 전체를 구성하면서 맺는 관계에 관심을 두지 않는다는 점에서 유사
한 한계가 있다. 사회과학적 사고가 객관성을 가지려면 파편화된 부분이
나 결합한 전체에만 몰두해서는 안 되며, 다양한 부분들이 서로 어떤 방식
으로 관계를 맺고 있는지를 살펴보아야 한다. 이처럼 전체를 부분으로 나
누어 봄으로써 전체적 관계 속에서 부분들이 지니는 의미를 좀 더 명확히
파악하려는 사고방식을 '분석적 사고'라고 한다.

1960년대 한국의 경제성장 과정에서 박정희 군사정권은 수출 주도 성

〈표 1-2〉 한국의 1인당 국민총소득(GNI)　　　　　　　　　　　　　　　　　　　　(단위: 달러)

연도	1980	1985	1990	1995	2000	2005	2010	2015	2020	2021
1인당 국민총소득	1,699	2,427	6,602	15,522	12,179	19,362	23,118	28,814	32,004	35,373

자료: 통계청 KOSIS.

장전략으로 소비재 중심의 경공업을 집중적으로 지원했다. 기업의 성장을 돕기 위해 곡물가격을 낮춰 노동자들의 저임금을 유지하고자 했고, 이 것은 농업인들의 피해를 전제로 하는 것이었다. 단순총합적 사고로 보면 전체적인 경제성장에 주목하여 긍정적인 평가를 하게 되겠지만, 분석적 사고로 보면 공업 부문 자본과 기업들은 더 많은 이윤을 얻을 수 있었던 반면에 노동자들과 농민들은 저임금과 저곡가로 성장의 혜택을 함께 누릴 수 없었다.

　이런 문제는 국가 간의 자유무역협정(FTA: Free Trade Agreement)의 결과를 평가하는 때에도 나타날 수 있다. 각 나라는 자유무역으로 이득을 볼 수 있는 산업 부문에서 유리한 규약을 포함시키기를 원하는데, 이에 따라 그 나라는 상대적으로 이득을 보는 부문과 손해를 보는 부문이 생길 수밖에 없다. 예를 들어 협상의 결과로 자동차산업, 정보산업 등에서 수출이 늘어나 이득이 커지지만 농업, 문화산업 등에서 수입이 늘어나 손해를 보게 된다면, 자유무역협정이 전체적으로 성공적인가 여부에 대한 평가는 달라질 수 있다. 이처럼 '국익의 증대'만 내세우는 단순총합적 사고는 산업, 직종, 기업, 계급, 집단 등에 따른 이익의 편중을 무시하는 편향된 사고가 된다. 이런 한계를 넘어서려면, 분석적 사고를 통해 부분들 간의 차이와 불평등에 주목할 필요가 있다. 지역 이익을 내세우는 각종 부동산 개발이나 토건 사업이 실질적으로 특정 자본, 지주, 토목 및 건설 업체 등에 이익을 몰아주는 것도 유사한 사례이다.

　통계자료 분석에서도 유사한 문제에 주목할 필요가 있다. 경제성장으로 국민총소득이 상승하여 평균소득이 높아졌다고 하더라도 소득분배의 편중 또는 양극화 현상이 심하다면, 저소득층의 삶의 질은 더 나빠졌을 수

〈표 1-3〉 소득분배(지니계수와 소득5분위배율)

연도	1990	1995	2000	2003	2006	2010	2015	2016	2017	2018	2019	2020	2021
전국(전체가구)	–	–	–	–	0.306	0.310	0.295	0.304	–	–	–	–	–
전국(전체가구, OECD)	–	–	–	–	–	–	0.352	0.355	0.354	0.345	0.339	0.331	0.333
전국(2인 이상 비농가)	–	–	–	0.277	0.291	0.288	0.270	0.279	–	–	–	–	–
전국(도시 2인 이상)	0.256	0.251	0.266	0.270	0.285	0.289	0.269	0.278	–	–	–	–	–
소득5분위배율	–	–	–	–	–	8.32*	6.91	6.98	6.96	6.54	6.25	–	–

주: 처분가능소득 기준. * 2011년 수치.
자료: 통계청, KOSIS,「가계동향조사」, OECD.

소득5분위배율

소득5분위배율이란 모든 가구를 소득 순위에 따라 5개 집단으로 나눈 다음, 소득수준이 가장 높은 5등급(상위 20%)의 평균소득을 소득 1등급(하위 20%)의 평균소득으로 나눈 값을 말한다. 따라서 5분위 분배율이 1이면 완전히 평등한 것이고, 그 값이 클수록 불평등함을 의미한다.

있다. 그래서 소득분배의 형평성을 살펴보기 위해 1인당 국민총소득과 함께 '지니계수'나 '5분위 분배율' 등을 살펴볼 필요가 있다. 이를 통해 분석적 사고가 가능하다.

〈표 1-2〉와 〈표 1-3〉을 보면 1980년부터 2021년까지 1인당 국민총소득은 대체로 꾸준히 증가했지만, 그 사이에 지니계수는 지속해서 상승하다가 OECD 자료를 기준으로 2018년부터 약간 하락했다. 이것은 2018년에 문재인 정권에서 최저임금 상승폭을 높이는 등 소득주도성장을 추구한 효과가 반영된 것으로 볼 수 있다. 2015년부터 도입된 OECD 자료는 통계청 자료와 비교하여 지니계수가 높은데, 이것은 표본 수의 확대 등으로 조사의 정확도가 높아지면서 현실을 좀 더 잘 반영하게 된 결과이다.

한편, 통계청 자료에서 처분가능소득을 기준으로 전체 가구의 '소득5분위배율'을 보면, 2011년 8.32, 2015년 6.91, 2019년 6.25로 나타났다. 이것은 최상위 20% 가구가 최하위 20% 가구에 비해 연도별로 각각 8.32배, 6.91배, 6.25배의 소득을 올리고 있음을 말한다. 전체적으로 격차가 큰 편이지만 점차 수치가 낮아지고 있는데, 이것은 국민소득 상승의 자연스러운 결과라고 말할 수는 없다. 이것은 1인당 국민총소득이 높아진다고 해서 계층들 간의 불평등이 약화되는 것은 아니며, 다양한 경제적·사회적 조건들과 집권 정당의 정책 등에 따라 불평등 정도가 더 커지거나 작아질 수도 있음을 보여준다. 이러한 사실은 단순총합적 사고가 아닌 분석적 사고를 통해 알아낼 수 있다.

일상적 사고와 이론적 사고

사람들이 일상 속의 경험을 통해 가지게 되는 일상적 사고는 자신의 이해관계나 인식의 폭 등의 한계로 인해 편견, 선입견, 고정관념에 빠지기 쉽다. 사람들은 경험을 통해서 배운다고 말을 하는데, 이것은 경험이 중요하다는 뜻이지 그것이 곧바로 과학적·합리적 사고가 됨을 말하는 것은 아니다. 만약 경험적 지식을 많이 쌓는 것만으로도 곧바로 객관적·과학적 인식이 가능하다면, 이론적 사고도 사회과학적 연구도 불필요할 것이다. 하지만 일상적 사고는 경험과 인식의 폭이 좁고 주관적·자기중심적 틀에서 벗어나기 어려워서 객관성과 과학성을 담보하기가 어렵다. 사회 현실은 개별적 경험들이 서로 복잡하게 얽혀서 형성되기에, 객관적·과학적 사고에 도달하기 위해서는 좀 더 체계화된 논리와 탐구 방법이 필요하다.

일상적 경험을 통해서는 쉽게 해명하기 어려운 사회현상에 대한 이해와 설명이 가능하려면, 상식으로부터 비판적 거리를 두면서 사람들의 다양한 경험을 만들어내는 사회 전체적 조건들과 개별 경험들 속에 존재하는 사회적 규칙을 포착해 낼 필요가 있다. 예를 들어 경제위기, 실업과 일자리 불안정, 저출산, 자살률 등은 단순히 개인적·부분적 경험에서 나오는 일상적 사고로 해명하기 어려운 사회현상들이다. 그래서 체계화된 개념과 논리를 통해 이러한 사회현상을 이해하고 설명하려는 사고방식으로서 '이론적 사고'가 필요하다. 그리고 이론적 사고에 기초하여 사회현상을 객관적으로 파악하려면, 과학적 인식 방법을 습득하고 활용해야 한다.

3. 사회현상의 과학적 탐구와 가치

1) 사회현상의 과학적 탐구 방법

사회현상에 대한 진술이 객관성과 과학성을 지니려면 앞서 서술한 다양한 인식 방법들을 통해 논리적 타당성이 확보되어야 할 뿐만 아니라 경험적 연구를 통해 사실적 타당성도 확보되어야 한다. 말하자면 사회현상에 대한 진술이나 가설이 경험적 현실과 부합하는지를 과학적 탐구 방법을 통해 입증해야 한다. 초기 사회학자들은 사회현상에 대한 이론적 진술 또는 가설의 사실적 타당성을 입증하기 위해 다양한 연구 방법을 발전시켰는데, 콩트와 뒤르켐은 실증적·경험적 방법을, 베버는 해석적 방법을, 마르크스는 총체론적·관계론적 분석을 활용했다. 이런 방법들은 이후 적절한 변형을 거치면서 계승되고 발전되어 왔다.

실증적·경험적 연구

실증적·경험적 연구는 콩트와 뒤르켐의 연구 방법을 계승하여, 실증적·경험적 방법에 입각한 연구를 통해 가설의 과학적 타당성을 검증할 수 있다고 본다. 특히 사실의 객관적 인식을 위해 주관적 가치를 배제해야 한다고 보며, 이를 위해 관찰, 실험 등 자연과학적 연구 방법을 원용하려 한다.

실험이란 인과적 가설이나 이론이 참인지 확인하기 위해 어떤 대상에 일정한 조건을 인위적으로 설정하여 그 결과를 조사하는 방법이다. 독립변수 X가 종속변수 Y를 낳는다는 가설을 설정한다면, 먼저 실험집단(A)과 이와 동일한 조건의 비교집단(B)을 정하고 A에만 X라는 변수를 투입한 후, 두 집단에서 나타나는 결과를 비교해 볼 수 있다. 이때 Y라는 결과가 A에서만 나타난다면, Y의 원인은 X라고 말할 수 있다.

그런데 인간과 사회를 대상으로 하는 실험은 이러한 엄격한 통제가 어려워서 자연스러운 상황을 그대로 반영하기 어렵다는 한계가 있다. 그래서 인위적 통제 없이 특정 변수의 영향을 비교 가능한 여러 집단을 표본으로 뽑아 서로 비교하는 의사실험(quasi-experiment)이나 비교의 방법을 사용하기도 한다.

경험적 연구 방법으로 널리 사용되는 것은, 설문지를 통해 다양한 변수를 조사하고 이러한 변수들 사이의 상관관계를 분석하는 조사연구(survey research) 방법이다. 조사연구의 경우 피조사자들의 태도나 의식을 조사하기 위해 설문지를 사용하고 설문조사 자료를 통계적 방법으로 처리하여 변수들 간의 상관관계를 분석하고 인과성을 확인한다. 이러한 방식의 경험적 연구 방법은 오늘날 사회조사, 여론조사 등에서 광범위하게 사용된다.

조사연구는 객관성을 확보하기 위해 표준화된 설문지를 통한 경험적 자료의 수집과 분석을 중요시하는데, 특히 가설에 입각한 양적인 분석을 통해 가설을 검증하는 연구 방법이다. 가설은 "특정 원인이 특정 결과를 낳았다"라고 하는 인과적 진술의 형태를 띠며, 이러한 진술은 원인에 대한 관찰 및 조사를 통해 수량적·통계적 자료를 수집한 후 이를 분석하여 가설의 검증 여부를 확정함으로써 '경험적 일반화'를 추구하게 된다.

예를 들어 출산율 감소의 원인이 무엇인지를 연구한다면, 우선 예상할 수 있는 원인들(자녀 없는 자유로운 삶의 추구, 출산 및 육아의 경제적 부담, 육아에 대한 제도적 지원의 불충분, 자녀교육 부담 등)을 가정하여 가설을 설정하고, 이 원인 변수들을 포함하는 설문지를 만들어 임신 가능 연령대의 여성들 또는 해당 연령대 전체를 대상으로 설문조사를 시행하고, 이 자료를 통계적으로 분석하여 가설을 검증한다. 중요한 원인들이 밝혀지면 이를 근거로 '경험적 일반화'를 할 수 있으며, 나아가 이를 통해 출산에 관한 '일반적 이론'을 발전시킬 수 있다.

해석적 연구

해석적 연구는 행위의 의도나 동기에 주목하는 베버의 이해사회학에 기반을 두고 있다. 사회현상을 설명하는 데는 외적인 관찰이나 조사를 통해 수집된 수량적·경험적 자료의 분석보다는 행위자들의 주관적 감정, 의

작업가설과 경험적 일반화

추상적 이론을 경험적으로 입증하기 위해서는 이 이론을 검증 가능한 가설로 전환하는 과정이 필요하다. 예를 들어 '교육수준이 높을수록 진보적이다'라는 이론이 있다면, 이것을 경험적으로 입증하려면 '학력이 높을수록 진보정당 지지율이 높다'거나 '학력이 높을수록 평등의식이 높다'는 등 구체적으로 검증할 수 있는 가설을 세워야 하는데, 이것을 작업가설(working hypothesis)이라고 부른다.

여기서 교육수준을 '학력'으로, 진보적 성향을 '평등의식', '지지정당', '보편적 복지에 대한 동의' 등으로 조작하여 측정 가능한 형태로 전환한다는 점에서 '조작적 정의(operational definition)'라고도 부른다.

경험적 일반화는 이러한 작업가설과 조작적 정의에 따라 실제로 사회조사를 하고 그 결과를 분석하여 가설을 확정할 수 있는 유의미한 결과를 얻었을 때, 이 가설을 일반적인 법칙으로 받아들이는 것을 말한다. 한편, 경험적 일반화는 사회조사가 이루어진 모집단에 한해서만 일반적 법칙으로 인정될 수 있는데, 이와 달리 이것을 성격이 다른 더 넓은 집단에 적용할 경우, '과도한 일반화' 또는 '과잉일반화(over-generalization)'의 오류에 빠질 수 있다.

미, 의도, 동기 등을 이해하기 위한 감정이입이나 해석의 방법이 더 중요하다고 본다. 인간의 행위에 대한 외양적 관찰만으로는 설명에 한계가 있으며, 그 행위자들의 감정이나 의도를 제대로 파악할 때 비로소 행위에 대한 타당한 설명이 이루어질 수 있다는 것이다. 인간 행위는 대부분 가치(판단)와 연관되어 있는데, 객관성을 위해 가치를 배제한다는 이유로 행위가 이루어지는 상황적 맥락을 무시한 채 외적으로 관찰된 자료를 양적으로만 처리하는 실증적·경험적 방법으로는 인간 행위를 충분히 설명할 수 없다.

베버에 의하면 사회현상이란 항상 특정한 상황적 맥락 속에서 이루어지는 개인들 간의 상호작용 또는 그 산물이며, 이러한 상호작용은 늘 서로의 감정, 의도, 가치 등을 파악하려는 행위자들 간의 해석적 과정을 수반한다. 그러므로 단순히 겉모습만 관찰해서는 안 되며, 개인 행위들의 주관적 동기나 의미를 이해하기 위해서 감정이입, 추체험(追體驗), 직관적 이해, 상상적 사고실험 등이 필요하다.

예를 들어 출산율 감소의 원인을 파악하려면, 젊은 세대가 왜 결혼과 출산을 꺼리는지 그 의도와 동기를 이해할 필요가 있다. 그래서 그들이 임신, 출산, 양육에 대해 어떤 고민을 하며 살아가는지, 현실적으로 어떤 경제적 상황과 어떤 가치관이 이들이 임신과 출산을 꺼리도록 만드는지를 이해해야 출산율 감소를 설명할 수 있다.

이처럼 해석적 연구는 행위자들의 내면적 의도나 동기를 이해하려고 하는데, 이러한 연구 방법은 참여관찰, 심층면접, 문헌연구 등에 널리 활용되고 있다. 그런데 해석적 연구가 필요하다고 해서 경험적 연구를 배제해야 하는 것은 아니다. 베버는 인간 행위에 대한 과학적 설명은 '해석적 이해'와 '인과적 설명'의 결합을 통해 가능하다고 말한다. 실증적·경험적 연구가 양적 연구의 타당성 근거가 된다면, 해석적 연구는 질적 연구의 타당성 근거가 된다. 물론 해석적 연구는 제한된 범위로 인해 경험적 일반화의 추구에 한계를 지닌다. 이런 점에서 해석적 연구는 인과관계를 검증하는 실증적·경험적 연구를 진행하기에 앞서 이루어지는 '예비적 과정'으로 널리 활용된다. 경험적 연구를 위한 가설 설정은, 먼저 감정이입이나 추체험, 사전 인터뷰 등을 통해 행위자들의 시각에서 사회현상의 다양한 원인을 상상하고 검토하는 과정을 거친다. 이것은 실증적·경험적 연구에서 가설의 구체화나 설문 문항 구성 등에 도움을 주며, 조사 결과에 대한 해석을 풍부하게 해줄 수 있다.

총체론적·관계론적 연구

총체론적·관계론적 연구는 단순한 외양의 관찰이나 주관적 의미의 이해만으로는 사회현상의 심층적 차원을 포착하는 데 한계가 있다고 본다. 그래서 직접적 경험을 통해 획득한 부분적 지식을 넘어서 사회의 총체적 관계를 설명할 수 있는 지식을 획득할 때 사회현상을 제대로 설명할 수 있다고 주장한다. 총체적 관계가 작동하는 규칙은 개인의 의도나 동기가 그대로 실현되기 어렵게 하는 사회적 힘이다. 그래서 '총체론적·관계론적' 연구는 개인을 넘어서는 '사회관계'에 연구의 초점을 맞추고 있다.

예를 들어 자본의 사적 소유에 기초하는 자본주의적 경제관계는 자본을 소유한 자본가들이 노동력을 제공하는 노동자들을 고용하여 상품 생산 노동을 시키고 이를 통해 이윤을 획득하는 과정을 통해 작동한다. 그런데 개별 기업의 생산활동을 관찰하는 것만으로는 임금과 이윤이 각각 어떻게 생겨나며 그 분배기준은 어떻게 정해지는지, 그리고 왜 불황이나 공황이 주기적으로 반복되는지를 명확하게 설명하기 어렵다. 이처럼 자본주의 경제의 작동 규칙은 단순히 외적 관찰이나 양적 조사, 개인의 동기나 의도의 이해만으로는 충분히 밝혀내기 어려우며, 이를 합리적으로 설명하려면 개별적·부분적 경험이나 사실을 넘어서는 총체적·관계적 연구가 필요하다.

사회현상을 총체적·관계적인 시각에서 바라보면 개별적·부분적 사실들을 뒤집어 볼 수 있는데, 이처럼 당연시되는 개별적 사실에 대한 의심과 부정을 통해 더 전체적이고 종합적인 인식을 추구해 가는 사고방식을 '변증법적 사고'라고 한다. 변증법적 사고는 사회관계 속에 존재하는 모순이

변증법적 사고

변증법(dialectic)은 형식논리에 반대하여 헤겔이 주창한 철학적 사고의 방법이다. 세계는 사물들 간의 모순 속에서 움직이고 있으며, 대립물들 간의 모순은 지양되어 더 높은 단계의 통일이 이루어짐으로써 해결된다. 이러한 과정은 '정(正)·반(反)·합(合)'으로 표현된다. 그런데 이러한 통일은 또 다른 모순을 발생시키게 된다. 그러므로 세계에서 이러한 모순과 통일의 과정은 끊임없이 지속된다. '변증법적 사고'는 이처럼 변증법의 원리에 의해 세계 속의 다양한 현상을 이해하려고 하는 인식의 방법이다. 마르크스는 관념론자인 헤겔의 변증법적 사고를 이어받아 유물론적으로 변형시키고자 했는데, 이것을 유물변증법 또는 변증법적 유물론이라고 한다(제2장 참조).

사회과학에서 변증법적 사고는 외양적 관찰에 의한 부분적 인식을 통해 참·거짓을 판단하는 실증주의적 사고와 달리 더 거시적이고 포괄적인 맥락에서 이러한 인식의 한계를 보여주고자 한다.

나 적대들에 주목하면서, 전체적 관점에서 이러한 모순과 적대를 극복할 수 있는 더 높은 차원의 종합을 끊임없이 지향한다.

총체론적·관계론적 연구는 사회관계를 형성하는 구체적 조건들을 종합적으로 고려할 때 사회현상의 객관적 인식이 가능하다고 본다. 그래서 다양한 양적·질적 연구를 통해 구체성을 확대해 나가야 함을 강조한다. 예를 들어 자본주의 사회의 주요 행위 주체들인 자본가와 노동자, 국가(정부)와 시민, 생산자와 소비자 등의 활동과 관계에 관한 경험적 연구 결과들을 서로 종합하여 자본주의 시장경제의 전체적 특성을 파악할 수 있으며, 이를 통해 자본주의 사회의 총체적 관계에 대한 객관적 해명이 가능해진다.

연구 방법의 다양성과 종합

지금까지 살펴본 세 가지 연구 방법은 사회현상에 대한 가설적 진술을 검증하기 위한 과학적 연구 방법의 논리들이다. 마르크스, 베버, 뒤르켐 등 고전사회학자들은 세 가지 연구 방법의 시조로 여겨진다. 그런데 실제로 이들은 어느 한 가지 방법만을 배타적으로 사용하지 않았다. 사회현상에 대한 현실적인 설명 과정에서 이 연구 방법들은 암묵적으로 서로 혼용되었다. 사회 현실을 좀 더 과학적·객관적으로 설명하려면, 연구 목적에 적합한 연구 방법을 선택할 뿐만 아니라, 가능한 한 다양한 연구 방법을 활용할 필요가 있다. 다양한 연구 방법의 사용은 사회현상에 대한 과학적이고 객관적인 설명을 가능하게 할 뿐만 아니라 더 풍부한 설명을 가능하게 한다.

2) 사회학적 탐구에서 사실판단과 가치판단

사실판단과 가치판단, 학문과 정치

사람들의 일상적 삶은 주관적 가치판단들의 연속이다. 사회는 가치판단을 하며 살아가는 개인들이 사회관계를 맺고 상호작용하며 살아가는 공간이다. 이러한 사회를 대상으로 삼아 연구하는 사회(과)학자들은 사회현상을 객관적으로 연구해야 하지만, 스스로가 가치판단을 하는 존재이기에 모든 과정에서 가치판단을 배제하기는 쉽지 않다. 그래서 베버는 사실에 대한 객관적 인식을 추구하는 판단인 '사실판단(fact judgement)'과 가치지향을 내포하는 판단인 '가치판단(value judgement)'을 구분하면서, 학문의 객관성을 지키기 위해서는 주관적 감정이나 사고의 개입을 최대한 배제하는 '사실판단'이 이루어져야 한다고 주장했다.

학문적·과학적 판단이 '사실판단'에 속한다면, 정치적·윤리적 판단은 '가치판단'에 속하는데, 여기서 가치판단은 학문적·과학적으로 정당화될 수 없다. 따라서 학문의 객관성을 위해서는 '가치자유(value free)' 또는 '가치중립(value neutrality)'을 지켜야 하며, 그 방법은 학자들이 누구에게나 똑같은 연구 결과를 낳는 '객관적인 규칙과 절차'를 따르는 것이다.

베버는 가치판단을 학문적으로 논증할 수 없다는 점을 분명히 했다. "불평등이 사회갈등을 심화한다"라는 사실판단이 "사회갈등 해소를 위해 불평등을 줄여야 한다"라는 가치판단을 정당화할 수는 없다. 다만 학문적 사실판단의 결과들이 어떤 가치를 추구하고 또 어떻게 행동할 것인지를 선택하는 윤리적·정치적 '가치판단'의 근거를 제공해 줄 수 있을 뿐이다.

학문적 관심과 가치관련

사실판단과 가치판단, 학문과 정치(윤리)는 논리적으로 서로 구분되기는 하지만, 인간이 일상적으로 가치판단을 하는 존재인 이상, 현실 속에서 연관되는 지점이 존재할 수밖에 없다. 베버 역시 양자가 현실적으로 서로 연관되는 지점이 있다는 사실에 주목한다. 사회(과)학자가 사회현상을 연구하려면, 먼저 어떤 주제와 대상을 연구할 것인지를 정해야 하는데, 이러한 선택행위는 객관적으로 정당성을 입증할 수 있는 일이 아니다.

이처럼 사회(과)학자의 연구는 일련의 학문적 관심과 선택을 전제로 하는데, 베버는 이것을 일반적인 가치판단과 구분하여 학문적 '가치관련(value relevance)'이라고 말한다. 학문적 가치선택에서는 "특정한 사회과학적 지식이 사회적으로 도움이 된다"라는 가치판단이 필연적으로 전제된다. 예를 들어 학자들은 자신의 관심에 따라 비정규노동자 문제를 연구할 수도, 여성차별 문제를 연구할 수도 있다. 또 비정규노동자의 사용이 기업의 생산비 절감에 미치는 영향을 연구 주제로 삼을 수도 있고, 비정규노동자의 증가가 사회불평등에 미치는 영향을 연구 주제로 삼을 수도 있다.

사회학자의 인식의 객관성과 '객관화의 객관화'

사회학자의 학문적·이론적 관심은 그의 정치적·실천적 입장의 영향을 받는다고 할 수 있다. 마르크스, 베버, 뒤르켐에게서 학문적 관심과 실천적 입장의 관계를 살펴보면 이 점이 분명히 드러난다. 학자의 사회적 존재 조건, 즉 개인적·사회적 배경, 학문적·지적 배경, 정치적 배경 등이 그의 학문적 관심과 실천적 지향에 영향을 미치게 되는 것이다.

그래서 사회학자들의 연구가 객관적·과학적으로 이루어지려면 정치적·실천적 지향과 거리두기를 할 필요가 있다. 사회학자들은 학문 연구의 영역에서는 사회현상에 대한 주관적·비합리적 사고와 판단을 넘어서기 위해 객관적 인식을 추구하게 되는데, 이러한 인식 절차를 일반적으로 '객관화'라고 부른다. 그런데 이러한 객관화를 추구하는 사회학자들도 역시 자신의 사회적 존재 조건에 기인하는 주관적 이해관계, 선호, 가치로부터 전적으로 자유로울 수는 없다. 따라서 사회학자들의 연구 결과를 그 연구 과정에 영향을 미치는 사회학자 개인의 고유한 개인적·사회적 배경들에 비추어 그 객관성을 재차 검토할 필요가 있다. 그래서 부르디외(Pierre Bourdieu)는 사회학자들의 학문적·객관적 인식 자체의 객관성을 의심해 볼 필요가 있다고 보면서, 사회학자들의 학문적·과학적 인식 과정에 영향을 미칠 수 있는 사회적 존재 조건들, 즉 그들의 사회적·경제적·계급적·성적 위치, 이념적·정치적 입장, 가치관, 세계관 등을 살펴볼 필요가 있다고 강조했다. 이 과정은 '객관화의 객관화'라고 한다.

3) 사회 비판과 성찰적 사회학

사회현상에 대한 객관적 인식을 추구하기 위해서는 일상에서 사람들이 당연시하거나 자연스럽게 받아들이는 사고방식이나 인식에 대해 의심해 볼 필요가 있는데, 이처럼 당연시된 것을 의심하는 태도를 '비판적·성찰적 태도'라고 말한다. 그런데 이러한 태도는 사회학자들 스스로에게도 적용되어야 한다. 베버는 객관적·과학적 연구를 위해 전제되는 불가피한 학문적 가치판단이 존재하며, 이것이 곧바로 사회학자들의 연구 객관성을 훼손하는 것은 아니라고 말한다. 그런데 학문적 관심의 차이는 사회학자 개인의 정치적·실천적 관점을 반영하며, 이것은 궁극적으로 그의 사회적 존재 조건을 반영한다. 그래서 학자의 정치적·실천적 관점과 관심에 따라 연구된 서로 다른 주제의 연구 결과들이 서로 다른 사회 비판의 근거로 활용될 수 있다. 베버에 비해 마르크스는 자신의 연구에서 과학과 정치, 이론과 실천을 좀 더 직접적으로 연계시키고 있는데, 그의 저작들에는 자본주의 사회에 대한 객관적·이론적 서술과 혁명을 지향하는 정치적·실천적 주장들이 혼재되어 있다.

사회학자들의 사회 비판은 실천적·정치적 관심에 따라 선택된 연구 주제에 대한 객관적 연구의 산물들, 즉 객관적·과학적 지식들에 근거하여 이루어져야 하는데, 이러한 지식들은 서로 다른 비판을 유도할 수 있다. 일반적으로 보수적 비판이 기존의 기득권 질서를 유지하려는 관심을 지닌다면, 진보적 비판은 기득권 질서가 옹호하는 지배권력, 불평등, 차별 등을 개혁하고 철폐하려는 관심을 지닌다. 이처럼 '사회 비판'은 보수와 진보 두 입장에서 모두 이루어질 수 있지만, 기존 사회질서의 불합리성과 불공정성에 대한 부정이라는 점에서 주로 진보 사회학의 특성으로 여겨지고 있다.

보수와 진보

일반적으로 보수는 기존의 사회 질서와 가치관을 유지하려는 성향을, 진보는 이것들을 좀 더 나은 방향으로 변화시키려는 성향을 의미한다. 그래서 기존 사회의 지배세력 또는 기득권자들은 기존 질서를 유지하기 위해 보수적 태도를 취하려는 반면에, 피지배세력은 좀 더 평등하고 민주적인 사회를 만들기 위해 진보적 태도를 취한다. 진보는 불평등, 권위주의, 차별에 반대하면서 평등, 민주주의, 정의, 인권 등의 가치를 지향한다.

한편, 우파와 좌파는 프랑스혁명 시기에 의회에서 온건파(지롱드파)가 오른쪽에, 급진파(자코뱅파)가 왼쪽에 앉았던 데서 유래했다. 우파는 자유의 가치를, 좌파는 평등의 가치를 더 중시했기 때문에 일반적으로 우파는 보수, 좌파는 진보로 분류된다.

현실 사회에서는 보수와 진보, 우파와 좌파의 구별이 늘 선명하지는 않다. 구소련의 공산당 좌파들이 개혁·개방에 저항한 것은 보수적 태도로 볼 수 있다. 또 현실 정치에서 다양한 중도적 입장이나 가치를 취하는 세력들이 존재하기도 한다. 한편 성적 자유, 낙태, 환경보호, 세계화 등의 쟁점처럼 보수와 진보로 구분하기 어려운 가치들이 존재하기도 한다.

이야깃거리

1. 사회학적 상상력을 발휘하여 자신의 일상적인 삶을 재조명해 보고, 자신의 삶이 어떻게 사회구조의 영향을 받고 있는지를 한 가지 예를 들어 설명해 보자.

2. 사회의 과학적 인식 방법들의 특징을 비과학적 인식 방법들과 비교하여 설명해 보자.

3. 자신의 사회적 존재 조건이 자신의 의식과 가치관의 형성에 어떠한 영향을 미쳤는지 성찰적으로 생각해 보고 토론해 보자.

4. 사회현상의 과학적 탐구 방법들이 지닌 각각의 장점과 단점들을 비교해 보자.

5. 사실판단과 가치판단, 학문과 정치(가치)의 상호관계에 대해 토론해 보자.

읽을거리

『사회학: 간략하지만 비판적인 입문』
　기든스(A. Giddens) 지음 / 이재만·강유원 옮김 / 2006 / http://pds8.egloos.com/pds/200804/
　11/32/Anthony_Giddens_Sociology.pdf

『사회학적 상상력』
　밀스(C. W. Mills) 지음 / 강희경·이해찬 옮김 / 2004 / 돌베개

『사회학에의 초대』
　버거(P. L. Berger) 지음 / 이상률 옮김 / 1995 / 문예출판사

『사회학적으로 생각하기』
　바우만(Z. Bauman)·메이(T. May) 지음 / 박창호 옮김 / 2011 / 서울경제경영

『사회연구의 방법론』
　블래키(N. Blaikie) 지음 / 이기홍 옮김 / 2015 / 한울아카데미

02

사회학의 형성과 발달

부르주아혁명, 공업혁명, 시민사회, 계몽사상, 사회계약론, 자유주의, 사회주의, 국민국가, 자유시장경제, 실증철학, 사회유기체, 유물론적 역사해석, 계급투쟁, 사회적 연대, 아노미, 합리화, 지배, 마르크스주의, 구조기능주의, 갈등 이론, 구조주의, 탈구조주의, 포스트모더니즘, 비판 이론

서양 현대사회의 형성에는 14~16세기 르네상스 시대에 이루어진 인문주의(humanism)와 합리적 사유의 발달이 중요한 원동력이 되었다. 서양 현대사회는 지적으로는 과학주의 정신과 계몽사상의 확산, 정치적으로는 부르주아혁명을 통한 중세 신분제도의 철폐와 인간 해방 이념의 발달, 경제적으로는 도시를 중심으로 한 상공업의 발달, 시장 및 사유재산제도의 발달, 그리고 공업혁명(industrial revolution)을 통한 현대적인 자본주의 시장경제의 발달, 문화적으로는 미술, 음악, 문학 등 문예의 발달과 합리주의적 태도 및 개인성의 발달을 통해 형성되었다. 이러한 사회변동의 흐름 속에서 상공업자 부르주아들이 변화의 중심 세력으로 등장했고, 부르주아혁명과 공업혁명을 통해 현대사회의 새로운 사회관계가 형성되어 갔다. 사회학은 바로 이러한 다양한 사회변화와 새로운 사상의 태동을 배경으로 출현하고 형성되었다. 사회변동으로 새로운 생산활동, 사회집단, 인간관계, 사고방식과 태도, 사상과 이념 등이 나타나면서 사람들의 사회관계·인간관계 전반에서 변화가 나타났고, 학자들은 이러한 새로운 관계를 형성하고 유지하는 원리가 무엇인지를 해명하기를 원했다.

1. 현대사회의 형성과 사회학의 전사

현대사회(modern society)의 형성 과정은 다양한 지적·사상적 흐름의 태동을 수반했다. 자연과학의 발달과 진화론의 등장, 계몽사상과 시민사회사상의 발달, 공업사회의 발달과 유토피아 사회주의 사상의 등장, 자유시장경제 사상의 등장 등에 따라 새로운 사회의 모습과 그 작동원리를 읽어내려는 다양한 시도가 있었다. 사회학은 이러한 서양 현대사회의 형성을 배경으로 생겨난 현대적 학문 분야 중 하나이다. 이전의 사회질서가 해체되고 새로운 사회질서가 형성되어 온 과정에서, 사회학은 사회변동의 원리와 새로운 사회 구성의 원리를 '과학적'이며 '합리적'으로 이해하고 설명하려는 이론적·학문적 관심을 지니고 있었다. 그리고 이와 더불어 새롭게 발생한 사회문제들을 해결하려는 실천적 동기도 지니게 되었다.

1) 사회학 형성의 역사적 배경

도시의 발달과 부르주아계급의 형성

서양 봉건사회는 농업을 중심산업으로 하면서 봉건적인 토지 소유와 신분제도에 기반을 둔 사회였다. 왕족과 귀족, 그리고 성직자 등 토지를 소유한 귀족층이 기사와 군대를 동원하여 농노와 자유농민, 도시의 상공업자 등 평민층을 지배한 신분사회였다. 그런데 이러한 봉건적 사회질서는 16세기부터 상품 생산·교환의 확산에 따라 시장과 화폐가 발달하고, 자연과학과 기술의 발달과 계몽주의적 사고의 발달에 따라 합리주의적·개인주의적 사고가 확산되면서 서서히 흔들리기 시작했다. 도시를 거점으로 상공업과 시장이 발달하면서 상공업자들이 부를 축적해 감에 따라 부르주아계급이 형성되기 시작한 것이다. 이들은 주로 중세 교역의 중심지였던 '도시'에 거주했기에 '도시민', 즉 '부르주아지(bourgeoisie)'라고 불렸다.

그런데 상업과 공업을 생계 수단으로 삼아온 상공업자 부르주아지들은, 왕족과 귀족(영주)들이 특권적인 지위와 권력을 지니면서 기사와 군대

부르주아지와 시민

부르주아지(bourgeoisie)는 원래 중세시대에 성(bourg)에 살고 있는 도시민을 의미했다. 이들은 상공업의 발달을 주도하면서 부를 축적하게 되었는데, 프랑스에서는 왕족과 귀족에 대비해 이들을 '제3신분'이라 칭했다. 그래서 부르주아지는 상공업을 통해 자본을 소유하게 된 자본가계급을 의미한다고 할 수 있다.

시민(citizen)도 마찬가지로 어원상 도시민을 의미한다. '부르주아지'가 주로 경제적 의미를 띤다면, '시민'은 주로 정치적 의미로 사용되었다. 그래서 시민은 도시에 살면서 도시 중심의 정치적 공동체에서 정치적 참정권을 가지고 있는 사람을 의미했다. 그런데 현대사회에서 정치적 공동체의 범위가 국민국가 단위로 확장되면서, 오늘날 시민은 정치적 공동체에서 정치적 참정권을 지니고 있는 사람을 지칭하는 일반적인 용어로 사용되고 있다.

를 동원하여 자신들을 자의적으로 지배하고 수탈하는 데 불만을 품기 시작했다. 많은 세금을 납부하는데도 정치적 권리가 주어지지 않자, 부르주아지는 봉건적 지배에 저항하면서 정치적 권리와 사유재산의 보호를 요구하는 정치적 운동을 전개해 나갔다. '제3신분'이라 불렸던 이들은 귀족신분의 특권에 기초한 지배 및 수탈에서 벗어나 자유롭고 평등하게 살아가고자 했고, 자신들의 생명과 재산을 안전하게 지키고자 했다. 그래서이들은 서로 유사한 처지에서 불만을 품고 있던 다른 도시의 상공업자들과 연락하고 결사하며 세력을 늘려나갔다. 이에 따라 봉건적 지배질서는서서히 도전받기 시작했다.

부르주아혁명과 시민사회의 발달

1688년 영국의 명예혁명은 부르주아지가 시민사회사상의 영향을 받아봉건 왕권에 도전하여 성공한 대표적인 예이다. 명예혁명의 결과로 왕권을 제약하고 시민의 권리를 명문화한 「권리장전(Bill of Rights)」(1689)이선언되었다. 그런데 영국에서 부르주아계급의 저항과 권리의 확대가 귀족과의 타협을 통해 장기간에 걸쳐 점진적으로 이루어졌던 반면, 프랑스에서는 귀족 세력과의 투쟁 과정에서 1789년 대혁명을 통해 급격하게 이루어졌다. 물론 이 혁명 과정은 단지 부르주아계급만의 저항으로 이루어진 것은 아니었으며, 부르주아지는 노동자, 농민 등 기층 민중의 지원을받거나 그들을 동원하기도 했다.

일찍이 17세기에 부르주아혁명을 이루었던 영국에서는 18세기 중엽부터 공업혁명이 급속히 진행되었다면, 농업 중심 사회였던 프랑스에서는상공업 발달이 더뎌 부르주아계급의 성장이 늦어졌다. 오랜 전쟁으로 재정적 어려움을 겪고 있던 프랑스의 절대왕정하에서 왕과 귀족은 부르주아지에게 재정적 부담을 전가하면서도 정치적 권리를 부여하지는 않았다. 이에 반발하여 부르주아지는 왕과 귀족에 저항하면서 일부 지지 세력과 합세하여 제헌의회를 선언하고 자유, 평등, 민주적 국민주의(민족주의)를 내세운 헌법을 만들고자 했다. 하지만 왕과 귀족 세력이 군대를 동원하여 이들을 진압하려 했고, 이에 대한 저항으로 발생한 봉기와 폭동이 전국적으로 확산되면서 프랑스혁명이 발발하게 되었다. 이로써 봉건적인 왕국 공동체는 시민사회라는 정치공동체로 변화되었고, 부르주아지들의 경제활동도 신분에 따른 특권적 지배와 수탈이 배제된, 재산권의 자유에 기초한 자본주의 시장경제의 원리에 따라 이루어지게 되었다.

이처럼 시민사회와 민주주의 사상의 확산은 부르주아혁명으로 이어졌으며, 이 과정에서 정해진 국경에 따라 영토를 독점적으로 지배하는, 단일한 법과 정부 체계를 갖춘 현대적 국민국가가 등장하기 시작했다.

공업혁명과 자본주의 사회의 발달

18세기 중엽에는 과학기술이 발달하면서 동력기관과 기계들이 발명되었고, 이를 통해 대규모 공장제 공업이 발달하여 생산력이 급속히 증대되었다. 이러한 공업혁명은 부르주아지들에게 자본을 급속히 축적하는 기회를 제공했으며, 경제적 부는 정치적 힘을 형성하는 기반이 되었다.▼

기계화된 공장을 통한 물질적 생산이 늘어나면서 공장과 자본을 소유한 부르주아계급은 한편으로는 귀족계급의 특권적 지배에 저항하면서 자유를 요구했고, 다른 한편으로는 공업생산을 통해 형성한 사유재산을 보호받기를 원했다. 토지를 중심적 생산조건으로 하는 영주와 농노 간의 봉건적 신분질서가 해체되면서, 새로운 사회는 생산수단(자본)을 소유한 부르주아지들이 노동자들을 고용하여 공업생산과 시장경제를 발달시키는 자본주의 계급사회의 특징을 지니게 되었다. 그리하여 자본주의 사회에서는 부르주아계급이 경제적·사회적 활동의 중심 세력으로 부상했다.

한편, 공업혁명에 이은 자본주의 시장경제의 발달은 생산력의 발달을 낳았을 뿐만 아니라, 자본을 소유한 부르주아계급과 더불어 임금노동을 하는 노동자계급의 급속한 성장을 낳았다. 이처럼 봉건적 지배질서가 해체되고 공업화된 자본주의 시장경제가 발달하면서 시민사회와 경제활동의 영역은 점차 국가의 일률적 관리와 통제를 넘어서게 되었고, 이에 따라 정치와 경제, 국가와 시민사회가 분리되었으며 동시에 양자 간의 관계가

▼ '산업'과 '공업'의 구분은 제1장 (28쪽) 참조.

보다 복합적인 양상을 띠게 되었다.

이처럼 18세기 서양 사회를 요동치게 했던 부르주아혁명과 공업혁명은 사회의 모습을 급격히 변화시켰다. 사회학은 경제학과 더불어 이러한 서양의 현대를 배경으로 생겨난 새로운 학문분과 중 하나이다. 현대 이전에는 사회가 주로 통치자의 시각에서 신학, 철학, 정치학, 법학, 역사학 등에 의해 해명되었고, 또한 사회 현실에 대한 객관적·과학적 설명보다는 규범적 주장이 중심이 되었다. 이것은 사회 구성의 원리가 상대적으로 단순했기 때문에 가능했다. 하지만 현대에 들어서면서 평범한 지위를 가진 사람들이 경제 및 사회 활동에 더욱더 주도적으로 참여하게 됨에 따라, 전통적인 추상적·규범적 학문으로는 더는 현대사회의 새로운 변화를 이해하기 어렵게 되었다. 결국 사회학은 부르주아혁명과 공업혁명을 거치면서 생겨난 새로운 사회현상, 사회 구성과 변동의 원리를 새로운 개념과 이론, 방법을 통해 현실적이고 객관적으로 설명하기를 바라는 시대적 요구의 산물이었다.

2) 계몽사상과 과학주의

계몽이란 무엇인가?

계몽사상이란 '현대(the modern era)'로의 이행기에 유럽, 특히 17~18세기 프랑스를 중심으로 확산된 사상으로서, 중세를 지배해 오던 신(神) 중심의 세계관과 인간관, 역사관 등을 비판하면서 이성에 기초한 합리적 사고와 자각을 강조한 사상을 말한다. 신 중심의 세계관에 의하면, 세계의 질서와 역사, 그리고 인간의 운명은 신에 의해 만들어지고 좌우되며, 인간은 신의 섭리에 따라 살아가는 수동적인 존재일 뿐이다. 중세의 교황과 사제, 왕과 귀족은 이러한 세계관에 입각하여 자신들을 신의 대리인으로 명명하며 세상을 지배했다. 그러나 종교의 부패, 지배세력의 부정부패와 억압 등에 대한 불만과 저항이 아래로부터 분출하기 시작하면서, 신에 대한 믿음을 대신하여 인간에 대한 믿음, 특히 인간 이성의 능력에 대한 신뢰가 점차 커졌다. 이 새로운 믿음과 사상은 중세까지의 역사를 '암흑시대'라 부르며 스스로 '계몽'이라 칭했다. 이제까지 어둠 속에 가려 있던 인간과 세계와 역사에 이성의 빛을 밝게 비출 새로운 진리를 탐구하면서, 이성에 어긋나는 '불합리한' 정치와 사회질서에 비판을 가하여 새로운 질서를 구축할 수 있다고 믿었다.

계몽사상가들은 계몽의 빛이 '신의 말씀'에서가 아니라 '이성과 과학'에서 온다고 보았다. 이들은 '신의 질서' 대신에 '자연의 질서'를 중요시하면서 합리적·과학적 판단의 준거를 자연에서 찾았다. 자연이란 본래 '주어진 것' 또는 '있는 그대로의 것'을 의미하는데, 계몽사상가들은 인간에게는 나면서부터 주어진 일련의 권리(자유권, 평등권 등의 천부인권)가 있다고 믿었다. 그리고 그러한 천부적인 기본권으로부터 정치적·사회적인 일련의 권리들을 연역적인 논리로 도출해 자기 사상의 근거로 삼았다.

요약하면, 계몽사상은 ① 인간의 능력, 특히 과학과 인간 이성에 대한 신뢰, ② 종교와 신학적 세계관 및 그것이 낳은 각종 사회 현실에 대한 비판정신, ③ 인간과 사회의 자율성과 능동성에 대한 강조, ④ 인간사회의 또는 인류의 진보에 대한 믿음, 즉 이성에 입각한 합리적인 새 사회 건설에 대한 낙관 등을 특징으로 한다고 할 수 있다. 철학, 문예, 자연과학 등을 통해 성장한 계몽사상은 점차 홉스(Thomas Hobbes), 로크(John Locke), 루소(Jean J. Rousseau), 몽테스키외(Charles Montesquieu), 칸트(Immanuel Kant) 등 자연법사상가와 시민사회사상가, 생시몽(Claude H. Saint-Simon), 오언(Robert Owen), 스미스(Adam Smith) 등 사회주의 사상가와 경제 사상가 등으로 확산되었다.

자연과학의 발달과 기독교적 세계관 또는 종교적 세계관의 해체

베이컨(Francis Bacon)과 같은 철학자나 코페르니쿠스(Nicolaus Copernicus), 갈릴레이(Galileo Galilei), 다윈(Charles Darwin) 같은 과학자도 넓은 의미에

서 계몽주의의 흐름을 형성한 인물에 속한다. 경험주의 철학자 베이컨은 자연과학적 지식이 자연을 정복하는 힘으로서 인간들의 행복을 증진하는 데 기여한다고 했다. 그리고 '과학적 지식과 기술의 진보에 의해 이상사회 가 실현될 것'이라는 신념 속에서 순전히 과학과 과학자가 통치하는 이상 사회인 '뉴아틀란티스'를 구상했다. 이처럼 과학에 절대적 가치를 부여하 는 과학주의의 관점은, 신의 조화로 주어진 자연에 순응한다는 중세적 사 고를 새롭게 바꾸는 계기가 되었다.

'과학기술적 진보'가 '인류사회의 진보'를 이룩할 것으로 보는 과학주의 적 진보관은 그 후 사회학을 창시한 콩트(Auguste Comte)의 사상으로도 이 어졌다. 역사를 정신의 진보 과정으로 보았던 콩트는, 자신이 살고 있던 시 대를 신학적·철학적 단계를 넘어선 가장 진보한 역사적 단계인 '과학적·실 증적 단계'로 규정하면서, 사회도 자연과학의 방법을 따라 경험적·실증적 으로 연구할 것을 주창했다. 이런 의미에서 사회학의 성립은 과학주의 정 신이나 과학의 발달과 떼어놓고는 생각할 수 없다.

자연과학 중에서는 영국 생물학자 다윈(Charles Darwin, 1809~1882)의 『종의 기원(On the Origin of Species by Means of Natural Selection)』(1859)이 계몽주의 사상의 발전에 큰 영향을 끼쳤다. 다윈의 진화론은 자연과학적 탐사작업을 통해 만들어진 것으로, 생물유기체들이 자연환경 속에서 생 활하면서 자연선택(natural selection)과 돌연변이를 통해 진화해 왔다는 사 실을 밝혔다. 진화론은 코페르니쿠스가 '천동설'을 '지동설'로 뒤집은 것처 럼, 당시까지 학계에서 지배적이었던 '창조론', 즉 지구의 모든 생명체는 신의 뜻에 따라 창조되었다는 학설을 뒤집는 것이었다. 다윈의 진화론은 사회학자 스펜서(Herbert Spencer)의 '적자생존 이론'으로부터 영감을 얻었 으며, 당시에 종교를 비판하고 신 중심적 사고를 부인하며 합리적 사고를 추구하던 새로운 시대의 학자들에게 많은 영감을 주었다. 또한 마르크스 (Karl Marx), 뒤르켐(Émile Durkheim) 등 초기 사회학자들의 사상에도 큰 영향을 끼쳤다.

3) 시민사회사상과 사회계약론

중세 말기인 13세기 후반부터 교회의 권력은 서서히 쇠퇴하고 봉건제도가 약화되기 시작했고, 이에 따라 봉건영주의 세력이 후퇴하는 대신 군주(왕)의 권력이 강화되어 중앙집권적 영토국가가 출현하기 시작했다. 또한 상공업이 발달함에 따라 군주들이 새로운 해상 통상로를 개척하려는 노력을 기울이면서 '지리상의 발견'이 이루어졌고, 이를 통해 유럽인들의 활동영역은 점차 아프리카, 아시아(인도), 아메리카 등으로 확대되었다. 한편, 종교개혁과 종교전쟁의 시기를 거치면서 유럽 주요 국가들의 경계가 확정되었지만, 국가들 간의 상호 견제와 상업 및 식민지를 둘러싼 경쟁은 지속되었다. 이 시대를 지배한 절대주의 국가들은 왕권신수설로 지배를 정당화하면서 중앙집권적 통치를 강화하고자 했다. 그리고 군사력을 키워 상공업자들의 통상활동을 보호하고 후원하고자 했고, 이를 통해 풍부한 재원을 확보하고자 했다.

반면에 새롭게 성장한 부르주아지들 사이에서는 정치적 자유와 평등, 사유재산의 자유 등에 대한 욕구가 확산되기 시작했는데, 이것은 사회사상 속에 반영되어 부르주아지들의 정치의식 형성 및 발달에 영향을 미쳤다. 이 시기의 대표적인 자연법사상가이자 사회계약론자였던 홉스, 로크, 루소 등은 시민사회사상을 전파했다. 이들은 자유롭고 평등한 개인들의 아래로부터의 동의나 합의에 기초하여 정치적 공동체, 즉 시민사회를 형성할 것을 주장했다. 또한 개인들이 사회를 구성하는 중심이며, 시민사회와 국가의 활동들은 궁극적으로 개인들의 동의, 합의, 계약에 의해 정당화되어야 한다고 보았다. 이들의 사상은 신학적 세계관으로 왕권을 정당화하는 논리를 근본적으로 뒤집어 놓음으로써, 왕권신수설에 의지해 온 봉건적 지배 이념을 근본적으로 뒤흔들었다.

홉스의 '만인 대 만인의 투쟁'과 절대군주론

홉스(Thomas Hobbes, 1588~1679)는 인간에게 가장 본질적인 욕구는 생

『리바이어던』 표지지

명체로서의 자기보전 및 자기확장의 욕구라고 보았다. 그리고 이로부터 자연상태에서 인간이 누려야 할 권리로서 생명·자유·평등이라는 자연법 사상을 연역했다. 그러나 인간이 자연상태에서 이러한 천부적 권리를 행사하려고 할 때, 사람들은 이기심 때문에 서로 적대시하여 '만인 대 만인의 투쟁'과 같은 상태에 빠질 수밖에 없으며 결국 죽음의 공포만이 남게 된다. 그래서 자연상태의 공포에서 벗어나려면 개인들은 국가를 구성하여 국가로부터 보호받아야 한다. 이때 개인들은 이성을 발휘하여 각자의 주권을 '하나의 인격체'에 양도함으로써 생명과 안전을 보장받는 데 합의해야 한다. 그는 이러한 합의가 '법에 대한 합의'가 아니라 '법을 만드는 인격체에 대한 합의'로서 한 번에 주권을 전적으로 양도하는 계약이어야 하며, 주권은 분할할 수 없는 절대적인 것이어야 한다고 주장했다. 영국의 크롬웰(Oliver Cromwell)의 신생공화국에 큰 기대를 걸었던 홉스는, 이러한 논리를 통해 왕권신수설에 의존하지 않고도 군주에게 절대권(주권)을 부여하는 것을 정당화하고자 했다.

홉스의 시민사회사상은 왕권신수설에 반대하면서 '개인들의 동의에 기초하여' 군주의 주권을 정당화했다는 점에서 현대의 개인주의 사상에 충실했다고 할 수 있다. 그렇지만 국가를 설립하는 계약과 동시에 자연상태의 개인들은 주권자인 군주의 '신민'이 되며 주권자에게 절대적으로 복종해야 한다고 주장함으로써, 결국에는 군주에게 절대권을 부여하는 논리를 아래로부터 정당화하는 결과를 낳았다.

로크의 '재산권 보호'와 법치국가론

로크(John Locke, 1632~1704)는 홉스보다 발전된 사회계약론을 전개했다. 그는 자연상태를 '자유롭고 평화로운 상태'라고 보았다. 그러나 자연상태에는 공통의 법률, 권위 있는 심판관, 그 결과를 집행하는 권력이 없기에 개인들 간에 분쟁이 발생하는 경우 그 해결이 어렵다고 보았다. 따라서 홉스에게서와 마찬가지로 자연상태에서의 분쟁이나 전쟁을 해결해야 하는 문제가 발생한다. 그래서 그는 이러한 자연상태에서 벗어나 자신의 안전과 재산(생명, 자유, 자산)을 보호받기 위해서 개인들은 시민사회(또는 정치사회)를 구성하고 재산을 보호해 줄 권력(정부)을 형성하는 데 동의해야 한다고 주장했다.

국가의 최고 권력은 입법권인데, 입법기관은 국민에 의해 선출되며 국민의 위임을 받아 법을 제정한다. 국민은 오직 법에 의해서만 구속당하며, 법이 국민의 재산을 보호해 주지 못하거나 위임의 목적에 위배되면 법과 입법부에 대한 신탁은 철회되며, 권력은 다시 권력을 위임한 사람들의 수중으로 되돌아가게 된다. 이런 맥락에서 로크는 국민들의 '저항권'과 '소환권'을 인정하고 있으며, 절대군주제를 옹호한 홉스와 달리 입헌군주제나 민주정을 지지했다.

로크의 시민사회사상은 시민사회라는 정치공동체를 구성하는 시민들이 주권자로서 입법 과정을 통제할 수 있고, 오직 법에 의해서만 구속받는다고 주장한다는 점에서 민주적 법치국가의 논리를 잘 보여준다. 그러면서도 동시에 당시 상공업과 시장경제가 발달한 사회에서 시민들의 재산권 보호를 정부의 중요한 목적으로 규정함으로써, 궁극적으로 부르주아지의 이해관계를 옹호하는 논리가 되었고, 경제적 자유주의를 지지하는 사상이 되었다.

로크

루소의 '인민주권'과 사회계약론

루소(Jean J. Rousseau, 1712~1778)는 자연상태가 목가적이며 자유롭고 평등한 상태라고 보았다. 그러나 가족이 확대되고 사유재산이 늘어나면서 인간은 사회상태로 넘어가게 되었고, 이에 따라 이기심, 사유재산, 불평등이 한층 더 늘어나 싸움과 전쟁이 발생하게 되었다고 보았다. 그래서 초기에 그는 이러한 질곡에서 벗어나기 위해 다시 자유와 평등이 보장되는 "자연상태로 돌아가야 한다"라고 역설했다. 하지만 현실적으로 자연상태로 돌아가는 것이 불가능하다는 점을 인식하게 되면서 루소는 각 구성원이 몸과 재산을 공동의 힘으로 지키고 보호하는 결합의 형식을 찾아냄으로써 문제를 해결할 수 있다고 보았는데, '사회계약'이 바로 그러한 형

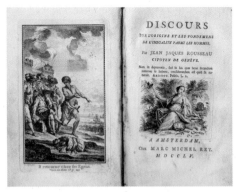
루소의 『인간불평등 기원론』(1755년판) 표제지

식이었다. 사회계약은 개개인들이 집합적 존재로서의 주권자가 되는 정치체(政治體, political body)를 만들고, 주권자는 입법권을 통해 정치체가 활동할 수 있도록 한다. 이러한 사회계약을 통해 개인들은 자연상태에서 누리고 있던 자연적 자유와 무제한의 권리를 잃는 대신 시민적 자유와 소유권을 얻게 된다는 것이다.

루소는 주권이 개인들의 결합체인 인민(people)에게 있으며, '일반의지(general will)'를 행사하는 권한이라고 보았다. 그래서 주권은 분할할 수도 없고 양도할 수도 없다. 일반의지에 따라 설립되는 국가와 제정되는 법은 공공의 이익과 행복을 추구하게 된다. 일반의지는 보편이익을 추구함에 따라 평등으로 기운다면, 특수의지는 개별이익을 추구함에 따라 차별로 기운다. 루소는 이러한 일반의지에 의하여 부의 불평등한 분배를 법으로 제한한다면 지나친 불평등과 빈곤을 방지할 수 있다고 보았다. 이러한 인민주권과 공화주의 사상은 프랑스혁명의 중요한 사상적 기초가 되었다.

시민사회사상과 부르주아혁명

초기 시민사회사상가들은 자연상태에서 개인들이 서로 간의 다툼, 갈등, 전쟁으로 인한 공포와 불안에서 벗어나기 어려우며, 이러한 상황에서 벗어나기 위해 동의, 합의, 계약 등에 의해 시민사회를 결성하는 것이 합리적이라고 생각했다. 특히 국가(정부)를 구성하여 개인들 간의 갈등과 다툼을 법에 따라 공정하게 해결함으로써 시민사회를 안정적으로 유지할 수 있다고 보았다.

이러한 시민사회사상들은 부르주아혁명을 통해 서양 현대의 법·국가·경제 질서로 실현될 수 있었다. 정치적 자유와 재산권을 보호받기를 원했던 부르주아지는 시민사회사상의 영향을 받아 봉건귀족 세력에게 저항하면서 생명, 자유, 평등, 재산권 등의 권리를 인정하고 보장해 달라고 요구했다. 그리고 나아가서 왕족을 포함하는 귀족계급에게 법치주의와 민주주의에 입각한 통치를 요구했다. 봉건시대의 국가는 왕이나 귀족의 소유물에 불과한 것이었으나, 이 신흥 상공업자들은 "국가의 주인은 왕이 아니라 시민들이다"라는 인민주권과 민주주의 사상을 적극적으로 지지하게 되었다. 그리고 이러한 사상에 입각하여 혁명을 일으켜 봉건적 질서(구체제, ancien régime)를 무너뜨림으로써 마침내 현대적인 법치국가와 대의정치 질서의 토대를 만들어냈다.

홉스, 로크, 루소 등의 사회계약론자들은 사회를 개인들의 의지에 따라 형성된 정치공동체로 규정한다는 점에서 공통점이 있다. 이들의 시민사회사상은 봉건제가 해체되고 부르주아지가 성장하는 시대 상황을 반영하고 있었다. 이 사상들은 새롭게 형성되고 있던 시민사회와 정치질서의 작동원리를 보여주었다는 점에서 사회학의 창시에 지적·사상적 모태가 되었다고 할 수 있다. 하지만 정치 또는 통치에 대한 규범적 원리를 제시하는 데 중점을 둠에 따라 시민사회에 대한 과학적·합리적 설명을 제공하는 이론에는 미치지 못했다.

4) 프랑스혁명과 유토피아 사회주의 사상

프랑스혁명과 사회주의

1789년에 일어난 프랑스혁명은 구체제에 대항하는 이념으로 자유(Liberté), 평등(Egalité), 우애(Fraternité)를 내세웠다. 부르주아지에 의해 촉발된 혁명은 농노와 도시 프롤레타리아에게로 확산되면서 대규모 혁명으로 전환되었다. 혁명 이후 의회 대표들은 새 헌법의 기본원칙으로 자유, 평등, 인민주권, 법치를 중심으로 하는 '인간과 시민의 권리 선언'(프랑스 인권선언)을 선포했다. 그런데 제헌의회에 의해 1791년에 제정된 프랑스 헌법은 입헌군주제와 더불어 제한선거제를 채택했다. 특히 사유재산을 기준으로 하여 세금을 내는 '능동적 시민'과 그렇지 못한 '수동적 시민'을 구별하면서 참정권을 '능동적 시민'에게만 부여하고자 했다. 이에 따라 의회는 우

루소에 따르면 일반의지는 공통의 이익만을 추구하는 의지로서, 전체 사람에게서 생겨나서 전체 사람에게 적용되어야 하는 본질적으로 일반적이고 올바른 의지이다. 그래서 일반의지는 사적 이익만을 추구하는 개개인의 특수의지들을 모아놓은 것에 불과한 전체의지와 다른 것이다. 그런데 특수의지들에서 서로 상쇄하는 과(過)와 부족을 제외하고 나면 차이의 총합으로서 일반의지가 남게 된다.

루소는 일반의지는 항상 바르며 공공 이익을 지향한다고 말한다. 그렇지만 인민의 결의가 항상 동일한 정당성을 지닌다고 할 수는 없는데, 그것은 인민이 분별력을 잃거나 속을 수 있기 때문이다. 따라서 전체의지는 일반의지와 차이가 있는 것이다.

루소는 부분적인 단체나 사회가 존재하게 되면, 이 단체가 커져서 다른 부분을 압도하게 되어 우월한 특수의지가 일반의지처럼 보이게 될 수 있다고 본다. 그래서 부분적 사회가 존재하지 않고 각 개별 시민들이 자기 자신의 의견만을 말하는 사회가 공정한 사회라고 본다.

파와 좌파로 분열되었고, 우여곡절 끝에 1792년에 능동적 시민과 수동적 시민의 구분을 없애면서 입헌군주제는 공화정으로 바뀌게 되었다.

프랑스혁명을 전후하여 프랑스 사회에서는 보수주의, 자유주의, 공화주의, 국민주의(민족주의), 사회주의 등 다양한 이념이 등장하여 서로 갈등·경쟁하고 있었다. 부르주아지는 봉건귀족으로부터 정치적 자유와 평등을 쟁취하고자 했고, 프롤레타리아트는 정치적 자유와 더불어 경제적 평등을 쟁취하고자 했다. 그래서 계급의 폐지를 추구한 사회주의자들은 자유주의자들이 옹호하는 토지와 재산의 사적 소유가 부의 불평등을 초래한다고 보면서, 토지와 재산을 공동으로 소유하는 공동체 사회를 건설하고자 했다.

유토피아 사회주의

초기 사회주의자들은 공동체 사회를 어떻게 건설할 것인지를 두고 서로 생각이 갈렸다. 바뵈프(Gracchus Babeuf), 블랑키(Louis-Auguste Blanqui) 등은 정치권력이 중요하다고 보면서 정치권력의 장악을 통한 사회변혁을 추구했다. 반면에 생시몽(Claude H. de Saint-Simon, 1760~1825), 푸리에(Charles Fourier, 1772~1837) 등은 시민사회와 공업사회의 재조직·재편성을 통해 분업의 공동체를 건설하고자 했다. 더 나아가 프루동(Pierre J. Proudhon) 등은 국가권력 자체가 착취와 지배를 낳는다고 주장하면서, 자유로운 소생산자들의 협동조합조직이 중심이 된 지방분권적 연합사회를 건설하고자 했다.

생시몽은 프랑스의 유토피아 사회주의 사상가로서 공업혁명, 프랑스혁명 등으로 이어진 역사 발전의 중심원리를 '공업'으로 파악했다. 그리하여 새로운 사회 건설의 중심원리는 정치나 권력 형태의 변화보다는 물질적 생산력과 노동의 발전에서 찾아야 한다고 생각했다. 그래서 귀족, 성직자와 같은 봉건적 특권계급 또는 비생산계급이 아니라 공장주, 수공업자, 노동자, 농민, 상인, 예술가, 학자 등 공업계급 또는 생산계급의 손에 정치권력을 위임하여 공업의 원리에 기초한 정치제도를 만들어야 한다고 주장했다. 과학을 사용하고 나태한 계급을 타파하여 사람들이 각자 자신의 잠재력에 따라 노동하도록 해야 한다는 것이다. 그는 자본가계급과 노동자계급의 대립보다는 비생산계급과 생산계급(공업계급)의 대립에 주목하면서, 비생산계급이 사라지면 계급 갈등도 계급사회도 지양될 것이라고 생각했다. 그리고 '공업적' 사회질서가 확립되면 특정 계급의 지배를 위한 정치적 폭력이 불필요해지기 때문에 국가의 지배기구들은 '사물들을 관리하는 인간들의 행정'으로 전환될 것이라고 보았다. 경험에 토대를 둔 실증과학과 물질적 생산력으로서의 공업을 역사 발전의 중심원리로 생각한 생시몽의 사상은 그의 비서로 활동했던 사회학의 창시자 콩트에게 큰 영향을 미쳤다.

한편, 푸리에는 공업이 가져오는 거대한 생산력을 인정하면서도 그 부정적 결과들을 극복하기 위해 생산 및 주거의 협동조합 체계를 만들고자 했다. 개인들의 욕망을 충족하면서도 협동하며 조화롭게 살 수 있는 사회를 조직하려 한 그의 사상은, 1620명을 정원으로 하는 '팔랑주(phalange)' 공동체의 구상으로 구체화되었다. 위로부터의 권력에 의지하지 않는, 농업이 중심이 된 생산과 소비의 공동사회라는 그의 구상은 무정부주의 경향을 띠고 있었다.

영국에서는 오언(Robert Owen, 1771~1858)이 유사한 사상을 펼쳤다. 그는 당시 성공한 기업가이자 민주적 사회개혁가였다. 인간의 행복은 이기적 행위를 극복하고 공동의 행복을 추구할 때 달성할 수 있다고 보면서, 노동자들의 노동이 진정한 가치를 인정받지 못하는 것은 돈에 가치를 부여하는 화폐·교환경제 때문이라고 보았다. 그래서 그는 생산수단의 사적 소유가 없고 재화의 분배가 중앙집권적 계획에 따라 이루어지는 노동과 거주의 공동체를 통해 사회주의적 사회경제 질서를 형성할 수 있다고 보았다.

5) 국민국가와 국민주의(민족주의)

베스트팔렌 평화조약

1618년부터 1648년까지 주로 독일(신성로마제국)을 무대로 벌어진 역사상 최대의 종교전쟁(독일 30년전쟁)을 종결시킨 조약으로 1648년 10월 24일에 체결되었다. 이 전쟁은 제국 내의 신·구교 양파 제후들 사이에서 점화되었지만, 각국의 정치적 이해관계가 맞물리면서 덴마크, 영국, 스웨덴, 프랑스, 스페인 등 유럽 대다수 나라가 거병하기에 이르렀다. 베스트팔렌 평화조약은 일차적으로 신성로마제국 내부의 갈등을 해결하기 위한 유럽 최초의 국제회의로서, 제후(諸侯)는 영토에 대한 완전한 주권과 외교권·조약체결권을 인정받았다. 이 조약은 오늘날까지도 국제법상 각국의 영토주권을 인정하는 근거가 되고 있다.

16세기에 가톨릭교회의 부패에 저항하는 프로테스탄트 운동이 확산되면서 유럽 전체는 가톨릭(천주교; 구교)과 프로테스탄트(개신교; 신교) 간의 갈등과 이로 인한 종교전쟁에 휩싸였다. 이러한 전쟁 중 최대 규모의 전쟁은 1618~1648년에 있었던 30년전쟁이었다. 동유럽에서 시작된 이 전쟁은 표면상으로는 가톨릭과 프로테스탄트 간의 종교 갈등이 원인이었지만 내면적으로는 영토와 정치적·경제적 패권을 차지하려는 왕가들의 욕심이 중요하게 작용했다. 30년 동안 지속된 전쟁은 1648년에 '베스트팔렌 평화조약(Peace of Westfalen)'을 통해 종식되었는데, 이 조약을 통해 가톨릭 제국으로서의 신성로마제국은 붕괴되었고, 정해진 국경 내에서 국가주권이 인정되는 현대적 주권국가들의 체계로서 국제관계가 형성되었다. 이 조약으로 각국의 국왕들은 자신의 영토에 대한 완전한 주권, 외교권, 조약체결권을 인정받게 되었다. 이는 유럽 절대주의 국가의 성립과 현대국가로의 발전에 커다란 영향을 미쳤다.

주권국가에서 군주들은 영토 내에서의 통치권을 강화하기 위해 권력을 중앙집중화하고 절대화하려고 했고, 주변의 소국들을 통일하여 강한 국가를 형성하고자 했다. 그리하여 군사적·행정적·재정적 지배수단이 점점 군주를 중심으로 한 지배집단에 의해 독점되어 갔다. 한편, 국가의 중앙집권적 통치를 위해서는 영토 내 국민들에게 일체감을 심어줄 필요가 있었다. 하지만 지배세력의 의지와 노력에도 국민의식이나 국민감정의 형성은 쉽지 않았다. 국민주의(nationalism, 민족주의)가 적극적으로 형성되기 시작한 것은 프랑스혁명을 통해서였다. 혁명을 주도한 부르주아지는 자신들이 곧 국민(nation)이라고 선언하면서, 국민이 모두 참여하여 동등한 권리를 누리는 정치공동체 건설을 주장했는데, 이를 통해 국민은 점차 정치적 공동체에 대한 소속감과 일체감을 가지게 되었다.

계몽사상을 기반으로 전제군주에 대항한 프랑스혁명 과정에서 부르주아지는 국민들 사이의 동료애(박애)를 내세웠다. 그런데 혁명이 진행되는 동안 유럽의 왕조들은 프랑스혁명에 간섭하기 시작했고, 외국에 대한 프랑스인들의 국민감정은 악화하기 시작했다. 게다가 왕조들의 복고적인 국제연대에 대적하여 공화국 체제를 수호하고자 했을 뿐만 아니라 나폴레옹(Napoléon Bonaparte) 시기에는 혁명의 이념을 확산시키고자 하면서, 국민주의는 점차 대내적 일체감을 통한 대외적 공격 수단으로 이용되었다.

이러한 프랑스의 국민주의는 주변국들에서 지배세력이 동원하는 국민주의를 강화하는 촉매 역할을 했다. 한편, 프랑스혁명의 영향으로 중동부 유럽에서는, 국민국가(nation-state)를 이루지 못한 지역을 중심으로 봉건질서에 대항하는 자유주의운동과 국민국가 건설을 지향하는 국민주의운동이 함께 일어나면서, 언어, 혈통, 문화적 전통 등에 기초하여 국민적 일체감을 조성하려는 노력이 활발히 이루어졌다.

국민주의 이념은 계급에 따라 서로 다른 의미를 띠게 되었는데, 프롤레타리아계급을 중심으로 한 피지배대중에서는 국민국가를 통해 입헌적 민주주의, 공화주의의 질서를 확립하는 해방의 의미가 있었고, 국가권력을 장악하게 된 새로운 지배계급인 부르주아계급에서는 대내적 결속을 위해 피지배세력을 동원하고 지배를 공고히 하는 수단으로서 기능하게 되었다. 이 시대에 국민국가와 국민주의의 형성은 사회사상가들이 국민국가를 사회의 기본단위로 여기도록 만들었다. 그리하여 마르크스, 베버(Max Weber), 뒤르켐 등 초기 사회학자들도 국민국가를 사회 연구의 기본단위로 삼았다.

6) 자본주의와 자유시장경제 사상

18세기에 영국에서는 해외 시장의 급속한 성장으로 이윤 추구를 위한 기술 개발이 활발히 이루어졌는데, 이것은 공업혁명의 원동력이 되었다. 공업혁명으로 생산 기술이 발전하고 공장제 공업이 성장하면서 생산력이 급속하게 발달했다. 이 시기에 과학기술의 발달에 의한 공업적 생산과 부의 증대를 적극적으로 지지한 경제사상가는 바로 스미스(Adam Smith,

스미스는 노동이 가치 생산의 근원이자 가치 평가의 척도라고 주장했다. 그러면서도 그는 상품의 가치가 임금, 이윤, 지대 세 부분으로 구성된다고 보았다.

그래서 스미스는 자본주의 사회에서 지주, 자본가, 노동자 세 계급이 토지, 자본, 노동이라는 생산요소를 제공한다는 점을 강조하게 되는데, 노동에 의해 생산된 상품의 가치는 생산을 위해 제공된 생산요소에 따라 세 계급에게 각각 임금, 이윤, 지대로 지불된다고 주장했다.

이윤과 지대는 노동을 투하하지 않고 얻을 수 있는 것이기에, 이러한 주장은 노동가치 이론과 모순된다. 이러한 관점에서 마르크스는 스미스의 노동가치 이론의 모순점을 지적하면서, 자본주의 사회에서 노동에 의해 생산된 가치가 이윤과 지대로 배분되는 과정을 착취 이론을 통해 해명함으로써 일관성 있는 노동가치 이론을 제시했다.

1723~1790)였다. 『국부론(The Wealth of Nations)』(1776)에서 그는 공장제 공업에 기초한 생산력의 발달이 한 나라의 부를 증대시킬 수 있는 기초가 된다고 주장했다. 공장제 공업은 건물, 생산설비, 원료를 소유한 자본가와 노동력을 제공하는 임금노동자의 결합을 통해 생산활동을 하는 거대한 산업이었다. 특히 공장 생산조직에서의 분업은 생산력을 증대시키는 중요한 기반이었다.

스미스는 정부의 보호주의 정책에 의존하여 무역에서 독점적 이익을 얻고 부를 축적하려는 '중상주의(mercantilism)'나, 농업을 한 나라의 부의 기초로서 중시하는 '중농주의(physiocracy)'에 반대하면서, 공업적 생산을 통한 부의 축적을 중시하는 공업주의(industrialism)만이 진정으로 국부를 증대시킬 수 있는 근원이라고 보았다. 공업적 생산을 늘리려면 개인들이 생산품을 시장에서 자유롭게 매매하여 이윤을 얻을 수 있도록 해야 하는데, 이때 시장은 이기적 욕구에 기초한 개인들의 투자나 생산활동이 개인의 의도와 상관없이 사회 전체적인 부의 증대로 이어지게 하는 기능을 한다고 보았다. 스미스는 자유시장의 이러한 기능을 '보이지 않는 손(invisible hand)'이라고 예찬하면서 자유시장경제 질서를 옹호했다.

스미스는 각자가 자기 노력의 결과를 향유할 수 있도록 하는 사유재산 제도가 경제발전에 필수적이라고 보았다. 자유경쟁시장의 수요 및 공급 조절 기능을 신뢰하면서, 독점 없는 자유방임적 시장경제가 경쟁의 이익과 효율성을 가져다준다는 것이다. 그래서 시장의 효율적 작동을 위해서는 노동자든 자본가든 법에 따라 자유롭게 경쟁하도록 방임되어야 하며, 국가가 시장에 개입해서는 안 된다는 자유방임주의(laissez-faire) 사상을 옹호했다.

물론 스미스는 자유방임 경제를 옹호하면서도 정부가 국방, 공정한 사법행정, 교육, 교통 등 공공사업 유지를 수행할 의무가 있으며, 이를 위해 세금을 거둬들여야 한다고 보았다. 하지만 시장의 자유를 위해서는 정부의 역할을 최소화할 것을 주장했다. 이러한 주장은 국가는 시민들의 사유재산과 생명을 보호하는 야경꾼 역할만 하면 충분하다는 '야경국가론'으로 불린다. 한편, 그는 초기 저작『도덕감정론(The Theory of Moral Sentiments)』(1759)에서 인간 본성이 복합적이어서 '자기애'와 '공감' 능력이 공존한다고 보았는데, 이러한 주장은 시장경쟁에서 이기심의 원리를 강조한 후기 저작과 다소 모순적이다. 스미스의 사상은 이후 자유시장경제와 국가의 성격에 대한 논쟁의 출발점이 되었다.

2. 사회학의 성립과 고전사회학 이론

1) 콩트

실증철학과 사회학의 창시

생시몽의 비서로 활동했던 콩트(Auguste Comte, 1798~1857)는 생시몽 사상을 이어받아 실증과학의 중요성과 공업계급의 진보적 역할에 주목했다. 콩트는 인간사회도 자연 세계를 연구하듯이 자연과학적 방법으로 연구되어야 한다고 생각했다. 그래서 자연법칙을 밝혀내기 위해 사용되는 자연과학적·경험적 방법이 사회 법칙 연구에도 적용될 수 있다고 보았다.

'사회에 관한 과학'을 확립하려는 콩트의 관심은 '사회학'이라는 명칭의 창시로 이어졌는데, 처음에는 사회에 대한 새로운 과학을 '사회물리학'이라 불렀다. 물리학적 법칙을 적용하면 사회를 더 과학적으로 탐구할 수 있다고 생각했던 것이다. 그래서 그는『실증철학강의(Cours de Philosophie Positive)』(1~6권, 1830~1842)에서 사회에 대한 과학적·실증적 연구 방법으로 관찰, 실험, 비교, 역사적 분석을 사용할 것을 주장했는데, 특히 사회학에서는 비교의 방법이 중요하다고 보았다. 원시사회와의 비교연구로 어떤 사회의 발전 국면을 알 수 있듯이, 서로 다른 인간사회를 비교하면 진화의 상이한 단계들을 한눈에 관찰할 수 있다는 것이다. 이런 맥락에서 '역사적 방법'도 강조했는데, 인류가 진화해 온 시대 전체를 통한 역사적 비교는 사회학적 탐구의 핵심이다. 한편, 콩트는 실증적·과학적 연구를

콩트와 사회의 기본법칙

콩트는 사회의 기본법칙을 발견하는 것은, 사회현상들을 불변의 자연적 법칙, 즉 전체적으로 각 시대에 사회적 행위의 한계와 특성을 분명하게 규정해 주는 법칙에 복종시키기 위한 것이라고 보았다. 이러한 법칙을 이해하게 되면 이제 법칙의 틀 내에서 사회를 개조할 수 있게 된다. 그래서 그는 존재의 본질과 궁극원인을 찾으려는 탐구(형이상학)는 절대적일 수밖에 없지만, 현상의 법칙을 연구하는 것(실증과학)은 상대적일 수밖에 없다고 보았다. 그는 사회현상 연구에서 절대적인 것만을 추구하는 추상적 사변이나 형이상학적 학설을 배격하고, 감각적 경험으로 확증할 수 있는 여러 사실과 그 관계에만 전념한다는 과학적이며 실증적인 상대주의의 입장을 표명했다.

통해 '사회 속에 숨어 있는 기본법칙'을 발견해 낸다면, 미래를 예측하여 인간의 복리를 증진하는 길을 찾을 수 있다고 믿었다.

사회정학과 사회동학

콩트는 생물학에서 해부학(생물체의 외부 형태나 내부 구조를 연구하는 학문 분야)과 생리학(생물체의 기능을 연구하는 학문 분야)을 구분하듯이, 사회학도 연구 분야를 '사회정학(社會靜學, social statics)'과 '사회동학(社會動學, social dynamics)'으로 구분하는 것이 바람직하다고 보았다. 전자가 사회질서와 안정을 탐구하는 분야라면, 후자는 사회진보와 변동을 탐구하는 분야이다. 그는 질서는 사회적 존재의 여러 조건 간의 영원한 조화에 기초하고 있고 진보는 사회발전에 뿌리박고 있다고 보면서, 질서와 진보, 정학과 동학은 서로 연결되어 있다는 점을 강조했다.

사회정학, 즉 사회의 정태적 연구는 사회체계의 서로 다른 구성 부분들 사이의 작용과 반작용의 법칙을 탐구하는 것이다. 사회학에서 유일하고도 적합한 접근방식은 "각 요소들을 전체 체계라는 측면에 비추어서 관찰하는" 데에 있다. 즉, 전체로서의 사회체계 내에서 각 요소 간에 이루어지는 균형적인 상호관계를 연구하는 것이다. 이처럼 사회를 생물유기체에 비유한 콩트의 사회정학은 이후에 스펜서를 통해 기능주의 이론으로 발전했다.

콩트는 생물유기체와 사회유기체 간의 차이에도 주목하면서, 사회유기체는 생물유기체와 달리 물리적 수단이 아니라 정신적 결합에 의해서만 서로 연결된다는 점을 강조했다. 언어와 종교적 신념이 사회의 통합과 연대를 가능하게 해주며, 분업도 역시 사람들을 서로 결합시키는 중요한 요인이다. "사람들은 그들의 직업이 분화되어 있다는 사실 때문에 서로 결속된다. 그리고 사회유기체의 복잡성이 점점 증대되어 가는 것도 바로 이러한 분화에 기인한다"(콩트, 『실증철학강의』). 콩트는 분업이 한편으로는 개인 능력의 발전을 도와주면서도 사람들이 서로 의존되어 있다고 생각하게 함으로써 연대성의 형성에도 공헌한다고 믿었다. 이런 생각은 이후 뒤르켐의 분업 및 유기적 연대 이론에 영향을 미쳤다.

정신적 진보의 3단계 법칙

콩트는 기능적 분석과 진화론적 분석이 상호보완적이라고 생각했다. 그래서 사회정학은 필연적으로 사회동학으로 이어지지 않을 수 없다고 보았다. 그는 사회의 진보를 결정하는 중심 요소는 지식의 진보라고 보았다. 그리고 인류의 지적·정신적 성장은 세 가지 주요 단계를 거쳐왔다고 생각했다. "우리의 모든 주요 개념들, 곧 모든 분야의 지식들은 세 가지 상이한 이론적 조건 – 신학적 또는 공상적·형이상학적 또는 추상적·과학적 또는 실증적 – 을 단계적으로 거쳐왔다"(콩트, 『실증철학강의』). 인류사회는 공상적인 정신이 지배하는 '신학적 단계'로부터 추상적인 정신이 지배하는 '형이상학적 단계'를 거쳐, 마침내 실증적 정신이 지배하는 '과학적 단계'로 진보해 왔다고 보았는데, 그는 이를 '정신적 진보의 3단계 법칙'이라 불렀다. 그리고 실증적·경험적 과학으로서의 사회학의 출현은 바로 '과학적 단계'에 와서 가능하게 되었다.

콩트는 인류 역사의 발전에서 지식과 정신의 발달을 중요시하면서도, 정치적 지배 유형, 사회단위의 유형, 사회조직의 유형, 인간생활의 물질적 조건 등이 지적 발달 단계에 상응하여 연결되어 있음을 강조했다. 예를 들어 신학적 단계에서는 사제와 군인들이 지배집단이며 가족이 전형적인 사회단위였고, 형이상학적 단계에서는 성직자와 법률가들이 중심 세력이며 국가가 중요한 사회적 단위였다. 과학적 단계에서는 공업 경영자와 과학자들이 중심이 되며 인류 전체가 실질적인 사회적 단위가 된다.

실증적 사회질서의 구축과 인류교

콩트는 실증적·경험적 방법을 강조했지만 실제로 이러한 방법을 통해 사회학적 연구를 구체적으로 수행한 것은 아니었다. 따라서 그의 실증주의는 책 제목처럼 '실증철학'에 가까웠다. 또한 그는 실증적·과학적 단계의 사회를 가장 진보된 것으로 보면서, 스스로 '인류교'를 창시하여 과학

코르슈

(1886~1961) 제1차 세계대전을
전후한 시기에 사회주의 이론과
정치적 실천활동을 활발히 했던
독일의 마르크스주의 이론가. 대
표적인 저서로는 『마르크스주의
와 철학(Marxismus und Philo-
sophie)』(1923)이 있다.

적 지식을 갖춘 성직자가 통치하는 이상사회를 건설하려고 했다. 이 사회
의 목표는 "사랑을 원리로, 질서를 기초로, 진보를 목표로" 하는 실증적 질
서를 구축하는 것이었다. 그리고 그는 자신을 과학적 지식에 의해 미래를
예측하는 지혜를 지닌 새로운 종교의 예언자라고 선언했다.

콩트의 사회학적 연구는 부르주아혁명 이후 혼란에 빠진 프랑스에서
사회질서를 어떻게 재구축할 수 있을 것인가 하는 지적 고민의 산물이었
다. 그의 사회학은 현대 자본주의 공업사회를 가장 진보한 것으로 보면서
이 사회의 통합적 질서를 구축하려는 동기를 지녔기에, 오늘날의 관점에
서 보수적이라는 평가를 받기도 한다. 이런 맥락에서 코르슈(Karl Korsch)
는 "19세기 말 강단사회학의 정착은 사회주의 노동운동, 즉 마르크스주
의의 대두에 대한 부르주아지의 지적 방어의 한 형태였다"라고 했으며
(Korsch, 1963), 테르보른(Göran Therborn)은 "사회학의 제도적 정착은 사회
학이 반혁명적 보수주의와 밀접한 관계를 가졌기 때문"이라고 했다(Therborn,
1976).

2) 스펜서

자유방임과 적자생존

스펜서(Herbert Spencer, 1820~1903)는 영국의 초기 사회학자로서 콩트
의 유기체론과 진화론의 영향을 받았다. 그렇지만 콩트와는 대조적인 사
상을 보여주었다. 초기에 스펜서는 『사회정학(Social Statics)』(1851)에서
개인주의·효용주의(utilitarianism) 입장을 표명했고, 자유방임과 적자생존
(자연도태) 이론을 통해 진화의 자연법칙을 사회에도 적용하고자 했다.

사회성과 연대성을 강조한 콩트와 달리 스펜서는 사회가 정부나 개혁
가들의 간섭으로부터 자유로워야 한다는 것을 사회학자들이 대중에게 확
신시켜 주어야 한다고 생각했다. 우선 그는 "인간 외부의 자연적 질서에
타당한 것이라면 인간들의 사회적 배열 속에 존재하는 자연적 질서에도
역시 타당하다"라고 주장했다. 말하자면 자연에서의 적자생존 논리가 사

회에도 그대로 적용되어야 한다고 생각한 것이다. 그래서 스미스와 유사하게, 개인의 권리를 보호하는 일과 외부의 적으로부터 집단을 보호하는 일을 제외하면 국가는 모든 일을 계약을 맺거나 서로 합의를 보게 되는 개개인들의 자유로운 판단에 맡겨야 한다고 주장했다. 좋은 사회란 각자의 이익을 추구하는 개인들 간의 계약에 기초한 사회이며, 국가가 사회복지 등을 이유로 이 계약적 협정을 방해하면 사회질서가 붕괴하거나 공업형 사회의 유익함을 잃고 군사형 사회로 퇴보하게 될 것이라고 보았다.

스펜서는 또한 맬서스(Thomas Malthus)의 견해에 동조하면서, 출산력의 증대는 생존을 위한 개인들의 경쟁을 심화시키며, 이러한 상황에서 지적으로 열등한 개인이나 집단은 소멸하고 경쟁의 압력을 생산을 위한 자극으로 받아들이는 최고의 지식인들만이 살아남게 될 것이라고 보았다. 이러한 적자생존의 원리는 사회적으로 유익한 진화의 메커니즘이며, 빈민법이나 사회복지의 형태로 정부가 간섭하면 정화(淨化) 또는 진화 과정이 중단되거나 무효가 될 것이라고 주장했다.

스펜서는 적자생존의 관점에서 최소한의 정부와 자유방임주의 시장경제를 지지했으며, 특히 중간계급 지식인의 위치에서 영국의 번영은 공업활동을 하는 개인들의 검소와 근면 덕분이라고 여겼다. 이런 점에서 스펜서의 사상과 이론은 당시 지배계급의 이데올로기를 대변하는 것이었다.

생물학적 유추와 초유기체론

스펜서는 적자생존 이론을 옹호하기 위해 사회를 개인들로 환원할 수 있다는 사회명목론적(social nominalist)·개인주의적 시각을 내세웠다. 그러면서도 사회의 작동을 설명하는 데에 '생물학적 유추'를 사용하려고 했다. 그는 사회 속의 개인은 생물유기체의 기관처럼 각자 정해진 기능을 담당하고 있으며, 이러한 개인들의 기능이 유기적으로 결합하여 사회가 안정적으로 작동하게 된다고 보았다.

스펜서는 초유기체로서의 사회유기체와 생물유기체 간의 유사성을 인식하면서도 그 차이에도 주목했다. 그는 "동물의 각 부분은 구체적인 전

스펜서의 사회명목론

스펜서는 "사회에 대한 참다운 이론은 그 구성원인 개인들의 본성을 탐구하는 것 이외의 방법으로 얻어질 수 없다"라고 주장했다. 그래서 "단위들의 속성이 전체 모임의 속성을 결정한다"는 사회명목론적 원칙을 주장했다. 사회는 단순히 개인들을 모아놓은 것에 불과하다는 것이다. 이러한 이론적 입장에 기초하여 그는 사회를 개인의 목표를 증진해 주는 도구로 여겼다.

체를 형성하는 반면에, 사회의 여러 부분은 추상적인 전체를 형성한다"라고 보았다. 말하자면 사회를 구성하는 개인들은 물리적으로 구속되어 있지 않고, 다소 광범위하게 확산해 있다는 것이다. 또한 의식 면에서도 생물유기체는 특정 부분(두뇌)에 집중되어 있지만, 사회유기체는 집합체의 부분들(개인들)에 확산되어 있다. 그래서 그는 "사회의 정신이란 존재하지 않으며, 따라서 각 단위와 분리된 집합체의 복지는 탐구의 목표가 될 수 없다"라고 말했다.

스펜서는 생물유기체와 달리 사회에서는 의식과 의지가 개인들로 환원될 수 있으며 집합적 정신을 소유한 사회체(社會體, social body)란 존재하지 않는다고 본다. 그런데 사회를 개인들로 환원할 수 있다는 명목론적 시각은, 사회유기체의 부분들이 서로 기능적 상호의존 관계를 맺고 있다는 유기체론적 시각과 공존할 수 없다는 점에서 스펜서의 두 시각은 서로 모순적이다.

사회진화: 분화와 통합

스펜서는 사회의 진화가 생물유기체의 진화와 유사한 방식으로 이루어진다고 보았다. 진화는 보편적 과정으로서, "운동의 분산과 물질의 통합의 결과로 나타난, 약한 응집상태에서 강한 응집상태로의 변동"이며, "동질성의 상태로부터 이질성의 상태로의 변동"이다. 그러므로 사회의 진화는 만물의 모든 영역에 적용될 수 있는 제일원리가 적용되는 특수한 사례이다. 생물유기체와 마찬가지로 사회적 집합체(social aggregates)도, 각 부분이 서로 유사하면서 상대적으로 미분화된 상태로부터 여러 부분들이 서로 이질적이면서 분화된 상태로 성장한다. 그리고 일단 각 부분이 서로 이질적이면 이들은 상호의존하게 된다. 그러므로 분화가 진전되면 부분들 간의 상호의존성이 증가하며, 따라서 통합이 진전된다고 할 수 있다. 동질성에서 이질성으로의 진화라는 사고는 이후 뒤르켐의 사회분업 이론에 영향을 미쳤다.

군사형 사회와 공업형 사회

스펜서는 한편으로는 구조적 복합성 정도에 따라 사회의 진화 단계를 구분하면서도, 다른 한편으로는 사회 규제의 형태, 즉 그 엄격성과 범위에 따라 사회를 '군사형 사회'와 '공업형 사회'로 분류한다. 여기서 사회유형 분류의 중요한 기준은 한 사회가 주변의 다른 사회들과 맺고 있는 관계가 군사적인가 평화적인가 하는 점이다. 군사적 관계는 강제적이고 중앙집권적인 통제를 가져오며, 평화적 관계는 상대적으로 약하고 분산된 규제 체계를 가져온다. 그래서 정부의 중앙집권적 규제와 강제적 협동이 군사형 사회의 특징이라면, 개인과 사적 조직의 자율성과 자발적 협동은 공업형 사회의 특징이다.

그런데 스펜서는 두 사회유형의 분류가 진화의 단계에 대응하는 것이 아니라고 말한다. 사회의 역사를 군사형 사회에서 공업형 사회로의 단선적 진화로 보아서는 안 되며, 두 사회는 순환적인 유형들일 뿐이라는 것이다.

3) 마르크스

유물론적 역사해석과 사회주의

독일에서 태어난 마르크스(Karl Marx, 1818~1883)는 자본주의의 원리를 해명한 사회이론가이자 사회주의 혁명운동가로서, 세계사적으로 마르크스주의(Marxism)라는 거대한 지적·실천적 흐름을 낳은 인물이다. 물론 마르크스는 자신의 학문을 사회학이라 부르지 않았다. 그는 자신의 연구를 '유물론적 역사해석' 또는 '역사와 사회에 관한 과학'이라고 불렀고, 특히 자본주의에 대한 기존의 정치경제학적 설명을 비판한 자신의 연구를 '정치경제학 비판'이라고 불렀다. 그렇지만 그의 연구들은 내용 면에서 많은 부분이 사회학적이었으며, 이로 인해 그는 대표적인 고전사회학자 중 하나로 손꼽히게 되었다.

베버가 사실판단과 가치판단, 과학과 정치(규범)를 엄밀히 구분하고자 했던 것과 달리, 마르크스는 당시 자본주의 사회의 모순적 상황을 극복하

유적 존재로서의 인간

마르크스에 따르면 인류(人類)는 무리 속에서 서로 어울려 교류하고 협력하며 살아가면서 동물과 달리 정신적·지적 존재로서 자유롭고 능동적인 활동을 함으로써 삶의 의미를 느낀다. 마르크스는 자본주의적 분업이 인류의 특성인 자유롭고 창조적이며 정신적인 활동으로서의 노동을 단순히 먹고살기 위한 '육체적 생존수단'으로 전락시킨다고 비판했다. 이러한 관점은 인간을 사회와 독립되어 각자 자신의 육체적 쾌락만을 추구하는 개별적 존재로 보는 공리주의적 관점과 대비된다(제9장 3절 참조).

기 위한 실천적 관심을 이론적·과학적 탐구와 적극적으로 결합하고자 했다. 그래서 그는 자본주의 계급사회를 비판하면서 노동자계급에 의한 혁명을 통해 계급 없는 사회, 즉 공산주의(사회주의) 사회를 건설해야 한다고 주장했다. 그리고 '사회주의 인터내셔널(Socialist International)' 등 사회주의 혁명을 위한 정치적·실천적 활동에도 적극적으로 참여했다.

유적 존재로서의 인간과 노동소외

초기에 마르크스는 자본주의 사회에서 노동자들의 비참한 삶을 목도하면서 철학적 인간학의 관점에서 자본주의 사회를 비판했다. 『경제학-철학 수고(Ökonomisch-philosophische Manuskripte)』(1844)에서 그는 유적(類的) 존재로서의 인간, 총체적 존재로서의 인간, 인간의 총체적 활동으로서의 노동이라는 관점에서, 사유재산제도의 발달에 따른 계급적 분열과 분업에 따른 노동소외와 인간소외를 비판했다. 그래서 피지배계급인 노동자들은 분업에 따른 소외된 노동을 없애고 인간의 유적인 삶을 회복하기 위해, 자본의 사적 소유가 폐지된 계급 없는 사회, 즉 공산주의 사회 건설을 위한 혁명에 적극적으로 나서야 한다고 주장했다.

『독일 이데올로기』와 역사유물론

마르크스는 당시 인류의 진보를 이념이나 정신의 진보를 통해 설명하고자 한 헤겔학파의 관념론적 사고를 비판하면서, 사회와 역사의 과정을 유물론적으로 설명하는 관점, 즉 '유물론적 역사해석'을 제시했다. 그는 『독일 이데올로기(Die deutsche Ideologie)』(1845~1846)에서 인류의 재생산을 위해 지속적으로 충족되어야 할 욕구로서 성적 욕구와 물질적 욕구를 강조했다. 그리고 무엇보다도 "(인간의) 최초의 역사적 행위는 물질적 생활 자체의 생산이다"라고 하면서, 음식, 주거, 의복 등 생존을 위한 기본 욕구를 충족하는 것이 인간의 일차적 목표이자 삶의 중심적인 부분을 차지한다는 점을 강조했다.

인간은 자기 생명을 재생산하기 위해 물질적 생활을 지속해서 재생산해야 하는데, 이러한 재생산은 기본적으로 사람들 간의 '물질적 교류관계' 속에서 이루어진다. 그런데 분업이 발달하고 생산력이 발달하면서 물질적 교류관계의 형태는 역사적으로 변화해 왔다. 이 과정에서 물질적 분배를 둘러싼 지배와 권력관계가 생겨났고, 자본의 사적 소유에 기초한 계급사회가 형성되고 발전되어 왔다. 그래서 마르크스는 물질적 교류관계의 형태를 기초로 하여 역사를 설명하는 것이 역사에 대한 과학적 이해라고 주장했다.

계급투쟁의 역사와 토대-상부구조 이론

마르크스는 『공산당 선언(Manifest der Kommunistischen Partei)』(1848)에서 "지금까지 모든 인류의 역사는 계급투쟁의 역사다"라고 말했다. 역사적 시대마다 각각 자유민과 노예, 귀족과 평민, 영주와 농노, 장인과 직인 등 적대관계에 있는 억압자와 피억압자는 서로 끊임없이 투쟁해 왔으며, 이 계급투쟁 속에서 사회는 혁명적 변화를 통해 원시 공산주의 사회, 고대 노예제 사회, 중세 봉건사회, 그리고 현대 자본주의 사회 등으로 이행해 왔다는 것이다.

마르크스는 「정치경제학 비판 서문(Grundrisse der Kritik der politischen Ökonomie)」(1859)에서 계급투쟁의 역사를 사회의 물질적 조건과 연관시켜 설명하고자 했다. 사회를 '경제적·물질적 토대(base)'와 '정치적·이데올로기적 상부구조(super structure)'라는 두 층위로 구성된 '사회형성체(social formation)'로 묘사하면서, 토대가 상부구조의 형태를 규정한다고 보았다. 토대는 일반적으로 생산양식(modes of production)을 의미하는데, 이것은 물질적 '생산력'과 생산이 이루어지는 현실적 '생산관계들(relations of production)'을 포함한다. 그리고 상부구조는 국가와 다양한 의식, 관념들을 포함한다. 여기서 토대 또는 생산관계는 한 사회형성체의 성격을 규정하는 결정적 요인이며, 상부구조의 형태는 토대의 형태로부터 영향을 받는다. 예를 들어 봉건주의 사회(사회형성체)라고 하면 봉건주의 생산관계가 토대가 되고, 이에 조응하는 봉건적 국가형태와 의식형태가 형성된다.

자본주의 사회(사회형성체) 역시 자본주의 생산관계가 토대가 되고, 이에 조응하는 자본주의적 국가형태와 의식형태가 형성된다.

그런데 특정 사회형성체의 생산관계는 토지나 자본과 같은 생산수단의 소유양식, 노동과 그 생산물의 소유·통제·분배 방식들에 따라 고유한 계급관계를 형성한다. 노예제 사회에서는 주인과 노예, 봉건사회에서는 영주와 농노, 자본주의 사회에서는 자본가와 노동자로의 계급 분화가 이루어지는데, 이들 사이에는 시대적 조건에 따른 특정한 물질적·정신적 지배-종속 관계가 형성되어 서로 대립하고 갈등하게 된다. 지배계급은 국가를 통해 물리적 강제력을 행사하거나 지배 이데올로기를 유포하여 기존의 생산관계를 안정적으로 재생산하려 하고 피지배계급은 이에 저항한다.

마르크스는 하나의 사회형성체가 다른 사회형성체로 이행하는 데 영향을 미치는 중요한 요인으로 생산력 발달을 강조한다. 생산력 발달이 기존의 생산관계에서 이루어지는 계급투쟁의 상황을 바꿔놓으며, 그 대립이 격화되면 혁명을 통해 새로운 생산관계와 사회형성체가 등장하게 된다. 인류는 생산력의 발달을 통해 물질적 해방을 추구해 왔는데, 이러한 생산력의 발달은 기존의 생산관계 속에서 제한당하면서 모순을 발생시킨다. 마르크스는 이것을 '생산력과 생산관계 간의 모순'이라고 말하는데, 이 모순은 기존 생산관계를 형성하는 계급들이 갈등적·대립적 상황, 즉 계급투쟁에 빠져들게 한다. 이때 피지배계급의 저항과 혁명을 통해 새로운 생산관계가 형성되면 이러한 모순이 해결되고 생산력은 더 발전할 수 있게 된다.

자본주의 비판과 공산주의의 전망

마르크스는 『자본론(Das Kapital)』(1867)에서 모순의 변증법과 총체성의 방법을 통해 자본주의 메커니즘을 분석하고자 한다. 자본주의의 작동원리에 대한 객관적·과학적 분석을 통해 노동자계급에 의한 사회주의 혁명의 현실적 가능성을 탐색한다. 자본주의 사회는 생산수단인 자본을 소유한 자본가계급이 무산자인 노동자계급의 노동력을 이용하여 상품을 생산하고 이윤을 추구하는 사회를 말한다. 마르크스는 이 과정에서 자본가계급이 자본의 사적 소유에 기초하여 노동자계급의 노동력을 착취함으로써 자본을 축적하고, 더 많은 이윤을 얻기 위해 더 많은 노동력을 착취하려고 한다고 지적한다. 이러한 자본가들의 경쟁과 욕심은 과잉생산과 유효수요 부족에 따른 불황이나 공황을 발생시키고 이에 따른 임금감소와 실업으로 계급대립을 격화시킨다.

마르크스는 자본주의 사회에서 자본가계급이 국가권력과 지배 이데올로기를 동원하여 노동자계급의 저항과 투쟁을 억누르려 하지만, 자본주의의 위기 등으로 적대관계가 격화되어 노동자계급의 저항이 커지면 혁명을 통해 공산주의 사회로 이행해 갈 것으로 기대했다. 공산주의 사회란 계급들 사이의 적대관계가 사라진 평등한 사회, 생산수단의 공동소유에 기초해 공동생산이 이루어지는 평등하고 자유로운 생산자들의 공동체를 의미한다. 마르크스는 이것을 '자유로운 생산자들의 연합'이라 했다.

4) 뒤르켐

사회학주의와 사회통합

뒤르켐(Émile Durkheim, 1858~1917)은 프랑스의 사회학자이자 교육학자로서, 부르주아혁명 이후 정치적 혼란이 지속되는 프랑스에서 새롭게 형성되고 있는 현대사회의 원리를 이해함으로써 사회통합의 가능성을 모색하고자 했다. 그는 사회학의 연구 대상은 개인적 사실이 아닌 '사회적 사실(social facts)'이라는 점을 강조했는데, 이러한 관점은 '사회학주의(sociologism)'라 불린다.

그는 당시 사회의 특징을 분업이 발달한 공업사회(industrial society)로 규정하면서, 분업사회에서 어떻게 사회적 연대가 가능할 것인지를 고민했다. 분업의 확대로 개인주의가 발달하고 종교와 같은 전통적 규범이 약화된 현대사회에서 '아노미', 즉 규범적 혼란 상태를 극복하고 사회통합을 이루기 위해서는 전통사회와 다른 새로운 사회규범이 필요하다고 보면서, '도덕적 개인주의'를 대안으로 제시했다. 주요 저서로는 『사회분업

유토피아 사회주의 비판과 과학적 사회주의

마르크스는 국가 통치가 없는 사회를 추구하거나 소규모 공동체 사회를 건설하고자 한 생시몽, 푸리에, 오언 등의 유토피아 사회주의 사상이 비과학적이고 비현실적이라고 비판했다. 그는 자본주의의 원리에 대한 과학적 분석을 통해 현실적으로 가능한 사회주의 전략을 제시하고자 했다.

그는 자본주의 생산관계가 자본을 사적으로 소유한 자본가계급이 노동자계급을 착취함으로써 유지된다고 보았다. 따라서 사회주의 혁명은 노동자계급이 현실적 주체가 되어 자본가계급이 실질적으로 지배하고 있는 자본주의 국가권력을 장악한 후 자본의 사적 소유를 철폐함으로써 가능하다고 주장했다.

이러한 사회주의 사상은 비현실적인 유토피아 사회주의 사상과 달리 자본주의에 대한 과학적 분석에 기초하고 있다는 점에서 과학적 사회주의라고 불린다.

론(De La Division Du Travail Social)』(1893), 『자살론(Le Suicide)』(1897), 『종
교생활의 원초적 형태(Les Formes élémentaires de la vie religieuse)』(1912)
등이 있다.

사회적 사실과 실증적·경험적 방법론

뒤르켐은 사회학의 지적 관심이 '사회적 사실'을 연구하는 데 있다고 보
면서, 사회적 사실은 단순히 개인적 사실을 모아놓은 것이 아닌 근본적으
로 다른 성격을 지닌 고유한 대상임을 강조한다. 예를 들어 개인적인 생
활 규칙들을 모아놓은 것이 사회적 규칙이 될 수는 없다. 사회적 사실은
개인과 무관하고, 개인에 외재하면서, 개인을 제약하는 객관적 실재이다.
법, 관습, 종교생활, 화폐체계와 같은 사회적 사실들은 개인의 삶이나 개
인 심리로부터 발견될 수 없으며, 개인적 사실들로 환원할 수 없다.

뒤르켐은 콩트의 '실증철학'이 너무 사변적이라고 생각하면서 이것을
좀 더 체계적인 실증적·경험적 연구 방법론으로 발전시키고자 했다. 그는
사회적 사실을 과학적·객관적으로 연구하기 위해, "사회적 사실을 사물로
취급하라"라는 원리를 내세웠다. 사회현상도 자연현상이나 물질들처럼
객관적 실재로 취급하며 엄밀하게 분석해야 한다는 것이다. 그런데 사회
적 사실들은 직접적으로 관찰하기 어렵기 때문에 사회적 사실의 외적 효과
나 사회적 사실을 표현하고 있는 성문화된 법이나 규칙들을 관찰함으로써
연구할 수 있다고 보았다. 예를 들어 뒤르켐은 『사회분업론』에서 사회적
사실로서의 '사회적 연대'의 역사적 형태를 파악하기 위해 지배적인 사회
적 규제(억압적 제재와 배상적 규제)와 법률 형태(형법과 민법)를 연구했다.

한편, 뒤르켐은 사회현상에 대한 완전한 설명을 위해서는 '원인 분석'과
'기능 분석'이 함께 이루어져야 한다고 보았다. 예를 들어 분업에 대해 완
전하게 설명하려면, 인구 증가와 개인들 간의 상호작용의 증대에 따른 '동
적 밀도' 또는 '도덕적 밀도'의 증가와 같은 '분업의 원인'을 분석해야 할
뿐만 아니라, 유기적 연대의 형성이라는 '분업의 기능'을 분석해야 한다는
것이다. 이처럼 사회적 사실의 기능을 중요시하는 사고는, 사회의 각 구

성 부분들이 전체 사회의 질서를 형성하고 유지하는 데에 어떤 기능을 수행하는지를 분석하려는 '기능주의' 이론의 발달에 영향을 미쳤다.

사회분업과 유기적 연대

『사회분업론』에서 뒤르켐은 분업이 발달한 현대사회에서 생겨나고 있는 새로운 유형의 연대의 특성에 주목했다. 그는 사회구조의 성격에 따라 형성되는 연대를 기계적 연대(mechanical solidarity)와 유기적 연대(organic solidarity) 두 가지로 구분했다. 노동 분화(division of labor), 즉 분업이 미발달한 전통사회에서는 사회적 연대의 성격이 '기계적'인 반면, 분업이 발달한 현대사회에서는 '유기적'이라는 것이다. 사회구조에 따라 개인들을 서로 묶어주는 연대의 형태가 달라지는데, 분업이 발달한 현대사회에서는 그 형태가 이질적인 개인들을 묶어주는 유기적인 모습을 띠게 된다.

전통사회에서는 분업이 발달하지 않아 사람들 대부분이 유사한 노동을 하는데, 이들은 동질성이 강하며 공통의 경험과 믿음을 바탕으로 결속되어 있다. 이처럼 동질성 또는 유사성을 바탕으로 하는 전통사회의 연대는 '기계적 연대'라고 할 수 있는데, 개성이나 개인적 차이를 인정하지 않으면서 의견과 신념의 동질성을 강하게 요구한다. 그래서 사회통합의 형태를 보면, 공동체의 규범이 강하며 억압적이다.

반면에 공업화와 도시화로 분업이 발달한 현대사회는 노동의 이질성이 확대되어 개인주의가 발달했다. 따라서 종교적 신념이나 의례 등 전통적 집합의식에 기초한 사회규범이나 신념은 더 이상 이질적이고 개별화된 개인들을 통제하고 통합시킬 수 있는 수단이 되지 못한다. 뒤르켐은 전통적인 기계적 연대가 유지되기 어려운 현대사회에서, 이질적인 개인들을 묶어주는 새로운 형태의 연대를 '유기적 연대'라고 했다. 사람들은 서로 이질적인 노동을 하지만 서로 재화와 서비스를 교환하면서 상호의존성을 형성하게 되는데, 이것이 곧 '유기적 연대'라는 것이다.

뒤르켐은 분업이 단순히 경제적 생산력을 높이는 물질적 효과만을 가지는 것이 아닌, 이질적인 개인들을 서로 묶어주는 도덕적·정신적 효과도 뒤르켐은 사회통합에 관한 자신의 이론을 경험적으로 입증하기 위해, 『자살론』에서 사회의 유형에 따른 자살률의 변화를 실증적·경험적 방법을 통해 비교하고 분석하고자 했다. 그는 우선 자살이 단순히 생리적인 원인이나 개인적 이유로 발생하는 사건이 아니라 사회적 조건과 환경에 따라 달라지는 '사회적 사실'이라고 보았다. 그래서 그는 프랑스 등 유럽 지역에서 공식적으로 집계된 자살에 관한 기록을 조사하여 어떤 범주의 사람들은 다른 범주의 사람들에 비해 자살할 가능성이 높다는 사실을 밝혀냈다. 예를 들어 여성보다 남성이, 가톨릭 신자보다 개신교 신자가, 가난한 사람보다 부유한 사람이, 결혼한 사람보다 독신인 사람이 자살할 가능성이 높게 나왔는데, 이러한 차이는 각 사회집단이 지닌 집합적 결속이나 규범적 통제의 정도에 따른 것이었다.

지닌다는 점을 강조한다. 전통사회에서 공유된 믿음에 의해 사회를 통합시켰던 기계적 연대가 분업의 발달에 따라 해체되었지만, 분업에 따른 경제적 교환과 상호의존 관계가 도덕적 효과로서 유기적 연대를 형성하여 사회통합을 지속해 나갈 수 있게 되었다는 것이다.

아노미와 사회통합

뒤르켐은 초기에 사회가 동질성에 바탕을 둔 '기계적 연대' 사회에서 이질성에 바탕을 둔 '유기적 연대' 사회로 발달해 갈 것으로 생각했지만, 이질성이 증대하고 개인주의화가 심화되는 등 급속한 사회변동이 일어나면서 유기적 연대가 자연스럽게 형성될 것으로 기대하기 어렵다는 점을 인식했다. 분업이 발달한 공업사회에서 전통적인 생활방식과 인간관계가 변화하고 이전의 도덕, 가치, 종교적 신념 등이 흔들리면서 개인들은 정신적 혼란에 빠져들었다. 하지만 이질적이고 개별화된 개인들을 통제하고 또 묶어줄 새로운 대안적 도덕, 가치, 신념은 아직 분명하게 확립되지 않고 있었다. 그래서 뒤르켐은 새로운 사회통합 방안을 모색하지 않을 수 없었다.

뒤르켐은 급속한 사회변동으로 과거의 사회규범들이 해체되는 반면에 새로운 사회규범이 분명하게 형성되지 않은 시대에 개인들이 규범적 혼란을 겪고 있는 상태를 '아노미(anomie)'라고 불렀으며, 이것을 현대사회의 중심적인 사회문제라고 생각했다. 아노미 상태에서 개인들은 어떤 규범에 따라 행동해야 할 것인지가 불분명하여 가치관의 혼란에 빠져들며, 이에 따라 자살, 일탈행동과 범죄 등 사회병리 현상과 무질서가 초래된다. 그리고 사회분업에서도 규범적 혼란으로 도덕적 규제가 약화되면서 강제적 분업과 아노미적 분업이 발생할 수 있다. 그래서 그는 새로운 규범의 확립과 국가의 조정적 역할을 통해 아노미 문제를 해결하고 강제적·아노미적 분업을 정상적 분업으로 전환시킬 수 있다고 생각했다.

직업집단과 도덕적 개인주의

뒤르켐은 현대사회에서 아노미와 비정상적 분업 문제를 해결하기 위해서는 개인들을 묶어줄 새로운 제도와 사회규범이 필요하다고 보았다. 그렇지만 국가가 직접적으로 개입하는 것은 바람직하지 않으며 개인들에게 결속감을 주기도 어렵다고 보았다. 그래서 개인과 국가를 매개할 수 있는 중간집단이 필요한데, 노동조합이나 직능단체와 같은 '직업집단'이 그러한 역할을 할 수 있다고 생각했다. 직업집단은 한편으로는 개인들에게 소속감을 주어 집합적 결속을 이루고, 다른 한편으로는 국가나 기업주와 협상하는 대표로서 개인들의 욕구를 대변할 수 있게 된다.

직업집단과 같은 제도적 방안만으로는 연대감 형성에 충분하지 않으므로, 새로운 사회규범을 확립하여 시민들에게 확산시키는 일이 중요하다. 그래서 뒤르켐은 개인화된 현대사회에서 개인들을 규제하면서 통합시킬 수 있는 규범으로 '도덕적 개인주의'를 제시했다. 이것은 개인의 자율성과 권리를 중요시하면서도 타인에 대한 공감과 배려를 강조하는 대안적 사회규범이다. 그는 직업윤리와 시민도덕을 확립하기 위한 교육의 중요성을 강조했고, 교육을 통한 대안적 사회규범의 사회적 확산을 통해 정상적인 사회질서를 회복하고 사회통합을 이룰 수 있기를 기대했다.

5) 베버

문화과학과 합리화

베버(Max Weber, 1864~1920)는 독일 사회과학자로서 사회학뿐만 아니라 경제학, 법학, 철학, 역사학 등 여러 분야에 관심을 두고 연구를 했으며, 그의 이론은 『경제와 사회(Wirtschaft und Gesellschaft)』(1922)에 집대성되어 있다. 그는 사회현상을 자연과학적 방법으로 연구하려는 실증주의에 반대하면서, '문화과학(사회과학)'의 연구는 개인 행위의 동기나 의도에 대한 이해에 기초해야 한다고 주장했다. 또한 사회현상 연구를 위해서는 우선 연구자가 '이념형(Idealtypus, ideal type)'이라는 분석적 개념을 구성

도덕적 개인주의

뒤르켐에 따르면 도덕적 개인주의는 각 개인의 고유성이 아니라 보편적 인간성에 호소하는 개인주의이며, 그런 인간성의 소유자로서 개인을 존엄하게 바라보는 개인주의이다. 이것의 원동력은 이기주의가 아니라 인간적인 모든 것에 대한 공감, 모든 고통과 인간적 비애에 대한 한층 더 폭넓은 연민, 또한 그런 것들과 싸우며 아픔을 덜고자 하는 열정적인 열망, 그리고 정의에 대한 큰 목마름이다. 그래서 그는 도덕적 개인주의가 '선한 의지를 가진 모든 인간의 공동체'를 성취하는 길이라고 말한다.

해야 한다고 생각했다.

베버는 마르크스의 영향을 받았지만 역사유물론을 비롯한 일부 견해에 대해서는 비판적이었으며, 사회과학에서 가치개입을 주장한 독일 역사학파 경제학에 대해서도 비판적이었다. 역사 변동에는 경제적 요인과 함께 다양한 문화적·정치적 요인들이 복합적으로 영향을 미친다고 보았으며, 사회과학의 객관성을 위해 가치판단을 배제해야 한다고 강조했다.

베버는 전통사회에서 현대사회로의 이행을 낳은 중요한 원동력이 '합리화(rationalization)'에 있다고 보면서, 자본주의 시장경제의 합리화, 지배와 조직의 합리화, 종교와 문화의 합리화 등 다양한 역사적 합리화 과정에 주목했다. 그는 합리화 과정이 긍정적 결과만을 낳는 것은 아니며, 인간을 구속하거나 소외시키는 부정적·비관적 결과를 낳을 수도 있다고 생각했다.

이해사회학과 해석적 설명

베버는 사회학을 '사회적 행위를 연구하는 과학'이라고 보았으며, 따라서 사회현상을 외적으로 관찰하는 실증주의와 달리 개인 행위의 내면적 동기와 의도를 '이해하는 것'이 중요하다고 보았다. 사회학의 주요 연구 대상은 '사회적 행위'인데, 이것은 인간들의 주관적 동기와 의미 부여, 그리고 이에 대한 상호 이해와 해석을 통해 이루어진다. 이처럼 외부에서의 관찰만으로는 알기 어려운 개인 행위의 동기와 의미에 주목하는 접근을 '이해사회학'이라 한다. 개인 행위를 좀 더 완전하게 설명하려면 외적 관찰에만 머물 것이 아니라, 행위의 이면에서 작용하는 주관적 동기와 의미를 직관적으로 통찰하고 이해하려고 노력해야 한다. 이런 맥락에서 베버는 사회현상의 설명은 객관적 인과관계를 파악하는 '인과적 설명'과, 주관적 동기나 의도를 파악하는 '해석적 이해'가 함께 이루어져야 한다고 주장했다.

가치자유와 가치관련

사회학의 연구 대상인 사람들은 일상적으로 가치판단 속에서 살아가며, 여기에는 개인의 주관적 동기나 의도가 다양하게 개입한다. 그렇다면 이처럼 가치를 포함하고 있는 사회적 행위와 사회현상들을 객관적으로 연구하는 것은 어떻게 가능할까? 베버는 연구자들 역시 일상적인 가치판단 속에서 살아가는 인간이며, 무엇을 연구할지를 선택하는 과정에서 모든 가치판단을 배제하는 것은 불가능하다고 보았다. 무엇이 의미 있는 연구 주제이며 어떤 개념을 구성할 것인지는 객관적으로 주어지는 것이 아니며, 이런 점에서 학문적 목적의 가치판단, 즉 '가치관련'은 경험적·과학적 인식을 위한 불가피한 전제라고 보았다(제1장 참조). 그렇지만 이후의 연구 과정에서는 학문적 객관성을 위해 '사실판단'과 '가치판단'을 엄밀히 구분하면서, '가치자유' 또는 '가치중립'의 자세를 견지해야 한다고 주장했다.

이념형과 역사유물론 비판

베버는 사회학적 연구의 객관성을 위해 '이념형'을 구성할 필요가 있다고 생각했다. 이념형은 사회적 행위나 사회현상들을 비교·연구하기 위해 구체적 현상을 구성하고 있는 다양한 내용 중 세세한 것은 무시하고 특징적인 측면만을 부각한 순수 형식이자 '분석적 구성물'이다. 그는 개념적 수단으로서의 이념형은 개별적 현실과 거리가 있을 뿐만 아니라 이상적 가치와도 구별되어야 한다는 점을 강조한다. 예를 들어 베버는 개인들의 행위를 이해하기 위해 행위의 전형을 목적합리적 행위, 가치합리적 행위, 전통적 행위, 감정적 행위 등 네 가지 유형으로 분류했다. 그리고 이러한 이념형을 이용해 사회현상에 대한 인과적 가설을 설정하고 경험적으로 연구함으로써 객관적인 사회과학적 설명을 수행할 수 있다고 보았다.

베버는 역사 발전에 관한 현상도 이념형으로 설정할 수 있다고 보았는데, 이때 이념형적 구성은 현실 역사와는 별개의 것이며 양자를 혼동해서는 안 된다고 강조했다. 이런 맥락에서 베버는 "모든 특수한 마르크스주의적 '법칙'과 역사 발전 모형은 이념형적 성격을 띠고 있다"라고 말했다. 그는 마르크스의 역사유물론이 경제적 요인의 중요성을 지나치게 강조하

사회과학 방법론 논쟁

베버는 당시 독일에서 이루어진 이론학파 경제학과 역사학파 경제학 간의 사회과학 방법론 논쟁에서, 필연적·보편적 법칙의 발견을 추구하는 이론학파의 태도와, 역사적 특수성을 강조하면서 특정한 가치나 정치적 의도를 개입시켜 경험적 사실을 인식하려고 한 역사학파의 태도를 모두 비판했다. 그는 사회과학이 보편적 법칙을 추구하는 것은 불가능하다고 생각하면서도, 연구를 위해 일반적·추상적 개념(이념형)을 구성할 필요가 있다고 인정했다. 그리고 역사적 특수성에 주목하면서도 가치개입이 없는 객관적 연구를 추구해야 한다고 생각했다.

'목적합리적 행위'는 권력, 부, 명
예 등 세속적인 목적을 달성하기
위해 가장 효과적인 수단을 동원
하는 행위 유형을 말한다. '가치합
리적 행위'는 규범, 신앙, 이데올로
기, 가치관 등 특정한 가치의 실현
을 목적으로 하는 행위를 가리킨
다. 이 두 행위가 이성적 판단에 입
각한 합리적 행위라고 한다면, '전
통적 행위'는 통상적인 관습과 관
례에 따라 하는 행위이며, '감정적
행위'는 희로애락과 같은 특정한
감정을 표출하는 행위이다.

고 있다고 비판하면서, 역사유물론을 역사적 인과관계를 설명하기 위해
구성된 이념형 또는 규제적 원리(regulative principle)로 이해해야 한다고
주장했다.

프로테스탄트 윤리와 자본주의 정신

베버는 역사유물론적 관점의 한계를 밝히기 위해, 『프로테스탄트 윤리
와 자본주의 정신(Die protestantische Ethik und der Geist des Kapitalismus)』
(1903~1905)에서, 역사적 변동에서 종교나 문화의 중요성을 보여주고자
했다. 그는 유럽의 현대 자본주의가 급속한 발전을 이루게 된 계기가 무
엇이었는지를 질문하면서, 자유로운 노동, 합리적 시장, 합리적 회계의 발
달 등의 객관적 조건과 함께 프로테스탄트 윤리의 특성이 자본주의 발달
에 큰 영향을 미쳤다는 점을 입증하고자 했다.

유럽에서는 종교혁명 이후 종교의 세속화가 진행되었는데, 특히 칼뱅
주의 교리에 따라 직업에 대한 소명의식을 가지고 근면과 금욕에 힘쓰는
종교적 노동윤리와 생활태도는, 합리적으로 이윤을 추구하며 자본축적을
늘리려는 '자본주의 정신'과 친화성을 지니고 있었다. 베버는 특정한 시대
에 우연히 생겨난, 프로테스탄트 종교윤리와 자본주의 정신 간의 '선택적
친화성(elective affinity)'이 유럽 자본주의의 급속한 발전을 가능하게 했다
고 보았다. 이러한 결론은 이후 중국, 인도 등에서 유교, 불교, 힌두교 등
의 종교윤리와 시장경제 발달 사이의 관계에 관한 비교연구를 통해 더욱
강화되었다.

합리화 과정으로서의 역사

베버는 전근대사회에서 현대사회로의 이행을 '합리화' 또는 '탈주술화
(disenchantment)'가 진행되어 온 과정으로 이해하면서, 다양한 사회영역
과 사회관계에서 이루어진 합리화 과정을 탐구했다. 물론 베버는 합리화
과정을 단선적 진화의 과정이 아닌 전체적인 역사적 경향으로 이해했다.
먼저 자본주의 시장경제는 화폐경제와 '가계와 직장의 분리'에 기초하여

합리적 계산(회계)이 발달하게 되면서 생산의 합리적·효율적 발전이 가능해졌다.

베버는 지배와 복종의 권력관계 속에서 지배가 정당화되는 방식의 역사적 변화, 즉 지배의 합리화 과정에도 주목했다. 지배양식의 변화 과정을 보면, 비록 단선적 변화는 아니라고 하더라도 대체로 '카리스마적 지배'가 일상화되면서 '전통적 지배'가 나타나고, 현대사회로 오면서 정당성에 대한 요구가 제도화되는 과정에서 '법적·합리적 지배'가 발달했다. 특히 현대국가의 합법적 지배는 합리화된 행정조직인 '관료제'의 발달을 낳았다(자세한 것은 제5장 참조).

한편, 종교에서도 탈주술화를 통해 '다신교'에서 '일신교'로의 변화가 일어났고, 음악에서도 화성법(和聲法, harmony)과 기보법(記譜法, music notation)이 발달하고 음이 표준화되는 등 문화영역에서도 합리화가 이루어져 왔다.

합리화의 역설

베버는 현대사회가 합리화 과정을 통해 발전되어 왔지만 이것이 비합리적 결과를 낳을 수 있다고 보면서, 이러한 현상을 '합리화의 역설'이라고 불렀다. 목적 달성을 위해 합리적 수단을 추구하는 '형식합리성'과 목적 자체를 추구하는 '실질합리성'을 서로 구분하면서, 현대사회의 합리화 과정이 형식합리성을 우선시하면서 실질합리성이 훼손되는 결과를 낳을 수 있다고 본 것이다. 관료제의 발달이 형식합리성 추구를 강화하면서 인간을 수단화하여 '철창(Iron Cage)'에 가두게 되면 인간소외가 나타날 수 있으며, 민주주의의 발달에도 부정적 결과를 낳게 된다.

3. 현대 사회학의 흐름과 한국 사회학

1) 현대 서양 사회학과 사회이론의 흐름

유럽에서는 두 번의 세계대전이 발발하면서 민족 갈등, 계급 갈등이 복잡하게 분출되었다. 자본주의적 발전이 지속됨에 따라 밀스(Charles W. Mills), 록우드(David Lockwood), 밀리밴드(Ralph Miliband) 등 갈등이론가들은 자본의 소유 여부에 따른 계급 불평등이 계급 갈등을 지속시키고 있으며, 국가는 이러한 갈등을 억누르기 위해 정치권력과 지배 이데올로기를 통해 피지배계급을 통치한다고 비판했다.

한편, 세계대전의 영향권에서 벗어나서 상대적으로 안정된 질서를 유지해 온 미국에서는 파슨스(Talcott Parsons)가 사회질서와 통합 문제를 해명하려는 관심에 따라 '구조기능주의(structural functionalism)'에 기초한 '체계이론(system theory)'을 발전시켰다. 그는 사회체계가 외부 환경 속에서 자신을 안정적으로 유지해 나가기 위해 기능적 필요요건들을 갖추어야 한다는 점을 강조하면서, 기능적으로 분화된 하위 체계들을 통합하는 문화체계(가치, 규범)의 기능에 주목했다.

구조기능주의 비판의 흐름들

1960년대에 미국에서는 시민권운동, 인종차별 반대운동, 여성운동, 학생운동, 반전운동 등 저항운동들이 격렬하게 일어났는데, 미국의 급진적·비판적 사회학자들은 구조기능주의가 보수적 성격으로 인해 이러한 사회현상을 설명하지 못한다고 비판했다. 밀스(Charles W. Mills), 굴드너(Alvin Gouldner), 마르쿠제(Herbert Marcuse), 코저(Lewis Coser) 등은 유럽적 전통의 갈등 이론을 발전시켰고, 월러스틴(Immanuel Wallerstein)은 마르크스주의적 관점에서 세계체계론(world system theory)을 전개했다. 한편, 독일 사회학자 다렌도르프(Ralf G. Dahrendorf)는 구조기능주의가 조화, 균형, 합의 등을 일면적으로 강조한다고 비판하면서 사회현상을 설명하는 데에 갈등과 분열이 더 중요하다고 보았다. 기든스(Anthony Giddens) 역시 마르크스와 베버의 계급이론을 종합하면서 계급과 계급 갈등에 주목했다.

구조기능주의와 실증주의는 1960년대까지 미국 사회학을 주도했는데, 1970년대에 이르러서는 거시적인 사회체계에 관심이 편중되어 있는 구조기능주의의 흐름을 비판하면서 미시적인 사회현상에 관심을 기울이는 미시사회학 이론들이 등장했다. 블루머(Herbert Blumer)와 미드(George H. Mead)의 상징적 상호작용 이론, 호만스(George Homans)의 교환 이론, 슈츠(Alfred Schutz)의 현상학적 사회학, 가핑클(Harold Garfinkel)의 민속방법론 등이 바로 그것들이었다. 이들은 상호작용을 통한 자아 형성 및 지식 형성, 대화를 통한 사회 관념의 공유 등에 주목했다.

유럽의 사회이론: 구조주의, 비판 이론, 포스트모더니즘

제2차 세계대전 이후 프랑스에서 확산된 구조주의의 흐름은, 실증주의적 방법과 개인주의적·실존주의적 사고를 비판하면서 개인들의 표면적인 행위나 상호작용의 양식들의 이면에서 작동하는 심층적 규칙에 주목할 것을 주장했다. 인류학자 레비스트로스(Claude Lévi-Strauss)를 비롯하여 바르트(Roland Barthes), 알튀세르(Louis Althusser), 풀란차스(Nicos Poulantzas), 푸코(Michel Foucault) 등이 구조주의적 사고를 보여주었는데, 알튀세르와 풀란차스는 마르크스주의의 경제결정론을 넘어서기 위해 국가권력과 이데올로기의 작동에 주목했고, 바르트와 푸코는 언어, 담론, 지식 등에 내포된 권력의 논리를 드러내고자 했다. 한편, 구조주의가 과도하게 구조적 법칙이나 규칙을 강조하자 이에 대한 비판이 확산되었고, 이러한 비판을 수용하면서 구조적 규칙의 다양한 역사적 변형에 주목하는 탈구조주의(post-structuralism) 또는 후기구조주의로의 시각 전환이 이루어졌다.

제2차 세계대전 이후 자본주의의 대량생산과 대량소비 체계가 형성되면서 소비사회로의 전환이 이루어졌고, 대중매체와 문화산업의 발달로 대중사회가 형성되어 갔다. 하우크(Wolfgang F. Haug)와 보드리야르(Jean

서발턴

이탈리아의 마르크스주의자 그람
시(Antonio Gramsci)가 감옥에서
검열을 피하기 위해 프롤레타리
아를 지칭하는 용어로 사용한 용
어로서, 이탈리아 남부에 근거를
둔 시골 농민들의 비조직적 집단
을 지칭하기 위해 사용했다.
서발턴은 이후 계급 분석을 통해
서는 분류되지 않는 사회의 최하
위 집단을 의미하는 말로 변형되
었는데, 구하는 인도의 빈민, 하층
계급, 소농계급의 상황을 이해하
는 데 이 개념을 사용했다.

Baudrillard)는 소비사회가 상품에 상징적 의미를 부여하면서 소비자들이 소비에 빠져들게 함으로써 이들을 낭비적이고 불평등한 자본주의 질서에 포섭시킨다고 비판했다. 부르디외(Pierre Bourdieu)는 문화적 구별짓기가 계급적 지위와 연관되어 있음을 보여주며 자본주의의 다양한 불평등을 폭로했다.

독일에서는 제2차 세계대전 전후에 호르크하이머(Max Horkheimer), 아도르노(Theodor Adorno), 마르쿠제 등의 프랑크푸르트학파(Frankfurter Schule)에 의해 '비판 이론'이 등장했다. 이들은 나치즘과 파시즘에 대한 비판과 함께 자본주의 사회에 대한 문화적 비판을 전개했는데, 특히 인간을 물질 문명에 종속시켜 소외시키고 비판적 의식을 마비시키는 과학기술문명과 문화산업에 비판을 가했다. 이러한 전통은 이후 하버마스(Jürgen Habermas)의 '공론장 이론'과 '체계에 의한 생활세계 식민화 이론'으로 이어졌다.

한편 TV, 영화 등 영상매체 기술과 인쇄기술의 발달이 다양한 이미지의 복제와 확산을 가능하게 하면서 원본과 복사본, 실물과 가상의 구분이 무의미해지게 되었는데, 이에 따라 합리성과 객관적 진리의 추구가 불가능하다고 주장하는 '포스트모더니즘(post-modernism)'이 등장했다. 포스트모더니즘 이론가들은 사회가 다양화·분산화되고 또 가상적 이미지의 지배 속에서 정체성 변화가 심화되면서 더 이상 사회의 합리적 진보와 진리에 대한 믿음은 불가능해졌다고 주장했다.

오늘날 세계 사회학의 흐름

오늘날 세계 사회학 흐름의 특징은 여러 나라의 사회학 이론과 연구 성과가 서로 교류되고 수용되면서 다채롭게 발전하고 있다는 것이다. 독일의 사회학자 루만(Niklas Luhmann)은 기능주의 체계이론을 발전시켰고, 인도의 마르크스주의 역사학자 구하(Ranajit Guha)는 '서발턴(subaltern)' 개념을 이용하여 제3세계의 문제의식을 새롭게 자극했다. 팔레스타인 출신 미국 비교문학자 사이드(Edward W. Said)는 '오리엔탈리즘(Orientalism)' 개념을 통해 서양의 관점에서 형성된 동양과 서양의 이분법의 문제점을 폭

로했고, 영국 태생인 미국의 진보적 사회학자 부라보이(Michael Burawoy)
는 '공공사회학' 또는 '대중사회학(public sociology)'을 통해 사회학이 지향
하는 가치가 강단을 넘어서 대중과 직접 만나야 한다고 주장하고 있다.

오늘날 신자유주의적 세계화에 따른 지구적 금융위기와 노동의 불안,
지구온난화와 기후변화, 정보화와 지구적 네트워크의 형성, 시민사회의
지구적 연대, 인종적·문화적 교류의 확산 등 다양한 지구적 변화 속에서,
사회학은 점차 국민국가의 경계를 넘어 지구적 관점을 발전시켜 나가고
있다. 또 카지노 자본주의, 플랫폼 자본주의 등 자본주의의 불로소득과
불평등 문제, 인터넷 정보기술을 이용한 새로운 축적 방식과 노동양식의
확산에 관해서도 다양한 연구가 이어지고 있다.

2) 한국 사회학과 비판 사회학의 흐름

미국 사회학의 영향과 구조기능주의

한국에서 사회학의 제도화는 1940년대 말부터 미국 사회학의 영향하에
서 이루어졌다. 이에 따라 1960년대 말까지 미국의 주류 사회학 이론이었
던 구조기능주의와 실증주의가 주류를 형성했으며, 인구, 가족, 농촌, 도시,
근대화(modernization, 현대화) 등이 주요 연구분야였다. 해방 이후 1960년
대 말까지 현대화의 관점에서 농촌 개발과 개조에 관한 연구가 많은 부분
을 차지했고, 박정희 정권의 '근대화'(현대화) 정책에 부응하여 공업화와
경제성장을 강조하는 연구도 확대되었다. 이런 의미에서 이 시기 사회학
은 자본주의적 현대화와 자본가계급 및 정치권력을 정당화하는 기능을
했다(한완상, 1992).

주류 사회학 비판과 비판 사회학의 도입

1970년대 초반에 들어서면서 해외에서 유학한 한완상, 박영신 등은 미
국과 유럽에서 새로 형성된 비주류 연구 방법과 비판적 경향의 사회학 이
론을 적극적으로 소개·도입했는데, 그 결과 1970년대 중반에는 미국의

인도주의 사회학, 밀스 등의 급진사회학, 독일 프랑크푸르트학파의 비판 이론 등이 유행했다. 실증주의나 구조기능주의를 비판하는 급진적·비판적 사회이론의 유입은 한국 사회학에 대한 반성과 새로운 방향 모색의 토대가 되었다. 특히 국내에서 연구한 사회학자들을 중심으로 외국 사회학 이론의 무비판적 적용이 한국 사회학의 학문적 종속성을 심화시킨 점이나 권위주의적 군사독재정권하에서 지배의 정당화에 기여한 점에 대한 비판이 이루어지면서, 국내 사회학계에 학문의 자율성과 토착성을 강조하는 흐름이 형성되었다.

한국 사회학의 급진화와 다양화

1980년대에 들어서면서 진보적 사회학자들은 민중 지향성과 계급 중심성에 주목하기 시작했다. 이들은 군사 정권하의 이데올로기 통제와 학문의 자유 억압 속에서도 자본주의 체계를 비판하는 급진적·마르크스주의적 이론들을 적극적으로 도입하고자 했다. 1980년대 초에는 김진균 등의 사회학자가 기존 보수사회학의 주도 이론이었던 '근대화(현대화) 이론'을 정면으로 비판하는 '종속 이론', '제3세계론', '세계체계 이론' 등을 적극적으로 소개하기 시작했고, 그람시(Antonio Gramsci)의 헤게모니 이론도 도입했다. 이러한 비판적 경향은 서관모를 비롯한 진보적 소장학자들에 의해 마르크스주의 이론의 적극적 도입이 이루어지는 계기가 되었다.

한편, 1987년 한국 사회의 민주화와 1988년 소련의 개혁·개방정책 이후 동구 사회주의권의 해체는 한국의 마르크스주의적·진보적 학자들이 전환을 시도하는 계기로 작용했다. 이에 따라 알튀세르의 구조주의적 마르크스주의를 비롯한 다양한 마르크스주의 이론들, 포스트마르크스주의, 포스트모더니즘, 하버마스의 비판 이론, 현대 시민사회 이론, 부르디외 등의 문화 이론, 기든스의 성찰적 현대성 이론, 벡(Ulrich Beck)의 위험사회 등 다양한 서구의 이론들이 도입되었다. 또한 2000년대 이후 세계화, 정보화, 기후 위기, 문화 다양성 확대 등 현대사회의 새로운 양상들은 사회학의 시야와 관심을 더욱 넓혀가는 계기가 되고 있다.

이야깃거리

1. 사회학 형성에 영향을 미친 역사적 배경들에 대해 토론해 보자.

2. 서양 현대사회의 형성 과정에 영향을 미친 사상적 흐름들에 대해 토론해 보자.

3. 고전사회학자 마르크스와 뒤르켐, 베버의 이론의 유사성과 차이에 대해 토론해 보자.

4. 구조기능주의 이론에 대한 비판적 논의들을 열거하고 그 특징에 대해 토론해 보자.

5. 한국 사회학의 특징을 한국 사회의 역사적 맥락과 관련지어 설명해 보자.

읽을거리

『자본주의와 현대사회이론』
   기든스(A. Giddens) 지음 / 박노영·임영일 옮김 / 2008 / 한길사

『사회사상사』
   코저(L. Coser) 지음 / 신용하·박명규 옮김 / 2018 / 한길사

『비판사회이론: 경제학 비판』
   백승욱 외 지음 / 2022 / 한울

『사회이론의 역사(제2판)』
   캘리니코스(A. Callinicos) 지음 / 정수남 외 옮김 / 2015 / 한울

『짧은 유럽사』
   젠킨스(S. Jenkins) 지음 / 임웅 옮김 / 2022 / 한울

『한국 사회학과 세계 사회학』
   정수복 지음 / 2022 / 푸른역사

사회구조와 사회변동

사회구조, 사회관계, 사회체계, 심층적 작동 규칙, 외재적 강제, 개인 행위, 집합행동, 행위의 합리성, 사회변동, 지배, 의식, 이데올로기, 헤게모니, 담론, 사회갈등, 사회통합, 사회운동, 사회적 투쟁, 사회진보, 사회변동, 기술결정론, 제국주의, 제3세계, 사회진화, 현대화, 종속, 세계체계, 생산양식 접합, 종속적 발전

인간은 자연 속에서 태어나고 살아가지만 자연 속에서 고립적으로 살아가는 것은 아니다. 인간들의 무리, 즉 사회를 이루며 살아가는데, 대개는 가족관계 속에서 태어나고 자라며, 커가면서 점점 다양한 사회관계 속에서 여러 사람과 상호작용하면서 살아가게 된다.

그런데 오늘날 급속한 사회변동 속에서 사람들은 자신이 원하든 원하지 않든 점점 더 서로 연결된 사회에서 살아가고 있고, 그 사회의 규모와 복잡성도 커지고 있다. 이에 따라 사람들은 다양한 욕구와 이해관계들이 서로 얽혀 있는 복잡한 사회관계 속에서 살아가고 있다.

그래서 내가 왜 이렇게 살아가고 있는지, 나의 의도를 실현하려면 어떻게 해야 하는지를 합리적으로 이해하려면, 먼저 세상이 어떻게 돌아가고 있는지를 이해하지 않으면 안 된다. 하지만 개인이 자신의 주변을 넘어선 세상의 일들을 모두 알 수도 경험할 수도 없다. 그렇지만 세상이 움직이는 규칙들을 알 수 있다면, 자신의 처지를 이해하고 또 앞으로 어떻게 살아가야 할 것인지를 판단하는 데 큰 도움을 얻을 수 있다. 사회구조와 사회변동은 이와 관련된 거시적이고 추상적인 이야기들이다.

1. 사회구조란 무엇인가?

사회를 전체적·거시적으로 이해하려는 사람들은 개인의 삶의 모습을 개인적 의지나 의도의 결과로 설명하려는 사람들과 마주할 때 종종 "사회를 구조적으로 바라보아야 한다"라고 말한다. 단순히 개인적 문제로 바라볼 수 없는 사회학적 시각이 필요하다는 뜻이다. 이것은 앞서 보았던 '사회학적 상상력'의 사고방식이라고 할 수 있다. 그렇다면 '사회구조'란 무엇이며, 사회를 구조적으로 바라본다는 것은 무엇을 의미하는가?

1) 사회관계의 틀로서의 사회구조

'구조(structure)'라는 용어는 건축학에서 많이 사용하는데, 건축물의 구성 양식, 즉 구성 요소들이 짜인 얼개를 말한다. 건축물은 일반적으로 기초, 벽, 기둥, 바닥, 보, 지붕, 계단 등으로 구성되며, 이러한 요소들이 서로 어떤 모양으로 결합하는지에 따라 다양한 구조가 형성된다.

건축학적 비유로 보면, '사회구조(social structure)'는 사회를 구성하는 개인과 집단이 서로 일정한 관계의 '틀'을 형성하고 유지하는 것을 의미한다. 예를 들면 사회구조의 한 형태인 가족구조는 부모와 자녀 등 가족구성원들이 맺고 있는 관계의 틀을 말한다. 좀 더 거시적으로 보면, 권력구조는 개인들 간에 권력이 배분되어 작동하는 일정한 사회관계의 틀을 의미하며, 정치구조는 국가를 통해 권력을 획득하고 행사하기 위해 경쟁하는 사람들의 정치활동이 이루어지는 일정한 사회관계의 틀을 의미한다. 마찬가지로 경제구조는 재화와 서비스의 생산, 유통, 소비가 이루어지는 일정한 사회관계의 틀을 말한다. 〈그림 3-1〉은 이러한 여러 하위 사회구조들이 서로 관계를 맺고 있는 방식을 전체적으로 보여준다. 개인들은 이처럼 다양한 사회관계 속에서 몇몇 위치들을 차지하며 살아간다.

한편, 전체로서의 사회구조는 경제구조, 산업구조, 정치구조, 문화구조, 교육구조, 가족구조 등 여러 하위구조를 포함하고 있다. 사회가 복잡해지

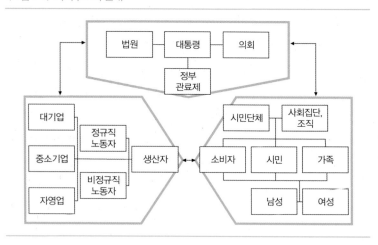

〈그림 3-1〉 사회구조의 얼개

면서 특정한 기능에 따라 독자적인 규칙을 통해 작동하는 하위구조가 형성되기도 하는데, 이것은 복잡화에 따른 사회분화 과정이라 할 수 있다.

2) 사회체계로서의 사회구조

사회구조를 사회관계의 틀로 이해하면 어떤 관계가 안정적으로 지속되는 면을 이해하는 데 도움이 된다. 하지만 사회관계는 건축구조물처럼 아무런 활동 없이 고정되어 있지 않다. 사회구조를 구성하는 개인들은 생명체로서 의식을 가지고 생각하고 행동한다. 이때 사회구조가 안정적으로 유지되려면 개인들이 정해진 규칙에 따라 주어진 행위를 반복해야 한다. 예를 들어 대학교가 유지되려면 교수의 교육행위와 학생들의 수강행위가 반복되어야 한다. 이처럼 사회구조는 일정한 규칙에 따라 반복적으로 작동하는 과정이라는 점에서 '체계(system)'의 성격을 지닌다.

체계는 주로 공학이나 생물학에서 사용되는 용어이다. 공학에서 체계는 '구성 요소들 또는 부분들이 일정한 원리에 따라 짜임새 있게 조직되어 통일적으로 작동하는 전체'를 의미한다. 예를 들면 자동차는 다양한 부품들이 결합하여 에너지를 이용해 작동하는 하나의 체계라고 할 수 있다. 이때 체계가 작동하는 원리를 기제(mechanism)라고 한다. 생물학에서 체계는 '생물유기체가 생존하기 위해 각 세포와 기관들이 일정한 원리에 따라 기능적으로 상호의존하여 작동하는 전체'라고 할 수 있다. 콩트(Auguste Comte), 스펜서(Herbert Spencer) 등 초기 사회학자들이 생물학적 유추를 통해 사회를 체계로 이해하고자 한 것은, 개인들이 상호의존하며 활동하는 규칙을 찾아냄으로써 사회를 이해할 수 있다고 생각했기 때문이다.

사회구조를 사회체계로 이해하면, 사람들 간의 상호작용 규칙을 찾아냄으로써 사회현상을 설명하거나 개인들의 행위를 이해하는 데 도움을 얻을 수 있다. 예를 들어 부부관계나 가족관계는 사랑, 친밀성, 정서적 만족, 경제적 공동생활 등을 추구하는 상호의존 행위를 안정적으로 반복함으로써 유지된다. 마찬가지로 경제관계나 시장관계는 많은 사람이 물질적 생존을 위해 서로 정해진 규칙에 따라 생산, 유통, 소비 활동을 반복함으로써 유지된다. 이렇게 '사회체계'라는 개념은 사회구조의 운동을 이해할 수 있게 한다. 하지만 사회체계는 늘 같은 모습으로 반복(재생산)되는 것이 아니며 변화하기도 한다.

3) 심층적 작동 규칙으로서의 사회구조

생물학적·공학적 체계의 작동 규칙은 대체로 경험적 관찰을 통해 이해할 수 있다. 반면에 사회체계의 작동 규칙은 경험적으로 관찰하기 쉽지 않은 경우가 많다. 특히 인간 내면의 심리적·정신적 과정과 연관되어 있거나, 개인의 경험 영역을 넘어서는 거시적이고 복잡한 과정에 존재할 때, 그 작동 규칙을 발견하기란 더욱 어렵다.

가족관계, 친구관계, 이웃관계 등 미시적 사회관계들의 경우, 그 작동 규칙이 상대적으로 단순하여 관찰과 경험을 통해 그 규칙을 쉽게 발견할 수도 있다. 하지만 국가 전체의 경제구조, 국가-시민사회, 세계시장 등 거시적 사회관계들의 경우, 규칙이 복잡하고 단순히 부분적 관찰이나 경험을 통해 그 작동 규칙을 발견하기는 어렵다. 예를 들어 사람들이 시장에서 물건을 사고팔고, 은행에 돈을 저축하고, 주택을 거래하는 등 다양한 경제활동을 한다고 해서, 왜 자본주의 시장경제에서 경기가 위축되거나 금융위기가 발생하는지를 곧바로 이해할 수는 없다. 이러한 자본주의 사회구조의 작동 규칙을 이해하려면, 겉으로 보이는 세계의 배후에 존재하는 심층적 작동 규칙을 파악해 내지 않으면 안 된다. 예를 들어 자본에 의한 노동력 착취와 시장지배는 자본축적을 통한 생산의 확대를 가져오고 그에 따라 일시적으로 호황을 불러올 수 있다. 하지만 제한된 임금으로 인해 노동자들의 소비수요는 확대된 생산만큼 많이 늘어나지 않는다. 이에 따라 과잉생산과 유효수요 부족이 나타나면 불황이나 공황과 같은 자본주의 경제위기가 나타나게 된다.

경험적으로 인식할 수 있는 사회현상의 이면에는 피상적으로 쉽게 파악하기 힘든 심층적 작동 규칙이 존재할 수 있다. '구조주의'는 이것을 밝혀내야 인간의 행위와 그 결과를 적절히 설명할 수 있다고 주장한다. 구조주의는 사람들이 무의식적으로 사용하는 언어 속에 일상적으로 인지하지 못하는 언어사용의 규칙, 즉 문법이 작동하고 있는 것처럼, 사회에는 경험적으로 쉽게 관찰할 수 없으며 행위자들 스스로도 잘 인지하지 못하는 내면의 행위 규칙이 존재할 수 있음을 강조한다. 이처럼 사회구조는 다양한 요소들이 서로 결합하여 특정한 관계를 맺게 되면서 개인들이 일상에서 의식하기 힘든 일정한 규칙을 가지게 되는데, 구조주의는 이러한 심층적 작동 규칙을 포착해 냄으로써 사회현상을 좀 더 잘 이해하고 설명할 수 있다고 주장한다.

4) 외재적 강제로서의 사회구조

사회구조가 개인의 의지와 무관한 심층적 작동 규칙을 가지고 있다는 것은, 개인들의 행위가 전적으로 자율적일 수 없으며 행위의 의도가 그대로 실현되지는 않는다는 점을 암시한다. 개인 행위가 개인의 힘으로는 좌

지우지할 수 없는 특정한 사회관계의 틀이나 작동 규칙의 영향을 강하게 받는다는 것이다. 뒤르켐(Émile Durkheim)은 『사회학적 방법의 규칙들(Les Règles de la méthode sociologique)』(1894)에서 '사회적 사실(social facts)'에 대한 설명을 통해 이 점을 분명하게 보여준다.

내가 형제로서, 아버지로서 또는 시민으로서 나의 의무를 행하고 나에게 맡겨진 일을 할 때, 나는 법과 관습으로 규정되어 있는, 그리고 나와 나의 행위에 외재하는 의무를 수행하는 것이다. 유사하게 신자는 태어날 때부터 이미 규정된 종교적 삶의 믿음과 실천을 발견한다. 만약 그것이 그가 행동하기 이전에 존재했다면 그것은 결과적으로 그의 외부에 존재하는 것이다. 내가 내 생각을 표현하기 위해 사용하는 기호체계, 빚을 갚기 위해 사용하는 화폐제도, 상업적 관계에서 사용하는 신용 도구, 나의 직업에서 행하는 일 등 이 모두는 내가 사용하는 것과는 독립적으로 기능한다.

뒤르켐은 사회구조, 제도, 집합의식 등 사회적 사실은 개인에 외재하면서 개인을 강제하는 성격을 지닌 객관적 실재라는 점을 강조한다. 말하자면 사회구조는 개인들을 강제하는 외적인 힘이라는 것이다. 마르크스(Karl Marx) 역시 「정치경제학 비판 서문(Grundrisse der Kritik der politischen Ökonomie)」에서 인간은 "그들의 의지로부터 독립된 일정한 물질적인 한계, 전제, 조건 아래에서 노동하는 개인들이다. …… 그리고 그들 생활의 사회적 생산에서 그들의 물적 생산력들의 일정한 발전 수준에 조응하는, 그들의 의사와는 무관한 일정한 필연적 관계들, 즉 생산관계들을 맺는다"라고 말한다. 인간들은 자신들의 의지와 무관하게 형성된 생산관계의 제약 아래에 놓였음을 말한다.

외재적 강제로서의 사회구조는 소유제도, 언어체계, 화폐제도, 예절 등과 같이 개인이 특정한 사회적 규칙을 따르도록 강제하는 사회제도나 문화를 의미하는데, 여기에는 그 사회구조를 지탱하는 물질적·정신적 조건이 포함된다. 물론 이 힘은 특정 사회관계 속에서 권력이나 영향력을 행사하는 위치에 있는 사람을 통해 행사될 수 있다.

5) 사회구조의 효과로서 개인 행위의 의도하지 않은 결과

사회구조가 개인들의 의도나 의지와 무관하게 존재한다는 점을 이해하는 또 다른 방식은 '개인 행위의 의도하지 않은 결과'를 보여주는 것이다. 예를 들어 마르크스는, 자본가들이 이윤을 증대시키려는 의도로 대규모 공장을 건설하여 노동자들을 대량으로 고용하지만, 그 결과 노동자들이 노동조합을 결성하여 자본가들에게 조직적으로 저항하게 됨으로써 자본가들의 이윤 추구를 제약할 수 있다고 보았다. 여기서 자본가들의 행위는 의도하지 않은 결과를 가져왔다고 할 수 있다. 이것은 자본가들이 미리 고려하지 못한 의도하지 않은 결과이다.

'합성(구성)의 오류' 역시 개인 행위의 의도하지 않은 결과가 나타나는 방식을 보여준다. 합성의 오류란 개인의 행위 수준에서 참인 것이 개인의 행위가 모두 합해진 전체적 수준에서도 참이라고 생각하는 오류를 가리킨다. 예를 들면 개인은 지름길을 선택해 목적지에 빨리 도달할 수 있다. 그러나 모두가 동시에 그 지름길을 선택하면 목적지에 빨리 도달하지 못할 수 있다. 왜냐하면 모두가 같은 지름길을 선택하면 길이 막힐 수 있기 때문이다. 즉, 다수의 개인이 동일한 기대를 지니고 동시에 같은 행위를 한다고 해도 그 행위들의 결합이 반드시 개인들이 애초에 기대했던 결과를 낳는 것은 아니다. 이처럼 개인 행위의 의도하지 않은 결과들이 나타나는 것은 '인식의 한계' 때문일 수도 있고 '구성(합성)의 오류(제1장 2절 참조)' 때문일 수도 있다. 이러한 개인 행위의 결과들은 개인이 인지하기 어려운 다양한 사회구조적 요인, 또는 '사회구조의 효과'를 보여준다.

2. 사회구조와 행위

1) 사회구조와 행위의 관계

사회구조와 행위: 구조와 행위의 이중성

사회구조를 개인들로 형성된 사회관계라고 할 때, 그 기본단위는 의식을 가지고 행위하는 개인들이라고 할 수 있다. 그러므로 개인들의 '행위'와 '사회구조'가 어떠한 연관성을 지니는지를 이해할 필요가 있다.

만약 개인들의 행위가 존재하지 않는다면, 사회구조를 지속해서 재생산하는 것도, 일정하게 변형시키는 것도 불가능하다. 학생들이 학교에 다니는 행위를 생각해 보자. 학생들은 한국 사회의 교육제도가 강제하는 규칙에 따라 학교에 다니게 되는데, 이러한 행위들이 모여서 학교 교육구조를 형성하고 유지한다. 그런데 학생들이 등교를 지속하지 않는다면 이러한 교육구조가 유지될 수 없다. 이때 학교 교육구조는 학생들의 등교 행위의 산물이 된다. 여기서 학생들은 자신들도 모르는 사이에 특정한 학교 교육구조를 재생산하는 행위를 하는 셈이다.

한편 몇몇 학생이 등교하지 않는다면, 결석 처리가 이루어질 뿐 학교 교육구조 자체는 별 영향을 받지 않는다. 하지만 많은 학생이 등교를 거부하게 되면, 학교 교육구조의 유지가 어려워질 수 있다. 이렇게 되면 일정한 학교 교육구조 개혁이 일어날 수 있다. 이처럼 개인 행위들은 사회구조를 형성하는 요소가 되며, 그들이 따르는 규칙과 형성하는 관계가 곧바로 사회구조가 된다. 그리고 개인 행위는 사회구조 속에서 이루어진다.

기든스(Anthony Giddens)는 "사회구조는 행위의 매개체이면서 그 산물이기도 하다"라고 말하면서, 이것을 '구조의 이중성'이라고 부른다. 이것은 사회구조가 개인에 대해 가능성과 구속성(강제성)을 동시에 지니고 있다는 사실을 보여준다. 인간의 사회적 행위는 사회구조에 의해 제약되지만 다른 한편으로는 사회구조 없는 진공상태에서는 이뤄질 수 없다는 것이다. 바스카(Roy Bhaskar)는 "실천(행위)은 의식적인 생산이면서 동시에 생산조건, 즉 사회의 무의식적 재생산"이라고 말한다. 이것은 개인 행위가 지닌 '실천(행위)의 이중성'을 보여준다.

이렇게 개인 수준의 행위는 사회구조를 매개체로 하여 이루어지고 또 사회구조의 형성과 유지에 영향을 미친다고 할 수 있다. 집합 수준의 행위들 또는 개인 행위들의 전체는 그 자체로 사회구조를 구성하는 것이다. 이런 점에서 사회구조와 행위는 마치 동전의 양면처럼 함께 사회관계를 구성하고 있다고 할 수 있다.

거시적 관계와 미시적 관계

사회에는 다양한 수준의 사회구조와 행위들이 존재한다. 가족관계와 국제관계는 서로 다른 수준의 관계이다. 그래서 사회관계의 수준에 따라 거시와 미시를 구분한다. 물론 거시와 미시는 상대적인 개념이며, 그 수준을 둘로만 구분할 수 있는 것도 아니다. 나라의 입장에서는 세계사회가 거시적이라면, 지역, 마을, 가족 등은 미시적이다.

한편, 개인들 사이의 상호작용이라고 해서 그 자체로 미시적이라고 단정할 수 없다. 국가의 대표자들이 국제적인 문제로 협상을 벌이는 일은 상대적으로 거시적 행위가 되기 때문이다. 그래서 다양한 사회관계들을 거시와 미시로 구분하기 위해서는 몇 가지 기준이 필요하다.

첫째는 규모에 따른 구분인데, 앞서 보았듯이 집단이나 조직의 규모가 큰 것을 거시, 작은 것을 미시라고 할 수 있다. 둘째는 위계에 따른 구분이다. 이것은 규모와도 연관될 수 있지만, 중앙정부와 지방정부, 고위직과 하위직, 상위법과 하위법 등의 관계처럼 위계 서열에 따라 거시와 미시를 나누는 방식이다. 여기에는 권력이나 영향력 관계가 내포되어 있다. 셋째는 효과 또는 영향력의 정도에 따른 구분이다. 어떤 법이나 정책, 이념, 가치, 규범, 집합행동이나 사회운동 등은 그 영향력이 미치는 공간적 범위, 시간적 지속, 강도 등에서 차이가 나타날 수 있는데, 이러한 효과의 범위나 크기의 차이에 따라서도 거시와 미시를 구분해 볼 수 있다(정태석, 2002).

거시와 미시를 구분하는 세 가지 기준은 서로 겹쳐 있기도 하지만 각각

〈표 3-1〉 구조·행위와 거시·미시의 구분

사회관계의 양상 사회관계의 수준	구조	행위
거시	거시적 구조	거시적·집합적 행위
미시	미시적 구조	미시적·개인적 행위

다른 의미와 맥락을 지니고 있다. 그래서 사회현상을 전체적으로 이해하려면, 분석에 적합한 기준에 따라 사회구조와 행위의 수준을 거시와 미시로 구분해 볼 필요가 있으며, 나아가 '거시-미시 연계'의 양상을 이해할 필요가 있다. 미시적 사회구조가 대체로 개인들이 일상적으로 참여하거나 관계를 맺고 있는 익숙하고 친근한 것들이라면, 거시적 사회구조는 대체로 개인들이 일상에서 잘 인지하지 못하지만 그들에게 영향을 미치는 것들이다. 현실에서 이들은 서로 복잡하게 얽혀 있다. 그런데 거시적이든 미시적이든 사회구조는 결국 각 수준에서 개인들의 행위들이 직접적으로나 간접적으로 서로 맺고 있는 사회관계의 총체를 의미한다. 사회구조/행위들과 거시/미시를 교차해서 보면 〈표 3-1〉과 같다.

개인 행위의 자율성과 거시구조적 제약

개인은 기본적으로 자율적인 존재이지만, 뒤르켐이 말했듯이 외재적 강제로 인해 그 자율성은 억제당한다. 그런데 개인이 속해 있는 사회구조가 거시적이냐 미시적이냐에 따라 개인 행위의 자율성 정도는 달라질 수 있다. 물론 조직이나 집단의 성격에 따라서도 달라질 수 있다. 가족에서 개인 행위는 자율성이 좀 더 클 수 있지만 기업이나 정치제도에서는 자율성의 한계가 더 클 수 있다.

거시구조적 제약은 다양한 수준에서 존재할 수 있다. 자본주의 시장경제가 불황과 위기에 빠지면 사회적으로 좋은 일자리 자체가 줄어들게 된다. 이때는 개인들이 아무리 능력이 뛰어나고 노력을 한다고 해도 구할 수 있는 좋은 일자리에는 한계가 있다. 또 이슬람 나라들에서 여성은 강력한 종교적 규범에 따라 히잡이나 차도르를 착용하도록 강요받고 있는데, 이들 나라에서 여성은 규범적 강제와 사회적 처벌의 공포로 인해 히잡이나 차도르를 자유롭게 벗어버릴 수 없다. 하지만 취업 공부를 위해 어떤 책을 살 것인지, 가족들과 어떤 음식을 요리해 먹을지를 선택하는 행위는 훨씬 더 자유로울 수 있다.

집합행동과 거시적 사회구조의 변화

개인 행위의 자율성 정도는 개인이 사회구조를 얼마나 변화시킬 수 있는지를 살펴봄으로써 가늠할 수 있다. 일반적으로 사회구조가 거시적일수록 개인에 의해 사회구조가 바뀔 가능성은 낮아진다. 개인이 가족관계를 변화시킬 가능성은 크지만, 기업이나 정치제도를 변화시킬 가능성은 아주 작다. 다만 기업이나 정치제도의 위계 서열에서 높은 위치에 있는 개인은 상대적으로 그 가능성이 더 크다. 그래서 무젤리스(Nicos Mouzelis)는 영향력이 큰 기업의 대표나 대통령과 같은 개인을 '거시적 행위자'로 부른다.

한편, 개인들은 개별적 존재로서는 자율성이 작고 사회구조를 변화시킬 힘이 약하다고 하더라도 집단을 형성하면 그 자율성이나 변화시킬 힘이 더 커질 수 있다. 그래서 집단행동이나 사회운동, 정당활동 등과 같은 집합적 행위들은 개혁이나 혁명과 같은 사회구조의 변화를 만들어낼 수 있고, 이런 점에서 집합적 행위들은 거시적 행위가 된다.

2) 사회적 행위와 의식

사회적 행위와 행위의 다양성

인간은 사회 속에서 다양한 욕구와 감정을 느끼고, 생각하고, 다양한 가치를 추구하고, 다양한 태도를 지니고, 이에 따라 행동하며 살아간다. 인간은 생존 본능을 지닌 생명체로서 육체적·물질적 욕구를 느낄 뿐만 아니라 이성을 지닌 존재로서 정신적 욕구도 발달시켜 왔다. 그리고 이에 따라 다양한 신체적·정신적 활동을 해왔다. 또한 정신적으로 감성, 지성, 덕성을 지니면서 감성적·정서적·지적·도덕적·문화적·예술적 활동들을 추구한다. 그래서 칸트(Immanuel Kant)는 인간 이성의 활동이 인지적·도덕적·미학적 판단들로 분화되어 있으며, 이들은 각각 다른 특성을 보여준다는 점을 강조했다. 그리고 프로이트(Sigmund Freud)는 정신분석학적 연구를 통해 인간의 정신은 무의식, 전의식, 의식으로 층화되어 있고, 정신생활은 이드(id), 자아, 초자아의 상호작용 속에서 이루어진다는 점을 보여주었다.

인간의 행위를 이해함으로써 사회현상을 설명하려고 한 사회학자들은 행위의 유형들을 분류함으로써 행위의 다양성을 보여주고자 했다. 베버(Max Weber)는 "행위의 주관적 의미가 타인들의 행동을 고려하고 그로 인해 그 과정에서 반영되는" 행위로서의 '사회적 행위'를 해석하고 설명하는 것이 사회학의 역할이라고 보면서, 사회적 행위의 유형을 네 가지로 분류했다(제2장 참조).

파슨스(Talcott Parsons)는 베버의 행위 분류에 영향을 받아 인간의 행위가 동기나 가치와 연관되어 있다고 보면서, 지향 양식(modes of orientation)에 따라 '동기 지향'과 '가치 지향'으로 구분했다. 그리고 주어진 사회적 조건 속에서 이루어지는 개인의 단위행위(unit act)는 동기 지향과 가치 지향을 수반한다고 보았다. 또한 인간은 인지적·감정적(심리적)·평가적 동기를 지니며, 이에 상응하여 인지적·감상적·도덕적 가치를 지닌다. 여기서 행위자의 행위에 어떤 동기나 가치가 강한 영향을 미치느냐에 따라서 행위의 유형은 도구적(목적합리적)·표출적·도덕적 행위로 나뉜다. 한편, 이러한 개인의 행위들은 상호작용 속에서 사람들 사이에 일정한 지위와 역할 관계를 형성하게 되는데, 파슨스는 이것을 '사회체계'라고 했다. 그리고 이러한 사회체계는 문화체계가 제공하는 규범이나 가치들을 통해 안정적으로 통합되고 또 재생산된다고 보았다.

동기 지향과 가치 지향

파슨스는 행위자가 행위와 관련된 동기와 가치를 지니고 있다고 본다. 동기가 감성적 욕구나 의지와 관련된다면 가치는 판단의 관념적 기준과 관련된다고 할 수 있다. 동기의 세 가지 유형인 인지적·감정적·평가적 동기의 구체적 내용은 다음과 같다. 인지적 동기는 정보를 얻으려는 욕구이며, 감정적 동기는 감정적 애착이나 만족을 추구하는 욕구이며, 평가적 동기는 옳고 그름을 가리고 평가하려는 욕구이다.

동기의 유형에 상응하여 가치도 세 가지 유형으로 나뉜다. 인지적 가치는 객관적 기준에 따라 평가하려는 태도이고, 감상적 가치는 심미적 기준에 의해 평가하려는 태도이며, 도덕적 가치는 선악의 기준에 따라 평가하려는 태도라 할 수 있다.

합리적 선택 이론

개인의 행위는 목표를 달성하기 위해 가장 합리적인 최선의 수단을 선택하는 방식으로 이루어진다고 가정하면서, 이러한 개인들의 합리적 선택을 통해 사회현상을 설명하려고 하는 이론이다. 합리적 선택 이론에 속하는 대표적인 이론으로 '게임이론(game theory)'이 있다. '죄수의 딜레마'는 개인 행위의 합리성을 설명하는 대표적 사례이다. 함께 범죄를 저지른 두 사람이 따로 심문을 받는 상황에서, 사전에 입을 맞추지 못했을 경우 개별 범죄자는 자백과 형량 사이에서 딜레마 상황에 빠지게 된다는 것이다. 만약 공범자가 모두 범죄 사실을 부인한다면 무죄로 석방될 수 있다. 그런데 만약 자신은 무죄를 주장하는데 다른 공범자가 자백할 경우, 자신은 거짓자백으로 인해 더 높은 형량을 받을 수 있다. 반면에 자백을 하면 형량을 낮출 수 있다. 무죄 주장과 자백 간의 이러한 딜레마 상황에서 개별 범죄자의 합리적 선택은 자백이 된다. 왜냐하면 현실적으로 다른 공범자 역시 가장 합리적인 방안을 선택할 것이며, 이때 그가 무죄 주장을 선택할 것으로 가정하기는 어렵기 때문이다.

행위의 합리성과 비합리성

사회적 행위가 사회현상의 중요한 원인이라는 점을 강조한 베버는 인간의 행위가 내적으로 다양한 원인에 의해 이루어질 수 있음을 보여준다. 이러한 사고를 받아들이는 '방법론적 개인주의자'들은 사회현상에 대한 설명은 궁극적으로 개인의 의도, 동기, 선호, 욕구, 신념 등을 통해 이루어져야 한다는 것을 방법론적 원리로 삼는다. 그래서 사회구조라고 말하는 것들은 개인의 행위들을 단순히 총합한 것일 뿐이며, 기본적으로 개인으로 환원하여 설명할 수 있다고 주장한다(정태석, 2002).

그런데 개인의 행위를 통해 사회구조를 설명할 수 있다고 하더라도, 개인의 욕구나 신념은 매우 다양하고 불규칙하여 일일이 확인하기가 쉽지 않으며, 따라서 이를 통해 사회현상을 일관성 있게 설명하기가 쉽지 않다. 그래서 방법론적 개인주의자들은 이러한 난점을 해결하기 위해 개인 행위가 '의도성'과 '합리성'을 지닌다고 가정함으로써, 개인 행위를 예측 가능한 것으로 만들려고 한다. 그리고 이러한 가정을 통해 개인들이 가지고 있는 합리적인 욕구나 신념을 확인하려고 한다. 이처럼 개인 행위의 합리성을 강조하는 이론적 경향은 '합리적 선택 이론(rational choice theory)'으로 이어지고 있다.

그런데 현실을 보면 사람들은 개인으로서뿐 아니라 집단으로서 비합리적 감정, 편견, 고정관념, 신념, 가치, 규범 등을 지니고 있고 또 이에 따라 행동한다는 것을 알 수 있다. 기쁨, 슬픔, 사랑, 분노, 그리고 지연, 학연, 지역감정 등에 따라 감정적·비합리적 선택을 하며, 전통적 가치나 규범을 지키려고 애쓰기도 한다. 그래서 인간의 행위가 합리적이라고 가정하는 것은 항상 적절한 것이 아니며, 인간의 감정적·비합리적 행위들이 사회현상에 미치는 영향들을 이해하는 것도 중요하다.

제한된 합리성과 사회적 비합리성

개인이 합리적 판단을 통해 의도적으로 행동했을 때, 이러한 행동이 반드시 의도한 결과를 낳는 것은 아니다. 이것은 처음의 판단이 정보의 한계로 인해 충분히 합리적이지 못했다거나, 주어진 사회적 조건이 합리적 판단을 제약했음을 보여준다. 이처럼 사회적 조건의 제약과 이에 따른 정보의 부족 등으로 인해 제약을 받을 수밖에 없는 개인 행위의 합리성의 한계를 방법론적 개인주의자들은 '제한된 합리성(bounded rationality)' 또는 '맥락 구속적 합리성(context-bound rationality)'이라고 표현한다.

'제한된 합리성'이란 어떤 제약도 존재하지 않는 상태를 가정하여 가장 합리적인 수단을 선택하는 것을 합리성의 기준으로 삼는 것이 비현실적임을 인정한다. 그래서 개인은 제한된 정보와 현실적 존재 조건의 제약 등 주어진 상황과 맥락 속에서 최선의 합리적 선택을 수행할 수 있을 뿐이다. 예를 들어 사람들이 시장에서 상품을 구매할 때, 더 저렴한 상점의 정보가 제공되지 못했거나 특정 상점에 원하는 만큼의 재고가 없다면 합리적 선택에 제약이 생길 수밖에 없다. 그래서 사람들은 주어진 조건과 상황에서 가능한 합리성, 즉 '제한된 합리성'을 지향할 수 있을 뿐이다.

한편, 합리성은 "개인 수준의 판단이냐, 집합/사회 수준의 판단이냐?"에 따라서도 다른 평가가 이루어질 수 있다. 예를 들어 개인이 처리비용을 줄이기 위해 폐수를 강으로 흘려보내는 행위는 개인 수준에서는 합리적이다. 하지만 사회적으로는 더 많은 처리비용이 들거나 폐수로 인해 다른 사람들이 피해를 보는 비합리적 결과를 낳는다. 이것은 '개인적 합리성'의 추구가 '사회적 비합리성'을 낳는 것이라고 할 수 있다.

사회적 존재와 의식, 행위

인간은 이성을 가진 합리적 존재이기도 하지만, 감정이나 신념에 따라 행동하는 비합리적 존재이기도 하다. 그래서 개인의 의식이나 감정, 성격이 어떻게 형성되느냐에 따라 구체적 행위 선택은 달라진다. 개인의 의식이나 성격은 태어나면서부터 가지고 있는 본능이나 본성의 영향도 받지만, 다른 사람들과 상호작용하는 가운데서 형성되는 면이 강하다. 그래서 어떤 가정환경에서 자랐는지, 어떤 교육을 받았는지, 경제적 형편은 어떠했는지, 어느 지역에서 생활했는지 등이 개인의 성격, 성향, 사고방식, 행

사회적 존재가 의식을 규정한다

의식은 넓은 의미에서 인식, 지식, 가치, 의견, 관념, 신념, 담론, 이데올로기, 심리, 정서, 감정 등 정신적인 것 일반을 포괄한다고 할 수 있다. 개인들의 의식 내용은 순수하게 정신의 내적 과정 속에서 형성되는 것이 아니라, 그들의 계급적·성적·인종적·지역적 조건, 가정, 학교, 직장 등에서의 경험 등 사회관계 속에서의 그들의 위치를 반영하는 것이다. 그래서 '사회적 존재가 의식을 규정한다'는 것은, 인간의 의식이 다양한 사회구조적 조건과 상황들의 영향을 받아 형성되며, 이에 따라 개인들 사이에 서로 다른 이해관계나 의견, 태도, 행동이 생겨날 수 있다는 것을 의미한다. 이러한 차이는 기존 사회에 대한 개인적·집합적 불만에 따라 사회갈등이나 대립을 낳기도 하며, 나아가 집합행동이나 사회운동을 통한 사회변동으로 이어지기도 한다. 이처럼 인간 행위는 '사회적 존재-의식-실천(행위)'의 복합적 순환 과정 속에서 이루어진다.

동양식을 규정하게 된다. 이처럼 개인의 삶을 규정하는 물질적·사회적 환경과 조건을 일반적으로 '사회적 존재' 또는 '사회적 존재 조건'이라고 말한다. 이러한 개인의 사회적 존재 조건 또는 삶의 배경을 이해하는 것이 개인의 의식과 행위를 이해하는 데 중요한 근거가 된다. 이 때문에 개인의 행위는 언제나 합리적인 것은 아니며, 전통을 따르거나 감정에 따라 이뤄지는 경우도 많다.

베버는 '목적합리적 행위'와 '가치합리적 행위'를 구분했는데, 가치합리적 행위는 '목적합리성'의 기준으로 보면 비합리적 행위일 수 있다. 일반적으로 '사회적 존재와 의식의 조응'이라는 관점에서 보면, 노동자계급은 노동 중심적 계급의식을 지니게 되고, 자본가계급은 자본 중심적 계급의식을 지니게 된다. 하지만 이러한 사회적 존재 조건에 반하는 의식을 지닐 수도 있는데, 이런 현상은 노동자들의 의식이 지배 이데올로기에 포섭되어 생겨날 수도 있고, 자신의 계급적 조건에 반하는 의식을 적극적으로 지향함으로써 생겨날 수도 있다. 예를 들어 자본가계급이나 중간계급에 속하는 사람들이 평등이나 보편적 복지라는 가치를 지향하고 또 이에 부합하는 행위를 할 수 있다. 이것은 베버의 개념으로는 가치합리적 행위가 된다. 중간계급에 속하는 비판적·진보적 지식인이 자신의 존재 조건을 벗어나 민중 지향적 또는 노동자 지향적 의식과 태도를 지니는 것이 그 예이다. 물론 자본가들 가운데서도 이런 의식이나 태도를 지닐 수 있다.

3. 사회는 왜, 어떻게 변화하는가?

오랜 역사적 과정에서 인간들은 생존을 위해 자연자원을 이용하고 또 자연의 위험에 맞서 싸워왔다. 인간은 생존을 위한 기본적인 물질적 욕구를 충족하려면 일을 해야 했다. 그런데 공동생활 속에서 성욕, 식욕 등 기본적인 욕구를 안정적으로 충족해 가기 위해서는 구성원들이 서로 동의하는 일정한 규칙과 규범이 필요했고, 또 이러한 규칙과 규범을 강제할 수 있는 권력도 필요했다. 그래서 정해진 규칙을 지키면서 함께 생존할 수 있도록 하는 제도들이 형성되었는데, 경제제도, 결혼제도, 가족제도, 정치제도 등이 바로 그러한 것들이었다.

권력은 공동체의 구성원들에게 규범과 규칙을 강제하거나 갈등을 조정하는 수단이었다. 하지만 공동체의 규모가 커짐에 따라 물질적 분배를 둘러싼 갈등이 커지고 또 권력의지를 지닌 사람들이 생겨나면서 지배와 권력 갈등이 점점 확대되었다. 물리력의 행사는 공동체 외부로 향하기도 했는데, 이것은 부족들, 종족들 사이의 갈등과 싸움을 불러왔고, 이에 따라 전쟁으로 지배-종속 관계와 착취가 생겨나 갈등이 지속되기도 했다.

사회관계 또는 사회구조를 구성하는 제도, 규칙, 규범 등은 자연적·사회적 조건들과 사람들의 실천들에 따라 다양하게 변화하는데, 이러한 현상을 사회변동(social change)이라고 한다. 사회변동은 물질적 생산을 확대하여 더 안정되게 살아가려는 욕구, 결혼과 가족을 통해 유적인 재생산을 하고 물질적 생활을 유지하려는 욕구, 일정한 규칙에 따라 노동과 그 산물을 나누면서 생존을 유지하려는 욕구, 사회적 교류를 통해 공동체를 형성하고 유지하려는 욕구, 물리력을 통해 상대방을 지배하면서 자기 이익을 늘리려는 욕구, 쾌락과 재미를 즐기려는 욕구 등이 복합적으로 상호작용하면서 이루어진다.

이처럼 다양한 사회변동의 요인들은, 크게 보면 생산 및 생활 도구의 발전과 분업 등과 같은 물질적·도구적 요인과 권력이나 분배와 같은 사회관계 요인으로 구분해 볼 수 있다. 그래서 사회변동 과정을 이해하려면, 이러한 다양한 욕구들과 요인들이 어떻게 역사적으로 상호작용해 왔는지를 살펴볼 필요가 있다. 일반적으로 사회변동은 단일한 요인에 의해 발생하기보다는 경제적·과학기술적 요인, 정치적(권력적) 요인, 문화적 요인 등 다양한 요인들이 복합적으로 중첩되어 일어난다. 물론 사회적·역사적 맥락 속에서 상대적으로 경제적 요인과 같은 것들이 더 중대한 영향을 미칠 수 있다. 그렇지만 경제적 요인은 다른 정치적·문화적 요인들과 중첩되어 사람들의 사고와 행위의 변화를 낳고, 이를 통해 구체적인 사회변동이 발생하게 된다. 그러므로 사회변동의 다양한 원인이 서로 어떻게 상호 작용하고 중첩되고 있는지를 살펴볼 필요가 있다.

1) 경제와 사회변동

경제적 진보와 사회변동

사회변동은 인간이 자연적·물리적 환경 속에서 삶의 개선을 이루기 위해 신체적·지적 능력을 키우고 발휘해 온 역사적 과정에서 이루어진 것이다. 다른 동물들과 달리 지능과 도구를 만드는 능력을 지닌 인간은 효율적인 먹거리 획득을 위해 다양한 작업 도구를 개발해 왔다. 그리고 이것은 사회적으로 생산력의 발달을 가져왔다. 생산력 발달에 따른 물질적 삶의 개선은 인구를 늘리기도 하고 또 잉여생산물의 증가로 분업을 발전시키기도 했다. 이처럼 물질적·기술적 진보는 생산력의 발달과 분업의 확대라는 사회변동을 가져왔다.

분업은 단순히 작업장에서의 생산과정에서 공정을 나누는 것만을 의미하는 것이 아니라, 사회적으로 다양한 생산활동을 나누는 것을 의미한다. 마르크스는 노동 도구의 발달과 함께 분업이 생산력을 증대시킨 중요한 요인이라고 보았다. 잉여 산물의 증가는 분업을 가능하게 했고, 분업은 역으로 잉여생산물의 증가를 가져왔다. 베버 역시 사회의 합리화 과정에서 생산을 합리화하려는 노력이 전문화된 분업을 확대하여 경제성장과 사회발전을 가져왔음을 강조했고, 뒤르켐 역시 분업이 경제적·기술적 발전과 사회변동을 낳은 중요한 요인이라고 보았다.

역사적으로 보면, 인간사회는 생산력의 지속적 발달과 잉여생산물의 증대를 통해 최초의 수렵채취사회로부터 농업사회, 공업사회를 지나서 오늘날 탈공업사회(과학기술사회, 지식정보사회)로 발전해 왔다. 이것은 사회적 분업, 산업의 분화가 발달해 온 과정이다. 또한 개별 산업이나 직업, 작업장에서는 다양한 기술적 분업이 발달했다. 이러한 다양한 분업의 발달 과정이 생산력의 발달과 경제성장 등 다양한 사회변동을 낳았다.

1960~1970년대 한국 사회에서는 쌀 생산량이 부족하여 혼식과 분식이 장려되었고, 비싼 가격과 적은 생산량으로 육류 반찬을 먹기도 어려웠다. 그런데 농약과 비료가 공급되고 생산 기술이 발달하면서 점차 쌀 생산량이 늘어나고 경제성장에 따른 소득 증가로 육류 소비가 늘면서 1980년대부터 식생활이 개선되기 시작했다. 국제무역을 통해 밀가루와 육류의 수입이 늘어나고 각종 과일도 수입되면서 식품 섭취가 다양화되었고 사람들의 영양상태도 개선되었다. 1990년대 이후에는 서양 음식이 수입되고 만들어지면서 서양식 식생활 문화가 확산했고, 일부에서는 과도한 식품 섭취, 특히 육류 섭취로 비만이 문제가 되기 시작했다.

경제관계와 사회갈등

경제적·과학기술적 진보의 과정은 단순히 도구적·양적 차원에서의 변화만을 낳은 것이 아니라 인간관계, 사회관계의 변화도 수반한다. 이러한 진보는 사회관계와 별개로 이루어지기보다는 다양한 사회관계 속에서 이루어지기 때문이다. 그래서 생산력 발전에 따른 잉여생산물의 증가는 물질적 성장으로 인구 증가와 공동체 규모의 확대를 낳기도 했지만, 동시에 잉여생산물의 분배를 둘러싼 경쟁과 갈등을 만들어냈다. 예를 들어 경제적·과학기술적 진보로 인해 생겨난 재화와 서비스를 누구에게 어떻게 나누어줄 것인가 하는 문제는 역사적으로 늘 갈등을 일으켜 왔다. 지배세력은 늘 이러한 물질적 진보의 혜택을 더 많이 누리려고 해왔고, 이것은 피지배세력의 불만과 저항을 불러일으켰다.

역사적으로 생산력의 발달은 분업을 확대했고, 분업은 노동과 생산물의 분배를 둘러싼 사회적 경쟁과 갈등을 수반했다. 뒤르켐은 분업의 발달이 사람들 간의 교환을 필요로 함에 따라 유기적 연대를 낳을 것으로 기대했다. 분업이 기술적 효과와 함께 사회통합이라는 도덕적 효과를 낳을 수 있다는 생각이었다. 하지만 분업은 개인들 사이의 이질성을 강화하고 개인주의의 발달을 심화하면서, 기대와 달리 아노미와 사회갈등이 커지는 결과를 낳았다. 한편, 마르크스는 분업이 단순히 기술적·기능적 분화를 의미하는 것이 아니라 노동과 생산물 분배를 둘러싼 권력관계를 수반한다는 점에 주목했다. 그래서 생산수단의 소유와 노동, 생산과 분배를 둘러싼 경제관계를 '생산관계'로 규정하면서, 생산관계에서의 지배-종속 관계가 착취와 계급투쟁 등 사회갈등을 낳아 사회변동이 일어난다고 보았다. 뒤르켐이 분업에서 도덕적 효과를 발견하고자 했다면, 마르크스는 분업에서 권력관계의 형성을 드러내고자 했다.

하나의 공동체에서 생산력의 발달로 잉여생산물이 생겨나면, 이러한 이득이 그 구성원들에게 나누어지는 방식은 다양할 수 있다. 첫째는 구성원들 모두에게 생산물을 공평하게 조금씩 더 분배해 주는 것이다. 둘째는 생산활동에 참여하는 구성원들의 노동시간을 공평하게 조금씩 줄여주는 것이다. 셋째는 구성원들 가운데 일부에게 노동을 면제해 주는 것이다.

앞의 두 가지 방식이 구성원들 모두에게 혜택이 공평하게 돌아가는 방식이라면, 세 번째 방식은 소수의 일하지 않는 사람들과 다수의 일하는 사람들이 나누어지는 방식이다. 일하기 어려운 영유아, 아동, 청소년, 노인, 중증 장애인 등의 경우를 제외한다면 세 번째 방식은 일하지 않는 사람들이 권력을 가지고 지배하지 않으면 장기적으로 유지되기 어려운 방식으로서, 사회적 불만과 갈등을 만들어낸다. 역사적으로 사회변동은 사회의 규모가 커지면서 점차 세 번째 방식으로 나아갔고, 이에 따라 사회갈등을 수반하게 되었다. 그래서 권력관계의 형성은 사회갈등을 낳고 사회갈등은 권력관계의 변동을 낳는 순환적 사회변동이 지속되어 왔다.

한국 사회의 역사를 보더라도 경제적·과학기술적 진보는 모든 사람에게 삶의 질 개선을 가져다주기보다는 불평등한 경제관계와 분배로 인해 다양한 사회갈등을 낳았고, 이에 따라 사회변동이 일어났다. 역사적으로 빈곤이나 분배적 불평등은 민중 봉기나 사회혁명의 중요한 원인이 되었다. 조선 후기에 농민들은 불합리한 조세제도와 지방 관리들의 수탈에 불만을 품고 있었는데, 조선에 침투한 일본의 곡물 대량수매로 식량이 부족해지고 생활이 피폐해지자 결국 동학혁명을 일으키게 되었다. 여기서 경제적 불만은 동학혁명을 통해 사회변동을 가져온 중요한 요인이 되었다.

한편, 1960년대 박정희 군사정권은 취약한 정당성을 경제발전으로 만회하기 위해 국가 주도의 경제개발계획을 추진했다. 외국 자본을 빌려서 수출기업을 육성하여 급속한 경제성장을 이루고자 했던 박정희 정권은 대외의존적·수출중심적 경제개발 전략을 추진했다. 경제성장을 위해 대기업을 전략적으로 육성한 경제정책으로 대기업과 중소기업 간의 격차가 커졌고, 저임금·장시간 노동을 위해 노동자들의 저항을 강력히 억눌러 자본가계급과 노동자계급 간의 경제적 불평등도 심화했다. 이처럼 불평등하고 불공정한 경제관계는 노동자들, 민중들의 경제적 불만과 저항을 낳아 사회갈등과 사회변동을 일으키는 중요한 힘으로 작용해 왔다.

한편, 오늘날 과학기술과 인터넷 기술의 발달에 따른 생산력 발달은 정보화·세계화를 통해 세계시장의 확장과 통합을 만들어내고 있고, 산업구조와 직업구조도 크게 변화시키고 있다. 특히 인터넷 소통 기술의 발달에 따른 플랫폼 자본주의와 플랫폼 노동의 확산, 서비스산업 비중의 증대 등은 계급·계층별, 성별, 세대별, 산업별, 직업별 생산방식과 노동방식, 교환방식과 시장 상황, 소유구조, 분배구조 등을 변화시키고 있다.

2) 정치와 사회변동

지배와 사회갈등

공동체의 규모가 커지고 구성원들 사이의 유대감이 약해지면, 스스로 일하지 않으면서도 다른 사람의 노동력을 이용하거나 그의 노동생산물이나 소유물을 수탈하여 삶을 누리고 부를 쌓으려는 사람들이 생겨나기 마련이다. 이들은 다른 사람의 복종을 끌어내기 위해 물리력을 동원하거나 상징적 힘을 동원하려고 한다. 이에 따라 공동이익을 위한 통치가 점차 사적 이익을 위한 통치로 바뀌면서 지배-종속이라는 권력관계가 형성된다. 지배-종속 관계는 소수 지배집단에 의한 다수 피지배집단의 통치가 점차 소수 지배집단의 이익을 보호하고 또 강화하는 방향으로 나아가도록 하는데, 이것은 지배의 정당성 약화에 따른 불만과 저항에 직면하게 된다. 권력의 불평등한 분배와 지배의 정당성 약화는 지배집단과 피지배집단 간의 사회갈등을 낳게 되며, 이것은 권력의 분산화나 지배집단의 교체와 같은 권력관계, 지배-종속관계의 변동으로 이어진다.

민주주의와 사회변동

사회 규모가 커지면 사회를 통치하는 개인이나 집단이 생겨나고 또 통치를 위한 규칙과 규칙을 강제하기 위한 인적·물적 권력자원이 조직화·제도화된다. 권력 또는 물리적 강제력을 공적으로 행사하는 정치제도가 형성되면, 사람들은 정치제도를 이용하여 자신들의 부를 증대시키려고 하거나 자신이 가진 부를 이용하여 정치권력을 획득하려고 한다. 이에 따라 경제적 지배/피지배 세력의 분화와 함께 정치적 지배/피지배 세력의 분화가 나타나는 동시에, 경제권력과 정치권력 간의 유착관계가 형성된다.

권력을 지니는 지배세력은 이러한 권력을 이용하여 더 많은 자원을 소유하려고 하고, 피지배세력의 신체를 구속하거나 노동력을 이용함으로써 물질적·경제적 이익을 비롯한 각종 이득을 누리려 한다. 사회집단 또는 세력 간에 형성된 정치적 지배와 저항의 관계는 역사적으로 다양한 정치적 갈등을 형성했고, 이 과정에서 정치변동과 사회변동이 이루어졌다. 정치적 지배가 조직화되면서, 지배세력은 국가를 형성하여 일정한 영토 내에서 물리력(폭력)을 독점하면서 피지배세력을 통치하고자 했는데, 이에 대한 저항과 투쟁이 민주주의의 발전을 가져왔다.

과거의 부르주아혁명이 봉건 세력에 저항하여 정치적 권리를 획득하고자 한 부르주아계급의 정치적 저항이었다고 한다면, 오늘날 민주화운동은 전체주의나 독재 권력에 반대하면서 시민들의 자유와 민주적 권리를 위해 싸운 정치 운동이었다. 이러한 혁명과 정치 운동은 정치체계의 변화와 더불어 다양한 사회변동을 가져온다.

권력은 정치적 의사결정에서 강제력이나 영향력을 행사하여 자신의 의지를 실현하는 힘이라고 할 수 있는데, 오늘날 확산하고 있는 민주주의는 권력의 행사가 시민 대중의 의지에 따르도록 하는 정치이념이자 제도가 되었다. 민주주의가 발전하면서 정치는 권력 행사의 방식이나 양상에 따라 그 자체로 사회갈등을 증폭시키는 요인이 되기도 하면서 동시에 사회갈등을 해결하는 힘이 되기도 한다. 이것은 정치가 서로 갈등하는 사회세력들 사이의 타협을 끌어내어 사회적 불만을 제도적으로 해결하는 방안을 만들어내는 능력에 달려 있다.

역사적으로 독재정치는 시민 대중의 저항을 불러일으켰고, 민주화운동을 확산시켰다. 민주주의가 수립된 사회에서도 자본주의의 발전에 따른 계급 갈등의 확산은 노동운동이나 사회주의운동과 같은 사회운동들의 확산으로 이어졌다. 정당 정치의 발달은 계급들 사이의 제도화된 타협을 만들어냈다. 사회민주주의를 지향한 좌파정당들이 집권하거나 정치적 영향력이 컸던 나라에서는 보편적 복지제도가 발달하여 불평등이 완화되기도 했다. 하지만 우파 정당들이 우세했던 나라에서는 신자유주의 시장 논리에 따른 규제 완화 정책이 확대되어 불평등이 크게 개선되지 못하거나 악화하기도 했다. 이것은 결국 자본주의적 민주주의 사회에서 시민 대중의 다양한 이익이나 가치 지향들 사이의 세력 구도가 정치와 정책의 방향과 사회변동의 방향을 결정하는 데 중대한 영향을 미친다는 점을 보여준다.

한편, 정치적 지배-피지배 관계는 단순히 한 나라에만 한정되지 않으며, 역사적으로는 군사력에 기초한 나라 간, 지역 간 침략과 전쟁이 사회변동을 낳은 중요한 원인이었다. 오랜 역사를 통해 한반도에서 발생했던 동아시아 나라들 사이의 전쟁, 20세기 초 두 차례의 세계대전, 1950년 한국전쟁, 2001년 미국에서의 9·11테러와 2003년 미국의 이라크 침략 등은 국제관계를 변화시키고 민중의 삶을 바꿔놓은 중요한 사건들이었다. 이처럼 국가들 사이의 전쟁이나 군사·외교적 세력 관계는 한 나라의 사회구조나 국제관계의 변동에 큰 영향을 미친다.

3) 문화·이데올로기와 사회변동

문화와 이데올로기 역시 그 자체로 사회변동을 보여주기도 하고, 또 다른 사회변동의 원인이 되기도 한다. 사람들은 다양한 자연적·사회적, 물질적·정신적 조건들 속에서 살아가면서 물질적 만족과 함께 정신적 만족을 추구하는데, 이 과정에서 공동체나 개인을 위한 다양한 규범, 가치, 도덕, 이념, 심리, 태도 등을 형성하게 된다. 이것들은 사회마다, 집단마다 차이를 보일 수 있고, 또 역사적으로 변화할 수 있다. 사회가 복잡해질수록 계급 간, 집단 간, 세대 간, 지역 간에 문화, 이데올로기, 종교, 가치관, 태도 등의 차이가 생겨나며, 이러한 차이는 공존하고 타협하기도 하지만 갈등하고 대립하기도 한다. 이러한 갈등과 대립은 스스로 문화변동을 가져오기도 하고, 또 이 과정에서 경제변동이나 정치변동을 낳기도 한다. 물론 역으로 경제변동이나 정치변동이 세대 간, 집단 간 문화적 차이를 만들어내어 문화변동을 낳기도 한다.

세계대전 후에 출생한 1960년대 유럽의 신세대들은 전후의 경제적 발전에 힘입어 물질적 풍요 속에서 성장했다. 이들은 가정에서의 보수적·권위주의적 부모-자녀 관계에 불만을 느꼈고 대중문화의 영향을 받으면서 자유롭고 개방적인 생활을 즐기려고 했다. 이들은 대학에 진학하면서 국가의 일방적·권위주의적 통치에 불만을 지니게 되었고, 자본주의의 물질주의적·소비주의적 문화에도 부정적이었다. 이들의 저항적 가치와 문화적 욕구는 1968년 혁명으로 분출되었고, 혁명 이후에 탈권위주의, 생태(녹색)주의, 탈물질주의, 남녀평등, 성 해방 등 새로운 문화적 흐름이 형성되었다. 이것들은 그 자체로 문화변동을 의미하기도 했지만, 동시에 경제적·정치적 사회변동의 원인으로 작용했다.

한국에서는 1960년대 경제성장 과정에서 박정희 군사정권에 의해 반공주의·성장주의에 기초한 대중동원이 이루어졌고, 유교적·권위주의적 문화가 지배적이었다. 그렇지만 다른 한편으로는 학교교육을 통해 서양의 민주주의 사상이 확산하면서 대학생과 지식인을 중심으로 한 민주화운동이 활발히 일어나는 등 민주주의에 대한 요구도 함께 커져 왔다. 한편, 1980년대의 물질적 풍요와 1987년 6월항쟁에 따른 민주화·자유화의 분위기 속에서 성장한 신세대는, 소비대중문화의 영향으로 탈권위주의적·소비주의적 문화를 추구하고자 했다. 이에 따라 다양한 하위문화가 형성되고 개방적이고 자유분방한 문화적 태도가 점차 확산했다. 오늘날 정보화와 개인주의화, 경쟁의식 등이 확산하면서 젊은 세대의 문화와 가치관이 크게 변화하고 있고, 이것은 세대 간 문화갈등을 낳고 있기도 하다.

4) 사회운동과 사회변동

모든 사회변동은 주어진 환경 속에서 사회를 형성하며 살아가는 사람들의 능동적·수동적 또는 적극적·소극적 사고와 행위의 산물이다. 이러한 사고와 행위에는 생존을 위한 육체적·정신적 노동도 있고, 일상적 활동들도 있고, 사회를 변화시키려는 적극적인 실천이나 사회운동들도 있다. 이처럼 사회변동은 인간의 다양한 지적 활동들과 사회적 노동과 실천이 서로 어우러진 결과이다. 그런데 모든 사람이 사회변동을 원하거나 추구하는 것은 아니다. 기존의 사회질서 속에서 기득권을 누리고 있는 사람들은 사회변동에 반대하거나 사회가 서서히 변화하기를 원한다. 반면에 기존 사회질서 속에서 불만이나 불이익을 느끼는 사람들은 사회변동이 점진적 또는 급진적으로 이루어지기를 원하거나 적극적으로 추구하기도 한다.

물론 사람들은 사회발전을 통해 사회제도가 좀 더 공정하고 합리적으로 바뀌고 또 분배제도가 공정하게 개선되기를 원하기도 한다. 그렇지만 사회발전이 바라던 사회의 합리적 변화를 낳지 못했을 때는, 기존의 사회제도나 규칙을 개혁하거나 혁명함으로써 더 적극적으로 새로운 사회관계, 사회제도, 사회구조를 형성하려고 한다. 이러한 사회개혁이나 사회혁명에 적극적으로 추구하고 참여하는 사람들은 '사회변동의 주체'가 된다.

한국 사회의 현대화 과정에서 중요한 역할을 한 사람들 가운데에는 '공업화(산업화) 세대', '민주화 세대'라고 불리는 집단이 있다. '공업화 세대'는 1960년대 이후 급속한 공업화 과정에서 기업활동·생산활동에 적극적으로 참여하여 경제발전에 기여했던 세대를 일컫는 말이며, '민주화 세대'는 비슷한 시기에 군사독재정권에 저항하면서 민주화운동과 민주주의의

민주화 세대

1987년 6월항쟁에서는 오랫동안 군사독재에 저항해 왔던 대학생, 지식인, 종교인, 재야인사 등과 더불어 이른바 '넥타이 부대'가 민주화운동의 중요한 주체로 등장했다. 이들은 대부분 대학교육을 받고 도시에서 화이트칼라 직종에 종사하던 중간계급의 젊은 세대로서, 군사독재하에서 대학을 다니면서 민주화운동의 세례를 받은 집단이었다. 이들은 암묵적으로 독재에 대한 저항감을 지니고 있었는데, 서울 도심에서 군사독재에 대한 저항행동이 점차 확산되자 저항에 대규모로 참여하여 6월항쟁을 승리로 이끄는 데 크게 기여했다.

발전에 기여했던 세대를 일컫는 말이다.

1960년대에 한국 사회는 경제성장을 위해 자본주의적 공업화를 추진했고, 이 과정에서 기업과 공장들이 건설되면서 노동자층이 점차 대규모로 형성되기 시작했다. 그런데 정부의 억압적 노동정책으로 많은 노동자가 저임금과 장시간 노동(1일 14시간 이상)에 시달렸고, 노동자의 정당한 권리를 요구하는 것조차 어려웠다. 1970년 말 서울 청계천 평화시장의 피복공장에서 일하던 전태일은 「근로기준법」조차 지켜지지 않는 현실을 바꾸기 위해 노력했다. 그는 국가와 기업의 억압과 무관심으로 노동환경의 개선이 어려운 현실에 분노하여 노동자들의 열악한 노동환경을 알리기 위해 분신자살했다. 이 사건은 노동자들이 각성하여 노동조합을 형성하고 노동운동을 통해 자신들의 권리를 주장하도록 하는 데 크게 영향을 미쳤다. 여기서 노동자들은 노동운동을 통한 사회변동의 주체였다.

오늘날 사회가 점차 분화되고 복잡화되면서 다양한 사회문제와 사회갈등이 나타나고 있고, 이를 해결하고 자신들의 집합적 권리나 가치를 실현하기 위한 사회운동들이 나타나고 있다. 전통적인 민주화운동, 노동운동, 통일운동에 이어 여성운동, 환경운동, 반전평화운동, 소수자운동, 인권운동, 지역운동, 공동체운동 등이 나타나고 있을 뿐만 아니라, 정치적·사회적 상황에 따라 기존의 사회운동도 그 성격이나 형태가 변화하거나 분화하고 있다. 이러한 사회운동들은 사회변동의 산물이면서 동시에 사회변동의 중요한 원인이 되고 있다.

4. 사회변동의 이론적 쟁점

1) 사회통합인가 사회갈등인가?

사회통합과 사회갈등은 사회구성원들 간의 관계의 양상을 보여주는 대립적인 개념이다. 사회통합은 사회의 구성원 대부분이 기존의 사회규범이나 규칙에 대해 큰 불만을 지니지 않으면서 서로 신뢰하고 협력하고 조화를 이루며 살아가는 상태를 의미한다. 사회통합이 이루어진 사회는 전반적으로 균형과 질서가 잡혀 있어서, 구성원들은 만족스럽게 살아간다. 반면에 사회갈등은 사회구성원들 사이에서 기존의 사회규범이나 규칙이 불공평하거나 불공정하다는 불만이 제기되어, 개인이나 사회집단들이 이해관계나 가치 지향의 차이로 인해 분열하고 대립하며 서로 싸우는 상태를 의미한다. 사회갈등이 있는 사회는 대립의 정도에 따라 구성원들 간의 불만과 불신이 커져서 합의와 조화를 추구하기 어렵다.

사회학자들은 자신의 학문적 관심에 따라 사회통합이 어떻게 가능한지를 해명하려고 한다거나, 사회갈등이 왜 일어나는지를 해명하려고 해왔다. 고전사회학자들을 보더라도 뒤르켐은 사회분업의 발달에 따라 개인주의가 확산하여 아노미 현상이 나타나지만 동시에 개인들 간의 교환관계가 어떻게 유기적 연대를 만들고 도덕적 통합을 이루게 되는지를 해명하려고 했다. 반면에 마르크스는 경제적 소유의 불평등과 지배로 인한 대립적 경제관계들, 또는 계급관계들이 어떻게 계급투쟁의 역사를 지속하게 했는지를 해명하려고 했다.

사회통합 이론의 계보를 이어받은 파슨스는 구조기능주의 이론을 통해 규범적인 질서 속에서 개인들이 주어진 지위와 역할을 충실히 수행함으로써 사회가 균형을 이루면서 안정적인 통합을 이루게 된다는 점을 보여주고자 했다. 반면에 록우드(David Lockwood)나 다렌도르프(Ralf G. Dahrendorf) 등 사회갈등 이론가들은 사회가 물질적·경제적 착취 또는 권력의 불평등에 따른 지배-종속 관계로 인해 개인들과 집단들 사이의 대립과 갈등이 지속될 수밖에 없다는 점을 보여주고자 했다.

현실적으로 사회에 불평등과 차별이 존재하는 한 사회구성원들 간의 대립과 갈등을 피하기 어렵다. 그렇지만 대립과 갈등 속에서도 일정하게 질서가 유지되기도 한다. 그래서 정도의 차이는 있지만 현실 사회에는 통합과 갈등이 공존할 수밖에 없다. 그래서 학문적·실천적 관심에 따라 사회학자들이 사회통합이나 사회갈등 어느 하나의 관점을 강조하기는 하지만, 사회갈등이 생겨나는 것을 부정하지 않으며, 사회갈등에 주목한다고 해서 사회갈등이 바람직하다거나 피할 수 없다고 주장하는 것이 아니다. 사회갈등 이론가들은 사회 현실을 이해하기 위해 사회갈등에 주목해야 한다고 주장하는 것이며, 이렇게 주장하는 이유는 궁극적으로 사회통합이 어떻게 가능한지를 보여주려는 것이다. 마르크스가 자본주의 사회의 계급 갈등에 주목하는 이유는 계급 갈등의 원인을 해체해야 사회통합이 이루어진 공동체 사회를 건설할 수 있음을 보여주고자 한 것이었다.

그러므로 통합론적·기능주의적 입장과 갈등론적 입장을 서로 대립시키면서 어느 하나를 절대시하려는 시각은 바람직하지 않다. 중요한 것은 사회갈등의 원인이 무엇인지를 밝혀내고, 어떻게 사회통합이 가능할 것인지를 사유하는 일이다.

2) 사회진화인가 사회적 투쟁인가?

18세기의 서양 계몽주의자들은 사회가 이성과 과학의 발달에 따라 더 나은 방향으로 점진적으로 진화해 왔으며, 앞으로도 진보해 갈 것이라 주장했다. 공업혁명으로 물질적·과학기술적 진보가 이루어지고 또 문화의 발전이 이루어지면서 사회가 진보한다는 생각은 이 시대 사상가들이나 학자들 대부분이 공유하고 있었다. 18~19세기경에 콩트, 스펜서, 뒤르켐 등의 사회학자들 역시 유기체론적 비유를 통해 사회가 단순한 사회에서 복잡한 사회로 분화하면서 점진적으로 진화·발전해 왔다고 보았다.

그런데 사회변동의 역사를 진화의 과정으로 보는 사회진화 이론은 몇 가지 비판을 받아왔다. 첫째, 사회변동이 반드시 긍정적인 방향의 진화, 즉 진보만을 가져다주는 것은 아니다. 예를 들어 과학기술의 발달이 핵무기의 발달로 이어져 핵전쟁에 따른 대량살상이나 인류 공멸의 가능성을 높이고 있는 것은 진보라고 말하기 어렵다. 실제로 사회변동이 장기적으로는 진보의 양상을 보인다고 하더라도 그 과정에서 퇴보의 양상은 수시로 나타난다.

둘째, 특정한 사회변동이 진보냐 퇴보냐를 판단하는 데는 단일한 기준이 있는 것이 아니다. 예를 들어 현대사회에서는 전통적인 감정적·인격적 관계가 약화되고 합리적·비인격적 관계가 확산되고 있는데, 이것은 기준에 따라 긍정적 변화로 볼 수도 있고 부정적 변화로 볼 수도 있다. 특히 문화상대주의의 관점에서 보면 농촌지역의 공동체적 문화와 도시지역의 익명적·개인주의적 문화를 단순히 진보 대 퇴보라는 이분법적 기준으로 판단하기는 어렵다.

셋째, 사회진화의 방향이 단선적인 것도 아니다. 많은 선진국이 자본주의적 경제발전을 이루었지만, 서로 다른 발전 경로를 보였고, 그들 가운데 미국 등은 신자유주의(시장자유주의)의 성격이 강한 사회가 되었다면, 북유럽의 나라들은 보편적 복지제도가 강한 사회가 되었다. 이처럼 선진국의 경제발전이나 사회발전의 경로는 다양했을 뿐 아니라, 경제적 분배나 민주주의의 발전 등을 종합적으로 평가할 때도 모든 나라들이 무조건 진보했다고 판단하기도 어렵다.

넷째, 여러 영역에서 이루어지는 사회변동의 다양성과 판단 기준의 다양성을 무시하고 모든 사회변동을 획일적으로 사회진화로 규정하는 것이 가능한지도 의문이다. 경제적으로 발전 수준이 높지 않은 사회라도 정치적으로 민주주의가 발달하거나 문화적으로 개방적이고 다양성이 큰 사회일 수 있다. 한편, 경제성장은 일반적으로 삶의 질을 판단하는 중요한 기준으로 언급되지만, 경제성장이 반드시 구성원들 대부분의 삶의 질을 골고루 향상시켰다고 보기도 어렵다.

이처럼 사회변동을 진화나 진보로 설명하려는 시각은 사회변동의 다양한 양상을 이해하기 어렵게 한다. 그리고 진보가 이루어진다고 하더라도 이 과정은 저절로 이루어지는 것이 아니다. 민주주의의 발전과 사회정책이나 제도의 개혁은 차별과 불평등의 개선을 요구하는 다양한 사회구성원들, 사회집단들의 저항과 투쟁으로 가능하게 된다. 결국 사회진화와 진보의 정도는 이성과 과학의 발달만이 아니라 다양한 사회집단들 사이의 사회적 투쟁의 결과에도 달려 있으며, 이러한 사회적 투쟁의 결과가 사회변동의 방향을 다양하게 만든다.

3) 기술이 사회변동의 방향을 결정하는가?

사회변동에 관한 논쟁점들 가운데 하나는 기술이 사회변동의 방향을 정하는 데 결정적인 요인인가 하는 점인데, 이것을 인정하는 시각은 '기술결정론'이라 불린다. 예를 들어 말등자(말을 탈 때 두 발을 디딜 수 있게 해놓은 도구)가 봉건제를 발전시켰다거나, 인쇄술의 발달이 르네상스를 가능하게 했다거나, 컴퓨터의 발명이 정보사회를 가능하게 했다는 주장들이다. 말하자면 특정한 기술의 발명과 발달이 사회의 모습을 형성하는 데 결정적인 영향을 미쳤다는 것인데, 과연 기술이 다른 사회적 요인들과 무관하게 사회를 특정 모습으로 만들었다는 주장이 타당한가?

역사적으로 특정 기술의 발명이 생산력의 발달을 가져와 인간의 삶을 편리하고 풍요롭게 만든 것은 사실이다. 그런데 이런 기술이 사회에 미치는 영향은 일률적이지 않다. 예를 들어 내연기관(엔진) 기술의 발전으로 다양한 교통수단이 생겨났는데, 20세기에 들어서면서 유럽에서는 기차가 여전히 중요한 교통수단으로 살아남았던 반면에, 미국에서는 자동차가 기차를 앞지르기 시작했다. 이것은 미국에서 포드주의 생산체계를 통해 자동차 산업이 급속히 발달하면서 철도노선보다 도로망 건설이 더 많이 이루어졌기 때문이었다.

전기 기술의 경우에도 에디슨(Thomas A. Edison)의 직류전기와 테슬라(Nikola Tesla)의 교류전기가 서로 확장 경쟁을 벌이는 과정에서, 에디슨 공장에서 배척당한 테슬라가 값싸고 멀리까지 전기 공급이 가능한 교류전기를 개발한 후 자본을 적극적으로 유치하고 소비자들에게 홍보하면서 많은 사람들이 교류전기를 받아들이게 되었다.

이러한 사례들은 기술이 전적으로 그 자체의 우수성으로 인해 사회에 수용되는 것은 아니라는 점을 잘 보여준다. 기술이 사회 속에서 어떻게 사용되고 어떤 영향을 미치는가 하는 점은 기술 요인 자체에 의해서만 결정되지 않으며, 다양한 사회적 요인들이 기술을 사회적으로 수용하고 적용하는 과정에 영향을 미치게 된다.

한편, 특정한 기술의 발전은 기업의 필요나 소비자들의 요구 등에 따라 이루어지기도 한다. 컴퓨터의 발명은 정보기술에 대한 정부와 기업의 기술 투자가 큰 영향을 미쳤고, 이후 정보기술과 산업의 발달에는 기업의 이윤 추구 욕구와 소비자들의 수요 증대가 큰 영향을 미쳤다. 이처럼 과학 기술과 사회변동 사이에는 기술결정론과 같은 일방적 시각으로 설명하기 어려운 복잡한 인과관계가 존재한다. 그래서 사회구조 속에서 누구에 의해, 또 누구를 위해 어떤 기술이 어떻게 개발되고 이용되는가 하는 점에 주목할 필요가 있다는 주장이 설득력을 얻게 되었다. 이러한 주장은 기술에 대한 '사회구조 중심 이론' 또는 '기술의 사회적 구성 이론'이라 불린다.

5. 현대사회와 사회발전 논쟁

1950~1960년대에 저개발국이나 개발도상국들의 주요 관심사는 "어떻게 선진국들과 같은 사회발전을 이룰 수 있을 것인가?" 하는 것이었다. 그래서 많은 저개발국이 선진 자본주의 나라들을 따라 자본주의 시장경제 체계에 기초한 공업화를 추구했다. 이들 중 몇몇 나라는 신흥공업국으로서 점차 선진국과의 경제적 격차를 좁혀갈 수 있었던 반면에, 다른 나라들은 공업화가 진전되었는데도 경제적 정체가 계속되었다. 그래서 어떤 사회적 요인이 경제발전과 사회발전을 촉진하거나 억제하는지를 두고 논쟁들이 벌어졌다. 특히 자본주의적 공업화가 국가와 지배계급에 의해 주도되어 경제적 불평등 심화와 민주주의 억압으로 이어지면서 자본주의적 경제발전은 정당성 논란에 휩싸였다. 그리고 선진국 자본이 지배하고 있는 세계 자본주의 경제체계 내에서 저개발국이 과연 실질적인 경제발전을 이룰 수 있는지에 대한 의구심과 비판적 시각도 등장했고, 이에 따라 자본주의 세계와 단절하고 사회주의로 전환해야 한다는 주장도 등장했다.

1) 전후 세계경제의 성장과 현대화 이론

제2차 세계대전 후에 경제발전을 주도해 온 미국과 미국의 지원을 받은 서유럽 나라들은 자본주의 시장경제를 통해 선진국으로 도약할 수 있었다. 이들 나라는 이전에 자본주의가 발흥한 지역이기도 했고, 정치적으로도 민주주의를 발전시켜 왔다. 그러나 제3세계의 많은 나라가 자본주의 시장경제를 도입하여 시도한 경제적 도약은 그리 성공적이지 못했다.

제2차 세계대전 이후 미국과 소련을 중심으로 한 냉전체제하에서 미국은 소련 사회주의 세력의 영향력 확산을 차단하기 위해 서유럽과 함께 제3세계의 경제발전을 지원했다. 이러한 지원은 제3세계를 자본주의적 발전을 이룬 나라들로 만들겠다는 기대를 품고 있었다. 여기에 '현대화 이론(modernization theory, 근대화 이론)'은 자본주의 시장경제에 기초한 경제발전 모델을 제공했다. 경제학자 로스토(Walt W. Rostow)는 저개발국이 자신들의 전통적인 생활방식을 포기하고 시장경제, 기술, 저축과 생산적 투자, 노동윤리 등 현대적인 제도와 문화적 가치를 수용할 때 선진국처럼 경제발전을 이룰 수 있다고 주장했다.

로스토는 경제성장 과정을 비행기의 여정에 비유하면서 다섯 단계를 거쳐야 선진국에 도달할 수 있다고 보았다. 로스토의 '경제발전 5단계 이론'은 다음과 같은 단계들을 제시한다. ① 대가족제도와 전통적 가치관이 지배하는 '전통적 단계', ② 합리적 기업가와 현대국가가 출현하면서 사회간접자본이 형성되는 '이륙 준비 단계', ③ 기술개발과 공업화를 통해 안정적인 경제성장이 지속되는 '이륙 단계', ④ 산업이 다양화되고 실질임금이 상승하며 신중간계급이 형성되는 '성숙 단계', ⑤ 내구성 소비재와 서비스의 대량생산이 이루어지는 '고도의 대량소비 단계'가 그것들이다. 이러한 로스토의 진화론적·단계론적 현대화 이론은 미국의 1960년대 라틴아메리카 정책 형성에 영향을 미쳤다.

로스토의 현대화 이론이 경제발전에 초점을 맞추었다면, 사회학자들은 가치, 신념 등 문화적 차원에 더 초점을 맞추었다. 미국 사회학자 파슨스

제3세계

'제3세계'라는 용어를 누가 처음 사용했는지는 분명하지 않다. 제3세계는 제2차 세계대전 이후 강대국들 간의 관계가 냉전체제로 재편되어 미국을 중심으로 한 자본주의 진영(제1세계)과 소련을 중심으로 한 사회주의진영(제2세계)으로 분열되면서, 정치적으로 양 진영에 속하지 않는 나라들을 지칭하기 위해 사용되었다. 그런데 제3세계가 대체로 경제적 후진국들로 구성되면서, 제3세계는 일반적으로 정치적으로 약소국이면서 경제적으로 저발전 또는 미발전 상태에 놓인 나라들을 포괄하는 용어가 되었다.

와 스멜서(Neil Smelser)는 사회구조 및 기능의 분화와 통합 과정을 통해 전통사회가 해체되고 현대사회가 형성되어 간다고 주장했다. 이들은 전통과 현대의 이분법에 기초하여, 일반적으로 전통적인 가치, 규범, 행동양식, 사회제도 등이 점차 사라지고 현대적인 것들이 우세해지면서 사회는 점점 진화하고 발전해 나간다고 본다. 현대화는 전통사회의 특수주의, 귀속 지향, 감정성, 집합주의가 약화하면서 보편주의, 성취 지향, 감정중립성, 개인주의가 발달하고, 또 제도적으로 자본주의적 경제발전이 이루어지면서 정치적 민주주의가 확립되어 가는 과정을 의미했다.

2) 현대화 이론에 대한 비판

현대화 이론은 저개발국이 전통적 제도나 문화를 버리고 선진국의 현대적 제도나 문화를 받아들이면 선진국처럼 발전할 수 있다고 주장한다는 면에서, 사회진화 이론과 유사한 면을 지닌다. 그래서 전통과 현대를 마치 미개와 문명을 구별하듯 이분법적으로 규정하고 서로 배타적인 것으로 보거나, 현실적으로 서양 선진국들의 특성을 보편적인 현대성으로 제시하는 것도 타당하지 않다는 비판이 제기된다. 전통과 현대는 공존하면서 서로 조화를 이루기도 하며, '서양화(서구화)' 또는 '미국화'를 현대화의 보편적 양상으로 보기도 어렵다는 것이다. 특히 자본주의적 현대화가 아닌 사회주의적 현대화도 가능하며, 자본주의적 현대화도 다양한 모습을 보인다.

현대화 이론에 대한 중요한 비판은 '국민국가' 단위의 설명에 치중함으로써 국제적·세계적 요인을 고려하지 못하고 있다는 점이다. 경제발전과 사회발전을 추구하는 저개발국들은 대부분 이전부터 선진 제국주의 나라들과 일정한 경제적, 군사·외교적 관계를 형성해 왔으며, 이에 따라 지배-종속 관계에 놓여 있기에, 이런 점들을 무시하고 단순히 선진국의 현대적 제도나 문화를 받아들임으로써 경제발전이나 사회발전을 이루기는 어렵다는 것이다. 이러한 비판적 시각은 종속 이론과 세계체계 이론을 통

제국주의

제국주의는 자국의 정치적·경제적 지배권을 다른 국가의 영토로 확대하려는 국가의 이념이나 행위 성향을 말한다. 이 용어는 침략으로 국가의 영토를 확장하려고 한다는 점에서 팽창주의 또는 식민주의와 유사한 의미로 사용된다. 제국주의 나라들은 피지배 나라들의 주권을 빼앗음으로써 식민지화한다. 제2차 세계대전 이후에 대부분의 식민지 나라는 선진국의 지배로부터 독립하면서 정치적으로 주권을 회복했다. 그런데 정치적 주권은 회복했지만 경제적으로는 여전히 선진국에 의존하거나 종속되어 있는 경우가 많았다. 이러한 현상을 이전의 제국주의와 구분하여 '신제국주의'라 부르기도 한다.

해 적극적으로 제기되었으며, 이들은 한 나라의 경제발전이나 사회발전 과정을 일국적 단위에서 고립적으로 이해해서는 안 된다는 점을 강조했다.

3) 종속 이론과 세계체계 이론

라틴아메리카의 경제발전과 종속 이론

'종속 이론(theory of dependency)'은 1960년대에 라틴아메리카와 아프리카 출신의 경제학자들과 사회학자에 의해 제시된 이론으로서, 20세기 라틴아메리카의 사회적·경제적 실패라는 역사적 경험을 통해 현대화 이론을 비판하면서 등장했다. 종속이론가들은 라틴아메리카와 아프리카의 국가들이 경제발전을 위해 노력했는데도 저발전 상태를 벗어나지 못한 것은, 전통적 문화나 제도의 결함 때문이라기보다는 미국을 비롯한 부유한 나라들과 이들 나라에 기반을 둔 다국적기업들이 저개발국들을 구조적으로 지배하면서 이익을 수탈했기 때문이라고 주장했다.

배런(Paul A. Baran), 프랭크(A. Gunder Frank) 등 종속이론가들은 선진 제국주의 나라들이 저개발국의 경제발전을 돕는다는 명분을 내세웠지만, 실제로는 약소국들을 착취하고 수탈해 왔다고 보았다. 식민주의 시대에 강대국들은 자국의 공장에 필요한 자연자원을 수탈하거나, 현지 공장에서 자국에 필요한 소비재들을 생산하기 위해 약소국 노동자들의 노동력을 값싸게 이용했다. 그런데 제2차 세계대전 이후 약소국들은 정치적으로 독립했지만, 경제적으로는 여전히 착취에서 벗어나지 못했다. 강대국에 기반을 둔 다국적기업들은 정부와 금융자본의 지원을 받으면서 약소국의 자원과 노동력을 수탈했고, 특히 저개발국들을 1차 산업이나 소비재 공업의 생산지로 이용함으로써 산업구조의 고도화를 구조적으로 제약했는데, 이것을 '구조적 종속'이라 한다. '중심부(metropolis, 식민 본국)'와 '위성(satellite)'의 관계 속에서, 약소국이 강대국의 금융자본, 생산자본, 생산 기술 등에 의해 구조적으로 종속되어 불평등 교환을 지속하는 한, 약소국은 자본축적을 통한 경제발전이나 자립적 공업화를 이루기 어려워진다.

종속 이론의 영향을 받은 월러스틴(Immanuel Wallerstein)은 종속의 문제를 '국가 간 체계'를 넘어서는 단일한 단위로서의 '세계체계(world system)' 속에서 이해해야 한다고 주장했다. 그는 장기적인 역사적 과정에 주목하면서 자본주의 시장경제가 지구적으로 확장하기 시작한 16세기에 '세계경제체계'가 형성되기 시작했다고 본다. 이것은 세계가 정치적으로는 독립된 국가들로 나뉘어 있지만 경제적으로는 자본주의적 세계시장을 매개로 위계적 질서 속에 통일되어 있음을 말한다.

세계체계 이론은 세계가 '중심부(core)', '주변부(periphery)', '반주변부(semi-periphery)' 등 3개의 경제지대 또는 국가군으로 나뉘어 있다고 본다. 중심부 국가는 선진화된 나라들로서 세계경제체계에서 생산된 이윤의 많은 부분을 차지하는데, 미국, 일본, 서유럽 국가들이 여기 포함된다. 주변부 국가는 주로 농업 등 1차 상품을 생산하는 저임금 국가로서 중심부 국가들에 의해 경제적으로 조종되고 관리된다. 제3세계의 많은 나라가 주변부에 속한다. 중심부 국가들은 1차 상품과 2차 상품 간의 불평등한 교역을 통해 이윤을 착취하면서 주변부의 경제발전을 제약한다. 반주변부 국가는 중심부와 주변부를 매개하는 중간적 지위의 국가로서, 중심부의 통제를 받으면서 주변부를 착취한다. 멕시코, 브라질, 아르헨티나, 동아시아 신흥공업국들이 여기에 속하는데, 이들은 주변부에 경제발전의 전망을 제공하면서 세계체계의 양극화를 억제하는 완충지대의 역할을 한다.

4) 종속적 발전과 발전국가 이론

현대화 이론을 비판하고 있는 종속 이론과 세계체계 이론▼은 세계 자본주의의 구조적 차원에서 제3세계 사회발전의 한계를 설명하는 데 도움을 준다. 그런데 이러한 구조적 종속이 모든 나라에 균일하게 나타나지는 않았다. 그래서 카르도주(Fernando H. Cardoso), 에반스(Peter Evans) 등 일부 종속이론가들은 '외국 자본-국가-국내(토착) 자본'의 3자 연합에서 국가

▼ 이 이론이 도입되던 초기에는 '세계체계론'으로 불리기도 했다.

가 적극적인 역할을 한다면 '종속적 발전'이 가능하다고 보았다. 이들은 구조적 종속이라는 '외부적 요인' 못지않게 국내 계급구조와 국가의 발전 전략 등 '내부적 요인'도 고려할 필요가 있음을 강조했다.

한편, 주변부 국가 중에서 한국, 대만, 싱가포르, 홍콩 등 동아시아의 신흥 공업국가들은 국가가 경제발전을 적극적으로 주도함으로써 급속한 경제성장을 이루었다. 국가가 경제발전 계획을 통해 자본 마련과 투자를 적극적으로 주도하고, 공기업 건설과 국내기업 투자를 통해 핵심 산업을 적극적으로 육성하고 관리함으로써 경제발전이 가능했다. 이러한 국가는 흔히 '발전국가(developmental state, 개발국가)'라 불린다. 한편, 한국처럼 발전국가 전략을 추진한 독재정권의 경우에는 '개발 독재'라 부른다.

'종속적 발전'과 '발전국가'는 외부적 요인에 따른 구조적 종속이 주변부 국가들의 경제발전을 제약하는 절대적인 요인이 아니며, 국내적 요인들에 따라 종속적 조건 속에서도 일정한 경제발전이 가능하다는 점을 밝힘으로써 종속 이론에 대한 대안적 설명방식을 보여주었다고 할 수 있다.

5) 현대적 사회발전 논쟁과 사회체계 이행의 실험

1980년대 이후 러시아와 중국 등 주요 사회주의 나라들이 개혁, 개방 등을 통해 사회주의 계획경제체계를 포기하고 자본주의 시장경제체계를 도입하기 시작하면서, 더 이상의 체계 경쟁은 무의미하며 모든 사회경제체계가 자본주의 시장경제로 수렴할 것이라는 주장이 득세했다. 러시아는 민주적 선거제도와 다당제를 도입하면서 급진적인 시장개혁을 추구했고, 중국은 일당제를 유지하면서도 사유재산제도와 시장경제체계를 도입하여 급속한 경제성장을 이루었다. 하지만 중국은 그 후유증으로 경제적 불평등이 심화되면서 노동자계급과 서민층의 불만이 고조되고 있고, 정치적 자유화를 요구하는 목소리도 높아가고 있다. 그리고 시장경제를 도입한 대부분의 사회주의 나라들은 정치적 혼란과 더불어 전통적인 사회주의적 복지 혜택들의 약화를 경험하면서 저소득층 사이에서 사회주의

체계로의 복귀를 요구하는 목소리도 확산되고 있다.

한편, 자본주의 세계경제의 위기가 반복되고 경제적 양극화가 심화되면서 자본주의 시장경제 나라들에서도 자본주의에 대한 대안을 추구하려는 움직임들이 확산되기 시작했다. 특히 미국의 경제적 지배하에 있던 브라질, 베네수엘라 등 남아메리카의 몇몇 나라들에서는 사회주의적 개혁을 약속한 좌파 세력이 선거를 통해 집권하기도 했다. 2003년부터 2010년까지 집권한 브라질의 룰라(L. I. Lula da Silva) 대통령은 '노동자당' 소속으로서, 노동자계급을 비롯한 저소득층의 삶의 질을 개선하기 위해 사회복지를 확대함으로써 다수 대중의 지지를 유지해 나갈 수 있었다. 1998년부터 2013년까지 집권한 베네수엘라의 차베스(Hugo R. Chavez Frias) 대통령은 좌파정당인 '제5공화국운동' 소속으로서, 미국 자본이 소유하고 있던 석유기업을 국유화하고 이에 따른 이익을 저소득층 복지에 투입함으로써 경제적 불평등을 완화하는 성과를 이루었다.

사회주의로부터 자본주의 시장경제로의 이행은 사회주의 나라들에 물질적 풍요를 가져다주었지만, 부의 불평등과 복지의 축소에 따른 빈곤과 생활의 불안정이라는 사회문제를 낳았다. 반면에 자본주의 시장경제와 경제적 종속으로 인해 사회적 양극화와 삶의 질 악화를 경험한 제3세계 자본주의 나라들은 사회주의적 개혁정책에 대한 대중적 지지에 기초하여 자본주의 시장경제의 부작용을 적극적으로 극복하려고 노력하고 있다. 이처럼 양쪽 방향으로 이루어지고 있는 각 나라의 사회적 실험은 더 나은 사회를 건설하기 위한 대안을 찾아가는 데 소중한 시금석들이 될 것이다.

6. 현대사회 변동의 성격과 미래의 전망

현대사회는 공업사회, 자본주의 사회, 민주주의 사회의 기본적인 특징들이 유지되면서도 정치적·경제적·사회적·문화적으로 많은 변화를 겪고 있다. 이러한 사회변동 흐름에 따라 현대사회는 대중사회, 복지(국가)사회, 소비사회, 개인주의사회, 과학기술사회, 탈공업사회, 서비스사회, 매체(미디어)사회, 지식정보사회, 네트워크사회, 불안정고용사회, 위험사회, 지구(세계)사회, 다문화사회 등 여러 이름으로 불린다.

오늘날 세계화와 더불어 세계시장 통합이 진전되고 과학기술적·환경적 위험이 지구적으로 확산되면서 다양한 위기가 발생하고 있다. 에너지와 자원이 점차 고갈되면서 에너지와 자원을 확보하기 위한 경쟁이 치열해지고 있으며, 이 과정에서 미국 등 선진국들의 군사적 개입으로 국지전도 발생하고 있다. 종교적·문화적 차이로 나라 간, 종족 간, 지역 간 갈등과 전쟁이 발생하고 있고, 일부 지역에서는 기후변화에 따른 생존조건의 변화로 사회적 긴장, 갈등, 전쟁이 발생하기도 한다.

제5부에서 좀 더 구체적으로 다루게 되겠지만, 미래사회는 생명공학, 정보기술, 매체(미디어)기술 등 과학기술 및 의학기술의 지속적 발달로 지금보다 훨씬 풍요롭고, 안전하고, 편리하게 살 수 있을 것이라는 전망이 우세하다. 하지만 여전히 불평등하고, 불안정하고, 위험하고, 파편화되고, 소외된 삶을 살게 될 것이라는 전망도 나온다. 지구적 협력의 움직임도 다양한 형태로 계속되고 있지만, 패권과 헤게모니를 잡기 위한 경쟁도 여전히 치열하다. 사회학은 이러한 미래사회의 모습을 과학적·합리적인 사고를 통해 종합적·전체적으로 이해하려고 노력한다. 이제 제2부 4장부터는 이러한 현대사회의 다양한 모습을 이해하기 위한 지식과 상상력을 제공할 것이다.

이야깃거리

1. 사회구조를 이해하는 다양한 방식을 알아보고, 각각에 해당하는 사례들을 찾아서 토론해 보자.

2. 개인 행위와 사회구조가 서로 어떻게 관계를 맺고 있는지를 예를 들어 설명해 보자.

3. 사회변동을 발생시키는 다양한 원인을 알아보고, 사회갈등을 일으키는 다양한 요인에 대해 토론해 보자.

4. 사회변동을 설명하는 이론으로서 사회진화 이론의 문제점을 살펴보고, 대안적 설명이 어떻게 가능한지 토론해 보자.

5. 자본주의 사회에서의 발전을 설명하는 데서 현대화 이론이 지니는 한계를 살펴보고, 이에 대한 대안적 설명으로서 종속 이론, 세계체계 이론 등의 가능성과 한계에 대해 토론해 보자.

6. 사회주의에서 시장경제를 도입한 나라들과 자본주의 시장경제에서 사회주의적 요소를 도입한 나라들에서 '불평등'과 '민주주의', '경제적 요인'과 '정치적 요인'이 서로 어떤 영향을 주고받고 있는지 토론해 보자.

읽을거리

『사회변동과 사회학』
　　부동(R. Boudon) 지음 / 민문홍 옮김 / 2011 / 한길사

『사회학의 핵심 개념들』
　　기든스(A. Giddens)·서튼(P. W. Sutton) 지음 / 김봉석 옮김 / 2015 / 동녘

제 **2** 부

문화와
일상생활

04

사회화와 상호작용

사회화, 재사회화, 인간 본성과 사회환경, 영상자아, 일반화된 타자, 사회통합, 지배 이데올로기,
이데올로기적 국가기구, 호명, 주체화, 이드, 자아, 초자아, 오이디푸스 콤플렉스, 사회적 성격, 지위,
역할, 귀속지위, 성취지위, 역할 기대, 역할 갈등, 지위 불일치, 사회적 상호작용

    누구나 한 번쯤 "나는 누구이며, 지금의 나의 모습은 어떻게 해서 생겨난 것일까?"라는 질문을 스스로 던지고는 한다. 사람들은 '연약한 생물체로의 인간'으로 태어나 부모나 주변 사람들의 도움을 받으면서 성장한다. 출생과 성장 과정에서 개인은 가족, 친척, 친구, 학교, 직장 등 집단 속에서 여러 관계를 맺는다. 오늘날 나의 모습은 바로 이러한 관계들 속에서 상호작용하며 살아온 과정의 산물이다.

    개개인은 다양한 관계 속에서 여러 가지 감정, 정서, 행동양식, 가치, 규범, 이념을 습득하면서 사회의 구성원으로 자라나는데, 이것은 개인이 한 사회가 공유하는 행위양식이나 사고방식을 습득하고 이를 통해 문화가 세대 간에 전승되는 과정이기도 하다. 그러므로 인간의 행위를 이해하려면 개인들이 문화 내용을 습득해 가는 과정을 이해해야 한다. 그런데 이 과정이 늘 조화롭거나 평탄한 것만은 아니다. 개인은 자신이 처한 상황에 따라 어떤 문화에 대해서는 순응하고, 어떤 문화에 대해서는 저항하면서 자신의 개성도 키워나간다. 그래서 사회화 과정은 다양한 사회화의 주체들과 내용들 사이의 긴장과 갈등이 수반되는 복합적 과정이다.

1. 사회화의 의미와 쟁점

1) 사회화의 의미

사람들은 자신이 속한 사회 안에서 다른 사람들과 상호작용하면서 살아가기 위해 사회가 공유하는 기본적인 규범, 가치관, 행동양식, 태도 등을 습득해야 하는데, 이러한 과정이 사회화(socialization)이다. 사회화란 사회의 관점에서는 사회의 유지를 위해 개인들이 사회규범이나 규칙을 습득하여 특정한 방식으로 행동하도록 교육하는 과정이며, 개인의 관점에서는 사회에 적응하며 살아가기 위해 이것들을 학습하고 내면화하는 과정이다.

사회화와 자아, 인성, 정체성의 형성

어린아이가 사회 속에 던져지고 자라나는 과정은 신체적 과정이면서 동시에 정신적 과정이다. 아이들은 단순히 먹고 입고 잠자면서 신체적으로 성장할 뿐만 아니라, 사회적 의미를 지니는 몸짓과 언어 등을 이해하고 습득해 가면서 이런저런 감정, 정서, 규범, 생활양식, 사고방식, 가치관을 서서히 배워간다. 아이들은 울거나 웃고, 화내거나 기뻐하고, 괴로워하거나 즐거워하고, 싫어하거나 좋아하고, 미워하거나 사랑하고, 오해하거나 이해하는 등의 감정적·정서적 교류뿐만 아니라 서로 설득하고 대화하는 지적·도덕적 교류를 통해서 자기 나름의 감정, 정서, 지식, 기술, 가치, 규범, 신념 등을 형성해 나간다.

이런 점에서 사회화 과정은 다른 사람들과의 상호작용을 통해 자아와 인성을 형성해 가는 과정이라고 할 수 있는데, '자아(ego)'는 "인식에서의 주관, 실천에서의 의지와 감정의 주관자로서, 통일적이고 지속적인 한 개체로 존속하며 타인과 구별되는 개인 존재의 정신적·의식적 중심"을 말한다. '인성(personality)'은 개인이 사회적 환경에 반응하고 또 적응하는 과정에서 형성해 가는 고유의 사고방식, 정서, 태도, 행동 특성을 말한다. 일반적으로 성격, 성품, 인품, 가치관, 인생관 등을 통칭하는 것이다.

한편, 정체성(identity)은 자아를 구성하는 내용 중에서 존재의 성격에 관한 자기 인식을 말한다. 개인은 태어나고 자라면서 부모, 성별, 종족, 민족, 신체적 특성, 성적 지향, 계급, 계층, 종교, 정치적 신념 등에 따라 다양한 소속이나 성향이 정해진다. 이들 중에는 변하지 않는 것들도 있고, 변하는 것들도 있다. 그래서 개인이 스스로 어떤 존재로 여기는지 또 어떤 정체를 중요하게 여기는지에 따라 다양한 정체성이 형성될 수 있다. 정체성은 사람들이 자신에 대해 지닌 동일성과 지속성에 관한 인식이라고 할 수 있는데, 이러한 인식은 고정되거나 불변하는 것이 아니며 지역이나 나라, 사회문화적 환경 등에 따라 서로 다른 내용과 의미를 지닐 수 있다.

사회화와 사회성의 습득

사회화는 또한 인간이 '사회적 고립에서 벗어나' 다른 사람들과 원활한 관계를 맺으면서 살아가는 과정, 즉 '사회성'을 키우는 과정을 수반한다. 그런데 어릴 때부터 부모나 주변의 몇몇 사람 이외에 다른 사람들과 거의 접촉하지 않거나 고립된 삶을 살아온 경우에는 사회성 형성이 어려워 다른 사람들과 잘 어울리지 못하기가 쉽다. 특히 개인적인 성장환경이나 심리적 좌절 등으로 인해 사회적으로 격리된 삶을 사는 개인들은 '사회성'이 결여된 성격 때문에 대인관계가 원만하지 못하거나 대인기피증을 겪을 수도 있다.

1970년대 이후 일본에서는 사람들과 어울리기를 기피하며 혼자서 생활하는 '히키코모리(引き籠もり, 은둔형 외톨이)'가 사회문제가 되었다. 1990년대 이후부터 한국 사회에서도 사회문제로 부상하기 시작했는데, 인터넷의 발달로 소통양식이 변하고 게임을 즐기는 사람들이 늘어나면서, 인간적 소통을 통한 사회성 육성이 중요한 사회적 과제로 떠오르고 있다.

평생의 상호작용 과정으로서의 사회화

사회화 과정은 갓난아이나 어린아이에게 특히 중요하지만, 성인이라고 해서 이러한 과정에서 벗어나 있는 것은 아니다. 특히 오늘날처럼 생활양식과 사고방식이 급격히 변화하면서 다양한 지식과 정보가 생산·유통되고 가치와 규범들이 갈등하고 있는 사회적 환경 속에서는, 성인들 역시 감정적·지적·도덕적 변화를 겪을 수밖에 없다. 이렇게 본다면 사회화란 인간이 세상에 태어나서 죽을 때까지 다른 사람들과 상호작용하면서, 감정과 정서를 함양하고, 생존에 필요한 기술과 지식을 배우고 욕구를 억제하면서 사회적으로 필요한 규칙과 규범을 학습하는 지속적이고 또 복합적인 과정이다. 그리고 이 과정에서 개인은 서서히 자기 나름의 자아, 인성, 가치관을 형성하거나 변화시켜 나가게 된다. 그런데 이러한 과정은 단순히 보편적 규범만을 습득하는 안정적 과정이 아니라, 사회 속의 다양한 규범과 가치들을 습득하면서 긴장과 갈등을 느끼는 과정이기도 하다.

그런데 사회화가 평생에 걸쳐 일어난다고 하더라도, 특히 영유아기에 경험하는 사회화의 내용은 매우 중요하다. 그래서 자아가 성숙해 가는 과정에서 기본적으로 가족 안에서 이루어지는 사회화를 '일차적 사회화(primary socialization)'라고 한다. 이에 비해 가족 외부의 소집단이나 기관에 소속되어 사람들과 어울려 지내면서 새로운 생활 규범과 행동양식을 배우는 사회화를 '이차적 사회화(secondary socialization)'라고 한다(Whitbeck, 1999).

이차적 사회화 과정에서 개인은 새롭게 주어진 생활 규범과 행동양식에 적응하면서도 감정적·지적 선호에 따라 자기만의 성격, 가치관, 태도를 형성해 나가게 된다.

재사회화

사람들은 개인적·사회적 환경의 급격한 변화나 단절을 경험할 때 기존과는 다른 생활 규범, 가치관, 정서, 태도를 익히지 않을 수 없게 된다. 예를 들어 고프먼(Erving Goffman)은 학교 입학, 군대 입소, 교도소 수감, 회사 입사 등의 상황에서 사람들이 새로운 환경이 요구하는 새로운 생활양식이나 태도를 습득해야 한다는 점에 주목하는데, 이렇게 이루어지는 사회화를 '재사회화(re-socialization)'라고 한다(Goffman, 1963). 이처럼 재사회화는 기본적으로 단절적 환경에 놓일 때 이루어지는 새로운 사회화 과정이다.

그런데 재사회화 개념은 좀 더 넓은 의미로 확대되어 사용되기도 한다. 오늘날 사람들은 새로운 기술을 이용하게 되거나 새로운 집단에 속하거나 새로운 지역으로 이동하는 경우가 점점 늘어나고 있어서, 일상적으로 새로운 생활양식이나 태도를 습득하지 않으면 사회에 적응하기가 쉽지 않다. 새로운 기술환경, 문화, 집단, 조직에 놓이거나 종교적 개종 등으로 새로운 상황에 놓이는 경우 새로운 사회화가 필요하다.

예를 들어 과학·정보기술의 발달 등으로 사회변동의 속도가 빠른 사회에서는 기성세대가 신기술이나 새로운 문화에 적응하기 쉽지 않다. 그래서 변화에 둔감하여 기존의 가치나 태도를 고집할 때는 '인지 불일치'나 정신적 갈등을 겪기 쉽다. 농촌에서 도시로 또는 도시에서 농촌으로 이주를 한 경우에도 부분적으로 재사회화가 필요하다. 한편, 사회주의 사회에서 살다가 자본주의 사회로 이주한 탈북민이나 조선족 동포들도 적응에 어려움을 겪는데, 정부에서는 이들의 정착을 돕기 위해 재사회화를 지원하기도 한다.

2) 사회화의 쟁점

인성은 타고난 것인가, 습득한 것인가?

개인들은 사회화 과정에서 여러 가지 정서, 생활방식, 사고방식, 규범, 가치 등을 습득하면서 동시에 자아나 인성 또는 정체성을 형성해 간다. 그런데 자아와 인성 형성에서 '생물학적 요인이나 인간 본성'과 '사회환경적 요인' 중 어느 쪽이 더 결정적 영향을 미치는가 하는 점은 사회화의 근본적인 쟁점이 되고 있다. 즉, '타고난 성격이냐, 습득한 것이냐?' 하는 것이다. 우리는 어떤 사람의 인성을 표현할 때 "그 사람 본성이 그렇다"라는 말을 종종 듣는다. 말하자면 사람들에게는 타고난 본성이 있다는 것이다.

이러한 본성은 흔히 인종, 성, 혈통, 혈액형, 체질, 유전자 등 생물학적·기질적 요인과 관련되어 있다고 주장된다. 그렇지만 이러한 선천적 요인의 영향은 사회화가 진행되면서 서서히 약해지며, 반면에 사회적 학습의 영향이 점차 강해진다.

일란성 쌍둥이라도 성장환경이 다르면 성향이나 인성이 서로 달라진다.

만약 사회환경적 요인이 아무런 영향도 미치지 않는다면, 사회로부터 격리된 사람과 사회 속에서 살아온 사람 간에 아무런 차이가 없어야 한다. 하지만 현실에서 이들 간의 차이는 매우 크다. 예를 들어 『정글북(The Jungle Book)』에 나오는 주인공처럼 갓난아이 때부터 사회에서 격리되어 동물들이 키운 사람은, 이후 인간사회로 되돌아온다고 하더라도 동물과 다른 고유한 인간적 삶과 문화에 쉽게 적응하지 못한다. 또한 쌍둥이처럼 생물학적·유전적 요소가 비슷한 아이들도 자라난 사회적 환경이 다를 경우 다른 능력과 인성을 가지게 된다.

사회적 환경의 영향이 중요하다고 해서 생물학적 요인의 영향이 완전히 사라지는 것은 아니며, 그 반대라고 하기도 어렵다. 그래서 생물학적·선천적 요인과 사회환경적 요인은 어느 것이 더 결정적이라고 규정하기 어려우며, 두 요인 모두가 자아와 인성 형성에 영향을 미친다고 할 수 있다. 중요한 것은 인간 본성이나 생물학적 요인의 영향이 사회적 환경이나 개인의 노력에 따라 다양한 방식으로 변형될 수 있다는 점이다.

사회화 과정에서 개인은 수동적인가 능동적인가?

사회화와 관련한 또 다른 쟁점은 사회화가 이루어질 때 '개인은 그 과정에 수동적인가, 아니면 능동적인가?' 하는 점이다. 현실적으로 사회화는 일련의 사회적 제약과 제재를 수반하는데, 이에 따라 개인들의 욕구는 사회적으로 인정된 규칙에 따라 충족되도록 강제된다. 이 경우 개인은 우선 사회화 과정에서 교육되는 기존의 규칙·규범을 수용하며 적응해 나가지 않을 수 없다. 하지만 개인은 때때로 사회적 규범·규칙의 강제에 저항하거나 새로운 방식으로 자신의 욕구를 충족시키려 하기도 한다. 전자가 수동적 과정이라면, 후자는 능동적 과정이다.

성장 과정의 측면에서 보면, 어린 시절의 사회화가 수동적인 성격이 강하다면, 성인기의 사회화는 능동적인 성격이 더 강하다. 사춘기 또는 청소년기의 사회화를 보면, 사회화 과정에 대한 반항 또는 저항이 강해짐을 알 수 있는데, 이것은 자아가 발달하면서 사회화에 대해 수동적 태도에서 능동적 태도로 전환이 이루어지기 때문이라고 할 수 있다. 그런데 아동에 대한 양육이 이루어질 때, 아동만이 부모로부터 사회의 규범을 배워 내면화하는 것이 아니라, 부모 역시 아동과의 상호작용을 통해 새로운 관점, 가치관, 태도, 행동양식 등을 습득하게 된다. 이처럼 사회화가 상호적으로 이루어지는 것을 상호적 사회화(reciprocal socialization)라고 한다.

사회화와 사회적 제약

사회화의 중요한 목적은 생물체로서의 인간이 지니는 본능, 충동, 욕구, 감정 등이 정해진 사회적 규칙 내에서 충족되도록 하여 공동체로서의 사회가 안정적으로 존속되도록 하는 것이다. 따라서 사회화 과정은 개인의 행위에 대한 사회적 제약이나 강제가 이루어지는 과정이며, 이에 따라 개인과 사회 간에는 긴장이 생겨난다. 그런데 사회마다 개인의 욕구나 자유를 제한하거나 허용하는 정도가 다르기에 긴장의 형태와 정도도 다양하다. 그리고 어떤 집단이 제한이나 허용의 일반적 기준을 정할 것인지를 둘러싸고 권력관계가 형성될 수 있으며, 이에 따라 집단들 사이에서도 긴장과 갈등이 생겨날 수 있다.

일탈행위는 사회화의 실패를 의미하는가?

보수적 관점에서 보면, 개인들이 기존의 규범과 규칙, 문화에 잘 순응하도록 만들어 문화를 전승하고 사회질서를 안정적으로 유지해 나가도록 하는 것이 사회화의 목적이다. 그래서 기존의 규범과 규칙을 잘 지키는 후속세대를 육성하는 것은 바로 사회화의 성공이 된다. 반면에 기존의 규범이나 규칙에 어긋나는 일탈행위는 사회화의 실패 사례가 된다.

그런데 진보적 관점에서 보면, 이러한 사회화는 지배집단이 기존의 규범과 규칙을 학습시켜 기존 질서가 유지되도록 함으로써 기득권을 유지해 나가는 수단이다. 이것은 사회화의 성공과 실패의 기준이 권력관계에서의 위치에 따라 서로 달라질 수 있음을 말한다.

한편 차별교제 이론에 따르면, 사람들이 일탈행위를 하는 것은 사회화에 실패했기 때문이 아니라 사회화가 다른 방식으로 이루어진 결과이다. 일탈행위는 개인이 일탈 집단과 어울리며 규범이나 규칙을 습득한 결과일 수 있는데, 이것은 다른 방식으로 사회화에 성공한 결과가 된다.

이처럼 사회화를 보편적 규범의 학습이나 문화의 계승과 같은 보편적 과정으로만 이해하는 관점은, 한 사회에 서로 다른 문화와 가치관, 행동양식을 지닌 집단들이 존재하며 이들에 의해 다양한 내용과 형식의 사회화가 이루어지게 된다는 점을 놓치게 된다. 그러므로 다양한 사회적 환경과 맥락에서 이루어지는 사회화의 복합적 성격을 이해하는 것이 중요하다.

2. 사회화의 이론: 사회통합과 지배

사회화에 관한 전통적 이론들은 갓난아이들이 양육과 교육을 통해 신체적·정신적·지적으로 성장하고 성숙해 가는 과정이나, 사회의 행동양식, 규범, 가치관을 습득하면서 기존 사회질서와 문화에 적응해 가는 보편적 과정에 주목했다. 그런데 신체적·정신적·지적 성장이나 성숙이 누구나 겪는 보편적 과정이라고 하더라도 그 과정에서 습득되는 행동양식, 규범, 가치관 등과 같은 사회화의 내용이 모두 보편적일 수는 없다. 개인이 속한 가족, 집단, 세대, 계급, 직업 등의 상황에 따라 행동양식, 규범, 가치관 등 사회화의 내용이 달라질 수 있으며, 이 경우 사회화는 차별화된 특수한 과정이 된다.

예를 들어 보수적이고 권위주의적인 부모는 어른들을 공경해야 한다거나 집안일은 여자가 해야 한다거나 개인의 이익을 우선시해야 한다는 태도나 가치관을 자녀에게 훈육하려고 한다. 반면에 진보적이고 민주적인 부모는 사람들은 모두 동등하게 대우받아야 한다거나 집안일은 남녀 구분 없이 함께해야 한다거나 공동체의 이익을 중요시해야 한다는 태도나 가치관을 자녀에게 훈육하려고 한다. 학교에서 교사의 성향이나 개인이 소속되어 활동하는 집단의 성향도 사회화의 내용에 차이를 만들어낸다.

사회적으로 불평등과 착취, 사유재산의 절대화, 청소년들의 성적 자유, 불로소득 과세, 재벌 중심 경제체계, 토지공개념, 낙태, 기후 위기 등에 관한 규범이나 가치관에서 어떤 태도를 지니도록 할 것인가는, 사회화를 담당하는 주체 또는 기관이 누구인가에 따라 달라질 수 있다. 이러한 주체와 기관들은 자신들이나 다른 특정한 집단의 이익을 위해 사회 구성원들이 특정한 규범이나 가치관을 습득하게끔 유도할 수 있다. 이처럼 사회화의 내용이 다양하다는 것은, 역사적으로 어떤 가치관이나 규범을 보편적이라고 규정하고 또 어떤 내용으로 개인을 사회화시킬 것인지가 한 사회의 지배와 통제를 위한 중요한 수단이 되어왔음을 의미한다. 말하자면 사회화는 다양한 사회 세력들 간의 갈등과 투쟁의 장이었다.

이러한 갈등과 투쟁은 사회화를 바라보는 이론적 관점에도 반영되어 있다. 한편에서는 '인간의 성장과 성숙' 또는 '사회통합'의 시각에서 '사회화의 보편적 과정'에 초점을 맞추고 있다면, 다른 한편에서는 '지배와 통제' 또는 '사회갈등'의 시각에서 '사회화의 차별적·특수적 과정'이나 '사회화 주체와 대상 간의 권력관계'에 초점을 맞추고 있다.

1) 보편적 성숙 및 사회통합 과정으로서의 사회화

사회화는 일반적으로 어린아이가 신체적·정신적으로 성장하고 성숙해가는 과정에서 시작된다. 그래서 사회화 이론은 우선 어린아이의 보편적 성숙과 사회 적응 과정에 주목하며, 사회화를 통해 자아와 인성을 형성해가는 일반적 과정에 초점을 맞춘다. 특히 상호작용 이론가인 쿨리와 미드는 아동기의 사회화에 초점을 맞추면서, 어린아이가 한 사회의 보편적인 사회적 질서나 규범에 통합되어 가는 형식적 과정에 주목했다. 이들은 사회화 과정을 일방적 교육이나 단순한 수동적 학습 과정으로 보지 않았다.

쿨리의 영상자아 이론

쿨리(Charles H. Cooley, 1864~1929)는 개인이 사회적 환경 속의 다른 대상들처럼 자신을 대상으로 보는 과정을 통해 자아를 형성해 간다고 보았다. 개인들은 상호작용을 할 때 서로의 몸짓을 해석하게 되고, 이 과정에서 자신의 몸짓이 다른 사람들에게 어떻게 해석되는지 상상하고 평가하게 된다. 그리고 이로부터 자신의 이미지, 자아감정, 태도 등을 끌어낸다.

쿨리는 이처럼 자신에 대한 타인들의 생각이나 판단을 거울삼아 자아 관념을 형성해 가는 자아를 '거울 보는 자아(looking-glass self, 영상자아)'라고 불렀는데, 여기서 거울을 보는 행위는 거울 속의 자신을 타자의 눈으로 평가하는 성찰의 과정이 된다(Cooley, 1983).

미드의 상징적 상호작용 이론

미드(George H. Mead, 1863~1931)는 쿨리의 이론을 비롯한 이전의 상호작용 이론들을 집대성하여 '상징적 상호작용 이론'으로 체계화했다. 그는 사회를 개인들 간의 적응적 상호작용으로 형성되는 조직체로 보았다. 그리고 개인들이 의사소통하며 서로를 이해하는 매체로서 '의미 있는 상징(significant symbol)'을 중요시했다. 상징적 상호작용은 사회적 상황 속에서 개인들이 몸짓(gestures)이나 언어를 통해 의미를 주고받는 행위, 즉 의사소통으로 이루어지며, 이 과정에서 공유된 경험의 세계가 형성된다(미드, 2010).

미드는 사람들이 상호작용 과정에서 자신을 '타자의 시각'으로 보게 된다는 점을 강조한다. 그는 자아를 '자신의 눈으로 바라보는 나'인 주체적 자아(I)와 '타자의 눈으로 바라보는 나'인 대상적 자아(me)로 구분한다. '주체적 자아'가 충동적이고 예측 불가능하며 창의적으로 행동하는 자아라면, '대상적 자아'는 자신의 행위를 대상화하고 그 결과를 성찰하는 자아이다. 여기서 어린아이는 주변 사람들과의 상징적 상호작용 과정에서 자기성찰성을 발달시켜 가는데, 이때 '주체적 자아와 대상적 자아의 통합체'로서 자아가 성숙해 가고 또 인성이 형성된다.

미드는 아이가 성장하면서 부모와 같은 '특별한 타자'가 수행하는 역할을 모방함으로써 형성된 과도한 '자아 이미지(self-image)'가 점차 자신에 대한 안정된 '자아관념(self-conception)'으로 결정화된다고 본다. 여기서 역할 취득을 통한 자아 발달은 몇 가지 단계를 거치게 된다.

의미 없는 흉내나 모방을 넘어서 자아상이 도출될 수 있는 최초의 역할 취득 단계는 '놀이(play)'이다. 놀이는 다른 사람의 역할이 지니는 의미를 어느 정도 이해하고 그 역할을 흉내내면서 노는 단계이다. 어린아이들이 소꿉장난하면서 엄마, 아빠, 아이의 역할을 흉내내는 것이 바로 놀이의 전형적인 방식이다. 이 단계의 한계는 제한된 몇 명의 타자들의 시각만을 생각한다는 점과 단순한 '타자의 역할 취하기'라는 점이다.

두 번째 단계는 '게임(game)'이다. 이 단계에서는 자신이 참여하는 조직된 활동에서 타자들 대부분의 역할을 취할 수 있게 된다. 게임에는 정해진 구성원이 있고, 지켜야 할 규칙이 존재한다. 게임에 참여하는 개인은 규칙을 이해해야 하고, 각 구성원이 어떤 위치에서 어떤 역할과 태도를 취하고, 또 그 속에서 자신은 어떤 역할과 태도를 취해야 하는지를 이해해야 한다.

자아 발달의 마지막 단계는 '일반화된 타자(generalized others)' 또는 '태도들의 공동체'의 역할을 취할 수 있는 단계이다. 게임의 중요성은 개인이 타자의 역할을 취할 때 궁극적으로 '사회적 과정 전체의 통일성을 표상하는 타자'의 역할과 태도를 이해할 수 있게 한다는 데 있다. 이러한 타자가 바로 '일반화된 타자'이다. 이 단계에서 개인은 공동체의 전반적인 관점, 혹은 일반적인 신념, 가치, 규범을 취할 수 있다. 즉, 사회의 일반적인 규범과 가치를 내면화한 일반적인 인간의 역할과 태도를 취하게 되는 것이다.

한편, 미드는 자아의 완전한 발달은 개인이 협동적 사회활동 안에서 행동하는 상황을 통해서만 얻게 된다고 보는데, 여기서도 일반적으로 두 단계를 구분할 수 있다고 본다. 첫 번째는 타자의 특정한 '개인적 태도들'을 취함으로써 구성되는데, 이 시기에는 부모, 가족, 교사 등이 자아정체감 형성에 중요한 역할을 담당하는 '중요한 타자(significant others)'가 된다. 두 번째는 그가 속한 사회집단 전체의 '일반적 태도'를 취함으로써 구성된다. 이 시기에 개인은 한 공동체에 대한 전반적인 전망 혹은 다양한 상호작용 영역에서의 일반적 신념, 가치, 규범 등을 생각할 수 있게 되는데, 이것이 곧 '일반화된 타자'의 표상이다. 물론 이것은 구체적인 타자를 의미하지 않는다. 결국 자아의 발달은 '타자들'의 규모가 점점 커지고 또 역할을 취득하는 능력이 발달하는 과정에서 이루어진다(미드, 2010; 터너, 2001).

뒤르켐과 파슨스의 사회통합 이론

고전사회학자 뒤르켐(Émile Durkheim)은 19세기 초에 분업이 발달하여 전통적 규범의 결속력이 약해진 공업사회에서 새로운 사회통합의 수단으로서 보편적인 규범, 도덕, 가치관의 형성을 위한 사회화, 즉 시민 도덕교육이 필요하다는 점을 강조했다. 그는 분업이 발달한 현대사회에서는 개인주의화가 이루어져 전통적 규범이 약화되는데, 이로 인해 규범이 없는 상태, 즉 아노미(anomie) 현상이 발생하게 되며, 사회통합을 위해서는 과거의 집합주의적 규범과는 다른 새로운 규범이 필요하다고 보았다. 그는 개인주의가 발달한 시대의 새로운 시민 규범으로서 '도덕적 개인주의'를 내세웠고, 시민 도덕교육을 통해 유기적 연대의 형성과 사회통합을 추구하는 것이 사회학자의 중요한 과업임을 역설했다(뒤르켐, 1998; 2012).

뒤르켐의 영향을 받은 미국 사회학자 파슨스(Talcott Parsons)는 사회화가 사회질서를 안정적으로 유지하는 핵심적 기제라고 보았다. 그는 전체사회의 하위체계로서 문화체계의 역할을 강조하는데, '사회화 기제'를 문화유형―가치, 신념, 언어와 여타의 상징―이 인성체계로 내면화되는 과정에서 인성체계의 욕구구조를 제한하는 수단으로 보았다. 사회화는 사회구성원들을 사회가 요구하는 보편적 가치나 규범에 순응하도록 만드는

도덕적 개인주의

도덕적 개인주의는 각 개인의 고유성이 아니라 보편적 인간성에 호소하는 개인주의이며, 그런 인간성의 소유자로서 개인을 존엄하게 바라보는 개인주의이다. 이것의 원동력은 이기주의가 아니라 인간적인 모든 것에 대한 공감, 모든 고통과 인간적 비애에 대한 한층 더 폭넓은 연민, 그리고 그런 것들과 싸우며 그것의 아픔을 덜고자 하는 열정적인 열망, 또한 정의에 대한 큰 목마름이다. 그래서 뒤르켐은 도덕적 개인주의가 '선한 의지를 지닌 모든 인간의 공동체'를 성취하는 길이라고 말한다.

사회화와 문화화

문화는 개인들에게 의식주를 포함하여 사회생활의 적응에 필요한 일련의 생활양식을 제공하고, 가치, 규범, 신앙 등의 관념체계를 통해 사회가 필요로 하는 자아와 인성을 형성하는 기능을 한다. 이처럼 개인이 자신이 속한 사회의 문화를 습득해 가는 과정을 '문화화(culturalization, enculturation)'라고 한다. 그런데 이러한 과정은 '사회화'와 동일한 과정이다. 이런 점에서 문화화와 사회화는 같은 의미를 지닌다고 할 수 있다. 다만 사회화가 사회적 상호작용의 관계와 과정에 주목한다면 문화화는 그 내용에 주목하는 편이다.

과정이 된다. 그래서 파슨스에게서 사회통합 또는 사회질서의 안정적 유지는, 한편으로는 개인이 사회규범을 내면화하여 본능적 욕구를 억제하고 초자아를 획득하게 하는 '사회화 기제'를 통해, 다른 한편으로는 법과 제도를 통해 규범 준수를 강제하는 '사회통제 기제'를 통해 이루어진다(Parsons, 1951).

2) '지배 이데올로기' 습득 과정으로서의 사회화

마르크스의 이데올로기 이론과 사회화

마르크스(Karl Marx)는 사회화가 개인들에게 사회규범을 습득하도록 하여 사회질서를 유지해 나가는 보편적 과정이라는 시각에 근본적인 의문을 제기한다. 그는 도덕, 종교, 규범, 가치관, 세계관 등의 의식 형태를 이데올로기(ideology, 허위의식)로 규정하는데, 이데올로기는 인간의 역사적 생활 과정의 산물이면서 개인들의 물질적 생활 조건을 반영하게 된다고 본다. 그래서 그는 "사회적 존재가 의식을 규정한다"라고 말하고, 개인들의 사회적 존재 조건에 따라 서로 다른 의식이 형성될 수 있다는 점을 강조했다. 예를 들어 자본주의 사회에서 자본가계급은 사유재산(자본)을 소유하고 있기에 자본주의를 옹호하고 정당화하는 의식을 지닌다면, 노동자계급은 자본가계급에 종속되어 노동력을 팔아서 하루하루를 살아가야 하기에 자본주의를 비판하거나 부정하는 의식을 지닐 수 있다(마르크스·엥겔스, 2015).

그런데 중요한 것은 사회적 존재와 의식이 기계적으로 대응하는 것이 아니며, '지배계급의 사상이 지배적인 사상이 된다'라는 점이다. 예를 들어 물질적 생산의 수단(자본)을 지배하는 계급이 정신적 생산의 수단도 지배하기 때문에, 지배계급의 이데올로기, 즉 '지배 이데올로기'를 널리 확산시켜 피지배계급의 비판의식이나 저항의식을 약화할 수 있다는 것이다. 이것은 사회화가 지배계급 또는 지배집단의 규범이나 가치관을 보편적인 것으로 꾸미면서 정당화하는 과정이 될 수 있음을 보여준다. 그래서 지식과 사상을 생산하고 유포하는 수단을 장악하고 있는 지배계급은, 지배 이데올로기를 피지배계급에게 확산시킴으로써 피지배계급이 자신들의 사회적 존재 조건에 어긋나는 전도된 의식이나 환상을 지니도록 만들 수 있게 된다.

마르크스의 시각에서 보면, 사회화는 보편적 사회규범이나 가치를 학습시키는 보편적 과정이 아닌, 계급적 위치에 따라 서로 다른 사회규범이나 가치를 습득하게 되는 과정이다. 그리고 사회화 과정은 이데올로기적 지배를 위한 권력 투쟁의 공간이 되며, 이 과정을 지배하는 계급은 자신의 이데올로기를 보편적 규범이나 가치관으로 보이도록 함으로써 이를 정당화하려고 한다. 그래서 마르크스는 자본주의 사회에서 착취당하는 노동자계급을 비롯한 피지배대중이 지배 이데올로기에서 벗어나도록 해야 한다면서, 이들이 불평등한 자본주의 사회를 변혁하여 계급 없는 사회주의 사회를 건설하는 주체가 되어야 한다고 주장했다. 그리고 이를 위해 이들에게 혁명적 사회주의 이념을 전파해야 한다고 주장했다.

알튀세르의 '지배 이데올로기'

마르크스주의적 관점에서 보면, 사회화 과정은 이데올로기적 지배를 위한 갈등과 투쟁의 과정이기도 하다. 프랑스의 마르크스주의 철학자인 알튀세르(Louis Althusser) 역시 이러한 관점에서 마르크스의 이데올로기 이론을 발전시켰다. 마르크스가 이데올로기를 대체로 물질적인 것과 대조되는 '관념'적이고 '의식'적인 것에 국한했던 것과 달리 알튀세르는 이데올로기가 구체적인 물질적 장치와 실천을 통해 존재한다는 것을 강조했다. 따라서 그는 자본주의적 사회관계가 유지되도록 하는 데 중요한 기능을 하는 것이 국가인데, 국가권력은 경찰이나 군대와 같은 '억압적 국가기구'를 통해서 행사되기도 하지만, 학교나 언론과 같은 이데올로기적 기구들을 통해서도 행사된다고 보았다. 자본주의 사회에서 국가는 자본가계급의 대변자로서 물질적 힘(자본)을 소유한 자본가계급의 이익을 위해 기능하게 되는데, 알튀세르는 학교, 교회, 언론, 대중매체 등 이데올로기를

이데올로기

이데올로기(ideology)는 프랑스의 계몽주의 철학자 드트라시(Antoine D. de Tracy)가 18세기 말에 처음 만든 개념으로 당시에 그는 이데올로기를 관념 또는 정신적 현상을 해명하는 학문을 가리키는 말로 사용했다. 그러나 나폴레옹이 관념에 몰두하는 사람들을 비웃기 위해 '이데올로그(ideologue)'라는 말을 사용함으로써 이데올로기는 새로운 뜻을 얻게 되었다. 대표적으로 마르크스는 이데올로기를 사회 행위자의 계급 위치에 의해 초래되는 '허위의식' 또는 현실에 대한 잘못된 인식을 가리키기 위해 사용했다.

자본주의 사회의 지배 이데올로기

자본주의 시장이 누구나 노력한 만큼 돈을 벌 수 있는 자유로운 경제활동의 장이라는 관념은 자본의 이해를 대변하는 언론이나 대중매체를 통해 유포됨으로써, 피지배계급이 자본주의적 불평등을 정당한 것으로 받아들이게 한다. 또한 교과서에서 자본주의 시장경제를 효율적이고 공정한 경제제도로 규정하고 국가의 개입을 부정적으로 묘사하는 것은 자본주의 질서를 정당화하는 지배 이데올로기의 기능을 한다.

알튀세르는 자본가계급에게 이익을 주는 자본주의적 생산관계의 존속을 보장해 주는 것은 국가권력이며, 국가권력은 국가기구를 통해 행사된다고 본다. 여기서 국가기구란 경찰이나 군대와 같은 '억압적 기구'뿐 아니라 학교, 교회, 언론, 대중매체 같은 '이데올로기적 기구'도 포함한다. 현실적으로 국가권력 재생산은 대부분 이데올로기적 국가기구들이 보증하며, 이 기구들은 피지배계급에게 지배 이데올로기를 내면화시키는 기능을 한다. 이러한 이데올로기적 지배를 통해 자본주의적 생산관계는 계급 적대에도 불구하고 안정적으로 유지된다.

생산하는 기구들 역시 시민사회에 존재하지만 실질적으로 국가권력의 행사에 기여한다는 점에서 '이데올로기적 국가기구들'로 규정한다(알튀세르, 1997).

자본가계급의 이익을 위해 봉사하는 국가권력은 이데올로기적 국가기구들을 통해 자본주의 질서를 유지하는 '지배 이데올로기'를 생산하고 유포하는 기능을 한다. 예를 들어 자본가가 소유하고 있는 언론과 대중매체들은 자본가계급에 유리한 규범이나 가치들 — 사적 소유권, 황금만능주의, 자유시장, 자유경쟁, 최소한의 국가, 자유로운 노동계약 등 — 을 유포함으로써 자본주의적 소유관계와 생산관계를 재생산하고 이데올로기적 지배에 기여한다. 또한 가족이나 학교, 교회에서도 사회질서의 유지, 준법의식, 개인의 책임 등을 가르치면서 기존 질서의 유지에 기능한다. 이처럼 다양한 이데올로기 기구에서 이루어지는 사회화 과정은 피지배계급들이 자신들의 이익에 반하는 의식과 관념을 자연스럽게 내면화하고 기존 질서에 순응하도록 함으로써 결국 기존의 불평등한 자본주의적 사회관계가 유지되는 데 기여하게 된다.

알튀세르의 '이데올로기적 국가기구' 개념은 국가의 범위를 시민사회 영역으로 과도하게 확장하여 시민사회의 자율성을 과소평가할 수 있다는 문제점을 지니지만, 이데올로기적 지배 또는 지배 이데올로기의 학습으로서의 사회화가 경제적 자본과 정치적 권력을 소유한 지배계급의 특수한 이익에 기능하는 과정이라는 점을 잘 보여주고 있다.

호명과 종속적 주체화

알튀세르에 따르면, 사회화 과정은 지배 이데올로기를 통해 개인이 스스로 주체(subject)로 여기도록 만드는 과정이다. 그는 라캉(Jacques Lacan)의 거울단계(mirror stage) 이론을 빌려와서, 개인들이 '상상적 동일시' 속에서 거울 속의 자기 이미지를 통일된 자아-주체로 받아들이듯이 자신이 마치 모든 사건의 생산자이자 원인인 '주체'로 생각하도록 만든다고 본다. 하지만 실제로는 자신이 인식하지 못하는 사회구조(사회관계)의 영향 속에서 특정한 방식으로 사고하고 행동하도록 길러진 존재일 뿐이다.

알튀세르는 이 과정을 호명(interpellation)에 비유하는데, 신이 인간을 호명하여 신의 뜻에 따르도록 만들 듯이, 지배 이데올로기는 개인들을 주체로 호명함으로써 스스로 주체로 생각하도록 만든다는 것이다. 호명은 이데올로기가 작동하는 중심 기제이며, 이데올로기 속에서 개인은 늘 자신을 시민, 노동자, 신자와 같이 특정한 역할을 수행하는 주체로 여기게 된다. 그래서 지배 이데올로기의 호명에 호응하는 개인들은 이를 따르며 실천하는 자발적 주체가 된다. 이것은 결국 주체가 되는 과정이 곧 지배 이데올로기에 복종하는 과정임을 보여주는데, 이런 의미에서 주체화는 '종속적 주체성(subjected subjectivity)'을 형성하는 과정이다.

알튀세르는 개인이 이러한 역설적 상황을 자유로 오인하면서, 스스로 자유로운 주체라고 생각하고 행동하는 것은 사실상 그 자체로 복종이라는 점을 보여준다. 그렇다면 개인들은 시민으로서, 노동자로서, 신자로서 스스로를 주체로 여기며 지배계급이 원하는 법과 규범을 내면화하고, 또 지속적인 강제와 감시가 없어도 자발적으로 복종하는 존재일 뿐인가?

물론 알튀세르는 자본주의 사회 자체의 모순적이고 갈등적인 현실로 인해 지배계급에 의한 피지배계급들의 이데올로기적 포섭이 늘 성공적일 수는 없으며, 이들의 현실적 불만과 저항으로 인해 지배의 균열이 발생할 수밖에 없다는 점을 강조한다. 사회적 모순과 적대는 종속적 주체화 과정에서 긴장과 분열을 발생시키며, 이것은 지배 이데올로기에 대한 비판과 저항을 낳는다. 이에 따라 다양한 '대항 이데올로기들'이 형성되어 이데올로기 투쟁이 발생하게 된다. 이런 점에서 호명과 종속적 주체화를 일방적·종속적 과정으로만 이해하는 것은 적절하지 않다.

현실적으로 개인의 주체화(subjectification)는 양면적 성격을 띠고 있다. 개인들은 사회관계들 속에서 사회규범이나 가치관 등 다양한 이데올로기의 영향을 받으면서도 스스로 능동적 주체로 여긴다는 점에서 기본적으로 '오인하는 존재'일 수밖에 없지만, 제한된 범위에서는 의식적·합리적으로 인식하고 행동하는 능동적 주체이기도 하다. 이런 점에서 사회화는

라캉의 오인 이론

거울단계는 인간 주체의 형성 과정에서 유아기를 설명하기 위한 라캉의 정신분석 이론 개념이다. 이것은 상상계의 패러다임으로서 주체성 형성의 보편적 구조를 보여준다. 6개월 된 영아와 침팬지는 거울에 비친 자신의 모습을 인식하는데, 침팬지는 이에 대해 곧 흥미를 잃지만 영아는 매우 흥미를 보이며 몰두한다. 영아는 자신의 몸과 이미지 사이의 관계를 탐구하려 하며, 거울은 영아가 자아 정체감을 발달시키는 것을 돕는다. 거울에서 주어지는 시각적 정체성은 파편화된 현실 경험(영아는 팔과 다리 등 신체를 자기 뜻대로 사용하지 못한다)에 상상적 통일성(거울 속의 이미지에 대한 영아의 통제력)을 제공한다. 유아기의 거울단계에서 자아(ego)는 주체와 이미지 간의 동일시 과정을 통해 형성된다. 이미지의 통일성(총체성)이 파편화된 자신을 위협하기 때문이다. 따라서 거울단계는 주체와 이미지 사이의 공격적 긴장을 발생시키는데, 이러한 공격적 긴장을 해결하기 위해 주체는 이미지와 자신을 동일시한다. 거울단계는 에고가 오해의 산물이라는 사실을 보여준다(라캉의 용어로는 '오인'). 에고는 주체가 자신으로부터 소외되는 곳이다. 거울단계에서 에고가 형성되는 과정은 동시에 존재의 상징적 결정으로부터 소외되는 과정이다.

'주체화의 양면적 과정'이면서, 이데올로기 투쟁의 장이 된다.

(1856~1939) 독일의 정신분석학
자로, 성적 욕망이 인간의 정신과
정에 미치는 영향에 관심을 두었
다. 대표 저작은 『꿈의 해석(Die
Traumdeutung)』(1900), 『정신
분석입문(Vorlesungen zur Ein-
führung in die Psychoanalyse)』
(1917) 등이 있다.

프로이트의 의식, 전의식, 무의식

프로이트는 인간의 정신생활 영
역에는 의식, 전의식, 무의식이라
는 세 가지 수준이 있다고 보았다.
의식은 대상을 감각하고 식별하
는 정신내용이며, 전의식은 의식
된 것들이 저장되는 저장소로서
언제나 연합하여 의식 위로 떠오
를 수 있는 것이다. 반면에 무의식
은 의식될 수 있는 어떤 것들이 억
압되어 생겨나는 것으로, 정신 내
용의 대부분을 형성하고 있으면
서도 스스로 직접 의식할 수 없고,

3. 사회화와 성격형성

1) 프로이트의 정신분석적 성격형성 이론

성적 억압과 성격형성

19세기 말의 독일 정신분석학자인 프로이트(Sigmund Freud)는 '정신적
인 것은 의식적인 것'이라는 관념에 반대하면서 정신적인 것 중에 '무의식
적인 것'이 큰 부분을 차지하고 있다고 주장했다. 무의식은 주로 어린 시
절의 성적인 억압으로 인해 생겨나는데, 성인에게 흔히 나타나는 신경증
이나 정신병이 바로 이러한 억압의 산물이라는 것이다(프로이트, 2009). 이
러한 시각은 '사람은 어린 시절의 사회화를 통해 성적인 욕구를 제어할 수
있는 규범을 습득함으로써 정신적으로 성숙한 인간으로 성장한다'라는 일
반적인 생각을 뒤집는 것이었다.

이드, 자아, 초자아: 쾌락원칙과 현실원칙

프로이트는 정신생활의 영역들을 형성시키는 인간의 성격구조가 이드
(id), 자아(ego), 초자아(super-ego)로 구성되어 있으며, 이 세 요인이 상호
작용하면서 성격이 형성된다고 보았다. 정신과정에 관한 프로이트의 설
명은 '이드', 특히 성적 본능을 나타내는 힘(에너지)인 리비도(libido)에서
출발한다. 이드란 욕망(desire), 본능(instincts), 충동(drives) 등과 같은 쾌락
추구의 성향을 말하는 것으로, 모든 리비도의 원천이며 자아와 초자아의
바탕을 이루고 있다. '이드'는 '쾌락원칙'에 따라 움직이는데, 쾌락원칙이
란 쾌락만을 추구하며 고통을 회피하려는 경향, 즉 마음이 흥분이나 긴장
을 야기하는 경험에 직면했을 때 일체의 흥분이 축적되는 것을 피하고 가
능한 한 흥분 없는 상태를 유지하고자 하는 경향을 말한다. 그런데 쾌락

원칙에 따른 행동은 주로 반사행위로 나타나고, 이러한 반사행위로 긴장을 해소하지 못할 때 대상물의 영상을 떠올림으로써 긴장을 해소하는 '상상적 만족'에 빠지기 쉽다.

한편, 이러한 상상적 만족으로는 욕구를 충족할 수 없어서 이드를 의식적으로 통제하고 이를 적절한 방향으로 돌려서 현실적인 충족을 얻을 수 있도록 하는 것이 바로 '자아'이다. 자아는 '현실원칙'에 따라 움직이는데, 이것은 현실의 필요성에 따라 쾌락원칙을 변용된 다른 것으로 대치하는 방법을 배워서 현실을 고려하여 쾌락을 실현하고자 하는 것을 말한다. 또한 한 사회의 현실을 구성하는 것 중에는 도덕적·규범적 내용들이 존재하는데, '초자아'란 바로 이러한 사회·문화적 규범이나 가치가 내면화된 것이다. 초자아는 이드와 자아가 사회규범에 맞게 활동하도록 규제하는 힘으로서 부모나 사회로부터 받은 규범교육이 그 중요한 내용이 된다.

심리적 발달 단계

프로이트는 인간의 심리적 발달 과정에서 유아기에 겪은 불만, 억압, 좌절의 경험들, 특히 성적 억압의 경험이 이후의 정신적인 삶에 지속적인 영향을 미치는 중요한 요인이 된다고 말한다. 그는 어린아이도 3세경부터 성생활이 있으며, '리비도 기능'이라고 하는 이 성생활은 미완성의 초기 형태에서 구순기(oral stage), 항문기(anal stage), 음경기(phallic stage)와 같은 서로 다른 일련의 연속적 단계들을 거치게 된다고 본다.

음경기와 오이디푸스 콤플렉스

음경기는 3~6세경의 어린이가 음경(성기)을 만지는 것에서 쾌감을 느끼는 시기이다. 이 시기에는 손가락과 같은 이전의 '자기애적인 대상들'을 버리고 다시 외부에서 사랑의 대상을 찾게 되는데, 최초의 대상은 역시 어머니이다. 여기서 바로 '오이디푸스 콤플렉스(Oedipus Complex)'가 생겨난다. 이 용어는 오이디푸스 왕에 관한 그리스 신화에서 유래한다. 왕은 자기의 아버지를 죽이고 어머니를 아내로 삼을 운명이었는데, 신탁에 의해

사고나 활동에 간접적으로 영향을 끼치게 된다. 프로이트가 『꿈의 해석』에서 밝히고자 한 것은 바로 '무의식'의 존재이다. 그는 꿈이 소망 충족이라고 말하는데, 꿈에서 이러한 충족은 직접 이루어지는 것이 아니라 간접적으로 이루어진다고 본다. 왜냐하면 억압된 것으로서의 무의식적 욕망은 정신적 검열로 인해 항상 왜곡된 형태로 스스로를 드러내기 때문이다.

구순기

리비도의 지향대상이 입으로 집중되어 있는 단계로, 손가락이나 다른 사물들을 입으로 빨아들임으로써 쾌락을 느끼는 단계를 말한다.

항문기

리비도의 지향대상이 항문으로 집중되어 있는 단계로, 항문 괄약근의 조절을 통해 쾌락을 느끼는 단계를 말한다. 이 단계에서 어린아이의 배변훈련이 이루어진다.

프로이트에 따르면, 사람의 성격
형성은 자아가 이드의 '쾌락원칙'
과 초자아의 권위적 힘 사이에서
초자아가 승인하는 범위로 이드를
의식적으로 통제하면서 '현실원
칙'에 따라 욕구를 충족하는 과정
을 통해 형성된다. 여기서 유아기
의 경험, 특히 여러 긴장을 해소하
는 과정에서 중요한 성격이 형성된
다. 이러한 긴장 해소의 중요한 방
식이 바로 동일시(identification)
로, 이것은 자아 형성의 대표적 기
제이다. 동일시는 일종의 모방으
로, 한 개인이 다른 사람을 믿고 좋
아하고 본받아서 그 사람의 특성
을 받아들여 자신의 일부로 만드
는 과정을 말한다. 이는 좋아하는
사람의 행동을 무의식적으로 모
방하면서 자신의 긴장을 해소해
가는 일종의 학습 과정이다. 어린
이에게 중요한 동일시 대상은 부
모이기 때문에 부모는 어린이의
성격형성에 결정적인 영향을 미
친다('중요한 타자'). 물론 동일시
의 대상은 사람뿐만 아니라 자연
적·동물적 대상, 사회제도, 상상
적·추상적 특성, 관념 등 다양하
며, 일생 동안 누적되는 동일시의
내용은 개인 성격의 중요한 부분
이 된다(김성태, 1990).

예언된 이 숙명을 피하려고 갖은 애를 썼지만, 자신도 모르는 사이에 두 가지 죄를 다 범했음을 알게 되자 자책하면서 자신의 눈을 멀게 했다고 한다. 이처럼 남자아이는 어머니를 사랑의 대상으로 삼고자 하는데, 자기의 흉악한 욕망을 무의식 속으로 억압해 버리고 자기에게는 이미 그런 욕망에 대한 책임이 없다고 말하고 싶을지 모르나 결국 그는 어쩔 수 없는 죄책감을 느끼게 된다는 것이다. 이러한 복합적인 심리상태를 우리는 '오이디푸스 콤플렉스'라 부른다. 한편, 여자아이에게서 발생하는 반대의 현상은 '엘렉트라 콤플렉스(Electra Complex)'라고 한다.

이런 심리상태에서 남자아이는 어머니에 대한 경쟁자로서 아버지를 증오하면서도, 아버지가 자신의 마음을 눈치채고 거세할지도 모른다고 두려워한다. 이러한 거세공포로 인해 남자아이는 어머니에 대한 성적인 관심을 포기하거나 억제하고 대신 자신을 아버지와 동일시하게 된다. 이렇게 하여 부모와의 새로운 관계가 형성되고 오이디푸스 콤플렉스 또한 점차 사라진다. 하지만 이러한 과정을 원만하게 넘기지 못하게 되면, 이상심리, 신경증 등 다양한 심리적·정서적 장애가 발생하기도 한다.

잠재기와 성기기

6~11세경은 잠재기(latency)로서, 성적인 발달이 정지되거나 퇴보되며, 성적인 힘도 잠재적인 상태에 놓인다. 그래서 이드는 약하고 자아와 초자아가 강력해지는 시기인데, 부모에 대한 성적인 관심이 애정, 존경, 헌신으로 바뀌면서 또래나 친구들이 동일시의 주요 대상이 되어 이들로부터 큰 영향을 받는다.

한편, 모든 성적 부분 본능들이 성기의 위력에 종속되고, 이와 함께 모든 성욕이 생식기능에 쓰이게 되면서 성적인 발달의 전환이 일어난다. 사춘기에 접어들면서 시작되는 이러한 단계는 성기기(genital stage)라고 불린다. 사춘기는 성적인 성숙이 이루어지는 과정이며, 이때 이드와 자아 간의 갈등이 심화된다. 그런 가운데 점차 자신의 리비도를 부모가 아닌 외부의 새로운 대상에 전이시키게 된다. 이렇게 하여 사춘기 청소년들은 서서히 성적으로 성숙한 성인으로 커가면서 적절한 성생활을 영위할 수 있게 된다.

프로이트 정신분석 이론의 사회학적 함의

프로이트의 정신분석 이론은 기본적으로 심리학 이론이지만, 인간의 성격형성이 한 사회의 성적 억압의 특성, 즉 성적 본능과 사회적 규범 간의 상호작용의 특성에 영향을 받는다는 것을 보여주는 점에서 사회학적 함의를 지닌다. 가족관계를 중심으로 한 사회관계들 속에서 개인이 성 규범을 수용하면서 욕망으로 인한 심리적 긴장과 갈등을 해소해 가는 방식에 따라, 심리적·정서적 만족감을 느낄 수도 있고 욕구불만을 느낄 수도 있다. 이것은 어린 시절 성적 억압의 상처(trauma)가 자아에 각인되어 성인이 되어서도 심리적 긴장과 갈등으로 표출되기 때문에, 사회화를 단순히 사회규범의 습득에 의한 정신적 성숙 과정으로만 그릴 수 없다는 점을 보여준다.

한 사회에서 개인들이 얼마나 욕망을 충족하거나 승화해 심리적·정신적 안정감을 느낄 수 있게 되는지는, 단순히 개인적인 심리적 과정에 따라 정해지는 것이 아니라 한 사회의 성 규범의 특성이나 욕망을 충족해 주는 사회제도나 문화의 특성에 영향을 받는다. 말하자면 한 사회의 성 규범이 얼마나 억압적인가에 따라 사람들 사이에서 발생하는 이상심리, 신경증 등 심리적·정서적 장애의 형태와 그 빈도가 달라질 수 있는 것이다. 그래서 마르쿠제(Herbert Marcuse)는 성 해방을 사회 해방의 중요한 부분으로 생각하면서, 자본주의 사회에서 상업적으로 조작된 욕망에 인간을 예속시키는 상품화된 성 해방이 아닌 진정한 성 해방으로 예속에서 벗어나야 한다고 보았다(마르쿠제, 2004).

프로이트의 이론을 성욕에 한정되지 않는 욕망에 대한 일반이론으로 해석한다면, 한 사회에서 욕망에 대한 사회적 억압이나 충족의 정도에 따라 그 사회의 구성원들의 정신적·심리적 만족의 정도가 달라진다고 볼 수 있다. 개인들의 다양한 욕망을 통제하거나 충족시켜 주는 문화나 사회제도들의 특성에 따라, 한 사회의 사회화 내용과 이에 따라 형성되는 개인들의 성격이 좀 더 억압적으로 변하거나 해방적으로 변할 수 있다.

2) 프롬의 '사회적 성격' 이론

사회적 존재가 의식을 결정한다고 할 때, 사람들이 비슷한 처지에 놓여 있거나, 비슷한 집단에 소속되어 있거나, 비슷한 역사적 경험을 공유하는 것 등은 사회적 존재 조건을 구성하는 중요한 부분들이다. 사람들은 일반적으로 특정한 국민, 종족, 계급, 지역 등에 속하게 되는데, 이렇게 공통의 사회적 위치에 따라 공유하는 성격을 국민성(민족성), 종족성, 계급성, 지역성 등으로 부른다. 그리고 유럽의 '68세대', 한국의 '민주화 세대'와 같이 사회·역사적 경험을 공유하는 사람들을 특정 세대 집단으로 규정하면서, 이들이 공유하는 사회적 성격에 주목하기도 한다. 독일 사회심리학자 프롬(Erich Fromm)은 특정 세대, 특정 집단의 사회적·역사적 경험의 유사성이 동일한 성격을 지니도록 하는 중요한 조건이 된다고 보았다. 그는 프로이트의 정신분석 이론과 달리 인간 행위의 동기를 좀 더 사회적인 요인에서 찾는다.

프롬의 '사회적 성격' 이론

제1차 세계대전 이후 독일에서 발흥한 나치즘(Nazism)은 극단적 민족주의와 제국주의적 지배욕을 부추기면서 대중적인 지지를 넓혀갔다. 나치에 대한 지지는 특히 중간계급 하층에서 강하게 나타났는데, 당시 노동자계급을 비롯한 하층계급들에서 사회당이나 공산당의 영향력이 강했던 상황에서, 이들의 나치 지지 성향은 객관적인 경제적 위치에 비추어 다소 의외의 것이었다. 그래서 나치의 탄압을 피해 미국으로 망명한 프롬은 1941년 『자유로부터의 도피(Escape from Freedom)』를 통해 '왜 중간계급 하층은 나치즘을 열렬히 지지하게 되었는가?' 하는 문제를 해명하고자 했다. 이를 위해 그는 '사회적 성격' 개념을 도입했다. 그는 기본적으로 마르크스

나치즘

독일에서 발흥한 보수반동적인 이념으로서, 일명 '민족적 사회주의' 또는 '국가주의적 사회주의'라고 불린다. 나치즘은 반민주주의, 반자유주의, 반마르크스주의를 내세우면서 민족적 전체주의와 게르만 민족의 인종적 우월주의를 주장했다. 나치(Nazi)라는 이름은 1919년에 결성하여 1933년부터 1945년까지 히틀러와 함께 독일을 지배했던 '국가사회주의독일노동자당(nationalsozialistische Deutsche Arbeiterpartei)'의 당명에서 유래한다.
히틀러와 나치당은 군국주의, 국가주의, 권위주의에 기초한 통치를 하면서 중간계급을 지지기반으로 끌어들였으며, 인종적 우월주의에 기초하여 유대인을 열등하고 해악적인 인종으로 몰아 억압과 학살을 자행했다.

주의적 관점에 서 있으면서도 프로이트의 정신분석 이론을 받아들여, 사회화 과정을 통해 형성된 특정한 계급이나 집단의 사회적 성격이 행위의 중요한 심리적 요인이 된다는 점을 강조했다. 즉, 객관적인 경제적·계급적 위치나 이를 반영하는 이데올로기만으로는 해명될 수 없는 인간의 심리적인 요인들을 포착하고자 한 것이다(프롬, 2022).

사회적 성격은 인간의 본성을 사회구조에 능동적으로 적응시킴으로써 발생한다. 사회구조적 조건이 변화하면, 새로운 욕구와 불안을 발생시켜 사회적 성격의 변화를 낳는다. 이들 새로운 욕구는 새로운 이데올로기들을 낳거나, 사람들이 새로운 이데올로기들의 영향을 받기 쉽게 만든다. 또 역으로 이들 새로운 이데올로기는 새로운 사회적 성격을 고정하고 강화하면서 사람의 행동 결정에 영향을 미치게 된다. 이 과정에서 형성되는 사회적 성격은 단순히 사회적 조건에 대한 수동적 수용의 산물이 아니라 능동적 적응의 산물이다.

프롬은 제1차 세계대전 이후 독일의 사회적·경제적 변화, 특히 구중간계급의 쇠퇴와 독점자본주의 세력의 증대가 민중들에게 심각한 심리적 영향을 미쳤다고 보았다. 산업의 독점적인 단계에서 개체화되어 가는 현대인들이 무력감, 고독감, 불안과 동요를 느끼게 되었다는 것이다. 특히 소상인과 같은 구중간계급은 새로운 경제적 조건이 생겨나고 있었지만 이에 대한 성격구조의 적응은 지체되었는데, 그들은 여전히 검소함이나 조심성 같은 전통적인 성격을 지니고 있었다.

나치즘은 이러한 중산계급 하층의 사회적 성격을 심리적으로 동원하여 독일제국주의의 경제적·정치적 목적을 위한 투쟁의 힘으로 전환시켰다. 여기서 중간계급 하층의 사회적 성격이 바로 '권위주의'였다. 권위주의적 성격의 본질은 사디즘(sadism)적인 충동과 마조히즘(masochism)적인 충동이 공존하는 것인데, 사디즘은 다른 사람을 지배하는, 다소 파괴성이 혼합된 무한한 권력을 목표로 하며, 마조히즘은 자기 자신을 압도적으로 강한 권력 속에 종속시켜 그것의 힘과 영광에 참여하는 것을 목적으로 삼는다.

프롬은 사회적 성격을 계급이나 집단의 공통된 경험이나 삶의 양식과

구중간계급

구중간계급은 흔히 화이트칼라라고 불리는 신중간계급과 구분되는 전통적인 중간계급을 말한다. 구중간계급은 자신의 자본을 소유하고 있다는 점에서 자본가적 특성을 지니지만, 자신의 노동력을 투입하지 않으면 생산을 할 수 없다는 점에서 노동자적 특성도 지닌다. 이처럼 자본가계급과 노동자계급의 중간적 위치에 있는 전통적인 중간계급을 구중간계급이라고 한다. 흔히 자영업자라고 분류되는 사람들이 구중간계급의 전형적인 부류라고 할 수 있다.

사디즘과 마조히즘

사디즘은 성적 대상에게 육체적·정신적 고통을 줌으로써 성적 쾌락을 느끼는 이상성욕을 말하는 것으로, 가학적 소설로 유명한 프랑스 소설가 사드(Donatien Sade)의 이름에서 따온 말이다.
마조히즘은 사디즘과 반대로 성적 대상에게서 정신적·육체적 학대를 받는 데서 성적 쾌감을 느끼는 이상성욕을 말하는 것으로, 이러한 성향의 인물을 소설로 그려낸 자허-마조흐(Leopold von Sacher-Masoch)의 이름에서 따왔다.
사디즘과 마조히즘은 각각 가학성욕 도착증(가학성애)과 피학대성욕 도착증(피학성애) 등으로 번역된다.

연결시키고 있는데, 말하자면 사회적 위치의 유사성이 사회화 내용 및 방식의 유사성으로 이어져 사회적 성격으로 형성된다는 것이다. 사회화를 통한 사회적 성격형성에서 중요한 주체는 가족과 교육체계인데, 프롬 역시 이것들에 주목한다. 가족 내에서 부모는 한 사회나 계급의 사회적 성격을 대변하며, 자신들의 심리적인 성향이나 사회적 정신이라고 불릴 수 있는 것들을 어린아이들에게 전달한다. 그리고 교육체계는 그 사회의 사회적·경제적 요구에 부응하여 사회적 욕구를 개인의 성격으로 변형시키는 수단이 된다.

물론 사람들은 한 사회의 경제적·사회적 구조의 필요나 요구에 무한히 순응하고 적응할 수 있는 것은 아니며, 어떤 심리적인 욕구가 좌절되어 불만을 느끼게 되면 반발하거나 저항하기도 한다. 특히 사람들은 역사적 과정을 통해 발달시켜 온 가능성을 더욱 성장·발달시키고 실현하려는 경향이 있는데, 이러한 경향은 억압되고 좌절될 수 있으나, 파괴적인 충동을 형성하는 것과 같은 새로운 반작용을 초래하기도 한다. 그래서 프롬은 성격의 발달이 삶의 기본적 존재 조건에 의해 형성되지만, 생물학적으로 고정된 인간의 본성은 없으며, 인간의 본성은 사회진보의 과정에서 능동적인 요인을 만들어가는 고유의 역학을 가진다고 본다.

3) 사회화와 주체적 자아의 형성

사회화는 어린아이가 사회규범, 가치관, 생활 규칙 등을 포괄하는 문화의 학습을 통해 자아와 인성, 사회적 성격을 형성해 가는 과정이다. 자아는 의지와 감정의 통일된 중심으로서 스스로 주체라고 느끼게 되는 근거인데, 이러한 주체적 자아의 형성에는 인간관계 속에서 작용하는 정신적 요인으로서 이드와 초자아(프로이트), 사회관계 속에서 형성되는 이데올로기(알튀세르) 등 다양한 심리적·사회적 요인들 또는 사회적 존재 조건들이 영향을 미치게 된다. 따라서 사회화는 사회관계 속에서 자아-주체의 개인적 인성, 사회적 성격, 이데올로기(의식)가 형성되는 복합적 과정이 된다.

4. 사회화와 사회적 상호작용

사회화는 다른 사람들과의 소통과 교류, 즉 사회적 상호작용을 통해 이루어진다. 이 과정에서 사람들은 사회규범, 가치관, 행동 규칙 등 일상을 살아가는 다양한 생활양식과 태도를 습득하게 된다. 이들 중에서 중요한 것은 자신이 차지하고 있는 사회적 지위들과 또 이것들에 부여된 역할을 이해하고 또 수행하는 일이다.

1) 사회적 상호작용

사회적 행위와 상호작용

두 사람이 함께 있으면 각자의 움직임은 거의 불가피하게 서로에게 영향을 준다. 그 행위는 길을 묻는 것과 같이 의도적일 수도 있고, 엘리베이터 안에서 다른 사람의 시선을 피해 바닥이나 벽을 쳐다보면서 내릴 곳을 기다리는 것과 같이 비의도적이거나 무의식적인 것일 수도 있다. 심지어는 아무런 동작도 하지 않는 것이 다른 사람에게 영향을 줄 수도 있다. 베버(Max Weber)는 이처럼 어떤 사람이 다른 사람에게 직간접적으로 영향을 미치면서 사회적 의미를 내포하게 되는 동작을 '사회적 행위(social action)'라고 불렀다(베버, 2011). 이때 '행위'는 '행태(behavior)'나 '행동'이라고 부르기도 하는데, '행위'가 행위자의 의도나 의미를 중요시하는 용어라면, '행태'나 '행동'은 단순한 신체의 움직임을 묘사하는 용어에 가깝다.

어떤 사람의 행위가 다른 사람에게 일방적인 영향을 미치기도 하지만, 일반적으로는 둘 이상의 사람들이 서로에게 영향을 미치는 행위를 하게 된다. 이렇게 사람들이 서로 행위를 통해 영향을 주고받는 것을 '사회적 상호작용(social interaction)'이라고 한다. 미드의 상징적 상호작용 이론은 사람들의 일반적인 사회적 상호작용이 대부분 언어, 기호, 몸짓 등 상징을 매개로 이루어진다는 점을 보여줌을 강조했다.

시민적 무관심과 일상적 권력

오늘날 도시화, 교통·통신의 발달 등으로 사람들은 활동 범위가 넓어져, 일상적으로 의도하지 않게 많은 사람과 마주치며 살아가게 된다. 낯선 사람들과 우연히 마주치거나 서로 스쳐 지나가며 눈을 마주치게 되는 때에는, 곧바로 서로의 눈길을 피하거나 무시하는 경우가 많다. 미국의 사회학자 고프먼은 이것을 '시민적 무관심(civil inattention)'이라고 부른다. 이것은 상대방에게 아무런 관심도 적대감도 없다는 것을 보여주는 행위이다(Goffman, 1963).

일반적으로 농촌이나 소도시에서 생활하는 사람들은 낯선 사람과 만나더라도 인사를 나누거나 친근감을 표시하는 경우가 많다. 반면에 대도시로 갈수록 익명성이 커져 서로 모른 척하는 경우가 많다. 이것은 공간의 특성에 따라 상대방에 대한 친근감이나 경계심을 느끼는 정도에 차이가 생기기 때문으로 설명할 수 있다.

그런데 여기에는 나라마다의 차이도 존재한다. 미국인들은 농촌이든 도시든 낯선 사람들끼리도 서로 간단히 인사를 주고받는 경우가 많다. 반면에 한국인들은 대부분 서로 모른 척하려는 경향이 강하다. 미국 사회는 개척시대에 소유권 경쟁이나 노예제도에 따른 인종갈등 등으로 다툼이나 총기사고가 빈발했던 불안한 사회여서, 처음 만나는 사람들도 상대방에게 신뢰를 보여주기 위해서 서로 인사를 나누는 관습이 생겼다는 해석도 있다. 그렇지만 유럽 사람들도 평균적으로 서로 가볍게 인사를 주고받는 경우가 많다는 점에서, 서양인들이 한국인들에 비해 서로 친근감을 표시하는 문화가 발달했다는 점은 분명하다.

서양인들은 대체로 인간관계가 수평적이고 자유로우며 개방적인 데 비해, 한국인들은 일상적으로 나이나 직업 등에 따른 지위 서열을 따지며 예의를 기대하는 문화가 강하여, 친근감보다는 경계심이 더 우세한 경향이 있다. 그래서 한국인들의 경우 시민적 무관심이 경계심과 중첩된 경우가 상대적으로 많다. 위 서열의 사람이 아래 서열의 사람에게 권위주의적 태도를 보이거나 복종적 행위를 강요하는 이른바 '갑질'이 사회적 논란거리가 되고 있다는 점도, 시민적 무관심에서 경계심이나 배타심이 더 강해지도록 하는 요인이 되고 있다. 이것은 사람들이 서로 편안하게 인사를 나누고 관심을 표현하는 것을 어렵게 하는 심리적 제약요인이 된다.

한편, 시민적 무관심과 달리 어떤 경우에는 낯선 사람에 대해 응시하거나 냉정한 표정을 드러내기도 하는데, 이것은 상대방에 대한 일종의 권력행사로 해석될 수 있다. 인종차별 의식이나 성차별 의식이 있는 사람들은 다른 인종이나 다른 성에 대해서 적대적인 감정을 드러내거나 심지어 폭력 등 차별행위를 가하기도 한다. 이것은 이러한 감정표현을 당연시하는 일상적 권력관계가 암묵적으로 존재하는 것을 보여준다.

2) 사회적 지위와 역할

지위와 역할의 정의

사람들은 일상적으로 다양한 사회관계, 사회집단에 속해 있다. 그들 중에는 일상에서 감지하기 어려운 거시적이고 추상적인 것들도 있고, 일상적으로 느끼는 미시적이고 구체적인 것들도 있다. 개인은 세계자본주의 시장관계의 일원이자 국제연합의 국제정치 관계의 구성원이기도 하지만, 이런 관계 속의 자신의 위치에 대해서는 일상적으로 감지하지 못한다. 하지만 가족관계나 친구관계의 일원이거나, 학교의 학생이거나, 인터넷 판매점의 소비자 회원이라는 사회적 위치는 일상적으로 인지한다. 이처럼 사람들은 일반적으로 직간접적인 다양한 사회관계나 사회집단에 연루되어 있으며, 원하든 원하지 않든 이들 관계나 집단 속에서 특정한 위치를 차지하며 살아가게 된다. 그래서 사회적 상호작용 역시 어떤 경우에는 직접적이고 구체적일 수도 있고, 또 어떤 경우에는 간접적이고 추상적일 수도 있다.

다양한 사회관계나 사회집단 속에서 개인은 복수의 사회적 위치에 놓이게 되는데, 이러한 위치들은 부, 권력, 혈연, 우정, 사랑 등과 같은 자원이나 매체들이 어떻게 분배되거나 공유되느냐에 따라 수평적·수직적으로 구성되어 있다. 이처럼 어떤 집단이나 사회관계 속에서 개인이 자리하고 있는 위치를 '사회적 지위(social status)' 또는 '지위'라고 부르며, 각각의 지위에 따라 사회적으로 부여되는 행위를 '사회적 역할(social role)' 또는 '역할'이라고 말한다. 파슨스는 '지위-역할 복합체'를 사회체계의 기본단위라고 보면서, 사회체계 내의 구조적 위치를 '지위'로, 행위자가 그 위치에서 하는 일을 '역할'로 규정했다(Parsons, 1951).

사회적 지위는 '○○회사 사람', '○○동호회 회원', '○○나라 사람' 등과 같은 어떤 집단이나 사회에의 소속에 따른 지위, 대표, 사장, 부장, 과장, 일반 직원 등 조직에서의 서열에 따른 지위, 부부, 애인, 친구, 스승과제자, 의사와 환자 등과 같은 인간관계에서의 위치에 따른 지위 등 다양한형태를 띤다. 이런 의미에서 '지위' 개념은 반드시 상하관계를 내포하고 있는 것은 아니다. 그렇지만 일상적으로는 상하관계를 내포하는 말로 많이 사용된다. 한편, 사회적 지위에는 일반적으로 사회적 역할이 부여된다. 예를 들어 부모와 자녀, 교사와 학생, 경영자와 노동자 등은 지위에 따라 사회적으로 각각 다른 역할들이 부여된다.

역할 기대, 역할 수행, 역할 갈등

일반적으로 특정 지위에는 특정 역할이 부여되어 있지만, 이것은 사회마다 다를 수 있고 또 시대에 따라 달라질 수 있다. 이것은 사람들이 그 지위에 자리한 사람들에게 수행하기를 기대하는 바가 달라질 수 있음을 의미한다. 이처럼 특정 사회가 가지고 있는 사회규범이나 규칙에 따라 일반적으로 특정한 지위에 대해 특정한 역할을 하도록 기대하게 되는데, 이것을 '역할 기대(role expectation)'라 한다. 그리고 실제로 그 지위에 부여된역할을 하는 것을 '역할 수행(role performance)'이라고 한다(터너, 2019).

한편 같은 역할을 맡은 경우에도, 사람마다 역할 기대에 부응하는 역할수행을 이루지 못하는 경우도 존재한다. 즉, 같은 역할을 수행하는 경우에도 사람의 능력이나 성향에 따라 어떤 사람은 긍정적 평가를 듣고, 또어떤 사람은 부정적 평가를 듣는다. 이러한 차이는 개인에게 불만이나 긴장을 유발할 수 있다. 여기에는 역할 기대를 충족시킬 수 있는 역할 수행의 객관적 여건이 불충분하다거나, 사회적 역할 기대가 과도하다거나, 역할 기대를 충족할 수 있는 개인의 능력이나 성향에 차이가 있다거나 하는 다양한 사회적·개인적 요인이 영향을 받을 수 있다.

한편, 지위와 역할의 관계도 늘 일관되고 안정적인 모습을 지니는 것은 아니다. 사람들이 다양한 사회적 지위들을 가지고 있고, 또 이에 따라 다양한 사회적 역할을 행하다 보면, 지위와 역할 사이에 또는 역할들 사이에 모순과 불일치가 나타나고 이에 따른 갈등이나 긴장이 생겨날 수 있다.

한 개인이 둘 이상의 지위를 차지하고 있을 때, 각각의 지위에 따라 기대되는 역할이 서로 모순될 수 있는데, 이에 따라 생겨나는 심리적 갈등을 '역할 갈등(role conflict)'이라 한다. 예를 들어 어떤 경찰이 교통 규칙을 위반한 아버지를 단속해야 하는 상황을 마주하게 되면, 경찰의 역할과 자녀의 역할 사이에서 갈등이 생겨난다.

어떤 지위에 대한 역할 기대는 사회나 시대에 따라 달라질 수 있으며, 이에 따라 한 개인이 차지한 하나의 지위에 대해 존재하는 역할 기대가 서로 어긋날 수 있는데, 이때 개인이 느끼게 되는 긴장을 '역할 긴장(role strain)'이라고 한다. 예를 들어 어떤 회사원이 출장을 가서 동료들로부터 일은 적당히 하고 주변 관광이나 하자는 요청을 받았을 때, 이 회사원은 '성실한 회사원'이라는 역할과 '의리 있는 동료'라는 역할 사이에서 긴장과 스트레스를 느낄 수 있다.

지위 불일치

현대사회에서 개인들은 다양한 사회적 지위를 지니고 있을 뿐만 아니라 하나의 지위가 여러 기준에 따라 평가되기도 한다. 그래서 동일한 사회적 위치(social position)라 하더라도 사회적 지위가 높다고 평가되기도 하고 낮다고 평가되기도 한다. 예를 들어 부동산업자는 경제적 소득수준은 높지만 사회적 위신(prestige) 또는 명예는 낮다. 반면에 교사는 사회적 위신은 높지만 소득수준은 그리 높지 않다. 그리고 국회의원은 정치권력

영화 〈모가디슈〉와 역할 갈등

영화 〈모가디슈〉는 1991년 소말리아 내전이 발생했을 때 한국과 북한의 대사관 공관원들이 고립된 상황에서 함께 수도 모가디슈에서 탈출했던 사건을 소재로 삼아 제작된 영화이다. 여기서 한국 대사와 공관원들은, 북한과 외교적 대립관계에 놓여 있는 한국 국민으로서의 지위와, 같은 민족의 구성원이자 전쟁을 피해 탈출을 해야 하는 공동운명에 처한 피난민으로서의 지위 사이에서 갈등을 겪는다.

1991년은 북핵 문제를 둘러싸고 남북 간의 군사적·외교적 갈등이 지속되던 시기로서, 북한의 외교관들과 협력관계를 맺는 것은 쉽지 않은 선택이었다. 하지만 공동의 위기 상황에서 남한 외교관들이 북한 외교관들을 돕는 데 적극적인 역할을 함으로써 남북관계의 개선에 간접적인 영향을 미쳤다. 이 과정에서 한국 대사와 외교관들은 서로 다른 지위와 이에 따른 역할들이 모순되는 상황에서 심리적 갈등을 겪게 되었는데, 이것이 곧 역할 갈등이다.

을 많이 가지고 있고 소득수준도 높은 편이지만, 부정부패와 불신 등으로 인해 사회적 위신은 그리 높지 않다. 이처럼 한 사람의 사회적 지위들이 평가 영역과 기준에 따라 서로 다른 수준으로 평가받게 되는 상황을 '지위 불일치(status inconsistency)'라고 한다(Lenski, 1956). 지위 불일치에 따라 사람들은 자신의 지위에 대해 불만과 스트레스를 느낄 수도 있고, 오히려 지위 불일치에도 불구하고 만족과 보람을 느낄 수도 있다.

지위, 역할과 사회화

어린아이의 신체적·정신적 성장과 성숙 과정에서 이루어지는 사회화는, 개인이 다양한 사회적 지위를 취득해 감에 따라 적절한 사회적 역할을 할 수 있도록 가르치게 된다. 이러한 사회화는 개인들이 인간관계 또는 사회관계 속에서 다른 사람들과 상호작용하면서 사회적으로 인정된 규칙과 규범을 따르도록 하는 과정이 된다.

사회의 다양한 지위와 역할 체계에는 권력관계, 지배와 저항의 관계가 내포되어 있다. 그래서 지위-역할 체계를 유지하기 위한 사회규범이나 규칙은 특정한 가치관이나 이데올로기를 수반하게 되며, 이 과정에서 가치 갈등이나 이데올로기 갈등이 생겨난다. 예를 들어 성차별이 심했던 시대에 가사노동은 여성들의 역할로 기대되었지만, 양성평등 의식이 확산하면서 점차 남녀 모두의 역할로 여겨지게 되었다. 전통사회에서 장남에게 기대했던 역할들은 개인화된 현대사회에서 더 이상 유지하기 힘들게 되었다. 또한 기업조직에서 상급자가 하급자에게 일방적으로 명령하고 지시하던 권위주의적·서열적인 기업문화는 젊은 세대의 불만과 저항으로 변하지 않을 수 없게 되었다.

이것은 사회화가 결코 일방적인 역할 기대와 역할 수행의 강요라는 방식으로 이루어지지 않으며, 다양한 인성, 가치관, 이데올로기를 지닌 사람들 사이의 상호작용 속에서 지위와 역할 간의 관계를 변화시키고 나아가 사회규범이나 규칙을 바꾸는 과정이기도 함을 말해준다. 이런 과정을 거치면서 개인의 역할 긴장이나 역할 갈등은 심해지거나 해소될 수 있다.

시대에 따라, 사회에 따라 특정 지위에 기대하는 사회적 역할이 변하거나 다양해질 수 있듯이, 지위의 성격 자체도 역사적으로 변화한다. 마르크스는 서양의 역사가 고대 노예제 사회에서 중세 봉건제 사회로, 또 현대 자본주의 사회로 변해왔는데, 이 역사적 과정에서 신분으로부터 해방이 이루어졌다고 보았다. 주인과 노예, 영주와 농노의 관계에서 지위는 세습되어 쉽게 바꿀 수 없었다. 하지만 부르주아혁명을 통해 신분 해방이 이루어지면서 부르주아지와 프롤레타리아트, 자본가계급과 노동자계급은 정치적 자유를 획득하고 자유로운 계약관계를 형성하게 되었다.

베버 역시 이러한 역사적 과정을 합리화로 설명하고자 했다. 신분에 종속되어 있던 전통적·비합리적 관계가, 법에 의거해 자유와 평등을 보장받는 합리적 관계로 전환되었다는 것이다. 이것은 지위의 성격이 역사의 흐름에 따라 변해왔음을 보여주는 것이다.

인류학자 린턴(Ralph Linton)은 이러한 지위의 성격 차이를 개념적으로 구분하기 위해 '귀속지위'와 '성취지위' 개념을 도입했다. '귀속지위'는 개인이 자유의지에 따라 성취하거나 선택할 수 없는 지위를 말하며, 성취지위는 개인의 자유의지, 능력과 노력에 따라 성취할 수 있는 지위를 말한다. 예를 들어 학력, 직업, 직위처럼 본인의 의지나 노력을 통해 얻게 되는 지위들은 성취지위라고 할 수 있으며, 성별, 세대(나이), 가족, 출신 지역, 국적처럼 본인의 의지나 노력과 상관없이 주어지거나 속하게 되는 지위들은 귀속지위라고 할 수 있다(Foladare, 1969).

한편, 파슨스는 린턴의 지위 구분에 의거하여 현대사회의 역할 관계 속에서 개인이 지향하는 대상의 성격에 따라 행위의 유형을 '성취 대 귀속'으로 대비시켜 볼 수 있다고 했다. 개인은 성취지위를 중요하게 여길 수도 있고 귀속지위를 중요하게 여길 수도 있다는 것이다. 그런데 현실적으로 많은 지위들은 두 가지 성격이 융합되어 있어서 엄격하게 구분되기 힘든 경우가 많다. 종교처럼 어린 시절에는 귀속지위처럼 여겨지던 것이 성장해 가면서 성취지위로 바뀔 수 있다. 오늘날 국적이나 성별도 비슷한 성격을 지니고 있다. 따라서 지위의 분류에서 중요한 점은 시간적·공간적 맥락에 따라 변화할 수 있다는 점을 이해하는 것이다.

역사적 맥락에서 보면, 전통사회에서 신분은 대표적인 귀속지위였다. 지배 신분은 지배를 유지하기 위해 신분 변동을 엄격히 제한했으며, 피지배 신분의 노동력을 착취하기 위해 궁극적으로는 물리적 강제력을 동원했다. 과거 조선시대 반상(班常)제도와 같은 신분제도의 사례에서도 왕족, 양반, 평민, 천민, 노비 등의 신분은 세습되었고 각자의 신분에 요구되는 역할은 강요되었다. 인도의 카스트(caste) 제도의 경우, 혈통에 따라 정해진 직업에만 종사하도록 했는데, 이것이 네 신분을 구별하여 직업을 세습하도록 하고 신분들 사이에 결혼 등의 교류를 제한함으로써 신분 차별을 유지하는 신분제도로 정착되었다.

전통적인 신분사회에서는 귀속지위가 개인들의 운명을 크게 좌우했다. 하지만 현대사회로 오면서 신분의 제약이 사라져 개인의 자유의지에 따라 지위의 변화가 가능하게 되었으며, 성취지위가 개인의 삶에 미치는 영향도 커졌다. 이처럼 개인이 신분에서 해방된 자유로운 존재가 되면서 형식적으로는 개인의 능력과 노력에 따라 다양한 성취지위를 차지할 수 있게 되었다.

성취지위의 상대성

역사적으로 보면, 상공업의 발달과 사유재산권의 확대로 성장한 제3신분, 즉 부르주아지가 모든 개인의 자유와 평등을 주장한 자유주의 사상을 받아들이고 민주주의 혁명으로 나아가게 되면서, 새로운 민주적 정치공동체에서는 신분 해방이 이루어졌고 적어도 형식적으로는 개인이 성취할 수 있는 지위가 제한되지 않았다. 정치적 자유를 바탕으로 한 자본주의 사회에서 계급은 개인의 노력에 따라 성취할 수 있는 지위로 인정되었다. 하지만 실질적으로 자본가계급은 누구나 성취할 수 있는 지위가 되기 어려웠다. 물려받은 사유재산을 소유하고 있거나 상공업에 종사하며 사유재산을 축적할 수 있었던 사람들이 현실적으로 자본가계급이 될 수 있었으며, 사유재산을 가지지 못하여 노동력을 팔아야만 먹고 살 수 있었던 노동자계급은 자본가계급의 지위를 실질적인 성취지위로 받아들이기 어려웠다.

현대사회에서 계급과 계층의 분화가 이루어져 중간계급이 늘어나고 사회이동, 특히 상승이동이 좀 더 활발하게 이루어지면서 계급과 계층은 많은 사람에게 기회가 열려 있는 성취지위가 되었다. 특히 교육 기회의 평등이 확대되면서 더 상위의 계급이나 계층으로 이동하는 것이 가능하게 되었다. 그런데 교육을 통한 계급 재생산에 주목한 부르디외(Pierre Bourdieu)는 중상층 계급의 자녀들이 교육을 통해 부모의 계급·계층을 세습하는 경향이 강해지고 있다고 주장한다(부르디외·파세롱, 2000). 또한 재벌을 비롯한 상층계급의 자녀들이 재산을 상속받아 계급을 세습하게 되는 것도 계급관계를 유지하는 요인으로 작용한다. 이러한 사례들은 부모 세대에서 성취지위였던 계급이 교육이나 상속 등을 통한 지위 세습으로 자녀 세대에 와서는 점차 성취지위로서의 의미가 약해지고 귀속지위의 성격이 강해질 수 있음을 말해준다.

3) 사회적 상호작용의 유형

사회적 결사와 상호작용의 형식

사회집단이 형성되려면 사람들이 상호작용하면서 서로 모이려는 의지가 생겨야 한다. 짐멜(Georg Simmel)은 사람들 사이에 관계가 형성되고 상호작용하는 모습을 사회적 결사(social association)라고 불렀으며, 이것을 사회생활의 최소단위라고 보았다. 또한 "사람들이 다른 사람과 상호작용할 때 다양한 동기와 목적, 이해관심을 갖고 있으며, 창조적 의식 활동에 참여한다"라고 했다(리처, 2010).

짐멜은 일상생활 속의 다양한 상호작용들을 좀 더 잘 이해하려면, 상호작용이 반복되고 지속되는 전형적인 틀이나 규칙을 찾아낼 필요가 있다고 보았으며, 이것을 상호작용의 형식(forms)이라고 했다.

공동의 목표를 달성하기 위해 서로 협동한다.

일상생활에서 이루어지는 상호작용의 주요 형식들로는 교환(exchange), 협동(cooperation), 갈등(conflict), 경쟁(competition) 등이 있다. '교환'은 상호작용의 보편적 형식으로서, 사람들이 보수나 보답을 얻으려는 목적으로 행하는 상호작용이다. 시장에서 이루어지는 상품거래, 직장에서의 고용주와 피고용인의 관계 등이 바로 전형적인 교환 관계이다. 이 경우 교환은 '화폐'를 매개로 한다. 그런데 교환은 반드시 물질적인 것만을 대상으로 하지는 않는다. 선물 교환처럼 보상을 바라지 않는 교환도 있다. 그런데 이때에 관계의 안정적 유지와 같은 비물질적·정신적 보상을 바라는 경우도 많다.

'협동'은 사람들이 공동의 목표나 공통의 이해관심을 추구하기 위해 함께 힘을 모아 행동하는 것을 말한다. 협동은 아주 쉽게 관찰되는 활동이다. 맞벌이 부부는 집안일을 함께하며, 축구·야구·농구·배구와 같은 스포츠 경기에서는 승리를 위해 팀 구성원 간의 협동이 매우 중요하다.

'갈등'은 둘 이상의 행위자 또는 집단이 동일한 자원을 서로 소유하려 하거나 주어진 자원을 분배하는 방식에 이견이 있어서 서로 다투는 것, 또는 추구하는 가치나 의견이 달라 상충된 행동을 하면서 서로 다투는 것을

자본가(기업주)가 이윤 확보를 위해 노동자를 해고하거나 임금을 삭감하면 분배를 둘러싼 갈등이 일어난다.

말한다. 예를 들어 기업이 노사협약을 어기면서 노동자들에게 정해진 임금을 지급하지 않을 경우, 또는 특정 지역의 환경 보전과 개발을 놓고 두 집단이 서로 대립하는 경우 갈등이 생긴다. 따라서 갈등의 과정에서는 힘을 형성하거나 사용하려는 움직임이 뒤따르게 마련이다. 그래서 만약 갈등을 조정할 수 있는 공정한 규칙과 제도가 형성되지 않으면, 어떤 개인이나 집단이 물리력을 동원하여 상대방의 의지나 이익에 반하여 자신의 의지나 이익을 관철하려고 하는 '강제(coercion)' 현상이 나타날 수 있다. 이러한 강제의 행사는 갈등을 더 심화시킬 수도 있다.

'경쟁'이란 둘 이상의 행위자 또는 집단이 동일한 목표를 달성하기 위해 정해진 규칙에 따라 서로 다투는 것을 말한다. 그러므로 경쟁에 참여하는 행위자들은 정해진 규칙을 준수하는 것을 서로에게 기대한다. 경쟁도 갈등의 한 형태라고 할 수 있지만, 대체로 갈등 당사자들이 합의한 규칙에 따라 다툰다는 점에서 서로 구분된다. 그런데 경쟁이 적대적인 형태로 발전하면 갈등이 생겨날 수 있다. 경쟁은 스포츠 경기나 경제활동 등에서 전형적으로 나타나며, 현대사회의 많은 생활영역에서 일어난다. 한편, 경쟁은 정해진 규칙에 따라 이루어지지만, 모든 경쟁 규칙이 늘 공정하지는 않다. 그래서 기존 규칙의 공정성에 대한 불신과 불만이 형성되면 새로운 갈등이 생겨날 수 있고, 이를 통해 규칙이 변화하기도 한다.

한편, 다양한 사회적 상호작용의 형식들은 형식적 유사성이 나타난다고 하더라도 시대적·사회적 조건에 따른 지위-역할 체계, 분업관계, 계급·계층 관계의 실질적 차이로 인해 다양한 상호작용의 내용을 지니게 된다.

수직적·위계적 상호작용과 수평적 상호작용

사회제도나 조직을 구성히는 시위-역할 체계는 수직적·위계적 성격을 지닐 수도 있고, 수평적 성격을 지닐 수도 있다. 구성원들의 동의 여부에 따라 이 제도나 조직에서는 안정적인 교환이 지속될 수도 있고 교환에 대한 불만이나 저항이 생겨나 변화가 나타날 수도 있다. 그리고 구성원들 간에 협동이 이루어질 수도 있고 경쟁과 갈등이 생겨날 수도 있다.

구성원들 간의 교환, 협동, 경쟁, 갈등의 내용은 사회변동에 따라 시대마다, 사회마다 달라질 수 있다. 신분사회에서 양반과 천민 간의 상호작용과 천민들 사이의 상호작용은 그 성격이 서로 다르며, 또 현대 자본주의 사회에서 자본가계급과 노동자계급 간의 상호작용과 노동자들 사이의 상호작용도 그 성격이 서로 다르다. 따라서 사회제도나 조직마다 권력관계나 지배-종속관계가 어떻게 형성되어 있느냐에 따라 교환, 협동, 경쟁, 갈등의 양상은 서로 달라진다.

수직적·위계적 상호작용이 지배적인 사회에서는 갈등이 더 치열해질 수밖에 없으며, 수평적 상호작용이 지배적인 사회에서는 협동이나 경쟁이 더 지배적일 수 있다. 수직적·위계적 상호작용이 지배적인 사회에서는 불평등과 차별이 확대되어 상호작용 과정에서 지배, 억압, 착취, 갑질, 기만, 혐오, 무시, 배제 등 다양한 갈등의 양상들이 나타날 수 있다. 물론 수평적 상호작용이 이루어진다고 해서 경쟁이 사라지는 것은 아니며, 경쟁의 양상에 따라 다양한 형태의 갈등이 생겨날 수 있다.

이야깃거리

1. 사회화는 흔히 사회구성원들을 기존의 사회질서에 잘 통합시키기 위한 과정으로 규정된다. 하지만 사회화는 어떤 면에서는 사회적 지배와 갈등의 과정으로도 볼 수 있다. 이 점에 대해 토론해 보자.

2. 자기 부모의 계급적 위치와 성장 과정에서 부모에게서 들었던 사회에 대한 다양한 생각이 어떠한 연관성을 지니고 있는지 생각하면서, 부모의 생각이 자신의 사회화 과정에 어떠한 영향을 미쳤는지 생각해 보자.

3. 학교교육을 통해 지배 이데올로기가 학생들에게 체화되는 과정을 예를 들어 설명해 보자.

4. 현대 자본주의 사회에서 이데올로기적·담론적 지배가 언론과 대중매체를 통해 어떠한 방식으로 이루어지고 있는지 생각해 보자.

5. 자신이 성장해 온 과정에서 겪었던 성적 금지나 억압의 사례를 통해 사회화가 어린이와 청소년들의 성을 어떠한 방식으로 통제하고 있으며, 이러한 통제가 어떤 면에서 정당하고 또 부당한지 생각해 보자.

6. 사람들 사이의 상호작용이나 관계에는 어떠한 유형들이 있는지를 알아보고, 왜 이러한 유형의 상호작용들이 생겨나는지 토론해 보자.

읽을거리

『짐멜의 모더니티 읽기』
　짐멜(G. Simmel) 지음 / 김덕영·윤미애 옮김 / 2005 / 새물결

『조지 허버트 미드』
　나은영 지음 / 2017 / 커뮤니케이션북스

『자아 연출의 사회학』
　고프먼(E. Goffman) 지음 / 진수미 옮김 / 2016 / 현암사

『루이 알튀세르의 이데올로기』
　페레터(L. Ferretter) 지음 / 심세광 옮김 / 2014 / 앨피

『프로이트 & 라캉: 무의식의 초대』
　김석 지음 / 2010 / 김영사

사회집단과 사회조직

사회집단, 사회조직, 공동체, 결사체, 원초 집단, 2차 집단, 준거집단, 공식 조직, 비공식 조직, 관료제, 네트워크 조직, 일본식 경영조직, 비정부조직, 비영리조직, 생활공동체, 생활협동조합, 정부 간 조직, 지구적 조직

가부장적 유교문화가 강하게 남아 있던 시대에 친족집단은 개인들이 소속감을 느끼며 정체성을 형성하는 중요한 사회집단이었다. 확대가족을 중심으로 명절에 일가친척들이 모여서 제사를 지내고 서로의 집을 방문하면서 혈연적 동질성을 확인함으로써, 친족집단의 소속감을 강하게 유지했다.

그런데 현대사회에서 공업화와 도시화는 친족집단의 의미를 바꿔놓았다. 일자리를 찾아 핵가족 단위로 도시로 이동하게 되면서 핵가족중심주의와 개인주의 성향이 점점 커졌고, 이에 따라 장손 집안에서 이루어지는 명절이나 집안 행사에 참여하는 친척들이 줄어들기 시작했다. 친척들이 서로 흩어져 살고 일상적 교류가 현저히 줄어들면서 자녀 세대에서는 혈연적 소속감을 느끼기가 점차 어렵게 되었다. 또한 성평등 의식의 확산으로, 부계 중심의 집안 행사에서 가사노동력을 제공했던 며느리들은 더 큰 거리감을 느끼게 되었다.

이처럼 사회집단이나 사회조직은 사회적 조건이나 환경이 바뀌면서 그 의미가 변해간다. 명절 풍습이 바뀌면서 친족집단의 중요성이 줄어들고

있고, 집단주의 의식이 약해지면서 동창회나 향우회와 같은 사회조직도 구성원들의 헌신도가 떨어지고 있다. 기업이나 노동조합 등의 조직에서도 조직원들 사이에 위계적인 관계를 강제하기가 점점 더 어려워지고 있다.

1. 사회집단과 조직의 특성

1) 사회집단과 조직의 의미

사회집단의 정의

일반적으로 집단(group)은 '여럿이 모여서 하나를 이루는 무리'를 가리키는 말로서, 반드시 사람들의 집단에만 한정되는 것은 아니다. 그래서 사람들의 무리를 특정하여 '사회집단(social group)'이라는 표현을 사용한다. 일반적으로 사회집단은 더 넓은 범위의 무리인 사회를 전제하며, 이들 중 일부가 모여서 사회집단을 형성한다. 따라서 사회집단은 사회보다 규모가 작은 무리를 지칭한다.

사람들은 사회 속에서 다양한 사회관계를 맺고 상호작용하면서 살아가는데, 사람들이 맺고 있는 사회관계와 상호작용이 다음과 같은 특성들을 지닐 때 사회집단이라 부른다. 첫째, 공통의 관심이나 목적을 지닌 '둘 이상의 사람들'이 모여야 한다. 둘째, 이들이 '소속감'을 지니고 있어야 한다. 셋째, 집단 내부 구성원들 사이에서 '지속적인 상호작용'이 이루어져야 한다. 넷째, 집단을 유지하기 위한 '고유한 관행, 규범, 규칙, 문화 등'이 있어야 한다. 물론 이러한 특성들을 모두 지닌 사회집단이라고 하더라도 구성원 간의 상호작용이나 관계가 느슨하고 소속감이 약한 경우도 있고, 그 반대의 경우도 있다. 그래서 사회집단의 경계는 늘 분명하지는 않다.

사회집단의 특성은 '군집(aggregates)'과 비교할 때 좀 더 잘 드러난다. 군집은 특정한 장소에 모인, 서로 관계도 없고 상호작용하지도 않는 무관심한 개인들의 무리를 가리킨다. 예를 들어 야구장이나 영화관에 모인 사람들은 야구경기나 영화 관람이라는 공통의 관심이나 목적이 있지만, 소속감이나 지속적인 상호작용을 추구하기 위해 모인 것이 아닌, 일시적으로 우연히 모인 무리이다. 그래서 이들을 사회집단이라 부르지 않는다.

한편, 집단이라는 표현을 사용하기는 하지만 엄밀한 의미의 사회집단과는 다른 의미로 사용되는 사례도 있다. 예를 들어 종족집단, 외국인집단, 청소년집단 등과 같이 특정한 속성을 공유하는 사람들의 무리를 집단이라고 부르기도 한다. 여기서 집단은 아무런 소속감도 상호작용도 없이 단지 분류를 위한 '범주(category)'의 의미로 사용된다.

사회조직의 정의

사회조직(social organization)은 사회집단의 한 유형으로 볼 수 있는데, 사회집단이 소속감과 상호작용을 중요한 기준으로 삼는다면, 사회조직은 사회집단 중에서도 구성원 간의 짜임새와 체계적인 운영이 존재하는 경우로 한정된다. 이런 점에서 사회조직의 특성은 다음과 같다.

첫째, 사회조직은 사회집단과 마찬가지로 공통의 관심과 목적, 소속감, 구성원들 사이의 상호작용, 공통의 규칙·규범 등을 지닌다. 그렇지만 일반적으로 사회집단에 비해 목적이 더 뚜렷하고 규칙과 규범이 더 엄격하다.

둘째, 사회조직은 '조직'으로서, 전체를 구성하는 부분적 요소들과 이들 간의 짜임새라는 의미를 지닌다. 유기체의 경우, 세포나 기관과 같은 부분적 요소들이 있으며, 이러한 요소들은 유기체의 존속을 위해 기능적으로 엮여 있다. 그래서 '조직화'라고 하는 말은 구성 요소들을 어떤 하나의 집단으로 모으는 행위와 이것들을 특정한 틀에 따라 배치하고 배열하는 행위를 의미한다. 이런 맥락에서 사회조직은 사회집단에 비해 추구하는 목표가 분명하고 현실적이며, 구성원의 경계가 더 엄격하고, 지위-역할 체계와 운영규칙이 더 전문화·체계화되어 있다. 관료제나 군대는 엄격한 위계질서와 업무-역할 체계를 지니는 사회조직의 전형적인 형태이다.

일반적으로 사회집단 개념은 사회조직을 포함하는 폭넓은 의미를 지니지만, 사회조직에 비해 다소 느슨한 집단을 지칭할 때 주로 사용된다. 반면에 사회집단 중에서도 좀 더 분명하고 현실적인 목적을 추구하면서 엄격한 조직체계와 운영규칙을 갖춘 집단에 대해 사회조직이라는 개념을 사용한다. 사회집단은 규모가 커질수록 구성원들의 소속감이나 상호작용이 약해질 수 있는데, 역으로 이러한 요소들을 도입함으로써 사회조직으로서의 성격을 강화할 수 있게 된다.

2) 개인과 사회집단

사회화와 사회집단

개인들은 성장하면서 사회 속에서 다른 사람들과 상호작용하며 자아, 인성, 정체성을 형성해 가는데, 이러한 상호작용은 대부분 사회집단이나 사회조직 속에서 이루어진다. 어린아이의 출생 및 양육 과정에서 일차적 사회화는 주로 가족이나 친족 내에서 이루어지지만, 이후 이차적 사회화는 또래 집단 등의 소집단이나 어린이집, 유치원, 학교 등의 '사회화 기관'을 통해 이루어진다. 아이들은 사회집단에서 이루어지는 이차적 사회화를 통해 규범, 규칙, 가치관들을 학습하고 또 다른 아이들과 상호작용하면서 다양한 경험을 습득하게 되는데, 이러한 사회화와 상호작용 과정은 개인의 자아 및 인성 형성에 중요한 자원이 된다.

한편, 개인들은 어떤 사회집단이나 조직에 속하여 상호작용하느냐에 따라 서로 다른 사회규범, 정서, 가치관, 태도, 이데올로기 등을 습득하게 된다. 그리고 이 과정에서 사회집단은 개인에게 소속감을 부여함으로써 정서적 안정과 만족을 느낄 수 있도록 한다.

사회적 결사와 사회집단의 형성

사람들은 항상 자신이 원하는 집단이나 조직에만 속하게 되는 것은 아니다. 자신의 의지와 무관하게 자연적으로 속하게 되는 사회집단들도 있고, 생존이나 교류를 위해 의도적으로 가입하거나 불가피하게 소속되어야 하는 사회집단이나 사회조직들도 있다.

가족이나 마을, 나라와 같이 개인이 자연적으로 속하게 되는 사회집단이 아니라면, 현대사회에서 개인은 대부분 자발적인 의지에 따라 사회집단에 소속된다. 짐멜은 사람들이 상호작용하면서 관계를 맺고 결합하려는 모습을 '사회적 결사(social association)'라고 했는데, 이때 상호작용이 사회집단이나 사회구조로 확장되어 가는 과정을 이해하기 위해 2인 관계와 3인 관계를 비교했다.

그는 2인 관계에 제3의 인물이 추가되는 것이 독자적 집단구조를 만들어낸다는 점을 강조했다. 제3의 인물은 3인 관계에서 새로운 사회적 역할을 하게 되는데, 두 사람 사이의 분쟁을 중재하거나, 분쟁을 활용하여 권력을 얻거나 할 수 있다. 또 다른 두 사람이 제3자의 호의를 얻기 위해 경쟁하거나, 제3자가 다른 두 사람을 쉽게 통제하기 위해 분쟁을 조장할 수도 있다. 이처럼 2인 관계에서 3인 관계로의 전환은 새로운 권위, 권력, 계층체계를 만들어내는데, 이것은 개인을 지배하는 사회집단, 사회구조의 본질적 의미를 이해할 수 있도록 한다.

오늘날 사람들은 다양한 사회적 결사를 추구하면서 사회집단에 소속되어 살아가기를 원한다. 그래서 사람들이 공동의 목표를 가지고 자발적으로 함께 형성한 사회집단을 '자발적 결사체(voluntary association)'라고 한다. 그리고 사람들은 일상적으로 다양한 자발적 결사체들을 형성하여 서로 어울리며 살아가고 있다.

하지만 모든 사회집단이나 사회조직이 자발적인 것은 아니다. 자연적으로 소속되는 사회집단과 함께 생존을 위해 불가피하게 소속되어야 하는 사회집단도 존재한다. 사람들은 무엇보다도 생존을 위해 경제활동을 해야 하는데, 현대 자본주의 사회에서 많은 경제활동은 회사 또는 기업조직을 통해 이루어진다. 기업조직은 경제적 이윤을 남기기 위해 자본을 투자하고 노동자들을 고용하여 생산활동을 하는데, 이를 위해 엄격한 생산조직과 작업규칙을 갖추게 된다. 그래서 기업조직에 소속되기를 원하는 사람들은 기업조직이 요구하는 능력을 갖추고 경영자들이 고용해 주기를 바란다. 이처럼 '자발적 결사체'와 달리 구성원들에게 정해진 규범과 규칙을 강제할 수 있는 집단이나 조직들에서는 소유자나 경영자가 관리 권력을 행사하며 노동자들이나 일반 직원들은 이들의 지시와 명령을 따라야 한다.

보상과 제재

집단이나 조직이 안정적으로 유지되려면, 그 집단이나 조직에 소속된 개인들에게 일정한 행위 규칙을 부과하고, 또 행위에 대해 규제할 필요가 있다. 이러한 규제는 보상과 제재라는 이중적 기제를 통해 이루어진다. 보상이 '긍정적 규제'라면, 제재는 '부정적 규제'이다.

'보상'은 어떤 행위에 대한 대가로 '상'을 수여하는 것을 말하며, '제재'란 반대로 다양한 형태의 '벌'을 가하는 것을 의미한다. 이러한 상과 벌의 크기는 대체로 특정 행위가 사회에 미치는 영향의 좋고 나쁜 정도에 따라 달라진다. 그리고 이러한 상벌체계를 통해 집단은 개인이 집단의 목표에 충실히 따르도록 규제할 수 있게 된다. 예를 들어 부모가 아이를 키울 때, 말을 잘 들으면 과자를 주고 말을 잘 안 들으면 야단을 치게 된다.

상과 벌의 유형은 다양한데, 이것들은 집단이 구성원 개인에 대해 행사하는 일종의 권력이다. 따라서 개인이 사회집단의 규칙을 잘 따르도록 하려면 이러한 권력 행사가 정당성에 기초하고 있어야 한다.

사회집단의 규제와 개인의 자율성

한 개인이 사회집단에 소속되어 있을 때, 개인은 사회집단의 목표를 존중해야 한다. 특히 강제적 조직일 경우에 개인은 집단의 목적과 목표에 더 종속될 수밖에 없다. 그렇지만 개인의 자유의지나 자율성은 전적으로 무시될 수 있는 것일까?

자발적 결사체의 경우 사회집단의 규칙이나 규범은 자발적 동의에 기초한 것이다. 따라서 규칙과 규범을 지키는 것이 개인의 자율성과 전적으로 배치된다고 보기 어렵다. 하지만 개인은 집단이 정해놓은 규칙과 규범에 대해 불만을 지니면서 이의를 제기할 수도 있다. 또 이를 통해 규칙이나 규범이 개정될 수도 있다. 반면에 불만이 커지면 사회집단에서 탈퇴할 수도 있다. 이것은 개인과 사회집단 사이에 존재하는 기본적 딜레마이다.

반면에 기업과 같은 강제적 조직에서는 조직에 가입하는 것이 곧 조직의 규칙이나 규범을 따르겠다는 의지의 표현이 된다. 그래서 개인의 자율성은 기업에서 정해놓은 범위 내에서만 발휘될 수 있다. 그런데 이 경우에도 조직의 목표 달성이 어려워지면서 조직 혁신이 필요해질 때, 개인의 자율성이 기업에 도움이 되는 경우도 생긴다. 위계적 조직을 수평적 네트워크 조직으로 바꾸는 것은, 조직 구성원들의 자율성을 높여 창의적인 활동을 끌어내려는 의도를 지닐 수 있다.

이처럼 사회집단의 규제와 개인의 자율성 간의 관계는 고정되어 있지 않다. 사회집단의 성격이나 목적에 따라 개인의 자율성을 더 많이 보장해주는 것이 긍정적 결과를 낳을 수도 있고, 또 반대로 부정적 결과를 낳을 수도 있다. 그리고 개인이 자유의지나 자율성을 과도하게 요구하게 되면, 사회집단 자체가 목표 달성에 어려움을 겪거나 해체될 수도 있다.

군대와 같은 집단은 개인이 자율적으로 목표를 정할 수 없으며, 집단이 정한 목표를 따라야 한다. 하지만 자발적으로 조직한 집단에서는 개인들이 집단의 목표를 정할 수 있으며 개인들의 행위의 자율성은 더욱 커질 수 있다. 그리고 집단의 규모가 큰 경우에 개인의 자율성을 과도하게 허용하면, 개인들 간의 의견이나 이익의 편차가 심해져 조율이 어려워지거나 나아가 집단의 유지 자체가 불가능해질 수 있다. 하지만 집단의 규모가 작은 경우에는 개인들 간의 이해관계나 의견이 서로 다르더라도 상대적으로 조정하기가 쉽다. 이처럼 개인과 집단의 관계는 집단의 성격에 따라 다양하게 형성될 수 있다.

한편, 사회집단이나 사회조직에서 개인이 차지하는 지위나 역할은 조직에 대한 개인의 가치관이나 태도를 변화시킬 수 있다. 이때 개인은 조직에 순응적일 수도 있고 비판적이거나 저항적일 수도 있다. 그래서 개인은 조직 내의 사회적 지위나 조직에 대한 태도에 따라 조직의 혁신이나 변화를 추구할 수 있으며, 개인의 자율적 행동이나 집합행동을 통해 조직의 변화를 가져올 수도 있다.

사회집단과 리더십

사회집단이나 사회조직은 일반적으로 집단을 이끌어나가는 지도자를 필요로 한다. 이때 이 지도자가 어떠한 '리더십(leadership)' 또는 '지도력'을 지니고 있는가 하는 점이 집단이나 조직의 성격, 구성원들 간 관계의 형태를 규정하는 데 큰 영향을 미친다.

사회집단이 추구하는 목적에 따라서 요구되는 리더십의 형태는 대체로 '도구적 리더십(instrumental leadership)'과 '표출적 리더십(expressive leadership)'으로 구분된다. 도구적 리더십은 집단의 실리적 목표를 달성하는 데 적합하며, 집단의 구성원들이 목표 달성을 위해 노력하도록 유도하는 데 주력한다. 반면에 표출적 리더십은 집단 구성원들 간의 정서적 화합을 이끌어내는 데 적합하며, 구성원들 간의 활발한 상호작용을 통해 참여를 이끌어내고 갈등을 최소화하는 데 주력한다. 일반적으로 사회집단에는 두 가지 리더십이 모두 필요하다. 그렇지만 사회집단의 결성 목적과 관심에 따라 특정한 리더십을 더 중요하게 여기기도 하고, 또 지도자의 성향에 따라 어느 하나를 위해 다른 하나를 희생시키기도 한다.

리더십은 지도자와 구성원들 사이의 관계의 형태에 따라 '권위주의(authoritarian)', '민주주의(democratic)', '자유방임주의(laissez-faire)' 유형들로 구분되기도 한다(White and Lippitt, 1960). 권위주의 유형의 지도자는 수직적인 관계를 강조하며 구성원들에게 일방적으로 지시하고 명령을 내리려 한다. 민주주의 유형의 지도자는 수평적인 관계를 강조하며 구성원들의 합의를 통해 의사결정을 내리려고 한다. 자유방임주의 유형의 지도자는 거의 권력을 행사하지 않으려 하고 구성원들 각자의 자율성을 최대한 허용하려고 한다. 각각의 리더십 유형은 어느 것이 절대적으로 좋다고 말하기 어렵다. 집단이나 조직이 추구하는 목적에 따라 더 적합한 리더십 유형이 있을 수 있기 때문이다. 일반적으로 민주주의적 리더십이 바람직하다고 할 수 있지만, 위기 상황에 효율적으로 대처해야 하는 군대나 경찰과 같은 조직에서는 권위주의적 리더십이 더 효율적이고 적합할 수 있다.

2. 사회변동과 사회집단의 변화

사회 속에 존재하는 집단과 조직은 그 유형과 성격이 다양하다. 가족 내의 인간관계나 상호작용은 직장이나 군대의 그것들과 다르다. 가족에서의 인간관계나 상호작용의 성격도 과거와 현재가 서로 다르다. 이처럼 집단이나 조직의 성격은 시대에 따라, 목적이나 규모 등에 따라서 다양하다고 할 수 있다. 그래서 사회집단과 조직은 분류 기준에 따라 여러 방식으로 나누어 볼 수 있다. 퇴니스, 쿨리, 섬너, 머튼 등은 사회집단이나 조직 내에서 이루어지는 상호작용의 성격에 따라 이들을 분류하고 있다.

1) 결합의지와 친밀성에 따른 집단의 유형

공동체와 결사체

서양의 고전적인 사회학자들은 '사회'를 본래는 연고도 없고 낯모르는 사람들이 어떤 공통의 관심과 이익을 추구하기 위해 의도적으로 모여서 상호작용하고 관계를 맺는 '결사체'라고 정의했다. 이런 점에서 '사회'는 봉건시대에서 근현대로 이어지는 사회변동의 산물이라 할 수 있다.

퇴니스(Ferdinand Tönnies) 역시 이러한 시각에서 '결합의지'에 따라 공동체(Gemeinschaft, community)와 결사체(Gesellschaft, association)를 구분하고자 했다. 인간들의 '자연적 의지'에 입각하여 이루어진 집단이나 조직을 '공동체'라고 불렀고, '합리적 의지'에 입각한 선택을 통해 생겨난 집단이나 조직을 '결사체'라고 불렀다. 여기서 자연적 의지란 어떤 행위 자체가 지닌 '내재적·목적적 가치'에 기초한 것인 반면, 합리적 의지는 다른 목적을 추구하기 위한 행위의 '수단적 가치'에 주목한 것이다. 퇴니스는 이러한 개념과 분류를 통해 19세기 말 서양 사회가 전통적 규칙과 보편적 연대감이 특징인 공동체로부터 개인적·합리적 이익을 강조하는 결사체로 바뀌는 역사적 경향을 설명하고자 했다.

퇴니스에 의하면 공동체의 지배적 사회관계는 교우, 친족, 근린관계이며, 가족과 확대친족집단을 중심적 제도로 한다. 또한 부의 특징적 형태는 토지이며, 민습(民習)과 원규(原規), 종교가 주된 사회통제 형태이다. 이에 비해 결사체의 지배적 사회관계는 교환과 합리적 계산관계이며 중심적 제도 또한 국가 및 자본주의 경제이다. 그리고 결사체의 부는 돈을 특징적 형태로 하며 사회통제 형태 역시 협약과 법, 여론 등을 중심으로 한다.

퇴니스는 공동체의 전형적인 예로 가족, 이웃, 또래집단, 농촌공동체 등을 들었고, 결사체의 전형적인 예로 학교, 회사, 정당 등을 들었다. 하지만 이러한 분류를 현대사회에 그대로 적용하기는 어렵다. 예를 들어 특정한 부류의 아이들만을 모아놓은 유치원은 또래집단이지만 자연적으로 형성된 공동체라고 말하기는 어려우며, 집보다 회사에서 더 안락함을 느끼는 사람들에게 회사를 단순히 결사체라고만 말하기도 어렵다.

원초 집단과 2차 집단

사회집단이 개인이 자신의 정체성을 확립하고 개인적 자아를 형성하는 데 매우 큰 영향을 끼치는 경우가 있다. 예컨대 가족은 친밀감과 정서적 안정을 주는 기본적인 집단인데, 미국 사회학자 쿨리(Charles H. Cooley)는 이러한 집단을 '원초 집단(primary group)' 또는 '1차 집단'이라고 불렀다(Cooley, 1983). 그는 원초 집단을 친밀하고 대면적인 공동생활과 협동을 특징으로 하는 집단이라고 보았는데, 원초 집단이라는 용어를 사용한 것은 이 집단이 개인의 정체성과 사회성을 형성하는 데에 원초적인 역할을 하기 때문이었다. 원초 집단은 대체로 집단의 규모가 작으며, 소속된 사람들 간의 물리적 거리가 가까운, 즉 대면적인 경우가 많다. 그래서 원초 집단 속에서 개인들은 서로 친밀성을 느끼면서 표출적·정서적 욕구를 충족하게 된다. 따라서 원초 집단에서의 인간관계는 전체적이고 전인격적이다.

반면에 관료제 집단, 회사와 같은 집단은 소속된 사람들이 실리적인 목적을 위해 서로 필요한 측면에만 주목하여 관계를 맺는데, 이러한 관계는

원초 집단(왼쪽)과 2차 집단(오른쪽)

부분적이며 탈인격적인(impersonal) 관계라고 할 수 있다. 쿨리는 이러한 부분적·탈인격적인 인간관계가 우세한 집단을 원초 집단(1차 집단)과 대비해 '2차 집단(secondary group)'이라 불렀다. 2차 집단에서 개인 간의 관계는 도구적이고 형식적이며, 2차 집단은 대체로 원초 집단에 비해 규모가 큰 편이다.

한편, 2차 집단으로 출발했지만 나중에 원초 집단의 성격을 강하게 띠게 되는 집단도 있다. 예를 들어 동창회는 교육을 목적으로 인위적으로 조직된 학교를 기반으로 하여 형성되었지만 같은 학교를 다닌 학생들이 서로 친밀감을 느끼면서 만든 집단이다. 또 돈벌이를 위해 회사에 입사한 사람들이 등산 모임이나 운동 모임과 같은 비공식 조직을 만들어 친밀감을 형성하기도 한다. 이처럼 양면적 성격을 띠고 있는 집단들을 '1.5차 집단'이라고 부르기도 한다.

한편, 최근에는 인터넷과 정보매체의 발달로 대면적 접촉 또는 물리적 근접성 면에서는 전혀 사회집단의 성격을 띠지 않지만 '컴퓨터를 매개로 한 커뮤니케이션(CMC: computer-mediated communication)'을 통해 전인격적인 상호작용을 하고 친밀감을 형성하는 다양한 '인터넷 커뮤니티'가 생겨나고 있다. 이 집단은 공간적으로 멀리 떨어져 있는 사람들이 기존의 의사소통방식과 전혀 다른 방식을 통해 전인격적인 관계를 추구하는 새로운 의미의 집단이라는 점에서 '3차 집단'이라고 부르기도 한다.

2) 소속감과 정체성에 따른 집단의 유형

집단에의 소속과 정체성

어떤 집단에 속한다고 하는 것은 개인에게 중요한 의미를 지닌다. 예를 들어 특정한 가족, 친구, 동호회, 직장 등에 속한다는 것은 개인에게 긍정적인 의미를 지닐 수도 있고 부정적인 의미를 지닐 수도 있다. 사람들은 대부분 다수의 집단에 속해 있으면서 다수의 지위를 동시에 차지하고 있다. 이러한 집단에의 소속이나 지위들은 개인들에게 일정한 소속감이나 일체감을 형성시킨다. 물론 개인이 속한 모든 집단이나 지위가 개인에게 동일한 영향을 미치고 동일한 의미를 부여하는 것은 아니다. 어떤 사람은 자신의 출신 집안을 중시하고, 어떤 사람은 출신 대학을 중시하고, 또 어떤 사람은 직업이나 직위를 중시한다. 어떤 경우이든 개인들은 자신이 속한 집단이나 지위를 통해 다양한 감정, 정서, 의식, 가치 등을 형성하면서 '나는 누구이다'라는 자의식을 갖게 되는데, 이런 것들의 총체를 '정체성 (identity)'이라고 한다. 그러므로 집단이나 지위에의 소속은 그에 따르는 소속감이나 '정체성'을 통해 개개인들의 삶에 커다란 영향을 미친다.

내집단, 외집단

섬너(William G. Sumner)는 개인의 소속감에 따라 집단을 '내집단(內集團, in-group)'과 '외집단(外集團, out-group)'으로 분류했다. 자신이 소속된 집단은 내집단이며, 소속되지 않은 집단은 외집단이다. 여기서 중요한 것은 특정 집단에 소속된 사람들끼리는 일정한 특성을 공유하면서 소속감을 가지게 된다는 점이다. 그래서 집단 구성원들끼리는 '우리'라는 동질감을 가지게 되는데, 이런 의미에서 내집단은 '우리집단(we-group)'이라고도 하며 반대로 외집단은 '그들집단(they-group)'이라고 한다.

내집단의 경계를 구분하는 것은 한편으로는 동일 집단에 소속된 구성원들 사이의 결속력을 강화시키지만, 다른 한편으로는 자신들만의 우월감을 느끼면서 외부 사람들을 배척하여 분파주의적·집단이기주의적 성격을 형성시킬 수 있다. 이러한 분파주의나 집단이기주의가 심화되면 사회 전체적인 통합에 장애요인이 된다.

준거집단과 외집단

머튼(Robert K. Merton)은 개인이 소속된 집단이 개인의 행위에 어떻게 영향을 미치는지를 파악하기 위해, 개인이 자신의 행동 기준으로 삼으면서 중요시하는 집단에 주목할 필요가 있다고 보았다. 이를 위해 그는 '준거집단(reference group)'이라는 개념을 사용했다. 준거집단이란 '한 개인이 자신의 신념, 태도, 가치 등을 규정하고 행동의 지침으로 삼기 위해 의지하는 집단'이다. 이때 집단은 소속감보다는 특정 직업군과 같은 범주의 의미가 강하다. 머튼은 이렇게 개인들에게 사고와 행위의 가치 기준이나 규범의 표준이 되는 집단을 '표준준거집단'이라고 불렀고, 단순히 자신이 처한 상황을 비교하기 위한 기준으로 삼는 '비교준거집단'과 구별했다.

사람들은 일반적으로 자신이 속해 있는 집단 구성원들과 활발하게 상호작용하게 되며, 이에 따라 그 집단이 공유하는 생각이나 가치를 자연스럽게 받아들이는 경향이 있다. 이때 내집단은 표준준거집단이 된다. 하지만 경우에 따라서 개인의 준거집단이 내집단이 아닐 때도 있다. 이것은 자신이 속하지 않은 집단이나 다른 범주(직업군 등)의 사람들에서 자신의 사고와 행동의 기준을 찾는다는 것을 의미한다. 준거집단이 외집단이나 다른 범주의 사람들인 경우에 준거집단은 개인에게 적극적인 의지나 자기변화 욕구를 심어주는 긍정적인 기능을 하기도 하고, 심리적 긴장이나 불만을 유발하는 부정적인 기능을 하기도 한다. 예를 들어 자기보다 못살거나 불행한 사람들을 준거집단으로 삼으면, 자신이 상대적으로 잘사는 것처럼 판단되어 만족감을 느낄 수 있다. 하지만 반대로 자기보다 잘살거나 행복한 사람들을 준거집단으로 삼으면, 자신이 못살거나 불행한 사람처럼 여겨져 불만이 생길 수 있다. 물론 계층 상승 욕구가 생겨나 노력을 하게 되는 긍정적인 기능을 할 수도 있다.

3) 조직의 통제와 구성원의 순응에 따른 조직 유형

공식 조직과 비공식 조직

현대사회에서 2차 집단은 실리적인 목적을 위해 의도적으로 형성되고, 공적이고 합리적인 규칙과 규범을 지니며, 구성원들이 목표 달성을 위해 도구적·탈인격적 관계를 맺는다는 점에서 일반적으로 '공식 집단(formal group)' 또는 '공식 조직(formal organization)'이라고 불린다. 현대사회에서는 정부조직을 비롯하여 학교, 병원, 기업, 정당 등 많은 조직이 공식 조직의 성격을 지니고 있다고 할 수 있다.

반면에 '비공식 조직(informal organization)' 또는 '비공식 집단(informal group)'은 일반적으로 '공식 조직' 내에서 자발적으로 형성되는 조직이나 집단을 말하는데, 구성원들 간의 사적·정서적 상호작용을 통해 친밀한 인간관계를 추구한다는 점에서 공식 조직과 다르다. 정부조직이나 기업조직 내에서 취미, 학교, 지역, 경력 등의 공통성을 바탕으로 하여 친밀성을 추구하는 소집단들이 곧 비공식 조직 또는 비공식 집단이다.

자발적 조직, 강제적 조직, 공리적 조직

에치오니(Amitai Etzioni)는 현대사회에서 공식 조직을 조직의 통제 방식과 구성원의 순응 방식에 따라 '자발적 조직(voluntary organization)', '강제적 조직(coercive organization)', '공리적 조직(utilitarian organization)' 등 세 가지 유형으로 나눈다.

첫째, '자발적 조직'은 누구나 자유롭게 가입하거나 탈퇴할 수 있는 조직으로서, 정당, 시민단체, 종교조직, 전문직협회 등 오늘날 많은 조직이 여기에 속한다. 자발적 조직은 '도덕적 권위'에 의해 통제가 이루어지고, 구성원들은 자발적·규범적 의지에 의해 조직에 순응한다.

둘째, '강제적 조직'은 가입과 탈퇴가 자유롭지 못하며 강제적인 힘에 의해 가입과 탈퇴가 강요된다. 군대는 의무적으로 복무해야 하는 청년들에게 강제적 조직이 된다. 교도소는 범죄를 저질러 일정 기간 격리·수용되어야 하는 범죄자들에게 강제적 조직이다. 그리고 초등학교와 중학교도 의무교육을 시행하고 있는 나라에서 강제적인 조직이 된다. 강제적 조직은 주로 물리적 강제력에 의해 통제가 이루어지고 구성원들은 비자발적인 순응을 하게 된다.

셋째, '공리적 조직'은 자발적 조직처럼 가입과 탈퇴가 자유롭기는 하지만 구성원들이 실리적인 필요에 따라 가입한다는 점에서 전적으로 자유로운 것은 아니다. 기업에 고용되어 일하는 직원들은 경제적인 이익을 위해 취업을 하며, 자신이 원하는 목적을 충족하기 어려운 경우가 아니라면 직장을 쉽게 포기하기는 어렵다. 공리적 조직은 보수를 배분하는 권력에 의해 통제가 이루어지며, 구성원들은 이해타산적인 순응을 하게 된다.

4) 수혜자에 따른 조직 유형

블라우(Peter M. Blau)와 스콧(William R. Scott)은 조직의 주요 수혜자가 누구인지에 따라 사회조직을 호혜형, 사업형(기업형), 서비스형, 공익형으로 구분했다. 첫째, '호혜적 결사(mutual-benefit associations)'는 조직 구성원들이 일차적 수혜자이며, 이들에게 혜택을 주거나 참여를 보장하기 위해 결성된 모임이다. 노동조합, 공제조합, 재건축조합, 직능단체, 종교단체, 정당, 취미클럽 등은 구성원들이 집합적인 이익을 도모하거나 참여를 통해 만족감을 얻을 수 있도록 하기 위해 형성한 조직들이다.

둘째, '사업 조직(business concerns)'은 조직의 소유자가 일차적 수혜자이며, 이윤을 추구하여 소유자들에게 더 많은 이윤을 제공하기 위해 결성된 조직이다. 그런데 사업 조직은 고용을 통해 노동자들에게도 부분적인 혜택을 제공할 수 있다. 기업, 은행 등 각종 사업체가 여기에 속한다.

셋째, '서비스 조직(service organizations)'은 각종 서비스를 제공받는 외부의 고객 또는 일반 대중이 일차적 수혜자이다. 병원, 학교, 사회복지관, 법률구조단 등 서비스 조직은 고객이나 일반 대중에게 각종 공공서비스를 제공한다.

넷째, '공익 조직(commonweal organizations)'은 조직 구성원이 아닌 일반 대중이 일차적 수혜자이다. 군대, 경찰, 소방서 등과 같이 공익 조직은 사회구성원 모두의 생명을 보호하고 안전을 보장하기 위한 공적인 조직이며, 대다수 정부기관이 여기에 속한다.

5) 지위 체계의 형태에 따른 조직 유형

사회집단이나 조직은 나름대로 내부의 지위와 역할 체계를 갖추고 있다. 이때 지위와 역할 체계는 수직적인 층들과 수평적인 부서들을 포함한다. 이처럼 한 조직에서 어떤 형태의 지위 체계가 우세한가에 따라 '수직적·위계적 조직'과 '수평적·네트워크 조직'을 구분할 수 있다. 여기서 위계적 조직에 속하는 대표적인 조직으로는 관료제를 들 수 있다.

관료제의 특성

'관료제(bureaucracy)'라는 말은 관료(bureau)와 지배(-cracy)의 합성어로, 현대국가에서 행정 관료에 의해 이루어지는 지배 또는 지배를 위한 조직을 의미한다. 이 용어는 18세기 중반에 프랑스의 중농주의 정치경제학자 구르네(Vincent de Gournay)가 경멸적 의미로 처음 사용했지만, 사회과학에서 관료제에 대한 정의를 체계적으로 제시한 학자는 베버(Max Weber)였다. 그는 관료제를 현대국가의 행정조직에 특징적인 법적·합리적 지배의 형태로 파악했다. 관료는 정의상 국가 행정조직의 구성원을 일컫는 말이지만, 오늘날 조직형태로서의 관료제는 국가 행정조직만이 아니라 이와 유사한 원리에 따라 형성된 규모가 큰 조직들을 통칭하는 용어로 사용된다. 베버는 관료제의 이념형적 특성을 다음과 같이 제시했다.

첫째, 업무의 분화(분업)가 이루어져 있다. 조직의 일은 기능에 따라 명확하게 나뉘며, 각각의 업무는 '공식 임무'로서 그에 적합한 전문가에게 배당된다. 조직 구성원은 특정한 일에 전문성을 지니게 되며, 그렇게 함으로써 관료제는 높은 효율성을 얻을 수 있다.

둘째, 위계서열체계(hierarchy)를 가지고 있다. 관료제는 위계의 원칙에 따라 조직된다. 각각의 담당자는 자신의 하급자에게는 권위를 가지지만, 상급자의 지시에는 복종한다. 위계제는 대체로 피라미드의 형태를 띠고 있으며, 상층의 사람들은 하층의 사람들보다 더 많은 권력과 더 큰 통제력을 가진다. 상급자들은 자신의 일뿐만 아니라 하급자들의 잘못에 대해서도 책임을 진다. 상급자에게 권위가 집중됨에 따라 하급자들은 조직 내 의사결정 과정에의 참여가 제한될 수 있으며, 결과적으로 하급자들의 창의력을 충분히 활용하지 못할 수 있다.

셋째, 성문화된 규칙과 절차가 있다. 관료제의 일상적 운영은 성문화된 규칙과 절차에 따라 이루어진다. 특정 직위에서 어떤 일을 수행하고 또 이를 위해 어떤 절차를 따라야 하는지에 대한 규정이 문서화된다. 그래서 구성원들의 직위에 변동이 생겨 특정 직위의 담당자가 바뀌더라도 담당 업무는 이전과 똑같이 수행되며, 이런 과정을 통해 조직의 안정성이 확보된다. 그런데 규칙에 대한 강조는 개인의 창의성과 솔선수범을 약화시키며, 규칙이 목표를 달성하기 위한 수단인데도 규칙을 지키는 것 자체를 목표로 삼는 '목표-수단 전치' 현상이 나타나기도 한다.

넷째, 인간관계가 탈인격적이다. 관료제 내에서 의사소통은 공식적이고 탈인격적이어서 인간적인 감정의 개입이 억제된다. 고객에 대해서는 편견이 없는 태도를 취하여, 개인적 감정이 조직의 결정과 어긋나는 일이 없도록 해야 한다. 또 상사가 부하를 대할 때는 개인적 감정이 아닌 공식적 지위에 근거해야 한다. 관료제에서 모든 중요한 행위는 기록으로 유지되어야 하기에 문서가 인간적인 접촉을 대신한다.

다섯째, 관료들은 전일제로 고용되어 봉급을 받으며, 기술적 자질이나 전문성에 근거한 채용과 승진이 이루어진다. 관료들은 위계서열에 따라 명확히 결정된 봉급을 받는다. 그리고 경력을 쌓아 능력과 연공서열에 따

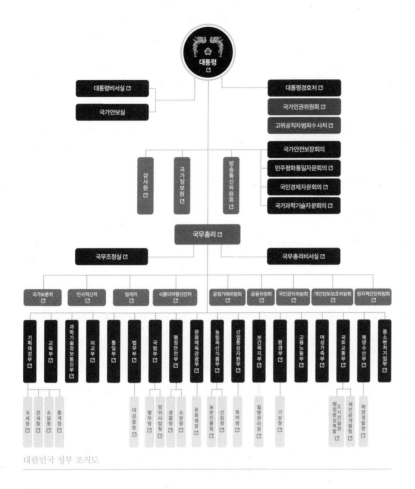

대한민국 정부 조직도

라 승진할 수 있다. 관료제 조직에서 채용과 승진은 기본적으로 정실이나 연고가 아닌 기술적 자질이나 전문성의 보편적 기준에 근거하여 이루어진다. 이것은 일반적으로 시험이나 자격증 등을 통해 증명되어야 한다. 그래서 아무리 인사권자와 친분 관계가 있다고 하더라도 필요한 자격 기준을 갖추지 못하면 채용되거나 승진할 수 없다. 그런데 이렇게 전문성에 의해 채용된 구성원은 자신의 전문영역을 넘어서는 다른 분야의 업무를 익힐 기회를 얻지 못하고, 협소한 부문의 시각에 매몰되어 조직 전체의 입장에서 생각하는 시각을 갖지 못하게 되기 쉽다.

이 외에도 관료제는 조직 내의 업무와 조직 밖의 생활, 일터의 생활과 가정의 생활이 엄밀히 분리되며, 조직의 물질적 자원을 특정 개인이 소유할 수 없다는 특성이 있다.

오늘날 관료제적 조직 유형은 국가의 행정조직에 머무르지 않고 기업을 비롯한 여러 조직으로 확산되고 있으며, 특히 거대조직들이 업무의 효율적 수행과 체계적 관리를 위해 관료제 조직 유형을 채택하고 있다.

관료제의 문제점

베버는 관료제가 합법적 지배를 위해 최적화된 합리적·효율적 조직으로 작동하리라고 기대했다. 하지만 현실에서 관료제는 기대한 만큼 항상 합리적이고 효율적인 것은 아니었으며, 여러 가지 문제점을 노출하고 있었다. 베버 역시 관료제가 민주주의와 양립하기 어려우며 다양한 문제를 발생시킨다는 점을 인식하고 있었다. 오늘날 관료제 조직은 베버의 이념형적 정의와 달리 다음과 같은 여러 문제점을 노출하고 있다.

첫째, '목표-수단 전치' 현상이 나타난다. 관료제는 성문화된 규칙에 의한 통제를 추구하는데, 이 규칙은 만약의 사태에 대비하여 필요한 정도 이상으로 더 세밀하게 문서화되어, 가능한 한 모든 상황에 대처하려는 경향이 있다. '목표-수단 전치'는 관료제적 규칙이 목표를 위한 수단이기보다는 목표 자체가 되는 상황에서 일어나며, 목표 달성보다 조직의 생존을 더 중요시하는 결과를 낳게 된다. 규칙을 잘 알고 규칙에 따라 업무를 수행하는 것이 전문성을 인정받고 보수를 받는 기준이 되기 때문에 관료들이 규칙에 과도하게 동조하게 되는 것이다.

둘째, '의례주의'와 '형식주의'가 발생한다. 관료들은 업무를 잘 수행하는 것보다 관료제의 규정과 절차에 따라 정확하게 수행하는 데 익숙해져 있으며, 이것을 흔히 '관료제적 퍼스널리티(bureaucratic personality)'라고 한다. 이처럼 의례적으로 업무를 수행하는 관료들은 일상적인 상황에서는 업무를 잘 처리하지만, 독특한 문제나 비상사태에는 제대로 대처하지 못한다. 특히 업무가 너무 전문화되거나 분절화되어 있는 경우에는 특수한 문제 상황에 직면했을 때 창의적 해결책을 제시하기가 어렵다. 또한 관료들이 이처럼 규정과 절차를 중요시하게 되면 매사에 복잡한 서류를 요구하게 되어 업무 처리의 비효율성이 발생하는데, 이처럼 형식주의에 따라 업무 지연과 낭비가 초래되는 것을 '레드테이프(red tape)' 문제라고 부른다.

셋째, '권력의 집중에 따른 비효율성'이 발생할 수 있다. 관료제의 위계 제도는 대체로 권위를 상층에 집중시킨다. 집중화된 권위는 효율적인 관리를 가능하게도 하지만, 때로는 최상층에 있는 사람들이 자기보호적 행동을 함으로써 조직의 효율성이 떨어지게 된다. 예를 들어 상층관리자는 부하와 외부 사람들에 대한 통제력을 유지하기 위해 정보를 독점하려고 한다. 이것은 정보의 소통을 제약하여 조직의 의사결정이 합리적으로 이루어지기 어렵게 한다. 이렇게 되면 조직 구성원들은 조직의 문제점을 파악하기 어려워져 무력감을 느끼기 쉽고, 특히 조직의 하층부에 있는 사람들은 자신의 실수를 숨기려 한다. 그리고 궁극적으로는 조직의 효율성과 활력이 떨어져 재앙이 닥치게 된다. 작은 소프트웨어 회사에 지나지 않았던 마이크로소프트(Microsoft)가 한때 거대 컴퓨터 회사였던 IBM을 추월할 수 있었던 것도, IBM의 조직구조가 너무 커지고 경직화된 것과 무관하지 않다.

넷째, '변화에 대한 저항'이 발생한다. 관료제 조직은 일단 만들어지면 변화에 저항하는 경향이 생겨, 조직의 개혁이나 제거를 거의 불가능하게 할 뿐 아니라 때로는 그 조직을 더 크게 만든다. 관료제 구성원들은 조직의 규모와 조직의 존속이 서로 관계가 있다고 생각하면서 더 많은 예산과 더 많은 인원, 더 큰 공간을 요구하는 경향이 있다. 성장을 정당화하기 위해 관리자들은 하급관료들에게 점점 더 많은 업무를 부여한다. 결과적으로 '관리자의 수는 해야 할 업무의 중요성이나, 때로는 업무의 유무와 상관없이 출세를 위해 늘릴 필요가 있기 때문에, 공무원의 수는 일정한 비율로 증가하게 된다'는 '파킨슨의 법칙(Parkinson's law)'이 현실화된다.

한편, 현대의 위계적 관료제 조직의 문제점을 지적하는 것으로 '피터의

파킨슨

(1909~) 영국의 역사학자이자 경영 컨설턴트로, 네덜란드 암스테르담에서 파킨슨연구소를 운영하면서 '파킨슨의 법칙'을 제시했다. 『파킨슨의 법칙(Parkinson's Law, and Other Studies in Administration)』(1957), 『정치사상의 진화(The Evolution of Political Thought)』(1959) 등의 저작이 있다.

원리(Peter's principle)'와 '딜버트의 원리(Dilvert's principle)'가 있다. '피터의 원리'는 모든 개인은 자신의 무능력이 드러나는 단계까지 승진하게 되고, 시간이 지남에 따라 모든 직위는 그 업무를 수행하는 데 필요한 능력을 지니고 있지 않은 구성원들에 의해 채워지는 경향을 보인다는 것이다. 이것은 연공서열에 따른 승진체계로 인해 능력과 무관하게 성실한 직원이 승진할 수 있으며, 이를 위해 직원들은 더 열심히 일함으로써 자신의 무능을 감추려 한다는 문제점을 지적한 것이다. 반면에 '딜버트의 원리'는 '피터의 원리'에 대한 역설적 주장인데, 가장 무능력한 직원이 회사에 가장 작은 타격을 입히게 되고, 이에 따라 결국 중간 경쟁 단계를 거치지 않고 가장 먼저 승진한다는 원리이다. 이것은 적극적으로 업무를 수행하면서 조직에 피해를 주는 직원보다 소극적인 태도로 조직에 피해를 주지 않는 직원이 관료제에서 더 능력 있는 사람으로 평가받을 수 있다는 역설적 상황을 지적하고 있다.

네트워크 조직

많은 조직이론가들은 앞으로도 엄격한 위계체계를 지닌 관료제가 지속될 것이라고 생각하지 않는다. 세계화, 정보화 등으로 조직의 환경이 격변하고 있는 세상에서 관료제에 매달리는 것은 파멸적 결과를 가져올 뿐이라고 예측한다. 그 대신에 제안되는 조직은 다운사이징(downsizing)을 통해 인원을 줄이고, 수평적이고 유연한 네트워크(network)를 갖춘 조직이다. 이런 조직은 위계와 기능적 경계가 거의 없는 '네트워크형 조직'이라고 할 수 있다. 네트워크 조직에서는 직위에 따른 고정된 업무가 아니라 상황에 따라 주어지는 '과업'을 중심으로 일이 조직되고, 위계는 더욱 수평적이게 되고, '팀'이 모든 것을 관리하고 목표 달성에 책임을 지며, 팀의 성과가 보수의 기준이 된다. 이들 조직에서는 수익보다 고객 만족으로 성과를 측정하고, 종업원은 공급자와 고객과 정기적으로 접촉하며, 모든 종업원은 의사결정을 효과적으로 하기 위해 필요한 정보를 이용하는 방법을 훈련받을 것으로 기대된다.

수평적 네트워크 조직에서는 층위가 줄어든다. 소수의 상급 관리자들은 재정이나 인사와 같은 지원 역할(supportive roles)을 하겠지만, 그 외의 사람들은 팀을 이루어 제품 개발이나 매출 향상 등 특정 과업을 수행할 것이다. 성과의 목표는 고객의 욕구와의 관련을 중시한다. 보수는 개인의 성과보다 팀의 성과에 의해 결정된다. 이런 조직의 모양은 피라미드가 아닌 압정과 같은 모습이다. 오늘날 대부분의 조직은 수직적 조직과 수평적 조직의 혼합물이지만, 점차 수평적·네트워크 조직에 가까운 조직이 늘어나고 있다. 카스텔(Manuel Castells)은 '네트워크 기업'이 세계화된 정보 경제 시대에 가장 적합한 조직형태라고 주장한다(Castells, 1996). 대기업이든 소기업이든 네트워크의 한 부분에 속하지 않으면 생존이 힘들어진다는 것이다. 정보기술의 성장으로 세계 어느 곳에 있는 조직이든 필요한 상대를 쉽게 찾을 수 있고 서로 협력하여 업무를 조율할 수 있다는 것이다. 이러한 조직의 네트워크화는 전통적 관료제의 해체를 의미한다.

3. 사회영역과 사회조직

사회의 여러 영역에서 결성되고 운영되는 사회집단이나 조직들은 각각의 목적에 따라 특정한 사회영역에서 활동하게 되는데, 이러한 활동영역과 조직의 목적에 따라 집단과 조직의 형태는 상이하다. 그리고 이러한 형태는 사회적 조건과 환경의 변화에 따라 바뀌고 있다. 여기서는 다양한 사회집단과 조직들을 사회영역에 따라 나누어 볼 것이다.

1) 정치 및 행정조직

정치 및 행정조직은 권력을 추구하거나 권력을 집행하는 조직이라고 할 수 있다. 입법부(국회), 사법부(법원), 행정부(정부) 등 국가기구들은 헌법을 비롯한 법에 의거하여 국가권력을 행사하는 조직들이다. 국가기구들은 대체로 관료제 조직으로 구성되어 있다. 특히 행정부는 방대한 행정 업무를 체계적이고 효율적으로 집행하기 위해 관료제 조직을 갖추고 있다. 현대국가에서 행정관료제 조직은 일반적으로 법적인 규정에 따라 조직이 구성되고 또 운영된다.

한편, 정당은 국가권력을 행사하기 위해 집권을 추구하는 정치조직이다. 정치조직은 국회의원 선거나 지방의원 선거에 참여하여 국민이나 지역 주민 다수의 지지를 획득함으로써 국회나 지방의회에서 다수당이 되려고 한다. 그리고 대통령 선거에 참여하여 집권하려고 한다. 민주주의 사회에서 기본적으로 누구나 정당을 결성할 수 있다. 그렇지만 대부분의 나라에서는 정당의 난립을 막기 위해 법률에 의해 일정한 결성 요건을 갖추도록 하고 있다. 그리고 이를 통해 정당은 법적인 지원이나 보호를 받을 수 있다.

2) 경제조직

경제조직은 일반적으로 '영리조직'으로서 경제활동을 통해 이윤을 추구하는 조직이라고 할 수 있다. 재화를 생산하고 서비스를 제공함으로써 이윤을 남기는 회사나 기업이 여기에 속한다고 할 수 있다. 자본주의 사회에서 개인들은 누구나 영리활동을 위해 회사나 기업을 조직할 수 있다. 그렇지만 회사나 기업도 공정한 영리활동을 하도록 일정한 법적 요건을 갖추게 하고 있다.

회사나 기업은 규모가 클수록 관료제적·위계적·수직적 조직을 형성하고 있는 경우가 많다. 오늘날 분업화된 업무, 위계서열 체계, 문서화된 규칙, 채용과 승진의 공식적 기준 등을 지닌 대규모 회사조직 또는 기업조직도 행정조직과 마찬가지로 관료제라 불린다. 회사조직은 업무에 따라 생산조직과 사무·경영조직으로 구분할 수 있는데, 이들은 노동생산성을 향상하거나 시장 환경의 변화에 능동적으로 대처하기 위해 조직 혁신을 추구하고 있다.

관료제의 문제점은 이미 1950년대부터 지적되었으며, 회사나 기업에서는 더 바람직한 조직형태를 찾으려는 노력이 많이 있었다. 그러나 관료제 조직에 대한 대안적 조직의 구체적 탐색은, 1980년대에 들어와서 '일본식 경영'으로 생산된 몇몇 주요 제품이 미국을 비롯한 서구세계 시장을 장악하면서 본격화되었다.

일본식 경영조직

1972년의 제1차 석유파동 이후 일본의 소형차들이 미국에 대량으로 진출하게 되는데, 처음에는 연료를 많이 소비하는 미국의 대형차들에 비해 일본의 소형차들이 연료를 절약하고 경제적이기 때문에 더 많이 팔리는 것이라고 생각되었다. 그러나 석유위기가 해소되고 미국 자동차 업체들도 소형차에 주력했는데도 일본 자동차들이 더 많이 팔렸다. 그리하여 일본 제품이 경쟁력 우위를 점하는 이유에 관심을 기울이게 되면서 '일본식 경영방식'에 주목했다. 흔히 일본식 경영의 요체로는 종신고용제, 품의제도(稟議制度)에 의한 의사결정, 생산현장에서의 개선과 적시(適時)생산체제 등을 지적한다.

적시생산체제

시장에서의 수요 변화에 맞춰 적기에(just in time: JIT) 상품을 생산·공급함으로써 생산의 유연성을 높이고 재고를 최소화하는 생산방식을 의미한다.

종신고용제

한동안 많은 일본 대기업이 수습기간이 끝난 종업원들에게 종신고용을 보장했다. 미국인들은 수년마다 직장을 옮기는 반면에 일본인들은 평생 한 회사에서 근무했다. 미국에서는 더 나은 보수나 직위를 찾아서 회사를 옮기는 것을 쉽게 볼 수 있지만, 일본인들은 그런 행태를 못마땅하게 보았다. 미국에서는 재정적 문제가 생기면 종업원을 해고하는 경우가 많으며 그래도 경영자들은 보너스를 받지만, 일본에서는 일단 노동자들을 해고하기보다 다른 부서로 재배치하며 오히려 경영자들의 보수를 낮춘다. 일본에서는 최고경영자층과 현장 노동자 간의 보수 차이가 미국에 비해 훨씬 적다. 일본식 경영을 주창하는 사람들에 따르면 이런 고용 관행은 노동자들의 강한 충성심과 높은 생산성을 낳는다.

품의제도와 상향식 의사결정

　일본식 경영의 차이는 고용 관행에만 국한되는 것은 아니다. 일본식 경영에서 현장 노동자들은 생산방식 개선에 가장 핵심적인 존재이다. 현장 노동자들이 생산과정의 문제점을 찾아서 개선 방안을 제안하는데, 이때 개선 방안을 담아서 제출하는 서류양식을 '품의서'라고 한다. 일본의 주요 기업에서는 1년에 수만 건의 제안이 제출되며 이 중 어떤 제안은 도입되어 비용을 절감하고 생산성을 높이는 데 크게 기여한다. 개별 노동자들은 제안도 많이 하고 높은 성과를 올리도록 독려받지만, 보수의 기준은 개인이 아닌 팀의 성과로 정해진다. 작업집단은 흔히 하나의 팀으로써, 문제를 해결하고 제품의 질을 높이는 현장 작업지와 한두 명의 관리자로 구성된 '품질관리집단'으로 운용된다. 품질관리집단은 정기적으로 모임을 하여 작업 성과와 방식 및 조건에 대해 토론한다.

　사무실에서도 품의제도가 운영되는데, 대부분의 주요한 결정은 위계의 하층부에서 제안되어 최상층으로 올라가는 형식(상향식, bottom-up)을 취한다. 거의 모든 의사결정이 위에서 이루어져서 아래로 전달되는(상명하달식, top-down) 서구와는 다른 방식이다. 일본의 관리자들은 회사의 여러 부서를 옮겨 다니며 일을 배우고 기업의 여러 부분이 어떻게 움직이는가에 대한 기술적 지식을 얻게 되는 반면, 미국에서는 각 업무가 매우 전문화되어 있다. 공장노동자의 경우에도 일본에서는 다기능공을 육성하는 경향이 강한 데 비해 미국에서는 한두 개의 전문적인 업무만을 맡도록 훈련받는다.

세계화와 일본식 경영 모델의 쇠퇴

　일본식 품의제도와 같은 유연한 조직형태는 사실 1920년대 미국의 벨 연구소에서 시작되었다. 제2차 세계대전 이후에 미국의 통계학자인 데밍(W. Edwards Deming)의 지도를 받아서 품질경영이 시도되었고 제도화된 것이다. 그리고 이것이 일본의 품의제도에 영향을 주었다. 흔히 미국과 일본의 경영방식 차이를 개인보다 집단을 강조하는 일본 문화에서 찾기도 하지만, 일본에서는 미국에 비해 경영층과 말단 노동자들 사이에 적대감이 훨씬 약하며 보수의 차이도 적다는 것이 더 중요하다.

미국에서 일본식 경영을 도입하려는 시도가 있었지만 성공 사례를 찾기는 쉽지 않다. 게다가 일본 내에서도 1990년대 이후 세계화의 지속적인 진전에 따라 세계적 수준에서 경쟁이 치열해지고, 불황이 오래 지속됨에 따라 일본식 경영을 유지하기가 어렵게 되고 있다. 많은 공장이 폐쇄되고 재배치를 받을 자회사도 사라져 종신고용의 관행도 깨지고 있다. 또한 일본식 모델에도 노동자들에게 기업에 대한 통제권을 주는 것은 아니며, 노동자들은 자신의 일에 대해서는 나름대로 통제력을 가지지만 경영자가 세워놓은 생산 목표는 여전히 준수해야 할 절대적인 목표이다.

결국 일본식 기업조직 모델도 노동강도 강화를 통한 생산성과 효율성 향상과 이윤 증대라는 기업활동의 궁극적 목표에서 벗어날 수 있는 것은 아니며, 실제로 세계화와 정보화에 따라 세계시장 환경이 변화하면서 일본에서도 조직 혁신이 일어나 네트워크 조직의 확산과 노동시장의 비정규직화가 이루어지고 있다.

3) 시민사회조직

현대 민주주의 사회는 기본적으로 '결사의 자유'를 인정하고 있으며, 이에 따라 시민사회에서는 다양한 사회집단과 조직이 생겨나거나 사라지고 있다. 시민사회조직은 그 특성상 기본적으로 정치·행정조직처럼 직접적인 정치권력을 추구하거나 경제조직처럼 시장권력과 영리를 추구하지 않는다. 물론 경우에 따라서는 시민사회조직이 정치조직이나 경제조직으로 전환되기도 한다. 예를 들어 환경운동단체가 녹색당으로 전환하기도 하고, 직능단체가 직접 영리활동에 나서기도 한다. 한편, 시민사회조직은 기본적으로 개인들의 의지에 따라 자유롭게 결성하거나 해체할 수 있다. 그래서 시민사회조직은 다양한 목적과 형태를 보인다.

비정부조직과 비영리조직

시민사회조직은 크게 보아 정부나 시장과의 관계에 따라 비정부조직 (NGOs: non-governmental organizations)과 비영리조직(NPOs: non-profit organizations)으로 분류할 수 있다. 비정부조직은 정부조직에 속하지 않는 시민사회조직으로서 주로 시민사회를 통치하는 행정권력을 감시하고 비판하는 기능을 한다. 비영리조직은 영리조직에 속하지 않는 시민사회조직으로서 주로 이윤을 추구하는 시장권력을 감시하고 비판하는 기능을 한다. 그런데 현실적으로 두 시민사회조직은 모두 공익(public interests) 또는 공공선(public good)을 추구하면서 행정권력과 시장권력 양자를 감시하고 견제하는 기능을 한다는 점에서 서로 유사한 조직이다.

시민사회조직의 다양성

시민사회조직은 결성의 목적에 따라 친목단체, 이익단체, 종교단체, 사회운동단체, 서비스 조직, 생활공동체 조직, 생활협동조합 조직 등으로 다양하게 분류되며 조직의 형태도 다양하다.

'친목단체'는 회원들이 서로의 친목을 위해 참여하고 교류하는 것 자체를 추구하는 단체이다. '이익단체'는 직접적으로 영리활동을 하는 것은 아니지만 공동의 이익을 위해 결성된 단체이다. '종교단체'는 특정한 종교를 믿는 사람들이 종교활동을 하기 위해 모인 단체이다. '사회운동단체'는 특정한 사회문제의 해결에 관심을 둔 시민들이 모여 법적·제도적 개혁을 위한 직접적 행동을 지향하는 단체이다. 사회운동단체의 활동은 사회문제의 정치적 해결을 추구한다는 점에서 정치활동의 성격을 지닌다. '서비스 조직'은 공공서비스와 달리 시민들의 자발적 참여로 자원이나 서비스 인력을 조직하여 시민 대중에게 문화서비스나 복지서비스를 제공하는 조직이다. '생활공동체 조직'은 일반적으로 생산수단을 공유하고, 자치 및 상호부조 조직을 가지며, 경제적으로 자급자족을 추구하는 공동체 조직이다. '생활협동조합 조직'은 생산자들이나 소비자들이 경제적 이득이나 생활문화 향상을 목적으로 생산물의 판매나 구매 사업을 공동으로 벌이는 협동조합 조직이다.

생활공동체 조직

시민사회조직은 정부나 기업의 관료제 조직과 달리 자발적으로 형성되므로 위계적으로 운영되기보다는 합의나 동의에 의해 운영되는 경우가 많은데, '생활공동체(commune) 조직'이 대표적이다. 생활공동체는 목표나 가치를 공유하는 사람들이 자발적으로 선택하여 참여하는 조직이다. 여기에서는 위계를 없애고, 많은 지위와 업무를 돌아가면서 맡고, 효율보다는 서로의 인간관계 증진을 우선한다. 민주주의적 실천에 더 관심을 두며, 그래서 '과두제의 철칙'의 덫에 빠지지 않으려고 한다. 또한 조직 성원 간의 보수의 차이는 최소화하려고 한다. 이런 생활공동체 조직의 대표적인 예로, 이스라엘의 키부츠(Kibbutz), 우리나라의 두레와 각종 신앙공동체를 들 수 있다.

생활공동체는 조직의 규모가 커지거나, 또는 많은 시간이 지나면서 결성 초기의 원칙들이 계속 지켜지지 않는 경우가 많다. 조직 규모가 커지면서 관료제적 경향을 낳기도 하고, 공동체적 가치를 공유하면서도 효율적 조직관리 능력을 갖춘 사람을 지속적으로 확보하는 데 어려움을 겪기도 한다. 이스라엘의 키부츠만 하더라도 이제는 거의 다 해체되어 다른 지역사회와 별다른 차이를 보이지 않게 되었다. 그러나 공동체의 해체가 꼭 조직 자체만의 이유로 일어나는 것은 아니다. 어쩌면 공동체적 조직에 대한 실험을 가능하게 했던 20세기 초의 우호적이었던 환경이, 오직 경쟁만을 강조하는 신자유주의가 우세한 환경으로 바뀐 것이 더 큰 이유일 수 있다. 오늘날 생활공동체 조직이 살아남기 어려운 상황이 지속되고 있지만, 여전히 세계 곳곳에서 다양한 실험이 이어지고 있다.

생활협동조합 조직

생활협동조합은 공동체적 가치를 추구한다는 점에서 '생활공동체'와 유사하지만 공동체 생활을 하기보다는 독립적인 생산자들이나 소비자들이

키부츠

키부츠는 기본적으로 이스라엘 집단농장의 한 형태이다. 철저한 자치조직에 기초를 둔 생활공동체로서, 구성원들은 사유재산을 가지지 않고 토지는 국유로, 생산 및 생활용품은 공동소유로 하며, 구성원의 전체 수입은 키부츠에 귀속된다. 주거는 부부 단위로 할당되고, 식사는 공동식당에서 제공되며, 의류는 계획적인 공동구입과 공평한 배포 등을 통해 제공된다. 아이들은 18세까지 부모와 별개의 집단생활을 하며, 자치적으로 결정된 방침에 따라 집단교육을 받는다.

각 키부츠의 구성원은 60~2000명으로 일정하지 않으며, 가입과 탈퇴는 자유롭다. 1909년 시오니즘운동 중에 생겨난 뒤로 지속되어 2010년 현재 270여 개의 키부츠가 운영되고 있다.

현재 키부츠는 농업에서 제조업으로 확산되고 있는데, 1980년대에 사회주의가 퇴조하면서 민영화와 사유재산제를 부분적으로 도입하고 있다.

판매나 구매를 공동으로 관리하면서 생활을 개선하려는 협동조합 형태의 조직이다. 우리나라에서도 지역에 생산협동조합과 소비협동조합이 결성되어 공동체적 가치를 추구하면서 생활을 공동으로 개선해 가고 있다.

이러한 형태의 조직의 대표적 예로는 몬드라곤 협동조합 그룹이 있다. 몬드라곤은 스페인 바스크 지방의 소도시이자 협동조합 그룹의 이름이다. 이 그룹은 몬드라곤에 본사를 두고 있는데, 1956년 5명으로 시작한 소규모의 사업체가 2010년에는 4개 대륙에서 10만 명의 노동자를 고용하는 대기업으로 성장했다. 몬드라곤은 '자본주의의 이기성과 사회주의의 비효율성'을 함께 극복하는 실험장으로서 세계의 주목을 받아왔다. 몬드라곤 그룹은 노동이 자본을 통제하는 기업, 일하는 사람들이 똑같이 1표씩의 권한을 행사하면서 이익과 손실을 나누는 기업, 공동 의사결정의 민주주의 원칙을 고수하면서 효율성과 생산성을 함께 추구하는 기업을 지향한다.

몬드라곤은 기본적으로 생활협동조합 조직이지만, 영리활동을 하고 있다는 점에서 시민사회조직이자 경제조직이라고 할 수 있다. 이와 유사한 조직으로는 '노동자 자주관리 기업'이 있다. 노동자들이 공동으로 투자하고 공동으로 경영하여 이윤을 균등하게 배분하는 생산협동조합이자 기업조직이라고 할 수 있다. 우리나라에서는 2006년에 도산한 버스업체를 노동자들이 공동으로 인수하여 설립한 '진주시민버스'가 대표적인데, 이 외에도 청주, 대구, 진주 등에서 몇몇 시내버스 업체의 노동자 자주관리 실험이 계속되고 있다.

4) 지구적 조직

세계화가 진행됨에 따라 한 나라 안에서 해결하기 어려운 지구적 사회문제가 생겨나면서 여러 국제적·지구적 조직이 결성되고 있다. 유엔(UN), 세계무역기구(WTO: World Trade Organization), 국제부흥개발은행(세계은행, IBRD: International Bank for Reconstruction and Development), 국제통화기금(IMF: International Monetary Fund) 등의 정부 간 조직(IGO: Inter-Governmental Organization)은 각국 공식대표를 중심으로 결성되어 오래전부터 활동해 왔다. 또한 세계경제포럼(WEF: World Economic Forum), 국경없는의사회(MSF: Médecins Sans Frontières), 그린피스(Green Peace), 세계사회포럼(World Social Forum) 등 지구적 시민사회조직 또는 지구적 비정부조직(global NGOs)도 결성되어 다양한 활동을 펼쳐왔다.

지구적 비정부조직 중에는 세계경제포럼처럼 각국의 지배세력이 중심이 되어 세계경제에 대한 여론을 주도함으로써 각국의 경제정책이 자신들의 이익에 유리하게 결정되도록 영향을 미치려는 조직도 있지만, 대체로 정부 간 조직들을 감시하거나 견제하기도 하고, 시민사회 차원에서 지구적 환경문제, 빈곤문제, 인권문제 등을 해결하기 위해 자발적으로 활동하는 조직이 많다. 특히 선진국 중심의 주요 정부 간 기구들과 세계경제포럼과 같은 일부 지구적 비정부조직들이 신자유주의적 세계화를 주도해가면서, 선진국 중심의 일방적 세계화와 신자유주의적 세계시장 통합에 반대하는 지구적 비정부조직들을 중심으로 반세계화운동이 활발하다.

세계경제포럼

1971년에 의해 만들어져 독립적 비영리재단 형태로 운영되고 있으며, 저명한 기업인, 경제학자, 저널리스트, 정치인 등이 모여 세계경제에 대해 토론하고 연구하는 국제민간회의이다. 본부는 제네바에 있다. 1981년부터 매년 1~2월 스위스의 고급 휴양지 다보스에서 회의를 하기 때문에 '다보스포럼'이라고 불린다. 지배층 중심이라는 비판에 따라 2001년부터 NGO 인사들을 초청하고 있으며, 연차총회 외에 지역별·산업별 회의를 운영하면서 세계무역기구(WTO)나 '선진국 정상회담'에 큰 영향력을 미치고 있다.

세계사회포럼

2001년 1월에 열린 세계경제포럼(다보스포럼)과 때를 맞추어 브라질 포르투알레그레에서 제1회 포럼을 개최한 이후, 해마다 다보스포럼과 같은 시기에 열린다. 세계화를 지향하는 선진국 중심의 국제회의인 세계경제포럼을 비판하면서, 세계화에 반대하는 각국의 정치인, 시민운동가, 노동운동가, 학자 등이 참여한다.
부의 집중, 빈곤의 세계화, 지구의 파괴를 앞당기는 다보스포럼을 중단시키는 것이 주요 활동 목표이며, 국제인권연맹, 국제사면위원회, 그린피스 등 국제 NGO들이 함께하고 있다.

이야깃거리

1. 사람들 사이의 상호작용이나 관계에는 어떠한 유형들이 있는지를 알아보고, 왜 이러한 유형의 상호작용들이 생겨나는지 토론해 보자.

2. 사회집단이나 조직에서 활동하는 개인이 집단이나 조직과 어떤 관계를 맺는 것이 바람직한지 토론해 보자.

3. 리더십의 여러 유형에 대해 알아보고, 사회집단이나 조직의 특성에 따라 바람직한 리더십 유형은 어떤 것인지 토론해 보자.

4. 사회집단이나 조직을 분류하는 다양한 기준에 대해 살펴보고, 사회집단이나 조직의 변화를 설명하는 데 이러한 분류들이 지니는 의미에 대해서 토론해 보자.

5. 조직적 일체성을 중요시하는 검찰 조직에서 일반 국민의 이익과 배치되는 조직적 결정이 이루어질 때 검사 개인들은 어떠한 행동을 취할 것으로 기대할 수 있는지 생각해 보자.

6. 관료제 조직의 장단점을 알아보고, 일본식 경영조직과 네트워크 조직 등 그 문제점을 해결하기 위한 방안들에 대해 토론해 보자.

읽을거리

『관료제』
베버(M. Weber) 지음 / 이상률 옮김 / 2018 / 문예출판사

『조직사회학』
유홍준 지음 / 2014 / 성균관대학교출판부

『사회 안의 조직, 조직 안의 사회』
한준 지음 / 2022 / 다산출판사

『협동조합은 어떻게 세상을 바꾸는가』
레스타키스(J. Restakis) 지음 / 김진환·이세현·전광철 옮김 / 2017 / 착한책가게

대중문화와 일상생활

고급문화, 민중문화, 대중문화, 이데올로기, 문화제국주의, 문화산업, 문화의 상품화, 여가의 상품화, 소비사회, 문화로서의 소비, 과시적 소비, 소비의 균등화와 차별화, 구별짓기, 문화자본, 취향의 자연화, 포스트모더니티

인류는 처음부터 늘 생산할 뿐만 아니라 소비하며 생존해 왔고 또 문화를 만들고 즐기며 살아왔다고 할 수 있다. 하지만 오늘날의 소비와 문화는 과거와 질적으로 달라졌고 다양해졌다. 생산력이 발달하면서 다양한 제품들이 생산되어 물질적 풍요를 누리고 있고, 여가시간도 늘어났다. 대중매체와 인터넷이 발달하면서 다양한 문화 콘텐츠들이 만들어지고 있고 문화를 즐기는 방식도 다채로워졌다. 시각적·정신적 만족을 주는 각종 공연, 오락, 놀이, 관광, 스포츠, 게임, 영상 등 문화상품 및 서비스의 생산과 소비 공간이 확대되면서 과거에는 누릴 수 없었던 다채로운 문화생활이 가능해졌다. 또한 전통적 대중매체인 신문, 잡지, 책, 텔레비전, 비디오를 넘어서 태블릿 PC, 스마트폰 등 각종 스마트 기기들이 생겨났고, 케이블TV, 위성방송, 이동통신, 인터넷 서비스와 유튜브(YouTube)를 비롯한 다양한 정보공유 인터넷 플랫폼이 등장하면서 현대인의 문화생활은 네트워크를 통한 다양한 정보의 유통과 소통으로 채워지고 있다. 그렇다면 사람들은 일상의 소비와 문화에서 만족감을 느끼고 또 사람들과의 소통에서 삶의 의미를 찾으며 살아가고 있는 것일까?

1. 문화의 개념적 이해

1) 문화인류학에서의 문화

문화 개념의 어원

오늘날 '문화'라는 말은 다양한 맥락에서 다양한 의미로 사용되고 있다. 영어에서 'culture'는 '문화'라는 의미 외에도 '경작하다'라는 의미가 있는데, 그 어원은 라틴어의 'colere'이다. 이것은 예전에 '토지를 경작한다 (cultivate)'라는 의미로 사용되었지만, 18세기경부터 정신을 경작한다는 의미로도 사용되기 시작했다. 그래서 문화는 '정신의 계발'이라는 맥락에서 주로 '정신문화'를 의미하게 되었는데, 이런 맥락에서 '문화인'은 '정신적으로 계몽된 인간'을 말한다(노길명 외, 1998).

이러한 용법은 문화진화론의 시각에서 계몽의 수준에 따라 '문화인'을 '미개인'이나 '야만인'과 구별하려는 의도로도 사용되었다. 특히 유럽의 선진국들이 식민화 과정에서 아프리카 등 미개발 지역의 사람들과 접촉하면서 물질적·정신적인 능력의 차이를 강조하기 위해 '정신적 계발'이라는 의미를 강조했다. 한편, 정신적 성격을 띠는 '문화'와 구별하여 물질적 발전을 의미하는 '문명(civilization)' 개념을 사용하기도 하며, '미개'나 '야만'과 구별되는 의미에서 둘을 동의어로도 사용한다.

생활양식의 총체로서의 문화

초기 문화인류학은 진화론적 사고에 의해 주도되었다. 하지만 문화를 진화 단계로 구분하려는 시각이 현지 조사에 참여한 문화인류학자들로부터 비판받기 시작하면서, 문화 개념을 재정의하려는 시도들이 이어졌다. 타일러(Edward B. Tyler)는 "문화 또는 문명이란 지식, 신앙, 예술, 법률, 도덕, 풍속 등 사회의 구성원으로서 인간이 획득한 능력과 습관의 총체"라고 정의한다. 이렇게 보면, 문화는 이제 정신문화에 국한되는 것이 아니라 '자연'과 대비되는 의미에서 인류가 후천적·인위적으로 이루어놓은

타일러

(1832~1917) 영국의 인류학자로, '인류학의 아버지'라고 불린다. 진화론적 관점에서 원시문화를 비교연구했다. 주요 저서로는 『원시 문화(Primitive Culture)』(1871)가 있다.

생활양식과 상징체계를 총칭하는 것이 된다.

문화인류학에서 문화를 연구하는 관점은 크게 '유형론·통합체론의 관점'과 '맥락론의 관점'으로 구분된다. 유형론적 관점은 문화의 보편적 측면을 강조하면서 추상적으로 통합된 이미지를 문화로 규정한다. 그래서 이러한 이미지에 내재한 심층적인 규칙이나 질서를 이해하고 파악해 내는 작업을 중요시한다. 반면 맥락론적 관점에서는 일상생활에서 나타나는 구체적 삶의 모습에 관심을 둔다. 그래서 맥락적이고 상황적인 다양한 일상생활 문화를 연구하려고 한다. 전자를 대표하는 학자들로는 크로버(Alfred L. Kroeber), 베니딕트(Ruth Benedict), 레비스트로스(Claude Lévi-Strauss) 등이 있고, 후자를 대표하는 학자들로는 보아스(Franz boas), 사피어(Edward Sapir), 말리노프스키(Bronisław Malinowski), 기어츠(Clifford Geertz) 등이 있다. 문화는 보편적인 면과 맥락적이고 특수한 면을 모두 지니므로 두 가지 관점에서 종합적으로 이해할 필요가 있다(노길명 외, 1998; 무어, 2016).

2) 문화진화론과 문화상대주의

진화론적 시각

계몽사상가 몽테스키외(Charles Montesquieu)는 『법의 정신(De l'esprit des lois)』(1748)에서 인류사회의 발전단계를 야만(수렵사회), 미개(유목사회), 그리고 문명으로 분류했다. 이후 인류학자 타일러는 『원시문화(Primitive Culture)』(1871)에서 "문명인은 야만인보다 현명하고 유능할 뿐만 아니라 …… 미개인은 그 중간에 위치한다"라고 썼다. 그리고 모건(Lewis Morgan)은 『고대사회(Ancient Society)』(1877)에서 인류발달사를 야만시대-미개시대-문명시대로 나누면서 기술, 가족제도, 친족형태, 종교 등에서 진화 단계의 차이를 규명하려고 했다. 예를 들어 혼인형태는 야만 단계의 난혼(집단혼)이나 형제자매집단혼에서, 미개 단계의 일부다처제, 문명 단계의 단혼제(일부일처제)로 진화했다고 주장했다. 하지만 이후 난혼이나 형제자

레비스트로스

(1908~2009) 프랑스의 문화인류학자. 소쉬르의 구조언어학의 영향을 받아 이 방법론으로 집단 간의 혼인 시스템이나 신화 구조를 해명하는 데 관심을 기울였다. 『친족의 기본구조(Les Structures élémentaire de la parenté)』(1946), 『슬픈 열대(Tristes Tropique)』(1955) 등의 저작이 있다.

말리노프스키

(1884~1942) 폴란드 태생의 영국 인류학자로, 기능주의 연구 방법을 창시하여 문화를 상호 관련된 하나의 통합적 전체로 연구하고자 했다. 주요 저서로는 『미개사회에서의 범죄와 관습(Crime and Custom in Savage Society)』(1926) 등이 있다.

매집단혼은 어떤 자료로도 실증되지 못했다(무어, 2016).

초기 문화진화론은 문화는 더 나은 단계로 진보하며, 진보의 방향은 단선적이라고 보았다. 특히 인류는 '정신적 통일성(psychic unity)' 또는 동질성이 있어서 어느 사회나 똑같은 단계를 밟아서 문명사회로 진화하게 될 것이라고 주장했다. 진화론적 사고는 비서양 사회와 접촉하기 시작한 초기 서양인들이 비서양 사회를 주술적·감정적 사고에 기초한 미개사회로 생각하면서 자신들의 문화는 과학적·합리적 사고에 기초한 진화된 것이라고 생각한 데서 비롯되었다. 초기의 문화인류학자들도 이러한 진화론적 시각을 공유하고 있었다.

서양의 자민족중심주의와 진화론 비판

진화론은 비서양 사회의 문화를 열등한 미개문화라고 본다. 이러한 시각은 '서양중심주의', '백인중심주의', '기독교중심주의'와 같이 서양 문화의 우월성을 주장하면서 타 문화를 열등하거나 비합리적인 것으로 생각하는 경향이 있는데, 이것을 '자민족중심주의(ethnocentrism)'라고 한다.▼

20세기에 들어서 문화인류학자들이 비서양 사회에 관한 현지조사와 참여관찰을 하면서 진화론의 문제점이 밝혀지기 시작했다. 라첼(Friedrich Ratzel) 등의 '문화전파주의'는 지리적으로 떨어져 있는 서로 다른 지역들이 유사한 문화요소를 가지고 있는 것은, 인류의 '정신적 통일성' 때문이 아니라 문화전파로 인한 것임을 실증적으로 보여주었다. 보아스는 맥락론의 관점에서, 문화현상은 그 존재의 맥락이나 환경 속에서 조사해야 그 문화의 진정한 위치와 의미를 알 수 있다고 주장했다.

한편, 기능주의의 시각을 강조한 말리노프스키와 래드클리프브라운(Alfred R. Radcliffe-Brown) 등은 사회의 관습, 전래 행사, 제도, 문화 등의 요소들은 서로 지지하면서 하나의 통합체를 형성한다고 주장했다. 이에 따라 그들은, 개별적 문화 요소의 유사성에 주목하여 진화의 단계를 판단하려는 사고방식은 그 문화 요소가 서로 다른 사회제도들 속에서 행하는 기능의 차이를 이해하지 못한다고 비판했다(무어, 2016).

▼ 자민족중심주의는 진화론적 관점에서 '계몽적 식민주의'로 이어지기도 한다. 서양 제국주의자들은 비서양 사회를 식민지로 만들 때, 그들이 비서양 사회의 사람들을 계몽하고 구원한다고 생각했다. 식민지를 만들 때 제국주의자들이 군대와 함께 사제를 보냈다는 사실은 이러한 인식을 잘 보여준다. 그들은 신의 계시에 따라 먼저 계몽된 자신들이 식민지 사람들을 문명화해야 하는 '사명'을 띠었다고 생각했다. 하지만 이는 문화적 다양성을 부정하고 다른 문화를 편견을 갖고 바라보는 태도이다. 롤랑 조페(Roland Joffé) 감독이 제작한 〈미션(The Mission)〉(1986)이 이러한 태도를 보여준다는 해석도 있다.

문화전파주의와 기능주의의 연구 성과와 주장들은 문화진화론을 비판하면서 문화상대주의를 정당화하는 중요한 근거가 되었다. 문화상대주의는 학설이나 이론이라기보다는 문화인류학을 의미 있게 하는 세계관이며, 타 문화를 연구하는 인류학자들이 가져야 할 기본적 태도가 되었다. 문화진화론에 기초하여 등장한 인종론은 서양의 식민 지배를 정당화하는 이데올로기가 되었는데, 이에 대해 강하게 반대한 문화인류학자가 바로 보아스였다. 그는 "각 문화는 하나의 통합체를 이루고 있으며, 문화의 개별 요소는 다른 요소들과 관련해서 이해되어야 한다"라고 말하면서, 다양한 문화들은 각각의 존재 가치가 있다고 주장했다. 문화상대주의는 문화의 다양성과 동등성을 인정하면서 자민족중심주의의 독선적 시각을 비판했다.

'문화상대주의'는 각각의 문화는 나름대로 독특한 가치를 지니고 있으며, 이러한 차이와 상대성을 인정하고 존중해야 한다는 관점이다. 예를 들어 인도인들은 돼지고기를 먹고 쇠고기를 먹지 않지만, 유대인들은 쇠고기를 먹고 돼지고기를 먹지 않는다. 서양인들은 키스나 포옹을 친밀감의 표현으로 여기며 즐겨 하지만, 한국인들은 이런 행동을 어색해 한다. 이것은 각각의 사회적 환경과 맥락에 따라 차이가 있는 것이지 어느 것이 옳거나 그르다거나, 더 우월하거나 열등하다고 평가할 근거는 없다.

문화의 상대성을 이해하려면 무엇보다도 '비교론적 시각'이 필요하다. 비교론적 시각은 서로 다른 두 민족이나 지역 문화 간의 유사성과 차이를 분석함으로써 보편성과 특수성을 밝히려는 학문적 관점이다. 이러한 비교론적 시각은 자기 문화의 특징을 더 잘 이해할 수 있을 뿐만 아니라 다른 문화에 대한 이해의 폭도 넓혀준다.

한편, 기능주의 이론은 '총체론적 시각'에서 진화론을 비판한다. 인간의 문화는 다양한 요소로 구성되어 있어서, 개별 문화 요소의 의미는 다른 문화 요소들과의 전체적인 연관성 속에서 이해하지 않으면 제대로 해석해 내기 어렵다. 예를 들면 인도인들은 굶주려도 소를 잡아먹지 않는데, 이러한 식문화를 이해하려면 인도의 종교와 농경생활을 이해해야만 한다.

많은 인도인이 믿고 있는 힌두교는 소를 성스러운 존재로 생각한다. 그리고 이러한 종교적 의미 부여는 소가 농경생활과 일상생활에 여러 가지로 유용하다는 점과 연관되어 있다.

한편, 문화상대주의는 차이와 다양성을 인정하는 관용적인 태도를 보여주기는 하지만, 지나친 상대주의는 부정적인 결과를 낳을 수도 있다. 예를 들어 성폭행을 당한 여성을 집안의 명예를 더럽혔다며 가족들이 생매장하거나 돌팔매질로 살해하는 이슬람 문화권의 '명예살인'과 같은 문화를 문화상대주의의 관점으로 용인하기는 어렵다. 이처럼 인권을 침해하거나 인간에게 고통을 주는 생활관습이나 제도에 대해서도 문화의 상대성을 내세워 인정하고 존중해야 한다고 주장하는 것은 타당하지 않다. 문화상대주의란 모든 문화의 특수성을 인정하고 이해하자는 의미이지, 비인간적인 문화까지 용인하자는 의미는 아니다.

3) 문화의 속성

문화는 사회 속에서 형성되는 것으로서 자연적인 것, 본능적인 것, 개인적인 것 등과 구별되는 속성이 있다. 첫째, 문화는 사회나 집단 속에서 학습되고 축적되어 전승된다는 점에서 '학습성'과 '축적성'이 있다. 둘째, 문화는 어떤 사물이나 행위에 상징적인 의미를 부여함으로써 의사소통을 가능하게 하는 상징체계 또는 의미체계를 제공한다는 점에서 '상징성'이 있다. 셋째, 문화는 특정 개인에 국한된 것이 아닌 다수 사회구성원이 공유하는 규칙, 규범, 가치를 통해 사회적 교류와 소통을 가능하게 한다는 점에서 '공유성'이 있다.

한편, 문화에는 근친상간의 금기, 예술, 춤, 노래, 오락, 선물 교환 등과 같이 인류에게 공통으로 나타나는 특성이 있는데, 이런 점에서 문화는 '보편성'을 가진다고 할 수 있다. 그런데 이러한 보편적 문화 요소들도 구체적인 모습에서는 다양성을 띤다. 예를 들어 근친상간의 금기도 그 범위는 나라마다 다르다. 일본에서는 사촌 간의 결혼이 허용되지만, 한국에서는

힌두교

힌두는 인더스강의 산스크리트어 명칭인 '신두'에서 유래한 것으로 '인도'와 어원이 동일하다. 아리안 계통의 고대 브라만교가 토착신앙과 융합된 후에 불교의 영향을 받아 오랜 기간 형성되어 온 힌두교는 다양한 신화·전설·의례·제도·관습을 통합하고 있으며, 소를 신성한 동물로 숭배한다. 힌두교의 근본 경전은 『베다』, 『우파니샤드』이고 그 외에 『브라마나』, 『수트라』 등이 있는데, 모두 종교적·사회적 이념의 원천이 되고 있으며 특징적인 사상은 윤회(輪廻)와 업(業), 해탈(解脫), 도덕행위, 경건한 신앙 등이다. 특히 브라만(제사장), 크샤트리아(귀족층), 바이샤(평민), 수드라(노예) 등 4신분으로 구성된 '카스트 제도'는 종교적 기능을 하는 중요한 사회제도이다.

필요는 발명의 어머니?

사람들은 흔히 '필요는 발명의 어머니'라는 말을 한다. 이 말은 생활상의 불편이나 불만을 계기로 더 편리하고 효율적인 어떤 것을 필요로 하는 욕구가 생기는데, 이것이 발명을 가능하게 한다는 것이다. 그런데 모든 발명이 인간의 필요에 의해 이루어졌다고 보기는 어렵다. 오늘날 새로운 물질이나 요소의 발명은 필요보다도 발명이 가져다주는 정신적 만족 같은 것들로 인해 이루어지기도 한다. 이러한 과정은 직업적 강제나 문화적 맥락 등과도 연관되어 있다. 예를 들어 자본주의적 경쟁 속에서 기업들은 신제품 발명에 끊임없이 노력을 기울이며, 신제품의 개발은 소비자들에게 새로운 욕구를 불러일으킨다.

동성동본의 결혼을 금지하는 풍습이 오랫동안 지속되었다. 춤이나 예술의 구체적 형태도 아프리카와 유럽, 아시아가 서로 다르며 나라마다 독특한 양식을 보여준다. 결혼 형태도 일부일처제, 일부다처제, 일처다부제 등 다양한 제도가 존재하며, 종교도 서로 다른 교리와 예식을 지니고 있다. 이것은 문화의 '특수성'을 보여준다. 그래서 언뜻 보기에는 문화의 보편성과 특수성(또는 다양성)이 서로 모순적인 것처럼 보이지만, 추상적 차원에서는 '보편성'에 주목하고, 구체적 차원에서는 '특수성'에 주목하는 것으로 이해할 수 있다.

4) 문화변동

사람들은 일상생활에서 다양한 창의성을 발휘하기도 하고, 사회집단들 사이에서 서로 접촉하고 교류하면서 새로운 것들을 습득하거나 응용함으로써 기존의 문화나 생활방식을 변형시킨다. 이러한 양상은 '문화변동'이라고 할 수 있는데, 그 내적 요인에는 '발명'과 '발견'이 있고, 외적 요인에는 '전파'와 '자극전파'가 있다(한국문화인류학회, 2007; 노길명 외, 1998).

발명과 발견, 전파

발명과 발견은 한 사회에 새로운 문화 요소를 추가하는 것인데, '발명'이 기존의 물질적·정신적 요소들을 조합하거나 변형하여 새로운 것을 만들어내는 것이라면, '발견'은 이미 존재하는 사물이나 사실 중 아직 인식되지 못했던 것을 새롭게 인식하여 지식을 얻는 것을 의미한다. 이를테면 각종 기계, 소프트웨어, 새로운 춤, 노래, 소설, 드라마 등을 제작하는 것은 발명이며, 새로운 원소나 분자, 새로운 지하자원, 새로운 자연법칙 등을 찾아내는 것은 발견이 된다.

발명과 발견이 문화변동의 내재적 요인이라면, '전파'는 외재적 요인이라고 할 수 있다. 세계에는 다양한 지역이 존재하며, 완전하게 고립된 지역이 아니라면 이들 지역 간에는 직접적·간접적 교류가 일어나게 마련이다. 이러한 지역 간, 사회 간, 민족 간 교류를 통해 각각의 문화 요소들이 서로 전파되며, 이에 따라 다른 지역·사회·민족의 문화변동이 일어난다. 미국에서 유행하던 노래가 라디오나 음반을 통해 한국에 전파되면 한국에서 유행이 형성되고 새로운 팬클럽이 생겨날 수 있다. 영국에서 유행하던 스포츠인 축구가 한국에 유입되면 축구를 좋아하는 사람들이 생겨나고 축구공을 만드는 기업, 축구장, 축구대회도 생긴다. 일본이나 동남아에서 한국의 대중문화가 '한류'라는 이름으로 유행하고, 나아가 세계 전역으로 확산되고 있는 것도 유사한 현상이다.

한편, 전파 중에서도 문화의 구체적인 요소나 내용이 직접 전달되지 않으면서 간접적으로 발명을 자극하는 것을 '자극전파'라고 한다. 예를 들어 신흥 종교는 기성 종교의 구체적인 내용을 모방하지 않으면서도 종교 체계를 통해 특정 집단들의 사고와 행동을 통제할 수 있다는 점을 받아들여 새롭게 창시된다.

문화접변

문화접변(acculturation)이란, 이처럼 하나의 문화가 다른 문화와 접촉하는 과정에서 어느 한쪽 또는 양쪽의 문화에 변용을 일으키는 현상을 말한다. 전파를 통해 생겨나는 문화접변은 일방적 이식에서 우호적 상호교류를 통한 융합 등으로 전개되어 갈 수 있다. 이때 자국의 문화를 일방적으로 이식하려는 태도는 '문화제국주의'라고 불린다. 문화제국주의는 선진국의 군사적·경제적 제국주의에 수반되는 경향이 있다(한국문화인류학회, 2007; 무어, 2016).

군사적·경제적으로 우월한 나라는 자국의 문화를 열등한 나라에 이식하려고 하는데, 이에 대해 열등한 나라에서는 적극적 수용에서 적극적 거부까지 다양한 대응이 나타날 수 있다. 첫째는 선진국 문화의 우월성과 합리성을 인정하여 적극적으로 수용하면서 자신의 문화를 변화시키는 계기로 삼을 수 있다. 둘째는 적극적 수용은 아니지만, 현실적으로 전파된 문화에 동화(assimilation)되어 기존 문화가 해체되거나 소멸할 수 있다. 아메리카 인디언들이나 중남미 원주민들이 유럽인들에게 정복되어 전통문화를 상실한 경우가 대표적인 사례이다. 셋째는 자국의 문화적 정체성을 지키기 위해 적극적 거부를 할 수 있다. 이것은 일종의 복고적 움직임인데, 조선 말기 대원군의 쇄국정책은 서양 문화의 침투에 저항하여 조선의 전통문화를 지키려는 움직임이었다.

현실적으로 문화접변은 일방적이거나 기계적이지 않으며, 오늘날 문화제국주의를 넘어서 문화들의 공존을 지향하는 힘이 확산되면서 다양한 형태의 문화융합이 나타나고 있다. 한편으로는 문화제국주의 양상이 지속되면서도, 세계적인 물적·인적 교류가 늘어나면서 다양한 문화들이 서로 융합되어 새롭고 창의적인 문화들이 나타나기도 한다.

5) 사회학에서의 문화

문화 개념의 사회학적 재구성

문화인류학에서 문화는 진화론적 시각에서 문명 단계의 특징을 보여주기 위해 '정신문화'로 규정되기도 했지만, 점차 '생활양식의 총체'라는 포괄적 개념으로 사용되었다. 그런데 문화에 대한 이러한 정의는 모든 사회현상을 문화로 지칭하게 됨에 따라 문화를 분석적 개념으로 이해하기 어렵게 만들었다. 반면에 사회학자들은 문화를 경제나 정치의 영역과 구분되는 독특한 삶의 영역으로 이해하려고 했다. 이런 맥락에서 사회학자들은 문화를 이데올로기, 도덕, 종교, 의식 등 '정신적인 것'으로 한정하려는 경향이 있었는데, 이것은 문화진화론에서 문화를 진화의 판단기준으로 삼으려는 경향과는 전적으로 다른 것이었다.

대중문화가 발달한 시대에 문화학자 윌리엄스(Raymond Williams)는 문화 개념을 다음 세 가지 흐름으로 정리했다. 첫째는 '지적·정신적·심미적인 계발의 일반적 과정'이고, 둘째는 '한 인간이나 시대 또는 집단의 특정한 생활양식'이며, 셋째는 '지적인 작품이나 실천 행위, 특히 예술적인 활동'이다(윌리엄스, 1988). 여기서 첫 번째 정의는 문화를 물질적인 생활과 구분되는 '정신문화'로 한정하는 것이며, 두 번째 정의는 문화인류학에서의 포괄적 개념으로서 '생활양식의 총체'를 의미한다. 그리고 세 번째 정의는 영화, TV 드라마, 대중음악, 만화, 소설 등 '의미 형성적 실천들(signifying practices)'과 '문화적 텍스트'를 포괄하는 것으로서, 좀 더 현대적인 문화의 정의라고 할 수 있다(스토리, 1994).

현대사회에서 '문화'라는 말을 사용할 때, 경제나 정치를 떠올리기는 힘들다. 문화인류학은 자연과 문화를 대비시키며 인간의 삶의 차별성을 '문화' 개념으로 드러내기를 원하지만, 문화를 이렇게 '포괄적 의미'로 사용하게 되면, 오늘날 인간의 삶에서 문화가 지니는 '특수한 의미'를 분석적으로 이해하는 데 어려움을 겪을 수밖에 없다.

그래서 사회의 다양한 현상을 분석적으로 이해하려고 하는 사회학에서는 문화를 경제나 정치와 구분되는 삶의 영역으로 규정한다. 특히 노동과 구별되는 여가생활, 놀이로서의 대중문화를 이해하려면 문화를 부분적 개념으로 사용하지 않으면 안 된다. 이런 맥락에서 사회학적 문화 개념은 윌리엄스가 규정한 세 가지 문화 개념 중에서 '정신문화'와 '의미 형성적 실천 및 문화적 텍스트'를 포괄하는 의미에 가깝다.

사회의 특정한 속성이자 부분 영역으로서의 문화

'부분적·특수적 의미'로서 사회학적 문화 개념은 대체로 다음과 같은 것들을 포괄한다. 첫째, 문화는 물질적·경제적 활동이나 정치적 활동 및 그 산물과 구별되는 '지적·정신적·심미적·예술적·오락적 활동 및 그 산물들'을 의미한다. 도덕적 가치를 구현하는 일련의 창조적 작업과 그 결과 얻어진 인간의 사고와 표현의 정수로서 문학, 미술, 음악과 같은 예술과 지식, 그리고 현대 문화산업의 발달을 통해 확산하는 대중문화를 비롯한 오락적 활동 및 그 산물 등이 문화에 속한다. 둘째, 현대사회에서 문화는 점차 소비와 여가생활을 포괄하는 영역이 되고 있다. 현대사회가 대량생산과 대량소비를 통해 소비사회로 접어들면서 점차 소비와 문화가 접목되어 소비생활 자체가 일종의 문화생활이 되고 있고, 여가산업이 발달하면서 여행, 관광, 놀이, 쇼핑, 외식 등 여가생활도 문화생활의 일부가 되고 있다.

요약하면 문화는 경제와 정치의 영역들과 구분되는, 삶의 의미나 재미와 연관된 일상적 삶의 영역이라고 할 수 있다. 그런데 이것은 중심적 속성에 따른 상대적 구분일 뿐, 문화산업 개념에서 볼 수 있듯이 현실에서 경제, 정치, 문화는 서로 얽혀 있거나 융합되어 있어서 문화를 다른 영역과 엄밀하게 분리해 낼 수 있는 것은 아니다.

문화에 대한 고전사회학자들의 관심

문화인류학의 포괄적 문화 개념이 등장하기 이전에, 마르크스(Karl Marx), 뒤르켐(Émile Durkheim), 베버(Max Weber), 짐멜(Georg Simmel) 등 고전사회학자들은 모두 경제나 정치 현상과 상대적으로 구분되는 문화현상에 큰 관심을 두고 있었다. 마르크스는 『정치경제학 비판을 위하여(Zur Kritik der Politischen Ökonomie)』 서문에서 사회를 '토대와 상부구조'로 구분하면서, 경제(토대)의 중심성을 강조하면서도 정치(국가)와 문화(이데올로기, 의식)를 상부구조로 규정하여 상부구조의 상대적 자율성에 주목했다. 자본주의 사회의 경제관계를 유지하는 데에는 문화와 이데올로기(의식)가 큰 영향을 미친다고 보았다.

뒤르켐은 사회의 물질적·산업적 영역과 정신적·도덕적 영역을 구분하면서, 사회집단의 통합을 위해서는 정신적·도덕적 통합이 핵심적인 요소라고 생각했다. 이런 점을 보여주기 위해 그는 『종교생활의 원초적 형태(Les formes élémentaires de la vie religieuse)』에서 '집합 표상(collective representation)' 개념을 제시했다. 이것은 사회집단이 공유하는 문화적 신념, 도덕적 가치, 상징, 사상 등을 의미하는 말로서, 뒤르켐은 집합 표상과 같은 문화 요소가 사회통합의 핵심적 요소이며 사회질서를 이해하는 데 중요한 부분이라고 생각했다.

베버는 인간 행위가 특정한 물질적 힘의 작동으로부터 자동적으로 흘러나오는 것이 아니라, 문화적 가치에 의해 형성된 개인의 내면적 의지나 동기에 의해 이루어진다는 점을 강조했다. 『프로테스탄트 윤리와 자본주의 정신(Die protestantische Ethik und der Geist des Kapitalismus)』에서 그는 서유럽에서 자본주의가 발전하는 데에 기업가들에게 내면화된 프로테스탄트 윤리 — 세속적인 만족을 연기하고 삶의 온갖 즉각적인 향락을 회피하는 가운데 사치와 소비를 거부하고 노동에 몰두하려는 관념 — 가 결정적 영향을 미쳤다고 보았다.

짐멜 역시 『돈의 철학(Philosophie des Geldes)』에서 현대의 '화폐 물신주의'를 예견했다. 그는 현대 자본주의의 문화는 '수평화 과정'으로 나아가는 경향이 있다고 보았다. '돈의 논리'가 지배하게 되면서 문화적 대상의 다양한 내적 가치가, 서로 이질적인 요소들을 돈으로 평가하는 획일화 과정을 겪을 수밖에 없다는 것이다. 짐멜은 이처럼 다양한 것들을 하나의 차원, 즉 현대의 합리적이고 계산적인 성격으로 환원하는 경향이 현대사회의 비극이라고 비판했다.

2. 자본주의 사회의 대중문화와 소비

문화는 무엇보다도 즐김과 놀이를 통해 사람들에게 재미와 의미를 제공함으로써 삶의 질을 높여준다. 자본주의 사회에서 대중매체의 발달과 대중문화의 등장은 새롭고 다양한 오락거리, 즐길 거리를 제공하면서 일상생활의 전통적 모습을 크게 바꿔놓았다. 대중매체는 소수가 즐기던 문화를 대중이 즐길 수 있도록 만들었고, 대중을 문화의 소비자이자 주체로 만들었다.

1) 대중매체와 대중문화

대중매체의 발달과 대중문화

역사적으로 최초의 대중매체는 인쇄술 발달에 기초한 '책'이었다고 할 수 있다. 그렇지만 더 현대적인 의미에서 최초의 대중매체는 무엇보다도

≪한성순보≫와
≪독립신문≫

한국 사회에서는 1883년에 현대
적인 신문인 ≪한성순보≫가 간
행되었는데, 이 신문은 정부기구
에 의해 발행된 것으로서 당시의
개화파들이 국민에게 외국의 사
정을 널리 알려 개화사상을 고취
하려는 데 목적을 두었다. 그리고
1896년에는 서재필이 최초의 민
간신문인 ≪독립신문≫을 창간했
다. ≪독립신문≫은 한글 전용과
띄어쓰기를 단행하여 그 후의 민
간신문 제작에 큰 영향을 주었고,
민중 계몽과 자주독립 사상 확립
에 크게 기여했다.

15세기 중엽에 등장한 '신문'이라고 할 수 있다. 신문은 텍스트(문자) 형식
의 대중매체를 통해 대중들 간의 정보 전달과 의사소통을 가능하게 했다
는 점에서 최초의 매스커뮤니케이션(mass communication, 매스컴)이었다
고 할 수 있다.

19세기 초 유럽에서 발달하기 시작한 신문은 초기에 정보나 지식을 대
중에게 전달하는 역할을 하면서 여러 정파들의 정치적 선전에 이용되기
도 했다. 정부는 이를 통제하기 위해 인지세(stamp tax)를 도입하기도 했
으나 이러한 통제를 피하기 위해 음성적이고 저렴한 팸플릿(pamphlet)이
등장하면서 오히려 역효과를 낳았다. 19세기 후반에는 인쇄기술이 발달
하면서 신문을 저렴하게 발행할 수 있게 되어 오락과 소비에 관한 정보들
이 대량으로 확산되기 시작했고, 다양한 뉴스가 제공되었다.

19세기 말 유럽과 미국에서는 문자매체에 이어 영상과 소리로 정보를
전달하는 전파매체도 발달하기 시작했는데, 영화 상영(1895년), 라디오 방
송(1920년), TV 방송(1935년) 등이 순차적으로 이루어졌다. 한국에서 최초
의 라디오 방송은 1927년에 세계에서 여섯 번째로 이루어졌고, TV 방송
은 1956년에 시작되었다. 영화, 라디오, TV 등을 통한 매스컴의 발달은
대중에게 다양한 정보와 지식을 제공할 수 있게 하여 대중문화를 발달시
켰다. 대중문화는 기본적으로 대중매체를 통해 대량으로 유통되는 문화
콘텐츠라는 점에서 '대량문화'라고 할 수 있으며, 대중매체의 발달에 기초
하고 있다는 점에서 '대중매체화된 문화'를 의미한다.

자본주의와 대중문화

자본주의의 발달은 영화, 라디오, TV 등 대중매체 기술의 발달을 가져
와 영화, 음악, 드라마, 오락 등 대중이 즐길 수 있는 다양한 문화상품을
만드는 문화산업의 성장을 낳았다. 특히 1920년대에 미국을 중심으로 대
량생산·대량소비 체계(포드주의 체계)가 발달하면서 물질적 풍요와 여가
시간의 확대에 따라 대중이 문화를 즐길 수 있는 여유가 생겨나기 시작했
다. 문화산업의 성장과 대중의 물질적·시간적 여유 증대가 결합하면서 대

중문화의 생산과 소비는 급속히 확대되었다.

대중매체의 산업화·상품화는 우선 음악이나 스포츠와 같은 전통적 오락 형태를 라디오나 TV 등 대중매체의 전파기술을 통해 확산시킴으로써 대중문화의 생산과 유통을 가능하게 했다. 영화관 등 공연장이 늘어나고 또 대중매체 기기들이 대량으로 생산 및 판매되어 정보와 오락 등 대중문화 콘텐츠의 대량유통이 가능해지면서, 대중매체와 대중문화 산업의 발달이 이루어졌다. 영화 상영, 대중 공연, 스포츠 경기 중계 등을 통해 대중문화의 소비가 늘어나고 또 늘어난 시청률에 따라 광고를 통한 이윤 추구도 할 수 있게 되면서 각종 문화상품의 생산도 늘어났다. 이처럼 자본주의 사회의 대중문화는 대중매체의 발달에 힘입어 '문화의 상품화'를 가져왔는데, 이렇게 이윤 추구의 수단이 된 대중문화를 '상품화된 문화' 또는 '상업문화'라 한다.

대중문화의 특성

대중매체의 발달과 자본주의적 산업화·상품화에 힘입어 등장한 대중문화(mass culture)는 주민들이 자발적으로 형성하고 이어온 민속문화(folk culture) 또는 민중문화(popular culture)와 큰 차이가 있다.

첫째, 대중문화는 과거에는 소수 특권층만이 즐길 수 있었던 문학, 음악, 공연 등을 대중이 즐길 수 있도록 한다. 둘째, 대중문화는 기존의 여가 문화와 전통적·관습적 생활문화를 대체하고 있다. 셋째, 대중문화는 대중매체를 통해 일방적으로 전파되어 획일성을 띠며, 대중은 수동적 소비자가 된다(획일성, 수동성). 넷째, 생산자의 측면에서 대중문화는 살아남기 위해 다채로운 장르의 대중문화를 새롭게 형성하고 또 창조적인 문화 요소들을 끊임없이 생산한다(다양성, 창조성). 다섯째, 대중문화는 대중매체의 성격에 따라 지리적 확산성을 지니며, 오늘날 인터넷의 발달로 이러한 확산성은 더욱 심화하고 있다. 여섯째, 대중매체를 통해 다양한 지식, 사상, 가치관, 사고방식, 태도 등이 확산됨에 따라, 대중문화는 가족이나 국가가 담당했던 전통적인 교육 기능을 대체하고 있다.

2) 대중문화의 사회적 영향

대중문화와 대중매체의 양면성

대중문화는 다양한 긍정적 효과와 부정적 효과를 낳는다. 우선 긍정적 효과로는 다음과 같은 것들이 있다. 첫째, 소수 특권층이 누리던 문화를 대중화함으로써 고급문화와 저급문화의 위계와 경계를 무너뜨려 문화의 평등과 민주주의 의식을 확산시킨다. 둘째, 적은 비용으로 대중이 문화를 소비하고 향유할 수 있는 기회를 누릴 수 있게 한다. 셋째, 대중에게 새로운 지식, 정보, 가치, 문화 등을 전달함으로써 대중이 더 합리적이며 개방적인 사고와 태도를 지닐 수 있도록 하며, 새롭고 창조적인 여가문화나 놀이문화가 확산할 기회를 제공한다.

반면에 대중문화는 다음과 같은 부정적 효과를 낳기도 한다. 첫째, 대중문화의 획일성은 대중의 모방과 추종을 낳아 개인의 독창성과 개성을 약화하고 또 문화적 다양성을 약화할 수 있다. 매체자본과 문화자본의 지배는 대중의 종속성을 강화하고, 특히 다국적 매체자본과 문화자본의 지배는 지구적 차원에서 문화제국주의를 강화할 수도 있다.

둘째, 상품으로서 상업적 대중문화의 생산과 소비는 선정적·쾌락적 문화를 확산시켜 문화를 저급화시킬 수 있다. 대중매체 자본은 수용자(소비자)를 좀 더 많이 끌어들여 시청률을 올리려고 하며, 이를 통해 광고주에게 더 큰 광고시장을 제공함으로써 더 많은 광고 수입을 올리려고 한다. 이러한 이윤 추구의 목적으로 인해 대중문화는 시청률이나 관람률을 높일 수 있는 선정적·쾌락적 문화를 확산시키게 되어 문화를 저급화하게 된다.

셋째, 대중문화가 획일적 사고, 쾌락 추구의 태도를 강화하면, 대중의 정치적 무관심이나 비판의식의 약화를 낳게 된다. 오락의 재미는 대중에게 대리만족을 주며 관심을 다른 데로 돌려 정치적 불만을 억제한다. 흔히 '3S'라 불리는 스크린(screen), 스포츠(sports), 섹스(sex)는 바로 이러한 불만을 해소하기 위한 주요한 대체물이 된다. 이것은 국가의 억압이나 자본의 지배에 대한 비판의식을 약화시킨다.

넷째, 국가나 매체자본(기업)에 의해 대중매체의 소유나 통제가 독점적으로 이루어질 수 있어서, 대중문화의 생산과 전파는 특권적 소수에 의한 정보 왜곡과 여론 조작에 이용될 위험성을 지닌다. 정부가 문화계나 연예계 블랙리스트를 만들어 문화예술인들을 통제하려고 하거나 매체자본이 자신들의 정치적 입장에 따라 보도 내용을 관리하려고 하는 행위들은, 대중문화와 대중매체의 공공성과 공정성을 침해한다.

대중매체와 대중문화는 민주주의를 확대하는 성격과 억압과 통제의 수단으로 사용되는 성격을 함께 지닌다. 따라서 대중매체와 대중문화의 민주적 성격, 공공성과 공정성을 유지해 나가려면, 국가와 자본의 통제와 상품화에 맞서는 다양한 수용자운동·문화운동이 필요하다.

대중의 소외와 주체성

대중문화는 대중을 개별화된 수동적 문화 소비자로 만들고 사회적 교류와 소통을 제약하여 대중을 파편화시킬 수 있다. 특히 정보화에 따라 사이버공간에서의 삶이 늘어나면서, 인격적 상호작용보다는 수단적이고 일시적인 상호작용으로 인해 개인화되고 소외되어 사회성 발달이 어려워진다. 이것은 능동적이고 주체적인 인간 형성을 제약하여 특히 청소년들의 정체성 형성에 부정적 영향을 미치게 된다.

그렇다고 해서 대중문화의 영향이 늘 부정적이지는 않다. 현대사회의 팬덤(fandom) 현상을 연구한 존 피스크(John Fiske)는 스타와의 관계에서 대중은 수동적이지만은 않으며, 팬클럽 결성이나 소식지 발간 등을 통해 스타에게 일정한 영향력을 행사하고 자신들을 적극적인 주체로 형성해 나간다고 보았다. 또 최근에 인터넷이나 사회 매체(social media)를 통해 프로슈머(prosumer)와 같은 생산과 소비의 경계를 넘어서려는 결합 활동이나 다양한 네트워크 형성 활동이 이루어지는 것은 개인들의 능동적 실천의 가능성을 보여준다.

포드주의 체계

포드주의 생산방식은 생산 공정의 자동화를 통해 상품의 대량생산을 가능하게 했다. 대량생산은 한편으로는 생산비용의 하락(낮은 비용)과 상품가격의 하락(낮은 가격)으로 이어져 대량소비를 끌어냄으로써 궁극적으로 기업 이윤을 증대시켰고(높은 이윤), 다른 한편으로는 고수익이 임금의 상승(높은 임금)으로 이어지면서 노동자들의 소비능력을 향상시켜 시장에서 유효수요를 증대시켰다. 이처럼 고이윤과 고임금을 유지시키는 대량생산과 대량소비의 선순환은 독점자본의 확대재생산을 보장하면서 고이윤을 통한 지속적 자본축적을 가능하게 했고, 이를 통해 노동자들의 고임금을 보장할 수 있었다.

그런데 포드주의는 단순히 생산방식의 혁신을 통한 대량생산·대량소비 체계를 의미하는 것을 넘어서 포드주의 생산방식의 확산에 따라 변화된 새로운 생활양식을 의미하는 용어로 확대되었다. 그람시는 생활양식으로서의 포드주의를 '노동자들의 작업장에서의 자동적이고 기계적인 태도를 작업장 외부의 일상생활에까지 확장시키고, 성실한 노동을 위해 여가시간에도 음주와 성적 타락을 통제하는 메커니즘'으로 규정했다.

3) 자본주의와 소비사회

포드주의와 소비문화

포드주의 소비문화를 가장 먼저 완성한 나라는 미국이었다. 1900년대 초 유럽이 세계대전으로 혼란을 겪는 동안, 미국에서는 포드주의 생산방식이 확산하여, 자동차를 비롯하여 라디오, TV, 세탁기 등 각종 가전제품이 대량생산되었다. 제조업 발달이 임금 상승으로 이어져 노동자들도 점차 가정에서 좀 더 편리하고 여유로운 생활을 즐길 수 있게 되었고, 자동차를 이용하여 교외로 나가는 등 여가생활의 형태도 변화했다. 또한 대중매체의 발달로 매체자본·문화자본이 기대회되어 상품화된 대중문화가 다양하게 생산되었고, 이에 따라 미국의 대중문화가 세계문화를 주도하게 되었다.

제2차 세계대전 이후 유럽을 비롯한 많은 나라가 포드주의 생산방식을 도입하면서 미국의 거대한 소비재산업과 문화산업이 만들어낸 미국적 소비문화와 대중문화를 점차 뒤따르게 되었다. 이러한 미국의 소비·대중문화의 세계적 확산은 '소비문화의 미국화'라 불린다.

문화와 여가의 상품화

자본주의 사회는 상품 생산 사회이다. 상품은 생산자가 이윤을 남기기 위해 생산하고 판매하는 재화와 서비스를 말한다. 기업들은 이윤을 극대화하기 위해 더 많은 상품을 생산하고 또 새로운 상품들을 생산하여 소비를 촉진하려 한다. 자본주의 사회에서 과학기술의 발전과 생산력의 증대는 포드주의 생산방식을 통해 물질적 풍요와 더불어 노동자들의 소득수준을 높였다. 그리고 노동운동을 통한 노동시간 단축의 요구가 수용되면서 여가시간도 점차 증대되었다.

소득수준 증대와 여가시간 증가는 노동자들과 대중이 의식주 이외의 다양한 문화적 소비를 할 수 있는 사회적 조건을 만들어주었는데, 이에 따라 문화산업, 서비스산업, 여가산업 등 3차 산업에 대한 수요가 늘어났다. 이처럼 문화를 상품으로 만들어 판매할 수 있게 되는 것을 '문화의 상품화'라고 한다. 탈공업사회·서비스사회로의 변화는 생활필수품 중심의 상품 소비보다는 휴식, 오락, 레저, 스포츠, 공연 등 서비스 및 문화상품의 소비 비중을 증대시켜 문화의 상품화를 가속화한다.

문화의 상품화는 '여가의 상품화'와 밀접히 연관되어 있다. 문화상품의 소비는 주로 여가시간을 통해 이루어지는데, 여가는 일반적으로 직장노동이나 가사노동에서 해방된 자유로운 시간을 의미한다. 여가의 상품화는 두 가지 양상을 지니는데, 하나는 '여가시간 증대를 위한 상품화'이며, 다른 하나는 '여가시간 향유를 위한 상품화'이다.

여가시간 증대는 가사노동을 비롯한 일상적 소비 시간의 절약을 추구하는데, 자동화·정보화된 가전제품이나 기기들, 간편 식품, 배달 음식, 외식 등 가사노동을 줄이거나 효율화하는 상품의 생산을 통해 이루어진다. 이렇게 늘어난 여가시간은 외식, 오락, 여행, 관광 등 여가상품의 소비 대상이 되는데, 이것은 '여가시간 향유를 위한 상품화'라 할 수 있다. 그래서 보드리야르(Jean Baudrillard)는 "자유시간과 소비는 하나의 제도, 내재화된 사회규범으로서의 성격을 지니게 되었다"라고 말한다. 이제 쇼핑을 통해 상품을 소비하고, 또 여가시간에 문화상품과 서비스상품들을 소비하며 즐기는 것은 현대사회의 시대적 명령이 된다.

즐김을 위한 소비와 상품미학, 기호가치

자동화된 대량생산체제는 물질적 풍요를 낳았고, 대중은 다양한 재화와 서비스를 상품으로 소비하며 풍족하게 살아가게 되었다. 이에 따라 소비의 성격도 '필요에 따른 소비'에서 '즐김을 위한 소비'로 전환되었다. 이처럼 대중이 풍족한 소비를 누릴 수 있게 된 사회를 '소비사회'라고 한다.

소비사회에서 소비는 기본적 필요를 충족시키는 수단을 넘어서 즐김의 수단이 된다. 사람들은 다양한 맛과 꾸밈, 기능과 디자인을 지닌 상품들을 선택하면서 자신의 취향과 개성을 드러내려고 한다. 이것은 소비가 일종의 문화적 활동이 되었다는 점에서 '소비의 문화화'라고 할 수 있다. 문화가 상품이 될 뿐만 아니라 상품 소비 자체가 문화생활이 되어, 사람들의

보드리야르

(1929~) 프랑스의 포스트모더니즘 사회이론가로, 마르크스주의 사회학에서 출발했지만 이후 마르크스주의와 결별하면서 새로운 사유방식으로 포스트모더니즘을 주창했다. 주요 저작으로는 『소비의 사회(La Société de Consommation)』(1970), 『시뮬라크르와 시뮬라시옹(Simulacres et Simulation)』(1981) 등이 있다.

하우크

(1936~) 독일 태생의 마르크스주의 문화이론가로, 자본주의 상품 사회 비판에 주목한다. 주요 저서로는 『상품미학 비판(Kritik der Warenästhetik)』(1971)이 있다.

상징가치와 스타마케팅

영화나 드라마의 주인공이 타는 값비싼 자동차를 사는 사람은, 자동차의 실제 기능을 이용할 뿐만 아니라, 주인공과 자신을 동일시함으로써 자신의 계급·계층, 준거집단, 문화적 취향 등을 드러내려고 한다. 청소년들이 아이돌 가수와 같은 인기 있는 연예인들이 사용하는 물건이나 즐기는 음식, 방문한 여행지에 열광하는 것은 단순히 그 물건, 음식, 여행지가 주는 물질적 만족감이나 호감 때문이 아니다.

대중스타가 사용한 물건들에는 그의 상징적 이미지가 부착되며, 이에 따라 그 물건에는 새로운 기호가치 또는 상징가치가 부여된다. 한류 가수그룹 BTS가 사용했던 물건이나 축구스타 메시의 이름과 등번호가 쓰인 운동복이 엄청나게 팔려나가는 것도 이 때문이다.

이처럼 대중스타의 상징성과 인지도를 기업 이미지 제고나 상품 광고에 활용하는 것을 '스타마케팅'이라고 한다. 소득수준이 높아

소비에는 문화적·상징적 의미가 부착된다.

소비가 문화적 활동이 되면서 상품은 단지 기본적인 물질적 욕구충족 수단이 아니라 이미지와 상징, 개성과 자유, 쾌락과 환상으로 포장된다. 하우크(Wolfgang F. Haug)는 '상품미학'이라는 개념을 통해 현대인들의 소비의 성격이 변화했고, 자본(기업)이 상품에 미학적 의미를 부여함으로써 상품소비를 증대시키려고 함을 보여준다. 자본주의 사회에서 상품미학의 발전은 상품의 외적인 포장과 광고를 통해 상품과 미학을 결합함으로써 인간의 감성을 주조한다(하우크, 1991).

보드리야르는 소비사회에서 개인이 사물과 관련을 맺고 사물을 사용하면서 사물과 기호에 의해 지배당한다고 보았다. 그는 현대사회에서 소비는 실제 필요를 충족하기 위한 '사용가치'뿐만 아니라, '기호가치'도 함께 소비하는 것이라고 주장했다. 사용가치를 위한 소비는 전제조건일 뿐, 오히려 소비의 진정한 의미는 '기호가치'에 있다. 소비의 의미가 단순히 물질적 만족을 넘어 기호를 통한 상징적 의미 부여와 조작에 있다는 점에서 '기호가치'는 곧 '상징가치'가 된다.

소비 이데올로기와 광고

소비사회에서 대중은 상품 소비를 통해 자기만족을 느낄 수 있다고 생각하면서 끊임없이 소비를 추구한다. 이러한 성향은 '소비 이데올로기'라고 말할 수 있는데, 대중은 소비 이데올로기 속에서 자본의 '욕구 확대재생산'의 논리에 서서히 포섭된다.

광고는 대중의 소비 확대를 위한 자본의 필수 전략이다. 사람들은 일상에서 광고들에 둘러싸여 있어서 한시도 광고의 영향력에서 벗어나지 못한다. 또한 자본은 '스타마케팅'을 통해 소비자들의 상징소비와 모방소비를 부추긴다. 광고는 소비를 통한 기업의 이윤 증대의 중요한 매개체이다.

광고는 시청자가 자신을 등장인물과 동일시하며 상품을 소비하는 주체가 되도록 만드는 효과를 가진다. 광고는 개인이 상품을 소비함으로써 특별한 전문가, 세련된 문화인, 우월한 사람으로 인정받고 주목받을 수 있다

는 이미지를 시청자들에게 끊임없이 주입한다. 그리고 소비자들은 자신이 이 상품을 소비함으로써 진정한 자기만족을 느낄 수 있다고 여기게 된다.

소비 이데올로기와 광고 효과는 자본가들에게는 더 많은 이윤을 가져다주지만, 대중에게는 충동적 소비를 확산시켜 '소비주의', '상품 물신주의', '황금만능주의'에 빠져들게 한다. 상품과 돈의 숭배와 소비를 통한 쾌락 추구는 대중의 비판의식을 약화하는 효과를 낳는다. 게다가 생산 및 소비과정에서 짧아진 상품 주기와 소비의 양적 팽창이라는 자본주의의 낭비적 경향은 자원 낭비와 환경오염으로 이어져 생태 위기를 심화시킨다.

지고 청소년들이 대중문화의 소비 주체로 떠오르면서, 이들이 열광하는 '아이돌 스타'가 상품 광고의 모델로 적극적으로 이용된다.

소비사회와 정체성

소비사회에서 개인의 정체성은 소비활동을 통해 형성된다. TV를 비롯한 영상매체와 인터넷의 발달은 소비주의와 쾌락주의의 확산에 큰 영향을 미치고 있는데, 영상을 통한 직간접적인 광고는 대중의 소비 욕구를 끊임없이 자극함으로써 이들을 '욕망과 소비의 주체'로 만들어, 소비를 통해 자신의 정체성을 형성해 가도록 만든다.

인터넷의 발달로 영상정보 시대가 되면서, 대중들 사이에서 자신의 정체성을 다양하게 표현하고 또 과시하려는 경향이 확산된다. 영상정보 시대에 자기표현의 중심적 도구는 바로 육체인데, 대중들은 독특한 몸치장, 몸매 가꾸기, 춤, 몸짓, 노래 등을 통해 다양한 신체 능력을 SNS 등을 통해 드러내려고 한다. 이러한 신체적 자기표현 욕구는 자본의 상품화 논리와 긴밀하게 결합한다. 영상매체와 인터넷 매체가 확산시키는 외모 지향적 가치관과 성적인 자기표현 욕구는 대중이 몸매 가꾸기와 성형수술을 추구하도록 만든다. 독특한 패션이나 머리 모양, 액세서리 등은 '개성 표현'이라는 이름으로 소비된다.

소비의 균등화와 차별화

현대 자본주의의 소비사회는 소비의 균등화와 차별화를 동시에 보여준다. 우선 포드주의적 대량생산·대량소비 체계의 발달은 자동차, TV, 냉장

고, 세탁기 등 과거의 사치재를 대량생산함에 따라 물질적 풍요를 가져다
주어 대중들의 소비수준을 상승시켰다. 이것은 '소비의 균등화'라고 할 수
있다. 하지만 사치재가 대중들의 생활필수품 또는 대중소비재로 전환되
면, 또 다른 희소재가 사치재로 등장하게 된다. 예를 들어 부유층을 대상
으로 하는 귀금속, 미술품, 고급 장식품, 레포츠, 인테리어, 고급 자동차,
별장, 고급주택 등 새로운 사치재들이 개발되어 소비의 차별화는 지속된
다. 이처럼 값비싼 재화와 서비스 등이 새로운 사치재가 됨으로써 '소비의
차별화'가 지속된다. 이것은 소비 불평등이 사라지지 않음을 의미한다. 그
래서 보드리야르는 소비를 사회 전체를 균등화하기보다는 오히려 사회적
차별화를 심화하는 일종의 '계급적 제도'라고 말한다(보드리야르, 1991).

소비 불평등과 과시 소비

소비의 차별화는 자본(기업)에는 새로운 상품화를 통한 이윤 추구의 기
회를 제공하며, 부유층에게는 자신의 부를 과시하면서 구별짓기를 할 수
있는 상징을 제공한다. 베블런(Thorstein Veblen)은 타인에게 보여주거나 타
인의 인정을 받으려는 의도에서 이루어지는 소비를 '과시 소비(conspicuous
consumption)'라고 불렀다. 생산적 노동을 멀리하고 예술이나 오락과 같은
한가한 활동에만 탐닉하는 '유한계급(leisured classes)'은, 자신의 부를 보
여주기 위해 과도한 소비를 하고 이것을 증거로 명예를 얻고 특별한 대우
를 받으려 한다. 따라서 과시 소비는 유한계급의 특징이자 그들의 특권을
지속시키는 수단이다.

1980년대 한국 사회에서는 테니스나 스키가 부를 과시하는 상징적 운
동들이었다. 그런데 1990년대에 와서 테니스와 스키가 대중화되자, 상층
계급은 골프를 통해 부를 과시하려고 했고, 점차 골프를 즐기려는 중간계
급도 늘어났다. 선진국 브랜드의 값비싼 '명품'을 구입하려고 하는 경향도
상층계급의 과시 소비와 중간계급의 모방소비의 결과라고 할 수 있다. 이
러한 과시 소비의 확산은 자신의 부를 과시함으로써 사회적으로 인정받
고 또 대접받기를 원하는 서열의식의 산물이라고 할 수 있다. 한국 사회

에서는 권위주의적 유교문화의 영향으로 사회적 약자를 무시하고 차별하는 서열주의 문화가 좀 더 강하게 남아 있어서 과시 소비 경향도 상대적으로 강하게 나타나고 있다.

3. 문화를 바라보는 다양한 시각들

1) 대중문화에 대한 부정적 시각들

문화에 대한 엘리트주의적 시각

대중문화가 일찍이 발달한 영국에서 아널드(Matthew Arnold)는 문화에 대한 정의를 시도한 초기의 미학자 및 문학비평가 중 한 사람이었다. 그는 문화를 '일상생활로부터 최대한 떨어진 고상한 가치를 지닌 창조적 작업의 산물'로 규정했다. 이러한 정신적 완성물로서의 문화 개념은 '고급문화'만이 진정한 문화라고 간주한다. 또 '문화인'이란 가장 뛰어난 예술품을 판별하고 감상할 능력이 있는 사람들로, 전체 인구에서 소수에 불과하며, 나머지 대부분은 문화적인 교양을 갖추지 못한 채 살고 있다. 따라서 이러한 입장에서 그는 문화가 일상적 삶의 다른 영역들로부터 자율성을 가져야 한다고 주장한다.

아널드의 고급문화 이론은 대중문화를 저급한 것으로 취급하는 엘리트주의적 시각을 보여준다. 리비스(Frank R. Leavis)는 대중문화를 문명이 만들어온 고매한 전통을 해치는 '문명의 파괴자'일 뿐만 아니라 사회질서의 파괴자라고 본다. 리비스의 시각을 수용한 리비스주의자들 역시 '문화는 항상 소수의 뜻있는 사람들이 지켜왔다'라는 엘리트주의적 시각을 보여준다. 이들은 20세기를 '문화의 쇠퇴기'로 규정한다. 그들은 대중민주주의와 대중문화의 발달에 따른 전통적 권위의 붕괴를 비판하면서 유기적 공동체와 그것이 구현하는 살아 있는 문화를 옹호했다. 이것은 엘리트주의의 입장에서 현대 산업문명을 비판하는 시각이다.

히피문화와 히피운동

1960~1970년대 미국에서는 베트남전쟁 개입, 케네디(John F. Kennedy) 대통령 암살, 맬컴 엑스(Malcolm X), 마틴 루서 킹(Martin Luther King) 등 흑인민권운동 지도자 암살, 로스앤젤레스 흑인 폭동 등의 사건이 일어나 사회에 대한 피지배대중의 분노와 절망감이 극도에 달했다. 물질적 풍요 속에서 성장한 당시 미국의 젊은 층은 기성 정치인들의 억압적·권위주의적 태도에 저항하고, 소비자본주의의 물질주의를 비판하면서 자유·평화·인권의 확대를 요구했다. 이에 따라 히피운동, 반전운동, 흑인민권운동, 여성운동, 환경운동 등이 활발하게 일어났다. 히피문화운동은 시민권 운동과 더불어 1960년대에 미국을 중심으로 일어난 대표적인 대항문화운동이다. 히피운동에 참여한 사람들은 일반적으로 평화를 사랑하고 자연으로의 회귀를 외쳤으며, 도덕이나 이성보다는 자연스럽고 자유로운 감성과 즐거움을 추구했다. 이들은 긴 머리에 맨발로 다니거나 샌들을 신었으며, 여러 색깔의 천으로 옷을 만들어 입었다. 또 성적 자유를 추구하고 마리화나나 기타 환각제를 사용하기도 했다. 특히 평화운동의 메시지를 전한 비틀스(The Beatles)나 밥 딜런(Bob Dylan)의 노래는 히피문화와 히피운동의 확산을 도왔다.

시멘트 효과

프랑크푸르트학파는 신문, 잡지, 영화, 라디오, TV 등 대중매체가 '대중문화'라는 이름으로 각종 오락 상품을 생산하여 대중의 욕구를 조종하고 대중을 기만함으로써, 그들의 상상력과 비판적 사고를 위축시키며 개성을 말살하게 된다고 주장한다. 따라서 대중문화가 발달할수록 노동자계급은 음란물이나 스포츠와 같은 일시적 쾌락에 길들며 정치적인 사건에 대해 무관심해진다. 그 결과 대중은 대중문화가 제공하는 환상적 현실 속에 도피함으로써 사회적 모순을 깨닫지 못하고 현실에 안주하게 된다. 이들은 이것을 문화산업의 '사회적 시멘트 효과(social cement effects)'라고 부른다.

반 덴 하그(Ernest Van den Haag)는 고급문화와 대중문화를 대비시키면서, 대중문화를 대중의 저급한 취향에 맞추어 대량생산된 문화라고 비판한다. 그리고 맥도널드(Dwight MacDonald)는 하층 대중이 자신들의 필요에 따라 자발적으로 만들어낸 민속문화(folk culture)와 대중매체에 의해 가공된 대중문화(mass culture)를 구분하면서 대중문화를 부정적 시각으로 바라본다. 그는 대중문화는 위로부터 강요된 문화이자 동질적·획일적이고 표준화된 문화로서, 수동적 소비자에 불과한 대중을 타락시킨다고 말한다(김창남, 2022; 스토리, 1994).

문화산업과 대중 기만적 계몽

독일의 네오마르크스주의(Neo-Marxism, 신좌파) 연구자 집단인 프랑크푸르트학파 역시 대중문화에 대해 부정적이고 비판적인 관점을 보여준다. 1920~1930년대 독일 프랑크푸르트대학 사회조사연구소를 중심으로 연구 활동을 시작한 호르크하이머(Max Horkheimer), 아도르노(Theodor W. Adorno), 마르쿠제(Herbert Marcuse), 벤야민(Walter Benjamin) 등은 당시 유럽 사회의 변화상, 즉 대중매체의 발달, 미국의 영화 및 음반 산업의 발전, 파시즘의 대두, 서구 사회주의의 몰락 등을 연구하면서 자본주의 사회에 대해 비판적이면서도 비관적인 전망을 제시했다.

엘리트주의적 시각이 기존 지배 질서와 전통문화를 지켜야 한다는 보수적·우파적 관점에 입각해 있다면, 프랑크푸르트학파의 비판적 시각은 대중문화가 기존의 지배 질서와 전통문화의 해체를 방해하는 요소가 된다고 보는 진보적·좌파적 관점에 입각해 있다. 양자 모두 대중문화에 비판적이지만 그 이유는 서로 반대된다.

프랑크푸르트학파는 대중문화를 비판하기 위해 '문화산업'이라는 용어를 만들었다. 그들은 자본주의 사회의 문화산업이 각종 오락, 정보산업들과 같이 규격화되고 조작된 문화상품들을 생산함으로써 창조적 문화와 개성의 발달을 억압하고 노동자계급의 삶을 저급화하며 대중을 욕망과 쾌락에 몰입시켜 체제비판 의식을 약화시킨다고 주장했다. '대중 기만적 계몽'으로서의 문화산업은 노동자들이 문화산업을 통한 욕구충족에 몰두하도록 함으로써, 노동자들이 즉각적인 만족을 추구하며 눈앞에 보이는 것을 그대로 믿는 '일차원적 사고'에 매몰되어 비판적 의식이 약화되도록 만든다. 그리하여 자본주의 '문화산업'에 의해 생산된 대량문화인 대중문화는 자본주의 사회의 안정성과 연속성을 보장하여 지배 질서를 유지하는 기능을 한다(아도르노·호르크하이머, 2001).

2) 대중문화에 대한 긍정적 시각들

대중문화와 문화의 민주주의

대중문화의 대중적 확산은 점차 전통문화의 권위를 해체하면서 고급문화와 저급문화의 경계를 무너뜨리기 시작했다. 대중문화를 '문명의 파괴자'(우파적 비판)나 '대중 기만'(좌파적 비판)으로 보는 시각과는 별개로, 대중문화가 대중에게 문화 향유의 기회를 넓혀주는 동시에 문화의 위계를 파괴하는 결과도 낳게 되면서, 대중문화를 바라보는 시각 역시 긍정적으로 전환되어 갔다.

프랑크푸르트학파의 벤야민은 대중문화에 대한 동료들의 부정적·비판적 시각과 결을 달리하면서, 『기술복제 시대의 예술작품(Das Kunstwerk im Zeitalter seiner technischen Reproduzierbarkeit)』(1936)에서 대중문화에 대한 대중의 비판적 수용 가능성을 인정하고 문화적 기술을 진보적으로 활용할 수 있는 적극적 실천을 주장했다. 복제와 대량생산 기술은 전통적인 예술작품과 같은 문화적 대상들을 복사해 냄으로써 대중이 새로운 예술적 가치를 널리 누릴 수 있도록 했고, 기술복제를 통한 예술작품의 대량생산이 원작의 고유성과 아우라(aura)를 해체하면서 문화에 대한 다양한 재해석과 비판적 태도의 가능성을 열어놓는다는 점을 긍정적으로 평가했다. 그는 박물관이나 작품 수집 애호가의 수중에 갇혀 있는 '예술의 역사에서의 물신숭배'를 비판하면서, 예술작품을 사회에 되돌리는 일의 해방적 성격을 강조하고 문화의 민주주의가 갖는 가능성을 실현해 가야 한다고 주장했다.

엘리트주의적 시각을 비판하는 톰슨(Edward P. Thompson)은, 문화는 고상한 어떤 것이 아니라 평범한 사람들의 경험, 가치, 사상, 행동, 욕망 등이 포괄적으로 조합된 것이라고 규정한다. 호가트(Richard Hoggart) 역시 문화는 민중이 스스로 만들어내는 것이라고 보고, 한 사회의 문화는 다수의 평범한 사람이 공유하는 삶의 양식에서 형성되며 일상생활과 분리될 수 없다고 보았다. 이런 의미의 문화는 대중문화(mass culture)와 구별하여 민중문화(popular culture) 또는 민속문화(folk culture)로 불린다. 민중들이 일상생활에서 사용하는 다양한 생활용품들이나 즐기는 놀이나 활동들도 모두 민속문화에 속한다(스토리, 1994).

문화수준 이론과 취향문화 이론

대중문화의 사회적 영향력이 확산해 감에 따라, 대중문화를 다양한 문화들 가운데 하나로 보면서 고급문화와 저급문화(대중문화)의 위계를 해체하려는 시각들이 등장했다(김창남, 2022).

쉴즈(Edward Shils)는 대중사회에서 개인적 경험과 감성에 대한 존중이 확산하면서, 더 많은 부류와 계층의 사람들이 자신의 취향에 따라 문화를 선택할 수 있게 되었다고 보았다. 그래서 심미적·도덕적·지적 기준에 따라 문화를 우수하고 세련된 문화, 범속한 문화, 저속한 문화 등 세 가지 수준으로 나눌 수 있다고 보았다. 그리고 이것들은 각각 다른 지식인 집단 및 소비집단과 연결된다. 우수한 문화는 창조적인 고급지식인 계층이 생산하고 고도의 지식과 기술을 다루는 사람들이 소비하며, 범속한 문화는 고급문화의 전통과 함께 산업화된 문화상품 논리를 받아들이는 범속지식인 계층이 생산하고 중산층 사람들이 소비하며, 저속한 문화는 전통문화와 관련이 없는 전문인들인 저속지식인 계층이 생산하고 산업노동계층과 농촌인구가 소비한다.

쉴즈의 문화수준 이론은 문화수준과 취향의 다양성을 인정하는 다원주의 이론으로서, 대중문화도 다양한 문화들 가운데 하나로 취급한다. 그런

쉴즈의 문화수준에 따른 문화 내용을 본다면, 우수한 문화로는 시나 소설, 조각, 회화, 음악, 건축 등 전통적인 고급문화들이 있다. 범속한 문화로는 대중적인 정기간행물, 베스트셀러 소설, TV 등 대중매체의 콘텐츠 등이 있다. 그리고 저속한 문화로는 범죄영화, TV의 오화쇼, 문고판 책, 도색 문학, 스포츠 등이 있다(김창남, 2022).

데 문화를 수준에 따라 구분하는 것은 그 자체로 일정한 가치판단에 기반하고 있다는 점에서 대중문화를 저속한 문화로 보는 부정적 시각에서 완전히 벗어난 이론으로 보기는 어렵다.

갠스(Herbert Gans)는 쉴즈의 문화수준 이론을 비판하면서 사회계층에 따른 문화적 분화를 취향문화 또는 문화적 취향의 차이로 설명한다. 사회계층과 교육수준에 따라 서로 다른 취향의 문화를 가진 다섯 개의 집단들, 즉 취향 공중들을 구분할 수 있으며, 이들 취향문화는 심미적 가치에 따라 위계를 설정할 수 있다. 취향문화는 미적 감정을 심미적으로 표현할 수 있는 심미적 훈련의 정도에 따라 상급문화에서 하급문화까지 나눌 수 있게 된다.

갠스는 고급문화의 미적 기준만을 유일하고 절대적인 것으로 봐서는 안 되며, 다양한 취향 문화들의 고유한 미적 가치와 기준을 인정해야 한다고 주장한다. 하지만 여전히 고급문화가 더 좋은 문화라는 가치평가를 전제한다는 점에서 문화들 사이의 위계를 인정한다고 하겠다.

쉴즈의 문화수준론이나 갠스의 취향문화론은 엘리트주의적 시각과 달리 문화의 수준이나 취향의 다양성을 인정하는 다원주의적 성격을 지니고 있다. 하지만 심미적 기준에 따른 문화의 위계를 설정하면서 대중문화를 저급문화 또는 하급문화로 분류하고 있다는 점에서 대중문화에 대한 부정적 시각에서 완전히 벗어났다고 보기는 어렵다.

구별짓기와 계급문화 이론

쉴즈나 갠스가 문화의 수준이나 취향의 다양성을 그 자체로 인정하는 시각을 보이는 반면에, 부르디외(Pierre Bourdieu)는 문화적 취향의 차이가 경제적 계급에서의 지위 차이와 연관되어 있다는 점을 강조한다. 『구별짓기(La distinction)』(1979)에서 부르디외는 개인들의 문화적 취향의 차이는 단순히 자연적이거나 개인적인 것이 아닌, 경제적·계급적 위치에 따라 형성된 성향인 아비투스(habitus)를 반영한다는 점을 보여준다. 이러한 시각은 대중문화를 긍정하는 동시에, 문화적 취향의 계급적 성격을 폭로함으로써 현실 비판의 성격을 지닌다(부르디외, 2005).

오늘날 문화와 소비는 경제적 불평등이 드러나고 또 드러내려는 중요한 활동이자 제도이다. 부르디외는 취향이 계급적 성향에 따라 형성된다고 보면서, '사치취향'과 '필요취향'을 대비시킨다. '필요취향'은 기본적인 의식주를 충족하는 데 필요한 저렴한 제품을 소비하려는 하층계급의 취향이다. 반면에 '사치취향'은 필요에 얽매이지 않고 원하는 제품을 자유롭게 선택하려는 상층계급의 취향이다.

그런데 이러한 취향의 차이는 단순히 문화와 소비의 다양성을 보여주는 데 그치지 않고, 상층계급이나 신중간계급이 자신의 취향을 과시하면서 차별화하는 수단이 된다. 부르디외는 이처럼 자신들의 문화적 취향을 드러내며 차별화하는 행위를 '구별짓기(distinction)'라고 부른다. 상층계급은 대체로 고급 승용차를 몰고 고급 레스토랑에서 외식하고 고급 외제품을 애용하고 호텔에서 휴가를 즐기고 골프로 여가를 보내면서 자신들의 문화를 중간계급이나 하층계급의 문화와 차별화하려고 한다. 또한 식탁 매너, 복식 등 문화적 규칙은 이들의 차별화 욕구를 충족해 준다. 중간계급, 특히 신중간계급은 상층계급이나 하층계급 모두와 구별되는 자신들만의 지적·문화적 특성을 과시하려 하며, 하층계급은 이들에 맞서 자신들만의 소박하고 서민적인 생활방식을 드러낸다.

한편, 계급 아비투스 또는 계급문화를 '취향'으로 표현하는 것은 양면성을 지니는데, 상층계급은 한편으로는 사치취향의 문화와 소비를 통해 자신들의 문화적 취향을 차별화하려고 하면서도, 다른 한편으로는 대중이 자신들의 계급적 취향을 마치 자연적인 취향이자 다양한 취향들 가운데 하나인 것처럼 생각하도록 만든다. 후자는 '취향의 자연화'라고 하며, 문화의 계급적 차이를 정당화하는 논리가 된다.

사치취향과 필요취향

부르디외는 사람들이 소비에서의 선택행위, 예를 들면 식료품, 문화·교양, 외모·상징과 관련된 지출에서 선택할 때, 소득수준과 함께 취향이 중요하게 작용한다고 말한다. 소득은 '필요로부터의 거리(여유)'를 결정하는 데 중요한 역할을 하지만, 동일한 수입을 가진 사람이 서로 다른 소비유형을 보여줄 수 있기 때문이다. 이것은 취향의 형성에 소득수준과 성장환경이 복합적으로 영향을 미침을 말한다.

그렇지만 일반적으로 취향의 차이는 '(경제적) 필요로부터의 거리'에 따라 '필요취향'과 '사치취향'의 대립으로 나타나는 경향이 있다. '필요취향'은 기본적으로 필요에 적응하는 수준에서 벗어나기 어려운 반면에, '사치취향'은 자본 소유, 자유가 보장해 주는, 필요에서 벗어날 수 있는 선택의 자유를 전제하고 있다.

이런 점에서 사치취향은 '자유취향'이라고 할 수 있다. 그런데 상층계급은 서민 대중이 필요를 충족시키기 위해 어쩔 수 없이 갖게 되는 취향을 필요에 대한 비정상적 기호나 선천적인 취향의 빈곤처럼 취급함으로써, 필요취향을 마치 '자유취향'인 것처럼 보이게 만들려고 한다(부르디외, 2005).

4. 문화 다양성과 불평등, 지배

1) 문화와 담론적 지배

의미, 이데올로기, 담론으로서의 문화

문화의 중요한 속성이 '삶의 재미와 의미'라고 한다면, 문화는 단순히 놀이나 향유만을 의미하는 것이 아니라 그 과정에 수반되는 가치지향이나 태도, 세계관 등 지적·정신적 내용들과도 연관된다. 취향들 역시 특정한 가치관이나 세계관을 내포하며, 따라서 문화적 실천들은 지적·정신적 활동을 수반한다. 이것은 문화가 한 사회의 의식, 관념, 가치, 규범, 정서 등의 생성 및 유통 과정을 포괄하는 의미 형성 체계(signifying system) 또는 이데올로기(ideology) 체계와 연관되어 있음을 말한다. 이것은 '담론적 과정'이라고 할 수 있는데, 담론(discourse)은 개인을 넘어서는 사회적 수준의 다양한 의미나 감정의 규칙 속에서 이루어지는 언어적 실천 또는 의사소통의 흐름을 의미한다. 이런 맥락에서 문화를 형성하고 실천하는 과정은 담론적 과정을 수반하며, 이에 따라 사회적 의미 또는 이데올로기를 내포하게 된다고 할 수 있다(맥도넬, 2010).

담론적 지배와 담론 투쟁

담론이 사회적 의미와 이데올로기가 유통되는 언어적 과정이라고 할 때, 사회적 의미와 이데올로기는 사람들의 사회적 존재 조건에 따라 다양하게 형성될 수 있다. 서로 다른 계급이나 집단들이 서로 다른 사회적 의미와 이데올로기를 만들게 되면, 이것들은 사회집단들 사이의 권력관계나 지배 현상과 연관되기 쉽다. 예를 들어 마르크스는 "지배계급의 이데올로기가 지배적 이데올로기가 된다"라고 말하는데, 이것은 이데올로기 생산이 권력적 지배과정과 결합한다는 점을 보여준다.

이때 지배 이데올로기는 담론적 과정을 통해 피지배계급들에게 유포되며, 이들은 이에 맞서는 대항 이데올로기들(counter-ideologies)을 생산할

문화와 이데올로기적 지배

1980년 군사쿠데타로 권력을 찬탈한 제5공화국 정부는 다음 해 '국풍(國風)'이라는 행사를 서울 한강 변에서 개최하고 가수선발대회 등 오락성 행사를 통해 국가적 차원에서 축제 분위기를 조성했다. 또 컬러TV를 도입하고 사회 비판적이거나 저항적인 대중가요를 금지하는 반면에, 〈아! 대한민국〉과 같은 찬양 일변도의 노래를 방송을 통해 널리 확산시켰다. 이처럼 문화는 권위주의적 정치체제의 억압성을 은폐하고 시민 대중의 불만을 잠재우려는 정치적 의도로 이용되었다.

수 있다. 언어적 질서로서의 담론 또는 담론 체계는 이러한 다양한 사회적 의미들이나 이데올로기들이 생성되고 유통되는 언어적·의사소통적 과정이라고 할 수 있으며, 지배 이데올로기는 지배 담론으로, 피지배 이데올로기는 저항 담론으로 유통된다.

하층계급이나 장애인, 성 소수자, 외국인노동자 등에 대한 비난이나 혐오 담론들은 피지배집단이나 소수자집단을 배제하고 억압하려는 지배 담론이라고 할 수 있는데, 이에 맞서 피지배집단들은 다양한 대항 담론을 만들고 또 유포하게 된다. 이때 지배계급이나 지배집단이 담론을 통해 지배하려는 행위를 '담론적 지배'라고 말하며, 이질적 담론들이 서로 경쟁하거나 대결하는 것을 '담론 투쟁'이라고 한다.

이처럼 문화는 담론적 과정을 통해 유지되거나 변화하며, 담론은 규범, 가치관, 세계관, 정서 등과 같은 이데올로기를 내포하고 있다. 예를 들어 가부장적 문화는 성차별을 정당화함으로써 여성에 대한 남성 지배를 유지하는 규범적 힘이자 지배 이데올로기로 작용해 왔는데, 특히 한국 사회에서는 오랫동안 보편적 규범으로 자리 잡아왔다. 그런데 성평등 의식이 커지면서 성평등 이데올로기가 저항 담론으로 확산했고, 이에 따라 가부장적 문화를 둘러싼 이데올로기 투쟁과 담론 투쟁이 더욱 격렬해졌다. 그리고 그 효과로서 성평등 문화와 제도들이 점차 확대되어 성 불평등이 점차 약화되고 있다. 이러한 이데올로기적·담론적 지배와 이데올로기·담론 투쟁은 지배와 불평등, 차별과 혐오가 나타나는 다양한 사회 영역들에서 존재하고 있으며, 대중의 일상적·문화적 삶의 중요한 양상이 되고 있다.

문화와 헤게모니

마르크스주의자 그람시(Antonio Gramsci)는 시민사회를, 지배계급이 자신들의 권력을 유지하기 위해 경찰이나 군대와 같은 억압적 국가기구를 통한 물리적 강압 대신 시민 대중의 동의에 기초하여 피지배계급들을 지배하는 공간이자, 헤게모니 투쟁과 갈등이 이루어지는 장(場)으로 규정한다. 홀(Stuart Hall) 역시 그람시를 따라 문화영역을 저항과 동의가 교차하는 이중의 정치적 공간이라고 정의하고 있다.

'헤게모니'는 시민사회에서 형성되고 작동하는 지적·도덕적 지도력을 의미하는데, 지배계급은 시민 대중의 폭넓은 동의를 형성함으로써 헤게모니를 구축한다. 이때 지배계급은 시민사회에서 헤게모니적 지배를 형성하고 또 행사하기 위해 언론을 비롯한 대중매체를 이용하고 또 대중이 공유하는 문화나 상식을 지배하려고 한다. 이때 지배세력은 지배의 유지를 위해 피지배계급들에게 일정한 물질적 양보를 제공하기도 한다. 한편, 문화산업 역시 지배계급이 대중의 동의를 형성하여 자본주의적 지배를 정당화하는 데 기여한다는 점에서 지배계급의 헤게모니 형성 수단으로 작동한다고 하겠다.

2) 문화 다양성과 문화 갈등

문화, 그리고 문화가 수반하는 사회적 의미와 이데올로기는 다양성을 지니고 있다. 종족이나 지역의 차이, 집단의 차이에 따라 문화의 차이가 나타날 수 있으며, 이러한 차이와 다양성이 모두 문화들 사이의 지배-종속 관계를 만들어내는 것은 아니다. 그런데 서로 다른 문화를 가진 사회집단들 사이에 교류가 일어날 때, 다른 문화에 대한 억압이나 배제가 나타나면 이들 사이에 지배-종속 관계가 형성된다. 경제적·권력적으로 우월한 지배집단 또는 주류집단이 자신들의 문화와 이데올로기를 피지배집단 또는 소수자집단에 확산시켜 보편적 문화로 만들려고 할 때, 문화적 갈등과 투쟁이 발생하게 되며, 이 과정에는 다양한 이데올로기 투쟁, 담론 투쟁이 수반된다.

하위문화와 대항문화

사회에는 구성원 대부분이 공유하는 보편성을 지닌 문화가 존재할 수 있으며, 이와 함께 일부 집단만이 공유하는 문화들도 존재할 수 있다. 그런데 이들 사이에서 차별, 억압, 배제가 생기면 문화들 사이에 위계가 형

이데올로기적 지배와 언론개혁

지배계급은 언론을 비롯한 대중매체를 이용하여 지배 이데올로기를 유포하고자 한다. 한국 사회에서 보수언론들이 지배계급이나 기득권세력의 이익을 보호하기 위해 정치적으로 편향적인 보도를 남발하고 있는 것도 이런 맥락으로 이해할 수 있다.

언론과 대중매체, 또는 인터넷매체들을 통해 각종 가짜뉴스들이 유포되고 있는 것은 시민사회에서 합리적이고 공정한 의사소통과 공론 형성을 방해하는 대표적인 불공정 행위이다. 그래서 독일에서는 가짜뉴스 처벌법이 만들어지기도 했다.

민주주의 사회에서 언론개혁은 기사를 통한 편향된 이데올로기의 생산과 유통을 제한하여 공정한 여론 형성이 이루어지도록 하기 위한 중요한 과제이다. 다양한 정치적 주장들이 공정하게 생산되고 유통될 수 있도록 하는 일과 가짜뉴스나 허위정보를 통해 왜곡된 여론이 형성되지 않도록 하는 일은 언론개혁의 중요한 목표이다.

성된다. 이때 한 사회의 지배집단 또는 문화를 주도하는 집단이 공유하면서 사회적으로 확산시키려 하는 문화를 '지배문화' 또는 '주류문화'라고 한다. 이와 달리 특정 집단이 내적으로 공유하면서 지배문화나 주류문화와 차별화하는 문화를 '하위문화(sub-culture)'라고 한다.

하위문화 개념은 처음에 비행 청소년들의 '비행 하위문화'를 연구하면서 지배문화 또는 주류문화에 대항하는 특정 소집단의 문화를 가리키기 위해 사용되었다. 이때 하위문화는 '대항문화(counter-culture)'라는 의미를 지닌다. 예를 들면 노동자문화, 민중문화, 청년문화, 신세대문화, 동성애 문화 등이 대항문화에 속한다. 1960년대 서양에서 유행했던 히피운동, 반전운동, 자연주의운동, 1980년대 한국 사회에서 독재정권에 저항하며 자유와 민주주의를 추구한 대학문화나 2000년대 이후 점차 확산되며 환경 친화적·대안적 삶을 추구하는 다양한 집단문화 등이 대표적인 대항문화들이다. 또한 1990년대부터 확산되기 시작한 청소년들의 일탈적 폭주족 문화도 일탈적 대항문화라고 할 수 있다.▼ 오늘날 서울의 홍대거리와 같은 특정 공간에서 다양한 거리공연을 즐기거나, 온라인 창작물들을 만들며 SNS를 통해 자유롭게 소통하는 청년문화 역시 기성세대의 문화와 차별화하려는 대항문화의 성격을 띠는 면이 있다.

한편, 하위문화는 오늘날 다양한 문화를 분류하는 일반적 의미로 사용되고 있다. 사회적 공유의 수준이나 규모에 따라 다양한 하위문화의 구분이 이루어지고 있는데, 가족문화, 학교문화, 집단문화, 계급문화, 민족문화, 세계문화 등을 구분하거나 농촌문화와 도시문화를 구분하기도 하고, 지역 또는 행정구역에 따라 경기문화, 충청문화, 호남문화, 영남문화 등을 구분하기도 한다.

문화자본, 문화 불평등, 상징투쟁

문화의 다양성이나 차이는 문화 불평등으로 나타나기도 한다. 부르디외는 사람들이 소유하는 다양한 자원들을 '자본'이라 부르면서 자본의 속성에 따라 경제자본, 사회[관계]자본(social capital), 문화자본(cultural capital)

▼ 폭주족들은 고의로 질서와 규칙을 어기고 사람들이 비난하는 행동들을 앞다퉈 하면서 주류문화의 지배적 가치나 규범을 조롱하는 경향을 보여준다.

등을 나눈다. 개인들에게 불평등하게 분배되어 있는 자본들은 각각의 장(fields)에서 유통되면서 불평등을 재생산하며, 또 다른 자본, 특히 경제자본으로 전환되어 물질적 이익을 얻기도 한다.

문화자본은 문화상품의 생산으로 이윤을 남기는 문화산업에 투자된 자본을 의미하기도 하지만, 부르디외는 이러한 경제적 용법과 달리 '문화자본'을 문화적 자원이나 능력이라는 의미로 사용한다. 이것은 책과 음반, 미술품 등과 같은 물질적 문화 재화의 소장과 활용에서부터 신체적 특성, 몸가짐과 자세, 언어 규칙, 문학적·예술적 소양 등 신체에 체화된 능력, 학력이나 학위 등 제도화된 자격(증)과 이를 활용하는 지적 능력에 이르기까지 다양한 것들을 포괄한다. 문화자본 소유의 격차는 문화 불평등이라고 할 수 있는데, 예를 들어 학력, 학위와 같은 교육자본에는 차별화된 사회적·문화적 가치가 부여된다. 나아가 교육자본의 불평등은 취업, 임금, 소득 등 경제자본으로의 전환 가능성에서도 격차를 낳는다.

부르디외는 개인의 문화적 취향들 사이의 차이가 계급적 차이를 반영하고 있음을 강조하는데, 문화자본을 더 많이 가진 사람들이 이것을 경제자본 등으로 전환하려고 하는 것을 '전환 전략'이라고 한다. 이처럼 경제계급의 격차가 문화자본의 불평등을 낳고, 문화 불평등은 전환 전략에 따라 경제 불평등으로 이어지는 현상은, 문화(교육)를 통한 계급 재생산이라고 할 수 있다.

한편, 지배계급은 문화영역에서 자신들에게 유리한 상징과 이데올로기를 만들어냄으로써 자신들의 문화를 구별짓기 하는 동시에 정당화하려고 한다. 이때 TV, 신문, 잡지 등 대중매체나 인터넷 매체들은 지배문화와 지배 이데올로기를 대중에게 확산시키는 장치로 작동한다. 하지만 대중 모두가 지배계급의 상징, 가치관, 사고방식, 태도, 생활양식 등을 당연하게 받아들이는 것은 아니며, 이 과정에서 지배계급이 내세우는 상징과 가치에 대한 저항이 일어난다. 부르디외는 이처럼 문화의 영역에서 이루어지는 상징이나 가치를 둘러싼 투쟁을 '상징투쟁'이라고 부른다.

문화자본과 은폐 효과

문화자본은 경제자본과 달리 재산의 직접적인 소유나 증여의 형태를 띠지 않고 그 소유와 증여가 잘 드러나지 않는 '은폐 효과'를 지닌다. 문화적 취향, 능력, 자격과 같은 문화자본은 특정한 가정환경에서 사회화와 교육을 통해 자녀들에게 전수되어 개인적 취향, 능력, 자격으로 체화됨으로써, 마치 개인의 타고난 성향과 능력처럼 여겨지게 하며 '상속받은 재산'이라는 혐의를 피할 수 있게 한다. 그래서 '간접적인 상속재산'이 된다.

상징투쟁

시장원리를 강조하는 보수세력은 사회복지에 '도덕적 해이'라는 상징을 부착시킴으로써 과도한 복지가 제공되어서는 안 된다는 여론을 확산시키려 한다. 반면에 공동체의 공존과 배려를 강조하는 진보세력은 사회복지에 '사회적 연대'라는 상징을 부착시킴으로써 누구나 기본적인 삶의 기회를 누릴 수 있어야 한다는 여론을 확산시키려 한다.
대한민국의 첫 번째 대통령인 이승만의 행적에서 긍정적인 부분을 부각시키려고 하는 보수세력의 여론전이나 이에 맞서 이승만의 독재와 부정부패 등 부정적인 부분을 부각시키려는 진보세력의 여론전도 상징투쟁의 양상들이라고 할 수 있다.

민족문화와 문화제국주의

문화는 집단 또는 사회의 범위에 따라 다양한 수준에서 구분할 수 있는데, 한 나라 내의 집단들 사이의 차이에 주목해 보면 세대, 주거지역, 직업, 성별, 계급·계층 등의 차이가 서로 다른 문화를 만들어내기도 하지만, 한 나라 내에 다양한 민족이나 종족이 존재하여 문화의 차이가 나타나기도 한다. 이때 이들 간의 지배와 억압, 갈등이 사회문제가 되기도 하는데, 현대 국민국가가 형성되는 과정에서 소수 종족이나 소수자들의 문화가 억압되는 사례들이 생겨났다. 스페인과 프랑스 접경지역의 바스크 종족은 고유한 언어와 문화를 가지고 있었지만, 두 나라의 경계가 확정되면서 바스크 종족은 두 나라로 갈라지게 되었고, 공용어 정책으로 인해 바스크어의 사용이 억압되기도 했다. 중국의 경우 50여 개가 넘는 소수민족들이 존재하고 있는데, 특히 신장 위구르 지역에는 티베트불교나 이슬람교를 믿는 소수민족들이 고유문화를 유지하며 살고 있다. 이에 따라 이들의 분리독립 요구와 이를 억누르려고 하는 중국 정부의 인권탄압이 세계적 쟁점이 되고 있다.

한편, 지구적 수준에서 보면 각 나라는 고유한 민족문화를 지니고 있는데, 유럽의 제국들이 식민지를 건설하며 경쟁하던 시대가 지나가고 세계대전 이후 독립된 국민국가들이 공존하는 시대가 되면서 민족 간 또는 나라 간의 교류가 점차 활발해지고 이에 따라 민족문화 간의 접촉과 교류도 확대되어 왔다. 그런데 현실적으로 군사·외교적 힘과 경제력 수준의 차이로 인해 민족문화들 사이에 위계가 생겨났고, 과학기술적·경제적 우위를 바탕으로 한 선진국의 문화가 약소국에 일방적으로 유입되는 경우가 많았다.

미국과 유럽 등 선진국 문화의 유입은 저발전국 고유의 문화를 파괴하거나 해체하며 동화(assimilation)를 낳는 경향이 나타났는데, 이처럼 물질적·물리적으로 우월한 민족이 자신의 문화를 약소민족에게 강요하여 문화의 포섭이나 해체를 낳는 현상을 '문화제국주의(cultural imperialism)'라고 한다. 경제제국주의가 약소국에 대한 경제적인 착취와 지배를 의미한다면, 문화제국주의는 한 지역의 상품이나 유행, 스타일, 가치관, 생활양식 등 문화적 요소들을 다른 지역에 전파하여 기존의 문화적 요소들을 종속시키거나 해체하는 경향을 낳는다.

오늘날 자본주의 세계에서 문화적 지배는 경제적 지배에 수반되는 경향이 있는데, 선진국의 독점기업이나 다국적기업이 약소국의 자원을 개발하거나 자신들이 생산한 상품들, 특히 문화상품들을 약소국에 판매하는 과정에서 선진국의 문화와 자본주의적 상품문화의 유입이 약소국의 전통문화를 해체하는 결과를 낳게 된다.

노르베리호지(Helena Norberg-Hodge)의 『오래된 미래: 라다크로부터 배운다(Ancient Futures: Learning from Ladakh)』(1991)에서 분석한 라다크 지역의 사례는 경제제국주의와 문화제국주의가 지역공동체 문화를 파괴한 현실을 잘 보여준다. 인도 북서부의 고지에 자리한 작은 마을 라다크는 자원이 빈약하고 기후가 혹독하지만, 생태적 지혜를 통해 1000년이 넘도록 평화롭고 건강한 공동체를 유지해 온 지역이었다. 그런데 이곳에서 서구식 개발이 이루어지고 서구의 자본주의 상품경제와 문화가 침투하면서 환경이 파괴되고 돈과 물질적 풍요를 추구하는 서구적 생활양식이 확산하여 공동체의 분열을 낳았다.

문화의 미국화에서 문화융합으로

문화제국주의의 대표적인 예는 미국의 대중문화에서 찾을 수 있다. 1900년대 초부터 자본주의의 생산 기술 발전과 물질적 성장 속에서 영화, TV 등 대중매체가 발달하기 시작했는데, 특히 미국에서는 상업적 대중문화가 급속히 확산되었다. 할리우드를 중심으로 문화산업이 발달하면서, 미국은 상업 영화의 중심지가 되었다. 할리우드에서 제작한 영화들은 백인 사회, 특히 미국의 전통과 의식, 문화가 가장 선진적이고 아름답고 세련된 것이라는 메시지를 담고 있었다. 냉전시대에는 미국과 소련을 각각 선과 악의 중심축으로 그리는 영화들이 제작되었고, 또 백인에 비해 열등하거나 약한 아시아인이나 아프리카인 등 비서양인들은 백인에게 지배당하거나 배워야 할 존재로 묘사되었다. 〈인디아나 존스〉, 〈007〉, 〈슈퍼맨〉,

맥도날드는 세계 곳곳에서 사람들의 입맛과 음식문화를 바꾸어놓고 있다.

디즈니화

디즈니월드나 롯데월드와 같이 꿈속에서나 나올 것 같은 환상적인 놀이와 소비 공간을 만들어내는 것을 뜻한다. 테마화에 의한 상황 조작을 통해 소비를 위한 소비, 하이브리드 소비, 브랜드 상품 소비를 유도하고, 연극적 활동이 지배하는 공간을 통해 대중을 유혹한다. 조작된 공간에서의 활동은 쾌락적이고 환상적인 오락과 소비를 신화화하고 정당화한다.

맥도날드화

미국의 패스트푸드 기업인 맥도날드 사의 세계적인 성공에 대한 분석을 토대로 현대사회의 문화적 지배 현상을 설명하는 개념이다. 미국 사회학자 리처(George Ritzer)는 『맥도날드화(McDonaldization)』(2004)라는 저서에서, 패스트푸드점에서 전형적으로 나타나고 있는 합리화의 원리 ─ 효율성, 계산 가능성, 예측 가능성, 통제 ─ 가 기업뿐만 아니라 일상생활 전반으로 확산되고 있는 사회 현상을 분석했다. 그는 이러한 현상을 '맥도날드화'라고 부르면서, 효율성만을 추구하는 맥도날드화가 비인간적이고 비이성적인 노동과 일상생활을 만들어내고 있다고 비판했다.

〈람보〉 등의 영화들은 미국이나 백인들을 정의와 선의 구현자로 그려냈다. 이러한 영화들은 백인들에게는 서양 문화의 우월감을 심어주었고, 한국인들을 포함한 비서양인들은 서양 문화의 우월성을 자연스럽게 받아들이도록 만들었다. 자신을 주인공들과 동일시하는 비서양인들은, 미국을 중심으로 한 서양인들의 생활양식을 모방하고 서양 제품을 선호하는 등 서양 문화를 동경하게 되었다. 이러한 미국 문화나 서양 문화의 영향은 자국어보다 영어 능력을 중요시하는 교육 풍토, 서구적·미국적 얼굴형이나 몸매를 미의 기준으로 삼고 서구적인 패션을 따라가려는 풍토 등을 통해 미국 문화를 추종하는 문화사대주의적 태도를 형성하기도 했다.

미국이나 다국적 문화기업들의 문화상품에 의한 문화적 지배는 선진 자본주의 나라들의 세계관과 가치관을 전 세계로 확산시키는 효과를 낳았는데, 특히 디즈니(Disney) 사는 만화영화를 통해 미국 영화산업의 세계적 지배를 지속해 나감에 따라 '디즈니화'라는 용어를 낳았다. 또한 음식 문화에서도 맥도날드(McDonald's) 사의 햄버거가 세계적으로 유통되는 음식이 되면서 '맥도날드화'라는 용어를 낳았다. 이렇게 미국의 문화들이 자본주의 세계시장을 지배하면서 세계문화가 미국 문화 또는 미국식 생활 양식을 중심으로 동질화되는 현상은 '문화의 미국화'로 불린다.

그런데 20세기 말부터 국제적인 이동과 교류가 늘어나고 유럽과 일본의 문화가 성장하면서 문화융합 현상이 확산하기 시작하고, 또 영화, 음악, 공연, 드라마 등 한국의 대중문화가 '한류'라는 이름으로 동아시아 지역에서 확산하기 시작하면서 점차 문화의 다중심화 현상이 확대되었다. 특히 유튜브, 넷플릭스(Netflix), 애플TV(Apple TV), 페이스북(Facebook), 인스타그램(Instagram) 등 디지털 문화콘텐츠와 SNS(Social Network Service) 관련 지구적 플랫폼 기업들이 등장하고, 또 한국에서도 카카오(Kakao), 네이버(NAVER), 멜론(Melon) 등 플랫폼 서비스 기업들이 성장하면서, 각 나라에서 다양한 문화콘텐츠들이 생산되고 있고 또 인터넷 플랫폼을 통해 지구적으로 유통되고 있다. 이에 따라 일방적인 '문화의 미국화'는 점차 약화되고 있다. 그런데 이와 함께 다양한 문화들이 교류하고 융합하는 경향이 확산하면서 고유의 민족정체성이나 지역정체성을 지키려는 경향도 약화하고 있다. 반면에 인터넷 시장에서의 우월적 지위에 기초한 거대 문화자본과 플랫폼 자본의 지배는 더 강해지고 있다.

3) 포스트모던(탈현대) 사회와 문화

포스트모더니티(탈현대성)

'포스트모던(탈현대)'은 '모던(modern)', 즉 현대에 대한 비판적 의미를 담고 있다. 여기서 현대성(modernity)은 대체로 현대사회의 형성에 기초가 된 이성 중심적 사고, 합리주의, 진리와 역사적 진보에 대한 믿음, 그리고 이에 따라 형성된 다양한 사회적 제도와 실천의 원리들을 포괄적으로 일컫는 용어이다. 사회에는 어떤 확고한 중심이나 원본이 있고 또 그 경계가 있으며, 이것을 합리적으로 인식할 수 있다는 것이다. 반면에 포스트모더니티(탈현대성)는 현대사회가 더 이상 뚜렷한 중심, 진리, 원본, 경계를 설정하기 어려운 다중심적·탈중심적·다원적 사회로 변화하여, 이성과

포스트모더니즘

객관적 진리와 합리성에 기초하여 인류의 진보와 해방을 추구해왔던 현대성(모더니티)의 기획이 다원화되고 복잡화된 현대사회에 더 이상 실현될 수 없을 뿐만 아니라 그 자체로 모순이 있다고 보면서, 이러한 현대성의 중심원리를 해체해야 한다고 주장하는 사고이다. 인식론적으로 보면, 포스트모더니즘은 이성의 독재(중심성)를 부정하면서 객관적 진리와 합리성의 이념을 해체한다. 그리고 사회이론적으로 보면, 현대성이 의존했던 민주주의, 경제발전, 자유, 평등, 해방의 이념이 엘리트나 특정 집단의 사고를 특권화함으로써 전체주의, 환경 파괴, 남성중심주의, 소수자의 억압, 감정의 억압, 소외 등을 낳았다고 보고, 이성의 이름으로 특권화된 모든 중심을 해체하고자 한다. 그런데 모든 특권을 해체하려는 포스트모더니즘의 급진적 사고는 역설적으로 '인식의 무정부주의'를 낳고 지배를 해체하기 위한 중심조차 부정하게 됨으로써 현실적인 지배체제를 비판할 수 있는 인식론적·규범적 근거를 상실하고 있다는 점에서 기존의 지배체제를 정당화할 위험을 안고 있다고 지적되기도 한다.

진리에 기초한 대중의 계몽과 사회진보에 대한 합리적 기획이 불가능해진 사회 성격에 주목한다. '포스트모더니즘(postmodernism)'은 이러한 포스트모더니티를 적극적으로 수용하고 긍정하려는 사고나 이념을 말한다.

포스트모던(탈현대) 사회와 문화

오늘날 교통과 통신의 발달, 정보화와 사이버공간의 발달 등은 개인들의 일상적 경험 공간을 지구 전체로 확장하고 있다. 세계 각국의 문화와 풍습, 심지어 각 대륙 오지 주민들의 삶까지도 TV와 인터넷을 통해 우리의 안방까지 전달되고, 다국적기업과 세계적 금융자본은 세계시장 개방을 통해 국민국가의 경계를 자유롭게 넘나들고 있다. 인터넷, 컴퓨터, 게임기 등이 제공하는 가상공간은 현실과 가상의 구분을 모호하게 만들며, 컬러복사기는 원본과 복사본의 구분을 어렵게 한다.

보드리야르는 영상매체를 통한 광고나 보도가 현실과 현실의 재현 사이의 관계를 역전시켜, 객관적 현실이 이미지나 기호를 통해 재현되는 것이 아니라 거꾸로 재현을 통해 현실이 확인되고 확신되는 전복적 현상이 나타난다고 보았다. 그래서 모사를 통해 만들어진 원본 없는 이미지를 '시뮬라크르(simulacre)'라고 했고, 모사된 현실이 실제 현실을 압도하는 현상을 '극사실성'이라고 했다. 이것은 원본과 복사본의 구분이 사라지고 가상을 현실로 믿게 되는 영상정보 시대의 모습을 잘 보여준다.

현대사회는 다양한 기호·이미지·상징들의 착종으로 인해 현실과 가상의 경계, 진실과 허위의 경계를 구분하기 어려워진 시대가 되었는데, '포스트모던 사회(post-modern society)'라는 표현은 이러한 시대의 특징을 보여주기 위한 것이다. 개인들은 점점 더 분화되고 파편화되고 분산된 삶을 경험하면서 전통적인 사고와 행위의 기준들을 의심하게 되어 정체성의 변화가 불가피해진다. 절약, 검소, 협동, 양보, 배려, 공생 등과 같은 전통적인 가치와 규범은 이제 쾌락, 소비, 개인적 만족과 같은 자유주의적이고 개인주의적인 새로운 가치와 규범으로 대체되고 있다. 그래서 개인적 경험의 장이 넓어지는 만큼 역설적으로 사람들 간의 공유된 경험은 점차 줄어들고 있다.

이야깃거리

1. 문화인류학에서의 문화 개념과 사회학에서의 문화 개념이 어떻게 다른지 토론해 보자.

2. 문화변동을 설명하는 이론으로서 문화진화론의 문제점을 살펴보고, 이를 비판하는 대안적 이론들의 의미를 토론해 보자.

3. 대중문화에 대한 엘리트주의적 시각과 이에 대한 비판적 시각을 서로 비교해 보자.

4. 자본주의 사회가 어떻게 소비사회나 문화 중심 사회의 성격이 강해지게 되었는지를 설명해 보자.

5. 소비사회에서 '소비의 균등화'와 '소비의 차별화'가 어떻게 일어나며, 어떤 의미가 있는지 생각해 보자.

6. 문화의 상품화가 문화생활에 미치는 영향을 토론해 보자.

7. 문화에서 구별짓기가 나타나는 양상들을 예를 들어서 설명해 보자.

8. 한국 사회에서 화장품 소비와 성형수술이 증가하는 이유를 문화적 차원에서 생각해 보자.

읽을거리

『문화 이론: 사회학적 접근』
　　스미스(P. Smith) 지음 / 한국문화사회학회 옮김/ 2008 / 이학사

『문화연구와 문화이론』
　　스토리(J. Storey) 지음 /박이소 옮김 / 1999/ 현실문화

『대중문화의 이해』
　　김창남 지음 /2022 / 한울

『처음 만나는 문화인류학』
　　한국문화인류학회 / 2007 / 일조각

젠더와 섹슈얼리티, 가족

젠더, 섹슈얼리티, 성별분업, 사랑과 친밀성, 결혼, 가족

사람들은 막연히 여성과 남성을 서로 다른 존재로 구별하며 살아간다. 하지만 여성과 남성은 왜, 어떻게 구별되는 것일까? 여성의 특징과 남성의 특징은 태어날 때부터 타고나는 것일까? 만약 여성과 남성의 차이가 출생 후 습득되고 학습되는 것이라면, 우리는 여성과 남성의 차이에 대해 어떤 시각과 태도를 가져야 할까?

오래도록 사람들은 여성과 남성의 차이가 보편적으로 주어지는 본질적 차이라고 생각해 왔다. 그러나 여성과 남성에 관한 관념은 시대에 따라 역사적인 변화를 거치며 변화해 왔으며 여러 사회에서 다양한 모습으로 나타나고 있다. 여성과 남성의 차이가 유전자에 의해 생물학적으로 결정된다는 주장에 의문을 던지게 되면서, 여성과 남성의 특징이 사회적·문화적·역사적으로 구성되는 차원에 관한 연구가 활발히 행해졌다.

젠더, 섹슈얼리티, 가족은 오래도록 인간에게 주어진 자연스럽고 본질적인 속성, 성향, 관계, 영역으로 간주되어 왔다. 사회학적 시각은 이처럼 당연시된 생각에 끊임없이 질문을 던진다.

1. 젠더: 성차에 대한 사회학적 관점

1) 생물학적 성과 사회적 성

우리의 일상을 돌아보면 여성과 남성에게는 많은 차이가 있음을 볼 수 있다. 그중의 어떤 것은 태어날 때부터 존재하는 차이로 여겨지고, 또 어떤 것은 사회 속에서 성장하면서 갖게 되는 차이로 여겨진다. 한국어에서 성(性)으로 통칭되는 단어에는 서로 구별되는 의미들이 포함되어 있다. 영어 단어에서 sex로 일컬어지는 '생물학적 성'은 여성과 남성의 생물학적 차이를 지칭한다. 여성과 남성의 생물학적 차이는 대체로 태어날 때부터 주어지는 차이, 예를 들어 생식기관, 염색체, 호르몬 등의 차이를 일컫는다. '생물학적 성'으로서의 여성과 남성을 논한다는 것은 여성이 어떤 존재인지 남성이 어떤 존재인지를 설명하기 위해 생물학적으로 주어진 생식기관이나 염색체, 호르몬 등을 근거로 삼는다는 의미이다.

그러나 가령 갓난아기의 성별에 따라 분홍색 또는 하늘색 옷을 입히는 것은 태어날 때부터 존재하는 차이나 생물학적 성과 아무 연관이 없다. 여자에게 어울리는 이름과 남자에게 어울리는 이름 역시 생물학적 성과는 전혀 무관하다. 치마나 바지를 포함하는 특정한 복식의 형태, 여성과 남성에게 각기 다르게 기대되는 바람직한 행위 규범이나 감정 표현의 방식 등도 모두 태어날 때부터 존재하는 생물학적 차이와 관련이 없다. '사회적 성'을 의미하는 젠더(gender)는 바로 이와 같은 사회적 기대와 믿음을 반영하여 여성과 남성의 차이를 해석하기 위해 등장한 개념이다.

젠더는 원래 명사나 형용사, 동사의 여성형과 남성형을 구분하는 데 쓰이는 문법 용어였다. 그러나 여성과 남성을 생물학적으로 구분하는 sex 개념이 실제로 여성과 남성을 구별하여 논하는 개념으로 사용하기에는 문제가 있다는 비판적 인식이 대두되면서 여성과 남성에 대한 관념이 사회적·문화적·역사적으로 구성되는 맥락과 그 과정에서 작동하는 제도와 질서, 권력의 차원을 강조하기 위해 젠더라는 용어가 사용되기 시작했다.

즉, 젠더는 여성 및 남성에게 적합하다고 간주되는 태도, 가치, 행동양식에 대한 사회적 기대에 따라 만들어지는 정체성과 태도, 역할을 아우르는 개념으로, 타고난 것이 아니라 사회 속에서 구성되는 성적 차이를 지칭하기 위해 생물학적 성(sex)을 대체하는 용어로 채택된 개념이다.

각 사회는 성별에 따라 성격, 태도, 하는 일(직업) 등을 다르게 규정하고 현실의 여성과 남성이 이러한 규범을 따르기를 기대한다. 대부분의 사회에는 '여성다움'과 '남성다움'이라는 특성에 대한 기대가 있는데, 이를 '성별 고정관념(gender stereotype)'이라고 부른다. 나아가 여성과 남성에게 사회적으로 부여된 상이한 지위와 역할 등을 부여하는 것을 '성 역할(gender role)'이라 한다. 아이들은 영유아기 때부터 가족이나 학교를 통해 사회에서 성별에 맞는 성 역할을 하도록 길러진다. 과거에 비해 약화되기는 했으나 인형놀이나 소꿉놀이, 꾸미기, 로봇이나 총을 가지고 놀기, 몸싸움하며 놀기 등은 암묵적으로 특정한 성별의 아이들에게 어울리는 놀이로 인식되며, 이와 같은 놀이의 경험과 과정을 거치며 아이들이 성 역할을 학습하는 차별적인 사회화 과정이 이루어진다. 이처럼 개인은 자신이 속한 문화 속에서 성별에 적합하다고 여겨지는 가치나 규범을 내면화하고 일련의 행동특성을 학습하게 된다. 젠더가 사회적으로 구성된다는 것은, 성별의 의미나 성 역할의 다양한 사회문화적 의미가 생물학적 성에 각인된 결과임을 의미한다.

생물학적 성과 젠더를 구별하는 것은 사회학에서 매우 중요한 의미를 가진다. 사회학은 본질적이고 불변의 사실인 것처럼 주어져 있는 많은 것들이 실은 사회적·역사적으로 구성된 것임에 주목해 왔다. 여성다움과 남성다움, 여성성과 남성성에 관한 사회적 관념, 인식, 규범, 관습은 해부학적·생리학적 차이를 포함하는 생물학적 요소로 설명되기 어렵다. 젠더는 심리적·사회적·문화적 차원을 포괄하는 개념으로서, 여성 혹은 남성의 사회적 역할과 밀접하게 연관될 뿐 아니라 한 인간의 생애를 전반적으로 심원하게 규정한다. 그뿐 아니라 아들이나 남편, 아버지에게 주어지는 기대와 딸이나 아내, 어머니에게 주어지는 기대가 동일하지 않은 것에서 보듯이 가족관계를 포함한 여타의 사회제도 및 질서에 큰 영향을 미친다.

2) 사회적 구성물로서의 젠더

젠더는 인간이 타인들과의 상호작용 및 교류를 통해 습득하게 되는 자아에 대한 자아관념과 연관된다. 갓 태어난 아이에게 분홍색 혹은 하늘색 옷을 입히면서 서로 구별되는 범주의 기질과 성격을 기대하고 탐색하며 발견하는 행위는 결국 한 사회의 구성원이 그 사회에서 요구되는 기대와 규범의 총체로서 젠더관념을 학습하고 내면화하도록 이끈다. 그러므로 젠더는 교육과 사회화를 통한 문화적 습득의 결과이다. 이런 점에서 젠더는 사회적 구성물이라고 할 수 있다.

우리가 생물학적 성이라고 부르는 몸의 차이는 그 자체로 어떤 특정한 가치를 갖는 것은 아니다. 우리가 살고 있는 사회의 문화적 가치나 규범이 생물학적 차이에 어떠한 의미를 부여하고 또 어떻게 '해석'하는가에 따라 몸에 대한 사회적 인식이 결정된다. 가령 프로이트(Sigmund Freud)의 이론은 남성의 몸(페니스 등)을 우월한 것으로, 여성의 몸(생식기와 염색체)을 열등한 것으로 해석한다. 그러나 남성의 성기를 권력의 상징으로 볼 수 있는 근거는 생물학 자체에 존재하지 않으며, 우리가 살고 있는 사회의 남성 중심성이 그런 해석을 가능하게 할 뿐이다.

그러므로 생물학적 성에 따라 태도나 몸가짐, 역할, 일, 성격 등에서 여성적인 것과 남성적인 것을 나누고 우열을 정하는 것은 사회적으로 강요된 고정관념일 뿐 필연성이나 정당성이 없는 것이라 할 수 있다. 더욱이 각 사회마다 여성성과 남성성에 대한 사회적 기대와 규칙은 다르게 존재한다. 마거릿 미드(Margaret Mead)는 각기 다른 세 부족에 관한 현지조사를 바탕으로 1935년에 발표한 『세 부족 사회에서의 성과 기질(Sex and Temperament in Three Primitive Societies)』을 통해 여성과 남성의 성향과 역할이 사회에 따라 전혀 다르게 구성된다는 점을 보여주었다.

특히 젠더는 '사회화'와 밀접한 연관을 맺는다. 영유아기의 아이들은 가

『세 부족 사회에서의 성과 기질』

미드는 1931년부터 1933년까지 원시농경 체계에 속하는 뉴기니의 세 마을에서 성과 기질에 대한 현장 연구를 했다. 이들 세 마을의 부족들은 남성과 여성의 특질을 규정하는 방식이 달랐는데, 아라페시(Arapesh)족 사람들은 남녀 모두가 현대 서구에서 여성적이라고 규정하는 비공격적·협동적 인성을 비슷하게 가졌다고 믿었다. 반면 문두구머(Mundugumor)족 사람들은 아라페시족 사람들과 대조적으로 남녀 모두 강하고 독립적인 성향을 강조했다. 그리고 이 두 부족과 달리 챔블리(Chamblee)족은 성차를 확실하게 인정했지만, 현대 서구에서 말하는 일반적인 여성성이나 남성성과는 정반대의 성향을 보였다. 여자는 지배적·객관적이며 통솔권을 가지는 반면에, 남자는 책임감이 약하고 정서적으로 의존적 성향을 갖는다고 보았다(한국문화인류학회, 2007).

초더로

미국의 페미니스트 정신분석학자이다. 프로이트의 정신분석학 이론을 비판하며 오이디푸스 콤플렉스에서 부재하는 어머니와 딸의 관계에 주목하여 이론을 전개했다. 특히 정체성의 사회화 과정에서 아버지의 권위와 거세불안 등에 주목한 프로이트와 달리 모성(양육자)의 역할과 의미를 재평가했다. 대표 저서로 『모성의 재생산(The Reproduction of Mothering)』이 있다.

족이나 친족, 보육기관, 또래집단은 물론 미디어와 놀잇감에 이르기까지 다양한 사회적 관계, 기관, 매체를 통해 사회적 성, 즉 젠더에 대해 학습한다. 자신에게 주어진 생물학적 성에 부여된 사회적 규범과 기대, 인식을 내면화하면서 서로 다른 행위의 양식과 역할로 사회화된다. 젠더 사회화(gender socialization)에 관한 여러 연구들은 성 역할과 여성성/남성성을 학습하고 내면화하는 과정에 주목해 왔다. 자신의 성별에 적합한 행동 양식에 대해 긍정적 평가와 부정적 평가를 접하면서 성 역할을 학습해 가는 과정은 물론 단지 수동적인 과정만은 아니다.

프로이트는 아이의 성장 과정에서 이루어지는 부모와의 동일시(identification)를 성 역할 사회화의 중요한 기제로 보았다. 아이는 이성 부모에 대한 애착과 동성 부모에 대한 동일시 과정을 통해 동성 부모의 행위양식이나 특징들을 자신의 성격의 일부로 내면화한다. 남아는 오이디푸스 콤플렉스의 해소 과정에서 이루어지는 어머니와의 분리와 방어적 동일시를 통해 사회의 규범과 문화적 가치를 내면화하고 아버지의 감정, 행동양식 등을 자신의 것으로 받아들이게 된다(제4장 참조). 반면에 여아는 어머니와의 동일시 과정에서 분리의 경험을 겪지 않으며 해부학적 특징상 남근 선망(penis envy)으로 인해 수동적·의존적 특성을 갖게 된다.

프로이트의 이론은 페미니스트 정신분석학자들에 의해 거센 비판을 받았다. 여아의 남근 선망은 증명되지 않은 가설에 불과하며, 신체 일부(남근)의 문제를 신체 전부로 과도하게 확대해석하는 오류를 범하고 있다는 것이다. 나아가 초더로(Nancy Chodorow)는 영아의 심리적 동일시가 갖는 효과에 대한 정반대의 이론을 제시했다. 그에 따르면, 남아가 겪는 어머니와의 분리의 경험은 이후 성장 과정에서 박탈감과 정서 불안, 자기중심적 정체감, 일 중심적 성향을 갖는 원인이 된다. 반면 여아가 어머니와의 관계에서 겪는 애착과 이중적 동일시 — 아이로서의 동일시와 여성으로서의 동일시 — 는 성인이 된 여성들이 정서적인 안정감을 가지고 관계 지향적 성향을 발달시키게 되는 자원이 된다.

다음으로, 사회학적 설명은 '모방'과 '학습'을 중요시한다. 성별로 유형화된 행동은 아이가 상징적 모델이나 실제 모델들을 관찰하고 학습하는 과정에서 획득되며, 이것은 보상과 처벌의 기제에 의해 동기부여가 된다. 아이는 동성 부모를 관찰하면서 모방학습을 수행하게 되는데, 여기서 부모의 역할이 중요해진다. 부모들이 보이는 자녀의 성별에 따른 기대, 성역할 행동에 대한 보상과 처벌은 자녀의 성 역할 의식에 큰 영향을 준다.

학교교육 역시 중요한데, 교과서의 내용이나 교사의 태도와 행동, 교실에서의 보상과 처벌은 아이에 의해 모방되고 수용되어 성 역할 의식을 형성한다. 특히 명시적으로 드러나지는 않지만 교실 내에서 이루어지는 비공식적이고 암묵적인 학습과정은 아이의 성 역할 사회화에 결정적인 영향을 미친다. 예를 들어 교과서에서는 '남녀가 평등하다'라고 가르치더라도 학교생활에서 성 역할 구별이 이루어진다면 아이들은 여전히 성 역할 고정관념을 내면화하게 된다.

수행성

앞서 살펴본 생물학적 성과 젠더에 관한 논의는 최근에 이르러 다시금 비판에 직면하고 있다. 생물학적 성은 자연적으로 주어진 것이며 젠더는 사회적·문화적으로 구성된 것으로 보는 기존의 관점이 오히려 생물학적 성의 본질적/결정적 차원을 강화하고 있다는 것이다. 미국의 이론가 버틀러(Judith Butler)는 생물학적 성과 사회적 성의 구분에 의문을 제기했다. 양자를 '생물학적 속성'과 '사회문화적인 속성'으로 구분하더라도 여전히 한 사람의 성을 판단할 때 궁극적인 결정요소가 되는 것은 생물학적 성(sex)이므로 젠더는 여전히 이론화되지 못하고 있다는 것이 그의 지적이다.

버틀러는 생물학 자체도 인간의 지식체계의 일부라는 점에서 사회문화적 구성물이며, 생물학적 성의 구별 역시 인간의 지식체계와 사회문화 속에서 형성된 가공물로 보아야 한다고 주장한다. 젠더와 마찬가지로 생물학적 성 구별 역시 사회적 구성물이라는 것이다. 생물학적 신체는 사회문화적 차원과 무관한 것이 아니라 여러 방식으로 사회적 영향 및 사회적 맥락에 놓이며, 우리는 여러 방식으로 우리에게 주어진 신체를 변형하거나

버틀러

(1956~) 퀴어(동성애)이론과 후기구조주의 페미니즘의 대표적 학자로서, 퀴어운동의 실천과 인문학·사회과학 각 분야에 커다란 영향을 미쳤다.
1990년에 『젠더 트러블(Gender Trouble)』을 출간하여 학계에 큰 논란을 불러일으켰다. 이 책에서 버틀러는 섹스와 젠더의 이분법을 허물면서 성 정체성의 범주가 불안정하고 유동적이라고 주장했다. 또한 그녀는 자신이 레즈비언임을 밝히고 퀴어이론의 관점에서 기존의 철학과 사회과학 이론을 비판적으로 조명했다.

수행적 정체성

수행적 정체성이란 인간의 정체성은 본질적이고 고정된 것이 아니라 일상적인 경험 과정에서 구성되고 재구성된다는 것을 보여주는 개념이다. 젠더 정체성도 생물학적으로 결정된 본질이 있는 것이 아니라 각 사회의 젠더 규범에 따른 반복적인 행위 속에서 형성된다는 것이다. 우리는 생물학적 몸 자체에 의해서가 아니라 젠더 규범에 따라 반복적인 행위를 수행해 나감으로써 여성 또는 남성으로서 자기를 인식해 간다. 갓 태어난 아기는 성에 대한 개념이 없지만 분홍치마를 입고 인형을 가지고 놀면서 자신을 여아로, 파란 바지를 입고 로봇을 가지고 놀면서 자신을 남아로 인식해 간다. 고정된 본질이 있는 것이 아니라 매일의 행위를 수행하면서 여성 또는 남성으로서 자기 정체성을 형성해 간다는 것이 곧 수행적 젠더 정체성(performative gender identity) 개념이다.

조정하고 관리한다. 인간의 신체와 생물학의 지식체계란 단지 주어진 것이 아니라 사회적 맥락 속에서 존재하고 있음에 주목하는 이러한 시각에서 볼 때, 젠더 정체성은 생물학적 성차에 대한 사회적 믿음에 바탕해서 만들어지며 또한 생물학적 성차 자체를 만들어가는 데 기여하게 된다.

따라서 버틀러는 성 정체성의 사회적 구성을 강조하면서, '젠더적 수행성'과 '수행적 정체성'이라는 개념을 사용하여 젠더를 이해하자고 말한다. 수행성(performativity)은 연극에서 배우가 연기를 하듯이 주어진 역할이나 과제를 해내는 특성을 말하는 것이다. 그래서 '젠더적 수행성'은 일상생활에서 사람들이 젠더라는 가면을 쓰고 행위를 수행하며 이 과정에서 각자의 젠더가 구성되고 재구성된다는 것을 의미한다. 무대에서 연기하는 배우에게 그의 정체성은 그가 맡아 수행하는 배역에 따라 주어진다. 즉, 무대 위의 배우는 연기 수행을 통해 자신의 정체성을 획득한다. 사람들 역시 주어진 젠더 규범에 따라 행동하면서 자신들의 젠더 정체성을 획득한다. 그래서 이렇게 형성되는 젠더 정체성을 '수행적 정체성'이라고 한다.

그런데 여기서 사람들의 젠더 수행이 늘 성공적일 수는 없다. 우리가 늘 규범에 순응하며 살 수 없듯이 여성 또는 남성으로서 우리의 행위도 늘 고정된 성 역할 규범에 부합하는 것은 아니다. 젠더 행위는 반복과 실패를 되풀이할 수밖에 없는데, 이런 의미에서 젠더는 새로운 의미화에 열려 있다고 할 수 있다. 우리가 고정불변의 진실이라고 생각하는 젠더, 즉 여성과 남성의 구분과 그 경계는 사실 매우 유동적이며 가변적인 것이고, 일상생활 속에서 해체되고 재구성되어 간다는 것이다.

버틀러의 이러한 논의는 고정불변의 자연적 성은 존재하지 않으며 몸에 대한 인식은 사회문화적 산물이라는 사실을 상기하도록 이끈다. 생물학적 성과 젠더를 구분하고, 나아가 생물학적 성의 구분 자체를 의문시하면서 젠더의 유동성을 강조하는 버틀러의 문제의식은 이후의 젠더 연구에 커다란 영향을 끼쳤다(버틀러, 2008).

3) 성차의 사회적 효과

성차의 해석과 젠더의 위계

대부분의 사회에서는 남녀의 성별 차이, 즉 성차에 따른 성 역할 체계와 성별분업 체계가 존재한다. 역사적으로 보면 과거의 성별분업은 여성의 출산과 남성의 힘든 육체노동 간의 분업처럼 남녀의 생물학적 특성을 많이 반영하고 있었다. 그런데 과학기술이 발달하고 분업화·전문화·자동화·지식정보화가 이루어지면서 사람들의 노동과 일상생활은 점차 생물학적 특성과 무관해지고 있다. 그런데도 한 사회에서 성차와 성 역할이 지나치게 강조되는 것은, 성별에 따른 사회적 위계와 차별의 권력이 쉽게 사라지지 않는다는 점을 보여준다. 여성과 남성은 인간으로서 공통된 속성을 지니고 있는데도 차이를 강조하는 태도는 사회적으로 지속되고 있는 차별을 당연시하거나 정당화하려는 관념을 암묵적으로 인정하는 것이다. 여성은 생물학적 출산의 능력이 있기 때문에 어머니가 되고 가정에서 가사노동과 육아를 책임져야 한다는 논리는 일견 자연스럽게 보이지만, 곰곰이 따져보면 출산을 한 사람이 반드시 양육을 해야 하거나 가사노동까지 담당해야 하는 것은 아니다. 양육과 가사노동은 출산과 무관한 일로서 누구나 담당할 수 있는 일인데도 이 일들을 여성의 일로 규정하는 논리는 여성의 직업활동과 사회 참여를 제한하는 효과를 발휘하며, 여성의 사회적·경제적 지위를 낮추고 사회활동을 통한 자기성취를 가로막는 등 부정적 결과를 낳게 된다.

성 역할 고정관념에 기초한 여성성과 남성성의 구별은 단순한 차이를 만들어낼 뿐만 아니라 이질적인 두 범주 사이의 위계를 구조화한다. 서구의 형이상학은 정신과 육체, 낮과 밤, 문명과 야만, 남성과 여성 등 이원성을 위계적으로 사고하며 성별과 비유하는 사유의 전통을 가지고 있다. 이러한 체계에서는 남성과 여성이 대등한 존재가 아니라 남성은 중심이자 주체이고 여성은 주변이자 타자로 인식된다. 서구와 비서구의 차이가 열등한 사회로 타자화하면서 위계질서를 만들어내듯이, 여성과 남성의 차

제2의 성

프랑스의 철학자 보부아르는 1949년에 출간된 『제2의 성(Le Deuxième Sexe)』에서 "여성은 태어나는 것이 아니라 만들어지는 것"이라고 선언함으로써 여성과 남성의 차이가 생물학적으로 결정되는 것이 아니라 사회적/문화적 차원에서 구성되는 것임을 천명했다. 여기서 '제2의 성'은 여성이 남성과 동등한 존재가 아니라 남성 다음번에 있는 두 번째 존재임을 말한다. 결국 '제2의 성'이라는 표현은 여성이 남성 중심의 사회에서 남성에 부차적인 존재로 길러진다는 사실을 폭로하고 있는 것이다.

이는 여성을 남성의 타자, 즉 제2의 성(the second sex)(보부아르)으로 간주하는 젠더 위계의 생산과 밀접한 연관을 가진다.

그런 점에서 젠더는 단지 여성과 남성의 차이에 관한 문제가 아니라 여성성과 남성성의 위계와 차별이 어떻게 구성되는가에 관한 사회학적인 관점과 태도, 접근을 요구하는 주제라고 할 수 있다. 특히 여성과 남성의 차이를 생물학적 차이에 바탕한 것으로 간주하는 태도가 오래도록 지속되어 왔기 때문에, 여성과 남성의 차이를 일종의 자연적 영역에 속하는 것으로 여기는 시각으로 인해 젠더가 위계적이고 차별적인 질서를 (재)생산하는 기제가 된다는 점은 간과되기 쉽다.

젠더체계와 가부장제

우리는 앞에서 젠더가 사회적·문화적 구성물임을 살펴보았다. 여성과 남성 사이에서 발생하는 성차(gender difference)를 염색체나 호르몬, 유전학적인 차이로 설명하는 경우도 존재하지만, 사실상 여성과 남성의 차이는 상당한 정도로 사회적·문화적 힘에 의해 영향을 받으며 구성된다. 앞서 언급했듯이 보부아르(Simone de Beauvoir)는 "여성은 태어나는 것이 아니라 여성으로 만들어지는 것"이라고 선언했는데, 이 말은 여성 또는 남성으로서의 역할, 규범, 행위, 가치관 등을 내면화해 가도록 하는 사회체계, 곧 젠더체계(gender system)의 작동을 지적하는 것이라고 할 수 있다.

남성과 여성이 서로 다르다는 사실 자체가 필연적으로 차별이나 불평등을 낳는 것은 아니다. 남녀의 성별 차이, 즉 성차는 생물학적·자연적으로 결정되기보다는 사회문화적 맥락 속에서 형성되고 경험과 교육을 통해 습득된다. 그러므로 성별 차이가 성차별이나 성 불평등이 되는 것은 사회적 과정의 산물이다. 전통적으로 남성 중심적인 사회에서 남성은 신체적인 힘과 경제적 능력 등으로 여성을 억압하거나 차별해 왔으며, 남성 중심적인 질서와 규범을 통해 성차별 체계를 유지하려고 했다. 이처럼 성별에 따른 구분과 위계, 부계 중심의 가족제도 등을 통해 재생산되는 남성 중심적인 지배질서를 '가부장제(patriarchy)'라고 부른다. 가부장제는 어원상 '가족 내에서 아버지의 지배'를 의미하고 권위 질서의 분류체계의 하나로 사용되었다. 부족사회에서 여성과 아이들에 대한 아버지의 통제권과 권력을 의미하는 데 사용되었던 이 용어는 근현대사회에 접어들어 여성을 체계적으로 차별·배제하는 제도와 관행을 포괄적으로 지칭하는 데 사용되고 있다.

가부장제와 이에 따른 성차별 및 성 불평등은 그 역사가 오래되었다. 가부장제를 통한 성차별은 대체로 두 가지 방식으로 재생산된다. 하나는 위계적 성별분업을 통해 여성의 역할과 노동을 통제하는 것이며, 다른 하나는 여성의 성(sexuality)을 통제하는 것이다.

우선 남성 중심의 소유제도와 성별분업 및 여성의 역할에 대한 통제는 여성에 대한 차별을 지속시키는 중요한 기초가 되었다. 가부장제는 신분과 재산의 소유 및 상속이 남성 중심으로 이루어지도록 함으로써 여성에 대한 남성의 지배와 차별을 확고히 하는 제도였다. 남성들은 여성들에게 사회활동 참여의 기회를 제약했고, 남성에 비해 여성에게 열등한 처우를 했다.

가부장적 성 윤리 역시 여성을 사회적으로 통제하는 중요한 수단이 되었다. 가부장적 성 윤리는 성별에 따른 이중 기준을 가지고 있어서, 비록 시대나 신분에 따른 차이가 있었지만, 대체로 남성에게는 관용적인 반면 여성에게는 엄격했다. 남성은 성에 대해 능동적·적극적 태도를 보여야 하지만 여성은 수동적·소극적 태도를 보여야 한다는 사고방식을 강요함으로써, 여성을 대상화하는 성폭력을 방치하거나 여성의 잘못된 처신 탓으로 돌리도록 했다. 또한 여성에게 순결과 정조를 강요하여 이혼을 할 경우에도 그 책임과 비난이 주로 여성들에게 돌아갔다.

가부장제는 경직된 남성 중심적 성 규범을 배타적으로 강요하면서 이성애에서 벗어난 주변적 집단, 예컨대 동성애자와 같은 성적 소수자들(sexual minorities)을 거부하고 차별하는 태도를 강화했다. 그리고 가부장적 성별분업의 논리는 여성들이 개성을 발휘할 기회를 제약했다. 나아가 이러한 성별분업 논리는 '여성답지 못한 여성'과 더불어 '남성답지 못한 남

다른 나라의 가부장제

가부장제는 서양에서 고대국가와 가족제도가 성립하던 시절부터 시작되었다. 서양 중세의 십자군 전쟁 시기에 여성들에게 성적 순결을 강제하기 위해 잔혹하고 기괴한 '정조대'를 채운 것은 여성에 대한 남성의 지배와 차별을 극명하게 보여준 것이었다. 일부 문화권에서는 가문의 명예를 더럽혔다는 이유로 성폭력 피해여성을 이른바 '명예살인'하는 관습이 지속되기도 한다.

성'도 비난의 대상이 되게 하여 남녀 모두에게 다양성을 억압하는 힘이 되었다. 이러한 가부장제에 대한 저항은 19세기 말 여성의 참정권운동을 통해 사회적으로 확산되기 시작했다. 이후 여성운동은 20세기 초에 사회적 기회와 법적 권리의 평등을 요구하는 여성해방운동으로 발전하여 남녀평등의 확대를 가져왔으며, 여성해방을 위한 노력은 지구적 차원의 여성 연대를 형성하는 등 꾸준히 지속되고 있다.

4) 현대사회의 젠더 불평등과 성폭력

현대사회에서도 적지 않은 여성들이 남성과 동등한 정치, 경제, 사회, 문화 활동을 할 기회를 제약받고 있다. 물론 시간이 갈수록 그런 기회가 개방되고 제약과 차별대우도 줄어들어 성평등의 진전이 이루어져 왔지만, 아직도 일상생활에서의 성차별과 성 불평등이 남아 있으며, 나라에 따라 정치, 경제, 사회, 문화 영역에서의 성평등의 정도에 상당한 차이가 존재한다.

경제활동에서의 성차별과 성 불평등

자본주의적 공업화 과정에서 직장과 가정이 공간적으로 분리되면서 돈을 버는 직장노동과 돈벌이와 무관한 가사노동도 분리되었고, 이에 따라 가정에서의 가사노동은 대부분 여성의 몫이 되었다. 하지만 많은 여성들은 경제적인 이유와 사회적 자기성취 욕구 등에 따라 취업을 희망해 왔다. 한국 사회에서도 경제활동에서의 성차별을 시정하기 위한 노력이 여러 방면에서 이루어져 왔다. 하지만 육아를 여성이 담당하도록 하는 관행이 여전히 강하고 육아에 대한 사회적·경제적 지원이 미흡할 뿐 아니라 성별 임금격차가 매우 크게 나타나 남녀 간의 경제활동 참가율 격차 역시 큰 편이다.

여성들은 일자리를 얻는 것 자체가 남성보다 어려운 편이며, 일단 채용이 된 이후에도 임금이나 승진 등에서 차별을 받는다. 정리해고나 명예퇴

1970년대 여성노동자들의 저임금과 성차별

1970년대에는 남동생이나 오빠의 학비를 벌기 위해 농촌을 떠나 공장지역으로 올라온 나이 어린 여성들이 비위생적이고 먼지투성이인 공장에서 야근에 시달리며 형편없는 저임금을 받았다. 당시 우리나라 노동자의 임금은 전체적으로 매우 낮은 수준이었지만, 여성노동자들은 그나마 남성의 절반에도 못 미치는 임금을 받고 일했다.

노동청 자료에 따르면 1977년 6월 당시 여성의 평균 급여 총액은 월 4만 9000원 정도로 남성노동자의 41%에 불과했다. 또한 여성노동자들은 조장, 반장 등의 엄격한 감시하에 화장실 가는 일도 참아야 할 정도로 억압적 조건에서 일해야 했으며, 사장이나 남성 상급자의 성폭력에 시달리는 사례도 많았다.

<표 7-1> OECD 국가별 남녀 평균임금 격차(2021년)　　　　　　(단위: %)

나라	임금격차	나라	임금격차
한국	31.1	EU 27개국 평균	10.3
일본	22.1	리투아니아	9.3
미국	16.9	브라질	9.1
캐나다	16.7	스웨덴	7.4
핀란드	16.0	뉴질랜드	6.7
멕시코	12.5	아르헨티나	6.3
OECD 평균	12.0	덴마크	5.0
포르투갈	11.7	노르웨이	4.6
슬로바키아	11.7	루마니아	3.3
체코	11.5	불가리아	2.6

자료: OECD(http://www.oecd.org). 2021년 데이터가 없는 경우 2020년 데이터를 반영함.

직 시에도 우선적 고려 대상이 되는 경우가 많은데, 1997년 외환위기 이후 대기업의 정리해고 때 근속연수가 긴 여성 직원이나 사내 부부 중 여성들을 우선하여 퇴사하도록 압력을 넣어 법정 공방이 벌어지기도 했다. 한국의 여성들은 평균임금에서도 남성들과 큰 격차를 보여주고 있는데, 최근으로 오면서 격차가 조금씩 줄어들고 있지만 다른 사회와 비교해 볼 때 여전히 매우 높은 수준이다. <표 7-1>에서 보듯이 한국의 남녀 평균임금 격차는 OECD 국가들 중 최고 수준으로 나타나고 있다. 이처럼 여성 전체의 임금총액 평균이 낮은 것은 여성들이 남성들에 비해 더 낮은 임금, 더 낮은 직위의 불안정한 일자리에 더 많이 고용되어 있음을 의미한다.

정치적 기회에서의 성 불평등

국가마다 차이가 있으나 대체로 서구 국가들에서는 20세기 초에 여성들에게 남성과 동등한 참정권이 주어졌으며, 이후 여성들의 정치 참여가 꾸준히 늘면서 여성들의 권리가 강화되어 왔다. 세계 155개국이 가입하고 있는 국제의회연맹(IPU)에 따르면, 2022년 여성의원 비율은 스웨덴

'여성채용목표제'와 '양성평등채용목표제'

1996년부터 실시된 '여성채용목표제'는 여성들에게 더 많은 공무원 채용 기회를 제공하기 위해 여성공무원 채용 목표 비율을 1996년 10%에서 2000년에 20%까지 점차 늘리는 것을 골자로 하는 한시적인 차별 완화 정책이었다. 그런데 2000년부터 공무원 채용시험에서 남성의 군가산점을 폐지한 후 9급 교육행정직과 일반행정직 등 일부 모집 단위에서 여성 합격률이 70%를 넘는 등 역전 현상이 나타났고, 이에 따라 여성채용목표제 적용이 2002년 말로 만료가되면서 '양성평등채용목표제'로 전환했다.

양성평등채용목표제는 2003년부터 5·7·9급 공무원 채용 시 적용되었는데, 채용시험에 남성이든 여성이든 어느 쪽이 합격자의 70%가 넘지 않도록 하는 것으로서 여성이나 남성이 합격자의 30%가 되지 못했을 때 가산점을 주어 합격자의 성비를 조정하는 제도이다.

46.1%, 노르웨이 45.0%, 네덜란드 40.7%, 오스트리아 41.5%, 독일 34.9%, 영국 34.4%, 미국 27.7%, 한국 18.6%, 일본 9.7% 등으로 나타나고 있다. 한국은 1948년 제헌헌법에서부터 여성의 참정권이 보장되어 왔으나, 외부로부터 주어진 권리였기에 현실적으로 여성들의 정치 참여는 매우 취약했다. 이후 여성들의 교육수준이 높아지고 성평등 의식이 성장하면서 점차 여성들의 정치 참여가 늘어나기 시작했고, 오늘날에는 여성운동 등의 영향으로 과거에 비해 여성의 정치 참여가 활발히 이루어지고 있다. 그러나 여전히 정치 영역에서 여성의 진출은 많은 제약이 있는 것이 현실이다.

기회 불평등과 적극적 조치

오늘날 성차별은 조금씩 개선되고 있지만 아직도 많은 여성들이 성차별적 관행으로 인해 사회 참여의 기회를 제한당하고 있다. 그래서 할당제와 같은 '적극적 조치(affirmative action)'를 도입해야 한다는 의견이 꾸준히 제기되어 왔는데, 적극적 조치는 구조적으로 누적된 차별을 개선하기 위해 한정된 기간에 소수집단을 우대하는 정책을 말한다. 예를 들어 스웨덴에서는 여성을 많이 채용하는 기업에게 국가가 여러 가지 우대조치를 제공하고 지원하는 정책을 실시하고 있으며, 프랑스와 노르웨이에서는 국회의원 선거에서 여성할당제를 실시하고 있다. 한국에서는 여성에 대한 적극적 조치로서 1996년에 일부 공무원 시험에 '여성채용목표제'를 도입하기도 했고, 2000년에는 군가산점제를 폐지하기도 했다.

성적 자기결정권과 성폭력

성폭력은 상대방의 의사를 무시하고 강제적·일방적으로 가해지는 성적 행위를 가리킨다. 오늘날 성폭력은 대부분의 나라에서 범죄로 취급된다. 성과 관련된 일방적이고 강제적인 행위로 인해 피해자는 무엇을 침해당하는 것일까?

가부장적 시각에서는 흔히 타인(주로 여성)의 순결과 정조를 강압적으로 빼앗는 것을 성폭력이라고 생각하는 경향이 있다. 그러나 이런 기준을 적용할 경우 가해자의 강압성보다는 피해자의 순결성과 도덕성을 문제 삼게 되어, 피해자의 사생활을 들추어내면서 부도덕함을 비난함으로써 피해자에게 이차적 피해를 입히는 경우가 많다. 이런 한계를 넘어서기 위해 성폭력은 개인의 '성적 자기결정권'을 침해하는 행위로 재개념화되어 왔다. 성적 자기결정권이란 자신의 성적 행동을 스스로 의지대로 선택하고 실행할 권리를 말하며 개인이 성별이나 지위와 무관하게 독립적인 성적 주체임을 강조하는 개념이다.

성매매, 성 상품화와 성적 자기결정권

현대 자본주의 사회에서 여성의 성은 여러 형태로 상품화되고 있다. 성매매는 자본주의 발생 훨씬 이전부터 지속되어 왔지만, 도시화에 따라 익명성이 커지고 또 자본주의적 성 상품화가 확대되면서 불특정 다수를 상대로 하는 성적 서비스로 확대되고 있다. 성매매의 양상도 다양해지면서 기업형으로 조직화된 '성 산업화' 양상이 나타나기도 한다. 또한 인터넷, 이동통신 등을 통한 쌍방향 커뮤니케이션 및 정보 기술이 발달하면서 새로운 형태의 성적 거래가 계속 확산되는 추세이다(제12장 5절 참조).

성 문화의 변화와 함께 오늘날에는 과거와 같은 이중적 성 문화는 약화되고 있는 것으로 보인다. 그렇지만 성매매와 성 상품화가 여전히 여성을 주요 대상으로 삼고 있는 것도 사실이다. 성 상품화의 확산은 남성들이 성 상품을 소비하는 성적 소비자(sexual consumer)가 되는 데 익숙해지도록 함으로써 여성을 거래나 소비의 대상으로 여기는 것을 당연시하게 한다. 자본주의 사회에서 이러한 성차별적 권력관계를 유지시키는 중요한 힘은 화폐, 즉 경제적 능력이다.

성매매의 합법화를 주장하는 입장에서는 성 판매 여성들의 '성적 자기결정권'을 논거로 제시하기도 한다. 하지만 성을 화폐거래의 대상으로 삼고 있는 사회에서 성적 자기결정권이 실제로 실현되기는 어렵다. 성적 자기결정권이란 자율적이고 인격적인 관계를 전제로 한다. 만약 성을 상품

성매매 합법화 논쟁

모든 것을 상품화하는 자본주의 사회에서 성의 상품화, 특히 성매매를 규제하는 것에 대해 서로 다른 입장들이 제시되고 있다.

성매매를 범죄화해서는 안 된다는 입장에서는 성 판매 여성들의 현실적 생존권 차원에서 '남성의 성 구매 인정'과 무관하게 성 노동자들의 노동권을 보호해야 한다고 주장하거나 나아가 '성 노동'도 하나의 노동으로 인정해야 한다고 주장한다.

반면에 성매매를 범죄화해야 한다는 입장에서는 규범적·인격적 차원에서 성을 다른 상품처럼 하나의 서비스상품이나 노동으로 인정하자는 것은 성차별을 정당화하는 것이라고 비판한다.

그런데 두 입장 모두 성 판매 여성들이 성매매에 빠져들도록 하는 빈곤, 실업 등의 사회구조적 조건들이 있으며, 이러한 조건들을 없애는 것이 중요하다는 점에 동의한다. 말하자면 성 판매를 하지 않고도 살아갈 수 있는 여건을 사회적으로 제공해 주는 것이 궁극적인 해결책이라는 것이다.

화하지 않아도 동등한 삶의 기회와 인간다운 삶이 보장되고 성의 자유롭고 평등한 향유가 가능하다면 자율적·인격적 관계의 회복과 성차별적 권력관계의 해체가 가능할 것이며 이를 통해 성적 자기결정권도 실현될 수 있을 것이다.

2. 현대사회의 성, 사랑, 결혼

1) 섹슈얼리티의 의미

섹슈얼리티의 세 가지 의미

한국어에서 성(性)이라는 단어에는 성별 구분의 생물학적 성(sex)과 사회적 성(gender) 외에도 섹슈얼리티(sexuality)라는 의미가 포함되어 있다. 실제로 생물학적 성과 젠더, 섹슈얼리티는 여러 차원에서 서로 밀접하게 연관된 개념이며, 따라서 사회학자를 포함하여 많은 학자들이 이들 사이의 관계에 주목해 왔다.

섹슈얼리티는 크게 두 가지 차원을 가리키는 용어이다. 첫째, 개인들의 성적 욕망이나 감정, 성적 매력과 관련된 신체적·정서적·정신적 차원의 특성과 성적 태도나 성적 행동을 지칭한다. 둘째, 성적 태도와 성적 행동, 성관계와 관련된 사회적 규범과 제도를 포괄한다. 섹슈얼리티가 사회적 규범과 제도를 포함한다고 보는 것은 중요한 의미를 가진다. 섹슈얼리티는 흔히 사적 영역에 속하는 문제로 인식되지만 거의 모든 사회에서 섹슈얼리티는 도덕과 종교, 과학의 주된 관심 영역에 속하는 문제였다. 우리가 섹슈얼리티를 사적이고 개인적인 문제 혹은 생물학적 차원이나 본능과 관련된 문제로 인식하는 것은 성에 관한 현대의 지식 및 담론의 영향이라고 할 수 있다. 섹슈얼리티를 사회 속에서 권력이 작동하는 핵심적인 영역으로 사고할 필요성을 제기한 이론가는 푸코(Michel Foucault)이다. 푸코는 성을 인간 본능의 생물학적 차원이나 광기와 같은 무의식의 비밀스러운 영역과 연관된 문제가 아니라, 오히려 섹슈얼리티를 이와 같은 사적이고 내밀한 욕망의 문제로 바라보게 하는 시각 자체가 근현대사회 권력이 작용하는 특유의 지식권력의 효과라고 설명한다.

섹슈얼리티는 사회적 제도와 인간관계의 규범과 밀접한 연관을 맺고 있고 섹슈얼리티의 실천은 권력과 무관하지 않다. 성적 행동은 권력을 가진 사람의 경우와 그렇지 못한 사람에게 다른 규범을 적용한다. 신분질서에 따라, 여성과 남성에 따라 다른 규범이 적용되기도 한다. 한 사회의 성과 관련된 금기, 섹슈얼리티를 규제하는 종교, 혼인의 규칙 등은 사회질서 속에 바람직한 성적 질서를 유지하기 위해 배제되고 통제되어야 할 요소들을 배치하는 권력의 활동과 밀접하게 연관된 문제라고 할 수 있다. 섹슈얼리티는 한 사회의 권력이 작동하는 방식과 위계가 구성되는 방식에서 핵심적인 요소이기에 사회적 맥락과 권력의 문제와 밀접하게 연관된 것으로 다룰 필요가 있다.

결국 섹슈얼리티는 본능적인 욕구나 특성과 관계되는 성관계 및 성행위에 제한되는 개념이 아니며 인간의 성적 욕망과 성행위가 각 사회 안에서 문화적으로 구성되는 측면을 포함한다. 따라서 '섹슈얼리티'를 다룸에 있어 성적 욕망과 행동을 자연과 본능이 아니라 사회문화적으로 구성된 산물로 보는 것은 매우 중요한 관점이다. 인간이 지닌 성적 욕망과 그것을 표현하는 방식은 역사적으로 다양하며, 이 과정에는 여러 차원의 사회적 권력이 작동하고 있다고 할 수 있다.

섹슈얼리티의 사회적·역사적 다양성

성에 관한 인류학자들의 연구에 의하면, 성행위와 성의식에는 문화적인 다양성이 나타난다. 어떤 문화권에서는 혐오스럽고 외설적인 것으로 간주되는 행위가 다른 문화권에서는 자연스러운 표현의 양식으로 여겨질 수도 있다. 역사적으로 섹슈얼리티는 다양한 방식으로 표출되었으며, 특히 생식을 목적으로 하지 않는 성적 행동은 도덕적 타락으로 간주된 시대도 있었다. 현대사회에서 성은 생식과 분리되어 그 자체로 의미 있는 사회적 행위로 실천되고 있다. 오늘날 섹슈얼리티는 개인적 삶의 중요한 일부로서 스스로가 경험하고 구성해 가는 삶의 영역으로 인식된다. 성적 행위가 결혼으로 맺어진 부부관계 안에서만 허용되고 그 이외의 관계에서는 금기시되고 터부시되던 시대가 있었던 반면, 현재는 성적 행위와 결혼은 필연적인 관계로 인식되지 않는 경향이 강하다. 또한 이성 간의 성적 행위만이 정상적인 것으로 허용되는 시대 혹은 사회가 있는가 하면 동성 간의 성애를 허용하거나 권장하는 사회도 있었고 엄격하게 규제하거나 차별하는 사회도 있었다. 다양한 성적 취향과 성적 표현 및 행위가 허용되거나 거부되는 정도 역시 사회적·역사적으로 다양하게 나타난다.

성적 매력에 관한 관념도 사회마다 다르며, 역사적인 변화를 겪어왔다. 사회와 시대에 따라 선호하는 몸의 특징도 달라져 왔다. 성적 매력의 시대적 변화는 TV나 영화에 등장하는 스타들의 매력에 관한 관념의 변화를 통해서도 확인할 수 있다. 미국에서는 1930년대에는 바싹 마른 몸매의 소녀 같은 여성이, 1950년대에는 매릴린 먼로(Marilyn Monroe)와 같이 풍만한 몸매의 여배우가 인기를 끌었다. 미국 경제가 대공황으로 매우 어려웠던 1930년대, 그리고 세계대전을 치른 1940년대에는 일하는 여성이 필요했고 따라서 민첩해 보이는 마른 몸매가 매력의 상징이 되었다. 그런데 전쟁이 끝나고 남성들이 사회로 돌아온 1950년대에는 전쟁 기간에 남성을 대신하여 직장에서 일하던 여성들이 집으로 돌아가 주부의 역할을 되찾기를 바라는 풍조가 강해졌으며, 풍만한 몸매의 여배우들은 이러한 이미지에 부합했다. 우리나라에서도 외모에 관심을 기울이는 남성은 비난의 대상이 되던 시대가 있었고, 때로는 과잉된 남성성을 표현하는 마초적인 남성이 인기를 끌던 시대도 있었다. 최근에는 여성만이 아니라 남성들에게도 일정한 미적 기준을 요구하기도 하고, '식스팩(six pack)'이라고 불리는 근육질의 몸매를 가진 남성들이 인기를 끌기도 한다. 또한 '메트로섹슈얼(metro sexual)', 즉 성적 매력과 도시적 세련됨을 지닌 남성들도 선호의 대상이 되고 있다.

각 사회는 섹슈얼리티, 곧 성적 욕망과 그것을 충족하는 방식에 대한 문화적 처방을 가지고 있으며 그것의 역사적 변화 과정에서 가장 두드러지는 사실은 '생식수단으로서의 성'과 '쾌락으로서의 성'의 분리이다. 전통 사회에서 성은 출산, 즉 생식수단으로서만 규범적으로 인정되었다. 자녀를 얻기 위한 행동으로서 일차적인 의의를 인정받은 것이다. 따라서 쾌락의 수단으로서 성은 억압되었으며, 특히 여성의 성적 욕망은 규범에 따라 훨씬 더 강력하게 통제되었다.

기든스(Anthony Giddens)에 의하면, 서구 사회에서 성행위에 대한 태도는 거의 2000년 동안 일차적으로 기독교 정신에 의해 형성되었다. 기독교 교회가 견지했던 가장 보편적인 입장은, 모든 성행위는 의구심을 불러일으키는 것으로서 자녀의 출산을 위한 행위로서만 최소한으로 행해야 한다는 것이었다. 하지만 종교적인 금욕정신이 널리 퍼져 있었는데도 현실에서는 교회의 가르침을 무시하는 성관계가 성행했다. 특히 성관계는 결혼을 통해서만 이루어져야 한다는 사고는 거의 받아들여지지 않았다. 또한 17~18세기 궁정사회에서는 남성의 혼외관계뿐만 아니라 여성의 혼외관계도 정당한 것으로 인정되었다.

19세기에 인간의 섹슈얼리티에 대한 종교적 입장은 의학적 견해에 의해 뒷받침되었다. 의사들의 견해 중에는 생식과 연계되지 않은 성행위는 남녀 모두에게 심각한 신체적 상해를 가져온다거나, 자위행위가 눈을 멀게 한다거나, 구강성교가 암을 유발한다는 주장들이 있었다. 하지만 이 시대에도 성에 대한 위선적인 태도가 만연했다고 한다. 겉으로는 성에 대해 무관심한 여성을 '고귀한 여성'으로 규정하면서도, 실제로는 성에 적극적인 여성들이 더 환영받았다는 것이다. 또 남성들은 개방적인 혼외관계와 성적 자유를 누렸던 반면, 여성들에게는 순결이나 정조를 지킬 것이 의무화되었고 성적 욕망을 드러내는 것이 금기시되었다.

이와 같이 섹슈얼리티는 우리가 살아가는 사회에 의해서 상당한 정도로 규정된다. 이는 특히 섹슈얼리티와 생식의 분리에서 보듯이 현대적 피임술을 비롯한 기술(technology)의 발전과도 밀접한 연관을 맺고 있다. 섹슈얼리티와 생식이 기술적으로 상당히 용이하게 분리 가능한 것이 되기

푸코와 억압 가설 비판

푸코는 『성의 역사(Histoire de la sexualité)』에서, 성이 억압되어 있으며 우리는 이러한 억압에서 해방되어야 한다고 보는 프로이트의 '억압 가설'에 의문을 제기한다. 성이 억압되어 왔다는 생각은 성과 욕망에 대한 전통적인 이해 모델이다. 그러나 과연 성의 억압은 역사적으로 자명한 사실인가? 성에 대한 권력은 이처럼 억압 또는 금지의 형식으로만 작동하는가? 그리고 성의 억압을 비판하는 담론은 권력의 작동 메커니즘 자체를 차단할 수 있는가?

푸코는 성과 욕망의 '억압과 해방'이라는 가설과 담론은 사람들로 하여금 자신들의 '해방'이 이에 달려 있다고 믿게 한다는 점에서 부정적인 효과를 낳는다고 본다. 그래서 그는 사람들이 왜 과거부터 현재까지 성과 욕망을 억압받고 있다고 생각하고 있고, 또 이로부터 해방되어야 한다고 믿고 있는지를 질문한다. 그러면서 푸코는 섹슈얼리티에 대한 억압과 해방의 담론/지식의 생산 자체가 '성의 담론화'를 통해 스스로를 확대재생산하도록 하는 권력의 테크닉일 수 있다고 지적한다. 그래서 그는 16세기 이래 '성의 담론화'는 제한의 과정을 겪기보다는 선동을 통해 증대되는 경향을 보여왔다고 해석한다.

이전까지 섹슈얼리티는 결코 순수한 성적 향유의 차원으로 받아들여지기 어려웠으며 특히 여성에게는 임신 및 출산과 직접적으로 연결되는 문제였다. 현대적 피임술의 발전 및 보급으로 인해 대다수의 사람들이 출산 여부, 출산 시기와 터울에 대해 계획하거나 관리하는 일이 가능해졌으며, 이는 역사적으로 인간의 삶에서 일어난 가장 획기적인 변화 중 하나였다.

2) 사랑에 대한 사회학적 접근

낭만적 사랑과 성-사랑-결혼의 결합

18세기 후반부터 나타나기 시작한 '낭만적 사랑(romantic love)'(3절 참조)의 이상은 친밀성▼의 발달과 맞물리며 현재까지 확산되어 왔다. 낭만적 사랑은 열정적 사랑에서 나온 것이지만 일시적 욕정이나 노골적 섹슈얼리티와 달리 정신적 소통과 영혼의 만남을 통해 진실한 사랑의 영원함을 믿는 사랑이다. 기든스에 의하면, 낭만적 사랑이란 다른 사람과의 관계 그 자체의 내재적인 성격에 근거해 감정적 관계를 지속시키는 것을 전제로 하는 사랑이다. 이것은 일상적 의무나 신분적·경제적 조건에 따라 배우자를 선택했던 이전의 관습에서 해방된다는 것을 의미했다. 이에 따라 결혼관계는 친족관계로부터 분리되고 결혼과 부부관계 자체가 특별한 의미를 지니게 되었다.

오늘날 남편과 아내는 점점 공동의 정서적 삶의 동반자로 인식되고 있고, 부부관계는 자녀에 대한 헌신보다도 우선시되고 있다. 특히 피임법의 발달에 힘입어 출산의 조절과 자녀 수의 제한이 가능해지면서 섹슈얼리티는 출산의 부담에서 해방되어 쾌락의 요소가 되었고, 남성뿐 아니라 여성도 성적 욕망의 실현을 자신의 권리로 생각하게 되었다. 이처럼 개인이 자신의 성적 정체성을 만들어가는 '조절 가능한 섹슈얼리티(plastic sexuality)'▼▼의 창조, 곧 출산, 가족관계, 전통적 규범으로부터 해방된 섹슈얼리티의 탄생은 지난 수십 년간의 성 해방을 가능하게 했던 전제조건이었다. 이러한 성 해방은 두 가지 요소를 포함하는데, 하나는 여성의 성적 자율성의 혁명

▼ 일반적으로 두 사람 사이의 정서적 가까움과 강한 유대감을 의미하는 것으로, 자아개방(자신을 드러냄)과 친밀한 의사소통을 통한 상호의존성 및 상호존중을 포함한다.

▼▼ 'plastic sexuality'를 직역하여 '조형적 섹슈얼리티'라고 번역하기도 한다. 여기서는 개념의 의미를 살리기 위해 '조절 가능한 섹슈얼리티'로 썼다.

이며 다른 하나는 동성애의 확대이다(Giddens, 2009).

합류적 사랑과 순수한 관계

조절 가능한 섹슈얼리티의 등장으로 여성도 성을 쾌락의 관점에서 추구할 수 있게 되었으며, 양성 간의 관계도 순수한 관계로 발전되었다. '순수한 관계(pure relationship)'란 관계 그 자체를 지향하는 관계로서, 성적·감정적으로 평등한 관계를 의미한다. 이러한 순수한 관계의 발전은 기존의 성차별적 권력 형태에 대해 저항적인 의미를 지니고 있다. 말하자면 여성의 성에 대한 남성의 통제가 약해지는 계기가 되었던 것이다.

섹슈얼리티에서 여성의 통제력이 커지면서 '낭만적 사랑'은 점차 '합류적 사랑'으로 전화해 왔다. 낭만적 사랑은 관계의 유지가 두 사람의 감정적 관여로부터 나온다는 '순수한 관계'의 발상을 내포하고 있었기에 처음부터 남녀 간의 감정적 평등의 추구가 내재되어 있었다. 그래서 영원한 사랑이라는 낭만적 사랑의 이상은 여성의 성적 해방과 자율성의 확대 속에서 점차 순수한 관계와 충돌하게 되었다. 기든스에 의하면, '합류적 사랑(confluent love)'은 개인들 간의 능동적이고 우발적인 사랑으로서 감정적 교환에서의 평등을 추구하는데, 순수한 관계의 원형에 가까울수록 더욱 그러하다. 합류적 사랑은 또한 관능의 기술을 결혼관계의 핵심에 도입한 최초의 사랑이다. 성이 출산과 자녀양육의 부담으로부터 해방되면서 여성들은 점차 독자적인 성적 쾌락을 추구하게 되었고, 여성의 성욕을 남성의 성적 지배에서 해방시켰다. 그리하여 이제 성적 쾌락의 상호적 성취는 결혼관계의 유지 또는 해체를 좌우하는 핵심 요소가 되었다.

3) 결혼과 가족의 변화

현대사회로 오면서 성과 사랑은 급속한 의미 변화를 겪고 있다. 남녀를 불문하고 성이 더 자유로워지고 사랑과 친밀성의 성격이 변화하면서, 성생활, 남녀관계, 부부관계와 결혼생활 등 일상생활 전반에 변화가 일어나

순수한 관계

한국 사회에서 남녀 간의 순수한 관계는 흔히 돈의 영향을 받는 불순한 관계가 아닌 관계를 의미하는 것으로 이해된다. 하지만 기든스가 말하는 순수한 관계는 돈을 매개로 관계가 유지되느냐 여부와는 아무런 관련성이 없다. 순수한 관계란 상대방과 친밀한 관계를 맺고 싶어 하는 감정 그 자체 때문에 유지가 되는 관계이다. 따라서 이러한 감정이 사라지면 순수한 관계 자체가 해체된다. 예를 들어 순수하게 사랑의 감정에 따라 결혼관계를 유지하고 또 사랑이 식으면 결혼관계를 해소하는 것이 곧 순수한 관계인 것이다.

고 있다. 이러한 변화는 가족의 형태와 성격도 변화시켜 왔다. 이러한 현대사회의 변화의 뿌리에는 공업화와 개인화가 자리 잡고 있다.

가족이란 무엇인가

오늘날 가족을 정의하는 문제는 그 자체가 논쟁적이다. 전통적으로 가족은 결혼과 혈연관계로 형성된 경제적 단위이자 주거생활 공동체라는 의미를 지니고 있었다. 그래서 인류학자 머독(George P. Murdock)은 가족을 '주거를 공동으로 하고 경제적 협동과 출산을 특징으로 하는 집단'이라고 규정하면서, 사회적으로 인정된 성관계를 갖는 최소한 2인의 남녀를 포함한 성인들과 그들이 출산 혹은 입양한 자녀들이 가족에 포함된다고 했다(Murdock, 1949). 이러한 정의는 입양을 포함함으로써 결혼과 혈연 중심의 가족 개념을 좀 더 확장한 것이기는 하지만 다양한 가족형태를 포괄하기에는 여전히 한계가 있는 '협의의 가족 개념'이다.

한국의 사회학자 이효재는 가족을 '일상적인 생활을 공동으로 영위하는 부부와 자녀들, 그들의 친척, 그리고 입양이나 기타 관계로 연대의식을 지닌 공동체집단'으로서, 반드시 동거하는 사람들에 한정되는 것은 아니라고 정의했다. 이것은 가족을 연대의식에 의해 정의함으로써 다양한 가족형태를 포괄할 수 있는 광의의 개념이라고 할 수 있다(이효재 외, 1995). 예를 들어 오늘날 직장, 교육 등의 이유로 늘어나고 있는, 반복적으로 떨어져 살지만 연대의식으로 결합되어 있는 주말부부나 기러기부부 같은 분거가족을 가족으로 정의하기 위해서는 '광의의 가족 개념'이 필수적이다. 전체적으로 보면 가족은 결혼과 성관계, 출산과 혈연, 입양, 경제적 공동생활, 정서적 유대, 주거생활 공동체 등 여러 요소를 포함하고 있다. 그렇지만 모든 가족이 이런 요소들을 기본적으로 공유하고 있는 것은 아니며, 현실의 가족은 이 중 몇 가지 요소를 포함하는 여러 형태를 보이고 있다.

가족과 친족

가족형태는 분류의 기준에 따라 나뉠 수 있다. 가족관계의 가치 중심에 따라 부부 중심 가족, 부자 중심 가족, 모녀 중심 가족, 형제 중심 가족 등으로 나눌 수 있다. 그리고 가족의 규모에 따라 대가족과 소가족으로 나눌 수도 있고, 세대를 기준으로 1세대 가족, 2세대 가족, 3세대 가족으로 나눌 수도 있다.

일반적으로 가족형태는 크게 '핵가족(부부가족)'과 '확대가족'으로 나누는데, 확대가족의 하위 형태로 '직계가족'을 덧붙이기도 한다. 핵가족 또는 부부가족은 결혼한 부부와 미혼 자녀들로 구성된 가족형태이다. 확대가족은 두 세대 이상의 결혼한 부부들과 그 자녀들로 구성된 가족형태이다. 그리고 직계가족은 확대가족 중 부모와 가계를 계승하는 한 자녀(일반적으로 장자)의 부부를 중심으로 이루어진 가족형태이다. 여기서 직계가족의 분류는 장자를 통한 가계계승을 중시해 온 한국 사회의 가족형태를 분류하는 데 적절한 개념이 될 수 있다.

가족이 세대를 따라 확장되어 혈연관계가 직계가족의 범위를 벗어날 경우 방계의 혈연관계가 형성되는데, 이렇게 혈연관계를 형성하고 있는 방계의 혈족들을 친족이라고 한다. 한국은 「민법」 제779조에서 가족의 범위를 배우자, 직계혈족 및 형제자매로 규정하고 있으며, 생계를 같이할 경우에 한해 장인, 장모, 시아버지, 시어머니, 처남, 처제, 시동생 등 배우자의 직계혈족 및 형제자매를 포함시키고 있다. 그리고 「민법」 제777조에서는 친족의 범위를 남녀 동등하게 8촌 이내의 혈족, 4촌 이내의 인척, 배우자로 규정한다. 그러나 현실적으로 사람들이 친족 또는 친척이라고 생각하는 범위는 점점 좁아지고 있다.

가족형태의 역사적 변화

역사학자 스톤(Lawrence Stone)은 중세에서 현대에 이르기까지 유럽의 가족형태 변화를 세 단계로 구분했다. 첫 번째는 '개방형 혈통 가족(open lineage family)'인데, 이는 중세 초 이후 몇백 년에 걸쳐 전개되었던 주도적인 가족형태이다. 이 가족형태는 핵가족의 한 종류로서 아주 소수의 가족이 거주하고 있지만 여타 친족과의 접촉을 포함하여 지역사회와 깊은 상

핵가족과 확대가족의 장단점

확대가족과 핵가족은 일반적으로 서로 대비되는 장점과 단점이 있다. 확대가족은 후세대에 대한 문화 전수가 쉽고 가족 중 일부의 경제력 상실에도 가족 전체의 생존이 가능하다는 장점이 있다. 반면에 자녀가 부모에게 예속되어 있고, 형제자매 간 서열에 따른 차별이 존재하고, 여러 세대의 공동생활로 복잡한 갈등이 발생할 수 있다는 단점이 있다.

한편, 핵가족은 부모와 자녀의 관계가 상대적으로 자유롭고 민주적이며, 생활의 자율성과 독립성이 강화되고, 개인의 인격과 개성이 존중되고, 거주지 이동이 상대적으로 쉽다는 장점이 있다. 반면에 후세대에 문화 전수가 어렵고, 노인 부양이 힘들며, 가족구성원 간의 갈등이 드러나기 쉽고, 가족 중 일부의 경제력 상실이 가족 전체에 큰 영향을 줄 수 있다는 단점이 있다.

그런데 이런 장단점은 사실 시대적 조건의 변화에 따라 달라질 수 있다. 가족구성원 간의 관계가 민주화되고 있는 오늘날, 확대가족이 반드시 전통적인 단점을 지니고 있다고 보기는 어려우며, 핵가족 역시 권위주의적 성격을 띨 수도 있다. 그러므로 확대가족과 핵가족을 과도하게 대비하는 것은 부적절하다.

스톤

(1919~1979) 영국의 근대사를 폭
넓게 연구했던 사회사학자. 주요
저서로 『1500~1800년대 영국의
가족, 성, 결혼(The Family, Sex, and
Marriage in England, 1500~1800)』
(1977) 등이 있다.

호작용을 하는 형태로, 가족이 친족 및 지역사회와 분명하게 분리되어 있
지 않았다. 당시의 사람들은 가족생활을 통해 오늘날 우리가 얻고자 하는
정서적 친밀감을 기대하지 않았다. 결혼을 통한 성관계는 쾌락의 원천으
로서가 아니라 자녀 생산을 위한 것으로 고려되었다. 또한 결혼과 가족생
활에서 개인의 선택은 부모나 친족 및 지역사회의 이해관계에 종속되어
있었으며, 가족의 내적인 사생활은 거의 존재하지 않았다.

두 번째는 '제한적 가부장 가족(restricted patriarchal family)'인데, 이 가족
형태는 16세기 초부터 18세기 초까지 지속되었다. 이 형태는 주로 사회의
상류층에 한정되어 있었으며 과도기적인 형태였다. 여기서는 핵가족이
여타의 친족관계 및 지역사회의 결속력과 구분되는 독립적인 실체로 자
리 잡게 되었다. 가족 발달의 측면에서 보면, 이 단계에 들어서면서 한편
으로는 아버지의 권위적인 힘이 확고해지기 시작했고, 다른 한편으로는
부부 중심의 사랑과 부모·자녀 간의 애정이 점차 중요하게 부각되기 시작
했다.

제한적 가부장 가족은 점차 세 번째 가족형태인 '폐쇄적 가족 중심 핵가
족(closed domesticated nuclear family)'으로 전환되었다. 이 형태는 20세기
까지 이어져 온 가족형태로서, 긴밀한 정서적 결속력을 지녔으며 가족 내
의 사생활이 보장되어 자녀양육에 전력하는 가족형태이다. 폐쇄적 가족
중심 핵가족은 '애정적 개인주의(affective individualism)'가 부각된 것이 특
징인데, 여기서 결혼관계는 낭만적 사랑에 의한 개인의 선택으로 성립된
다. 부르주아지와 같은 풍요로운 집단에서 시작된 이러한 가족형태는 공
업화가 진전됨에 따라 서구 사회의 보편적인 형태로 변화했다.

가정과 일터의 분리와 낭만적 사랑

현대 이전의 유럽에서 대부분의 결혼계약에 기초가 된 것은 서로 간의
성적 매력이 아니라 경제적 조건이었다. 특히 고된 농업노동에 종사해야
했던 사람들에게 성적인 열정은 어울리지 않았다. 성적 자유를 누릴 수
있는 집단은 귀족들이었으며, 이것은 일종의 권력 표현이었다. 그런데 현

대사회에서 낭만적 사랑의 등장은 가족과 친밀성(intimacy)의 형태에 커다란 변화를 가져다주었다.

우선 낭만적 사랑의 출현에는 18세기 후반부터 여성들에게 영향을 준 몇 가지 현실적 변화가 큰 영향을 미쳤다. 첫째는 가정의 창조이며, 둘째는 부모-자녀관계에서의 변화이며, 셋째는 '모성(motherhood)의 발명'이라고 불리는 현상이다. 공업화와 더불어 가정과 직장이 분리되면서 '경제활동으로부터 분리된 영역으로서의 가정'이라는 관념이 출현했고, 가정은 점차 사적인 친밀성의 공간이 되어갔다. 여성들이 출산과 양육의 책임을 짊어지면서 '모성'이 강조되기 시작했고, 가정 내에서 자녀들이 부모의 사랑과 관심을 받게 되면서 '아동기'의 중요성이 새롭게 주목받았다. 이러한 가족 내 역할들은 가정에서 여성의 통제력을 점차 증대시켰다. 이것은 스톤이 말하는 '폐쇄적 가족 중심 핵가족'의 형성과 일맥상통한다고 할 수 있다.

18세기 이전만 하더라도 사랑은 결혼과 별 관련이 없었다. 그러나 가정이 독자적인 친밀성의 공간이 되면서 여성들은 낭만적 사랑을 키워나갈 수 있게 되었다. 하지만 남성들은 낭만적 사랑에 냉소적이었는데, '가정의 안락함'과 '가정 밖의 섹슈얼리티'를 분리하는 이중적 규범을 통해 성욕을 충족해 가려고 했기 때문이었다. 반면 가정 안에 고립된 여성들은 '낭만적 사랑의 이상'과 '모성'의 융합에 힘입어 친밀성의 새로운 영역을 발전시켰다. 그러므로 사랑과 성욕을 분리하고 '정숙한 여성'과 '부정한 여성'을 분리하면서 정숙한 여성과의 '낭만적 사랑'이라는 새로운 결혼 관념이 형성된 것은 남성 중심적인 이중적 규범을 전제로 한 것이었다.

이 시기에 결혼이 실질적으로 유지될 수 있었던 것은, 직장노동을 남편의 영역으로 또 가사노동을 아내의 영역으로 배당한 '성별분업' 덕분이었다. '고귀한 여성'의 표시로서 여성의 섹슈얼리티를 결혼제도 안에 가둬두는 것이 얼마나 중요했던가를 알 수 있다. 이를 통해 남성들은 싹트는 친밀성의 영역으로부터 거리를 유지할 수 있었고, 동시에 여성들은 결혼생활을 유지하는 것을 일차적 목표로 삼게 되었다(Giddens, 2009).

가족임금

남성을 생계부양자로 가정하고 남성에게 가족 전체의 생계를 위한 임금을 지불하는(또는 지불해야 한다는) 제도나 관념, 관행을 가리킨다. 산업자본주의 초기 노동자 가족은 남성뿐만 아니라 부인과 자녀가 같은 공장에서 함께 일하기도 했는데, 이때 한 가족의 임금은 남성 가장에게 일괄적으로 지급되었다. 이후 여성과 아동이 공장을 떠난 뒤에도 가족임금은 이데올로기로 남아 생계부양 책임을 전제로 한 남성의 상대적 고임금과 여성의 저임금을 정당화하는 요인이 되어왔다.

부르주아 핵가족 형태의 일반화

공업화 초기에 노동자계급 가족은 부르주아 가족과 달리 생계유지를 위해 가족구성원 모두가 노동을 해야 했기 때문에 성별분업, 친밀성, 모성과 같은 관념이 발달하기 어려웠다. 노동자계급 가족의 경우 아버지가 권위를 내세우기 위한 물질적 토대를 갖추지 못했기 때문에 가부장적 특권이 약화되는 경향이 있었다. 하지만 부르주아지의 지배로 가부장적인 관념이 사회적으로 확산되면서, 성인 남성을 일차적 생계부양자로 규정하고 '가족임금(family wage)' 개념을 도입하여 성인 남성의 소득을 극대화하려는 경향이 나타났으며, 가족임금은 성인 남성의 경제적 권력을 강화했다. 자본주의적 경제발전을 통해 물질적 부가 증대되면서 노동자계급 가족이 점차 성별분업 이데올로기를 기반으로 하는 부르주아 핵가족 모델에 포섭되기 시작한 것이다. 이처럼 노동자들의 생활수준이 향상되고 노동자계급 가족형태가 부르주아 핵가족 형태로 수렴됨에 따라 노동자 가정에서 모성과 사생활의 친밀성이 중요시되는 현상이 점차 사회 전체로 확산되었다.

공업화와 핵가족화

많은 가족 연구자들은 전통적 농경사회에서는 확대가족이 일반적인 가족형태였다고 보면서, 가족 내에서 성별분업이 실제로 어떤 형태로 나타나는지와 관계없이 일반적으로 공업화가 전통적인 확대가족을 해체하고 친족 유대를 약화했다는 주장에 동의한다. 특히 도시의 일자리를 찾아 이동해야 했던 사람들은 전통적인 농촌사회의 '확대가족'에서 주거이동이 자유로운 부부 중심의 '핵가족' 단위로 분화되었으며, 이로 인해 공업사회에서 점차 핵가족이 일반화되었다고 말한다.

그런데 이러한 주장에 대해 반론들도 제기되었다. 첫째, 공업화가 친족 유대를 오히려 강화했다는 것, 둘째, 과거에도 핵가족이 일상적인 형태였다는 것이다. 이런 주장들은 일면 타당성이 있다. 하지만 농경사회가 해체되고 있는 현실에 비추어본다면 다소 과도한 주장이다. 도시로의 주거

이동이 활발히 일어나는 상황에서 일시적으로 친족 간의 동거나 물질적·정신적 도움을 통해 유대가 강화되었을 수는 있지만, 공업화와 더불어 개인화가 진행되는 상황에서 이런 현상이 지속된다고 보기는 어렵기 때문이다.

한편, 핵가족을 부부 중심의 구성과 주거 공간의 독립성이라는 기준으로 엄밀하게 정의한다면, 과거 농경사회에서도 오늘날과 마찬가지로 부모를 부양하는 장자가족이 아니면 핵가족이 일반적이었을 것이다. 하지만 가족 간의 일상적 교류와 연대의식을 기준으로 본다면, 형태적으로 핵가족이 일반적이었다고 하더라도 실질적으로는 대부분 부모와 일상적으로 소통하는 확대가족의 틀 속에서 살았다고 볼 수 있다. 이렇게 본다면 일반적으로 공업화가 확대가족 중심의 전통적인 가족형태를 핵가족 중심으로 변화시켰다고 할 수 있다. 게다가 공업화에 따른 이농은 기존의 핵가족을 실질적으로 분리했고, 이와 더불어 확대가족에서 부모세대와 자녀세대마저 분리함으로써 핵가족화를 더욱 심화시켰다고 할 수 있겠다.

현대사회로의 이행과 핵가족의 확대

벡(Ulrich Beck)과 벡-게른샤임(Elisabeth Beck-Gernsheim)도 전통사회로부터 현대사회로의 이행이 사생활과 친밀성을 기반으로 하는 '핵가족'의 확대로 나타났다고 보았다. 이로 인해 전통적 결속과 신념이 느슨해지면서 가족은 감정과 헌신이 집중되는 장소가 되었다. 사랑하는 사람들은 함께 살면서 공유된 세상을 만들어가며, 친밀한 관계를 통해 서로의 정체성을 형성해 나간다는 것이다(벡·벡-게른샤임, 1999).

이들도 공업화 이전부터 현대에 이르는 사회변화 과정에서 남성과 여성이 관계 맺는 방식이 세 단계로 변화해 왔다고 본다. 첫 번째 단계는 남녀 어느 쪽도 개인적인 일대기를 갖지 못한 상태에서 가족이 하나의 경제 단위로 구성되었던 시기이다. 두 번째 단계는 '확대가족'이 붕괴하면서 남성들이 삶의 주도권을 가지게 되고 여성의 권리 희생을 대가로 가족 응집력이 유지되었던 시기이다. 세 번째 단계는 1960년대 이후 남녀 모두가

벡

(1944~2015) 독일의 사회학자로, 위험사회에 관한 대표적 이론가이다. 주요 저작으로는 『위험사회(Risikogesellschaft)』(1986) 등이 있다.

벡-게른샤임

(1946~) 가족과 친밀성의 변화에 관해 연구해 온 독일의 사회학자이다. 울리히 벡과 함께 집필한 『사랑은 지독한 그러나 너무나 정상적인 혼란(Das ganz normale Chaos der Liebe)』 외에 다수의 저작을 발표했다.

자기 자신의 삶을 만들어갈 축복과 짐을 부여받은 새로운 시대이다.

개인화와 핵가족의 해체

여기서 벡과 벡-게른샤임이 구분한 세 번째 단계는 최근의 가족 변화 상황을 말하고 있다. 공업화 이후 '개인화 과정'의 진전에 주목하면서, '핵가족의 해체'라는 최근의 가족형태와 남녀관계의 변화 양상에까지 관심을 확산시키고 있는 것이다. 공업사회와 더불어 확산된 성별분업에 기초한 핵가족은 '노동시장의 개인화'와 '양성관계의 개인화'로 인해 점차 해체되고 있다는 것이다. 노동시장에서의 기회가 늘어나면서, 여성들은 경제적 이유로 결혼관계를 지속해야 할 필요성에서 해방되고 더 이상 남편의 부양에 의존할 필요가 없게 된다. 그리고 양성관계의 개인화는 사랑, 결혼, 이혼, 재혼, 출산, 양육 등을 주관적인 결정의 문제로 만든다. 이것은 기든스가 말하는 조절 가능한 섹슈얼리티와 일맥상통하는 설명이라고 할 수 있다.▼

벡은 개인화의 진전으로 인해 현대사회에서 개인들은 결혼과 가족관계에서 '새로운 시대'를 맞이하고 있다고 본다. 이 시대의 주요한 특징은 사랑과 가족과 개인적 자유 사이에 이해관계가 충돌하는 것이다. 남녀의 성별 지위를 중심으로 구성된 전통적 핵가족은 이제 해방과 평등한 권리라는 주장 앞에서 해체되고 있다. 그 결과로 이제 개인들의 자유로운 선택이 우연히 서로 마주친 결과인 사랑은, 감정적 변화에 따라 흔들릴 수 있는 '지극히 정상적인 혼란'이 되었다(벡·벡-게른샤임, 1999).

핵가족의 쇠퇴와 대안적 가족

현대사회 가족형태의 변화에는 핵가족이 쇠퇴하는 경향과 동시에 재혼가족의 증가도 나타나고 있다. 생애주기 동안 사람들은 결혼, 이혼, 재혼을 경험하며, 이러한 과정은 다양한 형태의 재결합 가족을 만들어낸다. 협상된 가족, 복수의 가족, 이혼 후의 새로운 타협, 당신 아이와 내 아이와 우리 아이들로 구성된 새로운 집합 등, 여러 가지 함께 살기 형태가 등장

▼ 기든스는 '결혼-이혼-재혼'으로 이어지면서 일부일처제가 유지되는 형태를 '연속적·계속적 일부일처제(successive monogamy)'라고 했다.

하고 있다(벡·벡-게른샤임, 1999). 이것은 가족의 틀을 넘어서는 새로운 사랑과 유대의 형태라고 할 수 있다. 그러므로 이혼 자체를 무조건 억누르려는 복고적 사고를 넘어서, 이혼 후의 대안적 삶이나 새로운 가족 형성을 도와줄 수 있는 법적·제도적 장치를 마련하는 것이 필요하다.

3. 한국사회의 친밀성과 가족의 변화

오늘날 한국 사회는 서양 사회와 비슷한 결혼과 가족형태의 변화를 겪고 있다. 그리고 이에 따라 각종 가족위기와 가족문제들이 발생하고 있다. 어떤 면에서 한국 사회의 가족은 전통적 가족이 지니고 있던 가부장적·억압적 성격이 가족형태와 가족관계의 급속한 변화 속에 여러 형태의 저항을 낳으면서 서양 사회보다 더 심각한 혼란과 위기를 겪고 있다고 할 수 있다. 이것은 한국 가족의 위기가 공업화·개인화 등으로 인한 현대사회의 보편적인 위기에 한국적인 특수한 조건들이 중첩된 결과이기 때문이다. 게다가 자본주의적 발전에 따른 사회 양극화로 개인들이 삶의 불안을 느끼게 되어 저출산이 심화되고 있고, 평균수명 연장에 따른 고령화는 저출산 현상과 겹치면서 국가적 차원에서 사회 재생산의 위기를 낳고 있다.

1) 친밀성과 가족관계의 역사적 변화

한국 사회에서의 낭만적 사랑과 신여성

한국 사회에서 현대적인 낭만적 사랑의 등장은 신여성의 출현과 더불어 시작되었다고 할 수 있다. '신여성'은 1923년에 창간된 잡지인 ≪신여성≫에서 유래하여 보편화된 말로서, 1920년대를 전후해 서양 문화 도입에 따라 신식 교육을 받아 자유와 평등의 가치를 추구하면서 전통적인 가부장적 결혼제도와 가족문화를 거부했던 계몽된 여성을 가리키는 말이다. 이들은 계몽의 상징으로서 서양식 머리모양과 옷차림을 선호했고, 남현모양처란 현명한 어머니이자 어진 아내로 살아야 한다는 여성의 성 역할 관념을 뜻한다. 이것은 제국주의 시대 일본 사회의 지배 이념이었던 양처현모(良妻賢母) 사상을 식민지 정부가 조선에 수입해 온 이데올로기로서 자녀 중심의 한국 가족에 적합한 형태로 수정한 것이다. 이 이념은 조선 사회의 여성들은 제국주의 군대에 나갈 젊은이들을 낳아 키우는 데 전념해야 한다는 식민 통치 이데올로기의 하나라고 할 수 있다.

녀평등 의식에 따라 '현모양처(賢母良妻)' 이데올로기를 비판하면서 자유연애와 낭만적 사랑을 추구했다. 그런데 신여성들의 자유연애는 전통적 결혼제도를 해체하기보다는 유부남과의 연애와 결혼으로 인해 전통적 방식으로 결혼한 전처와 그 자녀들을 피해자로 만들거나 남성들의 이중적 성 규범을 정당화하는 등 당시의 현실과 조화되지 못하는 역설적 결과를 불러왔다. 신여성들의 자유연애와 낭만적 사랑의 추구는 당시로서는 선구적인 것이었고 이후 여성해방 의식의 확산에 크게 기여했다. 하지만 이들의 의식과 행동은 시대를 지나치게 앞서감으로써 가치관의 혼란에 따른 사회적 비난에서 벗어나기 어렵게 되었고, 이로 인해 1930년대 말부터는 자유연애를 비판하며 현모양처를 옹호하는 담론이 퍼지기 시작했다.

공업화 이후 친밀성과 가족관계의 변화

해방 이후의 혼란기와 한국전쟁을 겪으면서 전통적인 결혼제도와 가부장적 가족문화는 한동안 안정적으로 지속되었다. 그런데 1960년대에 와서 박정희 정권의 경제개발 5개년계획으로 공업화와 도시화가 급속히 진행되면서 결혼문화, 가족형태, 가족관계 등에서 서서히 변화가 일어나기 시작했다. 공교육이 확대되고 여성들의 교육률도 높아지면서 여성들의 권리의식이 신장되었으며, 급속한 경제발전 과정에서 노동력이 부족해지면서 여성노동력에 대한 수요가 증가하여 많은 여성이 노동자로 일하며 경제적으로 자립할 수 있게 되었다. 대중교육과 대중매체를 통해 서양의 민주주의적 가치와 개방적인 문화가 유입되고 도시에서 개인주의적 문화가 발달하면서, 여성들의 권리 향상과 더불어 남녀관계에서의 성과 사랑의 중요성도 증대되었다. 도시에서는 공동체적 제재가 약화되어 익명성을 보장받을 수 있었기 때문에 점차 자유연애와 연애결혼이 늘어나게 되었다. 그리고 농촌을 중심으로 강하게 지속되고 있던 전통적인 부계친족 중심의 가부장적 친족주의 문화가 약화되면서 친족 유대는 점차 약해져 간 반면에, 이농인구가 대량으로 유입된 도시에서는 익명적 인간관계의 확산으로 가족 중심의 개인주의·가족주의 문화가 점차 확산되어 갔다.

또한 정부의 인구조절정책에 따라 피임법이 적극적으로 보급되어 여성들이 점차 출산을 조절할 수 있게 되면서 가족당 자녀의 수가 점차 줄어들었고, 이에 따라 여성들은 가족관계, 특히 자녀에 얽매이지 않고 자신의 삶을 기획하면서 사회활동과 경제활동 참여를 통해 자기성취를 이룰 기회를 확대시킬 수 있었다. 여성들이 경제활동에 참여해 가족생계에 기여하게 되면서 부부관계에서 여성의 발언권도 점차 높아졌다. 가부장제에 기초한 전통적인 성별분업의 가치관이 강하게 남아 있었지만, 핵가족 형태 속에서 여성들의 권리의식이 향상되고 자녀양육과 가계에 대한 주도권도 커지면서 부부관계는 점차 수평적·민주적 관계로 변화되어 왔다.

한편, 핵가족이 일반화되어 부부관계에서 사랑이 중요해지고 동등한 관계에 대한 요구가 커지면서 예전에 금기시되었던 이혼이 점차 늘어났는데, 이혼에 대한 의식의 변화는 가족관계의 민주화를 확산시키는 중요한 계기가 되었다. 여성에게 이혼은 남편과 남편 집안의 부당한 억압과 가부장적 권력을 해체하면서 자신의 해방과 자아성취를 가능하게 하는 중요한 수단이 될 수 있었다. 또한 1997년에 제정된 「가정폭력범죄의 처벌 등에 관한 특례법」은 가정 내 여성의 인권을 보호해 주는 역할을 하게 되었다. 하지만 많은 결혼여성이 여전히 남성에게 경제적으로 종속되어 있는 상황에서, 이혼은 여성에게 경제적인 어려움을 안겨주고 있는 것이 현실이다.

오늘날 여성들은 경제활동 참여와 자아성취를 추구하면서 결혼을 늦추거나 결혼 후 적극적으로 출산을 조절하는 사례가 많다. 사회복지가 취약하여 결혼과 출산이 여전히 여성들의 경제활동 참여를 제약하는 중요한 요인으로 남아 있어서 이러한 경향은 점점 더 커지고 있다. 이와 더불어 결혼에서 성과 사랑의 중요성은 더욱 결정적이게 되었다. 젊은 세대로 갈수록 교육 기회에서의 성별 차이가 사라지고 있고 남녀평등 의식이 높아져 남녀 모두에게서 부계 중심의 가족문화, 가부장적 권위, 성별분업 등으로부터 해방된 평등하고 민주적인 결혼과 가족관계에 대한 요구가 점차 커지고 있다. 또한 성의식이나 결혼에 대한 관념도 점차 개방적으로 바뀌

「가정폭력범죄의 처벌 특례법」

가정폭력은 가족 내에서 가족구성원들 사이에 일어나는 폭력행위를 의미한다. 한국 사회에서는 가족의 영역에 가급적 법률이 개입하지 않는 것이 원칙이라는 관행이나 인식이 지배해 왔다. 따라서 가정폭력에 대해서도 이를 단순한 가족구성원 간의 문제로 치부하고 국가의 개입을 꺼려왔다. 또한 가정폭력범죄에 대해 형법에 따라 폭행 혐의로 고소하거나 「민법」에 의거해 이혼을 청구할 수는 있었지만 「형사소송법」 제224조("자기 또는 배우자의 직계존속을 고소하지 못한다")의 규정으로 인해 적절히 대처하기가 어려웠다. 그 결과 가정폭력 역시 개인이나 가정의 사적인 문제가 아니라 사회문제라는 인식이 확산되면서 1997년 12월 「가정폭력범죄의 처벌 등에 관한 특례법」과 「가정폭력 방지 및 피해자 보호 등에 관한 법률」이 제정되었다.

어 혼전 성관계나 동거에 대한 거부감이 줄고 있고, '결혼을 반드시 해야 한다'는 사고도 약화되고 있다. 이러한 의식과 태도의 변화는 결혼과 가족관계에서의 평등과 민주화를 더욱 촉진하고 있다.

전통사회에서 대부분이 결혼과 출산, 가족 형성을 의무로 받아들이며 당연시하던 것에 비해, 오늘날 많은 이들은 점차 결혼과 가족을 선택의 문제로 생각하고 있고 가족 내의 친밀한 관계를 중요시하고 있다. 부부관계이든 부모-자녀관계이든 많은 이들은 구성원 간에 서로 사랑과 관심을 주고받으며 소통하기를 원하고 있다. 이처럼 사랑의 민주주의와 가족관계의 민주화는 한국 사회에서 가족문제 해결의 중심원리가 되고 있다.

이혼의 증가와 재혼가족

1990년대 후반 이후 한국의 이혼율은 꾸준히 상승하는 추세이다. 이것은 '개인화'의 확산으로 전통적인 가족규범이 해체되고 있다는 것을 의미한다. 실제로 공업화·도시화·민주화·개인화, 여성들의 권리의식 향상, 사랑의 중시 등은 가족구성원들 사이에서 전통적인 남성중심적·권위주의적 관계를 서서히 변화시켜 왔다. 우선 결혼에서도 배우자 선택의 방법이 가문이나 집안 배경을 중시하는 '중매결혼'에서 당사자의 애정과 선택을 중시하는 '연애결혼'으로 바뀌어가고 있다. 그래서 자율적인 배우자 선택과 '낭만적 사랑'이 중요해지고 있다. 또한 여성의 경제적 능력과 권리의식의 상승은 부부관계를 권위주의적·수직적 관계에서 동반자적 평등관계로 변화시키고 있다. 오늘날 사람들은 결혼에서 점차 성적인 만족, 사랑, 동등한 부부관계 등을 중요시하고 있으며, 부부간의 불만과 갈등이 심화될 경우 이혼을 선택하고 있다.

공업화와 가족형태의 변화

한국 사회의 가족은 1960년대의 공업화와 도시화 과정에서 급격한 변화를 겪어왔다. 낭만적 사랑의 확산과 가족관계의 친밀성 강화는 결혼과 가족의 형태를 변화시켰는데, 이러한 변화는 공업화와 도시화 과정에서 이루어진 가족형태의 변화, 즉 핵가족화와 밀접히 관련되어 있었다. 서양 사회와 마찬가지로 도시를 중심으로 공업이 발달하면서 일자리와 더 나은 교육환경을 찾아서 도시로 이동하는 사람들이 늘어났고, 이 과정에서 이동의 효율성과 편리성에 따라 가족형태가 대가족, 확대가족에서 점차 소가족·핵가족으로 변화해 왔다. 또 인구 조절을 위해 실시된 가족계획과 산아제한은 전체 인구는 물론이고 가족 규모를 줄이는 데도 크게 기여했다.

핵가족화와 더불어 가족과 가구의 크기는 점차 소규모화되고 있다. 핵가족화와 소자녀화, 1세대 가구 및 1인 가구의 증가는 가족생애주기의 변화와 밀접히 연관되어 있다. 가족생애주기는 '남녀의 결혼으로 가족이 형성되고, 자녀의 출산·양육 등으로 가족이 커졌다가, 자녀의 독립이나 결혼 후 분가로 가족 규모가 작아져 부부만 남게 되고, 궁극적으로 사망으로 해체되는 일련의 연속적 과정'을 의미한다. 가족생애주기의 측면에서 한국 사회의 가족의 변화를 보면, 우선 자녀 수의 감소로 출산과 양육 기간이 단축됨에 따라 자녀의 결혼 후 부모부부만 남게 되는 기간이 점점 길어지고 있고, 또한 젊은 층의 초혼 시기가 늦어지면서 부모로부터 독립한 미혼 단독가구도 늘어나고 있다. 특히 평균수명이 증가하여 노년의 생애가 길어지면서 노인부부나 노인 단독가구도 늘어나고 있다. 게다가 농촌에서는 자녀 세대들이 취학, 취업, 결혼 등을 이유로 도시로 떠나면서 노인 단독가구가 많이 늘어났다. 도시에서도 미혼자녀가 학업이나 취업 등을 이유로 독립하거나 노인부부의 배우자가 사별하는 등 여러 이유로 독신자와 노인 단독가구, 노인 동거가구가 증가하고 있다. 또한 취업, 교육, 비혼과 만혼, 이혼, 배우자 사별 등 여러 이유로 1인 가구는 계속 증가하고 있다.

부계혈통주의의 해체

한국 사회는 유교적·가부장적 문화에 따라 '남자아이를 낳아 대를 이어야 한다'는 부계혈통주의를 중요시하면서 '남아선호 사상'을 오랫동안 유지해 왔다. 하지만 여성의 권리가 신장되고 남녀평등 의식이 확산되면서 가부장적 가족문화가 점차 약화되고, 이와 더불어 남아선호 사상도 현저히 약화되고 있다. 그동안 부계혈통주의와 남아선호 사상은 가족 내에서 여러 가지 갈등을 불러일으켰다. 결혼한 여성은 시부모나 남편에게 남아 출산에 대한 요구를 받으면서 심리적 스트레스를 느끼는 경우가 많았으며, 고부갈등이나 부부갈등 등 가정불화를 낳기도 했다. 또한 남아선호 사상은 여아 낙태 및 성비 불균형을 낳는 중요한 요인이 되기도 했다.

오늘날 핵가족화, 소자녀화, 독신자와 이혼의 증가 등으로 점차 부계혈통주의가 약해지고 있다. 친족적 유대가 약화되면서 젊은 세대를 중심으로 전통적인 장자나 아들의 역할을 거부하는 경우도 늘었다. 결혼을 하더라도 남아 출산에 얽매이지 않거나, 제사 관습의 계승을 거부하는 경우가 생겨나면서 부계혈통주의는 약화되고 있다. 호주제 폐지로 부계혈통주의의 법적 근거가 제거됨으로써 부계혈통주의의 형식이 해체되었으며, 가족문화의 변화와 함께 부계 중심의 친족주의에 기초한 명절과 제사의 전통도 점차 약화되고 있다.

2) 가족형태의 다양화

오늘날 한국 가족에서 나타난 또 하나의 변화는, 핵가족과 같은 전형적 가족의 비중이 줄어드는 대신에 동거, 국내외 분거가족, 주말가족, 재혼가족, 한부모가족, 조손가족, 다문화가족과 같은 다양한 형태의 가족이 늘어나고 있다는 것이다. 취업이나 자녀교육 등 여러 가지 이유로 떨어져 사는 분거가족이 늘어나고 있으며, 이혼율이 높아지면서 한부모가족이나 조손가족도 증가하고 있다. 이혼과 더불어 재혼도 늘어나면서 재혼가족의 비중도 증대하고 있다.

이야깃거리

1. 여성과 남성의 차이가 왜 생겨났는지 구체적 사례를 통해 토론해 보자.

2. 여성성과 남성성의 의미는 앞으로 어떻게 변화해 갈지 토론해 보자.

3. 사랑과 결혼이 항상 일치하지는 않는다. 사랑과 결혼에 대해 사람들이 생각하는 바를 조사하여 토론해 보자.

4. 젠더와 계급, 인종 등이 서로 어떻게 영향을 주고받는지 이야기해 보자.

5. 가족의 여러 가지 기능을 열거해 보고, 사회변화가 그러한 기능에 어떤 영향을 주었는지 이야기해 보자.

6. 여성의 취업이 증가하고 맞벌이 부부가 늘어나고 있다. 맞벌이 부부가 될 경우를 상상해서 가장 어려운 문제는 무엇일지, 그 문제를 해결하기 위해 무엇이 필요할지 생각해 보자.

7. 한국 사회에서 가족의 모습은 어떻게 변화해 갈지 토론해 보자.

읽을거리

『젠더와 사회: 15개의 시선으로 읽는 여성과 남성』
한국여성연구소 엮음 / 2014 / 동녘

『현대사회의 성·사랑·에로티시즘』
기든스(A. Giddens) 지음 / 배은경·황정미 옮김 / 2009 / 새물결

『한국가족: 신가족주의에서 포스트가부장제로』
이재경 지음 / 2022 / 이화여자대학교출판문화원

『식민지하 근대가족의 형성과 젠더』
김혜경 지음 / 2006 / 창비

『가족과 통치: 인구는 어떻게 정치의 문제가 되었나』
조은주 지음 / 2018 / 창비

『내일의 종언? 가족자유주의와 사회재생산 위기』
장경섭 지음 / 2018 / 집문당

『페미니즘 교차하는 관점들』
통(R. P. Tong)·보츠(T. F. Botts) / 김동진 옮김 / 2019 / 학이시습

『사랑은 지독한 그러나 너무나 정상적인 혼란』
벡(U. Beck)·벡-게른샤임(E. Beck-Gernsheim) / 강수영·권기돈·배은경 옮김 / 1999/ 새물결

제 3 부

자본주의와
정치

자본주의의 구조와 역사

자본주의, 자본, 자본주의 사회, 자본축적, 상품, 시장, 상업자본주의, 농업자본주의, 공업자본주의, 노동착취, 독과점, 시장경제, 허구적 상품화, 신자유주의, 탈공업화, 플랫폼 자본주의, 불로소득 자본주의

현대사회를 표현하는 이름은 산업사회, 대중사회, 소비사회, 문화사회, 포스트모던 사회, 정보사회 등으로 다양하다. 그러나 이러한 개념들만으로는 현대사회를 이해하기 어렵다. 왜냐하면 이러한 개념들은 사회의 기반을 이루는 인간의 물질적·경제적 생산의 문제를 직접 다루고 있지 않기 때문이다. 인간이 살기 위해서는 의식주와 같은 물질적 재화의 생산이 필요하다. 그리고 생산력이 증대되고 경제가 발전하면서 다양한 서비스가 등장한다. 우리가 이 장에서 다룰 '자본주의'는 현대사회에서 인간의 경제 활동의 특징을 자본과 상품을 중심으로 포착하는 개념이다.

'사회적 존재'로서의 인간은 경제적 생활을 영위하는 데 다른 사람들과 직간접적으로 도움을 주고받는 사회관계를 맺는다. 그런데 역사적으로 수렵·채취와 농업으로부터 공업, 서비스업 등으로 생산활동의 중심이 변화하기도 했고, 재화와 서비스의 생산 및 분배에서 누가 직접 생산활동을 하고 또 누가 생산 및 분배 과정에 대한 통제권을 갖는가 하는 점도 시대와 장소에 따라 변해왔다. 과거에는 사회적 분업이 그리 발달하지 않았지만 현대는 사회적 분업과 전문화가 심화되고 이에 따라 시장에서의 상품

교환이 확대되고 있다. 또한 과거에는 토지 소유자가 가장 큰 힘을 가졌지만 현대에는 자본 소유자가 가장 큰 힘을 가지며, 자본 소유자, 즉 자본가는 상품이라는 형식을 통해 생산, 유통, 분배 과정을 조직하여 가장 큰 몫을 챙긴다. 이처럼 자본과 상품이 지배하는 이러한 현대의 경제적 사회관계를 우리는 '자본주의(capitalism)'라고 부른다. 그러므로 현대사회의 원리를 이해하기 위해서는 무엇보다도 물질적·경제적 삶의 형태로서의 '자본주의'의 원리를 이해할 필요가 있다.

1. 자본주의 사회의 역사적 형성

1) 상업의 발달

자본이란 이윤을 얻기 위해 투자되는 돈을 가리킨다. 그렇다면 이윤은 처음에 어디에서 기원했을까? 프랑스의 역사학자 브로델(Fernand Braudel)에 따르면, 자본주의적 이윤 추구는 막대한 이윤이 생기는 장거리 무역에서 기원했다. 장거리 무역의 막대한 이익은 기업과 국가의 유착을 통한 독점과 여러 척의 배를 띄울 수 있는 자본력을 통해 확대될 수 있었다. 16세기 영국의 동인도회사가 최초의 자본주의적 기업이라고 할 수 있는데, 이 기업은 원산지와 유럽의 후추 가격 차이로 막대한 이윤을 얻었다. 유럽의 높은 후추 가격은 한편으로는 국가가 기업에 부여한 동양산 재화 수입에 대한 독점권에 의해 보장되었고, 다른 한편으로는 당시 기술 수준에서 장거리 무역에 따르는 위험부담에 의해 정당화되었다. 또한 기업은 합자회사의 설립에 의한 투자자의 유한 책임과 위험 분산 등을 통해 장거리 무역에 따르는 위험을 감소시킬 수 있었다. 이처럼 장거리 무역과 같은 상업활동은 직접적인 생산에 대한 투자는 아니었지만 투자를 통해 이윤을 얻는다는 점에서 분명히 자본주의적 경제활동이었다. 그런데 이 시기의 경제는 경쟁시장 자본주의는 아니었다. 독점을 확보하고 경쟁자를 배제하

브레너

(1943-) 미국의 마르크스주의 경제사가로 봉건제에서 자본주의로의 이행과 20세기 자본주의의 위기 등에 대해 괄목할만한 업적을 내놓았다. 대표작으로 『신자본주의 이행논쟁(The Brenner Debate)』(1987), 『혼돈의 기원(The Economics of Global Turbulence)』(1998), 『붐 앤 버블(The Boom and Bubble)』(2002) 등이 있다.

는 등 시장을 통제하는 데서 이윤을 얻었기 때문이다. 더구나 이러한 상업활동은 여전히 유럽의 전체 경제활동 중에서 작은 부분에 지나지 않았기 때문에 자본이 사회생활을 광범위하게 지배하는 완전한 의미의 자본주의 사회가 도래했다고 볼 수 없었다.

2) 자본의 본원적 축적과 시장의 발달

자본주의 사회로의 최초의 이행 또한 영국에서 이루어졌다. 역사학자 브레너(Robert Brenner)는 영국에서의 자본주의로의 이행을 농업 부문의 계급관계에서 일어난 변화로부터 찾는다. 유럽의 봉건영주들은 농노들이 바치는 농산물이나 그들의 노동을 이용하여 먹고살았다. 예를 들면 농노들은 일주일에 며칠은 자기 땅을 경작하고, 나머지 며칠은 봉건영주 땅을 경작하는 노역을 해야 했다. 하지만 영국에서는 16세기 튜더왕조하의 절대국가가 봉건영주의 물리적 힘을 약화시킴으로써 봉건영주들은 이전과 같이 강제노동으로 농노를 착취하는 대신 다른 방법을 모색하게 되었다. 15세기에서 19세기까지 간헐적으로 지속된 인클로저 운동(Enclosure movement)은 이러한 봉건영주들의 대응이었다. 영주들은 흩어진 토지를 개인이 소유한 명확한 구역으로 나누어 울타리를 쳤으며, 심지어는 지역민들을 몰아내고 공유지를 사유재산으로 바꿔놓기도 했다. 인클로저 운동은 한편으로는 거래 대상이 아니었던 토지를 매매하고 임차할 수 있는 재산으로 만들었고, 다른 한편으로는 농민들이 생존수단인 토지를 잃게 만들었다.

3) 공업혁명과 자본주의

영국에서 자본주의가 활짝 꽃피게 된 것은 자본주의가 공업혁명과 결합하면서부터이다. 공업적 생산이 사회의 물질적 생산의 중추를 차지하게 되고 자본주의적 방식으로 조직됨에 따라, 자본주의적 이윤 추구는 상업이라는 좁은 영역을 벗어나 전 사회의 물질적 생활을 지배하게 되었다. 이러한 자본주의를 '공업자본주의'라고 한다. 본래 'industry'는 '근면'을 의미하는 말이었으나 '공업혁명'을 거치면서 공업이나 산업, 또는 업종이라는 의미가 지배적이게 되었다. 그러므로 공업혁명은 단순히 기계의 발명을 의미하는 것이 아니라 기계를 생산활동에 직접 이용하게 되어 기계가 '근면'이라 불리는 인간의 동력을 상당 부분 대체하게 된 것을 뜻한다. 이에 따라 비약적인 생산력 발전이 이루어졌을 뿐만 아니라 인간의 생활 자체도 근본적으로 변화했다.

기계가 생산에서 중심적 위치를 차지하게 됨에 따라 기계의 움직임을 통제하는 자는 기계를 사용해 생산하는 노동자들의 움직임을 지배할 수 있게 되었다. 기계를 배타적으로 소유한 자, 즉 공업자본가는 기계의 움직임을 통제하고 이를 통해서 노동자의 활동을 통제하여 더 많은 이익을 얻게 된다. 컨베이어벨트 앞에서 일하는 경우를 예로 들면, 컨베이어벨트의 속도가 빨라지면 노동자는 그만큼 빠른 속도로 작업해야 하고, 그 결과 생산량이 늘어나면 자본가에게 더 많은 이익이 돌아간다. 또한 자본가의 입장에서는 컨베이어벨트가 24시간 멈추지 않고 돌아가야 가장 큰 이익이 나므로 노동자들은 이를 멈추지 않기 위해 2교대, 3교대로 야간과 새벽에도 일을 해야 한다.

그러므로 아이러니하게도 공업자본주의의 핵심은 기계가 아니라 노동자였다. 왜냐하면 이윤은 기계와 그 운전에 얼마나 많은 비용을 투자하느냐보다 노동자들을 얼마나 오래, 얼마나 빨리, 얼마나 싼값에 일하도록 하느냐에 달려 있었기 때문이다. 실제로 새로운 공장을 세우거나 새로운 기계를 도입할 때 드는 초기의 막대한 비용을 제외하면, 19세기 영국의 면방직 기업이 지불하는 가장 큰 일상적 비용은 임금이었다. 따라서 기업들은 임금을 낮추거나 기능공을 비숙련 노동자로 대체함으로써 인건비를 낮추고 이윤을 늘리려고 했다. 초기 상업자본주의에서 이윤의 주된 원천이 시장 독점에 의한 큰 가격 격차였다면, 공업자본주의 사회에서 이윤의 주된 원천은 노동력의 착취였다. 상업자본주의와 달리 공업자본주의는 임금노동을 일반화해 안정된 이윤의 원천으로 삼았다. 하지만 저임금과 과도한 노동시간은 노동자들이 자신들의 이익을 위해 단결하게 하는 단초를 제공했다.

4) 공업자본주의의 발달과 계급 갈등

인클로저 운동과 공업혁명으로 공업 노동자들이 늘어나고 노사갈등과 파업, 노동조합 결성이 늘어났다. 세계 최초의 공업국가인 영국에서는 이미 1820년대에 2차 산업 종사자의 비율이 32.9%에 달했다. 1870년대에는 2차 산업 종사자의 비율이 42.3%에 이르면서 가장 큰 산업 부문이 되었다. 독일의 경우 1870년 2차 산업 종사자의 비율은 28.7%였지만, 20세기에 들어서면 2차 산업 종사자가 경제활동인구에서 가장 높은 비율을 차지한다. 일본은 1950년대 이후에야 2차 산업이 지배적인 산업으로 등장했으며 이후 한국, 대만, 동남아, 중국 등이 차례로 공업화되었다. 공업화를 통해 확대된 제조업 종사자는 대다수가 임금노동자였다. 그리고 자본주의 사회의 경우 저임금과 열악한 노동조건으로 노동과 자본 간의 계급 갈등은 핵심적 사회갈등으로 부상했고, 노동조합 조직과 더불어 공업이 발전하는 곳마다 노동운동이 활성화되었다.

2. 자본주의 사회의 기본구조와 작동원리

1) 자본의 의미

돈과 자본

자본(資本)은 한자로 '재물의 근본'을 의미한다. 그렇다면 재물 또는 부(wealth)는 무엇이고 그것의 근본은 무엇인가? 과거 농경사회에서는 쌀과 같은 농산물이 부의 주된 척도였고, 토지가 그 근본이 되었다. 농산물의 양은 토지의 크기와 비옥도에 비례했다. 그래서 부의 기초가 된 토지를 배타적으로 소유한 사람들은 소작농으로부터 지대나 현물을 받음으로써 막대한 부를 축적할 수 있었다. 반면에 현대 (탈)공업사회에서는 시장교환경제가 일반화되면서 돈(화폐)이 부의 척도가 된다. 농경사회는 대부분의 물자를 자급자족했기 때문에 시장에서의 교환은 살림살이에서 부차적인 위치를 차지했다. 하지만 현대사회에서는 서로 다른 종류의 재화와 서비스를 생산하는 사회분업이 확대되면서 생활에 필요한 물자 대부분을 시장에서 돈으로 교환을 하여 얻게 된다. 따라서 현대사회에서 인간은 돈이 없으면 생존하기 어려우며, 어떤 재화나 서비스도 구매할 수 있는 돈이 부의 근본이자 절대적 척도가 되고 있다.

현대 자본주의 사회에서 돈은 일차적으로 상품의 교환과정을 통해서 얻어지는 것처럼 보인다. 상품의 교환과정에서 화폐소득은 상품을 싼값에 사서 더 비싼 값에 파는 과정을 거쳐 얻어진다. 예를 들어 공업의 경우 기계와 원자재를 구입하고 사람을 고용하여 생산한 제품을 생산에 들어간 비용보다 비싸게 판매함으로써 돈을 번다. 상업의 경우 구입한 상품을 다시 더 높은 가격에 판매함으로써 돈을 번다. 한편, 돈을 거래하여 돈을 벌 수도 있다. 금융업은 이자를 주고 빌린 돈을 다시 더 높은 이자를 받고 빌려줌으로써 돈을 번다. 이렇게 공업·상업·금융업은 모두 상품을 싸게 구입한 후 나중에 더 비싸게 판매함으로써 차익을 남기는데, 이렇게 차익을 남기기 위해 경제활동에 투입되는 돈을 '자본'이라고 하는 것이다. 그런데 이러한 투자가 가능해지려면 생계비 외에 일정 규모 이상의 돈이 있어야 한다. 하지만 투자할 돈이 없는 사람들은 다른 사람에게 고용되어 노동함으로써 돈을 벌어야 한다. 그리고 이것 역시 노동을 돈과 바꾸는 일종의 교환이라고 할 수 있다. 따라서 현대사회에서 돈은 일반적으로 교환과정을 통해 획득되는 것으로 보인다. 그렇다면 과연 교환 자체가 부를 만들어내는 원천이 될 수 있는 것일까?

로크의 소유권 이론과 노동

모든 소유권의 원천이 '노동'에 있다는 주장을 가장 먼저 체계적으로 제시한 현대적 사상가는 로크 (John Locke)이다. 그는 『통치론 (Two Treatises of Government)』 (1689)에서 모든 사람의 공유물인 자연에서 한 개인의 소유권을 주장할 수 있는 근거는 자신의 노동을 자연과 결합시켰다는 사실로부터 나온다고 주장했다. 공유지를 사유화하는 것 역시 노동력의 투하를 통해서 정당화된다. 그래서 사유물과 사유지의 한계는 부패해서 버리지 않을 정도나 개인이 낭비 없이 경작할 수 있는 수준으로 정해진다고 보았다.

그런데 인구가 늘어나 금이나 은과 같은 화폐를 사용하게 되고, 축적이 가능해지면서 소유권의 한계는 늘어나게 되고 결국 계약과 합의로 소유권을 정하지 않으면 안 되었다. 여기서 로크는 노동에 의한 소유권을 더는 일관되게 주장하지 않으며, 계약과 법에 의해 소유권을 정당화하는 논리로 전환하게 된다.

자본의 순환

돈은 어떻게 돈을 낳을 수 있을까? 재료비가 1000원인 물건을 어떻게 1500원에 팔 수 있는 것일까? 은행에 1000원을 저축하면 어떻게 1년 뒤에 1100원을 되찾을 수 있는 것일까? 물건을 사고팔고 저축을 하는 행위는 겉으로 보면 교환 행위로만 보인다. 하지만 교환하는 행위 자체만으로 부가 늘어날 수는 없다. 소득의 근원을 추적해 보면 부는 궁극적으로 '생산적 경제활동'을 통한 재화와 서비스의 생산으로 이어지지 않으면 불어나지 않는다는 것을 알 수 있다. 교환은 단지 생산과 소비를 매개하는 행위일 뿐 물질적 부를 늘리지 않는다. 부의 증식 과정은 다음과 같이 설명할 수 있다. 공업자본(기업)은 우선 금융자본(은행)으로부터 돈을 차입하여 토지를 빌리고 생산설비와 기계, 원료 등 물질적인 형태의 생산수단(MP: means of production)을 구입하고 노동력(LP: labour power)을 구입(고용)한다. 그리고 생산수단과 노동력을 결합시킨 생산(P)을 통해 새로운 부가가치가 더해진 상품(C')을 시장에 내다팔아 다시 돈으로 바꾼다. 그리고 이렇게 해서 회수된 돈은 원금보다 불어나게 된다(M'), 왜냐하면 새롭게 생산된 부분에 대한 대가가 지불되기 때문이다. 즉, 최종수입(M')은 '원금(M)'과 '이윤(△M)'으로 나뉘고, 원금은 다시 이자, 지대, 임금, 생산수단 비용(원료, 기계, 설비 등) 등으로 나뉘며, 회수된 원금과 더불어 이윤의 일부는 생산에 다시 투자된다. 이는 다음과 같은 자본순환 도식으로 표시할 수 있다.

$$M - C \ (=MP+LP) \cdots P \cdots C' - M'(=M+\triangle M)$$

자본 소유자, 토지 소유자, 그리고 노동자가 얻는 소득은 모두 생산적 경제활동에서 나오는 소득을 나눈 것이다. 우리는 이 각각을 이윤, 지대, 임금이라고 부르는데, 중요한 것은 여기서 임금만이 노동의 대가이며 이윤과 지대는 노동의 대가가 아니라는 점이다. 자본가들은 이윤 획득을 목적으로 돈이나 자산을 생산에 투자하게 되는데, 실제로 노동에 참여하지 않고도 자본(돈이나 생산수단)을 소유하고 투자했다는 사실에 기초하여 그 소득의 일부를 가지게 된다. 그러므로 이윤은 노동 없이 자본 투자의 대가로 얻는 불로소득이다. 지대 역시 토지 소유자가 생산활동에 사용된 토지를 소유하고 제공했다는 사실에 기초하여, 토지 제공의 대가로 얻는 불로소득이다.

2) 이윤의 원천과 자본의 축적

영국의 고전경제학자 스미스(Adam Smith)와 리카도(David Ricardo)는 '노동이 모든 가치의 원천'이라고 보는 '노동가치 이론'을 주장하면서도, 생산활동에서 나온 소득은 생산활동을 위해 자본, 토지, 노동 등을 제공한 사람들, 즉 자본가, 지주, 노동자에게 이윤, 지대, 임금의 형태로 배분된다고 주장했다. 그렇다면 노동에 참여하지 않은 자본은 어떻게 이윤을 벌게 되는 것일까? 어떤 이들은 자본을 제공하는 사람들이 당장의 소비를 유예하고 그것을 투자하여 일자리를 제공하고 재화와 서비스의 생산에 기여하는 만큼 투자에 대한 대가가 주어져야 한다고 주장한다. 그런데 이는 이윤을 규범적으로 정당화할 수는 있어도, 이윤이 어디에서 나오는지를 설명하지는 못한다. 한편, 슘페터(Joseph A. Schumpeter)는 이윤이 '기업가적 혁신'에서 나온다고 주장했다. 하지만 이것은 모든 자본가가 혁신하는 기업가가 아니며, 혁신하지 않아도 자본은 이윤을 획득할 수 있다는 것을 설명하지 못한다. 예를 들어 자본들 간의 기술 수준, 혁신, 규모의 경제 등에 따른 생산성의 차이로 인해 어떤 자본은 다른 자본에 비해 더 많은 이윤을 획득할 수는 있다. 그렇지만 생산성이 떨어지는 자본마저도 벌어들이는 이윤의 원천은 설명할 수 없다.

일반적으로 어떤 사회에서든 자본의 투자 없이는 생산이 이루어질 수 없으며, 이런 점에서 자본은 생산에 필수적인 요소이다. 그런데 생산과정 속에서 비교적 표준화된 노동과 달리 자본은 설비, 원료 등 질적으로 매우 다양한 형태를 띠기 때문에 생산성을 측정하기 어렵다. 설비 1대가 추가

슘페터

(1883~1950) 미국의 경제학자로, 경제발전에서 기술혁신의 중요성을 강조했다. 주요 저작에는 『경기순환론(Business Cycles)』(1939)과 『자본주의·사회주의·민주주의(Capitalism, Socialism and Democracy)』(1942) 등이 있다.

마르크스가 기존의 정치경제학을 비판하면서 자본주의의 메커니즘을 해명한 책이다. 1867년에 제1권이 출간되었고 마르크스 사후에 엥겔스가 마르크스의 유고를 정리하여 제2권과 제3권을 출간했다. 자본의 사적 소유에 기초하는 자본주의 사회에서, 자본-노동의 관계를 통해 잉여가치의 착취와 자본축적이 이루어지는 과정, 자본들 간의 경쟁에서 생겨나는 과잉생산과 유효수요 부족, 이로인한 자본주의의 주기적 공황, 그리고 이 과정에서 생겨나는 계급투쟁의 양상 등을 분석하고 있다.

될 때마다 생산이 얼마나 늘어나는지는 계산하기 어렵지 않지만 돈 1억원이 추가될 때마다 생산이 얼마나 늘어나는지를 계산하기는 어렵다. 투입되는 생산수단의 종류와 양이 그때그때 너무 다르기 때문이다. 사실 자본가들은 측정 불가능한 자본생산성에 따라서가 아니라 다음과 같은 방식으로 이윤을 확보한다. 첫째, 자본이 생산에 얼마나 기여했는지를 알수 없으므로, 자본은 자신이 '임의로' 유추하여 설정한 일정한 비율을 이윤으로 가져가게 된다. 둘째, 이 일정한 비율의 결정은 기본적으로 소유권에 기초하는 자본의 힘에 따라 달라진다. 결국 이윤은 생산에 대한 자본의 기여에 따른 금전적 평가와 보상이 아니라 사회적 권력관계에 따라 결정되는 금전적 평가와 보상인 셈이다. 그러므로 "자본과 노동 사이의 분배가 생산에 대한 기여에 따라 이루어진다"라는 주장은 이러한 사실을 은폐하는 지배 이데올로기라고 할 수 있다. 결국 현실 세계에서 자본가와 노동자 사이의 소득 배분은 이들 사이의 권력관계에 의해 결정된다고 할수 있으며, 자본을 소유한 자본가, 특히 거대 자본가는 자신이 소유한 자본(돈)에 대한 배타적인 권리와 경제력을 바탕으로 더 많은 이윤(소득)을 벌어들이게 된다.

이러한 사실로부터 우리는 자본이 벌어들이는 이윤의 원천이 자본 그 자체가 아닌 다른 곳에 있다는 점을 다음의 두 가지 방식으로 설명할 수 있다. 하나는 '노동 착취'이며, 다른 하나는 독점과 같은 '자본권력'이다.

노동 착취

마르크스(Karl Marx)는 생산적 경제활동에서 나오는 가치(소득)가 근본적으로 노동에 의해서만 생산된다고 보았으며, 노동이 생산한 가치 중에서 노동자에게 지불되는 '임금'을 제외한 나머지가 자본의 '이윤'(그리고 자본가가 지주에게 지불하는 '지대')이 된다고 보았다. 마르크스는 자신의 대표작 『자본론(Das Kapital)』에서 자본가가 노동과정을 통제하여 생산량을 늘림으로써 전체 생산물 중에서 임금이 차지하는 부분을 줄이고 이윤이 차지하는 부분을 늘린다고 주장했다. 생산수단을 소유한 자본가는 자신이 지급하는 임금 이상으로 노동자에게 일을 시켜 이윤을 얻는다. 생산수단을 소유하지 못한 노동자는 자본에 의해 고용되어 노동을 하고 임금을 받아야만 생존할 수 있기 때문에 이러한 상황을 감내할 수밖에 없다. 마르크스는 노동이 모든 이익의 원천임에도 노동자는 노동으로 생산된 전체 이익 중 일부만을 임금으로 되돌려 받는다는 점에서 이를 '착취'라고 불렀다. 즉, 노동이 생산해 낸 가치 중 임금을 제외한 나머지를 자본이 대가의 지불 없이 취득하는 것, 즉 '노동 착취'가 바로 자본의 이윤의 원천인 것이다.

착취의 구체적 방법으로는 다음 두 가지가 있다. 첫째는 노동시간을 절대적으로 연장하는 것이다. 예를 들면 동일한 임금을 주면서 정해진 근무시간 이상으로 노동을 시키면 더 많은 이윤을 얻을 수 있다. 장시간 노동이나 야근이 그 예이다. 둘째는 노동시간을 상대적으로 연장하는 것이다. 이는 동일한 노동시간에 하는 일의 양을 늘리는 것이다. 예를 들면 컨베이어벨트의 속도를 증가시켜 노동 강도를 강화함으로써 동일 시간 내에 생산량을 늘리는 경우를 말한다. 오늘날 자동화된 공장의 노동 강도는 상상하기 어려울 정도로 높고 이에 따른 노동자들의 정신적·육체적 소모가 매우 심하다.

사회관계로서의 자본

이처럼 자본은 겉으로는 스스로 불어나는 돈의 모습을 띠고 있지만, 실제로는 착취를 가능케 하는 자본가와 노동자 사이의 구조화된 사회관계를 통해서 불어난다. 사회관계로서의 자본은 세 가지 특징을 가지고 있다. 첫째, 만약 앞서 언급했듯이 역사적으로 자본의 본원적 축적을 통해 생산수단으로부터 노동자가 분리되지 않았다면, 자본가는 노동자를 통제하여 이윤을 얻을 수 없을 것이다. 노동자에게 다른 생계수단이 있다면 그는 구태여 취직하여 자본의 통제를 받으려고 하지 않을 것이다. 이러한 의미에서 자본은 역사적으로 특수한 사회적 관계이다. 둘째, 자본과 노동은 상호의존적이다. 노동은 생산수단이 없기 때문에 자본이 제공하는 일자리에 취업해서 임금을 받지 않으면 생계를 유지해 나갈 수 없고, 자본은

베블런

(1857~1929) 미국의 제도주의 경제학자이자 사회학자이다. 자본은 본질적으로 실물적 개념이 아니라 금전적인 개념이며, 지배적 자본가들은 공동체의 생산에 주요한 역할을 하는 물적 자원과 사회적 자원을 사유화함으로써 다른 이들의 접근을 막고 자신들의 이익을 추구한다고 주장했다. 대표 저작으로 『유한계급론(The Theory of the Leisure Class)』(1899), 『영리기업의 이론(The Theory of Business Enterprise)』(1904), 『부재소유(Absentee Ownership and Business Enterprise in Recent Times)』(1923) 등이 있다.

임금노동자 없이는 이윤을 창출해 낼 수 없기 때문이다. 셋째, 자본은 자본가와 노동자 사이의 적대적 관계를 수반한다. 착취에서 볼 수 있듯이 만약 다른 조건이 같다면 임금이 늘어나면 그만큼 이윤이 줄어들 수밖에 없다. 그리고 자본가의 통제가 늘어날수록 노동자의 자유는 그만큼 줄어들 수밖에 없다. 자본은 노동시간을 늘리거나 노동 강도를 높이고 노동통제를 강화함으로써 이윤의 몫을 더 늘리려고 하는 반면에, 노동은 노동시간을 줄이거나 노동 강도를 낮추고 좀 더 자유로운 노동을 함으로써 임금의 몫을 더 늘리려고 한다.

자본권력의 행사

생산수단(유형자산)으로서의 자본의 소유와 노동에 대한 자본의 권력에 초점을 맞추는 마르크스와 달리 베블런(Thorstein Veblen)은 자본과 사회 사이의 권력관계와 무형자산의 역할을 강조한다. 베블런은 사회의 부는 언제나 공동체 전체의 생산물로 존재하며, 따라서 자본, 토지, 노동과 같은 생산요소가 생산에 얼마나 기여하는지를 알 수 있는 방법이 없다고 주장한다. 하지만 여기서 소수의 집단은 물질적 장비로 이뤄진 유형자산과 브랜드, 특권, 영업권 등의 무형자산을 독점하고 통제함으로써 공동체의 생산물 중에서 다른 집단보다 더 많은 몫을 차지하게 된다. 좀 더 구체적으로 자본가는 공동체가 보유한 유형·무형의 자산에 배타적인 소유권을 지정하여 그것을 사회가 효율적으로 사용하지 못하게 만든다. 그 결과 생산 비용은 올라가지만 지배적 자본은 상품 가격과 자산가치의 상승으로부터 큰 이윤을 얻는다. 여기서 이윤의 원천은 바로 독점적 '자본권력'이다.

자본축적

자본이 노동 착취와 사회적 권력관계를 이용해 얻는 이윤은 생계수단의 소비에 사용되기보다는 대부분 더 많은 이윤을 낳기 위해 기존의 자본에 덧붙여져 재투자된다(확대재생산). 이처럼 기존 자본에 새로운 이윤이 덧붙여져 자본의 규모가 지속적으로 커지는 과정을 '자본축적'이라고 한다. 예를 들어 자본가가 처음에 100의 자본으로 30의 이윤을 얻고, 이 중에 10을 소비하고 다시 20을 재투자하면, 다음번에 그는 120의 자본으로 36의 이윤을 얻음으로써 전보다 더 많은 이윤을 얻게 된다. 자본은 이런 과정을 반복하면서 커지는데, 자본가는 이렇게 축적된 부를 모두 소비할 수 없을 뿐만 아니라 소비하려 하지도 않는다. 즉, 그의 활동은 소비보다는 이윤 그 자체를 위한 맹목적인 성격을 띤다.

이러한 맹목성은 자본주의 사회에서 개별 자본들이 자본들 간의 시장 경쟁에서 승리하기 위해 자신의 규모를 키우려고 하는 데서 나온다. 그리고 이것은 다음과 같은 사회적 결과를 낳는다. 첫째, 자본주의 사회에서 자본은 부의 기초일 뿐 아니라 '권력의 기초'가 된다. 자본의 규모가 클수록 유형·무형의 자산에 대한 사회적 통제력이 커지고 이를 통해 더욱 많은 부를 얻을 수 있다. 그래서 자본은 점차 자신의 부를 경제적 이윤 증대뿐만 아니라 사회적·정치적 권력을 강화하기 위해 사용한다. 둘째, 규모가 작은 자본이나 노동자와 같이 자본이 없는 집단은 점차 부와 권력에서 소외됨으로써 상대적으로 빈곤이 축적된다. 마르크스가 말한 대로 한편에서는 막대한 부와 잉여가 축적되지만 그 대부분은 어느 누구를 위해서도 소비되지 않는다. 반면에 다른 한편에서는 막대한 빈곤이 축적된다.

3) 자본주의 사회

전자본주의 농경사회에서는 토지를 소유한 집단(지주계급)이 사회적 삶을 지배했다면, 자본주의 사회에서는 돈을 많이 가진 집단(자본가계급)이 사회적 삶을 지배한다. 이렇게 형성된 자본주의 사회는 자본축적을 가능하게 할 뿐만 아니라 적극적으로 지원하는 특성을 지닌다.

자본주의의 법적·제도적 기반

자본주의 사회는 자본축적에 필요한 각종 법과 제도를 발전시킨다. 우선 자본주의는 사유재산 제도를 발전시키는데, 특히 자본축적을 위해 필

마르크스는 자본주의 사회에서
'사적 소유'를 철폐함으로써 사회
주의 사회로 나아갈 것을 주장했
다. 그런데 이때 사적 소유는 '생산
재로서의 자본의 사적 소유'를 의
미하는 것이지, '소비재'를 소유하
는 '개인적 소유(individual owner-
ship)'를 의미하는 것이 아니었다.
말하자면 사적 소유의 철폐는 '공
장을 공동으로 소유하고 관리할
것을 주장하는 것이지, 각종 소비
재를 공동으로 소유할 것을 주장
하는 것은 아니다.

수적인 생산수단(유형·무형의 자산)의 사적 소유를 법적으로 보장한다. 사
유재산권은 사물에 대한 주권이자 타인의 사용과 점유를 배제하는 배타
적 권리로서, 법률과 이를 뒷받침하는 국가권력에 의해 보장되는 인위적
권리이다. 사유재산에 대한 자연적 권리는 법에 의해 보장되지 않는 불안
정한 것인데, 현대국가에서 사유재산을 보호하는 법이 생기면서 사유재
산권(사적 소유권)은 공적으로 보호받는 법적인 권리가 되었다. 이러한 의
미에서 법적인 '사적 소유(private ownership)'는 단순히 사물을 보유하고
사용하는 '점유(possession)'와 구별된다. 소유는 점유 여부와 상관없이 법
에 의해 보장되는 권리이기 때문이다. 예를 들어 집주인은 한 번도 거주
하지 않은 집을 법적으로 소유할 수 있고, 세입자는 집을 실질적으로 점유
하고 있지만 법적으로는 소유하지 않는다. 마찬가지로 자본가는 공장에
서 직접 일하지 않지만 공장을 소유할 수 있고, 노동자는 실질적으로 공장
을 점유하여 생산노동을 하지만 소유하지는 못한다. 자본은 점유 없는 사
적 소유권을 통해 노동자들을 포함한 다른 약자들을 통제하여 독점적 이
윤을 얻을 수 있다.

　사유재산권 외에도 자본주의는 계약과 상거래를 규정하는 법률을 발전
시켜 시장거래를 보장한다. 법으로 계약의 준수를 강제하지 않는다면 시
장거래의 안정성과 지속성이 유지되지 않으며, 자본축적 또한 불안정해
지기 때문이다. 이 외에도 자본주의는 자본의 거래와 축적을 원활하게 하
는 자본시장, 회계제도, 신용제도 등을 발전시킨다. 베버(Max Weber)와
좀바르트(Werner Sombart)는 자본주의를 이윤을 추구하는 영리기업의 활
동을 통해서 인간의 물질적 필요가 충족되는 체계(system)로 정의했다. 여
기서 특히 핵심적인 것은 현대적 부기와 대차대조표를 중심으로 한 합리
적 회계의 발달이다. 자본은 이러한 기법을 통해 자산의 가치를 합리적으
로 계산함으로써 더욱 효율적으로 이윤을 획득할 수 있게 되었다.

자본축적과 성장주의

　자본주의 경제 원리가 사회를 지배하게 되는 것은 자본이 경제생활을

구조적·인적으로 지배하기 때문이다. 먼저 구조적 측면을 보면 자본주의 사회에서는 사회 전체가 자본축적에 의존해서 살아간다. 경제위기가 발생하거나 생산이 위축되면, 자본가의 이윤이 줄어들면서 동시에 노동자의 임금이 감소하거나 실업이 늘어나고 국가의 세입이 줄어들어 모두의 생활이 어려워지는 것이다. 이 때문에 성장은 끊임없이 지속되어야 한다. 자본은 이윤 증대와 자본축적을 위한 정책을 국가에 요구하고, 국가는 경제성장률을 높이기 위해 기업 활동을 지원하게 되며, 노동자와 시민들은 성장을 통한 물질적 풍요와 개발이익을 기대하면서 성장주의에 동조하게 된다. 그리하여 현대사회에서는 경제성장을 최우선시하는 성장물신주의가 지배적인 이데올로기로 등장한다. 대부분의 사람은 경제성장 없이는 경제발전이나 사회발전이 이루어지기 어렵다고 인식하면서, 경제성장을 위한 자본과 국가의 전략에 지속적으로 동조하게 된다.

자본주의 사회의 국가와 문화

다음으로 인적 지배의 측면을 보면, 자본가들은 국가는 물론 시민사회에서도 자신들의 인적 네트워크를 형성하고 또 자본과 기업의 이데올로기를 확산시킴으로써 궁극적으로 사회 자체를 자본의 사회로 만들고자 한다. 무엇보다 자본가는 노동자를 고용함으로써 지배한다. 또한 지배적인 자본가 집단은 이윤 추구를 위해 국가와 결탁하고 서로 담합하여 독과점을 형성한다. 그래서 자본주의의 경제적 관계는 동시에 다양한 사회관계, 즉 자본가-노동자, 자본가-국가, 자본가-자본가 사이의 권력관계들을 내포한다. 이러한 관계들을 통해서 자본은 경제뿐 아니라 정치, 사회, 문화를 지배한다.

특히 국가는 자본주의적 성격을 띠고 산업정책, 재정정책, 통화정책, 금융정책 등의 경제정책을 통해 자본축적을 지원한다. 또한 자본주의 국가는 자본이 필요로 하는 사회정책을 통해 자본축적에 필요한 노동력의 안정적 재생산을 도울 뿐만 아니라 자본의 지배가 계속될 수 있도록 치안을 강화하고 노사관계를 제도화하여 질서를 유지한다.

한편, 자본주의 사회의 규범, 역할, 이데올로기 또한 자본주의를 정당화하고 자본주의적인 생활방식을 수용하게 만드는 반면에 다른 문화적 가치들은 '돈의 논리'에 종속시킨다. 돈이 평가의 지배적인 척도가 되면서, 짐멜(Georg Simmel)의 지적처럼 정신문화의 고유한 질적인 가치가 도외시되고 모든 것이 동일하게 돈이라는 양적 척도로 평가되는 '수평화의 비극'이 발생한다. 『공산당 선언(Manifest der Kommunistischen Partei)』에서의 마르크스와 엥겔스(Friedrich Engels)의 말을 빌리자면, 자본주의는 "사람과 사람 사이에 벌거벗은 이해관계와 냉혹한 현금계산 외에는 아무런 끈도 남겨놓지 않는" 힘으로 작용하는 것이다. 자본주의는 모든 것을 '상품화'함으로써 '돈의 논리'를 사회 전체로 확장시킨다.

'기업사회'와 자본의 지배

이러한 자본주의 사회의 발전에 따라 기업이 일반적인 경제적 활동영역을 넘어 정치적·사회적 환경 또는 사회조직과 사회관계를 자신의 방식으로 변화시키고 지배하는 '기업사회' 또한 발전한다(김동춘, 2006).

기업사회에서는 기업의 소유권 및 경영권이 불가침의 권리로 인정되어 노동자들에 대한 공정한 부의 분배나 부의 사회적 환원에 대한 요구가 억압되고 노동자들을 비롯한 실질적인 기업활동 참여자들의 경영 참여는 거부된다. 나아가 기업의 영향력은 물질적·화폐적 차원뿐만 아니라 인적·정신적 차원에서도 국가와 시민사회로 확산된다.

기업사회의 국가는 기업 중심적으로 운영된다. 각종 법과 제도를 만드는 과정에 기업이나 기업연합체의 요구가 적극적으로 반영되어 노동조합의 활동을 제한하는 법이나 기업의 이익을 보호하거나 지원하는 법들이 만들어진다. 그리고 법의 적용에서도 기업에게 유리한 판결이 내려지거나 국가경제에 대한 기여를 명분으로 관대한 처벌이 내려진다. 나아가 정부의 요직에 기업가 또는 최고경영자(CEO) 출신 인물이 중용되고, 경제부처가 다른 부처들에 대해 우월적인 권력을 지닌다. 또한 효율성과 경쟁력을 추구하는 기업조직 및 경영 모델이 정부 행정의 중심 모델로 도입된다.

시민사회에서도 생산성, 효율성, 경쟁력 논리가 사회 전체로 확산된다. 대다수 언론과 대중매체들은 기업활동을 지지하고 후원한다. 학교, 병원, 복지단체 등 공공서비스를 제공하는 조직에도 효율성을 우선시하는 기업 경영 모델이 도입되고 심지어 기업가, 경영자 출신 인물을 대표로 영입하고자 한다. 그리고 개인들도 최고경영자를 자신의 역할모델로 설정하고 스스로를 가정경제의 경영자로 자리매김하면서 부동산 투자, 주식 투자 등 이른바 '재테크'에 몰두한다(정태석, 2008).

3. 자본주의의 역사적 특수성: 생산, 시장, 위기

전체 인류의 역사에 비춰보면, 자본주의는 매우 짧은 역사를 가지고 있다. 물론 상업이 발달했던 고대 그리스와 로마, 중세 중국과 이탈리아 도시국가 등도 어떤 측면에서는 자본주의적이라 할 만한 부분이 있었지만 이는 당시로서는 매우 예외적인 경우였다. 현대 자본주의는 특히 생산, 시장, 위기의 측면에서 과거의 사회와 구별되는 특성이 있다.

1) 자본주의적 생산양식

물질적 생산은 '인간과 자연의 관계'와 '인간들 사이의 관계'라는 두 가지 관계에 의해 규정된다. 첫째, 생산이란 인간이 자연을 이용하고 변형시켜 생존과 욕구충족에 필요한 물자를 조달하는 활동이다. 마르크스는 인간이 생산에 투입하여 생산량을 늘리는 데 기여하는 힘과 지혜, 기술과 도구 등 노동수단, 협업과 분업 방식 등을 통틀어 '생산력(productive forces)'이라고 불렀다. 둘째, 사회적 존재로서의 인간의 생산활동은 일정한 사회관계 속에서 이루어질 수밖에 없는데, 이것은 노동 재료, 노동 수단, 노동 생산물을 둘러싼 인간들 간의 관계이다. 마르크스는 물질적 생산을 둘러

생산력과 생산관계

마르크스는 생산력과 생산관계를 '인간과 자연의 관계'와 '인간들 사이의 관계'에 비추어 구분하려 했지만, 생산력을 단지 기술이나 도구와 같은 노동수단으로만 한정하려고 하지는 않았다. 협업이나 분업은 인간들 사이의 관계를 보여주지만, 동시에 생산력을 증대시키는 원동력이었다. 이런 점에서 마르크스는 생산력과 생산관계를 기계적으로 구분하는 시가을 넘어서려 했다고 할수 있다. 중요한 것은 생산력과 생산관계가 서로 유기적으로 결합되어 있으며, 생산력의 구체적 실현은 특정한 역사적 생산관계 속에서 이루어진다는 점이다.

싼 이러한 관계를 '생산관계(relations of production)'라고 불렀다.

마르크스가 보기에 생산관계에서 핵심이 되는 것은 누가 생산수단을 소유하고 또 생산과정을 조직하고 통제하느냐이다. 생산력과 생산관계의 성격에 따라 '생산양식(modes of production)'은 원시 공산주의, 고대 노예제, 중세 봉건제, 현대 자본주의 등으로 발전했으며 이에 따라 생산물에 대한 소유와 분배 방식도 달라졌다. 생산력이 미약한 원시사회에는 생산력이 미약하여 공동체의 물질적 생활을 영위하고 남는 잉여생산물이 거의 없었기 때문에 재산이 형성될 수 없었다. 그러나 생산력이 발달하면서부터 잉여생산물이 생기고 그것을 일부 집단이 사유하기 시작했다. 고대노예제하에서는 생산수단뿐 아니리 직접 생산자인 노예도 귀족과 자유민의 사유재산이었고, 노예의 강제노동이 귀족과 자유민의 물질적 생활을 뒷받침했다. 한편, 유럽 중세의 봉건제하에서는 토지 등의 생산수단을 영주, 귀족, 성직자들이 소유했으나, 생산수단(영주 관할의 영지)의 일부를 농노들이 실질적으로 '점유'하여 자급자족적으로 이용했다. 농노들은 대신 일주일에 며칠씩 영주의 직영지에서 부역노동을 함으로써 영주의 물질적 생활을 뒷받침했다.

자본주의 사회에서는 그러한 신분제적 강제가 없어진 대신 소유권이 더 확고해졌다. 그래서 생산수단을 소유한 자본가들과 생산수단을 소유하지 못한 노동자들이 '자유롭게' 결합하는 생산체계로 넘어왔다. 그러므로 자본주의 사회에서 노동자는 '이중으로 자유롭다(doubly free)'고 할 수 있다. 노동자는 한편으로는 노예나 농노처럼 신분적 구속을 받지 않고 강제노동을 하지 않는다는 점에서 자유로우며, 다른 한편으로는 생산수단이 없다(free of the means of production)는 점에서 자유롭다. 이러한 이중적 자유로 인해 자본주의 사회에서 노동자들은 누가 강제적으로 일하도록 강요하지는 않지만 생계를 위해 어쩔 수 없이 누군가에 의해 고용되어야 한다는 점에서 '경제적·물질적 강제'를 받고 있다.

2) 자본주의와 시장경제

원래 '시장'이란 화폐를 매개로 하여 상품이 거래되는 장소를 말한다. 여기서 주목할 것은 상품과 화폐이다. 상품이란 이득을 얻기 위해 판매되는 재화나 서비스를 가리킨다. 예를 들어 똑같은 물건이라도 팔기 위한 물건이 아니면 상품이 아니다. 화폐는 상품의 교환을 원활하게 한다. 물물교환은 서로가 서로의 물건을 필요로 할 때에만 이루어지기 때문에 성사되기가 매우 어렵다. 반면에 화폐를 매개로 한 시장에서의 교환은 자신이 가지고 있는 재화를 화폐로 바꾸고 그것을 다시 자신이 원하는 다른 상품으로 바꿈으로써, 훨씬 더 손쉽게 자신이 원하는 재화를 얻을 수 있게 한다.

시장과 시장경제

역사적으로 시장은 매우 오래전부터 존재해 왔지만 그것이 경제활동의 중심이 된 것은 아주 최근의 일이다. 예를 들어 고려시대 개성에는 큰 시장이 형성되어 아라비아 상인까지 개성에 왔으며, 조선시대에도 종로에 난전이 형성되어 상거래가 활발했다. 또한 고대 그리스와 로마에서도 해상무역으로 상거래가 이루어졌다. 그러나 그것이 경제활동의 중심은 아니었다. 이러한 교환은 대부분 공동체 외부와의 교역이라는 형태를 띠었고 따라서 특수한 사례에 불과했다. 자본주의 이전의 사회에서는 사람들이 대부분 비슷한 직업(농업)을 가지고 있었고, 많은 재화와 서비스를 자급했기 때문에 교환의 필요성이 크지 않았다. 따라서 공동체 내부에서는 집에서 직접 생산하거나 조달하지 못하는 재화를 교환하는 5일장과 같은 시장만이 제한적으로 존재했다. 반면에 현대사회에서 사람들은 서로 다른 산업과 직업에 종사하면서 생활에 필요한 대부분의 재화와 서비스를 시장에서 구한다. 현대의 사람들은 대부분 요리, 빨래, 청소 등 가사노동 정도를 스스로 조달할 뿐인데, 이러한 가사노동조차도 점차 돈으로 구입할 수 있는 상품이 된다. 이렇게 시장이 모든 경제활동의 중심이 되는 경제를 '시장경제'라고 한다. 이때 '시장'은 구체적 교환 장소를 의미하기보다는 교환경제 제도를 의미한다.

한편, 사람들이 시장에 의존하면 할수록 돈이 중요해진다. 돈이 있어야 필요한 재화와 서비스를 구할 수 있기 때문이다. 따라서 시장경제에서 사람들은 돈을 벌 수 있는 일을 하지 않으면 안 되며, 이러한 활동은 점점 더 확대된다. 그런데 시장에서 돈을 벌 수 있는 방법은 우선 재화를 판매하는 것인데, 이를 위해서는 다른 사람에게 팔기 위한 재화, 즉 상품을 생산해야 한다. 따라서 스스로의 소비를 위한 생산과 구별되는, 상품 판매와 이윤을 얻기 위한 자본주의적 생산이 점점 더 지배적이게 된다. 시장에 의존하면 의존할수록 우리는 더 많은 돈을 필요로 하게 되고 그만큼 더 많은 상품이 생겨나며, 그에 따라 시장과 자본주의적 경제활동에 더욱더 의존하게 되는 악순환이 발생하는 것이다.

노동시장에서의 불평등 교환

시장경제에서는 돈을 많이 가진 이들이 더 많은 상품을 거래함으로써 더 많은 부를 얻을 수 있는 반면에 돈이 없는 이들은 불리한 위치에 서게 된다. 마르크스가 지적한 대로 자본이 없는 이들은 시장경제에서 생존이 어렵기 때문에 자신들이 가진 유일한 것, 즉 노동력을 상품으로 팔아야 한다. 그 결과 자본 또는 생산수단을 소유한 사람과 소유하지 못한 사람 사이에 노동력의 구매와 판매가 이루어지는 노동시장이 발생한다. 봉건체제하에서 존재했던 이동의 제한, 결혼에 대한 통제 등 경제 외적 강제가 사라진 도시에서 형성된 근대적 노동시장은 생산수단을 소유하고 타인의 노동을 이용하여 이윤을 추구하려는 사람들과 노동력을 제공하고 임금을 대가로 얻으려는 사람들 간의 교환에 바탕을 두고 있다. 생산수단이 없는 사람들은 노동력을 제공해야만 생존할 수 있기 때문에 저임금이나 열악한 노동환경과 같은 불리한 조건이더라도 고용 기회를 잡아야만 한다. 특히 '산업예비군'이라고 불리는 실업자가 많은 경우, 노동자들은 생존을 위해서 더욱 불리한 조건을 받아들일 수밖에 없다. 따라서 노동시장에서의 교환은 경제 외적 강제가 없다는 점에서 자유롭고 평등한 교환처럼 보이지만 권력의 불평등을 내포하고 있다.

허구적 상품화: 노동, 화폐, 토지

돈을 벌기 위한 상품의 생산과 매매가 확대되고 돈을 많이 가진 이들이 경제를 지배하게 되면서 상품이 아니었던 많은 것들이 상품으로 전환된다. 이전에는 돈을 받지 않았던 것들에 돈을 받게 되면 그만큼 더 많은 돈을 벌 수 있기 때문이다. 특히 폴라니(Karl Polanyi)는 시장경제에서는 앞서 언급한 노동 외에도 토지와 화폐 등 본래 상품이 아닐 뿐 아니라 완전한 상품이 될 수 없는 것들이 마치 상품인 것처럼 취급됨을 지적했다. 노동과 노동력은 노동시장이 생겨나기 전에는 가격을 붙여 거래할 수 있는 대상이 아니었다. 더구나 이들은 생물학적 재생산에 의존하기 때문에 다른 상품처럼 마음대로 처분할 수 있는 것이 아니다. 토지도 역사적으로 볼 때 유럽이든 동양이든 신이나 왕 또는 공동체 전체에 속하는 것으로서 사고팔 수 있는 상품이 아니었다. 화폐도 상품이 아니라 상인들 간의 신뢰의 증서였으며 이자를 받을 수 있는 것은 더더구나 아니었다. 이자는 어려운 처지에 있는 사람들을 부도덕하게 착취하는 것이라 하여 중세 교회가 금지하기도 했다(중세 유럽에서 고리대금업에 종사한 이들이 유대인인 것은 바로 이 때문이다). 그러나 시장경제에서 이들은 마치 수익을 낳고 마음대로 처분할 수 있는 상품인 것처럼 매매되고 다뤄짐으로써 자본축적에 이용된다. 토지는 수익을 위해 무자비하게 개발되고 노동은 인적 자본이 되어 착취당하며, 화폐는 수익을 낳는 금융상품이 된다.

그러나 아무리 상품으로 취급할지라도 노동, 토지, 화폐 중 어느 것도 궁극적으로 시장에서 수요공급의 원리에 따라 공급될 수는 없으며 온전한 상품으로 소유자에 순응하지도 않는다. 노동자는 기계가 아니며 노동에는 하루 24시간이라는 시간적 한계가 있다. 토지 또한 물리적으로 공급이 제한되어 있으며 과다한 개발은 환경문제를 일으킨다. 화폐의 공급을 시장 논리에 맡기면 신뢰할 수 없는 화폐가 양산되어 거래의 위험성이 증

폴라니

(1886~1964) 유대계 헝가리 출신의 경제인류학자이자 기독교 사회주의자. 인류 역사에 비추어 볼 때 시장경제는 매우 최근의 현상에 불과하며 경제란 본래 사회적·윤리적 관계에 묻어 들어가 있음을 강조했다. 주요 저작으로는 『파시즘의 본질(The Essence of Fascism)』(1936), 『거대한 전환(The Great Transformation)』(1944), 『사람의 살림살이(The Livelihood of Man)』(1977) 등이 있다.

가하고 또 전체 상품의 가치량과 균형이 맞지 않으면 인플레이션이나 디플레이션이 발생할 수 있다. 이러한 의미에서 노동, 토지, 화폐는 완전한 상품이 아닌 '허구적 상품'이다. 실제로 이러한 허구적 상품화는 노동의 과도한 착취, 농촌사회의 파괴, 금융위기 등의 문제를 일으켜, 이 문제를 해결하기 위한 사회입법, 토지 관련법, 중앙은행제도 등이 도입되었다. 상품화에 대항하는 이러한 일련의 움직임을 폴라니는 '사회의 자기보호'라고 불렀다.

3) 자본주의의 위기

자본주의 사회에서의 위기는 과거의 사회와는 구별되는 특징이 있다. 일반적으로 위기란 사회의 재생산에 필수적인 기능들이 수행되지 못하는 상황을 가리킨다. 자본주의 이전의 위기는 주로 자연재해, 기근, 전염병, 전쟁 등에 의해 발생했으며 이에 따라 인구의 재생산에 문제가 발생하고 사회질서가 와해되는 특성이 있었다. 물론 자본주의 사회에서도 이러한 종류의 위기가 발생할 수 있고 또 발생하고 있지만, 그럼에도 자본주의의 위기에는 이와는 구별되는 독특한 성격이 있다.

실물 생산 위기에서 금전적 위기로

과거에는 '자원과 물자의 급감'이 위기의 가장 큰 요인이었다면 생산력이 풍부해진 현대의 자본주의 사회에서는 '금전적 손실'이 위기의 가장 큰 원인이 된다. 다시 말해 자본주의에서는 물질적·산업적 생산이 유지되거나 심지어 증가하더라도 금전적 손실이 생기면 위기가 발생할 수 있다. 과거 농경사회에서 가장 큰 위기는 기근이었고 풍년은 경사스러운 일이었지만, 반대로 현대 자본주의 사회에서는 풍년이 들면 농작물 가격이 폭락하여 경제적 손실을 입을 수 있다. 마찬가지로 공산품의 경우도 생산량이 늘어나더라도 경쟁 심화나 환율 변동 등으로 가격이 하락하거나 판매량이 줄어들면 기업 이익이 오히려 줄어들 수 있다.

내생적 위기

과거 사회와 달리 자본주의는 그 자체로 위기를 발생시키는 메커니즘을 내장하고 있다. 자본주의 사회는 기본적으로 항상 위기의 가능성을 내포하고 있다. 이것은 자본주의 사회에서의 생산이 과거와 달리 생산물의 소비 자체를 염두에 두고 이루어지는 것이 아니라 기본적으로 판매를 통한 이윤 획득을 목적으로 이루어지기 때문이다. 그래서 생산량이 지나치게 증가하면 판매를 못해 재고가 늘어나거나 가격이 폭락함으로써 투자원금을 회수하지 못하는 문제가 발생할 수 있다. 그리고 이러한 상황이 지속되면 전체적인 투자가 감소하여 원래에는 아무런 문제가 없었던 물질적·산업적 생산도 축소될 수 있다. 즉, 자본주의는 판매를 통해 이윤을 얻지만 동시에 바로 그 판매를 해야만 한다는 사실 때문에 위기에 빠질 수 있다. 한편, 노동이 상품화된 자본주의 사회에서 경제위기에 따른 생산의 축소는 자본의 이윤 하락과 노동력 수요의 감소로 이어져 노동자들이 임금 하락과 실업으로 인한 경제적 곤란을 겪도록 한다.

과잉축적과 과잉생산의 위기와 공황

자본주의에 내재한 위기의 메커니즘은 자본주의의 발전에 따라 다음과 같은 방식으로 현실화된다. 자본주의의 발전에 따른 막대한 이윤의 축적은 한편으로는 더욱더 많은 투자를 통해 상품의 과잉생산을 낳고, 다른 한편으로는 노동자의 임금 상승을 제약하고 구매력과 실질적 소비를 제한하여 유효수요 부족을 낳게 된다. 과잉생산은 시장 판매를 통한 투자원금 회수를 어렵게 하여 금전적 손실을 확대시킬 뿐만 아니라, 불필요한 생산으로 인한 자원 낭비와 자연환경 파괴를 심화시킨다. 시장경제의 효율성을 믿는 이들은 시장에 의해 수시로 수요와 공급이 조정되어 이러한 과잉생산이 발생하지 않을 것으로 기대하지만, 그런데도 이러한 상황이 주기적으로 발생하는 것은 기본적으로 '노동 착취'로 인해 늘어난 이윤의 재투자로 생산총량은 증가하는 데 반해 노동자들에 의해 소비될 수 있는 소비총량(유효수요)은 그것을 쫓아가지 못하기 때문이다. 이러한 격차가 지나치게 커지면 화폐의 순환이 경색되어 불황이나 공황으로 이어지게 된다. 그 대표적인 사례가 1929년 미국의 대공황이다. 제1차 세계대전 이후 미국의 원조로 유럽의 경제가 활성화되고 미국에서 대량생산 체계가 도입되면서 생산이 과도하게 늘어나 생산물과 유효수요 간의 불균형이 확대되었다. 기업의 이윤이 줄어들자 주식시장이 폭락했고, 신용경색과 은행 파산 등이 이어지면서 대공황이 발생했던 것이다.

한편, 금융기업은 아직 실현되지 않은 이익을 담보로 자금을 공급할 수 있기 때문에 실제 수요나 이익 실현의 가능성과 무관하게 자본 투자를 증가시킬 수 있다. 특히 생산자본에서 과도하게 축적된 이윤이 금융자본화하여 과잉 투자로 이어지면 위기 발생의 주기를 더 빠르게 할 수 있다. 최근 빈발하는 지구적 금융위기는 이러한 위기의 한 예이다. 이러한 위기를 해결하는 방법은 판매되지 못한 잉여생산물과 이러한 생산물을 생산한 잉여자본, 그리고 잉여노동자들을 퇴출하거나, 기업이 임금지출을 늘리고 국가가 세금 납입과 복지지출을 늘려 유효수요를 창출하는 것이다. 전자는 친자본적인 신자유주의 국가와 시장지배적인 자본이 선호하는 해결방법이지만, 퇴출 대상이 되는 자본(기업)과 노동자의 저항을 불러일으켜 국가의 억압적 개입을 낳게 된다. 후자는 친노동적인 복지국가가 선호하며 생산과 소비의 균형을 통해 자본과 노동자 모두에게 이익을 주는 해결방법이지만 시장을 지배하는 자본이 임금비용이나 세금지출을 늘리는 데 저항하기 때문에 국가의 적극적인 개입을 필요로 한다. 동시에 이는 국가 부채를 늘려 재정위기를 발생시키기도 한다.

4. 현대 자본주의의 변화

자본주의 체제는 20세기에 들어 전 세계를 지배하는 경제체제가 되었다. 1980년대 말 동구권 공업사회주의 체제가 붕괴하면서 자본주의 체제가 전 세계로 더욱 확대되었다. 그러나 오늘날 자본주의 사회는 과거와는 대단히 다른 모습을 보이고 있다. 과거의 자본주의가 소규모 기업 간의 경쟁, 자유방임주의, 제조업, 국민경제를 특징으로 했다면 현대의 자본주의는 다음과 같은 특징을 가진다.

1) 기업의 독점화와 '경영자 혁명'

공업자본주의는 20세기에 들어서 독점기업의 형성, 생산방식의 변화, 국가 역할의 변화 등으로 인해 기업 수준에서 더욱더 심대한 변화를 경험했다. 기업 합병을 통한 시장 독점이 강화되고, 기업 규모가 거대화하면서 경쟁적 자본주의 체제가 독점자본주의 체제로 변화했다. 주기적인 경기변동을 거치며 소규모 업체들이 도산하거나 대기업의 하청기업으로 전락하면서 기업 간의 수평적·수직적 통합을 통해 독점 대기업들이 형성되었다. 현대적인 형태의 독점 대기업은 초기에는 투기적 목적으로 만들어진 '트러스트(trusts)'의 형태로 미국에서 출현했다. 그러나 U.S.스틸이나 GM과 같이 여러 나라에 큰 영향력을 미친 독점 대기업은 제조업 분야에서 형성되었다. 이들 기업은 '최고의 수익률 대신에 시장에서의 최대 이익'을 얻기 위해 대량생산을 경영목표로 제시했다.

이러한 독점기업들에서는 소유주(자본가)와 고용된 노동자들을 관리·감독하는 경영자가 분리되기 시작했다. 기업의 규모가 커지면서 더 이상 소유주 개인에 의한 노동과정 통제가 불가능해졌고, 노동자들의 관리와 통제만을 위해서 고용된 새로운 형태의 피고용자가 등장했다. 특히 주식회사 제도와 신용제도는 주식 소유와 기업 경영이 분리된 주식회사의 발달을 촉진했다. 이것을 벌(Adolf Berle)과 민스(Gardiner Means)는 '경영자 혁명'이라고 부른다. 그러나 벌과 민스의 주장과는 달리 주식 소유자가 경영과 완전하게 분리된 것은 아니었다. 소수가 주식을 독점했으며 경영자들에게 스톡옵션과 같은 인센티브를 줌으로써 주주의 이익과 경영자의 이익을 일치시키는 방안이 도입되었다.

2) 포드주의와 포스트포드주의

부라보이

(1947~) 영국 태생의 미국 사회학자로, 자본주의 생산과정의 정치적 측면에 주목하고 최근에는 사회학의 공공적 기능을 강조하고 있다. 2005년 미국사회학회 회장 취임연설에서 사회학의 공공성을 회복하자는 공공사회학을 주장하여 미국과 영국 사회학계에 논쟁을 불러일으켰다. 주요 저작으로는 『생산의 정치(The Politics of Production)』(1985)가 있다.

기업의 거대화에 따라 '경영'이 새로운 역할로 부상하면서 이를 둘러싸고 다양한 이념과 방법이 제시되었다. 구상과 실행의 분리를 추구하는 '테일러주의(Taylorism)'와, 제품의 표준화와 작업의 단순화를 통해 노동을 탈숙련화시키면서 소품종 대량생산을 추구한 '포드주의(Fordism)'는 새로운 시대를 반영하는 대표적인 경영방법이었다. 그러나 고된 노동을 특징으로 하는 대량생산체계하에서 노동자들의 저항이 대규모로 조직화되었으며, 그 결과 제2차 세계대전 후 미국에서는 노동조합의 요구와 참여를 제도화한 '관료적 통제체계'가 등장했다. 이는 부라보이(Michael Burawoy)가 '헤게모니적 통제'라고 말한 것으로, 임금 상승으로 노동자들의 적극적 합의를 이끌어낸 노동통제체계였다. 유럽에서도 중요한 경제정책을 노동, 자본, 국가의 협의로 결정하는 사회조합주의가 제도화됨으로써 노동의 지지를 얻었다. 그 결과 고임금과 사회복지제도로 인해 시장에서 대량생산과 대량소비의 결합이 이루어지면서 대량생산체계는 1950~1960년대 공업자본주의의 전형으로 정착되었다.

그러나 대량생산체계는 1970년대를 고비로 위기에 부딪힌다. 노동 단순화에 의한 생산성 향상과 획일적이고 표준화된 대량생산 제품의 판매가 한계에 도달했던 것이다. 이러한 한계를 돌파하기 위해 여러 가지 실험과 대응이 시도되었는데, 이를 '포스트포드주의(post-Fordism)'라고 한다. 포드주의가 생산의 표준화와 획일화된 상품의 대량생산을 통해 생산성 상승과 규모의 경제를 추구했다면, 포스트포드주의는 생산의 유연화를 통해 인건비를 낮추고 다양한 종류의 상품을 생산하는 것이 특징이다. 특히 이는 노동의 수량적 측면(고용과 임금)과 기능적 측면(기술과 숙련)의 유연화를 핵심으로 한다(제9장 참조).

3) 국가 부문의 팽창

제2차 세계대전 이후 자본주의 사회에서 국가는 전형적으로 케인스주의 복지국가의 특성을 띠었다. 이는 대량생산이 초래할 수 있는 과잉생산 위기를 막는 기능을 수행했다. 첫째, 국가는 재정지출을 통해 경기변동에 대처하고 완전고용을 달성하려고 했다. 불경기 시에는 부채에 의존한 적극적인 정부재정 지출로 경기를 부양하고 호황 시에는 늘어난 세입을 통해 부채를 상환함으로써 경기를 조절하여, 대량생산이 안고 있는 투자 실패의 위험부담을 완화해 주었던 것이다. 둘째, 국가는 복지제도를 통해 국민을 실업 등의 위험에서 구제하여 대량소비를 유지하는 데 기여했을 뿐 아니라, 교육·의료 서비스를 제공함으로써 시장에서 개별 기업이 공급할 수 없는 '허구적 상품'으로서의 노동력을 양성하는 데 기여했다.

나라마다 과정상의 차이가 있었지만 케인스주의적 복지국가의 형성은 공통적으로 국가 부문 고용을 대폭 확대하는 결과를 낳았다. 공공 부문 피고용자가 늘어나, 정부는 통치라는 기능적 역할뿐만 아니라 고용이라는 차원에서도 중요한 역할을 담당하기 시작했다. 이러한 추세는 전후에 경제적·사회적 개입에 적극적인 새로운 형태의 국가가 발달했다는 사실을 보여준다. 1980년대에 들어서 복지개혁과 함께 공공 부문에 대한 구조개혁이나 공기업의 사유화(민영화)가 추진되는 사례로 인해 공공 부문의 크기가 대폭 줄어들기는 했지만 20세기 전반기에 비하면 여전히 높은 수준을 유지하고 있다.

4) 탈공업화와 서비스산업의 성장

공업의 세계적 확산이 진행되는 한편으로 최초로 공업혁명이 진행되었던 서양에서는 서비스산업, 특히 지식정보산업들이 전통적인 제조업을 제치고 자본축적과 고용의 핵심에 위치하게 되었다. 벨(Daniel Bell)은 이에 따라 기계기술과 공장이 주축을 이루는 공업사회에서 지식과 대학, 연

케인스주의

17세기에 등장하여 19세기 중반에 전성기를 구가하던 고전적 자유주의 질서는 국내외적으로 불평등을 심화하고 세계경제의 침체, 대공황, 세계대전으로 이어지면서 위기를 맞게 되었다. 이러한 시대적 상황에서 영국의 경제학자 케인스(John M. Keynes)는 국가가 적극적으로 경제에 개입하여 유효수요를 창출함으로써 시장의 불완전성을 보완할 수 있다고 주장했다. 이처럼 국가의 적극적인 시장개입을 통해 시장경제의 위기를 해결할 수 있다는 케인스의 경제이론을 '케인스주의'라고 한다. 제2차 세계대전 이후 선진국들은 케인스주의 이론에 기초하여 국가의 적극적 시장개입 정책과 복지제도의 확충을 추진함으로써 자본주의의 위기를 안정화할 수 있었다.

벨

(1919~2011) 미국의 저널리스트
이자 사회학자. 1940~1950년대
에는 잡지 ≪뉴 리더(The New
Leader)≫, ≪포천(Fortune)≫ 등
을 편집하며 저널리스트로 활동
했고, 이후 대학으로 자리를 옮겨
사회학자로서 사회변동론, 정치
사회학, 문화사회학 등을 연구했
다. 주요 저서는 『이데올로기의 종
언(The End of Ideology)』(1963),
『탈공업사회의 도래(The Coming
of Post-Industrial Society)』(1973),
『자본주의의 문화적 모순(The
Cultural Contradictions of Capi-
talism)』(1976) 등이 있다.
『탈공업사회의 도래』에서 벨은
미래사회에서 탈공업사회로의 전
환에 주목하면서, 재화에서 서비
스로의 경제활동 중심의 변화, 지
식과 기술에 기초한 새로운 계급
구조의 형성, 탈공업사회에서의
테크노크라트의 지배 등에 대해
다루고 있다.

구소가 주축을 이루는 탈공업사회로의 이행이 일어날 것이라고 예측했
다. 그는 이러한 사회에서는 경제활동의 중심이 재화에서 서비스로 이동
하고, 화이트칼라 사무직, 교육직과 전문직, 기술직의 고용이 늘어나며,
과학이 발전하고 지식에 대한 투자가 늘어남에 따라 이론적 지식과 기술
을 통해 사회의 발전 방향을 예측하고 통제할 수 있을 것이라 주장했다.

그러나 최근의 탈공업화는 세계경제의 성장이 전반적으로 둔화된 가운
데 비용 감소를 위해 선진국 제조업의 기반이 중국을 포함한 동아시아 등
의 신흥공업국으로 이동하는 동시에 지식과 서비스의 상품화가 증가함에
따라 발생한 것이었다. 특히 독일과 일본 등에서 공업이 발전하여 미국
제조업의 국제경쟁력이 약화되고 이에 따라 미국의 제조업이 해외로 이
전하면서, 미국은 자국이 여전히 경쟁우위를 가진 지식문화산업을 육성
하고 이를 뒷받침하기 위해 세계무역기구(WTO)를 통해 지적재산권 제도
를 강화했다. 또한 2018년 미국이 중국 수입품에 대해 보복관세를 부과하
면서 시작된 미중 무역 전쟁과 2020년 코로나19 팬데믹 이후 발생한 글로
벌 공급망 위기로 인해, 미국을 비롯한 선진국들은 생산비와 인건비 절감
등을 이유로 해외로 옮겼던 생산시설의 자국 복귀(리쇼어링)를 지원하고
있다. 그러므로 벨로부터 시작된 탈공업화와 지식정보사회 담론은 산업
의 필연적인 발전 방향이 아니다. 그것은 선진국 자본의 해외 이전에 따
른 산업공동화에 대해 알리바이를 제공하고, 서구가 우위에 있는 지적재
산이라는 허구적 상품 또는 무형자산을 통한 축적 전략을 뒷받침하는 기
능을 했던 측면이 크다.

5) 신자유주의의 지배

'신자유주의(neo-liberalism)'는 케인스주의와 같이 국가의 경제적 개입
을 옹호하는 사상에 대한 반발로 하이에크(Friedrich A. Hayek)와 프리드먼
(Milton Friedman)과 같은 경제학자들이 발전시킨 경제사상이자 이를 기초
로 형성된 자본주의 제도를 말한다. 이에 따르면 현대의 복잡한 사회에서

국가의 중앙계획 메커니즘은 수많은 다른 선호와 이해관계를 가진 사람들이 필요로 하는 재화와 서비스가 무엇인지 정확히 파악할 수 없다. 간단히 말해 국가는 사람들의 다양한 수요를 모두 파악할 수 없다는 것이다. 따라서 신자유주의자들은 재화와 서비스의 생산과 분배가 사람들이 자신의 선호를 표시하는 시장 가격에 의해 조정되어야 가장 효율적으로 이루어질 수 있다고 주장한다. 시장에서는 사람들의 선호가 큰 재화일수록 수요가 증가하여 가격이 상승하고 그에 따라 생산이 늘어나므로 사람들이 필요한 재화를 얻을 수 있다는 것이다. 그러나 재화와 서비스에 대한 사회적 수요는 개인 수요의 단순한 합이 아니다. 개인들의 수요, 즉 욕구와 필요 자체가 사회적 학습을 통해서 얻어질 뿐 아니라 사회에는 개개인의 수요로 환원할 수 없는 공공재에 대한 필요가 있기 때문이다.

신자유주의의 정치

신자유주의는 1970년대 세계경제가 위기에 빠지고 국가 개입의 효과성이 문제시되면서 힘을 얻게 되었다. 신자유주의자들은 국가 역할의 최소화, 시장영역의 확대, 사유재산권의 강화를 주장했다. 특히 1947년 하이에크의 주도로 창립된 '몽펠르랭 협회(Mont Pelerin Society)'는 신자유주의 사상 전파의 중심이 되었으며, 마침내 칠레에서 미국의 지원을 받으면서 1973년 군사쿠데타로 집권한 피노체트(Augusto Pinochet)에 의해 최초의 신자유주의 실험이 벌어진다. 피노체트는 미국 시카고 대학에서 프리드먼의 경제학을 공부한 칠레 경제학자들을 경제 요직에 앉히고 시장 자유화와 개방을 추진했다. 신자유주의는 이후 1979년에 집권한 영국 보수당의 대처(Margaret H. Thatcher) 정부, 그리고 1981년에 집권한 미국 공화당의 레이건(Ronald W. Reagan) 정부의 경제정책에 반영됨으로써 지배적인 경제 모델로 등장했다. 이에 따라 사유화(민영화)를 통한 공공 부문 축소, 금융 자유화, 노동시장 유연화, 노동규율적인 법과 질서의 강화 등 규제 완화와 시장주의 정책들이 적극적으로 추진되었다.

신자유주의

20세기 초 유럽에서 집권한 좌파 정권은 케인스주의에 기초하여 복지국가와 혼합경제정책을 추진했다. 그런데 1970년대 말 세계경제위기로 경기침체에 처하게 되자, 신자유주의자들은 이를 '케인스주의적 복지국가의 실패'로 규정하면서 위기 극복을 위해 전통적인 시장자유주의로 회귀할 것을 주장했다.

신자유주의자들은 국가의 시장개입을 전적으로 부정하지는 않지만, 국가 개입이 경제의 효율성과 형평성을 악화시킨다고 주장한다. 또 재산권 보호와 규제 완화를 통해 시장의 자유를 강화함으로써 안정적인 경제성장을 이룰 수 있다고 주장한다. 이들은 국가복지의 확대가 정부의 재정을 팽창시키고 근로 의욕을 감퇴시켜 이른바 '복지병'을 야기하게 된다고 본다.

피노체트

칠레의 총사령관 출신으로 1973년에 쿠데타를 일으킨 후 신헌법에 의해 1973~1990년까지 초대대통령으로 지낸 군사독재자이다. 선거로 집권한 아옌데 정권의 사회주의 정책에 반대하여 미국의 후원하에 쿠데타를 일으켰다. 집권 후 국민들의 민주화 요구에 저항하다 1988년 대통령 집권 연장 찬반투표에서 패하면서 1990년에 대통령직에서 물러났다.

현실에서 신자유주의는 국가 역할의 변화와 더불어 시장영역과 시장논리, 그리고 불로소득의 확장으로 나타났다.

첫째, 신자유주의 국가는 케인스주의 국가와 달리 완전고용보다는 국가경쟁력 강화를 추구했다. 따라서 신자유주의 국가는 복지제도의 축소를 지향하고 국가경쟁력을 강화하기 위해 시장 개방, 자유화 및 규제 완화, 산업적 혁신, 노동유연화 등을 추진한다. 또한 공기업 사유화를 통해 시장영역을 확대하며 시장화와 유연화에 대한 사회적 저항을 억압한다. 말하자면 실제의 신자유주의 국가는 그 이데올로기와 달리 경제적 개입에서 선면후퇴하는 것이 아니라 경제적 개입의 방식을 바꾸는 것이다.

둘째, 시장 자유화는 상품영역의 확대를 낳았으며 그에 따라 세계화·금융화·탈공업화가 진행되었다. 시장 개방은 자본 이동을 자유화하고 이에 따라 생산과 금융이 세계화되었다. 자본은 값싼 노동력, 값싼 원자재, 소비자 시장, 수익성 있는 증권 투자 기회 등을 찾아 이동하고 코카콜라(Coca-Cola), 맥도날드(McDonald's), 다논(Danone), 월마트(Walmart)와 같은 초국적기업들이 각 지역의 전통산업을 흡수하고 말살하며 세계의 경제를 지배하게 되었다. 특히 자본은 이동성과 환금성이 큰 금융으로 이동하고 이에 따라 금융자본시장이 지구적으로 확대되며 외환, 주식, 채권 등의 거래와 해외 직접투자가 폭발적으로 증가했다.

셋째, 자본주의의 신자유주의적 전환에 의해 자본축적의 중심은 점점 더 전통적 제조업에서 금융과 지식서비스 산업을 포함한 비제조업 부문의 불로소득 자산과 활동으로 이동했다(탈공업화). 불로소득이란 본래 생산으로부터 나오는 노동소득 이외의 모든 소득을 가리키는데, 그중에서도 특히 생산부문을 조직하는 데서 나오는 산업이윤보다는 비생산적인 자산이나 활동에서 나오는 토지지대, 금융이자, 독점이윤 등을 가리킨다. 산업부문의 이윤율이 하락하면 힘겹게 생산을 조직하기보다는 간단히 불로소득을 창출하는 자산을 소유함으로써 돈을 버는 것이 더 매력적이 된다. 전 세계적인 경제성장의 둔화 속에서 신자유주의 개혁, 금융화, 세계화는 그러한 불로소득 자산의 종류와 규모를 확대시켰다.

먼저 신자유주의적 규제 완화는 선물/옵션(futures/option)과 같은 파생 상품(합리적 가격평가가 가능한 기초자산의 가격 변동에 따라서 부차적으로 가격이 결정되는 금융상품)의 거래를 활발하게 만들었고, 공공 자산의 사유화(민영화)는 민간 소유의 부동산과 사회 인프라를 확대시켰다. 그리고 여기에 신자유주의 국가의 혁신지향적 산업정책은 소프트웨어와 같은 지식상품이나 디지털 플랫폼과 같은 새로운 불로소득 자산을 탄생시켰다. 한편, 금융화는 그 자체로 불로소득 자산일 뿐만 아니라 부동산과 같은 다른 불로소득 자산들에 투자자금을 제공하여 가격을 끌어올렸다. 그리고 세계화는 자본주의의 중심부가 주변부로부터 금융 투자와 불평등한 교역을 통해 불로소득을 추출할 수 있도록 도왔다.

플랫폼 자본주의의 확산

불로소득 자본 중에서도 구글(Google), 아마존(Amazon), 페이스북(Facebook), 우버(Uber), 에어비앤비(Airbnb) 등에 의해 대표되는 디지털 플랫폼 기업은 현대 자본주의의 발전을 주도하고 있는 것처럼 보인다. 서르닉(Nick Srnicek)에 따르면 2008년 금융위기 이후 자동화, 공유경제, 주문형 서비스, 사물인터넷 등이 각광을 받으면서 떠오른 디지털 플랫폼이란 소비자, 광고주, 서비스 제공자, 생산자, 공급자, 물리적 객체 등과 같은 복수의 집단들을 매개하는 디지털 인프라 구조를 가리킨다. 플랫폼 기업은 이 인프라 사용자들이 자발적으로 하는 활동에 대해 데이터를 모으고 분석하여 수익을 창출한다. 이를 위해 플랫폼 기업은 저렴하거나 무료인 서비스나 상품을 미끼로 제공하여 이용자 수를 늘리고, 이용자가 많을수록 더 많은 이용자가 몰리게 되는 네트워크 효과를 통해 독점적 지위에 오르려고 한다. 이렇게 해서 수집되고 분석된 방대한 빅데이터 및 그것에 기초한 디지털 알고리즘은 기업들이 생산과정을 유연화하고, 소비자를 파악하고, 노동을 외주화하는 동시에 통제하고, 새로운 상품/서비스를 제공하는 데 이용된다. 보다 구체적으로는 온라인 타깃 광고, 웹서비스, 생산과정 최적화, 소

2000년대 미국에서 부동산 가치 상승과 그에 따른 수익에 대한 기대로 신용등급이 낮은 사람들에게까지 주택담보대출이 확대되었으나, 미국 노동자의 임금은 정체 내지 하락함에 따라 주택가격 상승이 멈추고 주택담보대출 상환이 많은 부분 중단되면서 2007년에 발생한 위기를 말한다. 주택담보대출이 부실화하면서 이를 기초로 한 금융파생상품 또한 부실화하고 이런 자산에 투자한 금융기관들의 손실이 커졌다. 이는 다시 전 세계 경제에 악영향을 미쳐 세계 각국이 불황에 빠졌다.

프트웨어/하드웨어 제품에 대한 임대나 구독서비스, 그리고 외주화를 통해 노동을 포함한 모든 비용을 감축하고 공유경제라는 이름으로 제공되는 교통, 숙박 등의 서비스가 플랫폼 기업들의 주요 수입원이다.

사회적·경제적 양극화와 금융위기

경제활동이 세계화·금융화·불로소득에 의해 지배되면서, 경제는 점점 더 불안정해지고 노동의 가치는 크게 저하된다. 자유롭게 이동할 수 있게 된 자본은 금융 투기를 통해 곳곳에 경제거품을 일으킬 뿐만 아니라 경제거품이 붕괴할 때 급속히 이탈하여 세계경제를 매우 불안정하게 만든다. 1990년대부터 시작된 멕시코, 동아시아, 러시아, 남아메리카의 경제위기, 그리고 2007년에 일어난 미국의 '서브프라임 모기지 위기(subprime mortgage crisis)'가 그 예이다. 서브프라임 모기지 위기는 미국의 초대형 주택담보대출 금융기관이 파산하면서 시작된 금융위기로서, 미국뿐만 아니라 국제 금융시장에까지 신용경색을 불러온 연쇄적인 금융위기였다. 그리고 이러한 금융위기의 이면에는 생산적 투자를 감소시켜 생산성과 경제성장을 저하시키고 금융을 통해 자산가격에 거품을 일으키는 불로소득 자본주의가 있다.

한편, 세계화된 지구에서 어디든 움직일 수 있는 자본과 달리 노동자는 이동이 제한되어서 불리한 위치에 있게 된다. 사회는 불로소득 자산을 소유하거나 불로소득 중 일부를 배분받는 상위 계급과 불로소득을 향유하지 못하는 하위 계급으로 양극화된다. 금융화된 자본은 기업의 비용을 줄이고 보유자산의 가치를 높이기 위해 구조조정을 일상화하고 디지털 플랫폼 등을 통해 노동을 유연화한다. 그리고 국가는 자본을 유치하고 또 자산가치를 상승시켜 경기를 부양하기 위해 노동시장의 유연화를 방치하거나 촉진한다. 이에 따라 신자유주의적 불로소득 자본주의에서는 고용이 불안정해지고 비정규직이 늘어나며 소득은 양극화되고 불평등이 심화된다.

5. 한국 자본주의의 역사적 발전

1) 개발독재와 자본주의의 발전

개발독재와 발전국가

한국 자본주의의 특징은 서양 자본주의의 발달과 비교해 볼 때 대단히 빠른 공업화를 이루었다는 것이다. 한국에서 나타난 자본주의적 발전은 국가 주도로 이루어졌다. 1960년대부터 1980년대까지 한국의 국가는 국가안보와 경제성장을 국가의 최우선 목표로 내세우고 권위주의적 방법으로 자원과 인력을 동원했다. 국가는 경제 및 산업 발전 계획을 수립하고 이를 달성하기 위해 자원을 동원하고 배분하는 계획경제를 주도했다. 이러한 국가는 흔히 '발전국가(developmental state)' 또는 '개발국가'라고 하는데, 독재정권에 의해 개발이 이루어졌다는 점에서 '개발독재'라고 부르기도 한다. 국가는 은행을 국유화하고 금융자원을 시장금리보다 낮은 가격에 일부 대기업과 공업화 계획에 집중했다. 이에 따라 관치금융과 정경유착의 관행이 생겨났다. 그래서 한국 자본주의는 시장을 전면적으로 부정한 것은 아니었으나 핵심 부문에서는 국가가 계획경제를 통해 시장을 관리하는 이중경제의 성격을 보였다.

수출 주도 경제성장

한국 자본주의 발전의 또 다른 특징은 수출 주도형 공업화이다. 저임금과 단순기술에 기초한 저가상품을 생산하여 이를 미국 등 해외 시장에 수출하는 형태의 생산과 소비가 이루어졌다. 냉전체제하에서 미국은 동아시아의 동맹국가들에게 원조와 더불어 배타적인 관세 혜택을 부여했고 일본은 차관과 기술을 제공했는데, 이에 따라 한국은 대만 등과 더불어 미국 시장 수출을 통해 경제성장을 이룰 수 있었다. 이 과정에서 정부는 수출기업에 특혜금융과 보조금을 제공했을 뿐만 아니라 외국 기업과 상품의 국내 시장 진출을 막아 독점적 이익을 보장했다.

재벌

여러 개의 기업을 거느리며 막강한 재력과 거대한 자본을 가지고 있는 자본가들 또는 기업가들의 집단으로서, 이들은 서로 혈연관계로 엮여 있다.

재벌은 그 형태로 보면 일종의 콘체른이라고 할 수 있다. 자본주의 경제의 발전단계에 따라 점차 독점기업 형태가 나타나며, 그 독점기업 형태에 의한 자본의 축적과 집중으로 출현한 것이 카르텔(cartel), 트러스트(trust), 콘체른(Konzern) 등이다. 이들은 독점자본으로서 협정을 통해 가격 지배나 생산 제한을 위한 기업 간의 연합행동을 추구한다.

이 중 콘체른의 경우에는 다른 회사의 주식을 소유함으로써 경영을 지배하는 '지주회사'에 의한 자본의 지배가 참여기업군에 대해 무제한 확대되는데, 한국의 재벌은 혈연관계를 통해 지주회사의 최고경영자가 세습되는 경향이 강하다.

재벌 중심의 발전

한국에서 국가는 일찍이 1960년대 중반부터 대기업을 국가계획을 수행하는 전략적 파트너로 선택하여 유착관계를 형성했다. 중소기업을 중심으로 경제성장을 추구한 대만과 달리, 한국은 국가가 대기업을 통해 경제성장을 추구했다. 국가는 일가족이 통제하는 대기업, 즉 재벌에 금융자원을 집중하고 세금을 감면하여 대규모의 자본을 형성해 주었고, 노동조합을 통제하고 곡가 상승을 제한하여 인건비 상승을 억제했으며, 무역장벽을 쌓아 외국 상품과의 경쟁으로부터 보호했다. 이에 대한 대가로 국가주도의 산업발전 계획을 수행한 한국의 재벌들은 경공업에서 중화학공업, 전자통신산업으로 산업구조를 고도화했고, 서임금·장시간 노동으로부터 초과이윤을 얻었으며 국내의 소비자를 상대로 막대한 독점적 이익을 얻을 수 있었다. 이렇게 특혜를 받은 재벌들은 급속하게 자본을 축적하여 불과 20~30년 만에 세계적인 대기업으로 성장할 수 있었다.

2) 신자유주의적 세계화와 시장 개방

1990년대에 들어서 한국 자본주의는 세계화라는 지구적 자본주의 변화에 본격적으로 휩쓸려 들어갔다. 이는 다음과 같은 환경의 변화에 따른 것이다. 첫째, 냉전이 끝나고 미국의 동아시아 통상정책이 공세적으로 변화했으며 동아시아의 다른 지역들도 공업화됨에 따라 국제경쟁이 치열해지고 수출 수익성이 악화되었다. 둘째, 대내적으로 민주화가 이루어지고 노동운동이 성장함에 따라 노동과 재벌에 대한 국가의 통제가 약화되어 인건비가 급상승했고, 재벌은 이에 대해 공격적인 투자와 세계화로 대응했다. 그 결과 재벌은 부채 규모가 커지고 과잉 투자를 했으며 국제수지 적자도 심화되었다. 마침내 1997년에 접어들면서 재벌의 잇따른 도산과 경영 악화가 나타나기 시작했고, 동남아시아에서 시작된 금융위기의 여파가 한국으로 전이되면서 외국 금융자본의 투자 회수가 이어지기 시작했다. 이에 따라 단기외채 차입으로 기업들에 막대한 자금을 대출해 준

금융기관들이 부실화하면서 외환 부족 사태를 겪게 되었다. 1997년 말의 외환위기는 결국 정부가 IMF(International Monetary Fund, 국제통화기금)에 구제금융을 요청하는 방식으로 해결되었다.

그런데 IMF는 구제금융을 제공하는 조건으로 한국에 신자유주의적 개혁과 세계화를 요구했다. 그 결과 발전국가 시대에서 유래하는 국가의 시장개입과 규제를 철폐하는 각종 개혁이 이루어졌다. 이는 특히 금융시장 개방, 재벌 지배구조 개혁, 노동시장 유연화, 그리고 공기업 사유화(민영화) 등 신자유주의적 방식으로 실행되었으며, 이에 따라 발전국가에 의해 보호받았던 국내 시장이 개방되고 외국인 투자가 전면 자유화되었다. 그 결과 국내 주요 기업과 금융기관에 대한 외국인 지분이 늘어나고 외국 자본의 영향이 커지면서 한국 경제는 세계적 환경 변화에 더 큰 영향을 받게 되었다. 게다가 '노동시장 유연화'는 기업들이 더 쉽게 해고를 하고 임금 결정에 주도권을 쥘 수 있도록 함으로써, 기업과 재벌의 권한을 강화하는 반면에 노동자들의 지위를 약화하는 결과를 가져왔다. 이러한 변화의 결과는 즉각적으로 비정규직 노동자의 급증을 낳았다. 기업은 인건비를 줄이기 위해 정규직 대신에 비정규직 채용을 확대하고 하청 비율을 높이는 경영을 택했다.

이러한 개혁으로 한국 자본주의는 위기를 벗어나고 일부 대기업과 외국 자본을 중심으로 수익성을 회복했지만, 이는 노동유연화로 인한 고용의 불안정과 질 하락 및 소득 및 자산의 불평등에 기인한 사회적·경제적 양극화를 대가로 한 것이었다. 더구나 세계화와 국내의 설비 투자 부족에 따른 전반적인 성장 잠재력의 약화, 그리고 이에 따른 부동산 등 비생산적 자산으로의 자본 이동은 부동산 거품을 키우고 가계부채를 증가시키는 문제를 낳았다.

IMF

1947년 3월에 설립된 조직으로 본부는 미국 워싱턴에 있으며, 세계은행(IBRD)과 함께 국제금융기구의 중심축으로 꼽힌다. 가맹국들의 출자로 공동의 기금을 만들어 각국이 이용할 수 있게 함으로써, 각국의 외화자금 조달을 원활히 하고 나아가 경제적 번영을 가져올 수 있도록 하는 것을 목적으로 한다. 가맹국은 각각의 출자금에 비례하여 총회에서 의결권을 가진다. 미국 달러를 기축통화로 하는 금본위제와 고정환율제를 통해 환율 안정을 추구했던 브레턴우즈 협정에 설립 근거를 두고 있다. 따라서 IMF의 원래 기능은 국제수지의 불균형으로 위기에 처한 나라에 신용을 제공함으로써 국제통화제도의 안정을 도모하는 것이었다. 그런데 베트남전쟁 비용을 조달하기 위해 미국이 달러를 과도하게 발행하여 달러 가치가 하락하자 금본위제를 유지하기 어려워졌고, 이에 따라 1973년에 변동환율제로 이행하면서 그 기능이 변질되어, 점차 개발도상국의 외환위기를 해결하기 위한 구제금융에 치중해 왔다. 1990년대 말, 아시아와 러시아에서 발생한 외환위기에 대해 구제금융을 제공한 IMF는 이 나라들에 신자유주의적 처방을 강요했다. 그런데 이러한 처방의 적절성에 대해 논란이 발생하면서 미국 자본 중심의 일방적 세계화를 관철하기 위한 조직이라는 비판을 받고 있다.

이야깃거리

1. 자본주의의 가장 중요한 특징은 무엇인지 토론해 보자.

2. 시장경제의 가장 중요한 특징은 무엇인지 토론해 보자.

3. 한 사회에서 물질적 생산을 위한 자본과 노동의 배분을 합리적으로 조정하는 방안에 대해 토론해 보자.

4. 신자유주의 경제의 확산이 어떻게 금융위기를 낳을 수 있는지에 대해 토론해 보자.

5. 한국의 자본주의 발달은 서구 자본주의와 어떻게 다른지 토론해 보자.

읽을거리

『자본주의 역사 강의』
  백승욱 지음 / 2006 / 그린비

『사회를 구하는 경제학』
  조형근·김종배 지음 / 2014 / 반비

『자본론』
  마르크스(K. Marx) 지음 / 김수행 옮김 / 2015 / 비봉출판사

『자본의 본성에 관하여 외』
  베블런(T. Veblen) 지음 / 홍기빈 옮김 / 2009 / 책세상

『불로소득 자본주의』
  스탠딩(G. Standing) 지음 / 김병순 옮김 / 2019 / 여문책

『플랫폼 자본주의』
  서르닉(N. Srnicek) 지음 / 심성보 옮김 / 2020 / 킹콩북

『한국 신자유주의의 기원과 형성』
  지주형 지음 / 2011 / 책세상

일과 노동세계

일, 노동, 임금노동, 노동시장, 취업, 실업, 노동조합, 노동과정, 분업, 소외, 생산성, 정신노동, 육체노동, 탈숙련화, 테일러주의, 포드주의, 조합주의, 신자유주의, 비정규직, 플랫폼 노동, 감정노동

인간은 의식주를 비롯한 생활에 필요한 자원을 얻기 위해 노동을 해야 한다. 현대사회에서는 대부분 노동으로 돈을 벌어서 재화나 서비스를 구입하며 살아가는데, 갈수록 돈벌이가 괜찮은 일자리를 얻기가 쉽지 않고 자신이 원하는 일을 하기는 더더욱 쉽지 않다. 자본주의 경제의 성장이 둔화되고 산업구조가 서비스업 등 3차 산업 중심으로 바뀌는 한편 산업의 디지털 전환으로 인해 시장상황의 변화도 심해지면서 안정적인 일자리가 줄어들어 청년들은 좋은 일자리를 구하기가 점점 더 어려워지고 있다. 청년들은 당장 용돈이라도 벌려고 시간제 아르바이트, 이른바 '알바'를 하면서 노동세계를 처음 접하게 되는 경우가 많다. 하지만 노동인권 교육을 체계적으로 받지 못해 자신이 제대로 대접받고 있는지를 잘 모르면서 일하는 경우가 많다. 안타까운 사고 소식들, 정리해고자들, 비정규직들이 시위하고 농성하고 분신하는 소식들을 들으며 살아가고 있는 오늘날의 현실에서 노동은 우리에게 도대체 무슨 의미일까?

1. 자본주의 사회와 노동

1) 일과 노동의 의미와 성격

일과 노동의 의미

일과 노동은 '인간의 욕구를 충족해 주는 재화나 서비스를 얻기 위해 자연을 인간에게 유용한 것으로 변화시키는 행위'를 가리킨다. '일(work)'은 '인간이 생존해 나가기 위해 투입하는 육체적·정신적 노력'으로서 모든 형태의 작업을 포괄하는 개념이다. 반면에 '노동(labor)'이라는 말에는 '고통'과 '고생'의 의미가 포함되어 있다. 이처럼 '일'과 '노동'은 유사한 의미를 지니고 또 '근로'와도 혼용되지만, 사회적 맥락에 따라 특정한 용어가 선호되기도 한다. 예를 들어 자본주의 사회에서 노동은 '생계유지를 위해 돈을 벌려는 노력이나 활동'을 의미하는 것으로 한정되어 사용되기도 한다.

인간의 일 또는 노동은 동물의 활동과 큰 차이가 있다. 동물의 활동은 본능적인 욕구충족을 위해 이루어지는 반면, 인간의 노동은 생각한 것을 실제로 만들어내는 행위라는 점에서 '창조의 과정'이자 '목적의식적인' 행위이다. 인간은 '호모 파베르(homo faber)', 즉 '도구를 사용하는 인간'으로서 무엇을 만들 것인가를 미리 생각하고 손발과 도구를 사용하여 자신의 생각대로 자연을 변형한다. 또한 인간이 노동을 통해 자신의 삶의 가치를 발견하고 성취감과 만족감을 느낀다는 점에서 노동은 '자기실현의 과정'이기도 하다. 이처럼 노동은 인간에게 중요한 의미를 지닌 활동일 수 있지만, 현실적인 사회적 조건들은 모든 사람이 노동을 창조적이고 능동적인 자기실현의 활동으로 여기며 살아가기 어렵게 한다.

노동과 놀이

19세기 중반 유럽에서는 노동자들이 실업에 시달리거나 장시간 노동으로 인해 삶이 황폐화되었다. 프랑스 사회주의자 라파르그(Paul Lafargue)는 자본주의 사회의 이러한 노동을 가혹하게 비판했다. 그는 『게으를 권

노동, 일, 근로

한국 사회에서 '노동'은 주로 '막노동' 같은 육체노동을 의미하는 말로 사용되면서 다소 비하하는 의미를 담는 경우가 많다. 그래서 사무직·전문직 노동을 하는 사람들은 자신을 노동자라고 표현하기를 꺼린다. 반면에 '일'은 '일꾼', '집안일', '잡일' 등과 같이 다양한 의미로 폭넓게 사용된다.

노동은 또한 북한이나 사회주의자들이 주로 사용하는 자본주의에 저항적인 용어로 여겨져, 보수주의자들에 의해 사용이 기피되는 경향도 있다. 특히 반공 이데올로기의 영향이 강했던 시기에는, 노동자와 사용자의 관계는 노사관계로 표현하면서도, 일반적으로 '노동자'라는 말을 사용하기를 꺼리면서 대부분 '근로자'라는 말로 대신했다.

라파르그

(1842~1911) 프랑스 노동당을 창립한 급진적 사회주의자이며, 마르크스의 사위이기도 하다. 그는 노동당을 지도하면서 마르크스주의를 도입했다. 또 자본주의 사회에서 '노동은 인간성을 파괴한다고 주장했다. 저서로는 『재산 진화론(The Evolution of Property from Savagery to Civilization)』(1891, 1905), 『게으를 권리』가 있다.

러셀

(1872~1970) 영국의 철학자, 수학자, 사회평론가이다. 수리철학, 기호논리학을 집대성하여 분석철학의 기초를 쌓았다. 평화주의자로서 제1차 세계대전과 나치에 반대했고, 원자폭탄 금지 운동, 베트남전쟁 반대 운동에도 앞장섰다. 『나는 왜 기독교인이 아닌가(Why I Am Not a Christian)』(1927), 『권력(Power: A new social analysis)』(1938), 『철학의 문제들(The Problems of Philosophy)』(1912) 등의 저서가 있다.

하위징아

(1872~1945) 네덜란드의 역사가이다. 1942년까지 레이던 대학교에서 역사 교수로 지내다가 나치에 잡혀 억류 상태에서 사망했다. 프랑스와 네덜란드의 생활과 사상을 연구한 『중세의 가을(Herbst des Mittelalters)』(1919)로 명성을 얻었다. 이 외의 저서로 『호모 루덴스』 등이 있다.

리(Le Droit à la paresse)』(1880)에서, 자본주의 사회에서 프로테스탄트 직업윤리처럼 노동에 신성한 의미를 부여하는 것은 자본이 더 많은 착취를 정당화하는 '노동 이데올로기'라고 비판하면서 '게으를 권리'를 주장했다. 프롤레타리아들이 노동을 '소명'으로 여기며 하루에 12~13시간씩 일하는 것은 그들을 가난에서 해방해 주기는커녕 오히려 더 비참하게 만든다는 것이다. 그래서 그는 오히려 하루 3시간만 일하고 나머지 시간은 게으름과 축제를 즐겨야 한다고 주장했다.

영국의 철학자 러셀(Bertrand Russell)은 『게으름에 대한 찬양(In Praise of Idleness)』(1935)에서 현대의 생산방식이 모두가 편안하고 안전하게 살아갈 수 있는 가능성을 열어놓았지만, 여전히 어떤 이들은 과로를, 또 어떤 이들은 굶주림을 겪는 방식의 삶이 지속되고 있다고 비판했다. 한편, 네덜란드 문화사학자 하위징아(Johan Huizinga)는 『호모 루덴스(Homo Ludens)』(1938)에서 인간의 특징을 '노동하는 인간'이 아니라 '호모 루덴스', 즉 '놀이하는 인간'에서 찾고자 했다. 그는 인류의 문화가 놀이 속에서, 놀이의 형태로서 발생하고 발전해 왔다고 보았다.

현대 자본주의 사회에서 많은 이들은 노동을 자기실현을 위한 창조적·능동적 활동보다는 '돈을 벌기 위한 수단'으로 고통스럽고 힘들거나 피곤한 일로 여기고 있다. 게다가 모든 노동이 다 사회적으로 보상받고 직업으로 인정받는 것도 아니다. 돈을 벌 수 있는 노동과 없는 노동이 나뉘고 노동시간과 여가시간이 나뉘면서, 노동은 점차 여가를 즐기기 위해 어쩔 수 없이 해야 하는 일이 되고 있다. 노동이 현실적으로는 고통과 피곤을 가져다준다는 점에서, '게으를 권리'와 '놀이하는 인간'은 노동에서의 해방을 통해 즐거움과 편안함을 추구했다고 할 수 있다.

2) 자본주의와 노동

자본주의와 임금노동

자본주의 경제를 기초로 하는 현대사회에서는 노동이 일의 대가로 돈을 받는 임금노동의 형태를 띠고 있다. 형식적으로 자유로운 계약에 의한 고용관계와 금전적 동기로 이루어지는 '임금노동'은 자본주의적 노동시장의 성립을 전제로 한다.

수렵·채취사회의 사람들은 최소한의 필요가 충족되면 더는 생산하지 않기에, 그들의 노동은 더 많은 돈을 벌기 위해 일하는 현대적 의미의 임금노동과는 전혀 다르다. 이 사회에서는 욕구가 충족되면 더 노동할 필요가 없게 되고 일과 여가는 구분되지 않는다. 오늘날 제3세계 '비공식 부문'에 고용된 노동자들의 경우에도, 여전히 가정과 직장이 구분되지 않으며 노동시간과 생활시간을 구분하기 어려운 것이 현실이다.

그러나 자본주의 시장이 보편화되고 금전적 동기가 사람들의 행동을 지배하면 할수록 노동은 임금노동의 형태를 취하게 되며 노동시장이 확대된다. 이렇게 되면 삶의 모든 영역은 점차 시장관계에 지배받게 되고 노동시장에서 임금을 목적으로 하는 임금노동과 비시장적 영역에서 이루어지는 가사노동이나 사회활동이 분리된다. 일과 여가는 시간적·공간적으로 분리되고, 경제활동과 비경제활동도 명확히 구분되기 시작한다.

자본주의와 가사노동

자본주의 사회에서는 시장에서의 교환을 통해 '임금' 등의 형태로 보수가 지급되지 않는 노동을 경제활동으로 간주하지 않는다. 대표적인 것이 집안일, 즉 '가사노동'인데, 이것은 보수가 지급되지 않기 때문에 '비경제활동'으로 간주하여 노동의 영역에서 배제해 왔다. 그런데 가사노동으로 분류되는 일들도 가정의 구성원들이 스스로 하지 않고 노동시장에서 '가사도우미' 등을 통해 제공되면 엄연히 보수가 주어지는 경제활동으로 간주된다. 그러므로 자본주의 사회의 임금노동 원리는, 경제적 보수가 없다는 이유로 스스로 수행하는 가사노동을 의미 없는 노동으로 취급하면서 가사노동을 주로 담당하는 여성들의 노동을 평가절하하는 효과를 낳고 있다.

3) 자본과 임금노동의 교환

노동시장이 출현하고 노동이 임금노동의 형태를 취하게 된다는 것은 인간의 '노동력이 상품화'되어 노동자와 사용자(자본가) 사이에 노동력의 매매와 교환이 이루어진다는 것을 의미한다. 자유로운 계약을 통해 노동자는 자신의 '노동력'을 사용자에게 판매해 '임금'을 얻고, 사용자는 구매한 노동력을 자유롭게 이용할 수 있는 권리를 얻게 된다. 이 고용계약에서 사용자는 구매한 노동력을 최대한 활용해 더 많은 가치를 창출하고 이윤을 증대시키려 한다. 문제는 노동력이라는 상품이 그것을 판매한 노동자의 인격과 분리될 수 없다는 점이다. 그래서 노동력을 어떻게 활용할 것인가를 둘러싸고 노동자와 사용자 사이에 갈등이 발생한다.

4) 현대 자본주의에서 산업 일자리와 노동의 변화

제8장에서 우리는 자본주의 사회가 봉건제 사회와 어떻게 다른지를 살펴보았다. '농업' 중심에서 '공업' 중심으로의 '생산방식의 변화', 물리적 지배를 통한 '경제 외적 강제'에서 노동시장을 통한 '경제적 강제'로의 변화 등은 '생산관계'에 따라 노동의 성격과 의미가 달라진다는 점을 잘 보여준다. 특히 공업혁명 이래 서구 자본주의 사회에서 노동과 사회의 상호작용 과정은 현대사회에서 노동의 성격을 바꿔놓았다.

자본주의는 산업의 발전에 따라 상업 자본주의, 농업 자본주의, 공업 자본주의, 금융 자본주의, 불로소득 자본주의, 디지털 자본주의 등으로 발전해 왔다. 성장이 둔화하고 있는 현대 자본주의에서는 신자유주의적 금융화와 자산 독점을 통한 불로소득 부문의 확대, 그리고 산업의 디지털화 및 저부가가치 서비스업의 확대가 일어나고 있다. 아울러 이러한 산업적 변화에 따라 일자리의 성격도 크게 변화하고 있다. 우선 안정된 제조업 일자리의 성장이 둔화하거나 감소하는 동시에 노동이 점점 더 자동화된 기계로 대체되고 있다. 이에 따라 제조업에 흡수되지 못한 노동인구는 저임금에 시달리는 불안정 노동과 저부가가치 서비스 부문의 고용으로 흡수되고 있다. 반면에 제조업 성장 정체와 맞물린 금융, 부동산, 인프라, 플랫폼 등에의 투자 확대는, 불로소득 획득에는 기여하겠지만 생산에 별로 기여하지 못하거나 반드시 필요하지도 않은 이른바 '허튼 직업(bullshit job)'을 증가시키고 있다. 이에 따라 한편으로는 변호사, 회계사, 로비스트와 같이 상당 부분 불로소득의 획득에 기여한 대가로 그 일부를 배분받는 전문 서비스직 사업자나 노동자들이 늘어나고, 다른 한편으로는 그러한 막대한 불로소득의 배분과는 무관한 탈숙련화된 저임금 불안정 노동자들이 늘어나고 있다. 또한 네트워크를 독점한 플랫폼 기업의 알고리즘에 의해 통제되는 불안정 노동자의 증가, 디지털 기술에 의한 노동의 대체 등으로 노동의 미래는 점점 불안정해지고 있다.

2. 노동계급의 형성과 노사관계의 변화

공업혁명 이후 사적 소유에 기초한 공장제 생산이 확산되면서 자본가와 임금노동자가 양대 사회계급으로 출현했고, 자본과 노동의 관계를 기본으로 경제적 사회관계가 형성되었다. 자본과 임금노동의 관계를 이해하기 위해서는 먼저 공업화가 본격화됨에 따라 진행되는 생산조직의 재편, 특히 임금노동자가 형성되는 역사적 과정을 살펴볼 필요가 있다.

1) 선대제에서 매뉴팩처 단계로

선대제와 상인자본

상공업이 발달하기 시작한 초기에는 농촌의 '가내수공업'이나 도시의 '수공업 길드'가 공산품을 만들었다. 이 단계에서는 숙련된 장인(master)이 제품에 대한 구상뿐만 아니라 제작·판매에 이르는 모든 생산과정을 담당했다. 장인의 노동은 구상(제품 설계, 생산 방법에 대한 결정 등)과 실행(제품

길드

일반적으로 유럽의 중세 도시가 성립·발전하는 과정에서 중요한 역할을 한 상공업자들의 동업자 조합을 뜻한다. 길드는 상인들에 의해 결성된 상인 길드(merchant guild)와 수공업자들에 의해 결성된 수공업 길드(craft guild)로 나뉜다. 상인 길드는 중세 도시가 영주의 지배로부터 벗어나 도시자치권을 획득하는 과정에서 가장 중심적인 역할을 했다. 상인 길드는 상인들 간에 내부적으로는 상호경쟁을 배제하고 밖으로는 배타적인 독점권을 행사하기 위한 것이었다. 수공업 길드 역시 동일 업종에 종사하는 수공업자들, 특히 장인들이 다른 도시의 장인들과의 경쟁으로부터 자신들을 보호하고 또 동업자 내부의 경쟁을 배제하기 위한 것이었다.

의 제작) 기능이 결합된 숙련노동이었으며, 생산과정은 숙련된 장인이 자아를 실현하는 창조적인 과정이기도 했다.

그런데 시장이 확대되고 수요가 늘어남에 따라 상품의 공급을 늘리기 위해 상인들은 '선대제(putting-out system)'를 도입하기 시작했다. 선대제는 상인이 ― 여러 곳에 산재해 있는 ― 다수의 생산자에게 원자재와 가공비를 먼저 제공하여 생산을 위탁하고 완성된 제품을 회수해 판매하는 생산방식을 말한다. 선대제를 통해 상인자본은 생산자들을 자신에게 종속시켰지만, 생산현장에서는 여전히 개별 생산자들이 생산의 통제권을 지니고 있었다. 또한 작업공정이 분업화되어 있지 않았기 때문에 생산성을 획기적으로 증대시키기는 어려웠다.

매뉴팩처 체계와 기계화

자본주의의 발전에 따라 생산조직은 선대제에서 점차 '매뉴팩처 체계(manufacture system)'로 변해갔고, 노동자들은 과거와 같이 분산되어 작업하는 것이 아니라 독립된 공간인 '공장'에 모여 집단작업을 하게 되었다. '매뉴팩처'는 생산자를 한곳에 모아놓고 공정을 나누어 일을 시키는 '공장제 수공업' 생산방식을 말한다. 매뉴팩처가 도입되면서 공업자본은 더 쉽게 생산과정을 관리할 수 있게 되었고, 이에 따라 생산성이 획기적으로 향상되기 시작했다. 이제 각 생산자는 세분화된 개별 공정만을 담당하게 되었고, 생산과정 전체에 대한 관리와 통제는 자본가의 권한이 되었다. 매뉴팩처가 확산되면서 이전에 생산과정을 통제할 수 있었던 '숙련노동자들'은 점차 자본의 통제에 따라 단순작업을 수행하는 종속적 위치로 전락해 갔다. 특히 작업이 세분화·단순화되어 기계화가 용이해지고 인간의 노동이 기계로 대체되면서 급속한 생산성 향상이 이루어졌다.

2) 공장제의 발달과 노동계급의 형성

공장제 기계공업과 기계파괴운동

증기기관의 발명과 기계의 발달로 매뉴팩처 생산방식은 점차 '공장제 기계공업 체계(factory system)'로 전환되었다. 공장제 기계공업에서 생산은 기계에 의해 이루어지고 노동자의 역할은 이제 기계를 보조하는 것으로 제한되었다. 특히 공업혁명을 선도한 섬유공업에서는 숙련노동은 더 이상 필요치 않게 되었고, 숙련노동자는 기계의 속도에 맞춰 단순작업을 반복하는 '미숙련노동자'로 대체되었다. 사용자가 이윤을 높이기 위해서는 오직 기계를 쉬지 않고 작동시키는 것이 가장 중요해졌고, 미숙련노동자의 값싼 임금과 장시간 노동이 필요했다. 이미 영국에서는 15~16세기에 전개된 인클로저 운동(제8장 1절과 제13장 2절 참조)을 거치면서 농촌을 떠난 인구집단이 도시에서 여러 세대를 거쳐 '예비 노동자 집단(산업예비군)'을 형성하고 있었다. 공장에는 저임금의 여성과 아동이 대규모로 충원되었고, 이들은 비참한 노동조건을 감수하며 단순작업에 종사하는 주력 노동자가 되었다.

기계제 도입에 따른 탈숙련화는 노동자들을 대부분 반숙련·미숙련 노동자로 동질화시켰다. 저임금에 따른 빈곤과 기계의 도입에 따른 실업의 증가로 노동자들의 삶은 더욱 비참해졌고, 빈곤과 열악한 노동조건에 대한 불만과 저항은 자본가에 대항하는 노동자들의 계급적 연대감을 발전시키는 계기가 되었다. 노동자들의 집단적 움직임은 두 가지 형태로 나타났다. 하나는 노동자들이 단결하여 실업과 질병, 공업재해와 같은 비참과 고통으로부터 스스로를 보호할 수 있는 상호부조나 공제조합을 발달시킨 것이었다. 다른 하나는 자신들의 일자리를 빼앗아간 기계에 대한 폭력적 저항이었다. 자본과 기계에 대한 폭력적 저항인 러다이트운동(Luddite movement), 즉 기계파괴운동은 1810년대에 섬유공업에서 대규모로 발생했다.

기계파괴운동

1811~1816년 영국의 중부·북부의 직물공업지대에서 가상의 인물 러드(Lud)의 지도 아래 조직적으로 일어났던 운동이다. 공업혁명에 따른 기술 발전으로 공장에 기계가 도입되면서 노동력의 수요가 줄어들어 임금이 하락하고 실업자가 늘어나게 되자, 실업자들이 기계를 파괴함으로써 자신들의 일자리를 되찾으려고 했던 운동을 말한다. 실업 문제를 해결하기 위해 생산력 발전이라는 역사적 경향을 거스르려 했던 점에서는 퇴행적 성격의 운동이라고 할 수 있지만 인간의 속박에 대한 저항이라는 측면에서는 해방적이라 할 수 있는 이 운동은, 자본가들과 정부가 위협을 느끼면서 강압적으로 진압되었다.

자본주의가 발달해 가면서 노동자들은 점차 자본주의적 공업화 이전의 과거로 돌아갈 수 없다는 점을 깨닫고 현대적 공장제 노동에 적응해 가기 시작했다. 이들은 이제 적극적으로 자신들의 경제적·사회적·정치적 권리를 확보하기 위해 노력하기 시작했다. 노동자들은 노동조합을 결성해 파업을 벌이면서 임금 인상이나 노동시간 단축과 같은 노동조건의 개선만이 아니라 단결권과 참정권을 요구했다.

영국 노동자들은 1824년 「단결금지법」을 폐지시킴으로써 노동조합운동의 역사를 열어나가기 시작했다. 노동자들은 정부의 탄압에 대항하고 근로조건 개선 및 노동시간 규제를 요구하면서 시민자격(citizenship)을 확보하기 위한 정치운동에 눈을 돌리기 시작했다. 이는 성인 남성의 보통선거권을 요구하는 차티스트 운동(Chartist movement, 1829~1848)으로 나타났다. 이를 통해 노동자들은 빠른 속도로 동질적인 정치적 이해관계와 정체성을 공유하는 하나의 '계급'으로 성장해 갔다. 이는 노동자들이 사회적 열등감이나 패배감에서 벗어나 부르주아계급의 일원으로 편입되는 대신, 자신의 노동과 직업에 대한 긍지와 자존감을 갖는 것을 말한다.

3) 노사관계의 제도화와 조합주의

노동운동의 확산과 사회주의

19세기 후반부터 20세기 초반에 걸쳐 유럽에서는 사회주의운동과 노동계급운동이 활발히 일어났다. 노동조합을 통한 노동자들의 조직화가 확대되고 보통선거권과 노동조건 개선을 요구하는 총파업이 발생했으며 사회주의 정당들이 세력을 얻었다. 영국에서 1900년에 창당된 노동당은 노동조합의 대중적 지지를 기반으로 정치적 영향력을 확대해 나갔다. 19세기 말 독일의 보수주의 비스마르크(Otto E. L. von Bismarck) 정부는 사회주의운동에 대해 「사회주의자 진압법」(1878년)으로 대처하면서도 사회보험 도입을 통한 회유책을 쓰기도 했다. 그럼에도 독일 사회민주당은 1912년

선거를 통해 독일 최대정당이 되었다. 이로써 '혁명이 아닌 선거와 의회를 통한 사회주의로의 전환을 추구하는 사회민주주의 노선'이 새로운 대안으로 떠오르게 되었다.

「뉴딜 노동법」체계와 노사관계의 제도화

한편, 미국에서 자유시장주의에 입각하여 20세기 초에 호황을 누렸던 자본주의 시장경제는, 1930년대 세계 대공황을 겪으면서 시장경제의 주기적인 불황을 관리하기 위해서는 국가의 경제개입이 필요하다는 점을 일깨워주었다. 특히 케인스 이론은 국가 개입을 정당화하면서, 노동자의 생활 개선이 국민경제 발전을 위해 필수적이라는 점을 증명했다. 국가 개입을 통해 노동자들의 높은 임금과 안정된 고용이 보장되면, 이것이 유효 수요를 창출하고 이것이 다시 투자를 증가시킴으로써 경제 활성화의 선순환을 이끌어낼 수 있다는 것이었다. 노조와 혁신 정치세력을 중심으로 사회보장과 노동기본권 강화를 통한 소득 재분배를 지지하는 뉴딜 연합이 탄생했으며 이를 바탕으로 단체교섭이 법적으로 제도화되고, 미국에서는 「뉴딜 노동법」 체계가 정비되었다.

제2차 세계대전 이후의 고도 성장기를 거치면서 노동조합은 시장경제 체계의 일부가 되었으며 노동운동은 제도화되기 시작했다. 자본주의는 전례 없이 장기간의 호경기와 확장을 맞게 되었고, 이와 더불어 정치적 민주주의가 더욱 공고화되었다. 장기간의 호황과 정치적 민주주의로 복지국가가 팽창했고 노동자들의 권리가 확대되었다. 복지국가에 대한 전후의 사회적 합의는 대공황과 전쟁 이후 노동자계급의 힘이 커지고 국가 개입에 의한 적극적 경제정책과 사회정책을 통해 성장과 분배라는 두 목표의 달성이 가능했다는 교훈을 얻었기 때문이다.

조합주의와 신조합주의

'조합주의(corporatism)'란 자본, 노동, 국가가 협력하여 연합체적으로 국가의 사회·경제정책을 결정하는 체계를 말한다. 1920년대 이탈리아 파

「뉴딜 노동법」

1935년에 제정된 전국노동관계법으로, 일명 '와그너법'이라고도 한다. 부당노동행위를 판정하고 유일한 교섭권자를 결정하는 절차를 관리하기 위해 '전국노동관계위원회(NLRB)'를 상설기구화했다. 또한 노조에 파업권을 부여했고, 정부가 사용자들의 부당노동행위를 시정하도록 명령할 수 있게 했다. 그리고 노동조합에 가입하지 않는 조건으로 맺는 고용계약인 이른바 '황견계약(yellow dog contract)'을 불법으로 규정했다. 이 법이 제정되면서 노동조합과 단체교섭제도는 법적 안정성을 획득할 수 있게 되었다.

신조합주의

복지국가가 발달하지 못한 미국과 달리 유럽에서는 노동조합을 기반으로 한 사회민주주의 정당이 오랫동안 집권하면서, 노동자·사용자·정부 삼자가 합의하여 경제정책을 결정하는 '신조합주의' 모델이 확산되었다. 특히 1970년대 동안 강력한 노동조합이 존재하고 인플레이션과 불황이 장기화되는 상황에서, 정부가 선택한 전략은 노동조합을 긴축정책 추진의 파트너로 참여시켜 책임을 분담시키는 것이었다. 신조합주의는 노동조합과 기업가단체의 독점적 대표체계, 위계적 조직, 전국적 집중화, 포괄성을 특징으로 한다.
슈미터(Philippe C. Schmitter)는 이것을 '이익매개의 독특한 양식으로서, 집중화된 이익대표의 독점구조'라고 정의했고, 렘브루흐(Gerhard Lembruch)는 '정책 형성의 양식으로서 이익단체들의 국가기구 참여 및 집중화된 교섭과 협상의 패턴'이라고 정의했다(Schmitter and Lembruch, 1979).

시즘 정권은 국가가 이익집단들을 권위주의적으로 조직하고 통제함으로써 자본과 노동의 협력을 이끌어내려고 했다. 이처럼 국가가 주도하는 조합주의를 '국가조합주의(state corporatism)'라고 부른다. 이는 주로 국가 주도의 경제발전을 추구한 후발 자본주의 나라들에서 많이 나타났다.

한편, 공황과 전쟁을 겪은 이후 서유럽 나라들에서는 자본주의 경제위기를 관리하고 정치적 불안정을 해소하기 위해 국가가 자본, 노동 등 중요한 이익집단을 국가의 정책 결정 및 집행 과정에 참여시키고 자발적인 협력을 이끌어내고자 했다. 이를 '신조합주의(neo-corporatism)', 또는 국가조합주의에 대비해 '사회조합주의(societal corporatism)'라 부른다. 국가는 노동자들에게 완전고용과 사회복지를 보장하는 대신 성실한 노동 참여를 통해 자본의 이윤 증대에 기여하도록 함으로써 자본–노동 간의 계급 타협과 지속적인 경제성장을 이루고자 했다.

4) 신자유주의의 확산과 노동 불안정

복지국가의 위기와 신자유주의의 확산

신자유주의는 1970년대 중반 이후 경제위기로 복지국가의 재정적자가 심화되면서 점차 확산되기 시작했다. 신자유주의는 국가의 시장개입 및 규제의 최소화와 시장에서의 기업활동의 자유를 요구하는 이념이었다. 신자유주의 세력은 노동조합을 공격하고 노동시장 유연화를 추구했다. 노동시장에 대한 법적·제도적 규제가 크게 완화되는 등 노동자보호 입법은 후퇴했고, 노조활동에 대한 제약은 강화되었다.

노동조합의 약화와 고용 불안정

신자유주의 이념이 확산되면서 대부분의 국가에서는 노동조합원이 감소했다. OECD 국가들의 노동조합 조직률은 1985년 30%에서 2016년 16%로 크게 낮아졌다. 노동조합은 구조적 불황, 제조업 쇠퇴와 서비스 부문 증대, 노동력 구성의 변화, 작업조직의 개편, 노동자들의 고용불안과 비정규직 확대로 어려움을 겪었다. 대부분의 나라에서 전국 수준의 노사관계는 중요성이 약화되었고, 개별 기업들이 노사관계의 주도권을 장악하기 시작했다.

한편, 노동시장 유연화도 빠르게 확산되었다. 해고를 쉽게 하고 파트타임이나 임시직과 같은 유연한 고용을 확대하는 수량적 유연성과 함께 작업자들의 숙련 향상과 유연한 작업배치를 강조하는 기능적 유연성이 추진되었다. 그뿐 아니라 노동자들의 숙련과 성과에 대한 인센티브를 강화하는 임금체계 개혁이 확산되었다. 노동시장 유연화의 직접적 결과는 임금과 고용안정성의 측면에서 노동시장의 분절과 불평등의 심화였다.

그러나 이러한 노사관계의 변화와 고용 불안정도 나라마다의 사회적 조건에 따라 차이가 있다. 스웨덴이나 독일과 같이 강력한 노동조합이 존재하는 경우에는 기존 노사관계 체계가 안정성을 유지했다. 반면에 노동조합이 취약한 미국이나 영국에서는 노사관계가 빠르게 분권화되고 노동조합이 주변화되는 양상을 보여줬다.

조정된 시장경제와 자유주의 시장경제

신자유주의의 확산은 노동시장의 변화를 가져왔는데, 유럽과 영미의 노동시장은 제도의 차이로 인해 노동시장 유연화에 대한 대응방식에서 차이를 보여주었다. 자본주의 다양성 이론에 의하면, 영미형 '자유주의 시장경제'에서는 노동시장이 탈규제화되어 그 작동이 시장원리에 따르는 반면에, 유럽형 '조정된 시장경제'에서는 노사의 이해관계 갈등이 노동조합과 사용자단체의 긴밀한 조정과 타협에 의해서 해결된다. 세계화와 경제구조의 변화가 노동시장에 미치는 효과는 각국의 제도적 환경에 따라서 달라지며, 각국의 노동시장은 상이한 제도적 경로를 통해 효율성을 추구해 왔다는 것이다.

3. 노동과정과 사회관계의 변화

공업사회에서 기술의 발달에 따른 노동과정의 변화는 노동자의 직장생활만이 아니라 전반적인 사회관계에도 영향을 미치고 있다. 특히 오늘날 정보기술의 발달에 따른 분업 및 협업의 재편성과 작업조직의 변화는 노동과정과 사회관계에 중요한 영향을 미치고 있다.

1) 스미스의 분업 이론과 생산성 향상

핀 제조공정과 분업의 효과

스미스는 핀 제조공정의 사례를 통해 분업에 의해 놀라운 '생산성 향상 효과'를 얻을 수 있다고 주장했다. 약 18개의 독립된 작업으로 이루어진 핀 제조 작업을 노동자 10명이 분업하면 하루에 핀을 4만 8000개 이상 만들 수 있다. 이는 한 사람이 하루 4800개를 만드는 것에 해당하지만, 개별 노동자가 독립적으로 완성품을 만든다면 어떤 노동자도 특수한 훈련을 받지 않는 이상 하루 20개조차 만들 수 없을 것이다.

스미스(Adam Smith)는 『국부론(The Wealth of Nations)』(1776)에서 핀 제조공정의 사례를 통해 분업에 의해 놀라운 '생산성 향상 효과'를 얻을 수 있다고 주장했다. 스미스가 주목하는 분업의 효과는 다음 세 가지이다. 첫째, 분업은 '기교(dexterity)'의 향상을 가져오는데, 이것은 '반복을 통한 숙달'을 의미한다. 그래서 분업의 증대는 전문적 능력을 필요로 하는 숙련과 무관하게 숙달을 확대시켜 경우에 따라 숙련의 해체로 이어질 수도 있다. 둘째, 분업은 한 작업에서 다른 작업으로 이동할 때 드는 이동비용을 감소시킴으로써 생산성 향상에 기여할 수 있다. 셋째, 분업의 증대는 생산의 기계화를 촉진한다. 그에 따르면 시장이 클수록 분업이 발달하고 생산성도 높아진다.

2) 마르크스의 노동소외 이론

마르크스(Karl Marx)는 시장에서의 분업이 인간의 노동을 소외시킨다고 하면서 노동자의 소외를 다음 네 가지 형태로 제시했다.

첫째는 '노동생산물'로부터의 소외이다. 노동자는 자신이 만든 생산물을 스스로 소유하고 처분할 수 없게 되었다. 자본의 사적 소유 원리에 따라 노동의 산물에 대한 처분권은 전적으로 자본가에게 속하게 되었기 때문이다.

둘째는 '노동과정'으로부터의 소외이다. 노동자는 자본가의 결정에 종속되고 통제를 받기 때문에 자신의 노동의 속도, 유형, 시간, 도구, 기법 등을 스스로 결정할 수 없게 된다. 그 결과 노동자들은 이제 노동보다는 여가생활에서 삶의 의미를 찾게 된다.

셋째는 '다른 노동자'로부터의 소외이다. 명령과 지시에 따른 고립된 작업 속에서 인간적·사회적 신뢰의 형성이 이루어지지 못하게 되어 노동자들은 고립되고 파편화된 존재가 된다.

넷째는 '유적(類的) 존재'로서의 인간 자신으로부터의 소외이다. 인류는 자율적이고 창조적인 활동을 자신의 본질로 지니고 있지만 노동은 한낱 물질적 생계를 위한 수단으로 전락된다. 노동자는 이제 더 이상 자율성과 창조성이라는 유적 본질을 실현하지 못하며, 노동은 신체적 욕구충족을 위한 동물의 본능적 행동과 다를 바 없게 된다.

마르크스는 이러한 소외 이론을 통해 작업현장에서 시작된 노동자들의 소외가 자본주의 사회 전체로 파급되어, 급기야 노동자들은 소외된 수동적 존재로 전락하게 된다는 비관적 전망을 제시했다.

3) 테일러의 '과학적 관리'론

20세기 초 미국의 기계기사 테일러(Frederick W. Taylor)의 조직이론은 '과학적 관리의 원리(principles of scientific management)'로 불리면서, 현대적 공업조직에서 일반화된 대량생산방식과 결합되어 현대 자본주의 경영 또는 관리의 중심 철학 및 실천 내용이 되었다. 테일러는 '노동자들에게 작업 방법을 일임하는 주먹구구식 관리법'의 문제를 극복하기 위해서는, 과거 노동자들 사이에서 '구전(□傳)'과 경험에 의해 관습적으로 전달되어 온 노동과정에 대한 지식을 관리자가 과학적이고 체계적인 관찰을 통해 파악하고 통제할 수 있어야 한다고 보았다. 이를 위해 테일러는 '시간 연구(time study)' 기법을 제안했고, 이 연구를 기반으로 하여 노동자들의 작업, 동작, 행동, 도구, 공구 및 작업조직 등을 합리화·세분화(파편화)·단순

브레이버먼

(1920~1976) 미국의 사회과학자
이자 노동운동가, 사회주의자로서
자본주의 노동과정에 대한 연구
에 관심을 두었다. 『노동과 독점자
본(Labor and Monopoly Capital)』
(1974) 등이 주요 저작이다.

화·표준화할 것을 주장했다. 기준 이상의 성과를 낸 노동자들에게는 '차
등적 성과급'이 지급되었다. 그러나 테일러의 시도는 매번 노동자의 강력
한 저항에 직면했다.

미국의 사회학자 브레이버먼(Harry Braverman)은 자본주의적 분업의 발
전과 관리자의 노동과정 지식 독점 및 노동과정에 대한 통제의 확립에 따
라 이렇게 작업현장에서 노동의 '구상(conception)'과 '실행(execution)'이
분리되고, 정신노동과 육체노동의 분리, 노동의 세분화가 가속화되어 노동
자들이 일에 대한 통제력과 기능을 상실하게 된다고 보았다. 노동자들은
탈숙련화(de-skilling)되어 자율성을 상실함으로써 노동의 쇠퇴(degradation
of work)에 직면한다(Braverman, 1974).

4) 포드주의와 생활양식의 변화

테일러주의의 확산을 결정적으로 촉진시킨 것은 기계에 의해 작업자를
통제할 수 있게 한 '포드주의' 생산체계였다. 포드(Henry Ford)는 1913년
에 자신의 자동차 공장에 이동하는 컨베이어벨트를 도입하여 자동차를
대량으로 조립하는 생산방식을 고안했다. 포드주의 생산체계의 핵심은
테일러식의 작업공정의 세분화·단순화·표준화 원리를 일관조립라인이라
는 기계적 생산체계와 결합시킨 것이었다. 이는 표준화된 제품을 대량생
산함으로써 규모의 경제를 달성할 수 있도록 했다. 이 방식을 적용하기
위해서는 일관조립라인이라는 기계적 흐름에 의해 강제되는 극단적인 노
동 분업하에서 숙련을 박탈당한 채 단순반복 작업을 수행하는 노동자가
필요했다.

이탈리아의 마르크스주의자 그람시(Antonio Gramsci)에 따르면, 포드주
의는 노동자들의 생산적 활동에서 상상력·창의성을 파괴하여 노동을 기
계적인 것으로 환원시킨다. 이러한 태도는 작업장 밖의 일상생활에서도
조장되었는데, 주류 판매나 성적 타락을 금지하는 것과 같은 사회적 통제
기제는 작업장 규율을 사회 속으로 확장하고 노동자들의 근육과 신경 속

에 침투한다.

자동차 공장 생산조립라인

그러나 20세기 초 미국 사회에서 시작된 포드주의 생산방식은 자동차산업 이외의 다른 분야에도 적용되어 세계적인 영향을 미치기 시작했다. 20세기 후반 서구에서 대량생산은 소비재 가격을 하락시켰고 높은 생산성은 임금을 상승시켰다. 이는 노동자들의 대량소비를 만들어냈고 대량소비는 대량생산을 가능케 함으로써 지속적으로 이뤄졌으며, 이는 다시 완전고용과 실질임금의 상승으로 이어졌다. 반면에 신흥공업국에 도입된 포드주의 생산방식은 장시간 노동의 억압적 노동조건에서 저가의 상품을 생산해 수출하는 '유혈적 테일러주의'의 형태를 띠어 대량소비나 임금 상승으로 이어지지 않았다.

5) 포스트포드주의

1980년대 중반 이후 시장경쟁의 격화와 소비자 요구의 다양화, 짧아진 제품 순환주기 등 급격히 변화하는 시장 상황은 대량생산 체계의 위기를 초래했다. 그 대신에 소비자의 다양한 수요에 신속하게 대응할 수 있는 좀 더 유연한 생산체계의 필요성이 증가했다. '유연생산체계'를 강조하는 포스트포드주의 이론에서는 생산의 효율성과 노동의 재숙련화·인간화가 서로 결합할 가능성을 강하게 강조했다.

피오르(Michael Piore)와 세이블(Charles Sabel)은 '장인적 생산체계'에 기초한 '유연 전문화(flexible specialization)'를 주장했다(Piore and Sabel, 1984). 1970년대에 표준화된 제품 시장이 포화상태에 빠짐에 따라 시장의 다양한 수요에 적응하는 것이 중요해졌다. 소품종 대량생산에 기반한 '규모의 경제'와 달리 다양한 제품을 신속하게 공급(다품종 소량생산)할 수 있는 '범위의 경제'에는 경직된 조직구조에서 단순한 노동을 수행하는 대기업보다 유연한 조직구조에서 노동자들이 다양한 기능을 수행하는 중소기업이 더 적합하다는 것이다. 이러한 생산방식의 우월성은 일본에서 필요한 것을 필요할 때 필요한 만큼 만드는 적시(JIT: just in time)생산체계(Just-in-Time System)와 공장 노동자들이 아래로부터 작업방식을 개선하는 품의제도에서도 확인되었다(제5장 3절 참조).

포스트포드주의는 노동자들이 구상기능을 일정 부분 회복한다는 점에서 '노동의 인간화'가 가능한지에 대한 논쟁을 낳았다. 그러나 포스트포드주의적인 '노동의 기능적 유연화'는 오히려 노동 강도를 강화했고 '노동의 수량적 유연화'는 고용을 불안정화했다. 이를 통해 포스트포드주의는 유연적 대량생산 시스템으로 진화했다.

6) 자동화와 노동의 쇠퇴

자동화와 노동의 변화

최근 자동화와 새로운 기술의 도입은 노동의 성격과 고용관계에 큰 영향을 미쳤다. 정보통신기술은 수치제어 기계, 컴퓨터, 로봇 등 새로운 생산 기술과 결합되어 소프트웨어의 간편한 조작으로도 다양한 제품을 생산해 낼 수 있게 했다. 자동화된 생산체계는 작업자를 기계로 대체함으로써 노동력 수요의 감소를 낳기도 했지만, 노동자들의 숙련과 자율성에도 큰 변화를 가져왔다. 정보통신기술과 컴퓨터를 이용한 자동화는 과거의 숙련을 해체하는 반면, 새로운 기계를 다루기 위한 새로운 숙련을 요구하기도 한다. 예를 들어 기계를 조작하는 노동을 대신해 기계를 감시하고 보전하는 노동, 작업체계를 조정하는 노동 등이 증가했다. 하지만 다른 한편에서는 자동화가 노동자의 작업을 파편화시킴으로써 탈숙련화를 가속화하고 있기도 하다.

자본의 교섭력 강화와 생산의 유연화

과학기술 활용과 자동화의 주요한 결과는 생산의 유연성과 함께 노동에 대한 자본의 교섭력이 강화되었다는 점이다. 정보기술의 활용은 자본에게 광범위한 선택의 여지를 제공했다. 직무를 자동화하고 정보네트워크를 활용해 생산을 외주화하거나 분산화할 수 있기 때문이다. 기업은 컴퓨터와 정보통신기술을 다루는 새로운 숙련노동을 통해 기능적 유연성을 확보하면서, 비용이나 기술적 이유로 자동화되지 않은 부분에는 파트타임이나 임시직과 같은 주변적 노동력을 통해 수량적 유연성을 확보하고자 했다.

7) 탈공업화와 노동의 변화

탈공업화와 서비스노동의 증가

생산 자동화에서 더 나아간 근본적인 변화는 바로 탈공업사회, 지식정보사회의 도래이다. 이미 많은 나라에서 경제의 중심이 제조업으로부터 서비스산업으로 이동하고 있고, 지식정보가 주요한 생산요소가 되고 있다. 제조업의 기술개발과 시장 개척을 위한 생산자 서비스, 자본 조달과 금융 부문의 팽창, 대규모 유통체인의 확대는 서비스 부문의 급격한 팽창을 가져왔다. 그뿐 아니라 복지국가 팽창은 정부, 보건, 교육 등 사회서비스를 확대시켜 서비스산업화의 주요한 동력이 되었다.

탈공업화는 노동에도 영향을 미치는데, 제조업 노동자의 비중이 감소하는 반면 지식정보와 서비스산업 노동자의 비중이 증가하고 있다. 제조업에서 서비스업으로의 산업구조 변화는 고용구조를 불안정하게 만들고 고용관계를 개별화하는 효과를 가져왔다. 지식정보화로 사라진 일자리와 새롭게 생겨난 일자리의 성격은 매우 다르며, 직업구조와 노동력 구성도 크게 변화된다. 지식정보화에 따라 첨단 기술 및 서비스 관련 일자리가 급속히 성장하지만, 이들 고임금 전문직의 비중은 매우 적은 반면, 대부분의 서비스노동은 저임금·저숙련 직종의 미조직 분야에 속해 있다.

플랫폼 노동과 노동의 외주화

최근에는 빅데이터 분석과 인공지능 알고리즘과 같은 디지털 기술의 발전에 따라 아마존, 우버, 에어비앤비, 유튜브와 같이 디지털 플랫폼에 의해 매개되는 서비스노동이 증가하고 있다. 플랫폼은 유무형 자원의 교환을 중개하는데, 여기서는 노동도 거래의 대상이 된다. 이때 노동은 전통적 기업에서의 고용계약보다 개별 프리랜서나 개인 사업자와의 일시적인 서비스 계약의 방식으로 거래된다. 이러한 일시적 계약은 표준화되거나 숙련이 필요치 않은 방식의 노동을 통해 재화와 서비스를 공급할 수 있기에 가능한 것이다. 웹사이트나 모바일 앱을 통해 높은 숙련이 필요하지 않은 단기 일감을 구하고 건수에 따라 보수를 받는 이러한 특수고용 비정규직 노동자들을 '플랫폼 노동자'라고 한다.

플랫폼 기업은 노동자를 정식으로 고용할 경우 치러야 할 비용을 부담하지 않는다. 예를 들면 작업을 위해 노동자가 사용자의 지휘·감독 아래에 있는 대기시간은 노동법상 근로시간으로 간주하지만, 플랫폼 기업은 일감을 기다리는 플랫폼 노동자의 대기시간에 대해 임금을 지급하지 않는다. 게다가 플랫폼 노동자는 일시적으로만 노동을 수행할 뿐 노동법의 보호나 사회보험의 혜택에서 제외되어, 업무 중에 발생할 수 있는 추가 비용이나 위험, 과실에 따른 비용 등을 모두 스스로 부담해야 한다. 더구나 플랫폼 노동자는 플랫폼 기업으로부터 직접적인 업무 지시를 받지는 않지만, 애플리케이션(Application, 앱)을 사용함에 따라 업무수행 데이터나 고객 평점을 반영하는 인공지능 알고리즘에 의해 사후통제를 받는다. 평가가 나쁘면 일감 배분에서 불이익을 받을 수도 있고, 심할 경우 앱 서비스 중단으로 일감을 얻을 수 없게 되기도 한다.

서비스산업과 감정노동의 증가

서비스경제의 부상에 따라 판매, 유통, 음식, 관광, 콜센터, 간호 등 서비스산업에서 육체노동과 정신노동이라는 이분법적 범주로는 파악할 수 없는 대인서비스 업무가 기업활동의 중요한 요소로 자리 잡았다. 이에 따라 서비스노동자들의 노동과정은 소비과정처럼 인격적 관계 속에서 이루어진다. 이런 점에서 서비스노동을 특징짓는 하나의 개념이 '감정노동'이다. 감정노동은 자본의 이윤 창출을 위해 노동자가 자신과 고객의 감정을 관리하면서 수행해야 하는 서비스노동이다.

감정노동이 문제가 되는 것은 고객들에게 친근한 표정이나 외모, 목소리, 태도 등을 유지하기 위해 노동자가 자신의 감정을 인위적으로 통제해야 하기 때문이다. 이것은 공장노동자들이 자신의 노동에 대한 통제력을 상실하고 기계의 일부로 전락하는 것과 마찬가지로, 서비스노동자들이 자신의 실제 감정과 신체적 피로를 은폐하면서 의도적으로 기획된 감정을 보여주는 가식적 존재로 전락한다는 점에서 스스로를 소외시키는 과정이다. 서비스노동자의 모든 행동은 고객의 행위를 이끌어내기 위해 계산된 것으로서, 자신의 실제 감정을 억누르는 데 따른 스트레스나 고객으로부터의 인격적 모멸 등으로 감정적 마비 상태에 이르게 된다.

4. 노동시장과 일자리의 변화

1) 노동시장과 임금

임금 이론

일반적으로 임금(wages)은 '노동력을 제공한 대가'라고 할 수 있다. 봉급(salaries)이나 급여도 같은 의미로 사용되는데, 경우에 따라 생산직 노동자에 대해서 '임금'으로, 사무직 노동자에 대해 '봉급'으로 구분해서 부르기도 한다. 임금의 지불 기준은 기간에 따라 시급, 일당, 주급, 월급, 연봉 등으로 구분할 수 있다.

자본주의 사회에서 현실적으로 임금이 결정되는 과정은 복합적이다. 임금이 노동자의 생존 또는 생계를 위한 비용에 의해 결정된다는 '생존비 이론'은 임금의 개략적 기준선을 이해하는 데 유용하다. 그런데 오늘날 사회 전체적인 생활수준이 상승한 자본주의 나라들에서 임금이 단순히 생존비(생계비)를 기준으로 정해진다고 보기는 어렵다.

예를 들어 산업별, 직종별, 자본 규모별로 기업의 생산성과 이윤율이 다를 경우 이에 따른 임금격차도 존재한다. 그래서 업종에 따라 임금이 생계비 이하로 떨어지는 경우도 발생하게 되는데, 이것을 막기 위해 도입한 제도가 '최저임금제'이다. 이것은 노동자의 기본적 생계를 보장하기 위해 국가가 임금의 최저 수준을 정하고 법으로 강제하는 제도이다. 이 제도는 1890년대에 뉴질랜드와 오스트레일리아에서 시작되어 오늘날 많은 나라에서 임금을 정하는 기준이 되고 있다.

오늘날 많은 나라에서 사회적 생산력이 발전하면서 임금도 상승한다. 그래서 기업의 총수입에서 적정이윤을 제외한 나머지가 임금의 원천이 된다고 보는 '잔액청구 이론'이 타당한 것처럼 보인다. 여기서 문제는 이윤 극대화를 추구하는 자본(기업)이 적정이윤을 어떻게 정하는지 설명되어야 한다는 점이다.

현실적으로 적정이윤은 기업이 선의에 의해 미리 정하는 것이 아니며, 오히려 노동자들의 요구에 따른 타협과 국가의 노동보호 정책 등에 따라 임금 수준이 결정되고 나면 그 나머지가 이윤이 된다. 역사적으로 보면 노동자들의 조직화와 저항 등 정치적 투쟁과 계급 타협이 노동시간의 제한, 노동3권의 보장, 최저임금제 등 노동자를 보호하는 입법들의 도입을 가져왔고, 이러한 정치적 조건과 상황들이 임금 수준의 결정에도 큰 영향을 미쳤다.

이런 점들을 고려하면, 노사관계가 제도화된 현대 자본주의 사회에서는 노동시장 요인보다 단체교섭이 임금 수준에 큰 영향을 미친다는 '단체교섭력 이론'이 설득력을 지니고 있다. 노동조합의 형태(산업별, 기업별 등), 조직률, 활동방식 등에 따라 노동자들의 단체교섭력이 달라지며, 이러한 차이가 임금 수준의 차이로 나타나게 되는 것이다.

동일노동 동일임금

시장 논리에 따르면 노동자들의 임금은 노동에 대한 수요와 공급에 따라 결정되므로 노동의 양과 질이 같다면 임금격차는 존재하지 않아야 한다. 하지만 현실에서는 종종 동일한 가치를 생산하는 노동임에도 성별·연령·신분에 따라 서로 다른 임금이 지급되고는 한다. 그래서 '동일한 양과 질의 노동에 대해 동일한 임금을 지불해야 한다'는 동일노동 동일임금 원칙이 제기되었다. 선진국에서는 동일노동 동일임금의 원칙을 법으로 규정하여 임금격차를 줄여왔다. 한국도 법적으로 차별을 금지하고 있지만, 실제로는 기업 규모, 학력, 성별, 고용형태에 따라 임금격차와 차별대우가 크게 나타나고 있다.

2) 노동시장 구조와 임금 불평등

임금 수준의 결정에는 여러 가지 요인들이 복합적으로 작용한다. 그중에서 노동시장의 구조는 임금 차별을 낳는 중요한 요인 중 하나이다. 노동시장은 일반적으로 노동력의 수요와 공급에 따라 자본과 노동 간에 고용계약이 이루어지고 임금 수준이 결정되는 장이다. 하지만 노동시장의 여러 가지 조건으로 인해 산업별, 직종별, 자본 규모별, 성별, 학력별, 연령별 임금격차가 존재한다.

단일 노동시장 이론

'단일 노동시장 이론(homogeneous labor market theory)'은 "노동력의 질적 차이가 임금 차이에 반영된다"라는 '인적 자본 이론(human capital theory)'의 가정에 기초해, 다수 자본가와 다수 노동자 사이에서 자유로운 경쟁이 이루어지는 노동시장에서 교육, 훈련 등 인적 자본에 대한 투자가 많은 노동자가 더 높은 생산성을 보이고 더 높은 임금을 받게 된다고 본다(Becker, 1971). 즉, 노동시장이 나눠져 있지 않고 하나여서 누구나 제약 없이 경쟁에 참여할 수 있음을 가정한다.

단일 노동시장 이론은 노동시장에서 교육과 훈련의 중요성을 보여주는 장점이 있다. 그렇지만 교육수준이 같은데도 남녀 간에 임금격차가 존재하는 점을 설명하지 못하며, 교육수준이 노동생산성의 척도가 되기보다

동일노동 동일임금의 원칙과 현실

영국에서는 19세기 말에 노동조합에서 '남녀 동일임금'에 대해 거론하기 시작했고 1919년에 채택된 국제노동헌장에서는 "동일한 가치를 가지는 남녀의 노동에 대해서는 동일한 임금을 받아야 한다"라고 선언했다. 그리고 1951년 국제노동기구(ILO) 제100호 협약에서도 이 원칙을 채택했다. 이 원칙은 노동자들의 내부적 단결을 위해서도 중요한 것이었고 또한 규범적으로 정당한 것이었다. 그래서 선진국을 비롯하여 많은 나라에서 이 원칙을 법으로 규정하고 있다.

한국의 「근로기준법」 제6조 '균등한 처우'에서도 "사용자는 근로자에 대하여 남녀의 성(性)을 이유로 차별적 대우를 하지 못하고, 국적·신앙 또는 사회적 신분을 이유로 근로조건에 대한 차별적 처우를 하지 못한다"라고 규정하고 있다. 그리고 「고용차별금지법」을 통해 파견노동자나 장애인노동자에 대한 차별대우도 금지하고 있다. 그러나 현실적으로는 남녀 간, 성년과 미성년 간, 상용직과 임시직 간, 정규직과 비정규직 간의 임금격차가 발생하고 있으며, 파견노동자, 외국인노동자, 장애인노동자 등에 대한 차별대우도 존재한다.

는 오히려 노동자들을 선별하는 도구로 이용되는 점을 고려하지 못한다. 이 이론은 자본주의 사회에서 '공정한 경쟁을 통해 업적에 따라 보상을 받는다'는 능력주의(meritocracy) 이데올로기를 정당화함으로써 현실적으로 존재하는 사회구조적 불평등을 은폐하는 문제점이 있다.

분절 노동시장 이론

분절 노동시장 이론(segmented labor market theory)은 한 사회의 산업체계, 기업체계 등 경제체계에 따라 노동시장이 질적으로 다른 둘 이상의 부문으로 분절되어 있다는 것을 강조한다. 그래서 노동자들은 자신이 속해 있는 부문에 따라 노동조건이나 기회가 서로 달라진다.

되링거(Peter Doeringer)와 피오르는 독점자본주의 사회에서 대기업의 노동시장은 '외부 노동시장'과 단절된 '내부 노동시장'으로서 특수한 훈련과 관습에 따라 위계적 직무 간에 내부 승진과 전환 배치가 이루어짐을 지적했다(Doeringer and Piore, 1971). 내부 노동시장은 고용안정성에 따른 직무의 안정적 수행을 가능하게 하고, 노동자와 사용자 모두에게 노동이동(직장이동)에 따른 비용을 절감시키며 내부 노동자들의 질에 대한 정보를 손쉽게 얻을 수 있게 한다.

내부 노동시장 이론은 자연스럽게 '외부 노동시장'에 대한 관심으로 이어져 '이중 노동시장 이론'으로 확장되었다. 여기서는 노동시장이 '1차 시장'과 '2차 시장'으로 분절되어 있다고 본다. 내부 노동시장 중심으로 형성되어 있는 1차 노동시장은 고임금, 높은 직무안정성, 승진가능성, 좋은 노동조건, 경쟁으로부터의 보호 등이 제공되는 반면에, 2차 노동시장은 저임금, 낮은 직무안정성, 불완전고용 등 상대적으로 열등한 조건이 제공된다. 이 두 노동시장 사이에 존재하는 높은 장벽은 기업들 간의 기술격차에 따라 생겨난다.

하지만 노동시장의 분절이 '자본가들이 노동자들의 복종을 이끌어내기 위해 사용한 전략의 산물'이라고 보는 시각도 있다. 노동자들을 손쉽게 통제하기 위해 노동시장을 분할지배(divide and rule)의 기제로 이용한다는 것이다. 산업, 직종, 성, 기업 규모, 취업형태 등에 따른 임금격차를 만들어서 노동자들을 분열시키고 경쟁하도록 만든다는 것이다.

분절 노동시장 이론은 노동시장이 사회구조적으로 분절되어 있어서 동질적인 노동에서도 임금격차가 존재하고 노동이동이 제한되는 등 차별적인 평가와 보상을 받게 된다는 점을 강조하고 있다. 노동자들은 개인적 자질이나 특성에 의해서도 차별대우를 받지만, 자신들이 속한 노동시장의 구조적 특성, 즉 대기업이냐 중소기업이냐, 첨단산업이냐 사양산업이냐, 정규직이냐 비정규직이냐 등에 따라 더 결정적으로 분절되어 있다.

3) 자동화·세계화와 노동시장의 변화

자동화, 플랫폼, 그리고 노동시장

오늘날 과학기술과 정보기술의 발달에 따른 자동화는 노동의 탈숙련화와 기계에 의한 노동력의 대체를 확대시킴으로써 '괜찮은 일자리'를 감소시키고 임금 수준을 떨어뜨리는 결과를 낳고 있다. 한편으로는 첨단기술 분야의 신규 고용이 생겨나지만, 자동화로 인한 일자리의 감소가 더 급속히 진행되어 전체적으로는 자동화에 따른 실업의 증가가 심화되고 있다. 또한 자동화가 노동을 대체한 자리에 인공지능이나 디지털 플랫폼이 스스로 처리하지 못하는 데이터 수집과 입력, 오류 수정과 같은 저임금의 '21세기형 인형 눈알 붙이기' 노동이 생겨난다.

탈숙련화·자동화에 따른 실업의 증가가 사회문제가 되고 있는 가운데, 중소기업들은 인력난을 호소하기도 한다. 이것은 중소기업의 일자리가 여전히 열악한 상황에서 벗어나지 못하고 있다는 것을 의미한다. 중소기업과 비정규직 중심의 '2차 노동시장'의 열악한 조건은 전체적인 일자리가 감소하고 실업자가 증가하는데도 인력난을 겪는 역설적인 상황을 만들고 있다. 청년층 중 상당수는 비슷한 임금이라면 열악한 '2차 노동시장'의 중소기업에서 직접적인 노동통제를 받느니 차라리 직접 통제가 없는 플랫폼을 통해 일감을 받는 프리랜서나 개인사업자로 일하는 것을 선호한다.

괜찮은 일자리

국제노동기구(ILO)는 1990년대 초부터 '괜찮은 일자리(decent job)'라는 용어를 사용하고 있다. 여기서 괜찮은 일자리는 "자유, 공평, 안전, 인간의 존엄성이란 조건에서 남성과 여성 모두 사회적 기준에 맞는 생산적 노동을 할 수 있는 기회를 제공하는 일자리"라고 규정된다.
선진국에서는 보수, 근무 강도, 고용안정성, 발전 가능성, 직업과 직무 특성, 직장 내 인간관계 등을 종합적으로 평가하여 일정 수준 이상이면 '괜찮은 일자리'로 분류한다. 한국에서는 주로 금융, 보험, 정보기술 서비스 직종의 일자리들에서 나오며, 대기업, 공무원, 공기업, 외국계 기업 등이 여기에 해당한다고 할 수 있다. 1997년 말 외환위기 이후 대기업과 공기업 등의 괜찮은 일자리는 점점 줄어드는 반면 낮은 임금에 고용이 불안정한 비정규직 일자리가 많이 늘어났다.

실업률

일할 능력과 취업할 의사가 있는 사람 가운데 일자리가 없는 사람이 차지하는 비율을 말한다. 실업률은 실업자 수를 만 15세 이상 경제활동인구 수로 나눠서 구한다. 한국에서는 통계청이 전국 3만여 표본 가구를 대상으로 매월 15일이 속해 있는 1주일 동안 조사해 발표한다. 경제활동인구는 '일할 수

일반적 기업과 달리 플랫폼 노동은 구직과 이직이 훨씬 더 간단하고 스스
로 자유롭게 근로시간을 정할 수 있다는 장점이 있다. 그러나 이들은 대
신 디지털 알고리즘의 일감 배분과 고객 평점이라는 사후 통제로부터 자
유롭지 못하다. 게다가 대부분 사회보험이나 노동법 등의 제도적인 보호
를 받지 못하고 일감을 기다리며 허송하는 무급 대기 노동시간이 많으며,
서로 일감을 놓고 경쟁하기 때문에 보수와 복지 수준이 낮다.

노동력의 국제이동과 저임금 노동

자본주의는 노사 간의 자유로운 고용계약과 이윤 추구를 특징으로 하
며, 이는 노동력의 자유로운 이동과 계약의 자유를 전제로 한다. 공업화
시기 동안 자본에 필요한 노동력은 농촌으로부터 이주한 이농민으로부터
공급되었다. 마찬가지로 경제의 세계화가 진행되면서, 제3세계 국가에서
선진국으로 향하는 노동자들의 국제이동이 급격히 증가했다. 노동력 국
제이동은 주변부 국가가 세계경제 속으로 편입된 이후 중심부 국가와의
관계 속에서 주로 이루어진다. 노동력 유입국과 송출국 사이에는 과거 식
민지관계가 존재하는 경우가 많다. 제2차 세계대전 이후 선진국들은 외국
인노동자들의 수입이나 이민을 통해 경기순환에 따른 노동력 부족을 해
소하면서, 이들을 노동조합의 압력을 피하기 위한 '유순한 노동력'으로 활
용해 왔다. 선진국들은 노동력이 부족하면 외국인노동자를 수입하고 실
업이 증가하면 이들을 방출하는 정책을 펴고, 외국인의 취업 가능 업종과
직종, 기간에 대한 각종 규제 장치를 두고 있다. 하지만 외국인노동자들
은 본국과의 임금 및 생활수준 격차 때문에 가능하면 장기간 체류하기를
원한다. 그래서 불법으로 체류하는 외국인노동자의 수가 늘어난다.

그러나 다른 한편으로는 이주 노동자에 대한 반발도 나타난다. 2008년
글로벌 금융위기 이후 선진 자본주의 국가에서 인종주의적인 우파 포퓰
리즘이 부상하고, 2015년 이후 중동에서 유럽으로의 난민이 크게 증가하
면서 서구에서 반이민정서와 반이민정책이 강화되었다. 더구나 코로나19
로 인해 국제적 이동이 한동안 제한되면서 이주 노동자가 감소하고 미국

등에서는 노동력 부족 현상까지 나타났다. 그러나 이는 인종주의적 반발에도 불구하고 선진 자본주의 국가들이 얼마나 이주 노동자에게 의존하고 있는지를 잘 보여주는 사례라고 할 수 있겠다.

5. 한국의 공업화와 노동문제

1) 압축적 공업화와 유혈적 테일러주의

압축적 공업화와 유혈적 테일러주의

한국처럼 독자적인 기술과 숙련의 축적 없이 공업화를 추진하는 '후발공업화' 국가에서는 테일러주의 작업조직과 노동의 비인간화 문제가 더욱 심각하게 제기된다. 공업화 과정에서 한국의 발전 전략은 저가제품을 대량생산함으로써 수출경쟁력을 확보하는 것이었다. 저가 제품의 대량생산에 가장 적합한 조직 모델은, 단기간의 교육훈련을 통해 주어진 명령과 단순반복적인 직무에 '숙달'된 미숙련 및 반숙련 노동력을 대량으로 공급하고 이를 군대를 연상시키는 위계적이고 권위주의적인 방식으로 관리·통제하는 것이었다. 국가의 억압적 노동정책을 기반으로 한 '저임금·장시간 노동'은 급속한 자본축적을 통한 압축적 공업화를 가능하게 했고, 이 과정에서 한국의 몇몇 기업들은 단기간에 대기업으로 성장할 수 있었다. 한국의 기업 모델은 저개발 국가들이 선진국 기업들과 대등한 생산성을 올릴 수 있는 '훈련제도'와 '조직 모델'로 간주되어 동남아시아나 중국 등에서 또 다른 연쇄적 모방효과를 낳았다. 이렇게 저임금·장시간 노동을 훈련하고 강요하는 제3세계의 테일러주의를 '유혈적 테일러주의'라고도 한다.

작업조직 혁신의 전망

오늘날 한국 사회는 작업조직의 측면에서 두 가지 선택지에 직면해 있다. 하나는 작업조직과 노사관계의 개혁을 바탕으로 노동자들의 참여와

근로기준법 준수를 요구하며 1970년 9월에 분신자살한 평화시장 재단사 전태일 열사를 기리는 청계천의 전태일 다리

헌신, 협력을 통해 좀 더 인간적이고 생산적인 노동체계로 전환하는 것이다. 다른 하나는 권위주의적인 노동통제와 대립적인 노사관계를 유지하면서, 가격경쟁에 기초한 대량생산체계를 더욱 강화하는 것이다. 지금까지 한국 사회는 노동억압·대량생산·가격경쟁의 생산체계를 선택해 왔다. 이 체계는 경제발전 초기에는 권위주의적 국가통제를 통해 엄청난 성공을 거둘 수 있었지만, 이제 이러한 성공이 역설적으로 변화하는 경제 환경에서 혁신과 적응을 방해하는 문제를 낳고 있다.

2) 권위주의적 노사관계와 노동운동

권위주의적 노동통제와 전태일의 분신

한국 기업의 작업장에서의 저임금과 장시간 노동 및 '병영적·권위주의적 노동통제'는 노동자들의 반발을 불렀고, 권위주의적 노동체제에 대한 저항은 민주노조운동으로 발전했다. 1960~1970년대 섬유와 봉제, 가발, 신발 등 수출산업 중심의 노동집약적 공업화 과정 속에서 노동자들은 저임금과 장시간 노동으로 고통과 빈곤을 겪어왔다. 특히 여성노동자들은 극도로 열악한 노동환경에서 하루 16시간 이상 일하면서 가혹하게 착취당했다. 1970년 11월 13일 재단사 전태일의 분신은 노동자들의 누적된 불만을 표출하는 거대한 저항의 상징이었고, 1970년대 민주노동조합운동의 출발을 알리는 선언이었다. 수출 부문 여성노동자들은 유신체제의 혹독한 정치적·사회적 환경 속에서도 억압적 노동체제에 대한 저항을 멈추지 않았다.

노동자대투쟁과 노동조합 결성

1987년 6월 민주항쟁의 결과로 확대된 정치적 공간에서 펼쳐진 7~8월 '노동자대투쟁'은 한국 노동운동사의 전환점이었다. 두 달에 걸친 짧은 기간에 3000건 이상의 파업투쟁이 전국을 휩쓸었으며, 대기업 남성노동자들이 적극적으로 투쟁을 주도했다. 노동자들은 민주노조를 조직하면서 임금 인상과 함께 '노동3권'의 보장을 요구했다. 이후 1988~1989년에 걸쳐 계속 확산된 파업투쟁을 통해 노동자들의 생활수준이 크게 개선되었고 수많은 민주노조와 지역 연대조직이 결성되었다.

민주노동조합운동과 전투적 노동조합주의

1987년 이후 약 10년 동안 민주노조들은 생존권 확보와 작업장 민주화를 위해 투쟁했다. 1990년 민주노조들은 전국노동조합협의회(전노협)를 결성했으며, 1995년에는 대기업노조와 화이트칼라노조, 전노협 소속 노조들을 망라하여 전국민주노동조합총연맹(민주노총)을 결성했다. 민주노조들은 국가와 자본의 탄압에 대항해 투쟁하는 과정에서 노조의 민주성·자주성·연대성·변혁성을 강조하는 '전투적 노동조합주의'를 주창했고, 외국에서는 이를 '사회운동 노조주의'의 한 유형으로 주목했다.

기업별 노동조합과 노동조합의 분화

노동운동의 성장과 투쟁에도 불구하고 생산체계의 혁신과 노사관계의 민주화는 지체되었다. 권위주의적 노동통제가 부분적으로 해체되었지만

노동자와 근로자

과거에 한국의 법 제정을 주도해온 보수지배세력은 사회주의적 의미를 담고 있다는 이유로 '노동자'라는 표현에 거부감을 보이면서 '근로자'라는 표현을 일반적으로 사용했다. 이에 따라 법률 및 행정 용어에서 '노동'이라는 표현은 부분적으로 사용하지만, 노동자라는 용어는 전혀 사용하지 않는다. 예를 들어 「근로기준법」 2조에 따르면 '근로자'란 직업의 종류와 관계없이 임금을 목적으로 사업이나 사업장에 근로를 제공하는 자를 말한다. 그리고 이 조항은 또한 '근로'란 정신'노동'과 육체'노동'을 말한다고 설명한다.

기업별 노조는 개별 기업을 단위
로 하여 조직되어 있는 노조를 말
한다. 반면에 산업별 노조(산별노
조)는 기업이나 직종의 차이를 넘
어서 섬유, 금속, 금융, 통신 등 동
일산업을 단위로 조직되어 있는
노조를 말한다. 그런데 나라에 따
라 법적으로 노사협상의 주체로
인정하는 노조의 형태가 다르며,
기업별이나 산업별이나에 따라
노조의 조직력이나 협상능력도
달라진다. 한국의 경우 기업별 노
조와 산업별 노조 모두를 협상단
위로 인정하고 있다.

테일러주의·포드주의 작업체계는 오히려 안정화되었고, 기업별로 이뤄지
는 노조의 단체교섭은 임금과 근로조건 등 개별 기업 조합원들의 경제적
이익을 달성하는 데 집중했다. 그 결과 작업장 수준에서 경제적 이해관계
를 둘러싼 노사갈등이 격화되었고, 조직화를 통해 단체교섭력을 증대시
킬 수 있었던 대기업 노동자 및 노동조합원과 그렇지 못했던 중소기업 노
동자 및 비조합원 간의 노동조건 격차가 점차 확대되었다.

기업 수준과 달리 전국 수준에서는 여전히 노사관계의 민주적 제도화
가 지체되었고, 노사관계가 한국노총과 민주노총으로 이원화되는 양상도
나타나기 시작했다. 민주노조들은 1996년 말~1997년 초에 정리해고제와
변형근로제 등을 규정한 김영삼 정부의 노동법 개악에 맞서 전국적 총파
업투쟁을 전개했고, 다수 시민의 지지에 힘입어 재개정을 이루어냈다. 그
리고 이를 계기로 노동계의 중심 세력으로 성장하게 되었다.

3) 노동조합의 특성과 산업민주주의의 저발전

노동환경의 변화와 산별노조운동

1997년 말 IMF 경제위기 이후 노동운동은 산별노조 건설과 경영 참여
확대, 정치세력화를 주요한 과제로 설정했다. 무엇보다 1998년 이후 기업
별 노조의 산별노조 전환이 본격화되었다. 산별노조 건설은 1998년 보건
의료산업노조의 출범을 시작으로 전국금융산업노조, 전국금속노조 결성
으로 이어졌다. 2006년 이후에는 금속산업과 공공 부문 노조들을 중심으
로 산별노조 건설이 속속 이어졌다.

산별노조 전환이 본격화된 것은 기업별 노조로서는 고용불안에 대응할
수 없다는 절실한 필요 때문이었다. 1990년대 이후 제조업 비중의 저하와
서비스업 팽창, 대기업의 고용 감소와 비정규직 노동자의 급격한 증가는
노동조합 조직률의 꾸준한 하락을 가져왔다. 1987년 노동자대투쟁 이후
1989년에 19.8%까지 상승했던 노조조직률은 2010년에 9.8%까지 하락했
다. 또한 구조조정과 고용 문제 등 기업 수준에서 해결할 수 없는 의제가

중요해짐에 따라 기업별 노조의 한계에 대한 공감대도 확산되었다. 특히 IMF 구제금융 직후인 1998년 초에 노동법 개정을 통해 정리해고제, 파견 근로자 제도, 사업장 단위 복수노조 허용과 노조 전임자의 임금지급 금지가 입법화되면서, 노동자들과 노동조합들은 기업별 노조를 넘어서는 지역별·업종별·산업별 노동조합 등 초기업 노동조합이라는 대안을 모색하지 않을 수 없었다. 여기에는 비정규직 노동자의 비율이 높은 현실도 영향을 미쳤다. 이에 따라 전체 노조조직률이 조금씩 상승하여 2021년에는 14.2%를 기록했다. 조직형태로 보면 조직노동자의 39.4%가 기업별 노조에, 60.4%가 초기업 노조에 가입되어 있다.

그러나 이러한 성과에도 불구하고 공공 부문 조직률(69.3%)에 비해 민간 부문의 조직률(11.3%)은 매우 낮고, 기업 울타리를 넘는 산업별 연대활동은 미진한 상태이며, 조합원의 의식과 활동은 크게 바뀌지 않고 있다. 한편, 2011년 7월부터 사업장 단위에서의 복수노조 설립이 실질적으로 가능해지면서, 삼성과 같이 유령노조를 통해 노조 설립을 방해해 왔던 기업들에서 노조 설립이 이루어지고 민주노조의 결성이 확대될 가능성이 커졌다. 반면에 복수의 노조가 있더라도 교섭창구는 단일화해야 하기 때문에 생기는 혼란의 해결과 노조들 간 이해관계와 의견의 차이에 따른 대화와 타협의 필요성 등 노동자 내부의 민주주의 문제가 새로운 과제로 등장했다.

노동조합의 경영 참여 논쟁과 산업민주주의의 저발전

'노동조합의 경영 참여' 역시 노동운동이 지향해 온 핵심 과제로 산업민주주의를 확산시킬 수 있는 제도이다. 노동의 인간화와 작업장 민주화, 고신뢰의 생산체계를 확립하기 위해 경영 참여는 필수불가결하다. 노동자 경영 참여는 노동자를 언제라도 교체 가능한 기계 부품으로 취급하는 테일러·포드주의와 달리 기업의 목표에 대한 노동자들의 '자발적 헌신'을 촉진하고 사용자의 자의적인 권력 행사를 견제하여 조직의 의사결정을 합리화한다. 특히 기업경쟁력에서 인적 자원의 전략적 중요성이 커질수

노동자 경영 참여

노동자 경영 참여는 경영정보의 공유, 주요 의사결정 과정에서의 협의, 핵심적 현안에 대한 공동결정 등 그 형태가 다양하다. 성과분배나 종업원지주제, 노동자 투자기금, 협동조합처럼 자본에 대한 직접적 소유 참여를 지향하는 경우도 있고, 노사공동위원회나 노동자 이사제, 자주관리와 같이 기업의 의사결정에 대한 참여도 있다. 어떠한 형태이든 경영 참여를 통한 노동의 인간화와 산업민주주의의 실현은 노동운동의 핵심적 과제의 하나이다.

복수노조 교섭창구 단일화 제도

2010년 1월 개정되어 이듬해 7월 시행된 「노동조합 및 노동관계조정법(노조법)」 29조 2항은 "하나의 사업 또는 사업장에서 노조가 2개 이상인 경우 교섭대표노조를 정해 교섭을 요구해야 한다"라고 규정한다. 자율적으로 교섭대표노조를 정하지 못하면 과반수 노조가 교섭대표노조가 되고, 사용자가 동의할 경우에는 복수노조와 개별적으로 교섭할 수 있다. 이는 노조 간에 갈등을 일으키거나 소수 노조의 노동권(단결권, 단체교섭권, 단체행동권)을 침해하는 문제가 있다.

<표 9-1> 한국 산업구조의 변화(종사자 구성비)

연도	1963	1965	1970	1975	1980	1985	1990	1995	2000	2005	2010	2015	2020
농림어업	63.0	58.5	50.4	45.7	34.0	24.9	17.9	11.8	10.6	7.9	6.6	5.1	5.4
광공업	8.7	10.4	14.3	19.1	22.5	24.4	27.6	23.7	20.4	18.1	17.0	17.6	16.3
서비스업	28.3	9.4	35.3	35.2	43.5	50.6	54.5	64.5	69.0	73.9	76.4	77.3	78.9

자료: 통계청, 「한국의 사회지표」(각 연도).

록 노사 동반자 관계를 추구하는 경영 참여 제도의 도입이 절실하다. 이러한 관점에서 볼 때 2016년 서울시 산하 투자·출연기관을 시작으로 전국 지자체 산하 공공기관들에서 노동이사제가 도입되고, 2022년 8월 4일부터 전국의 모든 공기업·준정부기관에 노동이사제가 도입된 것은 긍정적이다. 그러나 민간기업은 노동이사제 도입에 여전히 부정적인 태도를 보이고 있고, 공공기관에서도 노동이사의 노조 가입이 불허되는 등 노동이사제 무력화에 대한 사회적 우려가 크다.

4) 산업구조와 노동시장의 변화

서비스업 중심 산업구조로의 변화

한국에서 공업화 과정을 통해 이루어진 산업구조의 변화는 매우 극적인 양상을 보여주고 있다. <표 9-1>에서 볼 수 있는 것처럼, 농림어업 부문 종사자의 비율이 1963년 63.0%에서 2020년 5.4%로 57년 사이에 무려 57.6%나 줄어들었다. 반면에 광공업과 서비스업은 큰 증가를 보였다. 광공업 종사자의 비율은 1990년 정점을 이루어 1963년에 비해서 3배 정도 증가했다가 점차 줄고 있다. 서비스업은 지속적으로 증가하여 1963년에 28.3%이던 것이 2020년에는 78.9%로 무려 50.6%가 증가했다. 이러한 산업구조의 변화는 1990년대를 전후로 하여 한국의 산업구조가 점차 서비스업 중심으로 변화하고 있다는 것을 보여준다. 공공 부문의 비율이 낮은데도 서비스 부문 종사자의 비율이 높다는 사실은 주로 민간 부문 서비스업 종사자의 비율이 압도적으로 높다는 것을 의미한다. 서비스업 종사자들의 경우 고용안정성이 낮고 임금이 매우 낮다는 점을 고려한다면, 이는 전체적으로 고용불안과 저임금을 특징으로 하는 근로 빈곤층이 확대되고 있음을 의미한다.

노동시장의 분절과 장시간 노동

한국 노동시장의 구조를 돌이켜 보면, 1987년까지는 기업 규모에 따른 노동시장 분절이 확인되지 않는 가운데 통합노동시장의 모습을 띠었다. 그러나 1987년 이후 독점 대기업과 중소기업 사이에 노동시장 분절이 뚜렷하게 나타났다. 1980년대 중반 이후 대기업 생산직 노동시장에 내부 노동시장이 형성되었고 대기업 중심의 '1차 노동시장'과 중소기업 중심의 '2차 노동시장' 사이에 임금과 고용안정 측면에서 뚜렷한 차이가 나타났다. 자동차 등 중화학 장치산업을 중심으로 한 내부 노동시장의 형성은 '고생산성-고임금-대량소비시장'으로 연결되는 포드주의 체계의 안정적 구축을 의미하는 것이었다.

그러나 한국 대기업의 내부 노동시장은 인적 자산의 특수성이 별로 없어 기능적 효율성이 낮은 상태였고, 1990년대 후반 한국 경제가 외환위기를 맞으면서 이러한 문제는 표면화되었다. 기업들은 내부 노동시장의 효율성을 높이기 위해 노력하기보다는, 내부 노동시장을 축소하면서 가능한 한 생산을 외주화하는 전략을 추구했다. 이러한 전략은 내부 노동시장의 축소와 비정규직의 급속한 팽창으로 귀결되었다.

한편, 한국의 노동시간은 점차 줄어드는 추세이지만 여전히 경제협력개발기구(OECD) 회원국 가운데 노동시간이 매우 긴 편이다. '한국노동연구원'의 2010년 '노동통계'에 따르면, 1985년 농어업을 제외한 전 산업(10인 이상 사업장)의 총 노동시간은 주당 51.9시간이었다. 1990년 48.2시간, 2000년 47시간에서, 2004년 7월 주 5일제가 단계적으로 시작되면서 2009년 41.4시간까지 떨어졌다. 그런데 OECD 자료에 따르면, 한국의 1인당 연간 노동시간은 2021년 1915시간으로 38개 회원국 중 5번째로 길었다. 2020-21년에 OECD에 가입한 콜롬비아(1964시간), 코스타리카(2073시간)를 제외하면 멕시코(2128시간), 칠레(1916시간)에 이어 3위이다. OECD 평균은 1716시간인데, 이는 매주 40시간 노동할 경우 약 43주에 해당하는 시간으로 1년 52주 중 약 9주 정도를 쉰다는 것을 의미한다. 유럽 선진국들은 1300~1500시간대를 기록했고, 미국은 평균보다 길었다.

5) 신자유주의와 고용 불안정

노동시장 유연화와 비정규직의 증가

1987년 노동자대투쟁 이후 노동시장의 가장 두드러진 특징이 대기업 내부 노동시장의 형성이었다면, 1997년 외환위기 이후 노동시장의 가장 뚜렷한 변화는 비정규직의 증가이다. 그 결과 한국의 노동시장에서는 대기업과 중소영세기업, 정규직과 비정규직 사이에 기업 규모별, 고용형태별 노동시장 분절이 교차하여 나타나고 있다. 통계청의 '2020년 임금근로일자리 소득(보수) 결과'에 따르면 300인 미만 중소기업의 월 평균소득(259만 원)은 대기업 평균소득(529만 원)의 48.9%에 불과했다.

비정규직은 일반적으로 고용계약 기간, 근로 시간, 근로 제공의 형태, 사용자와의 법적 관계나 근로자성, 노무 제공의 장소 등을 기준으로 정규근로의 전형적인 특성을 벗어난 모든 고용형태를 의미한다. 주로 계속고용의 불확실성, 작업장 영역의 귀속 여부, 노동자에 대한 법적·제도적 보호, 소득과 승진 기회가 보장되지 못하는 노동 형태를 포함한다. 〈표 9-2〉에서 볼 수 있듯이, 비정규직은 정규직보다 고용계약 기간이 짧아서 고용이 불안정한 임시 근로, 노동시간이 짧은 시간제 근로, 파견근로나 용역근로와 같이 노동력의 실제 사용자와 고용계약을 맺은 고용주가 다른 간접고용 근로, 그 밖에 호출근로, 특수고용, 가내근로 등의 비전형적 노동 등으로 나눌 수 있다.

비정규직의 규모는 분류 기준에 따라 차이를 보인다. 통계청과 고용노동부는 2002년 노사정위원회에서 합의된 고용형태에 따른 분류를 기준으

<표 9-2> 한국의 노동력 구조

15세 이상 인구	경제 활동 인구	취업자	비경제활동인구		
			실업자		
			고용주, 자영업자, 무급가족종사자		
			특수고용 노동자		
			직접 고용 노동자	전일제	정규직
					일반 임시직
					기간제
				시간제	상용 파트타임
					임시 파트타임
			간접 고용 노동자	파견근로	
				용역근로	
				호출근로	

자료: 한국비정규노동센터, ≪비정규 노동≫, 2010년 7·8월호(83호)의 표를 재구성.

로 하여 한시적·비전형적, 시간제 근로자만을 비정규직에 포함시키고 있다. 반면에 노동계는 여기에 임시직과 일용직 근로자까지 포함시키고 있다. '한국비정규노동센터'의 자료에 따르면, 비정규직은 1993년부터 증가하기 시작하여 외환위기를 계기로 급증했다. 비정규직 비중은 1996년에 전체 임금노동자의 43.2%이던 것이 1999년에는 51.6%로 급증하여 정규직 노동자의 비중을 넘어섰고 2002년에는 56.3%(789만 명)로 최고치를 기록했다. 비정규직 비율은 2010년대 들어 유의미하게 하락하여 2018년 40.8%까지 하락했지만 다시 소폭 상승하여 2021년 43.0%(902만 명)를 기록하여 여전히 많다. 성별로 보면, 2020년 현재 남성노동자 중 비정규직은 34.4%를 차지하는 반면에, 여성노동자 중에서 비정규직은 50.4%를 차지하고 있다. 특히 한국의 비정규직 노동자의 상당수는 정규직 일자리를 원하는 '비자발적 비정규직'이며, 한번 비정규직으로 취업하면 정규직 일자리로의 이동이 불가능해지는 '함정'에 빠져 있다.

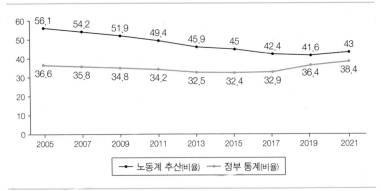

〈그림 9-1〉 한국의 비정규직 노동자 추이

[단위: 만 명(전체 임금노동자 대비 비정규직 노동자 비율, %)]

자료: 통계청, 「경제활동인구조사 부가조사」(각 연도); 김유선(2021).

한국에서 비정규직 일자리가 급속히 증가한 주된 원인으로는 1997년 경제위기 전후로 '한국의 노동시장이 매우 경직적'이라는 전제하에 '노동시장 유연화'를 적극적으로 추진해 온 정부의 노동정책과, 내부 노동시장을 최소로 유지하면서 인력 감축, 외주화, 분사, 비정규직 확대 등을 통해 고용관계의 외부화를 적극적으로 추구한 사용자들의 경영 전략을 들 수 있다. 특히 외환위기 이후 정규직 인력에 대한 대규모 고용조정을 실시한 후 필요인력은 비정규직으로 대신 채용하는 경향이 확산되었다.

최근에는 배달의 민족, 쿠팡 플렉스, 카카오 대리, 당근마켓과 같은 디지털 플랫폼 기업이 늘어나고 코로나19로 인한 사회적 거리두기로 배달 수요가 폭발적으로 증가하면서 플랫폼을 매개로 일하는 노동자가 크게 늘어났다. 고용노동부에 따르면 2021년 기준 플랫폼과 관련된 업무를 하는 플랫폼 종사자는 전체 취업자 중 8.5%인 220만 명이고 그중에서 플랫폼을 매개로 일을 배정받는 플랫폼 노동자는 66만 명에 달한다. 이들 중 약 30%는 배달·배송·운전(주로 남성)에 종사하고 23.7%는 음식조리·접객·판매(주로 여성)에 종사하며, 20~30대 청년의 비율은 55.2%에 달한다. 또한 부업이나 간헐적으로 참여하는 경우도 많지만 플랫폼 노동을 주업으로 하는 이들도 47.2%나 된다. 주업 플랫폼 노동자는 월 평균 21.9일을 일하면서 192.3만 원의 소득을 얻고 고용보험이나 산재보험 가입도 27~28%에 불과해 열악한 노동 환경에 처해 있다고 볼 수 있다. 이에 따라 플랫폼노동자들은 라이더 유니온 등 노동조합을 설립하고 플랫폼노동공제회를 운영하는 등 다양한 대응책을 모색하고 있으며, 사회적으로도 플랫폼 노동자에 대한 법적 보호를 강화해야 한다는 공론이 확산되고 있다.

비정규직의 차별과 보호

비정규직의 급격한 증가와 이들에 대한 차별적 처우, 인권 침해는 심각한 사회문제로 대두되고 있다. 고용노동부의 실태조사에 따르면, 정규직 대비 비정규직의 시간당 임금총액은 2019년 69.7%, 2020년 72.4%, 2021년 72.9.% 수준이었다. 50~60%대에 머물렀던 2000년대에 비해 크게 개선되었지만 여전히 비정규직은 정규직에 비해 27% 적은 임금을 받고 있다. 게다가 이조차도 고용안정성이나 보수가 높지 않은 중소기업에서 정규직과 비정규직 임금의 격차가 크지 않기 때문에 나타나는 착시현상이다. 2021년 기준으로 대기업 정규직에 비해 대기업 비정규직은 69.1%, 중소기업 정규직은 57.3%, 중소기업 비정규직은 44.5%의 임금 수준을 나타내고 있다. 한국노동사회연구소의 자료에 따르면 사회보험 가입률에도 큰 차이가 있어서, 2021년 기준으로 정규직은 국민연금 94.1%, 건강보험 98.8%, 고용보험 84.4%인 반면에 비정규직은 각각 36.7%, 48.0%, 50.3%로 나타났다.

정부는 비정규직 문제의 핵심인 '차별 해소'를 위해 2006년 11월에 기간제 노동자의 사용기간을 2년으로 제한하고 비정규직 노동자에 대한 불합리한 차별처우를 금지하는 이른바 「비정규직 보호법」을 마련했다. 그러나 기간제법은 사용기간만을 제한하기 때문에 기존 비정규직 노동자를 해고하고 다른 노동자로 대체하거나, 일시적 계약해지를 통해 상시적 업무에 같은 비정규직을 반복적으로 사용하는 편법을 쓰는 것을 막지는 못했다. 또한 차별금지 조항도 신청권자의 제한이나 차별판단의 과도한 제

정규직과 비정규직의 임금격차

2021년 11월 한국노동사회연구소가 펴낸 「비정규직 규모와 실태」 보고서를 보면, 정규직 임금을 100으로 잡았을 때, 비정규직 임금은 2001년 55.9에서 2010년 48.3으로 계속 격차가 커졌다가, 2010년대에 유의미하게 격차가 줄어들어 2021년 63.6으로 올랐다. 그러나 이 수치는 고용노동부의 실태조사 결과보다 10 정도 낮은데, 이는 정규직과 비정규직의 분류 기준에서 노동부와 노동계 간에 차이가 있기 때문이다.

최저임금제

우리나라에서는 1986년 「최저임금법」이 제정되어, 1988년부터 최저임금제도가 정착되었다. 최저임금은 근로자의 생계비, 유사 근로자의 임금 및 노동생산성을 고려하여 사업의 업종별로 정하고(4조), 금액은 시간, 일, 주 또는 월단위로 정하되, 시간급으로도 표시한다(5조).

최저임금의 결정방식은 '임금심의회' 방식을 채택하고 있으며, 최저임금심의위원회(근로자·사용자·공익위원 각 9인으로 구성)가 심의·의결한 최저임금액을 매년 11월 30일까지 노동부장관이 결정하게 되어 있다. 한편, 노동부장관은 이 위원회가 제출한 안에 따라 최저임금을 결정하는 것이 어

약으로 실효성을 보이지 못했다.

한편, 비정규직 노동자들의 임금이 대부분 법정 최저임금 수준에서 결정되는 현실에서, 아무리 열심히 일해도 낮은 최저임금으로 인해 빈곤에서 벗어나지 못하는 근로빈곤이 증가했다. 2009년도 최저임금은 노동자 평균임금(정액급여) 대비 38.6%에 불과했다. 2014년도 최저임금은 시간당 5210원으로, 하루 8시간씩 주당 40시간 일할 경우 월급은 약 92만 원이었다. 이것은 1인당 GDP 약 2400만 원의 46%에 불과했다. 또한 비정규직 노동자의 산업재해 문제도 심각했다. 2016년 5월 서울 지하철 구의역에서 스크린 도어를 혼자 수리하던 외주업체 직원이 출발하던 전동열차에 치여 사망했고, 2018년 12월 11일 새벽 태안 발전소에서 비정규직 노동자 김용균 씨가 석탄 이송 컨베이어벨트에 끼어 즉사했다. 모두 외주업체가 비용 감축을 위해 2인 1조 근무 수칙을 준수하지 않은 상태에서 일어난 사고였다.

2017년 박근혜 대통령 탄핵 이후 문재인 정부는 시장의 횡포를 제어할 노동시장제도를 마련하고 극심한 노동시장 유연성과 불평등을 해소하려고 노력했다. 무엇보다도 최저임금 인상, 공공 부문 비정규직의 정규직화, 광주형 일자리 등을 통해 노동자 내부의 불평등을 개선하고 「중대재해처벌법」 제정을 통해 산업재해를 줄이려고 노력했다. 하지만 성과는 제한적이었고, 「중대재해처벌법」의 경우 상시근로자 5인 이상 사업장에만 적용되어 중대재해를 줄이는 데 여전히 한계를 보이고 있다.

비정규직 비율은 40%대로 하락했지만 여전히 높은 편이고, 2020년 인천국제공항에서 실시된 공공 부문 비정규직의 정규직화는 사회적 반대에 부딪혔으며, 민간 부문 비정규직의 정규직화나 동일노동 동일임금 지급은 크게 진전되지 못했다. 또한 기업이 저임금으로 노동자를 고용하는 대신 정부와 지방자치단체가 주거, 복지, 보육 시설 등의 복리후생 비용을 '사회적 임금'으로 지원해 부족분을 보전하는 노사 상생형 일자리로서 도입된 광주형 일자리 사업 또한 지원금 지급이 제대로 이뤄지지 않는 데다가 본질적으로 위탁생산이라는 점에서 사실상 비정규직 일자리라는 비판

광주형 일자리

광주광역시에서 최초로 구상하여 추진한 노사상생형 지역 일자리 창출 모델이다. 정부와 현대자동차가 이에 호응하여 2019년 1월 광주광역시와 현대자동차의 합작 법인인 광주 글로벌 모터스(GGM)가 설립되었다. GGM 공장은 2021년 4월 준공되어 생산을 개시했으며 직접 고용 1000명, 간접 고용 1만 1000명에 달하는 고용을 창출한 것으로 평가된다. 이 모델은 다른 지역으로도 확산되어 2021년 기준으로 광주 외에 횡성, 밀양, 군산, 부산도 정부 상생형 지역일자리로 선정되었다.

「중대재해처벌법」

김용균 씨 사망 사고를 계기로 2021년 1월 제정된 「중대재해처벌법」은 상시 근로자가 5명 이상인 사업 또는 사업장에서 노동자의 안전 및 보건을 확보하도록 경영책임자에게 의무를 부과하는 법률이다. 경영책임자가 안전 및 보건확보 의무를 다하지 않아 사망자가 1명 이상 발생하거나 6개월 이상 치료가 필요한 부상자가 2명 이상 발생할 경우, 또는 동일한 유해요인의 직업성 질병자가 3명 이상 발생할 경우 형사처벌을 받을 수 있다.

이 있다.

최저임금의 경우 2018년과 2019년에는 각각 16.4%(7350원)와 10.9%(8350원)로 올랐으나 2020-2022년은 그만큼 인상률이 억제되어 2010년대 초중반의 7~8% 인상률에 미치지 못했다. 그 결과 2023년 시간당 최저임금은 9620원으로 2017년 대통령 선거에서 후보들이 공약했던 시간당 1만 원에 아직도 미달하고 있다. 이는 하루 8시간 주당 40시간(월 184시간) 일할 경우 월 약 202만 원 수준(주 1일 유급 휴일에 지급하는 주휴수당 포함)이다. 산업재해의 경우 2022년 1월 「중대재해처벌법」이 시행되었음에도 같은 해 10월 15일 새벽 SPC 공장에서 2인 1조 근무 수칙이 위배된 채로 여성노동자가 기계에 끼여 사망하는 사고가 일어나는 등 아직도 갈 길이 멀다.

외국인노동자의 증가

그동안 한국 사회에서는 대학교육의 확대로 교육수준이 높아지고 고임금의 안정적인 직업에 대한 기대가 높아지면서 중소기업 중심의 저임금, 3D 업종에 대한 기피 현상이 심화되어 왔다. 이에 따라 중소기업들은 임금 부담을 줄이기 위해 저임금의 외국인노동자 유입을 정부에 요구해 왔고, 정부가 1991년에 해외투자기업과 중소기업을 대상으로 한 산업기술연수생제도를 도입하면서 외국인노동자들의 유입이 가속화되기 시작했다. 2004년에는 고용허가제가 도입되고 국적동포를 대상으로 한 방문취업제가 허용되면서 외국인력 정책에 관한 큰 제도적 틀이 완성되었다. 고용허가제는 외국인노동자들의 근로자 신분을 인정한다는 점에서 큰 제도적 진전을 이루었다. 하지만 고용허가제는 이직을 금지하여 외국인노동자들이 지정된 사업체에서만 근무하도록 하여 현재의 고용주에게 전적으로 예속되게 함으로써, 국제노동기구(ILO: International Labor Organization)로부터 강제노동으로 비판받고 있다.

그 결과 1987년 6409명에 지나지 않았던 외국인노동자(취업자)가 2021년에는 85만 5천 명으로 늘어났고 불법체류자를 포함하면 더 많을 것으로 추정되고 있다. 그러나 이들은 언어적·문화적·경제적으로 사회적 약자이

산업기술연수생 제도

외국 인력이 연수생(학생) 신분으로 국내 기업에서 한시적으로 일할 수 있도록 한 제도이다. 중소업체들이 외국인노동자를 합법적 절차를 통해 충원하도록 마련된 제도이나, 외국인노동자의 인권을 침해하고 「근로기준법」을 적용하지 않는 등 '현대판 노예제'라는 비판을 받다가 2007년 헌법재판소에서 위헌판결을 받았다.

고용허가제

외국 인력을 고용하려는 사업자가 직종과 목적을 제시할 경우 정부(고용노동부장관)가 그 타당성을 검토하여 허가 여부를 결정하는 외국 인력 도입 제도. 사용자는 1년 이내의 기간을 정하여 노동허가를 받은 외국인노동자와 임금, 근로시간, 휴일, 휴가 등 노동조건에 대한 고용계약을 체결한다.

며, 법적·제도적 제약으로 인해 사용자와의 관계에서 자신들의 권리를 주장하지 못하는 경우가 많다. 그로 인해 많은 사업장에서 임금 차별이나 체불, 입국 시의 송출 비리, 사업장 이동에 대한 제한 등 외국인노동자에 대한 인권 침해 사례가 발생해 사회문제가 되고 있다.

6. 자본주의와 노동의 미래

현대사회에서 저성장의 고착화와 기술의 발전은 생산과정 자체를 변형시키면서 고용을 감소시키고 실업을 구조화하고 있다. 노동의 미래에 대한 우울한 전망은 리프킨(Jeremy Rifkin)의 『노동의 종말(The End of Work)』 (1995), 벡(Ulrich Beck)의 『아름답고 새로운 노동세계(Schöne neue Arbeitswelt)』(1999), 기든스(Anthony Giddens)의 『노동의 미래(Where Now for New Labour?)』(2002) 등에서 공통으로 지적하는 바이다.

리프킨은 기술의 발전이 인간의 삶을 풍족하게 만드는 것이 아니라 일자리를 사라지게 만들며, 새로운 일자리가 생겨나지만 그 대부분은 저임금 임시직에 불과할 것이라고 경고했다. 그에 따르면, 이를 극복할 대안은 비영리적으로 공동체 유지와 재건에 필요한 서비스를 제공하는 제3섹터(the Third Sector)이다. 물론 이는 과도한 기술결정론이며 기술의 발전만으로 노동의 미래를 섣불리 단정할 수 없다는 비판도 있다.

벡 역시 기술진보로 완전고용이 붕괴한 후 노동사회를 대체할 새로운 사회 모델을 모색했다. 그는 공적인 부문에서 생태 등 공동의 목표를 위해 일하는 시민들에게 '시민수당'을 주고 이를 사회적으로 인정하는 '시민노동 모델'을 제시했다. 이는 전일제 취업노동 영역에서의 노동시간 단축을 전제한다.

기든스는 디자인, 개발, 기술, 마케팅, 판매와 서비스가 중요한 역할을 하는 지식경제에서는 소비자의 다양한 욕구에 빠르게 반응하기 위해 유연한 생산체계가 불가피하다고 본다. 이에 따른 고용불안에 대처하기 위해 그는 사회안전망뿐만 아니라 '노동을 통한 복지'를 대안으로 제시한다. 사회적 약자에 대한 직업 교육과 훈련, 기술 투자라는 근본적인 사회정책이 필요하다는 것이다.

한편, 최근에는 자동화 때문에 실업과 불완전 고용이 불가피하다는 주장과 함께 보편적 기본소득이 대안으로 제시되고 있다. 보수적 사회비평가 머리(Charles Murray)는 기존의 사회복지제도를 청산하고 그 돈을 개인들에게 직접 나눠줄 것을 주장하면서 실리콘 밸리에서 많은 주목을 받고 있다. 반면 중도좌파 정치철학자인 판 파레이스(Philippe van Parijs)는 현 복지제도를 그대로 유지한 채 누구나 기본 욕구를 충족시킬 수 있는 수준의 기본소득을 지급할 것을 주장한다. 반면 베나나브(Aaron Benanav)는 실업과 불완전 고용이 확대된 원인은 자동화가 아니라 세계경제의 성장둔화 때문이라며, 자동화를 핑계로 노동을 포기하고 기본소득으로 후퇴할 것이 아니라 노동자들이 생산과정을 직접 장악해야 한다고 주장한다.

불안정한 노동의 미래는 한국도 예외가 아니다. 경제가 성장하는데도 일자리는 늘지 않는 '고용 없는 성장(jobless growth)'이 일어나고 있다. 산업구조의 고도화에 따른 공장자동화, 자본 및 기술집약적인 정보통신기술(ICT) 산업에 대한 의존도 확대, 노동집약형 산업체들의 해외 투자 확대 등이 주요한 원인이다. 양질의 일자리는 감소하고 있고, 고용의 상당 부분을 책임져 왔던 중소기업은 경쟁력 약화와 이윤감소 등으로 어려움을 겪고 있다. 경쟁력 있는 중소기업의 경우에는 청년들의 취업기피 현상으로 일손 부족을 겪기도 한다.

시장주의자들은 규제 완화를 통한 기업의 투자 확대, 노동시장 유연화가 일자리 창출의 해결 방안이라고 주장하고 있지만, 오히려 중요한 문제는 대기업과 중소기업, 수출 부문과 내수 부문으로 양극화된 경제체질을 개선하는 것이다. 대기업과 수출의 성장이 더 이상 중소기업과 내수 부문의 활성화로 이어지지 않고, 자영업자들의 몰락과 비정규직의 어려움은 내수시장의 확대에 심각한 장애가 되고 있다. 경제적 양극화가 사회적 양극화로 이어지고, 과도한 노동시장 유연화로 성장-고용-복지의 연관이 작동하지 않고 있다.

경제적·사회적 양극화 해소를 목표로 '성장-고용-복지의 선순환'을 회복하는 것이 무엇보다 시급하다. 이를 위해서는 무엇보다도 분배의 정의를 실현하기 위한 불평등 완화 정책과 노동자들의 권리를 보장하는 법적·제도적 정비가 필요하다. 특히 지나친 노동유연화와 저임금에 의존해 자본축적을 이루어왔던 사용자들과 시장만능주의에 빠져 신자유주의적 노동시장정책의 틀을 크게 벗어나지 못하는 국가의 전향적인 태도 전환이 필요하다. 노동조합 역시 정규직 조합원의 이익만을 대변하는 기업별 조직의 타성에서 벗어나 분절적인 이중 노동시장 구조를 타파하고 전체 노동자의 사회적 연대를 실현하려는 노력이 절실하다.

1. 분업이 세분화되고 기업들의 시장경쟁이 치열해질수록 노동소외는 증가하고 노동조건은 악화될 가능성이 크다. 노동소외를 극복하고 노동자들의 권리를 지키면서 높은 생산성을 올릴 수 있는 현실적 대안은 어떤 것이 있을지 토론해 보자.

2. 노동운동이 활성화되고 노동자들의 임금이 오르면, 기업들은 고용을 늘리기보다는 자동화를 선호할 가능성이 있다. 노동조건의 개선과 고용의 안정을 동시에 이룰 방법은 없는지 토론해 보자.

3. 경영자들은 경영환경 변화에 따라 고용의 규모를 신축적으로 운영하려고 한다. 그러나 노동시장의 유연화는 고용 불안정과 소득분배 악화를 초래해 근로빈곤과 사회적 양극화를 심화시킨다. 해결 방안은 어떤 것이 있는지 토론해 보자.

4. 수출과 내수, 대기업과 중소기업, 정규직과 비정규직 사이에 이중 노동시장이 구조화되어 불평등과 양극화가 확대되고 있다. 국민경제의 지속적 성장과 사회적 통합을 위해 바람직한 방안을 토론해 보자.

읽을거리

『모두를 위한 노동 교과서』
    김철식 외 지음 / 2021 / 오월의 봄

『한국 노동계급의 형성』
    구해근 지음 / 2002 / 창작과 비평

『한국 고용체제론』
    정이환 지음 / 2013 / 후마니타스

『신자유주의 노동체제와 민주노조 운동』
    노중기 지음 / 2022 / 후마니타스

『과학적 관리의 원칙』
    테일러(F. Taylor) 지음 / 박진우 옮김 / 2020 / 박영사

『현대 노동과정론』
    허석렬 엮음 / 2006 / 간디서원

사회불평등과 계급·계층

불평등, 차별, 자유, 지배, 소유 불평등, 기회 불평등, 과정의 불평등, 사회구조적 불평등, 계급, 신분, 신분집단, 자본가계급, 노동자계급, 프티부르주아지, 중간계급, 신중간계급, 중산층, 계층, 사회이동, 계급구조, 계층구조, 불평등의 재생산, 문화자본, 계급 재생산

다양한 사람들이 살아가는 사회에서 사람들은 늘 서로 비교하며 살아가게 되는데, 자기보다 좋은 일자리를 가지고, 좋은 집에 살고, 고급 차를 타고, 비싼 옷을 입고, 많은 여가시간을 즐기는 사람을 보다 보면 자연스럽게 불평등을 느끼게 된다. 그리고 사람들이 소득수준이나 교육수준 등에 따라 사람들을 다르게 대우하는 모습을 보면 차별을 느끼게 된다.

그렇다면 이러한 불평등은 어디에서 온 것일까? 개인의 능력 차이로 인한 것일까, 아니면 다른 원인이 있는 것일까? 자신과 능력이 비슷해 보이는 사람이 더 많은 재산이나 소득을 얻고 있는 모습을 보면, 뭔가 다른 이유가 있다고 생각하게 된다. 운이 없거나 부모를 잘못 만나서 그렇다고 생각할 수도 있다. 또 사회제도가 불공정하여 불평등이 생겨난다고 볼 수도 있다. 그렇다면 이렇게 불공정한 불평등을 어떻게 해결할 수 있을까? 사회제도의 개혁으로 해결할 수 있다면 그 방법은 무엇일까? 자본주의 사회구조가 불가피하게 불평등을 만들어낸다면, 불평등을 줄이는 방법은 없을까? 사회불평등과 계급·계층에 대한 관심은 불평등의 사회적 원인을 찾아보고 또 그 구조적·제도적 해결 방안을 모색하려는 의지를 키운다.

1. 사회불평등의 의미와 유형

1) 불평등이란 무엇인가?

평등/불평등, 정의/부정의, 공정/불공정

'평등(equality)'은 권리, 의무, 자격, 기회, 조건, 인정, 존중, 배려 등 다양한 사회적 자원들의 분배가 공평하고 동등한 상태를 말한다. 평등은 산술적 평균이라는 의미에서 '균일(uniformity)'이나 '균등(evenness)'으로 이해되기도 하고, 똑같은 기준에 따라 기여의 차이에 상응하여 분배한다는 의미에서 비례(proportion)로 이해되기도 한다. 또한 개인의 능력이나 조건에 반비례해서 격차를 보완할 수 있다는 의미에서 형평(equity)으로 이해되기도 하는데, 이때 형평성이 있음은 조건의 불공정한 격차를 공정하게 만든다는 의미를 내포한다. 이처럼 '무엇이 평등인가?'의 판단은 일종의 가치판단으로서 판단 기준에 따라 서로 다른 의미가 부여될 수 있다.

평등과 연관된 말로 정의(justice)가 있는데, 둘은 모두 추상적인 개념이다. 정의는 올바르고 바람직한 행위나 상태를 말하는데, 평등과 관련해서 보면 일반적으로 평등한 상태가 정의롭지만 불평등이 무조건 정의롭지 않은 것은 아니다. 예를 들어 사회적 약자나 소수자에게 더 많은 분배와 배려가 주어지는 것은 불평등하지만 정의롭다고 판단할 수 있다. 이때 정의는 형평으로서의 평등과 마찬가지이다. 어쨌든 평등과 정의는 판단 기준이 다를 수 있는데, 평등이 사회적 기여에 따른 배분의 공정성이나 동등한 대우를 중시한다면, 정의는 인간으로서 올바르고 바람직함의 가치와 규범을 중시한다. 정의는 사회적 자원들의 배분이나 인격적 대우에서의 평등만이 아니라, 다양한 사회 규칙이나 질서의 올바름과 바람직함을 추구하는 가치 또는 규범이라는 점에서 평등보다 포괄적인 개념이다.

공정(fairness)은 특정 개인이나 집단에 특혜나 불이익을 부여하지 않음으로써 모두가 동등한 기회와 보상을 지니는 행동이나 상태를 말한다. 평등이나 정의에 비해 공정은 좀 더 구체적인 개념인데, 주로 절차나 과정상의 규칙이 치우침이 없이 적용되고 이에 따라 모두에게 공평하게 기회나 보상이 제공되는 상태를 의미한다.

평등, 정의, 공정에 반대되는 말은 각각 불평등(inequality), 부정의(injustice), 불공정(unfairness)이다. 불평등은 평등하지 않은 상태, 부정의는 정의롭지 않은 행위나 상태, 불공정은 공정하지 않은 행위나 상태를 말한다.

차이와 차별

불평등은 일반적으로 사람들 사이에 차이가 있음을 전제한다. 그런데 차이가 곧 불평등을 의미하지는 않으며, 차이가 불공정한 격차나 서열 관계를 만들어낼 때 불평등이라고 말할 수 있다. 불평등은 차별과 연관되어 있는데, 불평등이 평등하지 않은 상태를 말한다면 차별(discrimination)은 불평등을 만들어내거나 강제하는 행위를 의미한다.

예를 들어 남성과 여성, 한국인과 외국인, 도시 사람과 농촌 사람은 서로 다르지만, 이것이 곧 불평등을 의미하지는 않는다. 그런데 이러한 차이가 사회적 기회나 조건을 불공정하게 제공하거나 사람들을 동등하게 대우하지 않는 근거가 될 때, 차이는 차별이 된다. 차별은 다양한 불평등을 낳기도 하며, 인격적·정신적 차별은 무시나 멸시에 따른 정신적 모멸감이나 차별감을 낳기도 한다. 또 역으로 불평등은 사람들이 차별을 느끼게 하는 중요한 요인이 되기도 한다.

차별은 특정 개인이나 집단에 사회적 자원들이나 존중감을 불평등하게 제공함으로써 불평등, 격차, 서열을 강요한다는 점에서 지배와도 연관된다. '지배(domination)'는 봉건시대에 영주가 '주인으로 군림하며 명령, 통제하는 것'에서 유래하는데, 권력의 불평등한 분배에 기초하여 권력을 가진 자가 그렇지 못한 자를 향해 억압, 폭력, 강제, 금지, 유인, 설득, 동의형성, 기만, 무시 등 다양한 방식으로 권력을 행사하고 복종을 강요하는 것을 말한다. 이런 점에서 차별 역시 지배의 한 형태라고 할 수 있다.

자유와 평등

'자유(freedom 또는 liberty)'는 흔히 '평등'과 대비되지만, 양자는 서로 대립한다기보다는 다른 차원의 것이다. 자유란 외부의 어떤 상황이나 조건으로부터 아무런 제약도 받지 않음을 뜻한다. 그래서 자유는 '해방(liberation)'과 상통한다. 이때 자유에 반대되는 말은 '부자유'이다. '부자유'는 압박, 억압, 구속, 간섭, 강제, 피지배 등을 의미한다. 자유를 억압하는 것은 물질적·물리적 조건일 수도, 정신적 조건일 수도 있다. 그런데 일반적으로 사회 속에서의 개인의 자유는 다른 사람들의 자유와 충돌할 수 있기 때문에 사회적 규칙이나 법에 따라 제한된 범위 내에서 허용된다. 민주적 법치 사회에서 법은 자유가 모든 사람에게 평등하게 주어지도록 만들어져야 한다.

역사적으로 개인의 자유는 불평등하게 허용되어 왔다. 봉건제 사회나 신분제 사회에서 자유는 신분에 따라 차등적으로 허용되었다. 게다가 물질적 분배도 불평등하게 이루어졌다. 봉건적 지배 아래에서 피지배집단들은 자유를 억압당했을 뿐 아니라 불평등을 강요당했다. 그래서 자유와 평등의 성취는 이들의 이중적 목표가 되었다. 그런데 여기서 평등은 외부의 간섭이나 제약을 거부하는 소극적 자유만으로 실현되기 어렵다. 그래서 특정한 일을 주체적으로 결정하고 통제할 자유라는 의미에서 '적극적 자유'의 필요성이 제기된다(Berlin, 1958).

봉건제가 해체되고 신분이 사라진 자본주의 사회가 되면서, 자본가계급은 새로운 지배집단이 되었다. 이들은 자유주의와 민주주의 사상에 기초하여 모든 국민에게 평등하게 자유를 허용한다고 천명했지만, 실제로 모두에게 동등한 정치적 자유와 참정권을 허용하지 않았다. 신분제를 폐지하여 법에 의거한 형식적 자유가 주어지고 시장에서 경제활동의 자유도 주어졌지만, 재산을 가질 수 없었던 노동자계급을 비롯한 피지배대중은 자본을 소유한 자본가계급에 의해 임금노동자로 고용되어 임금을 벌어야 살아갈 수 있었다. 재산권의 평등이 없는, 형식적인 경제활동의 자유는 실질적으로 자본에 종속된 노동을 의미했다.

freedom, liberty

'freedom'과 'liberty'는 모두 '자유'로 번역되며 비슷한 의미가 있다. 그렇지만 사용되는 맥락에 따라 의미가 서로 달라지기도 한다. 일반적으로 'freedom'은 자연적인 상태에서 어떠한 제약이나 속박으로부터도 벗어나 있는 상태를 말한다. 반면에 'liberty'는 사회적 권력관계 속에서 억압이나 지배로부터 벗어나 있는 상태를 말한다. 'freedom'이 '자연적 자유'에 가깝다면, 'liberty'는 '사회적 자유'에 가깝다고 할 수 있다.

이처럼 자유와 평등의 관계는 시대에 따라, 신분적·계급적 위치에 따라 서로 다른 양상을 보여왔다. 현실적으로 재산(권)이 평등하게 분배되고 계급이 사라져야 모두에게 평등한 자유가 보장되는 사회가 가능하다.

2) 불평등의 유형과 원인

일반적으로 불평등은 어떤 일이 진행되는 국면이나 단계에 따라 다양하게 구별해 볼 수도 있고, 사회적 자원이나 규칙의 속성의 차이에 상응하는 삶의 영역에 따라 구별해 볼 수도 있다. 성별, 세대별, 학력별, 직업·산업별, 지역별, 계급·계층별, 종족·인종별로 불평등이 나타날 수도 있고, 조건, 기회, 과정, 결과 등 사회적 국면에 따라 불평등이 나타날 수도 있다.

자연적 불평등과 사회적 불평등

▼ 플라톤은 사람들 중에는 특별한 재능 없이 태어나는 사람, 힘과 용기를 많이 가지고 태어나는 사람, 좋은 머리를 가지고 태어나는 사람 등 세 부류가 있으며, 이들은 각자의 재능에 따라 맡는 일과 역할을 달리하는 것이 좋다고 했다. 그래서 사람들을 세 등급으로 나누어 서민층은 농업, 공업, 상업 등 생산활동에, 중간층은 군인 업무에, 최고층은 국가통치에 종사해야 한다고 했으며, 이들을 각각 인체의 세 부분에 비유하여 서민층은 '정욕과 배', 중간층은 '용기와 가슴', 최고층은 '지혜와 두뇌'에 해당한다고 했다.

플라톤(Platon), 아리스토텔레스(Aristoteles) 등 고대 그리스 철학자들은 선천적 소질의 차이에 따라 불평등이 발생한다고 보면서, 타고난 성질과 재능에 따라 각각 다른 지위를 맡아 일하는 것이 마땅하다고 했다.▼ 루소 (Jean J. Rousseau)에 따르면, 이것은 사람이 선천적으로 가지고 태어나는 불평등의 속성으로서 '자연적 불평등'에 해당한다. 그런데 루소는 이것을 '사회적(또는 정치적) 불평등'과 구분하는데, '사회적 불평등'이란 태어난 이후 후천적으로 만들어지는 불평등의 속성이다. 루소는 두 불평등 사이에 필연적 연관성이 없다고 했다.

고대 그리스 철학자들과 달리 루소, 마르크스(Karl Marx), 엥겔스(Friedrich Engels) 등 서양 근현대 사상가나 학자들은 자연적 불평등보다 사회적 불평등을 더 중시했는데, 자연적 불평등도 많은 부분이 사후적·사회적으로 평가되고 규정된 것이며 사회가 만들어낸 것으로 보았다. 그리고 사회적 불평등의 주요 원인으로 '분업'과 기술의 발달, '사유재산제도'의 생성과 발달, '신분제도'와 차별, '계급'적 지배-종속관계의 생성 및 변화 등을 들었다.

사실 자연적 불평등은 자연적 차이에 일정한 서열이 존재하는 것을 의미한다. 예를 들어 성별, 출신 지역, 피부색 등의 차이에는 서열을 매기기 어렵지만 키, 지능, 외모, 신체 능력 등의 차이에는 일정한 서열을 매길 수 있다. 그런데 이것이 단순히 자연적 차이로 인식되는지 아니면 자연적 불평등으로 인식되는지는 자연적으로 결정되는 것이 아니다. 외모, 키, 지능 등의 차이가 서열로 받아들여지는 것은, 이것들에 사회적으로 차등화된 의미가 부여되기 때문이다. 말하자면 사회적 조건과 맥락에 따라 사람들이 부여하는 의미가 자연적 차이를 사회적 불평등으로 만드는 것이다.

소유 불평등과 기회 불평등

사람들은 사회적 자원을 이용하여 일하면서 살아가는데, 사회적 자원을 얼마나 소유하고 있는지에 따라, 그리고 이것을 얼마나 잘 활용할 수 있는지에 따라 불평등이 생겨날 수 있다. 이때 전자는 돈과 재산을 비롯한 경제적 부나 권력, 명예, 지위, 재능, 미모 등 희소한 자원을 얼마나 가지고 있느냐의 문제, 즉 '소유(재산) 불평등'과 관련된다면, 후자는 어떤 활동이나 일을 수행할 권리, 자격, 기회가 공평하게 주어졌느냐의 문제, 즉 '기회 불평등'과 관련된다.

자본주의 사회 초기에 부유층들은 주로 봉건제 또는 신분제 시대의 토지와 재산을 물려받은 귀족들이나 상공업에 종사하면서 재산(자본)을 축적한 부르주아지(유산계급)였다. 이들은 자본으로 공장을 세우고 노동자들을 고용하여 생산을 통해 이윤을 벌어들일 수 있었다. 하지만 도시의 노동자들이나 빈민들, 농토를 빼앗긴 농노들은 프롤레타리아트(무산계급)로서 생존을 위해 일자리를 찾아야만 했다. 이처럼 자본주의 사회에서 소유 불평등은 돈을 벌 기회에서 계급에 따른 큰 격차를 만들어냈다. 소유 불평등이 기회 불평등으로 이어진 것이었다.

민주주의가 발달한 자본주의 사회에서는 소유 불평등으로 인해 기회 불평등이 심화하는 것을 막으려는 노력을 기울였는데, 그 중요한 수단이 바로 '교육'이었다. 모두에게 동등한 교육 기회를 부여한다면, 자신의 능

외모의 차이와 같은 자연적 차이로 개인들을 차별하거나 불평등하게 대우를 하는 것은 정당하지 않다고 많은 이들이 생각한다. 그런데 오늘날 서비스산업의 비중이 커지고 '미(아름다움)'가 상업화되면서 외모를 중요시하는 풍토가 대중 영상매체를 통해 사회 전체로 확산됨에 따라, 여성은 물론이고 남성까지도 외모를 중시하는 경향이 강해지고 있다. 이것은 취업과 승진 등에서 외모의 중요성이 높아지고, 현실적으로 외모의 차이가 다양한 사회적 기회에서의 차이를 낳고 있기 때문이기도 하다.

이것은 자연적인 외모의 차이가 서열화되는 것은 외모에 부여된 사회적 의미 때문이라는 것을 보여준다. 이처럼 우리는 규범적으로는 '자연적 차이'로 생각되는 것들이 사회적 권력관계와 이를 통해 형성되는 사회적 판단 기준들에 따라 현실적인 차별과 불평등을 낳게 된다는 점을 이해할 수 있다.

력껏 공부하여 일자리를 얻을 수 있게 될 것으로 보았다. 그리고 고용과
정에서 어떤 차별도 생기지 않도록 공정하게 기회를 제공한다면 불평등
이 개선될 수 있다고 생각했다. 자본주의 사회에서 소유 불평등을 근본적
으로 해결하기는 어려우므로, 교육을 통한 기회 평등을 실현함으로써 불
평등을 완화하려고 한 것이다.

기회 평등과 조건 불평등

자유주의자들은 소유 불평등이 불가피한 것이며, 교육이나 취업에서
기회 평등을 제공함으로써 소유(재산)를 늘려나갈 수 있도록 하는 것으로
충분하다고 생각한다. 그런데 현실적으로 교육 기회를 제공하고 또 취업
에서의 차별을 해소하는 것만으로 불평등이 해소되었다고 말하기는 어렵
다. 소유 불평등은 교육과정이나 취업과정에서 다양한 방식으로 불평등
한 조건으로 작용하게 되기 때문이다. 무상교육처럼 형식적으로 교육 기
회가 공평하게 주어지더라도 부유층은 더 나은 학습환경과 사교육 여건
을 누리면서 더 나은 학력이나 학벌을 취득할 가능성이 크고, 취업 기회에
서도 부모의 재산을 물려받아 사업자금 등 소득을 벌어들일 조건을 더 쉽
게 마련할 수 있다. 이것은 '소유 불평등'이 교육 기회나 취업 기회에서 '조
건 불평등'으로 작용하게 됨을 말해준다. 그래서 기회의 평등/불평등은
형식적·절차적 평등/불평등이라고 할 수 있고, 조건의 평등/불평등은 내
용적·실질적 평등/불평등이라고 할 수 있다.

기회 평등과 과정 불평등, 보상 불평등

과거 봉건사회나 신분제 사회와 달리 현대 자본주의적 민주주의 사회
에서는 법에 의해 신분차별과 같은 불평등은 사라졌다. 그래서 소유(재산)
격차에 따른 조건 불평등은 사라지지 않고 있지만, 상대적으로 기회 불평
등은 많이 해소되었다. 그런데 자본주의 시장경제에서 소득격차는 다양
한 방식으로 누적된다. '빈익빈 부익부' 현상은 자본주의 사회에서 자본을
가진 사람이 소득을 누적해 갈 수 있다는 것을 말해준다. 자본을 많이 가

진 사람일수록 시장에서 소득을 더 많이 올릴 가능성이 크며, 대기업일수록 노동자들에게 일정한 임금을 주면서 더 많은 상품을 생산하고 판매하여 더 많은 이윤을 벌어들일 수 있다. 마르크스는 이것을 착취라고 말하는데, 자본가(기업)들은 노동자들을 이용해 더 많은 이득을 얻더라도 그들에게 한정된 임금만 지불함으로써 이윤을 늘려간다. 이것은 불평등한 분배가 반복된다는 점에서 '과정 불평등'이라 할 수 있다.

한편, 비슷한 능력을 지닌 사람들이라도 운이 좋아 대기업에 취업한 사람과 중소기업에 취업한 사람 간에는 장기적으로 소득격차가 점점 더 벌어지게 된다. 이것은 개인의 능력 차이보다 더 큰 보상을 누적해서 얻을 수 있도록 한다. 이처럼 생산활동이나 노동이 이루어지는 과정에서 형식적으로 기회가 평등하다 하더라도 처음에 어떤 지위 또는 일자리에서 시작하느냐에 따라 결과적 소득에 불평등이 발생할 수 있는데, 이것은 '과정 불평등'이 된다. 부동산이나 주식 등도 '과정 불평등'을 만들어낼 수 있다.

'과정 불평등'은 결국 '보상 불평등'으로 나타난다. 생산활동이나 사회활동의 산물을 분배하는 경우, 기여한 정도에 비례하여 보상이 이루어지지 않는다면 보상 불평등이 존재한다고 할 수 있다. 자본(기업)의 규모, 기술 수준, 시장지배력, 고용형태(정규직/비정규직) 등에 따라 서로 다른 지위를 차지하고 있는 사람들은 비슷한 능력을 지녔다 하더라도 보상의 차이가 달라지며, 반복되는 과정에서 그 격차는 더 커질 수 있다.

능력주의와 보상 불평등, 결과 평등

형식적으로 기회 평등이 주어지더라도 사회구조적 지위격차로 인해 과정 불평등과 보상 불평등이 나타난다면 평등하고 공정한 사회라고 말하기 어렵다. 이에도 불구하고 사람들은 이러한 불평등을 개인의 능력에 따른 것으로 주장할 수 있다. 능력이 사회의 지배적인 가치나 힘이 되는 원리는 '능력주의(meritocracy)'라고 불린다. 영(Michael Young)은 이 개념을 제안하면서, 한편으로는 세습 신분 중심 사회에서 능력(merit) 중심 사회로 이행하는 사회 합리화 과정을 보여주며, 다른 한편으로는 개인의 능력

구조적 불평등

불평등의 원인은 개인에게 있을 수도 있지만 사회구조에 있을 수도 있다. 한 사회에서 비슷한 능력을 지닌 개인들이 비슷한 기회가 주어져 비슷한 노동이나 기여를 제공했음에도 보상(결과)의 격차가 생겨난다면, 이것은 개인의 능력이나 노력의 차이에 따른 불평등이 아니라 사회구조적 조건의 차이가 만들어낸 불평등이라고 말할 수 있다. 이처럼 사회구조적 원인에 의해 생겨나는 불평등을 '구조적 불평등'이라고 말한다. 예를 들어 똑같은 일을 하고 똑같은 성과를 내면서도 남성이나 여성이나, 정규직이나 비정규직이나, 한국인이나 외국인이나, 대기업 노동자나 중소기업 노동자나, 대졸자나 고졸자냐에 따라 임금이 달라진다면, 불평등의 원인은 개인의 능력이나 노력의 차이에 있는 것이 아닌, 임금격차를 만들어내는 그 사회의 임금구조, 고용구조, 산업구조, 법과 제도 등에 있다고 할 수 있다.

자본이나 부동산을 소유한 사람은 특별히 노동하지 않아도 이윤, 주식배당, 임대료 등으로 큰 소득을 얻고, 임금노동자들은 열심히 일해도 정해진 임금만 받는 것도, 자본주의 사회구조에 기인하는 구조적 불평등이다.

이 형성되는 사회적 조건과 과정을 무시하고 성공을 오직 자기 능력의 산물로 생각하게 만드는 이데올로기로 작동하고 있다고 주장한다. 차별과 불평등을 정당화하는 지배 이데올로기가 될 수 있는 것이다.

능력주의가 정당성을 인정받으려면, 소유 불평등에 근거한 조건 불평등이 완화되어 실질적인 기회 평등이 제공되고, 또 과정 불평등에 따른 보상 불평등이 해소되어야 한다. 평등한 조건, 공정한 절차, 공정한 보상이 가능할 때 능력주의는 공정한 분배원리가 될 수 있다. 하지만 자본주의 시장경제의 구조적 불평등을 낳는 자본이나 정보 소유의 불평등은 조건 불평등이 되고 시장경쟁에서 과정 불평등에 따른 과도한 소득격차를 발생시켜, 개인들 또는 기업들 사이의 공정한 경쟁과 능력(기여)에 따른 공정한 보상(보상 평등)을 기대하기는 현실적으로 어렵다.

민주주의적 자본주의 사회에서는 조건 불평등으로 인한 기회의 실질적 불평등을 고려하여, 소수자를 배려하는 적극적 조처(affirmative action)나 채용 절차의 공정성을 보장하는 정보 가림 채용(blind recruitment) 등을 도입함으로써 기회 평등을 강화하려고 노력하고 있다. 하지만 과정 불평등으로 인한 보상 불평등을 해결하기는 쉽지 않다. 이에 따라 사회불평등 완화를 위해 '결과 평등'을 확대할 제도적 장치들을 도입해 왔다.

유럽의 선진국들은 일찍부터 보편적 복지제도를 도입하여 재분배를 추구해 왔다. 국가가 세금을 투입하여 공공부조로 빈곤을 해소하고, 사회보험과 사회서비스로 모든 국민의 생활 안정을 보장함으로써 불평등을 완화했다. 이들과 함께 무상교육, 아동수당 등 다양한 사회복지를 통해 저소득층의 필수적 지출을 줄여줌으로써 소득격차를 완화하는 재분배 효과를 촉진했다. 이것은 결과 평등을 위한 정책적 수단이 된다.

자본주의 사회에서 기회 평등이 소유 불평등이나 조건 불평등을 완화해 줄 것으로 기대하기는 쉽지 않다. 그래서 사회주의나 사회민주주의를 지향해 온 나라들에서는 사회적·공동체적 소유(공유) 재산을 늘리거나 보편적 복지를 확대함으로써 결과 불평등을 줄이려고 노력해 왔다. 결과 평등은 개인의 사회적 기여를 고려하지 않고 무조건적 평등을 추구한다고

〈표 10-1〉 평등의 유형과 의미

유형	의미
소유 평등	부(돈, 재산), 권력, 명예 등 자원을 동등하게 소유함
기회 평등	교육, 취업 등의 기회에서 자격에 따른 차별이 없음
조건 평등	부나 권력 획득 수단이 되는 조건이나 환경이 공평함
과정 평등	기여에 따라 분배가 이루어지는 규칙이 공정함
보상 평등	사회적 기여에 상응(비례)하는 보상이 주어짐
결과 평등	사회적 기여와 무관하게 균등한 보상이 주어짐

비판받는 경우가 많다. 하지만 자본이나 부동산 등의 소유 불평등이 소득 기회와 실현에서 불공정한 격차를 만들어내고, 일자리들 사이의 소득 기회 격차가 커지고, 심지어 일자리를 얻을 기회 자체가 줄어드는 사회에서, 결과 평등의 추구는 기회를 얻지 못한 사람들에게는 기본생활을 보장하고 또 사회적 기여에 합당한 보상을 받지 못한 사람들에게는 재분배를 제공하기 위한 것이라고 할 수 있다.

불평등의 다양한 영역들

인간의 삶의 영역들이 다양하듯이 불평등이 나타나는 영역도 다양하다. 재산(소유), 소득, 직업 등과 이에 따른 생활수준의 격차는 경제 불평등이라고 할 수 있고, 정치적 의사결정에 강제력이나 영향력을 행사할 수 있는 권력의 격차는 정치 불평등, 사회적 지위나 자격, 집안, 출신학교, 교육수준 등에 따라 인간관계 등 자원을 동원하고 활용하는 기회의 격차 또는 문화생활을 누리는 수준의 격차 등은 사회·문화 불평등에 속한다고 할 수 있다. 이러한 불평등들은 서로 다른 영역에서 나타나는 것들이지만, 마르크스나 부르디외(Pierre Bourdieu)가 보여주었듯이 서로 영향을 주고받으며, 특히 경제 불평등이 다른 불평등에 미치는 영향이 크다고 할 수 있다.

사회불평등은 사회적 지위들에 따라 다양하게 나타나기도 한다. 계급

(계층), 성별, 세대, 지역, 인종, 민족, 종족, 소수자 등은 불평등과 차별이 나타나는 다양한 영역들이다. 자본주의 사회는 구조적으로 계급(계층) 불평등을 만들어내는데, 여기서 개인이 차지하는 사회적 지위에 따라 불평등과 차별은 서로 중첩되어 나타나는 경향이 있다. 불평등과 차별은 단순히 물질적 부나 권력의 차원에 한정되지 않고 인격적 차별과 불평등으로도 나타나는데, 호네트(Axel Honneth)는 다른 사람의 인격적 무시, 혐오, 배제에 맞서 자신의 명예를 지키며 인정받기 위한 노력과 싸움을 '인정 투쟁(recognition struggle)'이라고 규정한다. 사람들은 감정, 권리, 가치의 영역에서 다른 사람들로부터 인정받기를 기대하는데, 오늘날 많은 사회갈등이나 전쟁들은 부와 권력의 불평등 못지않게 무시나 혐오 등 인격적 차별로 인해 발생한다(호네트, 2011).

2. 사회불평등과 계급이론

대부분의 사회학자는 계급이 사회불평등의 중요한 구조적 원인이라는 점에 동의한다. 그런데 계급이 다른 불평등들과 어떤 관계에 놓여 있는지에는 다양한 주장이 존재한다. 마르크스와 베버(Max Weber)는 계급을 불평등의 중요한 원인으로 보지만, 다양한 불평등들 사이의 관계에 대해 서로 다른 관점을 보여준다.

1) 마르크스의 유물론적 불평등 이론과 계급이론

유물론적 불평등 이론과 계급

마르크스는 유물론적 입장에서 사회와 역사를 이해하려 했다. 그는 인간들은 생존을 위해 물질적·경제적 조건을 재생산(유지)해야 한다고 보면서, 재생산을 위해 이루어지는 경제적 관계들을 생산관계(relations of production)라고 한다. 생산관계는 토지나 자본과 같은 생산수단의 소유와 그 생산물의 분배를 둘러싼 경제적 관계들을 포괄하는데, 이로 인한 지배-종속 관계는 역사적으로 변화한다.

인류 역사는 생산력의 발달로 사회적 잉여 생산물이 늘어나면서 사유재산제도가 발달했고, 또 분업이 확대되고 과학기술이 발달하면서 상공업이 발달해 왔는데, 이에 따라 사회는 원시공산주의에서 노예제, 봉건제, 자본주의 등으로 이행했다. 각 사회의 생산관계는 중심적인 생산수단의 유형 및 소유 형태, 노동 및 생산물의 배분 방식 등에 따라 주인과 노예, 영주와 농노, 자본가와 노동자라는 지배-종속관계를 형성했는데, 마르크스는 이것을 계급관계라고 불렀다. 계급(class)은 생산관계에서 유사한 위치를 차지하는 집단을 말하는데, 이들 사이에는 부와 권력의 분배를 둘러싼 적대관계가 형성되어 갈등과 투쟁이 발생한다. 이처럼 역사적으로 계급관계와 계급투쟁은 다양한 형태로 지속되어 왔다는 점에서, 마르크스는 "인류의 역사는 계급투쟁의 역사였다"라고 말한다.

생산수단의 소유와 양대 계급—자본가계급과 노동자계급

마르크스는 생산관계에서의 위치를 구분하는 핵심적 요인을 생산수단의 소유 여부에서 찾는다. 노예제 사회의 주요 생산수단은 '노예' 그 자체이며, 봉건제 사회의 주요 생산수단은 '토지'이다. 그리고 자본주의 사회의 주요 생산수단은 공장, 기계, 원료, 화폐 등 다양한 형태로 존재하는 '자본'이다. 노예제 사회에서는 주인과 노예가 나누어져 토지와 노예를 소유한 주인이 노예노동을 이용해 부를 축적했다면, 봉건제 사회에서는 영주와 농노가 나누어져 토지를 소유한 영주가 농노들의 노동을 이용해 부를 축적했다. 신분제 아래에서 지배계급은 물리적 강제력을 동원하여 신분제를 유지하고 노예와 농노의 노동력을 이용할 수 있었다.

자본주의 사회에서는 신분제가 해체되어 직접적인 강제력을 동원할 수는 없었지만, 사유재산제도의 확립으로 자본(생산수단)을 소유한 부르주아지가, 재산이 없어 노동력을 팔아 생존해야 하는 프롤레타리아트의 노동력을 이용하여 이윤을 벌어들일 수 있었다. 이처럼 계급은 생산관계의 형태에 따라 서열화된 사회적 위치들 가운데 유사한 위치를 공유하는 집단들을 의미하며, 일반적으로 지배계급과 피지배계급으로 나뉜다.

마르크스는 다양한 불평등을 보여주기 위해 계급 개념을, 역사적으로 생산관계에 따라 지배-종속관계를 형성한 서열화된 집단들을 일컫는 일반적 개념으로 사용하기도 한다. 하지만 그는 그것을 주로 자본주의 사회에서의 불평등한 사회관계를 설명하는 개념으로 사용한다. 자본주의 사회에서는 자본(생산수단)을 소유하면서 타인을 고용하고 노동력(잉여가치)을 착취하여 이윤을 남기는 '자본가계급'과, 생산수단을 소유하지 못하여 생계를 위해 자본가에게 고용되어 자본가 소유의 기계를 이용함으로써 생산노동을 하고 임금을 받아 살아가는 '노동자계급'으로 나뉜다. 이처럼 자본주의 사회에서 계급을 구분하는 중요한 기준은 자본, 즉 '생산수단의 소유 여부'인데, 이에 따라 구분되는 두 계급, 즉 '자본가계급'과 '노동자계급'을 자본주의 사회의 양대 계급이라고 한다.

중간계급—프티부르주아지

자본주의 사회가 발달한 초기에는 사유재산 소유 정도에 따라 부르주아지(bourgeoisie), 즉 '유산계급'과 프롤레타리아트(proletariat), 즉 '무산계급'이 나누어졌다. 자본주의 사회에서 부르주아지는 자본을 소유하고 투자할 수 있다는 점에서 자본가계급을 의미했고, 프롤레타리아트는 재산이 없어서 노동력을 팔아야만 살아갈 수 있다는 점에서 노동자계급을 의미했다. 여기서 양대 계급 사이에 중간적 위치를 차지하는 집단이 존재할 수 있는데, 그들은 프티부르주아지(petite bourgeoisie)라고 불렸다. 프티부르주아지는 '작은 부르주아지'로서 '소자산계급'이라고 한다.

프티부르주아지는 기본적으로 생산수단을 소유하고 있다는 점에서 부르주아지와 유사하지만, 스스로 생산노동에 참여해야 한다는 점에서 프롤레타리아트와 유사하다. 마르크스는 자기 노동력을 활용해야 하는 자본가인 프티부르주아지를 대표적인 중간계급으로 보면서도, 실제로 중간계급에는 수공업자, 소상인, 서비스업자와 지식인을 비롯한 자유전문직

종사자, 공무원 등이 속한다고 보았다.

마르크스는 생산수단의 소유 여부와 생산에의 직접적 참여 여부에 따라 계급을 자본가계급, 프티부르주아지(소자산계급), 노동자계급 등으로 분류했는데, 자본주의가 발달하면 독점화 경향이 강화되어 대자본가와의 경쟁에서 뒤떨어지게 되는 소자본가와 소자산계급이 몰락하여 노동자계급에 편입됨에 따라 계급양극화가 심화될 것으로 보았다. 하지만 그의 예견과 달리, 오늘날 다양한 형태의 산업이 발달하고 또 관리직, 전문직, 기술직, 자유직 등 직업의 다양성이 커지면서 중간계급이 점차 확대되고 있으며, 아울러 고용이나 노동 형태가 다양화되면서 노동자계급 내부에서도 다양한 계층이 형성되는 경향이 나타나고 있다.

객관적 계급과 계급의식, 계급 형성

마르크스는 개인이 객관적으로 어떤 계급에 속한다고 해서 그 계급에 걸맞은 의식과 정체성을 지니는 것은 아님을 강조한다. 노동자들은 생산관계에서 객관적으로 노동자계급의 위치를 차지하고 있다. 이렇게 객관적 위치에 따라 정해지는 계급은 '객관적 계급'이라고 한다. 그런데 개인들이 객관적으로 노동자계급에 속한다고 해서 그들이 모두 노동자계급으로서의 자기의식을 지니게 되는 것은 아니다. 이처럼 계급으로서의 자기의식을 지니지 못하고 있는 상태의 계급은 '즉자적 계급'이라고 한다. 반면에 계급으로서의 자기의식을 지니게 된 상태의 계급은 '대자적 계급'이라고 한다. 계급으로서의 자기의식은 생산관계 또는 사회관계 속에서 자신들이 어떤 처지에 놓여 있는지를 인식함으로써 생겨나는데, 이러한 계급의식은 주어진 사회에서 계급들 사이의 적대관계나 갈등관계를 파악하게 됨으로써 자기 계급의 집합 이익을 이해하고 내부적인 동류의식을 형성할 수 있도록 한다. 노동자계급의 경우 이러한 계급의식은 계급이 공유하는 경험으로부터 형성되며, 노동조합을 결성하여 노동운동이나 사회운동을 벌이는 기반이 되기도 한다. 노동계급의 집합적 사회운동은 정치권력을 장악하여 사회변혁을 끌어내는 혁명운동으로 발전하기도 한다.

마르크스는 궁극적으로 생산관계 또는 경제적 관계(토대)가 정치적·이데올로기적·문화적 관계들(상부구조)의 성격을 규정한다고 보았다. 그래서 그는 계급이 기본적으로 생산관계에서의 경제적 불평등에 기반하여 형성되며, 토대에서의 계급 불평등은 상부구조에서의 불평등에 큰 영향을 미친다고 보았다. 즉, 경제적 지배계급은 정치적·이데올로기적 생산수단도 지배하게 되어 불평등한 기존 사회질서를 재생산할 수 있게 된다.

이처럼 피지배계급은 경제적으로 종속된 위치에 놓일 뿐만 아니라 정치적·이데올로기적으로도 지배계급의 권력과 지배 이데올로기에 종속되어 있다. 기존 사회질서에 저항하는 피지배계급의 역동성(dynamics)은 이들이 지배권력과 시배 이데올로기에 맞서 계급의식을 형성함으로써 '대자적 계급'이 될 때 확대된다. 객관적 계급 위치가 저절로 계급의식을 만들어내는 것이 아니다. 계급의식의 형성은 단순히 경제적 과정에 불과한 것이 아니라 정치적·이데올로기적·문화적 과정 – 권력 투쟁, 이데올로기 투쟁, 담론 투쟁 등 – 을 수반한다.

마르크스주의 역사학자 톰슨(Edward P. Thompson)은 『영국 노동계급의 형성(The Making of the English Working Class)』(1963)에서 이런 점을 강조하고 있다. 그는 노동자들이 도시에서 특정 공간에 모여서 살면서 동질적인 경험과 생활문화를 통해 이해관계의 동질성을 깨닫고 지적·정서적 교류를 통해 동류의식을 형성하며 적대적인 계급의식을 형성해 가는 과정을 보여주었다. 이러한 계급 형성을 통해 노동자계급의 조직화와 계급투쟁이 이루어질 수 있었고, 또한 계급투쟁의 과정에서 계급 형성도 더욱 강화될 수 있었다는 것이다.

2) 베버의 다원적 불평등 이론과 계급이론

다원적 불평등 이론과 지배

베버는 불평등을 다원론적 입장에서 파악·설명한다. 그는 '속류 마르크스주의'의 경제결정론적 시각에 반대하면서, 경제적 요소 이외에도 정신,

신앙, 윤리, 가치관 등 관념적인 요소들이 인간들의 행위뿐 아니라 사회의 구성과 역사에 대해서도 독자적으로 커다란 영향을 미친다고 보았다. 그는 서양의 현대적·합리적 형태의 자본주의를 발전시키는 데 프로테스탄트교(개신교)의 윤리가 중요한 역할을 했다고 보았는데, 이러한 그의 연구와 주장은 역사적 과정에서 '관념적 요소'의 중요성을 보여주려는 것이었다. 그렇지만 그는 통상적으로 생각하듯이 경제적 요인의 중요성을 부정하거나 관념론적 입장을 옹호하는 것은 아니었다.

베버는 권력과 권위에 의한 '지배' 현상을 매우 중시하여 분석에 많은 관심을 기울였는데, 이에 따라 그의 사회학은 흔히 '지배 사회학'이라고 불린다. 그는 권력을 "상대방의 의사에 반하여 자신의 의지를 관철할 수 있는 능력"이라고 정의하면서, 이러한 권력 현상이 인간들 사이의 지배-피지배 관계를 형성하며 불평등을 만든다고 본다.

베버는 다양한 요인들이 지배와 불평등을 만들어낸다고 본다. 그래서 불평등의 원인이 되는 세 가지 차원 – 경제적·사회적·정치적(권력적) 차원 – 에 주목했다. 그는 경제적 불평등은 '계급(class)'으로, 사회·문화적인 차원의 불평등은 '신분집단(Stände, status group)'으로, 정치적 차원은 '파당(party)'(정치적 파벌)으로 규정하는데, 이들은 서로 영향을 주고받지만, 기본적으로는 그 기원이 독립적이라고 본다.

계급과 시장에서의 위치

베버는 '계급'을 마르크스보다 더 다양한 경제적 요소들로 설명한다. 그는 마르크스와 마찬가지로 자본재로 전환될 수 있는 재산의 '소유'나 '소유의 결여'가 계급 위치를 결정하는 기본적 요인임을 인정하면서도, '소유'의 종류에 따라 계급을 좀 더 세분화했다. 예를 들어 유산계급(재산소유자)을 공업자본가와 대지주, 고리대금업자(금융소득자) 등 서로 다른 하위계급들로 나눈다. 또 재산을 소유하지 못한 무산계급도 기술, 신용, 자격 등 '시장 능력'의 차이에 따라 전문직과 숙련노동자, 반숙련노동자와 미숙련노동자 등 서로 다른 하위계급들로 나눈다. 이러한 경제적 자원들에서의 격

신분과 지위

신분이란 본래 봉건적 사회현상에서 시작된 것으로 법적·제도적으로 규정된 불평등한 권리와 자격을 행사하는 지위를 가리키는 개념이다. 이 지위는 변경이 어려우며 개인들의 인격에 귀속되어 있어서 평생을 좌우하게 된다. 베버는 여기서 봉건적인 요소인 법적·강제적 요소가 제외된 새로운 현대적 '신분' 개념을 사용했는데, 이것은 오늘날의 사회학에서 널리 쓰이는 '지위' 개념처럼 강제적 성격이 없는 일반적인 의미로 사용되었다.

차는 시장에서 더 나은 직업, 수입, 근무조건을 차지할 수 있도록 해주기 때문이다.

그래서 베버는 일반적으로 서로 다른 시장 능력을 지닌 개인들이 차지하고 있는 '시장에서의 위치'에 따라 재화나 소득을 얻을 수 있는 기회, 즉 '삶의 기회'를 공유하게 되는 사람들이 하나의 계급을 형성한다고 보았다. 이것은 기본적으로 '시장 상황'이 곧 '계급 상황'에 기초하는 것이며, 이를 통해 계급을 구분해 볼 수 있음을 의미한다.

신분집단과 위신

베버는 또 개인이 다른 사람들로부터 받는 존경이나 개인이 누리는 명예와 위신을 사회적 불평등의 한 차원으로 규정하면서, 비슷한 명예와 위신을 누리는 사람들은 하나의 신분집단(지위집단)을 형성한다고 보았다. 그는 신분집단을 일종의 무정형의 집단으로 보면서, 계급과 신분집단이 분석적으로 다른 현상을 지칭한다는 점을 강조하지만, 실제로는 서로 유착되어 사회적 층을 형성한다고 보았다. 다만 양자가 반드시 일치하는 것은 아니며, 명예와 위신은 순전히 재산만을 내세우는 자부심과 첨예한 대립관계에 있기도 하다는 점을 지적한다. 그리고 신분집단은 부모의 배경과 양육, 공교육, 직업상의 경험 등과 관련하여 공통의 생활양식을 형성함으로써 자신을 다른 집단과 구별한다. 따라서 계급이 '시장에서의 위치'를 반영하는 것이라면, 신분집단은 '생활양식' 또는 '소비 유형'의 차이를 보여주는 것이라고 할 수 있다. 여기서 신분집단은 자신의 재산을 보호하기 위해 다른 신분집단의 경제적·사회적 기회를 차단하려는 정치적 행동을 취하게 되는데, 이에 따라 신분집단은 계급의 성격을 띠게 된다.

파당과 정치적 권력 추구

베버는 또한 권력 획득을 지향하는 '파당(party)' 또는 '당파'를 사회불평등의 중요한 차원으로 제시하고 있다. '파당'이란 출신 배경, 목적 또는 이해관계를 공유하면서 함께 행동하는 집단을 의미한다. 대부분의 경우 파

〈표 10-2〉 마르크스와 베버의 계급 분류 비교

마르크스의 분류	베버의 분류

1. 부르주아지(자본가계급)
 	
2. 프티부르주아지(소자산계급)
 	
3. 프롤레타리아트(노동자계급)
	1. 유산자
	  1) 기업가
	  2) 금리생활자
	  3) 지대소득자
	2. 무산자
	  1) 중간계급
	  2) 숙련노동자
	  3) 반숙련노동자
	  4) 미숙련노동자

자료: 터너 외(1997: 282), 〈표 9-1〉을 수정·보완함.

당은 '계급'과 '신분집단'의 성격을 공유하지만, 두 가지 모두를 갖지 않을 수도 있다. 권력은 그 자체로 추구될 수도 있다는 것이다. 그래서 파당은 고유의 성격을 지니는 불평등의 원인이 될 수 있다.

3) 마르크스와 베버의 불평등 이론 비교

마르크스와 베버는 모두 경제적 불평등을 '계급' 개념을 통해 설명하고 있다는 점에서 유사하다. 그리고 사회변동 과정에서 계급의식의 형성이 중요한 영향을 미친다는 생각도 공유한다. 그런데 베버는 마르크스가 제시한, 생산수단의 소유 여부에 따른 계급 분류의 중요성을 인정하면서도, 〈표 10-2〉와 같이 각각의 계급을 시장에서의 위치에 따라 여러 하위 계급으로 나누어 볼 수 있다고 보았다. 이 점에서 베버는 마르크스의 계급 분류를 좀 더 세분화했다고 할 수 있다.

그런데 마르크스는 계급이 기본적으로 경제적 불평등에 근거한 것으로서 정치적·문화적 불평등의 기초가 된다고 보기에, 그의 계급이론은 경제 중심적 불평등 이론으로 볼 수 있다. 이와 달리 베버는 계급을 불평등의 다양한 차원들 ─ 계급, 지위, 파당 ─ 가운데 하나로 취급하기에, 그의 계급 이론은 다원적 불평등 이론에서 한 영역을 차지하는 것이다. 게다가 베버는 권력을 불평등 현상의 가장 기본적인 차원으로 본다는 점에서, 그의 이론은 '권력 중심의 다원적 불평등 이론'이라 할 수 있다. 이처럼 불평등의 다원성을 강조한 베버의 이론은 현대 계층이론의 기초를 제공했다.

한편, 마르크스는 소득이나 소비와 같은 분배관계에서 계급의 근거를 찾으려는 방법을 논박하면서, 분배관계는 생산관계의 외적 표현, 또는 사후적 결과에 지나지 않는다고 보았다. 개인의 소득이나 부의 크기는 기본적으로 자본가계급의 자본 소유와 착취를 통한 이윤 취득이나, 노동자계급의 임금소득과 같이 생산관계에서의 위치(계급위치)에 따라 달라지는 것이므로 그 자체가 독자적인 불평등의 원인이 될 수 없다는 것이다. 그래서 마르크스는 지위집단이나 파당은 기본적으로 계급관계에 의해 규정되며, 그 지체로 독립적인 기원을 가지지 않는다고 본다.

그런데 부르디외의 사회(관계)자본, 문화자본 개념이 보여주듯이, 경제자본 이외의 자본들의 불평등한 배분이 다양한 사회불평등을 만들어내거나 강화한다는 점에서, 불평등의 원인에 대한 복합적 사고가 필요하다.

3. 사회계급·계층과 사회이동

1) 계급, 계층의 차이

계급(class)은 사회불평등, 특히 경제적 불평등을 보여주기 위해 많이 사용되는 개념이다. 그런데 현대 사회학에서는 계층(stratum) 개념을 많이 사용하고 있다. 학자들에 따라 계층을 계급의 하위 개념으로 사용하거나 반대로 계급을 계층의 하위 개념으로 사용하기도 하며, 둘을 별 차이 없이 혼용하기도 한다.▼ 하지만 이념형으로서 두 개념의 차이에 주목해 보면, 사회불평등의 원인과 양상을 이해하는 데 도움을 얻을 수 있다.

첫째, 계급이 사회집단이 공유하는 사회적 성격과 그들 사이의 관계를 보여준다면, 계층은 관계보다는 산술적 서열이나 차이를 보여줄 뿐이다. 따라서 계급은 서로 일정한 관계를 맺는 제한된 집단으로 나누어진다면,

▼ 한국 사회에서는 계급을 서열을 의미하는 일상용어로 사용하기도 하는데, 예를 들어 영어로 'military rank'라고 하는 군사 서열을 한국에서는 계급이라 한다.

<표 10-3> 계급과 계층의 차이

계급	계층
생산수단의 소유 및 통제 등 집합적 속성과 사회관계에 따른 분류	재산이나 소득수준 등 임의적 기준에 따른 산술적 서열의 분류
사회적 성격 공유	분석적 필요에 의한 통계적 범주
사회적 속성의 역사적 변동	초역사적 분류
계급의식, 집합적 행동	피상적·서열적 귀속 의식
경제적 불평등	다원적 불평등

계층은 분석적 필요에서 임의적 기준에 따라 다양한 범주(category)로 나눌 수 있다. 예를 들어 계급은 자본의 소유 여부라는 사회적 속성에 따라 자본가계급과 노동자계급, 중간계급 등 제한된 계급들을 구분한다. 하지만 계층은 소득과 같은 산술적·통계적 기준에 따라 상층, 중층, 하층과 같이 3개로 나눌 수도 있고, 더 세분하여 9개의 계층으로 나눌 수도 있다.

둘째, 계급은 역사적으로 형성된 특정한 계급과 계급관계의 속성을 포함하고 있어서 사회가 변하면 이에 따라 계급이나 계급관계의 속성도 변하게 된다. 하지만 계층은 소득수준 등 통계적 서열을 보여주기 때문에 어느 시대, 어느 사회에서나 똑같은 방식으로 구분할 수 있다. 이런 점에서 계층은 초역사적인 분류개념에 가깝다.

셋째, 계급은 계급관계의 속성으로 인해 지배-종속관계나 적대관계를 형성하고 있어서, 특정 계급에 속해 있는 구성원들은 동류의식이나 집단 소속감과 같은 계급의식을 지닐 수 있다. 그리고 이러한 계급의식은 집합적 행동을 낳기도 한다. 반면에 계층은 피상적 서열 분류 이상의 사회적 속성을 포함하고 있지 않아서, 집단의식을 형성하거나 조직을 이루는 집합적 행동의 주체로 형성되기 어렵다. 다만 특정한 계층에 속해 있다는 서열적 귀속 의식에 따라 사회적 불만이 형성될 수는 있다.

넷째, 계급은 경제적 불평등을 집단 분류의 중심적 기준으로 삼지만, 계층은 다원적 기준에 따라 불평등을 분류하려고 한다. 마르크스와 베버는 계급을 정치적 차원이나 사회·문화적 차원으로 확장하기도 하지만, 기본적으로 '생산관계'나 '시장에서의 위치'와 같은 경제적 속성에 따라 분류한다. 반면에 현대의 계층 개념은 소득, 재산과 같은 경제적 요소와 더불어 교육수준(학력), 직업, 생활양식 등 다양한 요소를 포함하고 있다.

현대 사회학에서 계급과 계층은 다원적 분류기준을 도입함으로써 서로 혼용되고 있다. 특히 계층 분류에서 직업이나 직종 등 일정 부분 계급의 속성을 포함하는 기준들을 혼용함으로써 임의적이고 산술적인 범주 분류의 한계를 넘어서려고 한다. 그리고 계급 분류에서도 불평등의 구체적 양상이나 소득격차의 정도를 파악하기 위해 계층 범주를 도입하기도 한다.

2) 자본주의 사회의 계급구조와 계급 분화

오늘날 자본주의 사회가 분화되고 다원화되면서 계급 분화도 복잡하게 진행되어 왔다. 한국 사회 역시 전체적으로 자본주의 사회의 계급구조를 보여주고 있는데, 구체적 계급구성은 사회변동에 따라 변해왔다.

계급구조와 계급구성은 유사한 개념으로서 생산수단(자본)의 소유와 일의 종류를 기준으로 분류한 계급들의 서열을 보여준다. 계급구조가 한 사회에 존재하는 다양한 계급들이 수직적으로 틀지어진 모습에 주목한다면, 계급구성은 전체 계급구조에서 각 계급이 차지하는 비중에 주목한다.

〈표 10-4〉는 한국 사회의 계급구조와 계급구성을 보여주는데, 부르주아계급(자본가계급)과 노동자계급이 양대 계급을 차지하고 있고, 이들 사이에 구중간계급(프티부르주아지)과 신중간계급이 자리하고 있다. '신중간계급(new middle class)'은 자본주의 산업구조가 복잡해지고 기업 규모가 커지면서 생겨난 노동자들로서, 자본가에게 고용되어 있으면서도 다른 노동자를 관리·감독하고 통제하는 위치에 있는 상층노동자들을 가리킨다. 이들은 전통적인 '구중간계급(old middle class)'과 구분하기 위해 신중간계급으로 불리며, 전통적인 생산직 노동자와 달리 흰색 깃의 와이셔츠를 입고 일한다고 해서 화이트칼라(white collar)로도 불린다.

신중간계급은 구중간계급과 달리 자본을 소유하고 있지 못해 자본가계

〈표 10-4〉 한국 사회 계급구성의 변화(1995~2010)

구분	1995	2000	2005	2010
부르주아계급	7.4	6.1	6.6	5.7
구중간계급	29.1	28.7	25.5	22.0
신중간계급	12.4	12.9	12.9	16.1
경영·관리	1.1	0.9	1.1	1.5
전문	11.3	12.0	11.8	14.6
노동자계급	51.1	52.3	55.0	56.1
사무	11.9	10.6	13.4	14.3
기능생산	20.9	16.3	15.0	13.8
서비스판매	8.3	12.1	13.6	13.9
단순노무	9.8	13.0	12.6	14.1
농어업	0.2	0.3	0.3	0.3
합계	100	100	100	100

자료: 장귀연(2013), 「신자유주의 시대 한국의 계급구조」.

급에 의해 고용되어 있으면서, 노동자계급과 마찬가지로 해고의 위험을 안고 있다. 그렇지만 전문적 지식이나 능력을 지닌 조직의 관리자로서, 자본가로부터 위임받은 일정한 권력을 행사한다. 라이트(Erik O. Wright)는 이것을 '계급관계 내에서의 모순적 위치'라고 부른다. 한편, 국내의 계층 연구자들은 이들이 새로운 중간층일 뿐 독자적인 계급을 형성하고 있지 않다고 보는 시각에서, 이들을 단순히 중간층의 하나인 '신중간층'이나 '중산층'이라 부르기도 한다.

한국 사회의 계급구성의 변화를 보면 부르주아계급은 상대적 비중이 미세하게 줄어들고 있는데, 이것은 자본이 소수에게 집중되면서 그 규모가 커지는 경향을 반영하고 있다. 그리고 노동자계급이 조금씩 늘어나고 있는 것은 구중간계급(자영업자)이 시장경쟁에서 밀리면서 노동자계급으로 전환되는 경향을 반영한다. 신중간계급이 늘어나고 있는 것은 기업 규모가 커지고 금융 및 지식정보 산업이 발달하면서 전문직, 과학기술직 등

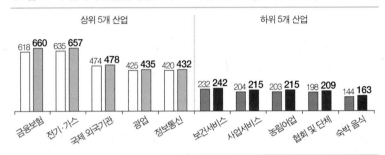

〈그림 10-1〉 한국의 산업별 평균소득 상·하위 5개 산업(2019-2020년)　(단위: 만 원)

자료: 통계청, 「2020년 임금근로일자리 소득(보수) 결과 보도자료」.

상층노동자들의 수요기 커지는 경향을 보여준다.

　자동화와 정보기술 혁신 등으로 산업구조가 변화하고 서비스사회·지식정보사회로 이행하면서, 직업 및 직종의 다양화와 노동 형태의 다양화가 확대되어 노동자계급 내부에서도 생산직, 사무직, 관리직, 전문기술직, 서비스직, 정보직 노동자들로의 직종에 따른 분화가 이루어지고 있고, 고용상의 지위에 따라 정규직, 비정규직 노동자의 분화도 이루어지고 있다. 자본가계급 역시 산업자본가와 금융자본가의 분화에 이어 플랫폼 기업 등 다양한 산업에 투자하는 자본가들이 생겨나고 있다. 자본의 독점화 경향은 독점자본을 형성해 왔고, 한국 사회에서는 '재벌'이라는 독특한 기업집단이 형성되기도 했다. 〈그림 10-1〉에서 볼 수 있듯이 산업구조 변동에 따른 사회분화로 인해 계급 내 집단에 따른 소득격차나 이해관계의 차이가 크게 나타나면서, 자본가계급, 소자산계급, 노동자계급 모두에서 통일된 계급의식이나 연대의식의 형성이 점차 어려워지고 있다.

3) 사회계층과 지표

사회계층 이론

　계층이론가들은 자본주의 사회를 계급사회로 규정하기보다는 소득수준이나 직업에 따라 여러 층으로 나누어진 '계층사회'로 규정한다. 기능주의 계층이론가 데이비스(Kingsley Davis)와 무어(Wilbert Moore)는 사회의 원활한 유지와 작동을 위해서는 어느 정도 불평등이 필요하다고 본다. 다양한 직업이 존재하는 분업화된 사회에서 능력과 업적에 따라 보상을 차별적으로 해주는 것은, 더 능력 있는 사람들이 더 중요하거나 어려운 일을 수행하려고 노력하도록 동기를 부여하는 효과를 낳는다고 보기 때문이다. 보상의 크기는 그 직업의 기능적 중요성과 그 일을 담당할 수 있는 인재의 상대적 희소성에 의해 결정되며, 불평등한 보상은 사회 전체적으로 '능률'과 '경쟁력'을 높이는 데 긍정적 기능을 한다.

기능주의 계층이론은 많은 비판을 받았다. 첫째, 직업 간의 기능적 중요성을 어떻게 평가할 수 있는가의 문제가 제기되는데, 환경미화원과 같은 직업은 기능적으로 중요하지만 더 많은 보상이 주어지지는 않는다.

둘째, 몇몇 직업의 기능적 중요성을 인정한다고 하더라도, 이러한 직업에 종사할 수 있는 기회 ─ 대학 진학 기회나 교육비 부담 등 ─ 가 모두에게 동등하게 주어지지 않으며, 또 그 보상도 기능적 중요성에 따라 정해지지 않는다. 예를 들어 국가(정부)가 의사나 변호사 같은 특정 직업 종사자의 정원을 제한하는 것은 의도적으로 희소성을 관리하여 보상 수준을 높이는 결과를 낳는다.

셋째, 자본주의 사회에서는 3D(dirty, dangerous, difficult) 업종처럼 어렵고 힘든 일에 대해 높은 보상이 이루어지는 경우가 드물고, 반면에 자본소유자, 금융소득자, 부동산소득자처럼 실제로 일하지 않으면서도 더 큰 보상을 받는 경우가 많다. 이러한 보상의 격차는 자본주의의 법과 제도, 노동시장의 상황 등 사회구조적 조건으로 인한 것이다.

기능주의 계층이론은 불평등을 직업의 기능적 중요성과 인재의 희소성으로 설명하면서, 개인의 능력이나 업적에 따른 보상의 차이라는 '능력주의' 또는 '업적주의'의 원리가 작동하고 있다고 주장한다. 조건 불평등과 같은 구조적 불평등으로 인해 기회 불평등이나 보상 불평등이 나타나고 있는 자본주의 사회의 현실에서, 계층 불평등을 기능적 필요로만 설명하는 것은 사회불평등을 정당화하는 논리가 된다.

사회계층의 지표들

사회계층은 사회적 자원들을 소유한 정도에 따라 서열로 배열되어 있는 사람들의 층이라고 할 수 있는데, 비교적 동등한 수준의 자원을 가진 사람들이 하나의 층을 이룬다. 그래서 각각의 자원은 사회계층의 구분 기준 혹은 지표가 된다. 현대사회의 대표적인 계층 지표들로는 재산, 소득, 직업, 학력, 가문(출신 집안), 생활양식 등이 있다.

첫째, 대표적인 경제적 서열평가의 지표는 '재산'과 '소득'이다. 재산은 금전적 가치를 지닌 유무형의 자산을 말하며, 소득은 경제활동을 통해 벌어들이는 금전적 수입을 말한다. 그래서 재산은 많지만 소득이 낮을 수도 있고, 소득이 높지만 재산은 적을 수 있다. 그런데 소득에 비해 재산에 관한 정확한 자료는 구하기가 어려워, 일반적으로 소득을 계층 평가의 척도로 삼는 경우가 많다.

둘째, '직업'이다. 사람들은 특정 직업을 다른 직업보다 더 가치 있다고 여기거나 선호하는데, 일반적으로 보수가 많거나 위신이 높은 직업을 높게 평가한다. 직업에 부여되는 위신의 차이에 따라 순차적으로 배열한 것을 '직업서열'이라고 하는데, 직업에 대한 평가는 시기에 따라 달라진다.

셋째, '학력'이다. 학력은 사회적 위신의 차이를 낳기도 하고, 취업에 영향을 미쳐 소득격차를 낳기도 한다. 한국 사회에서는 학력과 대학의 학벌 차이가 개인의 위신과 취업에 영향을 미쳐 차별과 불평등을 낳는 중요한 요인이 되고 있다. 이에 따라 한국 사회는 '학력신분사회' 또는 '학벌사회'라 불리기도 한다.

넷째, '가문'이다. 전통적 가문에 부여되어 온 위신은 오늘날 크게 약화했다. 하지만 재벌 가문처럼 부모 재산의 증여나 상속을 통한 자녀들의 지위 계승이 이루어지는 것은 여전히 불평등의 요인으로 작용하고 있다. 부모의 경제적·문화적 지위와 같은 가족 배경은 자녀의 배우자 선택이나 문화활동에 큰 영향을 미친다.

다섯째, '생활양식'이다. 생활양식의 차이는 계층화의 결과이기도 하지만, 그 자체가 계층을 나누는 지표가 되기도 한다. 주택(부동산), 자동차,

옷, 여가활동 등 소비 성향은 재산이나 소득격차를 반영하고 있지만, 그 자체가 생활양식으로서 계층 차이를 보여주는 중요한 지위 상징물이다.

4) 사회이동과 유형들

사회이동이란 무엇인가?

자본주의 사회의 계급구조와 계급구성을 보면 큰 변화가 나타나지 않아서 계급 불평등이 사라지지 않는 한, 사회불평등이 고착될 것처럼 보인다. 그런데 신분제 사회와 달리 개인들이 계급·계층 상승의 기회를 지니고 있어서 그 정도에 따라 사회불평등에 대한 사회적 불만은 약화할 수 있다.

'사회이동(social mobility)'은 한 사회의 계급·계층 구조가 얼마나 고정적이거나 폐쇄적인지를 보여주기 위한 개념이다. 사회이동은 '개인이나 집단이 직업이나 소득과 같은 사회적 서열상에서 현재와 다른 위치로 옮겨가는 것'을 말한다. 일반적으로 사회이동은 '상승이동'이나 '하강이동'처럼 사회적 평가가 서로 다른 지위 간의 이동, 즉 '수직이동'을 의미하는 용어로 사용한다. 그렇지만 넓은 의미로 유사한 지위 간의 이동, 즉 '수평이동'을 포함하는 용어로 사용하기도 한다. 사회불평등을 연구하는 사회학자들은 사회이동 중에서 특히 계급적·계층적 지위가 상승 또는 하강하는 '수직이동'에 더 많은 관심을 두고 있다.

사회이동의 유형

사회이동은 이동이 이루어진 기간을 기준으로 그 유형을 식별할 수도 있다. 한 개인이 일생 중 두 시점 사이에서 경험한 직업적 지위의 이동을 '세대 내 이동(intragenerational mobility)'이라고 한다. 반면에 '세대 간 이동(intergenerational mobility)'은 두 세대 이상에 걸쳐서 이루어지는 계급·계층의 이동을 뜻한다. 그러므로 세대 간 이동에서는 기본적으로 부모의 직업적 지위와 자녀의 직업적 지위를 비교하게 된다.

자본주의 사회는 사회이동이 활발한 편이다. 그런데 수직이동은 실질적으로 상당히 제한되어 있다. 세대 간 이동의 경우, 사람들 대부분은 상대적 지위에서 그들 부모의 직업지위와 매우 유사한 직업지위를 갖게 된다. 예를 들어 공식 교육을 거의 받지 못한 가난한 농부가 있다고 할 때, 그 자녀가 고등학교 졸업 후 중소기업 노동자로 취업하여 일정 수준의 임금을 받는다면, 세대 간 지위가 상승한 것처럼 보인다. 하지만 상대적으로 보면 부모와 그 자녀는 각각의 시점에서 전체 사회에서 비슷한 지위를 점하고 있다. 이것은 세대 간 지위의 수평적 계승을 의미할 뿐이다.

이처럼 사회이동 중에서 한 사회의 전체 산업구조 변동을 반영하여, 서로 다른 시점의 유사한 직업적 지위로의 이동(수평이동)이 이루어지는 것을 '구조적 이동(structural mobility)'이라고 한다. 공업화로 인해 농업 종사자가 줄어든 반면에 공업 노동자가 늘어나는 산업구조의 변동이 생기면, 농업 종사자 다수가 공업 노동자로 이동하게 된다. 또한 산업구조의 변화로 블루칼라 직업 종사자의 수가 줄어드는 반면에 화이트칼라 직업 종사자들의 수는 늘어나게 된다. 이처럼 사회구조의 변화로 인해 발생하는 세대 간의 수평이동이 '구조적 이동'이다.

구조적 이동에 대비되는 것이 교환이동(exchange mobility)이다. 이는 산업구조나 직업구조의 변동이 없는 상태를 가정하고, 순수하게 계층적 지위가 서로 바뀌게 되는 이동(수직이동)을 말한다. 실제 사회에서는 구조적 이동과 교환이동이 같이 일어나기 때문에 사회이동의 총량에서 구조적 이동과 수평이동 부분을 제외한 부분이 교환이동이라고 할 수 있다.

사회이동과 사회의 유형

일반적으로 사회이동, 특히 수직이동, 세대 간 이동이 자유롭고 많이 일어나는 사회를 '개방형 사회'라고 하며, 사회이동이 어려운 사회를 '폐쇄형 사회'라고 한다. 여기서 사회이동이 활발한 개방형 사회는 상대적으로 공평한 사회라고 말할 수 있다. 부모의 지위가 세습되는 측면보다는 자신의 노력이나 능력이 더 중시될 수 있기 때문이다.

하지만 사회이동이 활발하다고 해서 그 사회가 더 평등한 것은 아니다.

계층 격차가 큰 피라미드형 사회에서도 사회이동이 활발히 일어날 수 있고, 계층 격차가 작은 다이아몬드형 사회에서도 사회이동이 활발하지 않을 수 있기 때문이다. 그리고 평등의 측면에서 본다면, 최상층과 최하층 간의 격차가 더 중요하다. 그래서 사회이동은 사회불평등의 정도를 평가할 수 있는 중요한 지표이기는 하지만, 사회이동이 활발하다고 해서 계급이나 계층의 격차가 줄어드는 것이 아니다. 따라서 사회이동의 기회를 늘리는 것이 사회불평등에 대한 근본적 해결책이 되기는 어렵다.

사회이동과 불평등의 역사

역사적으로 신분제도하에서는 사회이동이 극도로 제한되어 있었다. 신분제도는 서구 중세의 봉건제, 인도의 카스트, 조선시대 반상제 등에서 볼 수 있듯이 직접적인 신체적 구속은 없더라도 다양한 물리적 강제를 통해 높은 신분들[영주, 귀족, 성직자, 브라만(성직자), 크샤트리아(왕족, 군인), 양반 등]이 낮은 신분들[농노, 바이샤(상인), 수드라(장인, 노예), 상민, 천민 등]을 차별하거나 그들의 노동력을 착취하는 제도였다. 이러한 신분은 세습되어 변동이 거의 불가능했고, 신분들 간의 교류도 제한되었다. 이처럼 노예제도나 신분제도 아래에서 부나 권력 등의 자원은 처음부터 사회적 지위에 따라 불평등하게 분배되어 지속해서 유지되었다.

자본주의 사회에서는 신분제적 제약이 사라져 상대적으로 사회이동이 활발해졌다. 그런데 자본 소유에서의 계급적 격차가 고착되고 자본의 독점화 경향으로 자본의 규모가 커지고 또 소수에 집중되면서, 새롭게 자본가계급으로 진입하기는 현실적으로 매우 어려워졌다. 부의 상속과 증여를 통한 '재벌세습'이 대표적인 증거이다. 다만 분업의 발달과 산업구조의 변동으로 다양한 중간계급 지위들과 노동자계급 내 지위들이 생겨나고 보편교육이 확대되면서 계층상승의 기회가 늘어났고, 이들 지위 사이에서 상승이동이나 하강이동이 상대적으로 활발히 이루어진다.

자본주의와 사회주의, 공산주의

마르크스는 자본주의 사회의 불평등의 구조적 원인을 생산수단인 자본의 사적 소유에 기초한 계급 불평등에 있다고 보면서, 자본의 사적 소유의 철폐를 통해 계급 불평등이 사라진 사회주의 사회를 건설할 것을 주장했다. 여기서 자본의 사적 소유는 소비재에 대한 개인적 소유(individual ownership)가 아닌 생산재(자본)의 사적 소유(private ownership)를 의미한다. 그래서 자본주의 사회에서 자본 소유의 불평등(조건 불평등)과 자본에 의한 노동력의 반복적 착취(과정 불평등)가 보상 불평등과 결과 불평등을 구조적으로 재생산한다는 것이다. 그래서 마르크스는 생산수단(자본)을 공유(사회적 소유)로 전환함으로써, 일한 만큼 분배받는 사회를 만들어야 한다고 주장했으며, 이런 사회를 '사회주의 사회'라고 불렀다. 마르크스는 대체로 사회주의와 공산주의를 유사한 의미로 사용하기도 했지만, 공산주의를 사회주의가 더욱 발전한 사회를 의미하는 말로 사용하기도 했다. 그래서 그는 사회주의 사회에서 생산력이 더욱더 발전하면 능력껏 일하고 필요에 따라 분배받는 공산주의 사회가 가능할 것이라고 주장했다.

5) 사회이동과 지위 불평등

소득수준이 경제적 지위 또는 계층 격차를 보여주는 지표라면, 직업은 경제적 지위 격차와 함께 사회적·문화적 지위 격차를 보여주는 중요한 지표이다. 사람들이 더 나은 교육과 높은 학력 및 학벌을 추구하는 이유는, 이것들이 소득이 더 높고 사회적 평판이 더 좋은 직업이나 일자리를 얻는 데 유력한 수단이라고 생각하기 때문이다. 현대사회로 넘어오면서 "직업에는 귀천이 없다"라는 생각이 확산했지만, 동시에 직업은 중요한 사회적 지위의 하나로 간주되어 사회적 지위와 계층의 높낮이를 평가하는 기준으로 작용해 왔다. 직업은 일차적으로 일의 종류를 의미하지만, 거기에는 일정한 소득뿐만 아니라 위신(위세, prestige)도 주어지기 때문이다.

지위 불평등을 보여주는 대표적 지표로는 '직업지위' 또는 '직업위신(위세)'이 있다. 이것은 사람들이 직업별 평균 소득수준 및 교육수준을 고려하여 직업에 대해 평점을 매긴 것을 통계적으로 합산한 직업별 평균 점수에 따라 순위를 매긴 것이다. 〈표 10-5〉는 1990년부터 2016년까지의 직업지위(위세)를 점수로 나타내고 있는데, 산업구조와 직업구조의 변동 속에서 직업에 대한 사회적 평가가 어떻게 변해왔는지를 보여준다.

직업지위 점수의 전체적 격차는 커지기도 하고 작아지기도 하는데, 이것은 사람들이 사회 양극화를 체감하는 정도를 반영하게 된다. 순위를 보면, 판사와 대학교수는 계속 상위를 유지하고 있지만, 대학교수의 지위점수는 약간의 등락이 있다. 이것은 그동안 대학교수가 수적으로 늘어나면서 사회적 평가가 하락했음을 말해준다. 동사무소 직원이나 교통경찰관의 점수와 순위가 높아진 것은, 경제위기와 일자리 불안 속에서 정년이 보장된 공무원을 선호하는 사회적 경향이 반영된 것이다. 교사의 지위가 일정하게 유지되고 있는 것도 비슷한 이유에서이다.

〈표 10-5〉 직업위세 점수 변화(1990~2016년)

직업 분류	평균 위세 점수			
	1990	2000	2009	2016
판사	92.9	93.4	93.0	90.4
대학교수	89.1	88.7	85.8	81.6
군 장성	82.3	81.8	82.0	75.7
관공서 국장	79.5	77.8	80.1	80.3
약사	70.1	70.8	70.6	70.1
신문기자	67.5	70.3	65.1	64.4
은행 대리	62.6	58.7	59.3	55.7
중학교 교사	62.5	65.3	65.9	63.7
전자대리점 사장	60.9	61.2	60.0	56.6
중소기업 과장	59.8	63.7	63.9	56.3
음식점 주인	43.5	51.6	51.5	45.5
동사무소 직원	41.0	52.2	55.5	53.4
교통경찰관	39.4	49.3	51.2	53.7
공장 작업반장	36.2	43.3	43.3	40.1
자영농	36.0	46.2	42.5	42.7
세탁소 주인	33.4	39.8	38.2	35.9
백화점 직원	23.8	34.0	36.1	35.0
아파트 경비원	14.2	21.4	19.1	22.3
행상	11.1	18.7	19.2	24.1
파출부	9.9	15.9	16.1	19.7
막노동자	8.6	13.7	12.4	15.7
전체	48.8	53.2	52.9	51.6

자료: 계봉오·황선재(2017: 129).

4. 사회불평등과 사회문제

1) 세대와 불평등

사회변동과 세대 불평등

세대(generation)는 일반적으로 시기(period)와 나이(age), 공통경험집단 (cohort)에 따라 구분되는 일정 구간의 '나이(연령) 집단'을 의미한다. 그래서 30년을 한 세대로 보아 자녀 세대와 부모 세대로 구분하거나, 성장 시기에 따라 아동 세대, 청소년 세대, 청년 세대, 중년 세대, 장년 세대, 노년 세대 등으로 구분하며, 주로 청년기에 특정한 시대적 경험을 공유하는 속성에 따라 4·19세대, 유신 세대, 공업화 세대, 민주화 세대, 외환위기(IMF) 세대, 세월호 세대 등으로 구분하기도 한다.

현대 자본주의 사회에서는 과학기술과 분업의 발달에 따라 경제구조, 산업구조, 직업구조 등이 급속히 변하고 있으며, 이에 따라 세대 간에나 세대 내에서 구조적 이동(수평 이동)이 많이 늘어나고 있다. 한국 사회의 경우, 농촌인구와 농업인구가 많았던 1950년대에는 낮은 농업생산성에 비해 농촌인구가 과잉이어서 생계를 위한 도시로의 이농이 늘어났고, 이들 중 많은 부분이 도시의 저임금 노동자나 빈민이 되었다. 1960~1980년 대에는 국가 주도의 급속한 경제개발로 공업(제조업) 부문의 일자리가 증가하면서 점차 실업률이 낮아졌지만, 저임금·장시간 노동으로 인해 노동자들의 처지는 열악했다. 농민들은 노동자들의 저임금을 유지하기 위한 저곡가 정책으로 인해 노동자들보다 소득이 낮았다.

한국전쟁 이후 1950~1960년대에 출생한 세대는 '공업화 세대'로서 급속한 경제성장에 따라 제조업 일자리에 고용되어 안정적 소득을 얻을 기회가 많았고, 1987년 민주화 이후 노동권이 개선되면서 임금 상승으로 소득을 더 높일 수 있었다. 그런데 1970~1980년대에 출생한 세대는 대체로 청년기인 1997년에 외환위기와 IMF 구제금융 사태를 겪었는데, 부실 금융기관 및 기업의 통폐합, 기업 구조조정과 노동자 정리해고제의 도입, 고용

규모의 축소와 경영합리화 등 신자유주의적 개혁이 이어져 대량실업과 일자리 감소, 비정규직 일자리 확대 등의 상황에 놓이게 되었다.

1990~2000년대에 출생한 세대는 한국 사회가 자동화와 정보화, 인터넷과 인공지능 기술의 발달 등에 따라 서비스산업과 지식정보산업 중심으로 변화하면서 제조업 일자리가 감소하고 정보, 유통, 서비스업 분야의 임시직, 계약직, 특수고용 등 불안정한 일자리가 증가하는 상황에 놓이게 되었다.

성장 시기에 따른 특정 세대(나이 집단)의 사회이동은 시간의 흐름에 따라 어느 세대나 겪게 되는 일반적 현상이다. 이때 각 세대는 사회변동에 따라 서로 다른 삶의 조건과 기회에 놓이게 된다. 이러한 사회변동은 시간의 흐름 또는 나이 듦에 따른 일반적 격차 – 임금 상승, 승진, 소득과 재산의 증가 등 – 를 낳는다. 반면에 베이비붐, 공업화, 민주화, 외환위기 등 특정 세대가 공유하는 시대적 조건이나 사건의 경험은 임금과 소득, 취업 등 삶의 조건과 기회에서 세대 간에 큰 격차를 만들어낼 수 있다. 따라서 세대별 격차가 사회변동의 일반적 과정의 산물인지, 아니면 특정 세대의 삶의 조건이나 기회에서의 특수한 격차의 산물인지를 살펴볼 필요가 있다. 세대 불평등은 기본적으로 후자를 의미한다.

세대 불평등과 계급·계층 불평등

특정한 세대가 일반적인 사회변동이 아닌 특정한 시대적 조건으로 인해 취업 기회나 소득 기회, 분배 형태에서 큰 격차를 나타낸다면, 세대 불평등이 존재한다고 할 수 있다. 그런데 이러한 세대별 격차가 그 세대의 다양한 계급·계층에 속하는 사람들에게 동일하게 나타나는 것은 아니다. 자본가계급이나 상층이 겪는 격차와 중간계급이나 중간층, 노동자계급이나 하층이 겪는 격차는 서로 다를 수 있다. 부모의 계급·계층적 지위가 그 자녀의 취업 기회나 소득 기회에 영향을 미치기 때문에, 자본주의 사회에서 세대 불평등은 계급·계층 불평등의 영향을 크게 받는다.

한국 사회에서 경제, 산업, 시장의 상황은 세대마다 달라졌지만, 계급·계

청년실업과 외국인노동자

한국 사회에서 청년실업 문제는 이미 1990년대 초부터 서서히 심각해졌다. 대학교가 늘어나고 대졸 이상 고학력자 수가 증가하는 반면에, 고소득의 괜찮은 일자리가 점차 줄어들면서, 대기업을 비롯한 좋은 일자리를 둘러싼 경쟁이 치열해졌고, 국가고시를 비롯한 공무원 시험 경쟁률이 높아지기 시작했다.

청년실업 문제는 기본적으로 괜찮은 일자리의 수급 불균형이라는 현실과 연관이 있다. 그래서 주로 대학 졸업생의 취업난을 의미한다. 오늘날 과학기술의 발달과 지식서비스산업의 발달은 금융, 경영, 컨설턴트, 과학기술, 교육, 지식정보 분야의 전문직 일자리를 새롭게 만들어낸다.

하지만 자동화·정보화 등으로 노동이 단순화·탈숙련화되면서 단순생산노동, 단순지식정보서비스노동 등도 늘어나 일자리 양극화 현상이 나타나고 있다. 이에 따라 대학 졸업생들이 괜찮은 일자리를 얻기가 어려워졌다. 반면에 중소기업이나 농림수산업 등 노동조건이 열악한 분야에서는 오히려 일자리가 부족하여 외국인노동자들이 부족한 일손을 채우고 있다.

어떤 사회이든 사회변동에 따라 상대적 고임금의 '좋은 일자리'가 줄어든다거나, 주택가격이 상승하여 주택 소유 기회가 줄어들 수 있으며, 이것은 청년 세대의 상대적 박탈감을 키울 수 있다.
또 한국 사회처럼 연공서열제나 호봉제와 같이 나이에 따른 임금차별이 나타나는 임금제도가 존속하는 것도 청년 세대가 상대적 박탈감을 느끼게 할 수 있다.
그런데 이것들은 특정 세대에만 국한된 현상이라기보다 어느 세대나 겪을 수 있는 문제들이다. 경제활동을 먼저 시작한 기성세대는 재산, 주택, 직업, 소득 등에서 청년 세대와 격차를 보이기 마련이다.
주택(주거) 격차는 특정한 경제 상황에 따른 부동산 가격의 일시적 상승에 기인하는 경우가 많고, 연공서열 임금제도는 세대를 이어 지속되는 것이어서, 특정 세대와 관련된 구조적 격차로 보기는 어렵다. 그리고 이런 문제들을 개선하려는 방안들은 단순히 특정 세대만을 위한 개혁이 아닌, 사회 전체적인 불평등을 완화하는 방안들이 된다. 따라서 세대 불평등을 과장하며 세대 갈등을 심화시키는 것은, 계급·계층 불평등이라는 더 심각한 불평등을 은폐하거나 왜곡하는 효과를 낳게 된다.

층 불평등은 큰 개선 없이 지속되어 왔다. 1960년대 이후 1인당 국민총소득(GNI)은 계속 증가하여 2020년대에는 3만 달러를 넘어서는 등 물질적 성장이 이루어졌는데, 만약 세대 간의 격차가 현격히 커졌다면, 소득불평등도를 보여주는 지니계수나 5분위 분배율도 더 악화했을 것이다.

그런데 2000년 이후로 이러한 수치들은 약간의 등락이 있었음에도 전체적으로 점차 개선되어 왔다(제1장 참조). 이것은 세대 불평등이 분배 관련 지표들을 악화시킬 정도로 심각해진 것은 아님을 말해준다. 오히려 민주화와 복지제도 확대 등에 따라 분배 개선이 이루어졌음에도 불구하고 계급·계층 불평등이 여전히 중요한 사회불평등으로 남아 있음을 알 수 있다. 이런 점에서 세대 불평등이 심화했다는 생각은 사회변동에 따른 직업 구성의 변화와, 청년 세대의 학력 상승에 따른 기대 직업 및 소득의 상승이 중첩되면서 청년 세대의 주관적 불평등 의식이 강해진 결과일 수 있다.

2) 교육과 불평등

교육의 사회적 의미와 대중교육

한 사회에서 교육은 새롭게 성장하는 사회구성원들에게 사회생활을 이어갈 수 있도록 다양한 규범, 가치, 태도, 생활양식 등을 가르치는 '사회화' 기능을 하는 동시에, 한 사회의 유지를 위해 생산활동에 필요한 지식, 기능, 기술 등을 지닌 인력을 양성하는 기능을 한다. 그래서 교육은 신분제 시대에도 계층상승을 위한 수단으로 작동했으며, 현대 민주주의 사회로 오면서 계층상승의 기회를 특정 신분에만 국한하지 않고 모두에게 공정하게 부여하기 위해 국가는 공교육을 확대하려고 노력해 왔다.

현대국가는 공교육 대중화를 위해 공식적·전문적 교육기관인 학교를 늘리고 의무교육과 무상교육을 확대해 왔고, '민주시민' 육성과 함께 기능인 육성을 교육의 목표로 삼고 있는데, 국민들에게 교육은 취업을 통해 소득을 얻고 지위상승을 할 수 있는 기회를 의미한다. 그래서 현대사회의 교육은 중요한 지위상승 수단으로서 치열한 경쟁의 장이 되고 있다.

교육 경쟁과 계급·계층 재생산

사회가 불평등하고 시장경쟁이 심하여 사람들의 지위상승 욕구가 강하고 학력이나 학벌이 지위상승의 중요한 수단이 되는 나라에서는 교육 및 시험제도에서 성적 경쟁이 치열하게 이루어지는 경향이 있다. 한국의 경우 대학입시제도를 통해 더 나은 학력과 학벌을 취득하는 것이 취직이나 직업 획득에서 유리한 조건을 지니게 되는 사회구조가 정착되면서, 성적 경쟁을 위한 사교육비의 투입이 급격히 늘어나게 되었는데, 이것은 동등한 교육 기회의 제공이라는 공교육의 취지를 심각하게 훼손하면서 교육 불평등을 심화시키고 있다.

사회불평등은 일차적으로 재산의 증여나 상속을 통해 유지(재생산)되지만, 교육자본과 문화자본의 전수 등을 통해서도 유지된다. 발드리지(J. Victor Baldridge)는 "완전히 개방적인 사회제도의 이상적 모델대로 한다면, 가장 머리가 좋고 열심히 공부하는 사람이 대학에 가야 할 것이다. 그러나 지능도 중요한 요소이기는 하지만 다른 요소들 — 사회계급, 가정 배경, 경제 능력, 부모의 교육 배경 등 — 도 역시 중요하게 작용한다"라고 말한다(발드리지, 1998). 부르디외 역시 학력자본이 가족이나 학교에서 이루어지는 문화 계승의 복합적 결과라고 말한다(부르디외, 2005).

자본가계급 등 상류계층이나 중상계층 가정의 자녀들은 경제적 격차로 더 나은 교육환경을 누리거나, 학교의 교육방식, 생활문화, 평가 및 선발방식 등에 익숙한 문화적 배경을 지니기 때문에 입시교육에 더 잘 적응하여 대학 진학에 더 유리한 조건에 놓이게 되는데, 이것은 교육을 통한 '계급·계층 재생산'을 가능하게 한다. 한국 사회에서 사교육이 대학 진학에 미치는 영향력이 점점 더 커지면서, 서울의 강남구를 비롯한 부유층과 중산층 주거지역 출신 학생들의 이른바 '명문대' 진학률이 높아지고 있는 것도, 교육이 '계층상승' 또는 상승이동의 수단에서 '계급·계층 재생산' 또는 중산층 세습의 중요한 수단이 되었음을 보여준다.

상아탑과 우골탑

예전에 대학은 흔히 사람들이 아웅다웅하며 살아가는 속세에서 벗어나 있는 신성하고 고고한 곳이라는 의미에서 '상아탑'이라는 별명이 있었다. 대학은 세속적인 삶을 떠나 학문과 예술에 정진하는 곳이라는 의미였다. 그런 반면에 '우골탑(牛骨塔)', 즉 소뼈를 쌓아 만든 탑이라는 별명도 있었다. 농촌의 부모들이 공부를 위해 도시로 간 자녀들의 학비와 생활비를 대기 위해 농사를 위해 소중했던 소를 키워 팔아야만 하는 일이 흔했기 때문이었다.

반값 등록금 논란

2007년 말 대통령 선거에서 한나라당 이명박 후보는 대학생들의 지지를 얻기 위해 '반값 등록금' 공약을 제시했다. 그런데 이명박 후보가 집권한 이후에도 등록금이 지속적으로 상승하자 대학생들은 2011년에 와서 정부의 반값 등록금 공약 이행을 적극적으로 촉구하게 되었다. 이에 대해 이명박 대통령은 자신이 반값 등록금을 시행하겠다고 약속한 바가 없다고 했고, 이에 반발한 대학생들은 이명박 대통령을 비판하면서 반값 등록금 시행을 촉구하는 집회와 시위를 벌이게 되었다.

3) 계급·계층과 일상생활의 불평등

주택계급

영국의 사회학자 렉스(John Rex)와 무어(Robert Moore)는 『인종, 공동체 그리고 갈등(Race, Community, and Conflict)』(1967)에서 주택자원 배분을 둘러싼 영국 사회의 빈부 격차를 '주택계급(housing class)'이라는 개념으로 보고자 했다. 이들은 주택계급을 '주택 소유자', '공영주택 임차인', '개인주택 임차인', '하숙집 임차인' 등 7개의 주택계급으로 구분했다. 손낙구는 한국 사회의 빈부 격차를 주택의 소유 여부, 소유한 주택의 소속지역과 수, 임대주택의 보증금 금액 등에 따라 6~7개의 계급으로 분류했고, 이것을 좀 더 단순화하여 '주택 소유계급', '주택 비소유계급', '부동산 극빈계급'으로 구분했다(손낙구, 2008).

계급·계층 불평등은 기본적으로 재산과 소득의 격차와 연관되는데, 이러한 불평등과 격차는 먹거리(유기농, 친환경 식품 등), 의류 및 액세서리(명품), 자동차(고급 차 등) 등의 소비, 주거환경, 여가생활(여행, 외식, 스포츠 등), 문화생활 등 일상생활과 소비 영역에서의 다양한 불평등 및 격차로 나타난다. 또한 건강과 질병에서 질 좋은 의료서비스를 누릴 수 있는 기회에서도 격차가 나타난다. 특히 교육, 의료서비스, 문화생활 등에서는 수도권과 비수도권 간의 지역 격차도 존재한다.

한국 사회에서 계급·계층 불평등이 드러나는 대표적인 부문은 부동산과 주택 소유이다. 1960년대 이후 공업화 과정에서 도시로의 인구이동이 크게 확대되면서 택지개발이 이루어지기 시작했고, 1980년대가 되면서 도시 주택공급을 위한 아파트 건설이 급격히 늘어났다. 그런데 이 과정에서 주택 소유자가 늘어나기보다는 재산을 가진 부유층이 시세 차익을 얻기 위해 주택을 사들이면서 오히려 부동산 가격이 폭등하게 되었고, 이에 따라 서민층의 전·월세 수요가 늘어나 다수 서민이 전세에서 월세로 후퇴하는 등 주거환경이 악화되는 경향이 생겨났다. 이러한 이유로 주택을 소유한 사람과 그렇지 못한 사람 간의 재산 격차가 커졌고, 이들 사이에 부동산 및 주택 가격의 상승에 대한 이해관계의 대립이 생겨났다. 또한 서울 및 수도권과 지방 사이의 부동산 및 주택 가격 격차가 커지면서 이에 따른 소득 불균형도 심화하여 지방 주민들의 상대적 박탈감도 커졌다.

〈표 10-6〉에서 전국적으로 개인이 소유한 주택 중에서 3건 이상 다주택 소유자의 비율을 보면, 2012년 2.7%에서 2020년 3.3%로 점점 커졌다. 이것은 전체 주택 수의 증가에도 불구하고 주택 소유의 편중이 심화해 왔음을 보여준다. 이처럼 한국 사회에서 주택이나 부동산에서의 불평등은 계급 불평등이 드러나는 대표적인 지표가 되었다. 그래서 2000년대 이후 한국 사회에서도 '주택계급' 개념이 적극적으로 사용되기 시작했다. 주택과 부동산은 한국 사회의 대표적 재산 유형으로서 증여나 상속을 통해 계

<표 10-6> 전국 개인소유 주택 소유 건수별 소유자 수와 비율 (단위: 천 명, %)

건수	2012	2013	2014	2015	2016	2017	2018	2019	2020
총계	12,033	12,399	12,650	13,045	13,311	13,670	14,010	14,336	14,697
1건	10,401 (86.5)	10,706 (86.4)	10,930 (86.4)	11,165 (85.6)	11,332 (85.1)	11,551 (84.5)	11,818 (84.4)	12,052 (84.1)	12,377 (84.2)
2건	1,301 (10.8)	1,355 (10.9)	1,415 (11.2)	1,487 (11.4)	1,564 (11.8)	1,660 (12.1)	1,721 (12.3)	1,797 (12.5)	1,830 (12.5)
3건 이상	330 (2.7)	338 (2.7)	305 (2.4)	392 (3.0)	416 (3.1)	459 (3.4)	471 (3.4)	487 (3.4)	490 (3.3)

자료: 통계청.

급·계층 불평등을 재생산하는 중요한 수단이 되었다.

4) 자본주의 사회의 실업·빈곤과 불평등

자본주의 시장경제의 발달로 자본에 의해 고용되어 살아가는 임금노동자가 늘어나면서 실업과 빈곤은 사회불평등을 만들어내는 중요한 사회문제가 되었다. 자본(기업)들은 다른 자본(기업)들과 경쟁하면서 더 많은 이윤을 남기기 위해 생산비용을 최소화하려고 하는데, 특히 인건비를 절감하려고 한다. 그래서 새로운 생산 기술의 도입을 통해 기계와 설비의 효율성을 높이거나 자동화·정보화함으로써 노동력을 대체하려고 한다. 이렇게 되면 기업은 노동력 수요가 줄어드는 만큼 노동자들을 해고할 수 있게 되며, 이에 따라 실업자들이 늘어난다.

산업구조와 직업구조의 변화에 따라 제조업 일자리가 줄어들고 산업 간, 직업 간 노동력 수요와 공급의 불일치가 생기는 때에도 실업이 늘어나게 된다. 그리고 경제 불황이 주기적으로 발생하면 이에 따른 생산활동의 감소로 실업이 늘어난다.

이처럼 자본주의 사회에서 다양한 요인으로 생겨나는 실업은 노동자들의 소득단절을 가져와 빈곤을 낳게 되며, 이것은 소득불평등 심화의 원인이 된다. 보수우파 정권의 신자유주의 정책 도입으로 임시직, 계약직, 용역직, 시간제 등 불안정한 일자리나 상대적 저임금 일자리가 늘어나는 것도 빈곤문제를 악화시키는 원인이 된다. 그래서 진보좌파 정권은 공공부조와 보편적 복지 등 재분배 정책을 강화하고, 또 일자리 나누기, 재취업 교육, 취업 알선 등 적극적 노동시장 정책과 공공 부문의 일자리 창출을 추구함으로써 빈곤과 실업문제를 해결하려고 노력한다. 최저임금제도의 도입은 저임금 노동자들의 빈곤문제를 해결하는 방안이 된다.

한편, 기업의 도산이나 해고로 실업자가 된 사람들은 자영업에 많이 진출하고 있는데, 한국 사회에서는 외환위기 이후 1998년에 전체 취업자 중 38.3%를 차지하던 자영업자의 비중이 2017년에 25.4%로 감소했다. 하지만 OECD 회원국 평균에 비해 여전히 매우 높은 편이다(2014년 기준 OECD 평균 15.4%). 이것은 산업구조 변동과 자동화·정보화 등에 따라 일자리가 감소하는 데 비해 새로운 자본 투자를 통한 고용 창출이 잘 이루어지지 않고 있기 때문이다. 이에 따라 과도한 경쟁 상황에 놓이게 되면서, 자영업자들의 창업 후 5년 이내 폐업률이 70% 내외를 차지하고 있다. 이처럼 높은 자영업자 비율과 높은 폐업률은 낮은 소득과 실업으로 이어져 사회불평등을 심화하는 요인이 되고 있다.

1. 불평등이란 무엇인가? 그 뜻을 설명해 보고, 어떤 종류가 있는지도 설명해 보자.

2. 사회불평등을 계층론의 시각으로 파악하는 것과 계급론의 시각으로 파악하는 것은 어떻게 다른가?

3. 한국 사회를 '능력주의 사회'라고 부르는 것에 대한 자신의 생각을 토론해 보자.

4. 계층의 차이에 따른 생활양식의 차이에는 어떠한 것이 있는지 논의해 보자.

5. 한국에서 지난 30여 년간에 일어난 계급구성의 변화가 한국 사회에 미친 영향에 대해 논의해 보자.

6. 2000년 이후 오늘까지 한국 사회의 불평등이 늘어났는지, 줄어들었는지에 대해 증거자료들을 수집하여 토론해 보자.

7. 사회불평등이 사회의 원활한 기능을 위해 필요하다는 입장에 대해 두 팀으로 나누어 찬반토론을 해보자.

읽을거리

『계급 이해하기』
라이트(E. O. Wright) 지음 / 문혜림·곽태진 옮김 / 2017 / 산지니

『다중격차, 한국사회 불평등구조』
전병유·신진욱 공편 / 2016/ 페이퍼로드

『한국 사회 불평등 연구』
신광영 지음 / 2013 / 후마니타스

『한국의 불평등』
김윤태 엮음 / 2022 / 한울

정치, 국가, 시민사회, 제도정치, 현대국가, 공론장, 민주주의, 공동선, 일반의지, 자본주의 국가, 권력, 지배, 다원주의, 엘리트주의, 계급국가, 관계론적 국가이론, 자유주의, 신토크빌주의, 헤게모니, 자유민주주의, 파시즘, 전체주의, 사회민주주의, 계급 타협, 신자유주의, 참여민주주의, 민주적 사회주의, 급진민주주의, 주변부 국가, 민주화

한국 사회는 짧은 기간에 급속히 민주화가 이루어진 사회로 평가받고 있다. 그렇지만 동시에 정치는 가장 발전이 더딘 영역으로 꼽힌다. 해방 이후 권위주의적 통치와 군사독재가 지속되면서 민주주의에 대한 시민들의 열망은 점차 커졌고, 이러한 열망은 1987년 민주항쟁으로 이어지면서 형식적·절차적 민주주의의 도입을 이루어냈다. 하지만 권위주의 통치, 정보기관을 통한 공안 통치, 지역주의, 정치 부패가 반복되고, 검찰과 사법부의 정치개입이 이루어지는 등 민주정치의 발전이 제약당하고 있다. 젊은 세대가 성장하면서 이해관계와 가치지향이 다양해지고 있는 반면에, 이것들을 정치적으로 적절히 대표하는 제도와 인적 기반이 확립되지 못함으로써 정치에 대한 불신과 혐오가 팽배해지고 있다.

그렇다면 우리는 정치 없이 살 수 있을까? 사람들이 원하든 원치 않든 다양한 정치세력들이 국가권력을 차지하기 위해 경쟁하고 있으며, 시민의 대표자들은 제도정치를 통해 지속해서 정치적 의사결정을 내리고 있다. 그리고 이러한 의사결정들이 시민들의 삶에 영향을 미치고 있다. 민주주의 정치의 발전을 위해서는 시민사회의 다양한 목소리가 제도정치에

전달되고 민주적 소통을 통한 정치적 의사결정이 이루어져야 한다.

1. 국가와 시민사회란 무엇인가?

1) 정치, 국가, 시민사회의 의미

정치의 의미: 의사결정과 권력관계

'정치(politics)'는 일반적으로 사람들 사이에서 권력이나 영향력을 획득하고 행사하기 위해 이루어지는 상호작용과 관계를 의미한다. 이때 권력이나 영향력은 무엇보다도 정치공동체 내의 의사결정 과정과 결정된 내용의 실현 과정에서 행사된다. 따라서 정치는 사람들이 사회적 자원의 분배를 둘러싼 사회적 의사결정 및 그 집행 과정에서 권력을 획득하고 또 행사하기 위해 서로 경쟁하고 투쟁하는 활동들과 관계들을 말한다.

이런 점에서 정치는 단지 국가라는 공식적인 기구와 제도 안에서만 이루어지는 것이 아닌, 국가 외부에서 이루어지는 활동들도 포괄하는 것이다. 따라서 사람들이 다른 사람의 판단과 행동에 대해 영향을 미치고자하는 다양한 권력적 현상이나 활동들이 모두 정치가 된다. 시민사회 정치, 사생활 정치와 같은 개념들은 정치를 국가와 제도정치의 틀로 한정하거나 공공영역으로 불리는 공간에서 이루어지는 활동으로 제한할 수 없다는 점을 보여준다.

제도정치와 시민사회 정치

정치는 그 활동이 이루어지는 중심 공간의 성격에 따라 제도정치와 시민사회 정치로 구분해 볼 수 있다. 제도정치는 행정부(정부), 입법부(의회), 사법부(법원) 등 국가기구를 통해 국가 외부의 시민사회와 일상생활 영역에 대해 공식적인 권력을 행사하고 통치하는 행위와 이를 위해 정치제도의 틀 속에서 권력투쟁이 이루어지는 과정을 의미한다. 그래서 '국가(state)'

'정치적 동물'로서의 인간

아리스토텔레스는 '인간은 사회적 동물'이라고 규정한 바 있다. 그런데 이 말은 '인간은 정치적 동물'이라고 번역되기도 한다. 이는 아리스토텔레스가 살았던 당시의 고대 그리스에서는 정치와 사회의 경계가 엄밀히 구별되지 않았기 때문이다. 사실 그가 한 말은 정확히는 '폴리스적 동물(zoon politikon)'이고, 고대 그리스의 폴리스는 공적인 국가와 사적인 민간인의 사회가 구별되지 않는 정치공동체였다.

가 정치활동의 중심 공간이 된다.

시민사회 정치는 시민사회와 일상생활의 공간에서 이루어지는 의사결정을 둘러싼 권력 또는 영향력 경쟁의 과정이다. 이때 시민사회 정치는 시민사회 내에서의 권력이나 영향력을 추구하는 과정을 의미하기도 하고, 시민사회에서의 권력이나 영향력을 통해 제도정치에 영향을 미치려는 과정을 의미하기도 한다.

예를 들어 기업의 작업장이나 사무실에서는 업무의 지시와 수행, 승진, 임금과 노동시간, 노동자들의 권리 등을 둘러싼 권력관계가 존재하며, 가정생활에서는 가족구성원 간의 영향력 관계가 존재한다. 또한 남녀 간의 권력관계, 다양한 성 정체성이나 소수자의 권리 인정을 둘러싼 권력관계도 존재하며, 다양한 결사체들이 서로의 의사를 관철하기 위해 경쟁하는 권력관계가 존재한다. 기업에 대한 소비자들의 권리 요구, 이익집단이나 사회집단들 간의 사회적 자원의 분배를 위한 연대와 타협 등과 같이 시민사회와 일상생활 내에서 이루어지는 정치를 '시민사회 정치' 또는 '일상생활 정치'라 한다.

그런데 시민사회 내에서 이루어지는 다양한 시민들이나 이해관계자들 간의 경쟁이나 갈등은 제도정치와 무관하게 전적으로 시민사회 내에서 해결되기 어려우며, 시민들은 자신들의 다양한 요구를 제도정치를 통해 실현하고자 한다. 그리하여 시민사회 정치는 제도정치에 영향력을 미치려고 하는데, 민주주의 사회에서 이 과정을 매개하는 제도적 장치가 정당이다. 정당들은 시민들의 다양한 이념, 가치, 이익, 정책들을 대변함으로써 시민 대중의 더 많은 지지를 얻기 위해 경쟁하며, 이를 통해 국가권력을 차지하려고 한다.

국가의 의미

국가(state)는 다양한 의미로 사용되는 개념이다. 정부(government), 나라(country), 민족(nation) 또는 국민이라는 말들과 구별되면서도 동시에 혼용되기도 한다. 그래서 '국가'라는 용어를 사용할 때는 먼저 그 의미를 명확하게 한정할 필요가 있다. '민족'은 언어, 지역, 경제생활, 그리고 문화의 공통성을 기초로 역사적으로 형성된, 공동체 의식을 공유하는 사람들의 집합체를 말한다. 민족은 정치 공동체(나라)의 구성원들이라는 의미에서 '국민(nation)'과 같은 의미이지만, 혈연적 관계를 중심으로 하는 종족의 의미를 강하게 지닌다.

'나라'는 그 구성원들인 국민과 함께 하나의 주권이 미치는 영토 경계 안에 존재하는 모든 자연적·인문적 내용을 총괄하여 지칭하는 개념이다. 그리고 '정부'는 대통령이나 총리를 수장으로 하는 국가 관료들이 한 나라의 정책을 수립하거나 집행하는 행정기구를 의미한다.

'국가(state)'라는 말은 대외적으로는 '나라'라는 의미로도, 대내적으로는 '정부를 포함하는 통치기구의 집합체'라는 의미로 사용되며, 실질적 집행기구로서 '행정부'에 국한된 의미로

대기업의 노동자 정리해고의 부당함을 알리기 위해 고공농성을 벌인 노동운동가를 지지하며 '희망버스'를 타고 현장에 모인 시민들을 해산시키기 위해 전투경찰부대가 물대포를 쏘고 있다.

사용되기도 한다. 그런데 시민사회와 대비되는 의미에서 국가는, '일정한 영토적 범위를 갖는 나라 안에서 법에 기초한 주권과 합법적인 물리적 강제력을 가지고, 국민을 통치하는 정치적 기구', 즉 국가기구(state apparatus)를 의미한다. 이처럼 행정부, 입법부, 사법부, 군대, 경찰, 감옥 등의 제반 통치기구 또는 국가기구를 의미하는 '국가' 개념은, 영토 내의 공동체를 가리키는 '민족(국민)', 영토 내의 모든 것을 포괄하는 '나라', 국가기구의 일부인 '행정부' 등과 구별된다.

시민사회의 의미

민주주의 사회에서 국가의 통치와 지배는 법이 허용하는 범위 내에서 이루어진다. 그런데 법의 제정은 시민들의 의사와 시민들을 대표하는 정

국가와 시민사회가 특수이익들을
추구하는 다양한 세력들이 갈등하
며 공존하는 각축장이라면, 보편
이익의 추구를 통한 사회통합은 비
현실적인 목표가 된다. 그래서 이들
이 서로 타협하고 협력하는 가운데
'공동이익(common interests)'을
형성해 나가는 것이 현실적인 방안
이다. 이때 '국익(national interests)'
역시 공동이익의 한 형태라고 할
수 있다.

전통적으로 국가를 비롯한 공동
체와 관련된 업무는 '공적인 것
(the public)'으로 규정되고, 개인
과 관련된 업무는 '사적인 것(the
private)'으로 규정된다. 그런데 공
적인 업무가 반드시 공익을 위해
이루어지는 것은 아니다. 국가가
지배계급의 이익을 대변하는 것
이 그 예이다. 반면에 사익을 위한
다고 해서 반드시 사적인 업무라
고 할 수도 없다. 가족이나 연인과
같은 사적 관계에서 폭력행위가
이루어질 경우, 사생활 공간이라
는 이유로 공권력 개입을 제한한
다면, 공동체의 구성원을 보호한
다는 공익을 위배하는 결과를 낳
는다. 이처럼 공적인 것과 사적인
것의 경계는 사회마다 시대마다
다르게 설정되며, 지배계급은 사
적 이익을 공적 이익, 보편이익으
로 보이게 하려 한다.

치인들의 의사결정에 달려 있다. 국가권력은 법에 근거하여 국가기구를
통해 행사되며, 시민사회는 국가에 의해 통치가 이루어지는 공간이 된다.

형식적으로 보면 시민사회(civil society)는 국가가 존재하기 이전에 형성
되어 있는 시민들의 자연스럽고 자율적인 공간으로 정의할 수 있다. 그래
서 공식적 통치기구로서의 국가가 형성되기 이전에 존재하면서 국가를
형성하는 토대가 된 시민들의 자유로운 공동체이다. 그런데 시민사회가
커지고 복잡해지면 개인 통치자가 아닌 통치기구가 필요해지는데, 국가
는 바로 시민사회의 이러한 요구에 따라 형성된 것으로 볼 수 있다. 그리
고 국가가 형성되고 통치가 이루어지면 국가는 시민사회에서의 시민들의
활동들에 대해 개입하면서 권력을 행사하게 된다. 이에 따라 국가와 시민
사회 간에는 강제와 자율성 간의 긴장과 갈등이 형성될 수 있고, 시민사회
가 이익과 가치지향에 따라 다양한 집단들, 세력들로 나누어지면 국가는
보편이익과 특수이익 사이에서 편파적으로 권력을 행사하는 통치기구가
될 수 있다.

현대사회에서 시민사회는 공적인 통치기구에 속하지 않는, 학교, 종교
단체, 언론, 사회단체 등과 같은 조직들과 다양한 일상적 결사체들로 구성
되어 있다. 시민사회에서 개인, 집단, 조직, 결사체들은 자율성을 누리면
서 다양한 이해관계나 가치지향을 둘러싼 의견들을 지니게 되는데, 이에
따라 이들 간에는 갈등과 대립, 연대와 협력, 협상과 타협 등 다양한 관계
가 형성될 수 있으며, 이러한 권력관계는 제도정치에서 국가권력을 차지
하거나 국가에 영향력을 행사하기 위한 경쟁과 투쟁을 낳게 된다.

2) 국가와 시민사회의 역사적 발전

고대 그리스의 폴리스는 직접민주주의가 발달할 수 있을 정도로 작은
정치공동체였고, '공적인 삶'과 '사적인 삶'이 잘 구별되지 않은 사회였다.
그런데 현대로 오면서 사회 규모가 커지고 상공업과 시장경제를 비롯한
다양한 사적인 삶의 영역이 확장되면서 시민사회가 발달하게 되었고, 이

에 따라 통치기구로서의 국가와 일상적 삶의 영역으로서의 시민사회의 경계가 구별되기 시작했다.

유럽 시민사회의 형성

현대적 시민사회의 맹아는 역사적으로 17~18세기 유럽에서 등장했다. 상공업의 발달 속에서 자본주의 시장경제가 점차 확대됨에 따라 부르주아지 세력이 부상하기 시작했고, 도시를 중심으로 한 이들의 경제활동은 절대주의 국가의 통치권의 직접적 영향에서 벗어나 있는 상대적으로 자율적인 활동이었다. 이것은 국가라는 공적 권위로부터 자율적인 영역으로서 시민사회의 성장을 의미했다.

이러한 '국가와 시민사회의 분리'는 신분제적 제약에서 벗어나기 시작한 부르주아지들이 다양한 경제적·문화적 결사체를 형성하면서 자율적 목소리를 형성하는 기반을 제공했다. 정치적 자유와 권력에서 배제되었던 부르주아지들은 절대주의 국가의 군주와 귀족들에게 정치적 불만을 표출하기 시작했는데, 이것은 사적 이해관계를 위한 경제적 활동 공간으로서의 시민사회에서 정치적 문제에 대한 여론을 형성하는 공적 활동이 성장하는 것을 의미했다. 이에 따라 부르주아지는 봉건적 질서, 절대주의 지배체제에 저항하는 시민사회의 정치적 도전 세력으로 성장하게 되었다.

현대국가의 형성과 복합적 특성

17세기 이후 현대적 국경 형성에 기초한 주권국가(sovereign state) 체계의 발달, 부르주아혁명 이후 자유주의와 민주주의의 발달, 국민주의(민족주의)의 확산 등은 점차 영토, 국민, 주권에 기초한 현대국가의 형성으로 이어졌다. 이때 국가는 '나라'와 '국가기구'라는 이중적인 의미를 지닌다. 대외적 주권국가이자 대내적인 통치기구로서의 현대국가는 다음과 같이 다양하고 복합적인 성격을 지닌다.

첫째, 현대국가는 이념적으로 국제체제의 협약에 의해 보장된 대외적 주권을 가진다. 국가 간(international) 체제는 국가들의 주권에 대한 상호

승인에 기초해 있다. 유럽의 30년 종교전쟁 이후 1648년에 각국은 베스트 팔렌 평화조약▼을 맺고 더 이상 종교문제를 비롯한 각 나라의 내정에 서로 간섭하지 않기로 하면서, 각각의 영토 내에서 배타적 주권을 지님을 서로 인정했다. 물론 형식적으로 평등한 주권의 상호 인정이 현실적으로 국제관계에서 힘의 원리가 작동하는 것을 배제할 수는 없었다(대외적 주권국가).

둘째, 현대국가의 영토는 헌법을 통해 그 경계가 명확히 규정되어 있으며, 배타적인 영토주권을 지닌다. 과거의 국가에도 영토는 있었지만, 그 경계는 분명하지 않았고 영토 분쟁이 잦았다. 그래서 과거에는 국가 간의 경계를 변경(frontier)이라고 불렀다. 하지만 현대국가의 경계는 국경선(border)으로 명확히 구분되어 있다. 현대국가에서 영토는 국가 주권의 기초이자 경계로서 어떤 개인도 국가의 허락 없이 이 경계를 넘는 것은 금지되어 있다. 외국인이 다른 나라의 경계 내로 들어가려면 여권이나 비자(visa, 입국 허가증)를 제시해야 한다는 점이 이를 잘 보여준다. 국가 간의 영토 분쟁에서 알 수 있듯이, 영토에 대한 침해는 곧 주권국가에 대한 도전으로 간주되어 국가 간에 심각한 갈등을 일으키게 된다(영토국가).

셋째, 현대국가는 폭력수단을 합법적으로 독점하고 있다. 즉, 정해진 경계 내에서는 국가만이 군대와 경찰을 동원하여 합법적으로 폭력(물리력)을 사용할 수 있다. 그래서 국민의 대리자로서 국가의 폭력은 공적·합법적 폭력으로서 '공권력'이라 불린다. 물론 사회에는 사적인 폭력이나 물리력을 지니고 행사하는 조직이 형성될 수 있지만, 정당하지 않은 폭력의 행사는 법적으로 금지되며 법에 따라 처벌받는다(폭력 독점).

넷째, 현대국가의 권력은 법에 기초한 탈인격적(impersonal) 권력이다. 신분제 사회에서는 권력이 인격에 의해 자의적으로 행사되지만, 신분제가 해체된 현대사회에서는 누구도 사적·자의적으로 권력을 행사해서는 안 되며, 탈인격적 공적 권력 행사만이 정당화된다. 개인의 정치적 권리와 의무는 법으로 규정되며, 최고 통치자도 법을 따라야 한다(법치국가).

▼ 베스트팔렌 평화조약에 대해서는 제2장 1절 참조.

다섯째, 현대국가는 법적·합리적 절차에 기초하는 전문관료제를 통해 운영된다. 국가는 관료적 합리성에 따라 영토와 인구를 관리하고 통치한다. 현대국가는 관료적 역량에 기초하여 국가 통계를 작성하고 과세, 징병 등의 방식으로 물적·인적 자원을 동원하고 관리한다(관료제 통치).

여섯째, 현대국가는 국민국가(nation-state)이다. 국민국가는 국민에게 권리와 의무를 부여하고 공공교육을 제공함으로써, 영토 내의 인구를 소속감을 지닌 '국민(민족)'으로 길러낸다. 국민국가라는 정치공동체에 소속되기 이전의 사람들인 인민들(people)이 국적, 의무, 권리가 명확하게 부여되지 않은 사람들이라면, 현대국가의 국민들은 법에 따라 국적, 의무, 권리가 명확히 규정되어 있는 사람들이다(국민국가).

일곱째, 현대국가의 대내적 주권(sovereignty)은 국민으로부터 나오며, 국가권력의 행사는 국민으로부터 정당성을 획득해야 한다. 군주국가에서 주권은 왕에게 귀속되어 있으면서 신(종교)이나 혈통승계의 전통에 의해 정당화되었다. 그래서 신의 대리자로서 왕권에 개입하려는 교황과 권력다툼을 벌이면서 불안정한 상황에 놓이기도 했다. 하지만 인민주권 사상에 기초해 있는 현대국가는 국민의 지지와 합법성에 의해 정당성을 획득하여 국가권력을 안정적으로 행사한다(국민주권 국가).

물론 현대국가가 처음부터 민주적 법치에 기초한 국민국가로 형성된 것은 아니다. 초기에는 영토주권과 같은 대외적 주권이 현대국가의 중요한 속성이었다면, 이후 민주주의가 발전해 감에 따라 국민주권과 법치국가 등 대내적 주권도 현대국가의 중요한 속성이 되었다.

현대 시민사회의 발달

자본주의의 발달과 부의 양극화는 시민사회에서 자본가계급과 노동자계급 간의 계급 갈등을 격화시켰고, 이에 따라 노동운동과 사회주의운동이 확산되었다. 그리고 부르주아혁명 이후 참정권을 얻지 못한 노동자들과 여성들은 참정권운동을 벌이면서 민주주의의 확대를 요구했다. 유럽에서 노동자계급의 요구를 대변하는 좌파정당들이 형성되고 참정권의 확대로 좌파정당의 집권이 가능해지면서, 제도정치는 계급 타협을 통한 이익 분배라는 '계급정치'의 형태를 띠게 되었고 노동운동도 제도화되었다.

우파정당과 좌파정당 간의 선거를 통한 집권 경쟁이 지속되면서 계급
타협이 적극적으로 추구되었고, 좌파정당은 노동자계급을 비롯한 다수
시민 대중의 지지를 얻기 위해 보편적 복지제도를 적극적으로 도입하고
자 했다. 그런데 자본주의의 발달로 물질적 풍요가 이루어지면서 계급 타
협에 기초한 제도정치가 안정되는 것처럼 보였지만, 새롭게 성장한 전후
세대는 기성세대 정치에 맞서 탈물질주의, 탈권위주의, 풀뿌리 민주주의
를 요구하기 시작했고, 이것은 68혁명을 통해 새로운 사회운동들의 발전
으로 이어졌다. 시민사회는 계급(노동)만이 아니라 환경, 여성, 반전·평화,
반핵, 소수자 인권 등 다양한 가치를 추구하는 다원적 사회로 발전해 가게
되었고, 제도정치 역시 녹색당의 등장, 다양한 정치이념의 분화에 따라 복
잡한 정치지형을 형성하게 되었다.

한국 사회에서는 1987년 6월 민주항쟁을 통해 권위주의적이고 억압적
인 군사독재 권력이 해체되면서 시민사회의 자율성이 확대되기 시작했
다. 시민사회의 활성화는 1980년대 제3세계 및 동구 사회주의 나라들에
서 일어난 민주화, 그리고 서구 복지국가의 관료주의에 저항한 새로운 사
회운동(new social movements) 등에서도 관찰되는, 세계적으로 공통된 현
상이었다. 하지만 시민사회의 발달과 사회운동의 전개 양상은 나라마다
현실적 조건에 따라 서로 달랐다.

독재정권 시기 한국의 시민사회는 국가에 저항하며 민주주의를 요구하
는 공간이었지만, 민주화 이후에는 계급, 성별, 환경가치, 지역이익, 세대
등의 쟁점들에 따라 다양한 이해관계와 가치지향들 사이의 갈등과 적대
가 공존하는 담론 투쟁과 헤게모니 투쟁의 공간이 되었다. 시민사회는 계
급 갈등과 대립이 지속되면서도, 또한 성차별에 따른 성 갈등, 환경오염과
기후변화에 따른 환경 갈등, 소수자들의 권리를 위한 투쟁 등 다양한 갈등
과 투쟁들이 분출되는 공간이 되었다.

2. 유럽 근현대사회와 국가-시민사회 이론

정치에 관한 현대적 사고는 무엇보다 중세 봉건사회의 붕괴와 자본주의 발전이라는 역사적 변동 속에서 출현할 수 있었다. 종교가 지배한 중세에도 정치를 수행한 것은 인간이었지만, 이것을 최종적으로 보증해 준 것은 신(神)이었다. 그러나 14~15세기 이후 봉건제도가 약화하기 시작하면서 기존의 봉건적 국가체제와 신권은 점차 의심과 비난의 대상이 되었다. 그리고 새로이 성장하고 있던 자본주의 시장경제 아래서 싹튼 계몽적·합리적 사고는 낡은 전통적 권위에 도전했다. 봉건적 공동체에 묶여 있었던 개인들은 점차 자신이 새로운 정치공동체와 국가를 만들 수 있는 존재임을 인식하게 되었다. 특히 경제적 부를 형성한 부르주아계급은 자신들의 재산을 보호하고 경제활동을 장려할 새로운 정치권력이 필요했다.

1) 초기 시민사회사상의 등장

계몽주의 시대의 정치사상들은 국가와 권력에 대한 몇 가지 인식을 공유했다. 특히 계몽주의와 자연법사상에서 개인들은 생명, 자유, 평등 등 자연권을 가진 존재이자 자신들의 이익을 위해 자유롭게 결사체를 형성하는 정치적 주체로 인식되었다. 결사체 중에서 가장 시급히 요구된 것은 정치공동체였다. 그리고 정치공동체에서 동의 또는 사회계약을 통해 개인들의 권한을 양도받거나 위임받은 국가는, 개인 간의 갈등을 공정하게 조정하여 싸움과 전쟁을 방지하고 재산권을 보호하며 사회적 불평등의 야만을 해결할 수 있는 '문명'의 구현체로 생각되었다. 자연법 전통과 사회계약론에서는 이렇게 자유롭고 평등한 개인들의 정치적 공동체를 '시민사회(societas civilis)' 또는 '정치사회'라고 불렀는데, 이는 자연과 대비되는 '문명화된 사회'라는 뜻도 가지고 있었다. 이처럼 시민사회와 국가(정부)는 문명의 담지자로 생각되었기에 계몽주의 시대의 정치사상가들은 국가와 시민사회를 통합적으로 사고하는 경향이 강했다.

1789년 프랑스혁명은 근현대 정치사상이 현실로 구현된 역사적 대사건이었다. 자유·평등·동료애(우애)의 이념을 상징하는 삼색(파랑·하양·빨강) 깃발 아래서 프랑스 인민들이 이루고자 했던 것은 앙시앵레짐(ancien regime, 구체제)의 낡은 억압체제를 대신할 수 있는 '선한 국가'와 '자유로운 정치체제'였다. 그러나 프랑스혁명에서 낡은 절대주의 왕권에 대항해 투쟁한 인민들은 이해관계가 서로 상충했고, 그들 모두가 합의할 수 있는 '공동선(common good)'이나 '일반의지(general will)'는 존재하지 않았다. 부르주아지는 개인의 재산소유권을 보호하는 것이 국가가 해야 할 유일한 공동선이라고 주장했지만, 노동자계급은 무산자를 배제하는 부르주아계급의 정치적 지배와 경제적 불평등을 강하게 비판했다. 말하자면 공동선은 계급에 따라 서로 다른 의미와 내용으로 받아들여졌고, 이에 따라 국가와 시민사회를 바라보는 시각도 분화되었다.

2) 헤겔의 국가-시민사회 이론

현대적 시민사회론의 창시자는 헤겔(Georg W. F. Hegel)이다. 이전의 자연법 전통과 달리 헤겔은 시민사회를 국가(정치사회)에 앞서 존재하는 인간사회로 보았다. 시민사회는 국가가 출현하기 이전의 자율적인 사회로서 다양한 지역 공동체, 이익집단, 직업집단 등으로 구성되어 있다. 헤겔은 가족공동체에서 분화된 개인들이 시민사회에서 사적 이익과 특수이익을 추구하며 서로 경쟁하게 되면서 공동체의 인류성(Sittlichkeit)이 훼손된다고 보았다. 그리고 이처럼 사적 자유를 추구하는 원자적 개인들로 분열된 시민사회는 국가라는 최상의 질서 속에서 규제될 때 인류성을 다시 회복할 수 있게 된다고 주장했다.

헤겔에게 국가는 사적 욕망과 대립적 이해관계로 분열된 시민사회에서 이성과 자유를 실현해 줄 수 있는 보편성과 공공선의 구현체였다. 인간은 오직 국가 공동체를 전제로 해서 문명인의 삶을 살 수 있고, 이에 따라 물질적·정신적으로 더 풍요로운 삶을 살 수 있다고 보았기 때문이다. 이러한 의미에서 헤겔이 말하는 국가는 시민사회와 분리되어 있기는 하지만, 단순한 통치기구를 넘어 시민사회를 교화하고 통합하는 역할을 하는 확장적이고 포괄적인 존재이다.

3) 마르크스의 헤겔 비판과 국가-시민사회 이론

마르크스의 헤겔 비판

마르크스(Karl Marx)는 헤겔이 제시했던 시민사회의 경제적 차원에 주목하면서 시민사회를 물질적 이해관계가 대립하는 경제적 관계로 파악했다. 그러므로 시민의 공적 특성, 즉 공민(citoyen)으로서의 시민을 강조한 헤겔과 달리, 마르크스는 시민의 사적 특성, 즉 부르주아적 특성에 주목했다. 그는 시민사회가 자본주의적 착취와 계급 적대에 기초하여 부르주아의 지배가 관철되는 공간, 즉 부르주아 사회라고 보았다. 그래서 시민사회에 실제로 존재하는 것은 자율적 시민들의 자발적 결사체가 아니라, 생산관계에서의 위치에 의해 그 지위가 결정되는 계급집단들뿐이었다.

또한 마르크스는 국가가 일반의지나 공공선의 구현자로서 보편적 성격을 지닌다는 사회계약론이나 헤겔의 사상을 강하게 비판했다. 그는 국가가 헤겔의 주장처럼 합리적이고 공정하게 시민사회의 갈등을 조정하는 보편이익의 구현자가 아니라, 시민사회를 지배하고 있는 경제적 지배계급, 즉 부르주아지의 사적·계급적 특수이익의 집행자라고 보았다.

자본주의 국가이론

마르크스는 『공산당 선언(Manifest der Kommunistischen Partei)』에서 "현대의 국가권력은 부르주아계급 전체의 공동업무를 관리하는 위원회일 뿐이다"라고 했다. 자본주의 사회에서 국가는 자본가계급의 집단이익을 대리하는 도구라고 본 것이다. 여기서 공동업무를 관리한다는 것은, 일부 또는 개별 자본가집단의 이익보다는 자본가계급의 전체 이익을 보호하는 역할을 우선시함을 의미한다. 즉, 국가는 경제정책을 통해 경쟁하는 개별 자본가들 간의 이해관계를 조정하여 시장의 불안정을 관리함으로써 전반적인 자본축적의 조건을 안정적으로 유지함을 최고의 목표로 삼는다. 그래서 이것은 일부 자본가들의 이익에 반할 수 있다. 또한 국가는 치안 유지를 내세워 노동자계급의 저항을 억누름으로써, 자본주의 사회 전체의 안정적 재생산을 돕기도 한다.

4) 베버의 지배 사회학과 국가이론

권력과 지배

마르크스가 국가의 계급적 성격에 주목한다면, 베버(Max Weber)는 국가의 통치방식에 주목한다. 그래서 베버는 지배-복종 관계의 형성과 유지에 관심을 두면서 권력과 지배의 의미를 밝히려고 한다. 그는 '권력(Macht)'을 "한 행위자가 자신과 사회관계를 맺고 있는 다른 사람들의 저항을 무릅쓰고라도 자신의 목적을 실현할 개연성(또는 능력)"으로 정의했다. 또한 '지배(Herrschaft)' 또는 '권위(authority)'는 "한 행위자가 타인의 특정 명령에 복종하는 경우에 나타나는 권력의 행사"로 규정했다. 이때 지배 또는 권위는 지배자가 피지배자로부터 정당성을 획득했음을 말한다.

지배의 정당성과 지배의 유형

베버는 지배가 정당성에 근거하고 있음을 강조하는데, 정당성의 속성에 따라 지배의 유형을 세 가지 이념형으로 분류했다. 첫째는 '카리스마적 지배'이다. 카리스마(charisma)란 "개인 인성의 어떤 특질로 인해 그 개인이 초자연적이고 초인격적인 성품이나 특수하고 예외적인 권력을 부여받은 자로 취급되는 것"을 말한다. 즉, 카리스마적 지배란 지배자의 특별한 재능에 대한 피지배자의 믿음에 근거하여 정당성이 부여된 지배이다. 둘째는 '전통적 지배'이다. 이것은 카리스마의 계승이나 예전부터 지속되어온 질서 및 권력의 신성함에 대한 믿음에 근거하여 정당성이 부여된다. 셋째는 '법적·합리적 지배'이다. 이것은 합리적·의식적으로 정립된 법에 근거하여 정당성이 부여되는, 현대국가가 보여주는 지배의 유형이다.

베버의 국가와 관료제 이론

베버는 현대국가를 "일정한 영토 내에서 정당한 폭력(물리력)의 독점에 성공한 조직적 지배단체", 즉 법적·합리적 지배를 행사하는 정치공동체의 통치기구라고 보았다. 여기서 국가의 폭력은 아래로부터의 '저항을 무릅쓰고' 목적을 달성하는 수단이며, 관료제는 합법적 지배를 수행하는 현대국가의 핵심적 행정제도이다(제5장 참조).

베버에게 현대국가는 합리화 과정의 산물인데, 자본주의의 발전은 '합리적 국가(the Rational State)'가 등장함으로써 가능했다고 본다. 이때 합리적 국가는 전문적 관리와 합리적 법률을 기초로 한다. 그런데 관료제는 고급 관료가 규칙에 따라 하급 공무원들을 명령에 복종시키는 행정제도인데, 이러한 관료제의 원리는 불성실하고 무책임한 '관료 지배'를 낳을 수 있다. 베버는 대중 조직의 통치에 능숙한 관료들이 관료적 행정체계를 통해 사회생활 전체를 지배하고 시민들을 구속하게 될 것으로 우려했다. 그래서 마르크스와 달리 사회주의가 지배를 종식하기는커녕, 강화된 국가권력으로 인해 빈틈없는 관료적 지배를 심화시킬 것으로 보았다.

이처럼 베버의 관심사는 헤겔처럼 국가가 '공동체의 보편이익'을 추구한다는 점이나, 마르크스처럼 '자본가계급 전체의 이익'을 대변한다는 점에 있지 않았다. 국가의 합리화된 관료제적 통치방식이 관료집단의 권력을 강화하여 사회생활 전반에 부당한 권력을 행사하도록 만들 수 있으므로 경쟁적 정당체계, 강력한 정치적 지도력, 합리적 시장경제 등을 통해 관료제와 고급 관료들을 견제해야 한다고 생각했다. 이를 위해 그는 정치적 소명 의식과 함께 '신념윤리'와 '책임윤리'를 지닌 유능한 직업 정치인을 선출하여 무능한 관료들을 공직에서 추방하도록 함으로써, 민주주의를 관료제의 중압에서 구해내야 한다고 주장했다. 이처럼 엘리트 중심의 민주주의를 옹호하는 베버의 입장은 '민주적 엘리트주의'라 불린다.

신념윤리와 책임윤리

베버는 행위의 결과에 대해 어떤 태도를 취하는가에 따라 두 가지 윤리적 원칙을 구분한다. '신념윤리'는 행위의 결과를 따지지 않고 오직 신념의 올바름 여부의 판단에 따라 행동한다는 윤리적 원칙이다. 반면에 '책임윤리'는 행위의 예견 가능한 결과에 대해 책임을 져야 한다는 윤리적 원칙이다. 신념윤리를 따르는 사람은 행위의 결과에 대해서 책임지지 않으며, 모든 결과를 신의 뜻으로 돌린다. 반면에 책임윤리를 따르는 사람은 인간의 평균적 결함을 고려하여 신중하게 행동하고, 또 그 결과에 대해 책임을 지려고 한다. 베버는 직업 정치인이라면 신념윤리와 책임윤리 간의 이러한 윤리적 역설을 자각하고 있어야 하며, 서로 보완관계에 있는 두 윤리 모두가 '정치에 대한 소명'을 지닌 참다운 인간의 본질을 구성한다고 주장한다.

3. 국가-시민사회 이론의 현대적 발전

1) 현대의 국가이론

현대 국가이론은 고전 정치사상과 국가이론을 비판적으로 발전시키는 과정에서 형성되었다. 현대 국가이론의 중요한 쟁점은 '국가 및 국가정책의 성격은 어디에 기원을 두는가?'라고 할 수 있다. 이러한 시각에서 보면 현대 국가이론은 크게 사회중심적 국가이론 — 다원주의 국가이론, 엘리트주의 국가이론, 계급국가 이론 — 과 국가 중심적 국가이론, 그리고 관계론적 국가이론 등으로 나누어 볼 수 있다.

다원주의 국가이론

슘페터(Joseph A. Schumpeter)▼와 달(Robert Dahl) 등의 다원주의(pluralism) 국가이론은, 개인을 합리적인 정치적 시민으로 파악하는 고전 이론과 자유주의 이론의 가정을 비판한다. 그래서 모든 개인이 동의할 수 있는 '공동선(common good)'이나 개인들 간의 원만한 합의의 가능성은 존재하지 않는다고 본다. 시민사회에서 현실적으로 작동하는 정치 단위는 개인이 아닌 이익집단들(interest groups)이며, 국가는 권력을 소유하며 서로 경쟁하는 평등한 이익집단들이 정당, 선거, 의회로 구성되는 대의기구들을 통해서 자신의 이익을 대변하고 있는 '이익대표체계'라고 본다. 따라서 국가는 '공동선'의 담지자가 아닌 이익들을 조정하고 타협을 중재하는 중립적 조정자이며, 국가권력은 이익집단들이 분점하고 있다고 본다.

엘리트주의 국가이론

파레토(Vilfredo Pareto), 모스카(Gaetano Mosca), 밀스(C. Wright Mills) 등의 엘리트주의(elitism) 국가이론은, 다원주의 이론의 주장처럼 국가권력이 다수의 이익집단에 의해 분점되어 있는 것이 아니라, '소수의 엘리트 집단들'이 국가권력을 장악하고 있다고 주장한다. 미국의 엘리트 집단을

▼ 슘페터에 대해서는 제8장 2절 참조.

연구한 밀스는 정치·경제·군부를 대표하는 수백 개의 엘리트 가문들이 미국의 국가권력을 독점적으로 행사하고 있음을 경험적으로 보여주었다. 각 부문 엘리트들은 인적 유대, 학벌 등의 사회적 배경, 각 부문 간의 제도적 상호연관성을 매개로 해서 하나의 지배계급으로 결합해 있고, 국가는 이들 소수 엘리트 집단의 이해관계를 배타적으로 대표하는 지배 수단이다.

계급국가 이론: 도구주의 대 구조주의

밀리밴드(Ralph Miliband), 풀란차스(Nicos Poulantzas) 등의 현대 마르크스주의 국가이론은, 기본적으로 소수 엘리트 집단이 지배계급이 되어 국가권력을 장악하고 있다는 엘리트주의 이론에 동의하면서, 더 나아가 지배계급이 경제적 관계에 기초한 자본가계급이라는 점을 강조한다. 이것은 국가를 '부르주아계급 전체의 공동업무를 관장하는 위원회'로 보는 마르크스의 계급국가 이론을 계승하고 있다. 그런데 국가를 통해 이러한 계급이익이 실현되는 방식에 대한 설명에서 풀란차스와 밀리밴드는 서로 다른 견해를 가지고 있다.

우선 밀리밴드는 국가를 '공공선의 담지자'나 '중립적 조정자'로 보는 자유주의나 다원주의 국가이론이 '자본가계급에 의한 국가 지배'를 은폐하고 있다고 비판하면서, 국가가 계급지배의 직접적 도구라는 점을 강조한다. 자본주의 국가는 자본가계급을 대표하는 집단(독점자본가들)과 결탁하여 직접적으로 계급이익을 실현하고 있다는 것이다. 밀리밴드의 이러한 주장은 '도구주의 국가이론'이라 불린다.

한편, 풀란차스는 국가권력이 일부 자본가계급에 의해 장악되어 계급이익 실현의 도구로 작동하고 있다는 도구주의 국가이론을 비판한다. 그는 자본주의 국가가 자본주의 질서를 안정적으로 재생산해야 한다는 자본가계급의 장기적 이해관계에 의해 본질적으로 제약되는 점을 강조하면서, 이러한 구조적 조건으로 인해 국가는 즉각적인 이익과 성장이라는 자본가계급의 단기적 이해관계와 거리를 둘 수 있으며, 이에 따라 자본가계급의 특정 분파의 이익에 반하는 결정을 내릴 수 있다고 본다.

이처럼 구조적 특성으로 인해 자본가계급의 특정 분파들에 대해서는 자율성을 지니면서도, 자본가계급 전체 이익의 실현에서는 자율성을 지닐 수 없는 자본주의 국가의 성격을 풀란차스는 '상대적 자율성'이라고 불렀다.

풀란차스는 자본가계급이 국가기구에 직접 참여하지 않을 때, 오히려 국가가 자본가계급의 전체 이익을 더 잘 대변할 수 있다고 주장한다. 부르주아계급은 자신이 직접 정책 결정에 참여하지 않음으로써 국가정책의 계급성을 은폐할 수 있고, 자신의 계급 이익을 전체 국민의 일반 이익으로 만들 수 있다는 것이다. 그리고 이 과정에서 피지배계급은 자본가계급의 계급지배를 정치적으로 수용하여 정당성을 부여하게 된다. 풀란차스는 도구주의 국가이론의 환원론적 시각으로는 국가가 상대적 자율성을 통해 계급국가의 성격을 은폐하거나 왜곡하여 보여주는 작동방식을 이해하기 어렵다는 점을 비판한다.

자본주의 국가의 선택성 이론과 복지국가의 모순

오페(Claus Offe)는 도구주의 국가이론을 비판하는 구조주의 국가이론에 동의하면서, 현대국가가 구조적으로 계급적 성격을 띠게 되는 점을 입증하기 위해 선택성(selectivity) 이론을 제시한다. 다양한 요구들이 정치적으로 표출되는 민주주의적 자본주의 나라에서 국가는 자본축적에 봉사하는 두 가지 선택 기제를 가지는데, 자본가계급의 집합 이익과 일치하는 정책을 선택하는 '조정적 선택'과 반자본주의적 이익이나 갈등을 배제하는 '억압적 선택'이 그것들이다. 이와 함께 국가는 자신의 계급성을 감추고 계급중립적 외양을 유지하며 정당화 기능을 하는 '위장적 선택'을 수행한다. 이것은 특정한 정책의 선택과 배제가 국가권력이 편파적으로 작동하는 방식임을 잘 보여준다. 그리고 이렇게 자본주의 국가권력이 자본축적에 봉사하는 까닭은 국가가 통치에 필요한 물질적 자원을 조달(조세수입)하기 위해 경제성장이 필요하다는 데서 찾을 수 있다.

한편, 오페는 자본주의 경제위기가 국가 개입을 통해 조절되고 또 계급 갈등이 복지국가를 통해 완화되고 있는 후기자본주의 사회에서, 복지국가는 자본축적의 위기를 해결해야 하는 중심 기구가 되었다는 점에 주목한다. 민주주의적 자본주의 나라들에서 계급 갈등은 계급 타협을 통한 케인스주의 복지국가의 발달로 이어졌는데, 사회민주주의 정당은 정치적 대표체계에서 '국가-자본-노동' 간 계급 타협(조합주의, corporatism)을 통해 복지국가의 강화를 추구하게 되었다. 그런데 복지국가가 자본주의 사회의 구조적 모순을 이질적·대립적 세력들 간의 정치적 타협을 통해 해결하는 제도적 수단이 되면서, 복지국가는 1970년대 경제위기 이후 새로운 모순과 정치적 갈등을 일으키는 요인이 되었다.

오페는 계급 타협으로 성장한 복지국가가 좌·우파 중심의 정치적 대표체계의 쇠퇴를 가져오고 또 좌파와 우파 모두로부터 비판받는 상황에 놓여 있다고 보았다. 우파로부터는 자본축적에 비효율적이라는 비판을, 좌파로부터는 노동자들을 통제하는 기능을 한다는 비판을 받게 된 복지국가는, 자본주의와 공존하기 어려우면서도 복지국가 없이 자본주의를 유지해 나갈 수도 없는 딜레마적 상황에 놓여 있다는 것이다. 오페는 이것을 '복지국가의 모순'이라고 부른다. 자본주의 국가는 자본주의 경제의 안정적 재생산 역할을 할 것을 요구받고 있지만, 자본가계급과 노동자계급의 요구들로 포위되어 있으면서, 동시에 대중의 이익(복지, 분배, 안전 등)을 반영하고 있는 것처럼 행동하여 정당성을 획득해야 한다. 그런데 이런 요구들은 서로 모순적이며, 선진자본주의 또는 후기자본주의 사회의 국가(복지국가)는 이들 사이의 타협과 균형을 추구할 수밖에 없다는 것이다.

국가 중심적 국가이론

스카치폴(Theda Skocpol)로 대표되는 국가 중심적 국가이론은, 국가 자체의 독특한 내적 논리나 구조에 주목하거나 국가 자체를 독자적 이해관계를 가진 독립적 행위자로 본다. 이러한 시각은 국가 성격의 기원을 이익집단, 엘리트 집단, 지배계급 등과 같은 시민사회 내의 집단들에서 찾지 않는다는 점에서 다원주의, 엘리트주의, 계급국가 이론 등 '사회 중심적 국가이론'에 대비된다. 국가 중심적 국가이론은 베버의 시각에서 국가 관료가 시민사회와 독립된 자기 이익을 갖기 때문에, 국가는 관료와 관료제의 구조에 따라 그 성격이 변화하는 자율적인 사회적 행위자로 간주해야 한다고 주장한다. 특히 특정한 정책을 실행하고 성공시키는 국가의 역량은 독립적이고 효율적인 관료조직과 정책 수단, 인구와 자원(세금)의 동원을 가능하게 만드는 물질적 하부구조, 그리고 국가와 시민사회 사이의 협조 등과 같은 국가구조에 달려 있다고 본다.

전략관계론적 국가이론

제솝(Bob Jessop)은 국가의 성격을 계급이나 시민사회의 성격을 통해서만 설명하거나 반대로 관료와 국가구조를 통해서만 설명할 수 없다고 본다. 국가의 성격은 시민사회 내의 다양한 세력 관계와 전략적 실천들로부터 영향을 받는 동시에, 국가 체계의 독특한 내적 논리나 관료의 이익 등의 영향도 받는다. 그래서 현대사회에서 국가는 시민사회의 세력 관계와 전략적 실천들을 반영하는 사회적 투쟁의 장소임을 강조한다.

국가에서 사회적 투쟁의 성격은 국가의 내적 구조 및 사회관계의 특성이 '구조적으로 각인된 전략적 선택성(structurally-inscribed strategic selectivity)'에 따라 달라진다. 이것은 서로 다른 여러 전략적 실천들 가운데 특정한 전략적 실천에 더 큰 힘을 실어주게 됨을 말한다. 따라서 국가권력은 국가 중심적 국가론에서처럼 역사적으로 형성된 국가구조 속에서, 그리고 동시에 계급국가 이론에서처럼 지배계급이나 지배적 사회집단의 권력의 제약 속에서 이루어지는 다양한 전략적 실천들의 작동 조건이자 그 산물이다. 이렇게 국가의 성격을 국가가 위치한 더 넓은 사회관계 및 전략적 실천들의 변동 속에서 파악하는 이론을 '전략관계론적 국가이론' 또는 전략관계론적 접근(strategic-relational approach)'이라 부른다.

2) 현대의 시민사회 이론

현대의 시민사회 이론들 역시 '시민사회의 성격'을 어떻게 규정하느냐에 따라 여러 갈래로 나뉘는데, 이러한 차이는 기본적으로 시민사회와 국가의 관계를 어떻게 설정하고 있느냐 하는 질문과 깊이 연관되어 있다. 그래서 양자의 관계를 설정하는 방식에 따라 자유주의적 접근, 신토크빌주의적 접근, 그람시적 접근, 하버마스적·다원주의적 접근 등으로 나뉜다.

자유주의 시민사회이론

로크(John Locke)의 시민사회사상을 계승한 자유주의 시민사회이론은, 시민사회를 자유롭고 평등한 시민들이 자신들의 사유재산을 보호받으며 자유롭게 활동할 수 있는 공간으로 본다. 국가의 강제(억압)와 시민사회의 자유(자율성)를 대비시키면서, 국가는 시민사회의 개인들의 자율성을 억압해서는 안 되며, 갈등을 공정하게 관리하는 정도로 개입을 최소화해야 한다고 주장한다. 그래서 시민사회는 국가로부터 자율성을 지킨다는 동일한 이익이나 의지를 공유하는 자유롭고 평등한 시민들로 구성된 영역이 된다. 이때 시민들이 국가로부터 인정받아야 할 자율성은 '정치적·시민적 자율성'과 '경제적·시장적 자율성'으로 나누어 볼 수 있는데, 정치적 자유주의자들은 시민적 자율성의 보장을 더 중시하는 반면에, 경제적 자유주의자들은 사유재산의 보호와 시장적 자율성 보장을 더 중시한다.

시장의 자율성을 중요시하는 자유주의 시민사회이론은 시장경제를 지지하는 경제학자들에 의해 주장되는데, 스미스(Adam Smith)가 '보이지 않는 손'이라는 표현으로 옹호한 자유경쟁 시장원리는 이후 신자유주의 경제학자 하이에크(Friedrich A. Hayek), 프리드먼(Milton Friedman) 등에 의해 계승되었다. 자유주의 시민사회이론은 시장을 방임함으로써 사실상 자본의 시장지배를 돕는다는 점에서 자본가계급을 위한 논리로 작동한다.

경제적 자율성

개인들이 국가의 개입이나 규제 없이 사유재산을 자유롭게 처분하고, 계약을 통해 화폐·노동력·재화·서비스를 자유롭게 서로 교환할 수 있는 권리를 의미한다. 시장경제에서 경제적 자율성은 곧 시장의 자율성을 말한다.

시민적 자율성

개인들이 시민으로서 국가의 개입이나 규제 없이 자유롭게 의사표현을 하고 집회 및 결사를 하거나 주거이동을 하며 일상생활을 누릴 수 있는 권리를 의미한다.

신토크빌주의 시민사회이론

신토크빌주의 시민사회이론 역시 시민사회의 자율성을 강조하는데, 자유주의가 시장의 자율성을 중시하는 것과 달리 '시민적 자율성'을 중시한다. 그리하여 시민사회는 시민들이 자발적으로 형성한 결사체들을 중심으로 신뢰와 협동을 통해 유대를 형성하면서 다양성을 지켜가는 공간임이 강조된다. 그래서 자유주의가 시장을 자유롭게 내버려두기를 원한다면, 신토크빌주의는 시장의 힘(전제)이 시민사회에 침투하는 것을 제한하기를 바란다. 토크빌(Alexis de Tocqueville)은 미국 민주주의의 핵심을 시민사회의 중간집단인 종교단체, 동호회, 사회단체 등 결사체의 활동에서 찾았다. 퍼트넘(Robert D. Putnam)과 같은 현대의 신토크빌주의자들은 자발적 시민단체들로 구성된 시민사회가 다음과 같은 역할을 한다고 본다.

첫째, 결사체에 기초한 삶을 통해 시민들은 사회적 유대를 강화하고 사회적 규범과 도덕적 가치를 공고화한다. 결사체에 대한 자발적 참여를 통해 사람들은 서로 간의 신뢰와 협동을 육성할 수 있기 때문이다. 둘째, 이러한 결사체적 삶은 중앙집중화하는 권력을 억제함으로써 권위주의적 국가와 전제적 시장을 견제하는 역할을 한다. 셋째, 이렇게 자율적인 시민사회는 국가와 시장으로부터 개인의 자유와 다양성을 지키는 역할을 한다.

신토크빌주의 시민사회이론은 시민사회의 긍정적·적극적 성격을 잘 보여주기는 하지만 시민사회를 지나치게 이상적으로 그리고 있는 문제를 안고 있다. 시민사회는 사람들을 규범적으로 통합시키는 역할도 하지만, 근본적으로 계급, 인종, 성별에 따른 불평등과 갈등을 안고 있기에 단순히 자율적인 시민들의 통합된 공간으로만 보기 어렵다. 실제로 미국에서는 국가가 성별과 인종에 따른 차별을 법으로 금지하고 있음에도 불구하고 시민사회에서는 여전히 차별과 혐오 범죄들이 끊이지 않고 발생하고 있다. 따라서 시민사회의 규범적 통합 역할을 이상적으로 그리는 것은 시민사회 내부의 현실적인 불평등과 갈등을 은폐하는 효과를 낳을 수 있다.

그람시의 시민사회이론

그람시(Antonio Gramsci)는 마르크스의 국가/시민사회 도식을 수용하면서도 시민사회를 경제적·계급적 관계 중심으로 규정하는 사고에서 벗어나 시민사회에서 경제 영역을 분리하는 도식(국가/시민사회/경제구조)을 제시했다. 1920년대 이탈리아에서 활동한 실천적 마르크스주의자였던 그는, 1917년 러시아에서 일어난 사회주의 혁명이 왜 서유럽에서는 일어나지 않는지를 고민하면서, 서유럽에서의 자본주의 경제위기가 노동자계급에 의한 국가권력 장악과 사회주의 혁명으로 이어지지 못하는 이유를 찾고자 했다. 그리고 그 이유를 서유럽 사회에서 민주주의와 함께 발달한 시민사회에서 찾았다.

그람시는 자본주의 경제구조의 안정적 재생산이, 단지 군대나 경찰 등 강제력을 동원하는 국가에 의해서만이 아니라 지적·도덕적 지도력, 즉 헤게모니(hegemony)를 통한 동의 형성이 이루어지는 시민사회를 통해서도 뒷받침되고 있다고 주장했다. 경제적 지배계급인 자본가계급의 지배가 국가를 통한 억압적 지배와 함께 시민사회에서의 헤게모니적 지배를 통해 이루어지면서, 피지배계급의 저항 의식이 약해진다는 것이다.

시민사회는 경제적 지배계급이 교회, 노동조합, 학교, 언론 등 헤게모니 기구들을 통해 지배 이데올로기를 유포하고 대중의 상식을 변화시킴으로써 지배에 대한 피지배계급의 동의를 창출하는 공간이다. 이렇게 동의에 기초하는 헤게모니적 지배는 강제력에만 의존하는 국가의 지배보다 훨씬 더 강력할 수 있다. 그래서 그람시는 국가를 '강제력으로 무장한 헤게모니'라고 하면서, 시민사회가 국가권력 행사의 필수적 부분이라 주장했다.

그람시의 시민사회이론은 시민사회를 경제적인 공간으로만 파악했던 마르크스, 그리고 국가권력의 헤게모니적 특성을 간과한 베버와 대조적으로 현대 자본주의 사회에서 국가와 시민사회의 복합적 성격을 이해하는 데 도움을 준다. 특히 국가권력의 기초를 시민사회에서 찾으면서 시민사회를 헤게모니 투쟁의 공간으로 보는 시각은, 국가와 시민사회를 단일한 세력이 아닌 다양한 세력 간의 갈등과 투쟁의 공간으로 인식하도록 한다.

그람시

(1891~1937) 이탈리아의 마르크스주의 이론가이자 운동가이다. 제2차 세계대전 시기 파시즘에 반대하다 투옥되었으며, 옥중에서 쓴 글인 『옥중수고(Quaderni del carcere)』가 대표적인 저작이다.

기동전과 진지전

그람시는 시민사회가 발달한 서유럽에서는 무력을 동원하여 국가기구에 대해 전면공격을 수행하는 '기동전(war of manoeuvre)'만으로는 사회변혁이 불가능하다고 보았다. 오히려 시민사회에서 지배계급의 헤게모니와 자본주의 국가에 대한 동의를 해체하여 대항 헤게모니를 구축하는 '진지전(war of position)'이 필요하다고 주장했다. 그래서 구체적으로 교회, 학교, 언론 등 여론을 형성하는 헤게모니 기구들을 장악해야 한다고 보았다. 국가권력을 얻기 전에 시민사회에서 지도력을 먼저 행사해야 한다는 것이다.

푸코의 권력이론과 권력의 편재성

국가는 일반적으로 권력의 소재지로 여겨진다. 그런데 국가권력은 물리적 강제력(군대, 경찰 등)을 동원하는 능력을 넘어서, 피지배자의 복종을 끌어내고 특히 피지배자들의 노동력을 이용하여 물질적 지원을 확보하는 능력으로 확장될 때 의미가 있다. 그래서 자본주의 사회에서 물질적 지원을 소유하고 또 처분할 수 있는 능력을 지닌 자본가계급 역시 권력의 중요한 소유자이다.

그런데 푸코는 권력은 특정 사람이나 기구가 소유하고 있는 것이 아닌 권력관계로 이해해야 한다고 말하는데, 이러한 주장은 통치가 이루어지는 과정에 주목한다. 권력은 시민들의 관계 속에서 작동하는데, 물리적 강제력이나 물질적 자원의 분배를 둘러싼 지배-종속관계, 분배 규칙을 유지하기 위한 통치 과정, 피통치자들을 설득하고 동의를 끌어내는 정당화 과정, 그리고 이들에 맞서 분배 규칙을 바꾸려는 피통치자들의 저항 과정 등에서 다양한 방식으로 존재하고 작동한다.

국가권력은 국가기구를 넘어서, 시민사회와 경제 관계에서 자원 분배 관계를 관리하려는 목적과 연계되어 있다. 그래서 국가권력의 작동은 단순히 제도적 국가기구의 작동에 한정해서는 제대로 이해할 수 없다.

공론장

하버마스는 『공론장의 구조변동 (Strukturwandel der Öffentlich-keit)』(1962)에서, 자본주의의 발달과 자유주의 공론의 발생 및 몰락 사이에 역사적 연관성이 있음을 보여주고자 했다. 역사적으로 보면 16세기 말경 도시를 중심

하버마스(Jürgen Habermas)는 다원적으로 분화되는 현대사회의 분석을 위해 다양한 사회영역의 분화와 이들 간의 관계 형성을 해명하면서, 역사적으로 시민사회의 성격 변화를 설명하려고 한다. 그는 『의사소통행위이론(Theorie des kommunikativen Handelns)』(1981)에서 '체계/생활세계' 도식을 제시하는데, 초기의 생활세계가 점차 복잡화되고 합리화되는 과정에서 화폐와 권력이라는 매체가 제도화된 체계의 분화를 만들어낸다. 이렇게 하여 현대사회에서 분화되고 합리화된 두 체계가 바로 화폐를 매체로 하는 자본주의 시장경제(경제체계)와 권력을 매체로 하는 관료적 복지국가(행정체계)이다. 여기서 경제체계는 사적 영역이며, 행정체계는 공적 영역이다. 한편, 생활세계에서도 '의사소통적 합리성'이 발달하면서 가족과 같은 사적 친밀성의 영역과 공적 공론장의 분화가 이루어진다.

하버마스는 공론장(Öffentlichkeit, public sphere)을 생활세계의 시민사회에서 국가의 지배를 견제하는 중요한 매개적 공간으로 보았는데, 정치적 지배와 억압에 저항하는 토론적 의지 형성을 추구했던 부르주아 공론장의 자유주의적 이상이 이후 부르주아혁명을 거쳐 법치국가 내의 '의회' 형태로 제도화되었다. 하지만 의회가 국가기관에 포섭되어 전문적 기술관료들에 의해 지배되면서, 자유로운 토론적 의지 형성의 역할을 제대로 수행하기 점차 어려워졌다. 그리고 자본주의 사회에서 새롭게 등장한 공론장인 대중매체는 그 잠재력에도 불구하고 비판적 공중의 형성을 제약하여 전체적으로 공론장은 서서히 쇠퇴했다. 하버마스는 이것을 '정치적 공론장의 재봉건화'라고 불렀다.

하버마스는 경제체계와 행정체계는 매체에 의해 합리적·효율적으로 조정되는 영역으로 보는 한편, 생활세계는 합리적 의사소통에 의해 작동한다고 본다. 그래서 현대사회에서 물질적 재생산의 장애는 체계 불균형의 형태를 취하는데, 이것은 직접적 위기로 나타나거나 생활세계 속에 병리현상을 야기한다. 생활세계의 병리현상은 의사소통관계의 물화 – 금전화, 관료화 – 의 모습을 취하게 된다.

하버마스는 후기자본주의 사회에서 체계의 화폐 논리와 권력 논리가 생활세계에 침투하여 의사소통적 합리성을 억압하는 것을 '생활세계의 식민화'라고 말하는데, 생활세계의 시민사회와 공론장은 이러한 식민화에 저항하는 역할을 하게 된다. 시민사회의 사회운동과 공론장은 국가권력과 화폐논리에 의한 식민화로부터 생활세계의 자율성을 보호하여 의사소통적 합리성을 회복시키는 역할을 하는데, 하버마스가 반핵운동, 환경운동, 평화운동, 시민주도권 운동, 생활공동체 운동 등 신사회운동을 생활세계 방어운동이라고 말하는 것은 바로 이러한 이유에서이다.

코언(Jean Cohen)과 아라토(Andrew Arato)는 하버마스의 이론을 수용하여 다원주의 시민사회이론을 제시한다. 이들은 다원적 민주주의가 발달한 자본주의 사회에서, 좌파정당의 집권이 가능해지는 등 국가의 계급성이나 편파성이 약화되고, 복지국가와 혼합경제 정책의 발달로 자본주의 시장경제에서의 자본의 일방적 지배도 약화함에 따라, 시민사회의 위상이 달라졌음에 주목한다. 그래서 하버마스와 유사하게, 시민사회를 경제체계 및 행정체계와 구분되는 영역으로 보면서, '친밀성 영역(가족), 결사체들의 영역, 사회운동과 공적 의사소통의 형태로 구성된 사회적 상호작용 영역'으로 정의한다. 그리고 시민사회는 체계 논리의 침투에 맞서 자신을 방어하면서 민주화를 이루어가는 영역으로 본다.

이때 시민사회는 사회운동을 통해 행정체계와 경제체계에 영향력을 행사해야 하지만 이들을 직접적으로 장악해서는 안 되며, 체계들 역시 자신들의 논리를 시민사회에 침투시키려 해서는 안 된다. 말하자면 세 영역이 서로 영향을 주고받으면서도 자율성을 유지해야 하고, 서로 경계를 지키면서 균형을 유지할 필요가 있다는 것이다. 이것은 시민사회의 피지배계급이 정치권력을 장악하고 자본주의를 변혁해야 한다고 주장하는 마르크스주의의 '혁명적 급진주의'에 대비하여 '자기제한적 급진주의'라 불린다. 따라서 시민사회 정치는 시민사회의 민주화를 지향하는 '정체성의 정치', 국가 및 경제의 민주화와 합리화를 요구하는 '영향의 정치', 그리고 국가 및 경제에 대한 '진입 및 개혁의 정치' 등의 형태를 띤다.

으로 한 부르주아계급의 형성은 봉건사회에서 부르주아 공론을 형성하는 중요한 계기가 되었다. 17~18세기경 살롱이나 클럽에서 시작된 '문예적 공론장'은 신문 및 인쇄물의 보급과 특히 부르주아 혁명의 경험을 통해 '정치적 공론장'으로 발전했고, 여기서 부르주아들의 정치적 여론이 형성되기 시작했다.

이처럼 부르주아 공론장은 자본주의 시장경제를 통해 부를 축적한 부르주아들이 자신들의 정치적 여론을 형성하여 봉건적 지배를 비판하고 저항하는 매개적 역할을 했다.

시민사회의 자율성과 다원적 헤게모니 투쟁

민주주의적 자본주의 사회에서 국가는 민주적 통치기구로서 시민사회의 지배계급 또는 지배세력이 자신의 이익을 실현하기 위한 직접적인 도구로 작동하기 어렵다. 또 다원화된 현대사회의 시민사회는 자본주의적 경제로부터 생겨나는 경제적·계급적 이해관계뿐만 아니라 환경, 생명, 평화, 공동체 등 다양한 가치들이 서로 경합하는 공간이면서 성별, 세대, 지역, 종족, 민족, 소수자 등에 따라 다양한 주체들이 서로 경합하거나 연대하는 공간이기도 하다. 이런 점에서 시민사회는 국가나 경제관계로부터 상대적으로 자율

다원주의 시민사회이론은 시민사회가 자율적 소통 능력을 지닌다는 점을 밝힘으로써 국가의 관료적 지배로부터 시민사회를 방어할 수 있는 규범적 기초를 확립했다. 또한 신뢰와 연대, 공동체성을 형성하여 시민사회 내에 존재하는 다양한 사회갈등들 — 계급 갈등, 성 갈등, 환경 갈등, 지역 갈등, 종족 갈등, 소수자 갈등 등 — 을 해결하는 사회통합의 길을 제시했다. 그런데 자율성과 규범적 통합의 강조는 시민사회 내의 이해관계 및 가치의 균열과 갈등, 헤게모니 투쟁 문제를 과소평가하는 결과를 낳는다.

4. 민주주의의 이론과 역사

1) 민주주의란 무엇인가?

민주주의는 현대사회를 구성하는 기본 원리로서, 현대국가의 주권과 현대 시민사회를 설명하는 핵심적 요소이다. 현대적 민주주의의 기본 원리와 제도는 고대 유럽 사회에 그 뿌리를 두고 있으며, 현대 민주주의 사상과 제도의 발달은 자본주의와 시민사회 발달의 영향을 크게 받고 있다.

인민의 자기결정으로서의 민주주의

민주주의(democracy)는 그리스어 'demokratia'에서 기원하는데, 이는 '인민(demos)' 또는 대중의 '통치(kratos)'라는 뜻을 지닌다. 소수의 개인이나 군주가 인민을 지배하는 것이 아니라 다수의 인민이 정치에 참여하여 스스로 통치한다는 뜻이다. 여기서 인민의 통치 또는 지배는 단순히 다수의 통치를 의미한다기보다 인민 스스로 하는 '자기결정'의 원리를 의미하며, 이는 '지배자와 피지배자의 동일성' 원리를 내포한다.

인민(demos, people)이 자기결정을 하려면 자유와 평등이 주어져야 한다. 자유가 없으면 인민이 자유롭게 '자기결정'을 할 수 없고, 평등이 없으면 '지배자와 피지배자의 동일성'이 보장되지 않는다. 이러한 점에서 고대 그리스 아테네의 민주국가에서 선거가 엘리트들에 유리하기 때문에 비민주적이라고 생각하면서, 선거가 아닌 추첨으로 공직자를 선출했다는 사실은 특기할 만하다. 누구에게나 공직자가 될 기회를 제공한 것이다.

그래서 언뜻 보아 매우 자명한 것 같은 민주주의 개념에는 많은 함정이 포함되어 있다. 민주주의에서 말하는 '인민(people)'은 누구이며 참여와 통치의 형태는 어떠해야 하는지에 관해서 합의하는 것이 쉽지 않기 때문이다. 예를 들어 선거권과 피선거권은 몇 세부터 부여할 것인가? 외국인 거주자나 해외동포에게 선거권을 부여할 것인가? 부여한다면 어느 정도로 부여할 것인가? 인민의 역할은 대표자의 선출에 국한할 것인가, 아니면 직접적인 의사표현과 참여로 확장시킬 것인가? 형식적인 절차만 잘 지켜지면 민주주의인가, 아니면 실질적인 참여와 분배적 평등이 이루어져야 민주주의인가?

시민사회와 민주주의

민주주의 사회에서 국가는 민주주의를 실현하기 위한 통치기구로, 시민사회는 국가에 정당성을 부여하고 또 국가의 활동을 견제하는 시민들의 자율적인 공간으로 규정된다. 그런데 자유롭고 평등한 개인들의 정치공동체라는 시민사회의 민주주의적 이상은 현실적 권력관계와 국가의 통치방식에 따라 다양하게 왜곡되어 왔다. 그래서 역사적으로 민주주의의 제도적 발전은 공정하고 합리적인 토론과 합의보다는 주로 피지배집단의 투쟁을 통한 타협이나 권력 획득에 의해 이루어졌다.

유럽의 부르주아혁명과 참정권 투쟁, 한국의 1980년 광주항쟁과 1987년 6월항쟁 등은 투쟁을 통한 민주주의의 쟁취와 확대 과정이었다. 반면에 1970년대 '유신헌법'을 통해 독재와 장기 집권을 추구했던 한국의 군사정권은 스스로를 '한국적 민주주의'라 불렀고, 1949년에 '조선민주주의 인민공화국'을 세운 북한은 민주주의 원리에 어긋나는 수령 세습체제를 지속하고 있다. 또한 민주주의가 발달한 나라들에서도 다양한 권위주의적·비민주적 통치의 등장으로 민주주의 후퇴의 위험에 직면하기도 한다.

2) 민주주의의 역사적 형태들

전통사회로부터 현대 자본주의 사회로의 이행기에 출현한 현대 민주주의는 자본주의 이전 사회와 자본주의 사회의 여러 사회세력들 간의 갈등과 대립에서 벗어나기 어려웠다. 19세기 이후 오늘날까지 여러 사회집단과 사회계급들은 그들의 집합적 목표를 민주주의를 표방하면서 관철하고자 했다. 그리하여 민주주의는 매우 다양한 방식으로 변형되어, 복잡하면서도 서로 경합하는 내용과 의미를 담은, 이해하기 어려운 개념이 되고 있다. 오늘날 민주주의는 통치와 참여의 주체들과 그들의 권리 내용에 따라 자유민주주의, 사회민주주의, 참여민주주의, 숙의민주주의, 민주적 사회주의, 급진민주주의 등의 여러 모델로 구분되고 있다.

자본주의와 자유민주주의, 대의민주주의

17~18세기 초기 당시 봉건적 신분제도는 인신 구속으로 농노들의 노동력이나 상품이 시장에서 자유롭게 거래되는 것을 제약하고 또 가혹한 봉건적 조세수탈을 시행함으로써, 자본가계급의 사회적·경제적 성장을 가로막고 있었다. 자유주의(liberalism)는 이러한 봉건적 권위주의에 반대하여 자본주의 시장경제와 신흥상공업 계층, 즉 부르주아계급의 이해를 직접적으로 대변한 이념으로 등장했다. 자유주의는 생명 위협과 인신 구속으로부터의 자유, 사유재산권, 그리고 시장거래의 자유가 개인의 자연권이라고 주장했다. 국가는 개인들의 안전과 사유재산, 시장거래의 자유를 보호해야 한다고 생각했기에, 대의민주주의 절차를 통해 부르주아지의 이익을 대표할 수 있는 사람들이 통치에 참여할 수 있기를 원했다. 그래서 자유민주주의는 대의민주주의의 형태로 정착되어 갔다.

자유주의는 재산권 보호를 중요시하는 이념이었기에, 초기에 민주적 참정권을 재산권을 가진 사람으로 한정하려 했다. 그래서 프랑스혁명 이후 초기 공화정에서 참정권은 재산을 소유하고 일정한 액수 이상의 세금을 납부하는 부르주아계급에만 주어졌다. 정치적 자유는 모두에게 주어졌지만, 경제적 자유와 참정권은 부르주아계급만이 온전히 누릴 수 있었다. 이런 점에서 초기 자유민주주의, 즉 자유주의에 기초한 민주주의는 기본적으로 '부르주아 민주주의'의 성격을 지녔다.

이런 상황에서 노동자계급을 비롯한 피지배세력들의 정치적 도전은 필연적이었다. 19세기 중반 영국의 차티스트 운동(Chartist movement)은 노동자계급이 참정권을 요구하며 부르주아 정치체제에 도전한 대표적 사례였다. 영국 노동자들은 장기간 투쟁으로 1867년에 선거법 개정을 이루어 대부분의 도시 임금노동자가 선거권을 획득했다. 노동자들은 재산 소유 여부와 관계없이 투표하고 입후보할 수 있는 권리를 획득했고, 노동조합을 결성하고 파업을 할 자유도 쟁취했다. 그리고 1893년에는 노동자들의 이익을 대표하는 계급정당도 결성되었다. 선거권은 1884년의 법 개정으로 농민들에게도 부여되었고, 1918년에는 「국민대표법」에 의해 21세 이상의 모든 남성과 일부 여성이 선거권을 획득했다. 그리고 모든 성인 남녀를 포함하는 완전한 보통선거제도는 1928년에 성취되었다.

민주주의의 후퇴: 파시즘과 전체주의

역사적으로 자유민주주의는 민주주의의 발전으로만 이어진 것이 아니었으며, 제1차 세계대전 이후 파시즘(fascism)의 등장으로 나아가기도 했다. 세계대전 이후 이탈리아에서는 대내적으로는 불황과 높은 실업률로 경제적 어려움을 겪고 대외적으로는 러시아 혁명으로 소련이 건설되는 등 사회주의의 영향력이 커지면서, 사회갈등이 격화되고 사회주의에 대한 대중적 지지가 확산되었다. 1919년 1월 선거에서 전쟁을 반대하는, 국제주의적 지향을 가진 사회당이 제1당으로 부상하면서, 우파 연립정부 세력들은 불안감을 느끼고 있었다. 이때 무솔리니(Benito Mussolini)는 파시스타(Fascista)당을 조직하면서 사회주의 반대, 의회 정치와 정당 정치 반대, 강력한 국가주의를 주장했다. 파쇼(fascio)는 원래 '묶음'을 뜻하는 말이었는데, 무솔리니에 의해 민족주의적 단결을 뜻하는 말로 전용되었다. 1921년 총선에서 사회주의 정당들은 138석을, 파시스트당은 35석을 차지

차티스트 운동

1832년 선거법 개정에서 영국 노동자들이 선거권을 얻지 못하자, 1837년 급진파 의원과 노동운동 지도자들이 모여 자신들의 상황을 개선하기 위해서는 의회에 대표를 보내야 한다는 생각으로 의회정치의 민주화를 목적으로 한 '인민헌장(People's Charter)'을 만들어 의회청원 운동을 벌였는데, 이를 실현하고자 한 운동을 차티스트 운동이라고 한다. 이 인민헌장은 모든 남성의 보통선거권, 무기명투표, 선거권의 재산상 자격 제한 폐지, 하원 의원의 유급제, 평등선거구제 채택, 의회의 매년 소집 등 6개 조항으로 되어 있다. 이를 실현하기 위한 노동자들의 대규모 집회와 시위가 각지에서 일어나면서 부르주아에 한정되었던 시민의 권리는 점차 모든 노동자에게로 확대되었다.

했으나, 사회주의 정당들이 서로 대립하는 틈을 타 파시스트당은 정국의 주도권을 쥐게 되었고, 무솔리니는 파시스트들을 조직하고 동원하여 폭력과 쿠데타를 통해 마침내 권력을 장악하게 되었다. 집권 후 선거제도를 개악하고 언론 검열을 강화하고 사회주의를 탄압하는 등 반의회주의·반사회주의·국수주의를 강화했다.

이후 제1차 세계대전과 제2차 세계대전 사이에는 이탈리아에 이어 폴란드, 헝가리, 포르투갈, 독일, 스페인 등에 파시즘 정권이 들어서게 되었다. 독일에서는 히틀러(Adolf Hitler)가 무솔리니의 영향을 받아 '국가사회주의 독일 노동자당(Nationalsozialistische Deutsche Arbeiterpartei)', 일명 나치(Nazi)당을 결성하고, 자유주의·사회주의 이념을 반대하며 인종적 우월성을 주장하는 국수적 민족주의를 내세워 대중적 지지를 끌어내려고 했다. 나치즘(Nazism)을 내세운 나치당은 선거를 통해 집권하여 1933년부터 1945년까지 독일을 지배했으며, 히틀러는 유대인 학살을 자행하는 등 비합리적 민족감정에 호소하면서 제2차 세계대전을 일으켰다.

소련의 현실사회주의 역시 러시아 혁명 이후 소비에트 민주주의의 이념을 실현하는 데 실패했다. 레닌(Vladimir I. Lenin)의 사회주의적 공업화를 통한 경제발전 전략은 계획경제를 위한 중앙집권적 권력을 추구함에 따라 권력의 집중을 낳았고, 이후 스탈린(Iosif V. Stalin)의 국유화 정책은 농민들의 대량학살로 이어져 사회주의적 민주주의의 이상은 역설적으로 개인숭배와 전체주의의 강화를 낳았다. 스탈린 지배하의 소련은 계급의 철폐와 '선진사회주의'를 선언했지만, 전체주의적 지배로 노멘클라투라(권력층)가 형성되면서 새로운 불평등이 생겨났다. 고르바초프(Mikhail S. Gorbachëv)는 페레스트로이카(개혁·개방정책)를 통해 소련 정치의 민주화를 추구했고, 이후 소련이 해체되고 러시아를 중심으로 하는 '독립국가연합'이 결성되면서 각국의 민주화가 진행되었다. 하지만 러시아에서 국수주의를 내세운 푸틴(Vladimir Putin)이 등장하여 장기 집권을 추구함에 따라 권위주의적 통치로의 회귀를 낳았다.

자유민주주의가 성립된 직후에는 거주 이전의 자유, 언론과 종교의 자유, 사유재산권, 법적 평등과 같은 기본적인 권리도 사회성원 일부에게 국한되었지만, 점차 그 적용 범위가 전체 성원으로 확대되었다. 그리고 보통선거권과 피선거권, 정치적 결사의 자유로 요약되는 정치적 권리는 20세기 초에 남성 재산소유자 집단에서 모든 남성 집단으로 확산되었고, 20세기 중반에 여성을 포함한 모든 성인인구로 확대되었다. 이것은 보통선거에 기반을 둔 대의제도와 정당정치였다.

그런데 자유민주주의에서 경제적 자유와 정치적 자유는 서로 모순적인 성격을 드러냈다. 민주주의와 평등은 법적·정치적 영역으로 제한되는 반면에, 경제 영역에서는 시장의 자유가 낳는 불평등이 허용되었다. 이러한 자유민주주의의 한계로 인해 19세기 말부터 사회민주주의의 이념이 등장하게 된다. 서유럽을 중심으로 발전한 사회민주주의는 미국, 일본 등의 자유민주주의와 달리 국가의 적극적 개입을 통해 정치적 권리 외에도 사회적 권리를 보장함으로써 경제 영역에서의 불평등 문제를 해결하려고 했다. 사회적 권리는 개인이 최소한의 경제적 복지와 사회적 대우를 받을 권리를 말하며, 제2차 세계대전 이후 의료보험, 실업보험, 산업재해보험, 노령연금 등과 같은 사회보장제도를 통해 확대되었다(제14장 참조).

그런데 사회민주주의는 노동자계급과 자본가계급의 타협을 통해 개혁을 추구함으로써 자본주의 체제에 대한 급진적 변혁을 포기하는 과정이었다. 사회민주주의자들은 민주주의가 발달한 자본주의 사회에서 제도화된 의회정치제도와 대중정당을 통해 민주적인 방법으로 사회주의를 실현해야 하며 또 할 수 있다고 보았다. 이들은 의회 내에서 정치적 권력을 획득하기 위해서 선거에 참여했으며, 중간계급의 지지를 얻기 위해 노동자 정당의 계급적 성격을 약화시켜야 했다. 그리하여 사회민주주의 계급정당은 점차 계급연합적인 대중정당, 국민정당으로 그 성격이 변화했고, 계급 간의 적대적 대립은 의회 내의 평화적 선거 경쟁으로 치환되었다.

복지국가의 위기와 신자유주의

집권에 성공한 사회민주주의 정당들은 노동자들에게 복지와 경제적 혜택을 제공했고 자본주의 체제를 안정시키는 데 크게 기여했다. 현실에서 사회민주주의 정권은 중간계급의 지지를 획득하기 위해 노동자계급의 이익을 넘어서는 보편적 복지를 지향하지 않을 수 없었고, 이에 따라 그들이 공식적으로 표명한 사회주의 실현이라는 목표를 달성하기가 어려워졌다. 게다가 전후 경제적 풍요로 유지되던 계급 타협은 1970년대에 와서 중동전쟁으로 아랍 산유국들이 석유의 무기화를 내세워 석유생산 감축을 단행함에 따라 오일쇼크(oil shock) — 국제유가 급등 — 에 따른 세계 경제위기가 발생하면서 유지에 어려움을 겪게 되었고, 이후 사회민주주의와 복지국가 체제는 크게 동요하기 시작했다. 국가재정은 적자가 누적되어 복지서비스에 필요한 재원이 줄어들었고, 복지정책에 대한 국민의 지지도 점차 줄어들었다.

두 차례의 석유 위기로 세계 경제가 커다란 타격을 입었던 1970년대에 복지국가의 정치적 대안으로 등장한 것이 '신보수주의(neo-conservatism)'와 '신자유주의(neo-liberalism)'였다. 미국과 영국에서는 케인스주의 개입 경제와 복지국가 체제가 개인의 자유를 침해할 뿐만 아니라 경제적 효율성을 저하한다는 주장이 제기되었고, 경제위기는 이를 뒷받침해 주었다. 1980년을 전후하여 미국의 레이건 정부와 UK(영국)의 대처 정부는 이러한 대중적 비판을 기반으로 집권했고, 재정지출 축소와 감세, 복지서비스의 축소와 행정기구의 간소화, 노동조합에 대한 강한 규제, 노동시장 유연화, 국가의 경제 규제 완화, 국영기업 사유화(privatization) 등 국가의 복지 지원과 시장개입을 크게 줄이는 신자유주의 정책들을 추구했다.

신보수주의는 전통적 가치의 옹호를 주장하며 노동윤리, 애국, 가족을 강조했고, 신자유주의는 시장의 자유 확대를 주장하며 국가 개입 축소와 노동시장 유연화 등을 강조했다. 특히 신자유주의는 민주주의 그 자체가 목적이 아니며 국가는 개인의 자유를 보호하기 위한 '실용적 장치'에 불과하다고 파악했다. 이에 따라 다수의 횡포로 개인의 자유가 침해되는 것을 막기 위해 자유민주주의조차 법에 따라 제한해야 한다는 '법치민주주의'를 내세우기도 한다.

참여민주주의와 숙의민주주의

사회민주주의가 자유민주주의의 자본가계급 친화적 성격에 대항하는 이념이었다면, 참여민주주의는 대의민주주의의 절차적 한계를 넘어서기 위한 이념이었다. 1968년 유럽과 미국에서는 제2차 세계대전 이후에 출생한 베이비붐 세대가 성인이 되면서 대학생들에 대한 권위주의적 통제, 베트남전 참전을 둘러싼 세대 갈등, 자본주의적 노동통제에 대한 불만, 제도정치의 관료주의·권위주의적 성격에 대한 반발 등으로 인해 대학생, 청년들의 저항이 폭발했다. '68혁명'으로 불리는 이러한 저항운동은 제도정치가 젊은 세대의 다양한 요구를 수용하지 못하는 데 대한 불만의 표출이었으며, 풀뿌리 민주주의와 함께 탈물질주의, 평화, 생태주의, 소수자 인권 등 새로운 가치를 추구하는 행동이었다. 이것은 전통적 노동운동과 구별되는, 여성운동, 환경운동 등 신사회운동들의 확산으로 이어졌으며, 사회민주주의도 신자유주의도 아닌 새로운 민주주의에 대한 모색을 낳았다.

페이트먼(Carole Pateman) 등은 복지국가와 자유민주주의에서 부족한 것은 자유가 아니라 민주주의라고 파악하여 '참여민주주의'를 대안으로 내세웠다. 자유민주주의와 대의제 민주주의는 대중들의 정치적 무관심, 형식적인 이익대표, 선거 참여로 제한되는 정치적 권리, 주권자의 피치자로의 전락 등 부정적 측면이 두드러져 바람직한 민주주의의 실현과는 거리가 먼 것이었다. 그래서 참여민주주의는 산업 현장과 정치과정 일반에서 시민 참여의 제도화를 통해 대중들이 실질적으로 정치적·경제적 의사결정에 참여하는 것을 지향했다.

하버마스 등은 더 나아가 '숙의민주주의(deliberative democracy)'를 주장하는데, 이것은 민주주의의 가치는 단순히 많은 사람이 정치에 참여한다는 점에 있는 것이 아니라, 숙의 또는 토의를 통해 정치적 의사결정을 내리는 데 있다고 본다. 숙의에의 참여는 참여자들을 더 나은 시민으로 만

페이트먼

(1940~) 미국의 페미니즘 정치사상가. 『참여와 민주주의 이론(Participation and Democratic Theory)』(1970), 『정치적 의무의 문제(The Problem of Political Obligation)』(1979), 『성적 계약(The Sexual Contract)』(1988), 『여성의 혼란: 민주주의, 페미니즘, 그리고 정치이론(The Disorder of Women: Democracy, Feminism, and Political Theory)』(1989) 등의 주요 저작이 있다.

들 뿐만 아니라, 더 나은 정치적 결정을 가능하게 한다. 그래서 참된 민주주의란 단순히 대의제도를 통한 의사 표현에 그치는 것이 아니라, 숙의를 통해서 정당성을 인정받는 공론을 형성해 가는 과정이다.

민주적 사회주의와 급진민주주의

민주적 사회주의는 사회주의를 표방했던 나라들이 권위주의적·전체주의적 통치로 나아가면서 이에 대한 이론적 대응으로 등장했다. 풀란차스 등의 네오마르크스주의는 동구 사회주의나 서구 사회민주주의가 모두 대중의 실질 민주주의에 대한 요구를 불신한다는 점에서 한계가 있다고 보았다. 그리하여 풀란차스는 사회 및 경제의 제반 영역에서 직접민주주의와 노동자 자주관리(self-management)를 제고하고, 또 국가 내부에서 관료적이고 자본주의적인 국가기구를 민주화하는 이중의 과정을 통해 '민주적 사회주의'로 이행할 것을 주장했다. 이때 그는 다양한 사회운동의 역할을 인정하는 가운데 노동자계급이 핵심 주체가 되어야 한다고 보았다.

급진민주주의(radical democracy)는 포스트마르크스주의자들인 라클라우(Ernesto Laclau)와 무페(Chantal Mouffe)가 제시한 이념이다. 이들은 마르크스주의나 사회민주주의가 모두 자본과 노동 간의 계급대립을 민주주의의 중심 요소로 삼음에 따라, 다원화된 사회에서 계급 착취 이외에 성차별, 환경문제, 인종차별, 지역갈등 등 여러 차원에서 생겨나는 적대와 갈등을 부차적인 것으로 취급하고 있음을 비판한다. 이들은 마르크스주의의 계급 중심적 사고는 다원화된 현대사회에서는 더 이상 적합하지 않다고 보면서 다양한 쟁점들, 적대관계들 사이의 등가성을 인정해야 한다고 주장한다. 이들은 등가적 민주주의에 기초한 다양한 사회운동들과 피지배세력들의 연대를 통해 헤게모니를 형성하는 것이 새로운 사회주의 전략이 되어야 한다고 말한다. 이것은 노동자계급의 보편성이나 계급 중심성의 사고를 버리고 적대의 다원성과 이들 간의 근본적 등가성을 인정한다는 점에서 급진적이며, 다원적 평등과 해방, 다원적 민주주의를 추구한다는 점에서 '급진민주주의'라고 할 수 있다.

거버넌스의 확대와 민주주의의 딜레마

오늘날 민주주의는 시민사회의 다양한 이익과 공론을 국가 운영에 반영하도록 하는 통로가 된다. 민주주의는 국민투표, 주민소환제와 같은 직접민주주의 제도와 대통령 선거, 국회의원 선거, 지방선거와 같은 대의 민주주의 제도를 함께 발전시켜 왔으며, 또한 제도정치 영역을 넘어서 시민사회로 확산되고 있다. 국가-자본-노동 간의 3자 협의, 정부-시민단체 간의 거버넌스, 사회운동, 시민 참여와 풀뿌리 민주주의 등이 그것들이다.

오늘날 민주주의가 국가와 시민사회를 매개하는 중요한 고리이기는 하지만, 시민사회나 국가가 반드시 민주주의를 추구하는 것은 아니라는 점도 중요하다. 민주주의의 주권자들인 시민들이 모두 동일한 이해나 의견을 지니고 있는 것은 아니기 때문에, 인민의 자기결정은 분열과 갈등을 겪게 된다. 그래서 국가와 시민사회에서 어떤 집단이나 세력들이 지배적이냐에 따라 국가의 성격과 시민사회의 세력관계가 달라지며, 이로 인해 민주주의가 발전하기도 하고 후퇴하기도 한다. 따라서 민주주의는 역사적으로 계속 변화하는 정치제도이자 이념이며, 민주주의를 지지해 주는 현실적 힘이 없다면 얼마든지 퇴보할 수 있다.

민주주의의 후퇴: 정치의 사법화와 권위주의

민주주의가 발달하여 좌파정당들이 집권하고 또 사회민주주의적 복지국가 정책을 추진하게 되면서, 전반적으로 중도좌파정당에 대한 국민들의 지지가 확대되어 갔다. 이에 따라 우파정당들은 집권을 위해 좌파정권의 실정을 비판하면서 국민들의 반대 여론을 확산시킬 필요가 있었다. 그리하여 집권세력의 정치적 판단에 따른 정책들에 대해 각종 고소·고발을 통해 사법적 판단을 내리도록 함으로써 정책의 정당성을 훼손시키거나 사법적 처벌을 유도하여 정치적 경쟁자나 경쟁 세력을 약화하려는 시도들이 등장하기 시작했다. 이처럼 "정치적으로 해결해 온 문제들이 법적·준사법적 규칙과 절차에 종속되는 현상 또는 사법적 결정이 정치 영역에 영향을 미치는 현상"을 정치의 사법화(judicialization of politics)라고 한다.

정치의 사법화는 권위주의 정권이 통치의 정당성을 확보하거나 경쟁 세력에 대한 정치적 억압을 정당화하기 위해 사법기관을 동원하는 방식으로 이용되기도 하지만, 민주주의 사회에서도 정치적 경쟁 세력을 약화하기 위한 수단으로 동원되기도 한다. 과거 독재정권 시절의 유산으로 군부의 영향력이 여전히 강한 브라질에서는, 2018년에 군부세력이 보수우파 정당과 결탁하여 중도좌파정당의 집권을 막기 위해 검찰과 사법기관을 동원하고자 했다. 당시 전 대통령이자 브라질 노동자당의 유력한 대통령 후보 룰라(L. I. Lula da Silva)의 출마를 막기 위해 이들은 룰라를 뇌물죄로 기소했고 법원은 2심에서도 실형을 선고하여 피선거권을 박탈했다. 이에 따라 대통령 선거에서 보수우파 사회자유당의 보우소나루(Jair M. Bolsonaro)가 당선되었다. 한편, 2021년 3월에 연방대법원이 판사와 검사의 담합 사실을 확인한 후 유죄 판결을 무효화함에 따라 정치적 권리를 회복한 룰라는, 2022년 말 대통령 선거에 출마하여 보우소나루를 근소한 차이로 이기며 대통령에 당선되었다.

한국에서는 기소권과 수사권을 독점한 검찰이 개혁 성향의 관료나 정치인들을 비리나 부패 혐의 등으로 기소하고 수사하여 정치적 신뢰를 약화함으로써 정치활동을 제약하는 방식으로 검찰과 사법부의 정치개입이 이루어져 왔는데, 이것 역시 '정치의 사법화'의 한 형태라고 할 수 있다. 이 과정에서 독립성을 지닌 사정기관들과 보수언론이 결합하여 사정기관과 사법부의 정치적 영향력이 커지고, 이것이 정치적 경쟁 세력의 정당성을 약화하면 보수우파정당의 집권 가능성도 커진다. 2022년 한국의 대통령 선거에서 검찰 출신의 윤석열이 보수정당 국민의힘 소속 후보로 출마하여 대통령에 당선된 것은 그 중요한 사례이다. 그리고 사법에 의존하는 보수우파 집권세력은 권위주의적 통치로 후퇴하는 경향이 있다.

대중주의(포퓰리즘)와 민주주의의 딜레마

군사독재나 분권화된 지방 토호의 지배로부터 민주주의로 이행한 나라들에서는 민주주의가 정착되는 데 많은 시간이 필요했는데, 민주적 대표체계가 합리적으로 작동하지 않는 사회에서 집권한 통치자는 정치 엘리트들이 영향력을 행사하는 군부, 의회, 검찰, 사법부, 지역 정치조직 등으로부터 견제당하지 않을 수 없었다. 그래서 통치자들은 지배 엘리트들을 견제하기 위해 피지배 대중에게 직접 지지를 호소하는 전략을 사용하기도 했다. 이처럼 대의민주주의가 원활히 작동하지 않는 상황에서, 통치자가 대중에게 직접적인 지지를 호소함으로써 통치의 정당성을 얻을 수 있다는 정치적 이념·전략·전술은 대중주의(populism, 포퓰리즘, 인민주의, 민중주의)라 불린다.

1946년 남미의 아르헨티나에서 노동자들의 지지에 힘입어 대통령에 당선된 육군 대령 페론(Juan D. Perón)은, 집권 후 친노동자 정책으로 대중의 지지를 유지할 수 있었다. 이때 대중주의는 대통령이 지방 토호 중심의 과두제적 엘리트 지배에 맞서 노동자 대중의 이익을 실현하기 위한 정치 전략이었다.

한편, 대중주의는 제도정치 내에서 정치적 경쟁자들의 저항에 부딪힌 통치자가 인기영합적 정책을 통해 대중들의 지지를 끌어내어 통치의 정당성을 얻고자 하는 정치전략으로 그 의미가 확장되기도 한다. 한국에서는 80년대 초에 쿠데타로 집권한 전두환 군사독재정권이 취약한 정치적 정당성을 만회하기 위해 부정부패 척결, 정의사회 구현, 과외 금지, 프로야구 출범, 문화적 개방, 경제성장 등의 정책으로 대중들의 인기를 얻으려고 한 정치전략이 대중주의로 불렸다.

대중동원 또는 대중의 지지 확보를 추구한다는 점에서 대중주의는 민주주의 사회에서 어느 정치세력이나 추구할 수 있는 정치전략 또는 정치전술로 그 의미가 확장되고 있다. 그래서 '대중주의'라는 용어는 때로는 집권 세력에 정당성을 제공한다는 긍정적인 의미로, 또 때로는 정치적 상대 세력의 비합리적 정책을 비판한다는 부정적인 의미로 정치적으로 동원되고 있다. 특히 상대의 정책에 대해서 비현실적이며 인기영합적이라거나 임시방편적이라고 비난하면서 상대 세력의 이념이나 정책에 대중주의라는 딱지를 붙이려 한다. 이러한 대중주의는 엘리트와 대중 간의 대립을 강조함으로써 좌파와 우파 간의 이념적·정책적 대결에 균열을 만들고, 소수자에 대한 혐오를 조장하여 다수 대중의 결집을 유도함으로써 대의민주주의의 합리적 작동을 왜곡시키기도 하는데, 이것은 인민의 자기지배 또는 대중의 통치라는 민주주의의 원칙을 딜레마 상황에 놓이게 한다.

5. 한국 민주주의의 역사와 국가-시민사회

1) 해방 이후 반공주의·권위주의 통치와 개발독재

1945년 제2차 세계대전 종전에 따라 해방을 맞이한 한반도는 미국과 소련 등 강대국의 영향력 아래에서 곧바로 분단되었다. 남북한은 미소 간 냉전 대립으로 서로 다른 체제에 편입되어 군사적·정치적 대립을 겪게 되었고, 남한(한국) 내에서도 극심한 이념 대립과 갈등이 분출되었다. 미군정과 이승만 중심의 보수우파 세력은 결탁하여 사회주의와 민족주의 세력을 억압하며 반공주의 통치를 강화했고, 이후 남한 단독정부 수립을 추진하면서 1948년 헌법 제정을 통해 대의민주주의 제도를 도입했다. 제헌의회에서 이승만이 대통령으로 선출되면서, 민주주의는 지배 엘리트 중심의 반공주의·권위주의 통치와 결합했고, 이에 반대한 시민 대중들은 자신들의 요구가 반영되는 평등한 사회를 요구했다. 1950년 한국전쟁 이후 한반도에는 장기간의 군사적·이념적 긴장과 대립이 유지되었고, 이에 따라 이승만 정권 이후부터 전두환 정권에 이르는 오랜 권위주의 통치와 군사독재를 거치면서 군대와 정보기구의 비대화, 보수정당 중심의 왜곡된 정당구조, 원조경제 체제와 국가 주도의 종속적 자본주의 발전, 반공 이데올로기의 체질화 등 기형적 정치구조가 형성되고 또 정착되었다.

이승만 정권의 부정부패와 권위주의적 통치에 저항한 4·19혁명으로 잠시 민주주의가 회복되었지만, 곧바로 정치 혼란을 명분으로 내세운 박정희 군부 세력의 군사쿠데타로 다시 군사독재와 반공주의·권위주의 통치가 지속되었다. 박정희 군사정권은 취약한 정당성을 만회하기 위해 1960년대 초부터 외국 차관에 의존한 국가 주도 자본주의적 공업화를 추진했는데, 이것은 한국 자본주의의 틀을 형성하는 결정적 요인이 되었다. 국가는 차관 형태의 외국 자본을 직접 도입하고, 경제개발계획과 수출 주도 산업화 전략을 통해 대기업 수출산업에 금융, 재정, 조세 등 정책적 특혜를 집중해 줌으로써, '재벌' 형태의 한국적 독점자본이 지배하는 경제구조가 형성되는 데 큰 영향을 미쳤다.

박정희는 집권을 연장하기 위해 1972년에 유신헌법 체제를 만들어 대통령의 권한을 강화했다. 이에 따라 국가권력은 입법부, 사법부가 아닌 행정부로 집중되었으며, 행정부 내에서도 군부와 정보기구, 경찰 등 억압적 국가기구가 권력을 독식하는 구조가 정착되었다.

2) 민주화와 시민사회의 다원화

1979년 부마항쟁이 발생하고 박정희 대통령이 살해되어 민주화에 대한 기대가 확산했지만, 1980년 광주항쟁을 비롯한 전국적 민주항쟁을 군대를 동원하여 진압한 전두환 군부 세력은 군사쿠데타로 집권하여 다시 군사독재를 이어가게 되었다. 이에 따라 반공주의·권위주의 통치는 지속되었다. 하지만 대학생들과 시민들의 민주화운동이 지속되어, 1987년 개헌 국면을 계기로 대통령직선제를 요구하는 민주화운동이 격렬하게 분출되었고, 87년 6월항쟁에서 대통령직선제와 절차적 민주화를 이루게 되었다.

6월 민주항쟁의 성공은 이후 노동자들이 중심이 된 7~8월 노동자대투쟁으로 이어져, 비민주적 작업장 체제의 변화와 노동조합 결성의 확산이라는 성과를 이루어냈다. 또한 시민사회의 활성화가 이루어져, 다양한 시민사회조직이 활발하게 결성되었고 시민들의 민주적 권리도 꾸준히 신장했다. 군사독재하에서 억압되었던 노동운동을 비롯한 다양한 사회운동들이 함께 분출되면서, 시민사회의 이해관계와 가치의 분화와 다원화가 진행되었다. 통일운동, 환경운동, 여성운동, 소수자 인권운동, 평화운동 등 다양한 사회운동들이 활성화되었고, 급진적 개혁을 추구하는 운동과 달리 온건한 개혁을 추구하는 운동들도 점차 늘어났는데, 경실련, 참여연대, 환경운동연합 등의 온건한 사회운동들은 '시민운동'이라 불린다.

3) 계급정치의 저발전과 민주주의의 동요

민주화 이후 시민사회에서는 보수주의·반공주의·지역주의 이데올로기가 여전히 지배적이었는데, 이에 따라 보수정당과 중도개혁정당은 각각 영남과 호남이라는 지역 기반에 의존하면서 집권경쟁을 펼쳤다. 소선거구제가 중심이 된 선거제도에 따라 지역에 중심을 둔 보수정당과 중도개혁정당 간의 권력 양분 구도가 고착되어 왔고, 이것은 진보정당을 비롯한 소수 정당의 성장을 제약했다. 한편, 지역주의와 기득권 계층에 기초한 보수 양당 정치구조와 정치인들의 부정부패에 대한 비판적 여론이 형성되면서 비례대표제도의 도입이 이루어지고, 노동자계급과 서민 대중의 이익을 대변하고자 하는 대중적 진보정당이 결성되면서, 1997년 15대 대통령 선거에서는 진보정당 후보가 대통령 선거에 참여했다.

1997년 말 외환위기 국면에서 중도개혁정당 김대중 후보가 대통령으로 당선되면서 이른바 '수평적 정권교체'가 이루어졌고, 외환위기 극복을 위한 IMF 구제금융으로 신자유주의 정책들이 도입되었다. 노동시장 유연화 정책으로 기업의 해고가 좀 더 자유로워지면서 실업자가 늘어나고 비정규직 노동자들이 늘어나는 등 민생 불안이 커지자, 김대중 정부는 다양한 복지제도를 도입함으로써 문제를 해결하고자 했다.

1987년 이후 노동자들의 권리가 확대되고 노동자계급의 연대가 강화되면서 계급정치(class politics)의 가능성이 열렸지만, 반공 이데올로기와 지역주의의 영향, 시민들의 보수화 등으로 인해 여전히 높은 장벽에 가로막혔다. 2000년에 창당된 민주노동당은 2004년 총선에서 지역구 2석, 비례대표 8석 등 총 10석의 의석을 얻어 제3당으로 부상했다. 하지만 이후 '자주파'와 '평등파' 간의 갈등, '급진파'와 '온건파' 간의 갈등, 녹색·평화·평등의 가치들 사이의 부조화, 페미니즘 논란 등을 거치면서 진보정당은 점차 당세가 약화하고 있다.

1998년부터 2007년까지 중도개혁정당의 김대중, 노무현 대통령이 집권하는 동안 남북한 긴장 완화, 탈권위주의, 복지제도의 발달 등이 이루어졌지만, 신자유주의 기조하에서 친재벌 노동제약 정책이 유지되었다. 그리고 2008년부터 2017년까지 다시 보수정당의 이명박, 박근혜 대통령이 집권하면서 4대강 사업 등 반환경적 개발주의 정책이 확대되고, 노동시장 유연화 등 신자유주의 정책이 더 강화되었다. 그런데 2014년 세월호 침몰 사건이 발생하고 2016년에는 대통령 측근 최순실에 의한 국정농단 사태가 드러나면서 박근혜 대통령의 정치적 정당성에 심각한 문제가 제기되어 2016년 말에 대규모 촛불집회가 장기간 지속되었다. 대통령 탄핵을 요구한 촛불집회는 결국 의회의 탄핵 결정과 헌법재판소의 탄핵 인용을 이끌어내어 정권교체를 이루는 계기를 마련했다.

촛불집회와 대통령 탄핵으로 성사된 대통령 선거에서 중도개혁정당의 문재인 후보가 대통령으로 당선되면서 시민 대중은 민주적 개혁에 대한 기대를 품게 되었다. 그런데 소득주도 성장, 남북한 종전 논의의 진전, 녹색에너지 전환, 노동자 권리 개선 등 일정한 성과에도 불구하고, 문재인 정권과 민주당은 검찰개혁 과정에서 장관 후보들의 공정성 시비에 휘말리면서 검찰의 정치개입과 보수언론의 부정적 여론 형성으로 지지율이 하락했다. 특히 민주당 소속 지방자치단체장들이 성추행 사건에 연루되어 페미니즘 논란이 확산하고, 또 부동산 정책 실패로 아파트 가격상승에 따른 시민들의 불만이 상승하면서 민주당은 보수정당 국민의힘보다 낮은 지지율을 얻게 되었다. 그리고 이후 대통령 선거에서 문재인 정권과 갈등을 빚으며 공정의 이미지를 쌓은 검찰총장 윤석열이 국민의힘 대통령 후보로 출마하여 대통령에 당선되었다.

보수정당 국민의힘 윤석열 정권이 출범한 이후, 검찰과 사법부가 정치에 개입하는 '정치의 사법화' 현상이 강화되고, 이에 따라 집권세력이 검찰과 언론을 동원하여 정치적 경쟁상대를 제거하는 공작정치가 심화되고 있는데, 이러한 정치의 사법화와 공작정치의 확산은 대통령 선거와 정당 정치가 정책 대결보다 정치적 상대방의 도덕성을 훼손하는 데 몰두하는 도덕적 비난전으로 흐르도록 만든다. 이에 따라 민주주의 정치의 합리화가 한국정치의 중요한 과제가 되고 있다.

이야깃거리

1. 우리 일상생활에 감추어진 정치현상을 찾아보고 그 정치적 의미를 토론해 보자.

2. 사회계약론적 국가관의 이론적 가정들이 갖는 약점이나 오류는 무엇인가?

3. 마르크스의 계급국가론과 베버 국가론의 차이를 정리해 보자.

4. 한국의 국가와 시민사회를 설명하는 데 적합한 이론은 무엇인지 토론해 보자.

5. 자본주의 사회에서의 '불법파업에 대한 사법 처리'를 어떻게 볼 것인지 토론해 보자.

6. 그람시의 시민사회론과 하버마스의 시민사회론의 차이를 정리해 보자.

7. 다양한 민주주의 모델들을 비교해 보고 그 장단점을 토론해 보자.

8. 우리나라에서 민주주의가 제한된 부분이나 영역을 찾아보고 해결 방안을 생각해 보자.

읽을거리

『시민』
　　신진욱 / 2008 / 책세상

『시민사회의 다원적 적대들과 민주주의』
　　정태석 지음 / 2007 / 후마니타스

『민주주의의 모델들』
　　헬드(D. Held) 지음 / 박찬표 옮김 / 2010 / 후마니타스

『선거는 민주적인가: 현대 대의 민주주의 원칙에 대한 비판적 고찰』
　　마냉(B. Manin) 지음 / 곽준혁 옮김 / 2004 / 후마니타스

『민주화 이후의 민주주의: 한국 민주주의의 보수적 기원과 위기(개정판)』
　　최장집 지음 / 2010 / 후마니타스

『그람시의 옥중수고』(1·2)
　　그람시(A. Gramsci) 지음 / 이상훈 옮김 / 1999 / 거름

『국가 권력: 마르크스에서 푸코까지』
　　제숍(B. Jessop) 지음 / 남상백 옮김 / 2021 / 이매진

제 **4** 부

사회문제와
사회운동

일탈행동과 범죄

사회문제, 일탈행동, 사회규범, 법, 범죄, 일탈행동의 상대성, 사회통제, 보상, 처벌, 공식적 제재, 비공식적 제재, 학습 이론, 차별교제 이론, 낙인 이론, 딱지 붙이기 이론, 통제 이론, 아노미 이론, 비판적 범죄 이론, 강도, 절도, 탈세, 뇌물수수, 폭행, 살인, 화이트칼라 범죄, 사이버 범죄, 조직범죄, 자살

청소년들은 자기 통제력이 약한 반면에 자신의 욕구를 표출하려는 생각이 강하다. 그래서 특이한 헤어스타일, 패션, 액세서리로 자신을 치장하거나 독특한 걸음걸이나 행동으로 자신을 과시하려고 하기도 한다. 어른들이 모범적이고 착한 모습이라고 생각하는 태도나 행동방식을 거스름으로써 자기만족을 느끼기도 한다. 그런데 이런 행동들은 사회적 규칙이나 규범에서 벗어나기도 한다. 그래서 일탈행동이라고 규정되고, 이런 행동을 하는 청소년들을 문제아로 낙인찍기도 한다.

그런데 이런 일탈행동들은 성인들에게서도 나타나며, 심각한 범죄가 저질러지기도 한다. 사회질서를 안정적으로 유지하려면 이런 범죄행위들에 대해서는 제재를 가하고 처벌할 필요가 있다. 그런데 어떤 행위를 일탈이나 범죄로 규정하는 것이 늘 분명하지는 않다. 시대마다 또 나라마다 어떤 행위를 일탈이나 범죄로 규정하고 법적으로 처벌을 할 것인지는 달라질 수 있다. 특정 행위를 일탈이나 범죄로 규정하는 과정은, 특정 집단을 억압하거나 배제하기 위해 다수자의 권력 또는 지배세력의 권력이 작동하는 과정이기도 하다.

1. 사회문제와 일탈행동

1) 사회문제의 정의

어떤 일이나 사태가 '문제'라는 것은 자연스럽거나 바람직하거나 정상적인 것으로 받아들이기 어려운 상태임을 의미한다. 이런 문제는 개인적일 수도 있고 사회적일 수도 있다. 사회문제(social problem)란 개인문제와 달리 '사회적으로 문제가 되는 것'을 말한다. 개인문제가 어떤 개인이나 가족에게만 특별히 문제가 된다면, 사회문제는 많은 이들에게 공통으로 문제가 된다.

친구와 싸워서 사이가 좋지 않다거나, 성적이 좋지 않아서 장학금을 타지 못했다거나, 불량식품을 많이 먹어서 건강이 좋지 않다거나 하는 것들은 개인적 문제이다. 그런데 경쟁적인 학교문화로 학생들 간의 갈등과 다툼이 늘어난다거나, 경제적 곤란으로 학업에 전념하기 어려운 학생들이 성적이 좋지 않은 문제들은 단순히 개인의 문제가 아니다. 한편, 돈이 없어서 값싼 음식을 자주 먹을 수밖에 없는 사람들이 건강에 문제가 생겼다거나 하는 것은 소수의 개인이 겪는 개인문제처럼 보이기도 한다. 하지만 가난이나 이로 인한 건강 문제는 단지 개인의 책임만으로 돌리기는 어렵다.

이처럼 개인이 의도하거나 원하지 않은 주어진 사회적 조건으로 인해 발생하는 문제나 다수의 사람이 공통으로 겪는 문제를 '사회문제'라고 한다. 이 경우에는 문제를 일으키는 원인이 특정한 '사회환경'이나 '사회적 조건'에 있기 때문이다.

2) 사회문제의 성격

사회문제의 객관성과 주관성

어떤 사회현상이 사회문제가 되려면 우선 그 현상이 객관적으로 발생하고 존재해야 한다. 그런데 존재하는 모든 사회현상이 사회문제가 되지는 않으며, 사람들이 '문제'라고 느끼거나 인식할 때 사회문제가 되기 시작한다. 이런 의미에서 사회문제는 객관적인 현상을 누가 어떻게 주관적으로 문제라고 인식하느냐 하는 데에 달려 있다.

예를 들어 조선시대에는 남존여비와 남녀차별이 신분질서로 제도화되어 있어서 일상적으로 당연한 일이라고 생각되었다. 그리고 양반과 평민 간에 신분에 따른 차별이 있어도 대다수 사람은 그것을 문제라고 인식하지 않거나 당연하게 받아들였다. 오늘날의 시각에서 보면 남녀차별과 신분차별은 객관적으로 존재했지만, 당시 사람들은 주관적으로는 문제로 인식하지 못했고, 따라서 이러한 차별들이 적극적으로 사회문제로 부각되지 못했다.

사회문제 인식의 상대성

사회문제의 발생에서 주관적 인식이 중요하다는 것은 사람에 따라 어떤 사회현상을 사회문제로 인식할 수도 있고 그렇지 않을 수도 있음을 말한다. 이것은 사회문제의 인식이 시대, 나라, 집단 등에 따라 상대성을 띠게 됨을 의미한다. 예를 들어 조선시대와 달리 오늘날에는 남녀차별이나 신분차별을 비민주적이고 정당하지 않은 사회문제로 받아들이고 있다.

그런데 같은 시대, 같은 나라에 사는 사람들 사이에서도 계급, 계층, 사회적 지위, 성별, 세대 등에 따른 이해관계와 가치지향의 차이로 인해 동일한 현상에 대해 사회문제로 느끼는 정도가 다를 수 있다. 남녀차별의 경우, 일반적으로 남성들은 심각하게 의식하지 못하는 때가 많지만 여성들은 민감하게 느끼면서 적극적으로 문제를 제기하는 경우가 많다. 이것은 계급차별, 인종차별, 지역차별, 연령차별 등에서도 유사하게 나타난다. 대체로 기득권을 가진 지배자의 위치에 있는 집단은 차별이나 불평등을 심각하게 인식하지 못하거나 당연시하는 경우가 많고, 기득권 없이 피지배자의 처지에 있는 집단은 이것을 심각하게 인식하면서 문제의 해결을 요구하기 쉽다.

사회문제 인식의 상대성은 한 나라 안에서 사회갈등으로 분출되기도 한다. 기존 사회제도나 규칙에 대해 문제를 제기하는 사람들은 문제 해결을 위해 집합행동을 하게 되는데, 정치적 자유나 권리를 요구하는 학생들의 집회, 노동자들의 파업, 이익단체의 집합행동, 개발이익을 추구하는 지역 주민들의 집합행동 등이 바로 그것들이다. 이때 특정 집단이 제기하는 사회문제에 대해서 다른 입장과 생각을 지닌 집단들이 이러한 문제 제기가 부당하다고 맞서게 되면 결국은 사회갈등으로 이어지게 되는 것이다.

다양한 수준의 사회문제

세계화가 진전되고 있는 오늘날, 사회문제 역시 거시적 수준에서 미시적 수준까지 다양한 수준에서 제기되거나 발생할 수 있다. 작은 지역 단위의 문제에서부터 국가 단위의 문제, 국제적·세계적 문제들이 공존한다.

세계사회 수준에서는 국가 간 불평등, 선진국의 군사·외교적 지배, 자본주의 세계시장경제의 불안정, 지구적 환경위기, 전쟁, 종교적 갈등 등의 사회문제들이 존재하는데, 이것들은 개별 국가 수준에서 해결하기 어려운 사회문제들이다. 한편, 국가나 지역 수준에서는 집단이나 지역 주민들 간의 갈등, 물질적 분배의 불공정, 실업, 차별, 환경오염, 일탈행동과 범죄, 저출산으로 인한 인구 감소, 노인 부양, 자녀 양육, 세대 갈등, 장애인과 소수자에 대한 차별, 교육 불평등, 경쟁적인 학교 교육문화, 도시의 교통 체증이나 인구 과밀, 청소년들의 인터넷 중독 등의 사회문제들이 존재한다. 이것들은 사회의 안정적 존속이나 사회통합을 어렵게 하는데, 이에 따라 국가나 지역사회에서는 사회문제 해결을 위한 법적·제도적 방안들을 모색하게 된다. 물론 이 과정은 이해관계나 가치지향의 차이로 인한 새로운 사회갈등을 낳기도 한다.

3) 사회문제로서 일탈행동과 사회통제

일탈행동과 범죄는 흔히 개인의 심리적 특성으로 인해 발생하는 개인 문제로 취급하기 쉽다. 하지만 이것들은 사회에 영향을 끼칠 뿐만 아니라 그 발생과정에서 여러 가지 사회적·환경적 요인들의 영향을 받는다는 점에서 사회문제로 이해해야 한다. 예를 들어 특정 시기에 일탈행동이나 범죄가 수적으로 늘어나거나 줄어드는 것은 단순히 개인의 심리적 문제로 설명하기는 어렵다. 어떤 사회에서 자살, 탈세, 뇌물수수, 화이트칼라 범죄 등 특정한 유형의 일탈행동이나 범죄가 늘어나는 것은 경제적·사회문화적 조건들과 깊이 연관되어 있다. 그래서 사람들이 심리적으로 더 큰 불안과 스트레스를 느끼는 사회, 또 경제적으로 어려움을 겪으면서 미래의 삶에 불안을 느끼는 사회에서는 상대적으로 더 많은 일탈행동과 범죄가 발생하게 된다. 그래서 특정 시기에 자살률이나 범죄율이 이전보다 증가했다고 한다면, 이것은 '사회문제'로 다루면서 그 사회적 해결책을 마련해야 한다.

개인주의 성향이 강한 젊은 세대의 남성들이 사병으로 군부대에 입대하면서, 군 복무 부적응에 따른 자살 현상도 두드러지고 있다. 이것은 군부대의 규율이 더 강화되거나 생활환경이 열악해졌기 때문이라기보다는, 군대에 입대하는 청년들이 과거에 비해 풍족한 생활환경과 자유로운 분위기 속에서 성장하면서 점점 더 기존의 군부대 규율과 생활환경에 적응하기에 어려움을 겪게 되었기 때문이다. 특히 통제된 공간에서 사병들 간의 구타나 가혹행위와 같은 비인격적 행위들이 사라지지 않으면서 심리적 압박에 따른 자살의 사례가 한 해에 수십 명에 이른다. 이것은 단순히 사병 개인의 성격 문제가 아니라, 자유로운 환경에서 성장한 젊은 세대가 적응하기 어려운 군부대 환경의 문제로서 일종의 사회문제라고 할 수 있다.

한편, 일탈행동은 사회통제에 대한 반작용일 수 있는데, 사회규범이나 법에 따른 사회통제가 부당하거나 지나치게 강하면 사회갈등이나 저항이 확산하거나 일탈행동과 범죄가 더 심해질 수도 있다. 예를 들어 독재정권이나 사회질서를 강요하는 보수정권일수록 이에 비판하고 저항하는 사람들을 처벌하거나 규제하는 법과 제도를 강화하고 처벌을 강화하여 비판적 목소리를 억누르려는 경향이 강하다. 이 경우에는 사회통제 방식 자체도 사회갈등이나 집단적 불만을 일으키는 '사회문제'가 된다.

2. 일탈행동과 범죄의 이해

1) 일탈행동의 의미

일탈행동의 의미

'일탈행동(deviant behavior)'은 사회규범(social norm)이나 규칙(rule)을 벗어나는 행동이라고 할 수 있다. 사람들은 일상적으로 일탈이라는 말 대신에 '탈선'이나 '비행(非行)'이라는 말을 많이 쓰는데, 모두 유사한 의미를 지닌다. 탈선이란 기차나 자동차가 철로나 도로와 같은 정해진 길이나 선에서 벗어나는 상태를 말하는 것으로, 사회적으로는 사람들이 지켜야 할 도리, 윤리, 도덕, 법 등 사회규범을 벗어난 행동을 하는 것을 가리킨다. 한편, '비행'이나 '문제행동'이라는 말은 청소년들에 대해서 많이 쓰고 있는데, 이런 행동을 하는 청소년은 '비행 청소년', '문제아'라고 불린다.

일탈행동과 사회규범

사회규범은 행동의 일탈 여부를 가늠하는 기준이 된다. 말하자면 한 사회가 채택하고 있는 '올바른 행동의 기준'인 셈이다. 사회규범은 윤리적·도덕적으로 '옳다, 그르다' 또는 '좋다, 나쁘다'라고 하는 가치평가를 담고 있는데, 어느 사회에서나 사회 자체의 존속을 위해서는 구성원의 행동의 잘잘못을 따질 수 있는 일정한 규칙이나 규범이 필요하다. 그리고 사회는 그 구성원들에게 규범에 따른 행동을 권장하거나 강제하게 된다. 사람들이 사회규범을 어겼을 때 일정한 사회적 제재나 처벌이 강제되어야 일탈행동이나 범죄행위에 대한 사회통제가 가능하며, 사회질서가 안정적으로 유지될 수 있기 때문이다.

2) 범죄의 의미

범죄의 의미

범죄(crime) 또는 범죄행위는 법에 의거하여 공식적인 제재가 가해지는 일탈행동을 말한다. 다양한 일탈행동 중에서 사회적으로 용인되기 어려운, 더 심각한 행위라고 할 수 있다. 그러므로 범죄는 일탈행동에 속하지만, 모든 일탈행동이 범죄인 것은 아니다. 예를 들어 한국 사회에서 어른에게 버릇없이 굴거나 반말을 하는 것은 일탈행동이라 가벼운 제재를 받는 반면에, 교통법규를 위반하는 것은 경범죄에 속하며 법적인 처벌이 뒤따른다.

이처럼 범죄는 일반적으로 법(law)을 위반한 행위, 즉 범법 행위를 의미하며, 사회규범들 중에서도 특히 법으로 정해진 강제 규범을 위반하는 행위를 말한다. 그렇지만 범죄라는 말을 포괄적인 의미로 사용할 때는 윤리적·도덕적 의미에서 다른 사람들에게 물질적·신체적·정신적 피해를 입히는 죄악이 되는 행위 일반을 가리키기도 한다.

범죄와 법

법은 어떤 행위가 범죄인지 아닌지를 판가름하는 기준으로서 여러 가지 사회규범들 가운데 하나이다. 그래서 일반적으로 통용되는 '사회규범'과 법으로 정해진 규범, 즉 '법규범'은 공통점과 차이점이 있다. 공통점은 사회적으로 정해진 올바른 행동의 기준이라는 점과 이를 다양한 방식으로 보상하거나 제재함으로써 특정한 행동을 강제한다는 점이다. 법이 일반적인 사회규범과 두드러지게 구별되는 점은, 국가권력에 의해 인정되고 강제적으로 집행된다는 점이다. 법은 국가가 '이것만은 꼭 지켜야 한다'라는 생각에서 사회규범 중에서 선별하여 더 엄격하게 '강제성'을 부과한 규범, 즉 국가에 의한 강제규범이라는 면에서 일반적인 규범과는 다르다.

3) 일탈행동의 사회성과 역사성

일탈행동 규정의 상대성

일탈행동은 한 사회의 일반적인 사회규범이나 행위양식에 어긋나는 행동을 의미하며, 따라서 일반적으로 사람들은 '나쁜 행동'으로 인식하게 된다. 그런데 사회규범이나 법은 시대와 지역에 따라, 때와 장소에 따라 그 내용과 판단 기준이 달라질 수 있으며, 이에 따라 똑같은 행위라도 일탈행동으로 인식되기도 하고 그렇지 않기도 한다. 이것은 어떤 행동이 일탈적이냐 아니냐, 또는 범죄냐 아니냐가 역사적·사회적 환경이나 상황에 따라 다를 수 있음을 말한다.

더운 여름에 사람들이 해수욕장이나 수영장에서 수영복 차림으로 돌아다니는 것은 정상적인 행동이다. 그런데 똑같은 차림으로 도심을 돌아다니는 사람들이 있다면, 주변 사람들은 이들의 행동을 일탈적이라고 생각할 것이다. 1900년대 초 개화기 때 신여성들은 단발에 짧은 치마를 입고 구두를 신고 다녔다. 이때 이들의 행동은 일탈로 여겨졌다. 그런데 요즈음 여성들이 이러한 모습으로 다니는 것은 정상적이며 개성의 표현으로 여겨진다. 이처럼 어떤 행동이 이루어지는 상황이나 역사적 시대에 따라 같은 행동이 일탈적이기도 하고 그렇지 않기도 한다.

사회규범의 상대성과 권력

사회규범이나 법의 상대성은 단순히 특정 사회가 공유하고 있는 문화의 차이에 기인하기도 하지만, 동시에 각 시대 또는 나라마다 지배 집단의 가치나 이데올로기에 의해 강제되는 권력 현상이기도 하다. 국가권력이나 일상의 사회권력을 행사하는 지배 집단은 자신들의 기준에 맞춰 일탈행동이나 범죄를 규정함으로써 자신들이 원하는 사회질서를 유지하려 한다.

가부장적 규범과 문화가 강했던 과거 한국 사회에서는 남녀 차별과 존댓말 사용이 당연한 사회규범으로 여겨졌다. 그래서 오늘날 법적으로 남녀차별이 금지되고 여성들의 권리가 많이 향상되었지만, 구세대들 가운

일탈행동 규정의 문화적 상대성

어떤 행동들은 나라마다 문화적인 차이로 인해 일탈행동이나 범죄로 취급되기도 하고 그렇지 않기도 한다. 남아메리카의 여러 나라에서는 사람들이 만나면 남녀노소를 불문하고 서로 껴안고 가볍게 키스를 하거나 상대방의 등을 두드려주는 등 친근감을 표시하는 인사를 나눈다. 그런데 한국에서 이런 방식으로 인사를 하면 많은 이들이 일탈적이라고 생각할 것이다. 그리고 미국이나 유럽에서는 어른이 아이에게 잘못을 꾸짖을 때 아이가 어른의 눈을 쳐다보며 말을 듣는 것이 예의이다. 그런데 한국에서는 아이들이 어른의 눈을 쳐다보면 버릇없고 대드는 행동이라고 여기는 사람들도 많다. 이처럼 사회마다의 문화적인 차이로 인해 똑같은 행동이 일탈적이기도 하고 그렇지 않기도 하다.

낙태 논쟁

낙태는 자연분만기 전에 자궁에서 발육 중인 태아를 인공적으로 제거하는 행위를 말한다. (낙태는 일반적으로 널리 사용되어 온 법률상의 용어이다. 그런데 이 표현이 부정적 함의가 강하여 '임신 중지'나 '임신 중단'과 같은 중립적 용어로 대체하자는 주장이 점차 확산되고 있다.) 그런데 나라마다 낙태를 법으로 금지하기도 하고 허용하기두 한다. 그래서 나라마다 낙태 허용을 둘러싸고 논쟁과 대립이 벌어지고 있다.

논쟁의 핵심은 '태아'를 온전한 생명체로 인정할 것인가 여부와, '태아의 생명권'과 '산모의 선택권' 중에 무엇이 더 중요한가 하는 점이다.

오늘날 독일, 덴마크, 이탈리아, 스페인, 룩셈부르크, 핀란드 등 많은 유럽 나라는 임신 12주 이내의 낙태를 허용하고 있고, 영국은 24주까지 허용하고 있다. 캐나다는 1988년에 낙태 제한을 위헌으로 판정했다.

미국에서는 낙태 논쟁이 오랫동안 격렬하게 지속되어 오는데, 연방대법원에서는 판례로 낙태를 산모의 선택권으로 인정했다. 2001년 공화당 부시 정권 때 보수적인 종교계의 요구로 낙태 금지 정책이 부활했지만, 2009년 민주당 오바마 정권이 등장하면서 다시 폐지되었다. 하지만 2022년 6월에 미 연방대법원은 낙태 합법화 판결을 다시 폐기했다.

데는 일상생활에서 암묵적으로 여성을 무시하거나 차별하는 태도들이 여전히 강하게 남아 있다. 존댓말 역시 나이가 더 많은 사람이나 지위가 더 높은 사람을 존중해야 한다는 가치관을 내포하는 사회규범으로서 여전히 유지되고 있다.

한편, 1960~1970년대 한국의 군사독재 정부는 젊은 대학생들이 서양에서 유입된 민주주의 사상에 지나치게 경도되어 정부를 비판한다고 문제삼으면서 젊은 층에 충효 사상 등 전통적 윤리교육을 강화했다. 이것은 국가에 대해 충성심을 갖고 복종하도록 하고, 부모와 어른들에 대한 효심을 불러일으켜 권위와 명령에 복종하는 태도를 갖게 만들려는 것이었다. 또한 야간 통행금지를 실시하거나 미풍양속을 지켜야 한다면서 장발 머리, 미니스커트 등을 단속함으로써 대학생을 비롯한 젊은 층을 통제하려고 했다.

이처럼 사회의 주류집단은 자신들이 옳다고 믿거나 적극적으로 추구하는 규범과 가치를 다른 사회구성원들에게 확산하려고 하는데, 이것은 사회권력이나 국가권력에 의해 강요되는 것이라고 할 수 있다. 이 경우에 주류집단의 규범이나 가치를 보편적 규범이나 가치로 내세우게 되면, 이에 어긋나는 행동들은 일탈행동이나 범죄가 된다.

법적 규범과 권력

사회규범이 상대적이라는 것은 곧 '법이 상대적'이라는 것을 의미한다. 일반적으로 법은 사회적으로 합의하는 수준이 높고 더 강력한 강제력에 의해 규제되거나 집행될 필요가 있는 규범들이나 행위들을 제도화한 것이다. 따라서 법은 일탈행동과 범죄에 대해 더욱 엄격한 판단 기준을 갖출 필요가 있다. 그런데 법의 제정 및 적용 과정에 지배 세력이나 주류집단의 권력이 작용한다면 그 정당성은 훼손된다. 이처럼 법적 기준이 권력의 개입으로 달라질 수 있다는 것은 법의 상대성을 보여준다.

낙태 논쟁이나 안락사 논쟁 등은 이것들을 범죄로 취급할 것인지가 논쟁적이며 법이 사회상황에 따라 변할 수 있음을 보여준다. 또 동성 간의 결혼을 인정할 것인지도 논쟁적인데, 이 때문에 국가나 지역에 따라 법적인 허용이나 인정 여부가 다양하다.

물론 살인, 강도, 폭력, 절도, 방화 등과 같이 다른 사람들에게 위협적이거나 중대한 반사회적인 행동들은 거의 모든 사회에서 범죄행위로 인정되며 법에 따라 처벌된다. 그렇지만 시위, 파업, 간통, 동성애, 성매매, 낙태, 안락사, 대마초 흡연, 신체 노출 등은 사회에 따라 법으로 규제하기도 하고 그렇지 않기도 하며, 또 강력한 범죄로 취급하기도 하고 사소한 범죄로 취급하기도 한다. 이처럼 사회에 따라서 지배세력이나 사회적 주류집단들은 기존의 사회질서나 가치관을 유지하기 위해 법을 만들어 특정한 행위를 일탈행동이나 범죄로 규정함으로써 피지배세력이나 사회적 약자들을 사회적으로 억압하거나 배제한다.

예를 들어 과거 민주화 이전 시기에는 집회와 시위가 「집회 및 시위에 관한 법률」에 의해 범죄로 취급되었으며, 노동자들의 단체행동이나 파업 등도 이른바 '노동법'에 의해 불법행위로 규정되었다. 이것은 결국 나라나 시대마다 지배세력이나 통치 집단이 누구냐에 따라 동일한 행위를 불법으로 규정할 수도, 그렇지 않을 수도 있음을 보여준다. 따라서 어떤 행동을 일탈행동이나 범죄라고 미리 규정하기 전에, 그 행동을 누가 어떠한 기준에서 일탈행동 또는 범죄로 규정하고 있는지를 먼저 따져볼 필요가 있다.

법의 상대성은 "악법도 법인가?" 하는 고전적 논란을 낳았는데, "악법도 법이다"라는 주장은 법적 정의, 즉 '법을 통해 추구하려는 정의로운 가치'와 법의 안정성, 즉 '법에 의해 보호되는 사회생활의 안정성' 간의 딜레마에서 '법의 안정성'을 우선시하는 논리이다. 반면에 법적 정의를 우선시한다면, 악법은 법적 정의에 어긋나므로 즉각 무효화해야 한다. 정의롭지 않은 법을 유지하려고 한다는 것은, 결국 법을 권력 유지의 수단으로 여기고 있음을 보여주는 것이다.

실제로 한국과 브라질 등에서는 정부가 국가정보기관이나 검찰 등 수사권과 기소권을 가진 기관을 이용해 정치적 경쟁자들이나 정부 비판자들에 대해 강압적 표적 수사를 하거나 범죄를 조작하여 처벌함으로써 권

한편, 로마 가톨릭의 전통이 강한 남아메리카 나라들은 종교적 이유로 대부분 낙태를 금지하고 있다. 한국은 오랫동안 낙태를 법으로 금지해 왔지만, 2019년에 헌법재판소가 낙태죄에 대해 헌법불합치 결정을 내림에 따라 현재 낙태 제한 기준을 마련하는 대체입법 논의가 진행 중이다.

"악법도 법이다"?

한동안 한국 사회에서는 그리스의 철학자 소크라테스에 관한 잘못된 일화가 널리 퍼져 있었다. 이 일화의 내용은 소크라테스가 사형을 선고받자 그를 도우려는 사람들이 탈옥을 권유했지만 "악법도 법이다"라는 말과 함께 독약을 마시고 죽었다는 것이었다. 이 일화는 오랫동안 우리나라 초중고 교과서에 실려 있었고, "악법이라 하더라도 그 법을 준수해야 한다"라는 주장을 옹호하는 근거로 사용되어 왔다. 그런데 2004년 11월에 헌법재판소는 이것이 사실이 아니라는 점을 밝히면서 교과서에서 이 내용을 삭제하도록 판결했고, 이 일화는 곧 교과서에서 삭제되었다.

력 유지의 수단으로 사용한 사례들이 있으며, 심지어 사법부도 불공정한 법 적용과 판결을 통해 이에 동조하기도 한다.

3. 일탈행동과 사회통제

1) 사회통제의 뜻과 방법들

사회통제의 의미

사회에서는 일반적으로 그 구성원이 사회적으로 정해진 행동 기준에 맞게 충실히 행동하는 데에 여러 가지 형태의 보상(reward)을 해주고, 이를 위반하는 행동에는 다양한 형태의 제재(sanction)나 처벌(punishment)을 가한다. 이처럼 사회구성원들이 사회규범을 지키면서 일탈행동이나 범죄를 저지르지 않도록 규제함으로써 사회질서를 유지하는 과정을 '사회통제(social control)'라고 한다. 이러한 사회통제는 한 사회의 구성원들이 사회규범에 동조하도록 하는 과정이면서 동시에 사회통합을 위해 필요한 과정이다.

보상과 처벌

사회통제는 일반적으로 '보상'이라는 긍정적 방식과 '처벌' 또는 '제재'라는 부정적 방식으로 이루어진다. 보상의 예로는 칭찬, 격려, 선물, 존경 등 비공식적 보상과 우등상이나 장한 어머니상과 같은 상장 수여, 모범시민 표창, 국가유공자 훈장 수여, 영웅 호칭 부여 등 공식적 보상이 있다.

제재나 처벌의 예로는 핀잔이나 비난 같은 비공식적 제재와 체벌, 퇴학 처분, 벌금, 면허 취소, 영업 정지, 구류, 징역, 추방, 사형 등 공식적 제재가 있다. 사람들은 일반적으로 자신의 행동이 사회적으로 인정받고 또 보상받기를 원하며, 처벌이나 제재를 피하려고 한다. 그래서 보상과 처벌은 모두 사람들이 사회규범에 동조하도록 하는 데 기여한다.

공식적 제재와 비공식적 제재

제재는 일반적으로 '공식적 제재'와 '비공식적 제재'로 나누어 볼 수 있다. 일탈행동이나 범죄에 대한 공식적 제재는 대체로 정해진 법규나 규칙에 따른 처벌의 형태를 띠며, 사회질서 유지의 책임을 맡고 있는 공식 기관에 의해 이루어진다. 어느 사회나 공식적인 법이나 규칙이 없다면 사회질서 유지가 어려우므로 공식적이고 제도적인 통제체계를 갖추고 있다. 한 사회에서 공식적 제재는 대체로 법에 기초하여 경찰, 검찰, 교도소 등 공식 조직에 의해 이루어지는데, 벌금, 면허 취소, 징역, 사형 등이 있다. 그리고 기업이나 시민단체와 같은 소규모 공식 조직들에서도 각종 규칙에 따라 감봉, 해고, 파면 등의 공식적 제재를 할 수 있다.

반면에 비공식적 제재는 사적이며 감정적인 형태로 이루어지는데, 훈계, 비난, 모욕 등이 있다. 물론 비공식적 제재는 남성, 상급자, 고령자의 일상적·사회적 권력의 행사를 내포할 때 부정적 성격을 지니기도 한다. 청소년들 사이에서 많이 나타나는 '따돌림 현상'도 일종의 비공식적 제재로 볼 수 있는데, 이것은 그 자체로 일탈행동으로서 부정적 성격을 지니고 있다.

제재와 사회통제의 양면성

일반적으로 일탈행동이 개인들이나 사회에 미치는 부정적인 영향이 클수록 제재나 처벌은 더 강력해진다. 그래서 사람들은 제재나 처벌이 강한 일탈행동을 더욱 꺼리게 된다. 예를 들어 교통법규의 경우, 사람들은 일반적으로 교통신호등은 엄격하게 지키려고 노력하는 반면에 속도 제한이나 주정차 금지 등은 엄격하게 지키려고 하지 않는다.

이러한 규칙 준수 정도의 차이는 행위 결과의 위험성에 따라 제재나 처벌의 강도가 다르기 때문이다. 이 경우 제재나 처벌 강도의 차이는 사람들이 정해진 규범이나 규칙을 좀 더 엄격하게 받아들이도록 만든다.

일반적으로 제재와 처벌 중심의 사회통제는 일탈행동이나 범죄를 줄이는 데 효과를 보인다. 하지만 대마초나 마약 범죄의 경우, 개인 수요자에

푸코와 이성의 지배

푸코(Michel Foucault)는 프랑스 사회이론가로서 일탈행동의 규정이 권력과 관련되어 있음을 강조했다. 그는 일탈행동의 직접적 원인보다는 일탈자를 구분하며 억압하고 배제하는 권력의 작동에 주목한다.

'이성'이 강조되지 않았던 시대에는 부랑인, 실업자, 정신이상자, 광인 등에게 관용적이었다. 그러나 '이성'을 강조하기 시작한 현대로 오면서 지배세력이 참과 거짓, 이성과 광기, 정상과 비정상 등을 명확하게 구분하게 되었고, 이들을 '환자', '정신이상자', '일탈자'로 취급하면서 감옥, 정신병원 등과 같은 수용시설을 통해 광기와 비정상을 체계적으로 억압하고 배제하기 시작했다는 것이 푸코의 시각이다.

이처럼 푸코는 지배의 도구가 된 이성의 억압적 성격과 이성의 횡포를 폭로하고자 했다.

카니발(carnival)은 '사육제', 즉 육
식에 감사하는 축제를 의미하는
말이었다. 전통적으로 가톨릭에
서 육식을 금하는 사순절이 시작
되기 전에 마음껏 즐기려는 생각
에서 시작된 축제이다. 현대의 사
육제들은 애초의 종교적 의미가
퇴색되면서, 가면이나 화장으로
분장하고 기괴한 옷차림을 한 사
람들이ㅏ 대형 인형들을 앞세워
거리를 행진하는 등 화려한 볼거
리 중심의 축제로 변모했다.
과거 신분제 시대에는 사육제가
벌어지는 동안에 모든 일이 허용
되었다. 이 기간에 하인은 주인이
되고, 주인은 하인이 되어 음식을
준비하면서 역전된 주인의 비난
을 감수해야 하는 등 기존의 가치
관과 규율이 뒤바뀌었다. 그리고
신분을 감추기 위해 남녀 모두는
서로 알아볼 수 없도록 가면, 가발,
짙은 화장, 화려한 옷과 장식 등으
로 차려입었고, 귀족과 서민은 서
로의 신분을 숨기면서 다른 사람
들과 자유롭게 정사를 즐겼으며,
이를 통해 일탈의 즐거움을 마음
껏 맛볼 수 있었다.
이처럼 일시적으로나마 사회규범
이나 도덕을 뛰어넘을 수 있게 하
는 것이 카니발의 중요한 기능이
다. 이러한 일탈행동들은 일상생
활을 지속할 수 있게 하는 활력소
가 된다.

대한 처벌을 강화하면 오히려 은밀한 거래를 늘려서 제공하는 범죄조직을 키우는 역효과를 낳는다는 주장도 있다. 따라서 모든 일탈행동이나 범죄에 대해 제재나 처벌을 강화하려고 하는 사회통제 방식이 효과적이라보기는 어렵다. 그래서 형벌의 목적을 단순히 처벌에만 두기보다는 교화를 통한 범죄의 재발과 확산 억제도 강조할 필요가 있다는 주장이 설득력을 얻고 있다. 한편, 체벌이나 사형 제도와 같은 사회통제나 제재의 방식에 대해서도 인권 차원에서 금지나 폐지를 주장하는 사람들과 예방과 통제를 위한 필요성을 강조하는 사람들 간의 의견 대립이 존재한다.

2) 일탈행동의 사회적 기능

일탈행동은 사회규범이나 법을 어기는 행동이므로 일반적으로 부정적인 의미를 지니고 있다. 그렇지만 사회규범이 인간 행위의 모든 부분에 대해 잘잘못을 따질 수 있는 것은 아니며, 한 사회의 다수가 하지 않는 행동이라고 해서 반드시 부정적이라고 할 수도 없다. 일탈행동은 단지 통계적인 평균에서 벗어나는 것을 의미할 뿐 그 자체가 무조건 부정적인 행위로 규정될 수는 없기 때문이다. 그러므로 비일상적이고 특이한 사고나 행동을 모두 일탈이라고 억압하거나 배척한다면, 사회는 지나치게 획일화되어 생동감을 잃어버릴 수 있을 것이다.

특히 개성과 창의성이 강조되는 현대사회에서 개개인의 욕구나 자유의지를 지나치게 제한하여 개성과 독창성의 발달을 억압한다면, 사회발전의 중요한 원동력이 사라지는 결과를 낳을 수 있다. 어린아이들의 호기심, 발명가들의 비현실적인 생각이나 실험, 예술가들의 전위적인 작업과 같이 일상적이지 않은 일탈적 사고나 행동은 신선하고 새로운 아이디어를 낳을 수 있고 또 사회적으로 유용한 결과를 가져다줄 수 있다. 또한 일탈행동은 때때로 어떤 사회질서나 규범이 변화의 요구에 부딪힐 때 이를 변화시키는 긍정적 힘으로 작용하기도 한다. 역사적으로 보면 소수 일탈행동이 전통적 사회질서나 규범을 바꾸는 계기를 제공하기도 한다.

또한 일탈행동은 한 사회에서 생겨날 수 있는 여러 가지 억압과 스트레스를 해소해 줌으로써 사회 전체적으로 불만이나 정신적 병리 현상의 발생을 줄여 사회가 심리적·정신적으로 더 안정되도록 하는 데 기여한다. 따라서 일탈행동에 대한 과도한 억압과 제재는 개성과 창의성의 발달을 저해하거나 사회적 불만과 스트레스를 증가시켜 부정적 결과를 낳을 수 있다.

4. 일탈행동과 범죄에 대한 이론적 접근

일탈행동과 범죄는 왜 발생하는 것일까? 초기의 생물학적·심리학적 이론들은 본성이나 타고난 성격이 나쁜 사람들이 범죄를 저지른다고 주장했다. 이러한 이론들의 한계가 드러나면서 후천적·사회적 요인들을 강조하는 사회학적 이론들이 생겨났다. 사회학자들은 성장기의 사회·문화적 환경, 서로 다른 환경 속에서 인간관계와 교제를 통한 학습, 사회구조적 모순과 그에 따른 사회집단들과 세력들 간의 갈등, 권력 집단들의 억압과 배제 등 사회적 요인들을 강조했다.

1) 생물학적 범죄 이론

생물학적 특성과 범죄 성향

범죄와 일탈행동을 설명하기 위한 초기의 시도들은 주로 생리학적·생물학적 이론에 근거한 것이었다. 1870년대에 이탈리아 범죄학자 롬브로소(Cesare Lombroso)는 두개골 모양에 따라 범죄 유형을 판별하려 했고, 더그데일(Richard Dugdale)은 범죄인 가계도 연구를 통해 유전인자의 영향을 밝힘으로써 범죄 성향을 설명하려 했다. 1940년대에 셸던(William A. Sheldon)은 일탈행동과 신체 유형의 관계를 보여주려 했다. 그리고 1961년에 샌드버그(Avery A. Sandberg)는 Y염색체가 정상보다 많은(XYY염색체)

사람들에게서 범죄 성향이 많이 나타난다고 주장했다.

1876년 롬브로소는 이탈리아의 범죄자 집단과 정상인 집단을 비교연구하여 범죄의 원인이 선천적으로 타고난 생물학적 특성에 있다고 주장했다. 범죄자들은 생물학적으로 진화가 덜 되었거나 퇴화한 사람들로서 원시인의 체격, 정신능력, 본능을 지니고 있어 사회생활에 잘 적응하지 못하며 사회규범과 법을 위반하기 쉽다고 했다. 이들의 신체적 특징을 보면, 얼굴이나 머리의 비대칭, 원숭이 같은 큰 귀, 두꺼운 입술, 튀어나온 광대뼈, 긴 팔, 많은 주름살 등이 있다. 그는 이 '타고난 범죄자' 이외에도 두 가지 범죄자 유형이 더 있다고 했는데, 하나는 '정신 이상'으로 인한 범죄자 유형이고, 다른 하나는 '격정'에 쉽게 휩싸이는 성격이어서 기회가 되면 쉽게 범죄를 저지르는 유형이다.

생물학적 이론의 계승과 한계

선천적인 생물학적·생리학적 특성으로 범죄를 설명하는 이론은 "후천적·사회적 환경요인이 더 중요하지 않은가?" 하는 논쟁을 불러일으켰다. 이 이론은 한편으로는 염색체 이상, 호르몬 이상, 선천적 뇌 결함 등을 범죄 발생의 원인으로 보는 이론들로, 다른 한편으로는 정신병이나 범죄의 주된 원인으로 설명하는 심리학적 이론들로 계승되었다.

그러나 이러한 이론들은 인과관계가 불분명하거나 사례가 불충분하여 생물학적 요소와 범죄 간의 관계를 입증하는 데에까지는 이르지 못했다. 게다가 무엇이 범죄인지를 규정하는 것은 사회적 상황에 달려 있을 뿐만 아니라 개인이 범죄행위에 이르는 과정에 다양한 사회적 요인들이 작용하게 되므로, 이러한 점들을 고려하지 않는 생물학적·생리학적 설명은 기본적인 한계를 지니고 있었다.

2) 심리학적 범죄 이론

정신분석학적 이론

프로이트(Sigmund Freud)는 정신분석학적 연구와 이론을 통해 범죄가 어린 시절 정서적 발달 과정에서 빚어진 정신적·심리적 장애와 비정상으로 인해 발생한다고 보았다. 이런 장애와 비정상성은 인간들의 정신세계에서 성격을 형성하는 세 가지 요소 사이의 배타적인 충돌과 갈등이 적절히 조정되지 못할 때 생겨난다. 정신의 세 요소는 이드(id), 자아(ego), 초자아(super-ego)이다(제4장 3절 참조). 자아와 초자아가 이드의 쾌락 추구 성향을 적절히 통제하지 못하면 개인들은 일탈행동이나 범죄를 저지르게 된다.

프로이트의 정신분석학을 계승하는 심리학적 범죄 이론들은 부모의 부재, 부모와의 비정상적 관계, 애정결핍, 무관심 등에 따른 잘못된 성격형성이 어른의 권위에 도전하거나 반사회적 행동을 하도록 만든다는 점을 강조하기도 하고, 이미 형성된 죄의식에서 벗어나려는 방법으로서 스스로 벌을 받기 위해 범죄를 저지른다고 설명하기도 한다. 그런데 정신분석학적 이론들은 일탈행동과 범죄의 발생 원인을 주로 성적 욕구나 아동기의 심리적 경험에 둠으로써, 성격형성에 영향을 미치는 더 거시적인 사회적·환경적 요인들을 분석하는 데 이르지는 못했다.

성격 이론

심리학적 이론의 또 다른 흐름은 범죄의 원인을 무의식의 영향 속에서 형성되는 심리나 성격이 아닌, 개인의 타고난 성격(personality)에서 찾는다. 그래서 타고난 성격 중에서 정상적인 성격과 다른 비정상적·범죄적 성격을 구별하려고 한다. 비행자나 범죄자는 충동성, 공격성, 반항성, 적대성 등 일탈적 성격들을 지니거나, 정신병리적·반사회적 이상 성격을 지니고 있다. 이런 부류의 사람들은 친사회적 태도와 가치를 사회화하지 못하거나, 옳고 그름에 대한 감각을 발전시키지 못하거나, 타인에 대한 동정

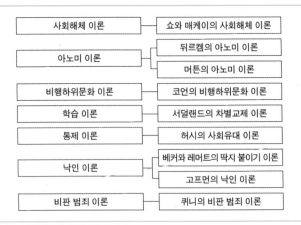

〈그림 12-1〉 사회학적 범죄 이론의 유형들

사회해체 이론	쇼와 매케이의 사회해체 이론
아노미 이론	뒤르켐의 아노미 이론
	머튼의 아노미 이론
비행하위문화 이론	코언의 비행하위문화 이론
학습 이론	서덜랜드의 차별교제 이론
통제 이론	허시의 사회유대 이론
낙인 이론	베커와 레머트의 딱지 붙이기 이론
	고프먼의 낙인 이론
비판 범죄 이론	퀴니의 비판 범죄 이론

심이 없거나, 타인에 대해 잘못이나 해악을 저지른 때에도 후회나 죄의식을 느끼지 못하는 자기중심적인 사람들이다.

성격 이론을 주장한 학자들은 경험적 검증을 위해 성격 검사를 위한 성격 목록이나 심리 목록을 고안하기도 했다. 그런데 경험적 연구 결과들은 성격 특성과 일탈행동 간의 인과적 관계를 일관되게 보여주지 못했다. 또한 특정한 일탈적·범죄적 성격이 태어날 때부터 지니고 있던 것인지 아니면 사회적으로 학습된 것인지에 대해서도 분명히 밝히지 못하고 있다.

3) 사회학적 범죄 이론

사회학적 범죄 이론

사람의 심리적 성격이 타고난 것이든 인간관계 속에서 형성된 것이든, 특정한 성격의 소유가 곧바로 일탈행동이나 범죄를 낳는 것이 아니라면, 특정한 성격이 사회적으로 표출되도록 하는 사회적 과정을 설명하지 않으면 안 된다. 그래서 사회학적 범죄 이론은 생물학적 범죄 이론이나 심리학적 범죄 이론과 달리 사회적·환경적 조건이나 맥락을 강조한다.

사회학적 범죄 이론은 '상호작용론적 접근'과 '사회구조적 접근'으로 구분하거나 '미시환경적 접근'과 '거시환경적 접근'으로 구분하며, '비판적·갈등론적 접근' 등을 별도로 분류하기도 한다. 미시적 접근은 주로 상호작용 과정이나 인간관계에서 다른 사람들이 보여주는 태도나 반응, 또는 개인이 속한 집단이나 지역의 문화나 생활환경 등이 일탈행동과 범죄를 낳게 된다는 점에 주목한다. 반면에 거시적 접근은 상대적으로 거시구조적인 조건이나 환경 등에 더 주목한다. 물론 상호작용과 사회구조의 구분이나 미시환경과 거시환경의 구분은 상대적이기 때문에 명확한 기준을 지니는 것이 아니며, 어떤 경우에는 심리학적 설명과 연결되기도 한다.

사회해체 이론

사회해체 이론(social disorganization theory)은 1920~1930년대 미국의 시카고 대학 사회학자들이 도시범죄 및 비행을 연구하면서 시작되었다. 쇼(Clifford R. Shaw)와 매케이(Henry D. McKay)는 하위계층 거주자들의 비행률이 도심지역에서 가장 높고, 부유한 지역으로 갈수록 낮아진다는 사실을 경험적 연구를 통해 보여주고자 했다. 그들의 연구는 주거지역에서 상업지역으로 변화하는 '전이지역'에서 비행률이 가장 높음을 보여주었다. 이 이론은 일탈이나 범죄행위를 낳는 사회환경 또는 생활환경에 주목한다.

전이지역은 물질적 쇠퇴, 열악한 주거환경, 한부모 가정, 높은 사생아 비율, 이질적인 인종의 혼재 등을 특징으로 하며, 사회적·경제적 수준도 낮다. 그리고 높은 비행률과 함께 성인 범죄, 약물중독, 알코올중독, 성매매, 정신질환 등의 공식 통계 수치도 높았다. 그래서 사회해체 이론가들은 이런 현상들을 도시화에 따른 사회해체의 결과로 이해하려고 했다. 이 지역에서 일탈행동과 범죄의 비율이 높은 것은 주민들이 특정한 생물학적·정신적 문제가 있어서가 아니라, 비정상적인 사회환경에 대응해 온 자연스러운 결과이다. 예를 들어 소수 주변집단에 대한 사회적 배척으로 인해 이 집단들이 흑인 빈민가와 같은 특정 지역에 따로 밀집해 생활하게 되는 경우, 그 지역의 사회문화적·환경적 특성으로 인해 사회해체가 심하여

깨진 유리창 이론

깨진 유리창 이론(broken window theory)은 미국의 범죄학자 윌슨(James Q. Wilson)과 켈링(George L. Kelling)이 1982년에 발표한 범죄이론이다. 이들은 유리창이 깨진 채 방치되어 있는 건물이나 낙서가 많은 무질서한 공간에서는 사람들이 질서를 지켜야 한다는 심적 부담이 약화되어 일탈행동이나 범죄가 발생할 가능성이 높다고 주장한다.

사회해체 이론이 '전이지역'과 같은 특정 지역의 사회·문화적 환경이 일탈행동이나 범죄의 발생 가능성을 높인다는 점에 주목한다면, 깨진 유리창 이론은 특정 공간에 방치된 건물이나 물체들과 같은 무질서한 물리적 환경이 사람들의 질서의식을 약화시켜 일탈행동이나 범죄를 낳게 된다는 점에 주목한다.

한편, 이 이론은 범죄예방을 명분으로 질서를 강조함으로써 개인의 자유와 권리를 억압하는 정부정책을 정당화하는 기능을 한다는 비판을 받기도 한다.

범죄 발생률이 증가하거나 범죄가 집중되는 결과를 낳는다는 것이다.

뒤르켐의
정상과 병리 구분

뒤르켐은 과학적 지식을 사용하
여 사회적 조건을 개선하기 위해
서는 무엇이 정상적인가에 대한
지식이 필요하다고 본다. 정상적
인 것과 비정상적인 것을 구분하
는 사회적 기준이 마련되지 않으
면, 무엇을 개선해야 할지 알지 못
하거나 병리적인 상태를 유발할
수도 있기 때문이다. 뒤르켐은 '정
상적인 것'을 결정하기 위해 적합
한 절차는, 주어진 사회적 조건이
나 유형에서 가장 빈번하고 가장
전형적인 것이 무엇인가를 발견
하는 것이라고 본다. 그래서 이러
한 전형적 기준에서 심각하게 일
탈한 것을 '병리적인 것'이라고 규
정한다. 이것은 사회적 기준의 변
화에 따라 특정한 행동이 정상적
일 수도 있고, 병리적·일탈적일 수
도 있다는 것을 의미한다.

머튼

(1910~2003) 미국의 대표적인 구
조기능주의 사회학 이론가로, 파
슨스의 이론을 비판적으로 수정·
보완·발전시킨 학자로 평가받고
있다. 대표 저작으로는 『사회이론
과 사회구조(Social Theory and
Social Structure)』(1949), 『과학사
회학(The Sociology of Science)』
(1973)이 있다.

뒤르켐의 아노미 이론

아노미 이론은 사회질서의 해체나 규범적 혼란이 사회적 결속이나 통
합을 약화시켜 일탈행동이나 범죄의 발생률을 높인다고 본다. 이 이론은
기본적으로 초기 사회학자 뒤르켐(Émile Durkheim)의 '아노미(anomie)' 이
론에 크게 의존하고 있다. 아노미는 전통사회가 현대사회로 급격한 사
회변동이 이루어지는 시기에 전통적 규범이 해체되고 있으나 새로운 규
범이 확립되지 않아 혼란스러운 '무규범 상태' 또는 '규범의 무정부상태
(normlessness)'를 말한다.

아노미 이론은 일탈행동의 발생이 기존 사회규범의 해체와 가치관의
혼란으로 새로운 사회규범이 약하거나 부재한 상황과 관련 있음을 보여
준다. 뒤르켐은 『자살론(Le Suicide)』에서 경험적 분석을 통해, 규범적 통
합이 강한 집단에서는 자살률이 낮지만 통합이 약한 집단에서는 자살률
이 높다는 사실을 보여주었다. 이것은 결국 규범적 통합의 정도에 따라
자살과 같은 일탈행동이 나타날 확률이 다르다는 것을 의미한다.

뒤르켐의 시각에서 보면, 사회변동에 따라 규범이 급격히 변화하거나
현대사회와 같이 개인주의가 확산되어 보편적 규범이 약화하고 다양한
가치와 규범이 혼재하는 사회에서, 개인들은 아노미로 인한 규범적 혼란
을 겪을 수 있다. 특히 규범적 일관성을 유지하기 어려워 정서적 불안정
에 빠지거나 안정적인 욕구충족의 수단을 찾기가 어렵게 된다. 자아정체
성의 혼란, 정신적·정서적 혼란, 욕구불만 등이 지속되면, 사람들은 신경
증에 걸리거나 비행, 자살 등과 같은 일탈행동에 빠져들기 쉬우며, 심한
경우 범죄를 저지르게 된다.

머튼의 아노미 이론

머튼(Robert K. Merton)은 '무규범 상태'라는 뒤르켐의 아노미 개념을 재
구성하여 '문화적 목표'와 '제도적 수단' 간의 갈등을 '아노미'라고 규정했

<표 12-1> 아노미 상태에서의 적응 유형에 대한 머튼의 분류

적응 방식	동조	혁신	의례주의	도피주의	반역
문화적 목표	+	+	−	−	−(+)
제도적 수단	+	−	+	−	−(+)

* +는 수용, −는 거부.

다(〈표 12-1〉). 사회구성원들이 일반적으로 받아들이는 문화적 목표와 그 사회가 인정하는 제도적 수단 사이에 괴리가 있어, 사회가 인정하는 수단을 통해서는 자신의 문화적 목표를 실현할 수 없게 됨으로써 생겨나는 갈등상태가 아노미라는 것이다. 예를 들어 자본주의 사회에서 돈을 많이 버는 것이 문화적 목표라고 한다면, 노동자나 회사원의 경우 돈을 벌 수 있는 수단이 제한되어 있기 때문에 부자가 되려는 자신의 문화적 목표를 달성할 수 없어 심리적 갈등이나 혼란에 빠지게 된다.

머튼은 이러한 상태에서 개인들이 적응하는 방식은 동조, 혁신, 의례주의, 도피주의, 반역 등으로 나타난다고 보았다. 동조는 문화적 목표와 제도적 수단을 모두 받아들이는 경우이며, 혁신은 목표는 수용하되 수단은 거부하면서 적극적으로 새로운 수단을 찾는 경우이다. 의례주의는 목표는 거부하면서도 기존의 수단을 받아들이는 경우이며, 도피주의는 목표와 수단 모두를 거부하는 경우이다. 그리고 반역은 단지 기존의 목표와 수단 모두를 거부하는 데 그치는 것이 아니라 혁명운동과 같이 새로운 목표와 수단을 찾고자 하는 경우이다. 이처럼 머튼에게서 일탈행동은 아노미 상황에서 개인이 사회에 적응하는 양식이 된다.

코언의 비행하위문화 이론

하위문화 이론에서는 일반적으로 하층 사람들이 사회적 배제와 불만 등으로 범죄적 행동을 옹호하는 하위문화를 형성하게 되고, 이러한 하위문화에 의한 사회화로 비행이나 범죄를 저질러도 괜찮다고 여기는 태도가 형성되는 것이 비행이나 범죄가 일어나는 원인이라고 본다. 특히 코언

서덜랜드

(1883~1950) 미국의 범죄사회학
자로, '차별교제 이론'을 제시하여
범죄가 특정 집단과의 상호작용 과
정을 통해 습득된다는 점을 보여
주었다. 대표 저작은 『범죄학 원론
(Principles of Criminology)』(1924)
과 『직업적 절도범(Professional
Thief)』(1937), 『화이트칼라 범죄
(White Collar Crime)』(1949) 등
이 있다.

차별교제와
일탈행동 학습

학습의 중요성을 말하는 전래 격
언으로 '근묵자흑, 근주자적(近墨
者黑, 近朱者赤)'이라는 말이 있
다. 먹을 가까이하는 사람은 검어
지고 인주를 가까이하는 사람은
붉어진다는 것이다. 이것은 "까마
귀 노는 곳에 백로야 가지마라"라
는 격언과 의미가 상통한다. 누구
를 가까이하느냐에 따라 사람이
달라질 수 있다는 것이다. 예전부
터 내려오는 '맹모삼천(孟母三遷)'
이야기에서도 사회학습 이론이
일탈행동이나 범죄를 설명하는
데 일정한 설득력이 있음을 볼 수
있다.

(Albert K. Cohen)의 비행하위문화 이론(delinquent subculture theory)은 하층 사람들의 하위문화가 중산층 중심의 지배문화에 대한 저항적·반항적 성격을 띠며, 이것이 범죄를 낳게 된다는 점을 강조한다.

미국 사회를 연구한 코언은 중산층 문화가 먼저 형성되고 이러한 중산층 문화에 참여하지 못한 계층이 종속적인 하위문화를 형성하면서도 중산층의 문화적 목표를 지향하게 된다고 보았다. 머튼의 아노미 이론처럼 하층 청소년들은 이러한 문화적 목표를 가지지만 이를 성취할 제도적 수단이 충분하지 못해 좌절을 겪는다고 본다. 또한 중산층 문화가 행위규범의 준거가 되는 학교 교육에서도 이들은 부적응과 좌절을 경험한다.

여기서 코언은 이들이 중산층이 되려는 노력을 포기하고 오히려 중산층의 지배문화를 거부하는 하위문화를 형성하게 된다는 점을 강조한다. 머튼의 적응 유형에 따르면 이들의 하위문화는 혁신이나 반역의 형태로 볼 수 있는데, 하층 청소년들의 문화는 중산층 문화에 반항함에 따라 비행하위문화가 된다.

학습 이론: 서덜랜드의 차별교제 이론

학습 이론(learning theory)은 사람들의 행동은 일상적이고 자연스러운 환경 속에서 의식적 또는 무의식적으로 다른 사람의 행동을 모방하거나 학습한 결과라고 본다. 이런 관점에서 보면 일탈행동이나 범죄는 보편적인 사회규범을 충분히 내면화하지 못한 결과, 즉 '사회화 실패의 산물'이 아니라, 오히려 특정한 규범이나 태도를 자연스럽게 학습한 결과, 즉 '정상적인 사회화의 산물'이 된다.

서덜랜드(Edwin H. Sutherland)는 '차별교제 이론(differential association theory)'을 통해, 일탈행동은 일탈적인 사회적 환경 속에서 일탈자들과 접촉하면서 그들의 문화와 행동을 자연스럽게 학습한 결과라고 주장했다. 사람들은 자신이 소속된 집단에서 친밀한 관계를 맺는 사람들과 자연스럽게 어울리면서 이 집단의 행동과 문화를 통해 자신의 행위규범을 형성하게 되는데, 이처럼 사람들이 서로 다른 집단의 사람들과 어울리면서 서로 다른 행위규범을 습득하게 되는 과정을 '차별교제'라고 한다.

이때 개인이 주로 어떤 부류의 사람들과 교제하며 살아가는가에 따라 일탈행동이나 범죄를 저지를 가능성이 커지거나 작아진다. 말하자면 일탈행동과 범죄를 저지른 경험이 있는 사람들과 교제를 많이 하는 사람들은 그들에게서 반사회적인 행동과 문화, 일탈행동이나 범죄를 정당화하는 논리, 그리고 범죄와 일탈행동에 필요한 기술 등을 학습할 기회가 많아지기 때문에 일탈행동이나 범죄를 저지를 가능성이 커진다는 것이다.

통제 이론: 허시의 사회유대 이론

통제 이론은 일탈행동이나 범죄의 원인이나 동기를 직접적으로 설명하기보다는 "왜 사람들은 법을 위반하지 않는가?"라고 질문한다. 그래서 사회통제가 이루어지지 않으면 범죄가 발생할 수 있다는 점에 주목한다. 사회통제가 범죄를 저지르지 못하게 하기에 사람들이 순응한다는 것이다. 허시(Travis Hirschi)는 사람들은 누구나 법을 위반하거나 범죄를 저지르려는 동기를 지니고 있으며, 거리낌이 없다면 범죄를 저지를 수 있다고 보았다.

허시는 '비행은 사회에 대한 개인의 유대가 약하거나 깨졌을 때 일어난다'고 보는데, 유대를 형성하는 데는 '타인에 대한 애착', '헌신', '참여', '신념'이 중요하다. 그래서 부모, 교사, 친구 등과의 관계에서 유대를 형성하는 요인들이 강할수록 개인의 행동은 사회규범이나 법에 순응하도록 통제되는 반면에, 그렇지 못하면 법을 위반할 가능성이 커진다. 이것은 사회학습 이론의 주장과도 상통한다.

베커와 레머트의 딱지 붙이기 이론

넓은 의미의 낙인 이론에는 베커(Howard S. Becker)와 레머트(Edwin Lemert) 등의 '딱지 붙이기 이론(labeling theory)'과 고프먼(Erving Goffman)의 '낙인 이론(stigmatization theory)'이 있다('딱지 붙이기 이론'은 '낙인 이론'으로 번역되기도 한다). 이 이론은 개인이 일탈행동을 하게 되는 것은 다른 사람들이 그의 행동에 대해 '일탈자' 또는 '범죄자'로 낙인찍은 결과라고

베커

(1899~1960) 미국의 사회학자로
사회행위 이론을 사회변동론에
접목하고자 했다.

고프먼

(1922~1983) 미국 사회학자로 사
회 속의 개인이 자신의 아이덴티티
와 사회적 현실을 전략적으로 조작
하는 상호작용 과정을 연구했다.
『일상생활에서 자아의 표현(The
Presentation of Self in Everyday
Life)』(1956), 『스티그마의 사회
학(Stigma)』(1963) 등의 저서가
있다.

한국 사회의 오명과
'빨갱이'

과거 한국 사회에서 국가권력에
의해 씌워진 오명 중에 대표적인
것으로 '빨갱이'가 있다. 남북 분단
과 전쟁으로 이념갈등이 심각했
던 시기에 한국의 반공주의 보수
정권들은, 공산주의 신봉자들에
게 '빨갱이'라는 오명을 씌우고 이
들을 사회질서를 어지럽히는 악
랄하고 폭력적이고 비도덕적인
사람들로 낙인을 찍어 사회적 억
압과 처벌을 정당화했다. 이러한
오명과 낙인은 시민들 사이에서
공산주의나 사회주의에 대한 무
조건적 비난과 거부감을 확산시
켰다.
이후 보수정권들은 독재에 반대
하는 반정부 인사들도 '빨갱이'라

본다.

베커와 레머트에 따르면, 일탈은 사회적으로 세력이 강하거나 문화적인 측면에서 다수를 점하고 있는 집단 또는 사람들이 자신들과 다른 행동양식이나 태도를 보이는 소수의 집단 또는 사람들에게 '일탈자'라는 딱지를 붙임으로써 생겨난다. 학교에서 종종 일어나고 있는, 다수의 학생들이 자신들이 공유하는 가치나 태도에 어긋나는 행동을 하는 학생을 비정상적이라고 규정하며 따돌리는 행위, 이른바 '왕따' 현상도 일종의 '딱지 붙이기'라고 할 수 있다. 이때 따돌림을 당한 학생은 스스로 일탈자로 여기게 된다.

여기서 레머트는 어떤 사람에게 한번 일탈자라는 딱지를 붙이게 되면, 그는 스스로 일탈자라는 의식을 강화하게 되어 이차적 일탈행동을 하게 된다는 점에 주목하며, 이것을 '이차적 일탈'이라고 부른다. 이처럼 딱지 붙이기는 이차적 일탈로 이어져 최초의 일탈자가 일탈행동에서 벗어나기 어렵게 만든다. 말하자면 주변 사람들이 특정 개인에게 '비행아', '사기꾼', '전과자' 등의 딱지를 붙이고 비난하거나 교제를 기피하게 되면, 특별히 비도덕적이거나 반사회적이지 않은 행위를 한 사람도 사회나 집단에 통합되거나 재적응하기 어려워져서 스스로를 '일탈자'나 '범죄자'로 인정하게 되고, 이런 상황은 그 사람이 사회규범을 지속적으로 어기면서 또 다른 일탈행동이나 범죄를 저지르게 할 수 있다는 것이다.

고프먼의 낙인 이론

고프먼은 딱지 붙이기 이론과 유사한 '낙인 이론' 또는 '낙인찍기 이론'을 제시했다. 사람들에게는 일상생활의 상호작용 과정에서 통상적으로 기대되는 개인적 속성들이 있는데, 이것들과 달라서 부정적으로 인식되는 개인의 독특한 속성을 '오명(stigma)'이라고 한다. 그리고 이처럼 특정한 속성에 '오명'을 부여하여 바람직하지 못한 것으로 규정하는 행위를 '낙인(stigmatization)' 또는 '낙인찍기'라고 한다. 흑인은 모두 야만적이라거나 이혼한 사람은 모두 비정상적이라고 보는 행위 등은 일종의 낙인찍기인데, 이를 통해 '정상인'과 '비정상인' 또는 '일탈자'가 구별된다.

사실 오명은 개인의 다양한 속성 중 하나이지만, 다른 속성들은 쉽게 무시되고 개인의 모든 것이 특정한 오명에 따라 판단된다. 이렇게 되면 낙인(오명)이 찍힌 사람도 자신을 대하는 다른 사람들의 일반적인 태도와 기대에 맞추어 나름대로 자신의 역할을 학습하고 또 행동하게 된다. 예를 들어 범죄자로 교도소에서 복역하고 나온 사람은 사회에서 다른 사람들로부터 '전과자'라는 낙인이 찍히게 되는데, 이때 이 사람은 스스로를 '전과자'로 인식하고 또 이에 걸맞은 행동을 하게 된다. 이러한 낙인은 범죄자가 범죄에서 벗어나기 어렵게 만든다. 그래서 한번 찍힌 낙인은 범죄를 없애기보다는 오히려 더 조장하는 결과를 낳게 된다.

낙인 이론은 낙인을 찍는 권력에 의해 일탈행동과 범죄가 유발된다는 점을 잘 설명해 주지만 몇 가지 난점이 있다. 첫째, 낙인찍기 이전, 즉 최초의 일탈행동이나 범죄의 원인을 설명하지 못한다. 둘째, 모든 일탈행동과 범죄를 사회적 권력에 의해 규정된 결과로 설명하는 것도 적절하지 않다.

비판 범죄 이론

퀴니(Richard Quinney)를 비롯한 마르크스주의 범죄 이론 또는 '비판 범죄 이론' 학자들은 일탈행동과 범죄를 발생시키는 가장 근본적인 원인이 자본주의 사회의 모순적 구조 자체에 있다고 보았다. 이 이론에 의하면, 자본주의 사회는 구조적으로 '부익부 빈익빈' 현상을 발생시켜 빈곤층을 지속적으로 만들어내며, "가난이 죄"라는 말처럼 빈곤층은 생계를 위해 절도, 사기, 폭력, 성매매 등 윤리와 도덕, 사회규범을 위배하는 일탈행동으로 내몰리게 된다.

자본주의 사회에서는 또 사회구성원들이 크게 자본가계급과 노동자계급 둘로 분할되어 지배-피지배 관계를 형성하고, 지배계급의 착취에 대한 피지배계급의 저항과 이로 인한 갈등이 일어난다. 이러한 저항과 갈등은 자본주의 사회체계와 사회질서를 위협하는 것이기 때문에, 사회체계와 사회질서의 유지를 지향하는 국가에 의해 불법행위 또는 일탈행동으로

고 낙인을 찍으면서 사형이나 중형에 처하는 등 사회로부터 격리시키고자 했다. 이로 인해 당사자와 그 가족은 사회적인 비난과 불신의 시선을 받으면서 오명과 불명예 속에서 심리적으로 위축된 삶을 살아가야 했다.
그런데 민주화가 된 후 이들에 대한 낙인과 오명이 정권에 의해 조작된 불법행위였다는 판결이 내려지면서 이들의 명예가 회복되고 있다.

퀴니

(1934~) 미국의 사회학자이자 범죄학자. 범죄와 사회정의에 대한 마르크스주의적·비판적 접근을 제시했다. 주요 저작은 『범죄의 사회적 실재(The Social Reality of Crime)』(1974), 『계급, 국가, 그리고 범죄(Class, State, and Crime)』(1977) 등이 있다.

규정되어 법과 물리력으로 억압되고 통제된다. 물론 이 과정에서 발생하는 피지배계급의 불복과 저항도 국가에 의해 불법행위 또는 일탈행동으로 규정되고 통제되면서, 지배계급의 이익을 옹호하는 국가와 이에 저항하는 피지배계급 간의 갈등도 생겨난다.

비판 범죄 이론은 일탈행동과 범죄를 좀 더 거시적·사회구조적 맥락에서 설명하면서 범죄의 사회적 규정과 사회통제 과정에 계급 권력이 작동하고 있음을 보여준다. 그런데 모든 일탈행동과 범죄의 원인을 사회의 구조적 모순에 돌리게 되면, 비슷한 처지에 놓여 있는 사람들 가운데 특정 사람이 일탈행동이나 범죄를 저지르는 이유를 설명하는 데 어려움이 있다.

지금까지 일탈행동과 범죄의 발생 원인을 설명하는 다양한 이론들을 살펴보았는데, 일탈행동과 범죄는 거시적·사회구조적 조건과 미시적, 인간관계의 환경 등이 개인의 심리나 성격 형성에 영향을 미쳐 발생한다고 할 수 있다. 이런 점에서 그 원인의 복합성을 이해하면서, 구체적인 원인을 찾아가는 것이 일탈행동이나 범죄를 설명하고 예방하는 방안이 된다.

5. 일탈행동과 범죄의 유형

오늘날 사회변화 속에서 일탈행동과 범죄의 유형은 매우 다양해지고 있다. 그래서 일탈행동과 범죄의 유형을 분류하는 것도 복잡해지고 있으며, 어떤 범죄를 어느 수준으로 처벌해야 하는지 관해서도 여러 가지 의견이 제시되고 있다.

1) 범죄의 유형

범죄의 유형은 여러 가지 방식으로 분류할 수 있는데, 형법은 법을 통해 보호하려는 이익, 즉 법익(法益)에 따라 '국가적 법익에 대한 죄', '사회적 법익에 대한 죄', '개인적 법익에 대한 죄' 등 크게 세 가지로 범죄를 분류한다.

첫째, 국가적 법익에 대한 죄는 국가의 존립에 대한 죄(내란·외환의 죄 등), 국교(國交)에 관한 죄(외국원수·외국사절에 대한 폭행죄 등), 국가의 권위 및 기능에 대한 죄(국기, 공무원의 직무에 관한 죄, 공무 방해, 도주·범인은닉, 위증·증거인멸, 무고의 죄 등) 등을 포함한다.

둘째, 사회적 법익에 대한 죄는 공공의 안전에 대한 죄(공안을 해하는 죄, 즉 범죄단체 조직죄, 소요죄 등과 폭발물·방화·실화·교통방해에 관한 죄 등), 공공의 신용에 대한 죄(통화·유가증권·우표·인지·문서·인장에 관한 죄 등), 공중위생에 대한 죄(음용수·아편에 관한 죄 등), 사회도덕에 대한 죄(풍속을 해하는 죄, 즉 간통죄 등), 도박과 복표(福票)에 관한 죄, 신앙에 관한 죄 등을 포함한다.

셋째, 개인적 법익에 관한 죄는 생명·신체에 대한 죄(살인·상해·폭행·과실사상·유기의 죄 등), 자유에 대한 죄(체포·감금·협박·약취·유인의 죄), 정조에 관한 죄(강간·강제추행·혼인빙자간음죄 등), 명예·신용 및 업무에 관한 죄(명예훼손·모욕·신용훼손·업무방해죄 등), 사생활의 평온에 관한 죄 및 권리행사방해죄(비밀침해·주거침입·권리행사방해죄 등), 재산에 대한 죄(절도·강도·사기·공갈·횡령·배임·장물·손괴의 죄 등)를 포함한다.

그런데 이처럼 법익에 따른 구분이 항상 분명한 것은 아니다. 뇌물죄의 경우 공무와 관련되면 국가적 법익을 침해한 것이지만, 기업 등 사적 조직과 관련되면 개인적 법익을 침해한 것이 된다. 그러므로 범죄의 구체적 성격에 따라 관련된 법익은 서로 중첩될 수 있다.

한편, 법익의 구체적인 내용에 따라 재산범죄(재산 보호), 강력범죄(신체 보호), 위조범죄(사회적 신용), 공무원범죄(일반인의 신뢰와 공무원의 청렴성), 풍속범죄(사회적 풍속), 기타 형법범죄로 나누기도 한다. 여기서 강력범죄는 사람의 신체를 대상으로 한다는 점에서 '신체범죄' 또는 '대인범죄'라고 부르기도 한다. 그리고 경찰청에서는 범죄통계 작성을 위해 실무적으로 범죄를 구분하는데, 살인, 강도, 강간, 절도, 폭력 등을 5대 범죄로 분류하

모세의 십계명과 처벌 방식의 역사적 변화

구약성서에 등장하는 모세의 십계명 가운데에는, 인간과 인간 사이에서 지켜야 할 기본적인 도리로 부모를 공경할 것, 살인을 하지 말 것, 간음하지 말 것, 도둑질하지 말 것, 거짓증언을 하지 말 것 등의 규범이 제시되고 있다. 이것들은 과연 시간과 공간을 초월해 보편 타당한 것일까? 사실 그렇지는 않다. 십계명은 고대의 특정 시기, 특정 사회, 특정 신앙인들에게 권해진 기본적인 규범이었으며, 그중 몇 가지는 오늘날까지 대부분의 나라에서 보편적 규범으로 자리 잡고 있지만, 간음은 그렇지 못하다. 또 각 계명을 위반했을 때의 처벌 방식과 처벌 정도도 시대마다, 나라마다 다르다. 예를 들어 간음한 여자를 돌로 때려 죽이거나 도둑질한 사람의 손목을 자르던 관행, 이교나 정치범을 화형에 처하던 서양 중세의 관행은 이제 역사의 저편으로 사라졌다. 나아가 인권의 차원에서 사형제도를 폐지한 나라들도 있다.

고 그 외에 성매매, 아동 실종, 음주운전사고, 뺑소니, 식품사범, 자살 등을 덧붙이고 있다.

여기서는 재산범죄와 강력(신체)범죄, 성폭력과 성매매 등 사회적으로 중요한 범죄들, 그리고 현대사회에서 새롭게 등장하고 있는 화이트칼라 범죄, 사이버 범죄 등을 중심으로 살펴보기로 한다.

2) 재산범죄와 공무원범죄

재산범죄: 강도와 절도

재산과 관련된 대표적인 범죄는 강도와 절도이다. 강도는 폭행이나 협박으로 남의 물건을 강제로 빼앗는 행위를 말하며, 절도는 흔히 도둑질이라고 말하는 것으로서 단순히 다른 사람의 물건을 훔치는 행위를 말한다. 강도와 절도는 역사적으로 오래전부터 있어왔던 전통적인 재산범죄라고 할 수 있으며, 그 동기도 다양하다. 재산범죄에서 가장 중요한 동기는 가난이다. 위고(Victor M. Hugo)의 소설 『레 미제라블(Les Misérables)』(1862)에서 주인공 장발장이 촛대를 훔치게 된 동기도 가난이었다. 그래서 가난으로 인한 절도는 처벌 시에 '정상참작'이 이루어지는 경우가 많다. 그리고 역사소설 『의적 일지매』처럼 탐관오리들을 상대로 금품을 털어 가난한 이들에게 나누어주는 이야기는 많은 이들의 공감을 얻고 있다.

강도와 절도는 전반적으로 국민경제 상황의 변화에 따라 늘어나거나 줄어드는 추세를 보인다. 한국 사회에서는 1998년도에 강도와 절도 등 재산범죄가 급증한 것으로 나타났는데, 이것은 외환위기와 IMF 구제금융에 따른 대량실업과 생활 불안정으로 경제적 어려움을 겪게 된 사람이 많았기 때문으로 추정할 수 있다.

강도와 절도 이외의 재산범죄로는 사기, 횡령, 지적재산권 침해 등이 있다. 사기는 남을 속여서 금전상의 이득을 취하는 행위를 말하며, 횡령은 남의 돈이나 공금을 부당하게 빼돌려 자기 것으로 삼는 행위를 말한다. 현대사회가 지식정보사회로 변화하면서 새롭게 등장하고 있는 범죄로 지적재산권 침해가 있다. 이것은 상공업, 학술, 문예 등의 분야에서 특정인의 발명, 고안, 연구 성과, 작품 등을 소유자의 허락 없이 무단으로 사용하는 것으로서, 소프트웨어나 데이터 등을 불법으로 복제하거나 내려받기하는 행위도 이에 속한다.

부정부패: 탈세와 뇌물수수

직접적인 재산범죄는 아니지만 넓은 의미의 경제범죄에 속하는 것으로 탈세와 뇌물수수가 있다. 탈세와 뇌물수수는 일반적으로 부정부패라 불리는 범죄들이다. 탈세는 국가에 납부해야 하는 세금을 부당하게 누락시키거나 납부하지 않는 행위를 말한다. 사람들은 각종 소득이나 재산 증여, 상속 등을 신고하지 않거나 줄여서 신고하는 등의 방법으로, 정상적으로 납부해야 할 세금을 내지 않음으로써 재산상의 이득을 취하려 한다. 한국에서도 세금징수 업무 전산화, 신용카드 사용이나 현금영수증 거래의 확산 등 경제적 거래를 투명하게 하는 각종 제도적 장치를 강화하면서 과거에 비해 탈세가 많이 줄어들기는 했지만, 현실적으로 소득과 재산에 대한 추적이 어렵다는 점을 이용하여 이른바 '분식회계'나 현금거래 등을 통해 여전히 탈세가 이루어지고 있다. 특히 세계화에 따른 시장개방 확대로 국제거래가 늘어나면서, 개인이나 법인이 수출입 거래를 하거나 사업소득을 올린 것처럼 조작해 세금을 탈루하는 '역외탈세' 범죄가 늘어나고 있다.

자영업자들은 현금 거래를 통해 소득 노출을 줄임으로써 탈세를 하려는 경향이 있다. 또한 재산의 증여와 상속, 부동산의 양도 등에는 상대적으로 많은 세금을 내야 하는데, 이들의 경우에도 세금을 내지 않거나 줄이기 위해 많은 편법·탈법행위들이 이루어져 왔다. 특히 수십 년 동안 부동산 가격이 급등하면서 이와 관련한 탈세가 급격히 늘었다. 그리고 탈세는 종종 뇌물수수를 통해 이루어지기도 하는데, 세금 관련 업무를 담당하는 공무원이 뇌물을 받고 탈세를 눈감아주거나 심한 경우에 뇌물을 강요하기도 한다.

뇌물수수는 뇌물을 주고받는 행위를 말하는데, 선물을 주고받는 것과

권력형 범죄: 유권
무죄, 무권 유죄

검찰, 법원 등 사법기관이 수사권, 기소권, 판결권 등을 상당 부분 독점하고 있는 현실에서, 이들의 개인적·조직적·정치적 친소관계에 따라 선택적인 수사와 기소, 편파적 판결을 하여 특정인에게는 특혜를 또 특정인에게는 부당한 처벌을 부여함으로써 권한을 남용하거나 오용하는 행위도 공무원범죄의 한 형태로서 권력형 범죄에 해당된다.

2011년에 운송수입금 800원을 커피 마시는 데 사용한 버스운전기사가 해고 판결을 받은 반면에, 2023년에 아들의 퇴직금 형태로 50억 원을 받은 검사 출신 곽상도 전 국회의원(자유한국당)이 무죄 판결을 받자, 권력이 있으면 죄도 없어지는 현실을 비꼬는 "유권무죄, 무권유죄"라는 말이 등장하기도 했다.

선출직을 포함하여 강력한 권한을 가진 고위직 공직자 또는 공무원의 권한 남용이나 오용은 재산범죄에 국한되지 않는 다양한 권력형 범죄를 낳을 수 있는데, 특히 검찰과 사법부는 자신의 권한을 정치 개입이나 조직 구성원 보호 수단으로 사용하는 등 권한의 공정한 사용에 어긋나는 행위를 하기도 한다.

달리 어떤 부당한 대가를 요구하면서 돈이나 재산상의 이득을 제공하는 것이다. 오늘날 한국 사회가 부동산·소득·학벌·성적 경쟁 등이 치열해지면서 재산상의 이득이나 지위 상승 등을 위해 뇌물을 주고받는 사례가 늘고 있다. 학교에서의 부정 입학과 성적 조작, 기업에서의 부당 승진, 사업이나 건축에서의 부당 허가, 언론에서의 기사나 보도 조작 등을 대가로 한 뇌물수수 사례도 있다.

공무원범죄: 권력형 범죄

공무원범죄는 공적인 권한을 이용하여 사적인 이익이나 혜택을 취하는 범죄행위를 말한다. 공무원에 의한 권력형 범죄는 재산범죄에 국한되지 않고, 징계나 처벌을 면해주거나 강화하는 방식의 권한 남용 범죄도 이루어진다.

재산과 관련된 공무원범죄는 주로 고위직 공무원들에게서 심각한 형태를 보이지만, 각종 인허가권에 연관된 중하위직 공무원들에게서도 폭넓게 나타난다.

대통령이나 정치인들, 이들의 친인척 등이 연루된 뇌물수수나 부정부패 사건, 재벌기업이나 대기업의 총수들이 연루된 정경유착, 뇌물수수, 부정부패 사건들은 그 규모가 커서 이들에 대한 국민적 불신도 커진다. 특히 부동산 개발사업은 정치자금이나 뇌물을 불법 수수하기 위해 권력층이 개입하는 대표적 사례이다.

그동안 부정부패와 뇌물수수에 대한 감시와 처벌을 강화하는 법적·제도적 개혁이 이루어지고, 국가가 감사원을 비롯하여 국회, 행정부, 대통령비서실 등에 여러 종류의 감시기관을 두면서 관련 사건이 줄어들고 있다. 특히 2015년에는 「부정청탁 및 금품 등 수수의 금지에 관한 법률」(이른바 '김영란법')이 제정되어, 공직자들의 부정부패를 줄이는 데 크게 기여했다.

3) 강력 범죄: 폭행과 살인

다른 사람에게 폭력을 행사하거나 생명을 빼앗는 행위인 폭행과 살인은 신체에 위해를 가하는 중대한 강력 범죄들이다. 폭행과 살인은 의도적·계획적으로 행해지기도 하고 우발적으로 행해지기도 한다. 의도적·계획적 폭행이나 살인은 재산을 노리고 저질러지거나, 인간관계에서 무시, 비난, 혐오, 억압 등 심각한 인격적 차별로 억눌린 감정이 폭발한 결과일 수도 있다. 우발적인 폭행이나 살인은 절도와 같은 다른 범죄가 발각되는 과정에서 저질러지기도 하며, 최근에는 이른바 '묻지 마 폭행' 또는 '묻지 마 살인'과 같이 불특정 다수를 향해 혐오나 공격성을 드러내는 사례들도 생겨나고 있다.

살인은 다른 사람의 목숨을 빼앗는 폭력행위이다. 한국 사회에서 발생한 악명 높은 살인사건으로는 1994년 지존파의 연쇄살인사건과 2006년에서 2008년에 걸쳐 부녀자 연쇄살인을 저지른 강호순 사건을 꼽을 수 있다. 전자는 범인들이 겪은 어린 시절의 가난이 부유층에 대한 증오로 나타난 결과이며, 후자는 어린 시절의 심리적·정신적 좌절이 '사이코패스(psychopath)'라는 반사회적 인격 장애를 낳아 이른바 '묻지 마 살인'을 저질렀다고 해석된다. 이처럼 흉포한 살인 범죄가 자주 발생하는 것은 단순히 범인의 개인적 특이함 때문만이 아니라, 개인의 성장환경이나 개인이 처해 있는 사회적 조건과 상황에 그 원인이 있기도 하다.

한편, 모든 살인행위가 동등한 처벌을 받는 것은 아니며, 특히 '과실치사'와 같이 의도하지 않은 사고로 발생한 살인은 범죄로 취급되지 않기도 한다. 그래서 교통사고로 인한 과실치사는 의도적 살인에 비해 형량이 가벼우며, '정당방위'에 따른 살인은 처벌하지 않는다. 그리고 안락사의 경우에는 살인으로 볼 것인지가 사회적으로 논란이 되고 있다.

폭행은 법적으로 '신체를 대상으로 한 직간접의 유형력 행사'를 말하는데, 물리적인 힘을 이용하여 타인에게 직접적 또는 간접적 피해를 입히는 것을 의미한다. 여기에는 정신적 피해도 포함된다. 폭행의 경우에도 모든

김영란법

「부정청탁 및 금품 등 수수의 금지에 관한 법률」은 2011년 6월에 당시 국민권익위원장 김영란이 처음 제안하고 발의했다. 그래서 '김영란법'이라고 불린다. 2016년 9월 말부터 시행된 이 법안은 애초에 공직자의 부정한 금품 수수를 막겠다는 취지로 제안되었는데, 입법 과정에서 언론인, 사립학교 교직원 등으로 적용 대상을 확대했다. 이 법은 금품이나 향응을 받은 공직자뿐만 아니라 부정 청탁을 한 사람도 처벌한다.

직무관련성이나 대가성이 없는 경우에도 일정한 금액을 초과하는 금품을 수수하면 처벌 대상이 되는데, 이로 인해 인간관계를 삭막하게 만든다는 불만이 제기되기도 했다. 하지만 이 법은 공직자들의 부정부패 행위를 줄이는 데 크게 기여했다.

행위가 일탈행동이나 범죄로 취급되는 것은 아니며, 폭행의 목적, 수단, 규모 등에 따라 그 성격도 여러 가지이다. 신체범죄의 일종인 '공갈협박'은 '어떤 이에게 언어폭력을 행사해 겁을 주고 자신에게 유익한 행동을 하도록 강요하는 행동'이라 할 수 있다. 협박편지나 협박전화처럼 언어도 폭력 수단이 될 수 있다. 한편, 폭행의 경우에도 상대방의 위협에 대응하기 위해 행사한 폭행은 '정당방위'로 인정되기도 한다.

폭행 중에는 가정이나 학교에서의 체벌이나 군대를 비롯한 특정한 조직이나 집단에서 조직 유지를 위해 이루어지는 폭행처럼 사회에서 암묵적으로 용인되는 것들도 있다. 하지만 사회적으로 인권 의식이 향상되면서 모든 폭행이 점차 범죄로 취급되는 경향이 강해지고 있다. 한편, 폭행 중에서 국가에 의해 행해지는 폭행은 합법적이고 정당한 방식으로 이루어지는 폭력, 즉 '공권력'이라고 하여 폭행죄를 적용하지 않는다. 예를 들면 경찰이 시위 군중을 향해 최루탄을 쏘거나 곤봉을 휘두르는 행위, 군인들이 총·포탄 등 각종 무기를 사용해 적에게 신체적 피해를 입히는 행위 등이 그것들이다.

4) 성폭력과 성매매

성폭력의 의미와 유형

성폭력은 일반적으로 강간, 성추행, 성희롱 등을 모두 포괄하는 개념이다. '성을 매개로 상대방의 의사에 반해 이뤄지는 모든 가해행위'를 의미하며, 신체적·언어적·심리적 폭력을 모두 포함한다. 그런데 우리나라의 「성폭력범죄의 처벌 및 피해자 보호 등에 관한 법률」에서는 '성희롱'을 '성폭력범죄'에 포함시키지 않으면서 강간과 성추행을 다음과 같이 규정하고 있다. 강간은 '폭행 또는 협박을 가해 부녀와 성교행위를 하는 것'을 말하며, 성추행은 '강제추행'의 일종으로 '폭행이나 협박으로 사람에 대해 추행을 하는 것'을 말한다. 한편, 2011년에 개정된 「국가인권위원회법」에 따르면 성희롱은 '업무, 고용 그 밖의 관계에서 공공기관의 종사자, 사용자 또는 근로자가 그 직위를 이용하거나 업무 등과 관련하여 성적 언동 등으로 성적 굴욕감 또는 혐오감을 느끼게 하거나 성적 언동 그 밖의 요구 등에 대한 불응을 이유로 고용상의 불이익을 주는 것'을 말한다. '직장 내 성희롱'의 경우에는 피해자가 사업주에게 가해자에 대한 부서 전환과 징계 등의 조치를 요구할 수 있고 가해자를 대상으로 손해배상을 청구할 수는 있으나, 형사처벌 대상은 아니다.

한편, 형법상 강간죄는 미성년자에 대한 보호를 위해 13세 미만의 사람을 상대로 한 강간의 경우에 폭행이나 협박이 없더라도 처벌한다. 그리고 이전에는 강간죄가 피해자의 고소가 있어야 처벌할 수 있는 이른바 친고죄로 규정되어 왔지만, 2012년 12월 형법 개정을 통해 친고죄 규정이 삭제되었다. 또한 형법 개정 과정에서 강간죄의 피해 대상을 '부녀(婦女)'로 한정한 문제를 해소하기 위해 '부녀'를 '사람'으로 개정했다. 실제로 남성이 다른 남성이나 여성에 의해 성폭력을 당하는 사례가 생겨나고, 다양한 성 정체성을 지닌 사람들이 성폭력의 피해자가 되는 사례들도 확인되면서, 이러한 현실을 반영하는 법 개정이 이루어졌다.

성매매와 범죄화 논란

성매매란 일반적으로 '성적 서비스를 돈으로 사고파는 행위'를 말하는데, 돈 이외의 물질적 대가를 지불하는 경우도 있다. 성매매는 성을 파는 여성들의 행위에 초점을 맞추어 윤락, 매춘, 매음 등으로 불리기도 하며, 도덕적으로 비난하는 의미에서 '음란퇴폐 행위'로 불리기도 한다. 그리고 성을 파는 여성은 비하하는 의미에서 '창녀'라 불리기도 한다.

성매매의 역사는 세계적으로 매우 오래되었지만, 오늘날 성매매가 모든 나라에서 성행하는 것도 아니며, 모든 나라가 성매매를 불법화하고 있는 것도 아니다. 한국의 경우 성매매가 불법화되어 있지만, 다른 나라들에 비해 여전히 성매매가 성행하고 있는 편이다. 성매매를 줄이기 위해 2004년에는 여성단체들의 적극적인 요구로 이른바 '성매매특별법'(「성매매 방지 및 피해자 보호 등에 관한 법률」)이 제정되어 성매매가 더 강하게 규제·처벌되었으며 정부의 단속도 강화되었다.

정부가 성매매특별법을 통해 단속과 처벌을 강화하자 이에 대해 많은 성매매 여성들은 생존권 보장을 요구하며 법에 반대하는 목소리를 내었고 스스로를 '성 노동자'로 규정하면서 조직화를 시도하기도 했다. 또한 성매매의 범죄화와 관련하여, 인신매매와 강제에 의한 성매매와 자발적 성매매를 구분하고 자발적 성매매를 허용해야 한다는 주장도 제기되었다. 그런데 성매매가 허용되면 현실적으로 조직화한 성매매가 성행하게 되어 성매매를 위한 인신매매의 위험성이 커지는 등 문제가 악화할 가능성이 존재한다.

한편, 성매매를 줄이기 위해 단속과 처벌을 강화하기보다 젊은 여성을 위한 직업훈련과 일자리 제공을 확대하는 등 적극적인 직업전환 정책을 펴는 나라들도 있다. 또한 한국의 경우 성매매는 사회 전반적으로 만연한 접대문화와도 관련이 있는데, 이러한 행위를 포괄적 뇌물수수로 처벌하는 것은 성매매를 줄이는 방안이 된다.

한편, 인터넷 등 정보매체가 발달한 정보사회가 되면서 성매매를 비롯하여 성적 욕망을 충족시켜 주는 성 상품들의 매매가 개별화·음성화되고 있다. 이에 따라 아동이나 청소년들의 성매매가 사회문제가 되고 있다. 그래서 성매매나 성 상품화의 범죄화 여부를 떠나서 불법적·폭력적 방식으로 성을 돈벌이의 수단으로 삼는 문화의 확산을 억제하는 일을 정부의 중요한 정책으로 삼을 필요가 있다.

5) 화이트칼라 범죄

화이트칼라 범죄는 '화이트칼라(white collar)' 직종에 종사하는 사람들이 저지르는 직업과 관련된 범죄를 일컫는 말이다. 오늘날 경제가 성장하면서 기업조직에서 사무직, 관리직, 금융직 등이 늘어나고 전문직이 증가하면서 확산되고 있는 범죄이다. 허위광고, 지적재산권 도용, 비밀정보 유출, 개인정보 불법수집, 허위정보 유포, 증권시장 조작, 승부 조작 등을 통해 부당한 이득을 취하는 것이 전형적인 화이트칼라 범죄이며 탈세, 밀수, 사기 등도 있다.

한편, 비판적 범죄학자들은 사회적 지위가 높은 직업, 재산, 권력 등을 가진 상류계층은 자신들에게 유리한 규칙이나 가치를 법제화할 영향력이 있고, 또 수사나 판결 과정에도 영향을 미칠 수 있어서 법망을 피하거나 처벌을 피할 가능성이 높다고 지적한다. 특히 금융재산가나 기업주 등 상류계층이 행하는 증권시장 조작, 지적재산권 도용, 탈세, 사기 등 부당이득이나 사회적 피해의 규모가 큰 화이트칼라 범죄는 범죄의 성립 요건을 확증하기가 쉽지 않아서 처벌을 피하거나 관대한 처벌을 받게 되는 경우가 많다. 반면에 하류계층은 단순 절도의 경우에도 명백한 범죄로 규정되어 처벌을 피하기 어렵다. 이것은 처벌의 형평성 문제를 낳고 있다.

6) 사이버 범죄

사이버 범죄는 엄밀한 의미에서 '컴퓨터 범죄'와 구별된다. 컴퓨터 범죄는 컴퓨터를 이용하는 범죄 일반을 의미하는데, 예컨대 '온라인(on-line)' 상태가 아닌 상황에서 컴퓨터를 이용해 저지른 범죄는 엄밀한 의미에서 사이버 범죄라고 보기는 어렵다. 반면에 사이버 범죄는 일반적으로 사이버공간에 연결된 상태, 즉 온라인 상태에서 이루어지는 범죄라고 할 수 있다. 사이버 범죄의 유형은 대체로 단순 해킹, 해킹과 결합된 범죄(금융 범죄, 자료 및 정보 관련 범죄), 컴퓨터 바이러스 및 악성 프로그램 유포, 기타 비윤리적 행위(명예훼손, 스토킹, 음란물 유포, 사기와 도박, 범죄 유도 사이트 개설, 스팸메일 발송 등) 등으로 나누어 볼 수 있다.

7) 마약 범죄와 조직범죄

마약 범죄는 '마약을 소지하거나 흡입하는 행위'와 관련된 범죄이다. 이것은 일회적인 행위일 경우 그 자체로 다른 사람에게 직접적인 피해를 주

유전무죄, 무전유죄

우리나라에서는 예전부터 돈이 많으면 죄가 없고, 돈이 없으면 죄가 있다는 의미의 '유전무죄, 무전유죄(有錢無罪, 無錢有罪)'라는 말이 널리 퍼져왔다. 실제로 그동안 돈과 권력이 있는 사람에게는 법이 허술하게 적용되는 반면, 그렇지 못한 사람에게는 엄격하게 적용된 사례가 자주 있었다.

특히 자본주의 시장경제가 발달하고 정경유착이 생겨나면서, 재벌가 사람들이나 유력 정치인들이 저지른 죄에는 수사나 법 적용을 허술하게 하여 형량을 낮추거나 면죄부를 주고, 반면 평범한 사람들에게는 수사와 법 적용을 엄격하게 하여 형평성에 어긋나는 처벌을 하는 사례가 많이 생겼다. 1988년 서울 올림픽 이후에 발생한 '지강헌 사건'은 '유전무죄, 무전유죄'라는 말이 널리 퍼지는 계기가 되었다. 지강헌은 교도소 이감 중에 도망쳐 탈주범으로 서울에서 인질극을 벌였는데, 그가 "유전무죄, 무전유죄"라고 하면서 사회의 불평등에 대해 절규하는 인질극 장면이 TV를 통해 전국에 생생히 중계되었다.

인질극을 벌인 지강헌 등 탈주범들은 흉악범이 아닌 절도범이었는데, 500만 원을 절도한 자기들보다 600억 원을 횡령한 전경환(전두환의 동생)의 형기가 더 짧다는 데에 불만을 품고 탈출했다고 한다. 이들은 자살로 생을 마감했다.

지는 않을 수도 있지만, 환각 상태에서 일탈행동이나 범죄를 저지를 수 있고, 중독으로 정상적인 사회생활이 어려워져 가족이나 주변 사람들에게 물질적·신체적·정신적 피해를 입히는 등 광범위하게 '사회적 법익'을 침해한다고 할 수 있다. 그런데 대마초 같은 경우, 환각성이나 중독성이 약하고 다른 사람이나 사회에 별다른 피해를 주지 않는다는 점에서 법적인 처벌을 할 것인지에 대한 논란이 지속되고 있다.

한편, 마약은 불법이기 때문에 음성적으로 거래가 이루어질 뿐만 아니라, 마약 제조와 유통으로 이익을 얻으려고 하는 조직들이 세계 곳곳에서 결성되어 국제적 조직에 의한 불법적인 마약 제조와 거래가 성행하고 있다. 특히 마약 조직들은 빈국의 빈민들을 이용하여 마약을 재배하는 등 마약 문제는 빈곤문제와도 연관되어 있다. 각국의 정부들은 국제적인 공조를 통해 마약 관련 조직을 소탕하려는 노력을 벌이고 있다.

성매매, 인신매매, 마약 거래, 도박 등을 사업으로 운영하는 조직적인 범죄행위도 있다. 이러한 범죄를 조직범죄라고 하는데, 대표적인 조직으로는 이탈리아의 '마피아', 일본의 '야쿠자', 중국의 '삼합회'를 들 수 있으며, 러시아에도 마피아가 조직되어 활동하고 있다. 한국에서도 여러 가지 조직폭력 범죄가 있어왔다. 이들은 공권력에 조직적으로 대항하면서 잔인한 범죄를 저지르고, 조직의 보호와 이익을 위해 정치인이나 기업인과 거래를 하거나 그들을 매수하기도 했다.

8) 아동 범죄와 청소년 범죄

아동 범죄는 '14세 미만의 아동에 의해 저질러진 범죄'를 말한다. 10세 이상 14세 미만의 형사미성년자는 '촉법소년'이라 불리며, 일반 형사처분 대신 소년법에 의해 보호처분을 받는다. 청소년 범죄는 '14세 이상 20세 미만의 청소년에 의해 저질러진 범죄'를 의미하며, '성인 범죄'와 구분된다.

아동이나 청소년의 비행 또는 범죄의 원인으로는 불안정한 가정환경(가정불화, 애정결핍 등), 사회적·경제적 빈곤, 교육 기회의 제한, 거주지역의 특성(빈민가, 우범지역 등), 의사소통의 제한(가족, 친척, 친구 등과의 의사소통), 대중매체의 영향(폭력물, 범죄물의 범죄 조장 등) 등을 들 수 있다. 청소년들은 자아정체성과 규범의식이 형성되는 과정 중에 있어 상대적으로 죄의식이 약하고, 또 자신의 행위에 대해 법적인 책임을 지기에는 어린 나이이어서 범죄에 대한 처벌이 성인에 비해 약하며 주로 교화 중심의 처벌이 이루어진다. 그런데 범죄를 저지르는 아동의 나이가 점점 어려지고 또 아동 범죄가 강간, 살인 등으로 점차 흉포화되면서 사회적으로 촉법소년의 나이 기준을 낮춰야 한다는 요구들이 커지고 있다.

9) 자살

자살은 자신의 목숨을 빼앗는 행위이기 때문에 살인의 일종이라고 할 수 있다. 그렇지만 일반적으로 개인의 자기결정권의 범위에 있는 것으로 판단하여 범죄로 취급되지 않는다. 게다가 자살이 일어나고 나면 처벌 대상이 사라지므로 처벌의 실질적 의미도 없다. 다만 생명 존중이라는 일상적 규범에 어긋난다는 점에서 예방적 조치들이 이루어질 필요는 있다.

자살의 이유는 다양한데, 사람들은 어떤 신념이나 가치를 실현하거나 지키기 위해 자살하기도 하고, 삶을 지속할 의욕이나 의미를 잃거나 생존이 어려워 자살하기도 한다. 그래서 독재에 항거하는 자살, 기업의 부당한 노동 억압에 항의하는 자살, 청소년들의 성적 비관 자살, 실직이나 가난으로 인한 자살, 모욕감이나 외로움으로 인한 자살 등이 이루어진다. 한편, 제2차 세계대전 시 일본의 가미카제 특공대의 자살 폭격이나 이슬람 저항단체의 자살 폭탄테러 역시 자살에 속하는데, 이들의 자살은 단지 자신의 생명만을 죽이는 것이 아닌, 적군이나 민간인들에게 피해를 주는 것을 목적으로 한다. 이때 자살은 다른 사람에 대한 살인이나 폭력행위가 된다.

자살의 수단이나 방법도 투신, 분신, 자해, 유독가스나 독극물 흡입 등으로 다양하다. 또 단독자살 외에 동반자살이나 집단자살도 종종 발생한

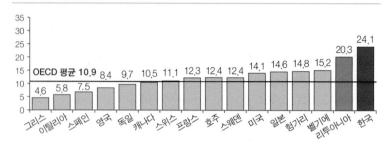

〈그림 12-2〉 OECD 국가 자살률 비교(2017~2020년)

(단위: 명, OECD 표준인구 10만 명당)

주 1: OECD 평균은 자료 이용이 가능한 33개 국가의 가장 최근 자료를 이용하여 계산했다.
주 2: 한국 2020년 수치는 OECD 표준인구로 자체 계산한 결과이다.
자료: OECD, STAT *Health Status Data*(2021).

다. 특히 인터넷을 통한 소통이 활발해지면서 자살을 원하는 사람들이 한 자리에 모여서 동반자살을 하는 사례가 늘고 있다. 또 종교적인 신념에 따라 집단자살이 이루어지기도 한다.

〈그림 12-2〉는 OECD 나라들의 자살률을 비교한 것인데, 한국의 자살률은 인구 10만 명당 24.1명으로 가장 높으며, OECD 평균인 10.9명의 2.5배에 가까울 정도로 심각한 상황이다. 세계적으로도 많은 나라에서 자살은 사망 원인 순위에서 4~5위를 차지하는 상황인데, 한국도 2010년을 전후하여 자살이 암, 뇌혈관 질환, 심장 질환에 이어 4위를 차지한 이후 계속해서 순위를 유지하고 있다.

한국에서 자살이 심각한 문제인 것은, 30대 이상 자살률이 OECD 회원국들 가운데서 가장 높기 때문이다. 10대와 20대에서는 아이슬란드의 자살률이 가장 높다. 구체적으로 보면, 2020년을 기준으로 한국 사회에서 자살은 10대에서 30대까지 사망 원인의 1위를 차지하고 있고, 40대와 50대에서도 2위를 차지하고 있을 정도이다. 성별로 보면 남성의 자살률이 좀 더 높은데, 50대 이후로 갈수록 3배가 넘는 격차를 보인다.

전체적으로 보면, 정신건강 문제와 경제생활 문제가 자살의 주요 원인이며, 육체적 질병과 가정 문제, 직장이나 업무 문제 등이 그 뒤를 잇고 있다. 정신건강 문제의 경우 우울증, 불안장애, 수면장애 등이 중요한 원인들이다. 자살 충동에 대한 조사 결과를 살펴보면, 청소년들의 자살 충동 이유는 학교 성적, 가족 간의 갈등, 선후배나 또래와의 갈등 순으로 나타나고 있다. 30대에서 50대까지 자살 충동 이유 가운데 첫째는 '경제적 어려움'이다. 이것은 좋은 일자리가 줄어들어 취업이 어렵거나 저임금 일자리에서 일해야 하는 사람들이 늘어나는 사회 현실을 반영한다. 그리고 '가정불화', '친구와의 불화', '외로움' 등도 주요한 이유들이다. 한편, 노인의 자살 충동 이유도 경제적 빈곤, 정신적·신체적 질병, 인간관계 단절로 인한 외로움 등으로 나타난다.

한국 사회에서 '경제적 어려움'은 대부분의 세대에서 자살의 주요 원인이 되고 있다. 이것은 좋은 일자리가 줄어들고 일자리 불안정이 커져 소득격차가 커지고 있는 반면에, 복지제도가 취약하여 상대적 빈곤층이 늘어나고 있는 현실을 반영한다. 가정불화나 외로움이 자살의 주요 원인이 된 것은, 한편으로는 경제적 어려움의 영향을 받으면서 다른 한편으로는 가족 해체와 개인화, 경쟁 등의 사회적 환경으로 인해 인간관계가 더 소원해지거나 단절되고 있기 때문이다. 노인들의 경우 신체적·정신적 건강에 문제가 생기기 시작하는 시기임에도 소득 단절로 빈곤층이 늘어나고, 또 가족 해체나 배우자의 사망 등으로 혼자 살게 되면서 외로움을 느끼고 우울증을 겪는 사람들이 많아진 현실이 높은 자살률을 초래한다고 할 수 있다. 따라서 사회적으로 자살을 줄여나가려면, 국가가 다양한 복지제도를 통해 경제적 어려움의 해결을 도와주고, 또 일상생활에서 인간관계의 형성을 통해 정신건강을 회복시키는 다양한 프로그램을 마련할 필요가 있다고 하겠다.

이야깃거리

1. 일탈행동의 사례를 한 가지 들고, 이 행동이 누구에 의해서 어떤 기준으로 일탈적이라고 규정되는지 토론해 보자.

2. 어떤 행탈 행위자에 대해 "친구를 잘못 사귀어서 그렇다"라고 말한다면, 그 사람이 어떻게 일탈행위를 하게 되는지 그 과정을 설명해 보자.

3. 청소년기에 일탈행동이나 범죄를 저질렀던 사람이 '나쁜 사람' 또는 '범죄자'로 낙인찍힌 후 반성과 사회적응 노력에도 불구하고 사회로부터 격리되는 경우가 있다. 이런 일을 막으려면 어떠한 사회적 노력이 필요한지 토론해 보자.

4. 일탈행동을 사회구조적 원인으로 설명하는 이론들을 살펴보고, 사회구조적 조건들이 어떻게 일탈행동으로 이어지게 되는지를 설명해 보자.

5. 한국 사회에서 자살과 같은 일탈행동이 늘어나는 원인에 대해서 생각해 보고, 자살을 줄일 수 있는 사회적 방안을 토론해 보자.

읽을거리

『범죄학 이론』(개정 2판)
　　에이커스(R. L. Akers)·셀러스(C. S. Sellers) 지음 / 민수홍 외 옮김 / 2005 / 나남

『범죄학과 사회이론』
　　바우만(Z. Bauman) 외 지음 / 추지현 외 옮김 / 2021 / 두번째테제

『스티그마』
　　고프먼(E. Goffman) 지음 / 윤선길 옮김 / 2009 / 한신대학교출판부

『사회갈등이론괴 급진 범죄학이론』
　　최영인·염건령 지음 / 2005 / 백산출판사

『일탈과 범죄의 사회학』
　　김준호 지음 / 2015 / 다산출판사

13

인구, 도시, 지역

사회문제, 인구문제, 출산율, 저출산, 고령화, 도시화, 도시문제, 지역문제, 지역차별, 지역불균형, 지역주의, 지역개발, 수도권 집중, 지역균형발전, 귀농귀촌, 도시재생, 사회적 경제

출산을 마음대로 조절하기 어려웠던 시절에 출산은 자연적 운명으로 받아들여졌다. 출산은 결혼에 뒤따르는 자연스러운 일이자, 대를 잇기 위한 필연적 과정이었다. 그런데 아이들은 출생 후 성장 과정에서 질병을 이겨내야 했고, 충분한 음식을 먹어 영양분을 공급받아야 했다. 질병과 빈곤, 생존을 위한 고된 노동은 수명을 줄여 인구 증가를 억제했으며, 전쟁 역시 인구를 줄이는 중요한 요인이었다. 오늘날 피임법의 발달로 출산 조절이 가능해지고 의학의 발달과 물질적 풍요로 수명이 늘어나, 사회는 저출산과 고령화라는 새로운 인구문제들에 직면하게 되었다. 인구변동은 사람들의 삶을 어떻게 변화시킬까?

생산력의 발달로 물질적 잉여가 생기고 또 인구가 늘어나 분업이 발달하면서 사람들의 정치적·경제적 활동이 활발해졌다. 이에 따라 사람들은 점차 특정 지역에 몰려들면서 시장을 형성하는 등 인구가 집중된 지역을 형성하기 시작했는데, 이러한 지역이 도시로 발달하게 되었다. 특히 자본주의적 공업화는 부의 도시 집중을 낳고 도시로의 인구이동을 심화하여 집합적 소비, 지역 간 불균등 발전, 환경오염 등 새로운 사회문제들이 생

겨났다. 인구 대부분이 도시에 살게 된 현실에서, 사람들은 과연 만족하며 살아가고 있는 것일까?

1. 현대사회와 인구

1) 인구란 무엇인가?

인구와 인구 추이

인구(population)는 '어느 한 시점에 정해진 지역 경계 내에 사는 사람의 총수'를 의미한다. 그래서 인구수를 파악하기 위해서는 특정 지역과 특정 시간을 기준으로 정해야 한다. 예를 들어 2022년 한국의 인구는 5162만 8117명이다. 인구수는 수시로 변화하는데, 시간의 흐름에 따라 인구수가 변화하는 경향을 '인구 추이(population trend)' 또는 '인구 추세'라고 한다.

〈그림 13-1〉을 보면, 한국의 인구는 2020년을 기점으로 점차 감소하고 있으며, 장기적으로 감소하는 추세가 나타날 것이다. 통계청에 따르면, 2022년 대비 2070년 대륙별 인구는 아프리카가 2.2배, 북아메리카가 1.2배, 아시아가 1.1배, 라틴아메리카가 1.1배 증가하고, 반면에 유럽은 0.9배로

세계 인구의 변화

유엔의 추산에 따르면 기원 전후의 세계 인구는 대체로 2억에서 3억 정도였으며, 이후 생산력의 한계와 전염병 및 잦은 전쟁 등으로 인구는 한동안 정체상태를 보였다. 1800년대 인구는 10억 정도로 추산되는데, 이렇게 세계 인구가 늘어나게 된 것은 기본적으로 과학기술의 발달과 공업혁명으로 생산력이 늘어났기 때문이다. 물질적 풍요로 많은 사람이 기아와 빈곤에서 벗어나게 되고 의학 및 역학의 발달로 질병과 전염병에 의한 사망률, 특히 영아사망률이 줄어들면서 세계 인구는 급속히 증가했다.

〈그림 13-1〉 세계와 한국의 인구 추이

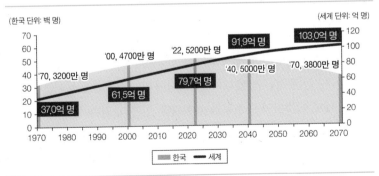

자료: 통계청 보도자료(2022년 9월 5일, 사회통계국 인구동향과).

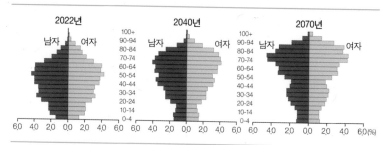

자료: 통계청 보도자료(2022년 9월 5일, 사회통계국 인구동향과).

감소하는 것으로 예측된다.

인구구조

인구는 나이, 성별, 혼인상태 등 인구학적 특성이나 직업, 소득, 종교, 교육수준, 거주지 등 사회·경제적 특성에 따라 분류할 수 있는데, 이러한 기준에 따른 인구의 구성 형태를 '인구구조(population structure)' 또는 '인구구성(population composition)'이라고 한다. 특히 거주지역에 따른 인구구성은 '인구분포(population distribution)'라고 한다.

일반적으로 많이 사용하는 인구구성은 나이와 성별에 따른 인구구성이다. 나이와 성별에 따른 인구의 분포를 그래프로 그리면, 출생률과 사망률에 큰 변동이 없을 때 삼각형 구조를 보여주게 되는데, 그 모습이 피라미드(pyramid)를 닮았다고 해서 '인구 피라미드'라고 부른다. 그런데 현실적으로 인구구성은 다양한 사회적 요인으로 인해 변형되는데, 한국의 경우 출생률과 사망률이 함께 크게 낮아짐에 따라 〈그림 13-2〉처럼 2022년의 인구구조는 종형을 넘어 다이아몬드형에 가까운 모습을 보여준다.

이 외에도 거주지역(도시/농촌)이나 직업, 일자리, 정치 성향, 문화적 특성 등에 따라서도 인구구성을 보여줄 수 있는데, 이것은 인구구조 또는 인구구성이 단순히 인구의 생물학적 특성만이 아니라 다양한 사회적 특성도 보여줄 수 있음을 말한다. 이런 점에서 인구구조는 한 나라나 지역의 사회구조의 특성을 보여주는 데도 유용하다.

인구변동

인구구조가 변화하는 것은 물리적으로 인구변동이 생기기 때문인데, 그 기본적인 원인은 출생(birth), 사망(death), 이동(migration)이다. 출생은 어린아이가 새롭게 태어나는 것인데, 인구수를 증가시키는 중요한 생물학적 요인이다. 반면에 사망은 인구수를 감소시키는 중요한 생물학적 요인이다. 이동은 특정 지역에서 다른 지역으로 옮겨가서 인구수를 증가시키거나 감소시키는 현상인데, 유입이동(내향 이동)과 유출이동(외향 이동)에 따라 인구수가 증가하거나 감소한다.

출생과 사망에 따른 인구변동이 생물학적 원인에 따른 자연적 변동(증가 또는 감소)이라고 한다면, 이동에 따른 인구변동은 사회적 변동이라고 할 수 있다. 그런데 출생과 사망은 현상적으로는 인구변동의 생물학적 원인이지만, 여기에도 다양한 사회적 원인이 작용한다. 예를 들어 현대사회에서 출생률이 낮아지는 데에는 피임법의 발달로 출산 조절이 가능해진 것이 중요한 원인이다. 그리고 사망률이 낮아지는 데에는 의학의 발달로 더 많은 질병 치료가 가능해졌고 또 영양 섭취가 나아져 건강하게 더 오래 살 수 있게 된 것이 중요한 요인으로 작용한다.

한편, 오늘날 취업과 같은 경제적 이유나 국제결혼 등을 이유로 국제이주가 늘어나면서 세계적인 인구이동이 늘어나고 있고, 또 내전이나 국지전에 따른 전쟁 난민들의 국제이동도 다양하게 이루어지고 있다.

성비와 인구변동

성비(sex ratio)는 나이와 함께 인구학적 구성을 이해하는 기본적 요소이다. 성비는 여자 100명당 남자의 수를 의미한다. 성비는 특별한 사건이 없다면 크게 변동하지 않는데, 인구의 출생성비는 대체로 103~107로 나타난다. 남아가 여아보다 약간 더 많이 태어나는 것이 일반적이다. 그런데 이후 성장하면서 남아의 사망 가능성이 더 높아져 성년기에 접어들 무

남아선호 사상과 성비 불균형

한국 사회의 경우 남아선호 사상이 강했던 시기에는 출생성비 불균형이 매우 심각했다. 산아제한을 추진했던 1980년대 초에는 태아 성감별을 통해 여성 태아를 낙태하는 경우가 많았고, 이에 따라 1990년에는 성비가 116.5에 이르렀다. 정부에서는 "아들딸 구별 말고 둘만 낳아 잘 기르자", "잘 키운 딸 하나 열 아들 안 부럽다"라는 구호를 내세우며 출생성비 불균형 문제를 해결하고자 했지만, 유교적 전통으로 인해 남아선호 사상이 강하게 남아 있어서 쉽게 줄어들지 않았다. 특히 남아선호 사상이 강했던 경북과 대구의 1990년 출생성비는 130.6, 129.7에 이르렀다. 2020년대에 와서는 이런 현상이 거의 사라졌다.

럽 성비는 100에 가까워진다.

성비가 크게 변화하는 것은 각종 재해나 사회적 사건들이 발생하는 것과 연관이 깊다. 전쟁이 일어나면 남성들의 사망률이 높아지게 되어 성비가 낮아지며, 산업재해에 따른 사망도 경제활동을 더 많이 하는 남성들에게서 더 많이 발생하여 성비를 낮춘다. 어촌의 경우 어업에 종사하는 남성들이 선박사고로 사망하는 경우가 많아 상대적으로 성비가 낮은 편이다.

성비 균형이 중요한 이유는 한 사회에서 남녀 모두에게 결혼의 기회를 균등하게 제공하는 기반이 되고, 또 적정한 출산율을 유지하여 인구를 재생산하는 데 큰 영향을 미치기 때문이다.

출산율, 사망률, 인구재생산

인구재생산에 가장 중요한 요소는 출산력(fertility)이다. 이것은 한 사회의 출산 수준을 나타내는 것으로서, 생물학적 출산능력을 의미하는 가임력(fecundity)에 더하여 사회문화적 요인에 의해 결정된다. 출산력은 '여성 개인이 몇 명의 자녀를 출산했는지'를 나타내는 출산율과 '사회 전체적으로 몇 명의 아이가 태어났는지'를 나타내는 출생률을 통해 수치화되는데, 대표적인 지표는 조출생률과 합계출산율이다.

구체적으로 조출생률(crude birth rate)은 인구수에 대비하여 한 해 동안 아이가 얼마나 태어났는지를 보여주는 지표이다. 특정 연도의 1년간 전체 출생아 수를 당해연도 연앙인구(또는 평균인구)로 나눈 후 1000을 곱하여 계산한다. 연앙인구는 그해의 중간시점에 해당하는 인구로 7월 1일의 인구를 말한다. 조출생률은 조사망률과 비교하여 인구의 증감을 파악하는 데 사용된다.

그런데 조출생률로는 아이를 낳는 사람을 기준으로 한 사회에서 얼마나 아이를 낳고 있는지 그 수준을 파악하기 어렵다. 출생아 수는 출산 수준뿐 아니라 인구구조의 영향을 받기 때문이다. 자녀를 많이 낳지 않더라도, 전체 인구구조에서 청년 세대의 인구구성비가 클 경우, 출생아 수는 상당할 수 있다. 한편, 아이를 낳는 사람을 기준으로 한 지표로는 합계출산율(total fertility rate)이 있다. 합계출산율은 일반적으로 가임기 여성 (15~49세)의 연령별 출산율의 총합으로 계산한다. 합계출산율은 한 사회의 출생인구 증감 추이를 쉽게 확인할 수 있어, 구체적인 인구구조 변동을 이해하는 데에 도움을 준다.

인구의 증가는 생물학적으로는 가임여성이 임신을 통해 출산할 때 이루어지므로, 한 사회의 가임여성의 수와 출산율은 인구재생산을 비롯한 인구변동에 결정적 영향을 미친다. 한 사회의 출산력 또는 출산율의 변화에는 다양한 자연적·사회적 요인들이 영향을 미친다. 자연재해와 이에 따른 기근은 사망에 따른 가임여성의 수적 감소, 결혼의 감소를 낳아 임신과 출생을 근본적으로 제한하게 된다. 사회적 요인들 가운데, 가난은 과거와 달리 출산을 억제하는 중요한 요인이 되었고, 종교나 민족·종족적 배경, 주거지역 환경 역시 중요한 요인이 되었다.

유럽에서는 가톨릭(천주교) 집단이 개신교 집단에 비해 더 높은 출산율을 보여주었다. 미국에서는 백인 집단에 비해 백인 이외 집단의 출산율이 더 높았다. 그리고 아프리카나 라틴 아메리카의 저발전국의 출산율이 다른 대륙, 특히 유럽의 출산율보다 높다. 이러한 출산율의 차이는 공업화에 따른 생활수준의 향상과 교육수준의 상승 등으로 좁혀지고 있지만, 저발전국 사람들이 대가족을 선호하는 경향은 여전히 남아 있다. 한편, 여성들의 교육수준이 높아지고 자아실현의 욕구가 커지면서 사회활동이 늘어남에 따라 결혼과 출산을 회피하려는 경향이 커져 출산율이 감소하고 있는데, 선진국일수록 이러한 경향이 강하다.

출생이 인구 증가의 근본적 요인이라면, 사망은 인구 감소의 근본적 요인이다. 한 해의 사망자 수를 측정하고 비교하기 위한 지표로 조사망률 (crude death rate)을 사용한다. 이것은 인구 1000명당 연간 사망자 수를 의미하는데, 1년간 전체 사망자 수를 당해연도 연앙인구로 나눈 다음 1000을 곱하여 산출한다.

사망률은 의·역학의 발달과 의료서비스의 확대로 전염병 예방, 질병 치료 등이 개선되고 또 물질적 생활수준이 높아져 사람들의 영양과 건강

가난과 출산율

과거에는 가난한 사람들과 농촌 사람들이 자녀를 상대적으로 더 많이 낳았다. 의학적 지식이 부족해서 피임법을 잘 몰랐거나, 출산 조절에 대한 적극적인 의식이 없었다. 또 농촌 사람들의 경우 자식을 많이 낳아야 농업노동력으로 이용할 수 있다는 생각이 강했다. 그런데 현대로 오면서 피임법이 널리 확산하고 또 교육수준이 높아짐에 따라 여성들의 권리의식도 높아져 출산을 조절하려는 태도가 사회 전반적으로 강해졌다. 특히 자녀의 수가 부모와 가족 전체의 삶의 질에 큰 영향을 미친다는 생각이 확산함에 따라, 가난한 사람들도 점차 자신들의 생존능력과 삶의 질을 고려하여 출산을 조절하는 경향이 강해졌다.

사망은 인간의 자연적 수명의 결과로 보기 어렵다. 다양한 사회적 요인들이 사망 위험도에서 차별성을 낳기 때문이다.

우선 전쟁이나 각종 현대적 재해들에 따른 사망들이 있다. 전쟁에서는 젊은 남성들이 사병으로 참전하여 높은 사망률을 보이게 된다. 직업도 차이를 만드는데, 운전사나 비행기 승무원, 소방관 등은 사망 위험을 감수하고 일해야 한다. 계급·계층적 격차나 소득격차도 영양의 섭취, 주거환경, 여가생활 등에서의 격차로 사망 위험도 차이를 만든다. 의료서비스 기반의 지역 격차도 치료 기회의 차이로 사망 위험도 차이를 낳기도 한다. 또한 가난한 사람들은 영양 부족으로, 부자들은 영양 과잉으로 사망하는 사례들이 더 많기도 하다. 교육수준에 따라 건강이나 치료 정보를 얼마나 많이 알고 있느냐의 차이가 사망 회피 가능성의 격차를 만들 수 있다. 또 결혼 여부에 따라 심리적 안정성에 따른 사망 위험도의 차이도 나타난다. 미혼자들은 가족에 대한 책임감 부재나 외로움 등으로 심리적 안정감이 떨어져 상대적으로 일찍 사망한다고 알려져 있다. 이 외에도 다양한 사회적 이유로 청소년이나 노인의 자살률이 높아지기도 한다.

상태가 나아지면서 점차 낮아지고 있다. 그리고 이에 따라 기대수명(life expectancy at birth)은 점차 길어지고 있다. 기대수명은 특정 시기에 태어난 사람이 앞으로 생존할 것으로 기대되는 평균 연수를 의미한다. 한국인의 기대수명은 2020년 기준으로 83.5년인데, 이것은 일본(84.7년) 다음으로 높으며, OECD 평균(80.5년)보다 높다. 하지만 한국인이 건강하게 살아가는 기간은 상대적으로 짧아서(66.3세), 한국을 실질적인 장수국가로 보기는 어렵다.

이처럼 한 나라의 인구수 증가 또는 인구증가율에는 인구의 출생 이외에도 사망과 인구이동 등이 영향을 미친다. 따라서 한 나라의 인구재생산에 관한 정책은 출생률뿐만 아니라 사망률, 인구이동 등 다양한 요인들을 고려해야 한다.

2) 인구변동의 이해

맬서스의 인구 이론

인구문제에 관한 고전적 논의는 맬서스(Thomas Malthus)의 『인구의 원리(An Essay on the Principle of Population)』(1798)에서 찾아볼 수 있다. 맬서스는 당시 18세기 말까지 널리 퍼져 있던, 인구 증가에 대한 계몽주의자들의 낙관적 견해를 비판했다. 낙관론자들은 큰 인구규모가 국력과 안보의 원천이 된다고 보면서, 인구가 증가함에 따라 총생산량도 비례해서 늘어난다(수확 체증의 법칙)고 보았다. 인구 증가는 노동력 투입을 늘려 더 많은 생산을 가능하게 하며, 경쟁을 유발하고 생산을 촉진하여 경제성장을 가져온다는 것이다.

고드윈(William Godwin), 콩도르세(Marquis de Condorcet) 등 계몽주의자들은, 인간은 인구 증가 문제를 이성적으로 해결할 수 있으며 사회는 진보할 것이라고 하는 믿음을 피력했다. 하지만 공업혁명 이후 자본주의 발전 과정에서 도시 노동자들의 빈곤을 목격한 맬서스는 이들의 견해가 공상적이라고 비판했다.

맬서스는 "첫째, 식량은 인간 생존에 필수적이다. 둘째, 남녀 간의 열정은 필연적이며 앞으로 지속될 것이다"라고 가정하면서, 지구의 식량 생산 능력에 비해 인구(생식)의 힘이 훨씬 크다고 주장했다. 인간의 생식능력에 따라 인구는 기하급수적으로 증가하는 데 반해 생존 수단인 식량은 토지 공급의 한계로 산술급수적으로 증가하기 때문에, 과잉인구에 따른 식량 부족으로 인구 증가가 억제될 수밖에 없다고 보았다. 이때 인구 증가를 억제하는 궁극의 제약(ultimate check)은 역시 인구 법칙에 따른 식량 부족이다. 그리고 즉각적 제약(immediate check)으로는 기근, 질병, 범죄, 전쟁 등과 같은 참상이나, 인간 특유의 자발적·예방적 억제로서 결혼 연기(만혼), 금욕 등으로 출산을 억누르는 도덕적 제한과 부정한 성생활 같은 악덕 등이 있다.

맬서스의 인구 이론은 '토지 수확 체감의 법칙'을 주장한 고전경제학자들로부터 지지를 얻었지만, 기근과 빈곤이 빈민층의 다산 때문이라는 견해에 대해서는 사회주의자들의 비판을 받았다. 사회주의자들은 빈민층의 과잉인구는 저임금을 유지하려는 자본주의제도의 필요에 따른 것이며, 제도 개혁을 통해 인구문제를 해결해야 한다고 주장했다. 단순한 인구수가 아니라 분배가 중요하다는 것이다.

또한 현대로 오면서 맬서스의 인구 이론은 비현실적·비합리적 가정에 근거하고 있다는 비판을 받고 있다. 우선 생식능력의 가정에 대해서는, 현실적으로 인구가 기하급수적으로 늘어난 사례를 찾기 힘들며, 피임법의 발달을 제대로 고려하지 못했다는 것이다. 그리고 생존수단의 가정에 대해서는, 과학기술의 발달에 따른 농업생산력의 향상과 토지 개발을 통한 식량 생산의 증대 가능성을 무시했다는 것이다. 이처럼 맬서스의 인구 이론은 한계를 지니고 있지만, 인구 증가가 계속되면 사회 전반의 생활수준이나 삶의 질에 영향을 받는다는 지적은 의미 있는 공헌이다.

인구변천 이론

공업혁명 이후 물질적 생활수준이 점진적으로 높아지고 의·역학의 발

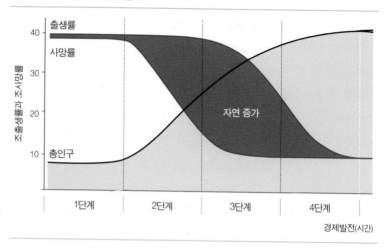

〈그림 13-3〉 인구변천의 단계

달로 수명이 길어지면서 인구 증가가 사회문제로 떠올랐다. 그런데 대륙이나 나라에 따라 경제발전 수준의 격차가 생기고 또 출생률과 사망률에 차이를 보이면서 인구증가율도 서로 차이를 보이기 시작했다. 이에 따라 20세기에 와서 인구의 발전과 변동에 관심을 기울이는 이론들이 등장했는데, 인구변천 이론(population transition theory, demographic transition theory)이 대표적이다.

　1929년에 톰슨(Warren Thompson)은 조출생률과 조사망률 수준의 변화에 따라 인구변천 과정을 공업화 이전 단계, 도시화/공업화 단계, 성숙한 공업화 단계, 탈공업화 단계 등 4단계로 구분하는 모형을 제안했다. 각 단계에서 출생률과 사망률의 수준을 보면, 공업화 이전 단계는 '높은 출생률, 높은 사망률', 도시화/공업화 단계는 '높은 출생률, 급속한 사망률 하락', 성숙한 공업화 단계는 '출생률 하락, 낮은 사망률', 탈공업화 단계는 '낮은 출생률, 낮은 사망률'을 보인다. 톰슨의 모형은 이후 여러 학자에 의해 수정되어 5단계의 분류로 재구성되었는데, 마지막 단계에서는 다양한 사회적 요인에 따라 출생률과 사망률 중 하나가 상대적으로 약간 더 높아져 인구구조가 다양하게 변할 수 있다는 점이 제시되었다.

세계 전체로 보면, 유럽 선진국들과 한국, 일본 등의 낮은 출산율로 인해 인구증가율이 점차 낮아지고 있지만, 2070년경에는 세계 인구가 103억 명에 이를 것으로 추산된다. 여기에는 아프리카 대륙의 높은 인구성장률이 큰 영향을 미치고 있다. 그런데 인구변천 모형에서 4~5단계에 속하는 선진국들에서는 지나치게 낮은 출산율이 사회문제가 되기도 했다. 특히 낮은 사망률로 고령인구의 증가가 함께 일어나면서 생산가능인구의 감소와 높은 고령인구 부양 부담이 쟁점이 되었다.

저출산

저출산은 출산율이 한 나라의 인구를 유지하는 데 필요한 수준 이하로 낮아지는 현상을 말한다. 일반적으로 합계출산율이 2.1명보다 낮은 경우를 저출산이라고 한다. 합계출산율이 2.1보다 낮아지면 장기적으로 인구 대체가 어려워지는데, 선진국들에서는 대체로 1970년대부터 점차 저출산 현상이 확산하기 시작했다. 한국에서는 1984년부터 저출산 현상이 나타나기 시작했으며, 2020년에는 합계출산율이 0.84를 기록했다. 이것은 세계적으로 최하위 수준의 합계출산율이다.

한국 사회에서 출산율이 낮아진 것은, 1960년대 이후 급속한 공업화 과정에서 과잉인구로 인한 빈곤과 삶의 질 문제를 해결하기 위해 정부가 강력한 출산억제 정책을 시행한 것이 계기가 되었다. 그런데 초기에는 사람들이 정부 정책에 따라 수동적으로 출산을 줄였지만, 여성들이 교육수준이 높아지고 경제활동 참여가 늘어나는 등 자아실현 욕구가 커짐에 따라 자발적으로 출산을 줄이기 시작했다. 자녀의 출산과 양육, 교육이 경제적 부담이 될 뿐 아니라 특히 여성들의 경우 가사노동 부담으로 인해 여가시간을 줄여 삶의 질을 떨어뜨린다는 인식이 커짐에 따라, 여성들 사이에서는 결혼을 기피하거나 결혼 후에도 출산을 기피하는 현상이 두드러지게 되었다. 이에 따라 출산율 하락이 가속화되어 이제는 과도한 저출산으로 출산장려 정책을 써야 하는 상황이 되었다.

유럽의 많은 선진국은 저출산 문제의 해결을 위해 자녀 출산 및 양육

부담으로 인한 여성들의 경력 단절 문제를 해소하는 다양한 복지정책들을 도입함으로써 출산율 하락을 막는 데 성공했고, 프랑스의 경우에는 2010년대 초에 일시적으로 합계출산율이 인구 대체 수준으로 회복되기도 했다. 이것은 부모 모두가 이용할 수 있는 육아휴가제도, 공공보육과 각종 육아수당 지급, 비혼 부부의 출산과 자녀에 대한 동등한 지원 등 출산을 장려하는 다양한 제도들의 도입으로 가능했다.

한국 사회의 경우에도 2003년 노무현 정부에서 출범한 대통령 직속 '저출산·고령사회위원회'가 문재인 정부 이후에도 지속해서 활동하면서 다양한 저출산 대책들을 마련해 왔다. 하지만 사회 전반적으로 긴 노동시간의 지속, 육아휴직에 대한 기업의 소극적 태도, 공공보육과 육아지원 정책의 한계, 사기업들에 대한 출산 및 육아지원 정책 강제의 어려움 등으로 인해 여성들의 육아 부담이 실질적으로 줄어들지 않아서 저출산 문제 해결에 어려움을 겪고 있다.

고령화

고령화는 한 나라의 전체 인구에서 고령인구가 차지하는 비율이 높아지는 현상을 말하는데, UN에서는 65세 이상 인구가 전체 인구의 7% 이상이면 고령화(aging society) 사회, 14% 이상이면 고령 사회(aged society), 20% 이상이면 초고령 사회(super-aged society)로 분류한다. 한국 사회는 2000년에 전체 인구에서 65세 이상 고령인구의 비중이 7.2%로 '고령화 사회'에 진입했고, 2018년에 14.5%로 '고령 사회'에 진입했다. 현재 추세로 보면 2026년에 20.8%로 '초고령 사회'에 진입할 것으로 예상된다. 그리고 2050년도에는 고령인구 비율이 37.4%로 세계 최고의 고령 사회가 될 것으로 전망한다. 이러한 빠른 고령화는 낮은 출산율과도 관련이 깊다.

저출산·고령화 사회의 도래는 노인 빈곤을 비롯한 많은 사회문제를 낳는다. 저출산으로 생산연령(생산가능)인구가 줄어 경제성장률이 떨어지는 데 비해, 고령화로 노인에 대한 사회적 부양 부담은 증가하게 된다. 고령인구에 대한 사회적 부양 부담을 나타내는 지표로 '노년부양비'가 있는데, 생산연령인구(15~64세) 대비 고령인구(65세 이상)의 비율을 의미한다. 한국의 노년부양비는 1970년에 5.7, 2010년에 14.8이었는데, 2022년에는 24.6을 기록했다. 그리고 앞으로 점점 더 높아져 2030년에는 38.6, 2050년에는 78.6이 될 것으로 예측된다.

피부양인구가 늘어나 생산연령인구(젊은 세대)의 부양 부담이 늘어나면, 인구가 줄어드는 젊은 세대의 조세 및 사회복지비용 지출 부담이 커져 복지 재정을 둘러싼 세대 갈등이 생겨날 수 있다. 평균수명이 길어지면서 노인인구의 질병 및 치료비 지출이 늘어나 건강보험 재정을 둘러싼 세대 갈등을 낳을 수 있다. 한국 정부는 2005년에 「저출산·고령사회기본법」을 제정하여 저출산·고령 사회에 대처하려는 노력을 기울여왔다. 하지만 젊은 세대의 육아 여건이 크게 개선되지 않아 출산 기피 현상이 줄어들지 않고 있고, 또 연금과 건강보험 등 복지제도의 개혁과 재정 확충 방안 확립이 지연되면서 문제 해결에 어려움을 겪고 있다.

3) 현대사회의 인구문제

인구와 삶의 질

인구가 많지 않았던 과거에는 자연재해, 질병, 기아, 전쟁 등에 대응하여 적정 인구를 유지하는 것이 공동체의 중요한 인구문제였다. 그래서 인구 증가가 심각한 문제로 인식되지 않았다. 하지만 의학의 발달과 물질적 생활수준의 향상이 이루어지며 출산율이 높아지고 수명도 길어지면서 식량과 자원의 부족, 빈곤, 열악한 주거환경, 환경오염 등에 따른 인류 생존과 건강의 위협이 사회문제로 부상하게 되었다. 지구 전체로 보면 인구 증가는 수적 과잉으로 식량과 자원 부족 문제를 낳고 있고, 또 과도한 자연자원 및 에너지 개발에 따른 환경오염과 기후 위기 등을 낳고 있다. 그래서 인구 증가의 심각성을 강조하기 위해 '인구 폭발'이라는 표현을 사용하기도 한다.

인구수의 증가는 노동력 공급량의 확대를 의미하기도 하지만, 농지 개

인구총조사

인구총조사는 특정 시기에 한 나라의 국민 전체를 대상으로 실시하는 인구조사를 의미하는데, 일반적으로 인구센서스(population census)라고 불린다. B.C. 435년부터 로마제국 전체에 걸쳐 인구조사를 담당한 관리의 직명이 censor였는데, 이로부터 인구총조사가 센서스(census)로 불리게 되었다고 한다.

기원전 이집트와 중국에서도 과세와 징병을 목적으로 인구총조사가 실시되었다고 전해진다. 이것은 전국적인 인구동향의 조사가 한 나라의 통치에 필요한 정보를 얻는 데 중요한 수단임을 말한다. 현대에 와서는 네덜란드, 프랑스, 영국 등에서 오늘날과 같은 인구조사가 이루어졌고, 현재는 대부분의 나라에서 5년 또는 10년 주기로 인구총조사가 이루어지고 있다.

한국에서는 조선시대에 이르기까지 '호구조사'라는 명칭으로 인구총조사가 실시되어 왔고, 일제강점기인 1925년에 현대적 인구총조사가 실시된 이래 5년마다 조사가 이루어지고 있다. 1960년부터는 주택에 대한 조사도 함께 실시되었고, 1990년부터 인구주택총조사로 명칭이 변경되었다.

통계청이 주관하고 있는 인구주택총조사는 한국의 모든 인구·가구·주택에 관한 종합적인 정보를 파악하여 경제활성화계획·도시계획·사회복지정책·주택정책

발과 식량 수요, 소비재 생산 증대를 위한 자원 및 에너지 개발, 일자리 수요 등의 확대 필요성을 의미하기도 한다. 그래서 자원과 환경문제를 고려하면 인구 증가는 지구의 수용 능력 내에서 이루어져야 하는데, 오늘날 인류는 과잉인구, 과도한 자연 개발과 화석연료 사용 등에 따른 환경오염과 기후 위기로 고통받고 있다.

지구 전체로는 인구가 증가하는 반면, 선진국들의 인구는 감소하고 있다. 선진국들은 공업화와 도시화에 따른 높은 인구밀도와 주거환경 악화 문제를 겪었지만, 지금은 저출산에 따른 인구 감소로 사회의 유지를 걱정하고 있다. 이것은 인구문제가 단순한 수의 문제가 아니라 인구구성의 형태에 따른 삶의 질의 수준과 연관되어 있음을 보여준다.

물질적 분배와 주거환경 등과 관련된 인구의 삶의 질에는 인구수뿐만이 아니라 인구밀도나 인구의 도시 집중 등도 큰 영향을 미친다. 그래서 인구구성에서의 불균형이나 집단별 격차에도 관심을 기울여야 한다. 저출산·고령화로 인한 세대별 인구 불균형은 인구 대체의 위기를 낳기도 하고, 노인 빈곤과 노인 부양의 사회적 부담 문제를 낳기도 한다. 저출산에 따른 생산연령인구 감소는 노동력 부족으로 외국인노동력 유입의 필요성을 높이는데, 이에 따른 외국인 이주 증가는 다인종·다문화사회로의 전환에 따른 문화 갈등과 같은 새로운 사회문제를 낳는다.

인구이동의 역사와 요인

인구이동은 국가 간 이동과 국가 내 이동으로 구분한다. 국가 간 이동은 '국제이동' 또는 '해외이동'이라고 하며, 간단히 이민(migration)이라고 부른다. 이민은 이동 방향에 따라 이입(immigration)과 이출(emigration)로 구분한다. 이때 이입 인구와 이출 인구의 차이에 따라 한 나라의 인구는 늘어나거나 줄어든다. 한편, 국가 내 이동에서는 이동 방향에 따라 전입과 전출을 구분한다.

특정 지역에서 인구의 유입이나 유출에는 자연적·사회적 요인들이 작용한다. 가뭄, 홍수 등 자연재해나 기후변화로 자연환경이 변하면 사람들

은 생존하기에 더 나은 지역으로 이동하게 되며, 소득 기회, 교육 기회, 의료환경, 교통, 인적 교류, 소비 및 문화생활 여건 등 사회적 요인에서도 더 나은 지역으로 이동하게 된다. 이때 특정 지역에서 다른 지역으로 이동하도록 사람들을 밀어내는 요인을 '배출요인(push factor)'이라고 하며, 반대로 특정 지역으로 이동하도록 끌어들이는 요인을 '흡인요인(pull factor)'이라 한다. 예를 들어 한국 사회에서는 1960년대부터 농촌을 떠나 도시로 향하는 '이촌향도' 현상이 두드러졌는데, 이때 농촌의 과잉인구는 배출요인이 되었고, 공업화에 따른 도시의 일자리 증가는 도시의 흡인요인이 되었다. 아울러 도시화에 따른 생활 여건이나 문화 환경의 개선은 도시의 새로운 흡인요인이 되었다.

한편, 국제이동도 오래전부터 이루어져 왔는데, 유럽의 경우 1600년대 초에 영국의 개신교도들이 종교적 자유를 찾아 미국으로 이주했고, 1800년대에는 아일랜드인들이 주식인 감자 수확량 감소로 대거 미국으로 이주했다. 1900년대 전후로도 유럽인들 중에 '아메리칸 드림'을 꿈꾸며 미국으로 이주하는 사람들이 많았다. 한편, 17세기에는 미국인들이 노예로 이용할 목적으로 죄수들이나 아프리카 주민들을 미국으로 '강제이동'시키기도 했다.

한국의 경우, 1900년대 초 일제강점기를 전후해 일본의 토지 수탈로 경제적 착취를 피해 자발적으로 사할린 등지로 이동한 사람들이 생겼고, 이후 일제의 징용으로 일본 본토 등으로 강제이동되어 강제노역을 당하는 사람들도 생겨났다. 또한 해방 후에는 해외동포의 귀환 이동이 이루어졌고, 한국전쟁을 전후하여 북한 인구의 월남 이동도 이루어졌다.

등 각종 국가 정책 수립에 필요한 기초자료를 제공한다. 조사 항목은 인구구성의 기초적 양상을 파악하기 위한 성별·나이·교육 정도·혼인 상태 등과 주택 및 주거 상태를 파악하기 위한 사용방 수·건물 및 거주층·주거시설 형태(가구), 총방 수·주거용 연면적·주거시설 수(주택) 등이다.
한편, 통계청은 인구 전수조사와 함께 좀 더 심층적인 특성을 파악하기 위한 10% 표본조사도 병행하고 있다.

2. 현대사회와 도시

1) 도시와 도시문제의 발생

지구적 차원에서 인구성장은 더 넓은 땅을 경작하고 더 많은 자원과 에너지를 확보하기 위한 나라들 간의 경쟁을 낳았고, 선진국들의 군사외교적·경제적 지배는 지구적 불평등과 빈부 격차를 심화시켰다. 그리고 일국적 수준에서 상공업의 발전에 따른 도시로의 인구 집중은 주택, 교통, 상하수도, 생활쓰레기, 전기, 생활에너지 등 생활기반시설 문제, 환경오염 등 각종 도시문제를 낳았다.

도시는 특정한 지역에 인구가 집중됨으로써 형성된다. 그렇지만 도시를 어떻게 정의할 것인지는 간단한 문제가 아니다. 일반적으로 도시와 농촌의 구별은 '행정구역'이나 '도시성(urbanism)'을 기준으로 이루어진다. 행정구역에 따른 구별을 보면, 한국에서는 「지방자치법」으로 인구 5만 명이상이 거주하는 지역을 시(市)로 규정한다. 그러나 오스트레일리아에서는 인구 2000명 이상이 거주하는 지역을 도시(town)로 규정하고 있다. 이처럼 행정구역의 구분은 나라나 시대에 따라 그 편차가 대단히 크기 때문에 도시의 특성을 파악하기 위한 보편적인 지표로 삼기는 어렵다. 또한 1995년 이후 한국 사회에서는 '도·농통합시'에서와 같이 도시 내에 읍·면과 같은 농촌 지역을 포함하기도 해서, 행정구역을 도시를 분류하는 기준으로 삼기가 더욱 어렵다.

이러한 한계로 인해 '도시성'이 또 다른 분류 기준이 되고 있다. 이것은 농촌과 구별되는 사회·문화적 속성을 지표로 삼아 도시의 성격을 밝히려는 것이다. 예컨대 미국의 도시사회학자 워스(Louis Wirth)는 '도시적 생활양식'이 다음과 같은 특성을 띠고 있다고 제시했다. 비교적 넓은 지역에 적은 인구가 흩어져 거주하는 지역과 달리, 좁은 지역에 많은 인구가 조밀하게 거주하는 지역에서는 사회분화와 이동이 심하다. 따라서 지역 주민들이 이질적이고 개인주의적인 방식으로 행동할 뿐만 아니라, 인간관계도 이해타산적이다. 이에 대해 도시 내에는 다양한 생활양식이 있고 공동체도 존재한다는 반론도 있지만, 전통적인 농촌에서는 잘 나타나지 않는 도시주민들의 고유한 생활양식을 도시성이라 하고 도시성이 뚜렷하게 나타나는 지역을 도시라고 규정할 수 있다고 주장했다.

2) 도시화 과정과 도시문제

공업화와 근대도시의 형성

16세기 이후 과학기술이 발달하고 공업혁명이 이어지면서 이전의 농경사회는 급격히 공업사회로 변화되어 갔다. 도시를 중심으로 공업적 생산이 크게 늘어났고, 도시는 자본가들이 경영하는 공장에 고용되어 임금노동을 하려는 노동자들이 밀집하는 곳이 되었다. 상공업이 발달하면서 국가 간의 무역도 늘어나게 되었다.

16세기 튜더 왕조 시기 영국에서는 모직물 공업이 크게 발달했고 왕은 모직 공업을 '가장 중요한 국가적 산업', '세계에서 가장 부유하고 가치 있는 제조업'이라며 각별히 보호하는 정책을 썼다. 이렇게 되자 영주와 지주들은 토지를 양치는 목장으로 만들기 위해 울타리를 치면서 농노들을 내쫓고 아예 촌락을 파괴해 버리기도 했다. 이와 같은 인클로저 운동(제1차)은 반대와 저항에 부딪히기도 했으나 차차 영국 전역과 유럽 각 나라로 확산되었고, 이로 인해 반노예 신분의 농민들은 생계의 근거를 잃고 새로운 일자리를 찾아 도시로 이주해 갔다. 17세기에는 영국 정부가 자국의 모직 공업을 보호하기 위해 인도로부터의 양모 수입을 금지하면서 목장의 조성을 적극적으로 지원하는 인클로저 운동(제2차)이 진행되었다. 이에 따라 토지 소유의 권리와 경계를 한층 더 구체화하면서 농민들, 특히 하층의 농노들을 농촌에서 몰아냄으로써 농촌인구의 도시 이주가 급속히 늘어나게 되었다.

이렇게 도시로 이주해 간 농민들은 처음에는 일자리도 집도 없어 부랑자나 거지가 되거나 도둑질, 성매매 등을 하며 생계를 이어갔고, 이후 공

상공업의 발달과 도시 형성

도시가 발달하기 이전의 농경시대에는 인구 대부분이 농촌지역에 살면서 농업을 주업으로 삼았으며, 농촌은 생산의 중심지였다. 유럽에서 도시는 정치·군사·종교·행정의 중심지로서 대개 성을 이루고 있었으며, 상공업이 발달하기 전에는 주로 소비가 이루어지는 공간이었다. 농업 부문의 잉여생산물이 생겨나면서 수공업이 발달하기 시작하고 이에 따라 시장이 형성되어 교환경제가 활성화되면서 도시는 생산물의 생산·교환·분배가 이루어지는 상공업의 중심지 역할을 하게 되었다. 부르주아지(bourgeois)라는 말의 어원도 중세 귀족층이 거주하던 성(城, burg) 주변에서 상공업활동을 하는 사람들이라는 데서 비롯된 것이다.

현대 공업도시의
사회문제

자본주의적 공업화를 더욱 부추기고 현대 국민국가의 정치적 정당성을 뒷받침하기 위해 현대 도시는 도시공간을 합리적으로 재구조화하고 거대한 건축물들을 세움으로써 도시를 세련된 현대적 공간으로 만들고자 노력해 왔다. 그런데 그 이면에는 여러 가지 도시문제가 도사리고 있었다. 우선 공업화 과정에서 도시공간이 확장되었지만 농촌으로부터 인구 유입이 계속되면서 도시기반시설이 확충되지 못해 인구 과밀과 기반시설 부족 문제가 해소되지 못했다.

또한 공업도시로서의 현대 도시에서 자본가의 경제적 착취와 정치적 지배가 이루어지면서, 봉건시대에는 자유와 해방의 상징이었던 도시가 빈곤과 계급 갈등의 무대가 되었다. 도심의 번화가나 중상류층의 아늑한 주택단지와 격리된, 노동자와 빈민들의 허름한 주거지가 조성되었다. 공장지대 인근에 들어선 노동자 주거지는 공장에서 쏟아지는 소음과 매연으로 오염되었고, 열악한 환경은 노동자들의 평균 수명을 크게 단축시켰다. 또 도심과 주요 간선도로의 뒤편에 조성된 빈민 주거지는 상·하수도 공급 및 쓰레기 처리시설 등이 갖춰지지 않은 비위생적인 주거 환경으로 악취가 진동하고 쓰레기와 오물이 산더미처럼 쌓여 있는가 하면, 비좁은 골

업혁명으로 상공업이 점차 발달하면서 공장노동자나 상점 일꾼 등으로 일을 하며 먹고살게 되었다. 초기의 도시문제들은 바로 이러한 역사적 과정을 통해 시작되었다.

공업의 발달과 도시화

도시화(urbanization)란 '도시에 거주하는 인구의 비중이 커지는 경향'을 말한다. 이러한 경향은 처음에는 주로 상공업의 발달로 인해 농촌지역에 살던 사람들이 도시로 이동하여 도시 인구가 늘어나게 되면서 생겨났지만, 나중에는 국가가 공업을 발달시키기 위해 의도적으로 새로운 도시를 개발하고 농민들이 농촌을 떠나 도시로 이주하도록 유도하거나 강제하면서 가속화되기도 했다. 공업혁명의 발원지였던 영국에서는 이런 과정을 통해 1900년경에는 도시 인구가 전체 인구의 50%를 넘게 되었고, 1985년에는 그 비율이 92%에 이르러 거의 모든 국민이 도시에 살게 되었다. 서구 다른 나라들에서도 영국에 뒤이어 공업이 발달하면서 도시화가 급속히 이루어졌다.

도시화로 도시의 인구밀도가 높아지자 도시 인구를 위한 소비재의 집합적 공급이 중요한 과제로 떠올랐다. 특히 교통, 주택, 상하수도, 전기, 생활연료, 생활기반시설 등의 공급과 쓰레기 처리, 소음과 매연 등이 쾌적한 주거환경을 위해 해결해야 할 사회문제가 되었다. 그리고 각지의 인구가 도시로 몰려들면서 익명성과 탈인격적 관계로 인해 소외 현상과 범죄가 늘어났고, 특히 빈곤층이 모여 사는 빈민촌(slum)의 경우 도시 미관을 해치고 범죄가 자주 발생하는 등 사회문제가 되고 있다.

현대적 대도시의 형성

20세기에 접어들어서도 인구와 자본이 끊임없이 도시로 몰려들면서 도시 규모는 주체할 수 없을 정도로 커졌다. 특히 대중교통의 발달로 도시공간은 무제한적으로 확장되었다. 우선 철도는 '농촌사회로 둘러싸인 고립된 섬'이었던 도시를 서로 연결해 현대 도시의 형성을 도왔고, 다음으로

자동차는 현대 도시의 공간적 확장을 가로막는 물리적 제약을 극복함으로써 현대 도시가 메트로폴리스(metropolis), 즉 거대도시로 바뀌는 데 크게 기여했다. 한편, 거대도시들이 특정 지역에 집중되어 발달하면서 메갈로폴리스(megalopolis), 즉 거대도시권 또는 거대도시지대도 형성되고 있다. 이러한 도시의 양적 팽창은 도시의 기능과 성격도 크게 바꿔놓았다.

우선 공업도시, 상업도시, 행정도시 등과 같이 도시 기능이 단일했던 현대 초기의 도시와 달리 오늘날 대도시는 복합적인 기능을 담당하고 있다. 따라서 도시의 공간 배치도 하나의 도심을 중심으로 한 '단핵 집중형'에서 여러 개의 부심이 형성되어 각각 독자적 기능을 수행하는 '다핵 분산형'으로 바뀌고 있다. 또한 인구의 유동성과 밀집도가 커지면서 공간 이용의 효율성을 극대화하려는 시도가 나타나면서, 도심과 부심을 중심으로 거대빌딩군(마천루)이 형성되어 도시 경관을 크게 바꿔놓았다. 대도시 마천루는 1870년대 뉴욕과 시카고에서 처음 등장한 이후 번영의 상징물이 되면서 전 세계로 확산되었다.

지리학자 하비(David Harvey)에 따르면 대도시의 발전은 공산품 시장의 포화로 성장의 한계에 부딪혔던 자본에 새로운 투자처를 제공한다. 건조환경(건축환경, built environment)에 대한 자본 투자로 초고층 건물들과 각종 교통 및 공공시설들이 들어서면서 도심지는 점차 사무공간, 상업공간, 문화공간 등으로 변화해 갔다. 반면에 전통적인 도시의 상징이었던 공장들은 점차 외곽이나, 저렴한 또는 우수한 노동력이 풍부한 다른 지역 또는 제3세계로 이전해 가게 되었다. 그 결과로 서구 공업도시들에서는 산업 공동화가 진행되기도 했다.

대도시의 인구 과밀로 주거환경이 나빠지자 도시 외곽이 자본의 새로운 투자처로 등장하면서 주거공간의 '교외화'도 나타났다. 혼잡한 도심을 벗어나서 쾌적한 주거환경을 제공하는 교외주택지(suburbia)는 19세기까지만 해도 지배 엘리트층의 전유물이었다. 그러나 제2차 세계대전 이후 승용차가 대중화되고, 과밀 문제를 해소하기 위해 대도시 외곽에 신도시가 잇따라 개발되면서, 노동자를 포함한 중간계층의 주거지 및 기업의 생

목을 사이에 두고 비바람도 가리기 어려운 가건물이 촘촘히 들어차서 질병과 빈곤문제가 끊이지 않았다. 그 결과, 노동빈민들은 주택임대로 고수익을 얻으려는 주택소유주들의 탐욕으로 생산현장에서뿐만 아니라 생활현장에서도 수탈당하는 '이중의 착취'를 당하게 되었다.

이처럼 현대적 공업도시에서는 생산현장에서 쾌적한 작업환경과 임금 인상을 요구하는 노동운동과 함께 생활현장에서 쾌적하고 안정된 주거와 저렴한 주거비를 요구하는 주민운동이 일어나 도시 내의 갈등이 심각한 사회문제로 등장했다.

산시설이 교외화되었고 대도시의 확장은 더욱 가속되었다. 하지만 교외 개발은 현대 대도시의 인구밀집 문제를 근본적으로 해결하고 있지는 못하며, 오히려 현대 도시가 안고 있는 각종 도시문제를 공간적으로 확장시키고 시간적으로 지연시키는 효과를 낳고 있다. 그래서 현대 도시에서도 인구 분산과 도시 주거환경 개선은 여전히 사회문제로 남아 있다.

도시공간의 불평등

현대의 도시공간은 다양한 모습을 띠고 있다. 한때 도시진화론은 도시가 성장, 교외화, 공동화, 도시 수축, 구도심 몰락, 신도시 개발의 단계를 밟는다고 이론화했지만 현실의 도시는 단선적으로 진화하지 않는다. 현대의 도시는 인구 과밀로 과잉도시화된 제3세계 도시, 국제금융과 자본이 집중된 글로벌 도시, 한때 번창했던 제조업이 붕괴한 구공업도시, 교외에 발전한 신산업지구, 국가의 계획도시 등 다양한 형태를 취할 수 있다. 도시의 구체적인 형태를 결정하는 것은 도시공간에서 파생되는 이익을 둘러싼 다양한 사회세력들 간의 투쟁이다. 이 투쟁은 도시 내에 '성장 연합'을 만들어내고 도시 개발·이용 및 주택 소유 등과 관련된 정책과 자본 투자에 영향을 미침으로써 도시민들 간의 사회경제적 불평등의 양상을 결정한다.

영국의 사회학자 렉스(John Rex)와 무어(Robert Moore)는 주택 소유 여부에 따라 삶의 질이 달라짐에 주목하면서 주택의 분배를 둘러싸고 자가 소유 집단과 세입자 집단 간의 불평등이 심화된다는 사실에 주목했다. 손더스(Peter Saunders)는 주택 소유와 그로부터 얻는 자본 이득은 생산관계 내의 '계급' 위치와는 독립적으로 일어나는 현상이라면서 생산 영역에서 생산수단 소유 여부에 따른 계급과 구분되는, 소비 영역에서 주택 소유 여부에 따른 주택계급(housing class)이 도시 차원에서 전개되는 사회경제적 불평등을 설명하는 데 주효하다고 보았다.

도시의 사회경제적 불평등은 인종과 계급의 공간적 분할 또는 격리로도 나타난다. 인종 간 격리의 대표적인 예로는 교육, 대중교통 등에서 흑인과 백인을 공간적으로 분리시키던 과거 미국의 공식적·비공식적 관행, 거주지역과 시설 이용 등에서 흑인과 백인을 공식적으로 격리시켰던 과거 남아프리카공화국의 아파르트헤이트(Apartheid: 인종분리정책) 등이 있다. 계급 간 공간 격리는 흔히 경비가 삼엄한 고급주택가 및 주거 조건과 치안이 열악한 빈민 주거지 슬럼(slum)의 다른 지역과의 분리로 나타난다. 또한 초국적기업의 본부나 주요 지사가 위치한 글로벌 도시에서도 한 건물에 일하는 전문직·관리직 노동자들의 근무 및 거주공간과, 이 건물을 유지하는 데 필수적인 역할을 하는 관리요원, 경비, 청소부 등 저임금 이주 노동자들의 열악한 근무 및 거주공간은 분리되어 있다.

한편, 도시 개발에 따라 개발지역에 소유권을 갖지 못한 가난한 주민들이 다른 지역으로 쫓겨나는 일도 일어난다. 그 대표적인 예가 젠트리피케이션(gentrification)이다. 영국의 지리학자 글래스(Ruth Glass)는 런던의 낙후된 지역에 값싼 임대료 때문에 가난한 예술가들이 유입되면서 지가 상승과 재개발이 일어나는 현상을 가리키기 위해 이 말을 만들었다. 젠트리피케이션이 일어나면 기존의 임차인과 상인들을 포함한 원주민들과 가난한 예술가들은 높아진 임대료를 감당할 수 없어 다른 지역으로 내몰리게 된다. 주변 지역에 비해 낮은 지가가 상승할 것을 기대하면서 이 지역에 대한 수익 목적의 부동산 투자가 활성화되고, 지역 사회와 지역 경제가 활성화되면서 교외로 나갔던 중상류층 대상의 고급주거지나 상업시설들이 입지하게 되기 때문이다.

도시에 대한 권리

이러한 도시 내의 사회적 불평등은 종종 심각한 사회적 갈등과 저항을 불러일으킴으로써 국가의 정책적 개입까지 초래하고는 한다. 유럽의 사회주택은 주택부족이나 주거위생 문제에 직면한 각국의 노동자, 시민들이 주택조합을 만들고 강력한 임대료 투쟁을 전개함에 따라 정부가 적극 개입해서 공공임대주택을 대규모로 건설하면서 확대될 수 있었다.

미국과 남아프리카공화국의 인종분리정책은 흑인민권운동과 아프리카

민족회의(ANC: African National Congress)의 인종차별 철폐 투쟁을 불러일으켰다. 또한 미국에서 시작된 '청소부들에게 정의를(Justice for Janitors)' 운동은 1990년 4월 로스앤젤레스에서 3주간의 파업 끝에 3년간 22% 임금 상승을 쟁취했고, 나중에는 켄 로치(Ken Loach) 감독의 영화 〈빵과 장미(Bread and Roses)〉에도 영감을 주었다.

프랑스의 사회학자 르페브르(Henri Lefebvre)는 자본에 의해 지배되는 도시를 그곳에 살고 있는 사람을 위한 도시로 변혁해야 한다는 관점에서 시민들이 도시공간을 공동으로 만들고 사용하고 결정할 수 있는 '도시에 대한 권리'를 주장했다. 이는 프랑스의 1968년 혁명에서 핵심 구호가 되었고 2001년 브라질의 도시법 제정과 2005년 캐나다 몬트리올의 도시권 헌장 제정 등에 개념적 기초를 제공했다.

3) 한국의 도시화와 도시문제

한국 사회의 공업화와 도시화

개화기 이후 한국의 도시화는 일제의 식민지 통치와 식량의 집산, 수송의 중심지로서 도시가 성장한 제1시기(1913~1945년), 해방 후 해외동포의 귀환, 한국전쟁을 전후한 북한 인구의 남하, 피난민들의 도시 정착 등으로 도시가 성장한 제2시기(1945~1960년), 국가 주도적 공업화로 도시로의 인구이동이 급증하고 도시 중에서도 대도시의 인구성장이 빠르게 진행된 제3시기(1960년 이후), 그리고 서울, 부산과 같은 대도시의 성장이 지체되는 등 도시의 쇠락이 시작되는 제4시기(1990년대 중반 이후)로 크게 구분할 수 있다.

〈그림 13-4〉에서 볼 수 있듯이 1960년 당시 도시 인구의 비율은 39.1%였는데, 1970년에는 50.1%로 총인구의 절반을 넘어섰다. 그 후 1980년에는 68.7%, 2000년부터는 90% 수준에 이르렀다. 이러한 도시화 속도는 선진국들에 비해 매우 빠른 것이었다. 영국의 경우 도시화가 인구의 50%에서 90%로 진척되는 데 약 80년이라는 세월이 걸렸는데, 한국은 약 30년에

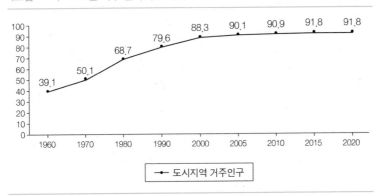

〈그림 13-4〉 1960년 이후 한국의 도시화 추세 (단위: %)

자료: 국토교통부, 「도시계획현황 통계」.

〈표 13-1〉 서울 및 수도권의 인구변동 추이(1960~2020년) (단위: 천 명, %)

연도	전국 인구 (A)	서울 인구 (B)	수도권 인구 (C)	B/A	C/A
1960	24,989	2,445	5,194	9.8	20.8
1970	30,882	5,433	8,730	17.6	28.3
1980	37,436	8,364	13,298	22.3	35.5
1990	43,411	10,613	18,586	24.4	42.8
2000	46,136	9,895	21,354	21.4	46.3
2010	48,219	9,708	23,616	20.1	49.0
2020	51,836	9,618	26,021	18.6	50.2

자료: 경제기획원·통계청, 「인구·주택총조사보고서」(각 연도).

불과했다.

한편, 도시로의 인구이동은 특히 서울을 중심으로 한 수도권 지역으로 집중되었기 때문에, 도시문제 또한 서울과 수도권에서 심각한 문제가 되었다. 〈표 13-1〉을 보면, 1960년에 전체 인구 중 서울 인구는 9.8%, 수도권 인구는 20.8%에 불과했다. 그런데 도시화와 인구집중이 계속되어 1990년에 이르러서는 서울 인구가 전체 인구의 4분의 1가량을 차지했고, 수도권에는 무려 42.8%의 인구가 몰렸다. 2000년에는 서울이 포화상태에 이른

박정희 정권과 서울의 도시개발

박정희 정권하의 서울과 수도권 도시개발은 다음과 같이 순차적으로 이루어졌다.

첫 번째 도시개발은 판자촌과 난민촌을 없애기 위한 것이었는데, 이를 위해 '신촌', '성남' 등 새로운 주거지역을 개발하고 좁은 공간에 많은 인원을 수용할 수 있는 아파트들을 건설했다. 이 경우 서울의 아파트는 판자촌이 몰려 있던 고지대를 중심으로 지어지기 시작했고, 저지대에서도 난민촌을 재개발하는 방식으로 지어졌다.

두 번째 도시개발은 서울 강남지역을 주거·상업지구로 개발하여 서울 인구를 대거 이주시키려는 목적에서 이루어졌다. 이 정책은 안보문제를 고려한 인구 분산 정책의 일환이었다. 북한이 침공할 경우 서울 지역에 밀집해 있는 많은 인구가 한국전쟁 때와 마찬가지로 한강을 건너 피난할 수 없을 것이라는 사회적·정치적 우려 때문에 한강 이남에 신시가지를 만들려고 한 것이다. 남산에 터널을 뚫어 강북과 강남으로 잇는 길을 만든 것도 이동 거리를 줄이기 위한 것이었을 뿐 아니라 비상시 방공호로 사용하기 위한 것이었다.

호남지역 이농인구의 도시생활

주로 호남 출신이었던 이농민들은 서울로 이주하여 영등포와 같은 공장지대 주변, 유흥가, 청계천, 중랑천 등 하천과 남산, 봉천동 등 산 중턱의 무허가 판자촌 군락들, 천호동 등 외곽의 난민촌을 이루며 살았다. 그들은 구두닦이, 껌팔이, 구걸, 소매치기, 행상, 노점상 등 갖은 수를 써 생계를 유지했으며 일자리를 찾아 헤매었다. 가장 흔한 일자리는 '재워주고 밥만 먹여주는' 무임금의 식모살이, 그리고 버스 차장, 공장노동자, 상점과 유흥업소 종업원이었다.

반면 서울 외곽 지역에 대규모 주거지가 건설되면서, 서울 인구는 소폭 감소하는 대신 수도권 인구가 2000만 명을 넘어서 전체 인구의 46.3%가 수도권에 살게 되었다. 그리고 2020년에는 서울 인구가 18.6%, 수도권 인구가 50.2%를 차지하게 되어 역사상 최초로 수도권과 지방의 인구가 역전되었다. 이처럼 수도권으로의 인구집중은 꾸준히 지속되고 있으며, 서울을 중심으로 택지개발이 계속 이루어지고 있다.

초기 도시화의 특징

한국 사회의 도시화는 유럽의 선진국들과 마찬가지로 공업화 및 상공업의 발달과 더불어 진행되었다. 1960년대의 공업화가 이루어지기 이전에는 농촌의 과잉인구가 배출요인이 되어 도시로의 인구이동이 이루어진 경향이 강했다면, 공업화 이후에는 도시의 일자리가 흡인요인이 되어 인구이동이 크게 늘어났다. 1960년대 초 쿠데타로 집권한 박정희 군사정권은 경제개발 5개년계획을 세우고 공업화 및 무역진흥정책을 폈다. 외국 자본과 기술을 도입해 수출공단, 자유무역지대, 공업도시 등을 건설하고 대기업과 수출기업들에 각종 차관, 금융지원 등 특별지원과 특혜를 제공하면서 공업을 진흥시키는 정책을 적극적으로 추진했다. 이에 따라 도시에서 일자리가 급속히 늘어나 1960년대 중반부터 농촌인구가 도시로 대거 이동했다.

그런데 이 시기 한국 사회의 수출지향적 공업화는 서울(인천), 대구, 부산(울산, 마산)을 잇는 경부축을 중심으로 이루어져, 수도권과 영남권, 영남 해안 지역에 공단 건설이 집중되었다. 이로 인해 도시화와 인구집중 또한 서울을 중심으로 경부축을 따라 이루어졌으며, 특히 농업 중심지로서 농촌인구가 많았던 호남지방에서 서울 및 수도권으로 이동한 인구가 많았다. 일자리를 찾아 서울과 수도권으로 이농한 인구들은 주로 공단 주변지역에서 빈민촌을 이루고 살았으며, 공장에서 안정적인 일자리를 찾지 못한 사람들은 허드렛일을 하면서 빈곤한 삶을 살아야 했다.

당시 정부는 도시 정비를 위해 1969~1971년에 걸쳐 청계천, 영등포, 용

서울 강남구의 주거불평등. 빈민층이 모여 사는 구룡마을 인근 도심에 타워팰리스 등 고급 주택건물이 들어서 있다.

산 등의 무허가 판자촌에 살던 주민들을 일터가 있는 서울에 가는 데 무려 4시간이나 걸리는 경기도의 광주로 이주시켰다. 하지만 정부는 건물 없이 토지와 천막만 제공하고, 상가, 교통, 상하수도, 화장실 등 기본적인 인프라를 제공하지 않은 데다가 당초 약속된 분양가 대비 40~80배나 되는 높은 지가를 일시 불입하라는 불합리한 요구를 했다. 이에 주민들이 요구한 서울시장과의 면담이 성사되지 않자 10만 명의 주민이 폭동을 일으키는 광주 대단지 사건이 일어났다. 이 사건은 내무부 장관과 경기도지사가 주민에 사과하고 나서야 3일 만에 진정되었다.

서울로의 계속되는 인구집중은 북한과 대치 상황에서 안보상의 문제를 초래했고 정부는 이 문제를 해결하는 방법을 찾아야 했다. 박정희 정권은 인구를 급히 분산하고 수용하기 위해 한강 이남에 신도시를 개발하고 곳곳에 아파트를 건설하기 시작했다. 정부의 전폭적인 지원 아래 강남은 서울의 교육·문화·소비·경제에서 중심지가 되었고, 분양가격 통제로 시세보다 저렴하게 분양되는 아파트는 청약당첨자가 자산소득을 얻는 통로가 되었다. 그러나 이는 주택공급에 대한 수요를 중간계급 이상으로 억제했고, 수많은 도시빈민들은 허름하지만 삶의 터전이었던 자신의 보금자리로부터 쫓겨나는 처지가 되었다.

1980년대 이후 도시화의 특징

1980년대 말 정부는 수요 억제에서 공급 확대로 주택정책을 전환한다. 서울의 만성적인 주택부족 상황에서 1987년 6월항쟁에 따른 민주화로 주택 문제 해결이 정권 안보에 관한 사안으로 인식되었고, 이에 노태우 정권은 200만 호 주택건설과 수도권 신도시 개발을 추진했다. 이 과정에서 아파트는 정부 주도의 공급, 인구 수용의 효율성, 생활수단으로서의 편리성, 자산증식 수단으로서의 효과성 덕분에 널리 확산되었다.

한편, 공업화 단계가 지나가고 산업구조가 서비스산업 중심으로 점차 변화해 가면서 대도시는 공업적 생산공간에서 사무공간·상업공간·문화공간으로 그 중심적 성격이 변화해 갔다. 특히 서울과 수도권은 대기업들의 경영 및 사무 공간과 함께 부가 집중되면서 각종 생활편의시설에 대한 투자도 집중되었고, 점차 교육, 문화, 주거, 소비, 의료 등 더 수준 높은 문화와 서비스를 누릴 수 있는 공간으로 변모되었다. 이에 따라 새로운 인구이동이 촉진되어 대도시로의 인구집중, 특히 수도권으로의 인구집중이 심화되었는데, 이것은 대도시의 인구 흡인요인이 공장의 일자리 중심에서 교육 및 문화적 소비욕구 중심으로 변화했음을 보여주는 것이다.

이러한 새로운 형태의 도시화에 모델을 제시한 것은 바로 서울의 강남이었다. 편리한 생활수단이자 자산증식 수단으로서의 고급 고층 아파트, 정치적 보수성, 사적 몰입과 공적 문제에 대한 무관심, 학력과 외모 경쟁주의, 화려한 유흥문화 등을 특징으로 하는 강남의 경제적·문화적 성공은 경쟁 사회 속에서 아파트를 소유해야만 한다는 당위와 더불어 "대구의 강남, 수성구," "부산의 강남, 해운대"와 같은 표현에서 보이는 바와 같이 강남을 다른 지역에서도 복제하려는 욕망을 낳았다.

전반적으로 대도시로의 인구집중은 이전에 있던 공단에서의 각종 오염물질 배출에 더하여 주거 및 주택 문제, 교통난과 자동차 배기가스 문제,

생활쓰레기와 생활하수 문제, 의료서비스 문제, 빈곤과 복지 문제, 범죄 문제, 재개발 갈등 등을 낳았다. 높은 지가와 인건비로 인해 대도시의 주거지나 공업시설이 교외나 다른 지역으로 이전했고, 특히 강남의 경험을 통해 투기수단이 된 아파트의 가격이 높게 치솟자 이를 감당할 수 없게 된 사람들이 점차 서울에서 경기도나 인천으로 밀려나 장시간 통근에 시달리게 되면서 서울의 인구는 줄고 수도권의 인구가 늘어나기 시작했다.

이에 서울을 비롯한 대도시에서는 지하철, 버스 등 대중교통시설을 확충·정비하는 등 생활기반시설의 개선을 위해 투자하고, 도심 재개발과 주택공급을 추진하는 노력을 지속했다. 하지만 지속적인 인구 유입과 이동으로 인구 상황이 변화하고 도시개발 과정에서 도시주민들 간의 갈등이 발생하는 등 도시문제는 계속 발생하고 있다. 이에 따라 1990년대 후반 이후에는 도시화를 선도하던 서울, 부산 등 대도시의 성장 지체가 시작되었다. 서울은 주변으로 신도시가 개발되면서 인구가 경기도와 인천으로 빠져 나가 인구 1000만이 무너졌고, 부산은 경공업이 쇠퇴하면서 구도심이 쇠퇴하고 청년의 외부 이주가 늘어나면서 인구가 크게 감소하고 있다.

도시공간을 둘러싼 사회적 갈등

현대 한국의 도시에서는 국가나 지방자치단체가 적극적으로 개입해 도시공간의 소유·개발·이용 전반을 재구성하는 도시계획(urban planning)이 본격적으로 이루어지고 있다. 이에 따라 도심에 광장과 중심 도로망이 갖춰지고, 중심업무구역과 같은 상업·사무구역과 공업구역, 주거구역이 끊임없이 재구성된다. 그런데 이러한 도시의 공간분화는 단순히 기능적 분화에 그치지 않고 사회적 불평등과 결합되어 도시공간의 불평등한 소유·개발·이용의 문제와 사회갈등을 낳게 된다.

첫째, 도시개발로 입지 조건이 나아진 지역을 부유층과 부동산자본가들이 소유하게 되고 또 이 지역을 중심으로 각종 투자가 집중되면서 도시공간에서 사회불평등이 나타나고 있다. 특히 재개발은 기존 토지 이용자의 축출로 이어지고, 신축 개발도 주변 지역에 대해 축출 압력을 증가시킨

도시 재개발과 도시갈등

도시공간의 합리적 이용을 앞세운 도시개발 및 재개발 과정은 이해관계 당사자들 사이에서 개발이익의 분배를 둘러싼 다양한 갈등을 발생시킨다. 도시 재개발의 경우 주로 노후·불량 지역을 대상으로 삼는데, 이것은 이 지역의 부동산 소유자들에게는 커다란 개발이익을 가져다주는 반면에 오랫동안 주거생활과 경제활동을 해오던 세입자들에게는 주거권과 생존권을 박탈하는 결과를 낳는다. 이 때문에 재개발 대상 지역 지정에서부터 개발방식, 주민 참여 형태, 개발손익 분배 등의 문제를 둘러싸고 집단 간의 갈등과 대립이 끊이지 않고 있다. 2009년 1월 서울에서 발생한 '용산참사'는 도시 재개발에 따른 도시갈등의 대표적인 사례이다.

다. 대표적으로 서울의 홍대 앞, 경리단길, 가로수길 등에서 일어난 이러한 젠트리피케이션은 최근에는 상업지구에서 가옥이나 빌딩 단위로도 일어났다. 소유주가 바뀌거나 재건축이나 리모델링이 이뤄지면서 기존 주거/상업 세입자를 축출하려고 할 때 건물주와 임차인의 갈등이 발생한다. 이 경우 세입자는 한국 상가임대의 고유한 관행인 권리금을 잃게 되기 때문에 갈등은 첨예해진다. 서울 한남동의 테이크아웃드로잉 카페와 새 건물주 가수 싸이의 분쟁이 크게 이슈가 되는 등 이러한 갈등이 사회적으로 심화되자, 2015년 임차인의 임대차기간 보장과 계약갱신 요구권, 우선변제권 등을 보장한 「상가건물임대차보호법」 개정이 이뤄지게 되었다.

둘째, 주거지 개발이 부동산과 주택의 가수요를 확대시켜 부동산 투기를 통한 재산증식의 수단으로 이용되면서 재산불평등도 더욱 커졌다. 그뿐 아니라 주거공간의 계급적·계층적 분리는 위화감과 사회갈등을 낳고 있다. 현재 한국의 주택시장은 분절적 이중시장으로서 민간 위주의 임대시장은 하층집단의 주거를 안정시키거나 그들이 자가소유로 가는 '주거사다리'로 기능하지 못한다. 1990년대 이후에는 주택을 아무리 공급하고 주택금융을 확대해도 다주택자만 늘어나고 실제 자가보유율은 55퍼센트 안팎에서 정체하고 있다는 사실이 이를 보여준다. 자가주택, 특히 아파트를 소유하면 자산소득과 재무적 안정을 누리는 중간계급이 되지만, 주택을 소유하지 못하면 전월세를 통해 (다)주택소유자들의 자본소득만 올려주는 처지에 계속 있기 십상이다. 게다가 주택불평등은 경제적인 것에 그치지 않는다. 신축 아파트 단지가 자가단지와 임대단지를 공간적으로 격리하고, 자가소유자의 자녀들은 임대주택 거주자들을 '월거지(월세입자)', '전거지(전세입자)', '엘사(LH임대주택 거주자)', '휴거(휴먼거지: LH휴먼시아거주자)'라고 비하하는 등 사회적 차별도 일어난다(한국 사회의 주택 소유와 관련된 계급 불평등에 대해서는 제10장 388쪽의 견주 '주택계급' 또한 참조).

이 때문에 가격 변동, 신도시, 재개발, 재건축 등 주택 문제는 언제나 가장 뜨거운 정치적 이슈가 되고 평범한 사람들도 기회만 되면 주택 소유를 통한 자산증식 경쟁에 몰입한다. 그 결과 부동산 시장은 매우 불안정해진다. 저금리나 일시적 공급부족 등 조건만 맞으면 부동산 가격은 폭등하기 쉽지만, 반대의 상황이 되어 주택 가격이 폭락하면 빚을 내 부동산 투자를 했던 이들은 막대한 재산상의 손실을 입게 된다.

4) 도시화와 농촌문제

농촌인구의 감소와 인구문제

농촌은 전통적으로 농업활동의 중심지로서 주민들이 생산활동의 동질성을 바탕으로 공동체적인 문화를 형성하며 살아가는 공간이었다. 그런데 공업화에 따라 도시가 발달하면서 농촌인구의 도시 이동이 급속히 이루어졌다. 한국 사회에서 농촌인구는 1970년에 총인구의 50%에서 2005년 이후 10% 이하로 떨어졌다. 그리고 산업구조의 변화로 농가 인구의 비중도 1970년 44.7%에서 2000년 8.8%(403만 1000명), 2015년 5.1%(256만 9000명)에 이어 2020년 4.5%(231만 4000명) 수준으로 급감했다. 도시가 새로운 산업활동과 생활의 중심이 되면서 상대적으로 농촌사회는 점차 낙후되어 갔다. 교육, 의료서비스, 문화, 소비 등 일상생활과 관련된 사회·문화적 여건에서 도시가 농촌을 압도하게 된 것이다.

이러한 변화에 따라 한국의 농촌사회에서는 노동력 부족, 인구의 고령화에 따른 부양 부담, 상대적 소득 하락, 취약한 양육 및 교육 여건, 문화적 낙후성 등이 사회문제로 등장하게 되었다. 더구나 젊은 여성의 도시 이주로 성비 불균형이 심각해지면서 1980년대에 와서는 농업에 종사하는 미혼 남성들이 결혼할 여성을 구하기가 어려워져 이른바 '농촌 총각'이 심각한 사회문제가 되었고, 자살하는 사람들도 생겨났다.

이후 이러한 문제는 이주민을 통해 해결되기 시작했다. 1990년대부터 농촌이나 도시의 저소득층 미혼 남성들이 주로 동남아시아 지역 출신의 결혼이주여성들과 결혼하는 사례들이 급격히 늘어났다. 농촌 노동력 부족 문제를 해소하기 위해 이주 노동자들이 농업에 대거 투입되고 있다. 그러나 국제결혼의 증가는 다문화가정의 갈등과 이주여성 및 자녀들의

결혼이주여성과 다문화가정의 문제

결혼이주여성들을 받아들임으로써 농촌이나 저소득층 미혼 남성의 결혼 문제는 어느 정도 해소되었다. 그런데 다문화가정이 늘어나면서 문화적 차이에 의한 갈등이 새로운 사회문제가 되고 있다. 인종과 민족의 차이, 언어와 문화의 차이 등에 따른 차별과 의사소통의 어려움으로 이주여성과 그 자녀의 사회 부적응이 나타나고 다문화가정의 부부갈등, 구성원 간의 갈등이 생겨나고 있다. 그리고 다문화가정 2세의 수가 늘면서 양육과 교육, 취업 등이 새로운 사회문제로 등장하고 있다.

<표 13-2> 도시근로자가구 소득 대비 농가소득 비율 (단위: %)

연도	1970	1975	1985	1992	1994	1997	2000	2005	2007	2010	2014	2020
소득비율	75.7	111.0	112.8	89.1	99.5	85.6	80.5	78.2	72.5	66.8	61.5	62.2

자료: 통계청.

부적응 등 새로운 사회문제를 낳고 있다. 한편, 이주 노동자들은 열악한 주거·노동환경에서 임금 체불이나 공제, 성폭력 등에 시달리고 농가는 농가대로 이주 노동자들의 무단이탈이나 태업을 호소하는 경우가 있다.

농가소득의 감소와 도농 격차

농촌지역의 또 다른 중요한 사회문제로는 소득 저하에 따른 생계의 어려움과 사회·문화적 낙후성에 따른 도농 격차 등이 있다. 〈표 13-2〉를 보면, 1970년에는 농가소득이 도시근로자가구소득의 75.7%에 불과했지만 1975년부터 1985년까지는 농가소득이 도시근로자가구소득을 상회했다. 이 시기에는 새마을운동 등을 통해 정부가 적극적으로 개입하여 농지 정리와 농업의 기계화, 비료와 농약의 사용 등으로 농업생산성이 향상되었고 농촌의 생활환경도 개선되었다.

그런데 1990년대에 들어와 산업구조의 변화로 농림어업 종사자의 비중이 20% 이하로 감소하고 농산물시장이 개방되면서, 정부의 농촌과 농업에 대한 투자도 점차 줄어들기 시작했다. 특히 소득격차가 다시 커지기 시작한 결정적 계기는 1995년 발효된 '우루과이라운드(UR: Uruguay Round) 농산물 협정'이었다. 농산물 수입이 본격화되면서 농가소득 하락이 시작되었다. 게다가 이후 칠레, 미국 등 농업 대국과 자유무역협정(FTA)이 체결되면서 농산물시장 추가개방이 이어져 2000년대 후반에는 도시근로자가구소득 대비 농가소득 비율이 80% 이하로 낮아졌다.

농촌의 새로운 변화

하지만 2000년대 이후 농촌지역에 새로운 변화의 조짐도 나타나고 있다. 사람들이 건강에 대해 더 많은 관심을 보이기 시작하면서 중간층을 중심으로 좋은 먹거리, 유기농 음식에 대한 요구가 높아졌고, '한살림' 등 생활협동조합에서 생산하는 유기농 먹거리에 대한 소비가 늘어나기 시작했다. 이에 따라 유기농업이나 친환경농업이 새로운 소득원이 되었다. 또한 농산물시장 개방으로 전통적인 쌀농사에서 벗어나 임업, 원예업, 과수 및 특용작물 재배와 같이 수출 등으로 고소득을 올릴 수 있는 업종이 각광받기 시작했다. 그리고 도시에서 비정규직 증가, 실업 등으로 일자리가 불안정해지면서 '귀농'을 하는 사람들도 점차 늘어나고 있다. 농업과 더불어 농촌도 새로운 공간으로 변화하고 있다. 도시 사람들이 농촌을 여가를 위한 공간으로 삼게 되면서 농촌체험 프로그램, 생태축제 등 새로운 소득원이 생겨나고 있다. 또한 복잡한 도시를 벗어나 전원생활을 즐기기 위해 농촌으로 주거지를 옮기거나 별장을 짓는 등 농촌이 새로운 주거생활공간이 되고 있다.

3. 지역개발과 지역불균형

1) 지역문제와 지역 격차

지역과 지방

우리는 흔히 '지역(region)'과 '지방(country)'이라는 말을 혼용한다. 둘은 서로 비슷한 뜻이지만, 지방이라는 말에는 단순히 지역이라는 의미 외에 '시골'이나 '변방'이라는 의미도 있다. '중앙'이 아니라는 의미이다. 영어로 'country'도 나라라는 의미와 시골이라는 의미를 동시에 지니고 있는데, 미국의 이른바 '컨트리송(country song)'은 과거 시골에서 목동들이 기타를 치며 부르던 구성진 노래를 말한다. 이처럼 지방은 흔히 서울, 도시, 중앙과 대비되어 사용되는 반면에, 지역은 서울도 포함하는 것이어서 지방보다 더 일반적인 용어라고 할 수 있다. 다만 지방자치단체처럼 지방이 서울을 포함하는 지역의 의미로 사용되기도 한다.

한편 서울, 도시와 대비되어 사용되는 지방이라는 말에는 농산어촌이나 시골 사람을 비하하는 의미도 들어 있다. 사람들은 흔히 '촌사람', '촌스럽다'는 말을 사용하는데, 여기에는 도시 사람, 도시생활, 도시문화가 시골 사람, 시골생활, 시골문화보다 더 멋지고 세련되고 우월하다는 인식이 깔려 있다. 이러한 인식과 평가는 가치관이나 인생관의 문제일 수도 있지만, 도시와 농촌 또는 지역들 간의 불균형과 격차에 기인하는 것이기도 하다.

지역문제의 다양성

일반적으로 지역문제에는 한 지역 내부의 문제와 지역 간 문제가 모두 포함된다. 한 지역 내부의 문제는 도시문제, 농촌문제, 지역 내부의 갈등 등을 포괄한다. 그리고 지역 간 문제에는 지역 간 불균형이나 격차, 지역차별, 지역감정 등이 있다. 강북 지역, 농촌 지역, 서울 지역, 아시아 지역 등 지역이라는 용어는 작은 동네에서 대륙에 이르기까지 다양한 의미로 사용된다. 따라서 지역 간 격차도 도시와 농촌 간의 격차, 일국 내 지역들 간의 격차, 나라들 간의 격차, 세계 지역들 간의 격차 등 다양한 차원의 문제일 수 있다. 세계적인 수준에서는 유럽과 북아메리카의 선진국들과 아시아, 아프리카, 남아메리카의 후진국들 간의 불균형과 격차가 심각하다 (제3장 5절 참조). 한 나라 내에서도 지역 간 불균형과 격차가 나타난다. 예를 들어 미국과 이탈리아에서는 공히 공업화가 먼저 시작된 북부지역이 늦게까지 농업의 비중이 컸던 남부지역보다 경제적으로 앞서나가면서 갈등이 생기기도 했다. 이로 인해 미국에서는 19세기 후반 남북전쟁이 일어나기도 했다. 한국 사회에서는 서울에서 영남으로 이어지는 축을 중심으로 진행된 공업화가 서울 및 수도권과 지방, 영남과 호남 사이의 심각한 격차를 낳았다. 경제적인 면에서 국토의 불균형이 심각했던 것이다.

2) 지역차별과 지역주의

지역불균형과 격차는 지역차별에 따른 지역주의, 지역감정, 지역갈등을 빚어낼 수 있다. '지역차별'이란 특정 지역이나 지역 출신들을 차별대우하는 것을 말한다. 그리고 '지역주의'란 자신이 거주하는 지역이나 출신 지역을 다른 지역과 구별하면서 그 지역의 특성(자연, 역사, 문화, 전통, 경제, 가치관 등)에 과도한 애착을 가지며 이를 통해 자기 지역의 이익을 절대시하고 자기 지역 출신자들을 선호하는 등의 태도를 취하는 것을 의미한다. 이는 역으로 자기 지역과 경쟁관계에 있는 다른 지역에 대해 과도한 경쟁의식이나 적대감정을 동반한다. 특정 지역에 대한 이러한 부정적 감정을 '지역감정'이라고 한다. 특히 대중매체를 통한 여론 조작이나 여론의 전략적 이용이 특정 지역 주민들의 집단적인 감정의 형성에 개입되기도 한다. 이러한 지역감정은 구체적인 이해관계나 의견의 대립에 따라 지역 주민들 간의 '지역갈등'으로 나아가기도 한다.

지역감정과 지역차별은 세계 다른 지역에서도 나타나는 보편적인 현상인데, 한국 사회에서 대표적인 사례는 호남지역과 이 지역 출신들을 대상으로 한 것이었다. 호남에 대한 차별은 1960~1970년대에 박정희 정권이 추진한 서울-부산 축을 중심으로 한 공업화와 경제정책, 영남지역 출신을 선호하는 인사정책 등에서 비롯되었다. 정부는 이를 통해 '영남 지역주의'를 동원하고자 했다. 반면에 농촌지역에서 서울로 이주해 간 호남 출신들은 대부분 저임금 노동자 등 도시 하층민이 되었으며, 토박이 서울 사람들뿐만 아니라 중상류층이 된 영남 출신 등 외지인들로부터도 차별을 당하고 불신의 대상이 되기도 했다.

한편, 1979년 박정희의 사망에 이어 나타난 1980년 민주화운동 시기에는 영남지역 출신 전두환 군부집단이 5·17 군사쿠데타를 일으키고 광주 민주항쟁을 군사력으로 유혈진압한 사건이 발생했다. 이때 전두환 군부집단이 반공 이데올로기와 색깔론을 동원하여 민주화를 요구한 호남지역 주민들을 친북 반체제 세력으로 몰아감으로써 지역감정이 더욱 심화되었다. 이에 일방적 피해지역이었던 호남 출신 주민들은 이른바 '호남의 한'을 풀기 위해 야당 정치인 김대중과 그가 속한 민주당에 지지를 몰아주었고, 이에 대한 감정적 반발로 영남 출신 주민들은 여당 정치인들에 지지를 몰아주면서 지역감정이 더욱 고조되었다.

지역주의에 입각한 투표 성향은 1987년 6월항쟁이 만들어낸 민주화 이후 치러진 1988년 국회의원 선거에서 분명히 드러났다. 대구·경북에 지역기반을 두었던 민주정의당(대표 노태우)은 이 지역에서 29석 중 25석을 얻었으며, 부산·경남에 지역기반을 두었던 통일민주당(대표 김영삼)은 이 지역에서 37석 중 23석을 얻었다. 그리고 광주·전남·전북에 지역기반을 두었던 평화민주당(대표 김대중)은 이 지역에서 37석 중 36석을 얻었고, 충남·충북에 지역기반을 두었던 신민주공화당(대표 김종필)은 이 지역에서 27석 중 15석을 얻었다.

이처럼 지역에 따른 지지 성향이 뚜렷이 나타나자, 정치인들은 각종 선거에서 지역감정을 적극적으로 동원하려고 했고, 정당들이 지역 연고와 지역발전 공약을 핵심적인 선거 전략으로 내세우면서 지역주의 선거운동과 투표 성향은 이후 오랫동안 지속되었다.

3) 지역개발과 지역문제

지역개발과 사회갈등

지역개발은 주로 공업화와 도시화 과정에서 공업단지, 물류시설, 교통시설, 택지 및 상가 등을 건설하는 것이었다. 공단 건설, 도심 개발, 신도시 개발 등을 통해 새로운 공간을 확보하거나 기존의 공간을 재편하여 효율적이고 쾌적한 공간을 만들고자 했다. 도시지역의 개발은 주로 인구의 집중에 따른 도시기반시설을 제공하기 위해, 농촌지역의 개발은 농업의 생산성 향상과 농촌지역의 낙후성을 극복하기 위해 진행되었다.

세계적으로 보면 과거 공업화 과정에서 공업도시의 개발이 이루어졌고, 오늘날 유럽의 전통도시들은 세계적인 관광지로 개발되는 사례가 늘고 있다. 그런가 하면 브라질의 경우에는 아마존강 유역의 산림 개발이 국가적 이익을 위한 지역개발의 성격을 띠고 있다. 이처럼 지역개발은 세계 곳곳에서 다양한 목적을 가진다. 한국 사회에서도 1960~1970년대 공업화 과정에서 지역개발이 본격적으로 이루어졌다. 서울에서는 인구밀집으로 도심이 복잡해지면서 1970년대부터 한강 이남의 강남지역이 신시가지로 본격적으로 개발되어 아파트와 상가들이 들어섰고, 이때부터 부동산 투기 열풍이 생겨나기 시작했다.

그런데 지역개발은 산림, 하천, 해양생태계 등 자연환경을 훼손하거나 파괴함으로써 부정적인 결과를 낳기도 하고, 정부나 공공기관, 개발업자, 지역 주민들 간의 이해관계가 엇갈려 마찰과 갈등을 일으키기도 한다. 1970년대 초부터 정부가 추진한 핵발전소나 방사성폐기물 처분장의 입지 선정 및 건설은 위험시설에 대한 주민들의 반대로 어려움을 겪었으며, 1997년부터 추진된 동강댐 건설은 환경단체를 중심으로 한 전국적인 반대 운동으로 2000년에 결국 백지화되었다. 한편, 1987년에 시작된 시화호 개발은 시흥과 화성 사이에 방조제를 건설하고 담수호를 만들어 간척을 통해 공업단지, 농지, 도시개발 등을 추진하려는 사업이었다. 이에 대해 환경단체를 중심으로 반대 운동을 펼쳤음에도 개발이 진행되었는데, 원래의 계획과 달리 담수호 사업은 수질문제로 결국 포기되는 등 차질을 빚었다. 1980년대 계획 추진 때부터 환경 파괴 논란이 컸던 전북지역 새만금 대규모 간척지 개발 사업은 환경단체를 중심으로 한 전국적인 반대가 있었는데도 소외 지역 주민들이 원한다는 명분으로 2001년에 사업계획이 확정되었고, 2006년에 방조제를 완성하여 담수호 사업과 토지조성 사업을 지속하고 있다. 그런데 담수호 사업은 시화호의 전철을 밟을 가능성이 커지는 등 사업의 효율성, 막대한 개발 비용, 주변 해양생태계 파괴 등의 문제가 지속적인 갈등거리가 되고 있다.

지역개발과 지역 격차

공업화 초기에 정부의 사업계획에 의해 추진되었던 대규모 지역개발

지역개발과 지역토건동맹

국가재정의 투입을 통해 이루어지는 지역개발 사업들은 지역의 부동산 소유자, 토목건설업자, 지역 자본가 등에게 막대한 이익을 가져다준다. 복잡한 정치적 관계와 과정 속에서 국가는 특정한 지역의 발전을 다른 지역의 발전보다 정책적으로 선호하는 성향을 띨 수 있으며, 이는 지역 간 불균등 발전을 초래한다. 1960~70년대 한국의 국가는 노골적으로 수도권과 부산을 잇는 경부고속도로 축을 중심으로 공업 발전을 추진했으며, 2000년대 이후에는 지방자치제 활성화에도 불구하고 수도권 규제 완화와 경쟁력 강화 정책을 통해 수도권과 지방의 격차를 심화시켰다. 이러한 불균등 발전 속에서 지역의 자본가, 부동산 소유자, 토목건설업자들은 '성장연합(growth coalition)'을 형성한다. 이 집단들은 각종 지역개발 사업을 유치하려는 지방자치단체를 적극 후원하고 지역 언론자본과 유착관계를 형성하면서 개발이익을 얻고자 한다. 그래서 이 집단들은 이른바 '지역토건동맹', '지역개발연합' 등으로도 불린다. 이들은 맹목적으로 개발을 추구하며 개발이익을 독식하려 한다. 이에 따라 지역예산의 합리적 사용이나 지역 주민들의 실질적인 복지 향상에 부정적인 영향을 미쳐 다른 집단들이나 이해관계자들과 갈등을 일으키는 사례들이 생겨나고 있다.

생활환경과 지역갈등

최근에는 쓰레기 처리장, 하수 처리장, 공장, 저유소 등 환경오염 유발 시설, 핵폐기물 처리장, 장애인이나 노인 수용 시설, 장례식장 등 혐오시설 및 위험시설의 입지문제가 지역갈등의 새로운 쟁점이 되고 있다. 이 시설들은 사회 전체의 생활환경을 유지·개선하는 데 기여하지만, 해당지역의 생활환경을 악화시킨다. 따라서 정부는 지역 주민의 반발을 '지역이기주의'라고 비판하고, 주민들은 정부의 강행 방침을 '권력의 횡포'로 비난하는 등 서로 대립하는 양상을 보이게 된다. 지역 주민들이 혐오시설이나 위험시설을 거부하는 태도를 '님비(NIMBY: Not In My Back Yard)' 현상이라고 한다. 하지만 핵시설과 같은 치명적 위험시설을 거부하는 것을 님비라고 하는 것은 부적절하다. 한편, 지역 주민들은 첨단공업시설, 행정타운, 공원, 문화시설, 교육시설 등 지역 발전에 유리한 시설들을 서로 자기 지역에 유치하려고 경쟁한다. 이처럼 선호시설의 자기 지역 유치를 요구하는 태도를 '핌비(PIMBY: Please In My Back Yard)' 현상이라고 한다. 이것 역시 '지역이기주의'의 한 형태이다. 이러한 갈등과 대립들을 해결하기 위해서는 당사자 간의 정치적 대화와 타협을 통해 공익의 기준에 대한 합의, 공정한 사업 추진 절차, 적절한 보상 등을 마련할 필요가 있다.

사업들은 서울 및 수도권과 지방 사이의 지역 격차, 영남지방과 호남지방 사이의 지역 격차를 낳았다. 그래서 이후 지역개발은 이러한 지역 격차에 대한 저개발지역의 불만과 반발을 누그러뜨리기 위해 국토균형발전이라는 기치를 내걸고 있다. 특히 1998년에 집권한 김대중 정부하에서는 이전에 지역개발에서 소외되었던 호남지역의 개발이 이루어졌고, 2003년에 집권한 노무현 정부하에서는 세종시 신행정수도 건설, 혁신도시 건설, 공공기관 이전 등의 지역균형발전 정책이 추진되었다. 그리고 KTX 선로, 고속도로, 항만, 공항 등 각종 사회기반시설 건설 사업이 곳곳에서 이루어지고 있다.

지역균형발전을 위한 지역개발 사업들은 기존의 발전과정에서 소외된 지역의 발전을 가져온다는 긍정적인 효과도 있었지만 각종 토지개발 사업을 통해 부동산 투기 열풍을 조장하는 등 부작용도 있었다. 특히 혁신도시 선정과 공공기관 유치를 둘러싼 지역 간의 갈등은 새로운 지역갈등의 양상을 보였다. 또한 1990년대 이후 지방자치가 확대되면서 국가적·국제적 사업을 유치하여 정부의 지원을 받으려는 지방자치단체들 간의 지역개발 경쟁은 새로운 지역갈등을 낳았다. 그리고 지역개발 사업들이 계속되고 있지만, 서울 및 수도권과 지방 간의 지역 격차, 신흥 대도시와 중소도시 간의 지역 격차는 장기적으로 형성되어 온 것이어서 쉽게 해소되지 못하고 있다. 특히 사회·문화적 여건과 생활환경의 차이로 인한 인구 집중은 지역 격차를 더욱 고착화하는 경향을 보이고 있다.

4) 수도권 집중과 지역균형발전

수도권 집중과 지역 격차의 심화

1960년에 전체 인구의 20.8%에 불과했던 수도권 인구는 1990년까지 42.8%로 급증했고, 이후에도 증가세는 지속되어 2020년에는 50.2%를 차지하게 되었다. 그리고 인구의 집중은 부의 집중으로 이어지고 있다.

2000년 전국의 지역총생산액에서 수도권이 차지하는 비중은 48.0%였는데, 그 비율이 2020년에는 52.5%로 상승했다. 또한 상공회의소가 추계한 자료에 따르면 2020년 현재 100대 대기업들의 본사 중 지방에 본사를 둔 기업은 경상권 6개, 충청권 3개 등 9개에 불과해 91.0%가 수도권에 몰려 있는 것으로 나타났다. 2010년 총 18개였던 지방 소재 100대 기업의 수가 반토막이 난 것이다. 상장기업의 수나 이들이 보유한 시가총액 역시 마찬가지이다. 증권거래소나 코스닥에 상장된 기업 중 수도권 소재 기업의 비율은 70% 초반대에 이르며 벤처기업의 수도권 비중도 70% 수준이다. 수도권 소재 상장사의 시가총액은 2020년 전체 시가총액의 86.5%를 차지했는데 이는 2015년(84%)보다도 소폭 증가한 것이다.

사회·문화적인 면에서 보면, 2000년 85%에 달했던 공공기관의 수도권 집중도는 2005년부터 2019년까지 진행된 수도권 공공기관의 지방이전정책으로 다소 완화되었다. 대학 입학정원은 수도권 대 비수도권 비율이 4:6 정도로 큰 변화가 없지만 신입생 충원율의 경우에는 수도권 대학이 100%에 가까운 데 반해 비수도권 대학은 90% 정도에 그쳐 폐교 위험에 처한 대학들이 늘어나고 있다. 학령인구 감소로 인한 정부의 정원감축 방안도 비수도권 대학에 집중되고 있어 교육의 지방공동화 현상이 우려되고 있다. 의료 분야의 경우에는 수도권에 상급 종합병원이 집중되어 있으며 이곳을 찾는 환자들이 점점 더 늘어나고 있는 것으로 나타났다. 국민건강보험공단의 자료에 따르면 2021년 서울 소재 의료기관 매출액의 37%가 다른 지역에서 온 환자들이 지불한 진료비였다.

수도권 과밀 해소와 행정수도 이전

수도권 과밀 문제와 수도권과 지방 사이의 격차 문제를 해소하기 위한 정책과 노력은 지금까지 많이 있어왔다. 행정수도 이전 정책은 이미 1970년대 박정희 대통령 시절부터 시작되었다. 박정희는 1975년과 1977년 사이 대전으로 행정수도를 이전하는 계획을 세웠고, 관악산 남쪽에 제2정부종합청사가 들어설 신도시 건설 계획을 추진했다. 행정수도 이전 계획은 1979년 말에 박정희 대통령이 피살되면서 무산되었으나, 제2청사 건설은

공공기관 지방이전과 혁신도시

공공기관 지방이전 정책은 2005년에 시작되었다. 당시 전국 409개 공공기관 중 85%에 해당하는 346개 공공기관이 수도권에 소재하고 있어 지방분산의 필요성이 제기된 것이다. 수도권 소재 공공기관 중 176개 기관이 이전 대상 기관으로 선정되었으며, 통폐합 등을 거쳐 최종적으로 153개 기관이 개별 이전하거나 혁신도시로 이전했다. 전국 16개 광역시·도 중 수도권과 행정중심복합도시가 위치한 충남·대전을 제외한 11개 시·도에 10개의 혁신도시가 건설되었다. 혁신도시로 이전한 인원은 약 4만 4천여 명으로, 개별 이전을 포함하면 5만 명이 넘는 인원이 이전했다. 공공기관 지방이전으로 혁신도시의 인구는 증가했으나, 부산을 제외한 대부분의 혁신도시가 당초 계획한 인구수에 도달하지 못했다. 가족동반 이주율이 낮았던 것이 주된 이유였다. 지역인재 채용 목표제도 함께 도입되었다. 이전한 공공기관에 적용된 이 제도는 지역에 일자리를 창출하여 지역인재들이 수도권으로 유출되지 않도록 하는 것이었다. 2018년에 시작되어 매년 지역인재 비율을 늘려 2022년에는 지역인재의 의무 채용비율이 30%까지 높아졌다.

1979년에 시작되어서 1982년에 입주했다. 한편, 1980년대 이후 정부청사는 과천, 대전 등지로 일부가 분리 이전했지만, 수도권 과밀이 해소되기는커녕 오히려 집중이 심화되었다. 이에 따라 2003년에 집권한 노무현 대통령은 행정수도 이전과 지역균형발전을 적극적으로 추진하고자 했는데, 한나라당의 헌법소원과 수도권 지방자치단체의 반대로 행정수도 이전 정책이 축소되는 등 수도권 과밀 해소와 지역균형발전 정책이 사회갈등과 논란의 쟁점이 되었다.

이처럼 정부는 적어도 형식적으로는 서울과 수도권의 과밀에 따라 수도권의 공장 및 대학 설립 등을 막기 위한 규제의 강화, 안보 및 낙후지역 개발을 위한 학교 이전과 행정수도 및 행정기관의 이전, 그리고 공공기관 및 기업의 지방 이전 등 수도권 과밀 해소와 지역균형발전을 위한 정책을 꾸준히 추진해 왔다. 이러한 정책들과 노력은 일정한 효과를 내기도 했지만, 수도권 외곽이나 지방으로의 적극적인 분산정책을 추진하기보다 수도권 내에서의 신도시 건설과 지역개발을 통해 문제를 해결하려고 한 결과 도시지역의 확장을 초래했다. 게다가 최근에는 수도권 지방자치단체들이 역차별을 내세워 지역개발을 위한 각종 개발 규제 완화를 요구하는 등 지역들 간의 마찰과 갈등이 생겨나고 있다. 특히 노무현 정권 때 확정된 행정수도 및 공공기관 이전 정책 역시 이해관계에 따라 중앙과 지방, 지방자치단체들, 지역 주민들 간의 갈등을 낳고 있다.

4. 지역성의 재발견

1) 대안으로서의 농촌

지역은 과밀한 수도권에 대비되는 '지방' 중소도시 또는 농산어촌으로 인식되는 경향이 있다. 서울 등 수도권도 포함하는 개념으로 기존에 주로 사용되던 '지방'과 차별화하고자 했지만 여전히 지방의 동의어로 간주되는 것이다. 그로 인해 지역은 주로 지역 간 불균등한 상황, 낙후 지역, 소멸위험 지역, 고령화지수 등 부정적인 개념으로 다루어진다. 지역의 미래에 대한 우려는 '지역소멸' 또는 '지방소멸'이라는 용어에 잘 표현되어 있다. 이 용어는 주민의 수가 점점 줄어 마을이 유지되기 위한 최소한의 규모를 유지할 수 없는 현상을 의미한다. 정부와 지자체가 역점을 두고 추진하고 있는 인구 늘리기 정책은 지역 자체의 유지가 한계에 봉착했음을 보여주고 있다.

그러나 역으로 대도시에서의 삶과는 다른 삶이 가능한 대안으로 여겨지기도 한다. 유럽에서 지역, 특히 농촌은 근대사회가 가진 문제점을 넘어서는 유토피아 실험의 대표적인 공간이었다. 가장 오래된 인간사회의 공간인 농촌은 그만큼 현실의 문제를 해결하는 지혜의 보고로 많은 이들에게 영감을 주었다. 2000년대 이후 한국 사회가 경험하고 있는 귀농귀촌 현상 역시 개인적으로 도시적이고 현대적인 삶으로부터 벗어나 여유와 삶의 의미를 찾고자 하는 시도라고 할 수 있다. 더 나아가 전국귀농운동본부가 표방하는 철학처럼 농촌으로의 이주는 직업의 전환이나 거주지의 이전만이 아니라 삶의 전환이며, 세상으로부터의 도피가 아니라 자신의 삶을 근본적으로 구조조정하는 자기혁신의 길일 수도 있다.

귀농귀촌

공업화 시기 이농 현상이 역사의 한 장이 된 이후, 농촌과 관련된 이주민으로 다시금 우리의 관심을 끌었던 것은 결혼이주여성과 다문화가정이었다. 결혼이주민들이 한국 사회의 인구와 농촌을 살리기 위해 유치되었다면 뒤이어 농촌의 농장과 축사에 배치된 외국인노동자들은 수입 농산물과의 경쟁과 인력 부족으로 고사상태에 처한 한국 농업을 지탱하기 위해 수혈된 존재들이었다. 그런데 국제이주민의 유입과 동시대적 현상으로 관심을 끌었던 것이 귀농귀촌 현상이다. 국제이주민의 유입과 유사하게 농촌으로의 대량이주 현상도 2000년대 중반 이후 본격화된 것이다. 시간이 지나면서 증가세가 다소 둔화되고는 있지만, 이제 귀농귀촌인의 존재는 우리 주변에서 익숙한 현상이 되었다.

귀농귀촌인은 상당한 다양성을 보여주고 있다. 같은 한국인이라는 점을 제외하면 상당히 다른 배경을 가진 사람들이 농촌을 찾는다. 모든 지역에서 모든 업종 출신들이 이주한다. 연령대도 30~40대의 비중이 50~60대 못지않게 커지고 있다. 또한 농촌에 이주한 이후의 귀농귀촌자들의 삶도 다양하다. 생태형, 즉 자급자족할 정도로 농사도 크게 짓지 않고, 덜 쓰고, 여유 있는 전원생활을 하는 이주민이 있다. 또한 적은 자산으로 농사 진입에 어려움이 큰 청년 귀농자가 있는가 하면 승계농, 즉 대농의 자녀들도 있다. 고객층이 얇고 구매력이 떨어지는 농촌에서의 창업의 한계 등의 이유로 창업보다 중간조직 활동가의 길을 선택하는 경우도 많다.

귀농귀촌 과정에 국가가 개입하기도 한다. 2008년 교육 및 자금 지원과 귀농인의 집 운영으로 시작되어 귀농귀촌종합센터 설치(2014년), 「귀농어·귀촌 활성화 및 지원에 관한 법률」 제정(2015년)에 이어 2017년에는 5년 단위의 귀농귀촌 지원 종합계획(2017-2021)이 수립되었다. 이러한 제도적인 기반을 토대로 중앙정부 차원에서 귀농귀촌 단계별로 정보 제공, 귀농교육, 농지·주택 마련 지원을, 지방정부 차원에서 다양한 도시민 유치지원 프로그램을 추진해 왔다. 유형별·계층별 특성을 반영한 귀농귀촌 교육프로그램 개발, 귀농귀촌 일자리 창업박람회, 온라인 강의 개발, 2030특화교육과 같은 청년특화 교육프로그램 도입, 대학교 귀농귀촌 교과목 활용, 통합정보제공시스템 구축 등이 대표적인 프로그램이다.

2) 새로운 방식의 지역개발

지역불균형 등 지역 간 관계와 함께 지역 자체의 특성에 주목하는 접근도 최근 두드러지게 나타나고 있다. 얼마 전부터 관심을 끌고 있는 '지역' 또는 '로컬'이라는 수식어가 붙은 용어들이 이러한 접근이 반영되어 있는 사례라고 할 수 있다. 지역화폐, 지역재생(도시재생), 로컬푸드(지역푸드), 지역 식량계획(지역 푸드플랜) 등의 용어들이 일상의 일부가 되거나 정치적인 쟁점이 되기도 한다. 그 배경을 보면 지역의 인적·물적 자원이 국가 또는 세계 차원의 경제체제에 흡수되어 지역의 존립 기반을 위협하는 상황을 극복하는 것이 필요했던 것이다.

먼저 지역화폐는 자원봉사, 물물교환, 품앗이, 벼룩시장, 상품권, 쿠폰 등 다양한 형태의 비시장적·비화폐적 실천을 통해 지역 주민들끼리 재화와 서비스를 교환할 수 있게 하는 제도이다. 지역에서 만들어진 경제적 가치가 외부로 유출되지 않고 지역 내부에서 순환하게 하는 것이다. 이런 의미에서 지역화폐는 지역순환경제, 즉 지역을 기반으로 생산과 소비 활동이 이뤄지고, 그 과정에서 주민들의 일자리가 창출되고 소득이 개선되는 등의 효과를 낳는 선순환 구조의 수단이 된다.

지역 식량계획

2022년 유럽 최대 밀 생산국 우크라이나가 전쟁을 겪으면서 식량 분야에서 도미노 현상이 벌어졌는데, 이 사태는 식량주권의 중요성을 일깨워주었다. "조명은 없어도 살 수 있지만 먹지 않고는 단 며칠도 견디기 어렵다"라는 표현은 다른 재화와 다른 식량의 특별한 가치를 말해준다. 자원이 부족한 한국의 경우에는 식량 등 자원의 안정적인 수급이 더욱 중요하다.

2010년대부터 시작된 '협동조합의 도시' 원주의 지역 식량계획(푸드플랜)인 원주푸드 운동은 협동조합이 조합원들 간의 협동을 넘어서 지역사회 차원의 문제에 대응하고자 하는 문제의식에서 비롯된 것이다. 원주푸드 운동은 지역에서 생산된 먹거리를 지역에서 소비하도록 하는 운동이다. 그리고 이를 바탕으로 궁극적으로는 로컬푸드 지역체계를 구축하고자 했다.

협동조합 등 민간이 시도한 식량계획은 지자체 및 중앙정부의 개입으로 이어졌다. 전북 완주를 비롯해 100개가 넘는 지자체에서 지역 식량계획을 추진하고 있으며, '먹거리 기본권 선언'도 있었다. 지자체가 시민 건강을 위해 먹거리에 주목하고 적극 개입을 선언한 것이다. 지금까지의 '취약계층 먹거리에 한정된 최소 공적부조로 접근하는 소극적 사회보장'에서

'시민 누구나 먹거리 보장의 대상이라는 적극적 사회보장'으로 확대한 것이다. 중앙정부 차원에서도 2017년 지역 푸드플랜이 제시되었는데, 이 역시 생산부터 소비까지 연계성을 높여 중소농의 경영 안정과 지역유통 순환경제를 추구하며 지역경제 선순환 구조를 실현하고자 한 것이었다.

최근에는 코로나19 팬데믹이 식량안보 문제에 대한 관심을 높이기도 했다. 감염병 확산으로 국가 간 물류 이동에 차질이 발생함으로써 식량의 글로벌 공급망이 불안해진 것이다. 기존에는 기상에 따른 생산 차질이나 신흥국의 급격한 수요 증가 등으로 수급 측면에서 곡물 위기 문제가 발생했다면 이제 전염병 확산 등 새로운 위험 요인이 식량수급 문제를 더 심각하게 만들고 있는 것이다.

도시재생과 지역 상품화

도시재생 또는 지역재생은 쇠퇴하고 있는 도시의 물리적 환경을 개선하고 주민이 주체가 되는 지역공동체를 활성화하고자 하는 시도이다. 공업화 등 발전이 한풀 꺾이면서 기존에 공단이 있거나 상권이 활성화되어 있던 구도심 지역이 공동화되고 노후화되는 경향이 나타났다. 특히 한국에서는 급격한 출산률 하락으로 인해 청년인구가 감소하고 이들의 수도권 선호 현상이 더해져 지방 도시들의 침체가 심각한 상황이다. 이에 대한 대응으로 2000년대 초반 '살고 싶은 도시 만들기' 정책의 일환으로 시작된 공동체 활성화 사업을 토대로 「도시재생활성화 및 지원에 관한 특별법」이 제정되고 현재 전국적으로 500여 곳에서 재생사업에 대한 지원이 이루어지는 등 정부 주도로 도시재생이 시도되고 있다.

또한 이전에는 저발전의 상징으로 여겨졌던 지역 고유의 특성들이 새롭게 재평가되기도 한다. 마을이나 고장의 역사나 전통적인 풍습이 콘텐츠로 재탄생하고 특히 고장 특유의 먹거리가 수익성 있는 관광상품이 되고 있다. 볼거리, 먹거리가 총동원되는 지역 축제는 거의 모든 시·군에서 주민들의 화합의 장이자 지역 경제의 효자 노릇을 하는 중요한 이벤트가 되었다. 진주남강유등축제, 담양 대나무축제, 진해 군항제, 강릉 단오제,

화천 산천어축제, 함평 나비축제, 통영 한산대첩축제 등 지역의 자연이나 문화 자원을 활용해 상당한 성과를 거둔 사례들이 나오고 있다. 관광, 여행, 구직 등에 따른 이동이 크게 늘어나면서, 지역에서는 정주 인구를 늘리는 데 주력하기보다는 생활인구나 유동인구를 늘리는 것이 더 중요해지고 있다. 이에 따라 지역 활성화를 위해 지역 곳곳을 이어주는 교통망의 확충이 필요하며, 특히 친환경적인 교통수단으로서 철도망 건설의 중요성이 커지고 있다.

3) 사회적 경제와 지역

지역사회 기반의 경제활동을 담당하며 지역 혁신의 새로운 주역으로 사회적 경제가 최근 새롭게 부상하고 있다. 예를 들어 1990년대 유럽 사회적 경제의 대표 주자였던 이탈리아의 사회적 협동조합은 조합원뿐 아니라 지역사회 등 외부의 이해를 고려하는 새로운 모습을 보여주었다. 주로 중앙정부가 손을 뗀 대인서비스 분야에서 발전한 이탈리아의 협동조합을 '사회적' 협동조합이라 부르는 것은 바로 지역사회에 개방하고 봉사하는 점 때문이었다. 최근 한국의 사회적 경제 역시 취약계층을 대상으로 하는 일자리와 서비스 제공만이 아니라 농촌 등 낙후된 지역사회의 재생에도 관심을 보이고 있다.

사회적 경제가 발달한 유럽의 경험은 작은 단위의 중요성을 보여준다. 유럽의 경우 사회에서 사회적 경제가 차지하는 비중은 크지만 이를 구성하는 부분들은 매우 작은 규모의 것들이 대부분이다. 규모화를 통한 경쟁력 확보와 같은 자본주의 경제의 원리와는 다른 원리가 작동하는 것이다. 이렇게 규모가 작고 이윤보다 다양한 사회적 가치를 중시하는 경제조직이 자본주의 사회에서 순탄하게 작동되기는 쉽지 않다. 그래서 실제 사회적 경제 조직들은 소득이 낮고 불안정한 상태에 있는 경우가 많다. 그리고 이를 극복하기 위해 규모를 키우고 시장에서 경쟁력을 갖추기 위한 경영전략을 채택하면서 사회적 경제 고유의 원리가 퇴색되기도 한다. 이러한

사회적 경제

사회적 경제는 자본주의 초기 유럽에서 노동자들이 스스로 열악한 생활환경을 개선하고자 만들었던 협동조합이나 공제조합에서 시작되었다. 그러다가 20세기 말 자본과 국가라는 쌍두마차가 끌어오던 경제가 위기에 봉착하면서 대안적인 경제모델로 다시 각광을 받게 된다. 사회적 경제는 자본주의 경제와는 달리 자본이 아니라 인간과 노동을 우위에 두는 다양한 경제형태를 가리킨다. 이윤 추구와 같은 경제적 가치 역시 중요하지만 이보다 사회적 가치, 즉 인간, 환경, 공동체를 보다 우선시하는 경제활동 조직을 가리킨다. 협동조합, 공제조합, 사회적 기업, 마을기업, 공익을 실현하는 재단, 경제활동을 수행하는 NGO 단체 등이 사회적 경제의 대표적인 유형들이다. 주로 영국, 프랑스, 이탈리아, 스페인, 벨기에 등 유럽 국가들에서 발전했지만 국가나 대기업이 경제를 주도하던 한국에서도 IMF 외환위기를 계기로 사회적 경제 조직들이 등장하게 된다.

어려움에도 불구하고 사회적 경제는 참여와 유대, 민주적인 운영이라는 미덕이 있으며 혁신이 일어나기 용이한 경제 형태로 기대를 모으고 있다.

이야깃거리

1. 한 사회에서 인구구조의 시간적 변동이 경제활동이나 일상생활에 어떤 영향을 미치는지 이야기해 보자.

2. 한국 사회의 저출산-고령화 현상의 원인이 어디에 있으며, 이에 따른 사회문제와 그 해결 방안에 대해 토론해 보자.

3. 한국의 도시 (재)개발의 원인은 무엇이고 그것이 초래하는 사회경제적 효과는 무엇인지에 대해 토론해 보자.

4. 서울과 수도권으로의 인구집중은 수도권과 지방에 어떠한 문제를 낳고 있으며 그 해결책은 무엇인지에 대해 토론해 보자.

5. 현재 한국 사회에 존재하는 지역 간 격차의 양상을 얘기해 보고 이를 해결할 수 있는 방안을 모색해 보자.

6. 도시적인 삶에서 벗어나고자 하는 현대인에게 대안으로 여겨지는 농촌이 지닌 가능성과 한계에 대해 얘기해 보자.

읽을거리

『인구 감소 사회는 위험하다는 착각』
　　우치다 타츠루(內田 樹) 외 지음 / 김영주 옮김 / 2019 / 위즈덤하우스

『지방도시 살생부: '압축도시'만이 살길이다』
　　마강래 지음 / 2017 / 개마고원

『강남 만들기, 강남 따라하기』
　　박배균 외 지음 / 2017 / 동녘

『내 집에 갇힌 사회』
　　김명수 지음 / 2020 / 창비

『도시에 대한 권리』
　　강현수 지음 / 2021 / 책세상

『사회적 가치와 사회혁신』
　　박명규·이재열 엮음 / 2020 / 한울아카데미

14

사회복지와 삶의 질

사회복지, 공공부조, 사회보험, 사회복지서비스, 구빈법, 베버리지 보고서, 케인스주의, 개입국가, 복지국가, 조합주의, 계급정치, 사회민주주의, 제3의 길, 보편적 복지, 선별적 복지, 잔여적 모델, 제도적 모델, 구조적 모델, 시민자격

현대사회에서 살아가는 사람들은 대부분 크고 작은 사업체에 고용되어 일하고 임금을 받아 살아가거나 자영업을 하며 살아간다. 자본주의 사회에서는 대부분이 취업하지 않으면 소득을 얻을 수 없다. 그리고 취업했다고 하더라도 건강이 나빠지거나 산업재해를 당해 일을 못 하게 될 수도, 해고될 수도 있는데, 이렇게 되면 소득을 얻지 못한다. 또 나이가 들어서 퇴직을 해도 소득이 사라진다. 자영업을 하더라도 이윤을 많이 남기지 못하거나 질병에 걸려 일을 지속하기 어렵게 되면 소득이 끊긴다.

피고용인 사회에서 실업, 산업재해, 퇴직 등은 누구나 겪을 수 있거나 겪게 되는 일이어서 사람들은 늘 불안을 느낀다. 그리고 누구나 질병에 걸리게 되면 치료를 해야 하는데, 소득이 없으면 치료도 생존도 어렵다. 이처럼 현대사회에서는 피고용인들만이 아니라 사람들 대부분이 질병, 실업, 산업재해, 퇴직 등에 따른 소득단절의 불안을 느끼며 살아가는데, 이러한 불안정한 삶을 사회적·공동체적으로 해결하기 위해 생겨난 제도가 바로 사회복지제도이다. 이것은 안정된 삶을 원하는 사람들의 요구가 정치적으로 수용된 결과이다.

1. 사회복지란 무엇인가?

1) 사회복지와 삶의 질

복지의 의미

'복지(福祉)'의 사전적 의미는 '행복한 삶'이다. 영어로 'welfare'는 만족스럽고 편안함을 의미하는 'well'과 어떤 상태를 의미하는 'fare'의 합성어로서, 안락하고 만족스러운 상태, 건강하고 편안한 상태를 말한다고 할 수 있다. 그러므로 복지는 '안녕', '행복', '만족' 등과 같은 말로서, 인간이 안전하고 행복하게 살아가는 것을 의미하며, 이렇게 안전하고 행복한 삶은 무엇보다도 신체적·물질적·경제적 안정에서 시작된다. 나아가 정신적·문화적 만족감을 느낌으로써 인간은 더 행복한 삶을 살아갈 수 있다. 여기서 인간의 삶이 얼마나 안정되고 행복한지를 가늠하는 것을 '삶의 질'이라고 한다. 그래서 복지는 '삶의 질을 안정적으로 유지하거나 개선함으로써 인간이 안전하고 행복한 삶을 살아가는 것'을 의미한다.

개인복지와 사회복지

사람들은 일반적으로 일을 하고 돈을 벌어서 하루하루를 살아간다. 그런데 번 돈을 그때그때 사용해 버린다면, 갑자기 병에 걸리고 재해를 당하거나 일자리를 잃어버리면 소득이 끊겨 생활이 어려워질 수밖에 없다. 그래서 미래를 위해 저축하기도 하고 보험에 가입하기도 한다. 이처럼 개인이나 가족이 자신들의 안정적 삶을 유지하거나 개선하기 위해 스스로 준비하는 복지를 '개인복지'라고 한다. 그리고 부모나 형제, 자녀 등 가족이 개인을 돌보는 것을 '가족복지'라고 말하기도 하는데, 이것은 다른 가족구성원의 삶을 어렵게 할 수도 있어서 안정적이지 못하다.

이에 비해, 개인이 삶을 스스로 또는 가족 등에 의지해 유지해 나가기 어려운 상황에서, 사회나 국가가 이들의 삶을 보호하기 위해 제공하는 복지를 '사회복지'라고 한다. 이런 점에서 사회복지는 개인들의 삶의 불안정

연대주의는 어떤 개인적·사회적 문제가 발생했을 때 여러 사람이 함께 이 문제에 대처하고 책임을 지는 해결방식을 추구하는 것을 말한다. 이러한 해결방식은 시장을 통해 조직될 수도 있고, 공공기관이나 사적 결사체와 같은 공동체에 의해 집합적으로 조직될 수도 있다.

예를 들어 각종 보험회사들은 시장에서 개인 가입자를 모집하여 이들이 납입한 보험료로 기금을 형성하고 관리함으로써, 수익도 내고 또 개인들이 사고 등으로 위험 상황에 처했을 때 보험금을 지급할 수 있게 된다. 전통적인 '계'나 '품앗이'도 경제적 어려움에 처하거나 다른 사람의 도움이 필요할 때 참여자들이 공동으로 대응하는 연대의 방식을 보여준다고 할 수 있다.

국가는 국민이 납부한 세금이나 공공보험료를 기금으로 형성하여 국민들이 생활상의 다양한 어려움에 처했을 때 공적인 지원을 해준다는 점에서 연대의 이념을 내포한다.

이처럼 연대주의는 개인이 어려움에 마주했을 때 집합적으로 대처한다는 점에서 공동체적인 이념을 내포하는 것이다. 다만 이런 집합적 대처가 시장의 이윤논리에 의해 조직된 것이냐, 아니면 공동체적인 협력의 논리에 의해 조직된 것이냐에 따라 차이가 있다.

에 대한 집합적·공동체적 대응이며, 사회적 연대(solidarity) 또는 '연대주의(solidarism)'를 보여주는 것이라 할 수 있다.

오늘날 많은 나라가 국민에게 안정적인 삶을 제공하기 위해 다양한 사회적 노력을 기울이고 있다. 이러한 노력은 국가가 하는 경우가 많지만, 어떤 경우에는 기업이나 민간단체가 하기도 한다. 국가는 상하수도, 전기, 도로, 항만 등 공공재를 제공할 뿐만 아니라 국민의 기본적인 생존을 보장하기 위해 여러 가지 복지정책을 도입해 왔다. 그리고 기업이나 민간단체들도 빈곤층이나 장애인 등 사회적 약자들에게 기본적 삶을 유지할 수 있도록 경제적 도움이나 서비스 등을 제공하고 있다.

물질적·경제적 안정과 삶의 질

사회복지가 개인들의 행복을 위해 삶의 질을 보장하는 것이라고 할 때, 삶의 질에서 가장 기본이 되는 것은 무엇보다도 물질적·경제적으로 안정적인 삶이라고 할 수 있다. 사람이 인간다운 삶을 살아가려면 무엇보다도 먹고사는 문제를 해결하는 것이 중요하기 때문이다. 개인이 경제적으로 안정적인 삶을 유지하려면 일정한 소득이 있어야 한다. 이를 위해서 가장 중요한 것은 소득을 얻기 위해 일할 수 있는 기회, 즉 일자리이다. 그래서 국가는 일반적으로 국민들에게 경제적으로 안정적인 삶을 제공하기 위해 경제성장을 추구하고 이를 통해 일자리를 제공하려고 한다.

일할 능력이 있는 사람들이 많다고 하더라도 경제위기나 산업구조 변동으로 인해 일자리가 충분하지 않거나 일자리가 줄어들면 실업자들이 늘어나게 된다. 이 경우에도 국가는 새로운 일자리를 만들거나 취업을 지원함으로써 고용기회를 늘리는 노력을 하게 된다. 한편, 일할 능력이 없거나 가족을 통해 충분한 지원을 받기 어려운 아동, 장애인, 노인 등은 일자리 제공을 통해 기본적인 삶을 보장하기 어렵다. 이처럼 소득이 없어 빈곤한 상황에 놓여 있는 사람들을 위해 국가는 기본적인 소득과 생활 여건을 제공하기 위해 공적으로 지원하지 않을 수 없다.

　사람들은 물질적·경제적 안정만으로 행복한 삶을 누릴 수 있게 되는 것은 아니다. 기본적인 물질적 욕구의 충족과 더불어 사람들은 더 안정적이고 풍족한 삶과 정신적·문화적으로 만족스러운 삶을 추구한다. 경제발전으로 당장의 물질적·경제적 결핍이 사라지면서 사람들은 의료, 주택, 교육, 문화, 건강, 환경 등 다양한 영역에서 좀 더 높은 수준의 삶의 질을 추구하게 된다. 그리고 민주주의가 발전할수록 사람들은 국가가 사람들에게 좀 더 평등한 삶의 기회를 제공할 것을 요구하게 된다.

　사람들은 물질적 안정을 얻은 후에도 더 안전하고, 편안하고, 건강하고, 즐거운 삶을 살아가기를 원한다. 물질적 만족만으로는 행복감을 느끼기에 충분하지 않기 때문이다. UN에서 발표하는 '세계 행복보고서'는 나라별 1인당 국내총생산(GDP), 건강한 기대수명, 사회적 지지, 선택의 자유, 부정부패, 관용 등 6개 항목의 조사 결과를 합산하여 '행복지수'를 발표하고 있는데, 한국은 OECD 나라들 가운데 최하위권을 차지하고 있다. 최상위권은 복지국가가 발달한 북유럽 나라들이 차지하고 있다.

　이러한 결과는 사람들의 행복과 삶의 질을 평가하는 데에 정신적·문화적 만족감이 중요함을 보여준다. 행복지수가 높은 나라에 사는 사람들은 단지 경제적으로 잘살 뿐 아니라, 정치적·사회적으로도 부정부패가 없고 관용과 연대감을 느끼며 자유롭게 선택하는 삶을 살고 있다. 태어나서 성장하는 출산·양육·교육의 과정에서 국가로부터 지원을 받고 또 노년생활에도 도움을 받기 때문이다. 그래서 사람들은 모두 자신들이 삶을 스스로 선택하고 있다고 느끼게 되고, 또 다양한 인간관계를 형성하고 문화생활을 즐기며 행복하게 살아간다고 느끼게 되는 것이다.

　반면에 한국 사회의 사람들은 대부분의 세대에서 자살률이 높은데, 상대적 빈곤과 함께 질병과 외로움이 중요한 이유를 차지하고 있다. 1인당 GDP는 많이 성장했지만, 여전히 분배 불평등과 사회복지의 취약성으로 인해 사람들이 사회가 부패하고 불공정하다고 느끼고 사회나 다른 사람들로부터 지지받는다는 느낌을 지니지 못하고 있음을 말해준다. 그래서 행복지수를 높이기 위해서는 물질적 분배와 사회적 공정성의 개선과 함께 다양한 사회복지제도를 확충함으로써 시민들의 정신적·문화적 만족감을 높여나가야 한다.

2) 사회복지와 사회보장

사회복지와 유사한 의미로 널리 쓰이는 개념으로는 '사회보장(social security)'이 있다. '보장'은 신체적 안전과 심리적 안정이 유지되는 상태를 의미하며, 사회보장은 이러한 상태를 사회적으로 제공하는 것을 의미한다. 이런 점에서 사회보장은 사회복지와 비슷하다고 할 수 있다.

그런데 사회보장은 '안전한 상태'를 제공하는 것으로서 인간으로서 최소한의 삶을 보호한다는 의미가 강하다면, 사회복지는 '행복한 상태'를 제공하는 것으로서 삶의 질을 유지하거나 개선한다는 의미가 강하다. 사회보장이 경제적·물질적 안정을 중요시한다면, 사회복지는 의료, 주택, 교육, 문화 등 다양한 영역의 삶의 질 제공을 포함한다고 하겠다. 이런 점에서 사회복지는 사회보장보다 넓은 의미를 지닌다고 할 수 있다.

사회복지와 사회보장은 용어의 쓰임새에서도 약간의 차이를 보인다. 사회보장은 국가에 의해서 제공되는 사회복지를 의미하는 용어로 많이 사용된다. 이때 사회보장은 '국가복지'의 의미가 강하다. 반면에 사회복지는 '기업복지', '민간복지'와 같은 사적인 사회복지도 포함한다. 한편, 한국 사회에서는 '사회보장'이 법률적 용어로 더 많이 사용된다. 예를 들어 사회복지와 관련된 기본법은 「사회보장기본법」이다. 물론 「사회복지사업법」을 비롯해 '사회복지사', '사회복지서비스' 등의 용어도 사용되지만, 법률용어로는 '사회보장'이 더 일반적으로 사용되고 있다.

3) 사회복지제도

대부분의 나라는 사회복지를 공적으로 제공하기 위해 복지제도를 법률로 규정하고 있다. 한국도 「사회보장기본법」 제3조에서 사회보장은 "질병, 장애, 노령, 실업, 사망 등의 사회적 위험으로부터 모든 국민을 보호하고 빈곤을 해소하며 국민생활의 질을 향상시키기 위하여 제공되는 사회보험, 공공부조, 사회복지서비스 및 기타 관련 복지제도를 말한다"라고 규정하고 있다. 국가가 제공하는 사회복지 또는 사회보장은 기본적으로 세 가지 유형을 포함하고 있다.

첫째, 공공부조는 국민 모두에게 인간으로서의 기본적인 삶을 보장한다는 취지에서 사회적 취약계층인 빈곤층에게 국가가 직접 금전적·물질적 지원을 하는 것을 말하며 국가부조, 사회부조로 불리기도 한다. 이것은 모든 국민에게 최소한의 삶을 보장하려는 것이라는 점에서 '사회안전망'의 성격을 지닌다.

둘째, 사회보험은 전체 국민 또는 대다수 국민을 대상으로 하여 국가가 공적으로 제공하는 예방적 차원의 보험제도로서, 보편성과 강제성을 띤다. 질병, 실업, 퇴직, 산업재해 등으로 노동능력을 상실하거나 소득이 감소하는 국민에게 안정적인 삶을 제공하기 위한 것으로서, 의료보험(건강보험), 실업보험(고용보험), 연금보험(국민연금), 산업재해보험 등이 대표적이다. 보험재정 형성에 개인, 기업, 정부가 각각 기여하는 비중은 나라마다 차이가 있다.

셋째, 사회(복지)서비스는 국가·지방자치단체 및 민간 부문의 도움이 필요한 모든 국민에게 상담, 재활, 직업의 소개 및 지도, 사회복지시설의 이용 등을 제공하여 정상적인 사회생활이 가능하도록 지원하는 제도를 말한다. 사회서비스가 제공하는 급여 내용과 형태는 비물질적·심리적·정신적 서비스를 주된 내용으로 한다는 점에서 공공부조와 차이가 있다. 또한 급여의 특성상 개인적 욕구의 특수성에 따라 개별적 처우를 제공해야 하며, 서비스를 전달하는 사람들의 전문적인 개입과 기술이 중요하다.

한편, 경우에 따라 사회복지의 두 유형이 혼재되어 있기도 하는데, 재정적으로는 소득을 보장하는 사회보험에 속하지만, 제도 운영에서는 사회서비스를 제공하는 노인장기요양보험이 대표적인 예다.

마셜

(1893~1981) 영국의 사회학자로서, 18세기부터 시작된 시민자격의 발달 과정을 시민권·정치권·사회권의 발달이라는 측면에서 분석했다. 여기서 주목할 것은 그가 '사회권' 개념을 도입했다는 점이다. 대표적인 글로는 「시민자격과 사회계급」(1950)이 있다.

일반적으로 국가는 국민의 삶의 질을 향상시키기 위해 경제성장을 추구한다. 그런데 경제성장이 곧바로 모든 개인에게 일자리와 소득 향상을 가져다주는 것은 아니다. 자본주의적 경제성장은 기계화, 자동화 등으로 일자리의 감소를 낳을 수 있고 또 소득의 양극화를 낳아 빈곤층이 늘어나게 할 수도 있다. 이처럼 경제성장은 소득의 재분배, 일자리 창출, 일자리 나누기 등의 사회정책을 수반하지 않으면 모든 국민들에게 경제적 안정과 삶의 질 향상을 제공하기 어렵다. 그래서 많은 선진국은 더 많은 국민이 안정적인 삶을 유지할 수 있게 하고자 각종 사회복지제도와 재분배 정책을 도입하고 있다.

사회권과 사회복지

마셜(Thomas H. Marshall)은 「시민자격과 사회계급(Citizenship and Social Class)」(1950)에서, 서유럽에서 사회복지가 발달한 것은 역사적으로 '시민자격(citizenship)'이 확대되어 온 결과라고 보았다. 마셜에 따르면 시민자격은 시민권(civil rights, 공민권), 정치권(political rights), 사회권(social rights) 등 세 가지 요소 또는 권리로 구성된다.

'시민권'은 개인의 자유를 위해 필수적인 권리들, 즉 신체의 자유, 언론·사상·신념의 자유, 재산을 소유하고 합법적인 계약을 체결할 수 있는 권리 그리고 재판을 받을 수 있는 권리 등으로 구성된다. '정치권'은 정치적 권위가 부여된 기구의 구성원으로서 또는 그 기구의 구성원에 대한 선거권자로서 정치적 권력의 행사에 참여할 수 있는 권리를 말한다.

한편, '사회권'은 어느 정도의 경제적 복지나 보장의 권리에서부터 사회적 유산을 최대한 공유하고 또한 사회의 지배적인 기준에 따라 문명화된 인간의 삶을 살아가는 권리에 이르는 전 영역을 의미한다. 그리고 이러한 세 가지 권리에 상응하는 제도는 각각 '법정', '의회와 정부', '교육체계와 사회서비스'이다. 여기서 사회권은 사회복지에 대한 권리라고 할 수 있다.

마셜은 세 가지 권리가 대체로 시대적 순서에 따라 발달하여 시민권은 18세기에, 정치권은 19세기에, 사회권은 20세기에 발달했다고 보았다. 시민자격을 구성하는 세 가지 권리의 발달은 기본적으로 인구 전체를 포괄하는 방향으로 영역의 확장을 이루어왔다. 예를 들어 정치권은 귀족계급에서 부르주아계급으로 확대되고 이후 노동자계급과 여성에게까지 확대되었다. 사회권도 빈민법의 형태로 구호가 필요한 사람으로 제한되었던 것이 점차 빈민, 노동자계급, 국민 전체로 확대되어 왔다.

물론 현실 역사에서 시민권·정치권·사회권의 발달은 마셜의 주장처럼 순차적으로 이루어진 것은 아니었다. 각 나라의 사회적·정치적 조건의 차이는 권리들의 발달 순서와 정도에 영향을 미쳤다.

정치 지형과 사회복지제도의 차이

누가, 누구에게, 어떤 영역에서, 어떤 수준의 사회복지를 제공할 것인가 하는 점은, 경제성장이 이루어진다고 해서 자연스럽게 정해지는 것이 아니다. 유럽의 선진국들은 대부분 사회복지제도를 갖추어놓고 있지만, 이러한 복지 수준을 갖추는 과정에서는 오랫동안 사회 세력들이나 집단들 사이의 정치적 갈등과 투쟁, 대화와 타협이 지속되어 왔다.

유럽의 많은 나라에서는 자본주의 사회의 계급대립과 정치적 갈등에 따라, 정치적으로 자본가계급을 비롯한 부유층의 이해관계를 대변하는 우파정당들과 이에 대립하여 노동자계급을 비롯한 서민 대중의 이해관계를 대변하는 좌파정당들이 형성되어 서로 경쟁해 왔다. 그래서 사회복지제도들은 기본적으로 좌·우파 간 정치적 대결과 타협의 관계 속에서 계급이익을 추구하는 계급정치의 조건 속에서 형성되었다고 할 수 있다. 또한 노동자계급의 조직화와 좌파정당에 대한 집합적 지지의 정도 등에 따라 나라별·시기별로 사회복지제도의 형태나 수준에서 차이를 보여주고 있다.

이 외에 경제성장이나 공업화의 수준, 인구규모, 산업구조와 변동의 형태, 정치적인 중앙집권 또는 분권의 형태, 이데올로기 지형 등도 나라별 복지제도의 차이에 영향을 미친다.

미국 경제성장과 사회복지 저발전

미국은 계급정치가 발달하지 못해 유럽의 선진국들과 같은 수준의 복지제도를 갖추지 못하고 있다. 경제의 양적 규모에서는 세계 최고의 수준이지만, 좌파정당이 성장하지 못하고 사회복지에 대한 대중적 요구가 형성되지 못해 복지제도나 분배의 형평성에서는 유럽의 선진국들에 뒤처져 있다. 이처럼 사회복지는 단순히 경제성장을 통해 자연스럽게 주어지는 것이 아니라 다양한 사회적·정치적 조건들 속에서 이루어지는 사회적·정치적 노력과 실천들을 통해 획득되는 것이라고 하겠다.

'계'는 마을 주민들이 서로 경제적인 도움을 주면서 빈곤을 함께 극복하기 위해 만든 자생적 조직이다. '두레'는 오래전부터 마을 단위에서 농민들이 결성한 상호협동 조직이며, '향약'은 마을 주민들의 교화를 위해 지식인들이 결성한 자치적인 협동조직이다.

2. 사회복지제도의 역사적 변천

1) 자본주의 사회 이전의 사회복지

서양에서는 역사적으로 자본주의적 공업화가 이루어지기 이전부터 여러 형태로 사회복지가 존재해 왔다. 마을공동체, 종교단체, 지배세력 등은 가난, 질병 등으로 어려움에 처한 사람들에게 상호부조나 자선의 형태로 사회복지를 제공해 왔다. 혈족 중심의 마을공동체에서는 다양한 상호부조체계가 존재해 왔고, 교회를 중심으로 한 종교단체에서는 빈민구제 등 자선적 복지를 제공해 왔다. 봉건국가에서도 지배세력에 의한 자선적·시혜적 구제가 부분적으로 이루어져 왔다. 한편, 도시에서는 상공업자들이 외부 사람들과의 경쟁에서 자신들을 보호하면서 서로 돕기 위해 만든 동업자조합인 '길드'가 조합원들에게 복지를 제공하는 역할을 했다.

한국 사회에서도 오래전부터 마을공동체에서 혈연관계에 기초한 상호부조가 이루어졌다. 삼국시대와 고려시대에는 평상시 창고에 곡물을 비축했다가 전쟁, 흉년, 질병 등 재난 시나 춘궁기에 가난한 백성들에게 방출하는 '창제(倉制)'가 시행되었다. 고려 왕조국가는 불교의 자비 사상에 기초한 시혜적 빈민구제 활동들을 펼쳤다. 조선시대에는 왕이 백성을 가난에서 구제할 책임이 있다는 유교적 자혜(慈惠) 사상에 기초하여 구황청, 혜민국, 제생원 등의 민생구휼기관이 운영되었다. 또한 백성들은 서로 돕기 위해 계, 두레, 향약 등을 자생적으로 조직했는데, 향약에서는 '환난상휼(患難相恤)', 즉 "어려움이 있을 때 서로 돕는다"라는 강목이 있었다.

2) 초기 자본주의 사회의 빈곤과 구빈법

영국의 구빈법과 노동력 보호

서양에서는 자본주의 발달 초기에 도시를 중심으로 빈민층과 부랑아의 수가 늘어나 빈곤이 사회문제가 되었고, 빈민구제를 위한 사회적 대책의 필요성이 대두되었다. 1601년 영국에서 제정된 「엘리자베스(Elizabeth) 구빈법」은 빈민을 구제하고 부랑을 억제하기 위한 최초의 현대적 법이었다. 이 법은 빈민을 노동 능력자, 노동 무능력자, 빈곤 아동 등으로 분류한 후, 노동 능력자에게는 일을 시키고, 무능력자에게는 최소한의 구제를 제공하며, 빈곤 아동은 도제로 삼는 것을 기본 방안으로 했다. 엘리자베스 여왕은 빈민구제의 책임이 정부에 있다고 보면서 이것을 국가적 사업으로 간주했는데, 이 법은 오랫동안 영국과 다른 나라들에 큰 영향을 미쳤다.

「엘리자베스 구빈법」은 빈민의 노동력을 동원하고 빈민의 아동들을 미래의 노동력으로서 훈련하는 등 자본주의 초기 '노동정책'의 성격이 강하여 실제로 빈민구제에는 한계가 있었다. 그렇지만 자본주의 사회에서 부분적으로나마 사회적 권리의 보호를 추구했다는 점에서 사회복지제도의 원형을 보여주었다고 할 수 있다. 이 법은 빈민에 대한 노동력 동원과 사회적 권리 보호라는 양면적 성격이 있었는데, 이후 시대 상황이 변화하면서 새로운 법으로 보완되었다. 1662년의 「정주법(The Settlement Act)」은 출생지에 따라 교구별로 책임을 지기 위해 빈민의 자유로운 이동을 제한했고, 1722년의 「작업장법(The Workhouse Act)」은 노동 가능한 빈민들을 고용하여 국가의 부를 증대시키고자 했다. 1782년 「길버트 법(The Gilbert Act)」은 작업장 내에서 빈곤을 구제하는 「작업장법」의 한계를 넘어, 사무원을 고용하여 작업장 외에서도 실업자에게 현금급여를 지급하고 취업을 알선하는 등 빈민구제 활동을 하고자 했으며, 1795년 「스핀햄랜드 법(The Speenhamland Act)」은 빈민에 대한 임금 보충 제도로서 최저생활 기준에 못 미치는 임금 부족분과 가족수당을 정부가 보조해 주고자 했다.

미국의 구빈법과 민간복지

미국은 1776년 독립 이전의 식민지 시대에 영국의 구빈법의 영향을 받아 구빈제도를 시행했는데, 구제 대상자는 대부분 노동능력이 없는 사람과 일시적으로 구제가 필요한 사람으로 제한되었다. 구빈원을 지어 노동능력이 없는 빈민들을 수용하고 이들을 견습공이나 도제로 양성했다. 그

「스핀햄랜드 법」

1785년 영국 버크셔의 스핀햄랜드의 지역 치안판사들과 성직자들이 고안한 스핀햄랜드 제도는 1795년 영국 정부에 의해 법제화되었다. 그 내용은 최저임금을 설정하는 대신 최저임금에 미달하는 부족분을 해당 교구가 보충해 주는 것이었다. 예를 들면 1갤런의 곡식으로 만든 빵의 가격이 1실링이라면 노동자의 소득이 3실링이 되도록 채워주고 가족이 있다면 이에 맞게 추가 지원하는 것이었다. 하지만 의도와 달리 이는 커다란 사회문제를 일으켰다. 경제사회학자 칼 폴라니는 『거대한 전환』에서 이 제도가 한편으로는 고용주들이 낮은 임금을 계속 지급해도 되게 만들고, 다른 한편으로는 노동자들의 근로의욕과 자긍심을 약화시키고 극빈 구호대상자를 양산했다고 비판했다.

리고 빈곤을 개인의 책임으로 여기면서 나태를 죄로 다스리고자 했다. 사회복지에 대한 이러한 시각은 이후 독립국가가 형성되고 공업의 발달과 도시화가 진전되면서도 지속되었다. 18세기 말에서 19세기 초에 걸쳐 자유방임주의가 확산되면서 미국 정부는 영국과 달리 개인의 복지에 대해 적극적으로 책임을 져야 한다는 의식을 가지지 않았으며, 빈곤에 대한 구제는 주로 교회나 자선단체 등 민간단체에 의해 이루어졌다.

3) 자유시장 자본주의와 노동자보호법

노동자들의 불안정한 생활과 저항

18세기 중반부터 공업혁명이 진행되면서 영국을 중심으로 유럽 나라들에서는 많은 공장이 세워졌고 공장노동자 일자리가 급속히 늘어났다. 이 시기에 유럽 자본주의 사회에서는 국가가 자본의 사적 소유와 자유경쟁 시장의 이념을 법적·제도적으로 보호함으로써 자본가들에 의한 임금노동자의 착취가 일상적으로 이루어지고 있었다. 이에 따라 노동자들은 공장에서 장시간 노동을 하면서도 낮은 임금을 받아 빈곤에서 벗어나기 어려웠고, 해고의 불안으로 자본가나 경영자의 권위주의적 통제에 복종하지 않을 수 없었다. 하지만 빈곤과 실업 등으로 노동자들의 생활이 더욱 열악하고 불안정해지자 이들의 불만은 저항과 폭동으로 분출되기 시작했다. 노동자들의 저항이 점차 집단화·조직화되고 노동조합 결성이 확대되자 영국에서는 1799년 「단결금지법」을 시작으로 노동자들의 저항을 억누르기 위한 법률들을 제정했다.

자유방임주의와 노동자보호법

자유방임주의적 풍조 속에서 여성과 아동들이 하루 12시간이 넘는 장시간 노동으로 비참한 생활을 하게 되자, 영국에서는 1802년에 노동력 보호를 위해 장시간 노동을 규제하는 「공장법(Factory Acts)」이 제정되었고 다른 나라로 확산되었다. 이 법은 노동력의 보호를 통해 자본주의적 생산

자체를 지속적으로 유지해 나갈 수 있도록 하기 위한 것이었다.

그러나 「공장법」하에서도 열악하고 비참한 생활을 할 수밖에 없었던 노동자들은 참정권 확대와 노동시간 단축을 요구하면서 저항과 투쟁을 계속해 갔다. 이에 따라 영국에서는 「공장법」이 지속적으로 개정되어 1833년에는 9세 이하의 노동을 금지하고 13세 이하의 노동시간을 1주 48시간 이내로 제한하는 법, 1847년에는 18세 이하의 노동시간을 1일 10시간 이내로 제한하는 「10시간 노동법」 등 노동자를 보호하는 입법이 이루어졌다. 한편, 1834년에는 개정구빈법도 만들어졌다. 그런데 이 법은 노동능력을 상실하거나 노동시장에서 탈락한 사람들에 대해서만 구제를 하고 또 이들을 작업장에 수용하여 신체적·정치적 권리를 박탈하는 내용을 담고 있었다. 따라서 진정한 의미에서 모든 노동자에게 빈민구제의 사회적 권리를 부여한 것은 아니었다.

4) 노동자계급의 조직화와 사회복지의 확대

노동자계급의 조직화와 사회주의 정당 결성

유럽의 선진 자본주의 나라들은 자유방임 자본주의하에서 노동력 착취와 자본축적에 기초한 과잉생산으로 주기적 공황을 겪게 되었다. 특히 1873년 공황으로 만성적 경제 불황이 20여 년간 지속되었고 이로 인해 많은 실업자가 생겨났다. 노동자들은 낮은 임금과 열악한 노동조건에 시달려야 했으며 빈곤층도 늘어났다. 노동자들의 빈곤과 사회적·정치적 배제가 사회문제가 되면서 노동자들의 권리 향상과 생활 보장을 요구하는 목소리가 점차 커져 갔다. 이에 따라 자본주의적 착취와 불평등을 극복하려는 사회주의운동이 확산되었고, 노동자들의 참정권을 요구하는 민주주의운동도 동시에 분출되었다. 사회주의와 민주주의 이념의 확산은 노동자계급의 조직화와 정치세력화에 큰 영향을 미쳤다.

1863년에 폴란드에서 일어난 노동자들의 봉기가 탄압당하자, 이에 항의하는 집회를 계기로 하여 1864년에 영국 런던에서 최초의 국제적 노동

인터내셔널은 국제사회주의운동 조직의 약칭이다. 제1인터내셔널이라 불리는 '국제노동자협회'는 1864년 영국 런던에서 결성되었다. 마르크스는 창립 선언문과 규약을 작성하는 등 제1인터내셔널의 결성을 적극적으로 주도했으며, 1870년에는 마르크스파가 제1인터내셔널의 주도권을 장악했으나 1871년 프랑스에서 수립된 파리 코뮌이 붕괴한 후 쇠퇴하여 결국 1876년에 해체되었다. 제2인터내셔널은 마르크스주의에 기초한 사회주의운동을 배경으로 1889년 프랑스 파리에서 결성되었다. 창립대회에서 5월 1일을 노동절로 선포했고, 1910년 대회에서 3월 8일을 세계 여성의 날로 선포했다. 또한 하루 8시간 노동제를 요구하는 국제적 캠페인도 벌였다. 그런데 제1차 세계대전이 일어나면서 제국주의 전쟁을 혁명으로 전환시킨다는 결의에도 불구하고 각 나라의 사회주의 세력이 조국 방위론에 동조하는 등 내부 분열이 생기면서 1916년에 해체되었다. 제3인터내셔널은 레닌의 발기로 1919년 창설된 코민테른(Comintern), 즉 공산주의 인터내셔널(Communist International)을 말한다. '세계 혁명의 확산'을 목표로 했지만, 실제로는 국제공산주의운동에 대한 소련의 통제 기관으로 기능했다. 제2차 세계대전 중 스탈린이 서방세계의 도움을 받기 위해 1943년에 해체했다.

운동 조직인 '국제노동자협회(International Workingmen's Association)'가 결성되었다. 이 협회는 흔히 '인터내셔널'이라고 불렸으며 국제사회주의 운동의 중심이 되었다. 그리고 19세기 중반 이후에 영국(1881년 민주연맹), 독일(1863년 독일노동자동맹), 프랑스(1905년 사회당), 스웨덴(1889년 사회민주당), 미국(1876년 사회주의노동당) 등 많은 나라에서 사회주의 이념과 노동자계급의 이익에 기초한 좌파 정치조직이나 정당이 결성되었다.

독일 정부의 사회주의 탄압과 사회보험

독일의 초대 총리인 비스마르크(Otto E. L. von Bismarck)는 세계 최초로 '사회정책(Sozialpolitik)'을 시행했다. 사회정책은 사회복지정책의 독일식 용어인데, 1883년에는 의료보험, 1884년에는 공업재해보험, 1889년에는 노령연금 등의 사회정책이 시행되었다. 이러한 사회정책들은 비스마르크가 1872년에 '사회정책학회'를 창립한 슈몰러(Gustav Schmoller), 바그너(Adolph Wagner) 등 강단사회주의자들의 사상을 도입하여 추진한 것이었다. 비스마르크는 사회정책의 시행에 앞서 1878년에 「사회주의자 진압법」을 제정하여 사회주의자들을 견제하려고 했다. 하지만 의도와 달리 사회주의 세력이 계속 성장해 가자, 사회주의 세력을 와해시키려는 정치적 의도로 사회보험제도를 도입하여 노동자들을 포섭하고자 했다. 이러한 독일 사회보험제도는 이후 1908년 영국 총리의 독일 방문 때 영향을 미쳐 영국의 자유당 정부가 「국민보험법」을 만들도록 하는 중요한 계기가 되었다.

계급 갈등과 사회복지의 확대

구빈법과 노동자보호법 등의 발달에도 대부분의 자유시장 자본주의 사회에서 노동자계급과 빈민층의 삶은 크게 개선되지 못했다. 이에 따라 삶의 개선을 요구하는 노동자들이 조직화되면서 자본가계급과 노동자계급 간의 갈등은 더욱 고조되었다. 20세기 초 세계 자본주의 경제의 위기와 제국주의 나라들 간의 갈등으로 초래된 제1차 세계대전(1914~1918년)은 경제위기를 한층 더 심화시켰다. 세계 자본주의의 중심국가인 미국과 영국뿐만 아니라 유럽 대부분의 나라에서 인플레이션과 실업이 증대하고 재정난이 심화되면서 노동자들의 불만이 고조되어 파업이 증가했다. 이로 인해 대부분의 자본주의 나라에서 노동자계급과 서민 대중들은 급격히 좌경화되었다. 그리고 제1차 세계대전 중이던 1917년에는 러시아에서 사회주의 혁명이 일어나 사회주의 정권이 수립되는 등 혁명에 대한 기대도 커져 갔다. 이에 따라 독일 공산당(1919년), 프랑스 공산당(1920년) 등 급진적 공산주의 정당들이 창당되었고, 기존 사회민주주의 정당들의 영향력도 증대되어 갔다.

이처럼 선진 자본주의 나라들에서 노동자들의 저항과 계급 갈등이 더욱 격화되고 자본주의 경제의 만성적인 불황 속에서 혁명적인 분위기가 조성되자, 자본가계급의 이익을 옹호하던 국가들도 점차 위기감을 느끼면서 노동자들을 비롯한 빈곤층의 일상적 삶을 안정화시킬 필요성에 공감하기 시작했다. 각 나라의 국가(정부)들은 노동자들을 비롯한 빈곤층의 일상적 불안을 해소하기 위해 빈민구제를 비롯한 공공부조 제도를 도입하기 시작했고, 사회복지의 수혜 범위를 확대하면서 사회보험 형태의 보편적 복지도 도입하고자 했다. 국가는 노동자들에게 안정된 삶을 제공하여 이들의 불만을 약화시킴으로써 계급 갈등을 완화하는 것이, 궁극적으로 자본주의 시장경제 질서를 안정적으로 유지하고 자본가들이 지속적으로 이윤을 추구해 나갈 수 있게 하리라 생각했다. 그래서 자유시장경제 논리에 기초하여 '최소한의 국가', '야경국가'를 지향했던 국가는 시장의 위기를 관리하면서 노동자들의 안정된 삶을 보장하는 '개입주의 국가', '복지국가'로 점차 변화해 갔다.

영국의 베버리지 보고서와 사회보험

노동자들과 사회주의자들은 빈곤문제가 개인의 도덕적 결함이나 나태로 인한 것이 아니라 자본주의적 착취와 실업 등으로 인한 것이라고 주장했다. 그리고 일부 지식인과 부유층도 물질적 풍요 속에서도 지속되는 빈곤에 대해 온정주의적·인도주의적 의식을 지니기 시작했다. 이처럼 빈

비스마르크

(1815~1898) 독일 정치가이자 프로이센의 초대 총리로서 독일 통일에 기여했다. 1862년 국왕 빌헬름 1세(Wilhelm I)가 군비 확장 문제로 의회와 충돌하던 시기에 프로이센 총리로 임명되었다. 그는 취임 첫 연설에서 "현재의 큰 문제는 언론이나 다수결에 의해서가 아니라 철과 피에 의해서 결정된다"라고 선언하며 이른바 '철혈정책(鐵血政策)'의 의지를 밝혔다. 그는 의회와 대립하면서도 독단으로 군비 확장을 강행하여 '철의 수상'이라는 별명을 얻었다. 결국 그는 1864년, 1866년 두 차례의 전쟁에서 승리하여 북독일연방을 결성했고, 나아가 1870~1871년 전쟁에서 승리함으로써 독일 통일을 이룩했다. 그리고 1871년 독일제국 총리가 되어 1890년까지 이 지위를 유지했다.

독일 통일 후 그는 외교적으로 유럽의 평화 유지에 기여했지만, 국내에는 사회주의 세력을 비롯하여 많은 반대세력이 있었다. 그의 집권기에 공업은 유럽에서 가장 발전했지만, 집권 말기에는 제국주의자들이 그의 평화 정책에 반대하기도 했다. 1888년 빌헬름 2세(Wilhelm II)가 즉위한 후 정책의 주도권을 놓고 충돌하다 축출되었다.

베버리지 보고서는 제2차 세계대전 중인 1941년 6월에 영국의 전시 내각이 창설한 '사회보험 및 관련 서비스(Social Insurance and Allied Services)에 관한 위원회'가 작성하여 1942년에 제출한 보고서이다. 정식 명칭은 '사회보험과 관련 서비스'이지만 당시 위원장이었던 베버리지의 이름을 따서 '베버리지 보고서'라고 부르게 되었다.

빈곤 해소를 중심으로 하여 국민들의 기본적인 삶을 충족하기 위해 사회보험을 실시할 것과 위급한 상황에 대처하기 위해 공공부조를 강화할 것을 주장했다. 특히 모든 국민이 사회보장의 혜택을 받아 기본적인 삶을 유지할 수 있게 하고, 이를 위한 비용은 국가, 고용주, 노동자가 동등하게 분담하는 것을 원칙으로 삼았다.

곤이 개인의 책임이 아닌 사회문제로 인식되기 시작하면서, 영국에서는 1905년에 실업자들의 실태 파악과 구빈 대책을 위한 '왕립조사위원회'가 설립되었다. 이 위원회는 조사를 통해 '다수파 보고서'와 '소수파 보고서'를 작성했는데, 다수파 보고서는 자선기금에 의한 자율적인 서비스 활동과 구빈정책에 강조점을 둔 반면에, 웹 부부(the Webbs)가 중심이 된 소수파 보고서는 구빈법의 폐지와 그 대안으로 국가 주도의 사회보험, 의료서비스, 직업안정정책 등을 제시했다. 자유당 정부의 최종적인 개혁안으로 '다수파 보고서'가 채택되었지만, 소수파 보고서의 안들은 이후 영국 사회복지의 역사에서 제도적 전환점을 가져다준 계기였다.

영국에서는 1911년에 「국민보험법」이 입법화되면서 의료보험과 실업보험을 중심으로 하는 사회보험이 시작되었다. 1941년에는 베버리지(William H. Beveridge)를 위원장으로 하는 '사회보험 및 관련 서비스에 관한 위원회'에서 사회복지 개혁에 착수하여, 1942년에 역사적인 '베버리지 보고서'가 제출되었다. 이 보고서는 산만한 사회보험들을 하나의 통일된 체계로 통합하고 보편주의에 입각한 사회보험을 도입할 것을 권고했다. 특히 5대 사회악인 결핍, 질병, 나태, 무지, 불결을 사회문제로 규정하면서, 이러한 사회문제를 해결하기 위해 완전고용, 포괄적 의료서비스, 가족수당의 필요성을 강조했다. 베버리지 보고서의 권고사항들은 이후 영국의 다양한 사회복지법 제정에 반영되었고, 이에 따라 영국은 '요람에서 무덤까지'라는 복지국가의 체계를 갖추게 되어 국민 대부분에게 기본적인 사회보장을 제공했다.

미국의 대공황과 뉴딜정책

민간단체들이 사회복지의 중심적인 역할을 담당해 왔던 미국의 전통은 20세기 초에도 지속되어 사회복지는 공공복지보다 '민간복지'가 중심이 되었고, 이에 따라 사적·개인주의적 복지가 발달하게 되었다. 그런 가운데 1906년에는 연방정부가 '8시간 노동제'를 도입했고, 1912년에는 매사추세츠주에서 「최저임금법」을 도입하기도 했다. 그런데 제1차 세계대전

기간에 전쟁물자 수출로 공업이 발달하면서 자본의 독점화가 나타나고 빈부 격차가 심해지자, 자유방임주의를 대체하려는 진보주의 사상이 확산되기 시작했고 법적 규제와 보호를 통해 사회정의를 실현하는 방안이 제기되었다. 그래서 이 시기에 공공 및 민간 복지시설이 모두 크게 늘었다.

1929년 대공황은 사회복지에 연방정부의 역할이 중요함을 인식하는 계기가 되었고, 사회복지정책의 대전환으로 공공복지의 발달을 가져왔다. 자유방임주의를 옹호한 후버(Herbert C. Hoover) 대통령의 후임으로 1933년에 집권한 루스벨트(Franklin D. Roosevelt) 대통령은 대공황 극복을 위해 연방정부가 경제에 적극적으로 개입하는 '뉴딜(New Deal)정책'을 펼쳤으며, 노동자들을 보호하기 위한 노동입법도 했다. 또한 이 과정에서 1935년에 「사회보장법(Social Security Act)」을 제정하여 실업보험과 노령연금을 제공했고, 공공부조와 공공보건 및 복지서비스를 확대했다.

5) 사회민주주의의 성장과 복지국가

민주주의의 발달과 사회주의 세력의 분열

20세기에 접어들면서 피지배세력들의 참정권운동으로 선거권의 확대와 민주주의 제도의 발전이 이루어지면서 노동자들과 빈민들 사이에서 좌파정당을 통한 사회개혁에 대한 기대가 형성되기 시작했다. 자본주의 위기가 고조되고 전쟁의 분위기가 형성되는 상황에서 유럽의 사회주의운동 세력과 좌파정당들의 지도자들은 자본주의에 반대하고 전쟁에 반대하기 위해 좌파들의 단결을 도모하고자 했다. 그런데 생산력 발달에 따른 물질적 개선과 더불어 참정권의 확대와 의회민주주의의 발달이라는 정치적 상황의 변화는 이전에 노동자계급의 해방과 사회주의 건설을 추구해 온 각 나라의 사회주의 세력들에게서 정치적 노선의 분열을 낳았다. 한편에서는 급진적·혁명적 노선을 유지하려고 했고, 다른 한편에서는 선거 참여를 통한 점진적·개혁적 노선으로 전환하려고 했다. 게다가 전쟁으로 각 나라에서 민족주의적 분위기가 확산되면서, 선거 참여와 전쟁 반대 등을 둘러싸고 내부적 이견과 분열이 일어나 좌파들의 단결과 연대는 성공하지 못했다.

이런 가운데 봉건적인 차르(Tsar) 체제하에서 자본주의의 발달이 뒤처져 있던 러시아에서는 전쟁 중이던 1917년에 사회주의 혁명이 성공했던 반면에, 자본주의가 발달한 서유럽 나라들에서는 혁명의 분위기가 고조되지 못했다. 두 번의 세계대전 이후 세계 자본주의는 1920~1930년대에 반복되던 파국적인 경기침체나 대공황이 더 이상 발생하지 않으면서, 오히려 전례 없이 활기에 찬 장기간의 호황을 누리게 되었다. 자본주의 경제가 상대적으로 안정화되어 정치적 민주주의의 발달이 이루어지면서, 서유럽의 나라들에서는 군사적·정치적 독재로의 회귀가 나타나지 않았으며, 완전한 보통선거에 기초한 의회민주주의가 확립되기에 이르렀다.

자본주의적 민주주의와 사회민주주의의 성장

세계대전 이후 급진적·혁명적 사회주의운동은 선거 참여에 반대하면서 여전히 혁명을 통한 정치권력의 장악을 추구한 반면에, 점진적·개혁적 사회주의운동은 선거 참여를 통해 사회주의로의 점진적 전환을 추구했다. 전자가 전통적인 '사회주의' 노선이었다면, 점진적·개혁적 노선은 이와 달리 '사회민주주의'라고 불리게 되었다. 사회민주주의자들은 한편으로는 소련을 중심으로 한 사회주의자들의 급진적·혁명적 노선에 반대하고, 다른 한편으로는 사적 소유와 자유시장경제에 기초하여 자본주의를 강화하려는 보수주의자 및 자유주의자들에 반대하면서, 민주주의를 통한 사회주의로의 점진적인 변혁을 지향했다.

현실적으로 서유럽에서는 자본주의의 발달로 노동자들의 물질적 삶이 점차 개선되었고, 민주주의의 발달로 지배계급의 양보와 사회복지의 확대가 이루어졌으며, 노동자들의 권리 향상과 단체교섭권을 통한 노사관계의 제도화 등도 이루어졌다. 이에 따라 노동자들과 서민 대중들 사이에서 선거 참여를 통한 변화에 대한 기대가 커지면서, 급진적 혁명을 지지하는 분위기는 점차 약화되는 반면에 온건개혁 노선에 대한 지지는 확대되기 시작했다. 사회민주주의 정당들은 이러한 정치적 상황 속에서 복지국가의 강화를 내세우면서 지속적으로 지지를 넓혀갈 수 있었다.

제2차 세계대전 이후 복지국가의 발달

1929년 대공황 이후 자유시장경제의 불안정과 계급 갈등이 격화되고 또 전쟁에 따른 혼란을 겪게 되면서, 유럽의 국가들은 좌·우파를 막론하고 이전의 자유방임주의에서 벗어나 공공사업과 군비 확충을 위해 국가가 시장경제에 개입하는 것이 시장의 무정부성과 비효율성을 극복하며 경제위기를 관리하는 데 효과적이라는 점을 인식하기 시작했다. 그리고 전후의 복구 과정에서도 재원의 확보를 위해 국가의 적극적 역할이 필요했다.

유럽 자본주의 나라들에서의 국가 개입은 대체로 케인스(John M. Keynes)의 경제학 이론을 중요한 정책적 근거로 삼고 있었다. 케인스는 정부의 수요 관리를 통해 소비 증대를 이루면 이것이 생산적 투자를 늘려 불황에서 벗어날 수 있다고 보았다. 특히 정부의 공공투자를 늘려 완전고용과 소득 재분배를 이루면 대중의 구매력이 향상되고, 이를 통해 이윤율의 상승과 투자 증대가 이루어지면 생산과 소비의 선순환이 가능하다고 보았다. 전후 사회민주주의 정당들에 의해 추진된 완전고용과 보편적 복지 확대 정책은 바로 '유효수요 창출'이라는 케인스 이론에 기초한 것이었다. 이것은 기본적으로 노동자들의 삶의 질을 높이기 위한 친노동자적 정책이었지만, 장기적으로는 자본가들에게도 이익이 되는 것이었다.

영국에서는 전시 연립정부에서 시작된 완전고용 정책이 1945년에 집권한 노동당 정부에 의해서도 유지되었다. 1945년 선거에서 노동당은 사상 최초의 다수정부를 구성했고, 이에 기초하여 1945~1948년에 걸쳐 베버리지의 보고서에 기초한 '국민보건서비스(NHS: National Health Service)'를 법제화했다. 이에 따라 영국은 '복지국가(welfare state)'라는 이름을 탄생시키면서 세계 최초로 현대적 복지국가를 이루게 되었다.

스웨덴에서는 사회민주당(SAP)이 전쟁 중이던 1938년에 이전의 급진적

사회민주주의자들이 정치적으로 추구해 온 목표는 대체로 다음과 같은 것들이었다. ① 폭력혁명을 배격하고 자본주의 제도의 전면적 파괴가 아니라 그 안에서 점진적인 사회개혁을 축적하여 이상적인 공동체사회에 접근한다. ② 정치적 민주주의를 수호하고 발전시켜 의회 내에서 다수를 획득함으로써 입법을 통해 개혁을 추진한다. ③ 당면한 목표로서는 복지국가를 실현한다. ④ 산업의 국유화는 사회주의의 목표가 아니라 하나의 수단으로 간주한다. ⑤ 사회와 국가를 '인간화'하는 도덕적 전통을 사회주의의 궁극적 이상으로 삼는다.

〈표 14-1〉 1960~1970년대 선진공업국가의 공공복지 지출*

나라	1960년대 초반	1970년대 중반
네덜란드	14.2	29.1
덴마크	14.2	23.4
벨기에	18.6	23.2
오스트리아	19.6	23.0
스웨덴	13.6	21.9
핀란드	14.0	21.0
프랑스	17.0	20.9
독일	16.5	20.6
노르웨이	11.7	20.0
이탈리아	13.6	19.6
캐나다	11.4	18.9
영국	12.6	16.7
미국	10.3	15.7
일본	7.0	8.9

* 보건, 교육, 소득 유지를 위한 지출이 국내총생산에서 차지하는 비율.
자료: OECD, *Public Expenditure, Studies in Resource Allocation*(1978), 미시라(1996)에서 재인용.

강령을 바꿔 완전고용과 복지국가를 내세워 집권했고, 복지정책 추진을
위해 '사회복지위원회'를 구성했다. 사회민주당은 전후에도 지속적으로
집권을 유지하면서 사회복지위원회의 보고서를 기초로 복지개혁을 추진
했다. 그리하여 1946년에 연금개혁이 이루어지고, 1949년에 「산업재해보
상법」, 1954년에 「아동수당법」과 「주택수당법」, 1955년에 「질병보호법」
등이 제정되면서 '보편적 복지'의 성격을 띠는 국민보험제도가 갖추어지
게 되었다.

전후 유럽의 여러 나라는 완전고용을 추구하고 의료보험, 실업보험, 산
업재해보험, 노령연금 등 사회보험의 도입을 통해 보편적 복지제도를 갖
춤으로써 전쟁의 혼란과 계급 갈등에서 벗어난 안정된 사회를 만들고자

노력했다. 전후 20년가량 지속된 자본주의 경제의 장기 호황과 경제성장은 재분배에 대한 국가-자본-노동 간의 사회적 합의를 지속시킬 수 있도록 해주었다. 그래서 〈표 14-1〉과 같이 1960~1970년대에 대부분의 유럽 나라들은 국내총생산에서 공공복지 지출이 차지하는 비율이 큰 폭으로 늘어났다.

미국의 페어딜정책과 사회복지

제2차 세계대전 이후 집권한 미국의 트루먼(Harry Truman) 대통령은, 냉전체제로 소련과의 대립이 격화되면서 1947년에 서유럽 자본주의 나라들을 지원하는 대외정책인 '마셜플랜'을 세웠고, 1949년에는 연두교서에서 "미국 국민은 모두 정부의 공정한 처우(Fair Deal)를 받을 권리를 지닌다"라고 선언했다. 뉴딜정책을 계승한 '페어딜정책'은, 사회보장제도의 확대, 새로운 임금·노동시간 규정 및 「공공주택법」의 제정, 고용에서의 인종적·종교적 차별을 금지하는 「공정고용법」의 시행 등을 추진하고자 했다. 이에 따라 최저임금 인상, 빈민촌 개량, 노인연금 확대 등이 시행되었지만, 1950년 한국전쟁의 발발로 냉전이 심화되면서 페어딜정책은 중단되었다.

1950년대부터 흑인민권운동, 여권운동 등이 활발해지면서 빈곤과 일자리 문제를 해결하라는 요구가 확산되었다. 이에 따라 정부는 인권 및 빈곤 문제 해결을 위한 개혁정책을 추진했고 사회복지 프로그램도 대폭 늘렸다. 또한 1965년에는 「사회보장법」에 의료보험(Medicare)과 의료보호(Medicaid)를 포함시켰다. 한편, 1960년대에는 베트남전쟁, 빈곤, 인종차별, 여성차별, 권위주의 등에 반대하는 다양한 사회운동이 확산되어 진보적인 사회적 분위기가 형성되기도 했지만, 보수적인 정치적 분위기 속에서 닉슨(Richard M. Nixon), 포드(Gerald R. Ford) 등 공화당 출신 대통령들이 집권하면서 사회복지정책도 후퇴했다.

미국의 의료보험과 의료보호

미국의 의료보험과 의료보호는 1965년 7월 30일 존슨(Lyndon B. Johnson) 대통령 때 제정되어 연방정부가 시행하고 있는 사회보장제도이다. 의료보험은 65세 이상 또는 소정의 자격 요건을 갖춘 사람에게 의료복지를 제공한다. 의료보호는 65세 미만의 저소득층과 장애인을 위한 국민 의료보조 제도이다. 1983년에 애리조나주가 참여함으로써 미국의 모든 주가 제공하는 제도가 되었으나 수혜 범위는 제한적이다.

1960년대 이후의 미국 사회

1960년대에는 미국의 베트남전쟁 개입으로 젊은 군인들의 인명 피해가 늘어나자 대학생들을 중심으로 반전운동이 일어났고, 빈곤, 인종차별, 여성차별, 권위주의 등에 반대하는 사회운동도 확산되었다. 그런데 1968년 대통령 선거 국면에서 전쟁반대를 내세워 젊은 층의 폭넓은 지지를 얻고 있던 유력한 대통령 후보 케네디(Robert F. Kennedy)가 암살되자 정치를 통한 변혁에 대한 기대가 무너지면서 젊은 층의 활동은 정치운동에서 사회운동이나 히피운동, 반문화운동으로 전환되었다.

6) 신자유주의의 확산과 복지국가의 위기

석유위기

석유위기는 두 차례에 걸친 국제 원유가격의 상승으로 석유를 소비하는 국가들이 경제적 위기를 겪고 세계경제가 혼란에 빠진 것을 말한다.

1973~1974년에 발생한 1차 석유위기는 1973년 10월 6일에 시작된 중동전쟁(아랍 대 이스라엘의 분쟁)이 석유전쟁으로 비화하면서 발생한 것으로서 세계경제를 심각한 불황에 빠뜨렸다. 아랍석유수출국기구(OAPEC)와 석유수출국기구(OPEC)는 이스라엘이 아랍 점령 지역에서 철수하고 팔레스타인의 권리가 회복될 때까지 매월 원유 생산을 5%씩 감산하기로 함으로써, 중동전쟁에서 석유를 정치적인 무기로 사용하고자 했다.

1978~1980년의 제2차 석유위기는 원유가격 결정권을 장악한 석유수출국기구가 1978년 12월에 원유가격의 단계적 인상을 결정한 데다가 12월 말 이란이 국내의 정치 및 경제적인 혼란을 이유로 석유생산을 대폭 감축하고 수출을 중단함에 따라 발생했다. 이로 인해 석유수입국들의 경상수지는 큰 폭의 적자를 보게 되었고, 반면에 석유수출국들은 큰 폭의 경상수지 흑자를 얻었다.

자본주의 경제위기와 신자유주의의 확산

두 차례의 석유위기가 세계경제에 타격을 주면서 선진국들에서도 1970년대 후반에 경제위기가 일어났다. 이 때문에 복지비용 지출에 따른 국가의 재정위기가 나타나면서 복지국가의 개혁을 요구하는 목소리가 커졌다. 미국과 영국에서는 '신자유주의'의 논리에 입각하여 복지국가의 재정위기를 공격하면서, 케인스주의적 혼합경제와 복지국가 체제가 개인의 자유를 침해할 뿐만 아니라 경제적 효율성을 저하한다는 복지국가 비판 논리가 확산되었다. 경제위기에 따른 재정위기와 경제성장의 둔화는 복지재정 삭감과 시장자유화를 통한 자본 투자의 확대 및 국가경쟁력 강화라는 신자유주의 논리에 힘을 실어주었다.

영국에서는 1979년에 신자유주의를 표방한 대처(Margaret H. Thatcher) 정부가 등장하여 복지 삭감과 노동시장 유연화를 추진하면서 복지국가가 후퇴했다. 또한 1980년대 초에 집권한 미국의 레이건(Ronald W. Reagan) 공화당 정부 역시 신자유주의적 시장경쟁의 효율성과 시장자유화 논리를 내세워 대중적 지지를 확보함으로써 집권했고, 법인세 감축, 공공복지 재정 삭감 등을 추진함으로써 미국 사회복지의 후퇴를 가져왔다. 유럽에 비해 공공복지가 취약했던 미국에서는 신자유주의 정책으로 빈곤층이 늘어나는 등 사회문제가 더욱 심각해졌으며, 지역사회 복지의 많은 부분을 민간복지가 더 많이 담당하게 되었다.

신자유주의는 "시장의 자유 없이 정치적 자유 없다"라는 구호 아래 시장적 자유와 개인의 사적 소유권을 자연법적 권리이자 절대적 가치로 파악했다. 이것은 18~19세기 자유주의의 핵심적 경제논리를 다시 강조한다는 점에서 자유주의의 부활이었다. 신자유주의를 내세운 정부들은 시장경쟁의 효율성과 정부개입의 최소화(작은 국가) 논리에 입각하여 재정지출 축소와 감세, 노동시장 유연화, 강력한 노동조합 규제, 국가경제 규제 철폐, 국영기업의 사유화, 복지서비스의 축소와 행정기구의 간소화 등의 정책을 추진했다.

신자유주의적 세계화와 제3의 길

1980년대에는 영국, 미국에 이어 덴마크, 노르웨이, 독일 등에서도 복지국가를 내세운 좌파정당들이 집권에 실패하게 되었고, 새로 집권한 우파정당들은 신자유주의를 내세우며 친자본가적·시장주의적 정책들을 추진했다. 경제위기·재정위기를 극복하기 위해 도입된 신자유주의적 개혁은 세계시장 통합을 촉진해 자본의 국제이동, 금융의 세계화, 유럽시장 통합 등 경제 환경의 변화를 가져왔다. 이것은 자본가계급의 영향력을 강화시킨 반면, 노동자계급의 연대를 약화시켰다. 유럽 선진국들에서는 전후의 경제성장 과정에서 자동화·정보화에 따른 제조업 일자리 감소와 서비스업 비중의 증가, 생산직·사무직·기술직 등 노동자계급의 분화, 화이트칼라 노동자 등 중간계급의 성장, 환경·여성·소수자 등 가치의 다양화와 이해관계의 분화, 문화적 탈권위주의화와 개방화, 가족의 약화와 개인주의화 등의 사회변화가 진행되어 왔다. 이러한 사회적 상황에서 진행된 복지국가의 후퇴와 노동시장 유연화 등 신자유주의화는 노동자계급의 연대, 노동자계급과 중간계급 간의 복지동맹을 지속시키기 어렵게 했다.

이러한 사회변화로 인해 사회민주주의 복지국가 체제를 비판하는 정치세력은 증가하는 반면에, 이 체제를 지탱해 온 노동자계급 내에서는 이해관계에 따른 분열이, 즉 노동조합과 사회민주주의 정당 간 분열이 발생했다. 이에 따라 노동조합의 조직률이 떨어지고 노동자계급의 연대는 점차 약화되었으며, 중앙조직에 의한 단체협상도 흔들리게 되었다. 결국 신자유주의 체제하에서 노동조합의 연대에 기초한 중앙 차원의 임금협상을 통한 노사정 간의 사회협약은 유지되기 어렵게 되었고, 이에 따라 완전고용과 연대임금이라는 사회민주주의적 목표의 실현도 어려워지게 되었다.

1974년에 2%대를 기록하던 유럽연합의 평균 실업률은 1984년에 9.4%까지 치솟았다. 그리고 1990년대에 들어 영국과 스웨덴이 각각 10%와 8%의 실업률을 보이는 등 유럽연합 나라들은 대체로 10% 내외의 높은 실업률을 보여주었다. 자동화·정보화와 더불어 진행된 산업구조의 변화로 인해 전통적 제조업이 약화되고 금융업을 비롯한 정보·서비스업이 증대되면서 노동시장의 유연성도 높아지고 정규직의 고용 규모도 감소하는 등 노동시장의 불안정과 분절화가 나타났다. 특히 여성 및 청년층에서 높은 실업과 불완전고용 현상이 두드러졌다(김인춘·김학노, 2005).

신자유주의 이념과 제도의 확산으로 좌파정당에 대한 지지가 약화되고 전통적 복지국가의 후퇴가 이루어지자, 기존의 좌파정당들은 재집권을 위해 이념적·정책적 변화를 추진하고자 했는데, '제3의 길'은 그 대표적인 방안으로 제시되었다. 제3의 길을 주장한 기든스(Anthony Giddens)는 좌파정당이 집권하기 위해서는 국유화와 복지지출의 확대라는 고전적 사회민주주의에서 벗어나 시장의 효율성을 적절히 도입하고 생태적 가치를 중요시하는 새로운 중도의 길이 필요하다고 보았다. 그리고 세계화에 대응하여 새로운 혼합경제는 공공 부문과 민간 부문 간의 상승효과를 추구하기 위해 공익을 염두에 두면서 '시장의 효율성'을 적극적으로 이용할 필요가 있다고 보았다. 특히 사회복지제도의 개혁을 위해 '사회적 투자국가'의 역할을 강조했는데, 이것은 '일하는 복지(welfare to work)'를 위해 전체 복지재정에서 노동력 재교육과 일자리 창출에 투입하는 비중을 늘리는 것을 의미했다(정태석, 1999).

제3의 길은 1990년대에 사회민주주의 좌파정당이 재집권하는 데 중요한 이론적 토대가 되었다. 하지만 현실 정치에서 좌파정당들은 이론과 달리 시장주의 정책의 도입을 통해 복지를 후퇴시킴으로써 오히려 신자유주의에 포섭되는 경향으로 나아갔다. 특히 영국 노동당 정부와 독일 사회민주당 정부의 '신중도 노선'은 공공 부문의 사유화 및 복지국가의 후퇴 등에 따른 일자리 불안정의 확산과 빈곤층의 증가를 낳았다. 제3의 길 노선에 따른 대중들의 삶의 불안정은 좌파의 분열로 이어졌고, 이에 따라 2000년대에는 유럽의 많은 나라에서 중도우파정당이 집권하게 되었다.

한편, 신자유주의에 따른 사회 양극화와 일자리 불안정 등이 심화되고 또한 2008년 세계금융위기로 신자유주의의 폐해가 드러나기 시작하면서 좌파정당에 대한 지지가 다시 확산되고 있다. 그런데 제3의 길을 내세웠던 중도좌파 사회민주주의 정당보다는 급진좌파정당이나 녹색당에 대한 지지가 확대되고 있다. 또한 극우정당의 성장 속에서 중도우파정당의 집권이 이루어지면서, 시민들이나 정당들 사이의 이념적·정책적 갈등도 심화하는 경향을 보인다. 이것은 유럽통합과 신자유주의의 확산에 따른 나라 간 격차 확대, 시장과 고용 불안정의 증대, 외국인노동자들에 대한 불만 등으로 시민들 사이의 이해관계와 가치의 균열이 커지고 있기 때문이다. 이처럼 변화된 조건들은 시민들의 정치적 선택을 복잡하게 하여 복지국가의 전진과 후퇴, 그리고 그 형태의 변화를 낳고 있다.

3. 사회복지의 유형과 사회복지제도

1) 사회복지 유형의 개요

사회복지제도는 형성되어 온 사회역사적 배경이나 조건의 차이에 따라 서로 다른 형태를 띠는데, 제도의 운영방식에 따라 〈표 14-2〉와 같이 분류해 볼 수 있다. 복지수혜자의 범위에 따라 보편적 복지(universal welfare)와 선별적 복지(selective welfare, 선택적 복지), 복지재정의 형성 방법에 따라 세금에 기초한 복지와 갹출에 의한 복지, 보험급여 유형에 따라 균일형 복지와 소득비례형 복지, 재분배 방식에 따라 누진적 복지와 역진적 복지, 보험급여의 수준에 따라 높은 수준의 복지와 낮은 수준의 복지 등으로 나눌 수 있다.

먼저 '보편적 복지'는 국민 모두가 복지수혜의 대상이 되는 사회복지 유형이다. 국가는 가난한 사람이든 부유한 사람이든 모두에게 기본적인 복지를 제공한다. 건강보험의 경우를 보면, 국민은 누구나 의무적으로 보험에 가입하여 보험료를 납부해야 하며, 동시에 누구나 보험의 혜택을 동등하게 누릴 수 있다. 반면에 '선별적(선택적) 복지'는 국민 전체 중 일부만이

보편적 복지와 보편적 지급

한국에서는 코로나 전염병 재난 상황에서 재난지원금의 전 국민 지급이냐, 하위 70% 지급이냐 하는 문제를 둘러싸고 논란이 있었는데, 그중에는 전 국민 지급을 '보편적 복지', 일부지급을 '선별적 복지'라고 주장하는 경우도 있었다. 그런데 이것은 부적절한 주장이다. 사회복지제도에서 보편적 복지나 선별적(잔여적) 복지나 하는 것은 그 '제도가 국민 모두에게 기본적 삶을 제공하느냐, 꼭 필요한 일부에 한정해서 제공하느냐를 둘러싼 복지 철학과 원칙의 문제를 따지는 것이다.

따라서 복지제도의 차이를 단순히 지원금 지급 범위와 같은 행정적 수단이나 절차 문제로 환원할 수 없다.

보편적 복지와 선별적 복지는 복지제도의 포용 범위에 따른 구별로서, 보편적 복지에서도 재원 마련을 위한 세금이나 보험료 갹출에서 금액 차이가 생기고 또 보험금 지급에서도 금액의 차이가 생길 수 있다. 하지만 건강보험이나 고용보험을 선별적 복지라고 하지 않는다. 따라서 보편적 복지와 선별적 복지를 단순히 돈을 지급하는 범위가 전 국민이냐 일부냐를 기준으로 구분하려는 생각은 타당하지 않다.

〈표 14-2〉 사회복지의 유형 분류

분류 기준	유형	
복지수혜자의 범위	보편적 복지	선별적(선택적) 복지
복지재정의 형성	세금에 기초한 복지	갹출에 의한 복지
보험급여 유형	균일형 복지	소득(납부금)비례형 복지
재분배 방식	누진적 복지	역진적 복지
보험급여의 수준	높은 수준의 복지	낮은 수준의 복지

복지수혜 대상이 된다. 예를 들어 최저소득 보장을 위한 생계급여는 저소득층을 대상으로 하는 선별적 복지이다.

'세금에 기초한 복지'는 국가가 매년 거두어들이는 세금 중 일부를 복지예산으로 배정하여 복지를 제공하는 것이라면, '갹출에 의한 복지'는 복지수혜 대상자들 각각이 일정한 금액을 보험료로 납부하면 이것으로 복지기금을 형성하여 복지제도를 운영하는 것이다.

'균일형 복지'는 보험료 납부 금액과 관계없이 모두가 균일한 보험급여를 받는 것이며, '소득(납부금)비례형 복지'는 보험료를 더 많이 내면 이에 따라 보험급여를 더 많이 받는 것이다. '누진적 복지'는 보험료 납부에서 소득수준이 낮으면 더 적은 부담을 지우고 소득수준이 높으면 더 많은 부담을 지우는 것이다. '역진적 복지'는 그 반대인데, 예를 들어 소득수준과 관계없이 모두가 동일한 보험료를 내도록 한다면, 이것은 실질적으로 저소득층에게 더 많은 부담을 지우는 '역진적 복지'가 된다.

'높은 수준의 복지'가 추가적인 개인적 지출 없이 복지 혜택을 충분히 누릴 수 있는 복지라면, '낮은 수준의 복지'는 추가적인 개인적 지출이 없으면 충분한 복지 혜택을 누릴 수 없는 복지이다. 예를 들어 유럽의 선진 복지국가에서는 질병으로 직장을 휴직할 경우, 건강보험으로 의료비를 제공할 뿐만 아니라 휴직에 따른 소득 손실을 보상해 주어 일상생활에 아무런 어려움이 없을 정도의 복지 혜택을 제공한다. 반면에 복지 후진국에서는 건강보험이 있어도 질병 치료에 드는 개인 부담금이 많거나 큰 질병에 대한 의료급여 수준이 낮아서 크게 도움이 되지 않는다.

2) 잔여적 모델, 제도적 모델, 구조적 모델

사회복지제도의 유형을 사회정책적 차원에서 분류하는 데 가장 널리 사용되는 방식은 '잔여적 복지(residual welfare) 모델'과 '제도적 재분배(institutional redistributive) 모델'의 구분이다. '잔여적'과 '제도적'이라는 용어는 1958년에 윌렌스키(Harold Wilensky)와 르보(Charles Lebeaux)가 처음 사용했고, 이후 티트머스(Richard Titmuss)와 미시라(Ramesh Mishra)가 체계화하고 또 보완했다.

'잔여적 복지 모델'은 개인의 욕구가 일차적으로 사적인 시장이나 가족을 통해 충족되어야 한다고 보며, 다만 이것이 제대로 이루어지지 않을 때 잠정적·일시적으로 사회복지제도가 그 기능을 대신할 수 있다는 구호적 성격의 사회복지 모델이다. '제도적 복지 모델'은 현대사회에서 각 개인의 욕구충족과 자기성취를 돕기 위해서는 시장 외부에서 공공기관이 사회제도를 통해 보편적 복지서비스를 제공하는 것이 필요하다고 본다. 개인들이 자신의 힘만으로는 일상적 위험과 불안에 충분히 대처하기 어려우며, 가족이나 직장도 개인들의 기본적인 필요와 욕구를 충족할 수는 없다고 본다. 유럽 복지국가에서 제공하는 사회보험들이 대표적인 예이며, 사회민주주의자들이 대체로 지지하는 모델이다.

잔여적 복지를 지향하는 나라나 정권은 자유주의 이념에 따라 국가의 개입과 역할을 최소 수준으로 유지하려고 하며, 사회복지의 대상도 노동능력을 상실하여 노동시장에서 탈락한 사람들로 제한하려고 한다. '잔여적'이라는 것은 바로 노동시장에서 소득을 벌어들이지 못하는 부분을 의미하며, 이런 점에서 '선별적 복지'라고 할 수 있다. 그래서 국가가 제공하는 공공부조를 포함한 대부분의 사회복지서비스는 '자산 조사'의 과정을 거쳐 공급된다. 그리고 국가의 역할이 최소화되면 가족, 공동체, 민간 자원봉사, 시장 등 민간 부문이 개인복지의 중요한 역할을 감당하게 된다.

반면에 제도적 복지를 지향하는 나라나 정권은 '복지국가' 이념에 따라 노동시장 참여 여부와 관계없이 모든 국민에게 사회복지제도를 통해 복지 혜택을 제공함으로써, 국민들의 기본적 욕구를 해결하고 생존의 불안과 위험을 없애려고 한다. 이런 점에서 제도적 복지는 사회보험 형태의 '보편적 복지'의 성격을 띠고 있다. 보편적 복지는 복지를 시장에서 돈으로 사고파는 상품이 아니라 소득에 관계없이 누구나 누릴 수 있는 것으로 만드는 것이다. 즉, 국가가 사회복지를 상품시장의 논리에 맡기거나 그 책임을 개인, 가족, 민간에게 지우지 않고, 국가의 책임으로 여긴다.

한편, 미시라는 '잔여적 모델'과 '제도적 모델'이 자본주의 체계 내에서 이루어지는 사회개혁의 모델들이라고 보면서, 마르크스주의적 관점에 기초하여 자본주의 체계의 궁극적인 대체를 통해 '욕구에 기초한 분배'를 추구하는 '구조적(structural) 모델'을 제3의 모델로 제시한다. 구조적 모델은 사회복지의 제도화를 중심적인 사회적 가치로 받아들이지만, 자본주의 체계 내에서는 근본적인 사회복지의 제도화가 이루어질 수 없다는 점을 강조한다. 진정한 사회복지의 제도화는 자본주의 체계 내에서의 사회개혁을 넘어서 사회주의로 나아가는 '구조적 전환'을 통해서만 가능하다는 것이다. 이런 관점에서 보면 제도적 모델은 잔여적 모델에서 구조적 모델에 이르는 연속체의 가운데에 있는 혼합형 모델로 간주할 수 있다.

3) 복지자본주의의 세 가지 유형

복지자본주의의 세 가지 체계

덴마크의 사회복지 이론가인 에스핑-안데르센(G. Esping-Andersen)은 서양의 복지 선진국들이 자본주의 시장경제 사회에서 사회복지제도를 발전시켜 왔다는 점에 주목하여 복지자본주의를 유형화하고자 했다. 『복지자본주의의 세 가지 세계(The Three Worlds of Welfare Capitalism)』(1990)에서 그는 '탈상품화(decommodification)'의 수준에 따라 서양 복지체계를 '사회민주주의', '보수적 조합주의', '자유주의' 등 세 유형으로 구분했다. 복지서비스의 탈상품화 수준이 높은 유형에서는 복지가 국가에 의해 공적으로 제공되며, 소득이나 경제적 자원의 차이에 따라 급여와 서비스의 수준이 달라지지 않는다. 반면에 탈상품화 수준이 낮은 유형에서는 복지가 시장에서 사고파는 상품처럼 취급되어 소득이나 경제적 자원의 차이에 따라 받을 수 있는 급여와 서비스의 수준이 달라진다.

'사회민주주의'는 탈상품화의 수준이 매우 높다. 복지서비스는 국가에 의해 공적으로 제공되며, 모든 국민에게 동등한 서비스를 제공하는 '보편적 복지'의 성격을 띤다. 이러한 복지제도는 단순히 국민들을 빈곤이나 사회적 위험으로부터 보호하는 차원을 넘어서 사회불평등을 해소하려는 목적도 가진다. 스웨덴, 핀란드, 노르웨이, 덴마크 등 스칸디나비아 나라들이 사회민주주의적 복지체계의 대표적인 예이다.

'보수적 조합주의'는 복지서비스가 비교적 높은 수준으로 탈상품화되어 있지만 반드시 보편주의적인 것은 아니다. 그래서 개인에게 제공되는 복지서비스의 정도는 경제적·사회적 지위에 따라 달라진다. 이러한 유형의 복지제도에서는 국가가 사회불평등을 적극적으로 해소하려고 하기보다는 기본적인 사회안전망을 제공하는 것을 지향한다. 프랑스나 독일 등 서유럽 나라들이 보수적 조합주의 복지체계에 속한다.

'자유주의'는 복지서비스가 대체로 상품화되어 있고 시장에서 거래된다. 그래서 개인들은 기본적으로 시장에서 자신의 복지를 구입하지 않으면 안 된다. 다만 빈곤한 사람들에게는 국가가 자산 조사를 통해 공공부조를 제공하는데, 이들에게는 복지수혜자라는 딱지가 붙는다. 이처럼 복지를 기본적으로 개인이 시장을 통해서 부담하도록 하는 자유주의 복지체계의 대표적인 예는 미국이다.

한편, 영국의 경우 1970년대 신자유주의적 복지개혁이 이루어지기 이전에는 사회민주주의 유형에 가까웠지만, 이후에는 복지의 상품화 수준이 높은 자유주의 복지체계에 더 가까워졌다. 이것은 정치적·경제적 상황의 변화로 집권 세력이 바뀌면 사회복지정책의 방향도 바뀔 수 있다는 것을 의미한다.

탈상품화

탈상품화는 상품화에 반대되는 말이다. 마르크스는 자본주의가 상품화 논리를 끊임없이 확대시킨다고 보았다. 자본은 이윤을 얻기 위해 시장에서 사고팔 수 있는 상품을 만들려고 하며, 이러한 상품들을 더 많이 만들어 이윤을 극대화하려고 한다는 것이다.

자본주의의 특징은 인간의 노동력을 '상품화'하는 것이다. 그래서 노동력이 시장에서 얼마에 팔리느냐에 따라 노동자의 임금소득과 생활수준은 달라진다.

노동자들이 다양한 복지서비스(보험 등)를 사적으로 구입해야 한다면, 소득수준에 따라 보장 수준이 다른 건강보험을 구입할 수밖에 없다. 부유층은 값비싼 의료보험을 구입하여 고급 의료서비스를 받는 반면에, 빈곤층은 의료보험 자체를 구입하기 어려운 상황에 처할 수 있다.

에스핑-안데르센에 따르면, '탈상품화'는 개인이 노동시장에 의지하거나 시장상황에 종속되지 않고 생활할 수 있는 정도(수준)를 의미한다. 그래서 탈상품화의 수준이 높을수록 좀 더 높은 수준의 복지 혜택을 누리고 있음을 의미한다.

〈표 14-3〉 유럽 복지국가의 사회보험 재원조달(1949~1977년)　　　　　　　　　　　(단위: %)

구분	덴마크	스웨덴	영국	독일	오스트리아	이탈리아	프랑스
공공지출	80	65	55	30	25	22	20
고용주	8	22	25	42	48	62	61
피보험자	12	13	20	28	27	16	19

자료: Flora(1985: 21), 김영순(1996)에서 재인용.

〈표 14-3〉을 보면, '탈상품화'의 수준에 따른 복지국가 유형 분류의 적합성을 어느 정도 확인할 수 있다. 덴마크와 스웨덴 등 '사회민주주의형' 복지국가에서는 사회보험 재원에서 공공지출이 큰 부분을 차지하는 반면에 피보험자의 비용부담이 낮다. 독일과 프랑스 등 '보수적 조합주의형' 복지국가에서는 공공지출이 낮으며 고용주나 피보험자의 비용부담이 상대적으로 크다.

복지국가 형성의 세 가지 길

복지체계의 유형이 서로 다르듯이, 복지국가를 형성하게 된 경로에서도 서로 다른 유형이 존재한다. 영국에서는 노동자들의 빈곤과 질병 등으로 국가가 전쟁과 행정에 필요한 경제적·인적 자원을 동원하기가 점차 어려워지면서, 안정적인 노동력을 확보하기 위해 국가가 시민들에게 사회복지를 제공하게 되면서 복지국가가 등장했다. 독일에서는 국가가 노동자계급의 혁명적·저항적 성향을 약화시키기 위해, 사회주의운동 탄압정책과 더불어 유인책으로서 사회보험정책을 실시하면서 복지국가가 등장하게 되었다. 이와 달리 스웨덴에서는 노동자계급 정당이 국가권력을 장악하거나 조직화된 노동자계급이 보수적인 국가가 복지정책을 확대하도록 정치적 영향력을 행사함으로써 복지국가가 형성되었다. 특히 스웨덴의 경우 노동자계급 정당이 집권하여 친노동자적 복지정책을 점진적으로 강화하면서, 보편주의에 입각한 포괄적인 복지제도가 형성되었다.

유럽의 복지국가들은 대부분 사회적 위험에 대비하여 국민 모두에게 복지 혜택을 제공하는 보편적 복지제도로서 '사회보험'을 도입하고 있다. 연금보험은 독일이 1889년에 가장 먼저 도입했고, 이후에 프랑스(1905년), 영국(1908년), 스웨덴(1913년) 등에서도 도입이 이어졌다. 실업보험은 노르웨이가 1906년에 도입했고, 이후 덴마크(1907년), 영국(1911년), 네덜란드(1916년), 스웨덴(1934년) 등에서도 도입이 이어졌다. 실업보험은 일정한 자격을 갖춘 실업자들에게 일정 기간(보통 1년 이상) 동안 소득의 70~80% 수준의 실업수당을 제공함으로써 기본적인 생활을 보장하고 있으며, 실업자들이 고용 프로그램에 참여하도록 유도하여 취업을 돕는다. 이처럼 대부분의 선진국은 1900년대 초에 실업보험, 산업재해보험, 연금보험 등을 도입했다.

조세와 보험료 등으로 재원이 마련되는 의료보험의 경우, 많은 선진국에서 사실상 무상에 가까운 사회복지를 제공하고 있다. 그뿐 아니라 치료를 받는 동안 손실되는 소득을 상당 부분 보전해 줌으로써 장기간의 치료에도 큰 어려움 없이 일상생활이 유지될 수 있도록 보호해 준다. 〈표 14-3〉에서 볼 수 있듯이 재원조달 방식에서 나라마다 차이가 있기는 하지만, 영국은 1948년부터 무상의료체계를 전면시행했고, 스웨덴, 덴마크, 독일, 프랑스, 핀란드 등 유럽 선진국들도 환자 부담이 거의 없다.

높은 수준의 사회보험을 제공하고 있는 선진 복지국가들은 높은 조세부담률을 통해 복지재정을 마련하고 있다. 〈표 14-4〉를 보면, '사회민주주의형'에 속하는 북유럽 나라들은 40% 이상의 높은 조세부담률을 보이고 있다. 반면에 '자유주의형'에 속하는 미국은 26.1%라는 상대적으로 낮은 조세부담률을 보여준다. 한편, 조세의 많은 부분을 공공복지에 지출하고 있는 사회민주주의형 나라들에서는 공공복지서비스를 확대하는 과정에서 이 부문의 일자리 창출 효과도 동시에 누리고 있다.

한편, 선진국에서는 아동의 출생 및 성장 과정에도 다양한 사회복지를

〈표 14-4〉 OECD 나라들의 조세부담률*(사회보장기금 포함, 2008년 기준)　(단위: %)

나라	조세부담률	나라	조세부담률
덴마크	48.2	영국	35.7
스웨덴	46.3	포르투갈	35.2
벨기에	44.2	OECD 평균	34.8
이탈리아	43.3	스페인	33.3
프랑스	43.2	스위스	29.1
핀란드	43.1	일본	28.1
노르웨이	42.6	한국	26.5
네덜란드	39.1	미국	26.1
독일	37.0	튀르키예	24.2
체코	36.0	멕시코	21.0

* 국내총생산(GDP)에서 국민 세금이 차지하는 비율.
자료: OECD, "Revenue Statistics: comparative tables"(2010, OECD tax statistics database).

제공하고 있다. 출산율이 낮은 유럽 선진국들은 '출산장려금'을 통해 출산을 유도하고 있을 뿐만 아니라 양육과 교육 과정에서 가족의 부담을 덜어주는 다양한 수당을 보편적 복지의 형태로 지급하고 있다. 또한 장애인들에 대한 지원도 적극적으로 이루어지고 있다. 아동수당은 유럽의 선진 복지국가들은 물론이고 최근에는 아프리카 나라들로도 확산되어 현재 90개국이 도입하고 있다. 2011년을 기준으로 경제협력개발기구(OECD) 나라들 중 아동수당 제도를 도입하지 않은 나라는 미국, 튀르키예, 멕시코, 한국뿐이다. 스웨덴은 16살 이하 모든 아동에게 월 950크로나(약 16만 원, 2011년 말 환율 기준)의 기본 아동수당을 지급하고, 16살 이후에도 학생에게는 연장아동수당을 준다. 일본도 1971년 아동수당을 도입했으며 2011년 3월부터는 소득 제한 없이 15살 미만 자녀의 보호자에게 매달 2만 6000엔(약 39만 원)을 지급하고 있다.

　사회복지제도 유지를 위한 세금 징수가 지속되려면 노동자들의 노동소득도 안정적으로 유지되어야 하는데, 이를 위해서는 일자리 제공이 중요한 복지정책이 된다. 그래서 유럽의 복지선진국들은 고용복지의 방안으로 직업교육, 전직 지원, 일자리 창출 등과 같은 '적극적 노동시장 정책'을 통해 일자리 전환 과정에 적극적으로 개입하고 있다. 특히 생태 전환, 에너지 전환, 디지털 전환 등으로 산업 전환이 활발하게 이루어지고 있는 시대에 일자리 전환을 돕는 '적극적 노동시장 정책'은 중요한 사회복지정책이라고 할 수 있다.

5) 현대사회의 변동과 기본소득 논쟁

현대 자본주의 나라들에서 공공부조는 일할 능력이 없는 사람들을 지원하는 사회적 안전망이 되었고, 사회보험은 피고용인 사회에서 누구나 겪을 수 있는 삶의 불안정으로부터 시민들을 보호하기 위한 제도적 장치이자 사회적 연대의 실현 방안이 되었다. 그런데 노동자들이 공장에서 안정된 일자리를 유지할 수 있었던 공업 또는 제조업 중심의 시대가 지나가면서 완전고용이나 안정적 일자리에 기초하여 만들어졌던 기존의 사회복지제도는, 다양하고 복잡한 시장 상황에 놓인 시민들의 불안정을 효과적으로 보호하기가 점점 어려워지고 있다.

한편으로는 과학기술의 발달에 따른 자동화와 디지털화로 일자리가 줄어들고, 빠르게 변하는 시장 상황에 적응해야 하는 기업들은 해고가 쉬운 비정규직 고용을 선호하게 되어, 고용 안정성이 크게 낮아졌고 일자리 이동도 늘어났다. 그리고 다른 한편으로는 유통업, 교통·통신업, 관광업, 숙박·음식업 등 서비스업의 비중이 커진 서비스사회로 변화하면서 불안정한 일자리가 점점 늘어나는 시대가 되었다.

이처럼 사람들이 안정적인 일자리와 소득을 얻기가 어려워진 시대가 되면서, 삶의 안정을 보장해 줄 수 있는 새로운 사회보장제도에 대한 논의가 확대되기 시작했는데, 대표적인 방안이 바로 '기본소득제도'이다. 이것은 한 나라의 국민이면 남녀노소를 불문하고 모두에게 일정한 현금을 지급함으로써 생존을 위한 기본적인 소비생활을 누릴 수 있도록 한다는 취지의 제도이다. 우파적 시각에서는 현금 지급으로 소비를 늘려 경제순환에 기여하는 면을 중요시하는 반면, 좌파적 시각에서는 현금 소득에 따른 저소득층의 소비의 자율성 확대를 중요시하는 경향이 있다. 기존의 사회복지제도는 개인의 고용이나 소득 상황 변화가 확인될 때 보호가 이루어져 급작스러운 상황 변화에 대처하기 어려운 데 비해, 기본소득제도는 복잡한 행정적 절차 없이 주기적으로 현금을 지급하기에 급작스러운 상황 변화에도 기본적인 생활을 누릴 수 있다는 장점을 지닌다.

그런데 기본소득제도는 기본소득을 통해 개인들이 갑작스러운 소득단절의 불안에서 벗어날 수 있게 한다는 장점은 있지만, 기본소득에 의존하려는 사람들이 늘어날 때, 한 사회에서 사회적 생산을 누가 어떻게 조직하고 통제하고 담당할 것인지의 문제를 해결하지 않으면 안 된다. 그렇지 않을 경우 일부에서는 노동 회피를, 또 일부에서는 노동의 특권화를 낳음으로써, 불평등을 해소한다는 기본소득의 궁극적 취지에 어긋나는 결과를 초래할 수 있다. 그래서 핀란드나 네덜란드 등에서 기본소득 시행에 대한 국민투표를 시행하는 등 기본소득 실험이 다양하게 이루어져, 그 효과를 검증하려고 하고 있다.

초기에 기본소득 주장은 기존의 사회복지제도를 대체할 수 있다고 했지만, 오늘날에는 대체보다 보완해야 한다는 주장들이 많다. 그리고 기본소득제도는 원래 전 국민 모두를 대상으로 하는 것이었는데, 과도기적으로 특정 세대를 지원하는 방안도 제시되었다. 그런데 이것은 육아수당, 아동수당, 교육수당, 기초연금 등 기존의 수당제도들과 유사하다. 한편, 기본소득을 주장하는 시각에서는 세금보다는 토지, 자연자원 등 공유자산의 이용에서 나오는 불로소득을 환수하여 재원으로 활용하면 재정적 문제를 해결할 수 있다고 주장하기도 한다. 하지만 이것이 충분한 기본소득을 안정적으로 지급하는 재원이 되기는 어렵다는 반론도 있다. 그리고 기존 사회복지제도와 기본소득제도 사이에 어느 제도가 재분배 효과가 더 큰지도 논쟁거리가 되고 있다.

6) 사회복지제도 비판과 복지병 논쟁

유럽 선진국에서의 복지병 논쟁

유럽에서 우파 세력들은 복지국가의 확대를 제한하거나 국가복지를 약화하기를 원했다. 그들은 국가복지를 확대하면 사람들이 국가가 제공하는 복지 혜택을 누릴 수 있게 되어 열심히 일자리를 찾아 일하려고 하지 않는 현상이 나타나게 된다고 보았는데, 이처럼 사회복지에 의존하려는 사람들의 태도를 '복지병'이라고 불렀다.

우파들은 일찍부터 복지국가가 경제성장을 가로막는다고 주장해 왔는데, 실제로는 세계대전 이후 복지국가의 발달과 함께 경제성장도 꾸준히 이루어졌다. 1970년대 세계 경제위기 상황에서 경제성장이 약화하면서 국가의 재정수입 감소에 비해 과도한 복지지출이 이루어져 재정위기를 겪게 된 나라들에서는 신자유주의의 시장규제 완화와 복지감축 주장이 지지를 얻게 되었다. 그리고 이때 복지국가에 대한 비판의 목소리가 커지면서 복지병 논란이 더욱 확산되었다.

물론 부분적으로 복지제도를 부적절하게 이용하는 사례가 존재했지만, 이런 문제들은 제도 개혁을 통해 해결되어야 할 문제였지 복지제도 자체를 후퇴시켜야 할 문제는 아니었다. 경제위기 이후에도 복지국가가 발달한 북유럽 나라들에서는 국내총생산이 꾸준히 증가해 왔다. 그리고 많은 중도좌파 정권들은 복지제도 개혁을 위해 취업교육과 일자리 정보 제공 등 복지를 노동과 연계하는 '근로연계복지'를 적극적으로 도입하고자 했다.

'복지병' 주장과는 달리 보편적 복지제도가 발달한 나라들에서는 대다수 국민들이 생활이 안정되면서 노동의욕이 고취되어 책임감을 가지고 열심히 일하고 있다. 특히 스웨덴, 핀란드 등 유럽 복지국가들은 '선별적 복지'를 제공하는 미국과 비교할 때 유아사망률, 살인율, 지니계수 등 여러 사회지표에서 우월함을 잘 보여준다. 이것은 보편적 복지가 복지병을 낳기보다는 안정된 삶을 제공함으로써 시민들의 적극적인 노동 및 사회활동 참여를 이끌어내고 있는 것을 보여준다.

한국 사회에서는 경제성장에도 불구하고 많은 시민들이 빈곤과 생활 불안에서 벗어나지 못하면서 사회복지에 대한 대중적 관심과 지지가 점차 높아지게 되었다. 그래서 보수와 진보를 막론하고 정치인들이 사회복지의 확대를 자신들의 정책으로 내세우게 되었다. 하지만 보수 정치세력들은 실제로 복지정책을 최소화하려고 하면서 '복지병' 담론을 유포했다. 그런데 사회복지가 발전하지 못한 한국 사회에서 사회문제가 될 수준의 복지 혜택이 제공된다고 보기 어려우며, 오히려 빈곤 등 경제적 문제로 자살하는 사람들이 많은 현실은 복지의 취약함이 문제가 되었다. 하지만 보수우파 세력이 유럽 복지국가들에서의 복지병 담론을 한국의 취약한 복지정책을 비판하는 데 이용하려고 한 것은, 대기업이나 부유층의 세금 부담을 늘리는 것을 막고자 하는 의도를 지니고 있었다.

2010년 지방선거 중 교육감 선거에서 쟁점으로 부상한 '무상급식' 논쟁은 사회복지에 대한 관심을 불러일으킨 대표적 사건이었다. 한나라당을 비롯한 보수정당에서는 부자들에게 복지 혜택을 제공하는 것은 부적절하다는 '선별적 복지'의 논리를 내세워 무상급식을 반대했고, 이른바 진보교육감 후보를 지지한 민주당, 민주노동당, 진보신당 등 중도개혁 및 진보정당들은 '보편적 복지'의 논리를 내세워 적극적으로 찬성했다. 당시 다수 국민은 무상급식을 찬성했고 무상교육과 교육개혁을 내세운 진보교육감 후보들이 서울, 경기, 광주, 강원, 전북 등에서 당선되었다.

4. 한국의 사회복지

1) 한국 사회복지의 역사

현대적 사회복지제도의 도입과 발전

한국 사회에서는 조선시대 이전부터 마을공동체의 상호부조나 국가에 의한 공공부조가 존재했다. 조선 후기에는 상공업이 발달하고 서양과의 교류가 늘어나면서 현대적 사회복지 사업이 시행되기 시작했는데, 1888년 프랑스 주교가 설립한 고아원이 최초의 민간복지시설이었다. 그리고 갑오경장 이후에는 종교단체를 중심으로 빈민구제사업이 본격적으로 시작되었다. 일제강점기에는 '조선구호령'이 사회복지의 대표적 법령이었는데, 1961년 「생활보호법」이 제정될 때까지 한국 사회공공부조의 기본법이 되었다. 공공부조가 국가 의무로 규정된 것은 1948년 제정헌법부터였으며, 1969년 헌법 개정 이후 사회보장과 사회복지는 국가 의무로 지속적으로 명시되고 있다.

　한국의 사회복지제도의 역사를 보면, 1960년에는 최초의 현대적 사회보험이라고 할 수 있는 「공무원연금법」이 시행되었다. 1961년에는 군사쿠데타로 권력을 장악한 박정희 군사정권이 군인 및 군인가족의 보훈과 처우 개선을 위해 '군사원호청'을 설치했고 「군사원호보상법」도 제정했다. 그리고 1963년에는 군인연금을 공무원연금에서 분리했다. 한편, 1962년부터 군사정권에 의해 추진된 경제개발 5개년계획으로 자본주의 시장경제에 기초한 급속한 경제성장이 이루어졌는데, 이 과정에서 임금노동자들을 비롯한 저소득층의 빈곤, 질병, 산업재해 등에 대비할 필요성이 생겨났다. 이에 따라 1963년에는 「의료보험법」, 「산업재해보상보험법」 등이 제정되었다. 그리고 1973년에는 「국민복지연금법」, 「사립학교교원연금법」, 1995년에는 「고용보험법」 등이 제정되었고 이후에도 부분적인 법의 제정과 개정이 이루어졌다.

　1960년대부터 시작된 자본주의적 경제성장 과정에서 국민 대부분은 절대적 빈곤의 극복을 시급한 과제로 생각했으며, 분배보다 성장을 우선시하는 군사독재정권의 논리를 받아들였다. 그래서 박정희 정권의 개발독재를 통해 경제 규모가 급속히 커지기는 했지만, 대기업 중심의 성장 속에서 민중들의 분배와 삶의 질 개선 요구를 지속적으로 억압하여 분배적 불평등과 사회적 양극화는 더욱 심화했다. 한편, 6월항쟁 이후 민주화와 노동자대투쟁을 통해 분배의 개선이 이루어졌지만, 공공복지제도의 개선은

대한민국 헌법과 사회복지

사회복지제도의 하나인 공공부조는 1948년 대한민국 건국 당시 제헌헌법에 명시되었는데, 헌법 제19조에서는 "노령, 질병 기타 근로능력의 상실로 인하여 생활유지의 능력이 없는 자는 법률의 정하는 바에 의하여 국가의 보호를 받는다"라고 했다. 이 조항은 1969년 헌법 제30조에서 "① 모든 국민은 인간다운 생활을 할 권리를 가진다. ② 국가는 사회보장의 증진에 노력하여야 한다. ③ 생활능력이 없는 국민은 법률이 정하는 바에 의하여 국가의 보호를 받는다"로 개정되어 그 적용 범위가 확대되었다. 그리고 1980년 헌법과 1987년 헌법에는 "국가는 사회보장과 사회복지의 증진에 노력할 의무를 진다"라고 규정했다. 그런데 헌법에서 사회보장과 사회복지에 대한 국가의 의무를 강조한 것과 달리 현실에서 사회복지의 발달은 크게 진전되지 못하고 있다.

크게 이루어지지 못했다.

1998년 초에 집권한 김대중 정권은 1997년 말 외환위기를 해결하기 위해 IMF 구제금융을 요청하게 되었고, IMF의 신자유주의 정책을 수용하여 진행된 경제개혁 프로그램은 기업의 구조조정, 공기업 사유화, 노동시장 유연화를 추진하는 것이었다. 정리해고 법안이 통과되고 기업의 구조조정이 이루어지는 과정에서 한국의 많은 노동자들과 서민층은 이전에 겪지 못했던 극심한 일자리 불안정과 소득 감소를 겪었고, 이에 따라 실직, 질병, 노후불안 등 일상적 삶에 대한 불안과 위험을 심각하게 느끼게 되었다. 이로 인해 정리해고에 반대하는 노동운동이 격렬해졌고 서민 대중들의 경제적·정치적 불만도 고조되었다. 이러한 대중적 불만을 완화하기 위해 김대중 정권은 1998년에 「국민연금법」을 확대·개편했다. 그리고 2000년에는 직장과 지역으로 나뉜 의료보험재정을 통합하면서 기존의 「의료보험법」을 「국민건강보험법」으로 개정했고, 「고용보험법」도 제정했으며, 「국민기초생활보장법」을 통해 빈곤층에 대한 공공부조의 확대도 추진했다.

노무현 정권은 2007년에 65세 이상 노인 중 하위 70%에게 연금을 지급하는 '기초노령연금제도'와 노인성 질병 등으로 수발이 필요한 노인을 돌보는 가족의 부담을 덜기 위해 '노인장기요양보험'을 도입했다. 한편, 이명박 정권은 '능동적 복지'를 내세웠지만, 경제성장을 위해 시장 논리를 강화하는 정책을 추구함으로써 실질적으로는 복지수혜를 줄이는 결과를 낳았고, 효율성을 내세워 공기업 사유화와 비정규직 중심의 일자리 정책을 확대함으로써 사회복지를 약화했다.

이명박 정권 말기에 노인 빈곤 문제 등 사회복지 확대를 요구하는 목소리가 높아지면서 보수정당 대통령 후보 박근혜는 '기초노령연금'을 강화하여 모든 노인에게 기초연금(구 기초노령연금)을 지급하겠다는 공약을 내세웠다. 그런데 대통령 당선 후에는 2014년에 소득수준 하위 70%의 노인들에게만 기초연금을 지급하되 국민연금과 연계하여 금액을 조정하는 「기초연금법」을 제정했다.

박근혜 대통령 탄핵 이후에 집권한 중도개혁 정당의 문재인 정권은 노인 빈곤 문제 해결을 위해 기초연금액을 인상하는 정책을 시행했고, 노동자들의 삶의 질 개선을 위해 법정 노동시간 상한을 주당 52시간으로 낮췄다. 또한 육아 및 교육 영역에서는 아동수당을 도입했고, 보육비 지원, 출산휴가 확대, 국공립 어린이집 확충 등에서도 일정한 정책 개선이 이루어졌다. 아울러 2021년부터 고등학교 무상교육을 전면적으로 실시했다.

2) 한국의 사회복지제도

한국의 사회복지제도를 보면, 공공부조 제도로는 국민기초생활보장제도와 「기초연금법」이 있으며, 사회보험 제도로는 국민연금, 건강보험, 고용보험, 산업재해보상보험 등이 있다. 그리고 사회(복지)서비스로는 사회복지관을 비롯해 아동, 노인, 장애인 등을 위한 각종 시설 운영 및 도우미 서비스, 요양보호사제도 등이 있다.

국민기초생활보장제도

국민기초생활보장제도는 1961년부터 제정되어 시행되어 오던 기존의 「생활보호법」을 2000년 10월에 대체입법함으로써 도입되었다. 이 법은 한국 사회 최초의 공공부조 제도라 할 수 있는 것으로서 노인, 아동, 장애인 등 근로 무능력자 중 부양의무자가 없는 가구를 대상으로 생계보호, 의료보호 등의 지원을 규정했다. 새로이 도입된 '국민기초생활보장제도'는 근로능력 유무에 관계없이 생계급여 수급 자격을 확대하여 모든 시민에 대해 최저소득을 보장한다는 획기적인 의의를 지니는 것이었다.

제도개혁으로 생계급여를 받던 수급자 수는 1996년, 1997년에 36만여 명이던 것이 2000년에는 148만여 명으로 늘어났다. 2002~2003년에는 약간 줄어 135~137만여 명이 되었다가 2015년에 165만 명으로 크게 늘어났고, 2021년에는 236만 명에 이르고 있다. 이것은 수급자 기준의 완화와 함께, 경제 상황에 따른 소득 양극화, 인구수가 많은 세대(베이비붐 세대)의 고령화와 높은 노인 빈곤율 등이 복합적으로 작용한 결과이다.

연금제도

연금은 노령, 장애, 사망으로 인한 소득상실의 위험에 대응하는 제도로서 노인이 주요한 수혜 대상이다. 한국 사회에서는 두 가지 연금제도가 운영되고 있다. 하나는 공무원, 군인, 사학 교원 등 특수 직역 종사자를 대상으로 하는 공무원연금, 군인연금, 사립학교교원연금 등 직역연금제도이며, 다른 하나는 일반 국민을 대상으로 하는 국민연금제도이다.

공무원연금과 군인연금은 퇴직 후의 생계를 보장하기 위한 사회복지제도이고 공무원과 군인에 한정된 직역연금제도로서, 국가와 개인이 각각 50%의 기여금을 납부하여 연금기금을 적립하는 방식으로 운영되고 있다. 일반적으로 선별적 복지는 저소득층을 위한 '시혜적' 형태로 실시되는 경우가 많은데, 1960년대에 시작된 한국의 군인연금이나 공무원연금은 일종의 특혜를 제공한 선별적 복지였다.

국민연금은 1986년 「국민연금법」 제정을 통해 도입되었는데, 출범 당시 10인 이상의 상시직 근로자를 고용한 기업의 피고용자와 고용주를 의무가입 대상으로 하여 시작했다. 1992년에는 의무가입 대상이 근로자 5인 이상의 기업으로 확대되었고, 1995년에는 농촌지역의 농어민, 자영업자가 가입 대상으로 포괄되었다. 그리고 김대중 정권이 들어선 후 1999년 4월에 도시 자영업자, 임시·일용근로자 및 4인 이하 영세사업장 근로자로 적용 대상이 확대됨에 따라 직장 연금에서 배제된 전 국민을 상대로 하는 노후소득보장제도가 되었다.

건강보험

건강보험의 전신인 의료보험은 1977년부터 500인 이상의 근로자를 고용한 대기업을 대상으로 시작되었다. 1979년 7월부터는 300인 이상 기업으로, 1981년 1월부터 100인 이상 기업으로 확대되었고, 1986년 4월부터

16인 이상 사업장으로 확대되었다. 그리고 1988년 1월부터는 농어촌지역으로, 1989년 7월부터는 도시지역으로 의료보험이 확대되어 전 국민 의료보험 시대에 들어서게 되었다. 2000년 1월에는 「국민건강보험법」이 제정되면서 기존의 의료보험이 건강보험으로 개편되었으며, 2000년 7월 이전까지 직장조합, 지역조합, 공무원 및 교원조합 등 세 조합이 독립적으로 운영되다가 이후에 건강보험공단이라는 하나의 조직으로 통합되었다.

그런데 건강보험이 통합되고 대상 인구도 급속히 확대되었지만, 급여 수준은 매우 제한적이었고 보험료율도 낮았다. 이것은 결국 환자들이 의료서비스 이용 시 본인 부담 비용을 많이 지출해야 한다는 것을 의미했다. 그러다가 이후에 조금씩 보험료율이 상승하면서 보험 적용 범위도 확대되고 개인 부담금도 점차 줄어들고 있다. 한편, 사회가 고령화되면서 노인들의 건강과 노인부양 부담 문제가 사회문제로 대두됨에 따라 '노인장기요양보험'이 도입되었는데, 2022년 현재 건강보험료액의 12.27%에 해당하는 금액을 별도의 보험기금으로 형성하여 사용하고 있다.

공공지출과 삶의 질의 국제 비교

OECD(OECD Data, 2023)에 의하면, 한국의 전반적인 사회복지 수준은 그리 높지 않다. 2021년 기준 1인당 GDP를 보면, 한국은 4만 6889달러로 OECD 평균 4만 8957달러와 큰 차이가 없다. 그런데 다른 지표들을 OECD 평균과 비교해 보면, 노동시간은 연간 200시간이 더 길고, 자살률도 2배가 넘는다. 이것은 경제발전의 양적 수준에 비해 삶의 질 수준이 높지 않음을 말해준다.

각 나라의 사회복지 수준은 정부의 사회적 공공지출 수준으로 개괄적인 비교가 가능하다. OECD에 따르면, '사회적 공공지출'은 현금 혜택, 재화와 서비스 등 현물 제공, 사회적 목적의 세금 감면 등을 포괄하는 정부의 지출로서 저소득 가구, 노인, 장애인, 질환자, 실업자, 청년 등을 대상으로 한 지출을 말한다. 전반적인 GDP 대비 사회적 공공지출을 비교해 보면, 한국은 12.2%로 OECD 평균 20.0%에 훨씬 못 미친다.

〈표 14-5〉 한국과 OECD 평균 간 주요 지표 비교(2019~2021년 기준)

주요 지표	한국	OECD 평균
노동시간(연간, 2021년 기준)	1,915	1,716
노동자 1인당 세금 부담(노동비용 대비, %)	23.6	34.6
사회적 공공지출(GDP 대비, %)	12.2	20.0
3차(고등) 교육 재정지출(25~34세 학생당, 달러)	11,278	17,559
연금 공공지출(GDP 대비, %)	3.6	7.7
인구 10만 명당 자살률(명)	24.1	10.9

자료: 「OECD Data」 OECD 홈페이지.

3차 교육(대학을 포함한 고등교육) 재정지출에서도, 한국은 연간 학생 1인당 약 1만 1278달러(약 1300만 원)를 지출한 데 비해, OECD 평균은 약 1만 7559달러(약 2000만 원)를 기록했다. 물론 한국은 25~34세 인구의 대학 진학률에서 OECD 평균 47.1%에 비해 훨씬 높은 69.3%를 기록하고 있고, 이것은 OECD 나라들에서 가장 높다. 그래서 총액을 기준으로 보면 재정지출액이 낮지는 않다. 하지만 선진국은 물론이고 세계적으로 대학 진학률이 높아지고 있는 현실에서 보면, 한국은 GDP 수준에 비교해 볼 때 3차 교육 재정지출 수준을 높일 필요가 있다. 한편, 노후 보장에 중요한 연금을 보면, 한국은 연금 공공지출에서 GDP 대비 3.6%(2020년) 수준으로서 OECD 평균에 크게 못 미치고 있다. 여기에는 기초연금이나 퇴직연금, 노인복지서비스 등 공적인 연금지출이 포함된다. 다만 2012년 2.2%와 비교해 보면 기초연금의 개선으로 점차 연금 공공지출 비중이 상승해 왔는데, 여기에는 인구의 고령화도 영향을 미치고 있다.

이처럼 국제 비교를 통해 보면, 한국은 사회적 공공지출을 늘려서 사회복지의 수준을 더 높일 필요가 있음을 알 수 있다. 여기서 노동자 1인당 세금 부담도 살펴볼 필요가 있는데, 한국의 23.6%는 OECD 평균 34.6%에 훨씬 못 미친다. 세금은 사회적 공공지출을 위한 재원이 되는데, 세금 부담에서의 차이는 사회적 공공지출과 사회복지 수준의 차이를 낳는 중요한 원인이 된다는 점을 인식할 필요가 있다. 따라서 "더 많은 세금을 통해 더 많은 사회복지를 누린다"라는 시민으로서의 책무 의식과 사회적 연대 의식의 고양도 필요하다.

이야깃거리

1. 현대사회에서 사회복지가 등장하게 된 배경에 대해 토론해 보자.

2. 자본주의 계급사회와 사회복지의 발전이 서로 어떠한 연관성을 지니는지를 설명해 보자.

3. 사회복지의 유형들을 구분해 보고, 나라마다 서로 다른 유형의 복지국가가 형성되고 발달하게 된 역사적 배경을 서로 비교해 보자.

4. 현대사회에서 사회복지의 발달을 설명하는 세 가지 이론을 서로 비교해 보고, 각각의 장단점에 대해 토론해 보자.

5. 유럽의 복지국가 논쟁과 관련하여 케인스주의적 복지국가의 입장과 신자유주의적 시장경쟁의 입장이 내세우고 있는 이론적·정치적 논리를 서로 비교해 보자.

6. 신자유주의적 세계화 과정에서 유럽 선진 복지국가들의 사회복지제도가 어떠한 변화를 겪고 있는지 살펴보고, 사회복지제도 개혁의 바람직한 방향이 무엇인지 토론해 보자.

7. 한국 사회복지제도의 특성을 살펴보고, 보편적 복지와 선별적 복지 중 어떤 복지정책이 더 바람직한 방향인지 토론해 보자.

8. 기존 사회복지제도에 대한 대체 수단 또는 병행 수단으로 기본소득제도의 도입이 제안되고 있다. 이 제도를 제안한 사회적 맥락과 그 장단점에 대해 논의해 보자.

읽을거리

『복지 자본주의의 세 가지 세계』
　에스핑 앤더슨(Gøsta Esping-Andersen) 지음 / 박시종 옮김 / 2007 / 성균관대학교출판부

『이상한 성공: 한국은 왜 불평등한 복지국가가 되었을까?』
　윤홍식 지음 / 2021 / 한겨레출판사

『복지의 원리』
　양재진 지음 / 2020 / 한겨레출판사

『사회민주주의란 무엇인가』
　카를손(I. Carlsson)·린드그렌(A.-M. Lindgren) 지음 / 윤도현 옮김 / 2009 / 논형

『사회복지의 사상과 역사』
　림링거(G. V. Rimlinger) 지음 / 비판과대안을위한사회복지학회 옮김 / 2009 / 한울아카데미

『성공의 덫에 빠진 대한민국: 역진적 선별 복지의 정치 경제적 궤적』
　김영순·백승호·전병유 외 지음 / 2022 / 후마니타스

집합행동과 사회운동

집합행동, 사회운동, 군중심리 이론, 상대적 박탈감, 계급혁명, 헤게모니, 합리적 선택, 가치부가, 자원동원 이론, 정체성 이론, 노동운동, 사회주의운동, 선거권 확보 운동, 민족주의운동, 반전평화운동, 신사회운동, 구사회운동, 민중운동, 시민운동, NGO, NPO, 제3섹터

사람들은 일상적인 삶을 살아가면서 불합리하다거나 부당하다고 느끼는 일들에 직면하며, 때로는 불만을 느끼면서도 지나가지만 때로는 뭔가 행동해야겠다는 마음을 먹기도 한다. 한국 사회에서는 군사독재에 저항한 1980년 광주민주항쟁과 이후 1987년 6월항쟁으로 민주화를 이루고, 2016년에는 박근혜 대통령의 국정농단 사태에 대항하는 장기간의 촛불집회를 열어 대통령 탄핵을 이끌어내기도 했다.

사람들은 취업한 회사가 부당한 처우를 하거나, 마을 앞 하천이 공장폐수로 오염되거나, 정부의 부당한 정책으로 인권 침해나 공정성 훼손이 일어났다고 느끼면, 불만을 표출하고 문제 해결 방안을 찾게 된다. 집합행동과 사회운동은 물질적 이익이나 가치의 침해에 맞서 불만이나 사회문제를 해결하는 중요한 사회적 방안이다. 사회문제의 해결은 정부나 의회를 통해 제도적 방식으로 이루어지기도 하지만, 제도적 해결이 불가능한 경우 시민들의 집합행동이 나타나게 된다. 다양한 이익과 가치를 추구하는 집단들에 의해 발생하는 집합행동은 서로 다른 방향의 사회변동을 가져온다.

1. 집합행동이란 무엇인가?

1) 집합행동의 의미

집단활동의 종류

사람들은 일상생활에서 개인적으로 활동하기도 하지만, 함께 모여 활동하기도 한다. 이처럼 '사람들이 무리 지어서 하는 활동'을 일반적으로 '집단활동(group behavior, collective behavior)'이라고 부른다. 집단활동에는 학습을 위한 강의, 강연, 답사나 연수도 있고, 영화나 공연, 운동경기 등의 관람과 응원도 있고, 소풍이나 수학여행도 있고, 약장수 주위에 모인 구경꾼들의 구경도 있고, 기차를 먼저 타려고 뛰어가는 한 무리의 군중도 있고, 차별에 불만을 표출하는 인종 폭동도 있고, 도심지에 모여 공동의 목적을 위해 구호를 외치는 집회나 행진도 있다. 그래서 집단활동은 집단의 속성이나 활동의 양상에 따라 서로 나누어 볼 수 있다.

집단의 속성으로 보면, 우연히 모인 집단도 있고 의도적으로 모인 집단도 있다. 전자의 경우 집단은 분류를 위한 범주의 의미가 강하다면, 후자의 경우 사회집단의 의미를 지닌다. 소규모 집단과 비교하여 상호작용과 소속감이 상대적으로 느슨한 대규모 집단은, 그 속성에 따라 대중(mass), 군중(crowd), 공중(public)으로 구분할 수 있다. 대중은 일반적으로 서로 흩어져서 상호작용 없이 존재하는 큰 규모의 사람들로서 범주적 분류로서의 집단이다. 군중은 우연히 모인 집합체로서 최소한의 친화 관계를 지니거나, 특정한 자극에 대해 공통의 관심이나 목표를 지니고 모여들어 형성된 집단이다. 반면에 공중은 일정한 공통 관심사에 대해서 서로 소통하고 토론하는 사람들의 집합을 말한다.

활동의 양상으로 보면, 사람들은 집단활동을 즐기는 것 자체를 목적으로 삼기도 하고, 공동의 이익이나 가치를 추구하기도 한다. 놀고 즐기기 위한 친구 모임이나 동아리들은 전자에 속하며, 봉사단체, 시민단체, 노동조합, 토론 모임, 정치조직, 캠페인, 집회, 시위 등은 후자에 속한다. 그런데 집단이 추구하는 공동의 이익이나 가치 중에는 사회적으로 배제되거나 소외된 약자들을 지원하거나 사회문제의 해결을 도움으로써 사람들의 삶을 개선하려는 경우도 있고, 좀 더 적극적인 활동을 통해 정치적·사회적 불만을 표출하면서 사회제도나 문화를 개혁하고 혁신하여 불평등이나 차별을 해소하려는 경우도 있다. 전자는 정해진 규칙에 따라 안정적으로 이루어지는 활동에 가깝다면, 후자는 정해진 규칙에 따라서는 문제를 해결하기 어렵다고 판단하여 규칙을 깨뜨림으로써 변화나 개선을 추구한다.

한편, 집단활동 중에는 비조직적으로 우연히 발생하는 활동도 있고, 조직적으로 이루어지는 활동도 있다. 전자에서는 상호작용과 소속감이 약하다면, 후자에서는 상호작용과 소속감이 형성되어 정해진 규칙에 따라 움직이는 경향이 강하다.

집단활동과 집합행동

집단활동 중에서 정치적·사회적 불만을 집합적으로 표출하거나, 사회제도나 문화를 개혁하고 혁신하여 불평등이나 차별을 해소하려는 좀 더 조직된 활동을 집단행동(group action, 단체행동) 또는 집합행동(collective action)이라고 한다.

집합행동은 공동의 목적을 위해 기존의 규칙이나 규범, 질서를 깨뜨리거나 변화시키고자 한다는 점에서 일상적인 집단활동과 차이가 있다. 그래서 유행, 유언비어, 종교적 축제, 봉사활동 등이 집단활동에 가깝다면, 캠페인, 집회, 시위, 봉기, 개혁, 혁명 등과 같이 변화나 혁신을 추구하는 활동이 전형적인 '집합행동'이다.

그런데 집합행동은 우연적·우발적으로 형성된 일시적인 집합행동에서 조직된 장기지속적 집합행동까지 다양한 스펙트럼을 지닌다. '군중행동'이 전자에 가깝다면, '사회운동'은 후자에 가깝다. 여기서 '군중행동'은 대체로 다음과 같은 특성을 보인다.

첫째, 우연적·우발적 상황에서 일어나는 경우가 많아서 린치(집단테러), 반란, 폭동 등에서처럼 대체로 '비합리적이고 감정적인' 특성을 보인다.

둘째, 집합 내부의 구성원들이 공유하는 뚜렷한 목표 의식이 약하고 상호작용이 일시적이어서 단기간에 끝나는 경우가 많다. 셋째, 집합의 경계가 느슨하고 불분명한 경우가 많다.

집합행동의 한 형태인 '군중행동'은, 우연히 한곳에 모인 군중들의 활동이지만 단순히 놀고 즐기기 위해 모인 것이 아닌, 공통의 관심사로 정치적·사회적 불만을 표출하는 과정에서 형성된 군중들의 활동을 의미한다. 그런데 군중행동은 단순한 동조를 넘어서 상호작용을 통해 좀 더 조직된 집합행동, 즉 사회운동으로 발전할 수 있다.

군중행동의 전형적 예로는 '폭동(riot)'이 있다. 기존 사회질서나 규칙에 대해 불만을 품은 한 무리의 사람들이 돌발적으로 일으키는 행동이다. 1992년 미국 로스앤젤레스에서 인종 폭동이 났을 때, 인종차별에 불만을 품고 있던 흑인들이 상가의 시설을 파괴하고 방화하거나 물건을 훔치기도 했다. 영국에서는 축구 경기를 관람하던 도중 흥분한 관중들이 경기장으로 뛰어내려 폭도로 변한 일도 있었다. 스포츠 경기에 대한 불만을 표출하는, 우발적으로 형성된 폭동 군중은 '훌리건'이라 불린다.

한국에서는 1971년에 서울의 판자촌 철거민들을 경기도 광주 대단지(현재 성남시)에 집단이주시키는 과정에서, 다수를 차지했던 건설 일용노동직, 하층 판매직, 단순 임시노동자 등 수만 명이 주거권 박탈과 열악한 주거환경에 반발하며 도심을 점령하고 무력시위를 벌인 광주 대단지 사건이 발생했다. 그리고 1979년에는 마산에서 민주화 시위 도중에 경제 불황으로 실직하거나 소득이 줄어든 노동자와 빈민들이 정부 정책에 반대하여 공공기관 시설들을 파괴하며 불만을 표출하기도 했다.

2) 사회운동의 의미

집합행동은 군중행동처럼 공통의 관심사로 인해 우연적·우발적으로 형성된 군중이 불만의 감정을 집합적으로 표출함에 따라 일시적으로 폭발했다가 사라지기도 하지만, 좀 더 조직적·계획적·지속적인 형태로 변화

군중행동의 유형

블루머(Herbert Blumer)는 군중의 성격에 따라 군중행동이 다양한 형태를 띨 수 있다는 점을 보여준다.

첫째, '우연적 군중'은 사람들이 순간적으로 공통의 대상에 주의가 끌려서 모인 사람들이다. 교통사고를 구경하거나 장사꾼 주위에 모여 있는 사람들이 그 예이다.

둘째, '인습적 군중'은 특정한 공동의 목적을 가지고 관계적인 규범에 따라 행동하는 사람들이다. 음악회나 운동경기를 관람하기 위해 모인 청중이나 관객들이 대표적인 예이다.

셋째, '능동적 군중'은 특정한 쟁점을 이루는 사건에 공동의 관심을 두고 모인 감정적으로 긴장된 사람들이다. 이러한 군중은 폭도로 변하기 쉬운데, 스포츠 경기에서 특정 팀을 응원하면서 심판 판정이나 경기 결과에 불만을 표출하는 군중들이 여기에 속한다.

넷째, '표출적 군중'은 뚜렷한 목표가 없으면서도 집회 참여를 통해 감정적 흥분을 체험하려고 하는 군중이다. 종교 부흥회나 록음악 페스티벌에 모인 군중이 그 사례가 될 수 있다.

하거나 처음부터 좀 더 의식적이고 의도적인 형태로 생겨나기도 한다. 이처럼 특정한 공동의 목적을 달성하기 위해 형성된 집단에 의해 의도적·조직적·지속적인 형태로 이루어지는 집합행동을 '사회운동(social movements)'이라고 한다.

사회운동은 추구하는 쟁점과 목표, 가치, 행동방식 등에 따라 여러 가지 형태와 성격을 띠게 된다. 예를 들어 민족독립운동이나 사회혁명처럼 뚜렷한 목표의식을 가진 집단은 치밀한 계획에 입각하여 장기적으로 활동한다. 이때 사회운동은 구성원들의 소속감이 강하고 억압을 피해 비밀조직을 구성하는 경향이 있다. 그래서 식민지배세력, 독재세력 등과 같이 국가나 지배세력의 물리적 억압이 강력한 상황에서, 이들에 맞서는 민족해방운동, 반독재민주화운동, 사회혁명 등은 비밀조직을 결성하여 사회운동을 벌인다. 또한 기존의 지배세력에 의해 억압된 권리를 요구하는 사회운동들, 즉 흑인민권운동, 여성운동, 노동운동 등도 비합법적이거나 폭력적·급진적 성격을 띠기 쉽다. 그렇지만 인도의 정치가 간디(Mahatma Gandhi)가 식민 지배국인 영국을 상대로 해 벌인 비폭력 저항운동처럼 공개적이고 비폭력적인 방식의 사회운동이 이루어지기도 한다.

사상과 표현의 자유, 집회와 결사의 자유가 보장된 민주주의 사회에서는 대부분의 사회운동이 법과 규범을 준수하는 방식으로 이루어지는 경우가 많다. 노동운동처럼 민주주의 사회에서 차츰 법적·제도적으로 활동이 보장되면, 점차 법과 제도의 틀 안에서 대화와 타협을 통해 목표를 달성할 수 있게 된다. 그래서 오늘날 많은 사회운동은 제도적 틀 안에서 국가(정부)나 기업 등과 갈등을 겪게 되는데, 대화와 타협이 한계에 부딪히면 사회운동이 급진화되기도 한다.

3) 군중행동과 사회운동의 차이

일반적으로 집합행동은 군중행동과 사회운동을 포함하는 것으로서, 기본적으로 기존의 사회질서나 규칙에 도전하는 집단활동이다. 그래서 기존의 사회질서나 규칙에 불만을 지니거나 이것을 사회문제로 여기는 집단이 생기면, 불만과 저항, 문제 해결에 대한 요구가 집단행동으로 표출될수 있다. 그래서 집합행동은 기존 질서나 규칙을 유지하려는 국가기관들이나 조직들, 또 이들을 지지하는 사람들로부터 일탈행동이나 범죄로 취급되어 비난과 제재를 당하기 쉽다. 한편, 집합행동 과정에서는 공통의관심사나 목표에 대한 공감대의 형성, 의사소통, 지도자의 출현, 조직화,분업 등이 이루어진다.

군중행동과 사회운동은 일반적으로 몇 가지 점에서 구분된다. 첫째, 군중행동이 감정적 행동에 치우치고 잘 조직되어 있지 못하다면, 사회운동은 조직된 집단을 형성하여 의도적·계획적으로 행동한다. 둘째, 군중행동이 일시적·단기적 행동에 머문다면, 사회운동은 지속적·장기적 행동을보인다. 셋째, 군중행동은 의사소통, 지도자, 공감대, 조직, 분업 등의 형성이 체계적으로 이루어지지 않아서, 단기적인 목표가 어느 정도 달성된경우나 국가나 대항세력의 억압이나 공격으로 구심력이 약해지는 경우쉽게 해체되어 버리는 경향이 있다. 반면에 사회운동은 목표의식이 뚜렷하고 체계화된 조직을 지니고 있어서 국가나 대항세력의 억압이나 공격에도 쉽게 해체되지 않으며, 장기적인 목표 달성을 위해 조직을 지속적·장기적으로 유지한다.

오늘날 민주주의 사회에서 국가는 사회문제에 개입하여 법과 제도의개혁을 통해 문제 해결을 추구한다. 그렇지만 국가가 편파성으로 인해 집합행동이나 사회운동 집단의 요구에 대해 다른 정치적 견해를 지니면, 이에 대한 국가의 대응 방식도 달라진다.

르봉

(1841~1931) 집합행동 이론의 선
구자이다. 대표 저작으로 『민족진
화의 심리법칙(Les Lois Psycholo-
giques de l'évolution des Peuples)』
(1894), 『군중심리학(La Psycholo-
gie des Foules)』(1895) 등이 있다.

2. 집합행동과 사회운동의 이론

1) 사회심리학적 집합행동 이론

군중심리 이론

집합행동 이론의 선구자인 르봉(Gustave Le Bon)은 사람들이 무리를 지어 비이성적인 행동을 하는 현상들에 주목하여 왜 사람들은 집합 속에서 평상시와 다른 행동을 하는가에 대해 탐구했다. 그의 연구에 의하면, 사람들이 그런 비이성적·감정적 행동들을 하는 것은 한마디로 말해 "개인들은 군중 속에 들어가면 '다른 사람'이 되기" 때문이다. 군중 속에서 개인은 일시적으로 이성적 판단이 흐려지면서 자기통제력을 잃어버리고 감정적·감성적 심리상태가 된다.

군중 속에서 이러한 성향은 '익명성(anonymity)', '전염(contagion)', '피암시성(suggestibility)'이라는 세 가지 기제를 통해서 나타난다. 우선 군중 속에서 개인은 익명성으로 인해 책임감이 줄어들게 된다. 또한 흥분이나 불안감, 슬픔 등의 감정은 다른 사람들로부터 쉽게 전염된다. 그리고 개인들은 피암시성(암시 감응성)으로 인해 군중 속의 익명적·감성적 상태에서 자신에게 전달되는 명령을 무비판적으로 받아들이기 쉽다. 그래서 군중 속에서 뜻밖의 사건이 촉발되면 그것을 계기로 사람들이 웅성웅성하는 가운데 약간 불안정하고 흥분된 분위기가 확산된다. 이때 누군가 '지도자'가 되어 사태를 규정하고 행동 방향을 제시하면, 군중은 그것이 옳은지 그른지 따지지 않고 비이성적인 흥분상태에 빠져 집단폭행, 폭동 등의 집합행동을 하게 된다는 것이다.

르봉은 집합행동 중에서도 군중 속에서 다소 우발적으로 표출되는 집합행동, 예를 들어 평소에는 보기 어려운 공황(panic), 즉 공포와 불안에 휩싸여 도피하는 '군중행동(crowd behavior)'이나 어떤 감정에 휩싸여서 일시적으로 확산되었다가 사라지는 행동들에 주목했다. 이처럼 집합행동을 사회심리적 요인으로 설명하고자 한 군중심리 이론은 사회심리적 요인을 중요시하는 이론들로 계승·발전되었다.

르봉의 이론은 상징적 상호작용 이론가 블루머(Herbert Blumer)에 의해 체계적으로 계승·발전되었다. 블루머는 집합행동과 사회운동을 구별하고, 또 혁명을 비롯한 사회운동의 유형을 나누기도 했다. 그리고 거(Ted R. Gurr), 데이비스(James C. Davis) 등은 르봉의 사회심리학적 전통을 이어받아 '혁명'을 사회심리적 요인으로 설명하려고 했다. 이러한 이론들에는 대체로 혁명의 사회구조적 요인을 강조한 마르크스(Karl Marx)의 혁명이론을 부정하려는 의도가 있었다.

블루머의 사회심리학적 이론

블루머는 집합행동의 발생을 '불안'의 형성 및 확산과 같은 사회심리적 요인들로 설명하려고 했다. 하지만 그는 이러한 집합행동이 단지 감정을 표출하거나 일시적으로 지나가버리는 행동이 아니라, 새로운 사회질서를 만들어내는 행동이자 사회변동을 이끌어낼 수 있는 행동이라고 그 의의를 적극적으로 평가했다. 그래서 집합행동을 "기존 질서에 의해 규제되는 형태의 집단행동이 아니라 자연발생적인 새로운 형태의 집단행동"이라고 정의했다.

사회질서에 균열이 존재하거나 기존의 행동양식이 수용하지 못하는 새로운 행동양식이 생기면 사람들에게 불안정, 좌절, 근심, 소외 등의 자연발생적 '불안'이 생겨난다. 이때 불안이 적절히 해결되지 못하면 사람들 사이에 동요가 일어나고 감정적인 자극이 오가는 '순환반응'이 이어져 사회적 불안이 확산된다. 이러한 사회적 불안은 '집합적 흥분'으로 발전하여 소요사태, 파업, 폭동, 혁명 등 크고 작은 군중행동을 일으키거나, '사회적 전염'을 통해 여론 형성으로 이어지게 된다. 그리고 이러한 군중행동은 조직화되어 사회운동으로 발전하기도 한다.

그는 사회운동을 '초보적인 집합행동이 발달, 조직화된 것'이라고 보면서 사회운동의 생애를 새로운 사회질서의 출현 과정으로 파악했다. 사회운동의 초기, 즉 집합행동은 무정형적이고 비조직적인 형태를 보인다. 집

본래 마르크스가 사용한 개념인
데, '박탈'이란 빼앗긴다는 뜻이
고, '상대적'이라 함은 실제로는 빼
앗긴 것이 아닌데도 다른 사람들
과 처지를 비교하거나 자신의 기
대 수준과 실제적인 처지를 비교
할 때 느끼는 주관적·심리적인 상
실감을 말한다.
내 이웃집 사람들은 부자가 되어
가는데 나만 그대로 있다면, 나는
더 가난해지는 느낌이 든다. 내 동
기들은 출세를 하는데 나는 제자
리에 있다고 하면, 나의 지위는 더
욱 낮아지는 느낌이 든다. 이런 경
우가 바로 상대적 박탈감이 들게
되는 예이다.

합 내의 상호작용은 자발적이며 초보적인 수준에 머무른다. 그런데 이러한 집합행동은 점차 발전하여 사회적 체계를 지니게 된다. 즉, 조직과 형태, 확립된 지도력, 지속적인 분업, 사회적 규율과 가치, 관습과 전통의 체계 등과 같이 문화와 사회조직, 새로운 삶의 설계를 갖추게 된다. 사회운동은 모종의 불안 상황에서 비롯되지만, 한편으로는 현재의 삶의 방식에 대한 불만, 다른 한편으로는 새로운 삶의 질서와 설계에 대한 갈망이 그 원동력이 되는 집합적 상호작용이라고 할 수 있다.

블루머는 사회운동을 세 가지 유형으로 나누었다. 첫째는 노동운동, 여성운동, 평화운동 등과 같이 어떤 새로운 가치관을 일반적으로 실현하고자 하는 '일반적(general) 사회운동'이다. 둘째는 그 목표가 구체적으로 한정되어 있는 '구체적(specific) 사회운동'인데, 그 하위 유형을 사회변화에 대한 입장에 따라 혁명(revolution)과 개혁(reform)으로 나누었다. 혁명운동이 사회질서에 대한 전면적·근본적 변화를 추구한다면, 개혁운동은 부분적인 변화를 추구한다. 셋째는 사회변화를 추구하기보다는 정서와 상징을 표출하는 데 그치는 종교적 의례행사, 유행 등의 '표출적(expressive) 사회운동'이다. 이 외에도 그는 세 가지 유형에 귀속시키기 어려운 복합적 성격의 사회운동으로서 복고주의나 민족주의 등의 사회운동을 제시했다.

사회심리학적 혁명이론

거(Ted R. Gurr)는 집합행동들 가운데 혼란, 음모, 내전 등 정치폭력 현상에 주목했고, 그중에서도 특히 '혁명'을 설명하는 데 집중했다. 그는 정치폭력을 "하나의 정치사회 내에서 정권 및 그 수행자 또는 그 정책에 대항하는 모든 집합적 공격"이라고 정의했다. 그리고 한 사회 내에서 '상대적 박탈감'이 집합적으로 형성되어 심리적 분노가 확산되고, 이를 표출하도록 하거나 정치적 목표에 대한 공격을 고무하는 여건이 조성되면 폭발한다고 보았다. 그에 따르면 또한 혁명은 정치폭력의 유형 가운데 '내전'에 속하는 것으로서, '혼란'보다는 더 조직적이며, '음모'보다는 더 대중에 기반을 두고 있다. 그래서 "혁명은 근본적으로 대중과 엘리트 지망자를

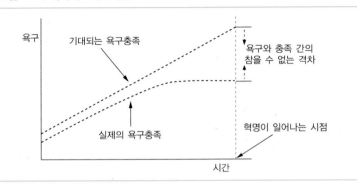

욕구

기대되는 욕구충족

욕구와 충족 간의
참을 수 없는 격차

실제의 욕구충족

혁명이 일어나는 시점

시간

자료: 임희섭(1999: 45)의 그림 7을 재인용.

자극하는, 폭넓고 심각하며 다방면에 걸친 '상대적 박탈감'이 한 사회 속
에서 발생할 때 유발된다"라고 했다. 이처럼 그는 혁명을 비롯한 집합행
동을 설명하는 데에 상대적 박탈감의 형성, 심리적 분노의 확산, 폭발 등
과 같은 사회심리적 요인들을 중시했다.

데이비스도 혁명이나 폭동이 발생하는 원인을 사회심리적으로 설명했
다. 경제가 계속 발전하면 실제로 사람들의 생활수준이 계속 향상되고 사
람들의 심리적 기대 수준도 이와 병행해 계속 상승하게 된다. 그런데 어
느 순간 현실적 생활수준의 향상이 갑자기 둔화하는 경우, 관성적으로 계
속 높아져 가던 심리적 기대 수준과의 격차가 돌연 크게 벌어지게 된다.
바로 이때 상대적 박탈감이 집단적으로 형성되고 폭발하여 혁명이 일어
난다. 심리적 기대와 현실 사이의 격차는 평상시에도 어느 정도 있지만,
그 격차가 갑자기 크게 벌어지면 문제가 심각해진다는 것이다. 이때 실제
로 욕구충족의 선이 〈그림 15-1〉처럼 알파벳 'J' 모양을 그린다고 해서 그
의 이론은 일명 'J 곡선 이론'이라고도 불린다.

데이비스의 사회심리학적 혁명이론은 마르크스의 혁명이론을 부정하
고 비판하면서 이를 실제적으로 반증하려는 것이었다. 혁명은 경제 상황
이 악화되어 많은 사람의 생계가 어려워지면서 일어나는 것이 아니라 오
히려 지속되던 경제성장이 갑자기 둔화하는 국면에서 일어난다. 말하자

면 혁명은 생활수준의 향상이 갑자기 둔화할 때 집단적인 상대적 박탈감
이 생겨나면서 발생하는 것으로서 사회심리적 요인이 더 중요하다는 것
이다.

2) 마르크스주의 사회운동 이론

사회심리학적 집합행동 이론들이 군중심리, 사회적 불안, 상대적 박탈
감 등과 같은 사회심리적 요인들을 중시했다면, 마르크스주의 사회운동
이론은 집합행동이나 사회운동의 발생 원인으로 물질적·경제적 대립관계
와 빈곤 등 경제적·계급적 요인들을 중시했다. 마르크스와 그를 계승한
레닌(Vladimir I. Lenin), 그람시(Antonio Gramsci) 등 많은 마르크스주의 이
론가 및 실천가들은 현대 자본주의 사회에서 자본가계급과 노동자계급
간의 대립관계로 인해 생겨나는 노동운동, 그리고 노동자계급의 해방을
추구하는 사회주의 혁명운동에 주목했다. 특히 이들은 단순히 이론에만
관심을 두었던 것이 아니라 실천적으로 어떻게 혁명이 가능하고 또 성공
할 것인가 하는 전략과 전술에 대해서도 연구했다. 여기서는 경제적·계급
적 요인들 외에도 정신적 요인들과 지식인들의 역할이 혁명에 중요한 영
향을 미치는 요인들로서 주된 관심의 대상이 되었다.

마르크스의 계급혁명 이론

마르크스는 유물론적 입장에서 지금까지의 역사적 과정은 계급투쟁의
과정이었으며, 피지배계급에 의한 혁명을 통해 기존의 사회관계가 새로
운 사회관계로 이행해 왔다고 보았다. 그래서 자본주의 사회에서도 경제
적 모순과 계급대립으로 인해 혁명적 상황이 필연적으로 도래할 것으로
생각했다. 그는 자본가계급이 사적 이윤의 극대화를 위해 노동자계급을
착취함에 따라 계급대립과 노동자들의 빈곤이 심화되어 노동자들의 불만
과 저항이 커지고, 이로 인해 노동자들이 조직화되고 계급의식이 발달하
면서 계급혁명 운동이 생겨난다고 보았다. 자본주의의 발달로 모순과 대

립이 심해지고, 노동자들이 이러한 모순을 인식하면서 혁명적 계급의식이 발달하게 된다는 것이다. 그리고 자본주의의 모순을 혁명을 통해 극복하기 위해 노동자들은, 자본가의 편에서 노동자들을 폭력으로 억압하는 국가를 전복하고 궁극적으로 자본주의적 경제관계를 폐지하게 된다고 보았다. 그래서 자본주의 사회에서 노동자계급의 저항적 사회운동은 정치적·혁명적 성격을 띠게 된다.

마르크스는 혁명의 성격에 따라 '정치혁명'과 '사회혁명'을 구별했다. 정치혁명은 피지배계급이 국가권력을 장악함으로써 정치적 지배세력의 교체를 이루는 것을 말한다. 그리고 사회혁명은 새로운 지배세력이 정치혁명을 넘어서 한 사회의 경제관계를 근본적으로 변화시키는 등 사회의 혁명적 변화를 추구하는 것을 말한다. 마르크스는 사회혁명이야말로 진정한 혁명이라고 했다. 자본주의 사회에서 사회혁명의 주체는 프롤레타리아트(노동자계급)이며, 그 목표는 사유재산제 폐지를 비롯하여 생산 및 분배 체계 등 경제관계의 근본적인 변혁을 통해 사회주의(공산주의) 사회를 건설하는 것이다. 마르크스는 사회주의 혁명 과정에서 비판적 지식인들이 피지배계급에게 혁명의식을 심어주는 역할을 할 수 있다고 보면서도 이들이 혁명의 주체가 될 수는 없다고 생각했다. 그래서 그는 자본주의 체계와 노동자계급을 '산모'에 비유하면서 사회주의(공산주의) 체계를 자본주의의 태내에서 자라나는 '태아'에 비유했고, 주기적으로 반복되는 경제위기는 출산을 예고하는 진통이라 했다.

레닌과 그람시

20세기 초 러시아의 혁명가 레닌은 마르크스의 혁명이론을 두 가지 면에서 수정했다. 첫째는 프롤레타리아(노동자계급) 혁명이 자본주의가 고도로 발달하여 모순이 첨예해지고 경제위기가 발생하는 국면에서 가능하다고 본 마르크스와 달리, 오히려 당시 러시아와 같이 자본주의 발달의 초기 상태에 있는 세계 자본주의의 주변부 나라들에서 가능하다고 보았다. 이것은 흔히 약한 고리(weakest link) 이론이라 불린다. 둘째는 노동자계급, 즉 프롤레타리아트는 저절로 계급의식과 혁명의식을 갖지 못하며, 따라서 혁명적 지식인들과 혁명가들이 계급의식과 혁명의식을 불어넣고 혁명을 지도해야 비로소 노동자계급이 혁명에 적극적으로 나서게 된다고 보았다.

레닌은 이러한 혁명이론에 기초하여 1917년 10월의 러시아 혁명을 주도했다. 그런데 과연 이 혁명이 레닌의 이론과 실천적 지도력 때문에 성공한 것이었는지에 대해서는 회의적인 견해도 있다. 러시아 혁명은 노동자계급이 아니라 농민들이 주도한 농민혁명이었다는 주장도 있으며, 레닌의 이론과 혁명 전략은 자본주의의 주변부 나라에서만 적합할 뿐 자본주의가 고도로 발달한 나라에서는 적합하지 않다는 주장도 있다.

20세기 초 이탈리아 공산당의 지도자였던 그람시는 레닌의 혁명 전략이 자본주의의 중심부에는 적합하지 않다고 보았다. 마르크스가 사회주의혁명 운동에 실패한 후 혁명의 물질적 토대, 즉 경제적 조건과 주체세력의 형성 등의 중요성을 강조했던 것처럼, 그람시 역시 사회주의혁명 운동에 실패한 후 감옥에서 새로운 혁명 전략을 고안해 냈다. 그는 서유럽과 같이 자본주의가 발달한 나라들에서는 지배계급과 국가의 통치가 단순히 물리적 강제에 의해서만 이루어지는 것이 아니라, 피지배계급에 대한 설득과 동의를 통해 안정적으로 유지된다는 점에 주목했다. 그래서 그는 이것을 '억압적 지배'에 대비되는 '헤게모니적 지배'라고 규정했다. 그리고 억압적 지배의 장소인 '국가'와 대비하여 설득과 동의를 통한 헤게모니적 지배가 이루어지는 장소를 '시민사회'라고 불렀다. 자본주의가 발달한 나라에서는 시민사회에서의 헤게모니적 지배가 공고하기 때문에, 사회주의혁명을 위해서는 시민사회에서 헤게모니 투쟁을 통해 '국민적·민중적 헤게모니'를 장악하는 것, 즉 시민사회에서 대중에 대한 지적·도덕적 지도력을 획득하는 것이 중요하다고 주장했다. 말하자면 국가권력의 장악에 앞서서 시민사회에서 헤게모니 투쟁을 벌임으로써 지배계급의 헤게모니를 해체해야 한다고 했다.

그람시는 헤게모니 투쟁 과정에서 '유기적 지식인'의 역할이 중요하다고 보았다. 유기적 지식인은 특정한 계급의 형성 및 발전에 유기적으로 결합되어 있는 지식인들을 말하며, 이들은 특정 계급의 세계관을 확산시킴으로써 시민사회에서 특정 계급의 헤게모니를 형성하는 데 기여한다.

3) 합리적 선택 이론과 가치부가 이론

사회심리학적 집합행동 이론에 대한 또 다른 비판은 합리적 선택 이론과 구조기능주의적 접근에 의해 이루어졌다. 합리적 선택 이론이 비합리적 심리가 아닌 '합리적 동기'에 주목했다면, 구조기능주의적 접근은 심리적 요인보다 사회구조적 요인의 중요성을 강조했다.

올슨의 합리적 선택 이론

올슨(Mançur Olson)은 합리적 선택 이론을 통해 개별 행위자들이 집합행동에 참여하는 것이 '사적 이해관계'라는 합리적 동기와 의도적 선택에 의한 것이라는 점을 강조했다. 특히 '개인적 합리성'과 '집합적 합리성' 간의 모순으로 인해 '무임승차자(free-rider)' 문제가 발생하는데, 이 문제가 해결되지 않으면 집합행동이 발생하기 어렵다는 점을 보여주고자 했다. 예를 들어 노동조합원들은 노동조합활동에 참여할 경우에 자신이 치러야 할 비용과 얻을 수 있는 이득을 계산한다. 개인들은 기본적으로 노조활동에 참여하지 않아도 노조활동의 집합적 이득(임금인상, 노동조건 개선)을 누릴 수 있다. 이런 이유로 '무임승차자'가 생겨나는데, 노동조합이 집합행동을 통해 목표를 달성하려면 이 문제를 해결하지 않으면 안 된다. 그래서 무임승차자들에 대한 적절한 제재나 처벌을 통해 이를 최소화하는 것이 중요하다는 점을 강조했다.

올슨의 합리적 선택 이론은 집합행동이 이루어질 수 있는 중요한 요인에 대해 설명하고 있다. 그렇지만 이 이론으로 집합행동의 사회적 원인들을 설명하기 어려우며, 또한 원인을 넘어 집합행동이 이루어지는 과정과 결과를 전체적으로 조망하는 데도 한계가 있다. 그리고 집합행동이 항상 개인들의 합리적·계산적 행위에 의해서만 이루어지는 것이 아니기 때문에 개인이 집합행동에 참여하게 되는 사회적 원인의 분석에 취약하다.

스멜서의 가치부가 이론

스멜서(Neil Smelser)는 집합행동을 설명할 때 사회심리학적 집합행동 이론에서 출발하면서도 사회구조적 요인을 강조하는 '가치부가 이론(value-added perspective)'을 제시했다. 특정한 쟁점이나 유형의 집합행동을 발생시키는 사회적 원인이 무엇인지를 설명하고자 했다. 그는 집합행동의 이면에 다음과 같은 6개 결정요인의 연쇄가 존재한다고 본다. ① 구조적 유인성, ② 구조적 긴장, ③ 신념의 성장과 전파, ④ 촉발 요인, ⑤ 행동을 위한 동원, ⑥ 사회통제 기제의 작용이다. 이러한 요인들은 앞의 요인이 뒤의 요인을 낳고 또 그 작용 범위를 설정한다는 점에서, 일련의 가치부가 순서에 따라 집합행동의 발생에 영향을 미치게 된다.

첫째, 구조적 유인성은 집합행동을 발생시키는 가장 일반적인 사회구조적 조건을 말한다. 예를 들어 노동운동이 발생할 수 있는 필수적인 사회구조적 조건은 봉건주의 사회가 아닌 자본주의 사회이다. 둘째, 구조적 긴장은 사회적 행위를 규제하는 규범체계가 부적절하거나 혼란에 빠지는 것이다. 사회해체, 갈등, 아노미 등이 여기에 속한다. 셋째, 신념의 성장과 전파는 긴장의 근원을 확인하고 이에 대한 적절하고 가능한 대응책을 포함하는 공유된 생각과 신념을 사람들 사이에 형성하고 확산시키는 것이다. 넷째, 촉발 요인은 일반화된 신념을 구체화하고 긴장을 자극하여 집합행동의 직접적인 유발을 가져오는 극적인 사건과 같은 것이다. 다섯째, 행동을 위한 동원은 관련된 사람들을 조직화하고 선동하여 직접적인 행동에 나서도록 하는 것이다. 여기서 지도자의 지도력이 중요하게 작용한다. 여섯째, 사회통제 기제의 작용은 집합행동의 발생을 억제하거나 집합행동의 발생 이후 그 확산을 억제하는 과정에서 작동하는 요인이다. 일반적으로 사회통제 기제가 강하고 효율적일 경우 집합행동이 억제되는 경향이 있지만, 구조적 긴장이 강하고 사람들의 불만이나 신념이 강할 경우 사회통제도 한계를 지니게 된다.

4) 자원동원 이론

사회심리학적 이론들은 집합행동과 사회운동 발생의 원인으로 군중심리, 사회적 불만, 상대적 박탈감과 같은 사회심리적 요인에 주목했고, 마르크스주의 이론들은 사회혁명의 원인과 과정에서 계급 갈등의 구조와 계급의식의 형성에 주목했다. 그리고 합리적 선택 이론과 가치부가 이론은 각각 개인의 합리적 동기와 사회구조적 요인을 강조했다. 그런데 이러한 이론들은 집합행동과 사회운동을 발생시키는 사회적·구조적 원인과 과정의 다양성을 설명하는 데 한계를 보인다. 그래서 이에 대한 대안적 이론으로 등장한 것이 '자원동원 이론(resource mobilization theory)'이다.

자원동원 이론은 크게 두 흐름으로 나뉜다. 매카시(John D. McCarthy)와 잘드(Mayer N. Zald) 등은 사회운동 조직의 특성에 초점을 맞춘 반면, 틸리(Charles Tilly), 갬슨(William A. Gamson), 오버샬(Anthony Oberschall) 등은 사회운동 조직뿐만 아니라 통제기관을 포함하는 정치과정 전체에 초점을 맞추었다. 그래서 후자를 흔히 '정치과정 이론'이라 부르기도 한다.

매카시와 잘드는 사회운동을 '보상의 분배 체계를 변화시키려는 의견과 신념을 가진 사람들의 집합행동'이라 했고, 틸리는 '공통의 이익을 추구하기 위한 집합행동'이라 했다. 자원동원 이론은 이익집단들이 이익이나 권력을 극대화하기 위해 자신들이 가진 인적·재정적·물적·정치적 자원들(인력, 재화, 무기, 정치적 지지 등)을 동원하는 합리적 행위라고 본다. 사회운동은 엄밀한 손익 계산 속에서 이루어지는 행위로서, 전체 사회의 이익분배 체계를 변화시켜 자기 집단에 돌아오는 몫을 더 크게 만들려는 집합행동이라는 것이다. 이처럼 자원동원 이론은 사회운동이 유사한 이익이나 목표를 가지는 사회집단의 형성, 기존의 사회구조를 변화시키려는 합목적적 지향, 의도적이고 조직화된 집합행동 등에 의해 생겨나고 또 지속된다는 점을 강조한다. 그래서 자원의 동원 정도와 조직화 수준, 정치적 전략

등이 사회운동을 분석하는 중심 요인이 된다.

한편, 기존의 사회질서나 규칙에 반대하여 자원동원을 통해 사회운동을 하는 조직에 대해서는 동조하는 세력도 있고, 기득권 집단들이나 국가권력처럼 견제와 제재를 통해 손해를 입히는 세력도 있다. 따라서 이들에 도전하는 사회운동 집단은 투입한 비용에 비해 수익을 더 크게 하기 위해, 즉 사회운동에 성공하기 위해 합리적인 손익 계산과 선택을 하게 된다. 이때 국가권력을 포함한 기득권 집단들 내에서 어떤 균열이 존재하는지, 그리고 정치권(제도정치) 내에서 도전집단에 동조하는 세력이 존재하는지 등은 사회운동의 성공 여부에 큰 영향을 미치게 된다. 그래서 정치과정을 강조하는 틸리는 이것을 '정치적 기회구조'라고 불렀으며, 부르주아혁명에서도 기득권 집단 내의 균열이 성공의 중요한 요인이었다고 보았다.

5) 정체성 이론과 신사회운동 이론

자원동원 이론이 주로 미국에서 발달했다면, 정체성(identity) 이론과 신사회운동(new social movements) 이론은 주로 유럽에서 발달했다. 1960년대까지 유럽의 사회운동에서는 계급 갈등에 기초한 노동운동과 사회주의 또는 사회민주주의를 지향하는 정치운동이 중심을 이루어왔다. 그런데 1968년 5월운동(혁명)을 거쳐 1970년대에 이르러서는 반전평화운동, 반핵환경운동, 여성운동, 코뮌(commune)운동 등, 이전의 주요 사회운동과는 성격이 크게 다른 이른바 '새로운(new)' 사회운동(신사회운동)이 매우 활발하게 전개되었다.

이에 따라 구사회운동(old social movement)과 다른 사회운동들의 발생 원인과 특성을 분석하고 설명하려는 이론들이 생겨났다. 이들은 주로 사회운동 또는 운동주체들의 정체성 변화에 주목하고 있어서 '정체성 이론'으로 불리거나, 신사회운동의 분석에 초점을 맞추고 있어서 '신사회운동 이론'이라 불린다. 〈표 15-1〉에서 볼 수 있듯이, 이 이론들은 서로 다른 주제나 쟁점에 주목하고 있지만, 대체로 몇 가지 공통의 경향을 지닌다.

〈표 15-1〉 유럽 구사회운동과 신사회운동의 비교

구분	구사회운동(노동운동)	신사회운동
사회적 위치	제도정치에 포섭	제도정치에 저항, 시민사회
운동 쟁점	경제적·계급적 불평등의 완화, 집단적·물질적 이익, 복지	환경, 여성, 평화, 인권, 인종, 소수자, 대안적·공동체적 삶
운동 주체	노동자계급	신중간계급, 전문직, 자유직 등
운동 이념(가치)	성장주의, 물질주의	탈물질주의, 탈권위주의, 풀뿌리 민주주의
운동 조직	수직적·위계적 조직	수평적 네트워크 조직
운동 방식	관례적 행동	비관례적·급진적 행동

자료: Offe(1985); 스코트(1995); 정태석(2007).

첫째, 운동의 쟁점에서 구사회운동과의 차별성을 강조한다. 계급운동, 노동운동과 같은 구사회운동이 계급적·경제적 불평등이나 노동·복지 문제에 주목하고 있다면, 신사회운동은 과학기술 문명의 발달과 권위주의적·관료제적 지배에 따른 병폐와 시민적 자율성의 침해에 대한 저항, 탈물질주의적 삶의 질과 대안적 삶의 추구, 다양성과 정체성의 인정 등에 주목하고 있다는 것이다. 환경운동, 여성운동, 평화운동, 소수자운동, 공동체운동 등은 이러한 새로운 쟁점을 제기하는 운동이다.

둘째, 운동의 주체에서 전문직, 자유직에 종사하는 신중간계급이 새로운 주체가 되었다고 본다. 구사회운동이 노동자계급을 중심 주체로 삼아 경제적 분배의 개혁을 추구했다면, 신사회운동은 전문직, 자유직 등의 신중간계급과 학생, 여성, 지역 주민 등 중간계급과 주변층의 참여를 통해 새로운 가치와 정체성의 인정을 추구했다는 것이다.

셋째, 운동의 발생 배경과 이념(가치)이 다르다는 점을 강조한다. 우선 구사회운동이 공업적 발달의 단계에서 자본주의적 불평등에 대한 비판과 대안을 추구했다면, 신사회운동은 자본주의가 소비, 서비스, 지식, 정보 등을 중심으로 한 사회로 넘어가는 시대적 전환기를 배경으로 발생했다고 본다. 공업적 발달 과정에서 기술관료적 지배, 물질주의·성장주의의 확산 등에 따라 각종 사회문제가 생겨났고 사회적 요구들이 분출되었던 것이다. 특히 경제성장과 자본-노동 간 계급타협에 기초한 복지국가의 계급정치 체계가 물질적 분배의 개선을 제공하면서도 관료주의적 국가 개입을 확대시켜 시민적 요구와 문화적 자율성을 억눌렀다. 신사회운동은 이러한 관료주의적인 제도정치로부터 배제된 요구와 가치들을 배경으로 분출되었던 것이다.

신사회운동은 전후 복지국가의 발달 과정에서 물질적 풍요의 혜택을 입었던 새로운 세대들과 물질적 제약에서 자유로웠던 신중간계급과 주변층이 기존의 계급적 쟁점 중심의 관료주의적 제도정치가 포섭하지 못한 여성, 반핵, 환경, 반전평화, 소수자 인권 등 새로운 쟁점들을 제기한 사회운동이었다. 그래서 신사회운동은 새로운 가치와 정체성의 인정을 요구하면서 수평적 네트워크를 형성하고 항의, 점거, 거리시위 등 급진적인 행동을 추구한 풀뿌리운동의 성격을 지니고 있었다.

3. 현대의 사회운동

1) 현대 사회운동의 발생과 전개

현대 사회운동의 역사적 배경

18세기 공업혁명과 부르주아혁명은 중세 봉건체제를 해체하면서 현대 사회의 기본적인 틀인 민주주의 정치체계와 자본주의 시장경제체계를 형성하는 기반이 되었다. 이 과정에서 참정권운동을 비롯한 정치적 민주주의운동, 노동운동, 사회주의운동, 여성운동, 농민운동, 민족주의운동 등이 등장하게 되었다. 부르주아지가 지배하는 자본주의 체제에 반대한 사회주의운동은 러시아 등지에서 사회주의 나라 건설로 이어지기도 했고, 참정권운동과 민주주의운동이 활발했던 서유럽에서는 민주주의의 제도적 발전을 통해 좌파정당의 집권과 복지국가의 발달을 낳기도 했다.

한편 영국, 프랑스, 미국 등 서양의 자본주의 중심부 나라들의 제국주의적 팽창과 식민지 건설 경쟁은 주변부 나라들에서 반제국주의, 탈식민지 해방운동을 불러일으켰다. '제3세계'라 불린 아프리카, 중동, 아시아, 남아메리카 등지의 나라 대부분은 강대국들의 지배와 수탈을 당했고 특히 강대국 간의 식민지 쟁탈전 성격을 띤 두 차례의 세계대전에 휘말리면서 엄청난 물질적·정신적 피해를 입었다. 그리고 이 과정에서 서양의 다양한 이념과 제도가 유입되면서 제3세계 국민들은 내적으로 이념적·정치적·경제적 분열과 대립을 겪게 되었다.

지배세력은 주로 외세에 의존하면서 자본주의와 자유주의에 기초한 서구적 발전 노선을 추종하려고 했고, 민족주의 세력은 제국주의적 지배에 저항하면서 자립적 발전을 위한 민족주의적 해방운동을 벌였으며, 사회주의 세력은 민족 해방과 더불어 계급 해방을 동시에 추구하고자 했다. 이에 따라 제3세계에는 자유주의, 민족주의, 민주주의, 사회주의 등 여러 이념이나 정책을 추구하는 사회운동들이 각축을 벌이게 되었다.

노동운동과 사회주의운동

19세기 말, 20세기 초의 자본주의 시장경제의 발달은 빈곤과 소득 양극화로 이어지면서 자본가계급과 노동자계급 간의 갈등과 대결을 심화시켰다. 이에 따라 노동자들의 생존권 보장과 노동조건 개선을 요구하고 나아가 자본주의의 철폐를 주장하는 노동[재]운동과 사회주의운동이 급속히 확산했다.

노동운동은 자본주의의 발전에 따라 발생하게 된 것으로서, 자본의 경제적 지배와 착취에 맞서서 노동자들의 집합적 이익을 추구하는 사회운동이었다. 노동운동 중에서 특히 노동자들이 주체가 되어 노동조합 등 조직을 만들고 임금 인상이나 노동시간 단축 등 노동자들의 생존 및 노동조건의 개선을 추구한 운동은 조합주의 노동운동 또는 노동조합운동이라고 불려왔다. 그런데 노동자들의 권리를 제약한 권력은 국가의 법과 정책에 의해 뒷받침되는 것이어서, 노동자들의 투쟁은 고용의 직접적 당사자인 자본가들만이 아니라 국가를 향한 것이기도 했다. 이에 따라 국가권력에 저항하고 나아가 국가권력을 쟁취하는 것이 노동운동이나 사회주의운동의 중요한 과제가 되고, 좌파정당의 결성을 통한 정치운동이 활발하게 전개되었다. 이는 러시아 등에서 사회주의혁명의 기반이 되었고, 민주주의가 발달해 간 서유럽 등에서는 참정권운동과 함께 사회민주주의 정치운동으로 이어져 계급타협과 복지국가의 발달을 이끌어내는 기반이 되었다.

68혁명과 신사회운동들

제2차 세계대전 이후 서유럽에서는 경제 재건이 중요한 과제로 등장했다. 미국은 사회주의의 확산을 막기 위해 마셜플랜을 통해 서유럽의 자본주의적 경제성장을 지원했다. 하지만 서유럽 나라들에서는 자본주의적 차별과 지배에 저항하는 노동운동과 사회주의 정치운동이 노동조합과 좌파정당을 중심으로 여전히 영향력을 키워가고 있었다. 이에 따라 이념적·이데올로기적 갈등과 대립이 지속되었지만, 좌파정당의 제도정치 참여와 집권 등은 이후 국가-자본-노동 간의 코포라티즘적 타협을 가능하게 하여, 계급 갈등이 제도화되고 보편적 복지도 확대되면서 점차 정치적 안정이 이루어졌다.

반면 전후 베이비붐 시기에 태어나고 성장한 자유분방한 젊은 세대들은 계급정치 중심의 관료화된 제도정치나 권위주의적 문화에 저항하면서 새로운 가치와 풀뿌리 민주주의를 요구하는 목소리를 내기 시작했다. 1960년대 말에 성인이 되고 대학생이 된 젊은층은 인구 규모가 컸을 뿐만 아니라 선진국들 곳곳에서 전쟁에 반대하고 권위주의적 기성정치에 반대하는 저항운동에 참여했다. 그래서 기성 정치체제와 사회질서에 급진적으로 저항한 전후 세대 중심의 사회운동은 '68혁명' 또는 '68운동'이라 불린다. 이들은 권위주의, 관료주의, 물질주의, 핵무기, 전쟁, 환경 파괴, 성차별, 흑인 인권 억압 등에 반대하는 새로운 문화운동과 사회운동을 일으켰고, 이것은 이후 다양한 신사회운동들로 이어졌다.

다양한 가치를 추구한 신사회운동들은 〈표 15-1〉에서 볼 수 있듯이, 자신들과 전통적 노동운동의 차이를 강조했다. 이에 따라 노동운동은 '구사회운동'으로 규정되었고, 자신들의 사회운동은 '신사회운동들'로 규정하게 되었다.

서유럽 선진국들에서 신사회운동들이 급진적으로 분출된 데에는 몇 가지 사회적 조건들이 작용했다. 첫째, 계급 갈등의 제도화로 계급정치 중심의 조합주의적·관료주의적 제도정치가 정착되면서, 노동자가 아닌 시민들과 새로운 세대의 다양한 요구를 수용할 정치적 기회구조를 지니지 못했다. 둘째, 전후 경제성장과 복지국가의 발달로 물질적 풍요가 이루어짐에 따라 새로운 탈물질주의 요구가 분출되기 시작했다. 셋째, 물질적 풍요와 자유분방한 문화적 환경에서 성장한 전후 세대는 기성세대의 권위주의적 문화에 강한 불만을 품게 되었다.

이러한 사회적 조건들 속에서 전후 세대는 기성세대의 정치질서와 문화에 도전하고, 물질적 분배와 계급정치 중심의 제도정치가 수용하기 어려웠던 탈물질주의, 탈권위주의, 생태주의, 반전평화, 반핵, 남녀평등, 소수자 인권, 공동체 등 다양한 가치들을 주장하기 시작했고, 이것이 기성정치와 기성사회에 도전한 68혁명과 함께 신사회운동들이 급진적으로 분출하게 된 계기였다(정태석, 2007).

2) 신사회운동들과 현대의 사회운동들

신사회운동의 주체들은 계급정치 중심의 제도정치가 수용하기 어려운 새로운 요구를 제기했다. 제2차 세계대전 이후 자본주의 진영과 사회주의 진영 간의 갈등과 대립이 군비 경쟁 등을 통해 긴장을 강화시키고 제3세계를 중심으로 한 국지전으로 이어지면서, 핵무기 개발 및 군비 경쟁, 전쟁 등에 반대하는 반전·평화운동과 반핵운동이 활발히 전개되었다. 또한 공업적 발전과 물질적 소비의 증가로 환경 파괴와 오염이 심각해지면서 자연환경 개발과 물질주의에 반대하는 환경운동도 확산되었다. 그리고 전통적인 남성 중심의 가부장적·권위주의적 문화에 저항하면서 남녀차별 철폐를 요구한 여성운동도 확산되어 여권 신장을 가져왔다. 이 외에도 자본과 기업의 일방적 시장지배에 반대하면서 소비자들의 권리를 주장한 소비자운동과 소수자에 대한 억압에 저항하며 자신들의 권리 보장을 요구한 다양한 소수자운동이 분출되었으며, 외부 권력의 개입에 반대하면서 시민들의 자율적인 공동체를 형성하려는 코뮌운동도 일어났다.

이러한 새로운 운동들은 전통적인 자본-노동 중심의 계급정치의 틀이나 기성세대 문화가 수용하기 힘든 새로운 가치와 정책을 지향하는 것들이었으며, 이에 따라 기존의 제도정치가 지닌 관료주의나 기성세대의 권위주의적·엄숙주의적 문화에 대한 광범한 저항과 풀뿌리 민주주의에 대한 요구가 급진적으로 분출되었다. 이러한 신사회운동들에서 대표적인 사회운동들로는 반전·평화운동, 반핵운동, 인권운동, 환경운동, 여성운동 등이 있다. 여기서는 반전·평화운동과 인권운동에 대해서 간략히 살펴보기로 하겠다(여성운동과 환경운동은 관련된 장들 참조).

반전·평화운동과 반핵운동

제2차 세계대전 이후 세계가 미국과 소련 두 강대국을 중심으로 자본주의 진영(제1세계)과 사회주의 진영(제2세계)으로 양분되면서 체제(체계) 경쟁이 시작되었다. 양 진영 간의 이념 경쟁은 직접적인 군사적 대결로 이어지지는 않으면서 군비 경쟁과 외교적 대립이라는 냉전체제를 형성하게 되었다. 세계대전의 경험으로 전쟁의 파괴성과 핵무기의 위험성을 인식하여 전면전을 자제하는 분위기가 형성되었지만, 미국과 소련은 제3세계에서의 소규모 전쟁을 통해 대리전을 전개했다. 1950년 한국전쟁, 1962년 쿠바 사태 등 충돌 위기도 있었지만, 전쟁의 파멸적 상황을 인식하고 있던 두 나라는 협상을 통해 전면전을 회피하려 했다. 하지만 군사적 우위를 점하기 위해 핵무기를 비롯한 군비 경쟁을 지속했고, 이에 따라 군사적 긴장도 지속되었다.

이처럼 냉전체제와 군비 경쟁 속에서 국지전이 지속되자, 1960년대 초에는 영국, 독일, 프랑스 등에서 핵 위험을 최소화하고 군비 경쟁을 종식하기 위한 시민단체가 창설되고 시민불복종운동이나 저항운동이 일어나기 시작했다. 그리고 전쟁 참가가 강제되는 미국과 서유럽의 대학생들과 젊은층들 사이에서도 저항이 일어나기 시작했다. 특히 1960년대 중반에는 유럽과 미국에서 대학생들과 청년들을 중심으로 베트남전쟁에 반대하는 운동이 활발히 일어났다. 이들은 기성세대에 의해 결정되는 일방적인 군사정책에 반대하면서 개인의 자유와 평화를 요구하기 시작했다. 이것은 68혁명의 중요한 요구들 가운데 하나였고, 반전·평화운동의 중요한 계기가 되었다.

베트남전쟁 종전 이후 1970년대 후반에 소강상태를 보였던 반전·평화운동은 미국에서 보수정권이 등장하면서 군사적 긴장이 고조되자 1980년대 초에 다시 활성화되었다. 그런데 1988년 소련의 페레스트로이카(개혁·개방 정책) 이후 동구 사회주의권이 민주화운동 등을 통해 붕괴하면서 냉전체제가 해체되자, 핵무기와 군비 감축을 요구한 반전·평화운동은 그 목표를 잃게 되면서 약화했다. 하지만 이후 걸프전이나 미국의 이라크 침공, 코소보 전쟁 등과 같이 국제정세가 불안정해지거나 인권 침해 사태가 심각해질 때마다 반전·평화운동이 다시 분출했다.

인권운동과 민주주의운동

부르주아혁명 이후 정치적 참정권의 제한이 이루어지자 노동자들, 여성들, 흑인들을 비롯하여 참정권에서 배제된 집단들은 정치적 자유와 평등의 확대를 요구하는 참정권운동을 벌였고, 20세기 초에 와서야 대부분의 선진국들에서 보통선거가 확립되었다. 하지만 미국에서는 흑인들이 인종차별로 인해 여전히 투표권을 실질적으로 행사하기 어려웠다. 이에 따라 흑인민권운동이 전개되었고, 대학생을 중심으로 한 전후 세대 젊은층들은 인종차별 반대 운동과 흑인민권운동에 참여했다.

한편, 제3세계에서는 제2차 세계대전 이후 독립이 이루어지기 전까지 제국주의의 지배에 반대하는 민족주의운동이 활발히 일어났고, 또한 독재에 반대하는 민주화운동도 지속되었다. 사회주의권에서도 독재나 권위주의에 반대하는 저항이 지속적으로 분출되었다. 특히 1988년 소련의 페레스트로이카 이후에 동유럽 나라들에서는 시민사회에서의 민주화운동이 활발히 이루어져 사회주의 독재정권이 해체되고 민주정권이 수립되었다.

21세기에도 몇몇 나라나 지역에서는 군사독재정권이나 사회주의정권에 의한 억압적·권위주의적 통치가 지속되고 있다. 2019년에 중국의 특별행정구인 홍콩에서는 본국 사회주의 정권의 정치적 개입에 반대하며 민주화운동을 벌였다. 홍콩의 자치권을 제한하려고 한 중국 정부는 홍콩 시민들의 강력한 저항으로 뜻을 이루지 못했지만, 여전히 갈등과 긴장은 지속되고 있다. 미얀마에서는 군부세력이 2020년 민주적 선거결과를 부정하며 쿠데타를 통해 권력을 장악했으며, 이에 저항하며 민주주의의 회복을 요구하는 시민들의 민주주의운동을 폭력적으로 진압하고 시민을 살해하고 있다. 한편, 이슬람 공화국 이란에서는 이슬람주의에 입각한 권위주의정권하에서 히잡을 쓰지 않았다가 경찰에 체포된 젊은 여성이 의문사 당한 것을 계기로 자유와 인권을 요구하는 젊은층의 저항이 폭발하면서, 신정체제 종식과 사회의 민주화를 요구하는 저항운동이 모든 세대, 종족, 계층으로 확산되고 있다.

3) 시민사회와 NGO의 성장

현대 사회운동과 NGO

현대 사회운동은 정치 참여와 정치개혁을 추구하는 정치운동이나 제도 정치를 통한 정책적·법적 개혁을 추구하는 사회운동만이 아니라, 시민사회 내의 개혁이나 자발적 지원을 추구하는 사회운동도 다양하게 나타나고 있다. 시민들은 서로 협력하고 지원하면서 스스로 생활 개선을 추구하기도 한다. 특히 신사회운동들 가운데는 사회개혁을 위해 제도정치에의 영향력 행사를 추구하기는 하지만 국가권력의 장악을 직접적으로 추구하지 않는 시민단체 또는 시민운동단체를 지향하는 경우들도 많다. 이러한 시민단체들은 오늘날 NGOs(Non-Governmental Organizations)라 불린다.

NGO는 '비정부조직' 또는 '비정부기구'로 번역되는데, 이 용어는 국경을 넘어 국제적으로 활동하는 민간단체들을 지칭하기 위해 국제연합(UN)에서 처음 사용했다. 이런 의미에서 NGO는 원래 '국제적 사안을 다루는 2개국 이상의 회원들로 이루어진 국제 비정부 민간단체'를 의미했다. 하지만 점차 '정부에 속하지 않는' 민간단체들의 활동이 활발해지면서, 한 나라 내에서 활동하는 다양한 민간단체들도 NGO라고 부르게 되었다. 이에 따라 NGO들은 이제 그 활동 범위에 따라 국제 NGO, 국내 NGO, 지역 NGO로 구별한다.

'NGO'는 정부로부터의 독립성과 자발성을 강조할 경우, '자발적으로 결성되어 활동하는 민간단체'를 의미하기도 하고, 공익 또는 공공선을 추구하는 사회운동의 기반 조직으로서의 성격을 강조할 경우 시민사회운동 단체를 의미하기도 한다. 그래서 NGO는 용어의 쓰임새에 따라 '자원조직(VO: Voluntary Organization)', '시민사회운동단체(CSMO: Civil Society Movement Organization)' 또는 '시민사회단체(CSO: Civil Society Organization)' 등의 의미를 지닌다.

정부로부터의 독립성뿐만 아니라, 영리를 추구하는 자본(기업)으로부터의 독립성도 강조하기 위해, NGO는 NPO(Non-Profit Organization, 비영리 조직)와 혼용되기도 한다. 또 정부(국가)와 기업(자본) 양자로부터의 독립성을 강조하기 위해 '제3부문(the Third Sector)'이라는 용어를 사용하기도 한다. 한편, 영리활동을 하지만 공공성이나 공동체성을 중시하는 사회적 기업(social enterprise)이나 협동조합(co-operative)도 NGO로 취급하기도 한다.

국제 NGO들의 탄생

국제 NGO는 오늘날 글로벌 NGO라고 불리기도 하는데, 사실상 1838년 영국에서 설립된 반노예협회(The Anti-Slavery Society)에서 시작되었고 1864년에 세워진 적십자에 의해 본격화되었다. 적십자가 옹호한 중립, 독립, 그리고 소속에 관계없이 도움을 준다는 원칙은 20세기 초의 NGO들에 의해 수용되었다. 이렇게 해서 1939년까지 약 700개의 국제 NGO가 생겨났다.

국경없는의사회

국제사면위원회

ICRC
적십자

월드비전

Save the Children
세이브 더 칠드런

WWF®
세계자연보호기금

Oxfam
옥스팸

국제 NGO들의 로고

그 후 제2차 세계대전이 발발하자 전쟁으로 고통받는 사람들을 돕기 위해 영국의 구호기관 옥스팸(Oxfam)과 미국의 식량구호단체 케어(Care)를 포함한 많은 NGO가 설립되었다. 그리고 제2차 세계대전 종전 직전인 1945년 4월 샌프란시스코에서는 50개국의 대표가 모인 가운데 유엔 창설을 위한 회의가 열렸는데, 여기에는 정부 대표뿐만 아니라 많은 NGO 대표들이 참여해 자신들의 요구를 관철하기 위해 노력했다. 그 결과 유엔 경제사회이사회와 NGO들 간의 관계를 제도화하는 '헌장 제71조'가 다음과 같이 제정되었다. "경제사회이사회는 그 권한 내에 있는 사항과 관련이 있는 NGO들과 협의하기 위해 적절한 협정을 체결할 수 있다." 이로써 NGO들은 국제 정부 간 기구인 유엔에 의해 공인되었다.

국제 NGO들의 발전

국제 NGO들은 활동 분야에 따라 몇 가지 유형으로 나누어 볼 수 있다. 후진국의 경제개발을 지원하는 개발 NGO들, 인권 및 구호 활동을 하는 적십자, 옥스팸, 세이브 더 칠드런(Save the Children), 월드비전(World Vision), 국경없는의사회(MSF: Médecins Sans Frontières) 등 인권 및 구호 NGO들,

환경보호 활동에 주력하는 지구의 벗(Friends of the Earth), 국제 그린피스(Greenpeace International), 시에라클럽(Sierra Club), 세계자연보호기금(WWF: World Wide Fund for Nature) 등 환경 NGO들이 있으며, 이 외에도 부정부패와 권력을 감시하는 NGO들과 국제 정치·경제 질서를 감시하고 비판하는 반세계화 또는 대안세계화 운동 NGO들이 있다.

1960년대에는 아시아, 아프리카의 많은 나라가 식민지 상태로부터 독립하게 됨에 따라 이 나라들에 대한 국제적 개발원조가 커다란 이슈가 되어 국제 NGO의 활동 무대가 넓어졌다. 이와 함께 NGO들의 중심사업은 인도적 원조 외에도 다양한 분야로 확대되기 시작했다. 예컨대 국제사면위원회(Amnesty International)는 정치범의 인권을 위한 캠페인을 시작했으며, 세계자연보호기금은 일찍부터 환경운동을 시작했다. 인도적 원조를 하던 NGO들도 정책의 강조점을 장기개발 전략으로 바꿔나가기 시작하여 자력갱생에 의한 존속 가능성(sustainability)을 염두에 둔 지원을 해나가게 되었다.

1970년대에는 NGO가 양적·질적인 면에서 비약적으로 발전했다. 그 이유는 첫째, 미·소 간의 긴장 완화 분위기로 안보에 대한 관심에 눌려 있던 환경, 인권 등에 대한 관심이 늘어났고, 둘째, 석유파동에 따라 개도국에 대한 경제적 지원의 필요성이 커졌으며, 셋째, 1960년대 고도성장에 따른 후유증으로 환경 파괴에 대한 우려가 커지면서 환경 보전에 대한 관심이 커졌기 때문이었다. 특히 1972년 로마클럽(Club of Rome)의 보고서 『성장의 한계(The Limits to Growth)』가 지구 환경의 심각성을 보여주면서 수많은 환경단체가 생겨났다. 또한 국경없는의사회와 같이 재난을 당한 후진국 국민들을 돕기 위한 새로운 인도주의적 NGO도 설립되었다.

1980년대에도 NGO의 수는 계속 늘어나 1989년에는 유엔 경제사회이사회 협의지위를 얻은 NGO가 848개에 달했다. 활동영역 또한 더욱 다양해져 인권, 환경 보전, 존속 가능한 개발, 여성의 권리, 원주민의 권리, 군비 축소, 국제평화와 안전 등으로 확장되었다. 그리고 국제적 연대를 통한 국제적인 여론 형성, 비판, 제안 활동 등 정치적 활동도 본격화했다.

존속 가능성

'sustainability'는 일반적으로 지속 가능성으로 번역하고 있다. 하지만 지속 가능성이라는 번역어는 환경적 의미가 분명하지 않아서 마치 높은 수준의 성장이나 발전이 지속 가능한 것처럼 인식된다. 이것은 환경적 의미와 상반된다. 그래서 환경적으로 생존을 지속한다는 의미를 살리려면 '지속 가능성'보다 '존속 가능성'이라는 번역어가 더 적합하다.

국제 환경단체 그린피스의 레인보워리어호가 인천항에 입항하는 데 맞춰 한국의 환경운동연합 회원들이 해상에서 고래 보호 캠페인을 벌이고 있다.

이렇게 해서 1990년대에는 NGO의 수가 약 2만 개로 늘어났고 영향력도 대폭 증대했다. 다양하고 빈번한 정부 간 회의에 영향을 미치기 위해 적극적으로 노력했으며, 이와 병행하여 NGO 포럼을 개최하여 정부 간 회의에 로비와 압력을 행사하는 적극적 행위자가 되었다. 예를 들어 1993년 빈에서는 171개국 정부 대표가 모여 세계인권회의를 개최했는데, 이와 나란히 열린 NGO 포럼에는 1529개 단체 2721명이 참가했다. NGO들의 조직된 행동은 각종 정부 간 회의 — 시애틀 세계무역기구 회의(1999년 11월), 방콕 유엔 무역개발 회의(2000년 2월), 워싱턴 세계은행-IMF 회의(2000년 4월), 오키나와 G8 정상회담(2000년 7월), 멜버른 세계경제포럼 아시아회의(2000년 9월), 프라하 IMF-세계은행 합동총회(2000년 9월), 서울 아셈회의(2000년 10월), 다보스 세계경제포럼(2001년 1월) 등 — 에서 표출되었다. 1990년대 이후부터 2000년대 초까지의 국제 NGO 활동과 포럼의 활성화는 신자유주의적 세계화에 따른 부국과 빈국 간의 빈부 격차 심화, 다국적기업과 금융자본의 세계시장 지배, 국제통화기금(IMF), 세계은행(World Bank), 세계무역기구(WTO) 등의 신자유주의적 경향의 심화 등에 대한 국제적 우려가 증가하

면서 이루어졌다. 이에 따라 NGO들은 서로 연대해 정부 간 협의와 국제
경제 기구들의 활동에 대한 비판과 견제를 해나가고 있다.

한국에서는 군사독재정권의 억압에 항거하는 민주화운동이 1960년대
초부터 1980년대 말까지 근 30년에 걸쳐 일어났으며, 이후에도 국가권력
에 의한 일방적 정책 결정에 반대하고 항의하는 다양한 사회운동이 발생
했다. 행정수도 이전을 통한 지역균형발전을 요구한 지방분권운동, 이라
크파병 반대 운동, 한미FTA 체결 반대 운동, 광우병 위험 미국산 쇠고기
수입 반대 운동, 4대강(운하) 사업 반대 운동 등 정부의 정책에 반대하고
항의하는 시위와 사회운동들이 지속적으로 이어지고 있다.

그런데 사회운동의 발생에 정치적 요인이 중요하게 영향을 미쳤다고
하더라도 순수하게 정치적 요인만이 작용하는 경우는 드물다. 앞서 보았
듯이 정치적 사회운동에는 대체로 경제적 요인들이 함께 작용하는 경우
가 많으며, 오늘날에는 환경, 평화, 생명안전 등 시민사회적 요인들이 정
치적 요인들과 결합하고 있다.

4. 현대 한국의 사회운동

1) 해방 이전의 사회운동

한국 사회에서 봉건적·신분제적 질서에 반대하면서 현대적인 요구를
내세우기 시작한 대표적인 사회운동은 1894년에 본격적으로 시작된 동학
농민운동이었다. 조선시대의 신분차별과 폭정에 대항한 동학농민운동은
반외세·반봉건과 평등사상을 내세우고 신분제 폐지, 가족제도 개혁 등을
요구했다. 그러나 관군과 전쟁까지 벌인 이 운동은 결국 일본군과 합작한
관군에 의해 진압되었다.

1896년 서재필 등의 개화사상가들은 독립협회와 만민공동회를 만들어

서양의 계몽사상과 부르주아혁명 사상을 받아들이고 국민들을 계몽하며, 민회와 입헌군주제의 도입을 요구하는 민주화운동을 펼쳤다. 그리고 안창호 등 만민공동회 주도 세력은 그 후 1907년 '신민회'라는 비밀결사 조직을 만들어 국권 회복과 입헌공화국 수립 운동, 애국계몽운동을 벌였다.

한편, 1910년 조선은 일본 제국주의에 의해 합병되면서 주권을 상실했다. 조선의 민중들은 일제의 지배와 수탈에 맞서 1919년 3·1운동을 비롯하여 국내외적으로 민족해방(독립)운동을 벌였고, 만주 지방에서는 항일무장투쟁도 했다. 3·1운동 직후 1920년대에는 또 러시아 혁명의 영향으로 사회주의 사상이 유입되어 지식인층에 널리 퍼졌으며, 사회주의 또는 공산주의 계열의 정치조직들과 정당들이 생겨나 민족해방운동과 사회주의운동의 연대가 형성되기도 했다.

일제강점기에는 식민지 지배세력에 의한 수탈에 저항한 농민운동이 분출했고, 공업의 발달로 공장노동자들이 성장하면서 노동[자]운동도 활발하게 일어났다. 노동조합과 단체들, 농민조합과 단체들, 이들에 의한 쟁의와 파업이 빈번하게 이어졌다. 1928년의 영흥 총파업은 3개월간 지속되었고, 1929년의 원산 총파업은 4개월이나 지속되었다.

2) 해방 이후의 사회운동과 민주화운동

해방과 분단, 그리고 좌우 대립

1945년에 일본이 제2차 세계대전에서 패전하면서 한반도는 승리한 연합군의 주축이었던 미국과 소련에 의해 분할점령되어, 남한에서는 1945년에서 1948년까지 미군정이 실시되었다. 미군정은 한반도 남쪽에서 자유민주주의와 자본주의에 기초한 사회를 건설하려고 했다. 이에 따라 남한에서는 민족 통일을 추구한 민족주의운동과 계급 평등을 요구한 사회주의운동이 활발히 전개되었다. 하지만 미군정이 좌익 세력과 민족주의 세력을 탄압하며 보수주의 및 자유주의 세력을 중심으로 하는 친미우익 세력을 지원하면서, 좌우 이데올로기 간의 분열과 대립이 격심했다.

대한민국 정부 수립과 민주화운동

남한에서는 1948년 유엔 결의에 따라 치러진 5·10선거를 통해 단독정부의 수립이 이루어졌는데, 이 선거는 역사상 최초의 보통선거였다. 미국의 지원 아래 진행된 반공 이데올로기와 자유민주주의 이념에 기초한 민주공화국의 수립은 단독정부 수립에 반대한 중도파 민족주의 세력들과 대부분의 좌익 세력들이 불참한 가운데 이루어짐으로써, 이후 이데올로기적 갈등과 대립을 격화시켰다.

이승만 정권은 친미 자유주의·보수주의 세력에 기초한 반공주의적 통치를 시행했고, 1950년 한국전쟁이 발발하면서 이후 반공주의적 통치는 더욱 강화되었다. 사회주의 세력과 민족주의 세력들을 탄압하면서 친일세력과 결탁한 이승만 정권은 정권 연장을 위해 권위주의적 통치로 나아갔고 결국 부정선거 등 불법행위를 자행했다. 그리고 이에 대한 저항은 1960년에 대학생들을 중심으로 민주화를 요구한 4·19혁명으로 분출되었고, 이승만은 대통령에서 물러났다.

군사독재정권의 개발독재와 민주화운동

4·19혁명 이후 내각제 개헌으로 장면 내각이 집권했는데, 박정희 군부 세력은 1961년 5월 16일에 정치 혼란을 명분으로 군사쿠데타를 일으켰다. 이후 박정희 군부정권은 '조국 근대화'를 내세우며 해외에서 차관을 도입하고 수출 주도 경제성장을 추진했고, 이 과정에서 대기업들은 노동자들의 저임금·장시간 노동에 의존하여 급속한 자본축적을 할 수 있었다. 노동자들의 권리와 민주주의에 대한 시민들의 요구를 억압하기 때문에 개발독재라고 불린 이러한 경제성장 방식은 독재에 반대하는 노동운동과 민주화운동을 확산시켰다.

한편, 1972년에 유신헌법을 통해 정권 연장을 시도한 박정희는 반공주의·권위주의 통치를 강화했고, 이에 따라 군사독재에 반대하는 민주화운동은 더욱 격화되었다. 그리고 1979년 부마항쟁 이후 박정희 암살 사건이 발생했고, 한국 사회는 민주주의를 회복할 기회를 얻었다. 하지만 전두환

군부 세력에 의한 군사쿠데타가 다시 발생했고, 이에 저항한 1980년 광주
민주항쟁을 폭력적으로 억압하면서 군사정권이 수립되었다.

　1980년대에는 경제성장과 민주화운동 확산이라는 조건하에 노동문제,
환경문제, 여성차별문제 등 다양한 사회문제들이 쟁점화되면서 노동운동,
환경운동, 여성운동 등 다양한 사회운동들이 분출되기 시작했다. 그렇지
만 군사독재 아래에서 다양한 사회운동들 역시 억압되었고, 이에 따라 민
주화운동을 통한 군사독재 타도가 일차적 목표가 되어야 한다는 생각이
강했다. 그리하여 학생운동을 중심으로 민주화운동이 확산했고, 전두환
정권 말기에 개헌과 대통령 직선제 요구가 분출하면서 결국 1987년 6월
항쟁을 통해 민주주의를 쟁취하기에 이르렀다.

3) 1987년 6월항쟁 이후의 사회운동

1987년 6월항쟁 이후의 시민사회와 사회운동의 분화

　1987년 6월항쟁 이후 '절차적 민주주의'가 확립되고 대통령 직선제를
통해 군사정권의 후예인 노태우가 대통령이 되면서, 정권교체가 이루어
지지는 못했지만 민주화와 자유화로 시민사회의 활성화가 이루어졌다.
민주화운동의 중심 세력이었던 재야 지식인들과 정치인들은 점차 제도정
치로 진출했고, 노동자, 농민, 빈민 등 기층 민중들이 사회운동의 주체로
부상하기 시작했다.

　민주화운동 속에서 억제되었던 기층 민중들의 목소리는 먼저 6월항쟁
에 이은 7~8월 노동자대투쟁에서부터 분출되기 시작했다. 노동자들은 노
태우의 6·29선언 직후부터 임금 인상과 노동조건 개선을 요구하는 대대
적인 파업과 민주노조 결성 운동을 전개했다. 대중적 농민운동은 1988년
부터 본격화되었다. 농민들은 집회에서 수세 폐지, 쌀 등 농산물 수입 개
방 포기를 요구했다. 빈민운동은 1988년 서울 올림픽을 앞두고 정부가 도
시 미관 정화사업의 일환으로 판자촌 철거 및 노점상 단속을 강화하자 이
에 저항하며 생존권 보장을 요구하는 운동을 펼쳤다. 교사운동 역시 활발

히 전개되어 1989년 5월에는 2만여 명의 교사들이 참가한 가운데 전국교직원노동조합(전교조)이 출범했다. 전교조는 교육 민주화, 참교육 실현, 민족 통일의 주체적 실천 등을 취지로 결성되었지만, 정부는 공무원법 위반 등을 이유로 전교조를 불법 조직으로 간주하고 교사 1500여 명을 해직하는 등 강력히 탄압했다.▼ 그리고 반공주의 통치로 인해 억눌렸던 통일운동도 민주화의 환경 속에서 급속히 활성화되었다.

이처럼 정치적으로 민주화된 환경은 그동안 군사독재정권 아래에서 억눌렸던 다양한 기층 민중들의 요구가 분출하는 계기를 만들기도 했지만, 이제 민주적인 방식으로 점진적인 법적·제도적 개혁을 추구해야 한다는 온건한 목소리도 커지게 되었고, 이에 따라 '공공선'과 합리적 개혁을 내세운 시민운동 세력이 새롭게 형성되기 시작했다. 그리하여 기존의 급진적 민중운동과 새로운 온건한 시민운동은 정치적 목표, 노선, 운동방식 등에서 차이를 보이기 시작했다.

민중운동의 쇠퇴와 시민운동의 활성화

민주화와 함께 시민사회의 자유화가 이루어지면서, 정부에 대해 급진적 투쟁을 벌이며 사회변혁을 추구하던 급진적 민중운동에 대한 사회적 지지는 점차 약화해 갔다. 이들은 특히 1980년대 말 소련 및 동구 사회주의 나라들이 해체되자 '사회변혁에 대한 이상'을 잃어버리면서 급속히 침체하거나 분열되어 갔다.

민중운동의 쇠퇴와 달리 1990년대 초반부터는 법적·제도적 개혁을 추구하는 온건한 사회운동 단체들이 생겨나기 시작했다. 경제정의실천시민연합(경실련), 환경운동연합, 여성단체연합 등은 대체로 합법적 사회운동, 온건개혁, 공공선을 내세워 민중운동과의 차별성을 부각하면서 대중적 관심과 지지를 모으고자 했다. 이들이 주도한 '시민운동'은 1993년 김영삼 문민정부가 출현하면서 더욱 활발해졌고, 중도개혁 성향의 지식인, 종교인, 중간층 시민들의 호응을 얻으며 성장했다. 한편, 김영삼 정권 아래에서 시민사회의 보수화 경향이 확산하고 또 시민운동이 민중운동과의 차

▼ 전교조 해직교사들은 5년 뒤 1994년 전교조 탈퇴를 조건으로 복직했고, 다시 5년 뒤인 1999년 합법적으로 인정받기에 이르렀으며, 2006년에는 조합원이 9만여 명이 되었다.

별화 속에서 보수화 경향을 보이게 되자, 1994년에는 진보적 지식인들과 사회활동가들을 중심으로 하여 진보적 시민운동단체인 '참여연대'를 결성했다.

한편, 시민운동이 활성화되면서 NGO나 NPO에 대한 학술적 관심이 확대되고 관련 학회나 학과들도 생겨났으며, 일부에서는 1990년대를 '시민운동의 시대' 또는 'NGO의 시대'라 부르기도 했다. 그리고 시민운동단체들은 정치적·사회적 영향력이 커지면서 입법, 행정, 사법, 언론의 뒤를 잇는 다섯 번째 권력기관이라는 의미에서 '제5부'라 불리기도 했다.

한국 사회 시민운동의 특성

68혁명 이후 분출된 유럽 선진국들에서의 '신사회운동들'은 제도화된 '구사회운동'인 노동운동과 차별화된 모습을 보여주었다. '신사회운동들'은 반전·평화, 환경, 여성, 인권 등 쟁점에서 달랐을 뿐만 아니라 전문직이나 자유직 중간층, 지식층 중심의 운동 주체와 급진적·비관례적 운동방식을 보여주었다는 점에서도 차이가 있었다. 그런데 민주화 이후 한국 사회에서 생겨난 '시민운동'은 유럽 사회에서 생겨난 '신사회운동들'과 유사성과 함께 차별성도 보여주었다.

1990년대 한국의 시민운동은 민중운동과 다른 반전·반핵, 환경, 여성, 인권 등의 쟁점들에도 관심을 보여주었지만, 유사한 쟁점 영역들에서 온건한 법적·제도적 개혁을 추구하기도 했다는 점에서 '신사회운동들'과 유사하다고 보기 어려웠다. 특히 운동 노선이나 방식을 보면, 신사회운동들은 급진적 노선이나 과격하거나 비관례적인 운동방식을 추구하기도 했지만, 시민운동은 이와 달리 대체로 온건한 노선과 운동방식을 추구했다. 한국 사회에서는 오히려 민중운동이 파업, 농성, 폭력집회, 시위 등 과격한 운동방식을 선호했다.

한국의 시민운동은 새로운 쟁점들로 관심을 확장했고, 또 중간층이나 지식층이 새로운 운동 주체로 부상했다는 면에서 유럽의 신사회운동들과 유사한 면이 있지만, 새로운 가치를 추구하기 위해 급진적 노선이나 비관례적 운동방식을 추구하지는 않았다는 점에서 차이가 있다. 이처럼 한국의 시민운동은 온건개혁 성향을 보임에 따라 중도개혁 정부와는 우호적 관계를 형성하기도 했다. 시민운동단체 내에서도 정치적 성향에 따른 분화가 나타났지만, 민중운동과 비교하면 상대적으로 정부와 우호적 협조 관계를 형성하기가 쉬웠다. 특히 정부에 재정적으로 의존하는 시민(운동)단체의 경우에는 자율성과 공정성을 확보하기가 어려웠다. 이에 따라 시민운동이 추구하는 '공공선'이나 '공익'은 논쟁거리가 되었다.

신자유주의와 사회운동

1997년 말 외환위기를 겪게 되자, 1998년에 집권한 김대중 정권은 IMF가 구제금융 조건으로 내세운 부실 금융기관 퇴출, 금융기관에 대한 외국 자본의 인수·합병 허용 및 주식 투자 허용, 정리해고제 도입 등 신자유주의적 개혁 요구를 그대로 수용했다. 이러한 개혁 정책으로 기업과 금융기관에서 이루어진 구조조정(정리해고)은 수백만 명의 실업자를 발생시켰고, 고용 불안정성을 증대시켰다. 노동자들은 파업과 시위로 저항했지만, 신자유주의적 개혁을 저지하지는 못했다.

신자유주의에 맞선 노동운동과 사회운동은 정치운동으로 이어져 2000년에는 진보정당인 민주노동당의 창당이 이루어졌다. 그리고 신자유주의가 고용, 분배, 복지 등에서 사회 전반적인 위기를 낳게 되자, '신자유주의적 세계화'에 맞서는 민중운동과 시민운동의 연대가 형성되기도 했다.

4) 2000년대 사회운동의 다양화와 촛불운동

사회운동의 다양화

김대중, 노무현 정권을 거치면서 탈권위주의와 표현의 자유가 확대되고 이해관계와 가치지향이 다양화하게 분화되면서, 사회운동들도 폭력성이 약화되고 또 쟁점, 노선, 운동방식 등에서도 더욱 분화되어 갔다. 민중운동과 시민운동 간의 거리가 좁혀지면서 다양한 소통과 연대가 나타나기도 했다.

사회적 기업

2007년에 정부는 실업자와 장애인, 노인, 외국인 등 다양한 취약계층을 고용하는 등 공익적 활동을 벌이는 사업체를 '사회적 기업'으로 공인하여 재정적으로 지원하고 육성하기 시작했다. 「사회적기업육성법」 제2조에 의하면, 사회적 기업이란 "취약계층에게 사회서비스 또는 일자리를 제공하여 지역 주민의 삶의 질을 높이는 등의 사회적 목적을 추구하면서 재화 및 서비스의 생산 판매 등 영업 활동을 수행하는 기업"을 말한다. 2022년 말 기준으로 인증된 사회적 기업은 모두 3534개이다. 인증된 사회적 기업에 대해서는 인건비 및 사업주 부담 4대 사회보험료 지원, 법인세·소득세 50% 감면 등 세제 지원, 시설비 등 융자지원, 전문 컨설팅 기관을 통한 경영, 세무, 노무 등 경영 지원의 혜택이 제공된다(한국사회적기업진흥원, http://www.socialenterprise.go.kr/ 참조).

민주화 이후 사회문제의 법적·제도적 개혁의 중요성이 커지면서 정치와 선거에 관한 관심이 높아졌고, 선거를 통해 개혁 성향의 정부와 의회를 구성해야 한다는 생각이 확산되었다. 이에 따라 시민운동단체들은 2000년 제16대 국회의원 선거를 앞두고 대대적인 낙천·낙선운동을 전개했고, 큰 사회적 반향을 불러일으키며 정당 공천 및 선거 과정에도 큰 영향을 끼쳤다. 그런데 이러한 활동은 역설적으로 보수정당이나 보수세력으로부터 시민운동의 정치적 중립성과 공정성에 대한 시비를 불러일으켰고, 시민운동단체의 시민 대표성에 대한 논란도 제기되었다. 이에 따라 참여연대 등 일부 시민운동단체들은 보편적 시민 대표성을 확보하기 위해 형식적인 정치적 중립성을 지키려고 하기보다 공정성과 공공성의 가치를 적극적으로 추구하는 방향으로 활동의 전환을 모색하기도 했다.

한편, 사회운동의 지역화나 주민과의 소통을 모색하는 활동도 늘어나기 시작했다. 재활용 운동, 기부 운동 등이 확산했고, 사회적 기업이나 협동조합을 통해 공익적 사업을 모색하기도 했다. 이에 따라 생활협동조합 운동, 소비자운동, 교육운동, 무상급식운동 등 다양한 운동들이 활성화되기 시작했다.

인터넷의 발달과 촛불집회

1990년대 이후 컴퓨터가 대중화되고, 또 인터넷과 이동통신이 널리 사용되기 시작하면서 일상생활뿐 아니라 시민운동에서도 인터넷과 뉴미디어의 활용이 점차 늘어나게 되었다. 인터넷 등 뉴미디어의 발달은 일상적 의사소통과 인간관계의 폭을 크게 넓혔으며, 일상적으로 분산되어 있는 개인들이 쌍방향의 수평적 의사소통을 통해 의지를 모으고 함께 행동으로 나설 수 있는 계기를 마련해 주었다.

2002년 월드컵 거리응원과 '붉은악마' 열풍은 인터넷과 뉴미디어를 활용한 새로운 형태의 군중행동의 가능성을 보여주었다. 광장에서의 단체 응원을 통해 자유분방한 자기표현을 경험했던 젊은 세대들이 다양한 사회 참여와 정치 참여에 적극적이고 열정적인 태도를 보이기 시작했다.

2002년 미군 장갑차에 의한 여중생 압사 사건은 미국 종속을 비판하는 대규모 촛불집회로 이어졌고, 2004년 노무현 대통령 탄핵 사건에서 시민들은 탄핵 반대 촛불집회를 벌였다. 이러한 시민들의 적극적인 정치 참여 운동은 이명박 정권 초기 2008년 5월부터 8월까지 약 4개월 동안 이어진 전국적인 '미국산 광우병 위험 쇠고기 수입 반대 촛불집회'로 이어졌다.

2000년대 이후 촛불집회의 특징은 시민들이 인터넷 공간에서 다양한 소통과 토론을 통해 뜻을 모아 광장이라는 현실 공간에서 대규모의 집회를 열고 있다는 점이다. 그리고 촛불집회의 모습이 인터넷과 방송으로 공유되면서 전국적인 공감과 참여로 쉽게 확산되는 양상을 띤다. 또한 문화제 형식의 촛불집회가 확산하면서 이전의 엄숙했던 집회 분위기와 다른, 젊은 세대의 발랄하고 창의적인 축제 분위기가 형성되었다.

2014년 세월호 진상 요구 촛불집회, 2016년 박근혜 대통령 탄핵 요구 촛불집회 등은 인터넷의 발달과 함께 새로운 세대의 성장에 따른 사회환경의 전환, 문화와 가치의 전환을 보여주고 있다. 물질적 풍요에 기반하여 점차 생명, 안전, 건강에 관한 관심이 확산하고, 정치에서의 불법과 불공정에 대한 불만이 확산하고 있다. 한편, 촛불집회가 개혁적·진보적 시민들의 목소리를 담고 있는 반면에, 이에 맞서는 보수적 시민들은 애국, 전통문화, 질서의 상징으로 태극기를 내세워 태극기 집회를 열게 되었다. 주로 반공주의, 애국 보수주의를 신봉하는 60대 이상의 시민들이 기득권을 지키기 위한 집합행동에 나서면서, 한국 사회는 개혁적·진보적 사회운동과 보수적 사회운동이 서로 격렬하게 대립하는 양상을 보인다.

오늘날 개인주의 성향이 강해진 젊은 세대를 중심으로 차별과 불공정에 대한 저항이 확산하고 또 가치지향의 차이가 뚜렷해지면서, 노동운동, 환경운동, 여성운동, 정치개혁운동 등에서 이해관계와 견해 차이에 따른 분열과 갈등의 양상도 확대되고 있다. 이에 따라 다양한 집단들, 분파들 사이의 소통과 공감, 타협의 필요성이 점차 커지고 있다.

이야깃거리

1. 집합행동과 사회운동의 같은 점과 다른 점은 무엇인지 자세하게 따져보자.

2. 혁명은 왜 발생하는 것일까? 카를 마르크스의 혁명이론과 제임스 데이비스의 혁명이론을 비교해 토론하면서 각각의 이론들이 가지고 있는 문제점을 찾아보자. 그리고 더 합당한 설명이 어떤 것일지 생각하고 조사해 발표해 보자.

3. 팀을 나누어 지식인에 대한 마르크스, 레닌, 그람시의 생각을 각각 어느 한편에서 토론해 보자.

4. 어느 회사가 폐수를 방류한다고 가정하자. 환경운동단체가 이 사실을 알고 공장을 고소했다. 공장이 폐쇄되면 노동자들은 실직하게 될 것이다. 그렇다면 노동운동과 환경운동은 대립하는 것인지 토론해 보자.

읽을거리

『집단행동의 논리: 공공재와 집단이론』
올슨(M. Olson) 지음 / 최광·이성규 옮김 / 2013 / 한국문화사

『한국사회의 사회운동』
김동노·노중기·노진철 외 지음/ 2013 / 다산출판사

『운동은 이렇게: 변화를 꿈꾸는 사람들을 위한 지침서』
왈저(M. Walzer) 지음 / 박수형 옮김 / 2021 / 후마니타스

『거대한 운동에서 차이의 운동들로』
조희연 외 지음 / 2011 / 한울

제 5 부

변화하는
세계와
일상

매체와 지식정보

지식정보사회, 정보화, 정보의 산업화, 산업의 정보화, 정보 불평등, 정보경제, 정보통신혁명, 디지털 혁명, 뉴미디어, 멀티미디어, 공공적 접근권, 플랫폼 자본주의, ICT 산업, 인터넷 부족주의, 네티즌, 사회매체 서비스, 사이버민주주의, 사이버공간, 사이버정치, 정보공유운동

오늘날 인터넷과 지식정보 기술의 발달은 눈이 부실 정도이다. 컴퓨터의 발달로 정보가 디지털화되고 인터넷의 확산으로 정보의 접근과 이동이 자유로워지면서, 사람들은 컴퓨터, 노트북, 태블릿 PC, 스마트폰 등 단말기를 통해 일상적으로 지구적 네트워크에 접속하여 서로 소통하거나 다양한 지식과 정보들을 검색한다. 이메일은 이제 일상적인 것이 되었고 카카오톡(Kakao Talk), 텔레그램(Telegram), 밴드(BAND) 등 인터넷 소통 매체들이나 블로그(blog), UCC(user-created contents), 트위터(Twitter), 페이스북(Facebook), 인스타그램(Instagram), 유튜브(YouTube) 등 다양한 사회매체 서비스(social media service)가 확산하면서 사람들은 범위를 알 수 없는 불특정 다수와 영상정보를 나누고 소통한다.

이처럼 사람들이 언제 어디서나 인터넷에 접속하여 정보를 검색하고 소통하며 게임을 즐길 수 있는 유비쿼터스 컴퓨팅(ubiquitous computing) 환경은 인터넷 통신과 방송을 융합시키면서 사람들의 일상적 삶과 문화 속으로 파고들고 있다. 그렇다면 이렇게 편리해진 지식정보사회, 네트워크사회에서 사람들은 만족감을 느끼면서 행복하게 살아가고 있는 것일까?

1. 매체의 발달과 지식정보사회

1) 매체, 정보, 지식

매체의 발달과 대중매체

인간은 언어를 매개로 의사소통(communication)하면서 살아간다. 물론 말과 글 외에도 몸짓, 상징, 이미지, 기호 등 여러 가지 의사소통 매체 (media)가 있지만 이것들도 넓은 의미의 언어로 볼 수 있다. 그런데 과거에 음성 언어나 간단한 기호를 통한 의사소통은 그 범위가 매우 한정적이었다. 이와 달리 글은 말의 공간적 제약을 넘어설 수 있게 했다. 따라서 문자의 발명과 인쇄기술의 발달은 지식과 정보가 공간적으로 멀리 떨어져 있는 많은 사람에게 전달될 수 있게 했다.

20세기 초에는 과학기술이 발달하면서 책, 신문, 잡지 등 전통적 인쇄매체와 더불어 영화, 라디오, 텔레비전 등 영상매체와 전파매체가 발달했으며, 이를 통해 대중문화가 형성되고 또 광범위하게 확산되기 시작했다. 이 시기의 대중매체는 과거에 비해 문화의 대량화·대중화를 가능하게 했다. 하지만 소수의 생산자들에 의해 생산된 지식, 정보, 문화 등을 다수의 소비자들, 즉 대중들에게 확산시키는 일방향적 매체의 성격을 지녔다(제6장 4절 참조).

정보의 디지털화와 네트워크화

20세기 후반에 와서는 반도체 기술, 컴퓨터 정보처리 기술, 네트워크 기술, 위성통신·광통신 등 정보통신기술(ICT: Information and Communication Technology)의 발달에 힘입어 컴퓨터와 인터넷 기술 및 서비스가 급속히 발달했다. 정보기술은 소형화(miniaturization)와 디지털화(digitalization), 네트워크화(networking)를 특징으로 한다. 소형화와 디지털화는 문자, 영상, 음성 등 정보를 매우 작은 저장 공간에 대량으로 저장하고 복사하며 편집할 수 있게 해주며, 네트워크화는 통신망을 통해 정보가 장소의 제약을 넘

반도체 기술

반도체 기술의 발전은 좁은 면적에 많은 반도체 회로를 담을 수 있는 집적회로(integrated circuit: IC)의 개발에 기초를 두는데, 집적 밀도가 비약적으로 높아지면서 정보의 저장 및 처리 능력이 획기적으로 향상되었다. 이런 기술발전을 흔히 '극소전자혁명(micro-electronics revolution)'이라 말한다.

디지털

디지털은 원래 손가락 또는 숫자를 뜻하는 디지트(digit)에서 파생된 용어이다. 신호를 연속적·물리적으로 표현하는 아날로그 방식에 대하여 신호를 단절적인 숫자로 표현하는 방식을 말한다. 컴퓨터는 디지털 신호로 정보를 처리하거나 기억하는 대표적인 장치이다. 이때 사용되는 디지털 신호는 비트(bit: binary digit)를 기본 단위로 한다. 비트는 2진수의 숫자 0, 1과 같이 디지털 신호를 나타내는 최소 단위를 말한다. 컴퓨터는 모든 신호를 2진수의 디지털 신호로 고쳐서 처리하고 기억하는데, 이러한 디지털 신호를 이용하면 문자, 영상, 음성 등 다양한 데이터를 함께 처리할 수 있다.

어서 자유롭고 빠르게 전달되게 한다. 특히 인터넷 기술의 발달에 따라 '컴퓨터를 매개로 한 의사소통(CMC: computer-mediated communication)'이 확산되면서 쌍방향·대화형 커뮤니케이션이 급속하게 확대되고 있다.

오늘날 정보통신의 발달은 교통의 발달과 더불어 개인들의 일상적 경험의 공간을 지구 전체로 확장시키고 있다. 사람들은 이제 사이버공간에서 세계 곳곳의 사람들과 만나고 정보를 나누고 서로 소통할 수 있게 되었다. 기든스(Anthony Giddens)는 이처럼 시간적·공간적 제약이 사라지고 있는 현상을 '시공간 압축' 또는 '시공간 원격화(distanciation)'라고 말한다 (Giddens, 1991).

매체의 융합과 사회매체 서비스의 발달

소형화, 디지털화, 네트워크화라는 정보화(informatization)의 기술적 특징은 새로운 정보매체(information media)의 발달을 낳아 뉴미디어의 발달 및 멀티미디어화(매체융합)를 가속하고 있다. 뉴미디어란, 새로운 정보 저장 및 처리 기술인 디지털 기술과 정보 전달 및 교환 기술인 통신 기술의 결합으로 새로운 기능이 부가된 매체(미디어)를 말한다. 흔히 C&C(computer and communication)라고도 하는데, CD, DVD, MP3플레이어, PMP, PDA, 인터넷TV, 디지털TV, 휴대전화, 내비게이션, 노트북, 전자책(e-book) 리더, 태블릿 PC, 스마트폰 등 각종 디지털 기기가 여기에 해당한다. 그리고 이러한 뉴미디어들은 디지털 기술을 기반으로 융합되고 있는데, 이것을 멀티미디어화라고 한다.

매체의 융합은 단말기와 같은 하드웨어적 차원을 넘어 소프트웨어, 콘텐츠의 영역에서도 일어나고 있다. 하드웨어, 소프트웨어 매체의 융합이 이루어지면서 방송언론산업, 통신산업, 컴퓨터산업, 네트워크산업, 게임산업 등은 서로 제휴하거나 합병하고 있고 융합된 기기 및 서비스 시장을 놓고 경쟁과 경합을 벌이고 있다.

스마트폰, 태블릿 PC 등 새로운 멀티미디어 단말기들, RFID(Radio Frequency Identification) 칩을 이용한 정보(신호) 인식 기술, 위성을 이용한 위치추적 기술, 지각·학습·추론 능력을 갖춘 AI(Artificial Intelligence) 기술, 다양한 정보이용자들을 서로 연결해 주는 플랫폼(platform) 기술 등이 지속해서 발달함에 따라, 인터넷 통신을 매체로 시공간의 제약을 넘어서는 유비쿼터스 컴퓨팅 환경이 형성되고 있다. 이에 따라 문자, 음성, 영상이 결합된 쌍방향 의사소통과 정보의 소통이 가능해지고, 또 사람의 생체정보나 사물의 위치정보 인식 등을 통한 정보의 수집 및 관리도 가능해지면서 인간의 의사소통 환경은 획기적으로 변화되었다. 특히 트위터나 페이스북, 인스타그램 등과 같은 인터넷 통신망을 이용한 사회매체 서비스(social media service) 또는 사회연결망 서비스(SNS: social networking service)의 발달은 개인 간의 의사소통과 정보 교류의 방식과 범위를 획기적으로 변화시켰다. 또한 개인적인 통신매체로 개발되었던 휴대전화는 DMB폰, 스마트폰 등의 형태로 진화하면서 방송이나 인터넷 서비스와 융합되었고, 이에 따라 개인매체(personal media)와 대중매체(mass media), 사회매체(social media) 간의 경계도 점차 희미해지고 있다.

쌍방향 의사소통과 집합지성

인터넷 통신의 쌍방향성은 대중들이 지식과 정보의 생산자가 될 수 있도록 했다. 유튜브, 위키피디아(Wikipedia), 나무위키 등 인터넷 사이트들은 대중에 의해 만들어진 지식과 정보의 영향력을 잘 보여준다. 인터넷 포털 게시판, 블로그, 인터넷 동호회, SNS 등 사이버공간에서 지식과 정보가 소통·축적되면서 '집합지성(collective intelligence)' 또는 '대중지성'이 형성되어 대중들의 사고와 태도에 영향을 미치고 있다. 네티즌들(network citizen)은 사이버공간을 통해 다양한 사회문제에 관한 관심을 공유하고, 또 일국적인 차원을 넘어서 지구적 소통을 하면서 사이버 사회운동을 펼치기도 한다. 인터넷을 통해 세계 곳곳의 정치, 경제, 교육, 문화 등에 관한 지식과 정보, 국제뉴스를 더욱 쉽게 접하게 되면서, 개인들은 세계에 대한 이해와 인식의 폭을 더욱 넓힐 수 있게 되었다. 또한 각종 여행 정보와 음식 정보 등의 문화 교류는 문화 다양성을 이해할 수 있게 하고 대중들의 경험과 삶을 더욱 풍요롭게 만들고 있다.

현대사회는 디지털 기술과 정보통신기술이 발달하고 다양한 지식과 정보의 생산, 유통, 소비 등이 활발히 이루어짐에 따라, '지식정보사회' 또는 '지식기반사회(knowledge-based society)'라 불린다. 그리고 지식과 정보가 네트워크를 통해 연결되어 있다는 점에서 '네트워크사회(network society)'라고도 불린다(반 다이크, 2002; 카스텔, 2009). 특히 카스텔은 지식정보와 함께 상품, 자본, 노동이 지구적 네트워크를 통해 서로 연결되어 흘러다닌다는 점을 강조한다.

지식 및 정보의 생산과 이용은 하드웨어, 소프트웨어, 네트워크 설비, 콘텐츠 등 다양한 영역에서 이루어져, 산업적 생산활동과 일상생활에서 그 중요성과 활용도가 커지고 있다. 지식정보 관련 산업은 기업들의 생산활동과 이윤 창출의 주요 영역이 되어 전체 산업에서 차지하는 비중이 점차 커지고 있고, 각종 정보기기와 콘텐츠는 사람들의 일상적인 소비재가 되었다. 생산자와 소비자를 이어주는 정보매체, 네트워크 서비스, 그리고 이들을 통해 유통되는 각종 정보상품, 콘텐츠들은 시장과 유통의 형태와 일상적 생활방식을 바꿔놓고 있다. 지식정보사회이자 네트워크사회에서 사람들은 일상생활의 많은 부분을 대중매체나 정보매체에 접속하여 일하거나 각종 정보를 소비하면서 보내고 있다. 또한 네트워크의 지구적 연결은 자본, 상품, 노동, 사람의 이동과 유통을 지구 전체로 확장하고 또 증대하여 시장의 범위를 크게 확대하고 있다.

2) 매체의 이중적 성격과 기능

매체의 이중적 성격

지식정보사회에서 지식과 정보는 개인들이 별다른 비용을 들이지 않고 손쉽게 이용할 수 있는 무형의 실체만은 아니다. 지식과 정보의 유통 및

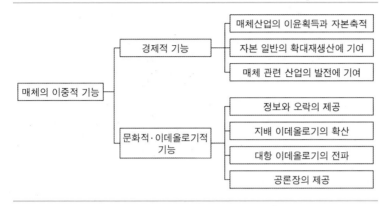

```
                              ┌─ 매체산업의 이윤획득과 자본축적
                ┌─ 경제적 기능 ─┼─ 자본 일반의 확대재생산에 기여
                │              └─ 매체 관련 산업의 발전에 기여
매체의 이중적 기능 ─┤
                │                   ┌─ 정보와 오락의 제공
                │   문화적·이데올로기적  ├─ 지배 이데올로기의 확산
                └─      기능      ─┼─ 대항 이데올로기의 전파
                                   └─ 공론장의 제공
```

자료: 김해식(1996: 105), 그림2를 일부 수정·보완함.

소통을 가능하게 하는 매체와 네트워크 기반 시설이 갖추어져야 하고 또 각종 콘텐츠의 생산이 이루어져야 한다. 자본주의 사회에서 매체와 콘텐츠는 기본적으로 이윤을 얻기 위한 기업활동을 통해 생산되고 운용되는데, 이런 점에서 매체는 단순히 소통수단만이 아니라 '상품'이기도 하다.

또한 매체는 기본적으로 어떤 지식이나 정보를 전달하는 수단이기도 하지만, 이러한 수단을 통해 전달되는 콘텐츠가 필요하다. 이때 콘텐츠는 지적·정신적·문화적 성격을 지닌다.

이처럼 매체산업은 문화·지식정보·콘텐츠 산업들과 불가분의 관계를 맺고 있다. 〈그림 16-1〉에서 볼 수 있듯이 전통적 대중매체이든 새로운 정보매체이든 매체는 지식정보와 콘텐츠를 '상품'으로 생산하고 또 유통하여 경제적 이익을 얻기 위한 수단이라는 점에서 '경제적 기능'을 지니면서, 동시에 유통되는 콘텐츠가 특정한 사회적 의미나 가치를 유포하고 확산시키게 된다는 점에서 '문화적·이데올로기적 기능'을 지닌다(김해식, 1996).

매체의 경제적 기능

19세기 말 이래로 상업화된 대중매체를 준거로 하여 본다면, 자본주의 하에서의 대중매체는 우선 문화상품을 생산하여 대중들에게 유통시킴으로써 이윤을 창출하고자 하는 매체기업의 자본축적 수단이 된다.

오늘날 한국의 공영방송 KBS와 같은 공공매체들을 제외하면, 매체기업의 재원은 기본적으로 직간접적인 광고 수입에 의존한다. 이것은 자본주의 매체의 특성을 가장 잘 드러내준다. 즉, 대중매체를 비롯한 매체기업은 수용자보다 광고주를 더 중요한 고객으로 삼으며, 광고를 통해 한편으로는 매체기업 자신의 경제적 수입을 얻고 다른 한편으로는 다른 기업들의 상품 판매를 도움으로써 자본 일반의 원활한 순환과 확대재생산에 기여한다. 광고는 매체의 경제적 기능 중에서 가장 핵심적인 기능이다. 또한 매체들이 증권시장, 산업활동, 산업정책 등 경제활동에 관한 기사들을 내보내고, 이를 통해 기업들로부터 대가를 받는 것도 마찬가지의 기능을 한다.

매체산업의 발전은 연관 산업의 발전에도 크게 기여한다. 예를 들어 신문은 제지업, 잉크 제조업, 인쇄업, 운수업 등의 발전에, 방송은 관련 하드웨어 산업인 전자제품산업, 방송기기산업, 그리고 소프트웨어 또는 콘텐츠 산업인 영화·영상산업 및 프로그램 제작산업 등의 발전에 기여하고 있다. 오늘날 인터넷 매체, 특히 콘텐츠 플랫폼 기업의 발달은 다양한 하드웨어, 소프트웨어, 콘텐츠 산업, 문화산업의 발전에 기여하고 있다.

자본의 매체 지배: 매체자본과 광고주 자본

자본주의 사회에서 산업으로서의 매체의 경제적 기능은 매체와 연관된 다양한 집단들이나 주체들, 특히 매체자본, 광고주 자본, 수용자의 관계 속에서 잘 이해할 수 있다. 매체와 관련된 자본은 매체를 직접 소유·경영하는 '매체자본'과 광고주로서 매체에 영향력을 행사하는 '광고주 자본'으로 구분해 볼 수 있다. 매체자본은 기본적으로 이윤 획득을 위해 매체를 경영한다. 매체기업은 이윤을 획득하기 위해 다른 기업의 광고 수주와 콘텐츠 판매에 의존하게 되는데, 특히 중요한 것은 광고 수입이다. 그래서 광고는 매체자본과 광고주 자본을 결합하는 중요한 매개 수단이다. 광고는 매체자본에는 광고 수입을 제공하고, 광고주에게는 소비 확대를 통한 더 많은 이윤 획득 기회를 제공함으로써 매체자본과 광고주 자본의 상호 의존을 가능하게 한다.

　매체기업은 수입을 대부분 기업 광고에 의존하고 있어서 광고주의 영향력을 무시하기 어렵다. 이에 따라 광고주 자본은 매체가 제공하는 콘텐츠의 내용에 대해서도 영향력을 행사하려고 한다. 예를 들어 2007년 말에 진보신문으로 분류되는 ≪한겨레≫가 대기업 삼성에 관한 비판적 기사를 내자 삼성이 광고 구매를 철회함으로써 ≪한겨레≫의 수입에 큰 타격을 입힌 사건은, 광고주 자본의 영향력을 이해할 수 있는 대표적 사례이다.

　수용자 역시 매체의 직접적 소비자(독자, 시청자)로서, 매체(콘텐츠)의 성격과 방향을 결정하는 데 영향력을 행사할 수 있다. 그러나 현실은 그렇지 못하다. 신문이나 방송의 경우, 독자 투고나 옴부즈맨 제도 등을 통해 수용자의 의견을 듣기는 하지만 큰 영향을 미치지 못한다. 그런데 인터넷 매체의 발달로 '매체의 쌍방향성'이 커지면서 불매운동과 같은 수용자 운동이 활성화되고 있어서, 수용자들의 영향력이 커지고 있다. 그렇지만 매체의 소비자라는 성격으로 인해 광고주 자본에 비해 영향력은 제한적이다. 인터넷 포털과 같이 지식정보 시장에서 우월적 지위를 지닌 인터넷 매체기업들은 기사의 노출도를 관리하는 알고리듬(algorithm)을 이용하여 영향력을 유지함으로써 광고시장 지배를 지속하려고 한다.

매체의 문화적·이데올로기적 기능

　전통적 대중매체를 포함하여 매체들이 제공하는 상품은 물질적 재화가 아니라 서비스와 문화적 콘텐츠라는 점에서 일반 상품과 차이가 있다. 물론 신문지나 저장장치와 같은 물리적 도구가 필요하기는 하지만 그 자체가 의미를 지니는 것은 아니다. 이처럼 매체산업은 지식정보 콘텐츠를 전달한다는 점에서 문화적 성격을 띠는데, 여기서 문화는 '오락과 즐김'의 성격과 '의미와 이데올로기'의 성격을 함께 지닌다. 대중문화를 포함하여 매체를 통해 전달되는 지적·정신적·문화적 콘텐츠들은 의미를 담고 있는 정보로서 감정, 정서, 기호, 가치관, 규범, 이념 등을 내포하고 있는데, 이

알고리듬

사전적으로는 어떤 문제의 해결을 위해, 입력된 자료들에 일정한 연산 과정을 적용하여 원하는 출력물(결과물)을 유도해 내고자 할 때 이용하는 연산 규칙의 집합을 의미한다. 알고리듬의 규칙은 판단 기준에 따른 선택과 배제를 반복하는 과정이라고 할 수 있는데, 인터넷 포털에서는 고유의 알고리듬을 이용하여 특정 유형의 기사들의 노출도를 조절할 수 있다.

때 매체는 다양한 이데올로기를 전달하거나 확산시키는 수단이 된다.

한편 오늘날 매체산업, 문화산업, 지식정보산업 등이 주요 산업으로 부상하면서, 이들 산업자본의 경제적·사회적 영향력도 커졌다. 이에 따라 2011년에 시작된 종합편성 방송채널의 방송 내용에서 정치적 성향이나 상업주의적 의도가 점점 더 적극적으로 드러나는 데서 알 수 있듯이, 매체자본과 광고주 자본이 콘텐츠의 이데올로기적 성격에 점점 더 큰 영향을 미치고 있다.

매체자본의 이데올로기적 지배

매체기업은 광고주 자본의 영향력 아래에 놓여 있는 동시에 스스로가 자본이기도 하기에, 소비자들 또는 수용자들에게 소비주의, 물질주의, 쾌락주의와 같은 가치 성향을 확산시키려고 하며, 이것들은 성장주의, 발전주의, 경쟁, 자유시장주의와 같은 자본주의 사회의 지배 이데올로기와 결합되어 있다. 지배 이데올로기는 소비자들, 수용자들이 자본주의 가치체계와 질서에 포섭되도록 함으로써, 자본의 경제적 지배와 이윤 추구를 정당화하면서 자본주의 질서의 안정적 유지에 기여하게 된다.

매체의 성격은 한 나라에서 매체가 어떤 방식으로 운영되고 통제되느냐에 따라, 그리고 개별 매체와 매체기업의 성격에 따라 다양할 수 있다. 그래서 시민들에게 시청료를 부과하고 이 기금으로 매체의 공적 소유와 통제를 유지하는 경우도 있지만, 오늘날 많은 매체들은 사적 자본에 의해 소유되거나 통제되고 있다. 그리하여 이들 매체는 기본적으로 지배계급인 자본가계급의 이데올로기와 이해관계에 의해 크게 좌우된다.

정보매체의 발달과 온라인 시장의 시대

지식정보사회, 네트워크사회가 되면서 인터넷 가상공간은 지식정보, 문화콘텐츠를 비롯한 다양한 상품들의 거래가 이루어지는 시장이 되었다. 그래서 온라인 시장(인터넷 시장, 네트워크 시장)을 장악하기 위해 거대자본들은 인터넷 플랫폼 기업으로 변신하면서 치열하게 온라인 시장 경쟁을 벌이고 있다. 온라인 시장에는 시공간을 넘어선 전 세계 소비자들이 접속할 수 있으며, 온라인 시장의 지배가 기업의 생산과 이윤을 결정하는 중요한 요인이 되었다. 또한 영화, 드라마, 음악 등 다양한 지식정보 및 콘텐츠 서비스도 인터넷에서 생산자와 소비자를 매개해 주는 역할이 중요해지면서 정보매체기업의 플랫폼 기업화가 가속화되고 있다.

온라인 시장의 시대가 되면서 광고주 자본 못지않게 소비자, 수용자들의 영향력이 커지고 있다. 인터넷 플랫폼의 유지는 소비자들, 수용자들의 참여 없이는 불가능하기 때문이다. 그래서 다양한 플랫폼 기업들은 가입 회원을 확보하고 안정적으로 유지하는 일이 더욱 중요해졌으며, 이에 따라 소비자나 수용자들의 불만 제기나 불매운동이 기업의 생산과 이윤에 큰 영향을 미칠 수 있게 되어, 시장거래의 합리화가 이루어지고 있다.

한편, 유튜브와 같이 개인 제작자들이 콘텐츠를 올려 일정한 시청률을 확보하면 광고를 판매할 수 있도록 하고 그 수익을 나누는 형태의 인터넷 플랫폼들이 확대되어, 일반인 콘텐츠 제작자들이 늘어나고 있고 이에 따라 다양한 문화콘텐츠들의 유통이 이루어지고 있다. 이것은 네트워크 시장의 시대에 매체에 대한 소비자들, 수용자들의 영향력이 커지고 있음을 보여준다. 하지만 매체기업들이 알고리듬을 이용해 지식정보나 문화콘텐츠의 유통을 통제함으로써 매체의 공공성을 훼손하는 문제를 낳고 있다.

대중매체와 정보매체는 국가, 자본, 매체자본, 수용자를 포함하는 다양한 세력 간의 권력관계가 드러나는 공간이다. 특히 민주주의 사회에서 매체는 공적인 기구로서, 단순히 지배계급의 힘이 일방적으로 작용하는 공간이 되기 어려우며, 대항 이데올로기들이 전파되거나 제한적이나마 규범적 힘이 작용하는 공간이 되기도 한다. 매체는 국가와 자본이 권력을 행사하는 도구로 작동하기도 하지만, 형식적으로는 다양한 이해관계와 의견을 가진 개인, 집단, 세력이 이데올로기적으로 서로 대립하고 투쟁하는 공간이기도 하고, 또 서로 토론하고 합의하는 공론장이기도 하다. 따라서 오늘날 대중매체와 정보매체는 여러 사회세력 사이의 문화적·이데올로기적 갈등과 투쟁의 양상을 이해할 수 있는 중요한 공간이다.

민주주의의 발달과 언론의 변화

민주주의가 발달한 사회에서는 '공론장'의 역할이 강조되기 때문에 지배 이데올로기를 일방적으로 전파하기는 쉽지 않다. 게다가 지배 이데올로기에 대항하는 대항적 대중매체들이 생겨남으로써 대중매체를 통한 이데올로기 투쟁은 훨씬 복잡한 양상을 띤다. 오랜 군사독재를 거치면서 보수 신문 일색이었던 언론 환경에서 1990년 국민주 방식으로 시작한 ≪한겨레≫는 대표적인 대항언론으로 성장했고, 이후 정보화의 진전 속에서 등장한 ≪오마이뉴스≫, ≪프레시안≫, ≪레디앙≫ 등과 같은 인터넷 신문은 사이버공간에서 소규모 자본으로 운영하면서 자본으로부터 자율적이고 개혁적인 목소리를 내고 있다.

한편, 이에 대응하여 보수적 색깔의 인터넷 신문들도 생겨나 사이버공간에서 활동하고 있다. 그래서 사이버공간은 다양한 영역과 쟁점들에서 이데올로기 투쟁과 담론 투쟁이 이루어지는 공간이 되었다.

3) 매체와 정치

매체는 지배 이데올로기의 생산과 확산을 통해 국가와 자본의 이데올로기적 지배에 기여할 수 있다. 우선 국가는 매체, 특히 대중매체를 통제하거나 견제함으로써 국가가 추구하는 가치와 이념을 옹호하고 또 확산시키려고 하며, 이를 통해 지배를 안정적으로 지속시키려 한다. 한국 사회를 보면, 민주화 이전 국가는 물리적 강압, 행정적 개입, 정보의 검열, 법률적 통제 등을 통해 대중매체를 직접적으로 장악하거나 강한 영향력을 행사했다. 하지만 민주화 이후 대중매체의 자율성은 상대적으로 증대되어 국가의 개입과 통제가 약화했다. 그런데 이명박, 박근혜, 윤석열 정권과 같이 권위주의적 성향을 보인 친기업적·보수적 정권일수록 대중매체의 보도에 압력을 행사함으로써, 지배를 유지하거나 정당화하는 도구로 사용하려는 경향을 보인다. 이탈리아에서 1994년부터 세 차례 총리를 지내고 2011년 11월 사임한 우파연합의 베를루스코니(Silvio Berlusconi) 총리는, 매체기업들을 직접 소유·통제하면서 자신의 이미지를 관리함으로써 권력을 획득하고 유지했다. 이것은 국가권력의 유지에 대중매체의 통제가 얼마나 중요한지를 잘 보여주는 사례이다.

언론의 자유가 보장되는 민주주의 사회일수록 국가는 대중매체를 통해 지배계급의 이데올로기를 일방적으로 전파하기 어려워진다. 그렇지만 자본주의 사회에서 보수세력이 집권한 국가는 기본적으로 친기업적·친자본적 가치나 이념을 확산시키기 위해 대중매체를 이용하려고 하며, 매체기업은 자본의 하나로서 이러한 가치나 이념의 확산에 자발적으로 참여한다.

4) 매체와 제국주의

정보기술의 발달과 세계화가 진전되면서 매체의 장에서도 커다란 변화들이 일어나고 있는데, 그것은 바로 '매체의 융합'과 '매체의 세계화'이다. 일찍이 국제적인 정보 유통을 주도해 온 것은 국제적인 통신사, TV 프로그램 시장 등과 같은 '대중매체'였다. 오늘날 매체의 세계화는 인터넷의 발달과 매체의 융합을 통해 네트워크의 지구적 재조직으로 이어지면서 디지털 정보와 콘텐츠의 동시적인 유통으로 나타나고 있다. 이러한 매체의 세계화는 무엇보다도 시장의 세계화에 발맞추어 전 세계를 활동무대로 삼으려는 다국적기업의 이해관계와 밀접히 연관되어 있다. 매체의 세계화는 광고주 구성의 세계화, 매체의 소유관계의 세계화로 이어지면서 일국적 경계를 넘어서는 매체 활동의 새로운 환경을 만들어내고 있다.

매체의 세계화는 오랜 역사를 지니고 있는데, 초국가적 커뮤니케이션 분야에서는 ① 외국 매체산업(출판사나 방송국)의 소유와 통제, ② 외국 마케팅 네트워크(배급제도나 배급업체)의 소유와 통제, ③ 매체상품의 해외 판매에 대한 통제 – 세계시장에서 가장 지배적인 형태이다 – 의 방식으로 이루어져 왔다. 전신회사와 케이블회사는 이미 19세기에 다국적 기업화 되어, 1873년 로이터(Reuter, 영국)와 아바스(Havas, 프랑스), 볼프(Wolff, 독일) 등 세 통신사는 카르텔을 맺어 세계를 3등분하여 지배했다. 그런데 제1차 세계대전 후 세계 정치의 주도권이 유럽에서 미국으로 넘어가면서 미국 통신사들은 '정보의 자유'를 명분으로 뉴스의 국제적 흐름에 침투했다(김해식, 1996).

오늘날 뉴스 취재원을 제공하는 세계적인 통신사로는 AP(미국), AFP(프랑스), 로이터(영국)가 있으며, 세계적인 방송사로는 ABC(미국), CNN(미국), BBC(영국), 알 자지라(Al Jazeera, 카타르), NHK(일본) 등이 있다. 이들은 특정한 나라에 기반을 두고 있지만, 세계적인 취재원과 방송망을 구축하여 많은 나라에 뉴스와 방송을 제공하고 있다.

매체의 세계화는 거대 매체자본들이 지구적 매체 시장, 광고시장의 지배를 추구하는 과정과 맞물려 있다. 오늘날 세계적 규모의 다국적기업과 선진국 대기업들이 매체를 소유·운영하면서, 매체 시장에서 선진국 기업 또는 다국적기업들이 지배력을 키워가고 있다. 이에 따라 수용자들은 매

CNN

1980년 6월 미국의 실업가 터너(Ted Turner)가 설립했다. CNN은 현재 24시간 내내 국내외 뉴스만을 방송하는 세계적인 TV 방송국으로서, 광고 수입만으로 운영되고 있으며, 본사는 미국 조지아주 애틀랜타시에 있다. 1991년 걸프전쟁 때 아넷(Peter Arnett) 기자가 이라크에서 생생한 현지 상황을 전 세계에 방송하면서부터 세계적 명성을 얻었다. 오늘날에는 CNN 헤드라인뉴스, CNNI(CNN 인터내셔널), CNNfn(경제 뉴스), CNN/SI(스포츠 뉴스)와 CNN 에스파냐어 방송 등 다수의 케이블·위성방송망, 라디오 방송망, 웹사이트 등을 운영하는 거대 뉴스그룹으로 성장했다.

BBC

1927년에 설립한 영국의 국영방송국으로 런던에 본부를 두고 있으며, 현재 전 세계를 대상으로 라디오, TV, 인터넷 방송을 하는 세계적 방송국이다. BBC TV는 2개의 전국 방송망이 있고, 영어와 약 40개 외국어로 제공하는 국외방송도 실시하고 있다. 일체의 광고 수입 없이 시청료만을 재원으로 하여 운영되며, 출판물 판매, 프로그램 수출, 교육영화 판매 등으로 부가수입을 올리고 있다. BBC 조직은 최고의결기관으로 12명의 경영위원회가 있는데, 이들은 모두 정부에서 임명하고 경영위원

알 자지라

체자본의 더욱 강대한 힘과 영향력 아래에 놓이게 될 것이다.

하지만 매체의 세계화가 거대 매체자본들의 시각과 이념을 일방적으로 전 세계로 확산시킨다고 보기는 어렵다. 매체마다 서로 다른 시각을 지니기도 하고, '알 자지라'처럼 제3세계의 시각을 대변하는 매체도 성장하고 있다. 그리고 세계화된 매체들은 인권, 민주주의, 소수집단의 권리 등의 가치를 지구적으로 확산시키거나 지구적 불평등, 문화제국주의, 환경문제, 전쟁 등에 비판적 관점을 제공하기도 한다. 한편, '매체 상업주의'가 강화되면 매체의 공공성이나 공론장의 민주주의를 침해할 가능성이 있다.

매체제국주의

문화학자 보이드-배럿(Oliver Boyd-Barrett)은 매체제국주의를 "한 나라의 매체 소유권이나 구조, 보급 및 내용 중 어느 하나 또는 그 이상의 측면이, 영향력의 상호교환 없이 다른 나라 매체의 상당한 압력에 종속되는 과정"으로 규정한다(Boyd-Barrett, 1977). 매체제국주의 개념은 영화, TV 프로그램, 음반, 뉴스, 광고 등과 같은 매체 또는 문화상품들이 국제적으로 지배적인 소수 생산원(특히 미국)으로부터 다른 나라의 매체로 일방적으로 수출되는 과정을 이해하는 데 도움을 준다.

예를 들어 '디즈니(Disney)'는 만화영화 산업뿐만 아니라 비디오와 게임산업 등으로 영역을 넓혀가면서 매체제국주의의 중심축을 형성하고 있다. 그리고 미국 할리우드 영화는 막대한 제작비를 투입하여 제작되어 세계 각국으로 수출되고 있고, 많은 나라에서 영화시장을 지배하고 있다. 한국의 경우에는 미국 영화의 지배로부터 국내 영화산업을 보호하기 위해 '스크린쿼터제'를 도입하고 있다.

2020년대에 와서는 넷플릭스(Netflix)가 인터넷을 통한 지구적 비디오 스트리밍 서비스의 지배적 기업으로 등장하면서, 세계 '범플랫폼영상서비스(OTT: Over The Top)' 시장을 장악하고 있다. 이에 따라 각국의 소규모 서비스기업들의 몰락 현상이 나타나고 있다.

매체제국주의는 매체상품이나 문화상품을 통한 경제적 지배의 측면을 지니면서 동시에 문화적·이데올로기적 지배의 측면도 지닌다. 미국의 영화나 드라마는 과거에 미국식 우월주의, 반공주의 이데올로기를 세계적으로 전파했고, 오늘날에는 디즈니 만화영화 등에서 볼 수 있듯이 영웅주의·가족주의·개인주의 가치관을 전파하고 있다. 특히 할리우드의 스타시스템은 개인주의와 개인적 성공의 문화를 강조함으로써 사회구조적 불평등을 은폐하거나 정당화하는 효과를 지닌다.

한편, 한국의 드라마와 가요 등 문화 콘텐츠들은 1990년대 말부터 '한류'라는 이름으로 일본, 중국, 동남아시아 등지에서 시장을 확대해 왔으며, 특히 2011년에는 '케이팝(K-POP)'이라 불리는 아이돌 그룹의 노래와 공연이 프랑스 등 유럽 시장에 진출했다. 한국 대중문화의 발전에 힘입은 한국 문화상품의 해외 진출은 패션, 화장품, 음식, 관광 등 다양한 영역으로 확장되고 있다. 문화상품의 수출은 문화 교류를 확대하고 다양화한다는 긍정적 의미를 지니기도 하지만, 외국 문화자본의 지배와 자국의 문화 정체성 혼란을 낳는다는 부정적 의미를 지닐 수도 있다. 그래서 상업주의와 문화적 우월감의 도구가 될 경우, 한류는 '아류 매체제국주의' 또는 '아류 문화제국주의'가 될 수도 있다.

매체 민주주의와 수용자 운동

매체의 세계화와 매체제국주의의 지배에 대응하여 매체 민주주의와 자율성을 강화시켜 나가려면 무엇보다도 수용자의 연대와 조직화가 필요하다. 세계화하고 더욱 복잡화된 매체 환경을 민주적으로 통제하고 개선하기 위한 정당성의 원천과 잠재력은 궁극적으로 매체를 이용하는 수용자에게 있기 때문이다. 수용자 운동은 현재 대중매체와 정보매체를 둘러싸고 벌어지고 있는 국내적·국제적 변화들에 능동적으로 대처하고, 나아가 최종소비자인 수용자의 이해와 요구에 맞게 그런 움직임을 바로잡고 제어해 나가야 한다. 특히 정보통신기술, 인터넷 기술의 발전에 힘입어 쌍방향 커뮤니케이션의 기술적 가능성이 열리고 수용자가 제한된 범위에서나마 생산의 영역에 개입할 여지가 커졌다는 점에서 매체자본과 매체제

오사마 빈 라덴(Osama bin Laden)의 테러조직인 알 카에다와 이들을 비호하는 아프가니스탄의 탈레반 정권을 상대로 벌인 '테러와의 전쟁'을 취재하면서부터이다. 아프가니스탄에 현지 특파원을 두면서, 현지의 소식을 생생하게 전하고 특히 빈 라덴의 육성 녹화 테이프를 단독 방영하는 등 특종을 터뜨리며 세계의 이목을 집중시켰다.

국주의에 대항하는 매체 민주주의의 가능성은 점점 더 커지고 있다.

2. 지식정보사회와 자본주의

오늘날 정보매체의 발달은 사회의 다양한 영역에 변화를 가져다주고 있다. 일상생활에서는 정보상품과 인터넷 사용이 일상화되어 인터넷을 통한 상품 구매, 금융업무 처리, 정보 검색, 문화생활, 의사소통 등이 활발히 이루어지고 있다. 인터넷을 통한 거래와 소통이 활발해지면서, 정치적으로는 전자민주주의의 도입과 정부의 행정정보 공개가 이루어져 시민 참여가 활발해지고 있고 또한 인터넷을 통한 정치 토론, 여론 수렴, 조직화, 사회운동 등도 이루어지고 있다. 그렇다면 정보기술과 정보매체의 발달이라는 정보화의 확대는 사회를 어떻게 변화시키고 있는 것일까?

1) 지식정보사회의 사회이론

탈공업사회와 정보사회 이론

벨(Daniel Bell)은 탈공업사회(post-industrial society) 개념을 통해 공업사회와 탈공업사회 간의 기술적·사회적 단절을 주장한다. 말하자면 사회구성 원리가 근본적으로 변화하여 탈공업사회가 공업사회를 대체했다는 것이다. 이러한 단절의 주장은 지배적인 '고용' 유형의 변화에 근거를 둔다. 벨은 공업 이전 사회(pre-industrial society)는 농업노동이 지배적이며, '자연에 대한 게임'이 이루어지는 사회라고 본다. 반면 공업사회는 공장 작업이 지배적이며, '제조된 자연에 대한 게임'이 이루어지는 사회이다. 그리고 탈공업사회는 서비스 고용이 지배하는 사회이며, '사람들 사이의 게임'이 이루어지는 사회이다. 여기서 사람들 사이의 게임은 필연적으로 정보를 기초자원으로 하며, 서비스노동도 일종의 정보노동이다(벨, 2006).

탈공업사회의 특성은 다음과 같다. 첫째, 공업 부문에 고용된 노동자가 감소한다. 둘째, 합리화의 결과로 공업 생산물이 지속적으로 증가한다. 셋째, 부의 지속적인 증대가 이루어진다. 넷째, 공업 부문의 고용으로부터 사람들이 지속적으로 방출된다. 다섯째, 서비스에서 새로운 직업 기회가 끊임없이 제공된다. 이러한 탈공업사회론은 현대사회를 정보사회로 규정하는 기반이 되는데, 공업사회에서 전략적·변혁적 자원이 되었던 '자본과 노동'은 탈공업사회에서 '지식과 정보'에 그 자리를 내주게 된다. 그리고 '기계기술'보다는 '지적인 기술'이나 '새로운 지식'이 중시된다.

토플러(Alvin Toffler) 역시 『제3의 물결(The Third Wave)』을 통해 새로운 사회로의 이행을 강조했다. 그는 현대사회가 제1의 물결인 '농업문명'과 제2의 물결인 '공업문명'을 거쳐 드디어 '제3의 물결 문명'으로 전환되었다고 본다. 제3의 물결 문명에서 가장 기본적인 원료는 '상상력을 포함한 정보'이다. 제3의 물결은 제2의 물결의 원리들을 벗어나는 일련의 변화를 야기한다. 매체의 탈대중화·탈대량생산, 의사결정의 탈중앙집중화, 가족의 탈대중화(쇠퇴와 다양화), 기업의 다목적화, 노동의 탈동시화(자율근무), 정치와 문화의 탈표준화, 생산소비자(pro-consumer)의 출현, 초국적 조직망의 확산, 국민국가의 위축 등이 바로 그것들이다(토플러, 2006).

이처럼 토플러는 '제3의 물결 문명'으로 이행하는 과정에서 정보의 중요성, 컴퓨터, 가내 전자근무 체제, 통신공동체, 반(半)직접민주주의화 등과 관련하여 정보사회가 도래하고 있음을 말했다.

정보자본주의 사회 이론

벨과 토플러가 정보사회의 단절적 성격에 주목하는 반면에, 실러(Herbert Schiller)는 정보사회가 결코 새로운 사회일 수 없다고 주장한다. 기업과 정부를 비롯한 사회 제반 영역에서 정보와 정보통신기술이 갖는 중요성이 이전보다 현저히 커진 것은 맞지만, 정보의 창출, 분배, 접근 및 정보통신기술의 혁신 등에 결정적으로 작용하는 것은 바로 이윤 극대화를 추구하는 자본의 논리(시장의 논리)라는 것이다.

실러는 정보 발전 과정과 관련하여 다음과 같이 주장했다. 첫째, 정보

토플러

(1928~) 미국의 미래학자. 주요 저서로는 『미래의 충격(Future Shock)』(1970), 『제3의 물결』(1980), 『권력 이동(Power Shift)』(1991) 등이 있다.

발전 과정에는 '시장 기준'이 철저하게 적용된다. 시장 원칙들은 정보의 '상품화'를 향한 강력한 중심 추진력이다. 둘째, '계급 불평등'은 정보의 분배, 정보에의 접근, 정보 창출 능력을 결정하는 주요 요인이다. 셋째, 정보와 커뮤니케이션 영역에서 중요한 변동을 겪고 있는 이 사회는 조직자본주의 사회이다. 즉, 집중화되고 대개 과두제적이며 국내적·국제적 도달범위를 지닌 기업조직에 의해 지배되는 사회라는 것이다(Schiller, 1989). 더나아가 그는 '정보시대'와 '커뮤니케이션 혁명'은 잘못된 명칭이라고 말하면서, 몇몇 선진공업사회들이 세계적 경제위기 속에서 자신들의 특권을 보장하기 위해 분투하고 있을 뿐이라고 비판한다.

지식정보사회와 자본주의의 변화

벨과 토플러의 관점의 '정보사회의 단절론'과 실러의 관점의 '자본주의의 연속론'의 대립은, 과거 공업사회 이론과 자본주의 사회 이론의 대립을 그대로 이어받고 있다. 공업사회론이 공업적 생산방식의 혁명을 강조하면서 빈곤이 사라진 유토피아적 미래를 전망했다면, 자본주의 사회 이론은 자본주의적 생산관계의 적대성, 즉 자본-노동의 대립을 강조하면서 불평등한 현실을 비판했다. 정보사회의 단절론은 공업사회 이론과 유사하게 정보통신혁명을 기반으로 한 새로운 사회로의 이행을 강조한다. 반면에 정보사회의 연속론은 자본주의 사회 이론과 유사하게 중심적 자본이 정보자본으로 변화했을 뿐 근본적으로 자본주의적 계급대립과 불평등은 사라지지 않았다는 점을 강조한다.

지식정보사회는 정보화를 통해 산업적 차원의 변화와 일상생활의 변화를 가져온다. 그런데 정보통신기술의 발달이 비록 정보통신 상품의 소비와 활용을 통해 물질적 풍요와 편리함을 가져온다고 하더라도, 산업에서의 혁명적 변화가 곧바로 자본주의 체계 자체의 혁명적 변화를 의미한다고 보기는 어렵다. 실러의 주장처럼 정보화는 자본 투자와 이윤 추구의 새로운 영역이거나 산업과 생산방식의 변화를 의미할 뿐, 자본-노동관계의 근본적 변화를 가져다주지는 않는다. 말하자면 생산되는 상품이 지식·정보상품으로 바뀌었을 뿐이라는 것이다. 물론 그렇다고 해서 오늘날 자본주의에 아무런 변화도 없는 것은 아니다. 지식정보사회는 정보기술과 정보매체의 발달에 따라 경제와 산업, 시장과 소비, 정치, 문화, 일상생활과 의사소통 등 사회의 다양한 영역에서 중요한 변화를 낳고 있다.

소유의 시대에서 접근의 시대로

지식정보사회 또는 네트워크사회의 특징은 무형의 지식정보가 일상생활에서 이용과 소통의 필수적인 부분이 되거나 중요한 소비상품이 되었으며, 또한 인터넷으로 연결된 사이버공간(가상공간)이 큰 비중을 차지하는 시장이 되었다는 점이다. 그래서 지식정보산업은 자본주의를 지탱하는 중심 산업 영역이 되었다.

리프킨(Jeremy Rifkin)은 지식정보사회 또는 네트워크사회라는 새로운 세계에서 "시장은 네트워크에 자리를 내주며 소유는 접근으로 바뀌는 추세"라고 말한다. 물적 자본의 소유권이 기반이 된 시대가 쇠퇴하고 지적 자본이 기반이 되는 시대가 되어, 소유권보다 접근권, 이용권이 중요해진다고 보았다. 그래서 지식정보사회를 '접근의 시대(The Age of Access)'로 규정한다. 재화 경제에서 서비스 경제로의 이행, 제품 주기의 단축, 리스, 렌탈 산업의 활성화 등에 따라 기업이나 소비자들은 이제 소유권을 가지려고 하기보다는 접근권·이용권을 확보하고 또 활용하려고 한다. 이에 따라 판매자와 구매자 간의 소유권 교환은 네트워크 관계로 이루어지는 공급자와 사용자 간의 접근이나 접속으로 바뀐다(리프킨, 2001).

그런데 '접근의 시대'가 생산수단의 소유를 불필요하게 만든다고 보기는 어렵다. 접근이 소유를 대체하는 것이 아니라 접근을 위한 새로운 소유가 생겨나는 것이며, 자본의 사적 소유의 대상이 소유자본에서 접근자본으로 이행하는 것이다. 제품의 감량화, 물리적 내용을 대체하는 정보, 서비스의 비중 증대, 소형화 등에 따른 경제 생산물의 물질성 감소, 부동산 소유의 감소, 리스 산업, 아웃소싱 등은 변화된 환경 속에서 경제적 효율성과 이윤을 추구하는 자본의 변신을 의미할 뿐이다.

실제로 거대 자본들은 여전히 방송 주파수, 광섬유 케이블, 통신 위성, 콘텐츠, 상표권, 지적재산권, 정보기술 등을 소유하기 위해 시장에서 치열하게 경쟁을 벌이고 있다. 또한 온라인 거래 뒤에는 여전히 거대한 상품의 이동 과정이 뒤따른다. 그래서 리프킨은 접근자본을 소유하고 있는 거대한 미디어·통신 기업의 지구적 독점을 우려한다. 접근의 시대에 소유가 쇠퇴하면서 착취가 사라지기보다는 오히려 새로운 형태의 착취와 시장지배로 사회적 격차가 심화할 수 있다는 것이다. 말하자면 자본주의의 소유권과 이윤극대화 논리가 결코 약화하거나 사라지지 않는 것이다.

사이버공간의 상업주의와 자본주의

인터넷의 발달은 접근의 중요성을 크게 높여놓았는데, 사이버공간에서 접근의 일상화는 자본과 기업에 엄청난 기회를 가져다준다. 인터넷 시대에 사이버공간은 인터넷 쇼핑과 사이버 광고 등으로 상거래의 확장을 가져왔다. 인터넷 사이트 곳곳에는 구매욕을 자극하거나 광고 시청을 유도하는 자극적인 문구, 사진, 동영상이 즐비하다. 사람들의 접근이 많은 곳이면 늘 광고가 따라오며, 여기에 광고료가 지불된다. 그래서 독특하고 재미있는 정보나 시사적이고 의미 있는 정보를 제공하여 사람들을 끌어들이는 '영향력자(influencer)'들이 다양한 인터넷 사이트나 SNS를 통해 활동하고 있으며, 기업들은 이들을 광고에 활용하여 광고효과를 높이려고 한다. 판매나 광고 사이트에서는 단골 소비자 확보를 위해 이메일 주소나 전화번호 등 개인 정보를 수집하는데, 이 과정에서 사생활 정보 유출에 따른 피해가 발생하기도 한다.

자본주의 사회에서 사이버공간은 무엇보다도 이윤 추구를 위한 공간이 되며, 다양한 상품을 거래하거나 게임, 영상, 음악 등 문화·서비스상품을 제공하는 시장이 되거나 다양한 방식으로 소비자들을 유혹하는 광고의 공간이 된다. 이처럼 자본(기업)의 상업주의가 지배하는 사이버공간은 자본주의적 생산과 이윤 추구를 돕는 확장된 시장이다.

인터넷 시대에 사이버공간이 확장된 시장이 되면서, 기업들은 인터넷을 이용해 상품을 홍보하고 또 소비자들의 접근을 유도하여 상품판매를 극대화하려고 한다. 나아가 소비자들의 회원 가입을 유도하고 정보를 수집하여 단골 고객으로 만들려는 마케팅 전략을 추구한다. 사이버공간에서의 이러한 경향은 인터넷에서 생산자들과 소비자들, 다양한 사용자들이 특정한 목적으로 소통하거나 거래할 수 있도록 장소를 제공하는 정보 서비스를 출현시켰다. 이렇게 사람들을 서로 이어주는 사이버공간에서의 연결 서비스 체계를 '플랫폼(platform)'이라 부른다.

플랫폼은 다양한 사람들이 서로 소통하거나 거래할 수 있도록 연결해 주는 인터넷 공간의 정류장 또는 연결터라고 할 수 있다. 이러한 플랫폼 서비스 체계를 만들어 연결 서비스를 제공하는 기업을 '플랫폼 기업'이라고 한다. 그리고 이러한 플랫폼 서비스를 매개로 이루어지는 배달, 운전, 각종 대행서비스 노동들은 '플랫폼 노동'이라고 한다. 플랫폼 노동은 플랫폼 기업이 제공하는 가상공간의 매개(중개)서비스를 이용한 거래를 현실 공간에서 실현하는 노동이다. 그리고 이처럼 플랫폼을 이용한 경제활동이 사회적으로 확대되는 자본주의를 '플랫폼 자본주의'라고 한다(서르닉, 2020).

한편 플랫폼의 중요성이 커지면서, 기존의 기업들도 업종을 확대하면서 대규모의 사용자나 소비자를 확보할 수 있는 플랫폼 기업으로 전환하고 있고, 이에 따라 온라인(사이버·인터넷) 시장의 규모가 커지면서 상거래를 원하는 판매자들은 누구나 플랫폼을 통해 전국적·지구적 소비자들과 연결될 수 있는 시대가 되었다. 플랫폼 자본주의의 범위가 커짐에 따라 온라인 시장 규모도 커지고 또 이용자가 늘어나 오프라인 시장의 규모는 점점 줄어들고 있다. 오늘날 자본주의는 시장에서 소비자들의 소비성향과 수요에 따라 판매 규모가 크게 좌우되고, 이것이 또 생산기업이나 판매업체들의 매출과 이익 규모를 결정하게 되어 '공장의 시대'에서 '시장의 시대'로 전환되고 있는데, 플랫폼 자본주의는 '온라인 시장의 시대'를 만들어가고 있다.

플랫폼

플랫폼은 기차역에서 이곳저곳에서 온 기차에서 사람들이 내려서 이동할 수 있도록 구획된 평평한(plat) 공간을 의미한다. 플랫폼을 통해 사람들은 다른 곳으로 가는 기차를 옮겨 탈 수 있는데, 이처럼 서로 다른 출발지에서 온 기차 승객들이 서로 다른 목적지로 가는 기차로 옮겨 탈 수 있도록 이어주는 것이 기차역 플랫폼의 중요한 기능이다.

그래서 이러한 기능을 하는 인터넷 가상공간에 플랫폼이라는 이름을 붙이게 되었다. 가상공간에서 곳곳의 판매자들과 곳곳의 구매자들, 곳곳의 택시 운전자들과 곳곳의 승객들을 서로 이어주는 모습이 플랫폼의 기능과 유사하다는 것이다.

한편, 플랫폼은 어느 컴퓨터에서나 하드웨어와 소프트웨어를 작동하게 하는 공통운영 체제라는 의미로도 사용되고, 어디에서나 어떤 단말기를 통해서도 똑같은 게임에 접속하여 즐길 수 있도록 지원하는 공유장치 또는 공통 운영기반의 의미로도 사용된다. 그리고 자동차 회사에서는 다양한 형태의 차량이 공유하는 기본 골격이 되는 공유틀을 플랫폼이라 부른다.

플랫폼 기업들

플랫폼 기업들은 카카오톡, 네이버 밴드, 페이스북, 인스타그램, 텔레그램 등의 소통공간을 통해

2) 지식정보 자본주의와 세계화

정보화와 세계화의 결합 상승 작용

개인들이 서로 소통할 수 있도록 해주기도 하고, 아마존, 쿠팡, 배달의민족, 요기요 등 각종 온라인 거래 사이트나 배달 앱을 통해 다양한 정보를 효율적으로 제공함으로써 생산자와 소비자, 판매자와 구매자, 서비스 제공자와 서비스 이용자, 유통 서비스 제공자(판매자)와 배달노동자를 서로 이어주거나 관리해 준다. 이때 플랫폼은 일종의 연결 매체가 된다.

정보화와 세계화는 서로 다른 뿌리에서 출발한 것이지만 오늘날 밀접한 관계를 맺으면서 사회변화에 영향을 미치고 있다. 1990년대에 들어와서 급속하게 진행된 세계화는 신자유주의의 확산을 통해 금융, 자본, 상품 시장에서 지구적 통합을 강화시키고 있고, 정보화는 국민국가의 경계를 초월하는 지구적 정보네트워크의 형성을 통해 이러한 통합을 촉진하는 역할을 하고 있다. 또한 위성방송 전파가 국경을 초월하여 세계 각국으로 흘러듦으로써, 지구적인 문화 통합과 상업주의 소비문화의 확산을 낳고 있다. 이처럼 정보화는 지구적인 교류의 증대를 통해 세계화를 촉진하는 강력한 힘이라고 할 수 있다.

지구적 정보네트워크의 발달은 세계금융시장의 통합을 가능하게 했고, 인터넷은 국민국가의 경계를 초월하는 지구적인 기업정보 교류, 금융 거래, 상품 매매 등이 이루어지는 지구적 시장의 매체가 되었다. 정보와 자본이동의 기술적 비용이 감소함에 따라 기업들은 점차 정부가 규제를 완화하고 영리활동의 자유를 보장할 것을 요구하고, 세계 각국으로 시장을 넓히기를 원하는 일부 기업들은 국가가 다른 나라들과의 FTA(자유무역협정) 체결에 적극적으로 나설 것을 요구했다. 이러한 신자유주의적 세계화는 역으로 기업들의 정보 및 네트워크 기술에 대한 요구를 증대시킴으로써 정보화를 촉진한다.

이처럼 정보화와 세계화는 결합 상승 작용 관계를 지니고 있다. 이러한 관계는 신자유주의적 시장 개방을 확대하여 지구적 대자본(기업)의 시장 확장에 유리하게 작용한다. 정보화는 세계시장의 표준화를 증대시키는데, 정보기술이 발달한 선진국 중심으로 지구적 표준(global standard)이 만들어져, 선진국의 정보기술을 수입해야 하는 개발도상국이나 저발전국에서는 정보 격차와 경제적 불평등이 심화할 수 있다.

정보통신기술의 고도화와 함께 기업들이 세계적으로 생산과 유통을 관리하는 방식도 획기적인 변화를 겪고 있다. 정보통신기술의 발달로 인해 생산공정을 여러 다른 나라들에 분할하여 배치하고, 각지에서 생산된 원자재와 부품들을 결합해 제품을 생산하고 판매하는 세계 단위의 네트워크 구조가 만들어졌다. 이 과정에서 특정 시장을 대상으로 하거나 개별적 수요를 충족시키기 위한 상품을 적기에(Just-in-Time) 출하하는 유연생산 체계, 다품종 소량생산 체계가 실용화되었다. 네트워크 구조는 '기업 간 전략적 제휴', '개별 과업을 수행하기 위한 기업 간 일시적 협력관계', '거대기업을 구성하는 조직 단위의 탈중심화', '다양한 규모의 기업들 사이의 네트워크 형성' 등 여러 형태를 띠고 있다. 네트워크화된 산업조직에서는 지리적으로 분산된 경제활동 주체들이 서로 유연하게 결합하고 있는데, 이것은 네트워크의 다원화되고 분권화된 성격으로 인해 가능하다. 세계화로 자본의 이동이 자유로워지면서 한 기업의 생산시설, 판매시설, 서비스시설 등이 국경을 넘어 가장 여건이 유리한 지역으로 분산·배치됨으로써 효율성이 극대화되고 있다. 예를 들어 미국 대기업들은 값싼 노동력을 이용하려고 전화상담센터(Call Center)를 인도 등지에 두고 있다.

지식정보산업이 발달하고 있는 지식정보 자본주의 사회에서 사람들은 일상생활의 편리함이나 즐거움을 누리게 되었지만, 자본주의 사회가 낳는 문제들이 여전히 지속되고 있기도 하다. 세계화가 가져다주는 국가 간 정보 격차와 정보의 지배 문제, 계급적 조건의 불평등에 따른 정보 접근 및 이용 기회의 불평등, 정보기술을 이용한 작업장에서의 감시의 강화, 자동화에 따른 노동강도의 강화와 실업의 증가 등은 자본주의와 세계화 및 정보화가 결합함으로써 생겨나고 있는 부정적 모습들이다. 따라서 정보화와 지식정보산업을 단순히 기술적 차원의 문제로만 보아서는 안 되며, 자본주의 경제체계와의 결합으로 인해 생겨나는 다양한 사회문제들에도 관심을 기울여야 한다.

3. 지식정보사회와 산업구조 변동

1) 지식정보경제와 산업의 변화

정보의 산업화와 산업의 정보화

정보산업은 자본주의 사회에서 자본주의의 재생산에 이중적으로 기여한다. 하나는 정보상품의 생산을 통해 스스로 자본축적을 함으로써 기여하는 것이며, 다른 하나는 정보기술을 기업의 생산방식 및 조직의 혁신에 활용함으로써 이윤창출과 자본축적에 기여하는 것이다. 이러한 이중적 과정은 '정보의 산업화'와 '산업의 정보화'라고 말할 수 있다.

정보의 산업화는 '정보의 상품화'를 통해 지속된다. 예를 들어 이동통신 단말기 회사들은 단말기에 이동통신 기능뿐만 아니라 게임, 카메라, 동영상, 위성TV, 인터넷 서비스 등 점차 확대된 기능들을 내장함으로써 새로운 수요를 창출해 낸다. 스마트폰이나 태블릿 PC 등이 대표적인 예이다. 그리고 이러한 하드웨어적 수요는 소프트웨어 및 콘텐츠 수요와 상호상승효과를 일으키면서 소비를 지속해서 확대시킨다. 이처럼 정보상품의 지속적 혁신과 업그레이드를 통해 정보산업은 지속적으로 이윤을 창출해 나간다.

산업의 정보화는 산업적 생산과정에 정보기술을 결합하는 과정이다. 기존의 기업들은 정보기술의 발전에 힘입어 생산공정 및 관리 업무를 자동화함으로써 노동 인력을 전자화된 기계로 대체하고, 시장에 대한 민감성을 높인다. 공장자동화(FA)와 사무자동화(OA)는 시장에 대한 민감성을 높임으로써 효율적이고 신속한 생산과 업무 처리를 가능하게 한다. 한편 인공지능(AI), 빅데이터, 3D 인쇄(printing) 등 새로운 정보지능 기술의 발달은 생산방식의 변화와 함께 지식·정보 관련 직업과 일자리의 변화를 낳고 있다. 단순 지식정보 노동은 점차 쇠퇴하면서, 디자인이나 코딩 등 지식정보 관련 전문지식을 활용하는 직업이나 일자리들이 점차 늘어나고 다양한 개인 제작자들도 생겨나고 있다.

정보산업의 분야

하드웨어는 디지털화된 지식과 정보를 처리하고 네트워크에 연결하여 정보를 주고받거나 검색할 수 있는 다양한 기기를 포함하는데, PC, 노트북, 넷북, 태블릿 PC, PDA, 휴대전화, 스마트폰, 디지털TV 등이 있다. 그리고 네트워크 구축에 필요한 각종 설비장치도 하드웨어에 포함된다.

소프트웨어는 하드웨어와 네트워크(통신망)가 실제로 작동하도록 해주고 또 지식과 정보의 생산 및 유통을 가능하게 해주는 각종 프로그램을 말하며, 콘텐츠는 디지털화된 영상물, 음악, 게임 등과 같이 실제로 유통되고 소비되는 지식과 정보 내용물을 가리킨다.

네트워크 서비스는 광섬유나 동축 케이블 혹은 디지털 위성과 같은 고속통신망(네트워크 설비)을 통해 유무선 인터넷, 휴대전화 등 정보통신 서비스를 제공하는 것을 말한다.

　정보의 산업화는 사회 전체적인 정보화를 확산시키면서 전체 경제에서 정보경제의 비중을 증대시킨다. 그런데 정보경제는 정보기술이 사용되는 산업 영역과 정보상품을 생산하는 정보산업들을 포괄하며, 앞서 보았듯이 정보산업은 2차 산업과 3차 산업을 두루 포함한다. 이런 점에서 1차, 2차, 3차 산업을 나누는 전통적 산업 분류는 정보경제의 특징을 반영하는 데에 한계가 있다.

　이러한 한계를 극복하기 위해 '정보 부문'을 새롭게 정의하여 그 추세를 파악하려는 시도도 있다. 매클럽(Fritz Machlup)은 전체 경제 중 '지식생산 부문'을 구분하려고 했는데, 교육, 연구개발, 미디어, 정보기계, 정보서비스 등 다섯 영역을 포함시켰다. 벨은 경제 부문을 정보 부문, 농업 부문, 공업 부문, 서비스 부문 등 4개 부문으로 나누고 산업별 고용인구의 추세를 제시했다. 벨에 따르면 1920년에는 17.7%에 불과했던 정보 부문 종사자의 규모가 1970년에는 46.4%로 가장 큰 비중을 차지하게 되었다(벨, 2006).

　오늘날 정보산업 비중이 점차 커지는 것은, 한편으로는 새로운 정보매체들이 등장하여 시장을 넓혀가고 있고, 다른 한편으로는 정보의 디지털화와 매체의 융합이 진전됨에 따라 전통 매체 산업이 디지털 정보매체 산업으로 전환되고 있기 때문이다. 또 정보기술 발전으로 컴퓨터나 반도체 산업이 크게 팽창하고 있을 뿐 아니라, 농업 등 1차 산업에서도 첨단 생명공학기술과 정보기술을 접목하는 등 다양한 활용이 이루어지고 있다.

　물론 지식정보사회라고 해서 모든 경제와 산업이 지식·정보 부문으로 전환되는 것은 아니다. 선진국의 경우 대부분 전체 산업에서 서비스산업이 차지하는 비중이 70% 내외를 차지하고 있다. 그리고 서비스산업에서는 금융·보험업, 공공서비스업(교육, 보건의료, 에너지 등), 전통적 서비스업(도소매업, 운송업, 음식·숙박업, 기타 개인서비스업 등)이 여전히 큰 비중을 차지한다. 그런데 이들 산업은 그 자체로 정보산업에 속하지는 않더라도 실제로 다양한 정보통신 기술을 활용하고 있으며, 전체적으로 정보통신 산업의 비중이 늘어나면서 새로운 산업 분류의 필요성도 커지고 있다.

항목	2000	2005	2010	2015	2020	2021
ICT 산업 GDP 비중(실질)	4.4	6.7	8.6	9.2	11.5	12.2
ICT산업 성장률(실질)		11.5	12.4	1.6	6.1	10.0
2차 산업 GDP 비중	25.7	27.4	29.4	29.1	28.8	29.5

자료: 과학기술정보통신부 ICT 통계포털(ITSTAT).

정부 통계는 '정보통신기술(ICT) 산업'을 따로 분류하고 있다. 이것은 크게 ICT 제조업(반도체, 메모리, 컴퓨터, 통신·방송·영상·음향 장비 등 제조업)과 ICT 서비스업(장비·부품 도매업, 통신·소프트웨어 및 정보서비스업, 유선온라인게임 소프트웨어 개발공급업)으로 구분된다. 〈표 16-1〉을 보면, GDP에서 ICT 산업이 차지하는 비중이 2000년 4.4%에서 2021년 12.2%로 대폭 늘어났다. 2차 산업 GDP 비중과 비교해 볼 때, 이것은 전체 경제활동에서 정보통신기술 경제의 비중이 크게 높아졌음을 의미한다.

2) 지식정보경제와 일자리의 변화

정보화와 일자리의 변화

정보화에 따른 산업구조의 변화는 곧바로 고용구조, 즉 일자리의 변화로 이어지는데, 이러한 변화는 양면적인 성격을 지닌다. 한편으로는 정보기술을 이용한 기업의 사무자동화, 공장자동화, 수평적 조직화 등을 가져와 인력 수요를 감소시키면서, 다른 한편으로는 정보산업과 관련된 일자리를 새롭게 만들어낸다.

컴퓨터 사용이 일반화되면서 과거에 중요한 기술직이었던 타자수가 사라진 지 오래되었다. 은행에서는 금융업무의 자동화와 인터넷뱅킹, 텔레뱅킹, 신용카드와 현금카드 보급 등으로 창구 업무가 줄어들면서 단순사무직 종사자에 대한 수요도 줄고 있다. 이처럼 사무자동화와 정보화의 진전에 따라 단순사무직에 대한 사회적 수요가 줄어들고 또 기업조직이 중간관리층을 축소하면서 중간관리직 일자리도 줄어들고 있다.

그런데 정보화가 일자리를 줄이기만 하는 것은 아니며 새로운 직종을 만들어내기도 한다. 케이블TV 홈쇼핑과 인터넷 쇼핑몰이 늘어나면서 홈쇼핑 진행자, 각종 상담원, 그리고 택배업 종사자의 일자리 수요가 큰 폭으로 늘어나고 있다. 이메일 사용이 일반화되면서 우편물 수량이 줄어들어, 한국에서도 2000년에 우체국이 업종을 택배서비스로 확대했다. 그리고 정보 관련 전문직이나 단순정보서비스직에 대한 수요가 늘어나면서, 과거의 상업고등학교와 공업고등학교는 상당수가 정보고등학교 또는 인터넷고등학교 등으로 전환되었다. 이러한 변화는 정보화에 따른 산업구조의 변화와 새로운 일자리의 출현을 반영하는 것이다.

전체적으로 본다면 정보화는 기업 내부 노동시장의 약화와 불안정 고용(비정규직, 임시직, 시간제 고용)의 증가를 낳는다. 비록 지식정보산업의 증대로 '지식정보노동자층'이 늘어나기는 하지만, 모든 기업이 '지식정보노동자'를 필요로 하는 것은 아니며, 더구나 기존 산업의 노동력 감소를 대체할 수준은 아니다. 리프킨은 『노동의 종말(End of Work)』(1995)에서 다음과 같이 쓰고 있다.

비판가들과 이미 제3차 산업혁명으로 인해 소외된 다수 사람들은 새로운 일자리 창출에 의문을 제기하고 있다. 즉, 정교한 정보통신기술이 대량의 노동력을 대체할 수 있는 세계에서는 지식 부문의 소수의 사람들만이 하이테크 과학, 전문직, 관리직에서 일자리를 찾을 수 있으리라는 것이다. 이들은 농업, 제조업, 서비스업의 리엔지니어링과 자동화로 대체된(일자리를 잃은) 수백만 명의 노동자들이 과학자, 엔지니어, 기술자, 관리자, 컨설턴트, 교사, 변호사 등으로 재훈련되어 협소한 하이테크 부문에서 충분한 일자리를 찾게 될 것이라는 생각은 공상이 아니면 기껏해야 기만에 불과하다고 주장한다.

정보경제 또는 지식정보산업은 다양한 지식·정보 상품들을 통해 이윤을 추구하는 경제 영역으로서, 이를 위해 신기술을 개발하는 동시에 고용 비

리프킨

(1945~) 미국의 사회비평가로, 현대사회의 산업, 노동, 정보화, 세계화 등의 문제에 관심을 두고 있다. 『노동의 종말』(1995), 『바이오테크의 시대(The Biotech Century)』(1998), 『소유의 종말(The Age of Access)』(2000) 등의 주요 저작이 있다.

용을 최소화하려고 한다. 이에 따라 기술개발의 필요성으로 인해 연구개발
직 등 전문기술직 직업군이나 일자리가 다소 늘어나는 데 비해, 정보화·자
동화로 노동력 수요가 줄어들어 더 많은 직업이나 일자리가 사라진다.

또한 플랫폼 자본주의가 성장하면서 유통, 교통, 물류, 배달 등 다양한
서비스 영역에서의 플랫폼 기업이 늘어나, 오프라인에서 안정적 일자리
를 감소시키는 대신 불안정한 단순 서비스노동 일자리를 만들어내고 있
다. 플랫폼 노동은 일의 유동성과 불규칙성에 따라 소득이 일정하지 않은
불안정한 일자리를 만든다.

정보화와 조직의 변화

정보화는 기업에서 직원들 간의 소통방식을 변화시키면서 조직의 구조
를 다원화·분권화한다. 특히 경쟁이 심화하여 급변하는 시장 상황이 의사
결정의 신속성과 창의성을 요구하면서, 기업들은 정보기술을 활용하여
의사결정 단계를 줄이고 수평적 의사소통을 강화하지 않을 수 없게 된다.

예를 들어, 미국 등 선진국에서는 1960년대 보헤미안적 가치의 영향을
받은 정보산업 분야의 신흥 부르주아지들, 이른바 '보보스(Bobos)' 집단의
출현으로 기업조직과 기업문화의 변화가 일어나기도 했다. 최고경영자와
평사원이 직접 연결되는 의사소통 구조가 형성되어서, 위계적인 피라미
드형 조직에서 모래시계와 같은 플랫톱(flat top)형 조직이나 수평적 네트
워크 조직으로 변모했다. 이에 따라 기업들은 중간 결재 단계가 축소되어
중간관리층을 대폭 감축할 수 있었고, 의사결정이 신속해져 급변하는 시
장 상황에 유연하게 대응할 수 있게 되었다.

한편, 네트워크화는 기업조직을 한곳에 모아놓을 필요성을 없애, 조직
의 탈중심화·분권화를 확대한다. 전체 작업을 부문이나 공정별로 분화시
켜 필요한 지역에 분산·배치함으로써 효율성을 극대화할 수 있다. 기업의
분산된 생산체계나 업무체계가 인트라넷, 화상통화 등 네트워크로 연결
되어 의사결정, 결재, 업무명령 등이 신속하게 이루어지고 있으며, 이에
따라 재택근무 등 유연한 작업방식이 적극적으로 활용되고 있다.

4. 지식정보사회의 정치와 일상생활

1) 사이버공간의 민주주의와 정치

사이버민주주의와 사이버정치

사이버민주주의(cyber-democracy)는 사이버공간에서 실현되는 민주주의로서, 이것은 민주적 의사소통과 이를 통한 민주적 의사결정이 이루어지는 과정을 포괄한다. 쌍방향 소통이 가능한 사이버공간은 정치인들과 시민들, 대표자들과 일반인들이 직접 대화하거나 토론할 수 있고, 또 시민들이나 일반인들 모두가 참여하는 여론조사나 투표를 할 수 있는 직접민주주의의 수단들을 제공한다.

물론 이러한 수단들이 제공된다고 해서 곧바로 민주주의가 실현되는 것은 아니다. 의사결정 또는 정책 결정을 위한 합리적인 의사소통이 이루어지려면, 무엇보다도 정해진 주제와 관련된 정확한 정보들이 공개되어 자유로운 토론과 판단을 할 수 있어야 한다. 정확한 정보의 공개와 공개적이고 자유로운 의사소통을 통한 의사결정이 이루어지지 않는다면, 아무리 직접적인 참여와 투표가 이루어진다고 하더라도 민주주의가 실행되었다고 보기 어렵다.

시민들이 자유롭게 공개적인 정치적 토론을 나누는 공간은 '공론장'이라 불리는데, 사이버공간에서 이러한 공간은 '사이버 공론장'이 된다. 그런데 사이버공간에서 정치인, 정부 관료, 전문가 등이 정보의 왜곡이나 선택적 공개로 여론을 호도하게 되면, 사이버공간에서의 민주적인 토론은 제약되거나 왜곡되며, 이것은 사이버공간에서의 직접민주주의 이상의 실현을 불가능하게 한다.

사이버정치(cybercracy)는 '사이버공간에서의 정보통신 매체를 이용한 정치 또는 통치'를 의미한다. 이것은 그 자체로 민주주의적이거나 독재적이지 않다. 그런데 현실적으로 정치나 통치를 위해 정보통신 매체나 지식·정보를 활용할 수 있는 능력을 고려하면, 사이버공간에서 이것들을 통

일명 '미네르바 사건'은 국가권력
에 의한 인터넷 감시가 표현의 자
유를 어떻게 억압하게 되는지를
잘 보여준다. 2008년 말 세계금융
위기에 따른 한국 경제의 침체 상
황에서 '미네르바'라는 필명을 사
용한 한 네티즌은 인터넷 토론 사
이트에 한국 경제의 미래를 부정
적으로 예측한 내용을 올렸다. 이
에 대해 정부는 '허위사실 유포'라
고 규정하면서 검찰 수사를 통해
형사처벌을 하려고 했다. 이 사건
에서 미네르바는 2010년 4월에
1심에서 무죄선고를 받았고, 이후
「전기통신기본법」 제47조 1항의
'공익을 해할 목적'이라는 내용과
관련하여 헌법소원 소송을 내서
2010년 12월에 '공익이라는 표
현이 추상적이고 불명확하다'라
는 취지의 위헌판결을 받아냈다.

정부와 기업, 조직체 등의 불법·비
리 등 비윤리적 행위를 폭로하는
것을 목적으로 하는 고발 전문 웹
사이트이다. 2006년 12월 아이슬
란드의 수도 레이캬비크에서 설
립되었으며, 이 사이트와 관련하
여 신원이 밝혀진 사람은 전문 해
커 출신의 설립자인 어샌지(Julian
P. Assange)이다.
그는 언론의 자유와 검열 반대를
주장하면서, 위키리크스의 존재

제하고 활용할 기회나 권력을 지닌 개인이나 집단이 사이버정치를 주도
하게 된다. 따라서 국가의 통치 활동과 관련된 지식과 정보가 더 많이 공
개되고, 시민들이 이것들에 자유롭게 접근하여 활용하고, 이를 통해 자율
적 정부 감시와 정치 참여를 수행할 때, 사이버정치는 사이버민주주의를
실현할 수 있게 된다. 그렇지 않으면 사이버민주주의의 실현은 제약당할
것이며, 사이버 권위주의나 사이버 독재가 나타나게 된다.

사이버공간의 자유와 권력

사이버공간 또는 인터넷 공간은 사람들이 일상적으로 접속하여 서로
소통하고 경험과 인식을 공유하는 공간이다. 그래서 사이버공간에서 자
유로운 의사 표현과 소통을 보장하는 것이 기본적 조건이다. 현실 공간과
마찬가지로 '사상과 표현의 자유'가 보장되어야 하며, 권력과 자본이 사이
버공간에서의 의사소통을 억압하거나 왜곡하는 행위는 곧 사이버공간에
서의 민주주의를 억압하고 왜곡하는 행위가 된다. 사이버공간이 국가권
력에 의한 감시와 통제, 자본의 상업주의적 개입, 정보매체 제공자의 불공
정한 검열과 개입이 이루어지는 공간이 된다면, 자유로운 의사소통과 공
정한 여론 형성은 불가능해진다.

국가권력은 보수적일수록 시민들의 삶에 영향을 미치는 중요한 정보들
을 감추려고 하는 경향이 있으며, 심지어 표현의 자유를 제한하면서 정보
의 흐름에 권위주의적·독단적으로 개입한다. 이것은 사이버공간에서도
마찬가지이다. 예를 들어 2008년 이명박 정권은 '광우병 사태', '경제위기'
등의 국면에서 정부에 비판적인 네티즌들의 발언 내용을 문제 삼아 검찰
수사를 하도록 했다. 이처럼 사이버공간이 국가권력에 의한 검열과 감시
의 공간이 될 수 있다.

물론 사이버공간은 저항의 가능성을 키우기도 한다. 위키리크스(Wiki-
leaks) 사이트의 운영자는 정부나 기업 등의 비윤리적 행위와 관련된 비밀
문서를 폭로하면서 정부와 기업을 감시하는 활동을 했다. 세계 곳곳에서
각 지역의 정보를 접할 수 있는 익명의 네티즌들이 정부나 기업의 비윤리

적인 비밀정보들을 공개하는 데 참여하면 엄청난 정치적 폭발력을 만들어낼 수도 있다.

공공적 접근권

사이버민주주의는 간접민주주의 아래에서 의사결정에 참여하기 힘들었던 많은 사람이 의사결정에 참여할 수 있게 되었다는 점에서 중요한 의미를 지닌다. 직접민주주의의 의미가 확대되려면, 표현의 자유와 함께 정치 참여의 폭을 더 많은 시민에게로 넓히는 것이 필요한데, 사이버공간에서 이것을 가능하게 하는 것이 바로 '공공적 접근권(public access)'이다. 이것은 사이버민주주의의 기본적 전제로서, 서로 다양한 이해관계와 가치 지향을 가진 집단이나 개인들이 어떤 제한 없이 자유롭게 정보나 소통매체에 접근할 수 있도록 함을 말한다. 사이버민주주의가 이루어지려면 정보 접근과 소통에서 참여자의 수나 자격을 제한하거나 인종적·경제적·생물학적 장벽을 쳐서는 안 된다. 인종과 피부색, 남녀, 계급 등 모든 차이와 관계없이 사회구성원이면 누구나 평등하게 참여하여 공론장을 함께 만들 수 있을 때 진정한 사이버민주주의가 가능하다.

컴퓨터를 매개로 한 의사소통과 사이버 시민사회

정보통신기술의 발달은 '컴퓨터를 매개로 한 의사소통'을 확산시켜 기존의 의사소통 방식을 크게 변화시켰다. 자율분산형 의사소통 구조를 지닌 인터넷의 특성은 '시민적 자율성'이 중시되는 시민사회의 의사소통 방식을 더욱 강화한다. 그래서 정보통신기술의 이용과 보급, 이를 통한 정보화의 진전은 시민사회의 형성과 발전에 기여하고 있다. 실제로 사이버공간에서는 취미, 생활정보, 사회·정치 문제 등에 대해 정보를 나누고 토론하는 수많은 사이버 커뮤니티가 활동하고 있다. 이러한 커뮤니티들은 온라인(on-line)에서 출발하여 오프라인(off-line)으로 나아가기도 하고, 오프라인에서 만들어진 후에 온라인으로 나아가기도 한다.

사이버공간은 다양한 시민단체 또는 시민운동단체들이 자신들의 활동

이유가 정부의 비밀을 공개하여 국민의 알 권리를 보호하고, 국민들 스스로 중요한 결정을 내릴 수 있도록 필요한 정보를 제공해 주는 것이라고 말했다. 그는 위키리크스가 수많은 익명의 제보자들이나 언론인들이 감춰진 정보를 대중에게 공개하도록 돕는 국제적 공공서비스이자 민주주의의 도구라고 지평한다. 그래서 암호 프로그램을 이용하여 제보자의 신상정보를 철저하게 보호하고 있다.

목적이나 방향을 알리면서 시민들의 지지와 후원을 확대해 나가는 중요한 수단이 된다. 인터넷은 현실 공간의 거리를 초월하여 곳곳에 흩어져 있는 시민들이 모일 수 있는 공간이다. 네티즌(netizen: network-citizen)들은 인터넷 공간에서 훨씬 더 자유롭고 편리하게 시민단체 사이트들에 접속하여 자신의 의견을 올리고 또 토론할 수 있다. 그리고 이를 통해 시민운동을 위한 정치 참여를 끌어낼 수 있다.▼ 이런 점에서 사이버공간은 확장된 시민사회, 즉 '사이버 시민사회'가 된다.

인터넷 커뮤니티와 사회운동

정보통신기술의 발달로 사이버공간에서의 소통방식은 지속적으로 진화하고 있다. 예전에 주로 홈페이지를 통해 이루어지던 소통이, 온라인 카페, 블로그 등 소규모의 커뮤니티 형태로 이루어지다가, 이제는 사용자 확대에 제한이 없어 다수의 사용자와 소통이 가능해진 트위터, 페이스북 등 사회매체 서비스를 통해 더욱 확장되고 있다. 이에 따라 인터넷 커뮤니티(internet community)는 일상적 소통과 공감의 확산뿐 아니라, 점차 특정 정치적·사회적 쟁점을 둘러싸고 여론을 형성하면서 사회운동이나 정치활동을 활성화하는 잠재력도 지니게 되었다. 그리하여 사이버공간은 새로운 사회운동 방식이 등장하고 새로운 주체가 형성되는 공간이 되었다.

한국 사회에서는 2002년 여중생 사망사건에 따른 반미 촛불시위, 2004년 노무현 대통령 탄핵 반대 촛불시위, 2008년 광우병 위험 미국산 쇠고기 수입 반대 촛불집회, 2014년 세월호 촛불집회, 2016-17년 박근혜 대통령 탄핵 촛불집회 등 대규모 집회가 이루어질 때, 사이버공간에서의 소통이 집회와 사회운동을 촉발하는 중요한 계기가 되었고, 중고등학생, 주부 등이 새로운 정치적 주체로 등장할 수 있게 했다. 인터넷 커뮤니티와 사회매체 서비스 등은 분산된 개인들이 사회적·정치적 쟁점에 관한 관심을 공유하고 소통하면서 사회운동 주체로 참여하도록 하는 소통 네트워크로 기능하고 있다.

사이버공간 내에서도 다양한 방식의 사회운동이 이루어진다. 토론 사

▼ 한국에서 2002년 말의 대통령 선거는 인터넷의 위력을 잘 보여주었다. 현실 정치계에서는 발언권이 거의 없었던 노무현 후보를 지지하는 모임인 일명 '노사모'는 사이버공간에서 여론 형성의 주도권을 장악하고 노무현 후보의 대통령 당선에 결정적으로 기여했다. 같은 시기에 있었던 미군 장갑차에 의한 여중생 사망 사건에 항의하는 촛불시위도 인터넷의 대중 동원 능력을 보여주었다.

이트, 게시판 등에서 글쓰기, 댓글 달기, 퍼 나르기 등을 통해 여론을 형성
하기도 하고, 특정 사이트에 동시에 접속하여 사이트 운영을 마비시키는
등 여러 방식으로 저항을 표출하기도 한다.

인터넷 부족주의와 감정의 양극화

　다양한 네티즌들이 모여들고 소통하는 사이버 시민사회는 '공론장'의
역할을 할 수 있는데, 여기서 언론은 여론 형성에 중요한 역할을 하는 구
성요소이다. 기존의 인쇄매체와 방송매체(전통 매체, legacy media)가 인터
넷 정보매체(뉴미디어)로 대체되기 시작하면서, 기성 인쇄신문들의 구독
자와 기성 방송매체의 시청취자는 급속히 줄어드는 대신 인터넷 신문과
인터넷 방송에 접속하는 이용자들은 크게 늘어났다. 이에 따라 상대적으
로 적은 비용으로 인터넷 신문들과 방송들이 성장할 수 있는 환경이 만들
어졌다. 그래서 다양한 정치적 시각을 지닌 인터넷 신문들과 방송들이 등
장해 서로 다른 정치적 입장에서 기사와 정보를 생산·유통하게 되면서, 사
이버공간은 '다양한 담론들이 갈등하고 투쟁하는 공간'이 되었다. 이에 따
라 이념과 가치의 갈등과 대립이 점점 첨예해지는 경향이 나타나고 있다.

　정치나 사회문제에 대해 의견을 나눌 수 있는 사회매체 서비스(SNS)에
서는 다양한 정치적·사회적 쟁점이 제기되고, 이에 대한 토론과 논쟁이
이루어진다. 그런데 서로 대립적인 견해들을 중심으로 의견 대립이 생겨
나고, 소규모 의견집단을 중심으로 특정한 의견에 대한 지지가 집중되면
서, 또한 서로 대립하는 의견을 지닌 의견집단들이 상대방에 대해 감정
적인 비판과 비난을 퍼부으면서 극단적인 대립이 나타나기도 한다. 여기
서 의견집단들이 특정한 가치관이나 감정을 공유하는 사람들로 똘똘 뭉
쳐 있는 모습이 마치 부족 집단(tribal) 같다고 하여, 이 현상을 '신부족주의
(neo-tribalism)' 또는 '인터넷 부족주의'라고 부르기도 한다(마페졸리, 2017).
이러한 사회현상은 가치관이나 정체성을 중요시하는 현대사회의 경향이
만들어내는 파편화의 양상과, 이에 따라 대립과 균열이 점점 더 극단화하
는 양상을 잘 보여준다. 이것은 의사소통이 확대되고 있는 인터넷 시대에

의사소통을 억누르거나 왜곡하는 새로운 사회문제로 등장하고 있다.

2) 지식정보사회의 일상생활과 불평등

지적재산권과 지식·정보의 공공성

정보사회에서 지적재산권은 자본이 사이버공간에서 이윤을 얻는 중요한 수단이 되고 있다. 지적재산권은 개인의 아이디어로 창조된 지식과 정보에 대한 사적 소유 및 사용의 권리를 말한다. 이것은 지식과 정보를 이용하여 이익을 얻을 수 있는 독점적 권리를 포함한다. 그런데 디지털 정보는 원본과 사본이 구별되지 않고, 복제와 유통이 쉽게 이루어지기 때문에, 지식정보 상품 구매자의 권한과 그 지적재산권의 시간적·공간적 인정 범위를 어디까지로 할 것인가 하는 점은 논란거리가 된다.

전통적으로 지식과 정보는 사회적으로 널리 유포하여 대중이 자유롭게 이용할 수 있도록 해야 한다는 생각이 형성되어 왔다. 이러한 이념은 '지식·정보의 공공성'을 강조한다. 반면에 자본주의 사회에서 지식과 정보가 이윤을 낳는 '상품'으로 인식되기 시작하면서, 지식과 정보에 대해 사적 권리를 인정하려는 경향이 강화되고 있다. 특히 지식정보 및 정보기술을 상품화하고 관련 시장 확보를 통해 이윤을 추구하려는 선진국들은 특허권과 지적재산권에 대한 권리를 강화하려고 한다. 오늘날 디지털 지식정보 상품은 인터넷을 통해 시장을 급속히 확대할 수 있게 되어 '황금알을 낳는 거위'가 되었다. 그래서 정보기술 경쟁력을 갖춘 미국은 세계 각국에 대해 지적재산권 침해에 대한 감시활동을 강화하면서 자국의 정보산업 부문의 이윤 증대를 돕고 있다.

그런데 디지털 지식정보 상품이 상품 생산에 투여한 노력보다는 광대한 시장의 사회적 효과를 통해 막대한 이윤을 획득할 수 있게 된다는 점을 고려하면, 지적재산권의 시간적·공간적 범위를 제한함으로써 무제한적 불로소득을 억제해야 한다는 주장도 제기된다. 특히 인터넷 백신이나 학술정보와 같이 공공성이 강한 정보나 지식에 대해서는 탈상품화하거나 비상업적인 공유를 허용함으로써, 시장을 통해 벌어들인 이익을 사회에 환원하고, 이를 통해 정보민주주의를 확대하는 방안들도 제시되고 있다. 이런 맥락에서 지식정보의 상품화 및 지적재산권 확대에 맞서 '지식·정보의 공공성'을 강조하는 '정보공유운동'도 확산되고 있다.

사회불평등과 정보 격차

일반적으로 사회불평등은 정보를 활용할 기회에서의 격차를 낳는다. 정치적·경제적·사회적 자원들이 불평등하게 배분되어 있는 사회에서는 이러한 자원들을 독점하거나 많이 보유한 집단이 정보에의 접근 및 처리 능력에서 우월성을 보이게 되기 때문이다.

지식정보사회에서 사람들은 사회적 지위에 따라 정보통신 매체와 콘텐츠에 접근하고 이용하는 조건과 능력에서 차이를 보인다. 이러한 격차는 정보 불평등(information inequality), 정보 격차(information gap), 디지털 분할(digital divide) 등으로 불린다(반 다이크, 2022). 한국에서는 「국가정보화 기본법」 제3조에서, "정보 격차란 사회적, 경제적, 지역적 또는 신체적 여건으로 인하여 정보통신 서비스에 접근하거나 정보통신 서비스를 이용할 수 있는 기회에 차이가 생기는 것"이라고 정의하고 있다.

정보 격차는 계급·계층, 교육수준(학력), 지역, 세대, 성별, 직업 등에 따라 나타날 수 있다. 계급·계층에 따른 경제적 능력 격차는 정보통신 기기의 구매나 정보통신 서비스 이용에서 격차를 낳는다. 그리고 중요한 정보에 접근하여 경제활동에 활용하려면 돈이나 자본이 필요하게 되는데, 이처럼 계급·계층 불평등은 정보상품의 구매와 활용에서도 격차를 낳는다. 또한 교육수준도 인터넷이나 지식정보가 가지고 있는 잠재력을 활용할 수 있는 능력에서의 격차를 낳을 수 있다. 한편, 일찍부터 정보화된 환경에서 성장한 젊은 세대는 나이 든 세대에 비해 정보 이용 능력에서 차이를 보인다. 이것은 세대에 따른 정보 격차라고 할 수 있다. 그리고 직업에 따른 정보 접근성의 차이도 정보 격차를 낳게 되는데, 단순노무직·생산직 종사자들은 사무직·관리직·전문직 종사자들보다 취약하다.

이처럼 계급·계층이나 사회적 지위에 따른 정보 격차는 다시 경제적 격차로 이어지게 된다. 그런데 정보화가 확대되어 정보를 활용할 기회가 좀 더 공평해지고 경제적 능력에 따른 정보 활용 능력의 격차가 줄어들면, 역으로 정보 활용 능력의 격차가 경제적 불평등을 낳는 새로운 요인이 되기도 한다. 지식정보사회에서 지식정보 기술 전문가들이 상대적으로 높은 소득을 얻게 되기 때문이다.

정보 격차와 '보편적 접근권'

정보기술의 능력을 낙관하는 사람들은 정보화가 사람들에게 정보의 '보편적 접근권(universal access)'을 제공함으로써 정보를 이용한 삶의 기회를 확대하여 사회적 불평등을 줄일 것이라고 주장한다. "누구나 컴퓨터와 네트워크를 손쉽게 사용하고 또 지식과 정보에 접근하여 이용할 수 있는 권리"를 지니게 되면, 정보 격차가 줄어들게 되고 이를 통해 사회적 불평등도 완화될 수 있다는 것이다.

정보화의 진전으로 정보상품들이 대중화되면서 정보기기 구입, 정보 이용, 정보 활용을 위한 학습에 드는 비용 등이 점차 저렴해지고 있다. 그런데 인터넷의 공적 활용이 확대되어 실질적인 공공재가 되면서, 대부분의 나라에서 국가(정부)는 시민들의 '보편적 접근권'을 확대하기 위해 정책적 지원을 강화하고 있다. 정보기기 사용에서 소외되는 사람들을 줄이고, 인터넷을 무료로 사용할 수 있는 공공시설을 늘리고, 또 다양한 정보교육을 공적으로 지원하고 있다.

이처럼 저소득층이나 사회적 약자가 정보통신의 이용에서 소외되지 않도록 접근 기회와 학습 기회를 보장하는 '보편적 접근권'의 확대는 사회불평등을 줄이는 데 있어서 중요한 정책적 목표가 되고 있다. 예를 들어 정보통신기술을 이용한 학습체계인 '이러닝(e-learning)'은 학교교육을 보완하면서 사회교육을 확대하는 방안이 된다.

물론 정보기기의 이용과 정보의 접근 및 이용 능력에서 보편적 접근권이 확대된다고 하더라도, 정보를 활용하여 소득을 얻을 기회는 여전히 계급·계층에 따라 다를 수밖에 없다. 또한 중요한 지식정보에 접근하여 선별하고 그것을 해석하여 활용하는 능력도, 교육수준이나 직업, 세대의 차이에 따라 격차가 나타날 수밖에 없다. 그리고 궁극적으로는 유용한 지식과 정보를 얻더라도 소득을 얻기 위해 투자할 돈이 없으면 무의미하다. 따라서 정보화 시대에 정보의 보편적 접근권은, 개인들의 삶을 보장하기 위한 시민적 권리로 인식하면서, 이러한 권리의 보장과 더불어 실질적으로 사회불평등을 축소할 수 있는 경제적 기회도 함께 제공할 필요가 있다.

3) 지식정보사회의 문화와 일상생활

사이버공간에서 표현의 자유와 익명성

사이버공간이 공론장의 역할을 하려면 표현의 자유가 최대한 보장되어야 한다. 그렇지만 표현의 자유가 다른 사람의 사생활 침해나 사이버 범죄를 정당화해 주는 것은 아니다. 각종 음란메일이나 스팸메일 발송, 사이버 스토킹, 유언비어를 통한 음해 등은 '표현의 자유'라는 논리로 정당화될 수 없는 것이다. 그렇지만 국가권력이 사이버공간의 문제에 과도하게 개입하여 규제하려고 하는 것은 오히려 개인들의 '표현의 자유'를 침해하면서 자유로운 소통을 제약할 가능성이 크기 때문에 결코 바람직한 방안이 아니다. 그러므로 개인정보의 부당한 사용이나 악용 등 사생활 침해를 막기 위한 법적 규제와 함께 사이버공간에서도 기본적인 사회규범을 지키려는 자율적 노력이 확산될 필요가 있다. 그리고 개인들은 스스로 개인정보에 대한 보안을 확보하려는 노력이 필요하다.

한편, 포르노물 등 성인용 정보의 자유로운 유통과 청소년 보호 간에도 딜레마가 존재한다. 청소년들이 사이버공간에서 성인물 자료에 접근하는 것을 어디까지 어떻게 막을 것인가 하는 것도 논란거리이다. 청소년 보호를 위한 기준을 마련할 필요가 있지만, 정부나 특정한 집단의 편파적인 잣대로 그 기준을 정한다면 청소년들에 대한 부당한 통제와 인권 침해가 일어날 수 있다. 그러므로 기본적으로 표현의 자유를 침해하지 않는 범위 내에서 청소년 보호를 위한 합리적인 방안을 마련할 필요가 있다.

사이버공간에서 익명성은 표현의 자유의 딜레마를 낳는다. 익명성은 표현의 자유를 확대해 주는 동시에, 사이버 범죄의 가능성도 확대하기 때문이다. 익명성은 사이버공간에서 모든 권위주의로부터 벗어날 수 있도록 해주며, 신분 노출로 입을 수 있는 억압이나 피해에서 벗어나 자신의 의사를 자유롭게 표현할 수 있게 해준다. 이것은 감시와 검열을 피할 수 있는 수단이다.

반면에 익명성은 자신을 숨기면서 다른 개인들에게 부당한 피해를 입힐 잠재성을 지니고 있다. 익명성은 종종 비윤리적 행위나 범죄를 저지르도록 유혹하는 근원이 된다. 사생활을 침해하는 비윤리적 행위나 범죄, 바이러스나 음란물 등 부정적 정보의 유포, 해킹, 스팸메일로 인한 정보 홍수 등의 문제들이 확산할 수 있다. 따라서 익명성의 과도한 허용은 표현의 자유에 부정적 영향을 낳을 수 있다.

정보 과잉과 정보 스트레스

정보의 세계화가 이루어진 오늘날 인터넷은 흔히 '정보의 바다'라고 불린다. 누구든지 들어와서 실컷 이용할 수 있는 엄청난 양의 정보들이 유통되고 있는 공간인 것이다. 그런데 막상 정보를 찾으려고 인터넷 서핑을 하다 보면, 필요한 정보를 찾기 위해서는 많은 시간을 투여해야 한다는 사실을 알게 된다. 찾으려 하는 주제어로 검색한 때에도, 검색된 수많은 정보 중에 어느 정보가 진정으로 유익한 것인지를 가려내기란 쉽지 않다. 이런 때 인터넷은 쓸모없는 정보가 가득한 '데이터 스모그(data smog)'가 된다. 게다가 이메일을 통해 원하지 않거나 불필요한 광고 등이 무더기로 도착하여 정작 필요한 우편물을 발견하는 데에 많은 시간을 허비하고 또 주의력이 분산되도록 만든다(셴크, 2000).

삶의 파편화와 소통의 쇠퇴

정보의 소통량이 많아질수록 사람들은 오히려 자신의 관심거리에만 몰두하거나 소수의 친밀한 사람들과만 소통하려는 경향이 생겨난다. 그래서 앞에서 보았듯이 사이버공간은 사회운동의 집합적 주체를 형성할 수 있는 장이 되기도 하지만, '인터넷 중독', '게임 중독'과 같이 개인들을 분절적이고 파편화된 소통이나 접속에 매몰시켜 고립화를 심화시키기도 한다. 그러므로 인터넷 자체는 '세계로 열린 창'일 수도 있지만, 이것을 이용하는 방식에 따라서는 '삶을 가두어놓는 창'이 될 수도 있다. 오늘날 인터넷 사용이 점점 늘어나면서 남녀노소를 불문하고 인터넷 중독이나 게임 중독이 더 심화되는 경향이 있다. 이에 따라 다양한 놀이문화, 여가문화, 사교활동이 줄어드는 대신 개인들의 삶이 스크린과 모니터에 갇히게 되어 개인화·고립화가 확산되거나 깊이 있는 대화가 줄어들고, 단순하고 즉각적인 대화가 늘어나면서 사고력이 쇠퇴하는 경향도 보이고 있다. 따라서 일상생활에서 개인들은 인터넷 의존과 무의식적인 접속에서 벗어나 성찰적인 삶을 살아가려는 노력이 필요하다.

낙관론 대 비관론

정보사회를 낙관하는 시각은 정보기술의 가능성을 신뢰하는 편이다. 그래서 정보기술의 발달이 의사소통의 활성화, 편리한 정보 소통과 공유, 의사결정 참여의 확대, 직접민주주의의 확대, 창조적인 직업 창출, 산업의 발달과 노동의 유연화 증대, 지식의 발달, 문화의 다양화, 문화 교류의 확대와 지구촌 공동체 의식의 증진 등을 가져다줄 것으로 기대한다.

하지만 국가의 정보 감시와 통제, 특정 기업의 정보 독점 등의 가능성이 존재하고, 사이버공간이 상업주의에 지배당할 수도 있으며, 정보 과잉, 거짓 정보, 선택적 공개 등으로 여론 형성이 왜곡될 수도 있다. 정보 격차로 인해 사회불평등이 심화하기도 하고, 정보의 산업화가 일자리 감소와 불안정 노동 증가를 낳기도 한다. 따라서 정보사회의 부정적 효과를 줄이기 위한 비판적 시각이 필요하다.

1. 대중매체의 이중적 기능, 즉 경제적 기능과 문화적·이데올로기적 기능에 대해 알아보고, 양자가 서로 연관되어 있는 방식을 생각해 보자.

2. 매체의 세계화 시대에 매체 제국주의가 한 나라의 문화와 정체성에 어떠한 영향을 미치게 되는지 토론해 보자.

3. 정보화가 진전되는 사회에서 일자리가 늘어날 것인지 줄어들 것인지 토론해 보자.

4. 지식정보사회에서 정보 격차와 사회불평등이 서로 어떻게 연관되어 있는지 생각해 보자.

5. 지식정보사회에서 지적재산권이 어느 정도 범위로 인정되는 것이 적절한지 토론해 보자.

6. 지식정보사회 또는 네트워크사회의 발전은 민주주의의 발전을 낳을 것이라는 주장이 있다. 과연 사이버민주주의 또는 전자민주주의가 민주주의의 발전을 가져다줄 수 있을 것인지 토론해 보자.

7. 인터넷 정보통신 및 인공지능 기술의 발달 속에서 성장하고 있는 플랫폼 자본주의가 산업, 노동, 일상생활 등에 어떤 변화를 낳고 있는지를 생각해 보자.

읽을거리

『정보사회의 이해』
　　이항우·이창호·김종철 외 지음 / 2011 / 미래인

『현대 정보사회 이론』
　　웹스터(F. Webster) 지음 / 조동기 옮김 / 2016 / 나남출판

『제3의 물결』
　　토플러(A. Toffler) 지음 / 원창엽 옮김 / 2006 / 홍신문화사

『뉴미디어와 정보사회』
　　오택섭·강현두·최정호·안재현 지음 / 2020 / 나남출판

『디지털 폭식 사회』
　　이광석 지음 / 2022 / 인물과사상사

『정보자본주의』
　　백욱인 지음 / 2013 / 커뮤니케이션북스

『네트워크 사회문화』
　　백욱인 지음 / 2013 / 커뮤니케이션북스

『네트워크 사회: 비교문화 관점』
　　카스텔(M. Castells) 편 / 2009 / 박행웅 옮김 / 한울아카데미

세계화와 정체성

세계화, 정체성, 정체성 정치, 민족주의, 제국주의, 식민주의, 지역분쟁, 근본주의, 극우주의, 오리엔탈리즘, 인종주의, 인종차별, 증오범죄, 국제이주, 다문화사회, 다문화주의, 테러리즘, 전쟁, 세속화, 탈세속화, 종교성, 종교 갈등

세계화가 진행되면서 과거 한국 사회에 머물렀던 우리의 상상력은 마치 자유롭게 미국이나 중국을 여행하는 것처럼 세계를 대상으로 펼쳐지고 있다. 단순히 상상의 공간이 넓어지는 것만이 아니라 상상의 내용도 바뀌고 있다. 미국의 프로야구 리그, 영국의 프로축구 리그가 어느새 우리의 대화거리가 되었고, 다른 대륙에서 발생한 사고를 마치 우리 주변의 일인 것처럼 느낀다. 세계화는 단순히 객관적인 현실일 뿐만 아니라 우리의 '인식의 지도'도 바꾸고 있는 것이다.

그렇다면 세계는 진정으로 하나가 된 것일까? 냉전 시대 두 진영으로 갈라져 있던 세계가 통합되고 국가 간 관계도 밀접해지면서, 세계화는 지구촌(global village)이라는 유토피아를 꿈꾸게 했다. 하지만 이 하나가 되는 과정은 소수의 국가들이 전 세계를 분할 점령했던 제국주의 시대를 떠올리게도 한다. 더 나아가 세계는 미국적인 생활방식이 확산되고 인터넷을 통해 많은 것을 공유하는 동질화 현상과 함께 이질적인 측면이 부각되는 양상을 경험하고 있다. 시대착오적으로 보이는 극단적인 종교운동이 등장하고 민족주의가 분쟁을 유발하고 이주민에 대한 반감이나 인종주의

가 격화되는 등 자신만의 세계로 움츠러드는 경향도 나타나고 있다. 일견 세계화와 상반되는 경향으로 보이는 이 현상들은 정체성을 추구한다는 공통점을 가진다.

1. 세계화와 정체성의 부상

1) 세계화란 무엇인가?

세계화(globalization)는 정치, 경제, 사회, 문화 등 사회 전 영역에서 활동의 범위가 지구 차원으로 확대되는 것을 의미한다. 관세가 낮아지고 규제가 완화되어 국가 간 경제 교류와 상호의존이 심화되고, 여행, 해외 취업 등을 위한 국가 간 이동이 대폭 늘어남으로써 국민국가의 경계가 약화되고 세계의 통합이 가속화되는 것을 의미한다.

역사적으로 볼 때 세계화가 최근에 갑자기 등장한 것은 아니다. 예를 들어 마르크스(Karl Marx), 월러스틴(Immanuel Wallerstein), 로버트슨(Roland Robertson)은 1500년대, 기든스(Anthony Giddens)는 1800년대, 그리고 톰린슨(John Tomlinson)은 1960년대에서 세계화의 기원을 찾고 있다. 그러나 국제화(internationalization)와 구별되는 것으로서 세계화는 주로 제2차 세계대전 이후에 진행된 과정을 의미한다. 국민국가 간의 교류가 늘어나는 현상을 의미하는 국제화와 달리 세계화는 국가 간 양적 교류의 확대를 넘어서 금융자본이나 상품의 국가 간 이동 확대, 초국적기업(trans-national corporation) 또는 다국적기업(multi-national corporation)의 활동 증대, 노동 이민이나 세계 여행의 증가, 국경을 넘어서는 지역 통합, 문화의 지구적 확산 등에 따라 현대사회의 생활양식이 새롭게 재구성됨으로써 세계사회(global society)가 독자적인 차원을 획득하는 과정을 의미한다.

세계화는 정치·경제적 변화뿐만 아니라 사회·문화적 변화를 동반했다. 우리는 시장의 자유를 극대화하는 신자유주의 방식의 세계화로 인해 청년실업과 고용불안에 시달리기도 하지만, TV나 인터넷을 통해 세계 각지의 현실을 실시간으로 접하면서 지구촌 시민으로서의 삶에 만족해 하기도 한다. 이처럼 세계화는 다층적인 과정이다.

경제의 세계화

경제적인 차원에서 세계화는 국경을 넘나드는 교역·투자·통신·교류가 확대되어 국가 간 상호의존이 심화되고 국제적으로 다자간의 협의·조정·협력이 강화되는 현상을 의미한다. 시장 개방을 지향하는 세계무역기구(WTO) 체제나 자유무역협정(FTA)이 그 대표적인 사례일 것이다. 경제 영역의 세계화를 실질적으로 주도한 것은 초국적기업 또는 다국적기업이다. 초국적기업은 생산 부문을 전 지구적으로 재배치하는 신국제분업을 통해 기존 국경의 의미를 약화시켰다. 경제의 세계화에서 특히 주목해야 할 것은 초국적 금융자본의 비약적인 성장이다. 세계 무역거래의 수십 배에 달하는 규모의 금융 거래를 주도하고 있는 초국적 금융자본은 전 세계적 연결망과 전략적 제휴관계를 통해 국민경제에 커다란 영향력을 행사하고 있다(마르틴·슈만, 2003). 이러한 초국적 금융자본의 영향력 확대는 세계금융의 불안정성을 심화시킴으로써 자본주의 세계체제에 위기를 초래하고 국가 간, 계급 간 격차를 심화시키고 있다.

한편, 자본은 기업활동에 유리한 조건을 찾아 자유롭게 국경을 넘나들지만 노동자들은 자유롭게 이동할 수 없기 때문에, 자국에서 고용불안에 시달리거나 외국에서 허가하는 저임금 일자리를 찾아 이동하는 경우가 많다. 이러한 현상은 경제의 세계화가 자본과 노동에 차별적인 영향을 미친다는 점을 보여준다.

문화의 세계화

문화의 세계화도 주목해야 할 현상이다. 뉴스, 영화, TV 프로그램, 광고, 대중음악, 컴퓨터 소프트웨어 등은 이제 누구나 이용할 수 있도록 세계시장에서 판매되고 있다. 이렇게 문화의 생산과 분배, 소비는 국제적인 체계를 형성하고 있어서 현대적인 문화 및 생활양식이 전 세계로 신속하게 확산되는 반면에, 선진국의 문화적·이데올로기적 지배를 심화시키는 결과가 나타나기도 한다. 지구적 차원에서 진행되는 문화의 세계화는 일상생활과 의식에 커다란 영향을 미치고 있으며, 상품화된 자본주의 문화가 세계 곳곳으로 침투하면서 약소국의 전통문화를 해체하여 정체성의 혼란을 일으키고 문화적 다양성을 약화시키는 경향을 보이고 있다.

경제적 세계화와 정치적 세계화 사이의 괴리

세계화는 경제적 차원의 진전 속도와 정치적 차원의 진전 속도가 서로 달라 딜레마를 안고 있다. 세계화에 의해 세계경제체계는 하나의 단위로 통합되는 데 반해 정치적 의사결정 단위는 아직도 분열되어 있기 때문에, 이 양자 간의 불일치에서 다양한 형태의 긴장과 갈등이 발생하고 있다. 월러스틴은 '세계체계론'을 통해 정치구조와 경제구조 간의 이러한 긴장이 자본주의 세계체계의 특성이라고 지적한 바 있다. 즉, 자본주의 세계체계는 단일한 분업체계와 다중적인 정치·문화구조로 구성되어 있다는 점에서 이 두 영역 사이에 지속적인 갈등이 발생하고 있다는 것이다 (Wallerstein, 1979).

이러한 사실은 세계화가 장기적으로는 국가 간의 상호의존 및 통합을 증대시키지만, 단기적으로는 분절·경쟁·대립을 심화시켜 갈등을 초래할 뿐 아니라 특정 국면에서는 오히려 국민국가의 위상이 강화될 수도 있다는 점을 시사한다. 요컨대 세계화가 장기적으로는 국민국가의 경계를 넘어서 전 지구를 하나의 정치적·경제적 통일체로 만드는 세계사회 또는 지구촌(global community)으로 발전한다 하더라도, 그 중간단계에서는 이런 초국적 체계와 국민국가 간의 갈등이 지속될 것으로 보인다.

신자유주의 세계화의 위기

1970년대 이후 본격화된 세계화 현상은 50여 년이 지난 현재 그 핵심 요소인 미국의 패권주의와 신자유주의가 모두 위기에 봉착해 있다. 표면적으

세계체계론

미국의 진보적인 사회학자 이매뉴얼 월러스틴(1930~2019)이 제시한 이론으로 오늘날의 세계는 과거에 정치적으로 통합되어 있던 세계제국(world empire)과 달리 자본주의 시장경제로 통합된 단일한 세계체계(world system)를 구성하고 있다고 보는 시각을 말한다. 세계체계는 중심부, 반주변부, 주변부로 이루어진 기축적 분업구조를 이루고 있는데, 이는 기본적으로 세계경제의 메커니즘을 재생산하는 기능을 수행하고 있다. 세계체계 역시 세계적 수준의 자본축적 위기를 겪게 되며, 이 과정에서 다양한 형태의 반체제 운동이 등장한다.

로는 시장 개방과 국가 개입의 축소를 기치로 내걸었지만, 실제로는 자본과 시장을 위해 국가가 적극적으로 개입했던 신자유주의 전략은 1980년대부터 아시아, 중동을 비롯한 세계 전 지역에 확산되었다(제8장 4절 참조). 그런데 한 세대가 지나면서 당초 표방했던 긍정적인 면보다 부정적인 면이 압도하면서 한계에 봉착하게 된다. 1990년대 동아시아 국가들이 겪은 금융위기는 금융의 세계화가 순식간에 한 사회의 사회경제적인 기반을 붕괴시킬 수 있다는 것을 잘 보여주었고, 2011년 '아랍의 봄'은 부패하고 억압적인 정치체제에 대한 저항이자 신자유주의가 초래한 실업, 빈곤, 양극화 현상에 대한 민중의 반발이었다. 더구나 세계화를 통해 지켜내려 했던 미국의 헤게모니는 세계 여러 지역을 분쟁으로 몰아넣는 방식으로 정치군사적인 측면에서 유지되고 있는 정도이지만 이마저도 최근 우크라이나 전쟁이 보여주듯이 러시아나 중국과 같은 또 다른 패권주의 국가들과의 대결에서 압도적인 우위를 점하기 어려운 한계를 보이고 있다. 또한 코로나19 전염병 대유행(pandemic) 이후 국제 교류가 위축되고, 미국과 중국 간의 무역 분쟁이나 우크라이나 전쟁의 사례가 보여주듯이 국가 또는 진영 간 세력다툼이 격화됨에 따라 세계화의 미래에 대한 전망이 엇갈리고 있다.

신자유주의 방식의 세계화로 인해 국내외적으로 경쟁과 양극화가 심화되고 그 결과 사회 전체의 위기가 초래되기도 하면서 국제관계나 사회운영 원리로서의 신자유주의가 설득력을 잃고 그에 대한 대안이 모색되고 있다. 평등이 지속 가능한 발전에 도움이 된다는 논리에 입각해 양극화에 대한 대응을 모색하며, 사회적 합의에 바탕을 둔 새로운 복지국가 모델이나 지역 주민이 주도하는 사회적 경제, 2008년 지구적 금융위기의 경험을 토대로 금융에 대한 정부의 규제와 정부의 새로운 역할을 주창한 '자본주의 4.0' 모델과 같은 다양한 대안들이 제시되고 있다. 그리고 새로운 경제 모델 및 사회 체제에 대한 모색과 함께 세계사회포럼을 비롯해 다른 방식의 세계화에 대한 요구도 분출하고 있다.

2) 세계화와 정체성

정체성

　정체성은 "나는 누구인가?"라는 질문에 대한 답변이라고 할 수 있다. 일상에서 '정체성'이라는 용어는 개인 차원과 집단 차원에서 사용된다. 개인 차원에서는 주로 각자에 고유한 요소를, 집단 차원에서는 구성원 모두가 공유하는 공통의 요소가 강조된다. 이때 집단 차원의 정체성도 개인 차원의 정체성과 유사하게 다른 집단과 구분되는 고유의 요소를 강조한다. 그렇다고 모든 개인, 모든 집단이 자신만의 특수한 요소만으로 정체성을 구성할 수는 없다. 정체성에는 인류 보편의 요소들이 포함될 수밖에 없다. 인간으로서 공유하는 요인들이 있기 때문이다. 따라서 일반적인 인식과 달리 어떤 집단의 정체성이 다른 집단과 공유할 수 없는 폐쇄적인 성격을 띨 수밖에 없는 것은 아니다.

　일반적으로 정체성은 경제적으로 어떤 위치에 있는지 또는 어떤 이념을 따르는지와 같이 후천적으로 만들어지고 그래서 변화될 수 있는 것보다는 선천적으로 주어졌거나 쉽게 변하기 어려운 특성을 의미한다. 오래되었고 쉽게 변하지 않는다는 점에서 정체성은 개인이나 집단이 강한 애착을 가지게 한다. 또한 생활공간이나 체험의 공유는 정체성을 강화하는 중요한 요인이 된다. 이에 따라 어떤 정체성을 공유하는 사람들 간에는 강한 유대감이 형성된다. 우리를 하나이게 하는 정체성의 자원으로는 다른 집단과 구분되는 풍습이나 종교문화, 집단의 정신과 이 정신을 체현하고 있는 영광과 고난의 경험 등이 있다. 의미 있는 체험의 공유는 집합의식 또는 '우리' 의식의 주된 자원이 된다. 특히 전쟁, 민주화운동과 같은 극적인 저항운동, 박해나 차별과 같은 고난을 함께했던 경험은 집단의 유대를 뒷받침해 주는 강력한 자원이 된다.

정체성 정치

　한국 사회에서는 사회운동에 관한 학술적인 담론에서 소위 '이해관계의 정

컴바히강 공동체

1974년부터 1980년까지 활동한 사회주의 성향의 미국 흑인 레즈비언 단체로, 백인 페미니즘 운동이나 흑인 민권운동 모두 흑인 여성들이 지닌 특수한 요구에 부응하지 못한다고 비판했다. 이 단체는 특히 현대 흑인 페미니즘 운동의 기념비적인 문서인 컴바히강 공동선언(Combahee River Collective Statement), 그리고 '정체성 정치(identity politics)'와 '교차성(intersectionality)' 개념으로 잘 알려져 있다.

치(politics of interests)'에 대비되는 현상으로서 '정체성 정치(identity politics)'라는 용어가 1990년대부터 사용되었다. 노동운동, 농민운동 등 특정 집단의 이익을 증진시키고자 하는 계급운동이 주도하던 사회운동의 장에 여성운동, 장애인운동, 성소수자운동, 분리독립운동 등 계급운동과는 구분되는 특정 집단의 사회운동이 부상한 것이 배경이 되었다. 한국 사회에서는 이 새로운 유형의 사회운동이 '정체성 정치'라는 생경한 표현보다는 소수자운동이나 새로운 사회운동과 같은 용어로 지칭되는 경향이 있었다(제15장 2절과 3절 참조).

세계적으로 보면 '정체성 정치'라는 용어는 1974년 미국의 흑인 페미니스트 단체인 컴바히강 공동체(Combahee River Collective)에 의해 처음 사용되었다. 이 용어는 백인 여성들과는 다른 유색 인종 여성들 고유의 경험, 그리고 성, 인종, 계급에 따른 억압이 결합되어 나타나는 현실을 강조하기 위해 제안되었다. 정체성 정치는 당시 미국이 경험한 경제적인 진보나 평등이 누구에게는 해당되고 누구는 배제되는지에 대한 물음을 제기했다. 그때까지 미국 사회에서는 진보나 변화가 백인들의 조건이 어떻게 바뀌는가에 따라 평가되어 온 것이 사실이었다. 이들은 또한 페미니즘이나 사회주의에 입각한 사회운동 역시 백인 여성이나 백인 노동자 중심으로 진행되고 있다는 점을 폭로했다. 이렇게 정체성 정치라는 용어는 백인이 아닌 사람들의 경험과 견해를 드러내고자 한 시도였다(퉁·보츠, 2019).

정체성을 자원으로 하는 실천에는 위와 같은 좌파 성향의 사회운동만이 아니라 시대착오적인 종교관이나 민족 정체성에 대한 강한 애착을 매개로 결집하는 경향이 있다. 서유럽의 극우주의와 중동지역을 중심으로 확산된 이슬람주의가 대표적인 사례이다. 이 밖에도 동유럽, 서유럽, 아시아, 아프리카 등 세계 각지에서 분출한 소수민족이나 특정 지역의 분리독립운동 또는 자치운동, 유대근본주의, 힌두근본주의, 세계 여러 지역에 확산되고 있는 근본주의적 성격의 개신교 종교운동 등 다양한 현상이 여기에 해당된다. 다양한 지역에서 다양한 양상을 띠며 전개된 이 현상들을 하나로 묶을 수 있는 공통점은 바로 정체성, 특히 종교, 민족, 종족 고유의 속성을 사회운동이나 정치운동의 구심점으로 삼는다는 것이다.

세계화와 부상하는 정체성

정체성은 경제나 정치의 측면보다는 사회·문화의 측면이 강하다고 할 수 있다. 따라서 경제·정치의 측면에서 시작된 세계화 현상과는 다른 차원의 현상이라고 볼 수 있다. 그런데 현실에서 이 두 가지 현상은 밀접한 연관성을 보여주고 있다. 중동, 아프리카, 동유럽 등은 무력 분쟁의 땅이라는 인식이 강하다. 그런데 이러한 지역분쟁이 항상 존재했던 것은 아니다. 물론 냉전 시대에도 미국과 소련이라는 양대 강국이 대표했던 소위 자유민주주의 진영과 사회주의 진영 간의 갈등이 한국전쟁이나 베트남전쟁, 그리고 아프리카 여러 나라에서 벌어진 내전 등과 같이 약소국들 간의 대리전으로 분출된 경우는 있었다. 그러나 탈냉전 시대 세계 각지에서 분출한 무력 분쟁은 세계화의 결과이기도 했다. 사례에 따라 차이가 있기는 하지만 분쟁의 배경에는 경제위기와 그것이 가져온 총체적인 사회의 위기가 존재했다. 그리고 이 위기는 주로 경쟁의 격화와 시장 개방과 같은 신자유주의 방식의 세계화가 야기한 결과였다. 내전이나 이웃 나라 간의 전쟁의 양상을 띤 지역분쟁은 주로 종교나 종파 또는 민족이나 종족 간의 갈등의 양상을 보였다. 그리고 많은 경우 이 두 가지 요소는 중첩되었다.

세계화로 인해 상당수 국가들이 겪게 된 빈곤화와 양극화는 사회갈등의 격화나 분쟁을 낳았지만 국제이주를 촉진시키기도 했다. 국민들의 일부가 더 나은 기회를 찾아 다른 나라로 이주를 시도하게 된 것이다. 일자리와 더 나은 삶을 위해 다른 나라로 떠나는 것은 이전부터 있었던 현상이다. 그러나 세계화가 촉진시킨 국제이주는 이전과는 다른 모습을 보여주었다. 생존을 위해 어디론가 떠나야 하는 것이 보다 절실해진 상황에서, 이제 역사적 교류관계나 지리적 인접성이 큰 곳으로 떠났던 기존의 자연스러운 방식의 이주에서 아무 곳이나 자신들을 받아주는 곳으로 떠나는 혼돈의 양상으로 바뀌게 된 것이다. 절망적인 상황이 낳은 이주의 흐름은 이주민에 대한 반감과 그에 따른 갈등을 심화시키기도 했다. 이주민과 선주민의 갈등은 유럽, 미국, 중동 등 이주민을 많이 받아들이는 지역의 심각한 사회문제가 되고 있다.

세계화가 경제적·기술적으로는 동질성이 강화되는 경향이 있지만 문화의 측면에서는 동질화와 함께 차이가 유지되고 심지어 더 강화되는 이중적인 양상이 나타나고 있다. 이는 세계화로 인한 동질화 경향에 직면해 자신들 고유의 문화적인 특성이나 정체성을 잃지 않으려는 대응이 만들어낸 결과라고 할 수 있다. 예를 들어 프랑스, 이탈리아, 스페인, 그리스, 한국 등 여러 나라에서 미국 영화에 밀려 위축되는 자국 영화산업을 지키려는 스크린 쿼터제 적용이 문화다양성이라는 가치를 표방하며 전개되었다. 세계화가 다양한 문화를 접할 수 있는 기회가 되기도 하지만 강력한 특정 문화의 독점이 강화되어 다양성을 약화시키기도 하기 때문이다.

세계화는 정체성에 변화를 가져오기도 한다. 개인의 선택과 책임이 중요해지는 '개인화(individualization)'가 심화되고 있는 상황에서, 지역 간 문화 교류를 가속화해 온 세계화 과정은 특정 집단이 유지해 온 집합적 정체성을 약화하는 계기가 되고 있다. 각 나라의 집합적 정체성의 기초가 되어온 민족문화, 가족 등 전통적 제도나 문화가 약화되면서, 개인들은 고정된 집합적 정체성에서 벗어나 다양한 자아 정체성을 형성해 갈 수 있게 된 것이다.

2. 민족주의의 부활

1) 민족과 민족주의

냉전 질서가 해체되고 세계화 시대에 접어들면서 '민족(nation)'에 대한 논의는 사회학에서 주목받는 주제 중 하나가 되었다. 세계화로 인해 기존의 '민족국가(nation-state)'가 약화되면서 민족이 소멸할 것이라는 주장이 있는가 하면, 세계화에도 불구하고 민족은 지방, 종교, 문화 등과 결합하면서 전 세계적으로 부활하고 있다는 주장도 있다. 이러한 논쟁은 한편으로는 민족국가 단위를 벗어나는 초국적 제도나 초국적기업이 증가하는 현실을, 다른 한편으로는 냉전 시대와 같이 이념을 기준으로 세계를 구분하는 것이 의미를 상실하면서 민족이나 종족을 중심으로 한 갈등이 폭발적으로 증가하는 현실을 배경으로 한 것이다.

영속주의와 현대주의

민족은 '객관적으로 언어, 지역, 혈연, 문화와 같은 요소를 공유하면서 주관적으로 민족적 정체성을 가진 집단'으로 정의된다. 또한 민족주의는 일반적으로 '민족의 자주성과 정체성을 확립하고 민족 통합과 민족국가 형성을 추구하는 정치적인 이념 및 운동'으로 정의된다. 이때 민족(nation)은 국민국가(nation-state)의 구성원이라는 의미에서 '국민'을 의미하기도 한다. 이런 맥락에서 민족주의는 '국민주의'라고 할 수 있다(제2장 1절, 제11장 1절 참조).

민족과 민족주의에 관한 이론은 다양하지만 크게 두 조류로 나누어 볼 수 있다. 민족을 그 기원을 알 수 없을 정도로 먼 옛날부터 존재해 온 불변의 현상으로 보는 영속주의적(primordial 또는 perennial) 견해와 지금 우리가 생각하는 형태의 민족은 근대 이후에 서서히 만들어지기 시작했다는 현대주의적(modernist) 견해이다.

민족주의자들의 주장이면서 사람들이 일반적으로 받아들이는 영속주의적 견해는 현대의 민족이 고대나 중세부터 존속했던 오래된 민족에 뿌리를 두고 있다는 점을 강조한다. 한민족이 단군 이래 5000년 동안 동질적인 집단으로 이어져 왔다는 인식이 그 예가 될 수 있다. 이러한 입장을 대표하는 학자인 스미스(Anthony Smith)는 민족을 신화나 역사를 공유하고 공통의 문화 및 언어를 가진 집단으로 간주한다. 이러한 요소를 공유하고 있으면 특정 지역에 함께 거주하지 않아도 같은 민족이라 할 수 있다. 그는 공유하는 역사가 없어도 고대 신화가 그것과 동일한 기능을 게

홉스봄

(1917~2012) 영국의 마르크스주
의 역사학자로 영국 공산당에 가
입해 활동했으며 기존 역사 서술
에서 무시되었던 억압받는 이들
의 입장에서 '아래로부터의 역사'
를 기술했다. 대표적인 저서로는
유럽 근대사를 다룬 3부작 『혁명
의 시대(The Age of Revolution)』
(1962), 『자본의 시대(The Age of
Capital)』(1975), 『제국의 시대
(The Age of Empire)』(1987)와
『만들어진 전통(The Invention of
Tradition)』(1983), 『1780년 이후
의 민족과 민족주의(Nations and
Nationalism Since 1780)』(1991),
『극단의 시대(The Age of Extremes)』
(1994) 등이 있다.

겔너

(1925~1995) 체코 출신의 영국
학자로 인류학, 사회학, 철학, 역
사학 등 폭넓은 분야에서 현대성
과 현대화, 근대정치사상을 연구
했으며, 대표적인 저서로는 『말과
사물(Words and Things)』(1959),
『아틀라스의 성자들(Saints of the
Atlas)』(1969), 『민족과 민족주의
(Nations and Nationalism)』(1983)
등이 있다.

앤더슨

(1936~2015) 베네딕트 앤더슨은
중국에서 아일랜드인 아버지와

속 수행해 왔다면 역시 같은 종족으로 볼 수 있다고도 했다(스미스, 1997).

전근대사회와 근대사회에서 민족이 연속성을 가진다고 생각하는 영속주의적 견해와 달리 현대주의자들은 근대 이후 민족주의가 형성되었고 이 이데올로기가 민족을 만들었다고 주장한다. 유사한 시기에 활동한 세 명의 영국 학자가 민족주의에 대한 기존 관념을 넘어서는 데 중요한 역할을 했다. 홉스봄(Eric Hobsbawm)은 민족이 위로부터의 기획의 산물임과 동시에 일반 민중들의 기대와 열정의 산물이라고 했다. 민중들이 근대에 생겨난 국가를 자신들의 공동 재산으로 여기게 되고, 그래서 자신들이 소유주인 국가의 구체적인 땅 한 뼘 한 뼘을 위해 죽음조차 불사하게 되었다는 것이다. 겔너(Ernest Gellner)는 "민족주의가 민족을 낳은 것이며, 그 반대는 성립하지 않는다"라는 급진적인 선언을 했다. 그리고 민족주의의 핵심은 "정치적 단위와 민족 단위가 일치해야 한다"는 요구라고 했다. 유대인들의 국가로서 이스라엘을 만든다거나 한민족은 하나의 국가를 가져야 한다는 견해가 그 예가 될 수 있다. 겔너에 따르면 민족주의는 이미 존재하는 민족에 대한 자각을 일깨우는 것이 아니라, 문화적인 기획을 통해 무에서 새로이 민족을 발명해 내었다(산드, 2021).

앤더슨(Benedict Anderson)은 민족이 발명된 것이라는 점에는 동의하지만 겔너와 달리 이 발명을 존재하지 않는 것을 있다고 날조한 것이 아니라 상상에 의해 창조된 것으로 간주한다는 차이점이 있다. 그에 따르면 "민족은 상상된 정치적 공동체로서, 제한적이며 주권을 지닌 것으로 상상된다." 어떤 공동체이든 부족집단이나 마을 규모를 넘어선 것이라면 모두 상상된 것이다. 왜냐하면 그 구성원들이 서로를 알지 못하는 상태에서 만들어진 것이기 때문이다. 그런데 이렇게 상상 속에만 있는, 알지 못하는 민족의 동료들과 매우 강렬한 교감을 느끼게 된다. 민족 구성원은 모두 평등하고 형제애를 가진 동지로 간주되고 이들을 위해 죽음도 불사한다.

이러한 강한 일체감을 가지게 된 것은 '인쇄자본주의(print capitalism)', 즉 인쇄기술의 발전에 힘입어 탄생한 신문, 잡지 등 언론매체의 확산 덕분이었다. 앤더슨은 민족의 형성을 촉진시킨 요인으로 자본주의라는 경제체제와 인쇄라는 커뮤니케이션 기술을 꼽았다. 엄청나게 많은 종류의 언어 중에서 문어(文語) 역할을 하는 소수의 '활자어'가 선택되었고 자본주의에 의해 대중적으로 보급되었다는 것이다. 그리고 실제로 모든 곳에서 구현되지는 못했지만 1국가 1언어(활자어) 모델이 확산되었다. 또한 무명용사의 묘처럼 민족주의를 매혹적으로 상징하는 것도 없다고 했다. 비어 있는 묘, 누구의 것인지 모르는 묘는 비어 있기에 민족적 상상들로 채워졌으며 불멸의 것이 되면서 그것이 상징하는 민족 역시 영원하다는 암시를 준다는 것이다(앤더슨, 2018).

2) 민족주의의 유형

시민적 민족주의와 종족적 민족주의

흔히 민족주의는 두 얼굴을 가졌다고 말한다. 합리적이고 민주주의적인 성격과 비합리적이고 권위주의적인 성격을 동시에 갖고 있다는 것이다. 콘(Hans Kohn)은 이를 자발주의적 성격을 가진 서유럽형의 시민적 민족주의(civil nationalism)와 유기적 성격의 민족 정체성을 상정하는 중동부 유럽의 종족적 민족주의(ethnic nationalism)로 구분한다. 이 두 유형이 포괄하는 지리적인 범위를 보면 전자는 대서양 양안 지역과 함께 유럽 동쪽으로 스위스까지를 포함하며, 후자는 라인강 동쪽에서 시작하여 독일, 폴란드, 우크라이나, 러시아 등을 아우른다.

프랑스의 경험은 시민적 민족주의의 모습을 잘 보여준다. 프랑스혁명 시기에 새로이 등장한 민족주의는 인민주권 사상에 입각한 것이었다. 프랑스 국민은 귀족과 농노라는 신분이 다른 사람들이 아니라, 모두가 동등한 권리를 갖는 형제로 인정되었다. 누구에게나 동등하게 적용되는 인권이라는 관념을 기반으로 우리가 하나라는 민족적 정체성을 갖게 된 것이다. 이러한 프랑스 민족주의를 민족주의와 민주적 권리가 결합했다 하여 '시민적 민족주의'라고 한다. 독일의 사례는 프랑스와 달랐다. 19세기까지 통일을 이루지 못했던 독일 민족은 '언어의 공통성'을 기반으로 통일된 민

영국인 어머니 사이에서 출생했고 베트남인 보모가 양육했다. 어린 시절 미국의 캘리포니아에 살기도 했지만 주로 영국에서 교육을 받았다. 미국에서 인도네시아 현대사에 관한 연구로 국제관계학 박사학위를 취득했으며 이후 인도네시아와 미국을 오가며 생활했다. 케임브리지 대학(1967~2002)에서 정치학과 동남아시아학을 강의했고 인도네시아 청년들에게 '벤 아저씨'로 불리는 등 인도네시아인들은 그를 국민 지식인으로 존경했다. 말년에는 태국에 관한 저술을 출판하기도 했다. 2015년 12월 인도네시아의 동부 자바 지역에서 사망했다. 이러한 다국적인 이력을 가진 앤더슨은 유럽 중심의 민족주의 이론을 비판했다. 현대의 주된 요소들은 모두 유럽에서 기원했다는 오만함을 비판하며 민족주의는 서유럽 외부에 그 기원을 가진다는 새로운 시각을 제시했다. 민족주의의 기원은 영국, 프랑스에서 시작되어 주변국으로 확산된 유럽의 민족주의가 아니라 식민 지배에 항거하는 반식민주의에 있다는 주장을 편 것이다. 영국의 간섭에 대항한 미국의 민족주의, 스페인으로부터 벗어나고자 한 중남미의 민족주의, 네덜란드에 대항한 인도네시아 민족주의, 프랑스와 미국에 맞선 베트남 민족주의의 사례를 통해 민족주의 시대가 1770~1830년대 아메리카에서 먼저 만들어져 1820~1920년대 유럽에서 민족주의가 발전하는 데

참조할 모델 역할을 했다는 주장을 폈다.

콘

(1891~1971) 오스트리아헝가리 제국에 속해 있던 프라하의 유대계 독일인 가정에서 출생했으며 민족주의, 범슬라브주의, 유대주의, 독일 사상을 연구했다. 서유럽형 민족주의와 동유럽형 민족주의의 이분법을 제시한 『민족주의 사상(The idea of Nationalism)』 (1944)이 대표적인 저서이다.

족국가를 수립하기 위해 노력했다. 독일 민족주의는 보편적인 형제애의 확립을 통해 민족을 형성하기보다 독일 민족과 다른 민족의 차이를 부각시키는 방식으로 민족을 만들어나갔다. 기존의 지배층에 의해 주도된 독일의 민족주의는 구성원 간의 평등보다는 독일 민족의 순수성과 위대함을 강조했다. 나치즘은 독일 민족주의의 비합리주의적·권위주의적 성격을 극단적으로 보여준다. 이렇게 서로를 동등하게 여기는 형제애보다는 자기 민족의 배타적 순수성을 강조하는 민족주의를 '종족적 민족주의'라고 한다. 물론 신분과 종족을 넘어선 형제애에 기초한 '프랑스 민족' 역시 다수 종족인 골족의 언어와 역사를 토대로 하고 있었고 계몽사상의 기치를 내건 나폴레옹전쟁 역시 프랑스의 국익을 위한 것이었다는 점에서 본다면, 프랑스와 독일의 차이는 절대적이라기보다는 상대적이라고 할 수 있다.

저항적 민족주의와 보수적 민족주의

제3세계의 민족주의는 서구 제국주의 세력에 저항하는 운동 과정에서 형성되었다. 따라서 서구의 민족주의와는 조금 다른 의미를 지녔다. 민족주의는 민족이 제국주의의 지배에서 벗어나기 위한 이념이면서 민족의 구성원에게는 자유와 평등의 이념이었다. 자본주의화와 그에 따른 계급의 분화가 늦게 진행되었던 제3세계에서 민족은 모든 구성원의 평등과 자유를 포괄하는 개념으로 인식되었다. 그리고 그들에게 민족주의는 민족의 독립과 자치를 추구하는 진보적인 이념으로 기능했다. 한국의 신간회에서 볼 수 있듯이 토착 부르주아지와 민중을 대변하는 세력이 민족해방운동에 함께할 수 있었던 것은 바로 제3세계 민족주의가 진보적인 성격을 갖고 있었기 때문이다.

하지만 제3세계의 민족주의가 단순히 진보적 의미만을 갖는 것은 아니었다. 독립국가를 형성하고 난 후 민족주의는 지배층을 위한 통치 이데올로기로 활용되는 경우가 많았으며, 이러한 의미에서 민족주의는 민주주의를 억압하는 보수적인 것이었다. 또한 제3세계의 민족주의는 그 내용상

서구와 다른 특징을 보여준다. 반제국주의운동 과정에서 형성된 민족주의는 정신문화와 물질문명을 구분하면서 전자의 중요성을 강조하는 경향이 있었다. 당시 제3세계는 물질적인 부분에서 서구에 뒤질 수밖에 없었다. 따라서 물질적인 영역에서 서구의 발달된 문물을 받아들여야만 서구를 물리치고 민족의 독립을 이룰 수 있었다. 하지만 서구의 모든 것을 받아들인다면 민족 고유의 문화와 정체성이 사라질 수도 있었다. 이러한 진퇴양난의 조건에서 민족주의자들은 힘을 키우기 위해 서구의 물질문명을 받아들이면서도 스스로의 정체성을 확립하기 위해 정신적인 영역의 독자성을 주장했던 것이다. 동양의 정신을 유지하면서 서양으로부터는 물질문명만을 받아들이자는 구한말의 동도서기론(東道西器論), 중국의 전통 가치를 본체(本體)로 삼고 그것을 보완하기 위해 서양의 자연과학적 기술만을 이용하고자 했던 청나라 말기의 중체서용(中體西用), 일본(和, 화)의 정신 위에 서양의 유용한 것들만 가져와 사용하겠다는 일본 메이지 시대의 화혼양재(和魂洋才)는 이러한 경향을 잘 보여준다. 그러나 이러한 민족주의적 사유는 서양적인 것과 동양적인 것을 과도하게 대비시키는 오리엔탈리즘(orientalism)의 위험을 내포하는 것이기도 했다.

3) 자본주의와 민족주의

자본주의와 민족주의는 상이한 성격을 지닌 현상이며 그것이 등장한 사회적 배경도 달랐다. 하지만 양자는 밀접한 연관성을 지닌 것이기도 했다. 자본주의는 그 태동기부터 지구적 차원에서 전개된 현상이면서 동시에 국민국가(민족국가) 차원의 현상이었다. 부르주아지 역시 국가의 경계를 초월한 경제 주체이자 국가 간 경쟁구도에서 불가피하게 민족주의자가 되기도 했다. 그렇다면 상이한 성격을 지닌 자본주의와 민족주의가 어떻게 서로 결합할 수 있었을까?

유럽의 예를 보면 민족주의는 자본주의가 낳은 갈등을 은폐하는 기능을 수행했다. 자본주의 발전으로 인해 전통적인 사회구조가 붕괴하면서

오리엔탈리즘

오리엔탈리즘은 오리엔트에 대한 지식이자 담론으로서, 이 지역에 관한 보고서, 학술적인 글, 문학작품, 예술작품 등으로 구성되어 있다. 오리엔트란 서유럽의 동쪽에 위치한 과거 비잔틴 제국의 땅을 의미하며 주로 중동 및 북아프리카, 남동부 유럽 일부 지역이 여기에 해당한다. 제국주의 지배의 일환으로 구축된 이 담론은 오리엔트 또는 동양과 서양 사이에는 질적인 차이가 존재한다는 인식을 담고 있다. 서양이 이성적이고 주체적이고 남성적인 세계라면 동양은 감성적이고 의존적이고 여성적이라는 것이다. 동양을 스스로 자신의 운명을 개척할 능력이 없는 나약한 존재로 규정함으로써 서양의 정치적·경제적·문화적 지배를 정당화한 것이다(사이드, 2007).

이농 현상이 가속화되었고, 도시 빈민층을 형성한 농촌 출신 이주민들과 도시 노동자들의 빈곤과 열악한 생활환경이 사회적 불만을 낳았으며 점차 계급 간의 갈등이 심화되었다. 이러한 상황에서 지배계급은 안정적인 통치와 사회통합을 위한 이념적인 장치를 필요로 했는데, 민족주의는 고향을 떠나 뿌리를 잃은 개인들을 국가와 이어주는 효과적인 연결고리가 되었다. 이 새로운 이데올로기는 시민으로서의 권리를 보장해 주지 않으면서도 국가에 대한 충성심을 가지게 할 수 있었다. 사실 당시에 시민자격(citizenship)은 상당한 재산을 가진 소수의 유산계급에게만 해당하는 것이었다. 민주주의 제도가 실질적으로 작동할 수 없었던 당시 유럽 사회의 조건에서 민족주의는 민주주의가 적용되지 않는 현실을 정당화할 수 있게 해주었다(아렌트, 2006).

또한 역사적으로 자본주의의 발전은 국민국가의 형성과 동시대적인 현상이었다. 자본주의 발전으로 교역이 늘어나면서 국민국가가 형성될 수 있는 사회적 조건이 성숙해 최초의 국민국가들이 탄생한 것이다. 교역 증대는 교역을 용이하게 하는 '공통의 언어'를 형성시켰는데, 겔너는 이것을 "교역망이 언어망으로 변하기 시작했다"라고 표현했다(겔너, 1988). 공통의 언어가 형성되면서 행정관리나 문필가 등도 공통의 언어를 사용하게 되었고, 이러한 자생적 과정에 국가 주도의 의식적 노력이 결합하면서 국가와 시장의 결합, 그리고 교역망에 따른 국가 간의 경계가 강화되었다. 국민국가의 형성은 국내 시장을 발판으로 신흥 부르주아지가 성장하는 데 크게 기여했다. 또한 중앙집권적인 국가 주도로 '국어'를 보급하고 표준화된 교육이 이루어지면서 공장과 사무실에서 기업과 국가를 위해 일할 노동력을 안정적으로 공급하는 것이 가능하게 되었다.

4) 제국주의와 식민주의

제국주의는 홉스봄이 '제국의 시대'라고 부른 시기(1880~1914년)에 나타난 현상이다(홉스봄, 1998). 그리고 제국주의는 식민화 현상을 동반했다.

사실 서양에 의한 세계 지배는 누구나 예상했던 필연적인 현상은 아니었다. 당시 세계를 보면 서양과 중국, 오리엔트 등 비서양 사이의 경제적·문화적·정치적 격차가 압도적이지는 않았다. 서양의 민주주의나 국민국가 체제가 오랜 전통을 가진 중국이나 오스만 제국의 체계화된 정치체제를 능가하기에는 아직 초보적인 단계였고 문화수준은 우열을 말하기가 더욱 어려웠다. 경제적인 측면의 경우에도 서양과 비서양의 격차가 확연하지는 않았다고 추정된다. 그럼에도 서양의 세계 지배를 가능하게 했던 결정적인 차이는 바로 군사력에서 나타났다. 공업혁명의 결과가 군사 부문에 반영되면서 이전까지의 균형이 깨어진 것이다.

그 기원을 보면 제국주의적 팽창은 무엇보다도 서유럽 자본주의 발전의 산물이었다. 공업의 발전은 원료 수요의 증대를, 생활수준의 향상은 식량 등 소비재 수요의 증대를 가져왔다. 역으로 점점 더 많이 생산된 공산품 및 사치품의 판매를 위한 소비시장의 필요성도 커졌다. "3억 중국인들이 주석으로 만든 못을 1개씩만 사준다면……"과 같은 생각을 했던 것이다(홉스봄, 1998). 그 결과 비서구사회는 세계시장으로서의 수출을 위한 한두 가지 작물의 재배지이자 유럽 상품이 판매되는 소비시장이 되었다.

한편, 1873년에서 1890년대까지 장기간 지속된 공황이 낳은 대량 빈곤 현상에 대한 유럽 사람들의 대응방식은 다양했다. 우선 많은 이들은 미국 등 신세계로 이주했다. 또한 아직 복지국가가 등장하지 않은 상황에서 협동조합, 공제조합 등 시장에서의 어려움을 상호부조를 통해 극복하려는 자율적 시도들도 나타났다. 국가는 경쟁으로부터 자국 자본을 지키려는 보호주의 정책을 폈고, 기업은 기업 합병과 같은 자본의 집중이나 테일러주의와 같은 경영합리화로 가격 및 이윤의 하락에 대처했다. 그런데 공황에서 벗어나기 위한 유력한 대안 중의 하나는 제국주의였다. 유럽 열강의 제국주의 정책으로 세계 대부분의 지역이 식민화되었고, 자본의 해외 진출에 따라 무역이 확대되면서 경제의 세계화도 심화되었다.

아메리카는 그 이전에 이미 유럽 이주민들이 장악했고 인도는 영국의 지배를 받고 있었다. 그리고 중국 등 동아시아 지역 대부분은 지리상으로 유럽인에 의한 직접 통치가 용이하지 않았다. 그래서 19세기 후반부터 제1차 세계대전이 발발하기까지 영국, 프랑스 등 서구 열강에 의한 식민지 경쟁은 주로 아프리카와 오세아니아의 분할을 둘러싸고 전개되었다.

5) 지역분쟁과 테러리즘

"민족이란 …… 자신들의 선조에 대한 공통된 착각과 이웃들에 대한 공통된 적의로 결합된 사람들의 집단이다." 카를 도이치(Karl Deutsch)의 『민족주의와 그 대안(Nationalism and its Alternatives)』에 있는 이 문장에서 우리는 민족에 대한 인식에 포함되어 있는 허구성과 강한 열정을 동시에 느낄 수 있다. 민족이 중요해지고 갈등의 원천이 된 것은 근대 초기이지만, 근대로부터의 이탈을 얘기하는 현재에도 상황은 크게 다르지 않다. 앞에서 언급한 지역분쟁은 많은 부분 민족 간 갈등의 양상을 띠고 있다. 여러 가지 원인이 있겠지만 세계화도 민족 간 갈등을 유발한 요인 중 하나이다. 국가 사이에 놓인 강고한 장벽을 허무는 세계화는 그로 인해 기업이나 농민 등 지역의 경제 주체들이 지구적 차원에서 전개되는 무한 경쟁에 내몰리는 결과를 낳았다. 그리고 이로 인해 타격을 입은 이들은 세계화와 다른 국가에 대한 강한 적대감을 가지게 된다. 이를 배경으로 민족주의가 부상하고 국가 간 분쟁이 발생하기도 했다.

전쟁은 인류 역사와 함께해 온 현상이었지만 사회발전의 수준이 높아지고 두 차례의 세계대전을 겪은 후 전쟁 억제를 위한 노력이 증대되면서 전쟁이 줄어들 것이라는 낙관적인 전망이 제시되기도 했다. 그러나 탈냉전 이후 이러한 견해는 도전에 직면하게 된다. 세계 각지에서 지역분쟁, 종족분쟁, 종교분쟁 등으로 표현되는 사례가 넘쳐났기 때문이다. 그런데 탈냉전·세계화 시대의 전쟁은 이전 시대의 전쟁과 다른 특징을 보였다. 우선 군사적 갈등 상황이 장기간 지속되며 명확히 종결되지 않는 특징을 보였다. 가장 잘 알려진 팔레스타인 분쟁 이외에도 유럽, 아시아, 아프리카, 중남미의 많은 지역에서 이러한 양상을 발견할 수 있다. 예를 들어 유고 내전은 1991년 시작되어 10여 년간 지속되었고 지금도 종족 간 무력 분쟁이 완전히 종식되지 않았다. 2011년에 시작된 시리아 내전 역시 유사한 경로를 밟고 있다. 또한 전쟁 상황이 오래 지속되면서 전시와 평시의 구분, 전방과 후방의 구분이 흐려지는 경향도 이 시대 전쟁의 특징이다. 이것은 국가 간 전쟁이 아닌 내전이 많아지고 테러리즘이라는 새로운 방식이 확산된 것과도 연관성이 있다. 9·11테러 이후 확산된 테러리즘은 전후방이 없고 일상화된 전쟁의 위협을 상징적으로 보여주고 있다.

21세기 세계의 핵심 키워드로 자리 잡은 테러리즘은 고전적인 현상인 동시에 새로운 현상이다. '테러리즘' 개념은 프랑스혁명에서 암살, 고문, 처형과 같은 자코뱅파의 '공포정치'가 초래한 양상을 지칭하기 위해 탄생했다. 프랑스혁명이 현대를 특징짓는 상징적 사건이었듯이 테러리즘은 현대사회를 특징짓는 핵심적 기제 중 하나가 되고 있다. 데리다(Jacques Derrida)는 9·11테러를 유형적 형태의 고전적 테러리즘의 마지막 세대임과 동시에 무형적인 네트워크에 대한 공격이 주가 될 미래 테러리즘의 전사(前史)로 위치 지은 바 있다(Derrida, 2005). 냉전 시기에는 사회주의권의 핵심 세력이었던 소련이 지구상의 모든 테러의 진원지로 간주되었다면, 이제 '불량국가', '악의 축' 등으로 불리는 제3세계 국가들, 그리고 많은 테러의 배후로 지목되고 있는 이슬람주의 무장단체들이 테러의 새로운 진원지로 부상했다.

6) 동아시아와 한반도의 지역분쟁

동아시아는 통상 남북한과 일본, 중국, 대만, 몽골 등을 포함하는 지역을 지칭한다. 이 지역 국가들은 오랫동안 정치·경제·문화적 유대관계를 맺어왔고, 크게 보면 중국 문화의 영향권 속에 있으면서 동시에 각자의 자율성을 지켜왔다. 동아시아는 19세기 말, 20세기 초에 이르러 서구 열강의 패권 다툼으로 고통을 받았고, 군국주의로 성장한 일본의 지배를 받기도 했다. 이러한 현대사의 경험은 동아시아가 지리적으로 긴밀하게 연결

9·11테러

2001년 9월 11일 이슬람 무장단체 알카에다가 일으킨 네 차례의 연쇄 테러사건이다. 그중에서도 세계무역센터의 쌍둥이 빌딩 붕괴는 미국 국내에서 발생한 유례없는 사건이자 세계자본주의의 심장부를 타격한 상징성을 지녔다. 9·11테러는 세계 각지에서 테러사건이 빈발하게 되는 계기가 되었으며 미국 등 여러 나라에서 테러에 대응한다는 명분하에 시민들의 자유가 억압되는 양상이 초래되기도 했다.

되어 있고, 오랜 역사적·문화적 관계를 맺고 있음에도 지금까지도 지역적 협력 체제를 구축하지 못하는 장애물로 작용하고 있다.

또한 동아시아 지역은 소련·중국을 중심으로 한 사회주의 진영과 미국을 중심으로 한 자본주의 진영 사이에서 한반도의 분단을 매개로 50년 이상 전쟁과 갈등과 대립을 반복해 왔다. 한국·미국·일본의 남방 삼각 동맹과 북한·소련·중국의 북방 삼각 동맹의 대립 체제를 형성했던 것이다. 그러나 1980년대 이후, 전 세계적인 냉전의 종식과 함께 동아시아에서도 큰 변화가 일어나고 있다. 특히 중국의 개혁·개방과 경제성장, 그리고 남북한 관계의 진전은 이 지역의 변화를 추동하는 중요한 배경이 되었다.

동아시아의 갈등과 분쟁

동아시아는 경제적 성장에 따른 상호 연계가 강화되고 있지만, 동시에 여러 가지 분쟁에 시달리는 지역이기도 하다. 역사 문제를 둘러싼 한·중·일 3국의 갈등이 여전히 계속되고 있으며, 영토 분쟁 또한 세계 그 어느 지역보다 복잡하게 얽혀 있다. 역사문제는 주로 일본의 과거 식민지 지배에 대한 사과와 배상 문제로서 일본과 중국, 일본과 남북한이 직접적인 당사자가 되고 있다. 또한 중국의 동북공정 및 고구려사 문제 등 한국과 중국의 '역사를 둘러싼 투쟁'도 잠재적인 갈등의 원인으로 남아 있다.

이 지역의 군사·안보 문제와 관련해서 영토 분쟁은 특히 중요한 갈등의 원인으로 작용하고 있다. 영토 분쟁은 주로 중국 및 일본과 관련되어 있다. 일본의 경우, 독도 문제를 둘러싸고 우리나라와 갈등하고 있으며, 북방 4개 섬을 둘러싸고 러시아와의 갈등이 지속되고 있다. 또한 중국과도 댜오위타이(센카쿠)를 둘러싼 영토 분쟁을 겪고 있다. 중국의 경우, 남사군도, 서사군도, 댜오위타이 등을 둘러싸고 아시아의 여러 나라와 갈등하고 있다. 특히 중국은 육지의 경계만 하더라도 14개국과 이웃하고 있고, 해상을 통해서는 동남아시아 거의 대부분의 국가와 이웃하고 있는 상황에서 영토 분쟁에 매우 민감한 반응을 보이고 있다. 또한 중국은 티베트, 신장 위구르 지역 등의 자치 및 독립 문제, 대만 문제 등으로 영토의 통합과 관련해서 여러 가지 문제에 직면하고 있고, 국제사회와 충돌하고 있다. 이러한 중국의 영토 및 국내 문제는 이 지역 전체의 불안정 요소로 작용하고 있다.

한반도의 민족문제

서구사회를 포함해 세계 모든 지역이 민족문제를 안고 있다. 무력 분쟁의 양상을 띠기도 하는 북아일랜드나 바스크 지역의 분리독립운동이나 벨기에의 플랑드르 지역과 불어권 지역 간의 갈등은 민족문제가 현재진행형임을 보여준다. 한반도 역시 예외가 아니며 더욱이 같은 민족 간의 갈등이라는 점에서 특별하다. 예멘, 베트남, 독일, 수단 등이 한때 겪었던 양상이 이곳에서는 70년 넘게 이어지고 있는 것이다. 기존에 존재했던 대부분의 분단국가는 자본주의 진영과 사회주의 진영 간의 대립, 즉 냉전체제로 분단되었고 냉전 종식과 함께 다시 통일되었다. 하지만 한국 사회는 냉전의 최대 희생자이면서도 냉전 종식 이후에도 통일을 이루지 못했다. 게다가 이 분단이 평화적인 양상을 띠지 못하고 있어 분쟁 지역으로 간주된다. 북한의 미사일 발사 소식이나 정례화된 한·미·일 군사훈련이 이 점을 환기시켜 준다.

분단은 남북이 단순히 영토적으로 분리되어 있다는 의미가 아니다. 한반도의 분단은 남한과 북한 양 체계의 성격뿐 아니라 양 체계에 살고 있는 사람들의 사회적 조건 및 의식을 결정짓는 핵심적인 변수라고 할 수 있다. 예를 들어 남북한의 젊은이들은 정도의 차이는 있지만 소중한 청춘을 군대에서 보내야 한다. 또한 남북한 모두 군사비로 엄청난 돈을 지출함으로써 사회복지에 대한 투자에 제약을 받고 있다. 특히 전쟁을 통한 남북 분단은 대결의식을 심화시켜 민족의 적대감을 조장하고, 양 진영에서 권위주의 체제가 지속하는 데 핵심적인 요인으로 작용했다.

2000년 정상회담은 남북한 관계가 갈등과 대립보다는 화해와 협력의 길로 들어서는 발판을 마련했다. 정상회담에서 합의한 '6·15 공동선언'은 남북한의 통일의 원칙과 교류, 협력에 관한 새로운 이정표가 되었다. 공동선언 이후, 남북한은 인적 교류와 물적 교류의 양 측면 모두에서 괄목할 만한 성장을 경험했다. 그러나 교류·협력의 성과와 달리 군사적 긴장 상황 그리고 북한 핵문제를 둘러싼 국제적인 갈등으로 한반도는 여전히 불안정한 상황에 놓여 있다. 특히 북핵 문제로 인한 북미 간 대결 상태의 지속은 남북한 관계에 중대한 영향을 미치고 있다. 따라서 남북한이 더욱 발전된 관계를 형성하기 위해서는 한반도 평화체제의 수립, 북미 관계의 정상화와 같은 근본적인 문제들이 해결되어야 한다. 이러한 문제의식에서 2018년 4월 27일 개최된 남북정상회담에서 문재인 대통령과 김정은 국무위원장은 「한반도의 평화와 번영, 통일을 위한 판문점선언」을 통해 '확고한 평화체제를 수립하는 것은 더 이상 미룰 수 없는 역사적 과제'라고 선언했다. 그러나 남북이 이 선언을 통해 정전체제 중단과 평화체제 수립의 필요성에 공감했음에도 불구하고 오랫동안 이어져 온 북한의 핵·미사일 개발 문제와 함께 남북 군비 경쟁은 지속되고 있는 실정이다.

3. 국제이주와 다문화사회

"우리는 모두 이주민이다"라는 표현처럼 이주는 인류 역사와 인간사회의 중요한 한 부분이다. 인류의 역사는 아프리카에서 시작해 전 세계로 확산된 이주의 산물이다. 지구 전역으로의 확산이 어느 정도 마무리된 후에도 자연적인 또는 사회적인 요인에 의해 자신이 태어난 곳을 떠나는 현상은 계속되었다. 사람들은 가뭄, 홍수, 지진과 같은 천재지변 때문에, 또는 보다 나은 거주 조건을 찾아 이주했다. 지금과 달리 주기적으로 주거지를 옮기는 유목생활을 하는 집단이 많기도 했다. 또한 정치적 박해나 종교 탄압을 피해 더 안전한 곳을 찾아 떠났으며 이웃나라에 볼모로 잡혀가기도 했다.

1) 이주의 역사

현대적 이민

　신대륙 정복과 자본주의 체제의 등장은 이주의 역사에 새로운 장을 열게 된다. 이주가 인류의 역사와 함께한 오래된 현상이지만 근대 이전까지만 해도 예상치 못한 원인에 의해 간헐적으로 발생하는 우연적이고 일회적인 현상이었다. 그러나 근대 이후의 이주는 자본주의, 제국주의와 식민주의, 국민국가와 같이 근대에 등장한 체제가 만들어내는 구조적인 현상이 되었다. 자본주의 체제의 작동을 위해 시골에서 도시로, 이 나라에서 저 나라로 노동력 이동이 이루어지고, 제국주의와 식민주의 시대에는 새로운 땅과 사람들을 지배하기 위해 유럽인들이 비서구사회로 이주했으며 비백인들도 그들의 일꾼이 되기 위해 고향을 등졌다. 국민국가 체제의 형성은 몇 개의 제국이 지배하던 시대에 서로 섞여 살던 민족들이 각기 1민족 1종교 1국가 모델에 따라 동질적이고 중앙집권적인 국가를 만들게 되면서 같은 민족끼리 헤쳐 모이고, 그 과정에서 거대한 민족의 이동을 낳았다.

　근대 이후의 국제이주는 다음과 같은 단계를 거쳐 왔다. 시작은 신대륙의 발견과 상업자본주의의 발전이었다. 죄수, 군인, 농민, 상인, 수공업자, 관료, 개신교도, 성직자 등 많은 사람이 아메리카, 아시아, 아프리카로 여행을 떠나거나 이주했다. 그리고 이들이 이주한 곳에서는 노동력에 대한 수요가 늘어났고 이를 해결하기 위해 노예무역이 시작되었다. 19세기 말 미국 남북전쟁 이후 노예제도가 폐지될 때까지 약 1500만 명의 아프리카인이 북미, 남미, 아시아 등 유럽인이 진출한 지역으로 이주했다. 노예제 폐지 이후에는 '쿨리(coolie)'라는 이름으로 불린 아시아 출신 이주민들이 아프리카 노예를 대체했다. 계약이라는 형식을 갖추었지만 이들은 실상 노예와 별반 다르지 않은 열악한 조건에서 생활했다. 특히 3000만 명에 이르는 인도대륙 출신 노동자들이 세계 각지로 떠나갔다.

이주 관련 용어

이주 분야의 주요 용어들을 살펴
보면, 먼저 국제이주민(immigrant)
은 자신이 태어난 곳이 아닌 국가
에 거주하는 사람으로 변하지 않는
두 요소, 즉 출생 시 국적과 태어난
국가가 반영된 개념이다. 이주민
은 다른 나라 국적자를 의미하는
외국인(foreigner)과 귀화한 국민
(naturalized citizen)을 포함한 개념
이다. 귀화를 하면 외국인(foreigner)
은 외국 태생 거주민(foreign-born)
으로 분류된다. 이주배경 주민
(population with a migrant-back-
ground)은 외국인과 귀화한 국민,
그리고 거주국에서 태어난 이주
민의 자녀까지 포함하는 개념이
다. 국내 거주 외국인의 수가 많다
는 것을 강조하는 효과가 있는 '체
류외국인'이라는 용어는 90일 이
상 체류하는 외국인과 외국국적
동포, 그리고 90일 미만 체류하는
단기체류외국인을 모두 포함한
다. 최근 대중적인 관심이 커진 난
민은 인종, 종교, 국적, 특정 사회
집단의 구성원 신분 또는 정치
적 견해를 이유로 박해를 받을 수
있다고 인정할 충분한 근거가 있
는 공포로 인해 국적국의 보호를
받을 수 없거나 보호받기를 원하
지 아니하는 외국인, 또는 그러한
공포로 인해 대한민국에 입국하
기 전에 거주한 국가로 돌아갈 수
없거나 돌아가기를 원하지 않는
무국적자인 외국인을 포함하는
개념이다.

현대적 이민이 비서구인들에 국한된 것은 아니었다. 유럽인은 이미 16세
기부터 신대륙 정복을 주도했지만 이들의 대량이주 현상은 19세기 공업
혁명의 부산물이었다. 상업자본주의를 통해 획득한 막대한 부를 토대로
유럽 본토에서는 놀라운 생산력 발전이 이루어졌고, 이는 다시 유럽인들
이 세계로 진출하는 계기가 되었다. 유럽인들의 국제이주는 19세기 후반
에 절정을 이루었고 1846년에서 1939년 사이에 5000만 명 이상의 유럽인
이 북미, 남미, 오세아니아로 떠났다. 열강이 지배한 세계의 방대한 지역
이 이주의 목적지였다.

물론 같은 시기 유럽 내부에서도 대량이주 현상이 나타났다. 남유럽과
중동부 유럽으로부터 공업이 발달한 영국이나 유럽대륙 북서부로 노동자
들이 몰려들었다. 극심한 기근에 직면한 아일랜드인들이 미국, 호주와 같
은 신대륙뿐 아니라 영국, 웨일스, 스코틀랜드 등 가까운 곳으로도 이주했
으며, 당시 러시아와 동유럽에서 확산되고 있던 유대인에 대한 차별과 박
해는 이들의 서유럽행을 부추겼다. 폴란드와 우크라이나 사람들도 독일
의 루르 공업지대로 대거 이주하게 된다.

식민지로의 이주는 유럽인들에게 자국에서는 불가능한 부와 권력을 얻
을 수 있는 기회였고, 일부에게는 사회주의적이거나 종교적인 유토피아
를 건설하는 실험장이었다. 사회적으로도 이주는 매우 중요한 역할을 했
다. 국제이주는 맬서스(Thomas R. Malthus)가 인구 증가의 위험을 경고하
던 당시에 급속도로 늘어가는 인구수를 조절하는 효과적인 기제이면서
동시에 빈곤과 같은 사회문제를 해소하는 탈출구이기도 했던 것이다.

서유럽 국가들이 식민 지배를 포기한 탈식민화는 역설적으로 아시아와
아프리카의 식민지로부터 서유럽으로의 대량이주 현상을 낳았고 이것이
지금까지도 국제이주의 대표적인 유형으로 인식되고 있다. 그러나 중심
부 국가들로의 이주가 당사자들의 요구보다는 이주민을 받아들이는 나라
의 필요에 의한 것이었던 것만큼 그곳의 사정이 더 이상 미숙련노동자들
을 필요로 하지 않게 되면서 이주의 흐름도 잦아들었다. 1970년대 서유럽

이 겪은 경제위기가 노동이민의 중단을 낳은 것이다. 반면 같은 시기 미국은 아시아인들의 입국이 자유로워지면서 기존과 같은 이주의 물결이 이어졌으며, 유럽으로의 이주를 위축시킨 유가 인상은 역으로 중동 산유국으로의 대량이주 현상을 낳게 된다. '사우디 이민'이라는 대중적인 표현이 친숙할 만큼 중동으로의 이주는 지정학적인 연관성이 있는 미국, 일본, 중국, 러시아로의 이주를 제외하면 한국인들의 국제이주의 역사에서 가장 두드러진 사례로 기록되고 있다.

세계화 시대의 새로운 이민

세계화 현상은 새로운 유형의 이주 현상을 낳았다. 식민 지배 등 역사적인 관계가 반영되었던 기존의 이주 패턴과는 달리 이주민 출신국가와 이주 대상 국가가 보다 다양해지는 변화가 나타난 것이다. 양적으로 보면 세계화 시대의 이민이 이전 시기에 비해 크게 달라진 것은 아니었다. 사회주의권 붕괴, 지역분쟁의 격화, 세계적 차원의 양극화 심화 등으로 인해 다른 나라로 이주하고자 하는 사람들은 늘었지만, 주요 이주 희망 지역인 유럽과 북미 국가들의 이민규제정책으로 인해 세계 인구 중 국제이주민이 차지하는 비율은 크게 늘지 않았다. 매년 100만 명 이상의 사람이 대부분 경제적인 이유로 자신의 나라를 떠난다. 그리고 매년 같은 수만큼의 사람이 억압과 독재를 피해 자유와 민주주의를 찾아 망명을 떠난다. 또한 매년 3000만 명 정도의 사람이 자국 내에서 전쟁, 기아 등의 이유로 강제적·반강제적으로 출신 지역이 아닌 다른 지역으로 이주한다. 선진국 사람들은 외국인 수가 늘어나 자국의 종족적 순수성이 훼손될까 우려하지만, 태어난 나라를 떠나서 사는 사람은 전 세계 인구의 3%인 1억 5000만 명 정도로, 최근에 급격히 늘어났다고 보기는 어렵다. 유입인구(flows)와 누적인구(stocks)를 구분해서 보면 인구의 국제이동은 활발해졌으나 누적 외국인 수는 그리 크게 늘지 않은 것이다. 그렇다고 사람들의 우려가 전혀 근거 없는 것은 아니다. 실제로 '세계화 시대'에 종족적·문화적 다원성이 심화되었으며, 그 이유는 이주의 경로와 이주민의 출신지역이 이전보다 다양해졌기 때문이다. 독일의 알바니아인, 이탈리아의 필리핀인, 프랑스의 인도인, 호주의 레바논인 등 현재 어렵지 않게 볼 수 있는 이주민들은 세계화 이전 이민 현상에서는 찾아볼 수 없었던 유형이다. 한국의 동남아시아인 역시 이민의 새로운 유형에 해당하는 것이다. 다문화주의는 바로 이러한 '새로운 이민'의 부상과 이로 인한 종족적 다원성의 심화를 배경으로 등장한 이념이자 정책이다.

보다 최근에는 시리아 내전 등으로 인한 난민 현상이 국제이주의 주된 유형으로 부상했으며 유럽이나 미국으로의 이주가 어려워지면서 불법이주 현상이 주목을 끌고 있다. 시장 개방으로 실업과 빈곤 문제가 심각해진 많은 나라에서 부유한 국가들로 이주하려는 수요는 늘었지만 역시 일자리 문제가 심각한 선진국들도 자국에 필요한 기술을 보유한 이민만 받으려는 경향이 강해 불법이주 현상은 해결하기 어려운 구조적인 문제가 되었다. 2020년에 시작된 코로나19 팬데믹은 각국의 봉쇄조치로 인해 국제이주의 흐름을 크게 위축시켰다. 이로 인해 이주민을 받아들이는 국가는 노동력 부족 현상을, 이주민을 보내는 국가는 실업과 빈곤 문제 해소의 주된 출구 중 하나가 막히고 자국 경제의 중요한 자원 역할을 하는 해외송금이 줄어드는 문제를 겪게 되었다.

이민정책과 다문화주의

한국 사회에서 널리 사용되고 있는 '다문화'는 국제이주 현상, 그리고 일정 기간 이상 체류하는 외국인을 의미하는 이주민과 연관된 용어이다. 이 용어는 이들이 존재하는 다원적인 상황을 가리키며 동시에 다양한 문화나 민족 간의 공존을 추구하는 의지를 담고 있다. 다문화가 한국 사회에서 중요해진 것은 2005년경부터 정부와 언론을 중심으로 전개된 대대적 홍보 이후의 일이었다. 한국인 어머니와 미국인 아버지를 둔 미국 미식축구 스타 하인스 워드(Hines Ward)의 한국 방문을 계기로 새로이 조명된 다문화가정에 대한 사회적 관심을 배경으로 「결혼이민자가족의 사회통합 지원대책」(2006.4.26), 「혼혈인 및 이주자 지원방안」(2006.4.26), 「외국인정책 기본방향 및 추진체계」(2006.5.26), 「재한외국인 처우 기본법안」(2007.4.27)과 같은 조치나 법·제도가 도입되었다.

　다문화 담론의 기원을 보면, 직접적으로는 1971년 캐나다에서 정부가 도입한 '다문화주의' 정책이나 일본의 '다문화공생' 논의에 그 뿌리를 두고 있다. 다문화주의는 캐나다를 시작으로 1970년대부터 영미권 사회 소수민족 통합의 지배적인 접근방식이 되었다. 다문화주의는 소수집단의 문화적 차이를 최대한 존중하고, 더 나아가 소수문화에 집단적 차원의 권리를 부여한다는 원칙에 기반을 두고 있다. 다문화주의의 원조라고 할 수 있는 캐나다에서는 1970년대 초 영국과 프랑스 출신자들이 공존하는 이중문화주의(biculturalism)에서 비유럽 출신자들을 포함시키는 다문화주의로의 전환이 시도되었다. 소수 종족집단의 전통문화 지원이나 종족공동체 육성과 같은, 이른바 '인정의 정치(the Politics of Recognition)'라고 불린 정책들이 시행되었다. 그 주된 배경은 1960년대부터 아시아나 중남미로부터의 이민을 용인하게 되면서 전통적인 유럽 출신의 이민과 달리 외모상 확연히 구분되는 '눈에 띄는 소수자(visible minority)'의 수가 늘어났기 때문이었다.

2) 다문화사회로 진입하는 한국 사회

한국 거주 외국인 현황

　한국에 거주하는 외국인의 수와 추세는 매우 큰 관심거리이고 민감한 주제이다. 먼저 가장 포괄적인 범주인 체류외국인의 수를 보면, 2017년부터 2019년까지 연평균 7.2% 증가했다가 코로나19 팬데믹의 영향으로 2020년부터 연속 감소하여 2021년 말 기준 195만 6781명으로 전체 인구 대비 3.79%에 이른다. 여기에는 등록 외국인 109만 3891명, 거소신고 대상자인 외국국적동포 47만 5945명, 단기체류외국인 38만 6945명이 포함되어 있다(〈표 17-1〉 참조). 국적·지역별로는 중국이 84만 193명(42.9%)으로 가장 많았고, 그 뒤로 베트남 20만 8740명(10.7%), 태국 17만 1800명

신분제도가 사라진 현대사회에서도 흑인이나 황인보다는 백인이, 무슬림보다는 기독교인이, 여성보다는 남성이, 동성애자보다는 이성애자가, 장애인보다는 비장애인이 되는 것이 현실적으로 더 유리하다. '인정의 정치'는 이러한 '문화적 부정의'에 대한 동성애자, 종교적 소수자, 이민자, 소수민족 등의 저항을 가리키는 표현이다. 이들이 경험하는 문화적 부정의에는 문화적 다수집단의 세계해석을 강요하는 문화적 지배(cultural dominance), 자신들의 문화적 정체성에 대한 암묵적인 불인정(non-recognition), 일상생활에서 경험하는 경멸(disrespect) 등이 있다. 인정의 정치는 이를 해결하기 위해 사회적으로 천대받는 집단의 손상된 정체성과 문화를 재평가하는 방안을 모색한다(Taylor, 1992).

<표 17-1> 체류외국인 수(2021년 12월 기준)

총계	장기 체류			단기 체류
	소계	등록	거소 신고	
1,956,781명	1,569,836명	1,093,891명	475,945명	386,945명
100%	80.2%	55.9%	24.3%	19.8%

자료: 『2021년 출입국·외국인 정책 통계연보』.

(8.8%), 미국 14만 672명(7.2%) 등의 순이다. 일반적으로 외국인노동자라고 할 때 염두에 두는 비자의 종류인 E-9(비전문취업)을 비롯해, E-10(선원취업), 그리고 외국국적동포에게 단순기능직에 국한해 취업을 허용하는 H-2(방문취업) 비자 소지자의 수는 2017년 53만 4천 명, 2019년 52만 1천 명으로 유사한 수준을 유지하다가 코로나19 팬데믹의 영향으로 2021년에는 36만 1천 명으로 대폭 감소했다. 결혼이민자의 수는 2017년 15만 5천 명에서 2021년 16만 9천 명으로 소폭 증가했다. 유학생의 수는 2021년 16만 4천 명으로 2017년 13만 5천 명에 비해 소폭 늘었다(『2021년 출입국·외국인 정책 통계연보』 42~45쪽). 한편, 여성가족부의 「2018년 전국다문화가족 실태조사 연구」에 따르면 다문화가정의 평균 가구원 수는 2.92명, 평균 자녀 수는 0.95명, 평균 연령은 8.3세이다. 일반적 인식과 달리 결혼이민자가 모두 여성인 것은 아니다. 여성(84.0%)이 대부분이지만 남성(16.0%)도 적지 않다. 혼인의 계기는 친구·동료의 소개(31.5%)가 가장 많고, 스스로(24.6%), 결혼중개업체(21.1%), 가족 또는 친척 소개(19.0%)의 순이다. 또한 일반적 인식과 달리 한국 국적을 취득한 귀화자를 포함해 결혼이민자들은 국민 일반보다 조금 높은 고용률(66.4%)을 보이고 있다. 이는 결혼이민자들이 가진 직업활동에 대한 욕구나 이들이 속한 다문화가정의 어려운 경제적인 사정 등이 반영된 것으로 볼 수 있다.

이주민에 대한 차별과 배제의 역사

한국 사회가 아시아 국가들에서 온 이주민을 받아들이기 시작한 지도 이미 30년이 지났지만 이들이 한국 사회가 경험한 최초의 이주민인 것은 아니다. 1980년대 말 중국 동포를 시작으로 아시아 출신 외국인들이 노동, 결혼, 망명, 유학 등을 목적으로 대거 이주하기 훨씬 이전부터 한반도에는 몽골족, 여진족, 화교, 선교사, 식민지 조선의 일본인, 미군 등 종족적으로 다른 사람들이 대량 유입된 경험이 있다. 그런데 한국 정부 수립 이후 대표적인 이주민이었던 중국 출신 화교에 대한 한국 사회의 태도는 극단적인 차별과 배제였다. 19세기 말부터 한반도에 유입된 화교는 경제활동에 제약을 받거나 진학, 취업에서 불이익을 겪었다. 아직도 해결되지 않은 화교학교 학력 인정 문제는 이들의 현실을 잘 보여주는 사례이다. 화교들은 상당수가 한국으로부터 대만이나 제3국으로의 재이주를 선택했고, 화교의 수 또한 1970년대 이후 서서히 감소했다. 미국과의 동맹이 낳은 부산물인 기지촌 여성, 즉 미군기지 주변지역에서 미군을 상대로 성매매를 하던 여성들, 그리고 그들과 미군 사이에서 태어난 자녀들 역시 유사한 경험을 하게 된다. 이는 서구의 현대 초기에 비이성, 악마로 간주되어 사회로부터 격리된 광인의 역사를 연상하게 하는 것이었고(푸코, 2003), 주변 사람들로부터의 극단적 배제에 대한 대응은 마찬가지로 극단적일 수밖에 없었다. 기지촌 여성들에게는 미국으로의 이주가 인간답게 살 수 있는 거의 유일한 희망이었고, 자녀들은 대부분 해외 입양을 떠날 수밖에 없었다. 한국에 남아 있어야 했던 사람들도 자포자기의 삶을 살거나, 자살이나 마약 투약과 같은 극단적 선택을 하는 경우가 많았다(엄한진, 2011).

실험 중인 문화적 개방성

과거에 비해 종족적으로 더 이질적인 최근의 이주민들에 대해 한국 사회가 보이고 있는 관용적인 태도는, 종족적 소수자에 대해 극단적인 배제를 보여온 그간의 경험을 고려할 때 매우 특이한 것으로 보인다. 특히 결혼이주여성에 대한 호의적인 태도는 이주노동자에 대한 정부나 국민들의 태도와 대조적이다. 미등록 노동자를 포함할 때 전체 외국인의 과반 이상을 차지하는 이주노동자에 대해 한국 정부나 국민은 대단히 무관심한 태도를 보이고 있다. 결혼이민자의 경우 역시 모든 다문화가정이 정책적 배려의 대상인 것도 아니다. 한국인 여성과 남성 이주민의 결혼이나 이주민 간의 결혼 등으로 구성된 가족에 대해서는 사회적 관심이나 배려가 극히 미미하다. 한국인 남성과 결혼이주여성의 가정에 대한 정부나 지자체의 지원정책도 이주여성 자신이나 이들이 속한 가정의 상황을 개선하는 데 한계를 보이고 있다. 이와 함께 결혼이주여성에 대한 지나치게 두드러지는 관심과 지원이 어려운 처지에 있는 토박이 한국인들에게 상대적 박탈감을 불러일으키기도 한다. 이처럼 한국 사람들이 이주 유형이나 종족에 따라 차별적 태도를 보이고 또 정부 정책에 문제점이 드러나고 있기는 하지만, 외국인들의 대량 유입은 오랫동안 지리적·문화적으로 고립되어 살아온 한국인들이 다른 민족과 문화에 개방적인 태도를 가질 수 있는 소중한 계기가 되고 있다.

4. 인종차별과 증오범죄

2020년 5월 25일 미국 미네소타주 미니애폴리스에서 무장하지 않은 흑인 조지 플로이드(George Floyd)가 백인 경찰의 무릎에 목이 눌려 질식사하면서 인종차별적인 공권력 오남용 논란이 불거졌다. 이후 세계 각지에서 "흑인 생명도 소중하다(Black Lives Matter)"를 기치로 내건 시위가 벌어지기도 했다. 민족주의의 부활과 함께 인종주의의 존재를 환기시키는 사건들도 넘쳐나고 있다. 수시로 반복되는 미국 경찰의 흑인 살해 사건을 비롯해 특히 유럽과 미국에서 소수민족이나 이주민에 대한 증오범죄가 빈번히 발생하고 있다. 인간을 우열이 있는 인종으로 구분하는 것이 과학적인 근거가 없는 허구라는 것이 밝혀진 지 오래이지만 존재하지 않는 인종을 근거로 한 생각과 행동은 사라지지 않고 있다. 따라서 이러한 '인종 없는 인종주의'를 가볍게 생각할 수는 없는 상황이다.

1) 인종주의

인종주의는 인종이라는 범주를 만들어 이 범주를 통해 인류의 역사와 현실을 설명하는 이론이다. 이 이론은 또한 개인의 의식에 영향을 미치고 사회제도에 반영된다. 인종주의는 서유럽 사회에서 만들어진 이념으로 서유럽 사람들이 항해술의 발전으로 이전에는 접할 수 없었던 세계의 다양한 민족들을 만난 것이 계기가 되었다. 그런데 이들과의 관계는 동등하지 않았다. 신대륙에서 만난 아메리카 인디언은 유럽인들에 의해 오랜 삶의 터전을 잃고 끔찍한 절멸의 길을 걸었으며, 1500년대 초반부터 300여 년에 걸쳐 아프리카에서 공급된 노예, 그리고 그 뒤를 이어 인도, 중국 등 아시아에서 공급된 계약노동자들이 유럽인들의 신대륙 정복에 동원되었다. 아시아와 아프리카도 대부분의 지역이 유럽의 식민지가 됨으로써 유럽인들이 만난 타자들은 모두 열등한 위치에 놓여 있었다. 이러한 위계적인 상황은 서유럽 일부 지역 출신자들을 정점으로 하는 민족 간 위계라는 인식을 낳게 되었고, 인종주의는 이러한 서구의 우월의식을 과학의 이름으로 포장한 대표적인 발명품이었다.

인류를 몇 가지 인종에 따라 구분하는 것은 유의미하다고 생각되는 몇 가지 신체적 차이를 기준으로 한 것이며, 인종주의는 피부색이나 외모와 같은 신체적 차이에 따라 어떤 사람들이 다른 사람들에 비해 우월하거나 열등하다는 것을 '생물학적으로' 설명할 수 있다고 믿는 사고나 태도를 말한다. 종족들 간의 불평등한 현실로 인한 차이를 선천적인 능력의 차이로 설명함으로써 인종 간의 불평등과 차별을 정당화하는 것이다. 제국주의 시대에 인종주의는 세계의 서구화를 정당화하는 이데올로기로 작용했고, 공업자본주의 시기에는 인종에 따른 분할을 통해 노동자계급을 분할지배하는 효과적인 수단으로 이용되었다. 그리고 오늘날에는 인종주의가 문화 담론의 형태를 띠고 있다. '신인종주의'라고도 불리는 현대적인 인종주의는 이제는 더 이상 방어할 수 없는 생물학적 우열보다 민족 간의 '문화적 차이'를 근거로 현실에 존재하는 국가나 민족 간 격차를 불가피한 것으

미국에서 백인의 형성

미국 사회에서 진짜 백인이 누구인가 하는 문제는 현재까지도 종결되지 않은 오래된 논쟁거리이다. 발단은 먼저 정착한 이들과는 '다른 종류의' 백인들이 대량으로 이주해 온 것이었다. 처음에 이들은 아메리카 인디언이나 흑인과 유사하게 열등한 비백인으로 취급되었으며 이들의 이주를 받아들이지 않으려는 시도가 있기도 했다. 아이슬란드인들은 원숭이나 다름없고, 그들이 키우는 돼지처럼 더럽게 사는 것을 원래 좋아하며, 아일랜드에서 온 사람들은 교양 없고, 미개하며, 짐승 같고, 게으르고, 거칠며, 노르웨이 농부는 절대 목욕을 하지 않고, 얼굴과 손은 일주일에 한 번, 발은 일 년에 한 번 씻을 뿐이라는 등의 얘기들이 당시 분위기를 느끼게 해준다. 이들이 온전한 '백인'의 범주 안에 포함되기까지는 긴 세월이 필요했다. 한편, 미국 남부 여러 주들이 채택했던 유명한 '한 방울' 규칙에 따르면 아무리 먼 조상이든 가계에 흑인이 한 명이라도 있으면 흑인으로 분류되었다. 미국에서 흑인으로 분류되는 인구의 4분의 3 이상은 조상 중에 유럽계 혹은 백인이 있는 것으로 추정된다. 나머지 4분의 1 중에서도 아메리카 원주민 조상을 둔 이들이 있었다.

2015년 1월 7일 프랑스의 주간지
≪샤를리 엡도(Charlie Hebdo)≫
에 이슬람국가(IS) 지도자 알 바그
다디(Abu Bakr al-Baghdadi) 등
이슬람주의자들을 풍자하는 만평
이 게재된 직후 편집진 다수가 테
러로 사망한 사건이다. 프랑스를
비롯해 세계 각지에서 이 사건에
대한 분노와 테러 공격을 받은 ≪샤
를리 엡도≫에 대한 지지를 표명
하는 행동이 이어졌는데 한국에
서도 ≪샤를리 엡도≫에 대한 연
대의 표시로 프랑스 국기로 SNS
프로필 사진을 바꾸는 사람들이
많았다.

로 설명한다. 새로운 인종주의 이론에 따르면 '민족성'이나 '문화'는 빠져 나올 수 없는 운명이며 특정한 민족성이나 문화를 가진 이들은 저발전 상태에서 벗어날 수 없다(하먼, 1994).

2) 증오범죄

인종주의는 사회에 만연해 있는 편견과 차별구조로 존재하며 증오범죄나 혐오발언과 같은 행위를 통해 드러난다. 차별이나 배제가 제도적으로 또는 일상적으로 행해지는 것이라면 증오범죄는 법적으로도 문제가 되고 신체적인 피해를 동반하기도 하는 폭력적인 것이다. 요즘 SNS를 통해 더 쉽게 유포되고 있는 혐오발언과 같은 언어폭력부터 제노사이드와 같이 특정 집단의 존속 자체에 위협을 가하는 범죄에 이르기까지 다양한 양상을 띤다. 공통점은 단지 성, 인종, 계급 등의 측면에서 어떤 집단에 속해 있다는 이유만으로 공격을 가하는 것이다. 흑인을 대상으로 하는 미국의 경찰 폭력이나 유럽에서 비백인을 대상으로 저질러지는 범죄가 대표적인 사례이다. 비백인 이주민, 유대인, 무슬림, 집시 등을 겨냥한 린치나 방화의 형태를 띠며, 이러한 범죄나 비백인에 대한 차별이 백인을 대상으로 하는 테러를 유발하기도 한다. 한 예로 2020년 10월 프랑스에서는 2015년 발생한 프랑스 언론사 테러의 계기가 된 이슬람 풍자 만평을 소재로 수업을 진행한 교사가 살해당하는 사건이 발생했다. 비록 크게 문제가 없는 수업방식에 과도하게 반응한 면도 있고 오해가 있었던 사건이기는 하지만 무슬림이나 비백인들이 느끼는 박탈감이 작용한 측면도 있었다.

혐오발언은 국적, 성, 인종, 종교 등을 이유로 차별을 적극적으로 선동하는 표현을 가리킨다. 증오범죄의 하나이면서 그 중요성으로 인해 별도의 범주로도 다루어진다. 다양한 영역에서 나타나지만 특히 성과 인종 관련 사례의 경우 사회적 반향이 크다. 외모를 비하하는 아시아인 혐오 현상도 인종 관련 혐오발언의 한 사례이다. 코로나19 팬데믹은 아시아인 혐오 현상이 더 본격화되는 계기가 되었다. 이 감염병이 중국에서 시작되었다는 이유로 유럽, 미국 등지에서 아시아인 혐오 현상이 심화되었고, 그에 대한 대응으로 "나는 바이러스가 아니다"라는 해시태그 운동이 벌어지기도 했다. 아시아인 혐오 현상은 19세기 말에 등장한 황화(黃禍, Yellow Peril) 현상에 뿌리를 두고 있다. 말 그대로 황인종이 자신들에게 위험 요소라는 생각이다. 미국, 호주, 유럽을 휩쓴 황화론은 주로 중국인, 일본인이 대상이었으며 아시아의 팽창에 대한 우려가 반영된 것이었다. 당시 이러한 우려가 나타난 배경은 19세기 중국인들이 미국으로 대량 이주하면서 백인 노동자들이 가지게 된 위기의식, 일본 등 동아시아의 급속한 산업화, 인구 수가 많은 황인종이 언젠가는 백인이 지배하고 있는 식민지를 장악할 것이라는 우려 등이었다. 그리고 실제로 1905년 러일전쟁에서 일본이 유럽의 대국이었던 러시아를 제압하면서 백인들은 이러한 우려가 단순한 기우가 아니라는 생각을 하게 되었다. 최근의 아시아인 혐오 현상은 아시아의 팽창과 서구의 쇠퇴라는 오래된 우려가 오늘날 세계 초강대국으로 부상하고 있는 중국에 대한 두려움 등을 배경으로 부활하고 있는 것으로 볼 수 있다.

5. 탈세속화와 종교 갈등

종교는 개인이나 집단의 정체성을 구성하는 주된 요소들 중 하나이다. 그래서 민족주의처럼 종교 역시 배타적인 모습을 띤다. 종교는 인간이 직면하는 한계상황을 극복하기 위한 수단이면서 동시에 부족이나 민족과 같은 특정 집단의 결속을 다지는 기능을 수행한다. 그러나 종교는 특정 집단이나 지역을 넘어 전파됨으로써 보편성을 획득하기도 한다. 세계화 국면에서 이러한 종교의 이중성은 한편으로는 전 지구적인 선교열을, 다른 한편으로는 종교 간 경쟁과 갈등의 심화를 낳았다.

1) 세속화

세속화는 사회의 현대화로 인해 종교의 위상이 약화되는 현상을 가리키는 종교사회학의 핵심 개념 중 하나이다. 사회에서 종교가 가졌던 권력과 사회통합 기제로서의 역할이 약화되고 개인의 생활과 의식에서 종교가 차지하는 비중도 약해지는 것을 의미한다. 전통사회에서 종교는 사례에 따라 차이가 있기는 하지만 정치, 행정, 교육, 문화, 의료 등 사회의 여러 영역에서 중요한 역할을 수행했다. 이슬람제국 시대의 칼리프와 같이 종교 지도자가 정치 지도자를 겸한다거나 통일신라와 고려에서 불교의 사례처럼 종교가 주요한 사회통합 기제 역할을 하기도 했다. 중세 유럽에서는 가톨릭교회가 출생부터 혼인, 사망에 이르기까지 신자들의 인생의 주요 사건들에 관여했으며, 전통사회의 사상과 문화는 주로 종교에 기반을 둔 것이었다. 많은 지역에서 종교기관은 교육이 이루어지는 유일한 공간이었으며, 전통 의학 역시 많은 부분 종교 교리나 종교인의 특별한 능력에 의존했다.

현대사회로의 전환은 전통적으로 종교가 수행했던 역할이 새로 등장한 지식, 기술, 기관 등으로 이전되는 결과를 낳았다. 과학적인 지식과 세속적인 이념, 도시의 주민들을 관리하는 행정기관, 종교와 무관한 공립학교나 의료시설, 개인의 소비재로서의 대중문화가 종교의 입지를 축소시켰다. 여전히 종교는 교육, 의료, 복지 등에서 중요한 역할을 맡고 있지만 국가 등 현대적인 행위자들을 보조하는 역할에 머물게 되었다.

종교가 사회에서 차지하는 비중만 줄어든 것이 아니다. 현대화는 종교를 믿는 방식에도 변화를 가져왔다. 종교가 공적 영역에서 수행하는 역할이 축소되면서 신앙생활이 개인이 자율적으로 선택하는 개인적인 사안으로 변했다. 종교사회학자 버거(Peter Berger)가 제시한 "숙명에서 선택으로"라는 표현은 개인이 종교를 선택하고 교리에 대한 자신만의 견해를 가질 수 있게 된 현대 종교의 세속화 현상을 잘 요약해 준다. 그러면서 버거는 이렇게 어느 정도 선택된 측면이 있는 자신의 신앙을 본래 예정되어 있거나 절대자의 의지가 담긴 것으로 여겨야 하는 현대인의 딜레마도 언급한다(버거, 1981). '보이지 않는 종교(Invisible Religion)'라는 개념 역시 세속화·개인화된 종교의 모습을 표현하고 있다. 일반적으로 종교는 해당 종교가 제시하는 교리에 대한 믿음, 종교 집단과 이 집단에의 소속감을 느끼게 하고 신앙심을 지키려는 목적에서 수행하는 집단적인 의례, 성스러운 존재나 자연의 섭리를 느끼는 신자 개인의 경험 등으로 이루어져 있다. 그런데 '보이지 않는 종교'는 종교 집단이라는 조직과 이 조직에서 행해지는 집단적인 실천이라는 사회적 표현이 결여된 종교의 형태를 가리킨다. 현대인이 덜 종교적이라고 말하는 것은 조심스럽지만, 확실한 것은 이들이 가진 종교의 모습은 달라지고 있다는 사실이다.

2) 탈세속화

종교의 약화나 세속화는 부정할 수 없는 추세라고 여겨졌다. 그런데 20세기 후반에 나타난 일련의 양상들은 이러한 진단에 의문을 제기했다. 1979년 이란 혁명이 성공하면서 이란이슬람공화국이 수립되었다. 종교 교리와 종교계가 세속적인 정치세력을 압도하는 신정체제가 수립된 것이다. 이를 계기로 중동을 비롯한 이슬람권은 '이슬람주의', '이슬람근본주의(회교원리주의)', '정치적 이슬람', '이슬람 급진주의' 등으로 지칭된 이념을 받아들인 단체들이 여러 국가에서 비중 있는 정치세력으로 부상했다. 이들은 소수의 전유물이 된 국가를 대신해 어려운 사람들을 돕고 공동체 문화를 강화하는 활동 등을 통해 대중적인 지지기반을 만들 수 있었던 것이다. 최근에는 대표적인 이슬람주의 단체인 튀니지의 '엔 나흐다'가 2011년 튀니지 혁명이 성공하면서 집권에 성공하기도 했다.

이러한 종교의 부활이 이슬람권에 국한된 이상 현상만은 아니다. 주로 기독교의 경우에 해당하는 초국적인 차원의 선교열이 서유럽이 식민화의 일환으로 기독교를 전파하던 시대의 부활을 연상시키고 있다. 비기독교 사회를 넘어 유럽과 같은 기독교 사회에까지 확장된 한국 개신교의 적극

종교성의 측정

종교성은 신앙심이나 종교적인 실천 등 다양한 측면을 가지므로 쉽게 평가하기 어려우며 이를 측정하려는 다양한 방법이 제시되었다. 예를 들어 글러크와 스타크(Glock & Stark, 1974)는 종교성을 교리의 수용 정도를 의미하는 이념적(ideological) 차원, 종교의례에 참여하고 실천하는 정도를 의미하는 의례적(ritualistic) 차원, 종교 지식의 정도를 의미하는 지적(intellectual) 차원, 종교생활에 따른 세속적인 생활에서의 변화를 의미하는 결과적(consquential) 차원으로 구분해 측정했다. 한국도 조사에 참여하고 있는 '국제사회조사프로그램(ISSP)'의 종교 모듈(2008, 2018년) 문항 중 종교성 관련 문항은 다음과 같은 항목을 묻고 있다. 신의 존재에 대한 믿음, 믿음의 정도(사후세계, 극락, 지옥, 종교적 기적, 환생, 조상의 초자연적인 힘), 자신이 얼마나 종교적인지에 대한 주관적인 평가, 초자연적인 것에 대한 관심, 기도의 빈도, 종교의식 참여 빈도, 종교모임 참여 빈도, 경전을 듣거나 읽은 경험, 집에 성물을 모셔놓는지 여부, 신성한 곳 방문 빈도 등.

〈표 17-2〉 종교별 종교 의례 참여율 (단위: %)

구분	1984년	1997년	2004년	2014년
불교인	10	1	4	6
개신교인	62	72	71	80
천주교인	66	60	43	59

* 표의 비율은 "일주일에 1번 이상 성당/교회/절에 간다"에 '그렇다'고 답한 응답자의 비율이다.
자료: 한국갤럽, 『한국인의 종교 1984~2014』.

적인 해외 선교사업은 그 대표적인 사례라고 할 수 있다. 근본주의 성향을 띤 미국의 기독교는 미국에서 주요한 보수정치세력으로 부상했는데, 미국 기독교의 영향을 받은 한국의 기독교도 근본주의 성향을 강하게 띠고 있다. 한편, 개신교의 한 분파인 오순절 교회의 사례는 종교의 부활을 보여주는 사례이자 이 부활이 글로벌한 차원의 현상임을 잘 보여준다. 빈곤과 질병 등 현실에서 겪는 문제를 바로 해결해 준다고 표방하는 오순절 교회는 빈곤과 불평등이 심각한 중남미, 동남아시아, 아프리카에서 괄목할 만한 교세의 확장을 보여주었다. 이상과 같은 예들은 세속화 경향이 갈수록 심화될 것이라는 예상을 뒤집은 것으로 '탈세속화', '종교의 세계화', '신의 복수' 등으로 표현되었다.

세속화론에 부합하지 않는 것이 외연적인 확장이나 정치 영역의 일만은 아니었다. 예배, 예불 등 종교활동에 참여하는 것이나 개인의 신앙심 역시 예상했던 것과 달리 확연히 약해지지는 않았다. 한국갤럽의 '한국인의 종교' 설문조사(1984, 1989, 1997, 2004, 2014년)는 한국인의 종교성이 지닌 복합적인 양상을 보여준다. 지난 30년간의 변화 추세를 보면, 먼저 종교를 '믿는다'고 응답한 비율은 1984년 44%에서 2004년 54%로 높아졌다가 2014년 50%로 조금 줄어들었다. 주 1회 이상 종교의례 참가율에서도 개신교인들은 80%를 기록해 30년 전 62%에 비해 18%p 상승한 것으로 나타났다. 천주교인의 경우에는 1984년 66%에서 2004년 43%로 줄었다가 2014년에는 59%로 다시 높아졌다(〈표 17-2〉 참조).

물론 이러한 종교열은 세속화 경향을 동반한 복합적인 양상을 띤다.

〈표 17-3〉 종교적 관념에 대한 종교별 성향   (단위: %)

구분		1984년	1997년	2004년	2014년
창조설	불교인	42	34	31	34
	개신교인	80	74	70	59
	천주교인	82	64	54	45
	비종교인	33	28	19	21
절대자의 심판설	불교인	30	20	11	16
	개신교인	76	70	64	61
	천주교인	76	49	35	38
	비종교인	19	14	7	12
절대자/신의 존재	불교인	57	45	37	44
	개신교인	85	89	84	79
	천주교인	84	75	60	59
	비종교인	35	30	23	16

자료: 한국갤럽, 『한국인의 종교 1984~2014』.
* 표의 비율은 창조설("이 세상은 그냥 만들어진 것이 아니라 초자연적인 힘을 가진 누가 만들었다")과 절대자의 심판설("앞으로 이 세상의 종말이 오면 모든 사람은 절대자의 심판을 받게 되어 있다"), 절대자 또는 신의 존재에 관한 질문에 대해 '그렇다', '아니다', '모르겠다' 중 '그렇다'에 답한 응답자의 비율이다.

〈표 17-3〉의 한국갤럽 조사 결과를 보면, 종교성이 강한 것으로 여겨지는 개신교 신자들조차 기독교의 핵심 교리를 그대로 받아들이고 있지는 않았다. 창조설과 심판설을 믿는 개신교인 응답자의 비율이 1984년 각각 80%, 76%에서 2014년에는 59%, 61%로 하락했다. 천주교인이라고 응답한 사람들의 경우에는 하락폭이 더 커서 1984년 각각 82%, 76%에서 2014년에는 45%, 38%로 크게 하락했다. 또한 절대자 또는 신의 존재를 믿는다고 응답한 개신교인의 비율 역시 1984년 85%, 2004년 84%에서 2014년 79%로 소폭 하락했으며 천주교인의 경우에는 하락폭이 더 커서 1984년 천주교인이라고 응답한 사람의 84%가 신의 존재를 믿는다고 응답했는데 2004년, 2014년에는 그 비율이 각각 60%, 59%로 낮아졌다(〈표 17-3〉 참조).

3) 종교 갈등과 종교 간 대화

종교 간 관계는 현대사회의 종교를 논할 때 빼놓을 수 없는 주제일 것이다. 이 장의 도입부에서 다룬 지역분쟁의 대부분이 적어도 표면적으로는 종교 간 갈등과 분쟁의 모습을 보인다. 1980년대 발생한 시아파 이란과 수니파 이라크 간의 전쟁과 스리랑카 내전, 1990년대 구사회주의권에서 발생한 체첸 분쟁과 보스니아 내전, 2000년대 9·11테러와 그 부산물인 아프가니스탄 전쟁과 이라크 전쟁 등이 서로 다른 종교나 종파 간의 분쟁이었다. 인도의 힌두교와 이슬람 간의 갈등이나 중국의 신장 위구르 지역 무슬림과 티베트 탄압 등 전쟁의 양상을 보이지는 않지만 종교가 갈등의 핵심 요소인 사례는 부지기수이다. 이러한 사례들은 중세 유럽 또는 이슬람제국 시대에나 존재했다고 생각했던 정치와 종교 간의 밀접한 관계가 현대사회에서도 존재함을 보여준다. 종교 간 갈등이 현재 세계가 안고 있는 심각한 문제 중 하나라는 점에서 이를 해결하기 위한 시도가 '종교 간 대화' 또는 '문명 간 대화' 등의 형태로 나타났다. "종교 대화 없이 종교 평화 없으며, 종교 평화 없이 세계 평화 없다"라는 유명한 명제를 남긴 신학자 한스 퀑(Hans Küng)과 같은 이들의 문제의식이 적지 않게 공유되고 있으며 세계종교인평화회의(WCRP), 교황청 종교간대화평의회, 한국종교인평화회의와 같은 모임이 시도하는 다른 종교에 대한 이해와 종교 간 대화의 시도들은 모든 종교가 관심을 가지고 있는 사안이다.

세계에는 수많은 종류의 종교가 있지만 종교는 공통적으로 이웃과 다른 민족에 대한 사랑과 자비, 그리고 평화로운 관계를 표방한다. 그러나 종교가 놓여 있는 현실은 계급, 민족, 성 등 다양한 측면에서 갈등을 안고 있다. 종교 간 갈등은 교리나 종교적 실천과 같은 종교 자체의 문제라기보다 이러한 세속적인 갈등을 반영하는 것이라고 볼 수 있다. 세계화는 더 심해진 경쟁으로 인해 세속적인 갈등을 격화시키지만 동시에 접촉과 상호작용의 확대를 통해 멀게 느껴졌던 사회 간의 거리를 줄어들게 한 측면도 있다. 종교도 마찬가지이다. 서로 다른 종교 간에 경쟁과 갈등이 격

화될 수 있지만 다른 종교에 대한 이해를 통해 종교 간의 거리를 좁힐 수
있는 가능성 역시 열려 있는 것이다.

1. 우리의 일상에서 세계화 현상의 사례를 찾아보고 그것이 사회에 미친 영향에 대해 토론해 보자.

2. 세계화는 특정 집단이나 개인이 지니고 있던 정체성에 어떤 영향을 미치는지 논의해 보자.

3. 민족이 근대 이후에 형성된 새로운 것이라는 주장을 뒷받침하는 논거를 찾아보고 이에 대해 평가해 보자.

4. 민족에 관해 제시된 다양한 이론과 개념을 적용해 한국의 민족, 민족주의, 민족문제를 설명해 보자.

5. 인류를 몇 가지 인종으로 구분할 과학적 근거가 없다는 것이 널리 받아들여짐에도 불구하고 인종주의적 사고와 행태는 사라지지 않는 이유에 대해 논의해 보자.

6. 다문화사회와 다문화주의라는 개념이 부상하게 된 배경에 대해 알아보고 이러한 측면에서 한국의 사례를 설명해 보자.

7. 세계화가 종교에 미친 영향에 대해 논의해 보자.

읽을거리

『세계화와 사회변동』
  백승욱 외 지음 / 2022 / 한울

『상상된 공동체: 민족주의의 기원과 보급에 대한 고찰』
  앤더슨(B. Anderson) 지음 / 서지원 옮김 / 2018 / 길

『제국의 시대』
  홉스봄(E. Hobsbawm) 지음 / 김동택 옮김 / 1998 / 한길사

『인종주의는 본성인가』
  라탄시(A. Rattansi) 지음 / 구정은 옮김 / 2008 / 한겨레출판

『이주의 시대』
  카슬(S. Castles) · 밀러(M. J. Miller) 지음 / 한국이민학회 옮김 / 2013 / 일조각

『세속화냐 탈세속화냐?』
  버거(P. L. Berger) 지음 / 김덕영 외 옮김 / 2002 / 대한기독교서회

과학기술, 위험, 환경

위험사회, 과학기술사회, 기술관료적 지배, 전문가주의, 과학적 합리성, 사회적 합리성, 생태 위기, 기후변화, 생태제국주의, 심층생태주의, 생태사회주의, 좌파환경관리주의, 환경관리주의, 존속 가능한 발전, 환경운동, 환경정치, 생태적 현대화, 녹색 뉴딜, 생태 전환, 에너지 전환, 정의로운 전환

　　과학기술의 발달은 오랫동안 인류 진보의 희망이었다. 그런데 물질적 풍요, 생활의 편리함과 즐거움을 안겨줄 것으로 기대했던 과학기술은 오늘날 조금씩 의심의 대상이 되고 있다. 핵발전소 사고에 따른 방사성 물질 유출과 인명 피해, 중금속 및 매연으로 인한 환경오염, 먹이사슬을 통한 생태계 오염에 따른 인체 피해 및 질병, 공장·자동차 등의 화석연료 사용에 따른 이산화탄소 증가와 그로 인한 지구온난화와 기후변화, 유조선 사고로 인한 해양오염, 광우병·구제역·조류인플루엔자를 비롯한 각종 동물 전염병과 코로나바이러스 전염병 등으로 인한 먹거리 불안과 건강의 위협과 같은 사태들이 인간의 생존 자체를 불안하게 하고 위협하는 지경에 이르렀다.

　　과학기술은 인간에게 물질적 풍요와 편리함을 가져다주고 있지만, 동시에 우리가 겪고 있는 많은 신체적·환경적 피해들도 과학기술로 인한 것들이다. 그렇다면 과연 과학기술의 발달은 생태 위기에 따른 인류 생존 위기를 해결해 줄 수 있을까? 사람들은 과학기술 전문가들을 전적으로 신뢰해도 되는 것일까?

1. 현대사회와 위험

1) 위해의 역사와 생존의 딜레마

지금까지 인간의 역사는 자연재해와 같은 '자연적·외부적 위해'와 전쟁이나 폭력과 같은 '사회적·내부적 위해'라는 이중적 위해(danger)로부터 스스로의 안전을 지키기 위해 투쟁해 온 역사라고 할 수 있다. 이 과정에서 인간사회는 자연적·외부적 위해에 맞서 다양한 생존기술들을 발전시켜 왔고, 지금 과학기술의 발달, 의학의 발달, 농업혁명, 공업혁명, 과학기술혁명, 디지털혁명 등을 통해 생산력을 발전시켜 과거에 비해 엄청난 물질적 풍요와 편리함을 누리고 있다. 또한 사회적·내부적 위해에 맞서 인권, 평등, 평화를 실현하기 위해 싸워왔고 또 민주주의를 발달시켜 왔다.

그런데 18세기부터 인간은 공업화를 통해 물질적 성장을 이루는 동시에 생존에 대한 또 다른 위해 요인을 만들어냈다. 물질적 풍요를 위해 과학기술을 개발하고 또 자원과 에너지를 개발하여 이용하는 과정에서 인체에 피해를 줄 뿐만 아니라 지구 환경에도 위해를 가하는 각종 오염물질들을 만들어낸 것이다.

인간은 자연 속에서의 위협과 불안에 대처하면서 물질적·신체적 생존을 유지하기 위해 과학기술의 발달과 공업화를 적극적으로 추진해 왔는데, 자연의 위협에서 벗어났다고 생각하는 순간 역설적으로 과학기술 위험과 환경오염으로 인류 생존 자체를 다시 위협당하는 현실에 직면해 있다. 이것은 인류 생존의 딜레마, 즉 물질적·경제적 생존과 환경적·신체적 생존 간의 딜레마를 여실히 보여준다.

2) 현대화와 위험사회

기든스(Anthony Giddens)는 과학기술 위험과 생태 위기가 현대성을 발달시켜 온 결과라고 말한다. 현대사회에서 발달한 사회제도들인 공업주의,

위험과 위해

'위험'과 '위해'는 각각 영어로 'risk'와 'danger', 독일어로 'Risk'와 'Gefahr'에 해당한다. 독일 사회학자 루만(Niklas Luhmann)은 양자를 원인이 어디에 있느냐에 따라 구분한다. '위험'이 결정의 당사자가 자신의 결정으로 인해 손해를 보는 것이라면, '위해'는 당사자의 결정과 무관하게 피해를 입는 것이다. 그러므로 '위험'은 자신의 결정에 따라 회피할 수 있는 것으로서 사람들은 이러한 위험을 감수하면서도 이득을 얻기 위해 행위를 하게 된다. 반면에 '위해'는 자신의 통제 밖에 있는 계산할 수 없는 것이다.

또 다른 독일 사회학자 벡은 '위험' 개념을 루만과 유사한 방식으로 사용하면서도 그 의미를 사회구조적 차원으로 확장시킨다. 벡에게 '위해'는 구체적이고 직접적인 피해를 의미한다. 반면에 '위험'은 인간이 자신의 행위로 인해 발생할 수 있지만 감수해야만 하는 '위해 가능성', 즉 '위험부담'을 의미한다.

자본주의, 행정의 집중화(감시장치), 폭력 수단에 대한 통제(군사력) 등이, 사회진보를 가져온 동시에 생태적 파괴와 재앙, 경제성장 메커니즘의 붕괴, 전체주의 권력의 성장, 핵전쟁과 대규모 전쟁 등의 위험부담(risk)도 낳았다는 것이다. 기든스는 이러한 사회적 위협과 위험을 현대성(modernity)의 부정적 결과들이라고 보면서 이들에 대한 성찰이 필요하다고 주장한다.

벡(Ulrich Beck)은 서양의 공업사회가 현대성 원리에 따라 발전시켜 온 제도들로 과학적 진보, 국민국가, 군국주의, 경제성장, 완전고용, 계급, 거대정당들과 좌우연합, 사회복지, 가족, 성 역할 분업 등을 제시한다. 그리고 현대성 원리에 의한 발전의 결과가 바로 과학기술의 위험, 지구화(국민국가의 약화), 생태 위기, 경제위기, 불완전 고용체계, 개인화 등이라고 말한다. 여기서 벡은 현대성 원리에 따라 공업사회의 발달이 이루어진 결과가 다양한 위험을 낳으면서 역으로 현대화의 진전을 제약하거나 해체하는 상황에 이르렀다고 주장한다. 그리고 이처럼 현대화의 발전 결과가 현대화 자체를 제약하거나 해체하는 모순적 과정을 '재귀적 현대화(reflexive modernization)'라고 말한다. 벡은 이렇게 재귀적 현대화가 이루어지는 현 시대 사회를 '공업사회'에 대비시켜 '위험사회(risk society)'라고 부른다.

기든스와 벡은 현대화의 과정에서 발생하는 다양한 '위험(risk)'을 일상적인 직접적 '위해(danger)'와 구분하는데, 위험은 위해를 알면서도 감수하면서 행동함을 말한다. 이런 점에서 위험(risk)은 '위험부담' 또는 '위험감수'라는 의미를 지닌다. 예를 들어 인간이 편리하게 살아가려면 석유 에너지를 이용해야 하는데, 이를 위해서는 원유 개발과 석유 정제 및 이동의 과정에서 유정 사고나 유조선 사고, 발화 사고 등이 발생할 수밖에 없으며, 이러한 위험을 감수하지 않는다면 석유 에너지 사용을 포기해야 한다. 또한 핵에너지를 이용하려면, 핵발전이나 핵폐기물 처리 과정에서 방사성 물질이 유출되어 인체에 심각한 피해를 입을 위험을 감수할 수밖에 없다.

이것은 한편으로는 위험이 현대사회가 감수하며 살아가야 할 부분이면서, 다른 한편으로는 현대사회 자체가 체계적으로 재생산하고 있다는 점

2007년 허베이스피리트호 기름 유출 사고로 태안반도 해안이 기름띠로 덮여 있다. 이 사고로 해안 생태계는 치명적인 피해를 입었다.

을 보여준다. 그래서 페로(Charles Perrow)는 이러한 위험부담들이 현실로 나타나는 사고를 '정상적 사고(normal accidents)'라고 말한다. 현대 사회체계가 위험 기술을 사용하고 확산시키는 한, 아무리 효과적인 안전장치가 만들어지더라도 피할 수 없는 사고가 발생하게 된다는 것이다.

벡은 위험사회에서의 위험들은 빈곤, 질병, 교통사고, 공업재해 등 이전의 공업사회의 위험들과도 다르다는 점을 강조한다. 오늘날의 위험은 국민국가의 경계를 넘어 지구적으로 확산하므로 그 피해를 계산할 수도 없고 그 범위를 통제하기도 어렵다는 것이다. 지구온난화로 인한 기후변화와 생태학적 재난들, 농산물 무역에 따른 농약 피해, 질병, 오염원 등의 지구적 확산, 핵발전소의 방사능 유출 사고, 유조선 사고에 따른 기름 유출과 해양오염 등은 위해의 범위를 통제하기 어려울 뿐만 아니라 그 피해액을 계산하기도 어렵다. 그래서 엄청난 비용부담으로 인해 '보험이 불가능'할 뿐만 아니라 합리적인 자기통제가 어려워 사람들에게 커다란 불안감과 공포감, 물질적·정신적 피해를 가져다준다.

벡은 이처럼 오늘날의 새로운 위험들이 특정한 계급, 지역, 나라에 한정되지 않는다고 하는 '위험의 평등성과 보편성'을 주장하면서, 인류 공동의 해결 노력이 필요하다고 강조한다. 또한 위험사회에 대처하기 위해 풀뿌리 시민들이, 일상생활에 영향을 미치는 다양한 사회문제에 관심을 두고 사회운동에 참여하는 '풀뿌리 정치'가 활성화되어야 한다고 강조한다.

현대사회에서 인간의 생명과 건강에 직접적으로 영향을 미치는 중요한 위험들로는 '과학기술적 위험'과 '환경적 위험'이 있다. 물론 양자는 서로 밀접히 연관되어 있지만, 그 양상을 서로 구분해 볼 수 있다. '과학기술적 위험'은 과학기술을 이용하는 과정에서 그 산물들이 인간의 신체나 건강에 직접적인 위해를 낳는 것으로 볼 수 있고, '환경적 위험'은 자연자원이나 생태계의 개발과 이용과정에서 나오는 환경오염 물질의 배출이나 생태계 파괴로 인해 인간의 신체나 건강이 위해를 당하는 것으로 볼 수 있다. 전체적으로 '환경적 위험'은 '과학기술적 위험'을 포함한다고 볼 수 있지만, '과학기술적 위험'은 과학기술을 이용한 생산과정이나 소비과정과 좀 더 밀접하게 연관되어 있다.

2. 과학기술사회와 과학기술적 위험의 이해

1) 과학기술적 위험과 과학적 합리성의 위기

과학기술사회와 과학화, 기술화, 전문화

과학기술은 현대사회가 공업화를 지속시키는 원동력이 되어왔고, 과학기술혁명은 핵 기술, 생산 기술, 정보 기술, 생명 기술, 유전자 기술, 나노 기술, 디지털 기술 등의 고도 기술들을 발전시킴으로써 다양한 산업 발달에 기여해 왔다. 그래서 현대사회는 '과학기술사회(techno-scientific society)'라고도 불린다.

과학기술사회는 단지 물질적·경제적 차원에서 과학기술의 사회적 영향력과 중요성이 커졌다는 사실만을 의미하지 않는다. 오늘날에는 과학기술적 합리주의, 전문주의 사고방식이 사회 전체에 스며들어 지배적인 이념이 되어, 과학화·기술화·전문화가 사회의 중심 조직원리가 되었다. 사회의 과학화와 기술화는 사회가 과학적 합리주의와 기술적 효율주의를 추구하고 또 이에 대한 신뢰가 커졌음을 의미한다. 그리고 사회의 전문화는 이러한 사고방식과 가치를 실현하는 주체인 과학기술 전문가 집단이 사회적으로 신뢰받는 집단이 되고 또 그 영향력도 커졌음을 의미한다.

이러한 현실은 과학기술의 편리함과 물질적 풍요 속에서 과학기술 전문가들에 대한 무조건적 신뢰가 형성되면서, 인간의 삶에 중대한 영향을 미치는 과학기술에 관한 의사결정을 전문가 집단이 독점하도록 하여, 일반 대중들은 잘 알지 못하는 위험들에 노출될 수 있음을 의미하기도 한다.

기술관료적 지배와 전문가주의

독일의 사회철학자 마르쿠제(Herbert Marcuse)는 20세기 초의 자본주의 사회가 과학기술적 진보를 통해 물질적 욕구의 만족을 가져다주었지만, 동시에 과도한 공업생산에 따른 낭비와 자연 파괴, 작업장에서의 소외와 억압 등 부정적인 현실을 만들어냈다고 보았다. 그럼에도 현대 자본주의 사회는 대중들을 '허구적인 욕구'에 빠져들게 하여, 부정적인 현실에서 벗어나려는 대중의 비판적 인식과 해방적 욕구를 마비시킨다.

마르쿠제는 과학기술 전문가들이 국가 관료가 되어 전문지식을 동원하여 국가정책의 결정에 중요한 역할을 담당하게 되는데, 이러한 기술관료들이 '과학기술적 합리성'을 지배의 원리로 삼으면서 대중을 물질적 만족에 매몰되게 하여 과학기술에 대해 무비판적으로 추종하도록 만든다고 보았다. 그는 이런 방식의 지배를 '기술관료적 지배(technocracy)'라고 불렀는데, 기술관료들의 정책 결정 지배는 지금까지 사회의 진보와 해방을 이끌어온 '비판적 이성'을 마비시키고 과학기술을 자연 착취와 인간 통제를 위한 수단으로만 생각하는 '도구적 이성'을 확대시켜 인간의 종속과 소외를 심화시킨다고 비판했다.

한편, 피셔(Frank Fischer)는 오늘날 '기술관료적 지배'가 전문가주의를 제도화한 '전문가적 지배'로 확장되었음을 지적하고 있다(Fischer, 1990). '전문가주의'는 현대사회의 각종 공적 의사결정이 과거에 비해 훨씬 큰 기술적 복잡성과 난해함을 지니기 때문에, 전문적 지식을 가진 소수의 전문가만이 합리적인 의사결정을 할 수 있는 능력과 자격을 갖췄다고 보는 사고이다.

전문가주의의 확산은 사회적으로 커다란 영향을 미치는 특정 과학기술의 사용에 관한 결정과 선택을 전문가들만의 손에 맡김으로써, 결정 과정에서 소외된 일반 대중들이 과학기술의 부정적인 결과를 감수하도록 하는 문제를 낳는다. 이것은 과학기술과 관련된 의사결정에서 시민 참여와 민주주의를 제약한다. 핵 기술 개발과 핵무기 제조, 농약의 개발과 무분별한 사용, 염색체 조작 기술 등 많은 과학기술 영역의 의사결정들에서 과학기술 전문가들이 주도적 역할을 했는데, 그 결과는 생명 파괴, 환경오염, 인간 복제 등과 같이 일반 시민들에게 신체적 피해와 윤리적 논란을 가져다주었다. 이것은 곧 '과학기술적 합리성'의 위기를 보여주는데, 과학기술이 추구했던 합리성이 생명과 생존의 위협이라는 불합리한 결과를 발생시킴으로써 더 이상 합리적이라고 판단하기 어렵게 되었다는 것이다.

2) 과학적 사실의 불확실성과 과학의 정치화

사람들은 일반적으로 '과학'을 우리의 일상생활에 많은 이로움을 주면서도 우리가 범접할 수 없는 실험실에서의 전문적 연구를 통해 발견되는 심오한 자연의 원리로 생각하면서 권위를 부여하는 경향이 있다. 그리고 과학은 '사실'을 다루는 것이어서, 어떤 의견 차이나 분열이 존재하는 각축장이 아니라고 생각한다. 하지만 오늘날 발생하고 있는 과학과 관련된 사고나 과학기술로 인한 피해로 과학과 기술에 대한 염려와 불신이 커지면서 과학자나 과학기술 전문가들이 객관적 사실을 중립적으로 다룬다는 생각 자체가 의심받기 시작했다.

넬킨(Dorothy Nelkin)은 새로운 약품의 개발, 핵발전소의 건설, 핵폐기물의 처분, 유전자조작 식품의 개발, 유전자조작 기술의 개발 등과 같은 공적 쟁점들은 단순히 '증거'에 대한 호소로 쉽사리 해소되지 않는 주장과 반론에 휘말리고 있다는 점을 보여주었다. 과학적 지식-주장들은 명확하고 결정적인 증거가 부재하여 '사실' 자체의 불확실성을 지니며, 이로 인해 모순적인 해석가능성이 열려 있다. 이런 경우에 과학적 지식은 권력에 의해 조작이 가능해지고 '과학기술적 전문성'이 정치적 견해나 경제적 이해관계를 정당화하기 위한 자원으로 활용된다는 것이다.

핵 기술 개발의 사례를 보면, 제2차 세계대전 말기에 유럽의 과학자들은 미국의 요청에 따라 핵분열 기술을 사용하여 핵폭탄을 개발하는 데 참여했다. 이들은 핵폭탄을 통해 전쟁을 끝내는 것이 세계 평화에 기여하는 일이라고 단순하게 생각했다. 하지만 핵폭탄의 사용을 통해 인류가 입은 피해는 상상하기조차 어려운 것이었으며, 이후에도 군사적·정치적 목적으로 핵무기 개발이 지속적으로 이루어지고 있다. 이것은 과학이 정치적 목적으로 이용될 수 있다는 '과학의 정치화'의 대표적인 사례이다.

"과학을 어떤 방식으로 활용할 것인가?" 하는 점은 과학자의 과학적·객관적 판단에 따라 정해지기보다는 오히려 다양한 정치적 고려에 따라 결정된다는 사실이 분명해지고 있다. 그래서 오늘날 과학적 사실에 대한 존중은 점차 과학기술로 인한 불안과 공포로 대체되고 있다(웹스터, 2002).

3) 과학과 자본주의: 과학의 산업화, 상품화

자본주의 사회에서 과학은 과학기술 개발을 통해 산업생산에 기여하는 도구가 되었다. 이것은 과학과 기술이 이윤 추구의 도구가 되고, 나아가 과학 자체도 상품이 되고 있음을 말한다. 오늘날 '순수한 과학'이라는 이상은 점점 더 추구하기 어려워지고 있고, 산업적·상업적 목적으로 투자되는, 기업연구소를 통한 연구·개발이 과학적 연구를 주도하고 있다.

1970년대에 유럽과 영국의 네오마르크스주의자들은 과학적 지식이 산업적 이익과 긴밀히 연관되면서 자본주의의 물질적 요구에 봉사한다는 점을 보여주고자 했다. 그리고 '자본주의적 과학과 기술'은 인간소외를 낳는 파괴적인 역할을 한다고 주장했다.

각종 질병을 치료하기 위해 시작된 의학적·약학적 연구들은 오늘날 자본주의적 이윤 추구의 대상이 되면서 의약산업 자본의 지원을 받고 있으며, 의약산업 자본은 각종 의료서비스를 상품화하고 있다. 각종 백신과 의약품도 의약 기업들에 의해 특허권을 지닌 상품으로 생산되면서 질병 치료보다도 이윤이 우선시되는 상황을 낳고 있다. 예를 들어 한때 인류 사회를 공포로 몰아넣었던 후천성면역결핍증(AIDS)은 치료제가 개발되었는데도 거대 제약자본이 특허권을 행사하고 유통을 지배하면서 약값을 비싸게 유지함으로써 막대한 이익을 얻고 있는 반면에, 빈곤국의 사회적 약자들은 돈이 없어서 치료받지 못하고 죽는 경우가 적지 않다.

유전자조작 기술을 이용한 유전자조작 식품(GMO) 생산은 안전성 논란을 야기하고 있고, 염색체 조작이나 줄기세포를 이용한 치료 기술의 활용은 생명 조작이라는 윤리적 문제를 낳고 있다. 이럼에도 불구하고 아처 대니얼스 미들랜드(Archer Daniels Midland Company), 벙기(Bunge), 카길(Cargill), 루이 드레퓌스(Louis Dreyfus), 바이엘(Bayer) 등 다국적 곡물 기업들은 식량 생산과 관련된 각종 생명공학 기술들을 이용하여 종자의 생산과 유통, 곡물 거래 등을 독과점하면서 '식량 상품화'를 통해 막대한 이윤을 벌어들이고 있다. 이 외에도 나노 기술, 핵 기술, 방사선 기술 등은 국가경쟁력 강화를 명분으로 충분한 안전성 검증도 없이 국가와 자본에 의해 경제개발과 이윤 증대의 수단으로 이용되고 있다.

이러한 현실은 자본주의 사회에서 과학기술의 발전이 '과학적 윤리'보다 '산업적·상업적 이윤 논리'에 의해 더 큰 영향을 받고 있음을 보여준다. 그리고 이것은 자본(기업)이 대중들에게 '기술유토피아' 사고를 부추기는 환경이 된다.

4) 과학자 집단과 과학의 윤리 문제

미국의 기능주의 사회학자 머튼(Robert K. Merton)은 1950년대에 과학을 일종의 사회제도로서 다루고자 했다. 그는 "과학제도는 과학자들이 따르는 (혹은 최소한 준수해야 하는) 광범위한 '윤리'를 구성하는 일련의 '규범들'에 따라 작동한다"라고 주장했다. 여기서 기본 규범이 되는 것은 보편주의, 공유주의, 조직된 회의주의, 불편부당성 등 네 가지이다. 그는 '지식의 진보에 대한 과학자들의 깊은 헌신'이 과학자들이 이러한 규범에 따라 행동하도록 만든다고 보았다. 그리고 과학자들은 동료들의 존경과 지지를 획득하기 위해 과학적 지식의 전반적인 객관성과 권위가 유지되는 방향으로 행동하게 된다고 주장했다.

그런데 과학과 과학자 집단의 객관성이나 공정성의 이미지는 다양한 방식으로 훼손된다. 과학이 정치적·군사적·상업적 목적으로 이용되면서 과학의 '보편주의'와 '불편부당성'은 훼손되며, 이해관계에 따른 과학자 집단 내부의 경쟁과 갈등은 '공유주의'와 '조직된 회의주의'의 작동을 어렵게 한다. 유전자 복제 연구와 관련된 2005년 '황우석 사건'에서 드러나듯이, 돈과 명예를 위한 과학자들의 경쟁은 과학적 연구 과정에서 과학자 집단의 규범에 어긋나는 부당하고 불법적인 행위를 발생시키기도 하는데, 이것은 과학에서도 각종 이해관계가 개입되고 있음을 보여주는 것이다. 핵발전과 관련된 연구기관이 핵 기술의 위험보다는 조직의 유지와 확대를 위해 우선적인 노력을 하고 있는 것도 '과학적 윤리'보다 과학자 집단의 이해관계가 더 우선적이라는 사실을 보여주는 사례가 된다.

이처럼 머튼이 주장하는 '과학적 윤리'는 과학자 집단 내부의 경쟁과 이해관계의 갈등으로 훼손되고 있을 뿐만 아니라, 사회윤리와 어긋나며 이해관계에 치우친 과학자 집단의 자기보호 행위로 인해 일반 대중들로부터도 의심받고 있다.

공유주의

"과학적 발견은 전체 공동체가 공유해야 할 공동의 유산으로서, 인정과 존경만이 과학자의 유일한 재산권이다"라는 이념을 말한다. 머튼은 처음에 이러한 의미를 표현하기 위해 'communism'이라는 용어를 사용했다. 그런데 1940년대 말 미국에서 공산주의를 탄압하는 매카시즘이 기승을 부리게 되자 자기검열을 통해 'communality'라는 용어로 바꿔 쓰게 되었다고 한다.

황우석 사건

2005년 11월, MBC TV의 사회고발 프로그램 〈PD수첩〉은 황우석 서울대학교 교수가 2004년에 세계적 과학학술지인 《사이언스(Science)》에 게재한 논문에서 사용한 난자의 출처에 대해 의문을 제기하는 방송을 내보냈다. '연구의 윤리성' 문제가 제기되자, 실험용 난자를 구하기 위해 돈을 지급한 사실을 시인한 황우석은 모든 공직에서 사퇴할 것을 발표했다. 그런데 이 일로 〈PD수첩〉은 세계적인 과학자의 잘못을 선정적으로 보도하여 그에게 오명을 씌웠다는 비난을 받았다. 팬카페 '아이러브 황우석' 등은 황우석을 줄기세포 연구의 원천기술을 개발한 국민적 과학영웅으로 추켜세우며 MBC와 〈PD수첩〉을 비판했다. 이후 〈PD수첩〉은 황우석의 논문의 진실성 여부를 취재하여 논문

5) 과학기술의 사회적 통제와 시민 참여

전문가 지식과 일반인 지식

일반 대중의 삶에 심대한 영향을 미치는 첨단 위험기술과 관련된 정책 결정에서, 과학적 지식에 대한 의존성은 점점 커지고 있는 반면에 과학자와 전문가 집단에 대한 신뢰는 점점 하락하는 경향이 나타나고 있다. 특히 실험실에서 만들어진 과학기술자들의 공식적 전문지식이 현실 환경에 적용되는 과정에서 한계를 드러내면서, 오히려 일반 시민의 지역적 전문지식의 중요성에 대한 인식이 커지고 있다(Jasanoff, 1993).

과학기술에 대한 전문가의 지식은 주로 교과서나 통제된 실험실에서의 탐구활동의 결과로 생성되는 것인 데 반해, 일반인의 지식은 주로 삶의 현장에서의 경험을 통해 생성된다. 따라서 어떤 문제들은 그것이 과학기술적으로 아무리 복잡하게 보일지라도, 사실은 주어진 환경에 오랫동안 놓여 있던 일반 시민이 그 해결에 기여할 수 있는 '생생한' 지식을 더 많이 갖고 있을 수 있다. 그래서 '전문가 지식' 못지않게 일상적 삶 속에서의 경험을 통해 체득한 '일반인 지식'도 정책 결정 과정에서 중요한 역할을 할 수 있다는 인식이 커지고 있다.

과학기술적 시민자격과 시민 참여

과학기술의 사회적 위험성이 커지고 '일반인 지식'의 중요성도 무시할 수 없게 되면서, 일부에서는 과학기술사회에서의 새로운 시민자격으로서 '과학기술적 시민자격(techno-scientific citizenship)' 개념을 발전시키고 있다. 이것은 과학기술사회에서 기술적 공공정책 결정과 관련하여 사회구성원들이 지녀야 하는 참여의 권리와 책무로서, 지식 혹은 정보에 대한 접근권리, 공공정책 결정 과정에 대한 참여의 권리, 의사결정이 합의에 기초해야 함을 주장할 권리, 집단이나 개인들을 위험에 빠지게 할 가능성을 제한시킬 권리 등과 이를 위해 갖추어야 할 시민으로서의 책무를 포함한다. 여기서 중요한 것은 시민들이 중요한 과학기술적 의사결정 과정에 참여

의 근거가 부적절하다는 방송을 내보냈다. 이에 따라 2006년 초 서울대학교 조사위원회는 황우석의 2004년 논문도 2005년 논문처럼 조작되었으며, 원천기술의 독창성도 인정하기 어렵다고 발표했다. 이후 2006년 초에 《사이언스》지는 황우석의 관련 논문 2개를 공식 철회했고, 서울대학교 징계위원회는 황우석 교수를 파면했다.

영국 컴브리아 지방 목양농들의 전문지식

윈(Brian Wynne)은 영국 컴브리아 지방의 목양농들이 겪은 일련의 사태를 통해 공식적 전문지식의 한계와 지역적 전문지식의 중요성을 잘 보여주었다. 컴브리아 지방의 토지는 체르노빌 핵발전소 사고로 날아온 방사능 낙진에 오염되어 있었는데, 정부기관의 과학자들은 오염원인 세슘(Cs)이 먹이사슬에서 급속히 사라질 것이라면서 양을 사육하도록 목양농들을 설득했다.

그러나 경험적으로 이 사실을 이미 알고 있던 목양농들은 과학자들이 안전하다고 주장한 지역에서 양을 사육하지 않았으며, 결과적으로 목양농들의 판단이 옳았음이 입증되었다. 과학자들은 실험에 사용한 경토와 실제 그 지역의 점토 사이에 세슘의 유동성에 차이가 있다는 사실을 간과했던 것이다(Wynne, 1989).

함으로써 좀 더 민주적인 의사결정이 이루어질 수 있도록 영향력을 행사한다는 점이다. 과학기술적 의사결정에서 시민 참여가 이루어지면 생태 친화적인 가치, 생명 중심적 가치 등 민주적·시민적 가치에 기초한 의사소통과 정책 결정이 이루어질 수 있을 것이다.

과학적 합리성과 사회적 합리성

현대사회가 점점 더 과학화·기술화되면서 단지 소수 전문가들이 과학기술적 의사결정 과정을 독점하는 경향이 강화되는 반면에, 일반 시민들은 자신의 삶에 중요한 영향을 미치는 과학기술적 의사결정에서 점차 소외되면서 과학기술적 의사결정에서 비민주성이 증대되고 있다. 벡은 이러한 현상을 '과학적 합리성'에 의한 '사회적 합리성'의 지배로 설명한다. 과학기술적 의사결정은 단지 과학적 합리성의 기준에만 따라서는 안 되며, 다양한 사회적 가치와 영향을 함께 고려해야 한다는 것이다.

2011년 일본에서 발생한 지진과 쓰나미에 이은 핵발전소 사고는 과학적 합리성만을 추구하는 폐쇄적인 전문가주의가 낳을 수 있는 폐해를 보여준 상징적 사건이었다. 아무리 과학자들과 전문가들이 '핵의 안전한 관리'를 장담하더라도 그들이 자연재해 자체의 엄청난 파괴력을 막거나 제어하는 데 한계가 있다는 사실을 분명히 보여주었다. 그러므로 과학기술적 위험이 증가하고 있는 오늘날 사회적 합리성에 대한 시민들의 요구들을 수용할 수 있는 제도적 장치들이 필요하며, 시민 참여를 통해 합리성에 대한 과학의 독점을 해체할 필요가 있다. 이것은 '과학적 합리성'만을 주장하는 전문가주의를 '사회적 합리성'에 기초한 일반 시민들의 다양한 의견을 통해 민주적으로 통제하는 것을 의미한다. 과학기술적 위험의 피해 당사자가 될 수 있는 일반 대중들이 의사결정 과정에 참여하여 전문가주의의 확산과 지배를 통제하는 것은 자신에게 영향을 미치는 결정에 스스로 참여한다는 민주주의의 원리에도 부합하는 것이라고 할 수 있다.

2011년 일본 지진의 여파로 폭발한 후쿠시마 제1원전의 모습이 사고 8개월 만에 언론에 공개되었다. 이 사고로 방사능이 유출되어 일본 전역이 크고 작은 피해를 지속적으로 입고 있다. 사고 후 일본 시민들은 핵발전의 위험성을 깨닫고 원전의 포기를 요구하고 있다.

3. 생태 위기의 이해

1) 환경적 위험과 생태 위기

과학기술과 환경적 위험

18세기 공업혁명 이후 공업화는 도시화와 더불어 공업재해, 교통사고, 화재, 실업, 질병 등 각종 불안과 위험들을 심화시켜 왔다. 미국 생물학자 카슨(Rachel Carson)은 1962년에 『침묵의 봄(Silent Spring)』을 출간하여 미국 사회에 엄청난 파문을 일으켰다. 이 책에서 그는 사람들이 벌레를 죽일 때 흔히 쓰는 살충제의 유독성을 연구하여, 살충제가 먹이사슬을 통해 벌레뿐만 아니라 새와 물고기 등 다른 동물들, 심지어 인간까지 죽인다는 충격적인 사실을 밝혔다. 이러한 카슨의 주장은 미국 정부에 의해 수용되어 환경법이 개선되고 새로운 법조문들이 추가되었고, 환경문제에 대한 대중의 인식도 크게 바뀌었다. 실제로 미국에서는 유독성 살충제인 DDT

의 사용을 금지하면서 사라졌던 흰머리독수리, 갈색펠리컨, 물수리, 송골매 같은 희귀 새가 점점 늘어나는 현상을 확인할 수 있었다.

1972년에 출간된 로마클럽의 『성장의 한계(The Limits to Growth)』는, "인류의 경제성장은 끊임없이 지속될 수 있다"라는 성장 신화에 일대 충격을 가했다. 이에 따라 생태계에는 스스로 정화할 수 있는 한계인 '수용능력(carrying capacity)'이 정해져 있으며, 그것을 넘어서는 과도한 개발이 지속된다면 자원 고갈과 자연환경 파괴로 인해 성장의 한계에 직면할 것이라는 인식이 확산했다. 이러한 인식 전환은 환경문제에 대한 근본적 성찰과 환경운동 활성화의 중요한 계기가 되었다.

지구적 생태 위기와 생존의 위협

18세기 공업혁명으로 화석연료를 이용하는 내연기관(엔진)의 발명과 기계 기술의 발전이 이루어지면서 공업적 생산방식이 확산했다. 이것은 환경오염과 지구생태계 파괴로 이어져 인류의 환경적 위험과 '생태 위기(ecological crisis)'를 심화했다. 생태 위기는 궁극적으로 생태계의 균형과 안정적 순환이 깨지면서 인간의 생존에 위협을 가하는 것이라고 할 수 있는데, 이러한 위기는 결국 인간이 만들어냈다는 점이 딜레마가 된다.

공장에서의 생산과정은 기계를 작동시키면서 화석연료, 물, 다양한 자연자원을 사용하는 과정인데, 이때 각종 대기오염 물질, 수질오염 물질, 산업 쓰레기 등 다양한 오염물질들을 배출하여 대기, 물, 토양을 오염시킨다. 그리고 생산된 재화의 소비과정에서 각종 생활 쓰레기들을 배출함으로써 오염을 가중하게 된다. 이러한 환경오염은 결국 다양한 경로로 인체에 유입되면서 각종 질병을 일으키게 된다.

생태 위기의 원인은 결국 환경을 오염시키고 생태계에 변화를 일으키는 인간들의 생산방식과 소비방식에서 찾을 수밖에 없는데, 이것은 사람들이 더 풍요롭고 편리한 삶을 위해 과학기술의 발달과 공업화를 추구한 결과이다. 공업화는 생산 원료가 되는 다양한 자연자원과 에너지 공급을 위한 에너지 자원의 개발에 의존하는데, 이러한 자원들을 개발하고 이용

로마클럽

1968년 4월 이탈리아의 실업가 페체이(Aurelio Peccei)의 제창으로 '지구의 유한성'이라는 문제의식을 가진 유럽의 경영자, 과학자, 교육자 등 지식인들이 로마에서 결성한 미래사회 연구 조직을 말한다. 로마클럽은 고도성장 시기인 1972년에 『성장의 한계』라는 보고서를 발표하여 제로 성장의 실현을 주장해 주목받았다. 인구, 공업화, 환경오염, 식량 생산, 자원 소비 등 다섯 가지 성장요소에 대한 분석 결과로서, 현재의 급격한 성장은 한계에 부딪힌다고 주장하며 이에 대한 대안으로 '지구적 균형상태'를 제시했다. 그후 이 클럽의 활동은 세계적으로 확산되어, 과학기술의 진보에 따른 천연자원의 고갈, 공해에 의한 환경오염, 개발도상국의 인구 증가 등 인류의 위기 상황을 경고하고 이를 타개할 길을 모색하는 데 애쓰고 있다.

환경피해의 역사적 사례들

공업화가 환경을 파괴하고 인간의 생존을 위협하고 있다는 사실은 세계적인 환경오염 사건들을 통해 확인할 수 있다. 1956년 일본 미나마타시에서는 화학공장에서 플라스틱 원료를 제조하는 과정에서 인근 해양에 조금씩 흘러든 수은(Hg)이 먹이사슬을 통해 인근 주민들의 인체로 유입되면서 6000명 이상의 수은중독 환자가 발생했고, 그중 200명 이상이 사망했다. 미나마타병으로 유명한 이 사건은 1962년 일본에서 발생한 카드뮴(Cd) 중독으로 인한 이타이이타이병과 함께 중요한 수질오염 사건으로 꼽힌다.

그리고 1952년 12월 영국 런던에서는 공장 지대에서 내뿜은 매연과 이산화황(SO_2)이 대기에 정체되었다가 1주일 동안 지표면 가까이에 머물면서 수천 명의 사망자를 내는 사건이 발생했다. '런던 스모그'로 잘 알려진 이 사건은 공장 매연 및 연소가스로 인한 대규모 대기오염 사건이었다.

한편, 1981년 미국의 러브캐널이라는 마을에서는 토양에서 악취가 나고 주민들이 불쾌감을 느껴 조사한 결과, 다이옥신, 트리클로로에틸렌 등 20여 종의 발암물질이 토양에서 휘발하여 대기를 오염시키고 있다는 사실을 밝혀냈다. 이 지역은 약 30년 전 인근의 화학공장이 주 정부의 허가를 받아 산업폐기물을 매립하고 복토

하는 과정에서 환경오염 물질 배출과 함께 환경오염 사고들이 생겨난다.

공업혁명 이후 이러한 환경오염은 지속해서 발생했는데, 과학기술이 발달한 20세기 말 이후에도 환경오염 사고들은 끊이지 않고 발생했다. 1986년 소련 체르노빌 핵발전소 폭발 사고, 2007년 말 한국의 태안 앞바다 유조선 사고와 2011년 멕시코만 해저유전에서 일어난 대량의 원유 유출 사고, 2011년 일본 후쿠시마 핵발전소 폭발 사고 등은 생태계와 인간들에게 심각한 환경피해를 입혔다. 토지 개간이나 목재 사용 등을 위한 삼림 파괴도 지속되었는데, 아마존 삼림의 개발에 따른 숲 훼손은 동식물 생태계 훼손과 산소 생성 감소로 지구와 인류의 생존에 피해를 준다.

지구온난화와 기후 위기

그동안 선진국들을 중심으로 환경기술 개발 등 환경오염을 줄이기 위한 다양한 노력이 지속되어 왔는데, 이에도 불구하고 2000년대에 들어와서 특히 '기후 위기'가 생태 위기로서 점차 심각하게 받아들여지고 있다. 18세기 공업혁명 이후 급속한 공업화로 에너지 수요가 크게 늘어나면서 석탄, 석유 등 화석연료의 개발과 사용이 증가했다. 그리고 포드주의적 대량생산·대량소비 경제의 발달은 소비주의 생활양식을 확산시켜, 석유를 이용하는 자동차의 생산과 운행, 전기 생산, 가정용 화석연료 사용 등에 따른 석유와 석탄 에너지의 사용도 증가했다.

〈그림 18-1〉에서 알 수 있듯이, 공업화에 따른 화석연료 사용 증대로 지구온난화를 유발하는 온실가스(green house gas)인 이산화탄소(CO_2) 배출량이 증가하여 대기 이산화탄소 농도가 높아진 사실이 지구온난화에 큰 영향을 미쳤다. 여기에는 그동안 지구의 이산화탄소를 흡수해 온 적도 지역의 거대한 열대우림들이 목재개발을 위해 벌목되면서 그 면적이 지속해서 감소한 것도 영향을 미쳤다. 지구온난화는 기후변화로 자연생태계의 순환을 훼손하고 또 기후대 변화에 따른 해수면 상승, 가뭄, 홍수, 식생의 변화, 새로운 질병과 전염병의 확산 등 기후 위기를 낳아 인류의 생존을 위태롭게 하고 있다.

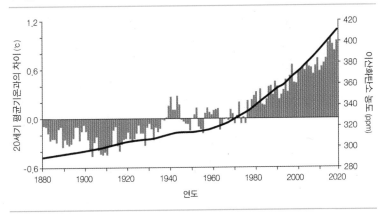

〈그림 18-1〉 지구 대기 이산화탄소량과 지표면 평균기온 추이(1880~2019년)

자료: 미국해양대기청(NOAA, National Oceanic and Atmospheric Adminstration) 홈페이지.

를 한 후 주택을 조성한 장소였는
데, 매립되어 있던 유해물질이 지
표면으로 올라오면서 토양과 대
기를 오염시킨 것이었다. 이 사건
으로 인근 주민들은 모두 다른 지
역으로 이주했으며, 미국 환경보
호국(EPA)은 이 지역의 출입을 금
지했다.

2) 생태 위기의 다양한 원인들

사람들이 직접적으로 느끼는 환경문제들로는, 기업의 환경오염 물질
배출행위와 개인들의 반환경적 소비와 과도한 생활 쓰레기 배출, 환경오
염 행위 감시에 미흡한 정부의 환경정책, 환경문제에 대한 시민들의 무관
심 등을 들 수 있다. 그런데 기업, 정부, 개인들의 환경오염 행위나 이를
제대로 방지하지 못하는 정책의 근원에는 개인적인 노력만으로 해소하기
가 쉽지 않은, 좀 더 구조적이고 근원적인 원인들이 있다. 그래서 단순히
'환경문제'라는 시각에서 접근하기보다는 '생태 위기'라는 시각에서 접근
할 필요가 있다.

생태 위기는 직접적으로 과학기술의 발달에 기초한 공업화에서 그 원
인을 찾을 수 있다. 그래서 공업주의·기술주의가 생태 위기의 구조적 원
인으로 제시된다. 그런데 이것만이 아니라 인구 증가와 도시화, 자본주의
의 성장주의와 소비주의, 자본주의의 확장적 성향과 세계화 등도 생태 위
기를 심화하는 요인이 된다. 이것들은 자원과 에너지 소비와 이에 따른
환경오염을 양적으로 확대하거나 도시 지역에 집중시킬 수도 있고, 자본

의 이윤 동기에 따라 환경오염을 지구적으로 확장하는 결과를 낳을 수 있다. 그리고 이러한 원인들의 철학적 근원으로서 인간중심주의적 자연·과학·기술관 등을 문제 삼기도 한다(구도완, 1996).

인간중심주의와 자연 착취

자연적 위험과 경제적 빈곤에서 해방되는 것이 중요했던 시대에는 당연히도 자연을 인간이 극복하고 통제해야 할 대상으로 보았다. 그래서 이성, 과학, 진보, 인간복지의 이념을 주창한 '계몽주의 자연관'이 지배적이었고, 이러한 자연관은 인류가 이성과 과학을 이용하여 적극적인 자연 개발과 경제성장을 추구해야 한다고 생각했다. 그런데 생태 위기 시대에 이러한 계몽주의 자연관은 자연을 극복과 통제, 개발과 착취의 대상으로 바라보는 관념, 즉 '인간중심주의(anthropocentrism)'로 규정되면서, 서양의 현대화 과정을 지배해 온 이념적 원리로서 자연 착취를 가속화하여 생태 위기를 낳은 중요한 원인으로 지목되고 있다.

그렇다면 생태 위기를 극복하려면 '인간중심주의'에서 벗어나야 한다고 주장해야 하는데, 이러한 주장이 극단화되면 '자연중심주의'로 나아가게 된다. 자연중심주의는 인간이 하나의 종으로서 생존을 위해 자연생태계의 균형을 깨뜨려서는 안 된다고 주장한다. 이러한 주장은 인간중심주의를 비판하기 위해 인간 문명 자체를 부정하는 극단적 주장이 될 수 있다.

이러한 비판에 직면하여 인간중심주의는 '강한 인간중심주의'와 '약한 인간중심주의'를 구분하려고 한다. '강한 인간중심주의'가 인간의 물질적 풍요를 극대화하기 위해 자연의 개발과 착취를 적극적으로 추구하는 이념이라면, '약한 인간중심주의'는 지구생태계의 자연적 순환을 유지할 수 있는 범위 내에서 자연의 이용을 추구하는 이념인데, 여기서 '강한 인간중심주의'는 생태 위기의 원인이 되며, '약한 인간중심주의'는 그 대안이 된다.

공업화와 환경오염

농경사회와 비교해 보면, 오늘날의 환경오염이 무엇보다도 공업화와 연관되어 있음을 알 수 있다. 공업화의 특징은 생산방식의 혁명, 즉 기계의 이용과 화석연료의 사용을 확대함으로써 재화의 생산량을 급속히 증대시킨 것이다. 공업적 생산방식은 화석연료 에너지 개발과 소비, 기계를 통한 대량생산, 석유화학 기술을 통한 에너지와 재료의 생산 등을 통해 생산과정과 소비과정에서 화학물질, 중금속, 독성가스, 온실가스, 산업 쓰레기, 플라스틱 폐기물 등 이전에는 볼 수 없었던 다양한 오염물질을 대량으로 배출하도록 했다. 또 대량생산에 따른 대량소비는 생활쓰레기의 대량 배출로 이어졌고, 각종 쓰레기를 해양에 투기함에 따라 환경오염을 지구 전체로 확산시키고 있다.

과학기술과 자연환경 파괴

코머너(Barry Commoner)는 제2차 세계대전 이후 급격히 악화한 환경오염은 대량생산을 위한 '거대기술'의 발전에 기인한다고 주장했다. 그는 거대기술에 반대하여 '적정기술'을 내세웠는데, 이것은 기술이 사용되는 맥락을 고려하는 '생태친화적 기술', 중앙에서 통제하는 거대기술이 아닌 공동체에서 통제할 수 있는 '작은 규모의 기술'을 말한다.

이러한 관점에서는, 현대의 과학기술 발전은 '강한 인간중심주의'에 기초한 것으로서 생태 위기를 낳고 또 가속화한 중요한 원인이다. 그래서 슈마허(Ernst F. Schumacher)는 『작은 것이 아름답다(Small is Beautiful: A study of economics as if people mattered)』(1973)에서 적정기술을 적용할 수 있는 공동체 건설이야말로 환경 위기를 극복하는 길이라고 보았다.

공업주의와 생태 위기

제2차 세계대전 이후 미국과 서유럽 자본주의 사회에서 급속한 자본주의적 공업화가 이루어지고 이에 따라 환경오염이 심각해지면서, 환경문제는 자본주의 사회에 특징적인 문제로 여겨졌다. 그런데 1980년대 말 소련과 동유럽 사회주의권의 해체 이후 이들 국가에서도 환경오염 문제가 심각하다는 사실이 알려지면서, 환경문제를 자본주의만의 문제로 봐서는 안 된다는 주장이 확산되었다.

포릿(Jonathon Porritt)은 '공업주의'를 "생산과 소비과정의 영속적인 확대를 통해서만 인간 욕구가 충족될 수 있다는 신념과 집착"이라고 규정하면서, 사회주의와 자본주의는 모두 경제성장을 극대화할 때 사회구성원들의 욕구가 최적으로 충족된다고 믿는다는 점에서 둘 다 공업주의의 유형들이라고 보았다. 공업주의 추구에 따른 환경오염 심화는 자본주의와 사회주의 모두에서 공통으로 나타났으며, 따라서 공업주의야말로 생태 위기의 근본 원인이고, 공업주의를 극복해야 생태 위기를 해결할 수 있다고 주장했다.

자본주의와 소비주의

공업화와 거대기술의 발전을 통한 경제성장의 추구, 즉 공업주의가 생태 위기의 직접적 원인이라고 한다면, 생태 위기에 미치는 영향에서 자본주의와 사회주의 사이의 차이는 무시할 만한 것일까? 현실 사회에서 자본주의 나라와 사회주의 나라 모두는 공업화를 적극적으로 추구했다. 그래서 두 사회 모두에서 환경오염 문제가 발생했다. 하지만 자본주의적 공업화는 훨씬 팽창적인 양상을 띠고 있었다. 그것은 무엇보다도 자본주의 경제가 지닌 성장주의 경향 때문이었다.

자본주의의 이윤 극대화 논리는 기업들이 생산을 늘리고 지속해서 새로운 상품들을 개발하도록 만드는데, 이것은 자원과 에너지의 사용을 지속적으로 확대한다. 이 과정은 자원과 에너지의 이용량과 오염물질 배출량을 지속적으로 증대시켜 생태 위기를 심화시키게 된다. 자본주의는 자본축적을 통한 확대재생산으로 이윤 극대화를 추구하는 경제체계로서, 지속적 상품화, 성장주의, 소비주의를 통해 팽창해 가는 것을 자신의 속성으로 한다. 그래서 자원과 에너지의 개발과 재화의 생산 및 소비의 확대가 지속해서 이루어지며, 이 과정에서 환경오염과 생태 위기가 가속화한다. 이것은 자본주의의 팽창적 성격으로 인해 자본주의가 사회주의에 비해 생태 위기에 더 큰 영향을 미칠 수 있음을 보여준다.

자본주의적 세계화와 환경오염의 확산

자본주의 사회에서 자본은 이윤을 극대화하기 위해 값싼 원료와 에너지, 넓은 시장 등을 찾아 끊임없이 해외로 팽창해 가려는 성격을 지니고 있다. 이에 따라 선진국들은 세계화를 통해 세계시장 통합을 추구해 왔고, 신자유주의 원리를 내세워 개발도상국들이나 저개발국들이 관세 장벽을 낮추어 자본과 상품의 자유로운 이동을 보장할 것을 강요해 왔다.

세계화로 세계시장 개방이 확대되면서 선진국 자본들은 지구 곳곳에서 에너지 개발과 자원 개발을 추진하고 또 현지에 공장을 지어 값싼 노동력을 이용하는 등 이윤 극대화를 위한 개발과 성장을 추구하고 있다. 이에 따라 삼림 파괴의 확대, 화석연료 개발과 사용의 증가 등에 따른 각종 환경오염도 세계화되고 있다. 그리하여 자본주의적 세계화 역시 생태 위기를 가속화하는 주요 원인들 가운데 하나가 되었다.

세계화에 따른 사람과 동물, 음식, 재화, 물질들의 지구적 이동은 각종 질병과 전염병의 지구적 확산 가능성을 높이고 있다. 먹거리 무역이 증가하면서 공장식 사육 등에 따른 광우병, 구제역과 같은 새로운 질병의 창궐과 전염병의 지구적 확산으로 위험도 지구화되고 있다. 또 국경의 한계 내에 머무르지 않는 온실가스와 같은 대기오염 물질의 확산, 핵발전에 따른 방사능 위험 등은 생태 위기, 기후 위기, 생존 위협을 심화하고 있다. 이러한 지구적 환경문제는 일국 수준의 노력으로는 해결할 수 없는 문제가 되었다.

인구성장과 자원 고갈

1960년대에 들어서 인구 증가를 생태 위기와 관련짓는 에를리히(Paul Ehrlich)와 같은 신맬서스주의자들이 나타났다. 이들은 자연(토지)의 한계로 인한 산술급수적 식량 생산이 기하급수적 인구 증가를 따라갈 수 없어서 식량 위기를 맞게 되듯이, 자연생태계의 수용 능력 한계로 인해 인구 증가가 생태 위기를 낳게 된다는 점을 강조한다. 그래서 이들은 강제로도 인구성장 억제 정책을 시행해야 한다고 주장한다.

그런데 이러한 주장은 인구 증가율이 낮은 선진국들이 인구 증가율이 높은 저개발국들에 지구 환경 위기의 책임을 전가하기 위한 것이라고 비판받고 있다. '고출생률과 저사망률' 단계를 지나 '저출생률과 저사망률'의 단계에 진입한 선진국들은 인구 증가 문제로부터 자유로워지고 있는 반면에, 제3세계 빈곤국들은 피임법 보급 미흡, 합리적 출산 조절 의식의 미약 등으로 출산 통제가 어려워 여전히 인구가 증가하고 있다.

　신맬서스주의자들의 주장처럼 지구의 수용 능력이 한정되어 있어서 지구 전체 인구를 지구가 감당할 수 있는 수준으로 제한할 필요는 있다. 실제로 인구 증가는 자원과 에너지의 사용량과 재화의 생산량을 절대적으로 증대시켜 더 많은 환경오염을 낳으며, 이것은 생태 위기 심화의 원인이 된다. 하지만 인구수 제한보다 더 중요한 것은 1인당 자원 및 에너지 소비량의 감축이다. 실제로 나라 간 1인당 에너지 소비량(2019년 기준)을 비교해 보면, 미국 국민은 일본과 프랑스 국민의 약 2배, 중국 국민의 약 3배, 인도 국민의 약 10배 정도의 에너지를 소비하고 있다. 한국 국민은 미국 국민의 80% 수준에 달하는 에너지를 소비하고 있다. 그런데 빈곤국들은 100배 이상 낮은 수준으로 에너지를 소비하고 있다. 따라서 인구 증가가 환경오염에 미치는 영향은 단순히 인구수로만 판단해서는 안 된다.

4. 생태 위기와 생태 담론

　생태 위기의 원인은 인간중심주의, 공업화, 거대기술, 공업주의, 자본주의, 성장주의, 소비주의, 세계화, 인구성장 등 다양한 차원과 영역에서 찾아볼 수 있다. 그런데 무엇이 생태 위기의 좀 더 근본적인 원인이며, 따라서 어떤 개혁과 변화를 추구해야 생태 위기를 해결할 수 있을지에 관한 생각은 일치하지 않는다. 다양한 사회집단 사이에서 이해관계나 가치 지향의 차이로 경제개발과 환경 보전을 둘러싼 의견 갈등이 존재하는 만큼이나, 생태 위기의 원인과 대안을 제시하는 시각에서도 갈등이 존재한다.

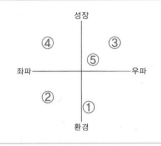

〈그림 18-2〉 환경 담론의 지형도

성장

④　③

⑤

좌파 ──────┼────── 우파

②

①

환경

① 심층생태주의
② 생태사회주의
③ 환경관리주의
④ 좌파환경관리주의
⑤ 존속 가능한 발전

1) 생태 위기 논쟁과 생태 담론들

오늘날 환경문제를 무시하며 무조건적 '성장'이나 '개발'을 주장하는 담론을 발견하기는 어렵다. 하지만 환경문제의 원인과 해결 방안, 바람직한 미래상을 둘러싸고 다른 견해를 제시하는 '환경 담론들' 또는 '생태 담론들'이 서로 경합하고 있다. 이들은 "생태 위기를 얼마나 심각하게 받아들이느냐?", "환경이 우선인가, 성장이 우선인가?", "환경보호와 경제적 정의 (분배)는 서로 어떤 관계를 지니고 있는가?" 등에 따라 견해 차이를 보인다. 여기서는 ① 심층생태주의, ② 생태사회주의, ③ 환경관리주의, ④ 좌파환경관리주의, ⑤ 존속 가능한 발전 담론 등을 나누어 보면서, 이들 간의 유사성과 차이를 살펴보기로 한다. 〈그림 18-2〉는 '성장 대 환경', '좌파 대 우파'를 두 축으로 하여 각 담론의 성향을 좌표로 표시한 것이다.

심층생태주의

심층생태주의(deep-ecology)는 생태 위기가 '인간중심주의'에서 비롯되었다고 보면서, 이에서 벗어나려면 지금까지 지속된 과학기술 만능주의와 성장주의, 그리고 이들을 뒷받침하는 정치·경제 제도의 한계를 극복해야 한다고 주장한다. 자연과 인간을 구분하는 기독교적 이원론의 전통에 근거한 현대과학은 자연을 인간의 이용 대상으로 취급하고 그 위에 군림하려고 하는데, 이러한 인간중심주의가 생태 위기의 근본 원인이라는 것이다. 인간중심주의는 자본주의든 사회주의든, 우파든 좌파든 모두에게 공통된 것이며, 따라서 전통적인 좌·우 이데올로기 대립을 넘어서야 한다고 주장한다.

그리하여 심층생태주의는 인간과 자연의 공존을 가능하게 만드는 환경친화적 과학기술, 정치체계, 생산양식 등을 통해 자연적 순환이 유지될 수 있는 사회를 지향한다. 심층생태주의는 적정기술 체계, 권력의 분권화, 자급자족의 정도가 높은 공동체 생산양식, 그리고 공동체들 사이의 연결망 구성을 강조하는 등 공동체주의적 지향을 지닌다. 그리고 이러한 대안적 사회체계를 실현하기 위해 영성을 강조하고 새로운 금욕주의적 생활양식을 실천하는 문화운동을 제창하기도 한다. 이러한 주장은 인간과 자연의 공존을 강조하고 환경친화적 요소가 많은 힌두교, 불교, 노장사상 등 동양의 종교·사상과 친화성이 있다.

생태사회주의

생태사회주의(eco-socialism)는 자본주의적 공업화가 이루어지고 있는 사회에서 '생태주의'를 지향하는 것만으로는 생태 위기 극복에 충분하지 않다고 생각한다. 그래서 생태주의적 사고를 받아들이는 동시에 경제적 정의 또는 분배적 평등을 추구할 것을 주장한다. 생태사회주의는 공업주의 추구에 따른 환경오염 문제가 자본주의 경제체계로 인한 성장주의나 계급 불평등과도 연관되어 있다는 점을 강조한다. 그래서 생태 위기를 극복하려면 생태주의를 통해 공업주의를 극복하는 동시에 사회주의를 통해 자본주의를 극복해야 한다고 주장한다. 생태주의와 사회주의의 결합을 지향하는 생태사회주의는, '성장의 한계'라는 생태주의적 제안과 생태주의적 패러다임 전환과 함께, 사회주의가 제안하는 '자원의 공평한 분배'와 경제적 평등을 동시에 추구해 나갈 때 친환경적·반위계적 생태주의(녹색)의 가치를 실현할 수 있다고 주장한다.

생태사회주의는 자본주의를 생태 위기의 중요한 원인으로 본다. 자본주의는 성장주의와 소비주의를 확산할 뿐만 아니라, 계급 불평등으로 인해 생겨나는 노동자계급을 비롯한 저소득층이 욕구충족을 위해 성장주의에 동조하도록 만들기 때문에, 더 많은 자원과 에너지를 개발하고 사용함에 따라 생태 위기를 가속화한다.

그래서 생태사회주의자 라일(Martin Ryle)은 '공업화된 나라에서 습관화된 생활양식 및 기대 수준과의 단절'이 수반되어야 한다고 말한다. 계급 불평등은 노동자계급이 상대적 박탈감 속에서 더 많은 욕구를 충족하기 위해 성장주의와 물질주의적 생활양식에 동조하게 만든다. 따라서 노동자계급이 경제적 평등을 통해 이러한 욕구 추구에서 벗어나고, 나아가 성장주의적·물질주의적 사고 및 생활양식에서 벗어나도록 하는 것이 곧 생태주의를 실현하는 중요한 기초가 된다.

생태사회주의의 실현은 단지 '공업화된 자본주의'와의 단절만을 의미하지 않으며, 생산력 발달을 통한 물질적 풍요와 노동 해방을 추구하는 '공업화된 사회주의' 전통과의 단절도 의미한다. 그래서 생태사회주의자들은 생산력 발달에 기초한 사회주의를 추구하는 전통과는 다른 전통인 유토피아 사회주의, 무정부주의, 공동체주의, 분권화된 사회주의 등에 더 많은 관심을 기울이고 있다.

생태사회주의는 (심층)생태주의가 잘 주목하지 못하는 점, 즉 환경오염의 피해가 계급 간, 국가 간에 차별적으로 나타난다는 점에 주목하면서, 분배적 정의를 통해 경제적·계급적 불평등 문제를 해결하는 것이 자본주의의 성장주의와 단절할 수 있는 중요한 방안임을 보여준다. 그래서 생태사회주의는 국제적으로나 국내적으로나 생태주의적 전환을 위해 환경정의와 경제적 평등을 함께 추구해 나가야 한다고 주장한다.

환경관리주의

환경관리주의(environmentalism) 또는 환경주의는 기존의 정치경제체계 안에서 친환경 기술을 발전시키고 환경정책과 환경관리를 강화하여 개인들의 행위 양식을 변화시키면 환경문제가 해결될 수 있다고 본다. 그래서

'환경개량주의'라고도 한다. 환경관리주의는 우리가 충분한 관심만 기울인다면 환경문제를 기존의 사회·경제 제도 안에서 합리적으로 관리하고 또 해결해 나갈 수 있다고 본다. 특히 환경문제를 낳는 기존 과학기술의 한계는 더욱 발전된 과학기술을 통해 해결할 수 있다고 본다.

환경관리주의는 '성장과 환경의 조화'를 말하지만, 기본적으로 '성장의 한계'를 인정하지 않으려 한다. 그래서 친환경 기술의 개발을 통해 환경문제를 해결해 나가면서 동시에 경제성장을 지속할 수 있다고 주장한다. 이런 맥락에서 환경관리주의는 환경문제를 자원의 효율적 이용 문제로 생각하기도 한다.▼ 환경관리주의의 이런 관점은 이윤 극대화를 위해 자본주의적 발전과 성장을 적극적으로 추구하는 자본가계급의 이해관계와 친화적이다. 결국 환경관리주의는 생태 위기가 과장되었다고 주장하거나, 자본주의나 제국주의, 현대 과학문명 등이 근본적인 원인이라는 주장에 반대하면서, 기존 사회체계 내에서 환경문제를 합리적으로 관리함으로써 생태 위기를 해결할 수 있다고 주장한다.

좌파환경관리주의

▼ 미국의 산림청장이며 초창기 미국 환경운동의 지도자였던 핀초트(Gifford Pinchot)는 환경관리론의 입장을 대변했다. 그는 자원보존운동의 일차적 목적은 자원의 낭비를 줄이는 데 있다고 보았다. 그래서 첫째, 개발을 위해 자원을 효율적으로 써야 하며, 둘째, 낭비를 막아야 한다고 주장했다. 그리고 이를 위해서는 정부의 규제나 유인책 등 환경정책을 효과적으로 활용하는 것도 매우 중요하다고 보았다.

좌파환경관리주의(leftist-environmentalism) 또는 좌파환경주의는 자본주의적 계급 불평등에 대해서는 좌파적 입장에서 경제적 정의(분배적 평등) 실현으로 해결해야 한다고 보지만, 생태 위기에 대해서는 환경관리주의적 입장을 취한다. 좌파환경주의는 기본적으로 생산력 발달에 기초하는 공업화된 풍요로운 사회주의를 이상으로 추구하기에 생산력주의, 성장주의를 부정하지 않는다. 그러면서 공업화 과정에서 생겨나는 환경문제는 생산 기계의 효율화와 소재의 축약(소규모화), 극소 전자기술에 의한 생산방식 혁신 등을 통해 해결할 수 있다고 본다. 말하자면 생산방식의 혁명을 통해 친환경적 생산 기술을 발달시키면, 환경문제를 해결하는 동시에 생산력 발전을 통한 물질적 풍요도 누릴 수 있다고 주장한다.

좌파환경관리주의는 '성장과 환경의 조화'라는 이념을 받아들이지만, 생산방식의 혁신으로 친환경적인 생산이 가능하기에 경제성장을 통한 물질적 풍요를 포기할 필요가 없다고 본다. 그래서 경제성장과 함께 계급 불평등을 해결해 나가자고 주장한다. 좌파환경관리주의는 계급 불평등의 폐지를 지향하는 노동자계급이 친환경적 기술혁신에 저항하지 않을 것이기에 별다른 저항감 없이 친환경 계급이 될 수 있다고 본다.

존속 가능한 발전 담론

'존속 가능한 발전(sustainable development)' 또는 '지속 가능한 발전' 담론은 1987년 세계환경개발위원회(WCED)의 보고서인 『우리 공동의 미래(Our Common Future)』가 선진국과 개발도상국 간의 견해차를 좁히려는 의도로 제시한 것이다. 이 개념은 1992년 리우환경회의의 중심 테마가 되는데, '환경적으로 건전하고 존속 가능한 발전(environmentally sound and sustainable development)'이 의미하는 바는 '미래 세대의 요구 충족 능력을 저해하지 않으면서 현 세대의 요구를 충족하는 발전'이다. 말하자면 지구의 수용 능력을 고려하는 한도 내에서 발전을 추구하자고 하는 입장이다.

존속 가능한 발전 담론은 '성장과 환경의 조화'라는 의도를 지니지만, 성장과 발전에 대해 근원적으로 문제를 제기하지는 않는다. 이런 점에서 '존속 가능한 발전' 담론은 과학기술 발전, 공업주의, 자본주의, 세계화 등 공업적 성장주의를 근원적으로 비판하는 심층생태주의나 생태사회주의와 달리 성장 속도의 조절을 지향하는 변형된 환경관리주의로 볼 수 있다. 그렇지만 '존속 가능성'과 '발전' 가운데 어디에 초점을 두느냐에 따라 그 지향은 달라질 수 있는데, 이것은 생태 위기에 대응하는 실용적인 입장을 잘 보여준다.

2) 생태 위기와 기후 위기에 대한 대응들

오늘날 기존의 다양한 환경오염 문제들과 함께 지구온난화로 인한 기후변화가 인류 생존 자체를 위협하는 점점 더 심각한 생태 위기 양상으로 부상하고 있다. 그래서 성장과 환경의 조화에 대한 지구적 공감이 커지고 있고, 생태적 현대화(ecological modernization), 나아가 생태 전환, 녹색 전환, 에너지 전환 등 생태 위기 해소를 위한 실천적 대안들이 다양하게 제시되고 있다. 또한 계급 불평등이나 경제 정의의 시각에서 생태 전환이나 에너지 전환을 추구해야 한다는 주장들도 제시되고 있다.

유엔 기후변화회의와 기후 위기에 대한 대응

지구온난화와 기후 위기가 인류 생존을 위협하는 문제가 되면서 1988년에는 유엔 주도하에 '정부 간 기후변화협의체(IPCC: Intergovernmental Panel on Climate Change)'가 설립되었고 기후변화에 대한 보고서를 발간하기 시작했다. 그리고 1992년 브라질 리우데자네이루에서 열린 '리우환경회의'에서는 각국의 온실가스 배출 및 흡수 현황에 대한 국가 통계 및 정책 이행에 관한 국가 보고서 작성, 온실가스 배출 감축을 위한 국내 정책 수립 및 시행, 온실가스 배출량 감축 권고 등을 주요 내용으로 하는 '유엔 기후변화협약'이 채택되었다. 또한 1997년에는 기후변화협약을 이행하기 위한 협약으로 '교토의정서'가 채택되었다. 하지만 협약을 이행하는 과정에서 당시 세계 온실가스 배출량의 약 4분의 1을 차지했던 미국이 2001년에 자국 산업 보호를 이유로 탈퇴하고, 러시아가 미온적인 태도를 보임으로써 협약의 발효 시기가 계속 늦춰졌다. 이후 2005년에 공식 발효가 되었지만, 미국에서 공화당 정권이 집권하는 경우 협약에서 탈퇴하거나 미온적인 태도를 보임에 따라 많은 난관에 부딪히고 있다. 또한 선진국, 개발도상국, 저개발국 간의 형평성 논란은 실질적인 협상 타결과 실행을 어렵게 했다.

각국의 정부는 매년 유엔 기후변화협약 당사국총회(COP)를 열어 탄소 배출을 줄이기 위한 협약을 맺고 있는데, '교토의정서'가 난관에 부딪히자 2011년 더반 회의에서 '더반 플랫폼'을 채택하여 2020년 이후 모든 당사국이 온실가스 감축에 참여하는 신기후체제의 토대를 마련했다. 그리고 2015년에는 194개국이 '파리 협정'에 서명하여 지구 온도 상승폭을 1.5도로 제한하도록 노력하기로 약속했다. 이후 매년 열리고 있는 당사국총회에서는 탄소 배출량 감소를 위한 각국의 정책과 실천을 점검하고 지원방안을 마련하는 등 다양한 노력을 기울이고 있다.

이산화탄소 감축 방안

유엔 기후변화회의에서 이산화탄소 감축을 위해 제시하고 있는 주요 정책들 가운데 하나는 탄소가격제(carbon pricing)이다. 여기에는 탄소세(CT: Carbon Tax), 배출권거래제도(ETS: Emission Trading System), 탄소국경조정세(CBAM: Carbon Border Adjustment Mechanism) 등이 포함된다.

탄소세는 화석연료의 사용량을 줄이기 위해 각국 정부가 기준치 이상의 탄소를 발생시키는 업체에 대해 그 양에 비례하여 세금을 부과하는 제도를 말한다. 이 제도의 도입 방침은 1991년 12월 유럽공동체 에너지환경 각료회의에서 처음으로 합의된 바 있으며, 이후 핀란드, 스웨덴, 덴마크, 네덜란드, 노르웨이, 영국 등 주로 유럽 국가들이 탄소세를 도입하여 시행하고 있다. 2009년 '코펜하겐 기후변화회의'에서는 이산화탄소 감축에 관한 논의가 본격적으로 시작되었지만 구체적인 합의에 이르지 못했다. 이후 기후변화에 대한 위기감이 커지면서 2015년 파리에서 열린 제21차 유엔기후변화협약 당사국총회(COP21)에서는, 지구 평균 온도가 공업화 이전 기준으로 1.5도 이상 상승하지 않도록 노력하고, 모든 나라가 온실가스 배출 목표를 정해 실천해 나가자는 파리협정(Paris Agreement)이 체결되었다. 하지만 실천은 더디게 이루어졌고, 2022년 제27차 유엔기후변화협약 당사국총회(COP27)에서도 지구 온도상승 억제를 위한 진전된 합의를 이루지 못했다. 다만 취약한 나라들에 대한 지원기금 조성과 '정의로운 전환'에 관한 회의체 구성에 대한 합의가 이루어졌다.

탄소배출권거래제는 화석연료를 많이 사용하는 나라들의 탄소세에 대한 반발을 약화시키기 위해 제안되었다. 탄소배출권거래제는 지구 전체에서 배출되는 오염물질의 총량을 정한 다음 국가마다 일정 양의 오염물질 배출 권한을 주고, 이 한도를 넘을 경우에는 정해진 양을 다 사용하지 못한 국가로부터 배출권을 구매하도록 한 제도이다. 그런데 이 제도를 도

유엔 기후변화회의가 2009년에는 코펜하겐에서 개최되었다. 이 회의에서는 이산화탄소 감축을 위한 구체적인 실천 방안에 대한 합의를 시도했다. 하지만 최종적인 합의에 이르지는 못했으며 구속력이 없는 협의만 이루어졌다. 이 협약에서는 지구 평균온도의 상승폭을 공업화 이전 대비 2도 이내로 제한하기로 했으며, 이를 위해 75개 당사국이 2020년까지 현재 에너지 사용에 따른 전 세계 온실가스 배출량의 80%를 감축하기로 약속했다. 그리고 선진국들이 개발도상국들의 적응과 경감을 돕기 위해 재정적 지원을 하기로 한 약속이 포함되었다.

입할 경우, 탄소를 많이 배출하는 나라에서 탄소배출권의 구입을 통해 기존의 탄소 배출량을 줄이지 않거나 더 늘릴 수 있어서 실질적인 감축 효과를 얻기 어렵다는 문제점이 제기되고 있다.

한편, 탄소국경조정세는 유럽연합(EU) 회원국이 유럽연합 외부 국가에서 수입하는 제품에 대해 탄소 함유량에 따라 추가로 매기는 관세이다.

많은 저개발국과 개발도상국들은 농작물, 수산물, 목재 등 1차 상품의 수출에 의존하고 있는데, 토지 개간에 따른 숲의 파괴와 토지의 황폐화, 수산자원의 고갈, 산림의 고갈 등으로 생태 위기에 영향을 미치고 있다. 거대국가 중국은 급속한 공업화로 엄청난 자원과 에너지의 소비를 동반하면서 각종 환경오염 물질 배출량이 늘어나고 있는데, 이에 따라 현재 세계 1위의 이산화탄소 배출국이 되었다.

이처럼 이산화탄소 감축을 위한 노력은 시급하지만, 지구 전체 인구의 20%를 차지하는 선진국 국민들이 지구 자원의 80%를 소비하는 불평등한 세계체계에서, 저개발국이나 개발도상국에 과도하게 환경문제 해결을 요구하는 일이 과연 공정한가에 대한 논란이 제기되고 있다.

한편, 기후 위기의 심각성에 대한 인식이 높아지면서 민간 차원에서도 이산화탄소 배출 감소를 위한 국제적 노력들이 이루어지고 있다. 2015년 제70차 UN총회에서는 '존속 가능한 발전' 이념을 실현하기 위해 2030년까지 지속가능발전목표(SDGs: Sustainable Development Goals)를 달성하기로 결의했다. 이에 부응하여 기업들은 ESG(Environment, Social, Governance) 경영을 선언함으로써 환경친화적이고, 사회적 책임을 중요시하고, 개방적인 소통을 추구하는 경영의 이미지를 보여주기 위해 노력하고 있다.

ESG 경영의 맥락에서 세계 기업들은 RE100(renewable energy 100)이라는 기업 간 국제협약을 맺어 2050년까지 기업에서 사용하는 전력의 100%를 재생가능에너지로 대체할 것을 약속했다. RE100은 참여하지 않거나 목표를 달성하지 못하는 기업에 대해 거래에 불이익을 줄 수 있어서 참여하지 않는 기업들에게 압력이 되고 있다. 그런데 목표 달성 대상이 기업 본사에 한정되고, 또 공급되는 전력의 최종 기원을 따지기 어려워 실효성에 대한 논란이 제기되고 있다.

탄소중립과 재생가능에너지의 확대

국제적으로 이산화탄소 배출 감축을 요구하는 국제적 압력은 점차 높아지고 있다. 따라서 나라마다 탄소 배출량을 줄이는 방안의 도입이 불가피해지고 있다. 그래서 탄소중립(carbon zero) 선언이 이어지면서, 장기적으로 재생가능에너지 사용을 확대하는 에너지 전환 정책을 추구하고 있는데, 탄소중립은 탄소의 배출량과 흡수량이 똑같게 하여 순배출량이 0이 되도록 하는 것을 말한다. 한국에서는 2020년 10월 국회 시정연설에서 대통령이 2050년 탄소중립을 선언했고, 정부에서는 경제구조의 저탄소화, 저탄소산업 생태계 조성, 탄소중립 사회로의 공정 전환을 정책 방향으로 제시했다.

탄소중립을 달성하기 위해서는 화석연료 사용을 줄여야 하는데, 산업용 에너지와 생활에너지의 사용량이 증가하는 상황에서 화석연료 사용을 줄이려면, 에너지 절약 방안과 함께 대체 에너지로서 재생가능에너지 공급 비중을 높여나가는 것이 에너지 정책의 중요한 목표가 되고 있다.

많은 나라들이 그동안 화석연료 사용 감축을 위해 재생가능에너지 공급 비중을 꾸준히 늘려왔다. '재생가능에너지(renewable energy)'는 수력, 풍력, 바이오매스(biomass), 지력, 태양력, 고체 바이오연료(solid biofuels) 등으로 구성되는데, 〈표 18-1〉에서 볼 수 있듯이 주로 유럽 나라들에서 전체 에너지 공급 중 재생가능에너지의 비중이 1998년 이래로 꾸준히 증가해 왔다. 반면에 한국은 1인당 에너지 소비량이 높은 데 비해, 재생가능에너지 공급 비중이 2020년 기준으로 2.3%에 불과하여 최하위권에서 벗어나지 못하고 있다.

탄소중립과 핵발전

탄소중립을 위해 각국은 탄소 배출이 거의 없는 녹색에너지(green energy)에 관심을 쏟고 있다. 그런데 여기서 핵발전이 논란이 되고 있다. 핵발전

<표 18-1> OECD 나라들에서 1차 에너지 공급 중 재생가능에너지 비중   (단위: %)

나라	1998년	2008년	2020년
노르웨이	44.7	43.4	51.1
스웨덴	27.9	32.6	44.9
덴마크	9.1	18.5	39.0
포르투갈	16.3	18.2	28.2
이탈리아	5.6	8.2	19.4
캐나다	16.5	16.5	17.3
스페인	6.3	7.5	17.0
독일	2.8	8.4	16.4
튀르키예	16.0	9.5	16.2
UK(영국)	1.0	2.8	13.9
체코	1.7	5.2	12.1
프랑스	7.1	7.5	11.8
헝가리	3.4	6.1	11.3
OECD 평균	6.2	7.1	10.9
멕시코	10.6	9.6	9.6
네덜란드	2.3	4.5	9.2
미국	5.1	5.3	8.5
일본	3.5	3.2	6.8
한국	0.9	1.5	2.3

자료: OECD 홈페이지(http://www.oecd.org/).

의존도가 높은 한국에서는 보수정당 정부가 핵발전을 녹색에너지에 포함할 수 있다고 주장하고 있다. 반면에 EU에서는 이에 부정적인 견해를 제시하고 있다.

핵발전소는 2022년 기준으로 전 세계 39개국에서 437기가 가동 중이다. 세계원자력협회(WNA) 기준에 따르면, 2022년 현재 가동 중인 핵발전로(원자로) 수는 미국 92기(2011년 104기), 프랑스 56기(2011년 58기), 중국 55기, 일본 33기(2011년 55기), 러시아 37기(2011년 32기), 한국 24기(2011년

21기) 순이다.

2011년 3월에 발생한 일본 후쿠시마 핵발전소 폭발 사고 이후 핵발전에 대한 반대와 포기가 전 세계로 확산하고 있다. 독일은 곧 노후 핵발전소 8기를 즉각 폐쇄하고 나머지 9기를 2022년까지 단계적으로 폐쇄하기로 했다. 그래서 2022년 현재 33개의 원자로를 가동 중단시키고 3기만이 가동 중이다. 스위스도 핵발전소 교체 방안을 보류하고 핵발전 포기를 결정했다. 중국도 신규 핵발전소 건설을 당분간 중단하기로 결정했지만, 이후 신규 건설을 꾸준히 늘려 2022년 현재 55기가 가동 중이고, 17기가 건설 중이다. 이산화탄소 배출이 거의 없어서 화석연료 에너지의 대체재로 선호되던 핵에너지가 치명적 사고를 경험하면서 대부분의 나라에서 탈핵을 추구하고 있는데, 한국의 보수정부는 이러한 세계적 흐름에 역행하며 다시 핵발전을 늘리려고 시도하고 있다.

'사용 후 핵연료'와 같은 고준위 핵폐기물의 반감기는 수십 년에서 수억 년에 이르는데, 현재 고준위 핵폐기물 영구처분 시설은 10만 년 격리를 목표로 핀란드에서만 건설 중이다. 이처럼 높은 핵폐기물 처리비용과 위험성 등을 고려하면 핵에너지는 결코 값싼 에너지도 안전한 에너지도 아니다. 그래서 대부분의 선진국에서는 핵발전을 녹색에너지에 포함하는 것을 반대하면서, 핵발전을 재생에너지로 대체하는 정책을 추구하고 있다.

생태제국주의와 환경정의

선진국들에서는 환경오염으로 생태 위기가 심화하면서 환경운동이 활발하게 일어났고, 이에 따라 환경정책 실행, 환경기술 개발 등으로 문제 해결을 위해 노력해 왔다. 반면에 저개발국들은 경제성장을 최우선 목표로 삼아야 했기에 환경문제는 부차적이었다.

그동안 중심부 국가들은 자국의 환경오염 산업과 시설들을 개발도상국이나 저개발국으로 옮김으로써 자국의 환경을 보호하기도 했고, 선진 환경기술을 상품화하여 주변부 국가에 상품으로 판매하기도 했다. 이처럼 개발도상국이나 저개발국의 환경을 오염시키는 대가로 선진국의 환경을 보호하는 차별 행위를 '생태제국주의(eco-imperialism)'라고 한다. 중심국의 생태적 이득을 위해 주변국에 환경오염을 전가하는 것이다.

생태제국주의는 중심국의 환경오염을 주변국으로 이전시키기 때문에, 지구 전체의 차원에서는 환경오염 자체를 완화하는 방안이 되지 못한다. 그러므로 지구적 생태 위기를 완화하기 위해서는 '환경정의'의 관점에서, 생태제국주의와 경제제국주의의 국제관계를 평등화하려는 노력이 필요하다. 하지만 자본주의 기업들이 세계시장 지배를 통해 이윤 극대화를 추구하는 조건에서, 선진국들이 생태 위기와 국제적 환경 불평등을 해결하기 위해 개발도상국이나 저개발국과 환경기술을 공유하면서 생태 위기에 공동으로 대처하려는 모습을 기대하기는 현실적으로 쉽지 않다.

자본주의적 세계화와 지구적 환경운동

공업화로 시민들이 환경오염 피해를 겪게 된 유럽 나라들에서는 1970년대 이후 '녹색운동(green movements)'이라는 이름으로 환경운동이 본격적으로 분출되기 시작했다. 국가, 자본, 노동 3자 간의 타협을 통해 조합주의(corporatism)적 계급정치가 제도화된 1960년대에는 환경문제를 비롯한 새로운 요구들이 정치적으로 수용되기 어려웠다. 그런데 '1968년 운동'을 계기로 제도정치에 도전하며 탈권위주의·탈물질주의 이념을 추구하는 경향이 확산하면서, 환경운동을 비롯한 신사회운동들도 급진적으로 분출되기 시작했다.

한편, 자본주의적 세계화가 환경오염을 점차 지구적인 문제로 만들어놓았고, 특히 지구온난화로 인한 기후변화는 생존 위협을 느낀 시민들이 화석연료 사용 감축을 통해 기후 위기에 대응할 것을 요구하는 기후운동을 낳았다. 기후운동이 본격적으로 분출되기 이전에 '그린피스', '지구의 벗' 등 환경오염의 지구적 확산에 대응하는 지구적 환경운동단체가 설립되었고, 환경운동 세력들의 지구적 연대가 생겨났다. 그런데 빙하 감소와 해수면 상승 등 지구온난화와 기후변화로 인한 피해가 점점 현실화하면서, 1990년대 이후 유엔을 비롯한 '정부 간 기구들(IGOs)'의 대응도 확산되었고, 기후운동도 점차 지구적 연대운동으로 확산되고 있다.

특히 2018년 스웨덴의 청소년 기후운동가 그레타 툰베리(Greta Thunberg)가 금요일마다 '기후를 위한 결석 시위'를 진행한 것을 계기로 하여 매년 9월 24일이 세계기후행동의 날로 정해지면서, 청소년을 비롯하여 많은 시민이 집회와 행진, 기후선언 등을 통해 세계 각국 정부에 적극적인 기후위기 대응 방안 마련과 실천을 요구하는 지구적 연대 행동을 벌이고 있다.

녹색당과 환경정치

풀뿌리 민주주의 조직으로 출발한 유럽의 환경운동 세력 중 일부는 자신들의 요구를 의회정치의 틀 속에서 반영하기 위해 녹색당(green party)을 창당하여 현실 정치에 뛰어들었다. 녹색당은 좌·우파 중심의 기존 정치구조 속에서 환경 중심적 이념과 정책을 내세웠는데, 1990년대 이후 독일과 프랑스에서는 6~8% 내외의 지지율을 기록하며 사회민주주의 정당과 연정을 구성하기도 했다.

독일 사회학자 오페(Claus Offe)는, 신사회운동은 사회적 조건에 따라 우파와 동맹할 수도 있고 좌파와 동맹할 수도 있는데, 어떤 세력과 동맹을 하느냐에 따라 자신들의 이념과 정책을 실현할 수 있는 방식이 달라진다고 지적했다. 독일이나 프랑스의 경우를 보면 녹색당은 생태주의와 더불어 공존과 평등의 이념을 강조함으로써 좌파와 친화성이 있었다고 할 수 있으며, 이러한 이념이 좌파정당과의 연정을 가능하게 했다.

녹색당에 대한 지지도는 경제 상황에 따라 변화하는 경향이 있는데, 경제위기 시에는 환경문제보다 일자리나 복지에 더 많은 관심이 쏠리면서 녹색당에 대한 지지가 하락하게 된다. 그런데 2011년 일본 후쿠시마 핵발전소 폭발 사건은 환경문제에 대한 국민적 관심을 확산시켜 녹색당에 대한 지지가 상승하도록 했는데, 독일에서는 지방선거에서 녹색당이 제1당이 되어 사회민주당과의 연정을 주도하기도 했다. 현재 많은 유럽 선진국들에서 녹색당 또는 생태주의 정당은 제도정치에 참여하여 시민들의 지지를 넓혀나가 연정의 파트너로 활동하는 등 주요한 정치 주체가 되었다.

3) 자본주의와 생태 전환

생태 전환, 에너지 전환

생태 전환(ecological transformation)은 생태 위기에 대응하여 성장주의·발전주의적 사고나 태도를 생태주의적 사고나 태도로 전환하면서, 이전의 기술이나 생산방식, 생활양식, 경제체계, 사회관계 등을 생태친화적 기술이나 생산방식, 생활양식, 경제체계, 사회관계 등으로 새롭게 대체해가는 생태적 이행을 의미한다. 생태 전환과 같은 의미로 녹색 전환(green transformation)이라는 표현을 사용하기도 한다.

에너지 전환(energy transition)은 기후 위기에 대응하여 이산화탄소를 비롯한 온실가스 배출을 줄이기 위해 화석연료 에너지를 저탄소 에너지로 대체해 가는 것을 의미한다. 지구온난화를 막기 위해서는 탄소 물질 배출량을 줄여야 하는데, 이를 위해서 재생가능에너지와 같은 생태친화적 저탄소 에너지 비중을 늘려야 한다. 이처럼 탄소 배출량이 많은 화석연료의 사용을 줄이는 것을 '탈탄소'라고 한다.

자본주의와 생태적 현대화

선진국들에서는 자본주의 경제성장 과정에서 가속화되어 온 생태 위기, 기후 위기에 맞서 시민들의 생태적·환경적 요구가 점점 더 커지고 있다. 이에 따라 국가는 사회복지와 형평성이라는 '인간 중심의 가치'와 생태계 균형과 생물종 권리 배려라는 '비인간 중심의 가치' 또는 '생태 중심의 가치'를 함께 추구하는 방향으로 나아가게 되었는데, 이러한 성격의 국가를 '녹색국가'라고 한다. 그리고 녹색국가가 추구한, 자본주의적 현대화와 환경주의 가치를 연계하려는 전략을 생태적 현대화(ecological modernization)라고 한다.

기후 위기의 심각성이 커지면서 많은 나라의 정부는 생태적 현대화의 전략으로서 '녹색 뉴딜(Green New Deal)'을 추진하고자 했다. 이것은 1930년대 미국이 추진했던 뉴딜 정책을 친환경적 방향으로 추진함을 의미하는

데, 대체 에너지 등 친환경적인 산업과 사회간접자본에 대규모 공공투자를 함으로써 경제성장과 일자리 창출을 함께 도모하려는 정책을 말한다.

생태적 현대화나 녹색 뉴딜이 얼마나 생태 전환에 긍정적 효과를 낳을 것인지는 각 나라의 정치적·사회적 조건, 특히 제도정치와 시민사회에서 친환경적 정치주체의 형성 정도에 따라 달라진다(한국환경사회학회 편, 2013). 예를 들어 한국의 이명박 보수정권의 '녹색성장' 정책은, 이산화탄소 감축에 부분적으로 기여했지만, 4대강 사업, 원자력 발전 확대 등 대규모 토목건설사업 투자로 기업들에게 경제적 이익을 제공한 반면에 자연환경 훼손과 핵 위험 증가 등으로 생태 전환에 역행하는 결과를 낳았다고 평가되고 있다.

환경 불평등과 계급 불평등

환경오염이 확산하는 사회에서 사람들은 환경오염을 피해 생명과 건강을 안전하게 지키기를 원한다. 그런데 자본주의 사회에서 환경오염을 피하거나 환경적 이득을 누릴 조건이나 기회는 모두에게 공평하게 주어지는 것은 아니다. 이처럼 안전하고 쾌적한 환경에서 살아갈 기회의 격차를 '환경 불평등'이라고 한다.

그런데 자본주의 사회에서 환경 불평등은 계급적 지위에 따라 나타나는 경향이 있다. 대체로 재산, 소득, 직업 등의 격차가 환경 불평등으로 이어지기 때문이다. 물론 상층 계급에 속하면 누구나 환경적 삶의 질이 높다고 단정하기는 어렵다. 계급뿐만 아니라 지역, 직업, 세대, 성별, 학력 등에 따라 환경오염에 대한 지식이나 인식의 차이가 존재할 수 있고 이것이 환경오염에 노출될 가능성에 차이를 만들 수 있기 때문이다.

지구 생태 위기를 해결하려면 전체적인 자원 및 에너지의 낭비를 줄여야 하는데, 계급 불평등을 줄일 수 있다면 자원과 에너지의 좀 더 공평한 분배가 가능해져 전체적인 자원과 에너지 소비를 줄일 수 있다. 결국 경제적 불평등을 개선하고 이를 통해 자원과 에너지의 소비를 줄임으로써 생태 위기를 극복할 수 있다는 생각에 대한 시민들의 공감과 실천이 필요하다. 그리고 이렇게 불평등이 완화될 때 환경정의가 실현될 수 있다.

환경운동과 노동운동의 딜레마

환경운동은 생태주의적 가치, 녹색의 가치를 지향하면서 생태 위기에 대응하여 생산력 발전이나 성장을 제한할 것을 요구한다. 자본주의적 욕망의 확산을 제한하면서 자원 및 에너지의 낭비와 환경오염의 발생을 줄여나가면 생태적·공동체적 가치의 실현이 가능하다고 주장하는 것이다. 그런데 노동운동(계급운동)은 전통적으로 경제성장을 통해 부를 증대시키고 증대된 부의 더 많은 부분을 분배받음으로써 더 많은 사람이 더 많은 물질적 풍요를 동등하게 누리는 것을 추구해 왔다. 그래서 노동운동과 환경운동은 '성장 또는 개발이냐 아니면 환경보호냐'라는 쟁점을 둘러싸고 서로 대립적인 시각을 보이게 된다.

그런데 환경문제가 점점 더 심각해지면서 노동자계급 역시 생존을 위해 생태 위기 극복에 참여하지 않을 수 없게 된다. 노동자계급은 물질적 풍요를 위해 자본의 성장주의에 동조하는 경향이 있는데, 이것은 생태 전환에 방해 요인이 된다. 역으로 친환경집단은 생태적 가치를 우선시하면서 경제적 정의 또는 분배적 평등 문제를 중요하게 생각하지 않는 경향이 있다. 그런데 생태 위기에서 벗어나기 위해서는 노동자계급과 친환경집단 간의 연대를 위한 인식 전환이 요구된다.

친환경집단과 환경운동 세력은 노동자계급이 물질주의에서 벗어나 생태적 가치를 지향하도록 하는 데 분배적 평등이 중요하다는 사실을 인식할 필요가 있다. 그리고 노동자계급과 노동운동 세력은 자본의 성장주의와 생산력주의에 대한 동조가 계급 불평등을 재생산하면서 환경 파괴와 생존에 대한 위협을 심화시켜 궁극적으로 노동자계급 자신의 생존을 위협하게 된다는 사실을 인식할 필요가 있다.

이러한 인식과 자기혁신을 통해 생태적 전환이 이루어지면 생태적 가치를 지향하는 환경운동과 평등적 가치를 지향하는 노동운동의 연대는 가능해질 수 있다. 분배적 평등이 물질적 절약과 친환경적 삶을 끌어내는 기초가 될 수 있다는 점에서, 생태 가치의 실현은 평등주의적 또는 사회주의적 가치와의 결합을 통해 더욱 잘 이루어질 수 있다.

생태 전환과 정의로운 전환

정의로운 전환(Just Transition/Transformation)은 자본주의 사회에서 생태 전환이 수반하게 될 계급·계층 불평등에 대해 질문한다. "정의로운 전환은 유해하거나 지속 가능하지 않은 산업과 공정을 친환경적인 것으로 전환하도록 하면서, 이 과정에서 노동자들의 경제적·사회적 희생이나 지역 사회의 피해가 발생하지 않도록 교육 훈련과 재정적 지원을 보장한다는 원칙, 그리고 이를 뒷받침할 일련의 정책 프로그램을 말한다"(김현우, 2014).

생태 전환은 다양한 경제적·산업적 전환을 수반하게 되는데, 이러한 경제적 전환은 경제 관계에서 차지하는 위치에 따라 서로 다른 불이익이나 불편함을 겪게 한다. 생태 전환은 산업 자본/기업의 생산방식과 에너지 사용방식의 전환을 요구하며, 에너지 자본/기업의 화석연료 사용을 포기하도록 하며, 에너지를 소비하는 사업자들이나 소비자들에게 에너지 소비방식과 생활양식을 바꿀 것을 요구한다.

이처럼 생태 전환은 산업 전환과 에너지 전환에 따른 기존 일자리의 감축과 새로운 일자리의 생성을 수반한다. 그래서 관련 노동자들과 경제활동 종사자들은 일자리 전환이 불가피하며, 이 과정에서 소득 불안정이 발생하게 된다. 이것은 생태 전환이 모두에게 공정한 방식으로 이루어지기 힘들며 사회적 약자들, 특히 노동자들이 불이익을 감수하도록 만들 수 있음을 보여준다. '정의로운 전환'은 바로 자본주의 사회에서 나타날 수 있는 생태 전환의 불공정성·불평등성을 해결할 수 있는 방식의 사회적 전환을 추구한다.

5. 한국의 환경문제와 환경정치

1) 공업화와 환경문제

허베이스피리트호
기름 유출 사고

태안반도 인근에서 발생하여 '태안반도 기름 유출 사고'로 알려져 있다. 2007년 12월 7일 서해안의 태안 앞바다에서 유조선 허베이스피리트호와 해상 크레인이 충돌하여 대량의 기름이 유출된 해양오염 사고를 말한다.

이 사건으로 총 1만 2547㎘에 이르는 원유가 유출되었는데, 짙은 기름띠가 사고 당일 만리포·천리포·모항으로 유입되었고, 9일 근소만 입구의 안흥항과 가로림만 입구의 만대까지 확산되었다. 10일에는 천수만 입구까지 확산되었으며, 11일에는 옅은 기름띠가 안면도까지 유입되었다. 또 기름이 덩어리져 굳어버린 '타르볼'도 광범위하게 퍼져 2008년 1월 1~2일에는 전라남도 진도·해남과 제주도의 추자도 해안까지 이른 것으로 보고되었다.

엄청난 해양오염의 실태가 전국적으로 알려지면서 재앙을 극복하기 위한 자원봉사자들의 참여가 지속적으로 이어졌다. 사고가 발생한 지 한 달 만에 50만 명이넘는 자원봉사자가 동참했고, 성금도 끊이지 않았다. 육상에 동원된 인력은 총 200만 명 이상이었는데, 이 중 자원봉사자가 120만 명을 넘었다.

1960년대 한국 사회의 급격한 경제성장은 주로 소비재를 생산하는 경공업 중심으로 이루어졌다. 그런데 1970년대에 접어들면서 산업구조 고도화로 경공업 중심의 산업구조가 점차 중화학공업 중심의 산업구조로 변화하면서 환경오염 유발산업들이 확산했다. 1970년대 초 세계 경제위기 이후 한국은 선진국들이 사양산업 또는 환경오염 유발산업으로 해외이전을 추진한 철강, 조선, 화학, 전자 등 산업들을 적극적으로 끌어들이면서 공업용수와 에너지 사용이 큰 폭으로 늘어났고, 또 생산과정에서 발생할 환경오염 물질들이 공단 주변의 하천, 바다, 지하수, 대기, 토양 등을 오염시키기 시작했다.

1985년에는 온산공단 인근 주민들에게서 '괴질'이 발생했고 이에 따라 마을 주민들을 외곽으로 이주시켰다. 1991년에는 구미공단 두산전자의 페놀 유출로 낙동강 하류지역 주민들이 식수 오염 등에 따른 인체 피해를 입었다. 이 외에도 석유화학제품 등 각종 화학제품을 생산하는 공장 주변에서는 유독물질 배출에 따른 환경오염 피해가 지속적으로 발생했다.

이 외에도 축산·공업폐수와 생활하수 등에 의한 수질오염, 원유 유출로 인한 해양오염, 공업 쓰레기 배출과 미군 부대 등의 폐유 유출 등으로 인한 토양오염, 공장 매연, 자동차 배기가스, 생활에너지 사용 등에 의한 대기오염 등 환경오염은 지속적으로 발생했다. 그리고 2007년에는 허베이스피리트호 기름 유출 사건처럼 통제하기 어려운 대규모 환경오염 사건이 일어나 생태계와 인체에 심각한 피해를 입히기도 했다.

화학공업이 발달하면서 공장 내에서의 유독가스, 중금속 먼지 등 대기오염물질 배출로 공장노동자들이 치명적 피해를 입는 사례들도 지속적으로 발생했다. 1960년대에 일본에서 들어온 중고 기계로 레이온(인견)을 생산해 온 '원진레이온'에서 이황화탄소 중독 피해가 심각해지면서 1988년에 이러한 피해 현실을 알리려는 활동이 활발히 일어났다. 이후 이 피해는 직업병 판정을 받게 되었으며, 원진레이온은 피해사건이 알려지면서 생산이 어려워지자 1993년에 폐업했고 이 기계는 다시 중국으로 수출되었다. 또한 2005년에는 삼성전자 반도체 공장에서 근무하던 노동자들이 반도체 생산과정에서 유해화학물질에 노출되어 백혈병 진단을 받고 사망하는 사건들이 발생했고, 1994년부터 2011년 사이에는 가습기살균제 사용자들이 폐의 섬유화 증세로 인해 사망하거나 질병에 걸리는 사건이 발생했다.

2) 토건국가와 환경파괴

1960년대에 국가 주도 경제개발의 추진은 사회기반시설 건설을 위해 토지개발, 도로, 공단, 항만 건설 등 대규모 토목건설 사업의 확대를 낳았다. 이 과정은 경제성장과 함께 자연환경 파괴 및 환경오염의 확산을 가져왔다. 이후 국가는 경제위기 상황에서도 많은 재정을 대규모 토목건설 사업에 투입하면서 경기를 부양시키는 정책을 추진해 왔다. 이처럼 국가 사업의 우선순위를 토목건설 사업에 두고 대규모 재정을 투입하는 국가를 '토건국가'라고 부른다(홍성태, 2011).

토건국가는 일반적으로 한편으로는 토목건설 자본(기업)과 유착하여 특정 기업들에 사업 이익을 몰아주는 과정에서 관료와 공무원의 부정부패를 발생시키고 다른 한편으로는 대규모 토목건설 사업을 통해 자연환경의 파괴를 확대하는 결과를 가져온다. 그 대표적인 사례로 이명박 정권에서 이루어진 '4대강 사업'을 들 수 있다. 이명박 정권은 2008년 말 세계 경제위기 상황에서도 재정 투입의 우선순위를 사회안전망이나 복지의 확충보다 4대강 사업을 비롯한 토목건설 사업에 둠으로써 '토건국가'의 특성을 잘 보여주었다. 이 사업으로 4대강에 많은 보가 건설되면서, 강물의 흐름을 제한하여 녹조 발생이 늘어나는 등 환경오염이 심화되었다.

GDP 대비 건설 투자 규모

2009년 기준으로 한국의 GDP 대비 건설 투자 비중은 18.4%에 이른다. 이것은 2007년 기준의 미국 10.5%, 일본 11.8%, 영국 10.6%, 독일 9.5%, 대만 9.7%에 비해 2배에 가까운 수준이다. 1인당 GDP 2만 2000달러 내외 시기의 건설 투자 비중을 나라별로 비교해 보면, 한국은 2007년에 14.9%, 대표적인 토건국가로 불리는 일본은 1990년에 18.2%였다. 하지만 다른 선진국들은 이 시기에 대부분 9~13% 정도의 비중이었다(이홍일·박철한, 2009).
한국의 GDP 대비 건설 투자 규모 추이를 보면(한국은행 자료), 1980년 16.0%, 1985년 16.8%, 1990년 22.3%, 1995년 22.5%, 2000년 16.7%, 2005년 16.2%, 2008년 14.3%로 1997년 말 외환위기 이후로 건설 투자 규모가 점점 줄어들다가, 2009년에 18.4%로 다시 상승하고 있다.
이처럼 건설 투자 비중이 높은 것은 신산업 분야, 녹색산업, 의료, 관광, 교육 등 미래 유망 분야에 대한 투자가 상대적으로 취약하다는 것을 의미한다. 경제위기 상황에서 국가(정부)가 일시적인 경기 부양을 위해 건설 부문에 재정 투입을 늘리면 건설 투자의 비중이 높아진다. 그런데 건설 부문은 경기에 영향을 많이 받기 때문에, 건설경기가 과도하게 부양되면 이후 경기 안정이나 침체 상황에서

국가경제 전체에 부담을 주게 된
다. 1997년 말 이후 IMF 구제금융
시기에 건설업이 침체한 것이나
2008년 세계 금융위기 이후 부동
산 경기가 침체하면서 건설업이
침체하고 있는 것이 그 예이다. 이
명박 정부의 '4대강 사업'은 토목
건설 분야 대기업들에 사업을 몰
아줌으로써 건설경기의 침체를
일시적으로 완화해 주는 역할을
했다.

3) 환경운동과 환경정치

공업화와 환경운동의 발생

유럽의 나라들처럼 한국 사회에서도 공업화에 따라 환경오염 문제가
심각해지면서 환경운동이 등장하고 또 확산되어 왔다. 민주화 이전에는
민주화운동과 연대하면서 성장해 왔던 환경운동은 민주화 이후 활성화되
어 오늘날 대표적인 시민운동으로 자리 잡았다(구도완, 1996).

1960~1970년대는 박정희 정권에 의한 국가 주도적 공업화가 시작되면
서 환경오염 피해가 발생하기 시작한 시기이며, 이에 따라 환경운동이 등
장하기 시작한 시기라고 할 수 있다. 새로운 환경오염 피해가 생겨나면서
산발적이고 국지적으로 피해주민들의 항의, 진정, 시위 등이 발생했는데,
울산·온산·여천·광양 등 공업단지를 중심으로 한 주민들의 피해보상 투
쟁이 중심을 이루었다. 한편, 환경오염과 자연환경 파괴가 점점 심각한
사회문제가 되자 1977년부터는 정부 주도의 자연보호운동이 전개되기도
했다. 하지만 정부 정책이 공업화를 우선시했고 일반 시민의 관심 수준이
매우 낮았으며 환경단체도 존재하지 않았기 때문에 사회운동으로서의 성
과를 거두지는 못했다.

군사독재와 반공해운동

1980년부터 1987년 6월항쟁이 발발하기 이전까지의 전두환 군사독재
정권 시기는 반공해운동 시기라고 할 수 있다. 이 시기에는 지식인들을
중심으로 전문 환경운동 조직이 생겨났고, 지역 주민들의 자생적 저항운
동과 전문 환경운동 조직 간의 연대가 이루어지기 시작했다.

이러한 움직임은 1982년 '한국공해문제연구소'와 같은 환경연구 단체의
결성과 대중 조직의 결성에 크게 힘입었다. 환경단체들은 공해문제에 대
한 지속적인 문제제기와 피해지역 주민들에 대한 지원과 교육 등을 펼쳐
공해문제에 대한 사회적 인식을 높이고 널리 확산시켰으며, 공해추방운
동이 확산되는 기틀을 마련했다.

이 과정에서 1984년 말에는 '반공해운동협의회'가 구성되었고, 1986년 9월에는 '공해반대시민협의회'가 창립되었다. 그리고 1987년에는 '반공해운동협의회'가 '공해추방운동청년협의회'로 이름을 바꾸고 본격적인 활동에 나섰다. 이 시기의 주요한 환경운동으로는 1985년 온산 주민 집단이주운동과 아산만 주민 피해보상운동 등이 있다.

시민사회의 활성화와 환경운동의 성장

1987년 6월 민주항쟁 이후부터 1991년에 이르는 시기는 민주화에 따라 시민사회의 자율성이 커지면서 다양한 시민운동이 활성화된 시기로서 환경운동의 성장기라 할 수 있다. 이 시기까지도 '환경오염'보다는 '공해'라는 용어가 더 널리 사용되었다. 이 시기에는 활성화된 시민사회에서 환경에 대한 관심이 커지면서 전문 환경운동 조직이 생겨났고 지역 주민운동의 사회적 파급력도 매우 커졌다. 1988년에는 조직력의 분산을 줄이기 위해 '공해반대시민운동협의회'와 '공해추방운동청년협의회'가 통합하여 '공해추방운동연합'(공추련)을 창립했다. 또한 같은 시기에 공해추방운동의 전문성을 갖추기 위해 '환경과 공해연구회'가 창립되었다. 이 밖에도 각 지역에 공해문제를 연구하는 모임이 생겨나고 공해 발생지역을 중심으로 주민운동조직들이 생겨났다.

1980년대에는 주민들의 환경피해 해결을 지원하는 단체부터 공해문제를 전문적으로 연구하는 연구자 단체에 이르기까지 여러 환경(운동)단체가 생겨났고, 이들 간의 협력과 연대의 구축도 활발히 이루어졌다. 또한 환경에 대한 시민들의 관심이 커지면서 환경 담당 정부부처인 환경청이 '환경처'로 승격되는 등 환경에 대한 정책적 배려가 커졌지만, 환경문제에 대한 근본적인 대책을 세우는 데는 미흡했고 피해주민들의 입장에 서기보다는 공해 유발 산업체를 대변하는 경향이 강했다. 이 시기의 사건으로는 1989년 수돗물 중금속 오염 파동과 1991년 두산전자 페놀 원액 유출 사건 등이 있다. 특히 페놀 오염사고는 우리나라 역사상 가장 커다란 환경오염 사고 가운데 하나로, 낙동강 하류 도시 지역에 거주하는 불특정 다수의 건강문제와 관련되어 커다란 사회적 분노와 관심을 불러일으켰다. 이 사건은 환경오염 피해의 확산성을 인식시켜 줌으로써 환경문제에 대한 시민들의 관심을 확산시키는 데 크게 기여했다.

리우환경회의와 환경운동의 확산

1992년 브라질 리우데자네이루에서 열린 '리우환경회의'는 환경운동단체들뿐만 아니라 시민들에게도 환경문제에 대해 인식을 고양하는 중요한 계기가 되었으며, 이후 환경운동에 대한 관심과 참여가 크게 확산되었다. 특히 리우환경회의를 계기로 지구온난화와 기후변화, 오존층 파괴 등 이전까지 관심이 미진했던 지구적 환경문제에 대해서도 많은 관심을 기울이기 시작했다. 이 과정에서 1993년에 몇몇 전문 환경운동 조직들은 기존의 조직을 전국 규모의 조직으로 확대하기 시작했고, 공추련은 1993년에 전국의 공해추방운동 관련 지방조직들을 통합하면서 '환경운동연합'이라는 새로운 이름으로 조직과 활동에서의 혁신을 추진했다. 1994년에는 역시 기존 조직들의 통합을 통해 전국적인 조직인 '녹색연합'이 출범하게 되었다. 민주화운동 과정에서 군사독재에 대한 저항으로 급진화되었던 환경운동은 점차 급진성이 완화되면서, 특정한 환경오염 피해 중심의 투쟁에서 일반적이고 공적인 환경문제로 관심을 확장시켜 나갔고 다수 시민의 참여를 통한 시민운동 중심의 환경운동으로 변화되어 갔다.

리우환경회의를 계기로 국가, 기업들, 환경운동단체들, 시민들 모두가 지구 환경문제에 더 깊은 관심을 갖게 되었고, 자신들의 위상을 확립하기 위해 노력하기 시작했다. 그래서 다양한 이념적·정책적 지향을 가진 단체들이 환경보호를 내세우게 되었으며, 대중매체도 환경에 관한 기사를 늘리기 시작했다. 심지어 환경오염을 일으키는 정책을 만들어온 행정당국과 환경오염의 당사자인 대기업까지 대중매체를 동원해 환경을 아끼고 지켜야 한다고 홍보할 정도였다.

정부는 1992년 6월 5일 '지구의 날'을 맞이하여 '환경 보전을 위한 국가 선언문'을 발표하면서 부분적으로 '기업 책임'에 관한 담화를 내놓기 시작했고, 이에 따라 환경 위기에 대한 기업의 대응도 변화하게 되었다. 또한 리우환경회의에서 결정된 '리우 선언'과 '의제 21', 그리고 오존층 파괴물질의 배출을 규제한 1987년의 '몬트리올 의정서', 핵폐기물 등 유해폐기물의 국가 간 교역을 규제한 1989년의 '바젤 협약', 기후변화에 대응하여 온실가스 감축 목표를 규정한 1997년의 '교토의정서' 등 국제협약과 조약들은 기업들의 환경 위기에 대한 태도 변화를 강제하는 요인으로 작용했다.

한편, 87년 민주화 이후에도 핵에너지의 비중을 지속적으로 확대해 온 한국 정부는 핵발전소의 추가 건설 등 핵에너지 확대 정책을 지속적으로 추진하기 위해 핵폐기물 처리시설을 확보하기 위해 노력했는데, 핵발전소나 방사성폐기물 처분장(방폐장) 입지 선정 과정에서 지역 주민과 환경단체의 반대 운동이 지속적으로 전개되었다. 특히 2003년에는 부안 방폐장 반대 운동이 2년여 동안 지속되어 노무현 정부로부터 방폐장 입지 선정 포기를 이끌어냈다. 그런데 이후 지역의 재정적 지원과 연계하는 방식을 도입하여, 주민투표 찬성 결과에 따라 유치 신청을 한 경주에 저준위 방폐장을 건설했다.

이 외에도 동강댐 반대 운동, 새만금 갯벌 간척사업 반대 운동 등 생태계를 파괴하는 국가의 개발정책에 반대하는 운동들이 다수 시민의 지지 속에서 전개되었는데, 동강댐 건설은 철회되었지만, 새만금 갯벌 간척사업은 소외지역 숙원사업이라는 명목으로 계획을 변경해 가며 계속 추진되어 주변 생태계에 크고 작은 피해를 낳았다.

2000년대에 들어서서 4대강사업 반대운동과 재자연화운동, 탈핵운동, 가습기 살균제 등 유해물질 피해자 보상운동, 식품-먹거리 안전운동 등 환경위험과 과학기술적 위험에 맞서는 다양한 환경운동, 생명안전운동들이 일어났다. 이에 따라 환경문제와 환경운동에 대한 관심이 증대되면서 환경운동 세력을 중심으로 생태적 가치를 지향하는 '녹색정당'이 결성되어 제도정치에 도전하려는 시도들이 수차례 이루어졌다. 하지만 보수 양당 중심의 정치 속에서 환경 쟁점이 정치적 주변으로 밀려남에 따라 비례대표 선거에서 1% 내외의 정당득표율을 얻는 데 그쳐 국회의원 의석 획득에 실패했다.

이야깃거리

1. 나의 일상적 생활 및 소비양식이 환경에 어떠한 영향을 미칠지 토론해 보자.

2. 과학기술의 발전이 사회와 인간에게 미치는 부정적인 영향에 대해 살펴보고, 과학기술의 합리성과 중립성을 인정할 수 있는지에 대해 토론해 보자.

3. 시민자격의 발달 과정에서 '과학기술시민자격'이 등장하게 되는 사회적 배경과 맥락에 대해 토론해 보자.

4. 생태 위기를 낳는 사회적 원인들을 살펴보고, 그 가운데 무엇이 더 근본적인 원인인지 토론해 보자.

5. 환경문제를 둘러싼 다양한 담론 가운데 어떤 담론이 가장 설득력이 있다고 생각하며, 그 근거가 무엇인지를 토론해 보자.

6. 생태제국주의란 무엇이며, 이 문제를 해결하기 위해 어떠한 노력이 필요한지 생각해 보자.

7. 자본주의 사회에서 생태 위기와 기후 위기에 대응하여 추구하는 생태 전환과 정의로운 전환의 의미와 구체적 실현 방안에 대해 토론해 보자.

8. 환경 위기를 극복하기 위한 방안으로서 녹색정당의 형성이 어떠한 의미가 있는지 생각해 보고, 녹색정치가 어떤 방향으로 나아가는 것이 바람직한지 토론해 보자.

9. 사회불평등과 환경 불평등이 서로 어떤 연관성을 지니는지에 대해 토론해 보자.

읽을거리

『과학기술과 민주주의』
  이영희 지음 / 2011 / 문학과지성사

『생태주의』
  이상헌 지음 / 2011 / 책세상

『환경사회학 이론과 환경문제』
  한국환경사회학회 엮음 / 2013 / 한울아카데미

『환경사회학』
  한국환경사회학회 엮음 / 2015 / 한울아카데미

『정의로운 전환』
  김현우 지음 / 2014 / 나름북스

『생태전환을 꿈꾸는 사람들』
  구도완·이철재·김민재 외 지음 / 2023 / 한살림

『성장의 한계』
  메도즈(D. H. Meadows)·메도즈(D. L. Meadows)·랜더스(J. Randers) 지음 / 김병순 옮김 / 2021 / 갈라파고스

『과학 기술 민주주의』
  해서네인(N. Hassanein)·새러위츠(D. Sarewitz)·캐플란(L. Kaplan)·스클로브(R. E. Sclove)·하딩(S. G. Harding)·슈나이더(S. H. Schneider)·엡스틴(S. Epstein) 지음 / 김명진·김병윤·오은정 옮김 / 2012 / 갈무리

『기후정의』
  한재각 지음 / 2021 / 한티재

『환경 퍼즐』
  로빈스(P. Robbins)·힌츠(J. Hintz)·무어(S. A. Moore) / 권상철·박경환 옮김 / 2014 / 한울

참고문헌

01 사회학의 관심과 사회학적 상상력

기든스(A. Giddens). 2006. 『사회학: 간략하지만 비판적인 입문』. 이재만·강유원 옮김, http://pds8.egloos.com/pds/200804/11/32/Anthony_Giddens_Sociology.pdf

김문겸. 2002. 「축구의 대중화와 세계화의 사회학적 의미」. ≪경제와사회≫, 2002년 여름호(54호).

리처(G. Ritzer). 2010. 『현대 사회학 이론과 그 고전적 뿌리』. 한국이론사회학회 옮김. 박영사.

마르크스(K. Marx). 1845~1846. 『독일 이데올로기』.

만하임(K. Mannheim). 2012. 『이데올로기와 유토피아』. 임석진 옮김. 김영사.

밀스(C. W. Mills). 2004. 『사회학적 상상력』. 강희경·이해찬 옮김. 돌베개.

바우만(Z. Bauman)·메이(T. May). 2011. 『사회학적으로 생각하기』. 박창호 옮김. 서울경제경영.

버거(P. L. Berger). 1995. 『사회학에의 초대』. 이상률 옮김. 문예출판사.

베버(M. Weber). 1997. 『막스 베버의 사회과학 방법론 1』. 전성우 옮김. 사회비평사.

블래키(N. Blaikie). 2015. 『사회연구의 방법론』. 이기홍 옮김. 한울아카데미.

유팔무. 1998. 「20세기 말 진보의 의미변천과 새로운 진보」. ≪경제와사회≫, 1998년 봄호(37호).

임현진·윤상철. 2002. 「월드컵의 국제정치경제」. ≪경제와사회≫, 2002년 여름호(54호).

정태석. 2002. 『사회이론의 구성』. 한울.

홍두승. 2021. 『사회조사분석』. 다산출판사.

Bourdieu, P. 1977. *Outline of a Theory of Practice*. Cambridge: Cambridge University Press.

02 사회학의 형성과 발달

고영복. 1992. 『사상사 개설』. 사회문화연구소.

기든스(A. Giddens). 2008. 『자본주의와 현대사회이론』. 박노영·임영일 옮김. 한길사.

김호기 엮음. 2010. 『현대비판사회이론의 흐름』. 한울.

리처(G. Ritzer). 2010. 『현대 사회학 이론과 그 고전적 뿌리』. 한국이론사회학회 옮김. 박영사.

백승욱 외. 2022. 『비판사회이론: 경제학 비판』. 한울.

비판사회학회 엮음. 2010. 『탈현대사회사상의 궤적』. 중원문화.

정수복. 2022. 『한국 사회학과 세계 사회학』. 푸른역사.

정태석. 2013. 「한국 비판사회이론의 흐름과 쟁점」. ≪경제와 사회≫ 제100호, 209~228쪽.

젠킨스(S. Jenkins). 2022. 『짧은 유럽사』. 임웅 옮김. 한울.

캘리니코스(A. Callinicos). 2015. 『사회이론의 역사(제2판)』. 정수남 외 옮김. 한울.

코저(L. Coser). 2018. 『사회사상사』. 신용하·박명규 옮김. 한길사.

터너(J. Turner). 2019. 『현대 사회학 이론』. 김윤태 외 옮김. 나남출판.

터너(J. Turner) 외. 1997. 『사회학이론의 형성』. 김문조 외 옮김. 일신사.

한완상. 1992. 『한국현실, 한국사회학』. 범우사.

Korsch, K. 1963. *Karl Marx*. New York: Russell & Russell.

Therborn, G. 1976. *Science, Class and Society: On the Formation of Sociology and Historical Materialism*. London: NLB.

03 사회구조와 사회변동

기든스(A. Giddens)·서튼(P. W. Sutton). 2015. 『사회학의 핵심 개념들』. 김봉석 옮김. 동녘.

박재묵 편역. 1984. 『제3세계 사회발전론』. 창작과비평사.

베버(M. Weber). 1997. 『경제와 사회 I』. 박성환 옮김. 문학과지성사.

부동(R. Boudon). 2011. 『사회변동과 사회학』. 민문홍 옮김. 한길사.

정태석. 2002. 『사회이론의 구성』. 한울.

조석준. 1993. 『조직론』. 법문사.

캘리니코스(A. Callinicos). 1997. 『역사와 행위』. 김용학 옮김. 사회비평사.

클레그·던클리(S. Clegg and D. Dunkley). 1987. 『조직사회학』. 김진균·허석렬 옮김. 풀빛.

테일러(F. Taylor). 1994. 『과학적 관리의 원칙』. 박진우 옮김. 박영사.

해머(M. Hammer). 2002. 『아젠다』. 김이숙 옮김. 한국경제신문.

Mouzelis, N. 1995. *Sociological Theory: What Went Wrong?* London: Routledge.

04 사회화와 상호작용

고영복. 1983. 『현대사회심리학』. 법문사.

고프먼(E. Goffman). 2016. 『자아 연출의 사회학』. 진수미 옮김. 현암사.

기든스(A. Giddens). 2011. 『현대사회학』(6판). 김용학 외 옮김. 을유문화사.

김석. 2010. 『프로이트 & 라캉: 무의식의 초대』. 김영사.

나은영. 2017. 『조지 허버트 미드』. 커뮤니케이션북스.

뒤르켐(É. Durkheim). 2012. 『사회분업론』. 민문홍 옮김. 아카넷.

_____. 1998. 『직업윤리와 시민도덕』. 민문홍 옮김. 새물결.

리처(G. Ritzer). 2010. 『현대 사회학이론과 그 고전적 뿌리』. 한국이론사회학회 옮김. 박영사.

마르쿠제(H. Marcuse). 2004. 『에로스와 문명: 프로이트 이론의 철학적 연구』. 김인환 옮김. 나남출판.

마르크스(K. Marx)·엥겔스(F. Engels). 2015. 『독일 이데올로기』. 김대웅 옮김. 두레.

미드(G. H. Mead). 2010. 『정신·자아·사회: 사회적 행동주의자가 분석하는 개인과 사회』. 나은영 옮김. 한길사.

베버(M. Weber). 2011. 『막스 베버 사회과학방법론 선집』. 전성우 옮김. 나남출판.

부르디외(P. Bourdieu)·파세롱(J.-C. Passeron). 2000. 『재생산: 교육체계 이론을 위한 요소들』. 이상호 옮김. 동문선.

사회문화연구소 엮음. 1993. 『오늘의 사회학 입문』. 사회문화연구소.

알튀세르(L. Althusser). 1997. 『레닌과 철학』. 이진수 옮김. 백의.

짐멜(G. Simmel). 2005. 『짐멜의 모더니티 읽기』. 김덕영·윤미애 옮김. 새물결.

터너(J. H. Turner). 2019. 『현대 사회학 이론』. 김윤태 외 옮김. 나남출판.

페레터(L. Ferretter). 2014. 『루이 알튀세르의 이데올로기』. 심세광 옮김. 앨피.

푸코(M. Foucault). 1994. 『미셸 푸코의 권력이론』. 정일준 편역. 새물결.

_____. 1994. 『감시와 처벌』. 오생근 옮김. 나남.

프로이트(S. Freud). 2009. 『정신분석입문』. 최석진 편역. 돋을새김.

프롬(E. Fromm). 2022. 『자유로부터의 도피』. 임채광 옮김. 세창출판사.

한규석. 2009. 『사회심리학의 이해』. 학지사.

Babbie, E. 1977. *Society by Agreement*. Belmont, Cal.: Wadsworth.

Cooley, C. H. 1983[1902]. *Human Nature and the Social Order*. New Brunswick(U.S.A.): Transaction Books.

Foladare, Irving S. 1969. "A Clarification of 'Ascribed Status' and 'Achieved Status'." *The Sociological Quarterly*, Vol. 10, No. 1(Winter), pp. 53~61.

Goffman, E. 1963. *Behavior in Public Places*. New York: Free Press.

Lenski, G. E. 1956. "Social Paritcipation and Status Crystalization." *American Sociological Review*, 21(4): 456~464.

Parsons, Talcott. 1951. *The Social System*. England: Routledge.

Whitbeck, Les B. 1999. "Primary Socialization Theory: It All Begins with the Family." *Substance Use & Misuse*, 34(7), pp. 1025~1032.

05 사회집단과 사회조직

레스타키스(J. Restakis). 2017. 『협동조합은 어떻게 세상을 바꾸는가』. 김진환·이세현·전
　　광철 옮김. 착한책가게.

베버(M. Weber). 1997. 『경제와 사회 I』. 박성환 옮김. 문학과지성사.

_____. 2018. 『관료제』. 이상률 옮김. 문예출판사.

유홍준. 2014. 『조직사회학』. 성균관대학교출판부.

카스텔(M. Castells). 2000. 『네트워크 사회의 도래』. 김묵환 외 옮김. 한울.

클레그(S. Clegg)·던클리(D. Dunkley). 1987. 『조직사회학』. 김진균·허석렬 옮김. 풀빛.

테일러(F. Taylor). 1994. 『과학적 관리의 원칙』. 박진우 옮김. 박영사.

한준. 2022. 『사회 안의 조직, 조직 안의 사회』. 다산출판사.

해머(M. Hammer). 2002. 『아젠다』. 김이숙 옮김. 한국경제신문.

Castells, M. 1996. *The Rise of the Network Society*. Oxford: Blackwell.

White, R. K. and R. Lippitt. 1960. *Autocracy and Democracy: An Experimental Inquiry*.
　　New York: Harper.

06 대중문화와 일상생활

김창남. 2022. 『대중문화의 이해』. 한울아카데미.

노길명 외. 1998. 『문화인류학의 이해』. 일신사.

맥도넬(D. Macdonell). 2010. 『담론이란 무엇인가』. 임상훈 옮김. 한울.

무어(J. D. Moore). 2016. 『인류학의 거장들: 인물로 읽는 인류학의 역사와 이론』. 김우영
　　옮김. 한길사.

보드리야르(J. Baudrillard). 1991. 『소비의 사회』. 이상률 옮김. 문예출판사.

_____. 2001. 『시뮬라시옹』. 하태환 옮김. 민음사.

부르디외(P. Bourdieu). 2005. 『구별짓기: 문화와 취향의 사회학』(상·하). 최종철 옮김.
　　새물결.

스미스(P. Smith). 2008. 『문화 이론: 사회학적 접근』. 한국문화사회학회 옮김. 이학사.

스터르큰·카트라이트(M. Sturken and L. Cartwright). 2006. 『영상문화의 이해』. 윤태진
　　외 옮김. 커뮤니케이션북스.

스토리(J. Story). 1994. 『문화연구와 문화이론』. 박모 옮김. 현실문화연구.

_____. 1999. 『문화연구와 문화이론』. 박이소 옮김. 현실문화.

김창남·조은기·최영묵·정준영. 2008. 『대중문화와 문화산업』. 한국방송통신대학교출판부.

신광영·이영훈 외. 2008. 『서비스사회의 구조 변동: 노동체제의 전환과 생활세계의 변화』.

한울.

아도르노(T. W. Adorno)·호르크하이머(M. Horkheimer). 2001. 『계몽의 변증법: 철학적 단상』. 김유동 옮김. 문학과지성사.

윌리엄스(R. Williams). 1988. 『문화와 사회: 1780~1950』. 이화여자대학교출판부.

임영일 편저. 1985. 『국가, 계급, 헤게모니』. 풀빛.

정태석. 1996. 「한국의 신세대: 신시대의 자기표현」. ≪현대사회≫, 1996년 봄·여름호.

제임슨(F. Jameson). 1990. 「포스트모더니즘: 후기자본주의 문화논리」. 정정호·강내희 편역. 『포스트모더니즘론』. 도서출판 터.

주은우. 1993. 「현대자본주의의 변화와 포스트모더니즘」. 문화와사회연구회 엮음. 『현대와 탈현대』. 사회문화연구소.

터너(G. Turner). 1995. 『문화연구입문』. 김연종 옮김. 한나래.

하우크(W. F. Haug). 1991. 『상품미학비판』. 김문환 옮김. 이론과실천.

한국문화인류학회. 2007. 『처음 만나는 문화인류학』. 일조각.

07 젠더와 섹슈얼리티, 가족

기든스(A. Giddens). 2009. 『현대사회의 성·사랑·에로티시즘』. 배은경·황정미 옮김. 새물결.

_____. 2011. 『현대사회학』(6판). 김용학 외 옮김. 을유문화사.

김혜경. 2006. 『식민지하 근대가족의 형성과 젠더』. 창비.

버틀러(J. Butler). 2008. 『젠더 트러블』. 조현준 옮김. 문학동네.

벡·벡-게른샤임(U. Beck and E. Beck-Gernsheim). 1999. 『사랑은 지독한 그러나 너무나 정상적인 혼란』. 강수영 외 옮김. 새물결.

브란튼베르그(G. Brantenberg). 1996. 『이갈리아의 딸들』. 노옥재 외 옮김. 황금가지.

이재경. 2022. 『한국가족: 신가족주의에서 포스트가부장제로』. 이화여자대학교출판문화원.

이효재 외. 1995. 『가족과 한국사회』. 경문사.

장경섭. 2018. 『내일의 종언? 가족자유주의와 사회재생산 위기』. 집문당

조영미. 2007. 「섹슈얼리티: 욕망과 위험 사이」. 이재경 외. 『여성학』. 미래M&B.

조은주. 2018. 『가족과 통치: 인구는 어떻게 정치의 문제가 되었나』. 창비.

통(R. P. Tong)·보츠(T. F. Botts). 2019. 『페미니즘 교차하는 관점들』. 김동진 옮김. 학이시습.

통계청. 「2003 한국의 사회지표」; 「2009 한국의 사회지표」; 「2010 한국의 사회지표」.

_____. 「2010 혼인·이혼통계」.

_____. 「인구동태통계연보」(각 연도).

한국문화인류학회. 2007. 『처음 만나는 문화인류학』. 일조각.

한국성폭력상담소 엮음. 1993. 『일그러진 성 문화, 새로 보는 성』. 동아일보사.

한국여성연구소 엮음. 2005. 『새여성학 강의』. 동녘.

_____. 『젠더와 사회: 15개의 시선으로 읽는 여성과 남성』. 2014. 동녘.

Murdock, G. P. 1949. *Social Structure*. New York: Free Press.

「OECD Factbook 2008」.

08 자본주의의 구조와 역사

김동춘. 2006. 「민주화 이후 한국사회: '기업사회'로의 변화를 중심으로」. 『1997년 이후 한국사회의 성찰: 기업사회로의 변환과 과제』. 길.

리카도(D. Ricardo). 1991. 『정치경제학 및 과세의 원리』. 정윤형 옮김. 비봉출판사.

마르크스(K. Marx). 2015. 『자본론』. 김수행 옮김. 비봉출판사.

박상훈 외. 2007. 「삼성공화국과 기로에 선 한국 민주주의」. 진보정치연구소 프로젝트 보고서.

백승욱. 2006. 『자본주의 역사 강의』. 그린비.

베블런(T. Veblen). 2009. 『자본의 본성에 관하여 외』. 홍기빈 옮김. 책세상.

브레너(R. Brenner). 1985. 『신자본주의 이행논쟁』. 임지현 외 옮김. 한겨레.

브로델(F. Braudel). 1996. 『물질문명과 자본주의 2: 교환의 세계』. 주경철 옮김. 까치.

서르닉(N. Srnicek). 2020. 『플랫폼 자본주의』. 심성보 옮김. 킹콩북.

슘페터 (J. A. Schumpeter). 2005. 『경제발전의 이론: 기업가 이윤, 자본, 신용, 이자, 경기 순환에 관한 연구』. 박영호 옮김. 박영률출판사.

스탠딩(G. Standing). 2019. 『불로소득 자본주의』. 김병순 옮김. 여문책.

우드(E. M. Wood). 2002. 『자본주의의 기원: 장기고찰』. 정이근 옮김. 경성대학교출판부.

정태석. 2007. 『시민사회의 다원적 적대들과 민주주의』. 후마니타스.

_____. 2008. 「기업의 시민사회 지배: 시민사회의 기업사회화」. 진보정치연구소. ≪미래 공방≫, 5호.

조형근·김종배. 2014. 『사회를 구하는 경제학』. 반비.

지주형. 2021. 『한국 신자유주의의 기원과 형성』. 책세상.

_____. 2022. 「불로소득 자본주의와 현대 자본주의의 위기」. ≪경제와 사회≫, 133호, 39~ 106쪽.

짐멜(G. Simmel). 2005. 『짐멜의 모더니티 읽기』. 김덕영·윤미애 옮김. 새물결.

파인(B. Fine). 2002. 『요점자본론: 정치경제학 기초』. 박희영 옮김. 한울.

폴라니(K. Polanyi). 2009. 『거대한 전환: 우리 시대의 정치경제적 기원』. 홍기빈 옮김. 길.

Burawoy, M. 1979. *Manufacturing Consent: Changes in the Labor Process under Monopoly Capitalism*. Chicago: University of Chicago Press.

09 일과 노동세계

구해근. 2002. 『한국 노동계급의 형성』. 창작과 비평.

권태환·홍두승·설동훈. 2009. 『사회학의 이해』(2판). 다산출판사.

그레이버(D. Graeber). 2021. 『불쉿잡: 왜 무의미한 일자리가 계속 유지되는가』. 김병화 옮김. 민음사.

김유선. 2021. 「비정규직 규모와 실태: 통계청, '경제활동인구조사 부가조사'(2021.8) 결과」. 한국노동사회연구소 이슈페이퍼 제159호(2021-18호).

김철식 외. 2021. 『모두를 위한 노동 교과서』. 오월의 봄.

노중기. 2022. 『신자유주의 노동체제와 민주노조 운동』. 후마니타스.

러셀(B. Russell). 1997. 『게으름에 대한 찬양』. 송은경 옮김. 사회평론.

박준식. 2001. 『세계화와 노동체제』. 한울.

베나나브(A. Benanav). 2022. 『자동화와 노동의 미래: 탈희소성 사회는 어떻게 실현되는가?』. 윤종은 옮김. 책세상.

서르닉(N. Srnicek). 2020. 『플랫폼 자본주의』. 심성보 옮김. 킹콩북.

이광석. 2020. 『디지털의 배신: 플랫폼 자본주의와 테크놀로지의 유혹』. 인물과사상사.

임운택. 2022. 「디지털 자본주의의 특성: 시장과 노동통제의 급진화」. ≪경제와 사회≫, 133호, 12~38쪽.

장귀연. 2020. 「노동유연화로서 플랫폼노동의 노동조직 과정과 특성」. ≪산업노동연구≫, 26권 2호, 183~223쪽.

정이환. 2013. 『한국 고용체제론』. 후마니타스.

조형제. 2005. 『한국적 생산방식은 가능한가?』. 한울.

조효래. 2010. 『노동조합민주주의』. 후마니타스.

테일러(F. Taylor). 2020. 『과학적 관리의 원칙』. 박진우 옮김. 박영사.

통계청. 「한국의 사회지표」(각 연도).

_____. 「경제활동인구조사 부가조사」(각 연도).

하위징아(J. Huizinga). 2010. 『호모 루덴스』. 이종인 옮김. 연암서가.

한국비정규노동센터. 2020. 「통계로 본 한국의 비정규노동자: 2020년 8월 경제활동인구조사 근로형태별 부가조사 분석」. 이슈페이퍼 2020-01.

허석렬 엮음. 2006. 『현대 노동과정론』. 간디서원.

한국비정규노동센터. ≪비정규 노동≫, 2010년 7·8월호(83호).

Becker, G. S. 1971. *Human Capital: A Theoretical and Empirical Analysis with Special Reference to Education*, The 2nd Edition. New York: Columbia University Press.

Braverman, H. 1974. *Labor and Monopoly Capital: The Degradation of Work in the Twentieth Century*. New York: Monthly Review Press.

Doeringer, P. and M. Piore. 1971. *Internal Labor Markets and Manpower Analysis*. Lexington, MA: D. C. Heath and Company.

Dunlop, J. 1958. *Industrial Relations Systems*. Carbondale: Southern Illinois University Press.

Kern, H. and M. Schumann. 1984. *Das Ende der Arbeitsteilung? Rationalisierung in der Industriellen Produktion*. München: C. H. Beck'sche.

Piore, M. and C. Sabel. 1984. *The Second Industrial Divide*. New York: Basic Books.

Schmitter, P. and G. Lembruch. 1979. *Trends Toward Corporatist Intermediation*. London: Sage.

Sinclair, P. R. 1987. *Unemployment: Economic Theory and Evidence*. Oxford: Basil Blackwell.

10 사회불평등과 계급·계층

계봉오·황선재. 2017. 「한국의 직업위세 평가의 변화: 1990~2016」. ≪통계연구≫ 제22권 제3호, 121~140쪽.

김윤태 엮음. 2022. 『한국의 불평등』. 한울.

김일광. 2018. 「우리나라 자영업 업체 현황과 재무특성에 관한 연구: 산업별 비중 및 창·폐업, 생존기간 분석을 중심으로」. ≪지역산업연구≫, 제41권 제3호, 343~363쪽.

드레이퍼(H. Draper). 1986. 『계급과 혁명』. 정근식 옮김. 사계절.

라이트(E. O. Wright). 2017. 『계급 이해하기』. 문혜림·곽태진 옮김. 산지니.

박준식·한현옥 편역. 1986. 『계급분석의 기초이론』. 세계.

발드리지(J. V. Baldridge). 1998. 『사회학』. 이효재·장하진 옮김. 경문사.

부르디외(P. Bourdieu). 2005. 『구별짓기: 문화와 취향의 사회학』(상·하). 최종철 옮김. 새물결.

서울대학교 사회학연구회 엮음. 1991. 『사회계층: 이론과 실제』. 다산출판사.

손낙구. 2008.『부동산 계급사회』. 후마니타스.

송복 편저. 1984.『사회불평등기능론』. 전예원.

신광영. 2004.『한국의 계급과 불평등』. 을유문화사.

_____. 2013.『한국 사회 불평등 연구』. 후마니타스.

오소프스키(S. Ossowski). 1981.『사회의식과 계급구조』. 정근식 옮김. 도서출판 인간.

유팔무·김원동·박경숙. 2005.『중산층 몰락과 계급양극화』. 소화.

유흥준·김월화. 2006.「한국 직업지위 지수」. ≪한국사회학≫, 제40집 6호.

장귀연. 2013.「신자유주의 시대 한국의 계급구조」. ≪마르크스주의 연구≫ 제10권 제3호, 12~40쪽.

전병유·신진욱 공편. 2016.『다중격차, 한국사회 불평등구조』. 페이퍼로드.

터너(J. Turner) 외. 1997.『사회학 이론의 형성』. 김문조 외 옮김. 일신사.

통계청. 2020년 임금근로일자리 소득(보수) 결과 보도자료.

호네트(A. Honneth). 2011.『인정투쟁: 사회적 갈등의 도덕적 형식론』. 이현재·문성훈 옮김. 사월의책.

홍두승·구해근. 1993.『사회계층·계급론』. 다산출판사.

Berlin, Isaiah. 1958. "Two Concepts of Liberty." Inaugural lecture at the University of Oxford on 31 October 1958. Clarendon Press : Oxford.

11 국가, 시민사회, 민주주의

강유원. 1998.『근대 실천철학 연구』. 미래글.

그람시(A. Gramsci). 1999.『그람시의 옥중수고』(1·2). 이상훈 옮김. 거름.

라클라우(E. Laclau)·무페(C. Mouffe). 1990.『사회변혁과 헤게모니』. 김성기 외 옮김. 도서출판 터.

마냉(B. Manin). 2004.『선거는 민주적인가: 현대 대의 민주주의 원칙에 대한 비판적 고찰』. 곽준혁 옮김. 후마니타스.

마르크스(K. Marx). 1993.『프랑스혁명사 3부작』. 임지현 옮김. 소나무.

베버(M. Weber). 1981.『지배의 사회학』. 금종우·전남석 옮김. 한길사.

손호철. 2003.『현대 한국정치: 이론과 역사 1945~2003』. 사회평론.

신진욱. 2008.『시민』. 책세상.

에드워즈(M. Edwards) 2005.『시민사회: 이론과 역사, 그리고 대안적 재구성』. 서유경 옮김. 동아시아.

정태석. 2007.『시민사회의 다원적 적대들과 민주주의』. 후마니타스.

제솝(B. Jessop). 2001. 『전략관계적 국가이론: 국가의 제자리 찾기』. 유범상·김문귀 옮김. 한울.

_____. 2021. 『국가 권력: 마르크스에서 푸코까지』. 남상백 옮김. 이매진.

조혜인. 2009. 『공민사회의 동과 서: 개념의 뿌리』. 나남.

최장집. 1993. 『한국민주주의의 이론』. 한길사.

_____. 2010. 『민주화 이후의 민주주의: 한국 민주주의의 보수적 기원과 위기(개정판)』. 후마니타스.

카노이(M. Carnoy). 1985. 『국가와 정치이론』. 한기범 외 옮김. 한울.

통(R. P. Tong)·보츠(T. F. Botts). 2019. 『페미니즘 교차하는 관점들』. 학이시습.

퍼트넘(R. D. Putnam). 2009. 『나 홀로 볼링: 볼링 얼론 사회적 커뮤니티의 붕괴와 소생』. 정승현 옮김. 페이퍼로드.

풀란차스(N. Poulantzas). 1986. 『정치권력과 사회계급』. 홍순권·조형제 옮김. 풀빛.

피어슨(C. Pierson). 1998. 『근대 국가의 이해』. 박형신·이태면 옮김. 일신사.

하버마스(J. Habermas). 2001. 『공론장의 구조변동: 부르주아 사회의 한 범주에 관한 연구』. 한승완 옮김. 나남.

학술단체협의회. 1997. 『6월민주항쟁과 한국사회 10년』(1·2). 당대.

헬드(D. Held). 2010. 『민주주의의 모델들』. 박찬표 옮김. 후마니타스.

Evans, P., D. Rueschemeyer and T. Skocpol. 1985. *Bringing the State Back In*. Cambridge: Cambridge University Press.

Pateman, C. 1970. *Participation and Democratic Theory*. Cambridge: Cambridge University Press.

12 일탈행동과 범죄

고프먼(E. Goffman). 2009. 『스티그마』. 윤선길 옮김. 한신대학교출판부.

김준호. 2015. 『일탈과 범죄의 사회학』. 다산출판사.

대검찰청. 「범죄분석」(각 연도).

뒤르켐(É. Durkheim). 1999. 『자살론/사회분업론』. 임희섭 옮김. 삼성출판사.

바우만(Z. Bauman) 외. 2021. 『범죄학과 사회이론』. 추지현 외 옮김. 두번째테제.

박형민. 2010. 『자살, 차악의 선택』. 이학사.

에이커스(R. L. Akers)·셀러스(C. S. Sellers). 2005. 『범죄학 이론(개정 2판)』. 민수홍 외 옮김. 나남.

정태석. 2005. 「정보사회의 위험과 사이버범죄」. 김성국 외. 정보통신정책연구원 엮음. 『21세기 한국 사회의 구조적 변동』. 민음사.

최영인·염건령. 2005.『사회갈등이론과 급진 범죄학이론』. 백산출판사.

푸코(M. Foucault). 1994.『미셸 푸코의 권력이론』. 정일준 편역. 새물결.

_____. 1994.『감시와 처벌』. 오생근 옮김. 나남.

프로이트(S. Freud). 1990.『정신분석입문』. 김성태 옮김. 삼성출판사.

통계청.「한국의 사회지표」(각 연도).

OECD. 2010. *OECD Health Data 2010: Statistics and Indicators for 34 Countries.*

13 인구, 도시, 지역

강현수. 2009.「'도시에 대한 권리' 개념 및 관련 실천 운동의 흐름」. ≪공간과 사회≫, 통
　　권 제32호, 42~90쪽.

_____. 2021.『도시에 대한 권리』. 책세상.

교육과학기술부. 2011.「학생자살사망현황」.

국토해양부. 2010.「2009년 도시계획현황 통계」.

김명수. 2020.『내 집에 갇힌 사회: 생존과 투기 사이에서』. 창비.

김중백·최슬기·이성용·황선재·계봉오. 2015.「인구대사전」. 전면 개정연구 최종보고서
　　(한국인구학회). 통계청.

김형기. 2002.『지방분권 정책대안』. 한울.

로건(J. R. Logan)·몰로치(H. L. Molotch). 2013.『황금도시: 장소의 정치경제학』. 김준우
　　옮김. 전남대학교출판부.

마강래. 2017.『지방도시 살생부: '압축도시'만이 살길이다』. 개마고원.

박명규·이재열 엮음. 2020.『사회적 가치와 사회혁신』. 한울아카데미.

박배균·황진태 엮음. 2017.『강남 만들기, 강남 따라하기: 투기 지향 도시민과 투기성 도
　　시개발의 탄생』. 동녘.

새비지(M. Savage)·와드(A. Warde).『자본주의 도시와 근대성』. 김왕배·박세훈 옮김.
　　한울.

손더스(P. Saunders). 1998.『도시와 사회이론』. 김찬호 외 옮김. 한울.

스미스(N. Smith). 2019.『도시의 새로운 프런티어: 젠트리피케이션과 도시강탈』. 김동완
　　외 옮김. 동녘.

신현방 엮음. 2017.『안티 젠트리피케이션: 무엇을 할 것인가?』. 동녘.

엥겔스(F. Engels). 2007.『가족, 사적 소유, 국가의 기원』. 김경미 옮김. 책세상.

우치다 타츠루(內田 樹) 외. 2019.『인구 감소 사회는 위험하다는 착각』. 김영주 옮김. 위

즈덤하우스.

천현숙. 1997. 「렉스와 무어의 주거계층론」. 국토연구원. ≪국토≫, 9월호, 96~100쪽.

하비(D. Harvey). 1996. 『도시의 정치경제학』. 초의수 옮김. 한울.

Wirth, L. 1938. "Urbanism as a Way of Life," *American Journal of Sociology*, Vol. 44, No. 1, pp. 1~24.

14 사회복지와 삶의 질

김영순. 1996. 『복지국가의 위기와 재편: 영국과 스웨덴의 경험』. 서울대학교출판부.

김인춘·김학노. 2005. 「세계화와 노동의 미래」. ≪국제정치연구≫, 8집 1호.

나병균. 2002. 『사회보장론』. 나눔의 집.

리히타임(G. Lichtheim). 1983. 『사회주의운동사』. 김쾌상 옮김. 까치.

메드베데프(R. Medvedev). 1990. 『레닌주의와 현대사회주의의 제 문제』. 김철수 옮김. 새물결.

미시라(R. Mishra). 1996. 『복지국가의 사상과 이론』. 남찬섭 옮김. 한울.

백승호. 2020. 「더 나은 기본소득 논쟁을 할 권리 : 사회정책 분야의 논쟁 분석」. ≪경제와 사회≫ 제128호. 12~57쪽.

신광영. 1991. 「유럽 사회민주주의운동의 현황」. 한국사회과학연구소. ≪동향과전망≫, 1991년 여름호(12호).

양재진. 2020. 「기본소득이 복지국가의 발전 요인으로 되기 어려운 이유」. ≪경제와 사회≫ 제128호, 58~77쪽.

에스핑-안데르센(G. Esping-Andersen). 2008. 『복지 자본주의의 세 가지 세계』. 성균관대학교출판부.

정태석. 1991. 「역사적 현상으로서의 사회민주주의 정치와 계급정치」. ≪경제와사회≫, 1991년 가을호(11호).

_____. 1999. 「제3의 길의 탈맥락화」. ≪경제와사회≫, 1999년 여름호(42호).

카갈리츠키(B. Kagarlitsky) 외. 1991. 『사회민주주의 연구 1: 회고와 전망』. 이성형 엮음. 새물결.

Esping-Andersen, G. 1985. *Politics Against Markets*. Princeton: Princeton University Press.

_____. 1980. "The Political Limits of Social Democracy: State Policy and Party Decomposition in Denmark and Sweden." M. Zeitlin(eds.). *Classes, Class Conflict and the State*. Cambridge: Winthrop Publishers Inc.

Flora, P. 1985. "On the History and Current Problems of the Welfare State." S. N.
Eisenstadt and O. Ahimeir(eds.). *The Welfare State and Its Aftermathe*. London
and Sydney: Croom Helm.

Korpi, W. 1980. "Social Policy and Distributional Conflict in the Capitalist Democracies.
A Preliminary Comparative Framework." *Western European Science*, No. 3.

Przeworski, A. 1985. *Capitalism and Social Democracy*. Cambridge: Cambridge University Press.

Przeworski, A. and J. Sprague. 1986. *Paper Stones: A History of Electoral Socialism*.
Chicago: University of Chicago Press.

OECD. 2010. "Revenue Statistics: comparative tables." OECD tax statistics database.
『OECD Factbook 2010』.

15 집합행동과 사회운동

김동노·노중기·노진철 외. 2013. 『한국사회의 사회운동』. 다산출판사.

달턴·퀴흘러(R. Dalton and M. Kuechler) 엮음. 1996. 『새로운 사회운동의 도전』. 박형
신·한상필 옮김. 한울.

레닌(V. I. Lenin). 1999. 『무엇을 할 것인가』. 최호정 옮김. 박종철출판사.

마르크스·엥겔스(K. Marx and F. Engels). 2008. 『공산당 선언』. 강유원 옮김. 이론과실천.

박상필. 2001. 『NGO와 현대사회』. 아르케.

박재영. 2003. 『국제관계와 NGO』. 법문사.

배영수 엮음. 2003. 『서양사강의』. 한울.

사회문화연구소 엮음. 1993. 『사회운동론』. 사회문화연구소.

서중석. 2005. 『한국 현대사』. 웅진지식하우스.

스카치폴(T. Skocpol). 1982. 『국가와 사회혁명』. 한창수·김현택 옮김. 까치.

스코트(A. Scott). 1995. 『이데올로기와 신사회운동』. 이복수 옮김. 한울.

올슨(M. Olson). 2013. 『집단행동의 논리: 공공재와 집단이론』. 최광·이성규 옮김. 한국
문화사.

왈저(M. Walzer). 2021. 『운동은 이렇게: 변화를 꿈꾸는 사람들을 위한 지침서』. 박수형
옮김. 후마니타스.

유팔무·김정훈 엮음. 2001. 『시민사회와 시민운동 2』. 한울.

임희섭. 1999. 『집합행동과 사회운동의 이론』. 고려대학교출판부.

장상환·정진상. 2001. 『한국의 사회운동』. 경상대학교출판부.

정태석. 2015. 「분산하는 사회운동과 접합의 정치」. ≪경제와 사회≫ 105호, 37~63쪽.

_____. 2007. 『시민사회의 다원적 적대들과 민주주의』. 후마니타스.

조희연 엮음. 2001. 『한국 민주주의와 사회운동의 동학』. 나눔의 집.

조희연 외. 2011. 『거대한 운동에서 차이의 운동들로』. 한울.

주성수·서영진. 2000. 『UN, NGO, 글로벌 시민사회』. 한양대학교출판부.

최종욱 외. 1994. 『현대의 위기와 새로운 사회운동』. 문원.

Offe, C. 1985. "New Social Movements: Challenging the Boundaries of Institutional Politics." *Social Research*, Vol. 52.

16 매체와 지식정보

김영석. 1997. 『멀티미디어와 정보사회』. 나남.

김해식. 1996. 「대중매체와 현대사회」. 한완상 외. 『한국사회학』. 민음사.

네그로폰테(N. Negroponte). 1999. 『디지털이다』. 백욱인 옮김. 커뮤니케이션북스.

러시코프(D. Rushkoff). 1997. 『카오스의 아이들』. 김성기·김수정 옮김. 민음사.

리프킨(J. Rifkin). 2005. 『노동의 종말』. 이영호 옮김. 민음사.

_____. 2001. 『소유의 종말』. 이희재 옮김. 민음사.

마페졸리(M. Maffesoli). 2017. 『부족의 시대: 포스트모던 사회에서 개인주의의 쇠퇴』. 박정호·신지은 옮김. 문학동네.

매클루언(M. McLuhan). 1997. 『미디어의 이해』. 박정규 옮김. 커뮤니케이션북스.

반 다이크(J. van Dijk). 2002. 『네트워크 사회』. 배현석 옮김. 커뮤니케이션북스.

_____. 2022. 『디지털 디바이드: 디지털 격차는 어떻게 불평등을 만드는가』. 심재웅 옮김. 유재.

백욱인. 2013. 『정보자본주의』. 커뮤니케이션북스.

_____. 2013. 『네트워크 사회문화』. 커뮤니케이션북스.

벨(D. Bell). 2006. 『탈산업사회의 도래』. 박형신·김원동 옮김. 아카넷.

서르닉(N. Srnicek). 2020. 『플랫폼 자본주의』. 심성보 옮김. 킹콩북.

셴크(D. Shenk). 2000. 『데이터 스모그』. 정태석·유홍림 옮김. 민음사.

오택섭·강현두·최정호·안재현. 2020. 『뉴미디어와 정보사회』. 나남출판.

웹스터(F. Webster). 2016. 『현대 정보사회 이론』. 조동기 옮김. 나남출판.

이광석. 2022. 『디지털 폭식 사회』. 인물과사상사.

이항우·이창호·김종철 외. 2011. 『정보사회의 이해』. 미래인.

전석호. 1997. 『정보사회론』. 나남.

카스텔(M. Castells). 2009. 『네트워크 사회: 비교문화 관점』. 박행웅 옮김. 한울아카데미.

토플러(A. Toffler). 2006. 『제3의 물결』. 원창엽 옮김. 홍신문화사.

홍성태 엮음. 1996. 『사이버공간, 사이버 문화』. 문화과학사.

Boyd-Barrett, O. 1977. "Media Imperialism: Towards an International Framework for the Analysis of Media Systems." in Curran et al.(eds.). *Mass Communication and Society*. Beverly Hills: Sage Publications, Inc.

Schiller, H. 1989. "Information for What Kind of Society?" J. L. Salvaggio(ed.). *The Information Society: Economic, Social, and Structural Issues*. Hillsdale, NJ: Lawrence Erlbaum Associates Publishers.

17 세계화와 정체성

겔너(E. Gellner). 1988. 『민족과 민족주의』. 이재석 옮김. 예하.

라탄시(A. Rattansi). 2008. 『인종주의는 본성인가』. 구정은 옮김. 한겨레출판.

마르틴·슈만(H. P. Martin and H. Schumann). 2003. 『세계화의 덫』. 강수돌 옮김. 영림카디널.

백승욱 외. 2022. 『세계화와 사회변동』. 한울.

버거(P. L. Berger). 1981. 『이단의 시대』. 서광선 옮김. 문학과지성사.

_____. 2002. 『세속화냐 탈세속화냐?』. 김덕영 외 옮김. 대한기독교서회.

사이드(E. W. Said). 2007. 『오리엔탈리즘』. 교보문고.

산드, 슐로모(S. Sand). 2021. 『만들어진 유대인』. 김승완 옮김. 사월의책.

스미스(A. D. Smith). 1997. 『세계화시대의 민족과 민족주의』. 이재석 옮김. 남지.

아렌트(H. Arendt). 2006. 『전체주의의 기원』(I·II). 박미애·이진우 옮김. 한길사.

앤더슨(B. Anderson). 2018. 『상상된 공동체: 민족주의의 기원과 보급에 대한 고찰』. 서지원 옮김. 길.

엄한진. 2011. 『다문화사회론』. 소화.

카슬(S. Castles)·밀러(M. J. Miller). 2013. 『이주의 시대』. 한국이민학회 옮김. 일조각.

푸코(M. Foucault). 2010. 『광기의 역사』. 이규현 옮김. 나남.

하먼(C. Harmon). 1994. 「민족문제의 재등장」. 캘리니코스(A. Callinicos) 외. 『현대자본주의와 민족문제』. 배일룡 편역. 갈무리.

홉스봄(E. Hobsbawm). 1998. 『제국의 시대』. 김동택 옮김. 한길사.

법무부 출입국·외국인정책본부 홈페이지(http://www.immigration.go.kr/) 자료실.

통(R. P. Tong)·보츠(T. F. Botts). 2019. 『페미니즘: 교차하는 관점들』. 김동진 옮김. 학

이시습.

Derrida, J. 2005. *Rogues: Two Essays on Reasontrans*. Stanford, CA: Stanford University Press.

Taylor, C. 1992. "The Politics of Recognition," in C. Taylor and A. Gutmann. *Multi-culturalism and the Politics of Recognition*. Princeton: Princeton University Press.

Wallerstein, I. 1979. *The Capitalist World-Economy*. Cambridge: Cambridge University Press.

18 과학기술, 위험, 환경

구도완·이철재·김민재 외. 2023. 『생태전환을 꿈꾸는 사람들』. 한살림.

김현우. 2014. 『정의로운 전환』. 나름북스.

김환석. 2006. 『과학사회학의 쟁점들』. 문학과지성사.

농림수산식품부. 2010. 『농림수산식품 주요통계 2010』. 농림수산식품부.

구도완. 1996. 『한국 환경운동의 사회학』. 문학과지성사.

로빈스(P. Robbins)·힌츠(J. Hintz)·무어(S. A. Moore). 2014. 『환경 퍼즐』. 권상철·박경환 옮김. 한울.

메도즈(D. H. Meadows)·메도즈(D. L. Meadows)·랜더스(J. Randers). 2021. 『성장의 한계』. 김병순 옮김. 갈라파고스.

웹스터(A. Webster). 2002. 『과학기술과 사회』. 송성수·김환석 옮김. 한울.

이상헌. 2011. 『생태주의』. 책세상.

이시재. 1992. 「환경문제, 환경운동 그리고 민주주의」. 한국공간환경연구회 엮음. 『한국 공간환경의 재인식』. 한울.

이영희. 2000. 『과학기술의 사회학: 과학기술과 현대사회에 대한 성찰』. 한울.

_____. 2011. 『과학기술과 민주주의』. 문학과지성사.

이찬송·윤순진. 2010. 「기후변화의 국제정치경제: 기후변화레짐 내 환경―무역갈등」. ≪한국사회와 행정연구≫, 제21권 3호.

이홍일·박철한. 2009. 「국내 건설 투자의 중장기 변화 추이 연구」. ≪건설이슈포커스≫, 09-23.

정수복. 1996. 『녹색대안을 찾는 생태학적 상상력』. 문학과지성사.

한국환경사회학회 편. 2013. 『환경사회학 이론과 환경문제』. 한울.

_____. 2015. 『환경사회학』. 한울아카데미.

한재각. 2021. 『기후정의』. 한티재.

해서네인(N. Hassanein)·새러위츠(D. Sarewitz)·캐플란(L. Kaplan)·스클로브(R. E. Sclove)·

하딩(S. G. Harding)·슈나이더(S. H. Schneider)·엡스틴(S. Epstein). 2012. 『과학기술 민주주의』. 김명진·김병윤·오은정 옮김. 갈무리.

험프리·버틀(C. Humphrey and F. Buttel). 1995. 『환경사회학』. 양종회·이시재 옮김. 사회비평사.

홍성태. 2011. 『토건국가를 개혁하라』. 한울.

국가통계포털(http://www.kosis.kr/), 통계청 사회통계과 농어업통계국.

국립기상연구소 자료집(2011).

Fischer, F. 1990. *Technocracy and the Politics of Expertise*. London: Sage.

Jasanoff, S. 1993. "Bridging the Two Cultures of Risk Analysis." *Risk Analysis*, 13(2).

Perrow, C. 1984. *Normal Accidents: Living with High-Risk Technologies*. New York: Basic Books, Inc.

Ryle, M. 1988. *Ecology and Socialism*. London: Rodins.

Wynne, B. 1989. "Sheepfarming After Chernobyl: A Case Study in Communicating Scientific Information." *Environment*, 31(2).

IEA. *Key World Energy Statistics* (2010).

OECD 홈페이지(http://www.oecd.org/).

USDA. Foreign Agricultural Service(http://www.fas.usda.gov/).

인명

지은이 소개

정태석

전북대 교수. 사회이론, 시민사회론, 사회운동론, 문화이론, 환경사회학

지주형

경남대 교수. 정치경제학, 경제사회학, 정치사회학, 국가론

엄한진

한림대 교수. 이주연구, 종교사회학, 중동지역학

조은주

전북대 교수. 가족연구, 젠더연구, 지식사회학, 정치사회학, 역사사회학

유팔무

한림대 명예교수. 사회이론, 시민사회론, 이데올로기론

감수

비판사회학회

1984년 한국 사회과학의 비판적 혁신과 진보적 연구를 통한 사회변화를 표방하며 '한국산업사회연구회(산사연)'로 창립되었다. 당시 사회학뿐 아니라 경제학과 정치학 분야의 진보적인 사회과학 연구자들이 대거 참여했다. 산사연은 1988년 인문사회과학 분야 진보적 학술단체의 연합체인 학술단체협의회의 창립에도 산파역을 담당했다. 1996년 '한국산업사회학회(산사학)'로 개칭했고, 2007년에는 '비판사회학회'로 개칭했다. 현재 전국의 사회학과 및 유관 학과 교수 및 연구자가 참여하는 학회로서, 한국 사회에 대한 비판적 연구와 실천적 변화를 위해 노력하고 있다.

한울아카데미 2428

사회학 비판적 시선

ⓒ 비판사회학회, 2023

지은이 정태석 · 지주형 · 엄한진 · 조은주 · 유팔무
감　수 비판사회학회
펴낸이 김종수 ∣ **펴낸곳** 한울엠플러스(주) ∣ **편집책임** 신순남
초판 1쇄 발행 2023년 3월 10일 ∣ **초판 2쇄 발행** 2024년 2월 20일
주소 10881 경기도 파주시 광인사길 153 한울시소빌딩 3층
전화 031-955-0655 ∣ **팩스** 031-955-0656 ∣ **홈페이지** www.hanulmplus.kr
등록번호 제406-2015-000143호

Printed in Korea.
ISBN 978-89-460-7429-3 03330

* 책값은 겉표지에 표시되어 있습니다.